KB242273

우리말 대운만세력

혜서 조 영 수 편저

관음출판사

새로이 만세력을 출간하면서

우리 인간은 과거 현재 미래의 흐르는 시간에 따라 변천하고 또 살아간다. 이것이 즉 인생이다. 또한 과거 현재 미래의 시간을 파악하고 명기하여 역학적으로 수록하여 놓은 것이 만세력이기도 하다.

어떠한 사람이라도 과거 현재 미래를 이 만세력에 의존하여 알 수가 있다. 그러므로 역학상 만세력은 우리에게 가장 소중한 보물과 같은 핵심적인 가치를 지니고 있는 것이다.

새롭게 펴내는 이 만세력은 누구나 볼 수 있도록 한글을 병용하여 대운도 함께 수록하였다.

어느 것이든 한 눈에 쉽게 찾을 수 있고, 그 어떤 누구도 쉽게 활용할 수 있도록 엮어 놓은 것이 이 만세력의 특장이라고 하겠다.

모쪼록 제현들께서는 이 만세력을 잘 활용하여 주실 것을 믿어 의심치 않는 바 기대가 크다.

아울러 부록편에 결혼, 이사, 장례 등에 필요한 택일법을 수록해 놓았음을 밝혀 두고자 한다.

기묘년 정월

혜서 조 영 수 식

차례

새로이 만세력을 출간하면서
1910년 庚戌(경술)年 18
1911년 辛亥(신해)年 20
1912년 壬子(임자)年 22
1913년 癸丑(계축)年 24
1914년 甲寅(갑인)年 26
1915년 乙卯(을묘)年 28
1916년 丙辰(병진)年 30
1917년 丁巳(정사)年 32
1918년 戊午(무오)年 34
1919년 己未(기미)年 36
1920년 庚申(경신)年 38
1921년 辛酉(신유)年 40
1922년 壬戌(임술)年 42
1923년 癸亥(계해)年 44
1924년 甲子(갑자)年 46
1925년 乙丑(을축)年 48
1926년 丙寅(병인)年 50
1927년 丁卯(정묘)年 52
1928년 戊辰(무진)年 54
1929년 己巳(기사)年 56
1930년 庚午(경오)年 58
1931년 辛味(신미)年 60
1932년 壬申(임신)年 62
1933년 癸酉(계유)年 64
1934년 甲戌(갑술)年 66
1935년 乙亥(을해)年 68
1936년 丙子(병자)年 70
1937년 丁丑(정축)年 72
1938년 戊寅(무인)年 74

차례

1939년 己卯(기묘)年 76
1940년 辰庚(경진)年 78
1941년 辛巳(신사)年 80
1942년 壬午(임오)年 82
1943년 癸未(계미)年 84
1944년 甲申(갑신)年 86
1945년 乙酉(을유)年 88
1946년 丙戌(병술)年 90
1947년 丁亥(정해)年 92
1948년 戊子(무자)年 94
1949년 己丑(기축)年 96
1950년 庚寅(경인)年 98
1951년 辛卯(신묘)年 100
1952년 壬辰(임진)年 102
1953년 癸巳(계사)年 104
1954년 甲午(갑오)年 106
1955년 乙未(을미)年 108
1956년 丙申(병신)年 110
1957년 丁酉(정유)年 112
1958년 戊戌(무술)年 114
1959년 己亥(기해)年 116
1960년 庚子(경자)年 118
1961년 辛丑(신축)年 120
1962년 壬寅(임인)年 122
1963년 癸卯(계묘)年 124
1964년 甲辰(갑진)年 126
1965년 乙巳(을사)年 128
1966년 丙午(병오)年 130
1967년 丁未(정미)年 132

1968년 戊申(무신)年 …… 134
1969년 己酉(기유)年 …… 136
1970년 庚戌(경술)年 …… 138
1971년 辛亥(신해)年 …… 140
1972년 壬子(임자)年 …… 142
1973년 癸丑(계축)年 …… 144
1974년 甲寅(갑인)年 …… 146
1975년 乙卯(을묘)年 …… 148
1976년 丙辰(병진)年 …… 150
1977년 丁巳(정사)年 …… 152
1978년 戊午(무오)年 …… 154
1979년 己未(기미)年 …… 156
1980년 庚申(경신)年 …… 158
1981년 辛酉(신유)年 …… 160
1982년 壬戌(임술)年 …… 162
1983년 癸亥(계해)年 …… 164
1984년 甲子(갑자)年 …… 166
1985년 乙丑(을축)年 …… 168
1986년 丙寅(병인)年 …… 170
1987년 丁卯(정묘)年 …… 172
1988년 戊辰(무진)年 …… 174
1989년 己巳(기사)年 …… 176
1990년 庚午(경오)年 …… 178
1991년 辛味(신미)年 …… 180
1992년 壬申(임신)年 …… 182
1993년 癸酉(계유)年 …… 184
1994년 甲戌(갑술)年 …… 186
1995년 乙亥(을해)年 …… 188
1996년 丙子(병자)年 …… 190

차례

1997년 丁丑(정축)年 192
1998년 戊寅(무인)年 194
1999년 己卯(기묘)年 196
2000년 辰庚(경진)年 198
2001년 辛巳(신사)年 200
2002년 壬午(임오)年 202
2003년 癸未(계미)年 204
2004년 甲申(갑신)年 206
2005년 乙酉(을유)年 208
2006년 丙戌(병술)年 210
2007년 丁亥(정해)年 212
2008년 戊子(무자)年 214
2009년 己丑(기축)年 216
2010년 庚寅(경인)年 218
2011년 辛卯(신묘)年 220
2012년 壬辰(임진)年 222
2013년 癸巳(계사)年 224
2014년 甲午(갑오)年 226
2015년 乙未(을미)年 228
2016년 丙申(병신)年 230
2017년 丁酉(정유)年 232
2018년 戊戌(무술)年 234
2019년 己亥(기해)年 236
2020년 庚子(경자)年 238
2021년 辛丑(신축)年 240
2022년 壬寅(임인)年 242
2023년 癸卯(계묘)年 244
2024년 甲辰(갑진)年 246
2025년 乙巳(을사)年 248

◉ 부 록

남녀본명생기법(男女本名生氣法) 253
황흑도일(黃黑道日) 255
길신표(吉神表) 255
세지길신(歲支吉神) 255
월가길신(月家吉神) 251
세지흉신(歲支凶神) 257
월가흉신(月家凶神) 259
십삼살론(十三殺論) 262
합혼개폐법(合婚開閉法) 263
가취월(嫁娶月) 263
음양부장길일(陰陽不將吉日) 263
십전대길일(十全大吉日) 264
혼인흉년(婚姻凶年) 264
살부대기월(殺夫大忌月) 264
혼인총기일(婚姻總忌日) 264
가취대흉일(嫁娶大凶日) 265
고과살(孤寡殺) 265
상부상처살(喪夫喪妻殺) 265
납징정친일(納徵定親日) 266
남자 연령별 이사 방향(男子年齡別移徙方向) 267
여자 연령별 이사 방향(女子年齡別移徙方向) 268
이십사절기(二十四節氣) 269
월간지 조견표(月干支 早見表) 270
시간지 조견표(時干支 早見表) 270
한국성씨 획수일람(韓國姓氏 劃數一覽) 271
천간(天干)과 지지(地支) 274
결혼부부궁합(結婚夫婦宮合) 275
인명용한자(대법원 최종확정 2,854자 수록) 291

단기 4243 년
불기 2454 년

1910년 庚戌(경술)年

1 月 戊寅(무인) 小

절기										우수															경칩				
음력	一	二	三	四	五	六	七	八	九	十	十一	十二	十三	十四	十五	十六	十七	十八	十九	廿十	廿一	廿二	廿三	廿四	廿五	廿六	廿七	廿八	廿九
양력 월/일	2/10	11	12	13	14	15	16	17	18	19	20	21	22	23	24	25	26	27	28	3/1	2	3	4	5	6	7	8	9	10
일진	丙午(병오)	丁未(정미)	戊申(무신)	己酉(기유)	庚戌(경술)	辛亥(신해)	壬子(임자)	癸丑(계축)	甲寅(갑인)	乙卯(을묘)	丙辰(병진)	丁巳(정사)	戊午(무오)	己未(기미)	庚申(경신)	辛酉(신유)	壬戌(임술)	癸亥(계해)	甲子(갑자)	乙丑(을축)	丙寅(병인)	丁卯(정묘)	戊辰(무진)	己巳(기사)	庚午(경오)	辛未(신미)	壬申(임신)	癸酉(계유)	甲戌(갑술)
절기시각										戌正															戌初				
대운 순행	8	8	7	7	7	6	6	6	5	5	5	4	4	4	3	3	3	2	2	2	1	1	1	1	10	10	10	9	9
대운 역행	2	2	3	3	3	4	4	4	5	5	5	6	6	6	7	7	7	8	8	8	9	9	9	10	10	1	1	1	2

2 月 己卯(기묘) 大

절기											춘분																청명	한식		
음력	一	二	三	四	五	六	七	八	九	十	十一	十二	十三	十四	十五	十六	十七	十八	十九	廿十	廿一	廿二	廿三	廿四	廿五	廿六	廿七	廿八	廿九	三十
양력 월/일	3/11	12	13	14	15	16	17	18	19	20	21	22	23	24	25	26	27	28	29	30	31	4/1	2	3	4	5	6	7	8	9
일진	乙亥(을해)	丙子(병자)	丁丑(정축)	戊寅(무인)	己卯(기묘)	庚辰(경진)	辛巳(신사)	壬午(임오)	癸未(계미)	甲申(갑신)	乙酉(을유)	丙戌(병술)	丁亥(정해)	戊子(무자)	己丑(기축)	庚寅(경인)	辛卯(신묘)	壬辰(임진)	癸巳(계사)	甲午(갑오)	乙未(을미)	丙申(병신)	丁酉(정유)	戊戌(무술)	己亥(기해)	庚子(경자)	辛丑(신축)	壬寅(임인)	癸卯(계묘)	甲辰(갑진)
절기시각											戌正																子正			
대운 순행	9	8	8	8	7	7	7	6	6	6	5	5	5	4	4	4	3	3	3	2	2	2	1	1	1	1	10	10	9	9
대운 역행	2	2	3	3	3	4	4	4	5	5	5	6	6	6	7	7	7	8	8	8	9	9	9	10	10	10	10	1	1	1

3 月 庚辰(경진) 小

절기												곡우															입하		
음력	一	二	三	四	五	六	七	八	九	十	十一	十二	十三	十四	十五	十六	十七	十八	十九	廿十	廿一	廿二	廿三	廿四	廿五	廿六	廿七	廿八	廿九
양력 월/일	4/10	11	12	13	14	15	16	17	18	19	20	21	22	23	24	25	26	27	28	29	30	5/1	2	3	4	5	6	7	8
일진	乙巳(을사)	丙午(병오)	丁未(정미)	戊申(무신)	己酉(기유)	庚戌(경술)	辛亥(신해)	壬子(임자)	癸丑(계축)	甲寅(갑인)	乙卯(을묘)	丙辰(병진)	丁巳(정사)	戊午(무오)	己未(기미)	庚申(경신)	辛酉(신유)	壬戌(임술)	癸亥(계해)	甲子(갑자)	乙丑(을축)	丙寅(병인)	丁卯(정묘)	戊辰(무진)	己巳(기사)	庚午(경오)	辛味(신미)	壬申(임신)	癸酉(계유)
절기시각												辰正															酉正		
대운 순행	9	8	8	8	7	7	7	6	6	6	5	5	5	4	4	4	3	3	3	2	2	2	1	1	1	1	10	10	10
대운 역행	2	2	2	3	3	3	4	4	4	5	5	5	6	6	6	7	7	7	8	8	8	9	9	9	10	10	10	1	1

4 月 辛巳(신사) 小

절기														소만															망종
음력	一	二	三	四	五	六	七	八	九	十	十一	十二	十三	十四	十五	十六	十七	十八	十九	廿十	廿一	廿二	廿三	廿四	廿五	廿六	廿七	廿八	廿九
양력 월/일	5/9	10	11	12	13	14	15	16	17	18	19	20	21	22	23	24	25	26	27	28	29	30	31	6/1	2	3	4	5	6
일진	甲戌(갑술)	乙亥(을해)	丙子(병자)	丁丑(정축)	戊寅(무인)	己卯(기묘)	庚辰(경진)	辛巳(신사)	壬午(임오)	癸未(계미)	甲申(갑신)	乙酉(을유)	丙戌(병술)	丁亥(정해)	戊子(무자)	己丑(기축)	庚寅(경인)	辛卯(신묘)	壬辰(임진)	癸巳(계사)	甲午(갑오)	乙未(을미)	丙申(병신)	丁酉(정유)	戊戌(무술)	己亥(기해)	庚子(경자)	辛丑(신축)	壬寅(임인)
절기시각														辰正															子初
대운 순행	9	9	9	8	8	8	7	7	7	6	6	6	5	5	5	4	4	4	3	3	3	2	2	2	1	1	1	1	10
대운 역행	1	2	2	2	3	3	3	4	4	4	5	5	5	6	6	6	7	7	7	8	8	8	9	9	9	10	10	10	10

5 月 壬午(임오) 大

절기																하지														
음력	一	二	三	四	五	六	七	八	九	十	十一	十二	十三	十四	十五	十六	十七	十八	十九	廿十	廿一	廿二	廿三	廿四	廿五	廿六	廿七	廿八	廿九	三十
양력 월/일	6/7	8	9	10	11	12	13	14	15	16	17	18	19	20	21	22	23	24	25	26	27	28	29	30	7/1	2	3	4	5	6
일진	癸卯(계묘)	甲辰(갑진)	乙巳(을사)	丙午(병오)	丁未(정미)	戊申(무신)	己酉(기유)	庚戌(경술)	辛亥(신해)	壬子(임자)	癸丑(계축)	甲寅(갑인)	乙卯(을묘)	丙辰(병진)	丁巳(정사)	戊午(무오)	己未(기미)	庚申(경신)	辛酉(신유)	壬戌(임술)	癸亥(계해)	甲子(갑자)	乙丑(을축)	丙寅(병인)	丁卯(정묘)	戊辰(무진)	己巳(기사)	庚午(경오)	辛未(신미)	壬申(임신)
절기시각																申正										子正				
대운 순행	10	10	10	9	9	9	8	8	8	7	7	7	6	6	6	5	5	5	4	4	4	3	3	3	2	2	2	1	1	1
대운 역행	1	1	1	2	2	2	3	3	3	4	4	4	5	5	5	6	6	6	7	7	7	8	8	8	9	9	9	10	10	10

6 月 癸未(계미) 小

절기		소서						초복										대서 중복											
음력	一	二	三	四	五	六	七	八	九	十	十一	十二	十三	十四	十五	十六	十七	十八	十九	廿十	廿一	廿二	廿三	廿四	廿五	廿六	廿七	廿八	廿九
양력 월/일	7/7	8	9	10	11	12	13	14	15	16	17	18	19	20	21	22	23	24	25	26	27	28	29	30	31	8/1	2	3	4
일진	癸酉(계유)	甲戌(갑술)	乙亥(을해)	丙子(병자)	丁丑(정축)	戊寅(무인)	己卯(기묘)	庚辰(경진)	辛巳(신사)	壬午(임오)	癸未(계미)	甲申(갑신)	乙酉(을유)	丙戌(병술)	丁亥(정해)	戊子(무자)	己丑(기축)	庚寅(경인)	辛卯(신묘)	壬辰(임진)	癸巳(계사)	甲午(갑오)	乙未(을미)	丙申(병신)	丁酉(정유)	戊戌(무술)	己亥(기해)	庚子(경자)	辛丑(신축)
절기시각		巳正																寅初											
대운 순행	1	10	10	10	9	9	9	8	8	8	7	7	7	6	6	6	5	5	5	4	4	4	3	3	3	2	2	2	1
대운 역행	10	10	1	1	1	2	2	2	3	3	3	4	4	4	5	5	5	6	6	6	7	7	7	8	8	8	9	9	9

南 大將	子 喪門	申 弔客	北 三殺

7 月 甲 申(갑신) 大

절기				입추					말복											처서										
음력	一	二	三	四	五	六	七	八	九	十	十一	十二	十三	十四	十五	十六	十七	十八	十九	廿	廿一	廿二	廿三	廿四	廿五	廿六	廿七	廿八	廿九	三十
양력 월/일	8/5	6	7	8	9	10	11	12	13	14	15	16	17	18	19	20	21	22	23	24	25	26	27	28	29	30	31	9/1	2	3
일진	壬寅(임인)	癸卯(계묘)	甲辰(갑진)	乙巳(을사)	丙午(병오)	丁未(정미)	戊申(무신)	己酉(기유)	庚戌(경술)	辛亥(신해)	壬子(임자)	癸丑(계축)	甲寅(갑인)	乙卯(을묘)	丙辰(병진)	丁巳(정사)	戊午(무오)	己未(기미)	庚申(경신)	辛酉(신유)	壬戌(임술)	癸亥(계해)	甲子(갑자)	乙丑(을축)	丙寅(병인)	丁卯(정묘)	戊辰(무진)	己巳(기사)	庚午(경오)	辛未(신미)
절기시각				戌正																巳正										
대운 순행	1	1	1	10	10	10	9	9	9	8	8	8	7	7	7	6	6	6	5	5	5	4	4	4	3	3	3	2	2	2
대운 역행	10	10	10	10	1	1	1	2	2	2	3	3	3	4	4	4	5	5	5	6	6	6	7	7	7	8	8	8	9	9

8 月 乙 酉(을유) 小

절기					백로																추분									
음력	一	二	三	四	五	六	七	八	九	十	十一	十二	十三	十四	十五	十六	十七	十八	十九	廿	廿一	廿二	廿三	廿四	廿五	廿六	廿七	廿八	廿九	
양력 월/일	9/4	5	6	7	8	9	10	11	12	13	14	15	16	17	18	19	20	21	22	23	24	25	26	27	28	29	30	10/1	2	
일진	壬申(임신)	癸酉(계유)	甲戌(갑술)	乙亥(을해)	丙子(병자)	丁丑(정축)	戊寅(무인)	己卯(기묘)	庚辰(경진)	辛巳(신사)	壬午(임오)	癸未(계미)	甲申(갑신)	乙酉(을유)	丙戌(병술)	丁亥(정해)	戊子(무자)	己丑(기축)	庚寅(경인)	辛卯(신묘)	壬辰(임진)	癸巳(계사)	甲午(갑오)	乙未(을미)	丙申(병신)	丁酉(정유)	戊戌(무술)	己亥(기해)	庚子(경자)	
절기시각					亥正																辰正									
대운 순행	1	1	1	1	10	10	10	9	9	9	8	8	8	7	7	7	6	6	6	5	5	5	4	4	4	3	3	3	2	
대운 역행	9	10	10	10	10	1	1	1	2	2	2	3	3	3	4	4	4	5	5	5	6	6	6	7	7	7	8	8	8	

9 月 丙 戌(병술) 大

절기							한로															상강								
음력	一	二	三	四	五	六	七	八	九	十	十一	十二	十三	十四	十五	十六	十七	十八	十九	廿	廿一	廿二	廿三	廿四	廿五	廿六	廿七	廿八	廿九	三十
양력 월/일	10/3	4	5	6	7	8	9	10	11	12	13	14	15	16	17	18	19	20	21	22	23	24	25	26	27	28	29	30	31	11/1
일진	辛丑(신축)	壬寅(임인)	癸卯(계묘)	甲辰(갑진)	乙巳(을사)	丙午(병오)	丁未(정미)	戊申(무신)	己酉(기유)	庚戌(경술)	辛亥(신해)	壬子(임자)	癸丑(계축)	甲寅(갑인)	乙卯(을묘)	丙辰(병진)	丁巳(정사)	戊午(무오)	己未(기미)	庚申(경신)	辛酉(신유)	壬戌(임술)	癸亥(계해)	甲子(갑자)	乙丑(을축)	丙寅(병인)	丁卯(정묘)	戊辰(무진)	己巳(기사)	庚午(경오)
절기시각							未正															申正								
대운 순행	2	2	1	1	1	1	10	9	9	9	8	8	8	7	7	7	6	6	6	5	5	5	4	4	4	3	3	3	3	2
대운 역행	9	9	9	10	10	10	10	1	1	1	2	2	2	3	3	3	4	4	4	5	5	5	6	6	6	7	7	7	8	8

10 月 丁 亥(정해) 大

절기							입동															소설								
음력	一	二	三	四	五	六	七	八	九	十	十一	十二	十三	十四	十五	十六	十七	十八	十九	廿	廿一	廿二	廿三	廿四	廿五	廿六	廿七	廿八	廿九	三十
양력 월/일	11/2	3	4	5	6	7	8	9	10	11	12	13	14	15	16	17	18	19	20	21	22	23	24	25	26	27	28	29	30	12/1
일진	辛未(신미)	壬申(임신)	癸酉(계유)	甲戌(갑술)	乙亥(을해)	丙子(병자)	丁丑(정축)	戊寅(무인)	己卯(기묘)	庚辰(경진)	辛巳(신사)	壬午(임오)	癸未(계미)	甲申(갑신)	乙酉(을유)	丙戌(병술)	丁亥(정해)	戊子(무자)	己丑(기축)	庚寅(경인)	辛卯(신묘)	壬辰(임진)	癸巳(계사)	甲午(갑오)	乙未(을미)	丙申(병신)	丁酉(정유)	戊戌(무술)	己亥(기해)	庚子(경자)
절기시각							申正															未初								
대운 순행	2	2	1	1	1	1	10	10	9	9	9	8	8	8	7	7	7	6	6	6	5	5	5	4	4	4	3	3	3	2
대운 역행	8	8	9	9	9	10	10	1	1	1	2	2	2	3	3	3	4	4	4	5	5	5	6	6	6	7	7	7	8	8

11 月 戊 子(무자) 大

절기							대설															동지								
음력	一	二	三	四	五	六	七	八	九	十	十一	十二	十三	十四	十五	十六	十七	十八	十九	廿	廿一	廿二	廿三	廿四	廿五	廿六	廿七	廿八	廿九	三十
양력 월/일	12/2	3	4	5	6	7	8	9	10	11	12	13	14	15	16	17	18	19	20	21	22	23	24	25	26	27	28	29	30	31
일진	辛丑(신축)	壬寅(임인)	癸卯(계묘)	甲辰(갑진)	乙巳(을사)	丙午(병오)	丁未(정미)	戊申(무신)	己酉(기유)	庚戌(경술)	辛亥(신해)	壬子(임자)	癸丑(계축)	甲寅(갑인)	乙卯(을묘)	丙辰(병진)	丁巳(정사)	戊午(무오)	己未(기미)	庚申(경신)	辛酉(신유)	壬戌(임술)	癸亥(계해)	甲子(갑자)	乙丑(을축)	丙寅(병인)	丁卯(정묘)	戊辰(무진)	己巳(기사)	庚午(경오)
절기시각							辰正															巳正								
대운 순행	2	2	1	1	1	1	10	9	9	9	8	8	8	7	7	7	6	6	6	5	5	5	4	4	4	3	3	3	2	2
대운 역행	8	9	9	9	10	10	10	1	1	1	2	2	2	3	3	3	4	4	4	5	5	5	6	6	6	7	7	7	8	8

12 月 己 丑(기축) 小

절기						소한															대한									
음력	一	二	三	四	五	六	七	八	九	十	十一	十二	十三	十四	十五	十六	十七	十八	十九	廿	廿一	廿二	廿三	廿四	廿五	廿六	廿七	廿八	廿九	
양력 월/일	1/1	2	3	4	5	6	7	8	9	10	11	12	13	14	15	16	17	18	19	20	21	22	23	24	25	26	27	28	29	
일진	辛未(신미)	壬申(임신)	癸酉(계유)	甲戌(갑술)	乙亥(을해)	丙子(병자)	丁丑(정축)	戊寅(무인)	己卯(기묘)	庚辰(경진)	辛巳(신사)	壬午(임오)	癸未(계미)	甲申(갑신)	乙酉(을유)	丙戌(병술)	丁亥(정해)	戊子(무자)	己丑(기축)	庚寅(경인)	辛卯(신묘)	壬辰(임진)	癸巳(계사)	甲午(갑오)	乙未(을미)	丙申(병신)	丁酉(정유)	戊戌(무술)	己亥(기해)	
절기시각						戌初															午正									
대운 순행	2	1	1	1	1	10	10	9	9	9	8	8	8	7	7	7	6	6	6	5	5	5	4	4	4	3	3	3	2	
대운 역행	8	9	9	9	10	10	1	1	1	2	2	2	3	3	3	4	4	4	5	5	5	6	6	6	7	7	7	8	8	

단기 4244 년
불기 2455 년

1911년 辛亥(신해)年

1 月 庚 寅(경인) 大

절 기							입춘															우수								
음 력	一	二	三	四	五	六	七	八	九	十	十一	十二	十三	十四	十五	十六	十七	十八	十九	廿	廿一	廿二	廿三	廿四	廿五	廿六	廿七	廿八	廿九	三十
양 력 월/일	1/30	31	2/1	2	3	4	5	6	7	8	9	10	11	12	13	14	15	16	17	18	19	20	21	22	23	24	25	26	27	28
일 진	庚子(경자)	辛丑(신축)	壬寅(임인)	癸卯(계묘)	甲辰(갑진)	乙巳(을사)	丙午(병오)	丁未(정미)	戊申(무신)	己酉(기유)	庚戌(경술)	辛亥(신해)	壬子(임자)	癸丑(계축)	甲寅(갑인)	乙卯(을묘)	丙辰(병진)	丁巳(정사)	戊午(무오)	己未(기미)	庚申(경신)	辛酉(신유)	壬戌(임술)	癸亥(계해)	甲子(갑자)	乙丑(을축)	丙寅(병인)	丁卯(정묘)	戊辰(무진)	己巳(기사)
절기시각							卯正															丑正								
대운 순행	2	2	1	1	1	1	10	10	9	9	9	8	8	8	7	7	7	6	6	6	5	5	5	4	4	4	3	3	3	2
대운 역행	8	9	9	9	10	10	10	1	1	1	2	2	2	3	3	3	4	4	4	5	5	5	6	6	6	7	7	7	8	8

2 月 辛 卯(신묘) 小

절 기							경칩															춘분								
음 력	一	二	三	四	五	六	七	八	九	十	十一	十二	十三	十四	十五	十六	十七	十八	十九	廿	廿一	廿二	廿三	廿四	廿五	廿六	廿七	廿八	廿九	
양 력 월/일	3/1	2	3	4	5	6	7	8	9	10	11	12	13	14	15	16	17	18	19	20	21	22	23	24	25	26	27	28	29	
일 진	庚午(경오)	辛未(신미)	壬申(임신)	癸酉(계유)	甲戌(갑술)	乙亥(을해)	丙子(병자)	丁丑(정축)	戊寅(무인)	己卯(기묘)	庚辰(경진)	辛巳(신사)	壬午(임오)	癸未(계미)	甲申(갑신)	乙酉(을유)	丙戌(병술)	丁亥(정해)	戊子(무자)	己丑(기축)	庚寅(경인)	辛卯(신묘)	壬辰(임진)	癸巳(계사)	甲午(갑오)	乙未(을미)	丙申(병신)	丁酉(정유)	戊戌(무술)	
절기시각							子正															丑正								
대운 순행	2	2	1	1	1	1	10	10	9	9	9	8	8	8	7	7	7	6	6	6	5	5	5	4	4	4	3	3	3	
대운 역행	8	9	9	9	10	10	10	1	1	1	2	2	2	3	3	3	4	4	4	5	5	5	6	6	6	7	7	7	8	

3 月 壬 辰(임진) 大

절 기								청명	한식														곡우							
음 력	一	二	三	四	五	六	七	八	九	十	十一	十二	十三	十四	十五	十六	十七	十八	十九	廿	廿一	廿二	廿三	廿四	廿五	廿六	廿七	廿八	廿九	三十
양 력 월/일	3/30	31	4/1	2	3	4	5	6	7	8	9	10	11	12	13	14	15	16	17	18	19	20	21	22	23	24	25	26	27	28
일 진	己亥(기해)	庚子(경자)	辛丑(신축)	壬寅(임인)	癸卯(계묘)	甲辰(갑진)	乙巳(을사)	丙午(병오)	丁未(정미)	戊申(무신)	己酉(기유)	庚戌(경술)	辛亥(신해)	壬子(임자)	癸丑(계축)	甲寅(갑인)	乙卯(을묘)	丙辰(병진)	丁巳(정사)	戊午(무오)	己未(기미)	庚申(경신)	辛酉(신유)	壬戌(임술)	癸亥(계해)	甲子(갑자)	乙丑(을축)	丙寅(병인)	丁卯(정묘)	戊辰(무진)
절기시각								卯正															未正							
대운 순행	2	2	2	1	1	1	1	10	10	10	9	9	9	8	8	8	7	7	7	6	6	6	5	5	5	4	4	4	3	3
대운 역행	8	8	9	9	9	10	10	10	1	1	1	2	2	2	3	3	3	4	4	4	5	5	5	6	6	6	7	7	7	8

4 月 癸 巳(계사) 小

절 기								입하																소만						
음 력	一	二	三	四	五	六	七	八	九	十	十一	十二	十三	十四	十五	十六	十七	十八	十九	廿	廿一	廿二	廿三	廿四	廿五	廿六	廿七	廿八	廿九	
양 력 월/일	4/29	30	5/1	2	3	4	5	6	7	8	9	10	11	12	13	14	15	16	17	18	19	20	21	22	23	24	25	26	27	
일 진	己巳(기사)	庚午(경오)	辛未(신미)	壬申(임신)	癸酉(계유)	甲戌(갑술)	乙亥(을해)	丙子(병자)	丁丑(정축)	戊寅(무인)	己卯(기묘)	庚辰(경진)	辛巳(신사)	壬午(임오)	癸未(계미)	甲申(갑신)	乙酉(을유)	丙戌(병술)	丁亥(정해)	戊子(무자)	己丑(기축)	庚寅(경인)	辛卯(신묘)	壬辰(임진)	癸巳(계사)	甲午(갑오)	乙未(을미)	丙申(병신)	丁酉(정유)	
절기시각								子正																未正						
대운 순행	3	2	2	2	1	1	1	1	10	10	10	9	9	9	8	8	8	7	7	7	6	6	6	5	5	5	4	4	4	
대운 역행	8	8	9	9	9	10	10	10	10	1	1	1	2	2	2	3	3	3	4	4	4	5	5	5	6	6	6	7	7	

5 月 甲 午(갑오) 小

절 기											망종															하지				
음 력	一	二	三	四	五	六	七	八	九	十	十一	十二	十三	十四	十五	十六	十七	十八	十九	廿	廿一	廿二	廿三	廿四	廿五	廿六	廿七	廿八	廿九	
양 력 월/일	5/28	29	30	31	6/1	2	3	4	5	6	7	8	9	10	11	12	13	14	15	16	17	18	19	20	21	22	23	24	25	
일 진	戊戌(무술)	己亥(기해)	庚子(경자)	辛丑(신축)	壬寅(임인)	癸卯(계묘)	甲辰(갑진)	乙巳(을사)	丙午(병오)	丁未(정미)	戊申(무신)	己酉(기유)	庚戌(경술)	辛亥(신해)	壬子(임자)	癸丑(계축)	甲寅(갑인)	乙卯(을묘)	丙辰(병진)	丁巳(정사)	戊午(무오)	己未(기미)	庚申(경신)	辛酉(신유)	壬戌(임술)	癸亥(계해)	甲子(갑자)	乙丑(을축)	丙寅(병인)	
절기시각											卯正															亥正				
대운 순행	3	3	3	2	2	2	1	1	1	1	10	10	10	9	9	9	8	8	8	7	7	7	6	6	6	5	5	5	4	
대운 역행	7	8	8	8	9	9	9	10	10	10	10	1	1	1	2	2	2	3	3	3	4	4	4	5	5	5	6	6	6	

6 月 乙 未(을미) 大

절 기													소서																대서	
음 력	一	二	三	四	五	六	七	八	九	十	十一	十二	十三	十四	十五	十六	十七	十八	十九	廿	廿一	廿二	廿三	廿四	廿五	廿六	廿七	廿八	廿九	三十
양 력 월/일	6/26	27	28	29	30	7/1	2	3	4	5	6	7	8	9	10	11	12	13	14	15	16	17	18	19	20	21	22	23	24	25
일 진	丁卯(정묘)	戊辰(무진)	己巳(기사)	庚午(경오)	辛未(신미)	壬申(임신)	癸酉(계유)	甲戌(갑술)	乙亥(을해)	丙子(병자)	丁丑(정축)	戊寅(무인)	己卯(기묘)	庚辰(경진)	辛巳(신사)	壬午(임오)	癸未(계미)	甲申(갑신)	乙酉(을유)	丙戌(병술)	丁亥(정해)	戊子(무자)	己丑(기축)	庚寅(경인)	辛卯(신묘)	壬辰(임진)	癸巳(계사)	甲午(갑오)	乙未(을미)	丙申(병신)
절기시각													申正																巳初	
대운 순행	4	4	3	3	3	2	2	2	1	1	1	1	10	10	10	10	9	9	9	8	8	8	7	7	7	6	6	6	5	5
대운 역행	7	7	7	8	8	8	9	9	9	10	10	10	10	1	1	1	2	2	2	3	3	3	4	4	4	5	5	5	6	6

西 大將	丑 喪門	酉 弔客	西 三殺

閏 6 月 乙 未(을미) 小

절 기															입추															
음 력	一	二	三	四	五	六	七	八	九	十	十一	十二	十三	十四	十五	十六	十七	十八	十九	廿	廿一	廿二	廿三	廿四	廿五	廿六	廿七	廿八	廿九	
양 력 월/일	7/26	27	28	29	30	31	8/1	2	3	4	5	6	7	8	9	10	11	12	13	14	15	16	17	18	19	20	21	22	23	
일 진	丁酉(정유)	戊戌(무술)	己亥(기해)	庚子(경자)	辛丑(신축)	壬寅(임인)	癸卯(계묘)	甲辰(갑진)	乙巳(을사)	丙午(병오)	丁未(정미)	戊申(무신)	己酉(기유)	庚戌(경술)	辛亥(신해)	壬子(임자)	癸丑(계축)	甲寅(갑인)	乙卯(을묘)	丙辰(병진)	丁巳(정사)	戊午(무오)	己未(기미)	庚申(경신)	辛酉(신유)	壬戌(임술)	癸亥(계해)	甲子(갑자)	乙丑(을축)	
절기시각															丑初															
대운 순행	5	4	4	4	3	3	3	2	2	2	1	1	1	1	10	10	10	9	9	9	8	8	8	7	7	7	6	6	6	
대운 역행	6	7	7	7	8	8	8	9	9	9	10	10	10	10	10	1	1	1	2	2	2	3	3	3	4	4	4	5	5	

7 月 丙 申(병신) 小

절 기																	백로													
음 력	一	二	三	四	五	六	七	八	九	十	十一	十二	十三	十四	十五	十六	十七	十八	十九	廿	廿一	廿二	廿三	廿四	廿五	廿六	廿七	廿八	廿九	
양 력 월/일	8/24	25	26	27	28	29	30	31	9/1	2	3	4	5	6	7	8	9	10	11	12	13	14	15	16	17	18	19	20	21	
일 진	丙寅(병인)	丁卯(정묘)	戊辰(무진)	己巳(기사)	庚午(경오)	辛未(신미)	壬申(임신)	癸酉(계유)	甲戌(갑술)	乙亥(을해)	丙子(병자)	丁丑(정축)	戊寅(무인)	己卯(기묘)	庚辰(경진)	辛巳(신사)	壬午(임오)	癸未(계미)	甲申(갑신)	乙酉(을유)	丙戌(병술)	丁亥(정해)	戊子(무자)	己丑(기축)	庚寅(경인)	辛卯(신묘)	壬辰(임진)	癸巳(계사)	甲午(갑오)	
절기시각	申正																寅正													
대운 순행	5	5	5	4	4	4	3	3	3	2	2	2	1	1	1	1	10	10	9	9	9	8	8	8	7	7	7	6	6	
대운 역행	5	6	6	6	7	7	7	8	8	8	9	9	9	10	10	10	10	1	1	1	2	2	2	3	3	3	4	4	4	

8 月 丁 酉(정유) 大

절 기			추분															한로												
음 력	一	二	三	四	五	六	七	八	九	十	十一	十二	十三	十四	十五	十六	十七	十八	十九	廿	廿一	廿二	廿三	廿四	廿五	廿六	廿七	廿八	廿九	三十
양 력 월/일	9/22	23	24	25	26	27	28	29	30	10/1	2	3	4	5	6	7	8	9	10	11	12	13	14	15	16	17	18	19	20	21
일 진	乙未(을미)	丙申(병신)	丁酉(정유)	戊戌(무술)	己亥(기해)	庚子(경자)	辛丑(신축)	壬寅(임인)	癸卯(계묘)	甲辰(갑진)	乙巳(을사)	丙午(병오)	丁未(정미)	戊申(무신)	己酉(기유)	庚戌(경술)	辛亥(신해)	壬子(임자)	癸丑(계축)	甲寅(갑인)	乙卯(을묘)	丙辰(병진)	丁巳(정사)	戊午(무오)	己未(기미)	庚申(경신)	辛酉(신유)	壬戌(임술)	癸亥(계해)	甲子(갑자)
절기시각			未初															戌正												
대운 순행	6	5	5	5	4	4	4	3	3	3	2	2	2	1	1	1	1	10	10	9	9	9	8	8	8	7	7	7	6	6
대운 역행	5	5	5	6	6	6	7	7	7	8	8	8	9	9	9	10	10	10	1	1	1	2	2	2	3	3	3	4	4	4

9 月 戊 戌(무술) 大

절 기			상강															입동												
음 력	一	二	三	四	五	六	七	八	九	十	十一	十二	十三	十四	十五	十六	十七	十八	十九	廿	廿一	廿二	廿三	廿四	廿五	廿六	廿七	廿八	廿九	三十
양 력 월/일	10/22	23	24	25	26	27	28	29	30	31	10/1	2	3	4	5	6	7	8	9	10	11	12	13	14	15	16	17	18	19	20
일 진	乙丑(을축)	丙寅(병인)	丁卯(정묘)	戊辰(무진)	己巳(기사)	庚午(경오)	辛未(신미)	壬申(임신)	癸酉(계유)	甲戌(갑술)	乙亥(을해)	丙子(병자)	丁丑(정축)	戊寅(무인)	己卯(기묘)	庚辰(경진)	辛巳(신사)	壬午(임오)	癸未(계미)	甲申(갑신)	乙酉(을유)	丙戌(병술)	丁亥(정해)	戊子(무자)	己丑(기축)	庚寅(경인)	辛卯(신묘)	壬辰(임진)	癸巳(계사)	甲午(갑오)
절기시각			亥正															亥正												
대운 순행	6	5	5	5	4	4	4	3	3	3	2	2	2	1	1	1	1	10	10	9	9	9	8	8	8	7	7	7	6	6
대운 역행	5	5	5	6	6	6	7	7	7	8	8	8	9	9	9	10	10	10	1	1	1	2	2	2	3	3	3	4	4	4

10 月 己 亥(기해) 小

절 기			소설															대설												
음 력	一	二	三	四	五	六	七	八	九	十	十一	十二	十三	十四	十五	十六	十七	十八	十九	廿	廿一	廿二	廿三	廿四	廿五	廿六	廿七	廿八	廿九	
양 력 월/일	11/21	22	23	24	25	26	27	28	29	30	12/1	2	3	4	5	6	7	8	9	10	11	12	13	14	15	16	17	18	19	
일 진	乙未(을미)	丙申(병신)	丁酉(정유)	戊戌(무술)	己亥(기해)	庚子(경자)	辛丑(신축)	壬寅(임인)	癸卯(계묘)	甲辰(갑진)	乙巳(을사)	丙午(병오)	丁未(정미)	戊申(무신)	己酉(기유)	庚戌(경술)	辛亥(신해)	壬子(임자)	癸丑(계축)	甲寅(갑인)	乙卯(을묘)	丙辰(병진)	丁巳(정사)	戊午(무오)	己未(기미)	庚申(경신)	辛酉(신유)	壬戌(임술)	癸亥(계해)	
절기시각			戌初															未正												
대운 순행	6	5	5	5	4	4	4	3	3	3	2	2	2	1	1	1	1	10	10	9	9	9	8	8	8	7	7	7	6	
대운 역행	5	5	5	6	6	6	7	7	7	8	8	8	9	9	9	10	10	10	1	1	1	2	2	2	3	3	3	4	4	

11 月 庚 子(경자) 大

절 기				동지															소한											
음 력	一	二	三	四	五	六	七	八	九	十	十一	十二	十三	十四	十五	十六	十七	十八	十九	廿	廿一	廿二	廿三	廿四	廿五	廿六	廿七	廿八	廿九	三十
양 력 월/일	12/20	21	22	23	24	25	26	27	28	29	30	31	1/1	2	3	4	5	6	7	8	9	10	11	12	13	14	15	16	17	18
일 진	甲子(갑자)	乙丑(을축)	丙寅(병인)	丁卯(정묘)	戊辰(무진)	己巳(기사)	庚午(경오)	辛未(신미)	壬申(임신)	癸酉(계유)	甲戌(갑술)	乙亥(을해)	丙子(병자)	丁丑(정축)	戊寅(무인)	己卯(기묘)	庚辰(경진)	辛巳(신사)	壬午(임오)	癸未(계미)	甲申(갑신)	乙酉(을유)	丙戌(병술)	丁亥(정해)	戊子(무자)	己丑(기축)	庚寅(경인)	辛卯(신묘)	壬辰(임진)	癸巳(계사)
절기시각				辰正															丑初											
대운 순행	6	6	5	5	5	4	4	4	3	3	3	2	2	2	1	1	1	1	10	9	9	9	8	8	8	7	7	7	6	6
대운 역행	4	5	5	5	6	6	6	7	7	7	8	8	8	9	9	9	10	10	10	1	1	1	2	2	2	3	3	3	4	4

12 月 辛 丑(신축) 大

절 기			대한															입춘												
음 력	一	二	三	四	五	六	七	八	九	十	十一	十二	十三	十四	十五	十六	十七	十八	十九	廿	廿一	廿二	廿三	廿四	廿五	廿六	廿七	廿八	廿九	三十
양 력 월/일	1/19	20	21	22	23	24	25	26	27	28	29	30	31	2/1	2	3	4	5	6	7	8	9	10	11	12	13	14	15	16	17
일 진	甲午(갑오)	乙未(을미)	丙申(병신)	丁酉(정유)	戊戌(무술)	己亥(기해)	庚子(경자)	辛丑(신축)	壬寅(임인)	癸卯(계묘)	甲辰(갑진)	乙巳(을사)	丙午(병오)	丁未(정미)	戊申(무신)	己酉(기유)	庚戌(경술)	辛亥(신해)	壬子(임자)	癸丑(계축)	甲寅(갑인)	乙卯(을묘)	丙辰(병진)	丁巳(정사)	戊午(무오)	己未(기미)	庚申(경신)	辛酉(신유)	壬戌(임술)	癸亥(계해)
절기시각			酉正															午正												
대운 순행	6	5	5	5	4	4	4	3	3	3	2	2	2	1	1	1	1	10	10	9	9	9	8	8	8	7	7	7	6	6
대운 역행	4	5	5	5	6	6	6	7	7	7	8	8	8	9	9	9	10	10	1	1	1	2	2	2	3	3	3	4	4	4

단기 4245 년
불기 2456 년

1912년 壬子(임자)年

1 月 壬 寅(임인) 大

절기			우수															경칩												
음력	一	二	三	四	五	六	七	八	九	十	十一	十二	十三	十四	十五	十六	十七	十八	十九	廿	廿一	廿二	廿三	廿四	廿五	廿六	廿七	廿八	廿九	三十
양력 월/일	2/18	19	20	21	22	23	24	25	26	27	28	29	3/1	2	3	4	5	6	7	8	9	10	11	12	13	14	15	16	17	18
일진	甲子(갑자)	乙丑(을축)	丙寅(병인)	丁卯(정묘)	戊辰(무진)	己巳(기사)	庚午(경오)	辛未(신미)	壬申(임신)	癸酉(계유)	甲戌(갑술)	乙亥(을해)	丙子(병자)	丁丑(정축)	戊寅(무인)	己卯(기묘)	庚辰(경진)	辛巳(신사)	壬午(임오)	癸未(계미)	甲申(갑신)	乙酉(을유)	丙戌(병술)	丁亥(정해)	戊子(무자)	己丑(기축)	庚寅(경인)	辛卯(신묘)	壬辰(임진)	癸巳(계사)
절기시각			辰正															卯正												
대운 순행	6	5	5	5	4	4	4	3	3	3	2	2	2	1	1	1	1	10	10	9	9	9	8	8	8	7	7	7	6	6
대운 역행	5	5	5	6	6	6	7	7	7	8	8	8	9	9	9	10	10	10	1	1	1	2	2	2	3	3	3	4	4	4

2 月 癸 卯(계묘) 小

절기			춘분															청명	한식											
음력	一	二	三	四	五	六	七	八	九	十	十一	十二	十三	十四	十五	十六	十七	十八	十九	廿	廿一	廿二	廿三	廿四	廿五	廿六	廿七	廿八	廿九	
양력 월/일	3/19	20	21	22	23	24	25	26	27	28	29	30	31	4/1	2	3	4	5	6	7	8	9	10	11	12	13	14	15	16	
일진	甲午(갑오)	乙未(을미)	丙申(병신)	丁酉(정유)	戊戌(무술)	己亥(기해)	庚子(경자)	辛丑(신축)	壬寅(임인)	癸卯(계묘)	甲辰(갑진)	乙巳(을사)	丙午(병오)	丁未(정미)	戊申(무신)	己酉(기유)	庚戌(경술)	辛亥(신해)	壬子(임자)	癸丑(계축)	甲寅(갑인)	乙卯(을묘)	丙辰(병진)	丁巳(정사)	戊午(무오)	己未(기미)	庚申(경신)	辛酉(신유)	壬戌(임술)	
절기시각			辰正															午正												
대운 순행	6	5	5	5	4	4	4	3	3	3	2	2	2	1	1	1	1	10	10	10	9	9	9	8	8	8	7	7	7	
대운 역행	5	5	5	6	6	6	7	7	7	8	8	8	9	9	9	10	10	10	1	1	1	2	2	2	3	3	3	4	4	

3 月 甲 辰(갑진) 大

절기				곡우																입하										
음력	一	二	三	四	五	六	七	八	九	十	十一	十二	十三	十四	十五	十六	十七	十八	十九	廿	廿一	廿二	廿三	廿四	廿五	廿六	廿七	廿八	廿九	三十
양력 월/일	4/17	18	19	20	21	22	23	24	25	26	27	28	29	30	5/1	2	3	4	5	6	7	8	9	10	11	12	13	14	15	16
일진	癸亥(계해)	甲子(갑자)	乙丑(을축)	丙寅(병인)	丁卯(정묘)	戊辰(무진)	己巳(기사)	庚午(경오)	辛未(신미)	壬申(임신)	癸酉(계유)	甲戌(갑술)	乙亥(을해)	丙子(병자)	丁丑(정축)	戊寅(무인)	己卯(기묘)	庚辰(경진)	辛巳(신사)	壬午(임오)	癸未(계미)	甲申(갑신)	乙酉(을유)	丙戌(병술)	丁亥(정해)	戊子(무자)	己丑(기축)	庚寅(경인)	辛卯(신묘)	壬辰(임진)
절기시각				戌初																卯正										
대운 순행	6	6	6	5	5	5	4	4	4	3	3	3	2	2	2	1	1	1	1	10	10	10	9	9	9	8	8	8	7	7
대운 역행	4	5	5	5	6	6	6	7	7	7	8	8	8	9	9	9	10	10	10	10	1	1	1	2	2	2	3	3	3	4

4 月 乙 巳(을사) 小

절기					소만																망종									
음력	一	二	三	四	五	六	七	八	九	十	十一	十二	十三	十四	十五	十六	十七	十八	十九	廿	廿一	廿二	廿三	廿四	廿五	廿六	廿七	廿八	廿九	
양력 월/일	5/17	18	19	20	21	22	23	24	25	26	27	28	29	30	31	6/1	2	3	4	5	6	7	8	9	10	11	12	13	14	
일진	癸巳(계사)	甲午(갑오)	乙未(을미)	丙申(병신)	丁酉(정유)	戊戌(무술)	己亥(기해)	庚子(경자)	辛丑(신축)	壬寅(임인)	癸卯(계묘)	甲辰(갑진)	乙巳(을사)	丙午(병오)	丁未(정미)	戊申(무신)	己酉(기유)	庚戌(경술)	辛亥(신해)	壬子(임자)	癸丑(계축)	甲寅(갑인)	乙卯(을묘)	丙辰(병진)	丁巳(정사)	戊午(무오)	己未(기미)	庚申(경신)	辛酉(신유)	
절기시각					戌初																午初									
대운 순행	7	6	6	6	5	5	5	4	4	4	3	3	3	2	2	2	1	1	1	1	10	10	10	9	9	9	8	8	8	
대운 역행	4	4	5	5	5	6	6	6	7	7	7	8	8	8	9	9	9	10	10	10	10	1	1	1	2	2	2	3	3	

5 月 丙 午(병오) 小

절기								하지															소서						초복	
음력	一	二	三	四	五	六	七	八	九	十	十一	十二	十三	十四	十五	十六	十七	十八	十九	廿	廿一	廿二	廿三	廿四	廿五	廿六	廿七	廿八	廿九	
양력 월/일	6/15	16	17	18	19	20	21	22	23	24	25	26	27	28	29	30	7/1	2	3	4	5	6	7	8	9	10	11	12	13	
일진	壬戌(임술)	癸亥(계해)	甲子(갑자)	乙丑(을축)	丙寅(병인)	丁卯(정묘)	戊辰(무진)	己巳(기사)	庚午(경오)	辛未(신미)	壬申(임신)	癸酉(계유)	甲戌(갑술)	乙亥(을해)	丙子(병자)	丁丑(정축)	戊寅(무인)	己卯(기묘)	庚辰(경진)	辛巳(신사)	壬午(임오)	癸未(계미)	甲申(갑신)	乙酉(을유)	丙戌(병술)	丁亥(정해)	戊子(무자)	己丑(기축)	庚寅(경인)	
절기시각								寅正															亥初							
대운 순행	7	7	7	6	6	6	5	5	5	4	4	4	3	3	3	2	2	2	1	1	1	1	10	10	10	10	9	9	9	
대운 역행	3	4	4	4	5	5	5	6	6	6	7	7	7	8	8	8	9	9	9	10	10	10	10	1	1	1	2	2	2	

6 月 丁 未(정미) 大

절기										대서 중복																입추				말복
음력	一	二	三	四	五	六	七	八	九	十	十一	十二	十三	十四	十五	十六	十七	十八	十九	廿	廿一	廿二	廿三	廿四	廿五	廿六	廿七	廿八	廿九	三十
양력 월/일	7/14	15	16	17	18	19	20	21	22	23	24	25	26	27	28	29	30	31	8/1	2	3	4	5	6	7	8	9	10	11	12
일진	辛卯(신묘)	壬辰(임진)	癸巳(계사)	甲午(갑오)	乙未(을미)	丙申(병신)	丁酉(정유)	戊戌(무술)	己亥(기해)	庚子(경자)	辛丑(신축)	壬寅(임인)	癸卯(계묘)	甲辰(갑진)	乙巳(을사)	丙午(병오)	丁未(정미)	戊申(무신)	己酉(기유)	庚戌(경술)	辛亥(신해)	壬子(임자)	癸丑(계축)	甲寅(갑인)	乙卯(을묘)	丙辰(병진)	丁巳(정사)	戊午(무오)	己未(기미)	庚申(경신)
절기시각										申初																辰初				
대운 순행	8	8	8	7	7	7	6	6	6	5	5	5	4	4	4	3	3	3	2	2	2	1	1	1	1	10	10	10	9	9
대운 역행	3	3	3	4	4	4	5	5	5	6	6	6	7	7	7	8	8	8	9	9	9	10	10	10	10	10	1	1	1	2

西 大將	寅 喪門	戌 弔客	南 三殺

7 月 戊 申(무신) 小

절기											처서																백로		
음력	一	二	三	四	五	六	七	八	九	十	十一	十二	十三	十四	十五	十六	十七	十八	十九	廿	廿一	廿二	廿三	廿四	廿五	廿六	廿七	廿八	廿九
양력 월/일	8/13	14	15	16	17	18	19	20	21	22	23	24	25	26	27	28	29	30	31	9/1	2	3	4	5	6	7	8	9	10
일진	辛酉(신유)	壬戌(임술)	癸亥(계해)	甲子(갑자)	乙丑(을축)	丙寅(병인)	丁卯(정묘)	戊辰(무진)	己巳(기사)	庚午(경오)	辛未(신미)	壬申(임신)	癸酉(계유)	甲戌(갑술)	乙亥(을해)	丙子(병자)	丁丑(정축)	戊寅(무인)	己卯(기묘)	庚辰(경진)	辛巳(신사)	壬午(임오)	癸未(계미)	甲申(갑신)	乙酉(을유)	丙戌(병술)	丁亥(정해)	戊子(무자)	己丑(기축)
절기시각											亥正																巳正		
대운 순행	9	8	8	8	7	7	7	6	6	6	5	5	5	4	4	4	3	3	3	2	2	2	1	1	1	1	10	10	10
대운 역행	2	2	3	3	3	4	4	4	5	5	5	6	6	6	7	7	7	8	8	8	9	9	9	10	10	10	10	1	1

8 月 己 酉(기유) 小

절기													추분																한로
음력	一	二	三	四	五	六	七	八	九	十	十一	十二	十三	十四	十五	十六	十七	十八	十九	廿	廿一	廿二	廿三	廿四	廿五	廿六	廿七	廿八	廿九
양력 월/일	9/11	12	13	14	15	16	17	18	19	20	21	22	23	24	25	26	27	28	29	30	10/1	2	3	4	5	6	7	8	9
일진	庚寅(경인)	辛卯(신묘)	壬辰(임진)	癸巳(계사)	甲午(갑오)	乙未(을미)	丙申(병신)	丁酉(정유)	戊戌(무술)	己亥(기해)	庚子(경자)	辛丑(신축)	壬寅(임인)	癸卯(계묘)	甲辰(갑진)	乙巳(을사)	丙午(병오)	丁未(정미)	戊申(무신)	己酉(기유)	庚戌(경술)	辛亥(신해)	壬子(임자)	癸丑(계축)	甲寅(갑인)	乙卯(을묘)	丙辰(병진)	丁巳(정사)	戊午(무오)
절기시각													亥正																丑初
대운 순행	9	9	9	8	8	8	7	7	7	6	6	6	5	5	5	4	4	4	3	3	3	2	2	2	1	1	1	1	10
대운 역행	1	2	2	2	3	3	3	4	4	4	5	5	5	6	6	6	7	7	7	8	8	8	9	9	9	10	10	10	10

9 月 庚 戌(경술) 大

절기															상강															입동
음력	一	二	三	四	五	六	七	八	九	十	十一	十二	十三	十四	十五	十六	十七	十八	十九	廿	廿一	廿二	廿三	廿四	廿五	廿六	廿七	廿八	廿九	三十
양력 월/일	10/10	11	12	13	14	15	16	17	18	19	20	21	22	23	24	25	26	27	28	29	30	31	11/1	2	3	4	5	6	7	8
일진	己未(기미)	庚申(경신)	辛酉(신유)	壬戌(임술)	癸亥(계해)	甲子(갑자)	乙丑(을축)	丙寅(병인)	丁卯(정묘)	戊辰(무진)	己巳(기사)	庚午(경오)	辛未(신미)	壬申(임신)	癸酉(계유)	甲戌(갑술)	乙亥(을해)	丙子(병자)	丁丑(정축)	戊寅(무인)	己卯(기묘)	庚辰(경진)	辛巳(신사)	壬午(임오)	癸未(계미)	甲申(갑신)	乙酉(을유)	丙戌(병술)	丁亥(정해)	戊子(무자)
절기시각															寅正															寅正
대운 순행	10	9	9	9	8	8	8	7	7	7	6	6	6	5	5	5	4	4	4	3	3	3	2	2	2	1	1	1	1	10
대운 역행	1	1	1	2	2	2	3	3	3	4	4	4	5	5	5	6	6	6	7	7	7	8	8	8	9	9	9	10	10	10

10 月 辛 亥(신해) 大

절기															소설														대설	
음력	一	二	三	四	五	六	七	八	九	十	十一	十二	十三	十四	十五	十六	十七	十八	十九	廿	廿一	廿二	廿三	廿四	廿五	廿六	廿七	廿八	廿九	三十
양력 월/일	11/9	10	11	12	13	14	15	16	17	18	19	20	21	22	23	24	25	26	27	28	29	30	12/1	2	3	4	5	6	7	8
일진	己丑(기축)	庚寅(경인)	辛卯(신묘)	壬辰(임진)	癸巳(계사)	甲午(갑오)	乙未(을미)	丙申(병신)	丁酉(정유)	戊戌(무술)	己亥(기해)	庚子(경자)	辛丑(신축)	壬寅(임인)	癸卯(계묘)	甲辰(갑진)	乙巳(을사)	丙午(병오)	丁未(정미)	戊申(무신)	己酉(기유)	庚戌(경술)	辛亥(신해)	壬子(임자)	癸丑(계축)	甲寅(갑인)	乙卯(을묘)	丙辰(병진)	丁巳(정사)	戊午(무오)
절기시각															丑初														戌正	
대운 순행	9	9	9	8	8	8	7	7	7	6	6	6	5	5	5	4	4	4	3	3	3	2	2	2	1	1	1	1	10	10
대운 역행	1	1	1	2	2	2	3	3	3	4	4	4	5	5	5	6	6	6	7	7	7	8	8	8	9	9	9	10	10	1

11 月 壬 子(임자) 小

절기														동지															소한
음력	一	二	三	四	五	六	七	八	九	十	十一	十二	十三	十四	十五	十六	十七	十八	十九	廿	廿一	廿二	廿三	廿四	廿五	廿六	廿七	廿八	廿九
양력 월/일	12/9	10	11	12	13	14	15	16	17	18	19	20	21	22	23	24	25	26	27	28	29	30	31	1/1	2	3	4	5	6
일진	己未(기미)	庚申(경신)	辛酉(신유)	壬戌(임술)	癸亥(계해)	甲子(갑자)	乙丑(을축)	丙寅(병인)	丁卯(정묘)	戊辰(무진)	己巳(기사)	庚午(경오)	辛未(신미)	壬申(임신)	癸酉(계유)	甲戌(갑술)	乙亥(을해)	丙子(병자)	丁丑(정축)	戊寅(무인)	己卯(기묘)	庚辰(경진)	辛巳(신사)	壬午(임오)	癸未(계미)	甲申(갑신)	乙酉(을유)	丙戌(병술)	丁亥(정해)
절기시각														未初															卯正
대운 순행	9	9	9	8	8	8	7	7	7	6	6	6	5	5	5	4	4	4	3	3	3	2	2	2	1	1	1	1	10
대운 역행	1	1	2	2	2	3	3	3	4	4	4	5	5	5	6	6	6	7	7	7	8	8	8	9	9	9	10	10	10

12 月 癸 丑(계축) 大

절기															대한														입춘	
음력	一	二	三	四	五	六	七	八	九	十	十一	十二	十三	十四	十五	十六	十七	十八	十九	廿	廿一	廿二	廿三	廿四	廿五	廿六	廿七	廿八	廿九	三十
양력 월/일	1/7	8	9	10	11	12	13	14	15	16	17	18	19	20	21	22	23	24	25	26	27	28	29	30	31	2/1	2	3	4	5
일진	戊子(무자)	己丑(기축)	庚寅(경인)	辛卯(신묘)	壬辰(임진)	癸巳(계사)	甲午(갑오)	乙未(을미)	丙申(병신)	丁酉(정유)	戊戌(무술)	己亥(기해)	庚子(경자)	辛丑(신축)	壬寅(임인)	癸卯(계묘)	甲辰(갑진)	乙巳(을사)	丙午(병오)	丁未(정미)	戊申(무신)	己酉(기유)	庚戌(경술)	辛亥(신해)	壬子(임자)	癸丑(계축)	甲寅(갑인)	乙卯(을묘)	丙辰(병진)	丁巳(정사)
절기시각															子正														酉正	
대운 순행	9	9	9	8	8	8	7	7	7	6	6	6	5	5	5	4	4	4	3	3	3	2	2	2	1	1	1	1	10	10
대운 역행	1	1	1	2	2	2	3	3	3	4	4	4	5	5	5	6	6	6	7	7	7	8	8	8	9	9	9	10	10	1

단기 4246 년
불기 2457 년

1913년 癸丑(계축)年

1 月 甲 寅(갑인) 大

절기														우수															경칩	
음력	一	二	三	四	五	六	七	八	九	十	十一	十二	十三	十四	十五	十六	十七	十八	十九	二十	廿一	廿二	廿三	廿四	廿五	廿六	廿七	廿八	廿九	三十
양력 월/일	2/6	7	8	9	10	11	12	13	14	15	16	17	18	19	20	21	22	23	24	25	26	27	28	3/1	2	3	4	5	6	7
일진	戊午(무오)	己未(기미)	庚申(경신)	辛酉(신유)	壬戌(임술)	癸亥(계해)	甲子(갑자)	乙丑(을축)	丙寅(병인)	丁卯(정묘)	戊辰(무진)	己巳(기사)	庚午(경오)	辛未(신미)	壬申(임신)	癸酉(계유)	甲戌(갑술)	乙亥(을해)	丙子(병자)	丁丑(정축)	戊寅(무인)	己卯(기묘)	庚辰(경진)	辛巳(신사)	壬午(임오)	癸未(계미)	甲申(갑신)	乙酉(을유)	丙戌(병술)	丁亥(정해)
절기시각														未正															午正	
대운 순행	9	9	9	8	8	8	7	7	7	6	6	6	5	5	5	4	4	4	3	3	3	2	2	2	1	1	1	1	10	10
대운 역행	1	1	2	2	2	3	3	3	4	4	4	5	5	5	6	6	6	7	7	7	8	8	8	9	9	9	10	10	10	1

2 月 乙 卯(을묘) 大

절기														춘분															청명	한식
음력	一	二	三	四	五	六	七	八	九	十	十一	十二	十三	十四	十五	十六	十七	十八	十九	二十	廿一	廿二	廿三	廿四	廿五	廿六	廿七	廿八	廿九	三十
양력 월/일	3/8	9	10	11	12	13	14	15	16	17	18	19	20	21	22	23	24	25	26	27	28	29	30	31	4/1	2	3	4	5	6
일진	戊子(무자)	己丑(기축)	庚寅(경인)	辛卯(신묘)	壬辰(임진)	癸巳(계사)	甲午(갑오)	乙未(을미)	丙申(병신)	丁酉(정유)	戊戌(무술)	己亥(기해)	庚子(경자)	辛丑(신축)	壬寅(임인)	癸卯(계묘)	甲辰(갑진)	乙巳(을사)	丙午(병오)	丁未(정미)	戊申(무신)	己酉(기유)	庚戌(경술)	辛亥(신해)	壬子(임자)	癸丑(계축)	甲寅(갑인)	乙卯(을묘)	丙辰(병진)	丁巳(정사)
절기시각														未正															酉正	
대운 순행	9	9	9	8	8	8	7	7	7	6	6	6	5	5	5	4	4	4	3	3	3	2	2	2	1	1	1	1	10	10
대운 역행	1	1	2	2	2	3	3	3	4	4	4	5	5	5	6	6	6	7	7	7	8	8	8	9	9	9	10	10	10	1

3 月 丙 辰(병진) 小

절기															곡우															
음력	一	二	三	四	五	六	七	八	九	十	十一	十二	十三	十四	十五	十六	十七	十八	十九	二十	廿一	廿二	廿三	廿四	廿五	廿六	廿七	廿八	廿九	
양력 월/일	4/7	8	9	10	11	12	13	14	15	16	17	18	19	20	21	22	23	24	25	26	27	28	29	30	5/1	2	3	4	5	
일진	戊午(무오)	己未(기미)	庚申(경신)	辛酉(신유)	壬戌(임술)	癸亥(계해)	甲子(갑자)	乙丑(을축)	丙寅(병인)	丁卯(정묘)	戊辰(무진)	己巳(기사)	庚午(경오)	辛未(신미)	壬申(임신)	癸酉(계유)	甲戌(갑술)	乙亥(을해)	丙子(병자)	丁丑(정축)	戊寅(무인)	己卯(기묘)	庚辰(경진)	辛巳(신사)	壬午(임오)	癸未(계미)	甲申(갑신)	乙酉(을유)	丙戌(병술)	
절기시각															丑初															
대운 순행	10	9	9	9	8	8	8	7	7	7	6	6	6	5	5	5	4	4	4	3	3	3	2	2	2	1	1	1	1	
대운 역행	1	1	2	2	2	3	3	3	4	4	4	5	5	5	6	6	6	7	7	7	8	8	8	9	9	9	10	10	10	

4 月 丁 巳(정사) 大

절기	입하																소만													
음력	一	二	三	四	五	六	七	八	九	十	十一	十二	十三	十四	十五	十六	十七	十八	十九	二十	廿一	廿二	廿三	廿四	廿五	廿六	廿七	廿八	廿九	三十
양력 월/일	5/6	7	8	9	10	11	12	13	14	15	16	17	18	19	20	21	22	23	24	25	26	27	28	29	30	31	6/1	2	3	4
일진	丁亥(정해)	戊子(무자)	己丑(기축)	庚寅(경인)	辛卯(신묘)	壬辰(임진)	癸巳(계사)	甲午(갑오)	乙未(을미)	丙申(병신)	丁酉(정유)	戊戌(무술)	己亥(기해)	庚子(경자)	辛丑(신축)	壬寅(임인)	癸卯(계묘)	甲辰(갑진)	乙巳(을사)	丙午(병오)	丁未(정미)	戊申(무신)	己酉(기유)	庚戌(경술)	辛亥(신해)	壬子(임자)	癸丑(계축)	甲寅(갑인)	乙卯(을묘)	丙辰(병진)
절기시각	午正																丑初													
대운 순행	10	10	10	9	9	9	8	8	8	7	7	7	6	6	6	5	5	5	4	4	4	3	3	3	2	2	2	1	1	1
대운 역행	10	1	1	1	2	2	2	3	3	3	4	4	4	5	5	5	6	6	6	7	7	7	8	8	8	9	9	9	10	10

5 月 戊 午(무오) 小

절기		망종																하지												
음력	一	二	三	四	五	六	七	八	九	十	十一	十二	十三	十四	十五	十六	十七	十八	十九	二十	廿一	廿二	廿三	廿四	廿五	廿六	廿七	廿八	廿九	
양력 월/일	6/5	6	7	8	9	10	11	12	13	14	15	16	17	18	19	20	21	22	23	24	25	26	27	28	29	30	7/1	2	3	
일진	丁巳(정사)	戊午(무오)	己未(기미)	庚申(경신)	辛酉(신유)	壬戌(임술)	癸亥(계해)	甲子(갑자)	乙丑(을축)	丙寅(병인)	丁卯(정묘)	戊辰(무진)	己巳(기사)	庚午(경오)	辛未(신미)	壬申(임신)	癸酉(계유)	甲戌(갑술)	乙亥(을해)	丙子(병자)	丁丑(정축)	戊寅(무인)	己卯(기묘)	庚辰(경진)	辛巳(신사)	壬午(임오)	癸未(계미)	甲申(갑신)	乙酉(을유)	
절기시각		酉初																巳正												
대운 순행	1	10	10	10	10	9	9	9	8	8	8	7	7	7	6	6	6	5	5	5	4	4	4	3	3	3	2	2	2	
대운 역행	10	10	1	1	1	2	2	2	3	3	3	4	4	4	5	5	5	6	6	6	7	7	7	8	8	8	9	9	9	

6 月 己 未(기미) 小

절기					소서															대서										
음력	一	二	三	四	五	六	七	八	九	十	十一	十二	十三	十四	十五	十六	十七	十八	十九	二十	廿一	廿二	廿三	廿四	廿五	廿六	廿七	廿八	廿九	
양력 월/일	7/4	5	6	7	8	9	10	11	12	13	14	15	16	17	18	19	20	21	22	23	24	25	26	27	28	29	30	31	8/1	
일진	丙戌(병술)	丁亥(정해)	戊子(무자)	己丑(기축)	庚寅(경인)	辛卯(신묘)	壬辰(임진)	癸巳(계사)	甲午(갑오)	乙未(을미)	丙申(병신)	丁酉(정유)	戊戌(무술)	己亥(기해)	庚子(경자)	辛丑(신축)	壬寅(임인)	癸卯(계묘)	甲辰(갑진)	乙巳(을사)	丙午(병오)	丁未(정미)	戊申(무신)	己酉(기유)	庚戌(경술)	辛亥(신해)	壬子(임자)	癸丑(계축)	甲寅(갑인)	
절기시각					寅初															亥初										
대운 순행	1	1	1	1	10	10	10	9	9	9	8	8	8	7	7	7	6	6	6	5	5	5	4	4	4	3	3	3	2	
대운 역행	10	10	10	10	10	1	1	1	2	2	2	3	3	3	4	4	4	5	5	5	6	6	6	7	7	7	8	8	8	

西 大將　　卯 喪門　　亥 弔客　　東 三殺

7 月　庚 申(경신)　大

절기							입추																처서							
음력	一	二	三	四	五	六	七	八	九	十	十一	十二	十三	十四	十五	十六	十七	十八	十九	二十	廿一	廿二	廿三	廿四	廿五	廿六	廿七	廿八	廿九	三十
양력 월/일	8/2	3	4	5	6	7	8	9	10	11	12	13	14	15	16	17	18	19	20	21	22	23	24	25	26	27	28	29	30	31
일진	乙卯(을묘)	丙辰(병진)	丁巳(정사)	戊午(무오)	己未(기미)	庚申(경신)	辛酉(신유)	壬戌(임술)	癸亥(계해)	甲子(갑자)	乙丑(을축)	丙寅(병인)	丁卯(정묘)	戊辰(무진)	己巳(기사)	庚午(경오)	辛未(신미)	壬申(임신)	癸酉(계유)	甲戌(갑술)	乙亥(을해)	丙子(병자)	丁丑(정축)	戊寅(무인)	己卯(기묘)	庚辰(경진)	辛巳(신사)	壬午(임오)	癸未(계미)	甲申(갑신)
절기시각							未初																寅正							
대운 순행	2	2	1	1	1	1	10	10	10	9	9	9	8	8	8	7	7	7	6	6	6	5	5	5	4	4	4	3	3	3
대운 역행	9	9	9	10	10	10	10	1	1	1	2	2	2	3	3	3	4	4	4	5	5	5	6	6	6	7	7	7	8	8

8 月　辛 酉(신유)　小

절기								백로																추분						
음력	一	二	三	四	五	六	七	八	九	十	十一	十二	十三	十四	十五	十六	十七	十八	十九	二十	廿一	廿二	廿三	廿四	廿五	廿六	廿七	廿八	廿九	
양력 월/일	9/1	2	3	4	5	6	7	8	9	10	11	12	13	14	15	16	17	18	19	20	21	22	23	24	25	26	27	28	29	
일진	乙酉(을유)	丙戌(병술)	丁亥(정해)	戊子(무자)	己丑(기축)	庚寅(경인)	辛卯(신묘)	壬辰(임진)	癸巳(계사)	甲午(갑오)	乙未(을미)	丙申(병신)	丁酉(정유)	戊戌(무술)	己亥(기해)	庚子(경자)	辛丑(신축)	壬寅(임인)	癸卯(계묘)	甲辰(갑진)	乙巳(을사)	丙午(병오)	丁未(정미)	戊申(무신)	己酉(기유)	庚戌(경술)	辛亥(신해)	壬子(임자)	癸丑(계축)	
절기시각								申正																丑初						
대운 순행	2	2	2	1	1	1	1	10	10	10	9	9	9	8	8	8	7	7	7	6	6	6	5	5	5	4	4	4	3	
대운 역행	8	9	9	9	10	10	10	10	1	1	1	2	2	2	3	3	3	4	4	4	5	5	5	6	6	6	7	7	7	

9 月　壬 戌(임술)　小

절기										한로															상강					
음력	一	二	三	四	五	六	七	八	九	十	十一	十二	十三	十四	十五	十六	十七	十八	十九	二十	廿一	廿二	廿三	廿四	廿五	廿六	廿七	廿八	廿九	
양력 월/일	9/30	10/1	2	3	4	5	6	7	8	9	10	11	12	13	14	15	16	17	18	19	20	21	22	23	24	25	26	27	28	
일진	甲寅(갑인)	乙卯(을묘)	丙辰(병진)	丁巳(정사)	戊午(무오)	己未(기미)	庚申(경신)	辛酉(신유)	壬戌(임술)	癸亥(계해)	甲子(갑자)	乙丑(을축)	丙寅(병인)	丁卯(정묘)	戊辰(무진)	己巳(기사)	庚午(경오)	辛未(신미)	壬申(임신)	癸酉(계유)	甲戌(갑술)	乙亥(을해)	丙子(병자)	丁丑(정축)	戊寅(무인)	己卯(기묘)	庚辰(경진)	辛巳(신사)	壬午(임오)	
절기시각										辰初															巳正					
대운 순행	3	3	2	2	2	1	1	1	1	10	10	9	9	9	8	8	8	7	7	7	6	6	6	5	5	5	4	4	4	
대운 역행	8	8	8	9	9	9	10	10	10	10	1	1	1	2	2	2	3	3	3	4	4	4	5	5	5	6	6	6	7	

10 月　癸 亥(계해)　大

절기											입동															소설				
음력	一	二	三	四	五	六	七	八	九	十	十一	十二	十三	十四	十五	十六	十七	十八	十九	二十	廿一	廿二	廿三	廿四	廿五	廿六	廿七	廿八	廿九	三十
양력 월/일	10/29	30	31	11/1	2	3	4	5	6	7	8	9	10	11	12	13	14	15	16	17	18	19	20	21	22	23	24	25	26	27
일진	癸未(계미)	甲申(갑신)	乙酉(을유)	丙戌(병술)	丁亥(정해)	戊子(무자)	己丑(기축)	庚寅(경인)	辛卯(신묘)	壬辰(임진)	癸巳(계사)	甲午(갑오)	乙未(을미)	丙申(병신)	丁酉(정유)	戊戌(무술)	己亥(기해)	庚子(경자)	辛丑(신축)	壬寅(임인)	癸卯(계묘)	甲辰(갑진)	乙巳(을사)	丙午(병오)	丁未(정미)	戊申(무신)	己酉(기유)	庚戌(경술)	辛亥(신해)	壬子(임자)
절기시각											巳正															辰初				
대운 순행	3	3	3	2	2	2	1	1	1	1	10	10	9	9	9	8	8	8	7	7	7	6	6	6	5	5	5	4	4	4
대운 역행	7	7	8	8	8	9	9	9	10	10	10	1	1	1	2	2	2	3	3	3	4	4	4	5	5	5	6	6	6	7

11 月　甲 子(갑자)　小

절기											대설														동지					
음력	一	二	三	四	五	六	七	八	九	十	十一	十二	十三	十四	十五	十六	十七	十八	十九	二十	廿一	廿二	廿三	廿四	廿五	廿六	廿七	廿八	廿九	
양력 월/일	11/28	29	30	12/1	2	3	4	5	6	7	8	9	10	11	12	13	14	15	16	17	18	19	20	21	22	23	24	25	26	
일진	癸丑(계축)	甲寅(갑인)	乙卯(을묘)	丙辰(병진)	丁巳(정사)	戊午(무오)	己未(기미)	庚申(경신)	辛酉(신유)	壬戌(임술)	癸亥(계해)	甲子(갑자)	乙丑(을축)	丙寅(병인)	丁卯(정묘)	戊辰(무진)	己巳(기사)	庚午(경오)	辛未(신미)	壬申(임신)	癸酉(계유)	甲戌(갑술)	乙亥(을해)	丙子(병자)	丁丑(정축)	戊寅(무인)	己卯(기묘)	庚辰(경진)	辛巳(신사)	
절기시각											丑正														戌初					
대운 순행	3	3	3	2	2	2	1	1	1	1	10	9	9	9	8	8	8	7	7	7	6	6	6	5	5	5	4	4	4	
대운 역행	7	7	8	8	8	9	9	9	10	10	10	1	1	1	2	2	2	3	3	3	4	4	4	5	5	5	6	6	6	

12 月　乙 丑(을축)　大

절기											소한															대한				
음력	一	二	三	四	五	六	七	八	九	十	十一	十二	十三	十四	十五	十六	十七	十八	十九	二十	廿一	廿二	廿三	廿四	廿五	廿六	廿七	廿八	廿九	三十
양력 월/일	12/27	28	29	30	31	1/1	2	3	4	5	6	7	8	9	10	11	12	13	14	15	16	17	18	19	20	21	22	23	24	25
일진	壬午(임오)	癸未(계미)	甲申(갑신)	乙酉(을유)	丙戌(병술)	丁亥(정해)	戊子(무자)	己丑(기축)	庚寅(경인)	辛卯(신묘)	壬辰(임진)	癸巳(계사)	甲午(갑오)	乙未(을미)	丙申(병신)	丁酉(정유)	戊戌(무술)	己亥(기해)	庚子(경자)	辛丑(신축)	壬寅(임인)	癸卯(계묘)	甲辰(갑진)	乙巳(을사)	丙午(병오)	丁未(정미)	戊申(무신)	己酉(기유)	庚戌(경술)	辛亥(신해)
절기시각											午正															卯初				
대운 순행	3	3	3	2	2	2	1	1	1	1	10	9	9	9	8	8	8	7	7	7	6	6	6	5	5	5	4	4	4	3
대운 역행	7	7	7	8	8	8	9	9	9	10	10	1	1	1	2	2	2	3	3	3	4	4	4	5	5	5	6	6	6	7

단기 4247 년 불기 2458 년	**1914년 甲寅(갑인)年**

1 月 丙 寅(병인) 大

절기											입춘														우수					
음력	一	二	三	四	五	六	七	八	九	十	十一	十二	十三	十四	十五	十六	十七	十八	十九	廿	廿一	廿二	廿三	廿四	廿五	廿六	廿七	廿八	廿九	三十
양력 월/일	1/26	27	28	29	30	31	2/1	2	3	4	5	6	7	8	9	10	11	12	13	14	15	16	17	18	19	20	21	22	23	24
일진	壬子(임자)	癸丑(계축)	甲寅(갑인)	乙卯(을묘)	丙辰(병진)	丁巳(정사)	戊午(무오)	己未(기미)	庚申(경신)	辛酉(신유)	壬戌(임술)	癸亥(계해)	甲子(갑자)	乙丑(을축)	丙寅(병인)	丁卯(정묘)	戊辰(무진)	己巳(기사)	庚午(경오)	辛未(신미)	壬申(임신)	癸酉(계유)	甲戌(갑술)	乙亥(을해)	丙子(병자)	丁丑(정축)	戊寅(무인)	己卯(기묘)	庚辰(경진)	辛巳(신사)
절기시각											子正														戌正					
대운 순행	3	3	2	2	2	1	1	1	1	10	10	9	9	9	8	8	8	7	7	7	6	6	6	5	5	5	4	4	4	3
대운 역행	7	7	8	8	8	9	9	9	10	10	1	1	1	2	2	2	3	3	3	4	4	4	5	5	5	6	6	6	7	7

2 月 丁 卯(정묘) 大

절기										경칩															춘분					
음력	一	二	三	四	五	六	七	八	九	十	十一	十二	十三	十四	十五	十六	十七	十八	十九	廿	廿一	廿二	廿三	廿四	廿五	廿六	廿七	廿八	廿九	三十
양력 월/일	2/25	26	27	28	3/1	2	3	4	5	6	7	8	9	10	11	12	13	14	15	16	17	18	19	20	21	22	23	24	25	26
일진	壬午(임오)	癸未(계미)	甲申(갑신)	乙酉(을유)	丙戌(병술)	丁亥(정해)	戊子(무자)	己丑(기축)	庚寅(경인)	辛卯(신묘)	壬辰(임진)	癸巳(계사)	甲午(갑오)	乙未(을미)	丙申(병신)	丁酉(정유)	戊戌(무술)	己亥(기해)	庚子(경자)	辛丑(신축)	壬寅(임인)	癸卯(계묘)	甲辰(갑진)	乙巳(을사)	丙午(병오)	丁未(정미)	戊申(무신)	己酉(기유)	庚戌(경술)	辛亥(신해)
절기시각										酉正															戌初					
대운 순행	3	3	2	2	2	1	1	1	1	10	10	9	9	9	8	8	8	7	7	7	6	6	6	5	5	5	4	4	4	3
대운 역행	7	8	8	8	9	9	9	10	10	10	1	1	1	2	2	2	3	3	3	4	4	4	5	5	5	6	6	6	7	7

3 月 戊 辰(무진) 小

절기											청명 한식															곡우			
음력	一	二	三	四	五	六	七	八	九	十	十一	十二	十三	十四	十五	十六	十七	十八	十九	廿	廿一	廿二	廿三	廿四	廿五	廿六	廿七	廿八	廿九
양력 월/일	3/27	28	29	30	31	4/1	2	3	4	5	6	7	8	9	10	11	12	13	14	15	16	17	18	19	20	21	22	23	24
일진	壬子(임자)	癸丑(계축)	甲寅(갑인)	乙卯(을묘)	丙辰(병진)	丁巳(정사)	戊午(무오)	己未(기미)	庚申(경신)	辛酉(신유)	壬戌(임술)	癸亥(계해)	甲子(갑자)	乙丑(을축)	丙寅(병인)	丁卯(정묘)	戊辰(무진)	己巳(기사)	庚午(경오)	辛未(신미)	壬申(임신)	癸酉(계유)	甲戌(갑술)	乙亥(을해)	丙子(병자)	丁丑(정축)	戊寅(무인)	己卯(기묘)	庚辰(경진)
절기시각											午正															辰初			
대운 순행	3	3	2	2	2	1	1	1	1	10	10	10	9	9	9	8	8	8	7	7	7	6	6	6	5	5	5	4	4
대운 역행	7	8	8	8	9	9	9	10	10	10	1	1	1	2	2	2	3	3	3	4	4	4	5	5	5	6	6	6	7

4 月 己 巳(기사) 大

절기												입하																소만		
음력	一	二	三	四	五	六	七	八	九	十	十一	十二	十三	十四	十五	十六	十七	十八	十九	廿	廿一	廿二	廿三	廿四	廿五	廿六	廿七	廿八	廿九	三十
양력 월/일	4/25	26	27	28	29	30	5/1	2	3	4	5	6	7	8	9	10	11	12	13	14	15	16	17	18	19	20	21	22	23	24
일진	辛巳(신사)	壬午(임오)	癸未(계미)	甲申(갑신)	乙酉(을유)	丙戌(병술)	丁亥(정해)	戊子(무자)	己丑(기축)	庚寅(경인)	辛卯(신묘)	壬辰(임진)	癸巳(계사)	甲午(갑오)	乙未(을미)	丙申(병신)	丁酉(정유)	戊戌(무술)	己亥(기해)	庚子(경자)	辛丑(신축)	壬寅(임인)	癸卯(계묘)	甲辰(갑진)	乙巳(을사)	丙午(병오)	丁未(정미)	戊申(무신)	己酉(기유)	庚戌(경술)
절기시각												酉正																辰初		
대운 순행	4	3	3	3	2	2	2	1	1	1	1	10	10	10	9	9	9	8	8	8	7	7	7	6	6	6	5	5	5	4
대운 역행	7	7	8	8	8	9	9	9	10	10	10	10	1	1	1	2	2	2	3	3	3	4	4	4	5	5	5	6	6	6

5 月 庚 午(경오) 大

절기													망종																하지	
음력	一	二	三	四	五	六	七	八	九	十	十一	十二	十三	十四	十五	十六	十七	十八	十九	廿	廿一	廿二	廿三	廿四	廿五	廿六	廿七	廿八	廿九	三十
양력 월/일	5/25	26	27	28	29	30	31	6/1	2	3	4	5	6	7	8	9	10	11	12	13	14	15	16	17	18	19	20	21	22	23
일진	辛亥(신해)	壬子(임자)	癸丑(계축)	甲寅(갑인)	乙卯(을묘)	丙辰(병진)	丁巳(정사)	戊午(무오)	己未(기미)	庚申(경신)	辛酉(신유)	壬戌(임술)	癸亥(계해)	甲子(갑자)	乙丑(을축)	丙寅(병인)	丁卯(정묘)	戊辰(무진)	己巳(기사)	庚午(경오)	辛未(신미)	壬申(임신)	癸酉(계유)	甲戌(갑술)	乙亥(을해)	丙子(병자)	丁丑(정축)	戊寅(무인)	己卯(기묘)	庚辰(경진)
절기시각													亥正																申初	
대운 순행	4	4	3	3	3	2	2	2	1	1	1	1	10	10	10	10	9	9	9	8	8	8	7	7	7	6	6	6	5	5
대운 역행	7	7	7	8	8	8	9	9	9	10	10	10	10	1	1	1	2	2	2	3	3	3	4	4	4	5	5	5	6	6

閏 5 月 庚 午(경오) 小

절기															소서					초복									
음력	一	二	三	四	五	六	七	八	九	十	十一	十二	十三	十四	十五	十六	十七	十八	十九	廿	廿一	廿二	廿三	廿四	廿五	廿六	廿七	廿八	廿九
양력 월/일	6/24	25	26	27	28	29	30	7/1	2	3	4	5	6	7	8	9	10	11	12	13	14	15	16	17	18	19	20	21	22
일진	辛巳(신사)	壬午(임오)	癸未(계미)	甲申(갑신)	乙酉(을유)	丙戌(병술)	丁亥(정해)	戊子(무자)	己丑(기축)	庚寅(경인)	辛卯(신묘)	壬辰(임진)	癸巳(계사)	甲午(갑오)	乙未(을미)	丙申(병신)	丁酉(정유)	戊戌(무술)	己亥(기해)	庚子(경자)	辛丑(신축)	壬寅(임인)	癸卯(계묘)	甲辰(갑진)	乙巳(을사)	丙午(병오)	丁未(정미)	戊申(무신)	己酉(기유)
절기시각															巳初														
대운 순행	5	4	4	4	3	3	3	2	2	2	1	1	1	1	10	10	10	9	9	9	8	8	8	7	7	7	6	6	6
대운 역행	6	7	7	7	8	8	8	9	9	9	10	10	10	10	10	1	1	1	2	2	2	3	3	3	4	4	4	5	5

北 大將	辰 喪門	子 弔客	北 三殺

6 月 辛 未(신미) 小

절 기	중복	대서															입추				말복									
음 력	一	二	三	四	五	六	七	八	九	十	十一	十二	十三	十四	十五	十六	十七	十八	十九	廿	廿一	廿二	廿三	廿四	廿五	廿六	廿七	廿八	廿九	
양 력 월/일	7/23	24	25	26	27	28	29	30	31	8/1	2	3	4	5	6	7	8	9	10	11	12	13	14	15	16	17	18	19	20	
일 진	庚戌(경술)	辛亥(신해)	壬子(임자)	癸丑(계축)	甲寅(갑인)	乙卯(을묘)	丙辰(병진)	丁巳(정사)	戊午(무오)	己未(기미)	庚申(경신)	辛酉(신유)	壬戌(임술)	癸亥(계해)	甲子(갑자)	乙丑(을축)	丙寅(병인)	丁卯(정묘)	戊辰(무진)	己巳(기사)	庚午(경오)	辛未(신미)	壬申(임신)	癸酉(계유)	甲戌(갑술)	乙亥(을해)	丙子(병자)	丁丑(정축)	戊寅(무인)	
절기시각		丑正															戌初													
대운 순행	5	5	5	4	4	4	3	3	3	2	2	2	1	1	1	1	10	10	10	9	9	9	8	8	8	7	7	7	6	
대운 역행	5	6	6	6	7	7	7	8	8	8	9	9	9	10	10	10	10	1	1	1	2	2	2	3	3	3	4	4	4	

7 月 壬 申(임신) 大

절 기				처서																백로										
음 력	一	二	三	四	五	六	七	八	九	十	十一	十二	十三	十四	十五	十六	十七	十八	十九	廿	廿一	廿二	廿三	廿四	廿五	廿六	廿七	廿八	廿九	三十
양 력 월/일	8/21	22	23	24	25	26	27	28	29	30	31	9/1	2	3	4	5	6	7	8	9	10	11	12	13	14	15	16	17	18	19
일 진	己卯(기묘)	庚辰(경진)	辛巳(신사)	壬午(임오)	癸未(계미)	甲申(갑신)	乙酉(을유)	丙戌(병술)	丁亥(정해)	戊子(무자)	己丑(기축)	庚寅(경인)	辛卯(신묘)	壬辰(임진)	癸巳(계사)	甲午(갑오)	乙未(을미)	丙申(병신)	丁酉(정유)	戊戌(무술)	己亥(기해)	庚子(경자)	辛丑(신축)	壬寅(임인)	癸卯(계묘)	甲辰(갑진)	乙巳(을사)	丙午(병오)	丁未(정미)	戊申(무신)
절기시각				巳初																亥正										
대운 순행	6	6	5	5	5	4	4	4	3	3	3	2	2	2	1	1	1	1	10	10	10	9	9	9	8	8	8	7	7	7
대운 역행	5	5	5	6	6	6	7	7	7	8	8	8	9	9	9	10	10	10	10	1	1	1	2	2	2	3	3	3	4	4

8 月 癸 酉(계유) 小

절 기					추분															한로										
음 력	一	二	三	四	五	六	七	八	九	十	十一	十二	十三	十四	十五	十六	十七	十八	十九	廿	廿一	廿二	廿三	廿四	廿五	廿六	廿七	廿八	廿九	
양 력 월/일	9/20	21	22	23	24	25	26	27	28	29	30	10/1	2	3	4	5	6	7	8	9	10	11	12	13	14	15	16	17	18	
일 진	己酉(기유)	庚戌(경술)	辛亥(신해)	壬子(임자)	癸丑(계축)	甲寅(갑인)	乙卯(을묘)	丙辰(병진)	丁巳(정사)	戊午(무오)	己未(기미)	庚申(경신)	辛酉(신유)	壬戌(임술)	癸亥(계해)	甲子(갑자)	乙丑(을축)	丙寅(병인)	丁卯(정묘)	戊辰(무진)	己巳(기사)	庚午(경오)	辛未(신미)	壬申(임신)	癸酉(계유)	甲戌(갑술)	乙亥(을해)	丙子(병자)	丁丑(정축)	
절기시각					辰初															未初										
대운 순행	6	6	6	5	5	5	4	4	4	3	3	3	2	2	2	1	1	1	1	10	10	9	9	9	8	8	8	7	7	
대운 역행	4	5	5	5	6	6	6	7	7	7	8	8	8	9	9	9	10	10	10	10	1	1	1	2	2	2	3	3	3	

9 月 甲 戌(갑술) 大

절 기						상강															입동									
음 력	一	二	三	四	五	六	七	八	九	十	十一	十二	十三	十四	十五	十六	十七	十八	十九	廿	廿一	廿二	廿三	廿四	廿五	廿六	廿七	廿八	廿九	三十
양 력 월/일	10/19	20	21	22	23	24	25	26	27	28	29	30	31	11/1	2	3	4	5	6	7	8	9	10	11	12	13	14	15	16	17
일 진	戊寅(무인)	己卯(기묘)	庚辰(경진)	辛巳(신사)	壬午(임오)	癸未(계미)	甲申(갑신)	乙酉(을유)	丙戌(병술)	丁亥(정해)	戊子(무자)	己丑(기축)	庚寅(경인)	辛卯(신묘)	壬辰(임진)	癸巳(계사)	甲午(갑오)	乙未(을미)	丙申(병신)	丁酉(정유)	戊戌(무술)	己亥(기해)	庚子(경자)	辛丑(신축)	壬寅(임인)	癸卯(계묘)	甲辰(갑진)	乙巳(을사)	丙午(병오)	丁未(정미)
절기시각						申初															申初									
대운 순행	7	6	6	6	5	5	5	4	4	4	3	3	3	2	2	2	1	1	1	1	10	10	9	9	9	8	8	8	7	7
대운 역행	4	4	4	5	5	5	6	6	6	7	7	7	8	8	8	9	9	9	10	10	10	1	1	1	2	2	2	3	3	3

10 月 乙 亥(을해) 小

절 기						소설															대설									
음 력	一	二	三	四	五	六	七	八	九	十	十一	十二	十三	十四	十五	十六	十七	十八	十九	廿	廿一	廿二	廿三	廿四	廿五	廿六	廿七	廿八	廿九	
양 력 월/일	11/18	19	20	21	22	23	24	25	26	27	28	29	30	12/1	2	3	4	5	6	7	8	9	10	11	12	13	14	15	16	
일 진	戊申(무신)	己酉(기유)	庚戌(경술)	辛亥(신해)	壬子(임자)	癸丑(계축)	甲寅(갑인)	乙卯(을묘)	丙辰(병진)	丁巳(정사)	戊午(무오)	己未(기미)	庚申(경신)	辛酉(신유)	壬戌(임술)	癸亥(계해)	甲子(갑자)	乙丑(을축)	丙寅(병인)	丁卯(정묘)	戊辰(무진)	己巳(기사)	庚午(경오)	辛未(신미)	壬申(임신)	癸酉(계유)	甲戌(갑술)	乙亥(을해)	丙子(병자)	
절기시각						未初															辰正									
대운 순행	7	6	6	6	5	5	5	4	4	4	3	3	3	2	2	2	1	1	1	1	10	9	9	9	8	8	8	7	7	
대운 역행	4	4	4	5	5	5	6	6	6	7	7	7	8	8	8	9	9	9	10	10	10	1	1	1	2	2	2	3	3	

11 月 丙 子(병자) 小

절 기							동지														소한									
음 력	一	二	三	四	五	六	七	八	九	十	十一	十二	十三	十四	十五	十六	十七	十八	十九	廿	廿一	廿二	廿三	廿四	廿五	廿六	廿七	廿八	廿九	
양 력 월/일	12/17	18	19	20	21	22	23	24	25	26	27	28	29	30	31	1/1	2	3	4	5	6	7	8	9	10	11	12	13	14	
일 진	丁丑(정축)	戊寅(무인)	己卯(기묘)	庚辰(경진)	辛巳(신사)	壬午(임오)	癸未(계미)	甲申(갑신)	乙酉(을유)	丙戌(병술)	丁亥(정해)	戊子(무자)	己丑(기축)	庚寅(경인)	辛卯(신묘)	壬辰(임진)	癸巳(계사)	甲午(갑오)	乙未(을미)	丙申(병신)	丁酉(정유)	戊戌(무술)	己亥(기해)	庚子(경자)	辛丑(신축)	壬寅(임인)	癸卯(계묘)	甲辰(갑진)	乙巳(을사)	
절기시각							丑正														酉正									
대운 순행	7	6	6	6	5	5	5	4	4	4	3	3	3	2	2	2	1	1	1	1	10	10	9	9	9	8	8	8	7	
대운 역행	3	4	4	4	5	5	5	6	6	6	7	7	7	8	8	8	9	9	9	10	10	1	1	1	2	2	2	3	3	

12 月 丁 丑(정축) 大

절 기							대한															입춘								
음 력	一	二	三	四	五	六	七	八	九	十	十一	十二	十三	十四	十五	十六	十七	十八	十九	廿	廿一	廿二	廿三	廿四	廿五	廿六	廿七	廿八	廿九	三十
양 력 월/일	1/15	16	17	18	19	20	21	22	23	24	25	26	27	28	29	30	31	2/1	2	3	4	5	6	7	8	9	10	11	12	13
일 진	丙午(병오)	丁未(정미)	戊申(무신)	己酉(기유)	庚戌(경술)	辛亥(신해)	壬子(임자)	癸丑(계축)	甲寅(갑인)	乙卯(을묘)	丙辰(병진)	丁巳(정사)	戊午(무오)	己未(기미)	庚申(경신)	辛酉(신유)	壬戌(임술)	癸亥(계해)	甲子(갑자)	乙丑(을축)	丙寅(병인)	丁卯(정묘)	戊辰(무진)	己巳(기사)	庚午(경오)	辛未(신미)	壬申(임신)	癸酉(계유)	甲戌(갑술)	乙亥(을해)
절기시각							午初															卯正								
대운 순행	7	7	6	6	6	5	5	5	4	4	4	3	3	3	2	2	2	1	1	1	1	10	10	9	9	9	8	8	8	7
대운 역행	3	4	4	4	5	5	5	6	6	6	7	7	7	8	8	8	9	9	9	10	10	10	1	1	1	2	2	2	3	3

단기 4248 년
불기 2459 년

1915년 乙卯(을묘)年

1 月 戊 寅(무인) 大

절기							우수															경칩								
음력	一	二	三	四	五	六	七	八	九	十	十一	十二	十三	十四	十五	十六	十七	十八	十九	廿	廿一	廿二	廿三	廿四	廿五	廿六	廿七	廿八	廿九	三十
양력 월/일	2/14	15	16	17	18	19	20	21	22	23	24	25	26	27	28	3/1	2	3	4	5	6	7	8	9	10	11	12	13	14	15
일진	丙子(병자)	丁丑(정축)	戊寅(무인)	己卯(기묘)	庚辰(경진)	辛巳(신사)	壬午(임오)	癸未(계미)	甲申(갑신)	乙酉(을유)	丙戌(병술)	丁亥(정해)	戊子(무자)	己丑(기축)	庚寅(경인)	辛卯(신묘)	壬辰(임진)	癸巳(계사)	甲午(갑오)	乙未(을미)	丙申(병신)	丁酉(정유)	戊戌(무술)	己亥(기해)	庚子(경자)	辛丑(신축)	壬寅(임인)	癸卯(계묘)	甲辰(갑진)	乙巳(을사)
절기시각							丑正															子正								
대운 순행	7	7	6	6	6	5	5	5	4	4	4	3	3	3	2	2	2	1	1	1	1	10	10	9	9	9	8	8	8	7
대운 역행	3	4	4	4	5	5	5	6	6	6	7	7	7	8	8	8	9	9	9	10	10	10	1	1	1	2	2	2	3	3

2 月 己 卯(기묘) 小

절기							춘분															청명	한식							
음력	一	二	三	四	五	六	七	八	九	十	十一	十二	十三	十四	十五	十六	十七	十八	十九	廿	廿一	廿二	廿三	廿四	廿五	廿六	廿七	廿八	廿九	
양력 월/일	3/16	17	18	19	20	21	22	23	24	25	26	27	28	29	30	31	4/1	2	3	4	5	6	7	8	9	10	11	12	13	
일진	丙午(병오)	丁未(정미)	戊申(무신)	己酉(기유)	庚戌(경술)	辛亥(신해)	壬子(임자)	癸丑(계축)	甲寅(갑인)	乙卯(을묘)	丙辰(병진)	丁巳(정사)	戊午(무오)	己未(기미)	庚申(경신)	辛酉(신유)	壬戌(임술)	癸亥(계해)	甲子(갑자)	乙丑(을축)	丙寅(병인)	丁卯(정묘)	戊辰(무진)	己巳(기사)	庚午(경오)	辛未(신미)	壬申(임신)	癸酉(계유)	甲戌(갑술)	
절기시각							丑初															卯初								
대운 순행	7	7	6	6	6	5	5	5	4	4	4	3	3	3	2	2	2	1	1	1	1	10	10	9	9	9	8	8	8	
대운 역행	3	4	4	4	5	5	5	6	6	6	7	7	7	8	8	8	9	9	9	10	10	10	1	1	1	2	2	2	3	

3 月 庚 辰(경진) 大

절기								곡우																입하						
음력	一	二	三	四	五	六	七	八	九	十	十一	十二	十三	十四	十五	十六	十七	十八	十九	廿	廿一	廿二	廿三	廿四	廿五	廿六	廿七	廿八	廿九	三十
양력 월/일	4/14	15	16	17	18	19	20	21	22	23	24	25	26	27	28	29	30	5/1	2	3	4	5	6	7	8	9	10	11	12	13
일진	乙亥(을해)	丙子(병자)	丁丑(정축)	戊寅(무인)	己卯(기묘)	庚辰(경진)	辛巳(신사)	壬午(임오)	癸未(계미)	甲申(갑신)	乙酉(을유)	丙戌(병술)	丁亥(정해)	戊子(무자)	己丑(기축)	庚寅(경인)	辛卯(신묘)	壬辰(임진)	癸巳(계사)	甲午(갑오)	乙未(을미)	丙申(병신)	丁酉(정유)	戊戌(무술)	己亥(기해)	庚子(경자)	辛丑(신축)	壬寅(임인)	癸卯(계묘)	甲辰(갑진)
절기시각								未初																子初						
대운 순행	7	7	7	6	6	6	5	5	5	4	4	4	3	3	3	2	2	2	1	1	1	1	10	10	10	10	9	9	9	8
대운 역행	3	3	4	4	4	5	5	5	6	6	6	7	7	7	8	8	8	9	9	9	10	10	10	1	1	1	2	2	2	3

4 月 辛 巳(신사) 大

절기									소만																망종					
음력	一	二	三	四	五	六	七	八	九	十	十一	十二	十三	十四	十五	十六	十七	十八	十九	廿	廿一	廿二	廿三	廿四	廿五	廿六	廿七	廿八	廿九	三十
양력 월/일	5/14	15	16	17	18	19	20	21	22	23	24	25	26	27	28	29	30	31	6/1	2	3	4	5	6	7	8	9	10	11	12
일진	乙巳(을사)	丙午(병오)	丁未(정미)	戊申(무신)	己酉(기유)	庚戌(경술)	辛亥(신해)	壬子(임자)	癸丑(계축)	甲寅(갑인)	乙卯(을묘)	丙辰(병진)	丁巳(정사)	戊午(무오)	己未(기미)	庚申(경신)	辛酉(신유)	壬戌(임술)	癸亥(계해)	甲子(갑자)	乙丑(을축)	丙寅(병인)	丁卯(정묘)	戊辰(무진)	己巳(기사)	庚午(경오)	辛未(신미)	壬申(임신)	癸酉(계유)	甲戌(갑술)
절기시각									未初																寅正					
대운 순행	8	8	7	7	7	6	6	6	5	5	5	4	4	4	3	3	3	2	2	2	1	1	1	1	10	10	10	9	9	9
대운 역행	3	3	4	4	4	5	5	5	5	6	6	6	7	7	7	8	8	8	9	9	9	10	10	10	10	10	1	1	1	2

5 月 壬 午(임오) 小

절기										하지																소서				
음력	一	二	三	四	五	六	七	八	九	十	十一	十二	十三	十四	十五	十六	十七	十八	十九	廿	廿一	廿二	廿三	廿四	廿五	廿六	廿七	廿八	廿九	
양력 월/일	6/13	14	15	16	17	18	19	20	21	22	23	24	25	26	27	28	29	30	7/1	2	3	4	5	6	7	8	9	10	11	
일진	乙亥(을해)	丙子(병자)	丁丑(정축)	戊寅(무인)	己卯(기묘)	庚辰(경진)	辛巳(신사)	壬午(임오)	癸未(계미)	甲申(갑신)	乙酉(을유)	丙戌(병술)	丁亥(정해)	戊子(무자)	己丑(기축)	庚寅(경인)	辛卯(신묘)	壬辰(임진)	癸巳(계사)	甲午(갑오)	乙未(을미)	丙申(병신)	丁酉(정유)	戊戌(무술)	己亥(기해)	庚子(경자)	辛丑(신축)	壬寅(임인)	癸卯(계묘)	
절기시각										亥初																申初				
대운 순행	8	8	8	7	7	7	6	6	6	5	5	5	4	4	4	3	3	3	2	2	2	1	1	1	1	10	10	10	10	
대운 역행	2	3	3	3	4	4	4	5	5	5	6	6	6	7	7	7	8	8	8	9	9	9	10	10	10	10	1	1	1	

6 月 癸 未(계미) 大

절기							초복						대서				중복												입추	
음력	一	二	三	四	五	六	七	八	九	十	十一	十二	十三	十四	十五	十六	十七	十八	十九	廿	廿一	廿二	廿三	廿四	廿五	廿六	廿七	廿八	廿九	三十
양력 월/일	7/12	13	14	15	16	17	18	19	20	21	22	23	24	25	26	27	28	29	30	31	8/1	2	3	4	5	6	7	8	9	10
일진	甲辰(갑진)	乙巳(을사)	丙午(병오)	丁未(정미)	戊申(무신)	己酉(기유)	庚戌(경술)	辛亥(신해)	壬子(임자)	癸丑(계축)	甲寅(갑인)	乙卯(을묘)	丙辰(병진)	丁巳(정사)	戊午(무오)	己未(기미)	庚申(경신)	辛酉(신유)	壬戌(임술)	癸亥(계해)	甲子(갑자)	乙丑(을축)	丙寅(병인)	丁卯(정묘)	戊辰(무진)	己巳(기사)	庚午(경오)	辛未(신미)	壬申(임신)	癸酉(계유)
절기시각													辰正																丑初	
대운 순행	9	9	9	8	8	8	7	7	7	6	6	6	5	5	5	4	4	4	3	3	3	2	2	2	1	1	1	1	10	10
대운 역행	2	2	2	3	3	3	4	4	4	5	5	5	6	6	6	7	7	7	8	8	8	9	9	9	10	10	10	10	10	1

北 大將 巳 喪門 丑 弔客 西 三殺

7 月 甲 申(갑신) 小

절기							말복							처서																
음력	一	二	三	四	五	六	七	八	九	十	十一	十二	十三	十四	十五	十六	十七	十八	十九	二十	廿一	廿二	廿三	廿四	廿五	廿六	廿七	廿八	廿九	
양력 월/일	8/11	12	13	14	15	16	17	18	19	20	21	22	23	24	25	26	27	28	29	30	31	9/1	2	3	4	5	6	7	8	
일진	甲戌(갑술)	乙亥(을해)	丙子(병자)	丁丑(정축)	戊寅(무인)	己卯(기묘)	庚辰(경진)	辛巳(신사)	壬午(임오)	癸未(계미)	甲申(갑신)	乙酉(을유)	丙戌(병술)	丁亥(정해)	戊子(무자)	己丑(기축)	庚寅(경인)	辛卯(신묘)	壬辰(임진)	癸巳(계사)	甲午(갑오)	乙未(을미)	丙申(병신)	丁酉(정유)	戊戌(무술)	己亥(기해)	庚子(경자)	辛丑(신축)	壬寅(임인)	
절기시각														申初																
대운 순행	10	9	9	9	8	8	8	7	7	7	6	6	6	5	5	5	4	4	4	3	3	3	2	2	2	1	1	1	1	
대운 역행	1	1	2	2	2	3	3	3	4	4	4	5	5	5	6	6	6	7	7	7	8	8	8	9	9	9	10	10	10	

8 月 乙 酉(을유) 大

절기	백로															추분														
음력	一	二	三	四	五	六	七	八	九	十	十一	十二	十三	十四	十五	十六	十七	十八	十九	二十	廿一	廿二	廿三	廿四	廿五	廿六	廿七	廿八	廿九	三十
양력 월/일	9/9	10	11	12	13	14	15	16	17	18	19	20	21	22	23	24	25	26	27	28	29	30	10/1	2	3	4	5	6	7	8
일진	癸卯(계묘)	甲辰(갑진)	乙巳(을사)	丙午(병오)	丁未(정미)	戊申(무신)	己酉(기유)	庚戌(경술)	辛亥(신해)	壬子(임자)	癸丑(계축)	甲寅(갑인)	乙卯(을묘)	丙辰(병진)	丁巳(정사)	戊午(무오)	己未(기미)	庚申(경신)	辛酉(신유)	壬戌(임술)	癸亥(계해)	甲子(갑자)	乙丑(을축)	丙寅(병인)	丁卯(정묘)	戊辰(무진)	己巳(기사)	庚午(경오)	辛未(신미)	壬申(임신)
절기시각	寅初															未初														
대운 순행	10	10	9	9	9	8	8	8	7	7	7	6	6	6	5	5	5	4	4	4	3	3	3	2	2	2	1	1	1	1
대운 역행	10	1	1	1	2	2	2	3	3	3	4	4	4	5	5	5	6	6	6	7	7	7	8	8	8	9	9	9	10	10

9 月 丙 戌(병술) 小

절기	한로															상강														
음력	一	二	三	四	五	六	七	八	九	十	十一	十二	十三	十四	十五	十六	十七	十八	十九	二十	廿一	廿二	廿三	廿四	廿五	廿六	廿七	廿八	廿九	
양력 월/일	10/9	10	11	12	13	14	15	16	17	18	19	20	21	22	23	24	25	26	27	28	29	30	31	11/1	2	3	4	5	6	
일진	癸酉(계유)	甲戌(갑술)	乙亥(을해)	丙子(병자)	丁丑(정축)	戊寅(무인)	己卯(기묘)	庚辰(경진)	辛巳(신사)	壬午(임오)	癸未(계미)	甲申(갑신)	乙酉(을유)	丙戌(병술)	丁亥(정해)	戊子(무자)	己丑(기축)	庚寅(경인)	辛卯(신묘)	壬辰(임진)	癸巳(계사)	甲午(갑오)	乙未(을미)	丙申(병신)	丁酉(정유)	戊戌(무술)	己亥(기해)	庚子(경자)	辛丑(신축)	
절기시각	戌初															亥初														
대운 순행	10	10	9	9	9	8	8	8	7	7	7	6	6	6	5	5	5	4	4	4	3	3	3	2	2	2	1	1	1	
대운 역행	10	1	1	1	2	2	2	3	3	3	4	4	4	5	5	5	6	6	6	7	7	7	8	8	8	9	9	9	10	

10 月 丁 亥(정해) 大

절기		입동															소설													
음력	一	二	三	四	五	六	七	八	九	十	十一	十二	十三	十四	十五	十六	十七	十八	十九	二十	廿一	廿二	廿三	廿四	廿五	廿六	廿七	廿八	廿九	三十
양력 월/일	11/7	8	9	10	11	12	13	14	15	16	17	18	19	20	21	22	23	24	25	26	27	28	29	30	12/1	2	3	4	5	6
일진	壬寅(임인)	癸卯(계묘)	甲辰(갑진)	乙巳(을사)	丙午(병오)	丁未(정미)	戊申(무신)	己酉(기유)	庚戌(경술)	辛亥(신해)	壬子(임자)	癸丑(계축)	甲寅(갑인)	乙卯(을묘)	丙辰(병진)	丁巳(정사)	戊午(무오)	己未(기미)	庚申(경신)	辛酉(신유)	壬戌(임술)	癸亥(계해)	甲子(갑자)	乙丑(을축)	丙寅(병인)	丁卯(정묘)	戊辰(무진)	己巳(기사)	庚午(경오)	辛未(신미)
절기시각		亥初															酉正													
대운 순행	1	10	10	9	9	9	8	8	8	7	7	7	6	6	6	5	5	5	4	4	4	3	3	3	2	2	2	1	1	1
대운 역행	10	10	1	1	1	2	2	2	3	3	3	4	4	4	5	5	5	6	6	6	7	7	7	8	8	8	9	9	9	10

11 月 戊 子(무자) 小

절기		대설															동지													
음력	一	二	三	四	五	六	七	八	九	十	十一	十二	十三	十四	十五	十六	十七	十八	十九	二十	廿一	廿二	廿三	廿四	廿五	廿六	廿七	廿八	廿九	
양력 월/일	12/7	8	9	10	11	12	13	14	15	16	17	18	19	20	21	22	23	24	25	26	27	28	29	30	31	1/1	2	3	4	
일진	壬申(임신)	癸酉(계유)	甲戌(갑술)	乙亥(을해)	丙子(병자)	丁丑(정축)	戊寅(무인)	己卯(기묘)	庚辰(경진)	辛巳(신사)	壬午(임오)	癸未(계미)	甲申(갑신)	乙酉(을유)	丙戌(병술)	丁亥(정해)	戊子(무자)	己丑(기축)	庚寅(경인)	辛卯(신묘)	壬辰(임진)	癸巳(계사)	甲午(갑오)	乙未(을미)	丙申(병신)	丁酉(정유)	戊戌(무술)	己亥(기해)	庚子(경자)	
절기시각		未初															辰初													
대운 순행	1	10	9	9	9	8	8	8	7	7	7	6	6	6	5	5	5	4	4	4	3	3	3	2	2	2	1	1	1	
대운 역행	10	10	1	1	1	2	2	2	3	3	3	4	4	4	5	5	5	6	6	6	7	7	7	8	8	8	9	9	9	

12 月 己 丑(기축) 大

절기			소한														대한													
음력	一	二	三	四	五	六	七	八	九	十	十一	十二	十三	十四	十五	十六	十七	十八	十九	二十	廿一	廿二	廿三	廿四	廿五	廿六	廿七	廿八	廿九	三十
양력 월/일	1/5	6	7	8	9	10	11	12	13	14	15	16	17	18	19	20	21	22	23	24	25	26	27	28	29	30	31	2/1	2	3
일진	辛丑(신축)	壬寅(임인)	癸卯(계묘)	甲辰(갑진)	乙巳(을사)	丙午(병오)	丁未(정미)	戊申(무신)	己酉(기유)	庚戌(경술)	辛亥(신해)	壬子(임자)	癸丑(계축)	甲寅(갑인)	乙卯(을묘)	丙辰(병진)	丁巳(정사)	戊午(무오)	己未(기미)	庚申(경신)	辛酉(신유)	壬戌(임술)	癸亥(계해)	甲子(갑자)	乙丑(을축)	丙寅(병인)	丁卯(정묘)	戊辰(무진)	己巳(기사)	庚午(경오)
절기시각			子正														酉初													
대운 순	1	10	10	9	9	9	8	8	8	7	7	7	6	6	6	5	5	5	4	4	4	3	3	3	2	2	2	1	1	1
운	10	10	1	1	1	2	2	2	3	3	3	4	4	4	5	5	5	6	6	6	7	7	7	8	8	8	9	9	9	10

단기 4249 년
불기 2460 년

1916년 丙辰(병진)年

1 月 庚 寅(경인) 小

절기		입춘															우수												
음력	一	二	三	四	五	六	七	八	九	十	十一	十二	十三	十四	十五	十六	十七	十八	十九	二十	廿一	廿二	廿三	廿四	廿五	廿六	廿七	廿八	廿九
양력 월/일	2/4	5	6	7	8	9	10	11	12	13	14	15	16	17	18	19	20	21	22	23	24	25	26	27	28	29	3/1	2	3
일진	辛未(신미)	壬申(임신)	癸酉(계유)	甲戌(갑술)	乙亥(을해)	丙子(병자)	丁丑(정축)	戊寅(무인)	己卯(기묘)	庚辰(경진)	辛巳(신사)	壬午(임오)	癸未(계미)	甲申(갑신)	乙酉(을유)	丙戌(병술)	丁亥(정해)	戊子(무자)	己丑(기축)	庚寅(경인)	辛卯(신묘)	壬辰(임진)	癸巳(계사)	甲午(갑오)	乙未(을미)	丙申(병신)	丁酉(정유)	戊戌(무술)	己亥(기해)
절기시각		午初															辰初												
대운 순행	1	10	10	9	9	9	8	8	8	7	7	7	6	6	6	5	5	5	4	4	4	3	3	3	2	2	2	1	1
대운 역행	10	10	1	1	1	2	2	2	3	3	3	4	4	4	5	5	5	6	6	6	7	7	7	8	8	8	9	9	9

2 月 辛 卯(신묘) 大

절기			경칩															춘분												
음력	一	二	三	四	五	六	七	八	九	十	十一	十二	十三	十四	十五	十六	十七	十八	十九	二十	廿一	廿二	廿三	廿四	廿五	廿六	廿七	廿八	廿九	三十
양력 월/일	3/4	5	6	7	8	9	10	11	12	13	14	15	16	17	18	19	20	21	22	23	24	25	26	27	28	29	30	31	4/1	2
일진	庚子(경자)	辛丑(신축)	壬寅(임인)	癸卯(계묘)	甲辰(갑진)	乙巳(을사)	丙午(병오)	丁未(정미)	戊申(무신)	己酉(기유)	庚戌(경술)	辛亥(신해)	壬子(임자)	癸丑(계축)	甲寅(갑인)	乙卯(을묘)	丙辰(병진)	丁巳(정사)	戊午(무오)	己未(기미)	庚申(경신)	辛酉(신유)	壬戌(임술)	癸亥(계해)	甲子(갑자)	乙丑(을축)	丙寅(병인)	丁卯(정묘)	戊辰(무진)	己巳(기사)
절기시각			卯正															辰初												
대운 순행	1	1	10	10	9	9	9	8	8	8	7	7	7	6	6	6	5	5	5	4	4	4	3	3	3	2	2	2	1	1
대운 역행	10	10	10	1	1	1	2	2	2	3	3	3	4	4	4	5	5	5	6	6	6	7	7	7	8	8	8	9	9	9

3 月 壬 辰(임진) 小

절기			청명	한식														곡우											
음력	一	二	三	四	五	六	七	八	九	十	十一	十二	十三	十四	十五	十六	十七	十八	十九	二十	廿一	廿二	廿三	廿四	廿五	廿六	廿七	廿八	廿九
양력 월/일	4/3	4	5	6	7	8	9	10	11	12	13	14	15	16	17	18	19	20	21	22	23	24	25	26	27	28	29	30	5/1
일진	庚午(경오)	辛未(신미)	壬申(임신)	癸酉(계유)	甲戌(갑술)	乙亥(을해)	丙子(병자)	丁丑(정축)	戊寅(무인)	己卯(기묘)	庚辰(경진)	辛巳(신사)	壬午(임오)	癸未(계미)	甲申(갑신)	乙酉(을유)	丙戌(병술)	丁亥(정해)	戊子(무자)	己丑(기축)	庚寅(경인)	辛卯(신묘)	壬辰(임진)	癸巳(계사)	甲午(갑오)	乙未(을미)	丙申(병신)	丁酉(정유)	戊戌(무술)
절기시각			午初															戌初											
대운 순행	1	1	10	10	10	9	9	9	8	8	8	7	7	7	6	6	6	5	5	5	4	4	4	3	3	3	2	2	2
대운 역행	10	10	10	1	1	1	2	2	2	3	3	3	4	4	4	5	5	5	6	6	6	7	7	7	8	8	8	9	9

4 月 癸 巳(계사) 大

절기					입하															소만										
음력	一	二	三	四	五	六	七	八	九	十	十一	十二	十三	十四	十五	十六	十七	十八	十九	二十	廿一	廿二	廿三	廿四	廿五	廿六	廿七	廿八	廿九	三十
양력 월/일	5/2	3	4	5	6	7	8	9	10	11	12	13	14	15	16	17	18	19	20	21	22	23	24	25	26	27	28	29	30	31
일진	己亥(기해)	庚子(경자)	辛丑(신축)	壬寅(임인)	癸卯(계묘)	甲辰(갑진)	乙巳(을사)	丙午(병오)	丁未(정미)	戊申(무신)	己酉(기유)	庚戌(경술)	辛亥(신해)	壬子(임자)	癸丑(계축)	甲寅(갑인)	乙卯(을묘)	丙辰(병진)	丁巳(정사)	戊午(무오)	己未(기미)	庚申(경신)	辛酉(신유)	壬戌(임술)	癸亥(계해)	甲子(갑자)	乙丑(을축)	丙寅(병인)	丁卯(정묘)	戊辰(무진)
절기시각					卯初															戌初										
대운 순행	1	1	1	1	10	10	10	9	9	9	8	8	8	7	7	7	6	6	6	5	5	5	4	4	4	3	3	3	2	2
대운 역행	9	10	10	10	10	1	1	1	2	2	2	3	3	3	4	4	4	5	5	5	6	6	6	7	7	7	8	8	8	9

5 月 甲 午(갑오) 小

절기						망종																하지							
음력	一	二	三	四	五	六	七	八	九	十	十一	十二	十三	十四	十五	十六	十七	十八	十九	二十	廿一	廿二	廿三	廿四	廿五	廿六	廿七	廿八	廿九
양력 월/일	6/1	2	3	4	5	6	7	8	9	10	11	12	13	14	15	16	17	18	19	20	21	22	23	24	25	26	27	28	29
일진	己巳(기사)	庚午(경오)	辛未(신미)	壬申(임신)	癸酉(계유)	甲戌(갑술)	乙亥(을해)	丙子(병자)	丁丑(정축)	戊寅(무인)	己卯(기묘)	庚辰(경진)	辛巳(신사)	壬午(임오)	癸未(계미)	甲申(갑신)	乙酉(을유)	丙戌(병술)	丁亥(정해)	戊子(무자)	己丑(기축)	庚寅(경인)	辛卯(신묘)	壬辰(임진)	癸巳(계사)	甲午(갑오)	乙未(을미)	丙申(병신)	丁酉(정유)
절기시각						巳正																寅初							
대운 순행	2	1	1	1	1	10	10	10	9	9	9	8	8	8	7	7	7	6	6	6	5	5	5	4	4	4	3	3	3
대운 역행	9	9	10	10	10	10	1	1	1	2	2	2	3	3	3	4	4	4	5	5	5	6	6	6	7	7	7	8	8

6 月 乙 未(을미) 大

절기								소서					초복										중복	대서						
음력	一	二	三	四	五	六	七	八	九	十	十一	十二	十三	十四	十五	十六	十七	十八	十九	二十	廿一	廿二	廿三	廿四	廿五	廿六	廿七	廿八	廿九	三十
양력 월/일	6/30	7/1	2	3	4	5	6	7	8	9	10	11	12	13	14	15	16	17	18	19	20	21	22	23	24	25	26	27	28	29
일진	戊戌(무술)	己亥(기해)	庚子(경자)	辛丑(신축)	壬寅(임인)	癸卯(계묘)	甲辰(갑진)	乙巳(을사)	丙午(병오)	丁未(정미)	戊申(무신)	己酉(기유)	庚戌(경술)	辛亥(신해)	壬子(임자)	癸丑(계축)	甲寅(갑인)	乙卯(을묘)	丙辰(병진)	丁巳(정사)	戊午(무오)	己未(기미)	庚申(경신)	辛酉(신유)	壬戌(임술)	癸亥(계해)	甲子(갑자)	乙丑(을축)	丙寅(병인)	丁卯(정묘)
절기시각								亥初																未正						
대운 순행	2	2	2	1	1	1	1	10	10	10	10	9	9	9	8	8	8	7	7	7	6	6	6	5	5	5	4	4	4	3
대운 역행	8	9	9	9	10	10	10	10	1	1	1	2	2	2	3	3	3	4	4	4	5	5	5	6	6	6	7	7	7	8

北 大將	午 喪門	寅 弔客	南 三殺

7 月 丙 申(병신) 大

절기										입추			말복												처서					
음력	一	二	三	四	五	六	七	八	九	十	十一	十二	十三	十四	十五	十六	十七	十八	十九	廿	廿一	廿二	廿三	廿四	廿五	廿六	廿七	廿八	廿九	三十
양력 월/일	7/30	31	8/1	2	3	4	5	6	7	8	9	10	11	12	13	14	15	16	17	18	19	20	21	22	23	24	25	26	27	28
일진	戊辰(무진)	己巳(기사)	庚午(경오)	辛未(신미)	壬申(임신)	癸酉(계유)	甲戌(갑술)	乙亥(을해)	丙子(병자)	丁丑(정축)	戊寅(무인)	己卯(기묘)	庚辰(경진)	辛巳(신사)	壬午(임오)	癸未(계미)	甲申(갑신)	乙酉(을유)	丙戌(병술)	丁亥(정해)	戊子(무자)	己丑(기축)	庚寅(경인)	辛卯(신묘)	壬辰(임진)	癸巳(계사)	甲午(갑오)	乙未(을미)	丙申(병신)	丁酉(정유)
절기시각										卯正															亥初					
대운 순행	3	3	2	2	2	1	1	1	1	10	10	9	9	9	8	8	8	7	7	7	6	6	6	5	5	5	4	4	4	3
대운 역행	8	8	9	9	9	10	10	10	10	10	1	1	1	2	2	2	3	3	3	4	4	4	5	5	5	6	6	6	7	7

8 月 丁 酉(정유) 小

절기											백로															추분			
음력	一	二	三	四	五	六	七	八	九	十	十一	十二	十三	十四	十五	十六	十七	十八	十九	廿	廿一	廿二	廿三	廿四	廿五	廿六	廿七	廿八	廿九
양력 월/일	8/29	30	31	9/1	2	3	4	5	6	7	8	9	10	11	12	13	14	15	16	17	18	19	20	21	22	23	24	25	26
일진	戊戌(무술)	己亥(기해)	庚子(경자)	辛丑(신축)	壬寅(임인)	癸卯(계묘)	甲辰(갑진)	乙巳(을사)	丙午(병오)	丁未(정미)	戊申(무신)	己酉(기유)	庚戌(경술)	辛亥(신해)	壬子(임자)	癸丑(계축)	甲寅(갑인)	乙卯(을묘)	丙辰(병진)	丁巳(정사)	戊午(무오)	己未(기미)	庚申(경신)	辛酉(신유)	壬戌(임술)	癸亥(계해)	甲子(갑자)	乙丑(을축)	丙寅(병인)
절기시각											巳初															酉正			
대운 순행	3	3	3	2	2	2	1	1	1	1	10	10	9	9	9	8	8	8	7	7	7	6	6	6	5	5	5	4	4
대운 역행	7	8	8	8	9	9	9	10	10	10	10	1	1	1	2	2	2	3	3	3	4	4	4	5	5	5	6	6	6

9 月 戊 戌(무술) 大

절기													한로															상강		
음력	一	二	三	四	五	六	七	八	九	十	十一	十二	十三	十四	十五	十六	十七	十八	十九	廿	廿一	廿二	廿三	廿四	廿五	廿六	廿七	廿八	廿九	三十
양력 월/일	9/27	28	29	30	10/1	2	3	4	5	6	7	8	9	10	11	12	13	14	15	16	17	18	19	20	21	22	23	24	25	26
일진	丁卯(정묘)	戊辰(무진)	己巳(기사)	庚午(경오)	辛未(신미)	壬申(임신)	癸酉(계유)	甲戌(갑술)	乙亥(을해)	丙子(병자)	丁丑(정축)	戊寅(무인)	己卯(기묘)	庚辰(경진)	辛巳(신사)	壬午(임오)	癸未(계미)	甲申(갑신)	乙酉(을유)	丙戌(병술)	丁亥(정해)	戊子(무자)	己丑(기축)	庚寅(경인)	辛卯(신묘)	壬辰(임진)	癸巳(계사)	甲午(갑오)	乙未(을미)	丙申(병신)
절기시각													子正															寅初		
대운 순행	4	3	3	3	2	2	2	1	1	1	1	10	10	10	9	9	9	8	8	8	7	7	7	6	6	6	5	5	5	4
대운 역행	7	7	7	8	8	8	9	9	9	10	10	10	1	1	1	2	2	2	3	3	3	4	4	4	5	5	5	6	6	6

10 月 己 亥(기해) 小

절기													입동														소설		
음력	一	二	三	四	五	六	七	八	九	十	十一	十二	十三	十四	十五	十六	十七	十八	十九	廿	廿一	廿二	廿三	廿四	廿五	廿六	廿七	廿八	廿九
양력 월/일	10/27	28	29	30	31	11/1	2	3	4	5	6	7	8	9	10	11	12	13	14	15	16	17	18	19	20	21	22	23	24
일진	丁酉(정유)	戊戌(무술)	己亥(기해)	庚子(경자)	辛丑(신축)	壬寅(임인)	癸卯(계묘)	甲辰(갑진)	乙巳(을사)	丙午(병오)	丁未(정미)	戊申(무신)	己酉(기유)	庚戌(경술)	辛亥(신해)	壬子(임자)	癸丑(계축)	甲寅(갑인)	乙卯(을묘)	丙辰(병진)	丁巳(정사)	戊午(무오)	己未(기미)	庚申(경신)	辛酉(신유)	壬戌(임술)	癸亥(계해)	甲子(갑자)	乙丑(을축)
절기시각													寅初														子正		
대운 순행	4	4	3	3	3	2	2	2	1	1	1	1	10	9	9	9	8	8	8	7	7	7	6	6	6	5	5	5	4
대운 역행	7	7	7	8	8	8	9	9	9	10	10	10	10	1	1	1	2	2	2	3	3	3	4	4	4	5	5	5	6

11 月 庚 子(경자) 大

절기													대설														동지			
음력	一	二	三	四	五	六	七	八	九	十	十一	十二	十三	十四	十五	十六	十七	十八	十九	廿	廿一	廿二	廿三	廿四	廿五	廿六	廿七	廿八	廿九	三十
양력 월/일	11/25	26	27	28	29	30	12/1	2	3	4	5	6	7	8	9	10	11	12	13	14	15	16	17	18	19	20	21	22	23	24
일진	丙寅(병인)	丁卯(정묘)	戊辰(무진)	己巳(기사)	庚午(경오)	辛未(신미)	壬申(임신)	癸酉(계유)	甲戌(갑술)	乙亥(을해)	丙子(병자)	丁丑(정축)	戊寅(무인)	己卯(기묘)	庚辰(경진)	辛巳(신사)	壬午(임오)	癸未(계미)	甲申(갑신)	乙酉(을유)	丙戌(병술)	丁亥(정해)	戊子(무자)	己丑(기축)	庚寅(경인)	辛卯(신묘)	壬辰(임진)	癸巳(계사)	甲午(갑오)	乙未(을미)
절기시각													戌初														未初			
대운 순행	4	4	3	3	3	2	2	2	1	1	1	1	10	10	9	9	9	8	8	8	7	7	7	6	6	6	5	5	5	4
대운 역행	6	6	7	7	7	8	8	8	9	9	9	10	10	1	1	1	2	2	2	3	3	3	4	4	4	5	5	5	6	6

12 月 辛 丑(신축) 小

절기													소한														대한		
음력	一	二	三	四	五	六	七	八	九	十	十一	十二	十三	十四	十五	十六	十七	十八	十九	廿	廿一	廿二	廿三	廿四	廿五	廿六	廿七	廿八	廿九
양력 월/일	12/25	26	27	28	29	30	31	1/1	2	3	4	5	6	7	8	9	10	11	12	13	14	15	16	17	18	19	20	21	22
일진	丙申(병신)	丁酉(정유)	戊戌(무술)	己亥(기해)	庚子(경자)	辛丑(신축)	壬寅(임인)	癸卯(계묘)	甲辰(갑진)	乙巳(을사)	丙午(병오)	丁未(정미)	戊申(무신)	己酉(기유)	庚戌(경술)	辛亥(신해)	壬子(임자)	癸丑(계축)	甲寅(갑인)	乙卯(을묘)	丙辰(병진)	丁巳(정사)	戊午(무오)	己未(기미)	庚申(경신)	辛酉(신유)	壬戌(임술)	癸亥(계해)	甲子(갑자)
절기시각													卯正														子初		
대운 순행	4	4	3	3	3	2	2	2	1	1	1	1	10	9	9	9	8	8	8	7	7	7	6	6	6	5	5	5	4
대운 역행	6	7	7	7	8	8	8	9	9	9	10	10	10	1	1	1	2	2	2	3	3	3	4	4	4	5	5	5	6

단기 4250 년
불기 2461 년

1917년 丁巳(정사)年

1 月 壬寅(임인) 大

절기													입춘															우수		
음력	一	二	三	四	五	六	七	八	九	十	十一	十二	十三	十四	十五	十六	十七	十八	十九	二十	廿一	廿二	廿三	廿四	廿五	廿六	廿七	廿八	廿九	三十
양력 월/일	1/23	24	25	26	27	28	29	30	31	2/1	2	3	4	5	6	7	8	9	10	11	12	13	14	15	16	17	18	19	20	21
일진	乙丑(을축)	丙寅(병인)	丁卯(정묘)	戊辰(무진)	己巳(기사)	庚午(경오)	辛未(신미)	壬申(임신)	癸酉(계유)	甲戌(갑술)	乙亥(을해)	丙子(병자)	丁丑(정축)	戊寅(무인)	己卯(기묘)	庚辰(경진)	辛巳(신사)	壬午(임오)	癸未(계미)	甲申(갑신)	乙酉(을유)	丙戌(병술)	丁亥(정해)	戊子(무자)	己丑(기축)	庚寅(경인)	辛卯(신묘)	壬辰(임진)	癸巳(계사)	甲午(갑오)
절기시각													酉正															未正		
대운 순행	4	4	3	3	3	2	2	2	1	1	1	1	10	10	9	9	9	8	8	8	7	7	7	6	6	6	5	5	5	4
대운 역행	6	6	7	7	7	8	8	8	9	9	9	10	10	1	1	1	2	2	2	3	3	3	4	4	4	5	5	5	6	6

2 月 癸卯(계묘) 小

절기													경칩															춘분	
음력	一	二	三	四	五	六	七	八	九	十	十一	十二	十三	十四	十五	十六	十七	十八	十九	二十	廿一	廿二	廿三	廿四	廿五	廿六	廿七	廿八	廿九
양력 월/일	2/22	23	24	25	26	27	28	3/1	2	3	4	5	6	7	8	9	10	11	12	13	14	15	16	17	18	19	20	21	22
일진	乙未(을미)	丙申(병신)	丁酉(정유)	戊戌(무술)	己亥(기해)	庚子(경자)	辛丑(신축)	壬寅(임인)	癸卯(계묘)	甲辰(갑진)	乙巳(을사)	丙午(병오)	丁未(정미)	戊申(무신)	己酉(기유)	庚戌(경술)	辛亥(신해)	壬子(임자)	癸丑(계축)	甲寅(갑인)	乙卯(을묘)	丙辰(병진)	丁巳(정사)	戊午(무오)	己未(기미)	庚申(경신)	辛酉(신유)	壬戌(임술)	癸亥(계해)
절기시각													午正															未初	
대운 순행	4	4	3	3	3	2	2	2	1	1	1	1	10	10	9	9	9	8	8	8	7	7	7	6	6	6	5	5	5
대운 역행	6	7	7	7	8	8	8	9	9	9	10	10	10	1	1	1	2	2	2	3	3	3	4	4	4	5	5	5	6

閏 2 月 癸卯(계묘) 小

절기														청명	한식														
음력	一	二	三	四	五	六	七	八	九	十	十一	十二	十三	十四	十五	十六	十七	十八	十九	二十	廿一	廿二	廿三	廿四	廿五	廿六	廿七	廿八	廿九
양력 월/일	3/23	24	25	26	27	28	29	30	31	4/1	2	3	4	5	6	7	8	9	10	11	12	13	14	15	16	17	18	19	20
일진	甲子(갑자)	乙丑(을축)	丙寅(병인)	丁卯(정묘)	戊辰(무진)	己巳(기사)	庚午(경오)	辛未(신미)	壬申(임신)	癸酉(계유)	甲戌(갑술)	乙亥(을해)	丙子(병자)	丁丑(정축)	戊寅(무인)	己卯(기묘)	庚辰(경진)	辛巳(신사)	壬午(임오)	癸未(계미)	甲申(갑신)	乙酉(을유)	丙戌(병술)	丁亥(정해)	戊子(무자)	己丑(기축)	庚寅(경인)	辛卯(신묘)	壬辰(임진)
절기시각														酉初															
대운 순행	4	4	4	3	3	3	2	2	2	1	1	1	1	10	10	10	9	9	9	8	8	8	7	7	7	6	6	6	5
대운 역행	6	6	7	7	7	8	8	8	9	9	9	10	10	10	1	1	1	2	2	2	3	3	3	4	4	4	5	5	5

3 月 甲辰(갑진) 大

절기	곡우															입하														
음력	一	二	三	四	五	六	七	八	九	十	十一	十二	十三	十四	十五	十六	十七	十八	十九	二十	廿一	廿二	廿三	廿四	廿五	廿六	廿七	廿八	廿九	三十
양력 월/일	4/21	22	23	24	25	26	27	28	29	30	5/1	2	3	4	5	6	7	8	9	10	11	12	13	14	15	16	17	18	19	20
일진	癸巳(계사)	甲午(갑오)	乙未(을미)	丙申(병신)	丁酉(정유)	戊戌(무술)	己亥(기해)	庚子(경자)	辛丑(신축)	壬寅(임인)	癸卯(계묘)	甲辰(갑진)	乙巳(을사)	丙午(병오)	丁未(정미)	戊申(무신)	己酉(기유)	庚戌(경술)	辛亥(신해)	壬子(임자)	癸丑(계축)	甲寅(갑인)	乙卯(을묘)	丙辰(병진)	丁巳(정사)	戊午(무오)	己未(기미)	庚申(경신)	辛酉(신유)	壬戌(임술)
절기시각	子正															午初														
대운 순행	5	5	4	4	4	3	3	3	2	2	2	1	1	1	1	10	10	10	9	9	9	8	8	8	7	7	7	6	6	6
대운 역행	6	6	6	7	7	7	8	8	8	9	9	9	10	10	10	10	1	1	1	2	2	2	3	3	3	4	4	4	5	5

4 月 乙巳(을사) 小

절기		소만															망종												
음력	一	二	三	四	五	六	七	八	九	十	十一	十二	十三	十四	十五	十六	十七	十八	十九	二十	廿一	廿二	廿三	廿四	廿五	廿六	廿七	廿八	廿九
양력 월/일	5/21	22	23	24	25	26	27	28	29	30	31	6/1	2	3	4	5	6	7	8	9	10	11	12	13	14	15	16	17	18
일진	癸亥(계해)	甲子(갑자)	乙丑(을축)	丙寅(병인)	丁卯(정묘)	戊辰(무진)	己巳(기사)	庚午(경오)	辛未(신미)	壬申(임신)	癸酉(계유)	甲戌(갑술)	乙亥(을해)	丙子(병자)	丁丑(정축)	戊寅(무인)	己卯(기묘)	庚辰(경진)	辛巳(신사)	壬午(임오)	癸未(계미)	甲申(갑신)	乙酉(을유)	丙戌(병술)	丁亥(정해)	戊子(무자)	己丑(기축)	庚寅(경인)	辛卯(신묘)
절기시각		未正															申正												
대운 순행	5	5	5	4	4	4	3	3	3	2	2	2	1	1	1	1	10	10	10	10	9	9	9	8	8	8	7	7	7
대운 역행	5	6	6	6	7	7	7	8	8	8	9	9	9	10	10	10	10	1	1	1	2	2	2	3	3	3	4	4	4

5 月 丙午(병오) 大

절기				하지																소서									초복	
음력	一	二	三	四	五	六	七	八	九	十	十一	十二	十三	十四	十五	十六	十七	十八	十九	二十	廿一	廿二	廿三	廿四	廿五	廿六	廿七	廿八	廿九	三十
양력 월/일	6/19	20	21	22	23	24	25	26	27	28	29	30	7/1	2	3	4	5	6	7	8	9	10	11	12	13	14	15	16	17	18
일진	壬辰(임진)	癸巳(계사)	甲午(갑오)	乙未(을미)	丙申(병신)	丁酉(정유)	戊戌(무술)	己亥(기해)	庚子(경자)	辛丑(신축)	壬寅(임인)	癸卯(계묘)	甲辰(갑진)	乙巳(을사)	丙午(병오)	丁未(정미)	戊申(무신)	己酉(기유)	庚戌(경술)	辛亥(신해)	壬子(임자)	癸丑(계축)	甲寅(갑인)	乙卯(을묘)	丙辰(병진)	丁巳(정사)	戊午(무오)	己未(기미)	庚申(경신)	辛酉(신유)
절기시각				巳初																丑正										
대운 순행	6	6	6	5	5	5	4	4	4	3	3	3	2	2	2	1	1	1	1	10	10	10	9	9	9	8	8	8	7	7
대운 역행	5	5	5	6	6	6	7	7	7	8	8	8	9	9	9	10	10	10	10	10	1	1	1	2	2	2	3	3	3	4

東 大將　　未 喪門　　卯 弔客　　東 三殺

6 月　丁 未(정미)　大

절기					대서				중복												입추								말복	
음력	一	二	三	四	五	六	七	八	九	十	十一	十二	十三	十四	十五	十六	十七	十八	十九	二十	廿一	廿二	廿三	廿四	廿五	廿六	廿七	廿八	廿九	三十
양력 월/일	7/19	20	21	22	23	24	25	26	27	28	29	30	31	8/1	2	3	4	5	6	7	8	9	10	11	12	13	14	15	16	17
일진	壬戌(임술)	癸亥(계해)	甲子(갑자)	乙丑(을축)	丙寅(병인)	丁卯(정묘)	戊辰(무진)	己巳(기사)	庚午(경오)	辛未(신미)	壬申(임신)	癸酉(계유)	甲戌(갑술)	乙亥(을해)	丙子(병자)	丁丑(정축)	戊寅(무인)	己卯(기묘)	庚辰(경진)	辛巳(신사)	壬午(임오)	癸未(계미)	甲申(갑신)	乙酉(을유)	丙戌(병술)	丁亥(정해)	戊子(무자)	己丑(기축)	庚寅(경인)	辛卯(신묘)
절기시각					戌正																午正									
대운 순행	7	6	6	6	5	5	5	4	4	4	3	3	3	2	2	2	1	1	1	1	10	10	10	9	9	9	8	8	8	7
대운 역행	4	4	5	5	5	6	6	6	7	7	7	8	8	8	9	9	9	10	10	10	10	1	1	1	2	2	2	3	3	3

7 月　戊 申(무신)　小

절기							처서															백로							
음력	一	二	三	四	五	六	七	八	九	十	十一	十二	十三	十四	十五	十六	十七	十八	十九	二十	廿一	廿二	廿三	廿四	廿五	廿六	廿七	廿八	廿九
양력 월/일	8/18	19	20	21	22	23	24	25	26	27	28	29	30	31	9/1	2	3	4	5	6	7	8	9	10	11	12	13	14	15
일진	壬辰(임진)	癸巳(계사)	甲午(갑오)	乙未(을미)	丙申(병신)	丁酉(정유)	戊戌(무술)	己亥(기해)	庚子(경자)	辛丑(신축)	壬寅(임인)	癸卯(계묘)	甲辰(갑진)	乙巳(을사)	丙午(병오)	丁未(정미)	戊申(무신)	己酉(기유)	庚戌(경술)	辛亥(신해)	壬子(임자)	癸丑(계축)	甲寅(갑인)	乙卯(을묘)	丙辰(병진)	丁巳(정사)	戊午(무오)	己未(기미)	庚申(경신)
절기시각							寅初															申初							
대운 순행	7	7	6	6	6	5	5	5	4	4	4	3	3	3	2	2	2	1	1	1	1	10	10	10	9	9	9	8	8
대운 역행	4	4	4	5	5	5	6	6	6	7	7	7	8	8	8	9	9	9	10	10	10	10	1	1	1	2	2	2	3

8 月　己 酉(기유)　大

절기									추분															한로						
음력	一	二	三	四	五	六	七	八	九	十	十一	十二	十三	十四	十五	十六	十七	十八	十九	二十	廿一	廿二	廿三	廿四	廿五	廿六	廿七	廿八	廿九	三十
양력 월/일	9/16	17	18	19	20	21	22	23	24	25	26	27	28	29	30	10/1	2	3	4	5	6	7	8	9	10	11	12	13	14	15
일진	辛酉(신유)	壬戌(임술)	癸亥(계해)	甲子(갑자)	乙丑(을축)	丙寅(병인)	丁卯(정묘)	戊辰(무진)	己巳(기사)	庚午(경오)	辛未(신미)	壬申(임신)	癸酉(계유)	甲戌(갑술)	乙亥(을해)	丙子(병자)	丁丑(정축)	戊寅(무인)	己卯(기묘)	庚辰(경진)	辛巳(신사)	壬午(임오)	癸未(계미)	甲申(갑신)	乙酉(을유)	丙戌(병술)	丁亥(정해)	戊子(무자)	己丑(기축)	庚寅(경인)
절기시각									子正															卯正						
대운 순행	8	7	7	7	6	6	6	5	5	5	4	4	4	3	3	3	2	2	2	1	1	1	1	10	10	9	9	9	8	8
대운 역행	3	3	4	4	4	5	5	5	6	6	6	7	7	7	8	8	8	9	9	9	10	10	10	10	1	1	1	2	2	2

9 月　庚 戌(경술)　大

절기									상강															입동						
음력	一	二	三	四	五	六	七	八	九	十	十一	十二	十三	十四	十五	十六	十七	十八	十九	二十	廿一	廿二	廿三	廿四	廿五	廿六	廿七	廿八	廿九	三十
양력 월/일	10/16	17	18	19	20	21	22	23	24	25	26	27	28	29	30	31	11/1	2	3	4	5	6	7	8	9	10	11	12	13	14
일진	辛卯(신묘)	壬辰(임진)	癸巳(계사)	甲午(갑오)	乙未(을미)	丙申(병신)	丁酉(정유)	戊戌(무술)	己亥(기해)	庚子(경자)	辛丑(신축)	壬寅(임인)	癸卯(계묘)	甲辰(갑진)	乙巳(을사)	丙午(병오)	丁未(정미)	戊申(무신)	己酉(기유)	庚戌(경술)	辛亥(신해)	壬子(임자)	癸丑(계축)	甲寅(갑인)	乙卯(을묘)	丙辰(병진)	丁巳(정사)	戊午(무오)	己未(기미)	庚申(경신)
절기시각									巳初															巳初						
대운 순행	8	7	7	7	6	6	6	5	5	5	4	4	4	3	3	3	2	2	2	1	1	1	1	10	10	9	9	9	8	8
대운 역행	3	3	3	4	4	4	5	5	5	6	6	6	7	7	7	8	8	8	9	9	9	10	10	10	1	1	1	2	2	2

10 月　辛 亥(신해)　小

절기									소설															대설					
음력	一	二	三	四	五	六	七	八	九	十	十一	十二	十三	十四	十五	十六	十七	十八	十九	二十	廿一	廿二	廿三	廿四	廿五	廿六	廿七	廿八	廿九
양력 월/일	11/15	16	17	18	19	20	21	22	23	24	25	26	27	28	29	30	12/1	2	3	4	5	6	7	8	9	10	11	12	13
일진	辛酉(신유)	壬戌(임술)	癸亥(계해)	甲子(갑자)	乙丑(을축)	丙寅(병인)	丁卯(정묘)	戊辰(무진)	己巳(기사)	庚午(경오)	辛未(신미)	壬申(임신)	癸酉(계유)	甲戌(갑술)	乙亥(을해)	丙子(병자)	丁丑(정축)	戊寅(무인)	己卯(기묘)	庚辰(경진)	辛巳(신사)	壬午(임오)	癸未(계미)	甲申(갑신)	乙酉(을유)	丙戌(병술)	丁亥(정해)	戊子(무자)	己丑(기축)
절기시각									卯正															丑初					
대운 순행	8	7	7	7	6	6	6	5	5	5	4	4	4	3	3	3	2	2	2	1	1	1	1	10	9	9	9	8	8
대운 역행	3	3	3	4	4	4	5	5	5	6	6	6	7	7	7	8	8	8	9	9	9	10	10	10	1	1	1	2	2

11 月　壬 子(임자)　大

절기									동지															소한						
음력	一	二	三	四	五	六	七	八	九	十	十一	十二	十三	十四	十五	十六	十七	十八	十九	二十	廿一	廿二	廿三	廿四	廿五	廿六	廿七	廿八	廿九	三十
양력 월/일	12/14	15	16	17	18	19	20	21	22	23	24	25	26	27	28	29	30	31	1/1	2	3	4	5	6	7	8	9	10	11	12
일진	庚寅(경인)	辛卯(신묘)	壬辰(임진)	癸巳(계사)	甲午(갑오)	乙未(을미)	丙申(병신)	丁酉(정유)	戊戌(무술)	己亥(기해)	庚子(경자)	辛丑(신축)	壬寅(임인)	癸卯(계묘)	甲辰(갑진)	乙巳(을사)	丙午(병오)	丁未(정미)	戊申(무신)	己酉(기유)	庚戌(경술)	辛亥(신해)	壬子(임자)	癸丑(계축)	甲寅(갑인)	乙卯(을묘)	丙辰(병진)	丁巳(정사)	戊午(무오)	己未(기미)
절기시각									戌初															午正						
대운 순행	8	7	7	7	6	6	6	5	5	5	4	4	4	3	3	3	2	2	2	1	1	1	1	10	9	9	9	8	8	8
대운 역행	2	3	3	3	4	4	4	5	5	5	6	6	6	7	7	7	8	8	8	9	9	9	10	10	1	1	1	2	2	2

12 月　癸 丑(신축)　小

절기									대한														입춘						
음력	一	二	三	四	五	六	七	八	九	十	十一	十二	十三	十四	十五	十六	十七	十八	十九	二十	廿一	廿二	廿三	廿四	廿五	廿六	廿七	廿八	廿九
양력 월/일	1/13	14	15	16	17	18	19	20	21	22	23	24	25	26	27	28	29	30	31	2/1	2	3	4	5	6	7	8	9	10
일진	庚申(경신)	辛酉(신유)	壬戌(임술)	癸亥(계해)	甲子(갑자)	乙丑(을축)	丙寅(병인)	丁卯(정묘)	戊辰(무진)	己巳(기사)	庚午(경오)	辛未(신미)	壬申(임신)	癸酉(계유)	甲戌(갑술)	乙亥(을해)	丙子(병자)	丁丑(정축)	戊寅(무인)	己卯(기묘)	庚辰(경진)	辛巳(신사)	壬午(임오)	癸未(계미)	甲申(갑신)	乙酉(을유)	丙戌(병술)	丁亥(정해)	戊子(무자)
절기시각									卯初														子初						
대운 순행	7	7	7	6	6	6	5	5	5	4	4	4	3	3	3	2	2	2	1	1	1	10	10	9	9	9	8	8	8
대운 역행	3	3	3	4	4	4	5	5	5	6	6	6	7	7	7	8	8	8	9	9	9	10	10	1	1	1	2	2	2

단기 4251 년
불기 2462 년

1918년 戊午(무오)年

1 月 甲 寅(갑인) 大

절기									우수															경칩						
음력	一	二	三	四	五	六	七	八	九	十	十一	十二	十三	十四	十五	十六	十七	十八	十九	廿	廿一	廿二	廿三	廿四	廿五	廿六	廿七	廿八	廿九	三十
양력 월/일	2/11	12	13	14	15	16	17	18	19	20	21	22	23	24	25	26	27	28	3/1	2	3	4	5	6	7	8	9	10	11	12
일진	己丑(기축)	庚寅(경인)	辛卯(신묘)	壬辰(임진)	癸巳(계사)	甲午(갑오)	乙未(을미)	丙申(병신)	丁酉(정유)	戊戌(무술)	己亥(기해)	庚子(경자)	辛丑(신축)	壬寅(임인)	癸卯(계묘)	甲辰(갑진)	乙巳(을사)	丙午(병오)	丁未(정미)	戊申(무신)	己酉(기유)	庚戌(경술)	辛亥(신해)	壬子(임자)	癸丑(계축)	甲寅(갑인)	乙卯(을묘)	丙辰(병진)	丁巳(정사)	戊午(무오)
절기시각									戌初															酉初						
대운 순행	8	7	7	7	6	6	6	5	5	5	4	4	4	3	3	3	2	2	2	1	1	1	1	10	10	9	9	9	8	8
대운 역행	3	3	3	4	4	4	5	5	5	6	6	6	7	7	7	8	8	8	9	9	9	10	10	10	1	1	1	2	2	2

2 月 乙 卯(을묘) 小

절기									춘분															청명	한식				
음력	一	二	三	四	五	六	七	八	九	十	十一	十二	十三	十四	十五	十六	十七	十八	十九	廿	廿一	廿二	廿三	廿四	廿五	廿六	廿七	廿八	廿九
양력 월/일	3/13	14	15	16	17	18	19	20	21	22	23	24	25	26	27	28	29	30	31	4/1	2	3	4	5	6	7	8	9	10
일진	己未(기미)	庚申(경신)	辛酉(신유)	壬戌(임술)	癸亥(계해)	甲子(갑자)	乙丑(을축)	丙寅(병인)	丁卯(정묘)	戊辰(무진)	己巳(기사)	庚午(경오)	辛未(신미)	壬申(임신)	癸酉(계유)	甲戌(갑술)	乙亥(을해)	丙子(병자)	丁丑(정축)	戊寅(무인)	己卯(기묘)	庚辰(경진)	辛巳(신사)	壬午(임오)	癸未(계미)	甲申(갑신)	乙酉(을유)	丙戌(병술)	丁亥(정해)
절기시각									戌初															子初					
대운 순행	8	7	7	7	6	6	6	5	5	5	4	4	4	3	3	3	2	2	2	1	1	1	1	10	10	10	9	9	9
대운 역행	3	3	3	4	4	4	5	5	5	6	6	6	7	7	7	8	8	8	9	9	9	10	10	10	1	1	1	2	2

3 月 丙 辰(병진) 小

절기											곡우															입하			
음력	一	二	三	四	五	六	七	八	九	十	十一	十二	十三	十四	十五	十六	十七	十八	十九	廿	廿一	廿二	廿三	廿四	廿五	廿六	廿七	廿八	廿九
양력 월/일	4/11	12	13	14	15	16	17	18	19	20	21	22	23	24	25	26	27	28	29	30	5/1	2	3	4	5	6	7	8	9
일진	戊子(무자)	己丑(기축)	庚寅(경인)	辛卯(신묘)	壬辰(임진)	癸巳(계사)	甲午(갑오)	乙未(을미)	丙申(병신)	丁酉(정유)	戊戌(무술)	己亥(기해)	庚子(경자)	辛丑(신축)	壬寅(임인)	癸卯(계묘)	甲辰(갑진)	乙巳(을사)	丙午(병오)	丁未(정미)	戊申(무신)	己酉(기유)	庚戌(경술)	辛亥(신해)	壬子(임자)	癸丑(계축)	甲寅(갑인)	乙卯(을묘)	丙辰(병진)
절기시각											卯正															酉初			
대운 순행	8	8	8	7	7	7	6	6	6	5	5	5	4	4	4	3	3	3	2	2	2	1	1	1	1	10	10	10	9
대운 역행	2	3	3	3	4	4	4	5	5	5	6	6	6	7	7	7	8	8	8	9	9	9	10	10	10	10	1	1	1

4 月 丁 巳(정사) 大

절기													소만															망종		
음력	一	二	三	四	五	六	七	八	九	十	十一	十二	十三	十四	十五	十六	十七	十八	十九	廿	廿一	廿二	廿三	廿四	廿五	廿六	廿七	廿八	廿九	三十
양력 월/일	5/10	11	12	13	14	15	16	17	18	19	20	21	22	23	24	25	26	27	28	29	30	31	6/1	2	3	4	5	6	7	8
일진	丁巳(정사)	戊午(무오)	己未(기미)	庚申(경신)	辛酉(신유)	壬戌(임술)	癸亥(계해)	甲子(갑자)	乙丑(을축)	丙寅(병인)	丁卯(정묘)	戊辰(무진)	己巳(기사)	庚午(경오)	辛未(신미)	壬申(임신)	癸酉(계유)	甲戌(갑술)	乙亥(을해)	丙子(병자)	丁丑(정축)	戊寅(무인)	己卯(기묘)	庚辰(경진)	辛巳(신사)	壬午(임오)	癸未(계미)	甲申(갑신)	乙酉(을유)	丙戌(병술)
절기시각	子正												卯正															亥正		
대운 순행	9	9	8	8	8	7	7	7	6	6	6	5	5	5	4	4	4	3	3	3	2	2	2	1	1	1	1	10	10	10
대운 역행	2	2	2	3	3	3	4	4	4	5	5	5	6	6	6	7	7	7	8	8	8	9	9	9	10	10	10	10	1	1

5 月 戊 午(무오) 小

절기														하지															
음력	一	二	三	四	五	六	七	八	九	十	十一	十二	十三	十四	十五	十六	十七	十八	十九	廿	廿一	廿二	廿三	廿四	廿五	廿六	廿七	廿八	廿九
양력 월/일	6/9	10	11	12	13	14	15	16	17	18	19	20	21	22	23	24	25	26	27	28	29	30	7/1	2	3	4	5	6	7
일진	丁亥(정해)	戊子(무자)	己丑(기축)	庚寅(경인)	辛卯(신묘)	壬辰(임진)	癸巳(계사)	甲午(갑오)	乙未(을미)	丙申(병신)	丁酉(정유)	戊戌(무술)	己亥(기해)	庚子(경자)	辛丑(신축)	壬寅(임인)	癸卯(계묘)	甲辰(갑진)	乙巳(을사)	丙午(병오)	丁未(정미)	戊申(무신)	己酉(기유)	庚戌(경술)	辛亥(신해)	壬子(임자)	癸丑(계축)	甲寅(갑인)	乙卯(을묘)
절기시각														申初															
대운 순행	10	9	9	9	8	8	8	7	7	7	6	6	6	5	5	5	4	4	4	3	3	3	2	2	2	1	1	1	1
대운 역행	1	2	2	2	3	3	3	4	4	4	5	5	5	6	6	6	7	7	7	8	8	8	9	9	9	10	10	10	10

6 月 己 未(기미) 大

절기	소서				초복										중복		대서													
음력	一	二	三	四	五	六	七	八	九	十	十一	十二	十三	十四	十五	十六	十七	十八	十九	廿	廿一	廿二	廿三	廿四	廿五	廿六	廿七	廿八	廿九	三十
양력 월/일	7/8	9	10	11	12	13	14	15	16	17	18	19	20	21	22	23	24	25	26	27	28	29	30	31	8/1	2	3	4	5	6
일진	丙辰(병진)	丁巳(정사)	戊午(무오)	己未(기미)	庚申(경신)	辛酉(신유)	壬戌(임술)	癸亥(계해)	甲子(갑자)	乙丑(을축)	丙寅(병인)	丁卯(정묘)	戊辰(무진)	己巳(기사)	庚午(경오)	辛未(신미)	壬申(임신)	癸酉(계유)	甲戌(갑술)	乙亥(을해)	丙子(병자)	丁丑(정축)	戊寅(무인)	己卯(기묘)	庚辰(경진)	辛巳(신사)	壬午(임오)	癸未(계미)	甲申(갑신)	乙酉(을유)
절기시각	辰正																丑正													
대운 순행	10	10	10	9	9	9	8	8	8	7	7	7	6	6	6	5	5	5	4	4	4	3	3	3	2	2	2	1	1	1
대운 역행	10	1	1	1	2	2	2	3	3	3	4	4	4	5	5	5	6	6	6	7	7	7	8	8	8	9	9	9	10	10

東 大將	申 喪門	辰 弔客	北 三殺

7 月 庚 申(경신) 小

절기		입추			말복													처서											
음력	一	二	三	四	五	六	七	八	九	十	十一	十二	十三	十四	十五	十六	十七	十八	十九	廿	廿一	廿二	廿三	廿四	廿五	廿六	廿七	廿八	廿九
양력 월/일	8/7	8	9	10	11	12	13	14	15	16	17	18	19	20	21	22	23	24	25	26	27	28	29	30	31	9/1	2	3	4
일진	丙戌(병술)	丁亥(정해)	戊子(무자)	己丑(기축)	庚寅(경인)	辛卯(신묘)	壬辰(임진)	癸巳(계사)	甲午(갑오)	乙未(을미)	丙申(병신)	丁酉(정유)	戊戌(무술)	己亥(기해)	庚子(경자)	辛丑(신축)	壬寅(임인)	癸卯(계묘)	甲辰(갑진)	乙巳(을사)	丙午(병오)	丁未(정미)	戊申(무신)	己酉(기유)	庚戌(경술)	辛亥(신해)	壬子(임자)	癸丑(계축)	甲寅(갑인)
절기시각		酉正																巳初											
대운 순행	1	10	10	10	9	9	9	8	8	8	7	7	7	6	6	6	5	5	5	4	4	4	3	3	3	2	2	2	1
대운 역행	10	10	1	1	1	2	2	2	3	3	3	4	4	4	5	5	5	6	6	6	7	7	7	8	8	8	9	9	9

8 月 辛 酉(신유) 大

절기				백로																추분										
음력	一	二	三	四	五	六	七	八	九	十	十一	十二	十三	十四	十五	十六	十七	十八	十九	廿	廿一	廿二	廿三	廿四	廿五	廿六	廿七	廿八	廿九	三十
양력 월/일	9/5	6	7	8	9	10	11	12	13	14	15	16	17	18	19	20	21	22	23	24	25	26	27	28	29	30	10/1	2	3	4
일진	乙卯(을묘)	丙辰(병진)	丁巳(정사)	戊午(무오)	己未(기미)	庚申(경신)	辛酉(신유)	壬戌(임술)	癸亥(계해)	甲子(갑자)	乙丑(을축)	丙寅(병인)	丁卯(정묘)	戊辰(무진)	己巳(기사)	庚午(경오)	辛未(신미)	壬申(임신)	癸酉(계유)	甲戌(갑술)	乙亥(을해)	丙子(병자)	丁丑(정축)	戊寅(무인)	己卯(기묘)	庚辰(경진)	辛巳(신사)	壬午(임오)	癸未(계미)	甲申(갑신)
절기시각				子初																卯正										
대운 순행	1	1	1	10	10	10	9	9	9	8	8	8	7	7	7	6	6	6	5	5	5	4	4	4	3	3	3	2	2	2
대운 역행	10	10	10	10	1	1	1	2	2	2	3	3	3	4	4	4	5	5	5	6	6	6	7	7	7	8	8	8	9	9

9 月 壬 戌(임술) 大

절기					한로															상강										
음력	一	二	三	四	五	六	七	八	九	十	十一	十二	十三	十四	十五	十六	十七	十八	十九	廿	廿一	廿二	廿三	廿四	廿五	廿六	廿七	廿八	廿九	三十
양력 월/일	10/5	6	7	8	9	10	11	12	13	14	15	16	17	18	19	20	21	22	23	24	25	26	27	28	29	30	31	11/1	2	3
일진	乙酉(을유)	丙戌(병술)	丁亥(정해)	戊子(무자)	己丑(기축)	庚寅(경인)	辛卯(신묘)	壬辰(임진)	癸巳(계사)	甲午(갑오)	乙未(을미)	丙申(병신)	丁酉(정유)	戊戌(무술)	己亥(기해)	庚子(경자)	辛丑(신축)	壬寅(임인)	癸卯(계묘)	甲辰(갑진)	乙巳(을사)	丙午(병오)	丁未(정미)	戊申(무신)	己酉(기유)	庚戌(경술)	辛亥(신해)	壬子(임자)	癸丑(계축)	甲寅(갑인)
절기시각					午正															申初										
대운 순행	1	1	1	1	10	10	9	9	9	8	8	8	7	7	7	6	6	6	5	5	5	4	4	4	3	3	3	2	2	2
대운 역행	9	10	10	10	10	1	1	1	2	2	2	3	3	3	4	4	4	5	5	5	6	6	6	7	7	7	8	8	8	9

10 月 癸 亥(계해) 大

절기					입동															소설										
음력	一	二	三	四	五	六	七	八	九	十	十一	十二	十三	十四	十五	十六	十七	十八	十九	廿	廿一	廿二	廿三	廿四	廿五	廿六	廿七	廿八	廿九	三十
양력 월/일	11/4	5	6	7	8	9	10	11	12	13	14	15	16	17	18	19	20	21	22	23	24	25	26	27	28	29	30	12/1	2	3
일진	乙卯(을묘)	丙辰(병진)	丁巳(정사)	戊午(무오)	己未(기미)	庚申(경신)	辛酉(신유)	壬戌(임술)	癸亥(계해)	甲子(갑자)	乙丑(을축)	丙寅(병인)	丁卯(정묘)	戊辰(무진)	己巳(기사)	庚午(경오)	辛未(신미)	壬申(임신)	癸酉(계유)	甲戌(갑술)	乙亥(을해)	丙子(병자)	丁丑(정축)	戊寅(무인)	己卯(기묘)	庚辰(경진)	辛巳(신사)	壬午(임오)	癸未(계미)	甲申(갑신)
절기시각	子正				申初															午正										
대운 순행	1	1	1	1	10	10	9	9	9	8	8	8	7	7	7	6	6	6	5	5	5	4	4	4	3	3	3	2	2	2
대운 역행	9	9	10	10	10	1	1	1	2	2	2	3	3	3	4	4	4	5	5	5	6	6	6	7	7	7	8	8	8	9

11 月 甲 子(갑자) 小

절기					대설															동지									
음력	一	二	三	四	五	六	七	八	九	十	十一	十二	十三	十四	十五	十六	十七	十八	十九	廿	廿一	廿二	廿三	廿四	廿五	廿六	廿七	廿八	廿九
양력 월/일	12/4	5	6	7	8	9	10	11	12	13	14	15	16	17	18	19	20	21	22	23	24	25	26	27	28	29	30	31	1/1
일진	乙酉(을유)	丙戌(병술)	丁亥(정해)	戊子(무자)	己丑(기축)	庚寅(경인)	辛卯(신묘)	壬辰(임진)	癸巳(계사)	甲午(갑오)	乙未(을미)	丙申(병신)	丁酉(정유)	戊戌(무술)	己亥(기해)	庚子(경자)	辛丑(신축)	壬寅(임인)	癸卯(계묘)	甲辰(갑진)	乙巳(을사)	丙午(병오)	丁未(정미)	戊申(무신)	己酉(기유)	庚戌(경술)	辛亥(신해)	壬子(임자)	癸丑(계축)
절기시각					辰初															子正									
대운 순행	1	1	1	1	10	9	9	9	8	8	8	7	7	7	6	6	6	5	5	5	4	4	4	3	3	3	2	2	2
대운 역행	9	9	10	10	10	1	1	1	2	2	2	3	3	3	4	4	4	5	5	5	6	6	6	7	7	7	8	8	8

12 月 乙 丑(을축) 大

절기					소한															대한										
음력	一	二	三	四	五	六	七	八	九	十	十一	十二	十三	十四	十五	十六	十七	十八	十九	廿	廿一	廿二	廿三	廿四	廿五	廿六	廿七	廿八	廿九	三十
양력 월/일	1/2	3	4	5	6	7	8	9	10	11	12	13	14	15	16	17	18	19	20	21	22	23	24	25	26	27	28	29	30	31
일진	甲寅(갑인)	乙卯(을묘)	丙辰(병진)	丁巳(정사)	戊午(무오)	己未(기미)	庚申(경신)	辛酉(신유)	壬戌(임술)	癸亥(계해)	甲子(갑자)	乙丑(을축)	丙寅(병인)	丁卯(정묘)	戊辰(무진)	己巳(기사)	庚午(경오)	辛未(신미)	壬申(임신)	癸酉(계유)	甲戌(갑술)	乙亥(을해)	丙子(병자)	丁丑(정축)	戊寅(무인)	己卯(기묘)	庚辰(경진)	辛巳(신사)	壬午(임오)	癸未(계미)
절기시각					酉初															午初										
대운 순행	1	1	1	1	10	10	9	9	9	8	8	8	7	7	7	6	6	6	5	5	5	4	4	4	3	3	3	2	2	2
대운 역행	9	9	9	10	10	1	1	1	2	2	2	3	3	3	4	4	4	5	5	5	6	6	6	7	7	7	8	8	8	9

단기 4252 년
불기 2463 년

1919년 己未(기미)年

1 月 丙寅(병인) 小

절기					입춘															우수									
음력	一	二	三	四	五	六	七	八	九	十	十一	十二	十三	十四	十五	十六	十七	十八	十九	廿	廿一	廿二	廿三	廿四	廿五	廿六	廿七	廿八	廿九
양력 월/일	2/1	2	3	4	5	6	7	8	9	10	11	12	13	14	15	16	17	18	19	20	21	22	23	24	25	26	27	28	3/1
일진	甲申(갑신)	乙酉(을유)	丙戌(병술)	丁亥(정해)	戊子(무자)	己丑(기축)	庚寅(경인)	辛卯(신묘)	壬辰(임진)	癸巳(계사)	甲午(갑오)	乙未(을미)	丙申(병신)	丁酉(정유)	戊戌(무술)	己亥(기해)	庚子(경자)	辛丑(신축)	壬寅(임인)	癸卯(계묘)	甲辰(갑진)	乙巳(을사)	丙午(병오)	丁未(정미)	戊申(무신)	己酉(기유)	庚戌(경술)	辛亥(신해)	壬子(임자)
절기시각					卯初															丑初									
대운 순행	1	1	1	1	10	10	9	9	9	8	8	8	7	7	7	6	6	6	5	5	5	4	4	4	3	3	3	2	2
대운 역행	9	9	10	10	1	1	1	2	2	2	3	3	3	4	4	4	5	5	5	6	6	6	7	7	7	8	8	8	9

2 月 丁卯(정묘) 大

절기						경칩															춘분									
음력	一	二	三	四	五	六	七	八	九	十	十一	十二	十三	十四	十五	十六	十七	十八	十九	廿	廿一	廿二	廿三	廿四	廿五	廿六	廿七	廿八	廿九	三十
양력 월/일	3/2	3	4	5	6	7	8	9	10	11	12	13	14	15	16	17	18	19	20	21	22	23	24	25	26	27	28	29	30	31
일진	癸丑(계축)	甲寅(갑인)	乙卯(을묘)	丙辰(병진)	丁巳(정사)	戊午(무오)	己未(기미)	庚申(경신)	辛酉(신유)	壬戌(임술)	癸亥(계해)	甲子(갑자)	乙丑(을축)	丙寅(병인)	丁卯(정묘)	戊辰(무진)	己巳(기사)	庚午(경오)	辛未(신미)	壬申(임신)	癸酉(계유)	甲戌(갑술)	乙亥(을해)	丙子(병자)	丁丑(정축)	戊寅(무인)	己卯(기묘)	庚辰(경진)	辛巳(신사)	壬午(임오)
절기시각						子初															子正									
대운 순행	1	1	1	1	10	10	10	9	9	9	8	8	8	7	7	7	6	6	6	5	5	5	4	4	4	3	3	3	2	2
대운 역행	9	9	9	10	10	1	1	1	2	2	2	3	3	3	4	4	4	5	5	5	6	6	6	7	7	7	8	8	8	9

3 月 戊辰(무진) 小

절기						청명	한식														곡우								
음력	一	二	三	四	五	六	七	八	九	十	十一	十二	十三	十四	十五	十六	十七	十八	十九	廿	廿一	廿二	廿三	廿四	廿五	廿六	廿七	廿八	廿九
양력 월/일	4/1	2	3	4	5	6	7	8	9	10	11	12	13	14	15	16	17	18	19	20	21	22	23	24	25	26	27	28	29
일진	癸未(계미)	甲申(갑신)	乙酉(을유)	丙戌(병술)	丁亥(정해)	戊子(무자)	己丑(기축)	庚寅(경인)	辛卯(신묘)	壬辰(임진)	癸巳(계사)	甲午(갑오)	乙未(을미)	丙申(병신)	丁酉(정유)	戊戌(무술)	己亥(기해)	庚子(경자)	辛丑(신축)	壬寅(임인)	癸卯(계묘)	甲辰(갑진)	乙巳(을사)	丙午(병오)	丁未(정미)	戊申(무신)	己酉(기유)	庚戌(경술)	辛亥(신해)
절기시각						卯初															午正								
대운 순행	2	1	1	1	1	10	10	9	9	9	8	8	8	7	7	7	6	6	6	5	5	5	4	4	4	3	3	3	2
대운 역행	9	9	10	10	10	10	1	1	1	2	2	2	3	3	3	4	4	4	5	5	5	6	6	6	7	7	7	8	8

4 月 己巳(기사) 小

절기								입하															소만						
음력	一	二	三	四	五	六	七	八	九	十	十一	十二	十三	十四	十五	十六	十七	十八	十九	廿	廿一	廿二	廿三	廿四	廿五	廿六	廿七	廿八	廿九
양력 월/일	4/30	5/1	2	3	4	5	6	7	8	9	10	11	12	13	14	15	16	17	18	19	20	21	22	23	24	25	26	27	28
일진	壬子(임자)	癸丑(계축)	甲寅(갑인)	乙卯(을묘)	丙辰(병진)	丁巳(정사)	戊午(무오)	己未(기미)	庚申(경신)	辛酉(신유)	壬戌(임술)	癸亥(계해)	甲子(갑자)	乙丑(을축)	丙寅(병인)	丁卯(정묘)	戊辰(무진)	己巳(기사)	庚午(경오)	辛未(신미)	壬申(임신)	癸酉(계유)	甲戌(갑술)	乙亥(을해)	丙子(병자)	丁丑(정축)	戊寅(무인)	己卯(기묘)	庚辰(경진)
절기시각								子初															午正						
대운 순행	2	2	1	1	1	1	10	10	10	10	9	9	9	8	8	8	7	7	7	6	6	6	5	5	5	4	4	4	3
대운 역행	8	9	9	9	10	10	10	1	1	1	2	2	2	3	3	3	4	4	4	5	5	5	6	6	6	7	7	7	8

5 月 庚午(경오) 大

절기										망종															하지					
음력	一	二	三	四	五	六	七	八	九	十	十一	十二	十三	十四	十五	十六	十七	十八	十九	廿	廿一	廿二	廿三	廿四	廿五	廿六	廿七	廿八	廿九	三十
양력 월/일	5/29	30	31	6/1	2	3	4	5	6	7	8	9	10	11	12	13	14	15	16	17	18	19	20	21	22	23	24	25	26	27
일진	辛巳(신사)	壬午(임오)	癸未(계미)	甲申(갑신)	乙酉(을유)	丙戌(병술)	丁亥(정해)	戊子(무자)	己丑(기축)	庚寅(경인)	辛卯(신묘)	壬辰(임진)	癸巳(계사)	甲午(갑오)	乙未(을미)	丙申(병신)	丁酉(정유)	戊戌(무술)	己亥(기해)	庚子(경자)	辛丑(신축)	壬寅(임인)	癸卯(계묘)	甲辰(갑진)	乙巳(을사)	丙午(병오)	丁未(정미)	戊申(무신)	己酉(기유)	庚戌(경술)
절기시각										寅初															戌正					
대운 순행	3	3	2	2	2	1	1	1	1	10	10	10	9	9	9	8	8	8	7	7	7	6	6	6	5	5	5	4	4	4
대운 역행	8	8	9	9	9	10	10	10	10	10	1	1	1	2	2	2	3	3	3	4	4	4	5	5	5	6	6	6	7	7

6 月 辛未(신미) 小

절기											소서									초복							대서		
음력	一	二	三	四	五	六	七	八	九	十	十一	十二	十三	十四	十五	十六	十七	十八	十九	廿	廿一	廿二	廿三	廿四	廿五	廿六	廿七	廿八	廿九
양력 월/일	6/28	29	30	7/1	2	3	4	5	6	7	8	9	10	11	12	13	14	15	16	17	18	19	20	21	22	23	24	25	26
일진	辛亥(신해)	壬子(임자)	癸丑(계축)	甲寅(갑인)	乙卯(을묘)	丙辰(병진)	丁巳(정사)	戊午(무오)	己未(기미)	庚申(경신)	辛酉(신유)	壬戌(임술)	癸亥(계해)	甲子(갑자)	乙丑(을축)	丙寅(병인)	丁卯(정묘)	戊辰(무진)	己巳(기사)	庚午(경오)	辛未(신미)	壬申(임신)	癸酉(계유)	甲戌(갑술)	乙亥(을해)	丙子(병자)	丁丑(정축)	戊寅(무인)	己卯(기묘)
절기시각											未正																辰初		
대운 순행	3	3	3	2	2	2	1	1	1	1	10	10	10	9	9	9	8	8	8	7	7	7	6	6	6	5	5	5	4
대운 역행	7	8	8	8	9	9	9	10	10	10	10	1	1	1	2	2	2	3	3	3	4	4	4	5	5	5	6	6	6

東 大將	酉 喪門	巳 弔客	西 三殺

7 月 壬 申(임신) 大

절기													입추								말복								처서	
음력	一	二	三	四	五	六	七	八	九	十	十一	十二	十三	十四	十五	十六	十七	十八	十九	二十	廿一	廿二	廿三	廿四	廿五	廿六	廿七	廿八	廿九	三十
양력 월/일	7/27	28	29	30	31	8/1	2	3	4	5	6	7	8	9	10	11	12	13	14	15	16	17	18	19	20	21	22	23	24	25
일진	庚辰(경진)	辛巳(신사)	壬午(임오)	癸未(계미)	甲申(갑신)	乙酉(을유)	丙戌(병술)	丁亥(정해)	戊子(무자)	己丑(기축)	庚寅(경인)	辛卯(신묘)	壬辰(임진)	癸巳(계사)	甲午(갑오)	乙未(을미)	丙申(병신)	丁酉(정유)	戊戌(무술)	己亥(기해)	庚子(경자)	辛丑(신축)	壬寅(임인)	癸卯(계묘)	甲辰(갑진)	乙巳(을사)	丙午(병오)	丁未(정미)	戊申(무신)	己酉(기유)
절기시각													子正																未正	
대운 순행	4	4	3	3	3	2	2	2	1	1	1	1	10	10	10	10	9	9	9	8	8	8	7	7	7	6	6	6	5	5
대운 역행	7	7	7	8	8	8	9	9	9	10	10	10	10	1	1	1	2	2	2	3	3	3	4	4	4	5	5	5	6	6

閏 7 月 壬 申(임신) 小

절기															백로															
음력	一	二	三	四	五	六	七	八	九	十	十一	十二	十三	十四	十五	十六	十七	十八	十九	二十	廿一	廿二	廿三	廿四	廿五	廿六	廿七	廿八	廿九	
양력 월/일	8/26	27	28	29	30	31	9/1	2	3	4	5	6	7	8	9	10	11	12	13	14	15	16	17	18	19	20	21	22	23	
일진	庚戌(경술)	辛亥(신해)	壬子(임자)	癸丑(계축)	甲寅(갑인)	乙卯(을묘)	丙辰(병진)	丁巳(정사)	戊午(무오)	己未(기미)	庚申(경신)	辛酉(신유)	壬戌(임술)	癸亥(계해)	甲子(갑자)	乙丑(을축)	丙寅(병인)	丁卯(정묘)	戊辰(무진)	己巳(기사)	庚午(경오)	辛未(신미)	壬申(임신)	癸酉(계유)	甲戌(갑술)	乙亥(을해)	丙子(병자)	丁丑(정축)	戊寅(무인)	
절기시각															寅初															
대운 순행	5	4	4	4	3	3	3	2	2	2	1	1	1	1	10	10	9	9	9	8	8	8	7	7	7	6	6	6	5	
대운 역행	6	7	7	7	8	8	8	9	9	9	10	10	10	10	10	1	1	1	2	2	2	3	3	3	4	4	4	5	5	

8 月 癸 酉(계유) 大

절기	추분															한로														
음력	一	二	三	四	五	六	七	八	九	十	十一	十二	十三	十四	十五	十六	十七	十八	十九	二十	廿一	廿二	廿三	廿四	廿五	廿六	廿七	廿八	廿九	三十
양력 월/일	9/24	25	26	27	28	29	30	10/1	2	3	4	5	6	7	8	9	10	11	12	13	14	15	16	17	18	19	20	21	22	23
일진	己卯(기묘)	庚辰(경진)	辛巳(신사)	壬午(임오)	癸未(계미)	甲申(갑신)	乙酉(을유)	丙戌(병술)	丁亥(정해)	戊子(무자)	己丑(기축)	庚寅(경인)	辛卯(신묘)	壬辰(임진)	癸巳(계사)	甲午(갑오)	乙未(을미)	丙申(병신)	丁酉(정유)	戊戌(무술)	己亥(기해)	庚子(경자)	辛丑(신축)	壬寅(임인)	癸卯(계묘)	甲辰(갑진)	乙巳(을사)	丙午(병오)	丁未(정미)	戊申(무신)
절기시각	午正															酉正														
대운 순행	5	5	4	4	4	3	3	3	2	2	2	1	1	1	1	10	10	9	9	9	8	8	8	7	7	7	6	6	6	5
대운 역행	5	6	6	6	7	7	7	8	8	8	9	9	9	10	10	10	1	1	1	2	2	2	3	3	3	4	4	4	5	5

9 月 甲 戌(갑술) 大

절기	상강															입동														
음력	一	二	三	四	五	六	七	八	九	十	十一	十二	十三	十四	十五	十六	十七	十八	十九	二十	廿一	廿二	廿三	廿四	廿五	廿六	廿七	廿八	廿九	三十
양력 월/일	10/24	25	26	27	28	29	30	31	11/1	2	3	4	5	6	7	8	9	10	11	12	13	14	15	16	17	18	19	20	21	23
일진	己酉(기유)	庚戌(경술)	辛亥(신해)	壬子(임자)	癸丑(계축)	甲寅(갑인)	乙卯(을묘)	丙辰(병진)	丁巳(정사)	戊午(무오)	己未(기미)	庚申(경신)	辛酉(신유)	壬戌(임술)	癸亥(계해)	甲子(갑자)	乙丑(을축)	丙寅(병인)	丁卯(정묘)	戊辰(무진)	己巳(기사)	庚午(경오)	辛未(신미)	壬申(임신)	癸酉(계유)	甲戌(갑술)	乙亥(을해)	丙子(병자)	丁丑(정축)	戊寅(무인)
절기시각	亥初															亥初														
대운 순행	5	5	4	4	4	3	3	3	2	2	2	1	1	1	1	10	10	9	9	9	8	8	8	7	7	7	6	6	6	5
대운 역행	5	6	6	6	7	7	7	8	8	8	9	9	9	10	10	10	1	1	1	2	2	2	3	3	3	4	4	4	5	5

10 月 乙 亥(을해) 小

절기	소설															대설														
음력	一	二	三	四	五	六	七	八	九	十	十一	十二	十三	十四	十五	十六	十七	十八	十九	二十	廿一	廿二	廿三	廿四	廿五	廿六	廿七	廿八	廿九	
양력 월/일	11/23	24	25	26	27	28	29	30	12/1	2	3	4	5	6	7	8	9	10	11	12	13	14	15	16	17	18	19	20	21	
일진	己卯(기묘)	庚辰(경진)	辛巳(신사)	壬午(임오)	癸未(계미)	甲申(갑신)	乙酉(을유)	丙戌(병술)	丁亥(정해)	戊子(무자)	己丑(기축)	庚寅(경인)	辛卯(신묘)	壬辰(임진)	癸巳(계사)	甲午(갑오)	乙未(을미)	丙申(병신)	丁酉(정유)	戊戌(무술)	己亥(기해)	庚子(경자)	辛丑(신축)	壬寅(임인)	癸卯(계묘)	甲辰(갑진)	乙巳(을사)	丙午(병오)	丁未(정미)	
절기시각	酉正															未初														
대운 순행	5	5	4	4	4	3	3	3	2	2	2	1	1	1	1	10	9	9	9	8	8	8	7	7	7	6	6	6	5	
대운 역행	5	6	6	6	7	7	7	8	8	8	9	9	9	10	10	10	1	1	1	2	2	2	3	3	3	4	4	4	5	

11 月 丙 子(병자) 大

절기		동지														소한														
음력	一	二	三	四	五	六	七	八	九	十	十一	十二	十三	十四	十五	十六	十七	十八	十九	二十	廿一	廿二	廿三	廿四	廿五	廿六	廿七	廿八	廿九	三十
양력 월/일	12/22	23	24	25	26	27	28	29	30	31	1/1	2	3	4	5	6	7	8	9	10	11	12	13	14	15	16	17	18	19	20
일진	戊申(무신)	己酉(기유)	庚戌(경술)	辛亥(신해)	壬子(임자)	癸丑(계축)	甲寅(갑인)	乙卯(을묘)	丙辰(병진)	丁巳(정사)	戊午(무오)	己未(기미)	庚申(경신)	辛酉(신유)	壬戌(임술)	癸亥(계해)	甲子(갑자)	乙丑(을축)	丙寅(병인)	丁卯(정묘)	戊辰(무진)	己巳(기사)	庚午(경오)	辛未(신미)	壬申(임신)	癸酉(계유)	甲戌(갑술)	乙亥(을해)	丙子(병자)	丁丑(정축)
절기시각		卯正														子正														
대운 순행	5	5	4	4	4	3	3	3	2	2	2	1	1	1	1	10	10	9	9	9	8	8	8	7	7	7	6	6	6	5
대운 역행	5	5	6	6	6	7	7	7	8	8	8	9	9	9	10	10	1	1	1	2	2	2	3	3	3	4	4	4	5	5

12 月 丁 丑(정축) 大

절기	대한															입춘														
음력	一	二	三	四	五	六	七	八	九	十	十一	十二	十三	十四	十五	十六	十七	十八	十九	二十	廿一	廿二	廿三	廿四	廿五	廿六	廿七	廿八	廿九	三十
양력 월/일	1/21	22	23	24	25	26	27	28	29	30	31	2/1	2	3	4	5	6	7	8	9	10	11	12	13	14	15	16	17	18	19
일진	戊寅(무인)	己卯(기묘)	庚辰(경진)	辛巳(신사)	壬午(임오)	癸未(계미)	甲申(갑신)	乙酉(을유)	丙戌(병술)	丁亥(정해)	戊子(무자)	己丑(기축)	庚寅(경인)	辛卯(신묘)	壬辰(임진)	癸巳(계사)	甲午(갑오)	乙未(을미)	丙申(병신)	丁酉(정유)	戊戌(무술)	己亥(기해)	庚子(경자)	辛丑(신축)	壬寅(임인)	癸卯(계묘)	甲辰(갑진)	乙巳(을사)	丙午(병오)	丁未(정미)
절기시각	申正															卯初														
대운 순행	5	5	4	4	4	3	3	3	2	2	2	1	1	1	1	10	10	9	9	9	8	8	8	7	7	7	6	6	6	5
대운 역행	5	6	6	6	7	7	7	8	8	8	9	9	9	10	10	10	1	1	1	2	2	2	3	3	3	4	4	4	5	5

단기 4253 년
불기 2464 년

1920년 庚申(경신)年

1 月 戊 寅(무인) 小

절기	우수															경칩													
음력	一	二	三	四	五	六	七	八	九	十	十一	十二	十三	十四	十五	十六	十七	十八	十九	二十	廿一	廿二	廿三	廿四	廿五	廿六	廿七	廿八	廿九
양력 월/일	2/20	21	22	23	24	25	26	27	28	29	3/1	2	3	4	5	6	7	8	9	10	11	12	13	14	15	16	17	18	19
일진	戊申(무신)	己酉(기유)	庚戌(경술)	辛亥(신해)	壬子(임자)	癸丑(계축)	甲寅(갑인)	乙卯(을묘)	丙辰(병진)	丁巳(정사)	戊午(무오)	己未(기미)	庚申(경신)	辛酉(신유)	壬戌(임술)	癸亥(계해)	甲子(갑자)	乙丑(을축)	丙寅(병인)	丁卯(정묘)	戊辰(무진)	己巳(기사)	庚午(경오)	辛未(신미)	壬申(임신)	癸酉(계유)	甲戌(갑술)	乙亥(을해)	丙子(병자)
절기시각	辰初															卯初													
대운 순행	5	5	4	4	4	3	3	3	2	2	2	1	1	1	1	10	10	9	9	9	8	8	8	7	7	7	6	6	6
대운 역행	5	6	6	6	7	7	7	8	8	8	9	9	9	10	10	10	1	1	1	2	2	2	3	3	3	4	4	4	5

2 月 己 卯(기묘) 大

절기		춘분															청명	한식												
음력	一	二	三	四	五	六	七	八	九	十	十一	十二	十三	十四	十五	十六	十七	十八	十九	二十	廿一	廿二	廿三	廿四	廿五	廿六	廿七	廿八	廿九	三十
양력 월/일	3/20	21	22	23	24	25	26	27	28	29	30	31	4/1	2	3	4	5	6	7	8	9	10	11	12	13	14	15	16	17	18
일진	丁丑(정축)	戊寅(무인)	己卯(기묘)	庚辰(경진)	辛巳(신사)	壬午(임오)	癸未(계미)	甲申(갑신)	乙酉(을유)	丙戌(병술)	丁亥(정해)	戊子(무자)	己丑(기축)	庚寅(경인)	辛卯(신묘)	壬辰(임진)	癸巳(계사)	甲午(갑오)	乙未(을미)	丙申(병신)	丁酉(정유)	戊戌(무술)	己亥(기해)	庚子(경자)	辛丑(신축)	壬寅(임인)	癸卯(계묘)	甲辰(갑진)	乙巳(을사)	丙午(병오)
절기시각		卯正															巳正													
대운 순행	5	5	5	4	4	4	3	3	3	2	2	2	1	1	1	1	10	10	10	9	9	9	8	8	8	7	7	7	6	6
대운 역행	5	5	6	6	6	7	7	7	8	8	8	9	9	9	10	10	10	1	1	1	2	2	2	3	3	3	4	4	4	5

3 月 庚 辰(경진) 小

절기		곡우																입하											
음력	一	二	三	四	五	六	七	八	九	十	十一	十二	十三	十四	十五	十六	十七	十八	十九	二十	廿一	廿二	廿三	廿四	廿五	廿六	廿七	廿八	廿九
양력 월/일	4/19	20	21	22	23	24	25	26	27	28	29	30	5/1	2	3	4	5	6	7	8	9	10	11	12	13	14	15	16	17
일진	丁未(정미)	戊申(무신)	己酉(기유)	庚戌(경술)	辛亥(신해)	壬子(임자)	癸丑(계축)	甲寅(갑인)	乙卯(을묘)	丙辰(병진)	丁巳(정사)	戊午(무오)	己未(기미)	庚申(경신)	辛酉(신유)	壬戌(임술)	癸亥(계해)	甲子(갑자)	乙丑(을축)	丙寅(병인)	丁卯(정묘)	戊辰(무진)	己巳(기사)	庚午(경오)	辛未(신미)	壬申(임신)	癸酉(계유)	甲戌(갑술)	乙亥(을해)
절기시각		酉正																卯初											
대운 순행	6	5	5	5	4	4	4	3	3	3	2	2	2	1	1	1	1	10	10	10	9	9	9	8	8	8	7	7	7
대운 역행	5	5	6	6	6	7	7	7	8	8	8	9	9	9	10	10	10	10	1	1	1	2	2	2	3	3	3	4	4

4 月 辛 巳(신사) 小

절기				소만																망종									
음력	一	二	三	四	五	六	七	八	九	十	十一	十二	十三	十四	十五	十六	十七	十八	十九	二十	廿一	廿二	廿三	廿四	廿五	廿六	廿七	廿八	廿九
양력 월/일	5/18	19	20	21	22	23	24	25	26	27	28	29	30	31	6/1	2	3	4	5	6	7	8	9	10	11	12	13	14	15
일진	丙子(병자)	丁丑(정축)	戊寅(무인)	己卯(기묘)	庚辰(경진)	辛巳(신사)	壬午(임오)	癸未(계미)	甲申(갑신)	乙酉(을유)	丙戌(병술)	丁亥(정해)	戊子(무자)	己丑(기축)	庚寅(경인)	辛卯(신묘)	壬辰(임진)	癸巳(계사)	甲午(갑오)	乙未(을미)	丙申(병신)	丁酉(정유)	戊戌(무술)	己亥(기해)	庚子(경자)	辛丑(신축)	壬寅(임인)	癸卯(계묘)	甲辰(갑진)
절기시각				酉正																巳初									
대운 순행	6	6	6	5	5	5	4	4	4	3	3	3	2	2	2	1	1	1	1	10	10	10	9	9	9	8	8	8	7
대운 역행	4	5	5	5	6	6	6	7	7	7	8	8	8	9	9	9	10	10	10	10	1	1	1	2	2	2	3	3	3

5 月 壬 午(임오) 大

절기							하지															소서								
음력	一	二	三	四	五	六	七	八	九	十	十一	十二	十三	十四	十五	十六	十七	十八	十九	二十	廿一	廿二	廿三	廿四	廿五	廿六	廿七	廿八	廿九	三十
양력 월/일	6/16	17	18	19	20	21	22	23	24	25	26	27	28	29	30	7/1	2	3	4	5	6	7	8	9	10	11	12	13	14	15
일진	乙巳(을사)	丙午(병오)	丁未(정미)	戊申(무신)	己酉(기유)	庚戌(경술)	辛亥(신해)	壬子(임자)	癸丑(계축)	甲寅(갑인)	乙卯(을묘)	丙辰(병진)	丁巳(정사)	戊午(무오)	己未(기미)	庚申(경신)	辛酉(신유)	壬戌(임술)	癸亥(계해)	甲子(갑자)	乙丑(을축)	丙寅(병인)	丁卯(정묘)	戊辰(무진)	己巳(기사)	庚午(경오)	辛未(신미)	壬申(임신)	癸酉(계유)	甲戌(갑술)
절기시각							丑正															戌正								
대운 순행	7	7	6	6	6	5	5	5	4	4	4	3	3	3	2	2	2	1	1	1	1	10	10	10	10	9	9	9	8	8
대운 역행	4	4	4	5	5	5	6	6	6	7	7	7	8	8	8	9	9	9	10	10	10	10	1	1	1	2	2	2	3	3

6 月 癸 未(계미) 小

절기						초복		대서								중복								입추		말복			
음력	一	二	三	四	五	六	七	八	九	十	十一	十二	十三	十四	十五	十六	十七	十八	十九	二十	廿一	廿二	廿三	廿四	廿五	廿六	廿七	廿八	廿九
양력 월/일	7/16	17	18	19	20	21	22	23	24	25	26	27	28	29	30	31	8/1	2	3	4	5	6	7	8	9	10	11	12	13
일진	乙亥(을해)	丙子(병자)	丁丑(정축)	戊寅(무인)	己卯(기묘)	庚辰(경진)	辛巳(신사)	壬午(임오)	癸未(계미)	甲申(갑신)	乙酉(을유)	丙戌(병술)	丁亥(정해)	戊子(무자)	己丑(기축)	庚寅(경인)	辛卯(신묘)	壬辰(임진)	癸巳(계사)	甲午(갑오)	乙未(을미)	丙申(병신)	丁酉(정유)	戊戌(무술)	己亥(기해)	庚子(경자)	辛丑(신축)	壬寅(임인)	癸卯(계묘)
절기시각								未初																卯正					
대운 순행	8	7	7	7	6	6	6	5	5	5	4	4	4	3	3	3	2	2	2	1	1	1	1	10	10	9	9	9	8
대운 역행	3	4	4	4	5	5	5	6	6	6	7	7	7	8	8	8	9	9	9	10	10	10	10	10	1	1	1	2	2

南 大將	戌 喪門	午 弔客	南 三殺

7 月 甲 申(갑신) 小

절기										처서																백로			
음력	一	二	三	四	五	六	七	八	九	十	十一	十二	十三	十四	十五	十六	十七	十八	十九	廿	廿一	廿二	廿三	廿四	廿五	廿六	廿七	廿八	廿九
양력 월/일	8/14	15	16	17	18	19	20	21	22	23	24	25	26	27	28	29	30	31	9/1	2	3	4	5	6	7	8	9	10	11
일진	甲辰(갑진)	乙巳(을사)	丙午(병오)	丁未(정미)	戊申(무신)	己酉(기유)	庚戌(경술)	辛亥(신해)	壬子(임자)	癸丑(계축)	甲寅(갑인)	乙卯(을묘)	丙辰(병진)	丁巳(정사)	戊午(무오)	己未(기미)	庚申(경신)	辛酉(신유)	壬戌(임술)	癸亥(계해)	甲子(갑자)	乙丑(을축)	丙寅(병인)	丁卯(정묘)	戊辰(무진)	己巳(기사)	庚午(경오)	辛未(신미)	壬申(임신)
절기시각										戌正																辰正			
대운 순행	8	8	7	7	7	6	6	6	5	5	5	4	4	4	3	3	3	3	2	2	2	1	1	1	1	10	10	9	9
대운 역행	2	3	3	3	4	4	4	5	5	5	6	6	6	7	7	7	8	8	8	8	9	9	9	10	10	10	1	1	1

8 月 己 酉(을유) 大

절기												추분															한로			
음력	一	二	三	四	五	六	七	八	九	十	十一	十二	十三	十四	十五	十六	十七	十八	十九	廿	廿一	廿二	廿三	廿四	廿五	廿六	廿七	廿八	廿九	三十
양력 월/일	3/20	21	22	23	24	25	26	27	28	29	30	31	4/1	2	3	4	5	6	7	8	9	10	11	12	13	14	15	16	17	18
일진	癸酉(계유)	甲戌(갑술)	乙亥(을해)	丙子(병자)	丁丑(정축)	戊寅(무인)	己卯(을묘)	庚辰(경진)	辛巳(신사)	壬午(임오)	癸未(계미)	甲申(갑신)	乙酉(을유)	丙戌(병술)	丁亥(정해)	戊子(무자)	己丑(을축)	庚寅(경인)	辛卯(신묘)	壬辰(임진)	癸巳(계사)	甲午(신오)	乙未(을미)	丙申(병신)	丁酉(정유)	戊戌(무술)	乙亥(을해)	庚子(병자)	辛丑(신축)	壬寅(임인)
절기시각																											子正			
대운 순행	9	8	8	8	7	7	7	6	6	6	5	5	5	4	4	4	3	3	3	2	2	2	1	1	1	1	10	10	10	9
대운 역행	2	2	2	3	3	3	4	4	4	5	5	5	6	6	6	7	7	7	8	8	8	9	9	9	10	10	10	1	1	1

9 月 丙 戌(병술) 大

절기													상강															입동		
음력	一	二	三	四	五	六	七	八	九	十	十一	十二	十三	十四	十五	十六	十七	十八	十九	廿	廿一	廿二	廿三	廿四	廿五	廿六	廿七	廿八	廿九	三十
양력 월/일	10/12	13	14	15	16	17	18	19	20	21	22	23	24	25	26	27	28	29	30	31	11/1	2	3	4	5	6	7	8	9	10
일진	癸卯(계묘)	甲辰(갑진)	乙巳(을사)	丙午(병오)	丁未(정미)	戊申(무신)	己酉(기유)	庚戌(경술)	辛亥(신해)	壬子(임자)	癸丑(계축)	甲寅(갑인)	乙卯(을묘)	丙辰(병진)	丁巳(정사)	戊午(무오)	己未(기미)	庚申(경신)	辛酉(신유)	壬戌(임술)	癸亥(계해)	甲子(갑자)	乙丑(을축)	丙寅(병인)	丁卯(정묘)	戊辰(무진)	己巳(기사)	庚午(경오)	辛未(신미)	壬申(임신)
절기시각													寅初															丑正		
대운 순행	9	9	8	8	8	7	7	7	6	6	6	5	5	5	4	4	4	3	3	3	2	2	2	1	1	1	1	10	9	9
대운 역행	2	2	2	3	3	3	4	4	4	5	5	5	6	6	6	7	7	7	8	8	8	9	9	9	10	10	10	10	1	1

10 月 丁 亥(정해) 小

절기												소설															대설		
음력	一	二	三	四	五	六	七	八	九	十	十一	十二	十三	十四	十五	十六	十七	十八	十九	廿	廿一	廿二	廿三	廿四	廿五	廿六	廿七	廿八	廿九
양력 월/일	11/11	12	13	14	15	16	17	18	19	20	21	22	23	24	25	26	27	28	29	30	12/1	2	3	4	5	6	7	8	9
일진	癸酉(계유)	甲戌(갑술)	乙亥(을해)	丙子(병자)	丁丑(정축)	戊寅(무인)	己卯(을묘)	庚辰(경진)	辛巳(신사)	壬午(임오)	癸未(계미)	甲申(갑신)	乙酉(을유)	丙戌(병술)	丁亥(정해)	戊子(무자)	己丑(을축)	庚寅(경인)	辛卯(신묘)	壬辰(임진)	癸巳(계사)	甲午(신오)	乙未(을미)	丙申(병신)	丁酉(정유)	戊戌(무술)	乙亥(을해)	庚子(병자)	辛丑(신축)
절기시각												子初															酉正		
대운 순행	9	8	8	8	7	7	7	6	6	6	5	5	5	4	4	4	3	3	3	2	2	2	1	1	1	1	10	10	9
대운 역행	1	2	2	2	3	3	3	4	4	4	5	5	5	6	6	6	7	7	7	8	8	8	9	9	9	10	10	1	1

11 月 戊 子(무자) 大

절기													동지															소한		
음력	一	二	三	四	五	六	七	八	九	十	十一	十二	十三	十四	十五	十六	十七	十八	十九	廿	廿一	廿二	廿三	廿四	廿五	廿六	廿七	廿八	廿九	三十
양력 월/일	12/10	11	12	13	14	15	16	17	18	19	20	21	22	23	24	25	26	27	28	29	30	31	1/1	2	3	4	5	6	7	8
일진	壬寅(임인)	癸卯(계묘)	甲辰(갑진)	乙巳(을사)	丙午(병오)	丁未(정미)	戊申(무신)	己酉(기유)	庚戌(경술)	辛亥(신해)	壬子(임자)	癸丑(계축)	甲寅(갑인)	乙卯(을묘)	丙辰(병진)	丁巳(정사)	戊午(무오)	己未(기미)	庚申(경신)	辛酉(신유)	壬戌(임술)	癸亥(계해)	甲子(갑자)	乙丑(을축)	丙寅(병인)	丁卯(정묘)	戊辰(무진)	己巳(기사)	庚午(경오)	辛未(신미)
절기시각													午正															卯初		
대운 순행	9	9	8	8	8	7	7	7	6	6	6	5	5	5	4	4	4	3	3	3	2	2	2	1	1	1	1	10	9	9
대운 역행	1	2	2	2	3	3	3	4	4	4	5	5	5	6	6	6	7	7	7	8	8	8	9	9	9	10	10	10	1	1

12 月 己 丑(기축) 大

절기												대한															입춘			
음력	一	二	三	四	五	六	七	八	九	十	十一	十二	十三	十四	十五	十六	十七	十八	十九	廿	廿一	廿二	廿三	廿四	廿五	廿六	廿七	廿八	廿九	三十
양력 월/일	1/9	10	11	12	13	14	15	16	17	18	19	20	21	22	23	24	25	26	27	28	29	30	31	2/1	2	3	4	5	6	7
일진	壬申(임신)	癸酉(계유)	甲戌(갑술)	乙亥(을해)	丙子(병자)	丁丑(정축)	戊寅(무인)	己卯(을묘)	庚辰(경진)	辛巳(신사)	壬午(임오)	癸未(계미)	甲申(갑신)	乙酉(을유)	丙戌(병술)	丁亥(정해)	戊子(무자)	己丑(을축)	庚寅(경인)	辛卯(신묘)	壬辰(임진)	癸巳(계사)	甲午(신오)	乙未(을미)	丙申(병신)	丁酉(정유)	戊戌(무술)	乙亥(을해)	庚子(병자)	辛丑(신축)
절기시각												亥正															酉初			
대운 순행	9	8	8	8	7	7	7	6	6	6	5	5	5	4	4	4	3	3	3	2	2	2	1	1	1	1	10	10	9	9
대운 역행	1	2	2	2	3	3	3	4	4	4	5	5	5	6	6	6	7	7	7	8	8	8	9	9	9	10	10	1	1	1

단기 4254 년
불기 2465 년

1921년 辛酉(신유)年

1 月 庚寅(경인) 大

절기												우수															경칩			
음력	一	二	三	四	五	六	七	八	九	十	十一	十二	十三	十四	十五	十六	十七	十八	十九	廿	廿一	廿二	廿三	廿四	廿五	廿六	廿七	廿八	廿九	三十
양력 월/일	2/8	9	10	11	12	13	14	15	16	17	18	19	20	21	22	23	24	25	26	27	28	3/1	2	3	4	5	6	7	8	9
일진	壬寅(임인)	癸卯(계묘)	甲辰(갑진)	乙巳(을사)	丙午(병오)	丁未(정미)	戊申(무신)	己酉(기유)	庚戌(경술)	辛亥(신해)	壬子(임자)	癸丑(계축)	甲寅(갑인)	乙卯(을묘)	丙辰(병진)	丁巳(정사)	戊午(무오)	己未(기미)	庚申(경신)	辛酉(신유)	壬戌(임술)	癸亥(계해)	甲子(갑자)	乙丑(을축)	丙寅(병인)	丁卯(정묘)	戊辰(무진)	己巳(기사)	庚午(경오)	辛未(신미)
절기시각												午正															午初			
대운 순행	9	8	8	8	7	7	7	6	6	6	5	5	5	4	4	4	3	3	3	2	2	2	1	1	1	1	10	10	9	9
대운 역행	2	2	2	3	3	3	4	4	4	5	5	5	6	6	6	7	7	7	8	8	8	9	9	9	10	10	10	1	1	1

2 月 辛卯(신묘) 小

절기												춘분															청명			
음력	一	二	三	四	五	六	七	八	九	十	十一	十二	十三	十四	十五	十六	十七	十八	十九	廿	廿一	廿二	廿三	廿四	廿五	廿六	廿七	廿八	廿九	
양력 월/일	3/10	11	12	13	14	15	16	17	18	19	20	21	22	23	24	25	26	27	28	29	30	31	4/1	2	3	4	5	6	7	
일진	壬申(임신)	癸酉(계유)	甲戌(갑술)	乙亥(을해)	丙子(병자)	丁丑(정축)	戊寅(무인)	己卯(기묘)	庚辰(경진)	辛巳(신사)	壬午(임오)	癸未(계미)	甲申(갑신)	乙酉(을유)	丙戌(병술)	丁亥(정해)	戊子(무자)	己丑(기축)	庚寅(경인)	辛卯(신묘)	壬辰(임진)	癸巳(계사)	甲午(갑오)	乙未(을미)	丙申(병신)	丁酉(정유)	戊戌(무술)	己亥(기해)	庚子(경자)	
절기시각												午正															申正			
대운 순행	9	8	8	8	7	7	7	6	6	6	5	5	5	4	4	4	3	3	3	2	2	2	1	1	1	1	10	10	10	
대운 역행	2	2	2	3	3	3	4	4	4	5	5	5	6	6	6	7	7	7	8	8	8	9	9	9	10	10	10	1	1	

3 月 壬辰(임진) 大

절기														곡우															입하	
음력	一	二	三	四	五	六	七	八	九	十	十一	十二	十三	十四	十五	十六	十七	十八	十九	廿	廿一	廿二	廿三	廿四	廿五	廿六	廿七	廿八	廿九	三十
양력 월/일	4/8	9	10	11	12	13	14	15	16	17	18	19	20	21	22	23	24	25	26	27	28	29	30	5/1	2	3	4	5	6	7
일진	辛丑(신축)	壬寅(임인)	癸卯(계묘)	甲辰(갑진)	乙巳(을사)	丙午(병오)	丁未(정미)	戊申(무신)	己酉(기유)	庚戌(경술)	辛亥(신해)	壬子(임자)	癸丑(계축)	甲寅(갑인)	乙卯(을묘)	丙辰(병진)	丁巳(정사)	戊午(무오)	己未(기미)	庚申(경신)	辛酉(신유)	壬戌(임술)	癸亥(계해)	甲子(갑자)	乙丑(을축)	丙寅(병인)	丁卯(정묘)	戊辰(무진)	己巳(기사)	庚午(경오)
절기시각														子正															巳正	
대운 순행	9	9	9	8	8	8	7	7	7	6	6	6	5	5	5	4	4	4	3	3	3	2	2	2	1	1	1	1	10	10
대운 역행	1	2	2	2	3	3	3	4	4	4	5	5	5	6	6	6	7	7	7	8	8	8	9	9	9	10	10	10	10	1

4 月 癸巳(계사) 小

절기															소만															
음력	一	二	三	四	五	六	七	八	九	十	十一	十二	十三	十四	十五	十六	十七	十八	十九	廿	廿一	廿二	廿三	廿四	廿五	廿六	廿七	廿八	廿九	
양력 월/일	5/8	9	10	11	12	13	14	15	16	17	18	19	20	21	22	23	24	25	26	27	28	29	30	31	6/1	2	3	4	5	
일진	辛未(신미)	壬申(임신)	癸酉(계유)	甲戌(갑술)	乙亥(을해)	丙子(병자)	丁丑(정축)	戊寅(무인)	己卯(기묘)	庚辰(경진)	辛巳(신사)	壬午(임오)	癸未(계미)	甲申(갑신)	乙酉(을유)	丙戌(병술)	丁亥(정해)	戊子(무자)	己丑(기축)	庚寅(경인)	辛卯(신묘)	壬辰(임진)	癸巳(계사)	甲午(갑오)	乙未(을미)	丙申(병신)	丁酉(정유)	戊戌(무술)	己亥(기해)	
절기시각															子正															
대운 순행	10	9	9	9	8	8	8	7	7	7	6	6	6	5	5	5	4	4	4	3	3	3	2	2	2	1	1	1	1	
대운 역행	1	1	2	2	2	3	3	3	4	4	4	5	5	5	6	6	6	7	7	7	8	8	8	9	9	9	10	10	10	

5 月 甲午(갑오) 小

절기	망종																하지													
음력	一	二	三	四	五	六	七	八	九	十	十一	十二	十三	十四	十五	十六	十七	十八	十九	廿	廿一	廿二	廿三	廿四	廿五	廿六	廿七	廿八	廿九	
양력 월/일	6/6	7	8	9	10	11	12	13	14	15	16	17	18	19	20	21	22	23	24	25	26	27	28	29	30	7/1	2	3	4	
일진	庚子(경자)	辛丑(신축)	壬寅(임인)	癸卯(계묘)	甲辰(갑진)	乙巳(을사)	丙午(병오)	丁未(정미)	戊申(무신)	己酉(기유)	庚戌(경술)	辛亥(신해)	壬子(임자)	癸丑(계축)	甲寅(갑인)	乙卯(을묘)	丙辰(병진)	丁巳(정사)	戊午(무오)	己未(기미)	庚申(경신)	辛酉(신유)	壬戌(임술)	癸亥(계해)	甲子(갑자)	乙丑(을축)	丙寅(병인)	丁卯(정묘)	戊辰(무진)	
절기시각	申正																辰正													
대운 순행	10	10	10	10	9	9	9	8	8	8	7	7	7	6	6	6	5	5	5	4	4	4	3	3	3	2	2	2	1	
대운 역행	10	1	1	1	2	2	2	3	3	3	4	4	4	5	5	5	6	6	6	7	7	7	8	8	8	9	9	9	10	

6 月 乙未(을미) 大

절기				소서								초복							대서			중복								
음력	一	二	三	四	五	六	七	八	九	十	十一	十二	十三	十四	十五	十六	十七	十八	十九	廿	廿一	廿二	廿三	廿四	廿五	廿六	廿七	廿八	廿九	三十
양력 월/일	7/5	6	7	8	9	10	11	12	13	14	15	16	17	18	19	20	21	22	23	24	25	26	27	28	29	30	31	8/1	2	3
일진	己巳(기사)	庚午(경오)	辛未(신미)	壬申(임신)	癸酉(계유)	甲戌(갑술)	乙亥(을해)	丙子(병자)	丁丑(정축)	戊寅(무인)	己卯(기묘)	庚辰(경진)	辛巳(신사)	壬午(임오)	癸未(계미)	甲申(갑신)	乙酉(을유)	丙戌(병술)	丁亥(정해)	戊子(무자)	己丑(기축)	庚寅(경인)	辛卯(신묘)	壬辰(임진)	癸巳(계사)	甲午(갑오)	乙未(을미)	丙申(병신)	丁酉(정유)	戊戌(무술)
절기시각				丑正															戌初											
대운 순행	1	1	1	10	10	10	9	9	9	8	8	8	7	7	7	6	6	6	5	5	5	4	4	4	3	3	3	2	2	2
대운 역행	10	10	10	10	1	1	1	2	2	2	3	3	3	4	4	4	5	5	5	6	6	6	7	7	7	8	8	8	9	9

南 大將	亥 喪門	未 弔客	東 三殺

7 月 丙 申(병신) 小

절 기					입추																처서									
음 력	一	二	三	四	五	六	七	八	九	十	十一	十二	十三	十四	十五	十六	十七	十八	十九	廿	廿一	廿二	廿三	廿四	廿五	廿六	廿七	廿八	廿九	
양 력 월/일	8/4	5	6	7	8	9	10	11	12	13	14	15	16	17	18	19	20	21	22	23	24	25	26	27	28	29	30	31	9/1	
일 진	己亥(기해)	庚子(경자)	辛丑(신축)	壬寅(임인)	癸卯(계묘)	甲辰(갑진)	乙巳(을사)	丙午(병오)	丁未(정미)	戊申(무신)	己酉(기유)	庚戌(경술)	辛亥(신해)	壬子(임자)	癸丑(계축)	甲寅(갑인)	乙卯(을묘)	丙辰(병진)	丁巳(정사)	戊午(무오)	己未(기미)	庚申(경신)	辛酉(신유)	壬戌(임술)	癸亥(계해)	甲子(갑자)	乙丑(을축)	丙寅(병인)	丁卯(정묘)	
절기시각					午初																丑正									
대운 순행	1	1	1	1	10	10	10	9	9	9	8	8	8	7	7	7	6	6	6	5	5	5	4	4	4	3	3	3	2	
대운 역행	9	10	10	10	10	1	1	1	2	2	2	3	3	3	4	4	4	5	5	5	6	6	6	7	7	7	8	8	8	

8 月 丁 酉(정유) 小

절 기							백로															추분								
음 력	一	二	三	四	五	六	七	八	九	十	十一	十二	十三	十四	十五	十六	十七	十八	十九	廿	廿一	廿二	廿三	廿四	廿五	廿六	廿七	廿八	廿九	
양 력 월/일	9/2	3	4	5	6	7	8	9	10	11	12	13	14	15	16	17	18	19	20	21	22	23	24	25	26	27	28	29	30	
일 진	戊辰(무진)	己巳(기사)	庚午(경오)	辛未(신미)	壬申(임신)	癸酉(계유)	甲戌(갑술)	乙亥(을해)	丙子(병자)	丁丑(정축)	戊寅(무인)	己卯(기묘)	庚辰(경진)	辛巳(신사)	壬午(임오)	癸未(계미)	甲申(갑신)	乙酉(을유)	丙戌(병술)	丁亥(정해)	戊子(무자)	己丑(기축)	庚寅(경인)	辛卯(신묘)	壬辰(임진)	癸巳(계사)	甲午(갑오)	乙未(을미)	丙申(병신)	
절기시각							未正															子正								
대운 순행	2	2	1	1	1	1	10	10	10	9	9	9	8	8	8	7	7	7	6	6	6	5	5	5	4	4	4	3	3	
대운 역행	9	9	9	10	10	10	10	1	1	1	2	2	2	3	3	3	4	4	4	5	5	5	6	6	6	7	7	7	8	

9 月 戊 戌(무술) 大

절 기									한로															상강						
음 력	一	二	三	四	五	六	七	八	九	十	十一	十二	十三	十四	十五	十六	十七	十八	十九	廿	廿一	廿二	廿三	廿四	廿五	廿六	廿七	廿八	廿九	三十
양 력 월/일	10/1	2	3	4	5	6	7	8	9	10	11	12	13	14	15	16	17	18	19	20	21	22	23	24	25	26	27	28	29	30
일 진	丁酉(정유)	戊戌(무술)	己亥(기해)	庚子(경자)	辛丑(신축)	壬寅(임인)	癸卯(계묘)	甲辰(갑진)	乙巳(을사)	丙午(병오)	丁未(정미)	戊申(무신)	己酉(기유)	庚戌(경술)	辛亥(신해)	壬子(임자)	癸丑(계축)	甲寅(갑인)	乙卯(을묘)	丙辰(병진)	丁巳(정사)	戊午(무오)	己未(기미)	庚申(경신)	辛酉(신유)	壬戌(임술)	癸亥(계해)	甲子(갑자)	乙丑(을축)	丙寅(병인)
절기시각									卯正															辰正						
대운 순행	3	2	2	2	1	1	1	1	10	10	9	9	9	8	8	8	7	7	7	6	6	6	5	5	5	4	4	4	3	3
대운 역행	8	8	9	9	9	10	10	10	10	1	1	1	2	2	2	3	3	3	4	4	4	5	5	5	6	6	6	7	7	7

10 月 己 亥(기해) 小

절 기									입동															소설						
음 력	一	二	三	四	五	六	七	八	九	十	十一	十二	十三	十四	十五	十六	十七	十八	十九	廿	廿一	廿二	廿三	廿四	廿五	廿六	廿七	廿八	廿九	
양 력 월/일	10/31	11/1	2	3	4	5	6	7	8	9	10	11	12	13	14	15	16	17	18	19	20	21	22	23	24	25	26	27	28	
일 진	丁卯(정묘)	戊辰(무진)	己巳(기사)	庚午(경오)	辛未(신미)	壬申(임신)	癸酉(계유)	甲戌(갑술)	乙亥(을해)	丙子(병자)	丁丑(정축)	戊寅(무인)	己卯(기묘)	庚辰(경진)	辛巳(신사)	壬午(임오)	癸未(계미)	甲申(갑신)	乙酉(을유)	丙戌(병술)	丁亥(정해)	戊子(무자)	己丑(기축)	庚寅(경인)	辛卯(신묘)	壬辰(임진)	癸巳(계사)	甲午(갑오)	乙未(을미)	
절기시각									辰正															卯初						
대운 순행	3	2	2	2	1	1	1	1	10	9	9	9	8	8	8	7	7	7	6	6	6	5	5	5	4	4	4	3	3	
대운 역행	8	8	8	9	9	9	10	10	10	1	1	1	2	2	2	3	3	3	4	4	4	5	5	5	6	6	6	7	7	

11 月 庚 子(경자) 大

절 기										대설														동지						
음 력	一	二	三	四	五	六	七	八	九	十	十一	十二	十三	十四	十五	十六	十七	十八	十九	廿	廿一	廿二	廿三	廿四	廿五	廿六	廿七	廿八	廿九	三十
양 력 월/일	11/29	30	12/1	2	3	4	5	6	7	8	9	10	11	12	13	14	15	16	17	18	19	20	21	22	23	24	25	26	27	28
일 진	丙申(병신)	丁酉(정유)	戊戌(무술)	己亥(기해)	庚子(경자)	辛丑(신축)	壬寅(임인)	癸卯(계묘)	甲辰(갑진)	乙巳(을사)	丙午(병오)	丁未(정미)	戊申(무신)	己酉(기유)	庚戌(경술)	辛亥(신해)	壬子(임자)	癸丑(계축)	甲寅(갑인)	乙卯(을묘)	丙辰(병진)	丁巳(정사)	戊午(무오)	己未(기미)	庚申(경신)	辛酉(신유)	壬戌(임술)	癸亥(계해)	甲子(갑자)	乙丑(을축)
절기시각										子正														酉正						
대운 순행	3	2	2	2	1	1	1	1	10	10	9	9	9	8	8	8	7	7	7	6	6	6	5	5	5	4	4	4	3	3
대운 역행	7	8	8	8	9	9	9	10	10	1	1	1	2	2	2	3	3	3	4	4	4	5	5	5	6	6	6	7	7	7

12 月 辛 丑(신축) 大

절 기									소한															대한						
음 력	一	二	三	四	五	六	七	八	九	十	十一	十二	十三	十四	十五	十六	十七	十八	十九	廿	廿一	廿二	廿三	廿四	廿五	廿六	廿七	廿八	廿九	三十
양 력 월/일	12/29	30	31	1/1	2	3	4	5	6	7	8	9	10	11	12	13	14	15	16	17	18	19	20	21	22	23	24	25	26	27
일 진	丙寅(병인)	丁卯(정묘)	戊辰(무진)	己巳(기사)	庚午(경오)	辛未(신미)	壬申(임신)	癸酉(계유)	甲戌(갑술)	乙亥(을해)	丙子(병자)	丁丑(정축)	戊寅(무인)	己卯(기묘)	庚辰(경진)	辛巳(신사)	壬午(임오)	癸未(계미)	甲申(갑신)	乙酉(을유)	丙戌(병술)	丁亥(정해)	戊子(무자)	己丑(기축)	庚寅(경인)	辛卯(신묘)	壬辰(임진)	癸巳(계사)	甲午(갑오)	乙未(을미)
절기시각									午初															寅正						
대운 순행	3	2	2	2	1	1	1	1	10	9	9	9	8	8	8	7	7	7	6	6	6	5	5	5	4	4	4	3	3	3
대운 역행	8	8	8	9	9	9	10	10	10	1	1	1	2	2	2	3	3	3	4	4	4	5	5	5	6	6	6	7	7	7

단기 4255 년
불기 2466 년

1922년 壬戌(임술)年

1 月 壬 寅(임인) 大

절기								입춘															우수							
음력	一	二	三	四	五	六	七	八	九	十	十一	十二	十三	十四	十五	十六	十七	十八	十九	廿	廿一	廿二	廿三	廿四	廿五	廿六	廿七	廿八	廿九	三十
양력 월/일	1/28	29	30	31	2/1	2	3	4	5	6	7	8	9	10	11	12	13	14	15	16	17	18	19	20	21	22	23	24	25	26
일진	丙申(병신)	丁酉(정유)	戊戌(무술)	己亥(기해)	庚子(경자)	辛丑(신축)	壬寅(임인)	癸卯(계묘)	甲辰(갑진)	乙巳(을사)	丙午(병오)	丁未(정미)	戊申(무신)	己酉(기유)	庚戌(경술)	辛亥(신해)	壬子(임자)	癸丑(계축)	甲寅(갑인)	乙卯(을묘)	丙辰(병진)	丁巳(정사)	戊午(무오)	己未(기미)	庚申(경신)	辛酉(신유)	壬戌(임술)	癸亥(계해)	甲子(갑자)	乙丑(을축)
절기시각								亥正															酉正							
대운 순행	2	2	2	1	1	1	1	10	10	9	9	9	8	8	8	7	7	7	6	6	6	5	5	5	4	4	4	3	3	3
대운 역행	8	8	8	9	9	9	10	10	1	1	1	2	2	2	3	3	3	4	4	4	5	5	5	6	6	6	7	7	7	8

2 月 癸 卯(계묘) 小

절기								경칩															춘분						
음력	一	二	三	四	五	六	七	八	九	十	十一	十二	十三	十四	十五	十六	十七	十八	十九	廿	廿一	廿二	廿三	廿四	廿五	廿六	廿七	廿八	廿九
양력 월/일	2/27	28	3/1	2	3	4	5	6	7	8	9	10	11	12	13	14	15	16	17	18	19	20	21	22	23	24	25	26	27
일진	丙寅(병인)	丁卯(정묘)	戊辰(무진)	己巳(기사)	庚午(경오)	辛未(신미)	壬申(임신)	癸酉(계유)	甲戌(갑술)	乙亥(을해)	丙子(병자)	丁丑(정축)	戊寅(무인)	己卯(기묘)	庚辰(경진)	辛巳(신사)	壬午(임오)	癸未(계미)	甲申(갑신)	乙酉(을유)	丙戌(병술)	丁亥(정해)	戊子(무자)	己丑(기축)	庚寅(경인)	辛卯(신묘)	壬辰(임진)	癸巳(계사)	甲午(갑오)
절기시각								酉初															酉正						
대운 순행	2	2	2	1	1	1	1	10	10	9	9	9	8	8	8	7	7	7	6	6	6	5	5	5	4	4	4	3	3
대운 역행	8	8	9	9	9	10	10	10	1	1	1	2	2	2	3	3	3	4	4	4	5	5	5	6	6	6	7	7	7

3 月 甲 辰(갑진) 大

절기									청명	한식															곡우					
음력	一	二	三	四	五	六	七	八	九	十	十一	十二	十三	十四	十五	十六	十七	十八	十九	廿	廿一	廿二	廿三	廿四	廿五	廿六	廿七	廿八	廿九	三十
양력 월/일	3/28	29	30	31	4/1	2	3	4	5	6	7	8	9	10	11	12	13	14	15	16	17	18	19	20	21	22	23	24	25	26
일진	乙未(을미)	丙申(병신)	丁酉(정유)	戊戌(무술)	己亥(기해)	庚子(경자)	辛丑(신축)	壬寅(임인)	癸卯(계묘)	甲辰(갑진)	乙巳(을사)	丙午(병오)	丁未(정미)	戊申(무신)	己酉(기유)	庚戌(경술)	辛亥(신해)	壬子(임자)	癸丑(계축)	甲寅(갑인)	乙卯(을묘)	丙辰(병진)	丁巳(정사)	戊午(무오)	己未(기미)	庚申(경신)	辛酉(신유)	壬戌(임술)	癸亥(계해)	甲子(갑자)
절기시각									亥正																卯正					
대운 순행	3	2	2	2	1	1	1	1	10	10	10	9	9	9	8	8	8	7	7	7	6	6	6	5	5	5	4	4	4	3
대운 역행	8	8	8	9	9	9	10	10	10	1	1	1	2	2	2	3	3	3	4	4	4	5	5	5	6	6	6	7	7	7

4 月 乙 巳(을사) 大

절기										입하																소만				
음력	一	二	三	四	五	六	七	八	九	十	十一	十二	十三	十四	十五	十六	十七	十八	十九	廿	廿一	廿二	廿三	廿四	廿五	廿六	廿七	廿八	廿九	三十
양력 월/일	4/27	28	29	30	5/1	2	3	4	5	6	7	8	9	10	11	12	13	14	15	16	17	18	19	20	21	22	23	24	25	26
일진	乙丑(을축)	丙寅(병인)	丁卯(정묘)	戊辰(무진)	己巳(기사)	庚午(경오)	辛未(신미)	壬申(임신)	癸酉(계유)	甲戌(갑술)	乙亥(을해)	丙子(병자)	丁丑(정축)	戊寅(무인)	己卯(기묘)	庚辰(경진)	辛巳(신사)	壬午(임오)	癸未(계미)	甲申(갑신)	乙酉(을유)	丙戌(병술)	丁亥(정해)	戊子(무자)	己丑(기축)	庚寅(경인)	辛卯(신묘)	壬辰(임진)	癸巳(계사)	甲午(갑오)
절기시각										申正																卯初				
대운 순행	3	3	2	2	2	1	1	1	1	10	10	10	9	9	9	8	8	8	7	7	7	6	6	6	5	5	5	4	4	4
대운 역행	8	8	8	9	9	9	10	10	10	10	1	1	1	2	2	2	3	3	3	4	4	4	5	5	5	6	6	6	7	7

5 月 丙 午(병오) 小

절기											망종																하지		
음력	一	二	三	四	五	六	七	八	九	十	十一	十二	十三	十四	十五	十六	十七	十八	十九	廿	廿一	廿二	廿三	廿四	廿五	廿六	廿七	廿八	廿九
양력 월/일	5/27	28	29	30	31	6/1	2	3	4	5	6	7	8	9	10	11	12	13	14	15	16	17	18	19	20	21	22	23	24
일진	乙未(을미)	丙申(병신)	丁酉(정유)	戊戌(무술)	己亥(기해)	庚子(경자)	辛丑(신축)	壬寅(임인)	癸卯(계묘)	甲辰(갑진)	乙巳(을사)	丙午(병오)	丁未(정미)	戊申(무신)	己酉(기유)	庚戌(경술)	辛亥(신해)	壬子(임자)	癸丑(계축)	甲寅(갑인)	乙卯(을묘)	丙辰(병진)	丁巳(정사)	戊午(무오)	己未(기미)	庚申(경신)	辛酉(신유)	壬戌(임술)	癸亥(계해)
절기시각											亥初																未正		
대운 순행	3	3	3	2	2	2	1	1	1	1	10	10	10	10	9	9	9	8	8	8	7	7	7	6	6	6	5	5	5
대운 역행	7	8	8	8	9	9	9	10	10	10	10	1	1	1	2	2	2	3	3	3	4	4	4	5	5	5	6	6	6

閏 5 月 丙 午(병오) 小

절기														소서													초복		
음력	一	二	三	四	五	六	七	八	九	十	十一	十二	十三	十四	十五	十六	十七	十八	十九	廿	廿一	廿二	廿三	廿四	廿五	廿六	廿七	廿八	廿九
양력 월/일	6/25	26	27	28	29	30	7/1	2	3	4	5	6	7	8	9	10	11	12	13	14	15	16	17	18	19	20	21	22	23
일진	甲子(갑자)	乙丑(을축)	丙寅(병인)	丁卯(정묘)	戊辰(무진)	己巳(기사)	庚午(경오)	辛未(신미)	壬申(임신)	癸酉(계유)	甲戌(갑술)	乙亥(을해)	丙子(병자)	丁丑(정축)	戊寅(무인)	己卯(기묘)	庚辰(경진)	辛巳(신사)	壬午(임오)	癸未(계미)	甲申(갑신)	乙酉(을유)	丙戌(병술)	丁亥(정해)	戊子(무자)	己丑(기축)	庚寅(경인)	辛卯(신묘)	壬辰(임진)
절기시각														辰初															
대운 순행	4	4	4	3	3	3	2	2	2	1	1	1	1	10	10	10	9	9	9	8	8	8	7	7	7	6	6	6	5
대운 역행	7	7	7	8	8	8	9	9	9	10	10	10	10	10	1	1	1	2	2	2	3	3	3	4	4	4	5	5	5

南 大將	子 喪門	申 弔客	北 三殺

6 月 丁 未(정미) 大

절기	대서							중복								입추														
음력	一	二	三	四	五	六	七	八	九	十	十一	十二	十三	十四	十五	十六	十七	十八	十九	二十	廿一	廿二	廿三	廿四	廿五	廿六	廿七	廿八	廿九	三十
양력 월/일	7/24	25	26	27	28	29	30	31	8/1	2	3	4	5	6	7	8	9	10	11	12	13	14	15	16	17	18	19	20	21	22
일진	癸巳(계사)	甲午(갑오)	乙未(을미)	丙申(병신)	丁酉(정유)	戊戌(무술)	己亥(기해)	庚子(경자)	辛丑(신축)	壬寅(임인)	癸卯(계묘)	甲辰(갑진)	乙巳(을사)	丙午(병오)	丁未(정미)	戊申(무신)	己酉(기유)	庚戌(경술)	辛亥(신해)	壬子(임자)	癸丑(계축)	甲寅(갑인)	乙卯(을묘)	丙辰(병진)	丁巳(정사)	戊午(무오)	己未(기미)	庚申(경신)	辛酉(신유)	壬戌(임술)
절기시각	丑初															酉初														
대운 순행	5	5	4	4	4	3	3	3	2	2	2	1	1	1	1	10	10	10	9	9	9	8	8	8	7	7	7	6	6	6
대운 역행	6	6	6	7	7	7	8	8	8	9	9	9	10	10	10	10	1	1	1	2	2	2	3	3	3	4	4	4	5	5

7 月 戊 申(무신) 小

절기		처서															백로													
음력	一	二	三	四	五	六	七	八	九	十	十一	十二	十三	十四	十五	十六	十七	十八	十九	二十	廿一	廿二	廿三	廿四	廿五	廿六	廿七	廿八	廿九	
양력 월/일	8/23	24	25	26	27	28	29	30	31	9/1	2	3	4	5	6	7	8	9	10	11	12	13	14	15	16	17	18	19	20	
일진	癸亥(계해)	甲子(갑자)	乙丑(을축)	丙寅(병인)	丁卯(정묘)	戊辰(무진)	己巳(기사)	庚午(경오)	辛未(신미)	壬申(임신)	癸酉(계유)	甲戌(갑술)	乙亥(을해)	丙子(병자)	丁丑(정축)	戊寅(무인)	己卯(기묘)	庚辰(경진)	辛巳(신사)	壬午(임오)	癸未(계미)	甲申(갑신)	乙酉(을유)	丙戌(병술)	丁亥(정해)	戊子(무자)	己丑(기축)	庚寅(경인)	辛卯(신묘)	
절기시각		辰正															戌正													
대운 순행	5	5	5	4	4	4	3	3	3	2	2	2	1	1	1	1	10	10	10	9	9	9	8	8	8	7	7	7	6	
대운 역행	5	6	6	6	7	7	7	8	8	8	9	9	9	10	10	10	10	1	1	1	2	2	2	3	3	3	4	4	4	

8 月 己 酉(기유) 小

절기				추분															한로											
음력	一	二	三	四	五	六	七	八	九	十	十一	十二	十三	十四	十五	十六	十七	十八	十九	二十	廿一	廿二	廿三	廿四	廿五	廿六	廿七	廿八	廿九	
양력 월/일	9/21	22	23	24	25	26	27	28	29	30	10/1	2	3	4	5	6	7	8	9	10	11	12	13	14	15	16	17	18	19	
일진	壬辰(임진)	癸巳(계사)	甲午(갑오)	乙未(을미)	丙申(병신)	丁酉(정유)	戊戌(무술)	己亥(기해)	庚子(경자)	辛丑(신축)	壬寅(임인)	癸卯(계묘)	甲辰(갑진)	乙巳(을사)	丙午(병오)	丁未(정미)	戊申(무신)	己酉(기유)	庚戌(경술)	辛亥(신해)	壬子(임자)	癸丑(계축)	甲寅(갑인)	乙卯(을묘)	丙辰(병진)	丁巳(정사)	戊午(무오)	己未(기미)	庚申(경신)	
절기시각				卯初															子初											
대운 순행	6	6	5	5	5	4	4	4	3	3	3	2	2	2	1	1	1	1	10	10	9	9	9	8	8	8	7	7	7	
대운 역행	5	5	5	6	6	6	7	7	7	8	8	8	9	9	9	10	10	10	10	1	1	1	2	2	2	3	3	3	4	

9 月 庚 戌(경술) 大

절기					상강															입동										
음력	一	二	三	四	五	六	七	八	九	十	十一	十二	十三	十四	十五	十六	十七	十八	十九	二十	廿一	廿二	廿三	廿四	廿五	廿六	廿七	廿八	廿九	三十
양력 월/일	10/20	21	22	23	24	25	26	27	28	29	30	31	11/1	2	3	4	5	6	7	8	9	10	11	12	13	14	15	16	17	18
일진	辛酉(신유)	壬戌(임술)	癸亥(계해)	甲子(갑자)	乙丑(을축)	丙寅(병인)	丁卯(정묘)	戊辰(무진)	己巳(기사)	庚午(경오)	辛未(신미)	壬申(임신)	癸酉(계유)	甲戌(갑술)	乙亥(을해)	丙子(병자)	丁丑(정축)	戊寅(무인)	己卯(기묘)	庚辰(경진)	辛巳(신사)	壬午(임오)	癸未(계미)	甲申(갑신)	乙酉(을유)	丙戌(병술)	丁亥(정해)	戊子(무자)	己丑(기축)	庚寅(경인)
절기시각					未正															未正										
대운 순행	6	6	6	5	5	5	4	4	4	3	3	3	2	2	2	1	1	1	1	10	10	9	9	9	8	8	8	7	7	7
대운 역행	4	4	5	5	5	6	6	6	7	7	7	8	8	8	9	9	9	10	10	10	1	1	1	2	2	2	3	3	3	4

10 月 辛 亥(신해) 小

절기					소설															대설										
음력	一	二	三	四	五	六	七	八	九	十	十一	十二	十三	十四	十五	十六	十七	十八	十九	二十	廿一	廿二	廿三	廿四	廿五	廿六	廿七	廿八	廿九	
양력 월/일	11/19	20	21	22	23	24	25	26	27	28	29	30	12/1	2	3	4	5	6	7	8	9	10	11	12	13	14	15	16	17	
일진	辛卯(신묘)	壬辰(임진)	癸巳(계사)	甲午(갑오)	乙未(을미)	丙申(병신)	丁酉(정유)	戊戌(무술)	己亥(기해)	庚子(경자)	辛丑(신축)	壬寅(임인)	癸卯(계묘)	甲辰(갑진)	乙巳(을사)	丙午(병오)	丁未(정미)	戊申(무신)	己酉(기유)	庚戌(경술)	辛亥(신해)	壬子(임자)	癸丑(계축)	甲寅(갑인)	乙卯(을묘)	丙辰(병진)	丁巳(정사)	戊午(무오)	己未(기미)	
절기시각					午初															卯正										
대운 순행	6	6	6	5	5	5	4	4	4	3	3	3	2	2	2	1	1	1	1	10	9	9	9	8	8	8	7	7	7	
대운 역행	4	4	5	5	5	6	6	6	7	7	7	8	8	8	9	9	9	10	10	10	1	1	1	2	2	2	3	3	3	

11 月 壬 子(임자) 大

절기					동지															소한										
음력	一	二	三	四	五	六	七	八	九	十	十一	十二	十三	十四	十五	十六	十七	十八	十九	二十	廿一	廿二	廿三	廿四	廿五	廿六	廿七	廿八	廿九	三十
양력 월/일	12/18	19	20	21	22	23	24	25	26	27	28	29	30	31	1/1	2	3	4	5	6	7	8	9	10	11	12	13	14	15	16
일진	庚申(경신)	辛酉(신유)	壬戌(임술)	癸亥(계해)	甲子(갑자)	乙丑(을축)	丙寅(병인)	丁卯(정묘)	戊辰(무진)	己巳(기사)	庚午(경오)	辛未(신미)	壬申(임신)	癸酉(계유)	甲戌(갑술)	乙亥(을해)	丙子(병자)	丁丑(정축)	戊寅(무인)	己卯(기묘)	庚辰(경진)	辛巳(신사)	壬午(임오)	癸未(계미)	甲申(갑신)	乙酉(을유)	丙戌(병술)	丁亥(정해)	戊子(무자)	己丑(기축)
절기시각					子正															酉初										
대운 순행	6	6	6	5	5	5	4	4	4	3	3	3	2	2	2	1	1	1	1	10	10	9	9	9	8	8	8	7	7	7
대운 역행	4	4	4	5	5	5	6	6	6	7	7	7	8	8	8	9	9	9	10	10	1	1	1	2	2	2	3	3	3	4

12 月 癸 丑(계축) 大

절기					대한															입춘										
음력	一	二	三	四	五	六	七	八	九	十	十一	十二	十三	十四	十五	十六	十七	十八	十九	二十	廿一	廿二	廿三	廿四	廿五	廿六	廿七	廿八	廿九	三十
양력 월/일	1/17	18	19	20	21	22	23	24	25	26	27	28	29	30	31	2/1	2	3	4	5	6	7	8	9	10	11	12	13	14	15
일진	庚寅(경인)	辛卯(신묘)	壬辰(임진)	癸巳(계사)	甲午(갑오)	乙未(을미)	丙申(병신)	丁酉(정유)	戊戌(무술)	己亥(기해)	庚子(경자)	辛丑(신축)	壬寅(임인)	癸卯(계묘)	甲辰(갑진)	乙巳(을사)	丙午(병오)	丁未(정미)	戊申(무신)	己酉(기유)	庚戌(경술)	辛亥(신해)	壬子(임자)	癸丑(계축)	甲寅(갑인)	乙卯(을묘)	丙辰(병진)	丁巳(정사)	戊午(무오)	己未(기미)
절기시각					巳正															卯初										
대운 순행	6	6	6	5	5	5	4	4	4	3	3	3	2	2	2	1	1	1	1	10	9	9	9	8	8	8	7	7	7	6
대운 역행	4	4	5	5	5	6	6	6	7	7	7	8	8	8	9	9	9	10	10	10	1	1	1	2	2	2	3	3	3	4

단기 4256 년
불기 2467 년

1923년 癸亥(계해)年

1 月 甲 寅(갑인) 小

절기					우수														경칩											
음력	一	二	三	四	五	六	七	八	九	十	十一	十二	十三	十四	十五	十六	十七	十八	十九	二十	廿一	廿二	廿三	廿四	廿五	廿六	廿七	廿八	廿九	
양력 월/일	2/16	17	18	19	20	21	22	23	24	25	26	27	28	3/1	2	3	4	5	6	7	8	9	10	11	12	13	14	15	16	
일진	庚申(경신)	辛酉(신유)	壬戌(임술)	癸亥(계해)	甲子(갑자)	乙丑(을축)	丙寅(병인)	丁卯(정묘)	戊辰(무진)	己巳(기사)	庚午(경오)	辛未(신미)	壬申(임신)	癸酉(계유)	甲戌(갑술)	乙亥(을해)	丙子(병자)	丁丑(정축)	戊寅(무인)	己卯(기묘)	庚辰(경진)	辛巳(신사)	壬午(임오)	癸未(계미)	甲申(갑신)	乙酉(을유)	丙戌(병술)	丁亥(정해)	戊子(무자)	
절기시각					子正														亥正											
대운 순행	6	6	5	5	5	4	4	4	3	3	3	2	2	2	1	1	1	1	10	10	10	9	9	9	8	8	8	7	7	
대운 역행	4	4	5	5	5	6	6	6	7	7	7	8	8	8	9	9	9	10	10	1	1	1	2	2	2	3	3	3	4	

2 月 乙 卯(을묘) 大

절기						춘분															청명	한식								
음력	一	二	三	四	五	六	七	八	九	十	十一	十二	十三	十四	十五	十六	十七	十八	十九	二十	廿一	廿二	廿三	廿四	廿五	廿六	廿七	廿八	廿九	三十
양력 월/일	3/17	18	19	20	21	22	23	24	25	26	27	28	29	30	31	4/1	2	3	4	5	6	7	8	9	10	11	12	13	14	15
일진	己丑(기축)	庚寅(경인)	辛卯(신묘)	壬辰(임진)	癸巳(계사)	甲午(갑오)	乙未(을미)	丙申(병신)	丁酉(정유)	戊戌(무술)	己亥(기해)	庚子(경자)	辛丑(신축)	壬寅(임인)	癸卯(계묘)	甲辰(갑진)	乙巳(을사)	丙午(병오)	丁未(정미)	戊申(무신)	己酉(기유)	庚戌(경술)	辛亥(신해)	壬子(임자)	癸丑(계축)	甲寅(갑인)	乙卯(을묘)	丙辰(병진)	丁巳(정사)	戊午(무오)
절기시각						子正															寅正									
대운 순행	7	6	6	6	5	5	5	4	4	4	3	3	3	2	2	2	1	1	1	1	10	10	9	9	9	8	8	8	7	7
대운 역행	4	4	5	5	5	6	6	6	7	7	7	8	8	8	9	9	9	10	10	10	10	1	1	1	2	2	2	3	3	3

3 月 丙 辰(병진) 大

절기						곡우															입하									
음력	一	二	三	四	五	六	七	八	九	十	十一	十二	十三	十四	十五	十六	十七	十八	十九	二十	廿一	廿二	廿三	廿四	廿五	廿六	廿七	廿八	廿九	三十
양력 월/일	4/16	17	18	19	20	21	22	23	24	25	26	27	28	29	30	5/1	2	3	4	5	6	7	8	9	10	11	12	13	14	15
일진	己未(기미)	庚申(경신)	辛酉(신유)	壬戌(임술)	癸亥(계해)	甲子(갑자)	乙丑(을축)	丙寅(병인)	丁卯(정묘)	戊辰(무진)	己巳(기사)	庚午(경오)	辛未(신미)	壬申(임신)	癸酉(계유)	甲戌(갑술)	乙亥(을해)	丙子(병자)	丁丑(정축)	戊寅(무인)	己卯(기묘)	庚辰(경진)	辛巳(신사)	壬午(임오)	癸未(계미)	甲申(갑신)	乙酉(을유)	丙戌(병술)	丁亥(정해)	戊子(무자)
절기시각						午初															亥正									
대운 순행	7	6	6	6	5	5	5	4	4	4	3	3	3	2	2	2	1	1	1	1	10	10	10	10	9	9	9	8	8	8
대운 역행	4	4	4	5	5	5	6	6	6	7	7	7	8	8	8	9	9	9	10	10	10	1	1	1	2	2	2	3	3	3

4 月 丁 巳(정사) 小

절기							소만																망종							
음력	一	二	三	四	五	六	七	八	九	十	十一	十二	十三	十四	十五	十六	十七	十八	十九	二十	廿一	廿二	廿三	廿四	廿五	廿六	廿七	廿八	廿九	
양력 월/일	5/16	17	18	19	20	21	22	23	24	25	26	27	28	29	30	31	6/1	2	3	4	5	6	7	8	9	10	11	12	13	
일진	己丑(기축)	庚寅(경인)	辛卯(신묘)	壬辰(임진)	癸巳(계사)	甲午(갑오)	乙未(을미)	丙申(병신)	丁酉(정유)	戊戌(무술)	己亥(기해)	庚子(경자)	辛丑(신축)	壬寅(임인)	癸卯(계묘)	甲辰(갑진)	乙巳(을사)	丙午(병오)	丁未(정미)	戊申(무신)	己酉(기유)	庚戌(경술)	辛亥(신해)	壬子(임자)	癸丑(계축)	甲寅(갑인)	乙卯(을묘)	丙辰(병진)	丁巳(정사)	
절기시각							午初																寅初							
대운 순행	7	7	7	6	6	6	5	5	5	4	4	4	3	3	3	2	2	2	1	1	1	1	10	10	10	9	9	9	8	
대운 역행	4	4	4	5	5	5	6	6	6	7	7	7	8	8	8	9	9	9	10	10	10	10	10	1	1	1	2	2	2	

5 月 戊 午(무오) 大

절기									하지																소서					
음력	一	二	三	四	五	六	七	八	九	十	十一	十二	十三	十四	十五	十六	十七	十八	十九	二十	廿一	廿二	廿三	廿四	廿五	廿六	廿七	廿八	廿九	三十
양력 월/일	6/14	15	16	17	18	19	20	21	22	23	24	25	26	27	28	29	30	7/1	2	3	4	5	6	7	8	9	10	11	12	13
일진	戊午(무오)	己未(기미)	庚申(경신)	辛酉(신유)	壬戌(임술)	癸亥(계해)	甲子(갑자)	乙丑(을축)	丙寅(병인)	丁卯(정묘)	戊辰(무진)	己巳(기사)	庚午(경오)	辛未(신미)	壬申(임신)	癸酉(계유)	甲戌(갑술)	乙亥(을해)	丙子(병자)	丁丑(정축)	戊寅(무인)	己卯(기묘)	庚辰(경진)	辛巳(신사)	壬午(임오)	癸未(계미)	甲申(갑신)	乙酉(을유)	丙戌(병술)	丁亥(정해)
절기시각									戌正																未初					
대운 순행	8	8	7	7	7	6	6	6	5	5	5	4	4	4	3	3	3	2	2	2	1	1	1	1	10	10	10	9	9	9
대운 역행	3	3	3	4	4	4	5	5	5	6	6	6	7	7	7	8	8	8	9	9	9	10	10	10	10	1	1	1	2	2

6 月 己 未(기미) 小

절기			초복								대서		중복													입추				
음력	一	二	三	四	五	六	七	八	九	十	十一	十二	十三	十四	十五	十六	十七	十八	十九	二十	廿一	廿二	廿三	廿四	廿五	廿六	廿七	廿八	廿九	
양력 월/일	7/14	15	16	17	18	19	20	21	22	23	24	25	26	27	28	29	30	31	8/1	2	3	4	5	6	7	8	9	10	11	
일진	戊子(무자)	己丑(기축)	庚寅(경인)	辛卯(신묘)	壬辰(임진)	癸巳(계사)	甲午(갑오)	乙未(을미)	丙申(병신)	丁酉(정유)	戊戌(무술)	己亥(기해)	庚子(경자)	辛丑(신축)	壬寅(임인)	癸卯(계묘)	甲辰(갑진)	乙巳(을사)	丙午(병오)	丁未(정미)	戊申(무신)	己酉(기유)	庚戌(경술)	辛亥(신해)	壬子(임자)	癸丑(계축)	甲寅(갑인)	乙卯(을묘)	丙辰(병진)	
절기시각											辰初															子初				
대운 순행	8	8	8	7	7	7	6	6	6	5	5	5	4	4	4	3	3	3	2	2	2	1	1	1	1	10	10	10	10	
대운 역행	2	3	3	3	4	4	4	5	5	5	6	6	6	7	7	7	8	8	8	9	9	9	10	10	10	10	1	1	1	

西 大將	丑 喪門	酉 弔客	酉 三殺

7 月 庚 申(경신) 大

절 기				말복									처서																백로	
음 력	一	二	三	四	五	六	七	八	九	十	十一	十二	十三	十四	十五	十六	十七	十八	十九	廿	廿一	廿二	廿三	廿四	廿五	廿六	廿七	廿八	廿九	三十
양 력 월/일	8/12	13	14	15	16	17	18	19	20	21	22	23	24	25	26	27	28	29	30	31	9/1	2	3	4	5	6	7	8	9	10
일 진	丁巳(정사)	戊午(무오)	己未(기미)	庚申(경신)	辛酉(신유)	壬戌(임술)	癸亥(계해)	甲子(갑자)	乙丑(을축)	丙寅(병인)	丁卯(정묘)	戊辰(무진)	己巳(기사)	庚午(경오)	辛未(신미)	壬申(임신)	癸酉(계유)	甲戌(갑술)	乙亥(을해)	丙子(병자)	丁丑(정축)	戊寅(무인)	己卯(기묘)	庚辰(경진)	辛巳(신사)	壬午(임오)	癸未(계미)	甲申(갑신)	乙酉(을유)	丙戌(병술)
절기시각													未正																丑正	
대 순 행	9	9	9	8	8	8	7	7	7	6	6	6	5	5	5	4	4	4	3	3	3	2	2	2	1	1	1	1	10	10
운 역 행	2	2	2	3	3	3	4	4	4	5	5	5	6	6	6	7	7	7	8	8	8	9	9	9	10	10	10	10	10	1

8 月 辛 酉(신유) 小

절 기														추분															한로	
음 력	一	二	三	四	五	六	七	八	九	十	十一	十二	十三	十四	十五	十六	十七	十八	十九	廿	廿一	廿二	廿三	廿四	廿五	廿六	廿七	廿八	廿九	
양 력 월/일	9/11	12	13	14	15	16	17	18	19	20	21	22	23	24	25	26	27	28	29	30	10/1	2	3	4	5	6	7	8	9	
일 진	丁亥(정해)	戊子(무자)	己丑(기축)	庚寅(경인)	辛卯(신묘)	壬辰(임진)	癸巳(계사)	甲午(갑오)	乙未(을미)	丙申(병신)	丁酉(정유)	戊戌(무술)	己亥(기해)	庚子(경자)	辛丑(신축)	壬寅(임인)	癸卯(계묘)	甲辰(갑진)	乙巳(을사)	丙午(병오)	丁未(정미)	戊申(무신)	己酉(기유)	庚戌(경술)	辛亥(신해)	壬子(임자)	癸丑(계축)	甲寅(갑인)	乙卯(을묘)	
절기시각														午初															酉初	
대 순 행	9	9	9	8	8	8	7	7	7	6	6	6	5	5	5	4	4	4	3	3	3	2	2	2	1	1	1	1	10	
운 역 행	1	1	2	2	2	3	3	3	4	4	4	5	5	5	6	6	6	7	7	7	8	8	8	9	9	9	10	10	10	

9 月 壬 戌(임술) 大

절 기															상강															입동
음 력	一	二	三	四	五	六	七	八	九	十	十一	十二	十三	十四	十五	十六	十七	十八	十九	廿	廿一	廿二	廿三	廿四	廿五	廿六	廿七	廿八	廿九	三十
양 력 월/일	10/10	11	12	13	14	15	16	17	18	19	20	21	22	23	24	25	26	27	28	29	30	31	11/1	2	3	4	5	6	7	8
일 진	丙辰(병진)	丁巳(정사)	戊午(무오)	己未(기미)	庚申(경신)	辛酉(신유)	壬戌(임술)	癸亥(계해)	甲子(갑자)	乙丑(을축)	丙寅(병인)	丁卯(정묘)	戊辰(무진)	己巳(기사)	庚午(경오)	辛未(신미)	壬申(임신)	癸酉(계유)	甲戌(갑술)	乙亥(을해)	丙子(병자)	丁丑(정축)	戊寅(무인)	己卯(기묘)	庚辰(경진)	辛巳(신사)	壬午(임오)	癸未(계미)	甲申(갑신)	乙酉(을유)
절기시각															戌正															戌初
대 순 행	10	9	9	9	8	8	8	7	7	7	6	6	6	5	5	5	4	4	4	3	3	3	2	2	2	1	1	1	1	10
운 역 행	1	1	1	2	2	2	3	3	3	4	4	4	5	5	5	6	6	6	7	7	7	8	8	8	9	9	9	10	10	10

10 月 癸 亥(계해) 小

절 기															소설															
음 력	一	二	三	四	五	六	七	八	九	十	十一	十二	十三	十四	十五	十六	十七	十八	十九	廿	廿一	廿二	廿三	廿四	廿五	廿六	廿七	廿八	廿九	
양 력 월/일	11/9	10	11	12	13	14	15	16	17	18	19	20	21	22	23	24	25	26	27	28	29	30	12/1	2	3	4	5	6	7	
일 진	丙戌(병술)	丁亥(정해)	戊子(무자)	己丑(기축)	庚寅(경인)	辛卯(신묘)	壬辰(임진)	癸巳(계사)	甲午(갑오)	乙未(을미)	丙申(병신)	丁酉(정유)	戊戌(무술)	己亥(기해)	庚子(경자)	辛丑(신축)	壬寅(임인)	癸卯(계묘)	甲辰(갑진)	乙巳(을사)	丙午(병오)	丁未(정미)	戊申(무신)	己酉(기유)	庚戌(경술)	辛亥(신해)	壬子(임자)	癸丑(계축)	甲寅(갑인)	
절기시각															酉初															
대 순 행	10	9	9	9	8	8	8	7	7	7	6	6	6	5	5	5	4	4	4	3	3	3	2	2	2	1	1	1	1	
운 역 행	1	1	1	2	2	2	3	3	3	4	4	4	5	5	5	6	6	6	7	7	7	8	8	8	9	9	9	10	10	

11 月 甲 子(갑자) 小

절 기	대설															동지														
음 력	一	二	三	四	五	六	七	八	九	十	十一	十二	十三	十四	十五	十六	十七	十八	十九	廿	廿一	廿二	廿三	廿四	廿五	廿六	廿七	廿八	廿九	
양 력 월/일	12/8	9	10	11	12	13	14	15	16	17	18	19	20	21	22	23	24	25	26	27	28	29	30	31	1/1	2	3	4	5	
일 진	乙卯(을묘)	丙辰(병진)	丁巳(정사)	戊午(무오)	己未(기미)	庚申(경신)	辛酉(신유)	壬戌(임술)	癸亥(계해)	甲子(갑자)	乙丑(을축)	丙寅(병인)	丁卯(정묘)	戊辰(무진)	己巳(기사)	庚午(경오)	辛未(신미)	壬申(임신)	癸酉(계유)	甲戌(갑술)	乙亥(을해)	丙子(병자)	丁丑(정축)	戊寅(무인)	己卯(기묘)	庚辰(경진)	辛巳(신사)	壬午(임오)	癸未(계미)	
절기시각	午正															卯正														
대 순 행	10	9	9	9	8	8	8	7	7	7	6	6	6	5	5	5	4	4	4	3	3	3	2	2	2	1	1	1	1	
운 역 행	10	1	1	1	2	2	2	3	3	3	4	4	4	5	5	5	6	6	6	7	7	7	8	8	8	9	9	9	10	

12 月 乙 丑(을축) 大

절 기	소한															대한														
음 력	一	二	三	四	五	六	七	八	九	十	十一	十二	十三	十四	十五	十六	十七	十八	十九	廿	廿一	廿二	廿三	廿四	廿五	廿六	廿七	廿八	廿九	三十
양 력 월/일	1/6	7	8	9	10	11	12	13	14	15	16	17	18	19	20	21	22	23	24	25	26	27	28	29	30	31	2/1	2	3	4
일 진	甲申(갑신)	乙酉(을유)	丙戌(병술)	丁亥(정해)	戊子(무자)	己丑(기축)	庚寅(경인)	辛卯(신묘)	壬辰(임진)	癸巳(계사)	甲午(갑오)	乙未(을미)	丙申(병신)	丁酉(정유)	戊戌(무술)	己亥(기해)	庚子(경자)	辛丑(신축)	壬寅(임인)	癸卯(계묘)	甲辰(갑진)	乙巳(을사)	丙午(병오)	丁未(정미)	戊申(무신)	己酉(기유)	庚戌(경술)	辛亥(신해)	壬子(임자)	癸丑(계축)
절기시각	子初															申正														
대 순 행	10	10	9	9	9	8	8	8	7	7	7	6	6	6	5	5	5	4	4	4	3	3	3	2	2	2	1	1	1	1
운 역 행	10	1	1	1	2	2	2	3	3	3	4	4	4	5	5	5	6	6	6	7	7	7	8	8	8	9	9	9	10	10

단기 4257 년 불기 2468 년	# 1924년 甲子(갑자)年

1 月　丙寅(병인)　大

절기	입춘															우수														
음력	一	二	三	四	五	六	七	八	九	十	十一	十二	十三	十四	十五	十六	十七	十八	十九	二十	廿一	廿二	廿三	廿四	廿五	廿六	廿七	廿八	廿九	三十
양력 월/일	2/5	6	7	8	9	10	11	12	13	14	15	16	17	18	19	20	21	22	23	24	25	26	27	28	29	3/1	2	3	4	5
일진	甲寅(갑인)	乙卯(을묘)	丙辰(병진)	丁巳(정사)	戊午(무오)	己未(기미)	庚申(경신)	辛酉(신유)	壬戌(임술)	癸亥(계해)	甲子(갑자)	乙丑(을축)	丙寅(병인)	丁卯(정묘)	戊辰(무진)	己巳(기사)	庚午(경오)	辛未(신미)	壬申(임신)	癸酉(계유)	甲戌(갑술)	乙亥(을해)	丙子(병자)	丁丑(정축)	戊寅(무인)	己卯(기묘)	庚辰(경진)	辛巳(신사)	壬午(임오)	癸未(계미)
절기시각	巳正															卯正														
대운 순행	10	10	9	9	9	8	8	8	7	7	7	6	6	6	5	5	5	4	4	4	3	3	3	2	2	2	1	1	1	1
대운 역행	10	1	1	1	2	2	2	3	3	3	4	4	4	5	5	5	6	6	6	7	7	7	8	8	8	9	9	9	10	10

2 月　丁卯(정묘)　小

절기	경칩															춘분													
음력	一	二	三	四	五	六	七	八	九	十	十一	十二	十三	十四	十五	十六	十七	十八	十九	二十	廿一	廿二	廿三	廿四	廿五	廿六	廿七	廿八	廿九
양력 월/일	3/6	7	8	9	10	11	12	13	14	15	16	17	18	19	20	21	22	23	24	25	26	27	28	29	30	31	4/1	2	3
일진	甲申(갑신)	乙酉(을유)	丙戌(병술)	丁亥(정해)	戊子(무자)	己丑(기축)	庚寅(경인)	辛卯(신묘)	壬辰(임진)	癸巳(계사)	甲午(갑오)	乙未(을미)	丙申(병신)	丁酉(정유)	戊戌(무술)	己亥(기해)	庚子(경자)	辛丑(신축)	壬寅(임인)	癸卯(계묘)	甲辰(갑진)	乙巳(을사)	丙午(병오)	丁未(정미)	戊申(무신)	己酉(기유)	庚戌(경술)	辛亥(신해)	壬子(임자)
절기시각	寅正															卯初													
대운 순행	10	10	9	9	9	8	8	8	7	7	7	6	6	6	5	5	5	4	4	4	3	3	3	2	2	2	1	1	1
대운 역행	10	1	1	1	2	2	2	3	3	3	4	4	4	5	5	5	6	6	6	7	7	7	8	8	8	9	9	9	10

3 月　戊辰(무진)　大

절기		청명	한식														곡우													
음력	一	二	三	四	五	六	七	八	九	十	十一	十二	十三	十四	十五	十六	十七	十八	十九	二十	廿一	廿二	廿三	廿四	廿五	廿六	廿七	廿八	廿九	三十
양력 월/일	4/4	5	6	7	8	9	10	11	12	13	14	15	16	17	18	19	20	21	22	23	24	26	27	28	29	30	31	5/1	2	3
일진	癸丑(계축)	甲寅(갑인)	乙卯(을묘)	丙辰(병진)	丁巳(정사)	戊午(무오)	己未(기미)	庚申(경신)	辛酉(신유)	壬戌(임술)	癸亥(계해)	甲子(갑자)	乙丑(을축)	丙寅(병인)	丁卯(정묘)	戊辰(무진)	己巳(기사)	庚午(경오)	辛未(신미)	壬申(임신)	癸酉(계유)	甲戌(갑술)	乙亥(을해)	丙子(병자)	丁丑(정축)	戊寅(무인)	己卯(기묘)	庚辰(경진)	辛巳(신사)	壬午(임오)
절기시각		巳正															酉初													
대운 순행	1	10	10	10	9	9	9	8	8	8	7	7	7	6	6	6	5	5	5	4	4	4	3	3	3	2	2	2	1	1
대운 역행	10	10	1	1	1	2	2	2	3	3	3	4	4	4	5	5	5	6	6	6	7	7	7	8	8	8	9	9	9	10

4 月　己巳(기사)　小

절기			입하															소만											
음력	一	二	三	四	五	六	七	八	九	十	十一	十二	十三	十四	十五	十六	十七	十八	十九	二十	廿一	廿二	廿三	廿四	廿五	廿六	廿七	廿八	廿九
양력 월/일	5/4	5	6	7	8	9	10	11	12	13	14	15	16	17	18	19	20	21	22	23	24	25	26	27	28	29	30	31	6/1
일진	癸未(계미)	甲申(갑신)	乙酉(을유)	丙戌(병술)	丁亥(정해)	戊子(무자)	己丑(기축)	庚寅(경인)	辛卯(신묘)	壬辰(임진)	癸巳(계사)	甲午(갑오)	乙未(을미)	丙申(병신)	丁酉(정유)	戊戌(무술)	己亥(기해)	庚子(경자)	辛丑(신축)	壬寅(임인)	癸卯(계묘)	甲辰(갑진)	乙巳(을사)	丙午(병오)	丁未(정미)	戊申(무신)	己酉(기유)	庚戌(경술)	辛亥(신해)
절기시각			寅正															酉初											
대운 순행	1	1	10	10	10	9	9	9	8	8	8	7	7	7	6	6	6	5	5	5	4	4	4	3	3	3	2	2	2
대운 역행	10	10	10	1	1	1	2	2	2	3	3	3	4	4	4	5	5	5	6	6	6	7	7	7	8	8	8	9	9

5 月　庚午(경오)　大

절기					망종																하지									
음력	一	二	三	四	五	六	七	八	九	十	十一	十二	十三	十四	十五	十六	十七	十八	十九	二十	廿一	廿二	廿三	廿四	廿五	廿六	廿七	廿八	廿九	三十
양력 월/일	6/2	3	4	5	6	7	8	9	10	11	12	13	14	15	16	17	18	19	20	21	22	23	24	25	26	27	28	29	30	7/1
일진	壬子(임자)	癸丑(계축)	甲寅(갑인)	乙卯(을묘)	丙辰(병진)	丁巳(정사)	戊午(무오)	己未(기미)	庚申(경신)	辛酉(신유)	壬戌(임술)	癸亥(계해)	甲子(갑자)	乙丑(을축)	丙寅(병인)	丁卯(정묘)	戊辰(무진)	己巳(기사)	庚午(경오)	辛未(신미)	壬申(임신)	癸酉(계유)	甲戌(갑술)	乙亥(을해)	丙子(병자)	丁丑(정축)	戊寅(무인)	己卯(기묘)	庚辰(경진)	辛巳(신사)
절기시각					辰正																丑初									
대운 순행	1	1	1	1	10	10	10	9	9	9	8	8	8	7	7	7	6	6	6	5	5	5	4	4	4	3	3	3	2	2
대운 역행	9	10	10	10	10	1	1	1	2	2	2	3	3	3	4	4	4	5	5	5	6	6	6	7	7	7	8	8	8	9

6 月　辛未(신미)　大

절기						소서													초복			대서							중복	
음력	一	二	三	四	五	六	七	八	九	十	十一	十二	十三	十四	十五	十六	十七	十八	十九	二十	廿一	廿二	廿三	廿四	廿五	廿六	廿七	廿八	廿九	三十
양력 월/일	7/2	3	4	5	6	7	8	9	10	11	12	13	14	15	16	17	18	19	20	21	22	23	24	25	26	27	28	29	30	31
일진	壬午(임오)	癸未(계미)	甲申(갑신)	乙酉(을유)	丙戌(병술)	丁亥(정해)	戊子(무자)	己丑(기축)	庚寅(경인)	辛卯(신묘)	壬辰(임진)	癸巳(계사)	甲午(갑오)	乙未(을미)	丙申(병신)	丁酉(정유)	戊戌(무술)	己亥(기해)	庚子(경자)	辛丑(신축)	壬寅(임인)	癸卯(계묘)	甲辰(갑진)	乙巳(을사)	丙午(병오)	丁未(정미)	戊申(무신)	己酉(기유)	庚戌(경술)	辛亥(신해)
절기시각						戌初																午正								
대운 순행	2	1	1	1	1	10	10	10	10	9	9	9	8	8	8	7	7	7	6	6	6	5	5	5	4	4	4	3	3	3
대운 역행	9	9	10	10	10	10	1	1	1	2	2	2	3	3	3	4	4	4	5	5	5	6	6	6	7	7	7	8	8	8

西 大將	寅 喪門	戌 弔客	南 三殺

7 月 壬 申(임신) 小

절기								입추	말복															처서						
음력	一	二	三	四	五	六	七	八	九	十	十一	十二	十三	十四	十五	十六	十七	十八	十九	廿	廿一	廿二	廿三	廿四	廿五	廿六	廿七	廿八	廿九	
양력 월/일	8/1	2	3	4	5	6	7	8	9	10	11	12	13	14	15	16	17	18	19	20	21	22	23	24	25	26	27	28	29	
일진	壬子(임자)	癸丑(계축)	甲寅(갑인)	乙卯(을묘)	丙辰(병진)	丁巳(정사)	戊午(무오)	己未(기미)	庚申(경신)	辛酉(신유)	壬戌(임술)	癸亥(계해)	甲子(갑자)	乙丑(을축)	丙寅(병인)	丁卯(정묘)	戊辰(무진)	己巳(기사)	庚午(경오)	辛未(신미)	壬申(임신)	癸酉(계유)	甲戌(갑술)	乙亥(을해)	丙子(병자)	丁丑(정축)	戊寅(무인)	己卯(기묘)	庚辰(경진)	
절기시각								卯初																戌正						
대운 순행	2	2	2	1	1	1	1	10	10	9	9	9	8	8	8	7	7	7	6	6	6	5	5	5	4	4	4	3	3	
대운 역행	9	9	9	10	10	10	10	10	1	1	1	2	2	2	3	3	3	4	4	4	5	5	5	6	6	6	7	7	7	

8 月 癸 酉(계유) 大

절기										백로															추분					
음력	一	二	三	四	五	六	七	八	九	十	十一	十二	十三	十四	十五	十六	十七	十八	十九	廿	廿一	廿二	廿三	廿四	廿五	廿六	廿七	廿八	廿九	三十
양력 월/일	8/30	31	9/1	2	3	4	5	6	7	8	9	10	11	12	13	14	15	16	17	18	19	20	21	22	23	24	25	26	27	28
일진	辛巳(신사)	壬午(임오)	癸未(계미)	甲申(갑신)	乙酉(을유)	丙戌(병술)	丁亥(정해)	戊子(무자)	己丑(기축)	庚寅(경인)	辛卯(신묘)	壬辰(임진)	癸巳(계사)	甲午(갑오)	乙未(을미)	丙申(병신)	丁酉(정유)	戊戌(무술)	己亥(기해)	庚子(경자)	辛丑(신축)	壬寅(임인)	癸卯(계묘)	甲辰(갑진)	乙巳(을사)	丙午(병오)	丁未(정미)	戊申(무신)	己酉(기유)	庚戌(경술)
절기시각										辰正															酉正					
대운 순행	3		2	2	2	1	1	1	1	10	10	9	9	9	8	8	8	7	7	7	6	6	6	5	5	5	4	4	4	3
대운 역행	8		8	8	9	9	9	10	10	10	1	1	1	2	2	2	3	3	3	4	4	4	5	5	5	6	6	6	7	7

9 月 甲 戌(갑술) 小

절기										한로																상강				
음력	一	二	三	四	五	六	七	八	九	十	十一	十二	十三	十四	十五	十六	十七	十八	十九	廿	廿一	廿二	廿三	廿四	廿五	廿六	廿七	廿八	廿九	
양력 월/일	9/29	30	10/1	2	3	4	5	6	7	8	9	10	11	12	13	14	15	16	17	18	19	20	21	22	23	24	25	26	27	
일진	辛亥(신해)	壬子(임자)	癸丑(계축)	甲寅(갑인)	乙卯(을묘)	丙辰(병진)	丁巳(정사)	戊午(무오)	己未(기미)	庚申(경신)	辛酉(신유)	壬戌(임술)	癸亥(계해)	甲子(갑자)	乙丑(을축)	丙寅(병인)	丁卯(정묘)	戊辰(무진)	己巳(기사)	庚午(경오)	辛未(신미)	壬申(임신)	癸酉(계유)	甲戌(갑술)	乙亥(을해)	丙子(병자)	丁丑(정축)	戊寅(무인)	己卯(기묘)	
절기시각										子初																丑正				
대운 순행	3	3	2	2	2	1	1	1	1	10	10	10	9	9	9	8	8	8	7	7	7	6	6	6	5	5	5	4	4	
대운 역행	7	8	8	8	9	9	9	10	10	10	1	1	1	2	2	2	3	3	3	4	4	4	5	5	5	6	6	6	7	

10 月 乙 亥(을해) 大

절기												입동														소설				
음력	一	二	三	四	五	六	七	八	九	十	十一	十二	十三	十四	十五	十六	十七	十八	十九	廿	廿一	廿二	廿三	廿四	廿五	廿六	廿七	廿八	廿九	三十
양력 월/일	10/28	29	30	31	11/1	2	3	4	5	6	7	8	9	10	11	12	13	14	15	16	17	18	19	20	21	22	23	24	25	26
일진	庚辰(경진)	辛巳(신사)	壬午(임오)	癸未(계미)	甲申(갑신)	乙酉(을유)	丙戌(병술)	丁亥(정해)	戊子(무자)	己丑(기축)	庚寅(경인)	辛卯(신묘)	壬辰(임진)	癸巳(계사)	甲午(갑오)	乙未(을미)	丙申(병신)	丁酉(정유)	戊戌(무술)	己亥(기해)	庚子(경자)	辛丑(신축)	壬寅(임인)	癸卯(계묘)	甲辰(갑진)	乙巳(을사)	丙午(병오)	丁未(정미)	戊申(무신)	己酉(기유)
절기시각												丑正														子初				
대운 순행	4	3	3	3	2	2	2	1	1	1	1	10	9	9	9	8	8	8	7	7	7	6	6	6	5	5	5	4	4	4
대운 역행	7	7	8	8	8	9	9	9	10	10	10	10	1	1	1	2	2	2	3	3	3	4	4	4	5	5	5	6	6	6

11 月 丙 子(병자) 小

절기											대설															동지				
음력	一	二	三	四	五	六	七	八	九	十	十一	十二	十三	十四	十五	十六	十七	十八	十九	廿	廿一	廿二	廿三	廿四	廿五	廿六	廿七	廿八	廿九	
양력 월/일	11/27	28	29	30	12/1	2	3	4	5	6	7	8	9	10	11	12	13	14	15	16	17	18	19	20	21	22	23	24	25	
일진	庚戌(경술)	辛亥(신해)	壬子(임자)	癸丑(계축)	甲寅(갑인)	乙卯(을묘)	丙辰(병진)	丁巳(정사)	戊午(무오)	己未(기미)	庚申(경신)	辛酉(신유)	壬戌(임술)	癸亥(계해)	甲子(갑자)	乙丑(을축)	丙寅(병인)	丁卯(정묘)	戊辰(무진)	己巳(기사)	庚午(경오)	辛未(신미)	壬申(임신)	癸酉(계유)	甲戌(갑술)	乙亥(을해)	丙子(병자)	丁丑(정축)	戊寅(무인)	
절기시각											酉初															午初				
대운 순행	3	3	3	2	2	2	1	14	1	1	10	10	9	9	9	8	8	8	7	7	7	6	6	6	5	5	5	4	4	
대운 역행	7	7	7	8	8	8	9	9	9	10	10	1	1	1	2	2	2	3	3	3	4	4	4	5	5	5	6	6	6	

12 月 丁 丑(정축) 小

절기												소한														대한				
음력	一	二	三	四	五	六	七	八	九	十	十一	十二	十三	十四	十五	十六	十七	十八	十九	廿	廿一	廿二	廿三	廿四	廿五	廿六	廿七	廿八	廿九	
양력 월/일	12/26	27	28	29	30	31	1/1	2	3	4	5	6	7	8	9	10	11	12	13	14	15	16	17	18	19	20	21	22	23	
일진	己卯(기묘)	庚辰(경진)	辛巳(신사)	壬午(임오)	癸未(계미)	甲申(갑신)	乙酉(을유)	丙戌(병술)	丁亥(정해)	戊子(무자)	己丑(기축)	庚寅(경인)	辛卯(신묘)	壬辰(임진)	癸巳(계사)	甲午(갑오)	乙未(을미)	丙申(병신)	丁酉(정유)	戊戌(무술)	己亥(기해)	庚子(경자)	辛丑(신축)	壬寅(임인)	癸卯(계묘)	甲辰(갑진)	乙巳(을사)	丙午(병오)	丁未(정미)	
절기시각												寅正														亥正				
대운 순행	4	3	3	3	2	2	2	1	1	1	1	10	9	9	9	8	8	8	7	7	7	6	6	6	5	5	5	4	4	
대운 역행	7	7	7	8	8	8	9	9	9	10	10	10	1	1	1	2	2	2	3	3	3	4	4	4	5	5	5	6	6	

단기 4258 년
불기 2469 년

1925년 乙丑(을축)年

1 月 戊寅(무인) 大

절기												입춘															우수			
음력	一	二	三	四	五	六	七	八	九	十	十一	十二	十三	十四	十五	十六	十七	十八	十九	二十	廿一	廿二	廿三	廿四	廿五	廿六	廿七	廿八	廿九	三十
양력 월/일	1/24	25	26	27	28	29	30	31	2/1	2	3	4	5	6	7	8	9	10	11	12	13	14	15	16	17	18	19	20	21	22
일진	戊申(무신)	己酉(기유)	庚戌(경술)	辛亥(신해)	壬子(임자)	癸丑(계축)	甲寅(갑인)	乙卯(을묘)	丙辰(병진)	丁巳(정사)	戊午(무오)	己未(기미)	庚申(경신)	辛酉(신유)	壬戌(임술)	癸亥(계해)	甲子(갑자)	乙丑(을축)	丙寅(병인)	丁卯(정묘)	戊辰(무진)	己巳(기사)	庚午(경오)	辛未(신미)	壬申(임신)	癸酉(계유)	甲戌(갑술)	乙亥(을해)	丙子(병자)	丁丑(정축)
절기시각												申正															午正			
대운 순행	4	3	3	3	2	2	2	1	1	1	1	10	10	9	9	9	8	8	8	7	7	7	6	6	6	5	5	5	4	4
대운 역행	6	7	7	7	8	8	8	9	9	9	10	10	1	1	1	2	2	2	3	3	3	4	4	4	5	5	5	6	6	6

2 月 己卯(기묘) 小

절기												경칩															춘분			
음력	一	二	三	四	五	六	七	八	九	十	十一	十二	十三	十四	十五	十六	十七	十八	十九	二十	廿一	廿二	廿三	廿四	廿五	廿六	廿七	廿八	廿九	
양력 월/일	2/23	24	25	26	27	28	3/1	2	3	4	5	6	7	8	9	10	11	12	13	14	15	16	17	18	19	20	21	22	23	
일진	戊寅(무인)	己卯(기묘)	庚辰(경진)	辛巳(신사)	壬午(임오)	癸未(계미)	甲申(갑신)	乙酉(을유)	丙戌(병술)	丁亥(정해)	戊子(무자)	己丑(기축)	庚寅(경인)	辛卯(신묘)	壬辰(임진)	癸巳(계사)	甲午(갑오)	乙未(을미)	丙申(병신)	丁酉(정유)	戊戌(무술)	己亥(기해)	庚子(경자)	辛丑(신축)	壬寅(임인)	癸卯(계묘)	甲辰(갑진)	乙巳(을사)	丙午(병오)	
절기시각												巳正															午初			
대운 순행	4	3	3	3	2	2	2	1	1	1	1	10	10	9	9	9	8	8	8	7	7	7	6	6	6	5	5	5	4	
대운 역행	7	7	7	8	8	8	9	9	9	10	10	10	1	1	1	2	2	2	3	3	3	4	4	4	5	5	5	6	6	

3 月 庚辰(경진) 大

절기													청명 한식															곡우		
음력	一	二	三	四	五	六	七	八	九	十	十一	十二	十三	十四	十五	十六	十七	十八	十九	二十	廿一	廿二	廿三	廿四	廿五	廿六	廿七	廿八	廿九	三十
양력 월/일	3/24	25	26	27	28	29	30	31	4/1	2	3	4	5	6	7	8	9	10	11	12	13	14	15	16	17	18	19	20	21	22
일진	丁未(정미)	戊申(무신)	己酉(기유)	庚戌(경술)	辛亥(신해)	壬子(임자)	癸丑(계축)	甲寅(갑인)	乙卯(을묘)	丙辰(병진)	丁巳(정사)	戊午(무오)	己未(기미)	庚申(경신)	辛酉(신유)	壬戌(임술)	癸亥(계해)	甲子(갑자)	乙丑(을축)	丙寅(병인)	丁卯(정묘)	戊辰(무진)	己巳(기사)	庚午(경오)	辛未(신미)	壬申(임신)	癸酉(계유)	甲戌(갑술)	乙亥(을해)	丙子(병자)
절기시각													申正															子初		
대운 순행	4	4	3	3	3	2	2	2	1	1	1	1	10	10	10	9	9	9	8	8	8	7	7	7	6	6	6	5	5	4
대운 역행	6	7	7	7	8	8	8	9	9	9	10	10	10	1	1	1	2	2	2	3	3	3	4	4	4	5	5	5	6	6

4 月 辛巳(신사) 大

절기														입하															소만	
음력	一	二	三	四	五	六	七	八	九	十	十一	十二	十三	十四	十五	十六	十七	十八	十九	二十	廿一	廿二	廿三	廿四	廿五	廿六	廿七	廿八	廿九	三十
양력 월/일	4/23	24	25	26	27	28	29	30	5/1	2	3	4	5	6	7	8	9	10	11	12	13	14	15	16	17	18	19	20	21	22
일진	丁丑(정축)	戊寅(무인)	己卯(기묘)	庚辰(경진)	辛巳(신사)	壬午(임오)	癸未(계미)	甲申(갑신)	乙酉(을유)	丙戌(병술)	丁亥(정해)	戊子(무자)	己丑(기축)	庚寅(경인)	辛卯(신묘)	壬辰(임진)	癸巳(계사)	甲午(갑오)	乙未(을미)	丙申(병신)	丁酉(정유)	戊戌(무술)	己亥(기해)	庚子(경자)	辛丑(신축)	壬寅(임인)	癸卯(계묘)	甲辰(갑진)	乙巳(을사)	丙午(병오)
절기시각														巳正															子初	
대운 순행	4	4	4	3	3	3	2	2	2	1	1	1	1	10	10	10	9	9	9	8	8	8	7	7	7	6	6	6	5	5
대운 역행	6	7	7	7	8	8	8	9	9	9	10	10	10	10	1	1	1	2	2	2	3	3	3	4	4	4	5	5	5	6

閏 4 月 辛巳(신사) 小

절기															망종															
음력	一	二	三	四	五	六	七	八	九	十	十一	十二	十三	十四	十五	十六	十七	十八	十九	二十	廿一	廿二	廿三	廿四	廿五	廿六	廿七	廿八	廿九	
양력 월/일	5/23	24	25	26	27	28	29	30	31	6/1	2	3	4	5	6	7	8	9	10	11	12	13	14	15	16	17	18	19	20	
일진	丁未(정미)	戊申(무신)	己酉(기유)	庚戌(경술)	辛亥(신해)	壬子(임자)	癸丑(계축)	甲寅(갑인)	乙卯(을묘)	丙辰(병진)	丁巳(정사)	戊午(무오)	己未(기미)	庚申(경신)	辛酉(신유)	壬戌(임술)	癸亥(계해)	甲子(갑자)	乙丑(을축)	丙寅(병인)	丁卯(정묘)	戊辰(무진)	己巳(기사)	庚午(경오)	辛未(신미)	壬申(임신)	癸酉(계유)	甲戌(갑술)	乙亥(을해)	
절기시각															未正															
대운 순행	5	4	4	4	3	3	3	2	2	2	1	1	1	1	10	10	10	10	9	9	9	8	8	8	7	7	7	6	6	
대운 역행	6	6	7	7	7	8	8	8	9	9	9	10	10	10	10	1	1	1	2	2	2	3	3	3	4	4	4	5	5	

5 月 壬午(임오) 大

절기		하지																소서						초복						
음력	一	二	三	四	五	六	七	八	九	十	十一	十二	十三	十四	十五	十六	十七	十八	十九	二十	廿一	廿二	廿三	廿四	廿五	廿六	廿七	廿八	廿九	三十
양력 월/일	6/21	22	23	24	25	26	27	28	29	30	7/1	2	3	4	5	6	7	8	9	10	11	12	13	14	15	16	17	18	19	20
일진	丙子(병자)	丁丑(정축)	戊寅(무인)	己卯(기묘)	庚辰(경진)	辛巳(신사)	壬午(임오)	癸未(계미)	甲申(갑신)	乙酉(을유)	丙戌(병술)	丁亥(정해)	戊子(무자)	己丑(기축)	庚寅(경인)	辛卯(신묘)	壬辰(임진)	癸巳(계사)	甲午(갑오)	乙未(을미)	丙申(병신)	丁酉(정유)	戊戌(무술)	己亥(기해)	庚子(경자)	辛丑(신축)	壬寅(임인)	癸卯(계묘)	甲辰(갑진)	乙巳(을사)
절기시각		辰初																丑初												
대운 순행	6	5	5	5	4	4	4	3	3	3	2	2	2	1	1	1	1	10	10	10	9	9	9	8	8	8	7	7	7	6
대운 역행	5	6	6	6	7	7	7	8	8	8	9	9	9	10	10	10	10	10	1	1	1	2	2	2	3	3	3	4	4	4

西 大將	卯 喪門	亥 弔客	東 三殺

6 月 癸 未(계미) 小

절기			대서		중복														입추											
음력	一	二	三	四	五	六	七	八	九	十	十一	十二	十三	十四	十五	十六	十七	十八	十九	廿	廿一	廿二	廿三	廿四	廿五	廿六	廿七	廿八	廿九	
양력 월/일	7/21	22	23	24	25	26	27	28	29	30	31	8/1	2	3	4	5	6	7	8	9	10	11	12	13	14	15	16	17	18	
일진	丙午(병오)	丁未(정미)	戊申(무신)	己酉(기유)	庚戌(경술)	辛亥(신해)	壬子(임자)	癸丑(계축)	甲寅(갑인)	乙卯(을묘)	丙辰(병진)	丁巳(정사)	戊午(무오)	己未(기미)	庚申(경신)	辛酉(신유)	壬戌(임술)	癸亥(계해)	甲子(갑자)	乙丑(을축)	丙寅(병인)	丁卯(정묘)	戊辰(무진)	己巳(기사)	庚午(경오)	辛未(신미)	壬申(임신)	癸酉(계유)	甲戌(갑술)	
절기시각			酉正																午初											
대운 순행	6	6	5	5	5	4	4	4	3	3	3	2	2	2	1	1	1	1	10	10	10	9	9	9	8	8	8	7	7	
대운 역행	5	5	5	6	6	6	7	7	7	8	8	8	9	9	9	10	10	10	10	1	1	1	2	2	2	3	3	3	4	

7 月 甲 申(갑신) 大

절기						처서															백로									
음력	一	二	三	四	五	六	七	八	九	十	十一	十二	十三	十四	十五	十六	十七	十八	十九	廿	廿一	廿二	廿三	廿四	廿五	廿六	廿七	廿八	廿九	三十
양력 월/일	8/19	20	21	22	23	24	25	26	27	28	29	30	31	9/1	2	3	4	5	6	7	8	9	10	11	12	13	14	15	16	17
일진	乙亥(을해)	丙子(병자)	丁丑(정축)	戊寅(무인)	己卯(기묘)	庚辰(경진)	辛巳(신사)	壬午(임오)	癸未(계미)	甲申(갑신)	乙酉(을유)	丙戌(병술)	丁亥(정해)	戊子(무자)	己丑(기축)	庚寅(경인)	辛卯(신묘)	壬辰(임진)	癸巳(계사)	甲午(갑오)	乙未(을미)	丙申(병신)	丁酉(정유)	戊戌(무술)	己亥(기해)	庚子(경자)	辛丑(신축)	壬寅(임인)	癸卯(계묘)	甲辰(갑진)
절기시각						丑初															未初									
대운 순행	7	6	6	6	5	5	5	4	4	4	3	3	3	2	2	2	1	1	1	1	10	10	10	9	9	9	8	8	8	7
대운 역행	4	4	5	5	5	6	6	6	7	7	7	8	8	8	9	9	9	10	10	10	10	1	1	1	2	2	2	3	3	3

8 月 乙 酉(을유) 大

절기						추분																한로								
음력	一	二	三	四	五	六	七	八	九	十	十一	十二	十三	十四	十五	十六	十七	十八	十九	廿	廿一	廿二	廿三	廿四	廿五	廿六	廿七	廿八	廿九	三十
양력 월/일	9/18	19	20	21	22	23	24	25	26	27	28	29	30	10/1	2	3	4	5	6	7	8	9	10	11	12	13	14	15	16	17
일진	乙巳(을사)	丙午(병오)	丁未(정미)	戊申(무신)	己酉(기유)	庚戌(경술)	辛亥(신해)	壬子(임자)	癸丑(계축)	甲寅(갑인)	乙卯(을묘)	丙辰(병진)	丁巳(정사)	戊午(무오)	己未(기미)	庚申(경신)	辛酉(신유)	壬戌(임술)	癸亥(계해)	甲子(갑자)	乙丑(을축)	丙寅(병인)	丁卯(정묘)	戊辰(무진)	己巳(기사)	庚午(경오)	辛未(신미)	壬申(임신)	癸酉(계유)	甲戌(갑술)
절기시각						亥正																卯初								
대운 순행	7	7	6	6	6	5	5	5	4	4	4	3	3	3	2	2	2	1	1	1	1	10	10	9	9	9	8	8	8	7
대운 역행	4	4	4	5	5	5	6	6	6	7	7	7	8	8	8	9	9	9	10	10	10	10	1	1	1	2	2	2	3	3

9 月 丙 戌(병술) 小

절기							상강															입동								
음력	一	二	三	四	五	六	七	八	九	十	十一	十二	十三	十四	十五	十六	十七	十八	十九	廿	廿一	廿二	廿三	廿四	廿五	廿六	廿七	廿八	廿九	
양력 월/일	10/18	19	20	21	223	23	24	25	26	27	218	29	30	31	11/1	2	3	4	5	6	7	8	9	10	11	12	13	14	15	
일진	乙亥(을해)	丙子(병자)	丁丑(정축)	戊寅(무인)	己卯(기묘)	庚辰(경진)	辛巳(신사)	壬午(임오)	癸未(계미)	甲申(갑신)	乙酉(을유)	丙戌(병술)	丁亥(정해)	戊子(무자)	己丑(기축)	庚寅(경인)	辛卯(신묘)	壬辰(임진)	癸巳(계사)	甲午(갑오)	乙未(을미)	丙申(병신)	丁酉(정유)	戊戌(무술)	己亥(기해)	庚子(경자)	辛丑(신축)	壬寅(임인)	癸卯(계묘)	
절기시각							辰正															辰初								
대운 순행	7	7	6	6	6	5	5	5	4	4	4	3	3	3	2	2	2	1	1	1	1	10	9	9	9	8	8	8	7	
대운 역행	3	4	4	4	5	5	5	6	6	6	7	7	7	8	8	8	9	9	9	10	10	10	1	1	1	2	2	2	3	

10 月 丁 亥(정해) 大

절기								소설														대설								
음력	一	二	三	四	五	六	七	八	九	十	十一	十二	十三	十四	十五	十六	十七	十八	十九	廿	廿一	廿二	廿三	廿四	廿五	廿六	廿七	廿八	廿九	三十
양력 월/일	11/16	17	18	19	20	21	22	23	24	25	26	27	28	29	30	12/1	2	3	4	5	6	7	8	9	10	11	12	13	14	15
일진	甲辰(갑진)	乙巳(을사)	丙午(병오)	丁未(정미)	戊申(무신)	己酉(기유)	庚戌(경술)	辛亥(신해)	壬子(임자)	癸丑(계축)	甲寅(갑인)	乙卯(을묘)	丙辰(병진)	丁巳(정사)	戊午(무오)	己未(기미)	庚申(경신)	辛酉(신유)	壬戌(임술)	癸亥(계해)	甲子(갑자)	乙丑(을축)	丙寅(병인)	丁卯(정묘)	戊辰(무진)	己巳(기사)	庚午(경오)	辛未(신미)	壬申(임신)	癸酉(계유)
절기시각								卯初														子正								
대운 순행	7	7	6	6	6	5	5	5	4	4	4	3	3	3	2	2	2	1	1	1	1	10	10	9	9	9	8	8	8	7
대운 역행	3	3	4	4	4	5	5	5	6	6	6	7	7	7	8	8	8	9	9	9	10	10	1	1	1	2	2	2	3	3

11 月 戊 子(무자) 小

절기							동지															소한								
음력	一	二	三	四	五	六	七	八	九	十	十一	十二	十三	十四	十五	十六	十七	十八	十九	廿	廿一	廿二	廿三	廿四	廿五	廿六	廿七	廿八	廿九	
양력 월/일	12/16	17	18	19	20	21	22	23	24	25	26	27	28	29	30	31	1/1	2	3	4	5	6	7	8	9	10	11	12	13	
일진	甲戌(갑술)	乙亥(을해)	丙子(병자)	丁丑(정축)	戊寅(무인)	己卯(기묘)	庚辰(경진)	辛巳(신사)	壬午(임오)	癸未(계미)	甲申(갑신)	乙酉(을유)	丙戌(병술)	丁亥(정해)	戊子(무자)	己丑(기축)	庚寅(경인)	辛卯(신묘)	壬辰(임진)	癸巳(계사)	甲午(갑오)	乙未(을미)	丙申(병신)	丁酉(정유)	戊戌(무술)	己亥(기해)	庚子(경자)	辛丑(신축)	壬寅(임인)	
절기시각							酉初															巳正								
대운 순행	7	7	6	6	6	5	5	5	4	4	4	3	3	3	2	2	2	1	1	1	1	10	9	9	9	8	8	8	7	
대운 역행	3	4	4	4	5	5	5	6	6	6	7	7	7	8	8	8	9	9	9	10	10	10	1	1	1	2	2	2	3	

12 月 己 丑(기축) 大

절기								대한														입춘								
음력	一	二	三	四	五	六	七	八	九	十	十一	十二	十三	十四	十五	十六	十七	十八	十九	廿	廿一	廿二	廿三	廿四	廿五	廿六	廿七	廿八	廿九	三十
양력 월/일	1/14	15	16	17	18	19	20	21	22	23	24	25	26	27	28	29	30	31	2/1	2	3	4	5	6	7	8	9	10	11	12
일진	癸卯(계묘)	甲辰(갑진)	乙巳(을사)	丙午(병오)	丁未(정미)	戊申(무신)	己酉(기유)	庚戌(경술)	辛亥(신해)	壬子(임자)	癸丑(계축)	甲寅(갑인)	乙卯(을묘)	丙辰(병진)	丁巳(정사)	戊午(무오)	己未(기미)	庚申(경신)	辛酉(신유)	壬戌(임술)	癸亥(계해)	甲子(갑자)	乙丑(을축)	丙寅(병인)	丁卯(정묘)	戊辰(무진)	己巳(기사)	庚午(경오)	辛未(신미)	壬申(임신)
절기시각								寅初														亥正								
대운 순행	7	7	6	6	6	5	5	5	4	4	4	3	3	3	2	2	2	1	1	1	1	10	10	9	9	9	8	8	8	7
대운 역행	3	3	4	4	4	5	5	5	6	6	6	7	7	7	8	8	8	9	9	9	10	10	1	1	1	2	2	2	3	3

단기 4259 년
불기 2470 년

1926년 丙寅(병인)年

1 月 庚 寅(경인) 小

절기							우수															경칩							
음력	一	二	三	四	五	六	七	八	九	十	十一	十二	十三	十四	十五	十六	十七	十八	十九	廿十	廿一	廿二	廿三	廿四	廿五	廿六	廿七	廿八	廿九
양력 월/일	2/13	14	15	16	17	18	19	20	21	22	23	24	25	26	27	28	3/1	2	3	4	5	6	7	8	9	10	11	12	13
일진	癸酉(계유)	甲戌(갑술)	乙亥(을해)	丙子(병자)	丁丑(정축)	戊寅(무인)	己卯(기묘)	庚辰(경진)	辛巳(신사)	壬午(임오)	癸未(계미)	甲申(갑신)	乙酉(을유)	丙戌(병술)	丁亥(정해)	戊子(무자)	己丑(기축)	庚寅(경인)	辛卯(신묘)	壬辰(임진)	癸巳(계사)	甲午(갑오)	己未(기미)	丙申(병신)	丁酉(정유)	戊戌(무술)	己亥(기해)	庚子(경자)	辛丑(신축)
절기시각							酉正															申正							
대운 순행	7	7	6	6	6	5	5	5	4	4	4	3	3	3	2	2	2	1	1	1	1	10	10	9	9	9	8	8	8
대운 역행	3	4	4	4	5	5	5	6	6	6	7	7	7	8	8	8	9	9	9	10	10	10	1	1	1	2	2	2	3

2 月 辛 卯(신묘) 小

절기								춘분															청명	한식					
음력	一	二	三	四	五	六	七	八	九	十	十一	十二	十三	十四	十五	十六	十七	十八	十九	廿十	廿一	廿二	廿三	廿四	廿五	廿六	廿七	廿八	廿九
양력 월/일	3/14	15	16	17	18	19	20	21	22	23	24	25	26	27	28	29	30	31	4/1	2	3	4	5	6	7	8	9	10	11
일진	壬寅(임인)	癸卯(계유)	甲辰(갑진)	乙巳(을사)	丙午(병오)	丁未(정미)	戊申(무신)	己酉(기유)	庚戌(경술)	辛亥(신해)	壬子(임자)	癸丑(계축)	甲寅(갑인)	乙卯(을묘)	丙辰(병진)	丁巳(정사)	戊午(무오)	己未(기미)	庚申(경신)	辛酉(신유)	壬戌(임술)	癸亥(계해)	甲子(갑자)	乙丑(을축)	丙寅(병인)	丁卯(정묘)	戊辰(무진)	己巳(기사)	庚午(경오)
절기시각								酉初															亥初						
대운 순행	7	7	7	6	6	6	5	5	5	4	4	4	3	3	3	2	2	2	1	1	1	1	10	10	10	9	9	9	8
대운 역행	3	3	4	4	4	5	5	5	6	6	6	7	7	7	8	8	8	9	9	9	10	10	10	1	1	1	2	2	2

3 月 壬 辰(임진) 大

절기										곡우															입하					
음력	一	二	三	四	五	六	七	八	九	十	十一	十二	十三	十四	十五	十六	十七	十八	十九	廿十	廿一	廿二	廿三	廿四	廿五	廿六	廿七	廿八	廿九	三十
양력 월/일	4/12	13	14	15	16	17	18	19	20	21	22	23	24	25	26	27	28	29	30	5/1	2	3	4	5	6	7	8	9	10	11
일진	辛未(신미)	壬申(임신)	癸酉(계유)	甲戌(갑술)	乙亥(을해)	丙子(병자)	丁丑(정축)	戊寅(무인)	己卯(기묘)	庚辰(경진)	辛巳(신사)	壬午(임오)	癸未(계미)	甲申(갑신)	乙酉(을유)	丙戌(병술)	丁亥(정해)	戊子(무자)	己丑(기축)	庚寅(경인)	辛卯(신묘)	壬辰(임진)	癸巳(계사)	甲午(갑오)	己未(기미)	丙申(병신)	丁酉(정유)	戊戌(무술)	己亥(기해)	庚子(경자)
절기시각										卯初															申初					
대운 순행	8	8	7	7	7	6	6	6	5	5	5	4	4	4	3	3	3	2	2	2	1	1	1	1	10	10	10	9	9	9
대운 역행	3	3	3	4	4	4	5	5	5	6	6	6	7	7	7	8	8	8	9	9	9	10	10	10	10	1	1	1	2	2

4 月 癸 巳(계사) 小

절기											소만															망종			
음력	一	二	三	四	五	六	七	八	九	十	十一	十二	十三	十四	十五	十六	十七	十八	十九	廿十	廿一	廿二	廿三	廿四	廿五	廿六	廿七	廿八	廿九
양력 월/일	5/12	13	14	15	16	17	18	19	20	21	22	23	24	25	26	27	28	29	30	31	6/1	2	3	4	5	6	7	8	9
일진	辛丑(신축)	壬寅(임인)	癸卯(계유)	甲辰(갑진)	乙巳(을사)	丙午(병오)	丁未(정미)	戊申(무신)	己酉(기유)	庚戌(경술)	辛亥(신해)	壬子(임자)	癸丑(계축)	甲寅(갑인)	乙卯(을묘)	丙辰(병진)	丁巳(정사)	戊午(무오)	己未(기미)	庚申(경신)	辛酉(신유)	壬戌(임술)	癸亥(계해)	甲子(갑자)	乙丑(을축)	丙寅(병인)	丁卯(정묘)	戊辰(무진)	己巳(기사)
절기시각											寅正															戌正			
대운 순행	8	8	8	7	7	7	6	6	6	5	5	5	4	4	4	3	3	3	2	2	2	1	1	1	1	10	10	10	10
대운 역행	2	3	3	3	4	4	4	5	5	5	6	6	6	7	7	7	8	8	8	9	9	9	10	10	10	10	1	1	1

5 月 甲 午(갑오) 大

절기													하지																소서	
음력	一	二	三	四	五	六	七	八	九	十	十一	十二	十三	十四	十五	十六	十七	十八	十九	廿十	廿一	廿二	廿三	廿四	廿五	廿六	廿七	廿八	廿九	三十
양력 월/일	6/10	11	12	13	14	15	16	17	18	19	20	21	22	23	24	25	26	27	28	29	30	7/1	2	3	4	5	6	7	8	9
일진	庚午(경오)	辛未(신미)	壬申(임신)	癸酉(계유)	甲戌(갑술)	乙亥(을해)	丙子(병자)	丁丑(정축)	戊寅(무인)	己卯(기묘)	庚辰(경진)	辛巳(신사)	壬午(임오)	癸未(계미)	甲申(갑신)	乙酉(을유)	丙戌(병술)	丁亥(정해)	戊子(무자)	己丑(기축)	庚寅(경인)	辛卯(신묘)	壬辰(임진)	癸巳(계사)	甲午(갑오)	己未(기미)	丙申(병신)	丁酉(정유)	戊戌(무술)	己亥(기해)
절기시각													未初																卯正	
대운 순행	9	9	9	8	8	8	7	7	7	6	6	6	5	5	5	4	4	4	3	3	3	2	2	2	1	1	1	1	10	10
대운 역행	2	2	2	3	3	3	4	4	4	5	5	5	6	6	6	7	7	7	8	8	8	9	9	9	10	10	10	10	10	1

6 月 乙 未(을미) 小

절기											초복				대서						중복								
음력	一	二	三	四	五	六	七	八	九	十	十一	十二	十三	十四	十五	十六	十七	十八	十九	廿十	廿一	廿二	廿三	廿四	廿五	廿六	廿七	廿八	廿九
양력 월/일	7/10	11	12	13	14	15	16	17	18	19	20	21	22	23	24	25	26	27	28	29	30	31	8/1	2	3	4	5	6	7
일진	庚子(경자)	辛丑(신축)	壬寅(임인)	癸卯(계유)	甲辰(갑진)	乙巳(을사)	丙午(병오)	丁未(정미)	戊申(무신)	己酉(기유)	庚戌(경술)	辛亥(신해)	壬子(임자)	癸丑(계축)	甲寅(갑인)	乙卯(을묘)	丙辰(병진)	丁巳(정사)	戊午(무오)	己未(기미)	庚申(경신)	辛酉(신유)	壬戌(임술)	癸亥(계해)	甲子(갑자)	乙丑(을축)	丙寅(병인)	丁卯(정묘)	戊辰(무진)
절기시각															子正														
대운 순행	10	9	9	9	8	8	8	7	7	7	6	6	6	5	5	5	4	4	4	3	3	3	2	2	2	1	1	1	1
대운 역행	1	1	2	2	2	3	3	3	4	4	4	5	5	5	6	6	6	7	7	7	8	8	8	9	9	9	10	10	10

北 大將	辰 喪門	子 弔客	北 三殺

7 月 丙 申(병신) 大

절기	입추	말복															처서													
음력	一	二	三	四	五	六	七	八	九	十	十一	十二	十三	十四	十五	十六	十七	十八	十九	二十	廿一	廿二	廿三	廿四	廿五	廿六	廿七	廿八	廿九	三十
양력 월/일	8/8	9	10	11	12	13	14	15	16	17	18	19	20	21	22	23	24	25	26	27	28	29	30	31	9/1	2	3	4	5	6
일진	己巳(기사)	庚午(경오)	辛未(신미)	壬申(임신)	癸酉(계유)	甲戌(갑술)	乙亥(을해)	丙子(병자)	丁丑(정축)	戊寅(무인)	己卯(기묘)	庚辰(경진)	辛巳(신사)	壬午(임오)	癸未(계미)	甲申(갑신)	乙酉(을유)	丙戌(병술)	丁亥(정해)	戊子(무자)	己丑(기축)	庚寅(경인)	辛卯(신묘)	壬辰(임진)	癸巳(계사)	甲午(갑오)	乙未(을미)	丙申(병신)	丁酉(정유)	戊戌(무술)
절기시각	酉初																辰初													
대운 순행	10	10	10	9	9	9	8	8	8	7	7	7	6	6	6	5	5	5	4	4	4	3	3	3	2	2	2	1	1	1
대운 역행	10	1	1	1	2	2	2	3	3	3	4	4	4	5	5	5	6	6	6	7	7	7	8	8	8	9	9	9	10	10

8 月 丁 酉(정유) 大

절기		백로																추분												
음력	一	二	三	四	五	六	七	八	九	十	十一	十二	十三	十四	十五	十六	十七	十八	十九	二十	廿一	廿二	廿三	廿四	廿五	廿六	廿七	廿八	廿九	三十
양력 월/일	9/7	8	9	10	11	12	13	14	15	16	17	18	19	20	21	22	23	24	25	26	27	28	29	30	10/1	2	3	4	5	6
일진	己亥(기해)	庚子(경자)	辛丑(신축)	壬寅(임인)	癸卯(계묘)	甲辰(갑진)	乙巳(을사)	丙午(병오)	丁未(정미)	戊申(무신)	己酉(기유)	庚戌(경술)	辛亥(신해)	壬子(임자)	癸丑(계축)	甲寅(갑인)	乙卯(을묘)	丙辰(병진)	丁巳(정사)	戊午(무오)	己未(기미)	庚申(경신)	辛酉(신유)	壬戌(임술)	癸亥(계해)	甲子(갑자)	乙丑(을축)	丙寅(병인)	丁卯(정묘)	戊辰(무진)
절기시각		戌初																卯初												
대운 순행	1	10	10	10	9	9	9	8	8	8	7	7	7	6	6	6	5	5	5	4	4	4	3	3	3	2	2	2	1	1
대운 역행	10	10	1	1	1	2	2	2	3	3	3	4	4	4	5	5	5	6	6	6	7	7	7	8	8	8	9	9	9	10

9 月 戊 戌(무술) 小

절기			한로															상강											
음력	一	二	三	四	五	六	七	八	九	十	十一	十二	十三	十四	十五	十六	十七	十八	十九	二十	廿一	廿二	廿三	廿四	廿五	廿六	廿七	廿八	廿九
양력 월/일	10/7	8	9	10	11	12	13	14	15	16	17	18	19	20	21	22	23	24	25	26	27	28	29	30	31	11/1	2	3	4
일진	己巳(기사)	庚午(경오)	辛未(신미)	壬申(임신)	癸酉(계유)	甲戌(갑술)	乙亥(을해)	丙子(병자)	丁丑(정축)	戊寅(무인)	己卯(기묘)	庚辰(경진)	辛巳(신사)	壬午(임오)	癸未(계미)	甲申(갑신)	乙酉(을유)	丙戌(병술)	丁亥(정해)	戊子(무자)	己丑(기축)	庚寅(경인)	辛卯(신묘)	壬辰(임진)	癸巳(계사)	甲午(갑오)	乙未(을미)	丙申(병신)	丁酉(정유)
절기시각			午初															未初											
대운 순행	1	1	10	10	9	9	9	8	8	8	7	7	7	6	6	6	5	5	5	4	4	4	3	3	3	2	2	2	1
대운 역행	10	10	10	1	1	1	2	2	2	3	3	3	4	4	4	5	5	5	6	6	6	7	7	7	8	8	8	9	9

10 月 己 亥(기해) 大

절기				입동															소설											
음력	一	二	三	四	五	六	七	八	九	十	十一	十二	十三	十四	十五	十六	十七	十八	十九	二十	廿一	廿二	廿三	廿四	廿五	廿六	廿七	廿八	廿九	三十
양력 월/일	11/5	6	7	8	9	10	11	12	13	14	15	16	17	18	19	20	21	22	23	24	25	26	27	28	29	30	12/1	2	3	4
일진	戊戌(무술)	己亥(기해)	庚子(경자)	辛丑(신축)	壬寅(임인)	癸卯(계묘)	甲辰(갑진)	乙巳(을사)	丙午(병오)	丁未(정미)	戊申(무신)	己酉(기유)	庚戌(경술)	辛亥(신해)	壬子(임자)	癸丑(계축)	甲寅(갑인)	乙卯(을묘)	丙辰(병진)	丁巳(정사)	戊午(무오)	己未(기미)	庚申(경신)	辛酉(신유)	壬戌(임술)	癸亥(계해)	甲子(갑자)	乙丑(을축)	丙寅(병인)	丁卯(정묘)
절기시각				未初															巳正											
대운 순행	1	1	1	10	10	9	9	9	8	8	8	7	7	7	6	6	6	5	5	5	4	4	4	3	3	3	2	2	2	1
대운 역행	9	10	10	10	1	1	1	2	2	2	3	3	3	4	4	4	5	5	5	6	6	6	7	7	7	8	8	8	9	9

11 月 庚 子(경자) 大

절기				대설														동지												
음력	一	二	三	四	五	六	七	八	九	十	十一	十二	十三	十四	十五	十六	十七	十八	十九	二十	廿一	廿二	廿三	廿四	廿五	廿六	廿七	廿八	廿九	三十
양력 월/일	12/5	6	7	8	9	10	11	12	13	14	15	16	17	18	19	20	21	22	23	24	25	26	27	28	29	30	31	1/1	2	3
일진	戊辰(무진)	己巳(기사)	庚午(경오)	辛未(신미)	壬申(임신)	癸酉(계유)	甲戌(갑술)	乙亥(을해)	丙子(병자)	丁丑(정축)	戊寅(무인)	己卯(기묘)	庚辰(경진)	辛巳(신사)	壬午(임오)	癸未(계미)	甲申(갑신)	乙酉(을유)	丙戌(병술)	丁亥(정해)	戊子(무자)	己丑(기축)	庚寅(경인)	辛卯(신묘)	壬辰(임진)	癸巳(계사)	甲午(갑오)	乙未(을미)	丙申(병신)	丁酉(정유)
절기시각				卯初																		子初								
대운 순행	1	1	1	10	9	9	9	8	8	8	7	7	7	6	6	6	5	5	5	4	4	4	3	3	3	2	2	2	1	1
대운 역행	9	10	10	10	1	1	1	2	2	2	3	3	3	4	4	4	5	5	5	6	6	6	7	7	7	8	8	8	9	9

12 月 辛 丑(신축) 小

절기			소한															대한											
음력	一	二	三	四	五	六	七	八	九	十	十一	十二	十三	十四	十五	十六	十七	十八	十九	二十	廿一	廿二	廿三	廿四	廿五	廿六	廿七	廿八	廿九
양력 월/일	1/4	5	6	7	8	9	10	11	12	13	14	15	16	17	18	19	20	21	22	23	24	25	26	27	28	29	30	31	2/1
일진	戊戌(무술)	己亥(기해)	庚子(경자)	辛丑(신축)	壬寅(임인)	癸卯(계묘)	甲辰(갑진)	乙巳(을사)	丙午(병오)	丁未(정미)	戊申(무신)	己酉(기유)	庚戌(경술)	辛亥(신해)	壬子(임자)	癸丑(계축)	甲寅(갑인)	乙卯(을묘)	丙辰(병진)	丁巳(정사)	戊午(무오)	己未(기미)	庚申(경신)	辛酉(신유)	壬戌(임술)	癸亥(계해)	甲子(갑자)	乙丑(을축)	丙寅(병인)
절기시각			申正															巳初											
대운 순행	1	1	10	10	9	9	9	8	8	8	7	7	7	6	6	6	5	5	5	4	4	4	3	3	3	2	2	2	1
대운 역행	9	10	10	1	1	1	2	2	2	3	3	3	4	4	4	5	5	5	6	6	6	7	7	7	8	8	8	9	9

단기 4260 년
불기 2471 년

1927년 丁卯(정묘)年

1 月 壬 寅(임인) 大

절기				입춘															우수											
음력	一	二	三	四	五	六	七	八	九	十	十一	十二	十三	十四	十五	十六	十七	十八	十九	廿	廿一	廿二	廿三	廿四	廿五	廿六	廿七	廿八	廿九	三十
양력 월/일	2/2	3	4	5	6	7	8	9	10	11	12	13	14	15	16	17	18	19	20	21	22	23	24	25	26	27	28	3/1	2	3
일진	丁卯(정묘)	戊辰(무진)	己巳(기사)	庚午(경오)	辛未(신미)	壬申(임신)	癸酉(계유)	甲戌(갑술)	乙亥(을해)	丙子(병자)	丁丑(정축)	戊寅(무인)	己卯(기묘)	庚辰(경진)	辛巳(신사)	壬午(임오)	癸未(계미)	甲申(갑신)	乙酉(을유)	丙戌(병술)	丁亥(정해)	戊子(무자)	己丑(기축)	庚寅(경인)	辛卯(신묘)	壬辰(임진)	癸巳(계사)	甲午(갑오)	乙未(을미)	丙申(병신)
절기시각				寅初															子正											
대 순행	1	1	1	10	9	9	9	8	8	8	7	7	7	6	6	6	5	5	5	4	4	4	3	3	3	2	2	2	1	1
운 역행	9	10	10	10	1	1	1	2	2	2	3	3	3	4	4	4	5	5	5	6	6	6	7	7	7	8	8	8	9	9

2 月 癸 卯(계묘) 小

절기			경칩															춘분											
음력	一	二	三	四	五	六	七	八	九	十	十一	十二	十三	十四	十五	十六	十七	十八	十九	廿	廿一	廿二	廿三	廿四	廿五	廿六	廿七	廿八	廿九
양력 월/일	3/4	5	6	7	8	9	10	11	12	13	14	15	16	17	18	19	20	21	22	23	24	25	26	27	28	29	30	31	4/1
일진	丁酉(정유)	戊戌(무술)	己亥(기해)	庚子(경자)	辛丑(신축)	壬寅(임인)	癸卯(계묘)	甲辰(갑진)	乙巳(을사)	丙午(병오)	丁未(정미)	戊申(무신)	己酉(기유)	庚戌(경술)	辛亥(신해)	壬子(임자)	癸丑(계축)	甲寅(갑인)	乙卯(을묘)	丙辰(병진)	丁巳(정사)	戊午(무오)	己未(기미)	庚申(경신)	辛酉(신유)	壬戌(임술)	癸亥(계해)	甲子(갑자)	乙丑(을축)
절기시각			亥正															子初											
대 순행	1	1	10	10	10	9	9	9	8	8	8	7	7	7	6	6	6	5	5	5	4	4	4	3	3	3	2	2	2
운 역행	9	10	10	1	1	1	2	2	2	3	3	3	4	4	4	5	5	5	6	6	6	7	7	7	8	8	8	9	9

3 月 甲 辰(갑진) 小

절기					청명	한식														곡우									
음력	一	二	三	四	五	六	七	八	九	十	十一	十二	十三	十四	十五	十六	十七	十八	十九	廿	廿一	廿二	廿三	廿四	廿五	廿六	廿七	廿八	廿九
양력 월/일	4/2	3	4	5	6	7	8	9	10	11	12	13	14	15	16	17	18	19	20	21	22	23	24	25	26	27	28	29	30
일진	丙寅(병인)	丁卯(정묘)	戊辰(무진)	己巳(기사)	庚午(경오)	辛未(신미)	壬申(임신)	癸酉(계유)	甲戌(갑술)	乙亥(을해)	丙子(병자)	丁丑(정축)	戊寅(무인)	己卯(기묘)	庚辰(경진)	辛巳(신사)	壬午(임오)	癸未(계미)	甲申(갑신)	乙酉(을유)	丙戌(병술)	丁亥(정해)	戊子(무자)	己丑(기축)	庚寅(경인)	辛卯(신묘)	壬辰(임진)	癸巳(계사)	甲午(갑오)
절기시각					寅初															午初									
대 순행	1	1	1	1	10	10	9	9	9	8	8	8	7	7	7	6	6	6	5	5	5	4	4	4	3	3	3	2	2
운 역행	9	10	10	10	10	1	1	1	2	2	2	3	3	3	4	4	4	5	5	5	6	6	6	7	7	7	8	8	8

4 月 乙 巳(을사) 大

절기						입하																소만								
음력	一	二	三	四	五	六	七	八	九	十	十一	十二	十三	十四	十五	十六	十七	十八	十九	廿	廿一	廿二	廿三	廿四	廿五	廿六	廿七	廿八	廿九	三十
양력 월/일	5/1	2	3	4	5	6	7	8	9	10	11	12	13	14	15	16	17	18	19	20	21	22	23	24	25	26	27	28	29	30
일진	乙未(을미)	丙申(병신)	丁酉(정유)	戊戌(무술)	己亥(기해)	庚子(경자)	辛丑(신축)	壬寅(임인)	癸卯(계묘)	甲辰(갑진)	乙巳(을사)	丙午(병오)	丁未(정미)	戊申(무신)	己酉(기유)	庚戌(경술)	辛亥(신해)	壬子(임자)	癸丑(계축)	甲寅(갑인)	乙卯(을묘)	丙辰(병진)	丁巳(정사)	戊午(무오)	己未(기미)	庚申(경신)	辛酉(신유)	壬戌(임술)	癸亥(계해)	甲子(갑자)
절기시각						亥初																巳正								
대 순행	2	1	1	1	1	10	10	10	10	9	9	9	8	8	8	7	7	7	6	6	6	5	5	5	4	4	4	3	3	3
운 역행	9	9	9	10	10	10	1	1	1	2	2	2	3	3	3	4	4	4	5	5	5	6	6	6	7	7	7	8	8	8

5 月 丙 午(병오) 小

절기								망종															하지						
음력	一	二	三	四	五	六	七	八	九	十	十一	十二	十三	十四	十五	十六	十七	十八	十九	廿	廿一	廿二	廿三	廿四	廿五	廿六	廿七	廿八	廿九
양력 월/일	5/31	6/1	2	3	4	5	6	7	8	9	10	11	12	13	14	15	16	17	18	19	20	21	22	23	24	25	26	27	28
일진	乙丑(을축)	丙寅(병인)	丁卯(정묘)	戊辰(무진)	己巳(기사)	庚午(경오)	辛未(신미)	壬申(임신)	癸酉(계유)	甲戌(갑술)	乙亥(을해)	丙子(병자)	丁丑(정축)	戊寅(무인)	己卯(기묘)	庚辰(경진)	辛巳(신사)	壬午(임오)	癸未(계미)	甲申(갑신)	乙酉(을유)	丙戌(병술)	丁亥(정해)	戊子(무자)	己丑(기축)	庚寅(경인)	辛卯(신묘)	壬辰(임진)	癸巳(계사)
절기시각								丑正															戌初						
대 순행	2	2	2	1	1	1	1	10	10	10	9	9	9	8	8	8	7	7	7	6	6	6	5	5	5	4	4	4	3
운 역행	9	9	9	10	10	10	10	10	1	1	1	2	2	2	3	3	3	4	4	4	5	5	5	6	6	6	7	7	7

6 月 丁 未(정미) 大

절기										소서							초복									대서	중복			
음력	一	二	三	四	五	六	七	八	九	十	十一	十二	十三	十四	十五	十六	十七	十八	十九	廿	廿一	廿二	廿三	廿四	廿五	廿六	廿七	廿八	廿九	三十
양력 월/일	6/29	30	7/1	2	3	4	5	6	7	8	9	10	11	12	13	14	15	16	17	18	19	20	21	22	23	24	25	26	27	28
일진	甲午(갑오)	乙未(을미)	丙申(병신)	丁酉(정유)	戊戌(무술)	己亥(기해)	庚子(경자)	辛丑(신축)	壬寅(임인)	癸卯(계묘)	甲辰(갑진)	乙巳(을사)	丙午(병오)	丁未(정미)	戊申(무신)	己酉(기유)	庚戌(경술)	辛亥(신해)	壬子(임자)	癸丑(계축)	甲寅(갑인)	乙卯(을묘)	丙辰(병진)	丁巳(정사)	戊午(무오)	己未(기미)	庚申(경신)	辛酉(신유)	壬戌(임술)	癸亥(계해)
절기시각										午正																卯正				
대 순행	3	3	2	2	2	1	1	1	1	10	10	10	9	9	9	8	8	8	7	7	7	6	6	6	5	5	5	4	4	4
운 역행	8	8	8	9	9	9	10	10	10	10	1	1	1	2	2	2	3	3	3	4	4	4	5	5	5	6	6	6	7	7

北 大將	巳 喪門	丑 弔客	酉 三殺

7 月 戊 申(무신) 小

절기											입추																처서			
음력	一	二	三	四	五	六	七	八	九	十	十一	十二	十三	十四	十五	十六	十七	十八	十九	二十	廿一	廿二	廿三	廿四	廿五	廿六	廿七	廿八	廿九	
양력 월/일	7/29	30	31	8/1	2	3	4	5	6	7	8	9	10	11	12	13	14	15	16	17	18	19	20	21	22	23	24	25	26	
일진	甲子(갑자)	乙丑(을축)	丙寅(병인)	丁卯(정묘)	戊辰(무진)	己巳(기사)	庚午(경오)	辛未(신미)	壬申(임신)	癸酉(계유)	甲戌(갑술)	乙亥(을해)	丙子(병자)	丁丑(정축)	戊寅(무인)	己卯(기묘)	庚辰(경진)	辛巳(신사)	壬午(임오)	癸未(계미)	甲申(갑신)	乙酉(을유)	丙戌(병술)	丁亥(정해)	戊子(무자)	己丑(기축)	庚寅(경인)	辛卯(신묘)	壬辰(임진)	
절기시각											亥正																未初			
대운 순행	3	3	3	2	2	2	1	1	1	1	10	10	10	10	9	9	9	8	8	8	7	7	7	6	6	6	5	5	5	
대운 역행	7	8	8	8	9	9	9	10	10	10	10	1	1	1	2	2	2	3	3	3	4	4	4	5	5	5	6	6	6	

8 月 己 酉(을유) 大

절기														백로															추분	
음력	一	二	三	四	五	六	七	八	九	十	十一	十二	十三	十四	十五	十六	十七	十八	十九	二十	廿一	廿二	廿三	廿四	廿五	廿六	廿七	廿八	廿九	三十
양력 월/일	8/27	28	29	30	31	9/1	2	3	4	5	6	7	8	9	10	11	12	13	14	15	16	17	18	19	20	21	22	23	24	25
일진	癸巳(계사)	甲午(갑오)	乙未(을미)	丙申(병신)	丁酉(정유)	戊戌(무술)	己亥(기해)	庚子(경자)	辛丑(신축)	壬寅(임인)	癸卯(계묘)	甲辰(갑진)	乙巳(을사)	丙午(병오)	丁未(정미)	戊申(무신)	己酉(기유)	庚戌(경술)	辛亥(신해)	壬子(임자)	癸丑(계축)	甲寅(갑인)	乙卯(을묘)	丙辰(병진)	丁巳(정사)	戊午(무오)	己未(기미)	庚申(경신)	辛酉(신유)	壬戌(임술)
절기시각														丑初															午初	
대운 순행	4	4	4	3	3	3	2	2	2	1	1	1	1	10	10	9	9	9	8	8	8	7	7	7	6	6	6	5	5	5
대운 역행	7	7	7	8	8	8	9	9	9	10	10	10	10	10	1	1	1	2	2	2	3	3	3	4	4	4	5	5	5	6

9 月 庚 戌(경술) 大

절기														한로															상강	
음력	一	二	三	四	五	六	七	八	九	十	十一	十二	十三	十四	十五	十六	十七	十八	十九	二十	廿一	廿二	廿三	廿四	廿五	廿六	廿七	廿八	廿九	三十
양력 월/일	9/26	27	28	29	30	10/1	2	3	4	5	6	7	8	9	10	11	12	13	14	15	16	17	18	19	20	21	22	23	24	25
일진	癸亥(계해)	甲子(갑자)	乙丑(을축)	丙寅(병인)	丁卯(정묘)	戊辰(무진)	己巳(기사)	庚午(경오)	辛未(신미)	壬申(임신)	癸酉(계유)	甲戌(갑술)	乙亥(을해)	丙子(병자)	丁丑(정축)	戊寅(무인)	己卯(기묘)	庚辰(경진)	辛巳(신사)	壬午(임오)	癸未(계미)	甲申(갑신)	乙酉(을유)	丙戌(병술)	丁亥(정해)	戊子(무자)	己丑(기축)	庚寅(경인)	辛卯(신묘)	壬辰(임진)
절기시각														申正															戌初	
대운 순행	4	4	4	3	3	3	2	2	2	1	1	1	1	10	10	9	9	9	8	8	8	7	7	7	6	6	6	5	5	5
대운 역행	6	6	7	7	7	8	8	8	9	9	9	10	10	10	1	1	1	2	2	2	3	3	3	4	4	4	5	5	5	6

10 月 辛 亥(신해) 小

절기														입동															소설	
음력	一	二	三	四	五	六	七	八	九	十	十一	十二	十三	十四	十五	十六	十七	十八	十九	二十	廿一	廿二	廿三	廿四	廿五	廿六	廿七	廿八	廿九	
양력 월/일	10/26	27	28	29	30	31	11/1	2	3	4	5	6	7	8	9	10	11	12	13	14	15	16	17	18	19	20	21	22	23	
일진	癸巳(계사)	甲午(갑오)	乙未(을미)	丙申(병신)	丁酉(정유)	戊戌(무술)	己亥(기해)	庚子(경자)	辛丑(신축)	壬寅(임인)	癸卯(계묘)	甲辰(갑진)	乙巳(을사)	丙午(병오)	丁未(정미)	戊申(무신)	己酉(기유)	庚戌(경술)	辛亥(신해)	壬子(임자)	癸丑(계축)	甲寅(갑인)	乙卯(을묘)	丙辰(병진)	丁巳(정사)	戊午(무오)	己未(기미)	庚申(경신)	辛酉(신유)	
절기시각														戌初															申正	
대운 순행	4	4	4	3	3	3	2	2	2	1	1	1	1	10	10	9	9	9	8	8	8	7	7	7	6	6	6	5	5	
대운 역행	6	6	7	7	7	8	8	8	9	9	9	10	10	10	1	1	1	2	2	2	3	3	3	4	4	4	5	5	5	

11 月 壬 子(임자) 大

절기															대설															동지
음력	一	二	三	四	五	六	七	八	九	十	十一	十二	十三	十四	十五	十六	十七	十八	十九	二十	廿一	廿二	廿三	廿四	廿五	廿六	廿七	廿八	廿九	三十
양력 월/일	11/24	25	26	27	28	29	30	12/1	2	3	4	5	6	7	8	9	10	11	12	13	14	15	16	17	18	19	20	21	22	23
일진	壬戌(임술)	癸亥(계해)	甲子(갑자)	乙丑(을축)	丙寅(병인)	丁卯(정묘)	戊辰(무진)	己巳(기사)	庚午(경오)	辛未(신미)	壬申(임신)	癸酉(계유)	甲戌(갑술)	乙亥(을해)	丙子(병자)	丁丑(정축)	戊寅(무인)	己卯(기묘)	庚辰(경진)	辛巳(신사)	壬午(임오)	癸未(계미)	甲申(갑신)	乙酉(을유)	丙戌(병술)	丁亥(정해)	戊子(무자)	己丑(기축)	庚寅(경인)	辛卯(신묘)
절기시각															午初															卯初
대운 순행	5	4	4	4	3	3	3	2	2	2	1	1	1	1	10	9	9	9	8	8	8	7	7	7	6	6	6	5	5	5
대운 역행	6	6	6	7	7	7	8	8	8	9	9	9	10	10	10	1	1	1	2	2	2	3	3	3	4	4	4	5	5	5

12 月 癸 丑(계축) 大

절기														소한															대한	
음력	一	二	三	四	五	六	七	八	九	十	十一	十二	十三	十四	十五	十六	十七	十八	十九	二十	廿一	廿二	廿三	廿四	廿五	廿六	廿七	廿八	廿九	三十
양력 월/일	12/24	25	26	27	28	29	30	31	1/1	2	3	4	5	6	7	8	9	10	11	12	13	14	15	16	17	18	19	20	21	22
일진	壬辰(임진)	癸巳(계사)	甲午(갑오)	乙未(을미)	丙申(병신)	丁酉(정유)	戊戌(무술)	己亥(기해)	庚子(경자)	辛丑(신축)	壬寅(임인)	癸卯(계묘)	甲辰(갑진)	乙巳(을사)	丙午(병오)	丁未(정미)	戊申(무신)	己酉(기유)	庚戌(경술)	辛亥(신해)	壬子(임자)	癸丑(계축)	甲寅(갑인)	乙卯(을묘)	丙辰(병진)	丁巳(정사)	戊午(무오)	己未(기미)	庚申(경신)	辛酉(신유)
절기시각														亥正															申初	
대운 순행	4	4	4	3	3	3	2	2	2	1	1	1	1	10	10	9	9	9	8	8	8	7	7	7	6	6	6	5	5	5
대운 역행	6	6	6	7	7	7	8	8	8	9	9	9	10	10	1	1	1	2	2	2	3	3	3	4	4	4	5	5	5	6

단기 4261 년
불기 2472 년

1928년 戊辰(무진)年

1 月 甲 寅(갑인) 小

절기														입춘															우수	
음력	一	二	三	四	五	六	七	八	九	十	十一	十二	十三	十四	十五	十六	十七	十八	十九	廿	廿一	廿二	廿三	廿四	廿五	廿六	廿七	廿八	廿九	
양력 월/일	1/23	24	25	26	27	28	29	30	31	2/1	2	3	4	5	6	7	8	9	10	11	12	13	14	15	16	17	18	19	20	
일진	壬戌(임술)	癸亥(계해)	甲子(갑자)	乙丑(을축)	丙寅(병인)	丁卯(정묘)	戊辰(무진)	己巳(기사)	庚午(경오)	辛未(신미)	壬申(임신)	癸酉(계유)	甲戌(갑술)	乙亥(을해)	丙子(병자)	丁丑(정축)	戊寅(무인)	己卯(기묘)	庚辰(경진)	辛巳(신사)	壬午(임오)	癸未(계미)	甲申(갑신)	乙酉(을유)	丙戌(병술)	丁亥(정해)	戊子(무자)	己丑(기축)	庚寅(경인)	
절기시각														巳初															卯初	
대운 순행	4	4	4	3	3	3	2	2	2	1	1	1	1	10	10	9	9	9	8	8	8	7	7	7	6	6	6	5	5	
대운 역행	6	6	7	7	7	8	8	8	9	9	9	10	10	10	1	1	1	2	2	2	3	3	3	4	4	4	5	5	5	

2 月 乙 卯(을묘) 大

절기															경칩															춘분
음력	一	二	三	四	五	六	七	八	九	十	十一	十二	十三	十四	十五	十六	十七	十八	十九	廿	廿一	廿二	廿三	廿四	廿五	廿六	廿七	廿八	廿九	三十
양력 월/일	1/21	22	23	24	25	26	27	28	29	3/1	2	3	4	5	6	7	8	9	10	11	12	13	14	15	16	17	18	19	20	21
일진	辛卯(신묘)	壬辰(임진)	癸巳(계사)	甲午(갑오)	乙未(을미)	丙申(병신)	丁酉(정유)	戊戌(무술)	己亥(기해)	庚子(경자)	辛丑(신축)	壬寅(임인)	癸卯(계묘)	甲辰(갑진)	乙巳(을사)	丙午(병오)	丁未(정미)	戊申(무신)	己酉(기유)	庚戌(경술)	辛亥(신해)	壬子(임자)	癸丑(계축)	甲寅(갑인)	乙卯(을묘)	丙辰(병진)	丁巳(정사)	戊午(무오)	己未(기미)	庚申(경신)
절기시각															寅正															卯初
대운 순행	5	4	4	4	3	3	3	2	2	2	1	1	1	1	10	10	9	9	9	8	8	8	7	7	7	6	6	6	5	5
대운 역행	6	6	6	7	7	7	8	8	8	9	9	9	10	10	10	1	1	1	2	2	2	3	3	3	4	4	4	5	5	5

閏 2 月 乙 卯(을묘) 小

절기															청명	한식														
음력	一	二	三	四	五	六	七	八	九	十	十一	十二	十三	十四	十五	十六	十七	十八	十九	廿	廿一	廿二	廿三	廿四	廿五	廿六	廿七	廿八	廿九	
양력 월/일	3/22	23	24	25	26	27	28	29	30	31	4/1	2	3	4	5	6	7	8	9	10	11	12	13	14	15	16	17	18	19	
일진	辛酉(신유)	壬戌(임술)	癸亥(계해)	甲子(갑자)	乙丑(을축)	丙寅(병인)	丁卯(정묘)	戊辰(무진)	己巳(기사)	庚午(경오)	辛未(신미)	壬申(임신)	癸酉(계유)	甲戌(갑술)	乙亥(을해)	丙子(병자)	丁丑(정축)	戊寅(무인)	己卯(기묘)	庚辰(경진)	辛巳(신사)	壬午(임오)	癸未(계미)	甲申(갑신)	乙酉(을유)	丙戌(병술)	丁亥(정해)	戊子(무자)	己丑(기축)	
절기시각															巳初															
대운 순행	5	4	4	4	3	3	3	2	2	2	1	1	1	1	10	10	10	9	9	9	8	8	8	7	7	7	6	6	6	
대운 역행	6	6	6	7	7	7	8	8	8	9	9	9	10	10	10	1	1	1	2	2	2	3	3	3	4	4	4	5	5	

3 月 丙 辰(병진) 小

절기	곡우																입하													
음력	一	二	三	四	五	六	七	八	九	十	十一	十二	十三	十四	十五	十六	十七	十八	十九	廿	廿一	廿二	廿三	廿四	廿五	廿六	廿七	廿八	廿九	
양력 월/일	4/20	21	22	23	24	25	26	27	28	29	30	5/1	2	3	4	5	6	7	8	9	10	11	12	13	14	15	16	17	18	
일진	庚寅(경인)	辛卯(신묘)	壬辰(임진)	癸巳(계사)	甲午(갑오)	乙未(을미)	丙申(병신)	丁酉(정유)	戊戌(무술)	己亥(기해)	庚子(경자)	辛丑(신축)	壬寅(임인)	癸卯(계묘)	甲辰(갑진)	乙巳(을사)	丙午(병오)	丁未(정미)	戊申(무신)	己酉(기유)	庚戌(경술)	辛亥(신해)	壬子(임자)	癸丑(계축)	甲寅(갑인)	乙卯(을묘)	丙辰(병진)	丁巳(정사)	戊午(무오)	
절기시각	申正																寅初													
대운 순행	5	5	5	4	4	4	3	3	3	2	2	2	1	1	1	1	10	10	10	9	9	9	8	8	8	7	7	7	6	
대운 역행	5	6	6	6	7	7	7	8	8	8	9	9	9	10	10	10	10	1	1	1	2	2	2	3	3	3	4	4	4	

4 月 丁 巳(정사) 大

절기				소만															망종											
음력	一	二	三	四	五	六	七	八	九	十	十一	十二	十三	十四	十五	十六	十七	十八	十九	廿	廿一	廿二	廿三	廿四	廿五	廿六	廿七	廿八	廿九	三十
양력 월/일	5/19	20	21	22	23	24	25	26	27	28	29	30	31	6/1	2	3	4	5	6	7	8	9	10	11	12	13	14	15	16	17
일진	己未(기미)	庚申(경신)	辛酉(신유)	壬戌(임술)	癸亥(계해)	甲子(갑자)	乙丑(을축)	丙寅(병인)	丁卯(정묘)	戊辰(무진)	己巳(기사)	庚午(경오)	辛未(신미)	壬申(임신)	癸酉(계유)	甲戌(갑술)	乙亥(을해)	丙子(병자)	丁丑(정축)	戊寅(무인)	己卯(기묘)	庚辰(경진)	辛巳(신사)	壬午(임오)	癸未(계미)	甲申(갑신)	乙酉(을유)	丙戌(병술)	丁亥(정해)	戊子(무자)
절기시각				申正															辰正											
대운 순행	6	6	5	5	5	4	4	4	3	3	3	2	2	2	1	1	1	1	10	10	10	9	9	9	8	8	8	7	7	7
대운 역행	5	5	5	6	6	6	7	7	7	8	8	8	9	9	9	10	10	10	10	1	1	1	2	2	2	3	3	3	4	4

5 月 戊 午(무오) 小

절기					하지															소서										
음력	一	二	三	四	五	六	七	八	九	十	十一	十二	十三	十四	十五	十六	十七	十八	十九	廿	廿一	廿二	廿三	廿四	廿五	廿六	廿七	廿八	廿九	
양력 월/일	6/18	19	20	21	22	23	24	25	26	27	28	29	30	7/1	2	3	4	5	6	7	8	9	10	11	12	13	14	15	16	
일진	己丑(기축)	庚寅(경인)	辛卯(신묘)	壬辰(임진)	癸巳(계사)	甲午(갑오)	乙未(을미)	丙申(병신)	丁酉(정유)	戊戌(무술)	己亥(기해)	庚子(경자)	辛丑(신축)	壬寅(임인)	癸卯(계묘)	甲辰(갑진)	乙巳(을사)	丙午(병오)	丁未(정미)	戊申(무신)	己酉(기유)	庚戌(경술)	辛亥(신해)	壬子(임자)	癸丑(계축)	甲寅(갑인)	乙卯(을묘)	丙辰(병진)	丁巳(정사)	
절기시각					丑初															酉正										
대운 순행	6	6	6	5	5	5	4	4	4	3	3	3	2	2	2	1	1	1	1	10	10	10	10	9	9	9	8	8	8	
대운 역행	4	5	5	5	6	6	6	7	7	7	8	8	8	9	9	9	10	10	10	10	1	1	1	2	2	2	3	3	3	

北 大將	午 喪門	寅 弔客	南 三殺

6 月 己 未(기미) 小

절기			초복			대서							중복										입추 말복							
음력	一	二	三	四	五	六	七	八	九	十	十一	十二	十三	十四	十五	十六	十七	十八	十九	二十	廿一	廿二	廿三	廿四	廿五	廿六	廿七	廿八	廿九	
양력 월/일	7/17	18	19	20	21	22	23	24	25	26	27	28	29	30	31	8/1	2	3	4	5	6	7	8	9	10	11	12	13	14	
일진	戊午(무오)	己未(기미)	庚申(경신)	辛酉(신유)	壬戌(임술)	癸亥(계해)	甲子(갑자)	乙丑(을축)	丙寅(병인)	丁卯(정묘)	戊辰(무진)	己巳(기사)	庚午(경오)	辛未(신미)	壬申(임신)	癸酉(계유)	甲戌(갑술)	乙亥(을해)	丙子(병자)	丁丑(정축)	戊寅(무인)	己卯(기묘)	庚辰(경진)	辛巳(신사)	壬午(임오)	癸未(계미)	甲申(갑신)	乙酉(을유)	丙戌(병술)	
절기시각						午正																	寅正							
대운 순행	7	7	7	6	6	6	5	5	5	4	4	4	3	3	3	2	2	2	1	1	1	1	10	10	10	9	9	9	8	
대운 역행	4	4	4	5	5	5	6	6	6	7	7	7	8	8	8	9	9	9	10	10	10	10	10	1	1	1	2	2	2	

7 月 庚 申(경신) 大

절기									처서																백로					
음력	一	二	三	四	五	六	七	八	九	十	十一	十二	十三	十四	十五	十六	十七	十八	十九	二十	廿一	廿二	廿三	廿四	廿五	廿六	廿七	廿八	廿九	三十
양력 월/일	8/15	16	17	18	19	20	21	22	23	24	25	26	27	28	29	30	31	9/1	2	3	4	5	6	7	8	9	10	11	12	13
일진	丁亥(정해)	戊子(무자)	己丑(기축)	庚寅(경인)	辛卯(신묘)	壬辰(임진)	癸巳(계사)	甲午(갑오)	乙未(을미)	丙申(병신)	丁酉(정유)	戊戌(무술)	己亥(기해)	庚子(경자)	辛丑(신축)	壬寅(임인)	癸卯(계묘)	甲辰(갑진)	乙巳(을사)	丙午(병오)	丁未(정미)	戊申(무신)	己酉(기유)	庚戌(경술)	辛亥(신해)	壬子(임자)	癸丑(계축)	甲寅(갑인)	乙卯(을묘)	丙辰(병진)
절기시각									戌初																辰初					
대운 순행	8	8	7	7	7	6	6	6	5	5	5	4	4	4	3	3	3	2	2	2	1	1	1	1	10	10	9	9	9	8
대운 역행	3	3	3	4	4	4	5	5	5	6	6	6	7	7	7	8	8	8	9	9	9	10	10	10	10	1	1	1	2	2

8 月 辛 酉(신유) 大

절기										추분															한로					
음력	一	二	三	四	五	六	七	八	九	十	十一	十二	十三	十四	十五	十六	十七	十八	十九	二十	廿一	廿二	廿三	廿四	廿五	廿六	廿七	廿八	廿九	三十
양력 월/일	9/14	15	16	17	18	19	20	21	22	23	24	25	26	27	28	29	30	10/1	2	3	4	5	6	7	8	9	10	11	12	13
일진	丁巳(정사)	戊午(무오)	己未(기미)	庚申(경신)	辛酉(신유)	壬戌(임술)	癸亥(계해)	甲子(갑자)	乙丑(을축)	丙寅(병인)	丁卯(정묘)	戊辰(무진)	己巳(기사)	庚午(경오)	辛未(신미)	壬申(임신)	癸酉(계유)	甲戌(갑술)	乙亥(을해)	丙子(병자)	丁丑(정축)	戊寅(무인)	己卯(기묘)	庚辰(경진)	辛巳(신사)	壬午(임오)	癸未(계미)	甲申(갑신)	乙酉(을유)	丙戌(병술)
절기시각										申正															亥正					
대운 순행	8	8	7	7	7	6	6	6	5	5	5	4	4	4	3	3	3	2	2	2	1	1	1	1	10	10	10	9	9	9
대운 역행	2	3	3	3	4	4	4	5	5	5	6	6	6	7	7	7	8	8	8	9	9	9	10	10	10	1	1	1	2	2

9 月 壬 戌(임술) 小

절기											상강															입동				
음력	一	二	三	四	五	六	七	八	九	十	十一	十二	十三	十四	十五	十六	十七	十八	十九	二十	廿一	廿二	廿三	廿四	廿五	廿六	廿七	廿八	廿九	
양력 월/일	10/14	15	16	17	18	19	20	21	22	23	24	25	26	27	28	29	30	31	11/1	2	3	4	5	6	7	8	9	10	11	
일진	丁亥(정해)	戊子(무자)	己丑(기축)	庚寅(경인)	辛卯(신묘)	壬辰(임진)	癸巳(계사)	甲午(갑오)	乙未(을미)	丙申(병신)	丁酉(정유)	戊戌(무술)	己亥(기해)	庚子(경자)	辛丑(신축)	壬寅(임인)	癸卯(계묘)	甲辰(갑진)	乙巳(을사)	丙午(병오)	丁未(정미)	戊申(무신)	己酉(기유)	庚戌(경술)	辛亥(신해)	壬子(임자)	癸丑(계축)	甲寅(갑인)	乙卯(을묘)	
절기시각											丑初															丑初				
대운 순행	8	8	8	7	7	7	6	6	6	5	5	5	4	4	4	3	3	3	2	2	2	1	1	1	1	10	9	9	9	
대운 역행	2	3	3	3	4	4	4	5	5	5	6	6	6	7	7	7	8	8	8	9	9	9	10	10	10	10	1	1	1	

10 月 癸 亥(계해) 大

절기											소설															대설				
음력	一	二	三	四	五	六	七	八	九	十	十一	十二	十三	十四	十五	十六	十七	十八	十九	二十	廿一	廿二	廿三	廿四	廿五	廿六	廿七	廿八	廿九	三十
양력 월/일	11/12	13	14	15	16	17	18	19	20	21	22	23	24	25	26	27	28	29	30	12/1	2	3	4	5	6	7	8	9	10	11
일진	丙辰(병진)	丁巳(정사)	戊午(무오)	己未(기미)	庚申(경신)	辛酉(신유)	壬戌(임술)	癸亥(계해)	甲子(갑자)	乙丑(을축)	丙寅(병인)	丁卯(정묘)	戊辰(무진)	己巳(기사)	庚午(경오)	辛未(신미)	壬申(임신)	癸酉(계유)	甲戌(갑술)	乙亥(을해)	丙子(병자)	丁丑(정축)	戊寅(무인)	己卯(기묘)	庚辰(경진)	辛巳(신사)	壬午(임오)	癸未(계미)	甲申(갑신)	乙酉(을유)
절기시각											亥正															酉初				
대운 순행	8	8	8	7	7	7	6	6	6	5	5	5	4	4	4	3	3	3	2	2	2	1	1	1	1	10	10	9	9	9
대운 역행	2	2	2	3	3	3	4	4	4	5	5	5	6	6	6	7	7	7	8	8	8	9	9	9	10	10	1	1	1	2

11 月 甲 子(갑자) 大

절기											동지															소한				
음력	一	二	三	四	五	六	七	八	九	十	十一	十二	十三	十四	十五	十六	十七	十八	十九	二十	廿一	廿二	廿三	廿四	廿五	廿六	廿七	廿八	廿九	三十
양력 월/일	12/12	13	14	15	16	17	18	19	20	21	22	23	24	25	26	27	28	29	30	31	1/1	2	3	4	5	6	7	8	9	10
일진	丙戌(병술)	丁亥(정해)	戊子(무자)	己丑(기축)	庚寅(경인)	辛卯(신묘)	壬辰(임진)	癸巳(계사)	甲午(갑오)	乙未(을미)	丙申(병신)	丁酉(정유)	戊戌(무술)	己亥(기해)	庚子(경자)	辛丑(신축)	壬寅(임인)	癸卯(계묘)	甲辰(갑진)	乙巳(을사)	丙午(병오)	丁未(정미)	戊申(무신)	己酉(기유)	庚戌(경술)	辛亥(신해)	壬子(임자)	癸丑(계축)	甲寅(갑인)	乙卯(을묘)
절기시각											午初															酉初				
대운 순행	8	8	8	7	7	7	6	6	6	5	5	5	4	4	4	3	3	3	2	2	2	1	1	1	1	10	9	9	9	8
대운 역행	2	2	3	3	3	4	4	4	5	5	5	6	6	6	7	7	7	8	8	8	9	9	9	10	10	10	1	1	1	2

12 月 乙 丑(을축) 大

절기										대한															입춘					
음력	一	二	三	四	五	六	七	八	九	十	十一	十二	十三	十四	十五	十六	十七	十八	十九	二十	廿一	廿二	廿三	廿四	廿五	廿六	廿七	廿八	廿九	三十
양력 월/일	1/11	12	13	14	15	16	17	18	19	20	21	22	23	24	25	26	27	28	29	30	31	2/1	2	3	4	5	6	7	8	9
일진	丙辰(병진)	丁巳(정사)	戊午(무오)	己未(기미)	庚申(경신)	辛酉(신유)	壬戌(임술)	癸亥(계해)	甲子(갑자)	乙丑(을축)	丙寅(병인)	丁卯(정묘)	戊辰(무진)	己巳(기사)	庚午(경오)	辛未(신미)	壬申(임신)	癸酉(계유)	甲戌(갑술)	乙亥(을해)	丙子(병자)	丁丑(정축)	戊寅(무인)	己卯(기묘)	庚辰(경진)	辛巳(신사)	壬午(임오)	癸未(계미)	甲申(갑신)	乙酉(을유)
절기시각										亥初															申初					
대운 순행	8	8	7	7	7	6	6	6	5	5	5	4	4	4	3	3	3	2	2	2	1	1	1	1	10	10	9	9	9	8
대운 역행	2	2	3	3	3	4	4	4	5	5	5	6	6	6	7	7	7	8	8	8	9	9	9	10	10	1	1	1	2	2

단기 4262 년
불기 2473 년

1929년 己巳(기사)年

1 月 丙 寅(병인) 小

절기									우수															경칩					
음력	一	二	三	四	五	六	七	八	九	十	十一	十二	十三	十四	十五	十六	十七	十八	十九	二十	廿一	廿二	廿三	廿四	廿五	廿六	廿七	廿八	廿九	
양력 월/일	2/10	11	12	13	14	15	16	17	18	19	20	21	22	23	24	25	26	27	28	3/1	2	3	4	5	6	7	8	9	10	
일진	丙戌(병술)	丁亥(정해)	戊子(무자)	己丑(기축)	庚寅(경인)	辛卯(신묘)	壬辰(임진)	癸巳(계사)	甲午(갑오)	乙未(을미)	丙申(병신)	丁酉(정유)	戊戌(무술)	己亥(기해)	庚子(경자)	辛丑(신축)	壬寅(임인)	癸卯(계묘)	甲辰(갑진)	乙巳(을사)	丙午(병오)	丁未(정미)	戊申(무신)	己酉(기유)	庚戌(경술)	辛亥(신해)	壬子(임자)	癸丑(계축)	甲寅(갑인)	
절기시각										午初															巳初					
대운 순행	8	8	7	7	7	6	6	6	5	5	5	4	4	4	3	3	3	2	2	2	1	1	1	1	10	10	9	9	9	
대운 역행	2	3	3	3	4	4	4	5	5	5	6	6	6	7	7	7	8	8	8	9	9	9	10	10	10	1	1	1	2	

2 月 丁 卯(정묘) 大

절기											춘분															청명	한식			
음력	一	二	三	四	五	六	七	八	九	十	十一	十二	十三	十四	十五	十六	十七	十八	十九	二十	廿一	廿二	廿三	廿四	廿五	廿六	廿七	廿八	廿九	三十
양력 월/일	3/11	12	13	14	15	16	17	18	19	20	21	22	23	24	25	26	27	28	29	30	31	4/1	2	3	4	5	6	7	8	9
일진	乙卯(을묘)	丙辰(병진)	丁巳(정사)	戊午(무오)	己未(기미)	庚申(경신)	辛酉(신유)	壬戌(임술)	癸亥(계해)	甲子(갑자)	乙丑(을축)	丙寅(병인)	丁卯(정묘)	戊辰(무진)	己巳(기사)	庚午(경오)	辛未(신미)	壬申(임신)	癸酉(계유)	甲戌(갑술)	乙亥(을해)	丙子(병자)	丁丑(정축)	戊寅(무인)	己卯(기묘)	庚辰(경진)	辛巳(신사)	壬午(임오)	癸未(계미)	甲申(갑신)
절기시각											午初															申初				
대운 순행	8	8	8	7	7	7	6	6	6	5	5	5	4	4	4	3	3	3	2	2	2	1	1	1	1	10	10	10	9	9
대운 역행	2	2	3	3	3	4	4	4	5	5	5	6	6	6	7	7	7	8	8	8	9	9	9	10	10	10	1	1	1	2

3 月 戊 辰(무진) 小

절기											곡우																입하			
음력	一	二	三	四	五	六	七	八	九	十	十一	十二	十三	十四	十五	十六	十七	十八	十九	二十	廿一	廿二	廿三	廿四	廿五	廿六	廿七	廿八	廿九	
양력 월/일	4/10	11	12	13	14	15	16	17	18	19	20	21	22	23	24	25	26	27	28	29	30	5/1	2	3	4	5	6	7	8	
일진	乙酉(을유)	丙戌(병술)	丁亥(정해)	戊子(무자)	己丑(기축)	庚寅(경인)	辛卯(신묘)	壬辰(임진)	癸巳(계사)	甲午(갑오)	乙未(을미)	丙申(병신)	丁酉(정유)	戊戌(무술)	己亥(기해)	庚子(경자)	辛丑(신축)	壬寅(임인)	癸卯(계묘)	甲辰(갑진)	乙巳(을사)	丙午(병오)	丁未(정미)	戊申(무신)	己酉(기유)	庚戌(경술)	辛亥(신해)	壬子(임자)	癸丑(계축)	
절기시각											亥正																戌初			
대운 순행	9	8	8	8	7	7	7	6	6	6	5	5	5	4	4	4	3	3	3	2	2	2	1	1	1	1	10	10	10	
대운 역행	2	2	3	3	3	4	4	4	5	5	5	6	6	6	7	7	7	8	8	8	9	9	9	10	10	10	1	1	1	

4 月 己 巳(기사) 小

절기													소만																망종	
음력	一	二	三	四	五	六	七	八	九	十	十一	十二	十三	十四	十五	十六	十七	十八	十九	二十	廿一	廿二	廿三	廿四	廿五	廿六	廿七	廿八	廿九	
양력 월/일	5/9	10	11	12	13	14	15	16	17	18	19	20	21	22	23	24	25	26	27	28	29	30	31	6/1	2	3	4	5	6	
일진	甲寅(갑인)	乙卯(을묘)	丙辰(병진)	丁巳(정사)	戊午(무오)	己未(기미)	庚申(경신)	辛酉(신유)	壬戌(임술)	癸亥(계해)	甲子(갑자)	乙丑(을축)	丙寅(병인)	丁卯(정묘)	戊辰(무진)	己巳(기사)	庚午(경오)	辛未(신미)	壬申(임신)	癸酉(계유)	甲戌(갑술)	乙亥(을해)	丙子(병자)	丁丑(정축)	戊寅(무인)	己卯(기묘)	庚辰(경진)	辛巳(신사)	壬午(임오)	
절기시각													亥正																未初	
대운 순행	9	9	9	8	8	8	7	7	7	6	6	6	5	5	5	4	4	4	3	3	3	2	2	2	1	1	1	1	10	
대운 역행	1	2	2	2	3	3	3	4	4	4	5	5	5	6	6	6	7	7	7	8	8	8	9	9	9	10	10	10	10	

5 月 庚 午(경오) 大

절기																하지														
음력	一	二	三	四	五	六	七	八	九	十	十一	十二	十三	十四	十五	十六	十七	十八	十九	二十	廿一	廿二	廿三	廿四	廿五	廿六	廿七	廿八	廿九	三十
양력 월/일	6/7	8	9	10	11	12	13	14	15	16	17	18	19	20	21	22	23	24	25	26	27	28	29	30	7/1	2	3	4	5	6
일진	癸未(계미)	甲申(갑신)	乙酉(을유)	丙戌(병술)	丁亥(정해)	戊子(무자)	己丑(기축)	庚寅(경인)	辛卯(신묘)	壬辰(임진)	癸巳(계사)	甲午(갑오)	乙未(을미)	丙申(병신)	丁酉(정유)	戊戌(무술)	己亥(기해)	庚子(경자)	辛丑(신축)	壬寅(임인)	癸卯(계묘)	甲辰(갑진)	乙巳(을사)	丙午(병오)	丁未(정미)	戊申(무신)	己酉(기유)	庚戌(경술)	辛亥(신해)	壬子(임자)
절기시각																卯正														
대운 순행	10	10	10	9	9	9	8	8	8	7	7	7	6	6	6	5	5	5	4	4	4	3	3	3	2	2	2	1	1	1
대운 역행	1	1	1	2	2	2	3	3	3	4	4	4	5	5	5	6	6	6	7	7	7	8	8	8	9	9	9	10	10	10

6 月 辛 未(신미) 小

절기		소서						초복									대서	중복										말복		
음력	一	二	三	四	五	六	七	八	九	十	十一	十二	十三	十四	十五	十六	十七	十八	十九	二十	廿一	廿二	廿三	廿四	廿五	廿六	廿七	廿八	廿九	
양력 월/일	7/7	8	9	10	11	12	13	14	15	16	17	18	19	20	21	22	23	24	25	26	27	28	29	30	31	8/1	2	3	4	
일진	癸丑(계축)	甲寅(갑인)	乙卯(을묘)	丙辰(병진)	丁巳(정사)	戊午(무오)	己未(기미)	庚申(경신)	辛酉(신유)	壬戌(임술)	癸亥(계해)	甲子(갑자)	乙丑(을축)	丙寅(병인)	丁卯(정묘)	戊辰(무진)	己巳(기사)	庚午(경오)	辛未(신미)	壬申(임신)	癸酉(계유)	甲戌(갑술)	乙亥(을해)	丙子(병자)	丁丑(정축)	戊寅(무인)	己卯(기묘)	庚辰(경진)	辛巳(신사)	
절기시각		子正															酉正													
대운 순행	1	10	10	10	9	9	9	8	8	8	7	7	7	6	6	6	5	5	5	4	4	4	3	3	3	2	2	2	1	
대운 역행	10	10	1	1	1	2	2	2	3	3	3	4	4	4	5	5	5	6	6	6	7	7	7	8	8	8	9	9	9	

東 大將	未 喪門	卯 弔客	東 三殺

7 月 壬 申(임신) 小

절기				입추																처서										
음력	一	二	三	四	五	六	七	八	九	十	十一	十二	十三	十四	十五	十六	十七	十八	十九	二十	二十一	二十二	二十三	二十四	二十五	二十六	二十七	二十八	二十九	
양력 월/일	8/5	6	7	8	9	10	11	12	13	14	15	16	17	18	19	20	21	22	23	24	25	26	27	28	29	30	31	9/1	2	
일진	壬午(임오)	癸未(계미)	甲申(갑신)	乙酉(을유)	丙戌(병술)	丁亥(정해)	戊子(무자)	己丑(기축)	庚寅(경인)	辛卯(신묘)	壬辰(임진)	癸巳(계사)	甲午(갑오)	乙未(을미)	丙申(병신)	丁酉(정유)	戊戌(무술)	己亥(기해)	庚子(경자)	辛丑(신축)	壬寅(임인)	癸卯(계묘)	甲辰(갑진)	乙巳(을사)	丙午(병오)	丁未(정미)	戊申(무신)	己酉(기유)	庚戌(경술)	
절기시각				巳正																丑正										
대운 순행	1	1	1	10	10	10	9	9	9	8	8	8	7	7	7	6	6	6	5	5	5	4	4	4	3	3	3	2	2	
대운 역행	10	10	10	10	1	1	1	2	2	2	3	3	3	4	4	4	5	5	5	6	6	6	7	7	7	8	8	8	9	

8 月 癸 酉(계유) 大

절기						백로															추분									
음력	一	二	三	四	五	六	七	八	九	十	十一	十二	十三	十四	十五	十六	十七	十八	十九	二十	二十一	二十二	二十三	二十四	二十五	二十六	二十七	二十八	二十九	三十
양력 월/일	9/3	4	5	6	7	8	9	10	11	12	13	14	15	16	17	18	19	20	21	22	23	24	25	26	27	28	29	30	10/1	2
일진	辛亥(신해)	壬子(임자)	癸丑(계축)	甲寅(갑인)	乙卯(을묘)	丙辰(병진)	丁巳(정사)	戊午(무오)	己未(기미)	庚申(경신)	辛酉(신유)	壬戌(임술)	癸亥(계해)	甲子(갑자)	乙丑(을축)	丙寅(병인)	丁卯(정묘)	戊辰(무진)	己巳(기사)	庚午(경오)	辛未(신미)	壬申(임신)	癸酉(계유)	甲戌(갑술)	乙亥(을해)	丙子(병자)	丁丑(정축)	戊寅(무인)	己卯(기묘)	庚辰(경진)
절기시각						未初															亥正									
대운 순행	2	1	1	1	1	10	10	10	9	9	9	8	8	8	7	7	7	6	6	6	5	5	5	4	4	4	3	3	3	2
대운 역행	9	9	10	10	10	10	1	1	1	2	2	2	3	3	3	4	4	4	5	5	5	6	6	6	7	7	7	8	8	8

9 月 甲 戌(갑술) 小

절기							한로															상강								
음력	一	二	三	四	五	六	七	八	九	十	十一	十二	十三	十四	十五	十六	十七	十八	十九	二十	二十一	二十二	二十三	二十四	二十五	二十六	二十七	二十八	二十九	
양력 월/일	10/3	4	5	6	7	8	9	10	11	12	13	14	15	16	17	18	19	20	21	22	23	24	25	26	27	28	29	30	31	
일진	辛巳(신사)	壬午(임오)	癸未(계미)	甲申(갑신)	乙酉(을유)	丙戌(병술)	丁亥(정해)	戊子(무자)	己丑(기축)	庚寅(경인)	辛卯(신묘)	壬辰(임진)	癸巳(계사)	甲午(갑오)	乙未(을미)	丙申(병신)	丁酉(정유)	戊戌(무술)	己亥(기해)	庚子(경자)	辛丑(신축)	壬寅(임인)	癸卯(계묘)	甲辰(갑진)	乙巳(을사)	丙午(병오)	丁未(정미)	戊申(무신)	己酉(기유)	
절기시각							寅正															辰初								
대운 순행	2	2	1	1	1	1	10	10	9	9	9	8	8	8	7	7	7	6	6	6	5	5	5	4	4	4	3	3	3	
대운 역행	9	9	9	10	10	10	10	1	1	1	2	2	2	3	3	3	4	4	4	5	5	5	6	6	6	7	7	7	8	

10 月 乙 亥(을해) 大

절기								입동															소설							
음력	一	二	三	四	五	六	七	八	九	十	十一	十二	十三	十四	十五	十六	十七	十八	十九	二十	二十一	二十二	二十三	二十四	二十五	二十六	二十七	二十八	二十九	三十
양력 월/일	11/1	2	3	4	5	6	7	8	9	10	11	12	13	14	15	16	17	18	19	20	21	22	23	24	25	26	27	28	29	30
일진	庚戌(경술)	辛亥(신해)	壬子(임자)	癸丑(계축)	甲寅(갑인)	乙卯(을묘)	丙辰(병진)	丁巳(정사)	戊午(무오)	己未(기미)	庚申(경신)	辛酉(신유)	壬戌(임술)	癸亥(계해)	甲子(갑자)	乙丑(을축)	丙寅(병인)	丁卯(정묘)	戊辰(무진)	己巳(기사)	庚午(경오)	辛未(신미)	壬申(임신)	癸酉(계유)	甲戌(갑술)	乙亥(을해)	丙子(병자)	丁丑(정축)	戊寅(무인)	己卯(기묘)
절기시각								辰正															寅正							
대운 순행	2	2	2	1	1	1	1	10	9	9	9	8	8	8	7	7	7	6	6	6	5	5	5	4	4	4	3	3	3	2
대운 역행	8	8	9	9	9	10	10	10	1	1	1	2	2	2	3	3	3	4	4	4	5	5	5	6	6	6	7	7	7	8

11 月 丙 子(병자) 大

절기							대설															동지								
음력	一	二	三	四	五	六	七	八	九	十	十一	十二	十三	十四	十五	十六	十七	十八	十九	二十	二十一	二十二	二十三	二十四	二十五	二十六	二十七	二十八	二十九	三十
양력 월/일	12/1	2	3	4	5	6	7	8	9	10	11	12	13	14	15	16	17	18	19	20	21	22	23	24	25	26	27	28	29	30
일진	庚辰(경진)	辛巳(신사)	壬午(임오)	癸未(계미)	甲申(갑신)	乙酉(을유)	丙戌(병술)	丁亥(정해)	戊子(무자)	己丑(기축)	庚寅(경인)	辛卯(신묘)	壬辰(임진)	癸巳(계사)	甲午(갑오)	乙未(을미)	丙申(병신)	丁酉(정유)	戊戌(무술)	己亥(기해)	庚子(경자)	辛丑(신축)	壬寅(임인)	癸卯(계묘)	甲辰(갑진)	乙巳(을사)	丙午(병오)	丁未(정미)	戊申(무신)	己酉(기유)
절기시각							子初															酉初								
대운 순행	2	2	1	1	1	1	10	10	9	9	9	8	8	8	7	7	7	6	6	6	5	5	5	4	4	4	3	3	3	2
대운 역행	8	8	9	9	9	10	10	1	1	1	2	2	2	3	3	3	4	4	4	5	5	5	6	6	6	7	7	7	8	8

12 月 丁 丑(정축) 大

절기							소한															대한								
음력	一	二	三	四	五	六	七	八	九	十	十一	十二	十三	十四	十五	十六	十七	十八	十九	二十	二十一	二十二	二十三	二十四	二十五	二十六	二十七	二十八	二十九	三十
양력 월/일	12/31	1/1	2	3	4	5	6	7	8	9	10	11	12	13	14	15	16	17	18	19	20	21	22	23	24	25	26	27	28	29
일진	庚戌(경술)	辛亥(신해)	壬子(임자)	癸丑(계축)	甲寅(갑인)	乙卯(을묘)	丙辰(병진)	丁巳(정사)	戊午(무오)	己未(기미)	庚申(경신)	辛酉(신유)	壬戌(임술)	癸亥(계해)	甲子(갑자)	乙丑(을축)	丙寅(병인)	丁卯(정묘)	戊辰(무진)	己巳(기사)	庚午(경오)	辛未(신미)	壬申(임신)	癸酉(계유)	甲戌(갑술)	乙亥(을해)	丙子(병자)	丁丑(정축)	戊寅(무인)	己卯(기묘)
절기시각							巳正															寅初								
대운 순행	2	2	1	1	1	1	10	9	9	9	8	8	8	7	7	7	6	6	6	5	5	5	4	4	4	3	3	3	2	2
대운 역행	8	9	9	9	10	10	10	1	1	1	2	2	2	3	3	3	4	4	4	5	5	5	6	6	6	7	7	7	8	8

단기 4263 년
불기 2474 년

1930년 庚午(경오)年

1 月 戊寅(무인) 小

절기						입춘															우수									
음력	一	二	三	四	五	六	七	八	九	十	十一	十二	十三	十四	十五	十六	十七	十八	十九	二十	廿一	廿二	廿三	廿四	廿五	廿六	廿七	廿八	廿九	
양력 월/일	1/30	31	2/1	2	3	4	5	6	7	8	9	10	11	12	13	14	15	16	17	18	19	20	21	22	23	24	25	26	27	
일진	庚辰(경진)	辛巳(신사)	壬午(임오)	癸未(계미)	甲申(갑신)	乙酉(을유)	丙戌(병술)	丁亥(정해)	戊子(무자)	己丑(기축)	庚寅(경인)	辛卯(신묘)	壬辰(임진)	癸巳(계사)	甲午(갑오)	乙未(을미)	丙申(병신)	丁酉(정유)	戊戌(무술)	己亥(기해)	庚子(경자)	辛丑(신축)	壬寅(임인)	癸卯(계묘)	甲辰(갑진)	乙巳(을사)	丙午(병오)	丁未(정미)	戊申(무신)	
절기시각						亥初															酉初									
대운 순행	2	1	1	1	1	10	10	9	9	9	8	8	8	7	7	7	6	6	6	5	5	5	4	4	4	3	3	3	2	
대운 역행	8	9	9	9	10	10	1	1	1	2	2	2	3	3	3	4	4	4	5	5	5	6	6	6	7	7	7	8	8	

2 月 己卯(기묘) 大

절기							경칩															춘분								
음력	一	二	三	四	五	六	七	八	九	十	十一	十二	十三	十四	十五	十六	十七	十八	十九	二十	廿一	廿二	廿三	廿四	廿五	廿六	廿七	廿八	廿九	三十
양력 월/일	2/28	3/1	2	3	4	5	6	7	8	9	10	11	12	13	14	15	16	17	18	19	20	21	22	23	24	25	26	27	28	29
일진	己酉(기유)	庚戌(경술)	辛亥(신해)	壬子(임자)	癸丑(계축)	甲寅(갑인)	乙卯(을묘)	丙辰(병진)	丁巳(정사)	戊午(무오)	己未(기미)	庚申(경신)	辛酉(신유)	壬戌(임술)	癸亥(계해)	甲子(갑자)	乙丑(을축)	丙寅(병인)	丁卯(정묘)	戊辰(무진)	己巳(기사)	庚午(경오)	辛未(신미)	壬申(임신)	癸酉(계유)	甲戌(갑술)	乙亥(을해)	丙子(병자)	丁丑(정축)	戊寅(무인)
절기시각							申初															申正								
대운 순행	2	2	1	1	1	1	10	10	9	9	9	8	8	8	7	7	7	6	6	6	5	5	5	4	4	4	3	3	3	2
대운 역행	8	9	9	9	10	10	10	1	1	1	2	2	2	3	3	3	4	4	4	5	5	5	6	6	6	7	7	7	8	8

3 月 庚辰(경진) 大

절기							청명	한식															곡우							
음력	一	二	三	四	五	六	七	八	九	十	十一	十二	十三	十四	十五	十六	十七	十八	十九	二十	廿一	廿二	廿三	廿四	廿五	廿六	廿七	廿八	廿九	三十
양력 월/일	3/30	31	4/1	2	3	4	5	6	7	8	9	10	11	12	13	14	15	16	17	18	19	20	21	22	23	24	25	26	27	28
일진	己卯(기묘)	庚辰(경진)	辛巳(신사)	壬午(임오)	癸未(계미)	甲申(갑신)	乙酉(을유)	丙戌(병술)	丁亥(정해)	戊子(무자)	己丑(기축)	庚寅(경인)	辛卯(신묘)	壬辰(임진)	癸巳(계사)	甲午(갑오)	乙未(을미)	丙申(병신)	丁酉(정유)	戊戌(무술)	己亥(기해)	庚子(경자)	辛丑(신축)	壬寅(임인)	癸卯(계묘)	甲辰(갑진)	乙巳(을사)	丙午(병오)	丁未(정미)	戊申(무신)
절기시각							亥初																寅正							
대운 순행	2	2	1	1	1	1	10	10	10	9	9	9	8	8	8	7	7	7	6	6	6	5	5	5	4	4	4	3	3	3
대운 역행	8	9	9	9	10	10	10	1	1	1	2	2	2	3	3	3	4	4	4	5	5	5	6	6	6	7	7	7	8	8

4 月 辛巳(신사) 小

절기								입하																소만						
음력	一	二	三	四	五	六	七	八	九	十	十一	十二	十三	十四	十五	十六	十七	十八	十九	二十	廿一	廿二	廿三	廿四	廿五	廿六	廿七	廿八	廿九	
양력 월/일	4/29	30	5/1	2	3	4	5	6	7	8	9	10	11	12	13	14	15	16	17	18	19	20	21	22	23	24	25	26	27	
일진	己酉(기유)	庚戌(경술)	辛亥(신해)	壬子(임자)	癸丑(계축)	甲寅(갑인)	乙卯(을묘)	丙辰(병진)	丁巳(정사)	戊午(무오)	己未(기미)	庚申(경신)	辛酉(신유)	壬戌(임술)	癸亥(계해)	甲子(갑자)	乙丑(을축)	丙寅(병인)	丁卯(정묘)	戊辰(무진)	己巳(기사)	庚午(경오)	辛未(신미)	壬申(임신)	癸酉(계유)	甲戌(갑술)	乙亥(을해)	丙子(병자)	丁丑(정축)	
절기시각								申初																寅初						
대운 순행	2	2	2	1	1	1	1	10	10	10	9	9	9	8	8	8	7	7	7	6	6	6	5	5	5	4	4	4	3	
대운 역행	8	9	9	9	10	10	10	10	1	1	1	2	2	2	3	3	3	4	4	4	5	5	5	6	6	6	7	7	7	

5 月 壬午(임오) 小

절기										망종																하지				
음력	一	二	三	四	五	六	七	八	九	十	十一	十二	十三	十四	十五	十六	十七	十八	十九	二十	廿一	廿二	廿三	廿四	廿五	廿六	廿七	廿八	廿九	
양력 월/일	5/28	29	30	31	6/1	2	3	4	5	6	7	8	9	10	11	12	13	14	15	16	17	18	19	20	21	22	23	24	25	
일진	戊寅(무인)	己卯(기묘)	庚辰(경진)	辛巳(신사)	壬午(임오)	癸未(계미)	甲申(갑신)	乙酉(을유)	丙戌(병술)	丁亥(정해)	戊子(무자)	己丑(기축)	庚寅(경인)	辛卯(신묘)	壬辰(임진)	癸巳(계사)	甲午(갑오)	乙未(을미)	丙申(병신)	丁酉(정유)	戊戌(무술)	己亥(기해)	庚子(경자)	辛丑(신축)	壬寅(임인)	癸卯(계묘)	甲辰(갑진)	乙巳(을사)	丙午(병오)	
절기시각										戌初																午正				
대운 순행	3	3	2	2	2	1	1	1	1	10	10	10	10	9	9	9	8	8	8	7	7	7	6	6	6	5	5	5	4	
대운 역행	8	8	8	9	9	9	10	10	10	10	1	1	1	2	2	2	3	3	3	4	4	4	5	5	5	6	6	6	7	

6 月 癸未(계미) 大

절기													소서											초복				대서		
음력	一	二	三	四	五	六	七	八	九	十	十一	十二	十三	十四	十五	十六	十七	十八	十九	二十	廿一	廿二	廿三	廿四	廿五	廿六	廿七	廿八	廿九	三十
양력 월/일	6/26	27	28	29	30	7/1	2	3	4	5	6	7	8	9	10	11	12	13	14	15	16	17	18	19	20	21	22	23	24	25
일진	丁未(정미)	戊申(무신)	己酉(기유)	庚戌(경술)	辛亥(신해)	壬子(임자)	癸丑(계축)	甲寅(갑인)	乙卯(을묘)	丙辰(병진)	丁巳(정사)	戊午(무오)	己未(기미)	庚申(경신)	辛酉(신유)	壬戌(임술)	癸亥(계해)	甲子(갑자)	乙丑(을축)	丙寅(병인)	丁卯(정묘)	戊辰(무진)	己巳(기사)	庚午(경오)	辛未(신미)	壬申(임신)	癸酉(계유)	甲戌(갑술)	乙亥(을해)	丙子(병자)
절기시각													卯正															子初		
대운 순행	4	4	3	3	3	2	2	2	1	1	1	1	10	10	10	9	9	9	8	8	8	7	7	7	6	6	6	5	5	5
대운 역행	7	7	8	8	8	9	9	9	10	10	10	10	10	1	1	1	2	2	2	3	3	3	4	4	4	5	5	5	6	6

東 大將	申 喪門	辰 弔客	北 三殺

閏 6 月　　癸 未(계미)　　小

절기				중복										입추 말복															
음력	一	二	三	四	五	六	七	八	九	十	十一	十二	十三	十四	十五	十六	十七	十八	十九	廿	廿一	廿二	廿三	廿四	廿五	廿六	廿七	廿八	廿九
양력 월/일	7/26	27	28	29	30	31	8/1	2	3	4	5	6	7	8	9	10	11	12	13	14	15	16	17	18	19	20	21	22	23
일진	丁丑(정축)	戊寅(무인)	己卯(기묘)	庚辰(경진)	辛巳(신사)	壬午(임오)	癸未(계미)	甲申(갑신)	乙酉(을유)	丙戌(병술)	丁亥(정해)	戊子(무자)	己丑(기축)	庚寅(경인)	辛卯(신묘)	壬辰(임진)	癸巳(계사)	甲午(갑오)	乙未(을미)	丙申(병신)	丁酉(정유)	戊戌(무술)	己亥(기해)	庚子(경자)	辛丑(신축)	壬寅(임인)	癸卯(계묘)	甲辰(갑진)	乙巳(을사)
절기시각														申正															
대운 순행	4	4	4	3	3	3	2	2	2	1	1	1	1	10	10	10	9	9	9	8	8	8	7	7	7	6	6	6	5
대운 역행	6	7	7	7	8	8	8	9	9	9	10	10	10	10	1	1	1	2	2	2	3	3	3	4	4	4	5	5	5

7 月　　甲 申(갑신)　　小

절기	처서															백로													
음력	一	二	三	四	五	六	七	八	九	十	十一	十二	十三	十四	十五	十六	十七	十八	十九	廿	廿一	廿二	廿三	廿四	廿五	廿六	廿七	廿八	廿九
양력 월/일	8/24	25	26	27	28	29	30	31	9/1	2	3	4	5	6	7	8	9	10	11	12	13	14	15	16	17	18	19	20	21
일진	丙午(병오)	丁未(정미)	戊申(무신)	己酉(기유)	庚戌(경술)	辛亥(신해)	壬子(임자)	癸丑(계축)	甲寅(갑인)	乙卯(을묘)	丙辰(병진)	丁巳(정사)	戊午(무오)	己未(기미)	庚申(경신)	辛酉(신유)	壬戌(임술)	癸亥(계해)	甲子(갑자)	乙丑(을축)	丙寅(병인)	丁卯(정묘)	戊辰(무진)	己巳(기사)	庚午(경오)	辛未(신미)	壬申(임신)	癸酉(계유)	甲戌(갑술)
절기시각	卯正															戌初													
대운 순행	5	5	4	4	4	3	3	3	2	2	2	1	1	1	1	10	10	10	9	9	9	8	8	8	7	7	7	6	6
대운 역행	6	6	6	7	7	7	8	8	8	9	9	9	10	10	10	10	1	1	1	2									

8 月　　乙 酉(을유)　　大

절기			추분															한로												
음력	一	二	三	四	五	六	七	八	九	十	十一	十二	十三	十四	十五	十六	十七	十八	十九	廿	廿一	廿二	廿三	廿四	廿五	廿六	廿七	廿八	廿九	三十
양력 월/일	9/22	23	24	25	26	27	28	29	30	10/1	2	3	4	5	6	7	8	9	10	11	12	13	14	15	16	17	18	19	20	21
일진	乙亥(을해)	丙子(병자)	丁丑(정축)	戊寅(무인)	己卯(기묘)	庚辰(경진)	辛巳(신사)	壬午(임오)	癸未(계미)	甲申(갑신)	乙酉(을유)	丙戌(병술)	丁亥(정해)	戊子(무자)	己丑(기축)	庚寅(경인)	辛卯(신묘)	壬辰(임진)	癸巳(계사)	甲午(갑오)	乙未(을미)	丙申(병신)	丁酉(정유)	戊戌(무술)	己亥(기해)	庚子(경자)	辛丑(신축)	壬寅(임인)	癸卯(계묘)	甲辰(갑진)
절기시각			寅正															巳正												
대운 순행	6	5	5	5	4	4	4	3	3	3	2	2	2	1	1	1	1	10	10	9	9	9	8	8	8	7	7	7	6	6
대운 역행																														

9 月　　丙 戌(병술)　　小

절기			상강															입동											
음력	一	二	三	四	五	六	七	八	九	十	十一	十二	十三	十四	十五	十六	十七	十八	十九	廿	廿一	廿二	廿三	廿四	廿五	廿六	廿七	廿八	廿九
양력 월/일	10/22	23	24	25	26	27	28	29	30	31	11/1	2	3	4	5	6	7	8	9	10	11	12	13	14	15	16	17	18	19
일진	乙巳(을사)	丙午(병오)	丁未(정미)	戊申(무신)	己酉(기유)	庚戌(경술)	辛亥(신해)	壬子(임자)	癸丑(계축)	甲寅(갑인)	乙卯(을묘)	丙辰(병진)	丁巳(정사)	戊午(무오)	己未(기미)	庚申(경신)	辛酉(신유)	壬戌(임술)	癸亥(계해)	甲子(갑자)	乙丑(을축)	丙寅(병인)	丁卯(정묘)	戊辰(무진)	己巳(기사)	庚午(경오)	辛未(신미)	壬申(임신)	癸酉(계유)
절기시각			未初															午正											
대운 순행	6	5	5	5	4	4	4	3	3	3	2	2	2	1	1	1	1	10	10	9	9	9	8	8	8	7	7	7	6
대운 역행																													

10 月　　丁 亥(정해)　　大

절기				소설															대설											
음력	一	二	三	四	五	六	七	八	九	十	十一	十二	十三	十四	十五	十六	十七	十八	十九	廿	廿一	廿二	廿三	廿四	廿五	廿六	廿七	廿八	廿九	三十
양력 월/일	11/20	21	22	23	24	25	26	27	28	29	30	12/1	2	3	4	5	6	7	8	9	10	11	12	13	14	15	16	17	18	19
일진	甲戌(갑술)	乙亥(을해)	丙子(병자)	丁丑(정축)	戊寅(무인)	己卯(기묘)	庚辰(경진)	辛巳(신사)	壬午(임오)	癸未(계미)	甲申(갑신)	乙酉(을유)	丙戌(병술)	丁亥(정해)	戊子(무자)	己丑(기축)	庚寅(경인)	辛卯(신묘)	壬辰(임진)	癸巳(계사)	甲午(갑오)	乙未(을미)	丙申(병신)	丁酉(정유)	戊戌(무술)	己亥(기해)	庚子(경자)	辛丑(신축)	壬寅(임인)	癸卯(계묘)
절기시각				巳正															卯初											
대운 순행	6	6	5	5	5	4	4	4	3	3	3	2	2	2	1	1	1	1	10	9	9	9	8	8	8	7	7	7	6	6
대운 역행	4	5	5	5	6	6	6	7	7	7	8	8	8	9	9	9	10	10	10	1										

11 月　　戊 子(무자)　　大

절기			동지															소한												
음력	一	二	三	四	五	六	七	八	九	十	十一	十二	十三	十四	十五	十六	十七	十八	十九	廿	廿一	廿二	廿三	廿四	廿五	廿六	廿七	廿八	廿九	三十
양력 월/일	12/20	21	22	23	24	25	26	27	28	29	30	31	1/1	2	3	4	5	6	7	8	9	10	11	12	13	14	15	16	17	18
일진	甲辰(갑진)	乙巳(을사)	丙午(병오)	丁未(정미)	戊申(무신)	己酉(기유)	庚戌(경술)	辛亥(신해)	壬子(임자)	癸丑(계축)	甲寅(갑인)	乙卯(을묘)	丙辰(병진)	丁巳(정사)	戊午(무오)	己未(기미)	庚申(경신)	辛酉(신유)	壬戌(임술)	癸亥(계해)	甲子(갑자)	乙丑(을축)	丙寅(병인)	丁卯(정묘)	戊辰(무진)	己巳(기사)	庚午(경오)	辛未(신미)	壬申(임신)	癸酉(계유)
절기시각			亥正															申初												
대운 순행	6	5	5	5	4	4	4	3	3	3	2	2	2	1	1	1	1	10	10	9	9	9	8	8	8	7	7	7	6	6
대운 역행	4	5	5	5	6	6	6	7	7	7	8	8	8	9	9	9	10	10	1	1										

12 月　　己 丑(기축)　　小

절기			대한															입춘											
음력	一	二	三	四	五	六	七	八	九	十	十一	十二	十三	十四	十五	十六	十七	十八	十九	廿	廿一	廿二	廿三	廿四	廿五	廿六	廿七	廿八	廿九
양력 월/일	1/19	20	21	22	23	24	25	26	27	28	29	30	31	2/1	2	3	4	5	6	7	8	9	10	11	12	13	14	15	16
일진	甲戌(갑술)	乙亥(을해)	丙子(병자)	丁丑(정축)	戊寅(무인)	己卯(기묘)	庚辰(경진)	辛巳(신사)	壬午(임오)	癸未(계미)	甲申(갑신)	乙酉(을유)	丙戌(병술)	丁亥(정해)	戊子(무자)	己丑(기축)	庚寅(경인)	辛卯(신묘)	壬辰(임진)	癸巳(계사)	甲午(갑오)	乙未(을미)	丙申(병신)	丁酉(정유)	戊戌(무술)	己亥(기해)	庚子(경자)	辛丑(신축)	壬寅(임인)
절기시각			巳初															寅初											
대운 순행	6	5	5	5	4	4	4	3	3	3	2	2	2	1	1	1	1	10	9	9	9	8	8	8	7	7	7	6	6
대운 역행	5	5	5	6	6	6	7	7	7	8	8	8	9	9	9	10	10	10	1	1									

단기 4263 년
불기 2475 년

1931년 辛未(신미)年

1 月 庚寅(경인) 大

절기			우수															경칩												
음력	一	二	三	四	五	六	七	八	九	十	十一	十二	十三	十四	十五	十六	十七	十八	十九	廿	廿一	廿二	廿三	廿四	廿五	廿六	廿七	廿八	廿九	三十
양력 월/일	2/17	18	19	20	21	22	23	24	25	26	27	28	3/1	2	3	4	5	6	7	8	9	10	11	12	13	14	15	16	17	18
일진	癸卯(계묘)	甲辰(갑진)	乙巳(을사)	丙午(병오)	丁未(정미)	戊申(무신)	己酉(기유)	庚戌(경술)	辛亥(신해)	壬子(임자)	癸丑(계축)	甲寅(갑인)	乙卯(을묘)	丙辰(병진)	丁巳(정사)	戊午(무오)	己未(기미)	庚申(경신)	辛酉(신유)	壬戌(임술)	癸亥(계해)	甲子(갑자)	乙丑(을축)	丙寅(병인)	丁卯(정묘)	戊辰(무진)	己巳(기사)	庚午(경오)	辛未(신미)	壬申(임신)
절기시각			子初															亥初												
대운 순행	6	5	5	5	4	4	4	3	3	3	2	2	2	1	1	1	1	10	10	10	9	9	9	8	8	8	7	7	7	6
대운 역행	4	5	5	5	6	6	6	7	7	7	8	8	8	9	9	9	10	10	1	1	1	2	2	2	3	3	3	4	4	4

2 月 辛卯(신묘) 大

절기			춘분																청명 한식											
음력	一	二	三	四	五	六	七	八	九	十	十一	十二	十三	十四	十五	十六	十七	十八	十九	廿	廿一	廿二	廿三	廿四	廿五	廿六	廿七	廿八	廿九	三十
양력 월/일	3/19	20	21	22	23	24	25	26	27	28	29	30	31	4/1	2	3	4	5	6	7	8	9	10	11	12	13	14	15	16	17
일진	癸酉(계유)	甲戌(갑술)	乙亥(을해)	丙子(병자)	丁丑(정축)	戊寅(무인)	己卯(기묘)	庚辰(경진)	辛巳(신사)	壬午(임오)	癸未(계미)	甲申(갑신)	乙酉(을유)	丙戌(병술)	丁亥(정해)	戊子(무자)	己丑(기축)	庚寅(경인)	辛卯(신묘)	壬辰(임진)	癸巳(계사)	甲午(갑오)	乙未(을미)	丙申(병신)	丁酉(정유)	戊戌(무술)	己亥(기해)	庚子(경자)	辛丑(신축)	壬寅(임인)
절기시각			亥正																丑正											
대운 순행	6	6	5	5	5	4	4	4	3	3	3	2	2	2	1	1	1	1	10	10	9	9	9	8	8	8	7	7	7	6
대운 역행	5	5	5	6	6	6	7	7	7	8	8	8	9	9	9	10	10	10	10	1	1	1	2	2	2	3	3	3	4	4

3 月 壬辰(임진) 大

절기				곡우															입하											
음력	一	二	三	四	五	六	七	八	九	十	十一	十二	十三	十四	十五	十六	十七	十八	十九	廿	廿一	廿二	廿三	廿四	廿五	廿六	廿七	廿八	廿九	三十
양력 월/일	4/18	19	20	21	22	23	24	25	26	27	28	29	30	5/1	2	3	4	5	6	7	8	9	10	11	12	13	14	15	16	17
일진	癸卯(계묘)	甲辰(갑진)	乙巳(을사)	丙午(병오)	丁未(정미)	戊申(무신)	己酉(기유)	庚戌(경술)	辛亥(신해)	壬子(임자)	癸丑(계축)	甲寅(갑인)	乙卯(을묘)	丙辰(병진)	丁巳(정사)	戊午(무오)	己未(기미)	庚申(경신)	辛酉(신유)	壬戌(임술)	癸亥(계해)	甲子(갑자)	乙丑(을축)	丙寅(병인)	丁卯(정묘)	戊辰(무진)	己巳(기사)	庚午(경오)	辛未(신미)	壬申(임신)
절기시각				巳正															戌正											
대운 순행	6	6	5	5	5	4	4	4	3	3	3	2	2	2	1	1	1	1	10	10	10	10	9	9	9	8	8	8	7	7
대운 역행	4	5	5	5	6	6	6	7	7	7	8	8	8	9	9	9	10	10	10	1	1	1	2	2	2	3	3	3	4	4

4 月 癸巳(계사) 小

절기				소만																	망종								
음력	一	二	三	四	五	六	七	八	九	十	十一	十二	十三	十四	十五	十六	十七	十八	十九	廿	廿一	廿二	廿三	廿四	廿五	廿六	廿七	廿八	廿九
양력 월/일	5/18	19	20	21	22	23	24	25	26	27	28	29	30	31	6/1	2	3	4	5	6	7	8	9	10	11	12	13	14	15
일진	癸酉(계유)	甲戌(갑술)	乙亥(을해)	丙子(병자)	丁丑(정축)	戊寅(무인)	己卯(기묘)	庚辰(경진)	辛巳(신사)	壬午(임오)	癸未(계미)	甲申(갑신)	乙酉(을유)	丙戌(병술)	丁亥(정해)	戊子(무자)	己丑(기축)	庚寅(경인)	辛卯(신묘)	壬辰(임진)	癸巳(계사)	甲午(갑오)	乙未(을미)	丙申(병신)	丁酉(정유)	戊戌(무술)	己亥(기해)	庚子(경자)	辛丑(신축)
절기시각				巳正																	丑初								
대운 순행	7	6	6	6	5	5	5	4	4	4	3	3	3	2	2	2	1	1	1	1	10	10	10	9	9	9	8	8	8
대운 역행	4	5	5	5	6	6	6	7	7	7	8	8	8	9	9	9	10	10	10	10	10	1	1	1	2	2	2	3	3

5 月 甲午(갑오) 小

절기							하지																소서						초복
음력	一	二	三	四	五	六	七	八	九	十	十一	十二	十三	十四	十五	十六	十七	十八	十九	廿	廿一	廿二	廿三	廿四	廿五	廿六	廿七	廿八	廿九
양력 월/일	6/16	17	18	19	20	21	22	23	24	25	26	27	28	29	30	7/1	2	3	4	5	6	7	8	9	10	11	12	13	14
일진	壬寅(임인)	癸卯(계묘)	甲辰(갑진)	乙巳(을사)	丙午(병오)	丁未(정미)	戊申(무신)	己酉(기유)	庚戌(경술)	辛亥(신해)	壬子(임자)	癸丑(계축)	甲寅(갑인)	乙卯(을묘)	丙辰(병진)	丁巳(정사)	戊午(무오)	己未(기미)	庚申(경신)	辛酉(신유)	壬戌(임술)	癸亥(계해)	甲子(갑자)	乙丑(을축)	丙寅(병인)	丁卯(정묘)	戊辰(무진)	己巳(기사)	庚午(경오)
절기시각							酉初																午正						
대운 순행	7	7	7	6	6	6	5	5	5	4	4	4	3	3	3	2	2	2	1	1	1	1	10	10	10	9	9	9	8
대운 역행	3	4	4	4	5	5	5	6	6	6	7	7	7	8	8	8	9	9	9	10	10	10	10	1	1	1	2	2	2

6 月 乙未(을미) 大

절기										대서 중복															입추					말복
음력	一	二	三	四	五	六	七	八	九	十	十一	十二	十三	十四	十五	十六	十七	十八	十九	廿	廿一	廿二	廿三	廿四	廿五	廿六	廿七	廿八	廿九	三十
양력 월/일	7/15	16	17	18	19	20	21	22	23	24	25	26	27	28	29	30	31	8/1	2	3	4	5	6	7	8	9	10	11	12	13
일진	辛未(신미)	壬申(임신)	癸酉(계유)	甲戌(갑술)	乙亥(을해)	丙子(병자)	丁丑(정축)	戊寅(무인)	己卯(기묘)	庚辰(경진)	辛巳(신사)	壬午(임오)	癸未(계미)	甲申(갑신)	乙酉(을유)	丙戌(병술)	丁亥(정해)	戊子(무자)	己丑(기축)	庚寅(경인)	辛卯(신묘)	壬辰(임진)	癸巳(계사)	甲午(갑오)	乙未(을미)	丙申(병신)	丁酉(정유)	戊戌(무술)	己亥(기해)	庚子(경자)
절기시각										卯初															亥正					
대운 순행	8	8	7	7	7	6	6	6	5	5	5	4	4	4	3	3	3	2	2	2	1	1	1	1	10	10	10	9	9	9
대운 역행	3	3	3	4	4	4	5	5	5	6	6	6	7	7	7	8	8	8	9	9	9	10	10	10	10	1	1	1	2	2

東 大將	西 喪門	巳 弔客	西 三殺

7 月 丙 申(병신) 小

절기											처서																백로			
음력	一	二	三	四	五	六	七	八	九	十	十一	十二	十三	十四	十五	十六	十七	十八	十九	廿	廿一	廿二	廿三	廿四	廿五	廿六	廿七	廿八	廿九	
양력 월/일	8/14	15	16	17	18	19	20	21	22	23	24	25	26	27	28	29	30	31	9/1	2	3	4	5	6	7	8	9	10	11	
일진	辛丑(신축)	壬寅(임인)	癸卯(계묘)	甲辰(갑진)	乙巳(을사)	丙午(병오)	丁未(정미)	戊申(무신)	己酉(기유)	庚戌(경술)	辛亥(신해)	壬子(임자)	癸丑(계축)	甲寅(갑인)	乙卯(을묘)	丙辰(병진)	丁巳(정사)	戊午(무오)	己未(기미)	庚申(경신)	辛酉(신유)	壬戌(임술)	癸亥(계해)	甲子(갑자)	乙丑(을축)	丙寅(병인)	丁卯(정묘)	戊辰(무진)	己巳(기사)	
절기시각											午初																子正			
대 순행	8	8	8	7	7	7	6	6	6	5	5	5	4	4	4	3	3	3	2	2	2	1	1	1	1	10	10	10	9	
운 역행	2	3	3	3	4	4	4	5	5	5	6	6	6	7	7	7	8	8	8	9	9	9	10	10	10	10	1	1	1	

8 月 丁 酉(정유) 小

절기													추분															한로		
음력	一	二	三	四	五	六	七	八	九	十	十一	十二	十三	十四	十五	十六	十七	十八	十九	廿	廿一	廿二	廿三	廿四	廿五	廿六	廿七	廿八	廿九	
양력 월/일	9/12	13	14	15	16	17	18	19	20	21	22	23	24	25	26	27	28	29	30	10/1	2	3	4	5	6	7	8	9	10	
일진	庚午(경오)	辛未(신미)	壬申(임신)	癸酉(계유)	甲戌(갑술)	乙亥(을해)	丙子(병자)	丁丑(정축)	戊寅(무인)	己卯(기묘)	庚辰(경진)	辛巳(신사)	壬午(임오)	癸未(계미)	甲申(갑신)	乙酉(을유)	丙戌(병술)	丁亥(정해)	戊子(무자)	己丑(기축)	庚寅(경인)	辛卯(신묘)	壬辰(임진)	癸巳(계사)	甲午(갑오)	乙未(을미)	丙申(병신)	丁酉(정유)	戊戌(무술)	
절기시각													巳正															申正		
대 순행	9	9	8	8	8	7	7	7	6	6	6	5	5	5	4	4	4	3	3	3	2	2	2	1	1	1	1	10	10	
운 역행	2	2	2	3	3	3	4	4	4	5	5	5	6	6	6	7	7	7	8	8	8	9	9	9	10	10	10	10	1	

9 月 戊 戌(무술) 大

절기														상강															입동	
음력	一	二	三	四	五	六	七	八	九	十	十一	十二	十三	十四	十五	十六	十七	十八	十九	廿	廿一	廿二	廿三	廿四	廿五	廿六	廿七	廿八	廿九	三十
양력 월/일	10/11	12	13	14	15	16	17	18	19	20	21	22	23	24	25	26	27	28	29	30	31	11/1	2	3	4	5	6	7	8	9
일진	己亥(기해)	庚子(경자)	辛丑(신축)	壬寅(임인)	癸卯(계묘)	甲辰(갑진)	乙巳(을사)	丙午(병오)	丁未(정미)	戊申(무신)	己酉(기유)	庚戌(경술)	辛亥(신해)	壬子(임자)	癸丑(계축)	甲寅(갑인)	乙卯(을묘)	丙辰(병진)	丁巳(정사)	戊午(무오)	己未(기미)	庚申(경신)	辛酉(신유)	壬戌(임술)	癸亥(계해)	甲子(갑자)	乙丑(을축)	丙寅(병인)	丁卯(정묘)	戊辰(무진)
절기시각														戌初															酉正	
대 순행	9	9	9	8	8	8	7	7	7	6	6	6	5	5	5	4	4	4	3	3	3	2	2	2	1	1	1	1	10	10
운 역행	1	1	2	2	2	3	3	3	4	4	4	5	5	5	6	6	6	7	7	7	8	8	8	9	9	9	10	10	10	1

10 月 己 亥(기해) 小

절기														소설															대설	
음력	一	二	三	四	五	六	七	八	九	十	十一	十二	十三	十四	十五	十六	十七	十八	十九	廿	廿一	廿二	廿三	廿四	廿五	廿六	廿七	廿八	廿九	
양력 월/일	11/10	11	12	13	14	15	16	17	18	19	20	21	22	23	24	25	26	27	28	29	30	12/1	2	3	4	5	6	7	8	
일진	己巳(기사)	庚午(경오)	辛未(신미)	壬申(임신)	癸酉(계유)	甲戌(갑술)	乙亥(을해)	丙子(병자)	丁丑(정축)	戊寅(무인)	己卯(기묘)	庚辰(경진)	辛巳(신사)	壬午(임오)	癸未(계미)	甲申(갑신)	乙酉(을유)	丙戌(병술)	丁亥(정해)	戊子(무자)	己丑(기축)	庚寅(경인)	辛卯(신묘)	壬辰(임진)	癸巳(계사)	甲午(갑오)	乙未(을미)	丙申(병신)	丁酉(정유)	
절기시각														申正															午初	
대 순행	9	9	9	8	8	8	7	7	7	6	6	6	5	5	5	4	4	4	3	3	3	2	2	2	1	1	1	1	10	
운 역행	1	1	2	2	2	3	3	3	4	4	4	5	5	5	6	6	6	7	7	7	8	8	8	9	9	9	10	10	10	

11 月 庚 子(경자) 大

절기															동지														소한	
음력	一	二	三	四	五	六	七	八	九	十	十一	十二	十三	十四	十五	十六	十七	十八	十九	廿	廿一	廿二	廿三	廿四	廿五	廿六	廿七	廿八	廿九	三十
양력 월/일	12/9	10	11	12	13	14	15	16	17	18	19	20	21	22	23	24	25	26	27	28	29	30	31	1/1	2	3	4	5	6	7
일진	戊戌(무술)	己亥(기해)	庚子(경자)	辛丑(신축)	壬寅(임인)	癸卯(계묘)	甲辰(갑진)	乙巳(을사)	丙午(병오)	丁未(정미)	戊申(무신)	己酉(기유)	庚戌(경술)	辛亥(신해)	壬子(임자)	癸丑(계축)	甲寅(갑인)	乙卯(을묘)	丙辰(병진)	丁巳(정사)	戊午(무오)	己未(기미)	庚申(경신)	辛酉(신유)	壬戌(임술)	癸亥(계해)	甲子(갑자)	乙丑(을축)	丙寅(병인)	丁卯(정묘)
절기시각															寅正														未正	
대 순행	9	9	9	8	8	8	7	7	7	6	6	6	5	5	5	4	4	4	3	3	3	2	2	2	1	1	1	1	10	10
운 역행	1	1	1	2	2	2	3	3	3	4	4	4	5	5	5	6	6	6	7	7	7	8	8	8	9	9	9	10	10	1

12 月 辛 丑(신축) 小

절기														대한															입춘	
음력	一	二	三	四	五	六	七	八	九	十	十一	十二	十三	十四	十五	十六	十七	十八	十九	廿	廿一	廿二	廿三	廿四	廿五	廿六	廿七	廿八	廿九	
양력 월/일	1/8	9	10	11	12	13	14	15	16	17	18	19	20	21	22	23	24	25	26	27	28	29	30	31	2/1	2	3	4	5	
일진	戊辰(무진)	己巳(기사)	庚午(경오)	辛未(신미)	壬申(임신)	癸酉(계유)	甲戌(갑술)	乙亥(을해)	丙子(병자)	丁丑(정축)	戊寅(무인)	己卯(기묘)	庚辰(경진)	辛巳(신사)	壬午(임오)	癸未(계미)	甲申(갑신)	乙酉(을유)	丙戌(병술)	丁亥(정해)	戊子(무자)	己丑(기축)	庚寅(경인)	辛卯(신묘)	壬辰(임진)	癸巳(계사)	甲午(갑오)	乙未(을미)	丙申(병신)	
절기시각														未正															巳初	
대 순행	9	9	9	8	8	8	7	7	7	6	6	6	5	5	5	4	4	4	3	3	3	2	2	2	1	1	1	1	10	
운 역행	1	1	2	2	2	3	3	3	4	4	4	5	5	5	6	6	6	7	7	7	8	8	8	9	9	9	10	10	10	

단기 4265 년
불기 2476 년

1932년 壬申(임신)年

1 月 壬 寅(임인) 大

절기															우수															경칩
음력	一	二	三	四	五	六	七	八	九	十	十一	十二	十三	十四	十五	十六	十七	十八	十九	二十	廿一	廿二	廿三	廿四	廿五	廿六	廿七	廿八	廿九	三十
양력 월/일	2/6	7	8	9	10	11	12	13	14	15	16	17	18	19	20	21	22	23	24	25	26	27	28	29	3/1	2	3	4	5	6
일진	丁酉(정유)	戊戌(무술)	己亥(기해)	庚子(경자)	辛丑(신축)	壬寅(임인)	癸卯(계묘)	甲辰(갑진)	乙巳(을사)	丙午(병오)	丁未(정미)	戊申(무신)	己酉(기유)	庚戌(경술)	辛亥(신해)	壬子(임자)	癸丑(계축)	甲寅(갑인)	乙卯(을묘)	丙辰(병진)	丁巳(정사)	戊午(무오)	己未(기미)	庚申(경신)	辛酉(신유)	壬戌(임술)	癸亥(계해)	甲子(갑자)	乙丑(을축)	丙寅(병인)
절기시각															卯初															寅初
대운 순행	10	9	9	9	8	8	8	7	7	7	6	6	6	5	5	5	4	4	4	3	3	3	2	2	2	1	1	1	1	10
대운 역행	1	1	1	2	2	2	3	3	3	4	4	4	5	5	5	6	6	6	7	7	7	8	8	8	9	9	9	10	10	10

2 月 癸 卯(계묘) 大

절기															춘분															청명
음력	一	二	三	四	五	六	七	八	九	十	十一	十二	十三	十四	十五	十六	十七	十八	十九	二十	廿一	廿二	廿三	廿四	廿五	廿六	廿七	廿八	廿九	三十
양력 월/일	3/7	8	9	10	11	12	13	14	15	16	17	18	19	20	21	22	23	24	25	26	27	28	29	30	31	4/1	2	3	4	5
일진	丁卯(정묘)	戊辰(무진)	己巳(기사)	庚午(경오)	辛未(신미)	壬申(임신)	癸酉(계유)	甲戌(갑술)	乙亥(을해)	丙子(병자)	丁丑(정축)	戊寅(무인)	己卯(기묘)	庚辰(경진)	辛巳(신사)	壬午(임오)	癸未(계미)	甲申(갑신)	乙酉(을유)	丙戌(병술)	丁亥(정해)	戊子(무자)	己丑(기축)	庚寅(경인)	辛卯(신묘)	壬辰(임진)	癸巳(계사)	甲午(갑오)	乙未(을미)	丙申(병신)
절기시각															寅正															辰正
대운 순행	10	9	9	9	8	8	8	7	7	7	6	6	6	5	5	5	4	4	4	3	3	3	2	2	2	1	1	1	1	10
대운 역행	1	1	1	2	2	2	3	3	3	4	4	4	5	5	5	6	6	6	7	7	7	8	8	8	9	9	9	10	10	10

3 月 甲 辰(갑진) 大

절기	한식														곡우															
음력	一	二	三	四	五	六	七	八	九	十	十一	十二	十三	十四	十五	十六	十七	十八	十九	二十	廿一	廿二	廿三	廿四	廿五	廿六	廿七	廿八	廿九	三十
양력 월/일	4/6	7	8	9	10	11	12	13	14	15	16	17	18	19	20	21	22	23	24	25	26	27	28	29	30	5/1	2	3	4	5
일진	丁酉(정유)	戊戌(무술)	己亥(기해)	庚子(경자)	辛丑(신축)	壬寅(임인)	癸卯(계묘)	甲辰(갑진)	乙巳(을사)	丙午(병오)	丁未(정미)	戊申(무신)	己酉(기유)	庚戌(경술)	辛亥(신해)	壬子(임자)	癸丑(계축)	甲寅(갑인)	乙卯(을묘)	丙辰(병진)	丁巳(정사)	戊午(무오)	己未(기미)	庚申(경신)	辛酉(신유)	壬戌(임술)	癸亥(계해)	甲子(갑자)	乙丑(을축)	丙寅(병인)
절기시각															申正															
대운 순행	10	10	9	9	9	8	8	8	7	7	7	6	6	6	5	5	5	4	4	4	3	3	3	2	2	2	1	1	1	1
대운 역행	1	1	1	2	2	2	3	3	3	4	4	4	5	5	5	6	6	6	7	7	7	8	8	8	9	9	9	10	10	10

4 月 乙 巳(을사) 小

절기	입하															소만														
음력	一	二	三	四	五	六	七	八	九	十	十一	十二	十三	十四	十五	十六	十七	十八	十九	二十	廿一	廿二	廿三	廿四	廿五	廿六	廿七	廿八	廿九	
양력 월/일	5/6	7	8	9	10	11	12	13	14	15	16	17	18	19	20	21	22	23	24	25	26	27	28	29	30	30	6/1	2	3	
일진	丁卯(정묘)	戊辰(무진)	己巳(기사)	庚午(경오)	辛未(신미)	壬申(임신)	癸酉(계유)	甲戌(갑술)	乙亥(을해)	丙子(병자)	丁丑(정축)	戊寅(무인)	己卯(기묘)	庚辰(경진)	辛巳(신사)	壬午(임오)	癸未(계미)	甲申(갑신)	乙酉(을유)	丙戌(병술)	丁亥(정해)	戊子(무자)	己丑(기축)	庚寅(경인)	辛卯(신묘)	壬辰(임진)	癸巳(계사)	甲午(갑오)	乙未(을미)	
절기시각	丑正															申初														
대운 순행	10	10	10	9	9	9	8	8	8	7	7	7	6	6	6	5	5	5	4	4	4	3	3	3	2	2	2	1	1	
대운 역행	10	1	1	1	2	2	2	3	3	3	4	4	4	5	5	5	6	6	6	7	7	7	8	8	8	9	9	9	10	

5 月 丙 午(병오) 大

절기			망종																하지											
음력	一	二	三	四	五	六	七	八	九	十	十一	十二	十三	十四	十五	十六	十七	十八	十九	二十	廿一	廿二	廿三	廿四	廿五	廿六	廿七	廿八	廿九	三十
양력 월/일	6/4	5	6	7	8	9	10	11	12	13	14	15	16	17	18	19	20	21	22	23	24	25	26	27	28	29	30	7/1	2	3
일진	丙申(병신)	丁酉(정유)	戊戌(무술)	己亥(기해)	庚子(경자)	辛丑(신축)	壬寅(임인)	癸卯(계묘)	甲辰(갑진)	乙巳(을사)	丙午(병오)	丁未(정미)	戊申(무신)	己酉(기유)	庚戌(경술)	辛亥(신해)	壬子(임자)	癸丑(계축)	甲寅(갑인)	乙卯(을묘)	丙辰(병진)	丁巳(정사)	戊午(무오)	己未(기미)	庚申(경신)	辛酉(신유)	壬戌(임술)	癸亥(계해)	甲子(갑자)	乙丑(을축)
절기시각			辰初																子正											
대운 순행	1	1	10	10	10	9	9	9	8	8	8	7	7	7	6	6	6	5	5	5	4	4	4	3	3	3	2	2	2	1
대운 역행	10	10	10	1	1	1	2	2	2	3	3	3	4	4	4	5	5	5	6	6	6	7	7	7	8	8	8	9	9	9

6 月 丁 未(정미) 小

절기				소서											초복					대서					중복					
음력	一	二	三	四	五	六	七	八	九	十	十一	十二	十三	十四	十五	十六	十七	十八	十九	二十	廿一	廿二	廿三	廿四	廿五	廿六	廿七	廿八	廿九	
양력 월/일	7/4	5	6	7	8	9	10	11	12	13	14	15	16	17	18	19	20	21	22	23	24	25	26	27	28	29	30	31	8/1	
일진	丙寅(병인)	丁卯(정묘)	戊辰(무진)	己巳(기사)	庚午(경오)	辛未(신미)	壬申(임신)	癸酉(계유)	甲戌(갑술)	乙亥(을해)	丙子(병자)	丁丑(정축)	戊寅(무인)	己卯(기묘)	庚辰(경진)	辛巳(신사)	壬午(임오)	癸未(계미)	甲申(갑신)	乙酉(을유)	丙戌(병술)	丁亥(정해)	戊子(무자)	己丑(기축)	庚寅(경인)	辛卯(신묘)	壬辰(임진)	癸巳(계사)	甲午(갑오)	
절기시각				酉初																午初										
대운 순행	1	1	1	10	10	10	10	9	9	9	8	8	8	7	7	7	6	6	6	5	5	5	4	4	4	3	3	3	2	
대운 역행	10	10	10	10	1	1	1	2	2	2	3	3	3	4	4	4	5	5	5	6	6	6	7	7	7	8	8	8	9	

南 大將	戌 喪門	午 弔客	南 三殺

7 月 戊 申(무신) 大

절 기						말복	입추															처서								
음 력	一	二	三	四	五	六	七	八	九	十	十一	十二	十三	十四	十五	十六	十七	十八	十九	二十	廿一	廿二	廿三	廿四	廿五	廿六	廿七	廿八	廿九	三十
양력 월/일	8/2	3	4	5	6	7	8	9	10	11	12	13	14	15	16	17	18	19	20	21	22	23	24	25	26	27	28	29	30	31
일 진	乙未(을미)	丙申(병신)	丁酉(정유)	戊戌(무술)	己亥(기해)	庚子(경자)	辛丑(신축)	壬寅(임인)	癸卯(계묘)	甲辰(갑진)	乙巳(을사)	丙午(병오)	丁未(정미)	戊申(무신)	己酉(기유)	庚戌(경술)	辛亥(신해)	壬子(임자)	癸丑(계축)	甲寅(갑인)	乙卯(을묘)	丙辰(병진)	丁巳(정사)	戊午(무오)	己未(기미)	庚申(경신)	辛酉(신유)	壬戌(임술)	癸亥(계해)	甲子(갑자)
절기시각							寅初															酉正								
대 순행	2	2	1	1	1	1	10	10	10	9	9	9	8	8	8	7	7	7	6	6	6	5	5	5	4	4	4	3	3	3
운 역행	9	9	10	10	10	10	10	1	1	1	2	2	2	3	3	3	4	4	4	5	5	5	6	6	6	7	7	7	8	8

8 月 己 酉(기유) 小

절 기								백로															추분							
음 력	一	二	三	四	五	六	七	八	九	十	十一	十二	十三	十四	十五	十六	十七	十八	十九	二十	廿一	廿二	廿三	廿四	廿五	廿六	廿七	廿八	廿九	
양력 월/일	9/1	2	3	4	5	6	7	8	9	10	11	12	13	14	15	16	17	18	19	20	21	22	23	24	25	26	27	28	29	
일 진	乙丑(을축)	丙寅(병인)	丁卯(정묘)	戊辰(무진)	己巳(기사)	庚午(경오)	辛未(신미)	壬申(임신)	癸酉(계유)	甲戌(갑술)	乙亥(을해)	丙子(병자)	丁丑(정축)	戊寅(무인)	己卯(기묘)	庚辰(경진)	辛巳(신사)	壬午(임오)	癸未(계미)	甲申(갑신)	乙酉(을유)	丙戌(병술)	丁亥(정해)	戊子(무자)	己丑(기축)	庚寅(경인)	辛卯(신묘)	壬辰(임진)	癸巳(계사)	
절기시각								卯正															申初							
대 순행	2	2	2	1	1	1	1	10	10	9	9	9	8	8	8	7	7	7	6	6	6	5	5	5	4	4	4	3	3	
운 역행	8	9	9	9	10	10	10	10	1	1	1	2	2	2	3	3	3	4	4	4	5	5	5	6	6	6	7	7	7	

9 月 庚 戌(경술) 小

절 기									한로																상강					
음 력	一	二	三	四	五	六	七	八	九	十	十一	十二	十三	十四	十五	十六	十七	十八	十九	二十	廿一	廿二	廿三	廿四	廿五	廿六	廿七	廿八	廿九	
양력 월/일	9/30	10/1	2	3	4	5	6	7	8	9	10	11	12	13	14	15	16	17	18	19	20	21	22	23	24	25	26	27	28	
일 진	甲午(갑오)	乙未(을미)	丙申(병신)	丁酉(정유)	戊戌(무술)	己亥(기해)	庚子(경자)	辛丑(신축)	壬寅(임인)	癸卯(계묘)	甲辰(갑진)	乙巳(을사)	丙午(병오)	丁未(정미)	戊申(무신)	己酉(기유)	庚戌(경술)	辛亥(신해)	壬子(임자)	癸丑(계축)	甲寅(갑인)	乙卯(을묘)	丙辰(병진)	丁巳(정사)	戊午(무오)	己未(기미)	庚申(경신)	辛酉(신유)	壬戌(임술)	
절기시각									亥正																子正					
대 순행	3	2	2	2	1	1	1	1	10	10	9	9	9	8	8	8	7	7	7	6	6	6	5	5	5	4	4	4	3	
운 역행	8	8	8	9	9	9	10	10	10	1	1	1	2	2	2	3	3	3	4	4	4	5	5	5	6	6	6	7	7	

10 月 辛 亥(신해) 大

절 기										입동															소설					
음 력	一	二	三	四	五	六	七	八	九	十	十一	十二	十三	十四	十五	十六	十七	十八	十九	二十	廿一	廿二	廿三	廿四	廿五	廿六	廿七	廿八	廿九	三十
양력 월/일	10/29	30	31	11/1	2	3	4	5	6	7	8	9	10	11	12	13	14	15	16	17	18	19	20	21	22	23	24	25	26	27
일 진	癸亥(계해)	甲子(갑자)	乙丑(을축)	丙寅(병인)	丁卯(정묘)	戊辰(무진)	己巳(기사)	庚午(경오)	辛未(신미)	壬申(임신)	癸酉(계유)	甲戌(갑술)	乙亥(을해)	丙子(병자)	丁丑(정축)	戊寅(무인)	己卯(기묘)	庚辰(경진)	辛巳(신사)	壬午(임오)	癸未(계미)	甲申(갑신)	乙酉(을유)	丙戌(병술)	丁亥(정해)	戊子(무자)	己丑(기축)	庚寅(경인)	辛卯(신묘)	壬辰(임진)
절기시각										子正															亥初					
대 순행	3	3	2	2	2	1	1	1	1	10	10	9	9	9	8	8	8	7	7	7	6	6	6	5	5	5	4	4	4	3
운 역행	7	8	8	8	9	9	9	10	10	10	1	1	1	2	2	2	3	3	3	4	4	4	5	5	5	6	6	6	7	7

11 月 壬 子(임자) 小

절 기										대설															동지					
음 력	一	二	三	四	五	六	七	八	九	十	十一	十二	十三	十四	十五	十六	十七	十八	十九	二十	廿一	廿二	廿三	廿四	廿五	廿六	廿七	廿八	廿九	
양력 월/일	11/28	29	30	12/1	2	3	4	5	6	7	8	9	10	11	12	13	14	15	16	17	18	19	20	21	22	23	24	25	26	
일 진	癸巳(계사)	甲午(갑오)	乙未(을미)	丙申(병신)	丁酉(정유)	戊戌(무술)	己亥(기해)	庚子(경자)	辛丑(신축)	壬寅(임인)	癸卯(계묘)	甲辰(갑진)	乙巳(을사)	丙午(병오)	丁未(정미)	戊申(무신)	己酉(기유)	庚戌(경술)	辛亥(신해)	壬子(임자)	癸丑(계축)	甲寅(갑인)	乙卯(을묘)	丙辰(병진)	丁巳(정사)	戊午(무오)	己未(기미)	庚申(경신)	辛酉(신유)	
절기시각										申正															巳正					
대 순행	3	3	2	2	2	1	1	1	1	10	10	9	9	9	8	8	8	7	7	7	6	6	6	5	5	5	4	4	4	
운 역행	7	8	8	8	9	9	9	10	10	10	1	1	1	2	2	2	3	3	3	4	4	4	5	5	5	6	6	6	7	

12 月 癸 丑(계축) 大

절 기											소한														대한					
음 력	一	二	三	四	五	六	七	八	九	十	十一	十二	十三	十四	十五	十六	十七	十八	十九	二十	廿一	廿二	廿三	廿四	廿五	廿六	廿七	廿八	廿九	三十
양력 월/일	12/27	28	29	30	31	1/1	2	3	4	5	6	7	8	9	10	11	12	13	14	15	16	17	18	19	20	21	22	23	24	25
일 진	壬戌(임술)	癸亥(계해)	甲子(갑자)	乙丑(을축)	丙寅(병인)	丁卯(정묘)	戊辰(무진)	己巳(기사)	庚午(경오)	辛未(신미)	壬申(임신)	癸酉(계유)	甲戌(갑술)	乙亥(을해)	丙子(병자)	丁丑(정축)	戊寅(무인)	己卯(기묘)	庚辰(경진)	辛巳(신사)	壬午(임오)	癸未(계미)	甲申(갑신)	乙酉(을유)	丙戌(병술)	丁亥(정해)	戊子(무자)	己丑(기축)	庚寅(경인)	辛卯(신묘)
절기시각											寅初														戌正					
대 순행	3	3	3	2	2	2	1	1	1	1	10	9	9	9	8	8	8	7	7	7	6	6	6	5	5	5	4	4	4	3
운 역행	7	7	8	8	8	9	9	9	10	10	10	1	1	1	2	2	2	3	3	3	4	4	4	5	5	5	6	6	6	7

단기 4266 년
불기 2477 년

1933년 癸酉(계유)年

1 月 甲 寅(갑인) 小

절 기										입춘															우수				
음 력	一	二	三	四	五	六	七	八	九	十	十一	十二	十三	十四	十五	十六	十七	十八	十九	二十	廿一	廿二	廿三	廿四	廿五	廿六	廿七	廿八	廿九
양 력 월/일	1/26	27	28	29	30	31	2/1	2	3	4	5	6	7	8	9	10	11	12	13	14	15	16	17	18	19	20	21	22	23
일 진	壬辰(임진)	癸巳(계사)	甲午(갑오)	乙未(을미)	丙申(병신)	丁酉(정유)	戊戌(무술)	己亥(기해)	庚子(경자)	辛丑(신축)	壬寅(임인)	癸卯(계묘)	甲辰(갑진)	乙巳(을사)	丙午(병오)	丁未(정미)	戊申(무신)	己酉(기유)	庚戌(경술)	辛亥(신해)	壬子(임자)	癸丑(계축)	甲寅(갑인)	乙卯(을묘)	丙辰(병진)	丁巳(정사)	戊午(무오)	己未(기미)	庚申(경신)
절기시각										未正															巳正				
대운 순행	3	3	2	2	2	1	1	1	1	10	10	9	9	9	8	8	8	7	7	7	6	6	6	5	5	5	4	4	4
대운 역행	7	7	8	8	8	9	9	9	10	10	1	1	1	2	2	2	3	3	3	4	4	4	5	5	5	6	6	6	7

2 月 乙 卯(을묘) 大

절 기											경칩															춘분				
음 력	一	二	三	四	五	六	七	八	九	十	十一	十二	十三	十四	十五	十六	十七	十八	十九	二十	廿一	廿二	廿三	廿四	廿五	廿六	廿七	廿八	廿九	三十
양 력 월/일	2/24	25	26	27	28	3/1	2	3	4	5	6	7	8	9	10	11	12	13	14	15	16	17	18	19	20	21	22	23	24	25
일 진	辛酉(신유)	壬戌(임술)	癸亥(계해)	甲子(갑자)	乙丑(을축)	丙寅(병인)	丁卯(정묘)	戊辰(무진)	己巳(기사)	庚午(경오)	辛未(신미)	壬申(임신)	癸酉(계유)	甲戌(갑술)	乙亥(을해)	丙子(병자)	丁丑(정축)	戊寅(무인)	己卯(기묘)	庚辰(경진)	辛巳(신사)	壬午(임오)	癸未(계미)	甲申(갑신)	乙酉(을유)	丙戌(병술)	丁亥(정해)	戊子(무자)	己丑(기축)	庚寅(경인)
절기시각											巳初															巳正				
대운 순행	3	3	3	2	2	2	1	1	1	1	10	10	9	9	9	8	8	8	7	7	7	6	6	6	5	5	5	4	4	4
대운 역행	7	7	8	8	8	9	9	9	10	10	10	1	1	1	2	2	2	3	3	3	4	4	4	5	5	5	6	6	6	7

3 月 丙 辰(병진) 大

절 기											청명	한식														곡우				
음 력	一	二	三	四	五	六	七	八	九	十	十一	十二	十三	十四	十五	十六	十七	十八	十九	二十	廿一	廿二	廿三	廿四	廿五	廿六	廿七	廿八	廿九	三十
양 력 월/일	3/26	27	28	29	30	31	4/1	2	3	4	5	6	7	8	9	10	11	12	13	14	15	16	17	18	19	20	21	22	23	24
일 진	辛卯(신묘)	壬辰(임진)	癸巳(계사)	甲午(갑오)	乙未(을미)	丙申(병신)	丁酉(정유)	戊戌(무술)	己亥(기해)	庚子(경자)	辛丑(신축)	壬寅(임인)	癸卯(계묘)	甲辰(갑진)	乙巳(을사)	丙午(병오)	丁未(정미)	戊申(무신)	己酉(기유)	庚戌(경술)	辛亥(신해)	壬子(임자)	癸丑(계축)	甲寅(갑인)	乙卯(을묘)	丙辰(병진)	丁巳(정사)	戊午(무오)	己未(기미)	庚申(경신)
절기시각											未正															亥初				
대운 순행	3	3	3	2	2	2	1	1	1	1	10	10	10	9	9	9	8	8	8	7	7	7	6	6	6	5	5	5	4	4
대운 역행	7	7	8	8	8	9	9	9	10	10	10	1	1	1	2	2	2	3	3	3	4	4	4	5	5	5	6	6	6	7

4 月 丁 巳(정사) 小

절 기												입하															소만		
음 력	一	二	三	四	五	六	七	八	九	十	十一	十二	十三	十四	十五	十六	十七	十八	十九	二十	廿一	廿二	廿三	廿四	廿五	廿六	廿七	廿八	廿九
양 력 월/일	4/25	26	27	28	29	30	5/1	2	3	4	5	6	7	8	9	10	11	12	13	14	15	16	17	18	19	20	21	22	23
일 진	辛酉(신유)	壬戌(임술)	癸亥(계해)	甲子(갑자)	乙丑(을축)	丙寅(병인)	丁卯(정묘)	戊辰(무진)	己巳(기사)	庚午(경오)	辛未(신미)	壬申(임신)	癸酉(계유)	甲戌(갑술)	乙亥(을해)	丙子(병자)	丁丑(정축)	戊寅(무인)	己卯(기묘)	庚辰(경진)	辛巳(신사)	壬午(임오)	癸未(계미)	甲申(갑신)	乙酉(을유)	丙戌(병술)	丁亥(정해)	戊子(무자)	己丑(기축)
절기시각												辰正															亥初		
대운 순행	4	3	3	3	2	2	2	1	1	1	1	10	10	10	9	9	9	8	8	8	7	7	7	6	6	6	5	5	5
대운 역행	7	7	8	8	8	9	9	9	10	10	10	10	1	1	1	2	2	2	3	3	3	4	4	4	5	5	5	6	6

5 月 戊 午(무오) 大

절 기														망종																하지
음 력	一	二	三	四	五	六	七	八	九	十	十一	十二	十三	十四	十五	十六	十七	十八	十九	二十	廿一	廿二	廿三	廿四	廿五	廿六	廿七	廿八	廿九	三十
양 력 월/일	5/24	25	26	27	28	29	30	31	6/1	2	3	4	5	6	7	8	9	10	11	12	13	14	15	16	17	18	19	20	21	22
일 진	庚寅(경인)	辛卯(신묘)	壬辰(임진)	癸巳(계사)	甲午(갑오)	乙未(을미)	丙申(병신)	丁酉(정유)	戊戌(무술)	己亥(기해)	庚子(경자)	辛丑(신축)	壬寅(임인)	癸卯(계묘)	甲辰(갑진)	乙巳(을사)	丙午(병오)	丁未(정미)	戊申(무신)	己酉(기유)	庚戌(경술)	辛亥(신해)	壬子(임자)	癸丑(계축)	甲寅(갑인)	乙卯(을묘)	丙辰(병진)	丁巳(정사)	戊午(무오)	己未(기미)
절기시각														未初																卯正
대운 순행	4	4	4	3	3	3	2	2	2	1	1	1	1	10	10	10	9	9	9	8	8	8	7	7	7	6	6	6	5	5
대운 역행	6	7	7	7	8	8	8	9	9	9	10	10	10	10	1	1	1	2	2	2	3	3	3	4	4	4	5	5	5	6

閏 5 月 戊 午(무오) 大

절 기															소서						초복									
음 력	一	二	三	四	五	六	七	八	九	十	十一	十二	十三	十四	十五	十六	十七	十八	十九	二十	廿一	廿二	廿三	廿四	廿五	廿六	廿七	廿八	廿九	三十
양 력 월/일	6/23	24	25	26	27	28	29	30	7/1	2	3	4	5	6	7	8	9	10	11	12	13	14	15	16	17	18	19	20	21	22
일 진	庚申(경신)	辛酉(신유)	壬戌(임술)	癸亥(계해)	甲子(갑자)	乙丑(을축)	丙寅(병인)	丁卯(정묘)	戊辰(무진)	己巳(기사)	庚午(경오)	辛未(신미)	壬申(임신)	癸酉(계유)	甲戌(갑술)	乙亥(을해)	丙子(병자)	丁丑(정축)	戊寅(무인)	己卯(기묘)	庚辰(경진)	辛巳(신사)	壬午(임오)	癸未(계미)	甲申(갑신)	乙酉(을유)	丙戌(병술)	丁亥(정해)	戊子(무자)	己丑(기축)
절기시각															子初															
대운 순행	5	4	4	4	3	3	3	2	2	2	1	1	1	1	10	10	10	10	9	9	9	8	8	8	7	7	7	6	6	6
대운 역행	6	6	7	7	7	8	8	8	9	9	9	10	10	10	10	1	1	1	2	2	2	3	3	3	4	4	4	5	5	5

南 大將	亥 喪門	未 弔客	東 三殺

6 月 己 未(기미) 小

절기	대서 중복																입추				말복									
음력	一	二	三	四	五	六	七	八	九	十	十一	十二	十三	十四	十五	十六	十七	十八	十九	廿十	廿一	廿二	廿三	廿四	廿五	廿六	廿七	廿八	廿九	
양력 월/일	7/23	24	25	26	27	28	29	30	31	8/1	2	3	4	5	6	7	8	9	10	11	12	13	14	15	16	17	18	19	20	
일진	庚寅(경인)	辛卯(신묘)	壬辰(임진)	癸巳(계사)	甲午(갑오)	乙未(을미)	丙申(병신)	丁酉(정유)	戊戌(무술)	己亥(기해)	庚子(경자)	辛丑(신축)	壬寅(임인)	癸卯(계묘)	甲辰(갑진)	乙巳(을사)	丙午(병오)	丁未(정미)	戊申(무신)	己酉(기유)	庚戌(경술)	辛亥(신해)	壬子(임자)	癸丑(계축)	甲寅(갑인)	乙卯(을묘)	丙辰(병진)	丁巳(정사)	戊午(무오)	
절기시각	酉初																巳初													
대운 순행	5	5	5	4	4	4	3	3	3	2	2	2	1	1	1	1	10	10	10	9	9	9	8	8	7	7	7	6	6	
대운 역행	6	6	6	7	7	7	8	8	8	9	9	9	10	10	10	10	10	1	1	1	2	2	2	3	3	3	4	4	4	

7 月 庚 申(경신) 大

절기			처서																백로											
음력	一	二	三	四	五	六	七	八	九	十	十一	十二	十三	十四	十五	十六	十七	十八	十九	廿十	廿一	廿二	廿三	廿四	廿五	廿六	廿七	廿八	廿九	三十
양력 월/일	8/21	22	23	24	25	26	27	28	29	30	31	9/1	2	3	4	5	6	7	8	9	10	11	12	13	14	15	16	17	18	19
일진	己未(기미)	庚申(경신)	辛酉(신유)	壬戌(임술)	癸亥(계해)	甲子(갑자)	乙丑(을축)	丙寅(병인)	丁卯(정묘)	戊辰(무진)	己巳(기사)	庚午(경오)	辛未(신미)	壬申(임신)	癸酉(계유)	甲戌(갑술)	乙亥(을해)	丙子(병자)	丁丑(정축)	戊寅(무인)	己卯(기묘)	庚辰(경진)	辛巳(신사)	壬午(임오)	癸未(계미)	甲申(갑신)	乙酉(을유)	丙戌(병술)	丁亥(정해)	戊子(무자)
절기시각			子正																午正											
대운 순행	6	6	5	5	5	4	4	4	3	3	3	2	2	2	1	1	1	1	10	10	10	9	9	9	8	8	8	7	7	7
대운 역행	5	5	5	6	6	6	7	7	7	8	8	8	9	9	9	10	10	10	10	1	1	1	2	2	2	3	3	3	4	4

8 月 辛 酉(신유) 小

절기				추분																한로										
음력	一	二	三	四	五	六	七	八	九	十	十一	十二	十三	十四	十五	十六	十七	十八	十九	廿十	廿一	廿二	廿三	廿四	廿五	廿六	廿七	廿八	廿九	
양력 월/일	9/20	21	22	23	24	25	26	27	28	29	30	10/1	2	3	4	5	6	7	8	9	10	11	12	13	14	15	16	17	18	
일진	己丑(기축)	庚寅(경인)	辛卯(신묘)	壬辰(임진)	癸巳(계사)	甲午(갑오)	乙未(을미)	丙申(병신)	丁酉(정유)	戊戌(무술)	己亥(기해)	庚子(경자)	辛丑(신축)	壬寅(임인)	癸卯(계묘)	甲辰(갑진)	乙巳(을사)	丙午(병오)	丁未(정미)	戊申(무신)	己酉(기유)	庚戌(경술)	辛亥(신해)	壬子(임자)	癸丑(계축)	甲寅(갑인)	乙卯(을묘)	丙辰(병진)	丁巳(정사)	
절기시각				亥初																寅初										
대운 순행	6	6	6	5	5	5	4	4	4	3	3	3	2	2	2	1	1	1	1	10	10	9	9	9	8	8	8	7	7	
대운 역행	4	5	5	5	6	6	6	7	7	7	8	8	8	9	9	9	10	10	10	10	1	1	1	2	2	2	3	3	3	

9 月 壬 戌(임술) 大

절기						상강															입동									
음력	一	二	三	四	五	六	七	八	九	十	十一	十二	十三	十四	十五	十六	十七	十八	十九	廿十	廿一	廿二	廿三	廿四	廿五	廿六	廿七	廿八	廿九	三十
양력 월/일	10/19	20	21	22	23	24	25	26	27	28	29	30	31	11/1	2	3	4	5	6	7	8	9	10	11	12	13	14	15	16	17
일진	戊午(무오)	己未(기미)	庚申(경신)	辛酉(신유)	壬戌(임술)	癸亥(계해)	甲子(갑자)	乙丑(을축)	丙寅(병인)	丁卯(정묘)	戊辰(무진)	己巳(기사)	庚午(경오)	辛未(신미)	壬申(임신)	癸酉(계유)	甲戌(갑술)	乙亥(을해)	丙子(병자)	丁丑(정축)	戊寅(무인)	己卯(기묘)	庚辰(경진)	辛巳(신사)	壬午(임오)	癸未(계미)	甲申(갑신)	乙酉(을유)	丙戌(병술)	丁亥(정해)
절기시각						卯正															卯正									
대운 순행	7	6	6	6	5	5	5	4	4	4	3	3	3	2	2	2	1	1	1	1	10	9	9	9	8	8	8	7	7	7
대운 역행	4	4	4	5	5	5	6	6	6	7	7	7	8	8	8	9	9	9	10	10	10	1	1	1	2	2	2	3	3	3

10 月 癸 亥(계해) 小

절기						소설														대설										
음력	一	二	三	四	五	六	七	八	九	十	十一	十二	十三	十四	十五	十六	十七	十八	十九	廿十	廿一	廿二	廿三	廿四	廿五	廿六	廿七	廿八	廿九	
양력 월/일	11/18	19	20	21	22	23	24	25	26	27	28	29	30	12/1	2	3	4	5	6	7	8	9	10	11	12	13	14	15	16	
일진	戊子(무자)	己丑(기축)	庚寅(경인)	辛卯(신묘)	壬辰(임진)	癸巳(계사)	甲午(갑오)	乙未(을미)	丙申(병신)	丁酉(정유)	戊戌(무술)	己亥(기해)	庚子(경자)	辛丑(신축)	壬寅(임인)	癸卯(계묘)	甲辰(갑진)	乙巳(을사)	丙午(병오)	丁未(정미)	戊申(무신)	己酉(기유)	庚戌(경술)	辛亥(신해)	壬子(임자)	癸丑(계축)	甲寅(갑인)	乙卯(을묘)	丙辰(병진)	
절기시각						寅初														亥正										
대운 순행	6	6	6	5	5	5	4	4	4	3	3	3	2	2	2	1	1	1	1	10	10	9	9	9	8	8	8	7	7	
대운 역행	4	4	4	5	5	5	6	6	6	7	7	7	8	8	8	9	9	9	10	10	1	1	1	2	2	2	3	3	3	

11 月 甲 子(갑자) 小

절기						동지															소한									
음력	一	二	三	四	五	六	七	八	九	十	十一	十二	十三	十四	十五	十六	十七	十八	十九	廿十	廿一	廿二	廿三	廿四	廿五	廿六	廿七	廿八	廿九	
양력 월/일	12/17	18	19	20	21	22	23	24	25	26	27	28	29	30	31	1/1	2	3	4	5	6	7	8	9	10	11	12	13	14	
일진	丁巳(정사)	戊午(무오)	己未(기미)	庚申(경신)	辛酉(신유)	壬戌(임술)	癸亥(계해)	甲子(갑자)	乙丑(을축)	丙寅(병인)	丁卯(정묘)	戊辰(무진)	己巳(기사)	庚午(경오)	辛未(신미)	壬申(임신)	癸酉(계유)	甲戌(갑술)	乙亥(을해)	丙子(병자)	丁丑(정축)	戊寅(무인)	己卯(기묘)	庚辰(경진)	辛巳(신사)	壬午(임오)	癸未(계미)	甲申(갑신)	乙酉(을유)	
절기시각						申正															巳初									
대운 순행	7	6	6	6	5	5	5	4	4	4	3	3	3	2	2	2	1	1	1	1	10	9	9	9	8	8	8	7	7	
대운 역행	4	4	4	5	5	5	6	6	6	7	7	7	8	8	8	9	9	9	10	10	10	1	1	1	2	2	2	3	3	

12 月 乙 丑(을축) 大

절기							대한														입춘									
음력	一	二	三	四	五	六	七	八	九	十	十一	十二	十三	十四	十五	十六	十七	十八	十九	廿十	廿一	廿二	廿三	廿四	廿五	廿六	廿七	廿八	廿九	三十
양력 월/일	1/15	16	17	18	19	20	21	22	23	24	25	26	27	28	29	30	31	2/1	2	3	4	5	6	7	8	9	10	11	12	13
일진	丙戌(병술)	丁亥(정해)	戊子(무자)	己丑(기축)	庚寅(경인)	辛卯(신묘)	壬辰(임진)	癸巳(계사)	甲午(갑오)	乙未(을미)	丙申(병신)	丁酉(정유)	戊戌(무술)	己亥(기해)	庚子(경자)	辛丑(신축)	壬寅(임인)	癸卯(계묘)	甲辰(갑진)	乙巳(을사)	丙午(병오)	丁未(정미)	戊申(무신)	己酉(기유)	庚戌(경술)	辛亥(신해)	壬子(임자)	癸丑(계축)	甲寅(갑인)	乙卯(을묘)
절기시각							丑正														戌正									
대운 순행	7	6	6	6	5	5	5	4	4	4	3	3	3	2	2	2	1	1	1	1	10	10	9	9	9	8	8	8	7	7
대운 역행	3	4	4	4	5	5	5	6	6	6	7	7	7	8	8	8	9	9	9	10	10	1	1	1	2	2	2	3	3	3

단기 4267 년
불기 2478 년

1934년 甲戌(갑술)年

1 月 丙 寅(병인) 小

절기						우수															경칩									
음력	一	二	三	四	五	六	七	八	九	十	十一	十二	十三	十四	十五	十六	十七	十八	十九	廿	廿一	廿二	廿三	廿四	廿五	廿六	廿七	廿八	廿九	
양력 월/일	2/14	15	16	17	18	19	20	21	22	23	24	25	26	27	28	3/1	2	3	4	5	6	7	8	9	10	11	12	13	14	
일진	丙辰(병진)	丁巳(정사)	戊午(무오)	己未(기미)	庚申(경신)	辛酉(신유)	壬戌(임술)	癸亥(계해)	甲子(갑자)	乙丑(을축)	丙寅(병인)	丁卯(정묘)	戊辰(무진)	己巳(기사)	庚午(경오)	辛未(신미)	壬申(임신)	癸酉(계유)	甲戌(갑술)	乙亥(을해)	丙子(병자)	丁丑(정축)	戊寅(무인)	己卯(기묘)	庚辰(경진)	辛巳(신사)	壬午(임오)	癸未(계미)	甲申(갑신)	
절기시각						申正															未初									
대운 순행	7	6	6	6	5	5	5	4	4	4	3	3	3	2	2	2	1	1	1	1	10	10	9	9	9	8	8	8	7	
대운 역행	4	4	4	5	5	5	6	6	6	7	7	7	8	8	8	9	9	9	10	10	10	1	1	1	2	2	2	3	3	

2 月 丁 卯(정묘) 大

절기							춘분															청명	한식							
음력	一	二	三	四	五	六	七	八	九	十	十一	十二	十三	十四	十五	十六	十七	十八	十九	廿	廿一	廿二	廿三	廿四	廿五	廿六	廿七	廿八	廿九	三十
양력 월/일	3/15	16	17	18	19	20	21	22	23	24	25	26	27	28	29	30	31	4/1	2	3	4	5	6	7	8	9	10	11	12	13
일진	乙酉(을유)	丙戌(병술)	丁亥(정해)	戊子(무자)	己丑(기축)	庚寅(경인)	辛卯(신묘)	壬辰(임진)	癸巳(계사)	甲午(갑오)	乙未(을미)	丙申(병신)	丁酉(정유)	戊戌(무술)	己亥(기해)	庚子(경자)	辛丑(신축)	壬寅(임인)	癸卯(계묘)	甲辰(갑진)	乙巳(을사)	丙午(병오)	丁未(정미)	戊申(무신)	己酉(기유)	庚戌(경술)	辛亥(신해)	壬子(임자)	癸丑(계축)	甲寅(갑인)
절기시각							申正															戌正								
대운 순행	7	7	6	6	6	5	5	5	4	4	4	3	3	3	2	2	2	1	1	1	1	10	10	10	9	9	9	8	8	8
대운 역행	3	4	4	4	5	5	5	6	6	6	7	7	7	8	8	8	9	9	9	10	10	10	1	1	1	2	2	2	3	3

3 月 戊 辰(무진) 小

절기								곡우															입하							
음력	一	二	三	四	五	六	七	八	九	十	十一	十二	十三	十四	十五	十六	十七	十八	十九	廿	廿一	廿二	廿三	廿四	廿五	廿六	廿七	廿八	廿九	
양력 월/일	4/14	15	16	17	18	19	20	21	22	23	24	25	26	27	28	29	30	5/1	2	3	4	5	6	7	8	9	10	11	12	
일진	乙卯(을묘)	丙辰(병진)	丁巳(정사)	戊午(무오)	己未(기미)	庚申(경신)	辛酉(신유)	壬戌(임술)	癸亥(계해)	甲子(갑자)	乙丑(을축)	丙寅(병인)	丁卯(정묘)	戊辰(무진)	己巳(기사)	庚午(경오)	辛未(신미)	壬申(임신)	癸酉(계유)	甲戌(갑술)	乙亥(을해)	丙子(병자)	丁丑(정축)	戊寅(무인)	己卯(기묘)	庚辰(경진)	辛巳(신사)	壬午(임오)	癸未(계미)	
절기시각								寅初															未正							
대운 순행	7	7	7	6	6	6	5	5	5	4	4	4	3	3	3	2	2	2	1	1	1	1	10	10	10	9	9	9	8	
대운 역행	3	4	4	4	5	5	5	6	6	6	7	7	7	8	8	8	9	9	9	10	10	10	10	1	1	1	2	2	2	

4 月 己 巳(기사) 小

절기										소만															망종					
음력	一	二	三	四	五	六	七	八	九	十	十一	十二	十三	十四	十五	十六	十七	十八	十九	廿	廿一	廿二	廿三	廿四	廿五	廿六	廿七	廿八	廿九	三十
양력 월/일	5/13	14	15	16	17	18	19	20	21	22	23	24	25	26	27	28	29	30	31	6/1	2	3	4	5	6	7	8	9	10	11
일진	甲申(갑신)	乙酉(을유)	丙戌(병술)	丁亥(정해)	戊子(무자)	己丑(기축)	庚寅(경인)	辛卯(신묘)	壬辰(임진)	癸巳(계사)	甲午(갑오)	乙未(을미)	丙申(병신)	丁酉(정유)	戊戌(무술)	己亥(기해)	庚子(경자)	辛丑(신축)	壬寅(임인)	癸卯(계묘)	甲辰(갑진)	乙巳(을사)	丙午(병오)	丁未(정미)	戊申(무신)	己酉(기유)	庚戌(경술)	辛亥(신해)	壬子(임자)	癸丑(계축)
절기시각										寅初															戌初					
대운 순행	8	8	7	7	7	6	6	6	5	5	5	4	4	4	3	3	3	2	2	2	1	1	1	1	10	10	10	10	9	9
대운 역행	3	3	3	4	4	4	5	5	5	6	6	6	7	7	7	8	8	8	9	9	9	10	10	10	10	1	1	1	2	2

5 月 庚 午(경오) 大

절기											하지																소서			
음력	一	二	三	四	五	六	七	八	九	十	十一	十二	十三	十四	十五	十六	十七	十八	十九	廿	廿一	廿二	廿三	廿四	廿五	廿六	廿七	廿八	廿九	三十
양력 월/일	6/12	13	14	15	16	17	18	19	20	21	22	23	24	25	26	27	28	29	30	7/1	2	3	4	5	6	7	8	9	10	11
일진	甲寅(갑인)	乙卯(을묘)	丙辰(병진)	丁巳(정사)	戊午(무오)	己未(기미)	庚申(경신)	辛酉(신유)	壬戌(임술)	癸亥(계해)	甲子(갑자)	乙丑(을축)	丙寅(병인)	丁卯(정묘)	戊辰(무진)	己巳(기사)	庚午(경오)	辛未(신미)	壬申(임신)	癸酉(계유)	甲戌(갑술)	乙亥(을해)	丙子(병자)	丁丑(정축)	戊寅(무인)	己卯(기묘)	庚辰(경진)	辛巳(신사)	壬午(임오)	癸未(계미)
절기시각											午初																卯初			
대운 순행	9	8	8	8	7	7	7	6	6	6	5	5	5	4	4	4	3	3	3	2	2	2	1	1	1	1	10	10	10	9
대운 역행	2	3	3	3	4	4	4	5	5	5	6	6	6	7	7	7	8	8	8	9	9	9	10	10	10	10	10	1	1	1

6 月 辛 未(신미) 小

절기												대서															중복	입추		
음력	一	二	三	四	五	六	七	八	九	十	十一	十二	十三	十四	十五	十六	十七	十八	十九	廿	廿一	廿二	廿三	廿四	廿五	廿六	廿七	廿八	廿九	
양력 월/일	7/12	13	14	15	16	17	18	19	20	21	22	23	24	25	26	27	28	29	30	31	8/1	2	3	4	5	6	7	8	9	
일진	甲申(갑신)	乙酉(을유)	丙戌(병술)	丁亥(정해)	戊子(무자)	己丑(기축)	庚寅(경인)	辛卯(신묘)	壬辰(임진)	癸巳(계사)	甲午(갑오)	乙未(을미)	丙申(병신)	丁酉(정유)	戊戌(무술)	己亥(기해)	庚子(경자)	辛丑(신축)	壬寅(임인)	癸卯(계묘)	甲辰(갑진)	乙巳(을사)	丙午(병오)	丁未(정미)	戊申(무신)	己酉(기유)	庚戌(경술)	辛亥(신해)	壬子(임자)	
절기시각												子初																申初		
대운 순행	9	9	8	8	8	7	7	7	6	6	6	5	5	5	4	4	4	3	3	3	2	2	2	1	1	1	1	10	10	
대운 역행	2	2	2	3	3	3	4	4	4	5	5	5	6	6	6	7	7	7	8	8	8	9	9	9	10	10	10	10	1	

南 大將	子 喪門	申 弔客	北 三殺

7 月　　壬 申(임신)　　大

절기								말복							처서															백로
음력	一	二	三	四	五	六	七	八	九	十	十一	十二	十三	十四	十五	十六	十七	十八	十九	廿	廿一	廿二	廿三	廿四	廿五	廿六	廿七	廿八	廿九	三十
양력 월/일	8/10	11	12	13	14	15	16	17	18	19	20	21	22	23	24	25	26	27	28	29	30	31	9/1	2	3	4	5	6	7	8
일진	癸丑(계축)	甲寅(갑인)	乙卯(을묘)	丙辰(병진)	丁巳(정사)	戊午(무오)	己未(기미)	庚申(경신)	辛酉(신유)	壬戌(임술)	癸亥(계해)	甲子(갑자)	乙丑(을축)	丙寅(병인)	丁卯(정묘)	戊辰(무진)	己巳(기사)	庚午(경오)	辛未(신미)	壬申(임신)	癸酉(계유)	甲戌(갑술)	乙亥(을해)	丙子(병자)	丁丑(정축)	戊寅(무인)	己卯(기묘)	庚辰(경진)	辛巳(신사)	壬午(임오)
절기시각															卯正															酉正
대운 순행	10	9	9	9	8	8	8	7	7	7	6	6	6	5	5	5	4	4	4	3	3	3	2	2	2	1	1	1	1	10
대운 역행	1	1	2	2	2	3	3	3	4	4	4	5	5	5	6	6	6	7	7	7	8	8	8	9	9	9	10	10	10	10

8 月　　癸 酉(계유)　　大

절기																추분														
음력	一	二	三	四	五	六	七	八	九	十	十一	十二	十三	十四	十五	十六	十七	十八	十九	廿	廿一	廿二	廿三	廿四	廿五	廿六	廿七	廿八	廿九	三十
양력 월/일	9/9	10	11	12	13	14	15	16	17	18	19	20	21	22	23	24	25	26	27	28	29	30	10/1	2	3	4	5	6	7	8
일진	癸未(계미)	甲申(갑신)	乙酉(을유)	丙戌(병술)	丁亥(정해)	戊子(무자)	己丑(기축)	庚寅(경인)	辛卯(신묘)	壬辰(임진)	癸巳(계사)	甲午(갑오)	乙未(을미)	丙申(병신)	丁酉(정유)	戊戌(무술)	己亥(기해)	庚子(경자)	辛丑(신축)	壬寅(임인)	癸卯(계묘)	甲辰(갑진)	乙巳(을사)	丙午(병오)	丁未(정미)	戊申(무신)	己酉(기유)	庚戌(경술)	辛亥(신해)	壬子(임자)
절기시각						戊正										寅初														
대운 순행	10	10	9	9	9	8	8	8	7	7	7	6	6	6	5	5	5	4	4	4	3	3	3	2	2	2	1	1	1	1
대운 역행	1	1	1	2	2	2	3	3	3	4	4	4	5	5	5	6	6	6	7	7	7	8	8	8	9	9	9	10	10	10

9 月　　甲 戌(갑술)　　小

절기	한로																	상강											
음력	一	二	三	四	五	六	七	八	九	十	十一	十二	十三	十四	十五	十六	十七	十八	十九	廿	廿一	廿二	廿三	廿四	廿五	廿六	廿七	廿八	廿九
양력 월/일	10/9	10	11	12	13	14	15	16	17	18	19	20	21	22	23	24	25	26	27	28	29	30	31	11/1	2	3	4	5	6
일진	癸丑(계축)	甲寅(갑인)	乙卯(을묘)	丙辰(병진)	丁巳(정사)	戊午(무오)	己未(기미)	庚申(경신)	辛酉(신유)	壬戌(임술)	癸亥(계해)	甲子(갑자)	乙丑(을축)	丙寅(병인)	丁卯(정묘)	戊辰(무진)	己巳(기사)	庚午(경오)	辛未(신미)	壬申(임신)	癸酉(계유)	甲戌(갑술)	乙亥(을해)	丙子(병자)	丁丑(정축)	戊寅(무인)	己卯(기묘)	庚辰(경진)	辛巳(신사)
절기시각	巳初																	午正											
대운 순행	10	10	9	9	9	8	8	8	7	7	7	6	6	6	5	5	5	4	4	4	3	3	3	2	2	2	1	1	1
대운 역행	10	1	1	1	2	2	2	3	3	3	4	4	4	5	5	5	6	6	6	7	7	7	8	8	8	9	9	9	10

10 月　　乙 亥(을해)　　大

절기		입동															소설													
음력	一	二	三	四	五	六	七	八	九	十	十一	十二	十三	十四	十五	十六	十七	十八	十九	廿	廿一	廿二	廿三	廿四	廿五	廿六	廿七	廿八	廿九	三十
양력 월/일	11/7	8	9	10	11	12	13	14	15	16	17	18	19	20	21	22	23	24	25	26	27	28	29	30	12/1	2	3	4	5	6
일진	壬午(임오)	癸未(계미)	甲申(갑신)	乙酉(을유)	丙戌(병술)	丁亥(정해)	戊子(무자)	己丑(기축)	庚寅(경인)	辛卯(신묘)	壬辰(임진)	癸巳(계사)	甲午(갑오)	乙未(을미)	丙申(병신)	丁酉(정유)	戊戌(무술)	己亥(기해)	庚子(경자)	辛丑(신축)	壬寅(임인)	癸卯(계묘)	甲辰(갑진)	乙巳(을사)	丙午(병오)	丁未(정미)	戊申(무신)	己酉(기유)	庚戌(경술)	辛亥(신해)
절기시각		午正															巳初													
대운 순행	1	10	10	9	9	9	8	8	8	7	7	7	6	6	6	5	5	5	4	4	4	3	3	3	2	2	2	1	1	1
대운 역행	10	10	1	1	1	2	2	2	3	3	3	4	4	4	5	5	5	6	6	6	7	7	7	8	8	8	9	9	9	10

11 月　　丙 子(병자)　　小

절기		대설														동지													
음력	一	二	三	四	五	六	七	八	九	十	十一	十二	十三	十四	十五	十六	十七	十八	十九	廿	廿一	廿二	廿三	廿四	廿五	廿六	廿七	廿八	廿九
양력 월/일	12/7	8	9	10	11	12	13	14	15	16	17	18	19	20	21	22	23	24	25	26	27	28	29	30	31	1/1	2	3	4
일진	壬子(임자)	癸丑(계축)	甲寅(갑인)	乙卯(을묘)	丙辰(병진)	丁巳(정사)	戊午(무오)	己未(기미)	庚申(경신)	辛酉(신유)	壬戌(임술)	癸亥(계해)	甲子(갑자)	乙丑(을축)	丙寅(병인)	丁卯(정묘)	戊辰(무진)	己巳(기사)	庚午(경오)	辛未(신미)	壬申(임신)	癸酉(계유)	甲戌(갑술)	乙亥(을해)	丙子(병자)	丁丑(정축)	戊寅(무인)	己卯(기묘)	庚辰(경진)
절기시각		寅正														亥正													
대운 순행	1	10	9	9	9	8	8	8	7	7	7	6	6	6	5	5	5	4	4	4	3	3	3	2	2	2	1	1	1
대운 역행	10	10	1	1	1	2	2	2	3	3	3	4	4	4	5	5	5	6	6	6	7	7	7	8	8	8	9	9	9

12 月　　丁 丑(정축)　　大

절기		소한															대한													
음력	一	二	三	四	五	六	七	八	九	十	十一	十二	十三	十四	十五	十六	十七	十八	十九	廿	廿一	廿二	廿三	廿四	廿五	廿六	廿七	廿八	廿九	三十
양력 월/일	1/5	6	7	8	9	10	11	12	13	14	15	16	17	18	19	20	21	22	23	24	25	26	27	28	29	30	31	2/1	2	3
일진	辛巳(신사)	壬午(임오)	癸未(계미)	甲申(갑신)	乙酉(을유)	丙戌(병술)	丁亥(정해)	戊子(무자)	己丑(기축)	庚寅(경인)	辛卯(신묘)	壬辰(임진)	癸巳(계사)	甲午(갑오)	乙未(을미)	丙申(병신)	丁酉(정유)	戊戌(무술)	己亥(기해)	庚子(경자)	辛丑(신축)	壬寅(임인)	癸卯(계묘)	甲辰(갑진)	乙巳(을사)	丙午(병오)	丁未(정미)	戊申(무신)	己酉(기유)	庚戌(경술)
절기시각		申初															辰正													
대운 순행	1	10	10	9	9	9	8	8	8	7	7	7	6	6	6	5	5	5	4	4	4	3	3	3	2	2	2	1	1	1
대운 역행	10	10	1	1	1	2	2	2	3	3	3	4	4	4	5	5	5	6	6	6	7	7	7	8	8	8	9	9	9	10

단기 4268 년
불기 2479 년

1935년 乙亥(을해)年

1 月 戊寅(무인) 小

절기		입춘														우수														
음력	一	二	三	四	五	六	七	八	九	十	十一	十二	十三	十四	十五	十六	十七	十八	十九	廿	廿一	廿二	廿三	廿四	廿五	廿六	廿七	廿八	廿九	
양력 월/일	2/4	5	6	7	8	9	10	11	12	13	14	15	16	17	18	19	20	21	22	23	24	25	26	27	28	3/1	2	3	4	
일진	辛亥(신해)	壬子(임자)	癸丑(계축)	甲寅(갑인)	乙卯(을묘)	丙辰(병진)	丁巳(정사)	戊午(무오)	己未(기미)	庚申(경신)	辛酉(신유)	壬戌(임술)	癸亥(계해)	甲子(갑자)	乙丑(을축)	丙寅(병인)	丁卯(정묘)	戊辰(무진)	己巳(기사)	庚午(경오)	辛未(신미)	壬申(임신)	癸酉(계유)	甲戌(갑술)	乙亥(을해)	丙子(병자)	丁丑(정축)	戊寅(무인)	己卯(기묘)	
절기시각		丑正														亥正														
대운 순행	1	10	9	9	9	8	8	8	7	7	7	6	6	6	5	5	5	4	4	4	3	3	3	2	2	2	1	1	1	
대운 역행	10	10	1	1	1	2	2	2	3	3	3	4	4	4	5	5	5	6	6	6	7	7	7	8	8	8	9	9	9	

2 月 己卯(기묘) 小

절기		경칩															춘분													
음력	一	二	三	四	五	六	七	八	九	十	十一	十二	十三	十四	十五	十六	十七	十八	十九	廿	廿一	廿二	廿三	廿四	廿五	廿六	廿七	廿八	廿九	
양력 월/일	3/5	6	7	8	9	10	11	12	13	14	15	16	17	18	19	20	21	22	23	24	25	26	27	28	29	30	31	4/1	2	
일진	庚辰(경진)	辛巳(신사)	壬午(임오)	癸未(계미)	甲申(갑신)	乙酉(을유)	丙戌(병술)	丁亥(정해)	戊子(무자)	己丑(기축)	庚寅(경인)	辛卯(신묘)	壬辰(임진)	癸巳(계사)	甲午(갑오)	乙未(을미)	丙申(병신)	丁酉(정유)	戊戌(무술)	己亥(기해)	庚子(경자)	辛丑(신축)	壬寅(임인)	癸卯(계묘)	甲辰(갑진)	乙巳(을사)	丙午(병오)	丁未(정미)	戊申(무신)	
절기시각		戌正															亥初													
대운 순행	1	10	10	10	9	9	9	8	8	8	7	7	7	6	6	6	5	5	5	4	4	4	3	3	3	2	2	2	1	
대운 역행	10	10	1	1	1	2	2	2	3	3	3	4	4	4	5	5	5	6	6	6	7	7	7	8	8	8	9	9	9	

3 月 庚辰(경진) 大

절기				청명 한식															곡우											
음력	一	二	三	四	五	六	七	八	九	十	十一	十二	十三	十四	十五	十六	十七	十八	十九	廿	廿一	廿二	廿三	廿四	廿五	廿六	廿七	廿八	廿九	三十
양력 월/일	4/3	4	5	6	7	8	9	10	11	12	13	14	15	16	17	18	19	20	21	22	23	24	25	26	27	28	29	30	5/1	2
일진	己酉(기유)	庚戌(경술)	辛亥(신해)	壬子(임자)	癸丑(계축)	甲寅(갑인)	乙卯(을묘)	丙辰(병진)	丁巳(정사)	戊午(무오)	己未(기미)	庚申(경신)	辛酉(신유)	壬戌(임술)	癸亥(계해)	甲子(갑자)	乙丑(을축)	丙寅(병인)	丁卯(정묘)	戊辰(무진)	己巳(기사)	庚午(경오)	辛未(신미)	壬申(임신)	癸酉(계유)	甲戌(갑술)	乙亥(을해)	丙子(병자)	丁丑(정축)	戊寅(무인)
절기시각				丑正															巳初											
대운 순행	1	1	1	10	10	9	9	9	8	8	8	7	7	7	6	6	6	5	5	5	4	4	4	3	3	3	2	2	2	1
대운 역행	10	10	10	10	1	1	1	2	2	2	3	3	3	4	4	4	5	5	5	6	6	6	7	7	7	8	8	8	9	9

4 月 辛巳(신사) 小

절기				입하																소만										
음력	一	二	三	四	五	六	七	八	九	十	十一	十二	十三	十四	十五	十六	十七	十八	十九	廿	廿一	廿二	廿三	廿四	廿五	廿六	廿七	廿八	廿九	
양력 월/일	5/3	4	5	6	7	8	9	10	11	12	13	14	15	16	17	18	19	20	21	22	23	24	25	26	27	28	29	30	31	
일진	己卯(기묘)	庚辰(경진)	辛巳(신사)	壬午(임오)	癸未(계미)	甲申(갑신)	乙酉(을유)	丙戌(병술)	丁亥(정해)	戊子(무자)	己丑(기축)	庚寅(경인)	辛卯(신묘)	壬辰(임진)	癸巳(계사)	甲午(갑오)	乙未(을미)	丙申(병신)	丁酉(정유)	戊戌(무술)	己亥(기해)	庚子(경자)	辛丑(신축)	壬寅(임인)	癸卯(계묘)	甲辰(갑진)	乙巳(을사)	丙午(병오)	丁未(정미)	
절기시각				戌正																巳初										
대운 순행	1	1	1	10	10	10	10	9	9	9	8	8	8	7	7	7	6	6	6	5	5	5	4	4	4	3	3	3	2	
대운 역행	9	10	10	10	1	1	1	2	2	2	3	3	3	4	4	4	5	5	5	6	6	6	7	7	7	8	8	8	9	

5 月 壬午(임오) 大

절기							망종															하지								
음력	一	二	三	四	五	六	七	八	九	十	十一	十二	十三	十四	十五	十六	十七	十八	十九	廿	廿一	廿二	廿三	廿四	廿五	廿六	廿七	廿八	廿九	三十
양력 월/일	6/1	2	3	4	5	6	7	8	9	10	11	12	13	14	15	16	17	18	19	20	21	22	23	24	25	26	27	28	29	30
일진	戊申(무신)	己酉(기유)	庚戌(경술)	辛亥(신해)	壬子(임자)	癸丑(계축)	甲寅(갑인)	乙卯(을묘)	丙辰(병진)	丁巳(정사)	戊午(무오)	己未(기미)	庚申(경신)	辛酉(신유)	壬戌(임술)	癸亥(계해)	甲子(갑자)	乙丑(을축)	丙寅(병인)	丁卯(정묘)	戊辰(무진)	己巳(기사)	庚午(경오)	辛未(신미)	壬申(임신)	癸酉(계유)	甲戌(갑술)	乙亥(을해)	丙子(병자)	丁丑(정축)
절기시각							子正															酉初								
대운 순행	2	2	1	1	1	1	10	10	10	9	9	9	8	8	8	7	7	7	6	6	6	5	5	5	4	4	4	3	3	3
대운 역행	9	9	10	10	10	10	10	1	1	1	2	2	2	3	3	3	4	4	4	5	5	5	6	6	6	7	7	7	8	8

6 月 癸未(계미) 小

절기								소서					초복										중복	대서						
음력	一	二	三	四	五	六	七	八	九	十	十一	十二	十三	十四	十五	十六	十七	十八	十九	廿	廿一	廿二	廿三	廿四	廿五	廿六	廿七	廿八	廿九	
양력 월/일	7/1	2	3	4	5	6	7	8	9	10	11	12	13	14	15	16	17	18	19	20	21	22	23	24	25	26	27	28	29	
일진	戊寅(무인)	己卯(기묘)	庚辰(경진)	辛巳(신사)	壬午(임오)	癸未(계미)	甲申(갑신)	乙酉(을유)	丙戌(병술)	丁亥(정해)	戊子(무자)	己丑(기축)	庚寅(경인)	辛卯(신묘)	壬辰(임진)	癸巳(계사)	甲午(갑오)	乙未(을미)	丙申(병신)	丁酉(정유)	戊戌(무술)	己亥(기해)	庚子(경자)	辛丑(신축)	壬寅(임인)	癸卯(계묘)	甲辰(갑진)	乙巳(을사)	丙午(병오)	
절기시각								午初																寅正						
대운 순행	2	2	2	1	1	1	1	10	10	10	9	9	9	8	8	8	7	7	7	6	6	6	5	5	5	4	4	4	3	
대운 역행	8	9	9	9	10	10	10	10	1	1	1	2	2	2	3	3	3	4	4	4	5	5	5	6	6	6	7	7	7	

西 大將	丑 喪門	西 弔客	西 三殺

7 月 甲 申(갑신) 大

절기			말복							입추																처서				
음력	一	二	三	四	五	六	七	八	九	十	十一	十二	十三	十四	十五	十六	十七	十八	十九	二十	廿一	廿二	廿三	廿四	廿五	廿六	廿七	廿八	廿九	三十
양력 월/일	7/30	31	8/1	2	3	4	5	6	7	8	9	10	11	12	13	14	15	16	17	18	19	20	21	22	23	24	25	26	27	28
일진	丁未(정미)	戊申(무신)	己酉(기유)	庚戌(경술)	辛亥(신해)	壬子(임자)	癸丑(계축)	甲寅(갑인)	乙卯(을묘)	丙辰(병진)	丁巳(정사)	戊午(무오)	己未(기미)	庚申(경신)	辛酉(신유)	壬戌(임술)	癸亥(계해)	甲子(갑자)	乙丑(을축)	丙寅(병인)	丁卯(정묘)	戊辰(무진)	己巳(기사)	庚午(경오)	辛未(신미)	壬申(임신)	癸酉(계유)	甲戌(갑술)	乙亥(을해)	丙子(병자)
절기시각										亥初																午初				
대운 순행	3	3	2	2	2	1	1	1	1	10	10	10	9	9	9	8	8	8	7	7	7	6	6	6	5	5	5	4	4	4
대운 역행	8	8	8	9	9	9	10	10	10	10	1	1	1	2	2	2	3	3	3	4	4	4	5	5	5	6	6	6	7	7

8 月 乙 酉(을유) 大

절기											백로																추분			
음력	一	二	三	四	五	六	七	八	九	十	十一	十二	十三	十四	十五	十六	十七	十八	十九	二十	廿一	廿二	廿三	廿四	廿五	廿六	廿七	廿八	廿九	三十
양력 월/일	8/29	30	31	9/1	2	3	4	5	6	7	8	9	10	11	12	13	14	15	16	17	18	19	20	21	22	23	24	25	26	27
일진	丁丑(정축)	戊寅(무인)	己卯(기묘)	庚辰(경진)	辛巳(신사)	壬午(임오)	癸未(계미)	甲申(갑신)	乙酉(을유)	丙戌(병술)	丁亥(정해)	戊子(무자)	己丑(기축)	庚寅(경인)	辛卯(신묘)	壬辰(임진)	癸巳(계사)	甲午(갑오)	乙未(을미)	丙申(병신)	丁酉(정유)	戊戌(무술)	己亥(기해)	庚子(경자)	辛丑(신축)	壬寅(임인)	癸卯(계묘)	甲辰(갑진)	乙巳(을사)	丙午(병오)
절기시각											子正																巳初			
대운 순행	3	3	3	2	2	2	1	1	1	1	10	10	10	9	9	9	8	8	8	7	7	7	6	6	6	5	5	5	4	4
대운 역행	7	8	8	8	9	9	9	10	10	10	10	1	1	1	2	2	2	3	3	3	4	4	4	5	5	5	6	6	6	7

9 月 丙 戌(병술) 小

절기												한로															상강		
음력	一	二	三	四	五	六	七	八	九	十	十一	十二	十三	十四	十五	十六	十七	十八	十九	二十	廿一	廿二	廿三	廿四	廿五	廿六	廿七	廿八	廿九
양력 월/일	9/28	29	30	10/1	2	3	4	5	6	7	8	9	10	11	12	13	14	15	16	17	18	19	20	21	22	23	24	25	26
일진	丁未(정미)	戊申(무신)	己酉(기유)	庚戌(경술)	辛亥(신해)	壬子(임자)	癸丑(계축)	甲寅(갑인)	乙卯(을묘)	丙辰(병진)	丁巳(정사)	戊午(무오)	己未(기미)	庚申(경신)	辛酉(신유)	壬戌(임술)	癸亥(계해)	甲子(갑자)	乙丑(을축)	丙寅(병인)	丁卯(정묘)	戊辰(무진)	己巳(기사)	庚午(경오)	辛未(신미)	壬申(임신)	癸酉(계유)	甲戌(갑술)	乙亥(을해)
절기시각												申初															酉正		
대운 순행	4	3	3	3	2	2	2	1	1	1	1	10	10	9	9	9	8	8	8	7	7	7	6	6	6	5	5	5	4
대운 역행	7	7	8	8	8	9	9	9	10	10	10	10	1	1	1	2	2	2	3	3	3	4	4	4	5	5	5	6	6

10 月 丁 亥(정해) 大

절기													입동															소설		
음력	一	二	三	四	五	六	七	八	九	十	十一	十二	十三	十四	十五	十六	十七	十八	十九	二十	廿一	廿二	廿三	廿四	廿五	廿六	廿七	廿八	廿九	三十
양력 월/일	10/27	28	29	30	31	11/1	2	3	4	5	6	7	8	9	10	11	12	13	14	15	16	17	18	19	20	21	22	23	24	25
일진	丙子(병자)	丁丑(정축)	戊寅(무인)	己卯(기묘)	庚辰(경진)	辛巳(신사)	壬午(임오)	癸未(계미)	甲申(갑신)	乙酉(을유)	丙戌(병술)	丁亥(정해)	戊子(무자)	己丑(기축)	庚寅(경인)	辛卯(신묘)	壬辰(임진)	癸巳(계사)	甲午(갑오)	乙未(을미)	丙申(병신)	丁酉(정유)	戊戌(무술)	己亥(기해)	庚子(경자)	辛丑(신축)	壬寅(임인)	癸卯(계묘)	甲辰(갑진)	乙巳(을사)
절기시각													酉正															未正		
대운 순행	4	4	3	3	3	2	2	2	1	1	1	1	10	10	9	9	9	8	8	8	7	7	7	6	6	6	5	5	5	4
대운 역행	6	7	7	7	8	8	8	9	9	9	10	10	10	1	1	1	2	2	2	3	3	3	4	4	4	5	5	5	6	6

11 月 戊 子(무자) 大

절기													대설															동지		
음력	一	二	三	四	五	六	七	八	九	十	十一	十二	十三	十四	十五	十六	十七	十八	十九	二十	廿一	廿二	廿三	廿四	廿五	廿六	廿七	廿八	廿九	三十
양력 월/일	11/26	27	28	29	30	12/1	2	3	4	5	6	7	8	9	10	11	12	13	14	15	16	17	18	19	20	21	22	23	24	25
일진	丙午(병오)	丁未(정미)	戊申(무신)	己酉(기유)	庚戌(경술)	辛亥(신해)	壬子(임자)	癸丑(계축)	甲寅(갑인)	乙卯(을묘)	丙辰(병진)	丁巳(정사)	戊午(무오)	己未(기미)	庚申(경신)	辛酉(신유)	壬戌(임술)	癸亥(계해)	甲子(갑자)	乙丑(을축)	丙寅(병인)	丁卯(정묘)	戊辰(무진)	己巳(기사)	庚午(경오)	辛未(신미)	壬申(임신)	癸酉(계유)	甲戌(갑술)	乙亥(을해)
절기시각													巳正															寅正		
대운 순행	4	4	3	3	3	2	2	2	1	1	1	1	10	9	9	9	8	8	8	7	7	7	6	6	6	5	5	5	4	4
대운 역행	6	7	7	7	8	8	8	9	9	9	10	10	10	1	1	1	2	2	2	3	3	3	4	4	4	5	5	5	6	6

12 月 己 丑(기축) 小

절기												소한															대한		
음력	一	二	三	四	五	六	七	八	九	十	十一	十二	十三	十四	十五	十六	十七	十八	十九	二十	廿一	廿二	廿三	廿四	廿五	廿六	廿七	廿八	廿九
양력 월/일	12/26	27	28	29	30	31	1/1	2	3	4	5	6	7	8	9	10	11	12	13	14	15	16	17	18	19	20	21	22	23
일진	丙子(병자)	丁丑(정축)	戊寅(무인)	己卯(기묘)	庚辰(경진)	辛巳(신사)	壬午(임오)	癸未(계미)	甲申(갑신)	乙酉(을유)	丙戌(병술)	丁亥(정해)	戊子(무자)	己丑(기축)	庚寅(경인)	辛卯(신묘)	壬辰(임진)	癸巳(계사)	甲午(갑오)	乙未(을미)	丙申(병신)	丁酉(정유)	戊戌(무술)	己亥(기해)	庚子(경자)	辛丑(신축)	壬寅(임인)	癸卯(계묘)	甲辰(갑진)
절기시각												亥初															未正		
대운 순행	4	3	3	3	2	2	2	1	1	1	1	10	10	9	9	9	8	8	8	7	7	7	6	6	6	5	5	5	4
대운 역행	6	7	7	7	8	8	8	9	9	9	10	10	1	1	1	2	2	2	3	3	3	4	4	4	5	5	5	6	6

서기 1936 년
불기 2480 년

1936년 丙子(병자)年

1 月 庚寅(경인) 大

절기													입춘															우수		
음력	一	二	三	四	五	六	七	八	九	十	十一	十二	十三	十四	十五	十六	十七	十八	十九	二十	廿一	廿二	廿三	廿四	廿五	廿六	廿七	廿八	廿九	三十
양력 월/일	1/24	25	26	27	28	29	30	31	2/1	2	3	4	5	6	7	8	9	10	11	12	13	14	15	16	17	18	19	20	21	22
일진	乙巳(을사)	丙午(병오)	丁未(정미)	戊申(무신)	己酉(기유)	庚戌(경술)	辛亥(신해)	壬子(임자)	癸丑(계축)	甲寅(갑인)	乙卯(을묘)	丙辰(병진)	丁巳(정사)	戊午(무오)	己未(기미)	庚申(경신)	辛酉(신유)	壬戌(임술)	癸亥(계해)	甲子(갑자)	乙丑(을축)	丙寅(병인)	丁卯(정묘)	戊辰(무진)	己巳(기사)	庚午(경오)	辛未(신미)	壬申(임신)	癸酉(계유)	甲戌(갑술)
절기시각													辰正															寅正		
대운 순행	4	4	3	3	3	2	2	2	1	1	1	1	10	10	9	9	9	8	8	8	7	7	7	6	6	6	5	5	5	4
대운 역행	6	7	7	7	8	8	8	9	9	9	10	10	10	1	1	1	2	2	2	3	3	3	4	4	4	5	5	5	6	6

2 月 辛卯(신묘) 小

절기													경칩															춘분	
음력	一	二	三	四	五	六	七	八	九	十	十一	十二	十三	十四	十五	十六	十七	十八	十九	二十	廿一	廿二	廿三	廿四	廿五	廿六	廿七	廿八	廿九
양력 월/일	2/23	24	25	26	27	28	29	3/1	2	3	4	5	6	7	8	9	10	11	12	13	14	15	16	17	18	19	20	21	22
일진	乙亥(을해)	丙子(병자)	丁丑(정축)	戊寅(무인)	己卯(기묘)	庚辰(경진)	辛巳(신사)	壬午(임오)	癸未(계미)	甲申(갑신)	乙酉(을유)	丙戌(병술)	丁亥(정해)	戊子(무자)	己丑(기축)	庚寅(경인)	辛卯(신묘)	壬辰(임진)	癸巳(계사)	甲午(갑오)	乙未(을미)	丙申(병신)	丁酉(정유)	戊戌(무술)	己亥(기해)	庚子(경자)	辛丑(신축)	壬寅(임인)	癸卯(계묘)
절기시각													丑正															寅初	
대운 순행	4	4	3	3	3	2	2	2	1	1	1	1	10	10	9	9	9	8	8	8	7	7	7	6	6	6	5	5	5
대운 역행	6	7	7	7	8	8	8	9	9	9	10	10	10	1	1	1	2	2	2	3	3	3	4	4	4	5	5	5	6

3 月 壬辰(임진) 小

절기														청명	한식														곡우
음력	一	二	三	四	五	六	七	八	九	十	十一	十二	十三	十四	十五	十六	十七	十八	十九	二十	廿一	廿二	廿三	廿四	廿五	廿六	廿七	廿八	廿九
양력 월/일	3/23	24	25	26	27	28	29	30	31	4/1	2	3	4	5	6	7	8	9	10	11	12	13	14	15	16	17	18	19	20
일진	甲辰(갑진)	乙巳(을사)	丙午(병오)	丁未(정미)	戊申(무신)	己酉(기유)	庚戌(경술)	辛亥(신해)	壬子(임자)	癸丑(계축)	甲寅(갑인)	乙卯(을묘)	丙辰(병진)	丁巳(정사)	戊午(무오)	己未(기미)	庚申(경신)	辛酉(신유)	壬戌(임술)	癸亥(계해)	甲子(갑자)	乙丑(을축)	丙寅(병인)	丁卯(정묘)	戊辰(무진)	己巳(기사)	庚午(경오)	辛未(신미)	壬申(임신)
절기시각														辰初															申初
대운 순행	4	4	4	3	3	3	2	2	2	1	1	1	1	10	10	10	9	9	9	8	8	8	7	7	7	6	6	6	5
대운 역행	6	6	7	7	7	8	8	8	9	9	9	10	10	10	1	1	1	2	2	2	3	3	3	4	4	4	5	5	5

閏 3 月 壬辰(임진) 大

절기																입하														
음력	一	二	三	四	五	六	七	八	九	十	十一	十二	十三	十四	十五	十六	十七	十八	十九	二十	廿一	廿二	廿三	廿四	廿五	廿六	廿七	廿八	廿九	三十
양력 월/일	4/21	22	23	24	25	26	27	28	29	30	5/1	2	3	4	5	6	7	8	9	10	11	12	13	14	15	16	17	18	19	20
일진	癸酉(계유)	甲戌(갑술)	乙亥(을해)	丙子(병자)	丁丑(정축)	戊寅(무인)	己卯(기묘)	庚辰(경진)	辛巳(신사)	壬午(임오)	癸未(계미)	甲申(갑신)	乙酉(을유)	丙戌(병술)	丁亥(정해)	戊子(무자)	己丑(기축)	庚寅(경인)	辛卯(신묘)	壬辰(임진)	癸巳(계사)	甲午(갑오)	乙未(을미)	丙申(병신)	丁酉(정유)	戊戌(무술)	己亥(기해)	庚子(경자)	辛丑(신축)	壬寅(임인)
절기시각																丑初														
대운 순행	5	5	4	4	4	3	3	3	2	2	2	1	1	1	1	10	10	10	9	9	9	8	8	8	7	7	7	6	6	6
대운 역행	6	6	6	7	7	7	8	8	8	9	9	9	10	10	10	10	1	1	1	2	2	2	3	3	3	4	4	4	5	5

4 月 癸巳(계사) 小

절기	소만																망종												
음력	一	二	三	四	五	六	七	八	九	十	十一	十二	十三	十四	十五	十六	十七	十八	十九	二十	廿一	廿二	廿三	廿四	廿五	廿六	廿七	廿八	廿九
양력 월/일	5/21	22	23	24	25	26	27	28	29	30	31	6/1	2	3	4	5	6	7	8	9	10	11	12	13	14	15	16	17	18
일진	癸卯(계묘)	甲辰(갑진)	乙巳(을사)	丙午(병오)	丁未(정미)	戊申(무신)	己酉(기유)	庚戌(경술)	辛亥(신해)	壬子(임자)	癸丑(계축)	甲寅(갑인)	乙卯(을묘)	丙辰(병진)	丁巳(정사)	戊午(무오)	己未(기미)	庚申(경신)	辛酉(신유)	壬戌(임술)	癸亥(계해)	甲子(갑자)	乙丑(을축)	丙寅(병인)	丁卯(정묘)	戊辰(무진)	己巳(기사)	庚午(경오)	辛未(신미)
절기시각	申初																卯正												
대운 순행	5	5	5	4	4	4	3	3	3	2	2	2	1	1	1	1	10	10	10	9	9	9	8	8	8	7	7	7	6
대운 역행	5	6	6	6	7	7	7	8	8	8	9	9	9	10	10	10	10	1	1	1	2	2	2	3	3	3	4	4	4

5 月 甲午(갑오) 大

절기			하지																소서										초복	
음력	一	二	三	四	五	六	七	八	九	十	十一	十二	十三	十四	十五	十六	十七	十八	十九	二十	廿一	廿二	廿三	廿四	廿五	廿六	廿七	廿八	廿九	三十
양력 월/일	6/19	20	21	22	23	24	25	26	27	28	29	30	7/1	2	3	4	5	6	7	8	9	10	11	12	13	14	15	16	17	18
일진	壬申(임신)	癸酉(계유)	甲戌(갑술)	乙亥(을해)	丙子(병자)	丁丑(정축)	戊寅(무인)	己卯(기묘)	庚辰(경진)	辛巳(신사)	壬午(임오)	癸未(계미)	甲申(갑신)	乙酉(을유)	丙戌(병술)	丁亥(정해)	戊子(무자)	己丑(기축)	庚寅(경인)	辛卯(신묘)	壬辰(임진)	癸巳(계사)	甲午(갑오)	乙未(을미)	丙申(병신)	丁酉(정유)	戊戌(무술)	己亥(기해)	庚子(경자)	辛丑(신축)
절기시각			子初																申正											
대운 순행	6	6	5	5	5	4	4	4	3	3	3	2	2	2	1	1	1	1	10	10	10	10	9	9	9	8	8	8	7	7
대운 역행	5	5	5	6	6	6	7	7	7	8	8	8	9	9	9	10	10	10	10	1	1	1	2	2	2	3	3	3	4	4

西 大將	寅 喪門	戌 弔客	南 三殺

6 月 乙 未(을미) 小

절기					대서																입추								말복	
음력	一	二	三	四	五	六	七	八	九	十	十一	十二	十三	十四	十五	十六	十七	十八	十九	二十	廿一	廿二	廿三	廿四	廿五	廿六	廿七	廿八	廿九	
양력 월/일	7/19	20	21	22	23	24	25	26	27	28	29	30	31	8/1	2	3	4	5	6	7	8	9	10	11	12	13	14	15	16	
일진	壬寅(임인)	癸卯(계묘)	甲辰(갑진)	乙巳(을사)	丙午(병오)	丁未(정미)	戊申(무신)	己酉(기유)	庚戌(경술)	辛亥(신해)	壬子(임자)	癸丑(계축)	甲寅(갑인)	乙卯(을묘)	丙辰(병진)	丁巳(정사)	戊午(무오)	己未(기미)	庚申(경신)	辛酉(신유)	壬戌(임술)	癸亥(계해)	甲子(갑자)	乙丑(을축)	丙寅(병인)	丁卯(정묘)	戊辰(무진)	己巳(기사)	庚午(경오)	
절기시각					巳正																寅初									
대 순행	7	6	6	6	5	5	5	4	4	4	3	3	3	2	2	2	1	1	1	1	10	10	10	9	9	9	8	8	8	
운 역행	4	5	5	5	6	6	6	7	7	7	8	8	8	9	9	9	10	10	10	10	10	1	1	1	2	2	2	3	3	

7 月 丙 申(병신) 大

절기							처서																백로							
음력	一	二	三	四	五	六	七	八	九	十	十一	十二	十三	十四	十五	十六	十七	十八	十九	二十	廿一	廿二	廿三	廿四	廿五	廿六	廿七	廿八	廿九	三十
양력 월/일	8/17	18	19	20	21	22	23	24	25	26	27	28	29	30	31	9/1	2	3	4	5	6	7	8	9	10	11	12	13	14	15
일진	辛未(신미)	壬申(임신)	癸酉(계유)	甲戌(갑술)	乙亥(을해)	丙子(병자)	丁丑(정축)	戊寅(무인)	己卯(기묘)	庚辰(경진)	辛巳(신사)	壬午(임오)	癸未(계미)	甲申(갑신)	乙酉(을유)	丙戌(병술)	丁亥(정해)	戊子(무자)	己丑(기축)	庚寅(경인)	辛卯(신묘)	壬辰(임진)	癸巳(계사)	甲午(갑오)	乙未(을미)	丙申(병신)	丁酉(정유)	戊戌(무술)	己亥(기해)	庚子(경자)
절기시각							酉初																卯初							
대 순행	7	7	7	6	6	6	5	5	5	4	4	4	3	3	3	2	2	2	1	1	1	1	10	10	9	9	9	8	8	8
운 역행	3	4	4	4	5	5	5	6	6	6	7	7	7	8	8	8	9	9	9	10	10	10	10	1	1	1	2	2	2	3

8 月 丁 酉(정유) 小

절기								추분															한로							
음력	一	二	三	四	五	六	七	八	九	十	十一	十二	十三	十四	十五	十六	十七	十八	十九	二十	廿一	廿二	廿三	廿四	廿五	廿六	廿七	廿八	廿九	
양력 월/일	9/16	17	18	19	20	21	22	23	24	25	26	27	28	29	30	10/1	2	3	4	5	6	7	8	9	10	11	12	13	14	
일진	辛丑(신축)	壬寅(임인)	癸卯(계묘)	甲辰(갑진)	乙巳(을사)	丙午(병오)	丁未(정미)	戊申(무신)	己酉(기유)	庚戌(경술)	辛亥(신해)	壬子(임자)	癸丑(계축)	甲寅(갑인)	乙卯(을묘)	丙辰(병진)	丁巳(정사)	戊午(무오)	己未(기미)	庚申(경신)	辛酉(신유)	壬戌(임술)	癸亥(계해)	甲子(갑자)	乙丑(을축)	丙寅(병인)	丁卯(정묘)	戊辰(무진)	己巳(기사)	
절기시각								申初															亥初							
대 순행	7	7	7	6	6	6	5	5	5	4	4	4	3	3	3	2	2	2	1	1	1	1	10	10	9	9	9	8	8	
운 역행	3	3	4	4	4	5	5	5	6	6	6	7	7	7	8	8	8	9	9	9	10	10	10	1	1	1	2	2	2	

9 月 戊 戌(무술) 大

절기									상강															입동						
음력	一	二	三	四	五	六	七	八	九	十	十一	十二	十三	十四	十五	十六	十七	十八	十九	二十	廿一	廿二	廿三	廿四	廿五	廿六	廿七	廿八	廿九	三十
양력 월/일	10/15	16	17	18	19	20	21	22	23	24	25	26	27	28	29	30	31	11/1	2	3	4	5	6	7	8	9	10	11	12	13
일진	庚午(경오)	辛未(신미)	壬申(임신)	癸酉(계유)	甲戌(갑술)	乙亥(을해)	丙子(병자)	丁丑(정축)	戊寅(무인)	己卯(기묘)	庚辰(경진)	辛巳(신사)	壬午(임오)	癸未(계미)	甲申(갑신)	乙酉(을유)	丙戌(병술)	丁亥(정해)	戊子(무자)	己丑(기축)	庚寅(경인)	辛卯(신묘)	壬辰(임진)	癸巳(계사)	甲午(갑오)	乙未(을미)	丙申(병신)	丁酉(정유)	戊戌(무술)	己亥(기해)
절기시각									子正															子正						
대 순행	8	7	7	7	6	6	6	5	5	5	4	4	4	3	3	3	2	2	2	1	1	1	1	10	10	9	9	9	8	8
운 역행	3	3	3	4	4	4	5	5	5	6	6	6	7	7	7	8	8	8	9	9	9	10	10	10	1	1	1	2	2	2

10 月 己 亥(기해) 大

절기									소설															대설						
음력	一	二	三	四	五	六	七	八	九	十	十一	十二	十三	十四	十五	十六	十七	十八	十九	二十	廿一	廿二	廿三	廿四	廿五	廿六	廿七	廿八	廿九	三十
양력 월/일	11/14	15	16	17	18	19	20	21	22	23	24	25	26	27	28	29	30	12/1	2	3	4	5	6	7	8	9	10	11	12	13
일진	庚子(경자)	辛丑(신축)	壬寅(임인)	癸卯(계묘)	甲辰(갑진)	乙巳(을사)	丙午(병오)	丁未(정미)	戊申(무신)	己酉(기유)	庚戌(경술)	辛亥(신해)	壬子(임자)	癸丑(계축)	甲寅(갑인)	乙卯(을묘)	丙辰(병진)	丁巳(정사)	戊午(무오)	己未(기미)	庚申(경신)	辛酉(신유)	壬戌(임술)	癸亥(계해)	甲子(갑자)	乙丑(을축)	丙寅(병인)	丁卯(정묘)	戊辰(무진)	己巳(기사)
절기시각									亥初															申正						
대 순행	8	7	7	7	6	6	6	5	5	5	4	4	4	3	3	3	2	2	2	1	1	1	1	10	10	9	9	9	8	8
운 역행	3	3	3	4	4	4	5	5	5	6	6	6	7	7	7	8	8	8	9	9	9	10	10	10	1	1	1	2	2	2

11 月 庚 子(경자) 大

절기									동지															소한						
음력	一	二	三	四	五	六	七	八	九	十	十一	十二	十三	十四	十五	十六	十七	十八	十九	二十	廿一	廿二	廿三	廿四	廿五	廿六	廿七	廿八	廿九	三十
양력 월/일	12/14	15	16	17	18	19	20	21	22	23	24	25	26	27	28	29	30	31	1/1	2	3	4	5	6	7	8	9	10	11	12
일진	庚午(경오)	辛未(신미)	壬申(임신)	癸酉(계유)	甲戌(갑술)	乙亥(을해)	丙子(병자)	丁丑(정축)	戊寅(무인)	己卯(기묘)	庚辰(경진)	辛巳(신사)	壬午(임오)	癸未(계미)	甲申(갑신)	乙酉(을유)	丙戌(병술)	丁亥(정해)	戊子(무자)	己丑(기축)	庚寅(경인)	辛卯(신묘)	壬辰(임진)	癸巳(계사)	甲午(갑오)	乙未(을미)	丙申(병신)	丁酉(정유)	戊戌(무술)	己亥(기해)
절기시각									巳初												丑正									
대 순행	8	7	7	7	6	6	6	5	5	5	4	4	4	3	3	3	2	2	2	1	1	1	1	10	9	9	9	8	8	8
운 역행	3	3	3	4	4	4	5	5	5	6	6	6	7	7	7	8	8	8	9	9	9	10	10	10	1	1	1	2	2	2

12 月 辛 丑(신축) 小

절기								대한															입춘							
음력	一	二	三	四	五	六	七	八	九	十	十一	十二	十三	十四	十五	十六	十七	十八	十九	二十	廿一	廿二	廿三	廿四	廿五	廿六	廿七	廿八	廿九	
양력 월/일	1/13	14	15	16	17	18	19	20	21	22	23	24	25	26	27	28	29	30	31	2/1	2	3	4	5	6	7	8	9	10	
일진	庚子(경자)	辛丑(신축)	壬寅(임인)	癸卯(계묘)	甲辰(갑진)	乙巳(을사)	丙午(병오)	丁未(정미)	戊申(무신)	己酉(기유)	庚戌(경술)	辛亥(신해)	壬子(임자)	癸丑(계축)	甲寅(갑인)	乙卯(을묘)	丙辰(병진)	丁巳(정사)	戊午(무오)	己未(기미)	庚申(경신)	辛酉(신유)	壬戌(임술)	癸亥(계해)	甲子(갑자)	乙丑(을축)	丙寅(병인)	丁卯(정묘)	戊辰(무진)	
절기시각							亥初																未正							
대 순행	7	7	7	6	6	6	5	5	5	4	4	4	3	3	3	2	2	2	1	1	1	1	10	10	9	9	9	8	8	
운 역행	3	3	3	4	4	4	5	5	5	6	6	6	7	7	7	8	8	8	9	9	9	10	10	1	1	1	2	2	2	

단기 4270 년
불기 2481 년

1937년 丁丑(정축)年

1 月　壬寅(임인)　大

절기									우수															경칩						
음력	一	二	三	四	五	六	七	八	九	十	十一	十二	十三	十四	十五	十六	十七	十八	十九	卄	卄一	卄二	卄三	卄四	卄五	卄六	卄七	卄八	卄九	三十
양력 월/일	2/11	12	13	14	15	16	17	18	19	20	21	22	23	24	25	26	27	28	3/1	2	3	4	5	6	7	8	9	10	11	12
일진	己巳(기사)	庚午(경오)	辛未(신미)	壬申(임신)	癸酉(계유)	甲戌(갑술)	乙亥(을해)	丙子(병자)	丁丑(정축)	戊寅(무인)	己卯(기묘)	庚辰(경진)	辛巳(신사)	壬午(임오)	癸未(계미)	甲申(갑신)	乙酉(을유)	丙戌(병술)	丁亥(정해)	戊子(무자)	己丑(기축)	庚寅(경인)	辛卯(신묘)	壬辰(임진)	癸巳(계사)	甲午(갑오)	乙未(을미)	丙申(병신)	丁酉(정유)	戊戌(무술)
절기시각									巳正															辰正						
대운 순행	8	7	7	7	6	6	6	5	5	5	4	4	4	3	3	3	2	2	2	1	1	1	1	10	10	9	9	9	8	8
대운 역행	3	3	3	4	4	4	5	5	5	6	6	6	7	7	7	8	8	8	9	9	9	10	10	10	1	1	1	2	2	2

2 月　癸卯(계묘)　小

절기									춘분															청명	한식				
음력	一	二	三	四	五	六	七	八	九	十	十一	十二	十三	十四	十五	十六	十七	十八	十九	卄	卄一	卄二	卄三	卄四	卄五	卄六	卄七	卄八	卄九
양력 월/일	3/13	14	15	16	17	18	19	20	21	22	23	24	25	26	27	28	29	30	31	4/1	2	3	4	5	6	7	8	9	10
일진	己亥(기해)	庚子(경자)	辛丑(신축)	壬寅(임인)	癸卯(계묘)	甲辰(갑진)	乙巳(을사)	丙午(병오)	丁未(정미)	戊申(무신)	己酉(기유)	庚戌(경술)	辛亥(신해)	壬子(임자)	癸丑(계축)	甲寅(갑인)	乙卯(을묘)	丙辰(병진)	丁巳(정사)	戊午(무오)	己未(기미)	庚申(경신)	辛酉(신유)	壬戌(임술)	癸亥(계해)	甲子(갑자)	乙丑(을축)	丙寅(병인)	丁卯(정묘)
절기시각									巳初															未初					
대운 순행	8	7	7	7	6	6	6	5	5	5	4	4	4	3	3	3	2	2	2	1	1	1	1	10	10	10	9	9	9
대운 역행	3	3	3	4	4	4	5	5	5	6	6	6	7	7	7	8	8	8	9	9	9	10	10	10	1	1	1	2	2

3 月　甲辰(갑진)　小

절기										곡우																입하			
음력	一	二	三	四	五	六	七	八	九	十	十一	十二	十三	十四	十五	十六	十七	十八	十九	卄	卄一	卄二	卄三	卄四	卄五	卄六	卄七	卄八	卄九
양력 월/일	4/11	12	13	14	15	16	17	18	19	20	21	22	23	24	25	26	27	28	29	30	5/1	2	3	4	5	6	7	8	9
일진	戊辰(무진)	己巳(기사)	庚午(경오)	辛未(신미)	壬申(임신)	癸酉(계유)	甲戌(갑술)	乙亥(을해)	丙子(병자)	丁丑(정축)	戊寅(무인)	己卯(기묘)	庚辰(경진)	辛巳(신사)	壬午(임오)	癸未(계미)	甲申(갑신)	乙酉(을유)	丙戌(병술)	丁亥(정해)	戊子(무자)	己丑(기축)	庚寅(경인)	辛卯(신묘)	壬辰(임진)	癸巳(계사)	甲午(갑오)	乙未(을미)	丙申(병신)
절기시각										亥初																辰初			
대운 순행	8	8	8	7	7	7	6	6	6	5	5	5	4	4	4	3	3	3	2	2	2	1	1	1	1	10	10	10	9
대운 역행	2	3	3	3	4	4	4	5	5	5	6	6	6	7	7	7	8	8	8	9	9	9	10	10	10	10	1	1	1

4 月　乙巳(을사)　大

절기												소만																망종		
음력	一	二	三	四	五	六	七	八	九	十	十一	十二	十三	十四	十五	十六	十七	十八	十九	卄	卄一	卄二	卄三	卄四	卄五	卄六	卄七	卄八	卄九	三十
양력 월/일	5/10	11	12	13	14	15	16	17	18	19	20	21	22	23	24	25	26	27	28	29	30	31	6/1	2	3	4	5	6	7	8
일진	丁酉(정유)	戊戌(무술)	己亥(기해)	庚子(경자)	辛丑(신축)	壬寅(임인)	癸卯(계묘)	甲辰(갑진)	乙巳(을사)	丙午(병오)	丁未(정미)	戊申(무신)	己酉(기유)	庚戌(경술)	辛亥(신해)	壬子(임자)	癸丑(계축)	甲寅(갑인)	乙卯(을묘)	丙辰(병진)	丁巳(정사)	戊午(무오)	己未(기미)	庚申(경신)	辛酉(신유)	壬戌(임술)	癸亥(계해)	甲子(갑자)	乙丑(을축)	丙寅(병인)
절기시각												戌正																午正		
대운 순행	9	9	8	8	8	7	7	7	6	6	6	5	5	5	4	4	4	3	3	3	2	2	2	1	1	1	1	10	10	10
대운 역행	2	2	2	3	3	3	4	4	4	5	5	5	6	6	6	7	7	7	8	8	8	9	9	9	10	10	10	10	1	1

5 月　丙午(병오)　小

절기														하지															소서
음력	一	二	三	四	五	六	七	八	九	十	十一	十二	十三	十四	十五	十六	十七	十八	十九	卄	卄一	卄二	卄三	卄四	卄五	卄六	卄七	卄八	卄九
양력 월/일	6/9	10	11	12	13	14	15	16	17	18	19	20	21	22	23	24	25	26	27	28	29	30	7/1	2	3	4	5	6	7
일진	丁卯(정묘)	戊辰(무진)	己巳(기사)	庚午(경오)	辛未(신미)	壬申(임신)	癸酉(계유)	甲戌(갑술)	乙亥(을해)	丙子(병자)	丁丑(정축)	戊寅(무인)	己卯(기묘)	庚辰(경진)	辛巳(신사)	壬午(임오)	癸未(계미)	甲申(갑신)	乙酉(을유)	丙戌(병술)	丁亥(정해)	戊子(무자)	己丑(기축)	庚寅(경인)	辛卯(신묘)	壬辰(임진)	癸巳(계사)	甲午(갑오)	乙未(을미)
절기시각														卯初															亥正
대운 순행	9	9	9	8	8	8	7	7	7	6	6	6	5	5	5	4	4	4	3	3	3	2	2	2	1	1	1	1	10
대운 역행	1	2	2	2	3	3	3	4	4	4	5	5	5	6	6	6	7	7	7	8	8	8	9	9	9	10	10	10	10

6 月　丁未(정미)　小

절기					초복										중복	대서													
음력	一	二	三	四	五	六	七	八	九	十	十一	十二	十三	十四	十五	十六	十七	十八	十九	卄	卄一	卄二	卄三	卄四	卄五	卄六	卄七	卄八	卄九
양력 월/일	7/8	9	10	11	12	13	14	15	16	17	18	19	20	21	22	23	24	25	26	27	28	29	30	31	8/1	2	3	4	5
일진	丙申(병신)	丁酉(정유)	戊戌(무술)	己亥(기해)	庚子(경자)	辛丑(신축)	壬寅(임인)	癸卯(계묘)	甲辰(갑진)	乙巳(을사)	丙午(병오)	丁未(정미)	戊申(무신)	己酉(기유)	庚戌(경술)	辛亥(신해)	壬子(임자)	癸丑(계축)	甲寅(갑인)	乙卯(을묘)	丙辰(병진)	丁巳(정사)	戊午(무오)	己未(기미)	庚申(경신)	辛酉(신유)	壬戌(임술)	癸亥(계해)	甲子(갑자)
절기시각																申正													
대운 순행	10	10	10	9	9	9	8	8	8	7	7	7	6	6	6	5	5	5	4	4	4	3	3	3	2	2	2	1	1
대운 역행	1	1	1	2	2	2	3	3	3	4	4	4	5	5	5	6	6	6	7	7	7	8	8	8	9	9	9	10	10

西 大將	卯 喪門	亥 弔客	東 三殺

7 月 戊 申(무신) 大

절 기			입추			말복												처서												
음 력	一	二	三	四	五	六	七	八	九	十	十一	十二	十三	十四	十五	十六	十七	十八	十九	卄	卄一	卄二	卄三	卄四	卄五	卄六	卄七	卄八	卄九	三十
양 력 월/일	8/6	7	8	9	10	11	12	13	14	15	16	17	18	19	20	21	22	23	24	25	26	27	28	29	30	31	9/1	2	3	4
일 진	乙丑(을축)	丙寅(병인)	丁卯(정묘)	戊辰(무진)	己巳(기사)	庚午(경오)	辛未(신미)	壬申(임신)	癸酉(계유)	甲戌(갑술)	乙亥(을해)	丙子(병자)	丁丑(정축)	戊寅(무인)	己卯(기묘)	庚辰(경진)	辛巳(신사)	壬午(임오)	癸未(계미)	甲申(갑신)	乙酉(을유)	丙戌(병술)	丁亥(정해)	戊子(무자)	己丑(기축)	庚寅(경인)	辛卯(신묘)	壬辰(임진)	癸巳(계사)	甲午(갑오)
절기시각			亥正															子初												
대운 순행	1	1	10	10	10	9	9	9	8	8	8	7	7	7	6	6	6	5	5	5	4	4	4	3	3	3	2	2	2	1
대운 역행	10	10	10	1	1	1	2	2	2	3	3	3	4	4	4	5	5	5	6	6	6	7	7	7	8	8	8	9	9	9

8 月 己 酉(기유) 小

절 기				백로															추분											
음 력	一	二	三	四	五	六	七	八	九	十	十一	十二	十三	十四	十五	十六	十七	十八	十九	卄	卄一	卄二	卄三	卄四	卄五	卄六	卄七	卄八	卄九	
양 력 월/일	9/5	6	7	8	9	10	11	12	13	14	15	16	17	18	19	20	21	22	23	24	25	26	27	28	29	30	10/1	2	3	
일 진	乙未(을미)	丙申(병신)	丁酉(정유)	戊戌(무술)	己亥(기해)	庚子(경자)	辛丑(신축)	壬寅(임인)	癸卯(계묘)	甲辰(갑진)	乙巳(을사)	丙午(병오)	丁未(정미)	戊申(무신)	己酉(기유)	庚戌(경술)	辛亥(신해)	壬子(임자)	癸丑(계축)	甲寅(갑인)	乙卯(을묘)	丙辰(병진)	丁巳(정사)	戊午(무오)	己未(기미)	庚申(경신)	辛酉(신유)	壬戌(임술)	癸亥(계해)	
절기시각				午初															亥初											
대운 순행	1	1	1	10	10	10	9	9	9	8	8	8	7	7	7	6	6	6	5	5	5	4	4	4	3	3	3	2	2	
대운 역행	10	10	10	10	1	1	1	2	2	2	3	3	3	4	4	4	5	5	5	6	6	6	7	7	7	8	8	8	9	

9 月 庚 戌(경술) 大

절 기						한로															상강									
음 력	一	二	三	四	五	六	七	八	九	十	十一	十二	十三	十四	十五	十六	十七	十八	十九	卄	卄一	卄二	卄三	卄四	卄五	卄六	卄七	卄八	卄九	三十
양 력 월/일	10/4	5	6	7	8	9	10	11	12	13	14	15	16	17	18	19	20	21	22	23	24	25	26	27	28	29	30	31	11/1	2
일 진	甲子(갑자)	乙丑(을축)	丙寅(병인)	丁卯(정묘)	戊辰(무진)	己巳(기사)	庚午(경오)	辛未(신미)	壬申(임신)	癸酉(계유)	甲戌(갑술)	乙亥(을해)	丙子(병자)	丁丑(정축)	戊寅(무인)	己卯(기묘)	庚辰(경진)	辛巳(신사)	壬午(임오)	癸未(계미)	甲申(갑신)	乙酉(을유)	丙戌(병술)	丁亥(정해)	戊子(무자)	己丑(기축)	庚寅(경인)	辛卯(신묘)	壬辰(임진)	癸巳(계사)
절기시각						寅初															卯正									
대운 순행	2	1	1	1	1	10	10	9	9	9	8	8	8	7	7	7	6	6	6	5	5	5	4	4	4	3	3	3	2	2
대운 역행	9	9	10	10	10	10	1	1	1	2	2	2	3	3	3	4	4	4	5	5	5	6	6	6	7	7	7	8	8	8

10 月 辛 亥(신해) 大

절 기						입동															소설									
음 력	一	二	三	四	五	六	七	八	九	十	十一	十二	十三	十四	十五	十六	十七	十八	十九	卄	卄一	卄二	卄三	卄四	卄五	卄六	卄七	卄八	卄九	三十
양 력 월/일	11/3	4	5	6	7	8	9	10	11	12	13	14	15	16	17	18	19	20	21	22	23	24	25	26	27	28	29	30	12/1	2
일 진	甲午(갑오)	乙未(을미)	丙申(병신)	丁酉(정유)	戊戌(무술)	己亥(기해)	庚子(경자)	辛丑(신축)	壬寅(임인)	癸卯(계묘)	甲辰(갑진)	乙巳(을사)	丙午(병오)	丁未(정미)	戊申(무신)	己酉(기유)	庚戌(경술)	辛亥(신해)	壬子(임자)	癸丑(계축)	甲寅(갑인)	乙卯(을묘)	丙辰(병진)	丁巳(정사)	戊午(무오)	己未(기미)	庚申(경신)	辛酉(신유)	壬戌(임술)	癸亥(계해)
절기시각						卯初															寅初									
대운 순행	2	1	1	1	1	10	9	9	9	8	8	8	7	7	7	6	6	6	5	5	5	4	4	4	3	3	3	2	2	2
대운 역행	9	9	9	10	10	10	1	1	1	2	2	2	3	3	3	4	4	4	5	5	5	6	6	6	7	7	7	8	8	8

11 月 壬 子(임자) 大

절 기					대설															동지										
음 력	一	二	三	四	五	六	七	八	九	十	十一	十二	十三	十四	十五	十六	十七	十八	十九	卄	卄一	卄二	卄三	卄四	卄五	卄六	卄七	卄八	卄九	三十
양 력 월/일	12/3	4	5	6	7	8	9	10	11	12	13	14	15	16	17	18	19	20	21	22	23	24	25	26	27	28	29	30	31	1/1
일 진	甲子(갑자)	乙丑(을축)	丙寅(병인)	丁卯(정묘)	戊辰(무진)	己巳(기사)	庚午(경오)	辛未(신미)	壬申(임신)	癸酉(계유)	甲戌(갑술)	乙亥(을해)	丙子(병자)	丁丑(정축)	戊寅(무인)	己卯(기묘)	庚辰(경진)	辛巳(신사)	壬午(임오)	癸未(계미)	甲申(갑신)	乙酉(을유)	丙戌(병술)	丁亥(정해)	戊子(무자)	己丑(기축)	庚寅(경인)	辛卯(신묘)	壬辰(임진)	癸巳(계사)
절기시각					亥正															申初										
대운 순행	1	1	1	1	10	10	9	9	9	8	8	8	7	7	7	6	6	6	5	5	5	4	4	4	3	3	3	2	2	2
대운 역행	9	9	9	10	10	1	1	1	2	2	2	3	3	3	4	4	4	5	5	5	6	6	6	7	7	7	8	8	8	9

12 月 癸 丑(계축) 小

절 기					소한															대한										
음 력	一	二	三	四	五	六	七	八	九	十	十一	十二	十三	十四	十五	十六	十七	十八	十九	卄	卄一	卄二	卄三	卄四	卄五	卄六	卄七	卄八	卄九	
양 력 월/일	1/2	3	4	5	6	7	8	9	10	11	12	13	14	15	16	17	18	19	20	21	22	23	24	25	26	27	28	29	30	
일 진	甲午(갑오)	乙未(을미)	丙申(병신)	丁酉(정유)	戊戌(무술)	己亥(기해)	庚子(경자)	辛丑(신축)	壬寅(임인)	癸卯(계묘)	甲辰(갑진)	乙巳(을사)	丙午(병오)	丁未(정미)	戊申(무신)	己酉(기유)	庚戌(경술)	辛亥(신해)	壬子(임자)	癸丑(계축)	甲寅(갑인)	乙卯(을묘)	丙辰(병진)	丁巳(정사)	戊午(무오)	己未(기미)	庚申(경신)	辛酉(신유)	壬戌(임술)	
절기시각					辰初															丑初										
대운 순행	1	1	1	1	10	9	9	9	8	8	8	7	7	7	6	6	6	5	5	5	4	4	4	3	3	3	2	2	2	
대운 역행	9	9	10	10	10	1	1	1	2	2	2	3	3	3	4	4	4	5	5	5	6	6	6	7	7	7	8	8	8	

서기 1938 년
불기 2482 년

1938년 戊寅(무인)年

1 月 甲 寅(갑인) 大

절기					입춘																우수									
음력	一	二	三	四	五	六	七	八	九	十	十一	十二	十三	十四	十五	十六	十七	十八	十九	廿	廿一	廿二	廿三	廿四	廿五	廿六	廿七	廿八	廿九	三十
양력 월/일	1/31	2/1	2	3	4	5	6	7	8	9	10	11	12	13	14	15	16	17	18	19	20	21	22	23	24	25	26	27	28	3/1
일진	癸亥(계해)	甲子(갑자)	乙丑(을축)	丙寅(병인)	丁卯(정묘)	戊辰(무진)	己巳(기사)	庚午(경오)	辛未(신미)	壬申(임신)	癸酉(계유)	甲戌(갑술)	乙亥(을해)	丙子(병자)	丁丑(정축)	戊寅(무인)	己卯(기묘)	庚辰(경진)	辛巳(신사)	壬午(임오)	癸未(계미)	甲申(갑신)	乙酉(을유)	丙戌(병술)	丁亥(정해)	戊子(무자)	己丑(기축)	庚寅(경인)	辛卯(신묘)	壬辰(임진)
절기시각					戌正																申正									
대운 순행	1	1	1	1	10	10	9	9	9	8	8	8	7	7	7	6	6	6	5	5	5	4	4	4	3	3	3	2	2	2
대운 역행	9	9	9	10	10	1	1	1	2	2	2	3	3	3	4	4	4	5	5	5	6	6	6	7	7	7	8	8	8	9

2 月 乙 卯(을묘) 大

절기					경칩																춘분									
음력	一	二	三	四	五	六	七	八	九	十	十一	十二	十三	十四	十五	十六	十七	十八	十九	廿	廿一	廿二	廿三	廿四	廿五	廿六	廿七	廿八	廿九	三十
양력 월/일	3/2	3	4	5	6	7	8	9	10	11	12	13	14	15	16	17	18	19	20	21	22	23	24	25	26	27	28	29	30	31
일진	癸巳(계사)	甲午(갑오)	乙未(을미)	丙申(병신)	丁酉(정유)	戊戌(무술)	己亥(기해)	庚子(경자)	辛丑(신축)	壬寅(임인)	癸卯(계묘)	甲辰(갑진)	乙巳(을사)	丙午(병오)	丁未(정미)	戊申(무신)	己酉(기유)	庚戌(경술)	辛亥(신해)	壬子(임자)	癸丑(계축)	甲寅(갑인)	乙卯(을묘)	丙辰(병진)	丁巳(정사)	戊午(무오)	己未(기미)	庚申(경신)	辛酉(신유)	壬戌(임술)
절기시각					未正																申初									
대운 순행	1	1	1	1	10	10	9	9	9	8	8	8	7	7	7	6	6	6	5	5	5	4	4	4	3	3	3	2	2	2
대운 역행	9	9	10	10	10	1	1	1	2	2	2	3	3	3	4	4	4	5	5	5	6	6	6	7	7	7	8	8	8	9

3 月 丙 辰(병진) 小

절기					청명	한식															곡우								
음력	一	二	三	四	五	六	七	八	九	十	十一	十二	十三	十四	十五	十六	十七	十八	十九	廿	廿一	廿二	廿三	廿四	廿五	廿六	廿七	廿八	廿九
양력 월/일	4/1	2	3	4	5	6	7	8	9	10	11	12	13	14	15	16	17	18	19	20	21	22	23	24	25	26	27	28	29
일진	癸亥(계해)	甲子(갑자)	乙丑(을축)	丙寅(병인)	丁卯(정묘)	戊辰(무진)	己巳(기사)	庚午(경오)	辛未(신미)	壬申(임신)	癸酉(계유)	甲戌(갑술)	乙亥(을해)	丙子(병자)	丁丑(정축)	戊寅(무인)	己卯(기묘)	庚辰(경진)	辛巳(신사)	壬午(임오)	癸未(계미)	甲申(갑신)	乙酉(을유)	丙戌(병술)	丁亥(정해)	戊子(무자)	己丑(기축)	庚寅(경인)	辛卯(신묘)
절기시각					戌初																寅初								
대운 순행	1	1	1	1	10	10	10	9	9	9	8	8	8	7	7	7	6	6	6	5	5	5	4	4	4	3	3	3	2
대운 역행	9	9	10	10	10	1	1	1	2	2	2	3	3	3	4	4	4	5	5	5	6	6	6	7	7	7	8	8	8

4 月 丁 巳(정사) 小

절기							입하																소만						
음력	一	二	三	四	五	六	七	八	九	十	十一	十二	十三	十四	十五	十六	十七	十八	十九	廿	廿一	廿二	廿三	廿四	廿五	廿六	廿七	廿八	廿九
양력 월/일	4/30	5/1	2	3	4	5	6	7	8	9	10	11	12	13	14	15	16	17	18	19	20	21	22	23	24	25	26	27	28
일진	壬辰(임진)	癸巳(계사)	甲午(갑오)	乙未(을미)	丙申(병신)	丁酉(정유)	戊戌(무술)	己亥(기해)	庚子(경자)	辛丑(신축)	壬寅(임인)	癸卯(계묘)	甲辰(갑진)	乙巳(을사)	丙午(병오)	丁未(정미)	戊申(무신)	己酉(기유)	庚戌(경술)	辛亥(신해)	壬子(임자)	癸丑(계축)	甲寅(갑인)	乙卯(을묘)	丙辰(병진)	丁巳(정사)	戊午(무오)	己未(기미)	庚申(경신)
절기시각							未初																丑正						
대운 순행	2	2	1	1	1	1	10	10	10	9	9	9	8	8	8	7	7	7	6	6	6	5	5	5	4	4	4	3	3
대운 역행	9	9	9	10	10	10	10	1	1	1	2	2	2	3	3	3	4	4	4	5	5	5	6	6	6	7	7	7	8

5 月 戊 午(무오) 大

절기									망종														하지							
음력	一	二	三	四	五	六	七	八	九	十	十一	十二	十三	十四	十五	十六	十七	十八	十九	廿	廿一	廿二	廿三	廿四	廿五	廿六	廿七	廿八	廿九	三十
양력 월/일	5/29	30	31	6/1	2	3	4	5	6	7	8	9	10	11	12	13	14	15	16	17	18	19	20	21	22	23	24	25	26	27
일진	辛酉(신유)	壬戌(임술)	癸亥(계해)	甲子(갑자)	乙丑(을축)	丙寅(병인)	丁卯(정묘)	戊辰(무진)	己巳(기사)	庚午(경오)	辛未(신미)	壬申(임신)	癸酉(계유)	甲戌(갑술)	乙亥(을해)	丙子(병자)	丁丑(정축)	戊寅(무인)	己卯(기묘)	庚辰(경진)	辛巳(신사)	壬午(임오)	癸未(계미)	甲申(갑신)	乙酉(을유)	丙戌(병술)	丁亥(정해)	戊子(무자)	己丑(기축)	庚寅(경인)
절기시각									酉正																午初					
대운 순행	3	2	2	2	1	1	1	1	10	10	10	10	9	9	9	8	8	8	7	7	7	6	6	6	5	5	5	4	4	4
대운 역행	8	8	9	9	9	10	10	10	10	1	1	1	2	2	2	3	3	3	4	4	4	5	5	5	6	6	6	7	7	7

6 月 己 未(기미) 小

절기											소서									초복						대서			
음력	一	二	三	四	五	六	七	八	九	十	十一	十二	十三	十四	十五	十六	十七	十八	十九	廿	廿一	廿二	廿三	廿四	廿五	廿六	廿七	廿八	廿九
양력 월/일	6/28	29	30	7/1	2	3	4	5	6	7	8	9	10	11	12	13	14	15	16	17	18	19	20	21	22	23	24	25	26
일진	辛卯(신묘)	壬辰(임진)	癸巳(계사)	甲午(갑오)	乙未(을미)	丙申(병신)	丁酉(정유)	戊戌(무술)	己亥(기해)	庚子(경자)	辛丑(신축)	壬寅(임인)	癸卯(계묘)	甲辰(갑진)	乙巳(을사)	丙午(병오)	丁未(정미)	戊申(무신)	己酉(기유)	庚戌(경술)	辛亥(신해)	壬子(임자)	癸丑(계축)	甲寅(갑인)	乙卯(을묘)	丙辰(병진)	丁巳(정사)	戊午(무오)	己未(기미)
절기시각											寅正															亥正			
대운 순행	3	3	3	2	2	2	1	1	1	1	10	10	10	9	9	9	8	8	8	7	7	7	6	6	6	5	5	5	4
대운 역행	8	8	8	9	9	9	10	10	10	10	10	1	1	1	2	2	2	3	3	3	4	4	4	5	5	5	6	6	6

北 大將	辰 喪門	子 弔客	北 三殺

7 月 庚 申(경신) 小

절 기	중복												입추								말복								처서	
음 력	一	二	三	四	五	六	七	八	九	十	十一	十二	十三	十四	十五	十六	十七	十八	十九	廿	廿一	廿二	廿三	廿四	廿五	廿六	廿七	廿八	廿九	
양 력 월/일	7/27	28	29	30	31	8/1	2	3	4	5	6	7	8	9	10	11	12	13	14	15	16	17	18	19	20	21	22	23	24	
일 진	庚申(경신)	辛酉(신유)	壬戌(임술)	癸亥(계해)	甲子(갑자)	乙丑(을축)	丙寅(병인)	丁卯(정묘)	戊辰(무진)	己巳(기사)	庚午(경오)	辛未(신미)	壬申(임신)	癸酉(계유)	甲戌(갑술)	乙亥(을해)	丙子(병자)	丁丑(정축)	戊寅(무인)	己卯(기묘)	庚辰(경진)	辛巳(신사)	壬午(임오)	癸未(계미)	甲申(갑신)	乙酉(을유)	丙戌(병술)	丁亥(정해)	戊子(무자)	
절기시각													未正																卯初	
대운 순행	4	4	3	3	3	2	2	2	1	1	1	1	10	10	10	9	9	9	8	8	8	7	7	7	6	6	6	5	5	
대운 역행	7	7	7	8	8	8	9	9	9	10	10	10	10	1	1	1	2	2	2	3	3	3	4	4	4	5	5	5	6	

閏 7 月 庚 申(경신) 大

절 기															백로															
음 력	一	二	三	四	五	六	七	八	九	十	十一	十二	十三	十四	十五	十六	十七	十八	十九	廿	廿一	廿二	廿三	廿四	廿五	廿六	廿七	廿八	廿九	三十
양 력 월/일	8/25	26	27	28	29	30	31	9/1	2	3	4	5	6	7	8	9	10	11	12	13	14	15	16	17	18	19	20	21	22	23
일 진	己丑(기축)	庚寅(경인)	辛卯(신묘)	壬辰(임진)	癸巳(계사)	甲午(갑오)	乙未(을미)	丙申(병신)	丁酉(정유)	戊戌(무술)	己亥(기해)	庚子(경자)	辛丑(신축)	壬寅(임인)	癸卯(계묘)	甲辰(갑진)	乙巳(을사)	丙午(병오)	丁未(정미)	戊申(무신)	己酉(기유)	庚戌(경술)	辛亥(신해)	壬子(임자)	癸丑(계축)	甲寅(갑인)	乙卯(을묘)	丙辰(병진)	丁巳(정사)	戊午(무오)
절기시각															酉初															
대운 순행	5	4	4	4	3	3	3	2	2	2	1	1	1	1	10	10	10	9	9	9	8	8	8	7	7	7	6	6	6	5
대운 역행	6	6	7	7	7	8	8	8	9	9	9	10	10	10	10	1	1	1	2	2	2	3	3	3	4	4	4	5	5	5

8 月 辛 酉(신유) 小

절 기	추분															한로														
음 력	一	二	三	四	五	六	七	八	九	十	十一	十二	十三	十四	十五	十六	十七	十八	十九	廿	廿一	廿二	廿三	廿四	廿五	廿六	廿七	廿八	廿九	
양 력 월/일	9/24	25	26	27	28	29	30	10/1	2	3	4	5	6	7	8	9	10	11	12	13	14	15	16	17	18	19	20	21	22	
일 진	己未(기미)	庚申(경신)	辛酉(신유)	壬戌(임술)	癸亥(계해)	甲子(갑자)	乙丑(을축)	丙寅(병인)	丁卯(정묘)	戊辰(무진)	己巳(기사)	庚午(경오)	辛未(신미)	壬申(임신)	癸酉(계유)	甲戌(갑술)	乙亥(을해)	丙子(병자)	丁丑(정축)	戊寅(무인)	己卯(기묘)	庚辰(경진)	辛巳(신사)	壬午(임오)	癸未(계미)	甲申(갑신)	乙酉(을유)	丙戌(병술)	丁亥(정해)	
절기시각	丑正															辰正														
대운 순행	5	5	4	4	4	3	3	3	2	2	2	1	1	1	1	10	10	9	9	9	8	8	8	7	7	7	6	6	6	
대운 역행	6	6	6	7	7	7	8	8	8	9	9	9	10	10	10	10	1	1	1	2	2	2	3	3	3	4	4	4	5	

9 月 壬 戌(임술) 大

절 기		상강															입동													
음 력	一	二	三	四	五	六	七	八	九	十	十一	十二	十三	十四	十五	十六	十七	十八	十九	廿	廿一	廿二	廿三	廿四	廿五	廿六	廿七	廿八	廿九	三十
양 력 월/일	10/23	24	25	26	27	28	29	30	31	11/1	2	3	4	5	6	7	8	9	10	11	12	13	14	15	16	17	18	19	20	21
일 진	戊子(무자)	己丑(기축)	庚寅(경인)	辛卯(신묘)	壬辰(임진)	癸巳(계사)	甲午(갑오)	乙未(을미)	丙申(병신)	丁酉(정유)	戊戌(무술)	己亥(기해)	庚子(경자)	辛丑(신축)	壬寅(임인)	癸卯(계묘)	甲辰(갑진)	乙巳(을사)	丙午(병오)	丁未(정미)	戊申(무신)	己酉(기유)	庚戌(경술)	辛亥(신해)	壬子(임자)	癸丑(계축)	甲寅(갑인)	乙卯(을묘)	丙辰(병진)	丁巳(정사)
절기시각		丑初															丑初													
대운 순행	5	5	5	4	4	4	3	3	3	2	2	2	1	1	1	1	10	10	9	9	9	8	8	8	7	7	7	6	6	6
대운 역행	5	5	6	6	6	7	7	7	8	8	8	9	9	9	10	10	10	1	1	1	2	2	2	3	3	3	4	4	4	5

10 月 癸 亥(계해) 大

절 기		소설															대설													
음 력	一	二	三	四	五	六	七	八	九	十	十一	十二	十三	十四	十五	十六	十七	十八	十九	廿	廿一	廿二	廿三	廿四	廿五	廿六	廿七	廿八	廿九	三十
양 력 월/일	11/22	23	24	25	26	27	28	29	30	12/1	2	3	4	5	6	7	8	9	10	11	12	13	14	15	16	17	18	19	20	21
일 진	戊午(무오)	己未(기미)	庚申(경신)	辛酉(신유)	壬戌(임술)	癸亥(계해)	甲子(갑자)	乙丑(을축)	丙寅(병인)	丁卯(정묘)	戊辰(무진)	己巳(기사)	庚午(경오)	辛未(신미)	壬申(임신)	癸酉(계유)	甲戌(갑술)	乙亥(을해)	丙子(병자)	丁丑(정축)	戊寅(무인)	己卯(기묘)	庚辰(경진)	辛巳(신사)	壬午(임오)	癸未(계미)	甲申(갑신)	乙酉(을유)	丙戌(병술)	丁亥(정해)
절기시각		辰正															寅初													
대운 순행	5	5	5	4	4	4	3	3	3	2	2	2	1	1	1	1	10	9	9	9	8	8	8	7	7	7	6	6	6	5
대운 역행	5	5	6	6	6	7	7	7	8	8	8	9	9	9	10	10	10	1	1	1	2	2	2	3	3	3	4	4	4	5

11 月 甲 子(갑자) 大

절 기	동지															소한														
음 력	一	二	三	四	五	六	七	八	九	十	十一	十二	十三	十四	十五	十六	十七	十八	十九	廿	廿一	廿二	廿三	廿四	廿五	廿六	廿七	廿八	廿九	
양 력 월/일	12/22	23	24	25	26	27	28	29	30	31	1/1	2	3	4	5	6	7	8	9	10	11	12	13	14	15	16	17	18	19	
일 진	戊子(무자)	己丑(기축)	庚寅(경인)	辛卯(신묘)	壬辰(임진)	癸巳(계사)	甲午(갑오)	乙未(을미)	丙申(병신)	丁酉(정유)	戊戌(무술)	己亥(기해)	庚子(경자)	辛丑(신축)	壬寅(임인)	癸卯(계묘)	甲辰(갑진)	乙巳(을사)	丙午(병오)	丁未(정미)	戊申(무신)	己酉(기유)	庚戌(경술)	辛亥(신해)	壬子(임자)	癸丑(계축)	甲寅(갑인)	乙卯(을묘)	丙辰(병진)	
절기시각	亥初															未正														
대운 순행	5	5	4	4	4	3	3	3	2	2	2	1	1	1	1	10	10	9	9	9	8	8	8	7	7	7	6	6	6	
대운 역행	5	5	6	6	6	7	7	7	8	8	8	9	9	9	10	10	1	1	1	2	2	2	3	3	3	4	4	4	5	

12 月 乙 丑(을축) 大

절 기		대한															입춘													
음 력	一	二	三	四	五	六	七	八	九	十	十一	十二	十三	十四	十五	十六	十七	十八	十九	廿	廿一	廿二	廿三	廿四	廿五	廿六	廿七	廿八	廿九	三十
양 력 월/일	1/20	21	22	23	24	25	26	27	28	29	30	31	2/1	2	3	4	5	6	7	8	9	10	11	12	13	14	15	16	17	18
일 진	丁巳(정사)	戊午(무오)	己未(기미)	庚申(경신)	辛酉(신유)	壬戌(임술)	癸亥(계해)	甲子(갑자)	乙丑(을축)	丙寅(병인)	丁卯(정묘)	戊辰(무진)	己巳(기사)	庚午(경오)	辛未(신미)	壬申(임신)	癸酉(계유)	甲戌(갑술)	乙亥(을해)	丙子(병자)	丁丑(정축)	戊寅(무인)	己卯(기묘)	庚辰(경진)	辛巳(신사)	壬午(임오)	癸未(계미)	甲申(갑신)	乙酉(을유)	丙戌(병술)
절기시각		辰初															丑初													
대운 순행	5	5	5	4	4	4	3	3	3	2	2	2	1	1	1	1	10	9	9	9	8	8	8	7	7	7	6	6	6	5
대운 역행	5	5	6	6	6	7	7	7	8	8	8	9	9	9	10	10	10	1	1	1	2	2	2	3	3	3	4	4	4	5

단기 4272 년
불기 2483 년

1939년 己卯(기묘)年

1 月 丙 寅(병인) 大

절기	우수															경칩														
음력	一	二	三	四	五	六	七	八	九	十	十一	十二	十三	十四	十五	十六	十七	十八	十九	廿	廿一	廿二	廿三	廿四	廿五	廿六	廿七	廿八	廿九	三十
양력 월/일	2/19	20	21	22	23	24	25	26	27	28	3/1	2	3	4	5	6	7	8	9	10	11	12	13	14	15	16	17	18	19	20
일진	丁亥(정해)	戊子(무자)	己丑(기축)	庚寅(경인)	辛卯(신묘)	壬辰(임진)	癸巳(계사)	甲午(갑오)	乙未(을미)	丙申(병신)	丁酉(정유)	戊戌(무술)	己亥(기해)	庚子(경자)	辛丑(신축)	壬寅(임인)	癸卯(계묘)	甲辰(갑진)	乙巳(을사)	丙午(병오)	丁未(정미)	戊申(무신)	己酉(기유)	庚戌(경술)	辛亥(신해)	壬子(임자)	癸丑(계축)	甲寅(갑인)	乙卯(을묘)	丙辰(병진)
절기시각	亥初															戌正														
대운 순행	5	5	4	4	4	3	3	3	2	2	2	1	1	1	1	10	10	10	9	9	9	8	8	8	7	7	7	6	6	6
대운 역행	5	5	6	6	6	7	7	7	8	8	8	9	9	9	10	10	1	1	1	2	2	2	3	3	3	4	4	4	5	5

2 月 丁 卯(정묘) 大

절기	춘분															청명	한식													
음력	一	二	三	四	五	六	七	八	九	十	十一	十二	十三	十四	十五	十六	十七	十八	十九	廿	廿一	廿二	廿三	廿四	廿五	廿六	廿七	廿八	廿九	三十
양력 월/일	3/21	22	23	24	25	26	27	28	29	30	31	4/1	2	3	4	5	6	7	8	9	10	11	12	13	14	15	16	17	18	19
일진	丁巳(정사)	戊午(무오)	己未(기미)	庚申(경신)	辛酉(신유)	壬戌(임술)	癸亥(계해)	甲子(갑자)	乙丑(을축)	丙寅(병인)	丁卯(정묘)	戊辰(무진)	己巳(기사)	庚午(경오)	辛未(신미)	壬申(임신)	癸酉(계유)	甲戌(갑술)	乙亥(을해)	丙子(병자)	丁丑(정축)	戊寅(무인)	己卯(기묘)	庚辰(경진)	辛巳(신사)	壬午(임오)	癸未(계미)	甲申(갑신)	乙酉(을유)	丙戌(병술)
절기시각	亥初															丑初														
대운 순행	5	5	5	4	4	4	3	3	3	2	2	2	1	1	1	1	10	10	9	9	9	8	8	8	7	7	7	6	6	6
대운 역행	5	6	6	6	7	7	7	8	8	8	9	9	9	10	10	10	10	1	1	1	2	2	2	3	3	3	4	4	4	5

3 月 戊 辰(무진) 小

절기		곡우															입하													
음력	一	二	三	四	五	六	七	八	九	十	十一	十二	十三	十四	十五	十六	十七	十八	十九	廿	廿一	廿二	廿三	廿四	廿五	廿六	廿七	廿八	廿九	
양력 월/일	4/20	21	22	23	24	25	26	27	28	29	30	5/1	2	3	4	5	6	7	8	9	10	11	12	13	14	15	16	17	18	
일진	丁亥(정해)	戊子(무자)	己丑(기축)	庚寅(경인)	辛卯(신묘)	壬辰(임진)	癸巳(계사)	甲午(갑오)	乙未(을미)	丙申(병신)	丁酉(정유)	戊戌(무술)	己亥(기해)	庚子(경자)	辛丑(신축)	壬寅(임인)	癸卯(계묘)	甲辰(갑진)	乙巳(을사)	丙午(병오)	丁未(정미)	戊申(무신)	己酉(기유)	庚戌(경술)	辛亥(신해)	壬子(임자)	癸丑(계축)	甲寅(갑인)	乙卯(을묘)	
절기시각		辰正															戌初													
대운 순행	5	5	5	4	4	4	3	3	3	2	2	2	1	1	1	1	10	10	10	9	9	9	8	8	8	7	7	7	6	
대운 역행	5	5	6	6	6	7	7	7	8	8	8	9	9	9	10	10	10	1	1	1	2	2	2	3	3	3	4	4	4	

4 月 己 巳(기사) 小

절기				소만															망종											
음력	一	二	三	四	五	六	七	八	九	十	十一	十二	十三	十四	十五	十六	十七	十八	十九	廿	廿一	廿二	廿三	廿四	廿五	廿六	廿七	廿八	廿九	
양력 월/일	5/19	20	21	22	23	24	25	26	27	28	29	30	31	6/1	2	3	4	5	6	7	8	9	10	11	12	13	14	15	16	
일진	丙辰(병진)	丁巳(정사)	戊午(무오)	己未(기미)	庚申(경신)	辛酉(신유)	壬戌(임술)	癸亥(계해)	甲子(갑자)	乙丑(을축)	丙寅(병인)	丁卯(정묘)	戊辰(무진)	己巳(기사)	庚午(경오)	辛未(신미)	壬申(임신)	癸酉(계유)	甲戌(갑술)	乙亥(을해)	丙子(병자)	丁丑(정축)	戊寅(무인)	己卯(기묘)	庚辰(경진)	辛巳(신사)	壬午(임오)	癸未(계미)	甲申(갑신)	
절기시각				辰正															子正											
대운 순행	6	6	5	5	5	4	4	4	3	3	3	2	2	2	1	1	1	1	10	10	10	10	9	9	9	8	8	8	7	
대운 역행	5	5	5	6	6	6	7	7	7	8	8	8	9	9	9	10	10	10	10	1	1	1	2	2	2	3	3	3	4	

5 月 庚 午(경오) 大

절기						하지																소서				초복				
음력	一	二	三	四	五	六	七	八	九	十	十一	十二	十三	十四	十五	十六	十七	十八	十九	廿	廿一	廿二	廿三	廿四	廿五	廿六	廿七	廿八	廿九	三十
양력 월/일	6/17	18	19	20	21	22	23	24	25	26	27	28	29	30	7/1	2	3	4	5	6	7	8	9	10	11	12	13	14	15	16
일진	乙酉(을유)	丙戌(병술)	丁亥(정해)	戊子(무자)	己丑(기축)	庚寅(경인)	辛卯(신묘)	壬辰(임진)	癸巳(계사)	甲午(갑오)	乙未(을미)	丙申(병신)	丁酉(정유)	戊戌(무술)	己亥(기해)	庚子(경자)	辛丑(신축)	壬寅(임인)	癸卯(계묘)	甲辰(갑진)	乙巳(을사)	丙午(병오)	丁未(정미)	戊申(무신)	己酉(기유)	庚戌(경술)	辛亥(신해)	壬子(임자)	癸丑(계축)	甲寅(갑인)
절기시각						申正																巳正								
대운 순행	7	7	6	6	6	5	5	5	4	4	4	3	3	3	2	2	2	1	1	1	1	10	10	10	9	9	9	8	8	8
대운 역행	4	4	5	5	5	6	6	6	7	7	7	8	8	8	9	9	9	10	10	10	10	10	1	1	1	2	2	2	3	3

6 月 辛 未(신미) 小

절기						중복		대서															입추			말복				
음력	一	二	三	四	五	六	七	八	九	十	十一	十二	十三	十四	十五	十六	十七	十八	十九	廿	廿一	廿二	廿三	廿四	廿五	廿六	廿七	廿八	廿九	
양력 월/일	7/17	18	19	20	21	22	23	24	25	26	27	28	29	30	31	8/1	2	3	4	5	6	7	8	9	10	11	12	13	14	
일진	乙卯(을묘)	丙辰(병진)	丁巳(정사)	戊午(무오)	己未(기미)	庚申(경신)	辛酉(신유)	壬戌(임술)	癸亥(계해)	甲子(갑자)	乙丑(을축)	丙寅(병인)	丁卯(정묘)	戊辰(무진)	己巳(기사)	庚午(경오)	辛未(신미)	壬申(임신)	癸酉(계유)	甲戌(갑술)	乙亥(을해)	丙子(병자)	丁丑(정축)	戊寅(무인)	己卯(기묘)	庚辰(경진)	辛巳(신사)	壬午(임오)	癸未(계미)	
절기시각								寅正															戌正							
대운 순행	7	7	7	6	6	6	5	5	5	4	4	4	3	3	3	2	2	2	1	1	1	1	10	10	10	9	9	9	8	
대운 역행	3	4	4	4	5	5	5	6	6	6	7	7	7	8	8	8	9	9	9	10	10	10	10	1	1	1	2	2	2	

北 大將 巳 喪門 丑 弔客 酉 三殺

7 月 壬 申(임신) 小

절기									처서															백로					
음력	一	二	三	四	五	六	七	八	九	十	十一	十二	十三	十四	十五	十六	十七	十八	十九	廿	廿一	廿二	廿三	廿四	廿五	廿六	廿七	廿八	廿九	
양력 월/일	8/15	16	17	18	19	20	21	22	23	24	25	26	27	28	29	30	31	9/1	2	3	4	5	6	7	8	9	10	11	12	
일진	甲申(갑신)	乙酉(을유)	丙戌(병술)	丁亥(정해)	戊子(무자)	己丑(기축)	庚寅(경인)	辛卯(신묘)	壬辰(임진)	癸巳(계사)	甲午(갑오)	乙未(을미)	丙申(병신)	丁酉(정유)	戊戌(무술)	己亥(기해)	庚子(경자)	辛丑(신축)	壬寅(임인)	癸卯(계묘)	甲辰(갑진)	乙巳(을사)	丙午(병오)	丁未(정미)	戊申(무신)	己酉(기유)	庚戌(경술)	辛亥(신해)	壬子(임자)	
절기시각										午初															子初					
대운 순행	8	8	7	7	7	6	6	6	5	5	5	4	4	4	3	3	3	2	2	2	1	1	1	1	10	10	10	9	9	
대운 역행	3	3	3	4	4	4	5	5	5	6	6	6	7	7	7	8	8	8	9	9	9	10	10	10	10	1	1	1	2	

8 月 癸 酉(계유) 大

절기											추분															한로			
음력	一	二	三	四	五	六	七	八	九	十	十一	十二	十三	十四	十五	十六	十七	十八	十九	廿	廿一	廿二	廿三	廿四	廿五	廿六	廿七	廿八	廿九	三十
양력 월/일	9/13	14	15	16	17	18	19	20	21	22	23	24	25	26	27	28	29	30	10/1	2	3	4	5	6	7	8	9	10	11	12
일진	癸丑(계축)	甲寅(갑인)	乙卯(을묘)	丙辰(병진)	丁巳(정사)	戊午(무오)	己未(기미)	庚申(경신)	辛酉(신유)	壬戌(임술)	癸亥(계해)	甲子(갑자)	乙丑(을축)	丙寅(병인)	丁卯(정묘)	戊辰(무진)	己巳(기사)	庚午(경오)	辛未(신미)	壬申(임신)	癸酉(계유)	甲戌(갑술)	乙亥(을해)	丙子(병자)	丁丑(정축)	戊寅(무인)	己卯(기묘)	庚辰(경진)	辛巳(신사)	壬午(임오)
절기시각												辰正															未正			
대운 순행	9	8	8	8	7	7	7	6	6	6	5	5	5	4	4	4	3	3	3	2	2	2	1	1	1	1	10	10	9	9
대운 역행	2	2	3	3	3	4	4	4	5	5	5	6	6	6	7	7	7	8	8	8	9	9	9	10	10	10	10	1	1	1

9 月 甲 戌(갑술) 小

절기											상강															입동			
음력	一	二	三	四	五	六	七	八	九	十	十一	十二	十三	十四	十五	十六	十七	十八	十九	廿	廿一	廿二	廿三	廿四	廿五	廿六	廿七	廿八	廿九	
양력 월/일	10/13	14	15	16	17	18	19	20	21	22	23	24	25	26	27	28	29	30	31	11/1	2	3	4	5	6	7	8	9	10	
일진	癸未(계미)	甲申(갑신)	乙酉(을유)	丙戌(병술)	丁亥(정해)	戊子(무자)	己丑(기축)	庚寅(경인)	辛卯(신묘)	壬辰(임진)	癸巳(계사)	甲午(갑오)	乙未(을미)	丙申(병신)	丁酉(정유)	戊戌(무술)	己亥(기해)	庚子(경자)	辛丑(신축)	壬寅(임인)	癸卯(계묘)	甲辰(갑진)	乙巳(을사)	丙午(병오)	丁未(정미)	戊申(무신)	己酉(기유)	庚戌(경술)	辛亥(신해)	
절기시각												酉初															酉初			
대운 순행	9	8	8	8	7	7	7	6	6	6	5	5	5	4	4	4	3	3	3	2	2	2	1	1	1	1	10	10	9	
대운 역행	2	2	2	3	3	3	4	4	4	5	5	5	6	6	6	7	7	7	8	8	8	9	9	9	10	10	10	1	1	

10 月 乙 亥(을해) 大

절기												소설															대설		
음력	一	二	三	四	五	六	七	八	九	十	十一	十二	十三	十四	十五	十六	十七	十八	十九	廿	廿一	廿二	廿三	廿四	廿五	廿六	廿七	廿八	廿九	三十
양력 월/일	11/11	12	13	14	15	16	17	18	19	20	21	22	23	24	25	26	27	28	29	30	12/1	2	3	4	5	6	7	8	9	10
일진	壬子(임자)	癸丑(계축)	甲寅(갑인)	乙卯(을묘)	丙辰(병진)	丁巳(정사)	戊午(무오)	己未(기미)	庚申(경신)	辛酉(신유)	壬戌(임술)	癸亥(계해)	甲子(갑자)	乙丑(을축)	丙寅(병인)	丁卯(정묘)	戊辰(무진)	己巳(기사)	庚午(경오)	辛未(신미)	壬申(임신)	癸酉(계유)	甲戌(갑술)	乙亥(을해)	丙子(병자)	丁丑(정축)	戊寅(무인)	己卯(기묘)	庚辰(경진)	辛巳(신사)
절기시각													未正															巳初		
대운 순행	9	9	8	8	8	7	7	7	6	6	6	5	5	5	4	4	4	3	3	3	2	2	2	1	1	1	1	10	9	9
대운 역행	1	2	2	2	3	3	3	4	4	4	5	5	5	6	6	6	7	7	7	8	8	8	9	9	9	10	10	10	1	1

11 月 丙 子(병자) 小

절기												동지														소한			
음력	一	二	三	四	五	六	七	八	九	十	十一	十二	十三	十四	十五	十六	十七	十八	十九	廿	廿一	廿二	廿三	廿四	廿五	廿六	廿七	廿八	廿九	
양력 월/일	12/11	12	13	14	15	16	17	18	19	20	21	22	23	24	25	26	27	28	29	30	31	1/1	2	3	4	5	6	7	8	
일진	壬午(임오)	癸未(계미)	甲申(갑신)	乙酉(을유)	丙戌(병술)	丁亥(정해)	戊子(무자)	己丑(기축)	庚寅(경인)	辛卯(신묘)	壬辰(임진)	癸巳(계사)	甲午(갑오)	乙未(을미)	丙申(병신)	丁酉(정유)	戊戌(무술)	己亥(기해)	庚子(경자)	辛丑(신축)	壬寅(임인)	癸卯(계묘)	甲辰(갑진)	乙巳(을사)	丙午(병오)	丁未(정미)	戊申(무신)	己酉(기유)	庚戌(경술)	
절기시각													寅初														戌正			
대운 순행	9	8	8	8	7	7	7	6	6	6	5	5	5	4	4	4	3	3	3	2	2	2	1	1	1	1	10	10	9	
대운 역행	1	2	2	2	3	3	3	4	4	4	5	5	5	6	6	6	7	7	7	8	8	8	9	9	9	10	10	1	1	

12 月 丁 丑(정축) 大

절기												대한															입춘		
음력	一	二	三	四	五	六	七	八	九	十	十一	十二	十三	十四	十五	十六	十七	十八	十九	廿	廿一	廿二	廿三	廿四	廿五	廿六	廿七	廿八	廿九	三十
양력 월/일	1/9	10	11	12	13	14	15	16	17	18	19	20	21	22	23	24	25	26	27	28	29	30	31	2/1	2	3	4	5	6	7
일진	辛亥(신해)	壬子(임자)	癸丑(계축)	甲寅(갑인)	乙卯(을묘)	丙辰(병진)	丁巳(정사)	戊午(무오)	己未(기미)	庚申(경신)	辛酉(신유)	壬戌(임술)	癸亥(계해)	甲子(갑자)	乙丑(을축)	丙寅(병인)	丁卯(정묘)	戊辰(무진)	己巳(기사)	庚午(경오)	辛未(신미)	壬申(임신)	癸酉(계유)	甲戌(갑술)	乙亥(을해)	丙子(병자)	丁丑(정축)	戊寅(무인)	己卯(기묘)	庚辰(경진)
절기시각													未初															辰初		
대운 순행	9	9	8	8	8	7	7	7	6	6	6	5	5	5	4	4	4	3	3	3	2	2	2	1	1	1	1	10	10	9
대운 역행	1	2	2	2	3	3	3	4	4	4	5	5	5	6	6	6	7	7	7	8	8	8	9	9	9	10	10	10	1	1

단기 4273 년
불기 2484 년

1940년 庚辰(경진)年

1 月 戊寅(무인) 大

절기													우수															경칩		
음력	一	二	三	四	五	六	七	八	九	十	十一	十二	十三	十四	十五	十六	十七	十八	十九	二十	廿一	廿二	廿三	廿四	廿五	廿六	廿七	廿八	廿九	三十
양력 월/일	2/8	9	10	11	12	13	14	15	16	17	18	19	20	21	22	23	24	25	26	27	28	29	3/1	2	3	4	5	6	7	8
일진	辛巳(신사)	壬午(임오)	癸未(계미)	甲申(갑신)	乙酉(을유)	丙戌(병술)	丁亥(정해)	戊子(무자)	己丑(기축)	庚寅(경인)	辛卯(신묘)	壬辰(임진)	癸巳(계사)	甲午(갑오)	乙未(을미)	丙申(병신)	丁酉(정유)	戊戌(무술)	己亥(기해)	庚子(경자)	辛丑(신축)	壬寅(임인)	癸卯(계묘)	甲辰(갑진)	乙巳(을사)	丙午(병오)	丁未(정미)	戊申(무신)	己酉(기유)	庚戌(경술)
절기시각													寅初															丑初		
대운 순행	9	9	8	8	8	7	7	7	6	6	6	5	5	5	4	4	4	3	3	3	2	2	2	1	1	1	1	10	10	9
대운 역행	1	2	2	2	3	3	3	4	4	4	5	5	5	6	6	6	7	7	7	8	8	8	9	9	9	10	10	10	1	1

2 月 己卯(기묘) 大

절기													춘분															청명	한식	
음력	一	二	三	四	五	六	七	八	九	十	十一	十二	十三	十四	十五	十六	十七	十八	十九	二十	廿一	廿二	廿三	廿四	廿五	廿六	廿七	廿八	廿九	三十
양력 월/일	3/9	10	11	12	13	14	15	16	17	18	19	20	21	22	23	24	25	26	27	28	29	30	31	4/1	2	3	4	5	6	7
일진	辛亥(신해)	壬子(임자)	癸丑(계축)	甲寅(갑인)	乙卯(을묘)	丙辰(병진)	丁巳(정사)	戊午(무오)	己未(기미)	庚申(경신)	辛酉(신유)	壬戌(임술)	癸亥(계해)	甲子(갑자)	乙丑(을축)	丙寅(병인)	丁卯(정묘)	戊辰(무진)	己巳(기사)	庚午(경오)	辛未(신미)	壬申(임신)	癸酉(계유)	甲戌(갑술)	乙亥(을해)	丙子(병자)	丁丑(정축)	戊寅(무인)	己卯(기묘)	庚辰(경진)
절기시각													寅初															辰初		
대운 순행	9	9	8	8	8	7	7	7	6	6	6	5	5	5	4	4	4	3	3	3	2	2	2	1	1	1	1	10	10	10
대운 역행	1	2	2	2	3	3	3	4	4	4	5	5	5	6	6	6	7	7	7	8	8	8	9	9	9	10	10	10	1	1

3 月 庚辰(경진) 小

절기													곡우																입하	
음력	一	二	三	四	五	六	七	八	九	十	十一	十二	十三	十四	十五	十六	十七	十八	十九	二十	廿一	廿二	廿三	廿四	廿五	廿六	廿七	廿八	廿九	
양력 월/일	4/8	9	10	11	12	13	14	15	16	17	18	19	20	21	22	23	24	25	26	27	28	29	30	5/1	2	3	4	5	6	
일진	辛巳(신사)	壬午(임오)	癸未(계미)	甲申(갑신)	乙酉(을유)	丙戌(병술)	丁亥(정해)	戊子(무자)	己丑(기축)	庚寅(경인)	辛卯(신묘)	壬辰(임진)	癸巳(계사)	甲午(갑오)	乙未(을미)	丙申(병신)	丁酉(정유)	戊戌(무술)	己亥(기해)	庚子(경자)	辛丑(신축)	壬寅(임인)	癸卯(계묘)	甲辰(갑진)	乙巳(을사)	丙午(병오)	丁未(정미)	戊申(무신)	己酉(기유)	
절기시각													未正																丑初	
대운 순행	9	9	9	8	8	8	7	7	7	6	6	6	5	5	5	4	4	4	3	3	3	2	2	2	1	1	1	1	10	
대운 역행	1	2	2	2	3	3	3	4	4	4	5	5	5	6	6	6	7	7	7	8	8	8	9	9	9	10	10	10	10	

4 月 辛巳(신사) 大

절기															소만															
음력	一	二	三	四	五	六	七	八	九	十	十一	十二	十三	十四	十五	十六	十七	十八	十九	二十	廿一	廿二	廿三	廿四	廿五	廿六	廿七	廿八	廿九	三十
양력 월/일	5/7	8	9	10	11	12	13	14	15	16	17	18	19	20	21	22	23	24	25	26	27	28	29	30	31	6/1	2	3	4	5
일진	庚戌(경술)	辛亥(신해)	壬子(임자)	癸丑(계축)	甲寅(갑인)	乙卯(을묘)	丙辰(병진)	丁巳(정사)	戊午(무오)	己未(기미)	庚申(경신)	辛酉(신유)	壬戌(임술)	癸亥(계해)	甲子(갑자)	乙丑(을축)	丙寅(병인)	丁卯(정묘)	戊辰(무진)	己巳(기사)	庚午(경오)	辛未(신미)	壬申(임신)	癸酉(계유)	甲戌(갑술)	乙亥(을해)	丙子(병자)	丁丑(정축)	戊寅(무인)	己卯(기묘)
절기시각															未正															
대운 순행	10	10	9	9	9	8	8	8	7	7	7	6	6	6	5	5	5	4	4	4	3	3	3	2	2	2	1	1	1	1
대운 역행	1	1	1	2	2	2	3	3	3	4	4	4	5	5	5	6	6	6	7	7	7	8	8	8	9	9	9	10	10	10

5 月 壬午(임오) 小

절기	망종															하지														
음력	一	二	三	四	五	六	七	八	九	十	十一	十二	十三	十四	十五	十六	十七	十八	十九	二十	廿一	廿二	廿三	廿四	廿五	廿六	廿七	廿八	廿九	
양력 월/일	6/6	7	8	9	10	11	12	13	14	15	16	17	18	19	20	21	22	23	24	25	26	27	28	29	30	7/1	2	3	4	
일진	庚辰(경진)	辛巳(신사)	壬午(임오)	癸未(계미)	甲申(갑신)	乙酉(을유)	丙戌(병술)	丁亥(정해)	戊子(무자)	己丑(기축)	庚寅(경인)	辛卯(신묘)	壬辰(임진)	癸巳(계사)	甲午(갑오)	乙未(을미)	丙申(병신)	丁酉(정유)	戊戌(무술)	己亥(기해)	庚子(경자)	辛丑(신축)	壬寅(임인)	癸卯(계묘)	甲辰(갑진)	乙巳(을사)	丙午(병오)	丁未(정미)	戊申(무신)	
절기시각	卯初															亥正														
대운 순행	10	10	10	9	9	9	8	8	8	7	7	7	6	6	6	5	5	5	4	4	4	3	3	3	2	2	2	1	1	
대운 역행	10	1	1	1	2	2	2	3	3	3	4	4	4	5	5	5	6	6	6	7	7	7	8	8	8	9	9	9	10	

6 月 癸未(계미) 大

절기			소서									초복							대서			중복								
음력	一	二	三	四	五	六	七	八	九	十	十一	十二	十三	十四	十五	十六	十七	十八	十九	二十	廿一	廿二	廿三	廿四	廿五	廿六	廿七	廿八	廿九	三十
양력 월/일	7/5	6	7	8	9	10	11	12	13	14	15	16	17	18	19	20	21	22	23	24	25	26	27	28	29	30	31	8/1	2	3
일진	己酉(기유)	庚戌(경술)	辛亥(신해)	壬子(임자)	癸丑(계축)	甲寅(갑인)	乙卯(을묘)	丙辰(병진)	丁巳(정사)	戊午(무오)	己未(기미)	庚申(경신)	辛酉(신유)	壬戌(임술)	癸亥(계해)	甲子(갑자)	乙丑(을축)	丙寅(병인)	丁卯(정묘)	戊辰(무진)	己巳(기사)	庚午(경오)	辛未(신미)	壬申(임신)	癸酉(계유)	甲戌(갑술)	乙亥(을해)	丙子(병자)	丁丑(정축)	戊寅(무인)
절기시각			申正																巳初											
대운 순행	1	1	10	10	10	10	9	9	9	8	8	8	7	7	7	6	6	6	5	5	5	4	4	4	3	3	3	2	2	2
대운 역행	10	10	10	1	1	1	2	2	2	3	3	3	4	4	4	5	5	5	6	6	6	7	7	7	8	8	8	9	9	9

北 大將	午 喪門	寅 弔客	南 三殺

7 月 甲 申(갑신) 小

절기					입추							말복								처서										
음력	一	二	三	四	五	六	七	八	九	十	十一	十二	十三	十四	十五	十六	十七	十八	十九	廿	廿一	廿二	廿三	廿四	廿五	廿六	廿七	廿八	廿九	
양력 월/일	8/4	5	6	7	8	9	10	11	12	13	14	15	16	17	18	19	20	21	22	23	24	25	26	27	28	29	30	31	9/1	
일진	己卯(기묘)	庚辰(경진)	辛巳(신사)	壬午(임오)	癸未(계미)	甲申(갑신)	乙酉(을유)	丙戌(병술)	丁亥(정해)	戊子(무자)	己丑(기축)	庚寅(경인)	辛卯(신묘)	壬辰(임진)	癸巳(계사)	甲午(갑오)	乙未(을미)	丙申(병신)	丁酉(정유)	戊戌(무술)	己亥(기해)	庚子(경자)	辛丑(신축)	壬寅(임인)	癸卯(계묘)	甲辰(갑진)	乙巳(을사)	丙午(병오)	丁未(정미)	
절기시각					丑正															申正										
대운 순행	1	1	1	1	10	10	10	9	9	9	8	8	8	7	7	7	6	6	6	5	5	5	4	4	4	3	3	3	2	
대운 역행	10	10	10	10	10	1	1	1	2	2	2	3	3	3	4	4	4	5	5	5	6	6	6	7	7	7	8	8	8	

8 月 乙 酉(을유) 小

절기							백로															추분								
음력	一	二	三	四	五	六	七	八	九	十	十一	十二	十三	十四	十五	十六	十七	十八	十九	廿	廿一	廿二	廿三	廿四	廿五	廿六	廿七	廿八	廿九	
양력 월/일	9/2	3	4	5	6	7	8	9	10	11	12	13	14	15	16	17	18	19	20	21	22	23	24	25	26	27	28	29	30	
일진	戊申(무신)	己酉(기유)	庚戌(경술)	辛亥(신해)	壬子(임자)	癸丑(계축)	甲寅(갑인)	乙卯(을묘)	丙辰(병진)	丁巳(정사)	戊午(무오)	己未(기미)	庚申(경신)	辛酉(신유)	壬戌(임술)	癸亥(계해)	甲子(갑자)	乙丑(을축)	丙寅(병인)	丁卯(정묘)	戊辰(무진)	己巳(기사)	庚午(경오)	辛未(신미)	壬申(임신)	癸酉(계유)	甲戌(갑술)	乙亥(을해)	丙子(병자)	
절기시각							卯初															未正								
대운 순행	2	2	1	1	1	1	10	10	9	9	9	8	8	8	7	7	7	6	6	6	5	5	5	4	4	4	3	3	3	
대운 역행	9	9	9	10	10	10	10	1	1	1	2	2	2	3	3	3	4	4	4	5	5	5	6	6	6	7	7	7	8	

9 月 丙 戌(병술) 大

절기								한로															상강							
음력	一	二	三	四	五	六	七	八	九	十	十一	十二	十三	十四	十五	十六	十七	十八	十九	廿	廿一	廿二	廿三	廿四	廿五	廿六	廿七	廿八	廿九	三十
양력 월/일	10/1	2	3	4	5	6	7	8	9	10	11	12	13	14	15	16	17	18	19	20	21	22	23	24	25	26	27	28	29	30
일진	丁丑(정축)	戊寅(무인)	己卯(기묘)	庚辰(경진)	辛巳(신사)	壬午(임오)	癸未(계미)	甲申(갑신)	乙酉(을유)	丙戌(병술)	丁亥(정해)	戊子(무자)	己丑(기축)	庚寅(경인)	辛卯(신묘)	壬辰(임진)	癸巳(계사)	甲午(갑오)	乙未(을미)	丙申(병신)	丁酉(정유)	戊戌(무술)	己亥(기해)	庚子(경자)	辛丑(신축)	壬寅(임인)	癸卯(계묘)	甲辰(갑진)	乙巳(을사)	丙午(병오)
절기시각								戌正															子初							
대운 순행	2	2	2	1	1	1	1	10	10	9	9	9	8	8	8	7	7	7	6	6	6	5	5	5	4	4	4	3	3	3
대운 역행	8	8	9	9	9	10	10	10	1	1	1	2	2	2	3	3	3	4	4	4	5	5	5	6	6	6	7	7	7	8

10 月 丁 亥(정해) 小

절기								입동															소설							
음력	一	二	三	四	五	六	七	八	九	十	十一	十二	十三	十四	十五	十六	十七	十八	十九	廿	廿一	廿二	廿三	廿四	廿五	廿六	廿七	廿八	廿九	
양력 월/일	10/31	11/1	2	3	4	5	6	7	8	9	10	11	12	13	14	15	16	17	18	19	20	21	22	23	24	25	26	27	28	
일진	丁未(정미)	戊申(무신)	己酉(기유)	庚戌(경술)	辛亥(신해)	壬子(임자)	癸丑(계축)	甲寅(갑인)	乙卯(을묘)	丙辰(병진)	丁巳(정사)	戊午(무오)	己未(기미)	庚申(경신)	辛酉(신유)	壬戌(임술)	癸亥(계해)	甲子(갑자)	乙丑(을축)	丙寅(병인)	丁卯(정묘)	戊辰(무진)	己巳(기사)	庚午(경오)	辛未(신미)	壬申(임신)	癸酉(계유)	甲戌(갑술)	乙亥(을해)	
절기시각								子初															戌正							
대운 순행	2	2	2	1	1	1	1	10	10	9	9	9	8	8	8	7	7	7	6	6	6	5	5	5	4	4	4	3	3	
대운 역행	8	8	9	9	9	10	10	10	1	1	1	2	2	2	3	3	3	4	4	4	5	5	5	6	6	6	7	7	7	

11 月 戊 子(무자) 大

절기									대설															동지						
음력	一	二	三	四	五	六	七	八	九	十	十一	十二	十三	十四	十五	十六	十七	十八	十九	廿	廿一	廿二	廿三	廿四	廿五	廿六	廿七	廿八	廿九	三十
양력 월/일	11/29	30	12/1	2	3	4	5	6	7	8	9	10	11	12	13	14	15	16	17	18	19	20	21	22	23	24	25	26	27	28
일진	丙子(병자)	丁丑(정축)	戊寅(무인)	己卯(기묘)	庚辰(경진)	辛巳(신사)	壬午(임오)	癸未(계미)	甲申(갑신)	乙酉(을유)	丙戌(병술)	丁亥(정해)	戊子(무자)	己丑(기축)	庚寅(경인)	辛卯(신묘)	壬辰(임진)	癸巳(계사)	甲午(갑오)	乙未(을미)	丙申(병신)	丁酉(정유)	戊戌(무술)	己亥(기해)	庚子(경자)	辛丑(신축)	壬寅(임인)	癸卯(계묘)	甲辰(갑진)	乙巳(을사)
절기시각									申初															巳初						
대운 순행	3	2	2	2	1	1	1	1	10	10	9	9	9	8	8	8	7	7	7	6	6	6	5	5	5	4	4	4	3	3
대운 역행	8	8	8	9	9	9	10	10	10	1	1	1	2	2	2	3	3	3	4	4	4	5	5	5	6	6	6	7	7	7

12 月 己 丑(기축) 小

절기									소한														대한							
음력	一	二	三	四	五	六	七	八	九	十	十一	十二	十三	十四	十五	十六	十七	十八	十九	廿	廿一	廿二	廿三	廿四	廿五	廿六	廿七	廿八	廿九	
양력 월/일	12/29	30	31	1/1	2	3	4	5	6	7	8	9	10	11	12	13	14	15	16	17	18	19	20	21	22	23	24	25	26	
일진	丙午(병오)	丁未(정미)	戊申(무신)	己酉(기유)	庚戌(경술)	辛亥(신해)	壬子(임자)	癸丑(계축)	甲寅(갑인)	乙卯(을묘)	丙辰(병진)	丁巳(정사)	戊午(무오)	己未(기미)	庚申(경신)	辛酉(신유)	壬戌(임술)	癸亥(계해)	甲子(갑자)	乙丑(을축)	丙寅(병인)	丁卯(정묘)	戊辰(무진)	己巳(기사)	庚午(경오)	辛未(신미)	壬申(임신)	癸酉(계유)	甲戌(갑술)	
절기시각									丑正														戌初							
대운 순행	3	2	2	2	1	1	1	1	10	9	9	9	8	8	8	7	7	7	6	6	6	5	5	5	4	4	4	3	3	
대운 역행	8	8	8	9	9	9	10	10	10	1	1	1	2	2	2	3	3	3	4	4	4	5	5	5	6	6	6	7	7	

단기 4274 년
불기 2485 년

1941년 辛巳(신사)年

1 月 庚 寅(경인) 大

절기									입춘															우수						
음력	一	二	三	四	五	六	七	八	九	十	十一	十二	十三	十四	十五	十六	十七	十八	十九	廿	廿一	廿二	廿三	廿四	廿五	廿六	廿七	廿八	廿九	三十
양력 월/일	1/27	28	29	30	31	2/1	2	3	4	5	6	7	8	9	10	11	12	13	14	15	16	17	18	19	20	21	22	23	24	25
일진	乙亥(을해)	丙子(병자)	丁丑(정축)	戊寅(무인)	己卯(기묘)	庚辰(경진)	辛巳(신사)	壬午(임오)	癸未(계미)	甲申(갑신)	乙酉(을유)	丙戌(병술)	丁亥(정해)	戊子(무자)	己丑(기축)	庚寅(경인)	辛卯(신묘)	壬辰(임진)	癸巳(계사)	甲午(갑오)	乙未(을미)	丙申(병신)	丁酉(정유)	戊戌(무술)	己亥(기해)	庚子(경자)	辛丑(신축)	壬寅(임인)	癸卯(계묘)	甲辰(갑진)
절기시각									未初															巳初						
대운 순행	3	2	2	2	1	1	1	1	10	10	9	9	9	8	8	8	7	7	7	6	6	6	5	5	5	4	4	4	3	3
대운 역행	7	8	8	8	9	9	9	10	10	1	1	1	2	2	2	3	3	3	4	4	4	5	5	5	6	6	6	7	7	7

2 月 辛 卯(신묘) 大

절기									경칩															춘분						
음력	一	二	三	四	五	六	七	八	九	十	十一	十二	十三	十四	十五	十六	十七	十八	十九	廿	廿一	廿二	廿三	廿四	廿五	廿六	廿七	廿八	廿九	三十
양력 월/일	2/26	27	28	3/1	2	3	4	5	6	7	8	9	10	11	12	13	14	15	16	17	18	19	20	21	22	23	24	25	26	27
일진	乙巳(을사)	丙午(병오)	丁未(정미)	戊申(무신)	己酉(기유)	庚戌(경술)	辛亥(신해)	壬子(임자)	癸丑(계축)	甲寅(갑인)	乙卯(을묘)	丙辰(병진)	丁巳(정사)	戊午(무오)	己未(기미)	庚申(경신)	辛酉(신유)	壬戌(임술)	癸亥(계해)	甲子(갑자)	乙丑(을축)	丙寅(병인)	丁卯(정묘)	戊辰(무진)	己巳(기사)	庚午(경오)	辛未(신미)	壬申(임신)	癸酉(계유)	甲戌(갑술)
절기시각									辰正															巳初						
대운 순행	3	2	2	2	1	1	1	1	10	10	9	9	9	8	8	8	7	7	7	6	6	6	5	5	5	4	4	4	3	3
대운 역행	8	8	8	9	9	9	10	10	10	1	1	1	2	2	2	3	3	3	4	4	4	5	5	5	6	6	6	7	7	7

3 月 壬 辰(임진) 小

절기									청명															곡우						
음력	一	二	三	四	五	六	七	八	九	十	十一	十二	十三	十四	十五	十六	十七	十八	十九	廿	廿一	廿二	廿三	廿四	廿五	廿六	廿七	廿八	廿九	
양력 월/일	3/28	29	30	31	4/1	2	3	4	5	6	7	8	9	10	11	12	13	14	15	16	17	18	19	20	21	22	23	24	25	
일진	乙亥(을해)	丙子(병자)	丁丑(정축)	戊寅(무인)	己卯(기묘)	庚辰(경진)	辛巳(신사)	壬午(임오)	癸未(계미)	甲申(갑신)	乙酉(을유)	丙戌(병술)	丁亥(정해)	戊子(무자)	己丑(기축)	庚寅(경인)	辛卯(신묘)	壬辰(임진)	癸巳(계사)	甲午(갑오)	乙未(을미)	丙申(병신)	丁酉(정유)	戊戌(무술)	己亥(기해)	庚子(경자)	辛丑(신축)	壬寅(임인)	癸卯(계묘)	
절기시각									未初															戌正						
대운 순행	3	2	2	2	1	1	1	1	10	10	10	9	9	9	8	8	8	7	7	7	6	6	6	5	5	5	4	4	4	
대운 역행	8	8	8	9	9	9	10	10	10	1	1	1	2	2	2	3	3	3	4	4	4	5	5	5	6	6	6	7	7	

4 月 癸 巳(계사) 大

절기											입하											소만								
음력	一	二	三	四	五	六	七	八	九	十	十一	十二	十三	十四	十五	十六	十七	十八	十九	廿	廿一	廿二	廿三	廿四	廿五	廿六	廿七	廿八	廿九	三十
양력 월/일	4/26	27	28	29	30	5/1	2	3	4	5	6	7	8	9	10	11	12	13	14	15	16	17	18	19	20	21	22	23	24	25
일진	甲辰(갑진)	乙巳(을사)	丙午(병오)	丁未(정미)	戊申(무신)	己酉(기유)	庚戌(경술)	辛亥(신해)	壬子(임자)	癸丑(계축)	甲寅(갑인)	乙卯(을묘)	丙辰(병진)	丁巳(정사)	戊午(무오)	己未(기미)	庚申(경신)	辛酉(신유)	壬戌(임술)	癸亥(계해)	甲子(갑자)	乙丑(을축)	丙寅(병인)	丁卯(정묘)	戊辰(무진)	己巳(기사)	庚午(경오)	辛未(신미)	壬申(임신)	癸酉(계유)
절기시각											辰初											戌正								
대운 순행	3	3	3	2	2	2	1	1	1	1	10	10	10	9	9	9	8	8	8	7	7	7	6	6	6	5	5	5	4	4
대운 역행	7	8	8	8	9	9	9	10	10	10	10	1	1	1	2	2	2	3	3	3	4	4	4	5	5	5	6	6	6	7

5 月 甲 午(갑오) 大

절기												망종																하지		
음력	一	二	三	四	五	六	七	八	九	十	十一	十二	十三	十四	十五	十六	十七	十八	十九	廿	廿一	廿二	廿三	廿四	廿五	廿六	廿七	廿八	廿九	三十
양력 월/일	5/26	27	28	29	30	31	6/1	2	3	4	5	6	7	8	9	10	11	12	13	14	15	16	17	18	19	20	21	22	23	24
일진	甲戌(갑술)	乙亥(을해)	丙子(병자)	丁丑(정축)	戊寅(무인)	己卯(기묘)	庚辰(경진)	辛巳(신사)	壬午(임오)	癸未(계미)	甲申(갑신)	乙酉(을유)	丙戌(병술)	丁亥(정해)	戊子(무자)	己丑(기축)	庚寅(경인)	辛卯(신묘)	壬辰(임진)	癸巳(계사)	甲午(갑오)	乙未(을미)	丙申(병신)	丁酉(정유)	戊戌(무술)	己亥(기해)	庚子(경자)	辛丑(신축)	壬寅(임인)	癸卯(계묘)
절기시각												午初																寅正		
대운 순행	4	3	3	3	2	2	2	1	1	1	1	10	10	10	9	9	9	8	8	8	7	7	7	6	6	6	5	5	5	4
대운 역행	7	7	8	8	8	9	9	9	10	10	10	10	1	1	1	2	2	2	3	3	3	4	4	4	5	5	5	6	6	6

6 月 乙 未(을미) 小

절기													소서																대서	
음력	一	二	三	四	五	六	七	八	九	十	十一	十二	十三	十四	十五	十六	十七	十八	十九	廿	廿一	廿二	廿三	廿四	廿五	廿六	廿七	廿八	廿九	
양력 월/일	6/25	26	27	28	29	30	7/1	2	3	4	5	6	7	8	9	10	11	12	13	14	15	16	17	18	19	20	21	22	23	
일진	甲辰(갑진)	乙巳(을사)	丙午(병오)	丁未(정미)	戊申(무신)	己酉(기유)	庚戌(경술)	辛亥(신해)	壬子(임자)	癸丑(계축)	甲寅(갑인)	乙卯(을묘)	丙辰(병진)	丁巳(정사)	戊午(무오)	己未(기미)	庚申(경신)	辛酉(신유)	壬戌(임술)	癸亥(계해)	甲子(갑자)	乙丑(을축)	丙寅(병인)	丁卯(정묘)	戊辰(무진)	己巳(기사)	庚午(경오)	辛未(신미)	壬申(임신)	
절기시각													亥正																申初	
대운 순행	4	4	3	3	3	2	2	2	1	1	1	1	10	10	10	10	9	9	9	8	8	8	7	7	7	6	6	6	5	
대운 역행	7	7	7	8	8	8	9	9	9	10	10	10	10	1	1	1	2	2	2	3	3	3	4	4	4	5	5	5	6	

東 大將	未 喪門	卯 弔客	東 三殺

閏 6 月 乙 未(을미) 大

절기								중복								입추		말복												
음력	一	二	三	四	五	六	七	八	九	十	十一	十二	十三	十四	十五	十六	十七	十八	十九	廿	廿一	廿二	廿三	廿四	廿五	廿六	廿七	廿八	廿九	三十
양력 월/일	7/24	25	26	27	28	29	30	31	8/1	2	3	4	5	6	7	8	9	10	11	12	13	14	15	16	17	18	19	20	21	22
일진	癸酉(계유)	甲戌(갑술)	乙亥(을해)	丙子(병자)	丁丑(정축)	戊寅(무인)	己卯(기묘)	庚辰(경진)	辛巳(신사)	壬午(임오)	癸未(계미)	甲申(갑신)	乙酉(을유)	丙戌(병술)	丁亥(정해)	戊子(무자)	己丑(기축)	庚寅(경인)	辛卯(신묘)	壬辰(임진)	癸巳(계사)	甲午(갑오)	乙未(을미)	丙申(병신)	丁酉(정유)	戊戌(무술)	己亥(기해)	庚子(경자)	辛丑(신축)	壬寅(임인)
절기시각																辰初														
대운 순행	5	5	4	4	4	3	3	3	2	2	2	1	1	1	1	10	10	10	9	9	9	8	8	8	7	7	7	6	6	6
대운 역행	6	6	7	7	7	8	8	8	9	9	9	10	10	10	10	10	1	1	1	2	2	2	3	3	3	4	4	4	5	5

7 月 丙 申(병신) 小

절기	처서																백로													
음력	一	二	三	四	五	六	七	八	九	十	十一	十二	十三	十四	十五	十六	十七	十八	十九	廿	廿一	廿二	廿三	廿四	廿五	廿六	廿七	廿八	廿九	
양력 월/일	8/23	24	25	26	27	28	29	30	31	9/1	2	3	4	5	6	7	8	9	10	11	12	13	14	15	16	17	18	19	20	
일진	癸卯(계묘)	甲辰(갑진)	乙巳(을사)	丙午(병오)	丁未(정미)	戊申(무신)	己酉(기유)	庚戌(경술)	辛亥(신해)	壬子(임자)	癸丑(계축)	甲寅(갑인)	乙卯(을묘)	丙辰(병진)	丁巳(정사)	戊午(무오)	己未(기미)	庚申(경신)	辛酉(신유)	壬戌(임술)	癸亥(계해)	甲子(갑자)	乙丑(을축)	丙寅(병인)	丁卯(정묘)	戊辰(무진)	己巳(기사)	庚午(경오)	辛未(신미)	
절기시각	亥正																巳正													
대운 순행	5	5	5	4	4	4	3	3	3	2	2	2	1	1	1	1	10	10	10	9	9	9	8	8	8	7	7	7	6	
대운 역행	5	6	6	6	7	7	7	8	8	8	9	9	9	10	10	10	10	1	1	1	2	2	2	3	3	3	4	4	4	

8 月 丁 酉(정유) 小

절기			추분																한로											
음력	一	二	三	四	五	六	七	八	九	十	十一	十二	十三	十四	十五	十六	十七	十八	十九	廿	廿一	廿二	廿三	廿四	廿五	廿六	廿七	廿八	廿九	
양력 월/일	9/21	22	23	24	25	26	27	28	29	30	10/1	2	3	4	5	6	7	8	9	10	11	12	13	14	15	16	17	18	19	
일진	壬申(임신)	癸酉(계유)	甲戌(갑술)	乙亥(을해)	丙子(병자)	丁丑(정축)	戊寅(무인)	己卯(기묘)	庚辰(경진)	辛巳(신사)	壬午(임오)	癸未(계미)	甲申(갑신)	乙酉(을유)	丙戌(병술)	丁亥(정해)	戊子(무자)	己丑(기축)	庚寅(경인)	辛卯(신묘)	壬辰(임진)	癸巳(계사)	甲午(갑오)	乙未(을미)	丙申(병신)	丁酉(정유)	戊戌(무술)	己亥(기해)	庚子(경자)	
절기시각			戌正																丑正											
대운 순행	6	6	5	5	5	4	4	4	3	3	3	2	2	2	1	1	1	1	10	10	9	9	9	8	8	8	7	7	7	
대운 역행	5	5	5	6	6	6	7	7	7	8	8	8	9	9	9	10	10	10	10	1	1	1	2	2	2	3	3	3	4	

9 月 戊 戌(무술) 大

절기					상강															입동										
음력	一	二	三	四	五	六	七	八	九	十	十一	十二	十三	十四	十五	十六	十七	十八	十九	廿	廿一	廿二	廿三	廿四	廿五	廿六	廿七	廿八	廿九	三十
양력 월/일	10/20	21	22	23	24	25	26	27	28	29	30	31	11/1	2	3	4	5	6	7	8	9	10	11	12	13	14	15	16	17	18
일진	辛丑(신축)	壬寅(임인)	癸卯(계묘)	甲辰(갑진)	乙巳(을사)	丙午(병오)	丁未(정미)	戊申(무신)	己酉(기유)	庚戌(경술)	辛亥(신해)	壬子(임자)	癸丑(계축)	甲寅(갑인)	乙卯(을묘)	丙辰(병진)	丁巳(정사)	戊午(무오)	己未(기미)	庚申(경신)	辛酉(신유)	壬戌(임술)	癸亥(계해)	甲子(갑자)	乙丑(을축)	丙寅(병인)	丁卯(정묘)	戊辰(무진)	己巳(기사)	庚午(경오)
절기시각					寅正															寅正										
대운 순행	6	6	6	5	5	5	4	4	4	3	3	3	2	2	2	1	1	1	1	10	9	9	9	8	8	8	7	7	7	6
대운 역행	4	4	5	5	5	6	6	6	7	7	7	8	8	8	9	9	9	10	10	10	1	1	1	2	2	2	3	3	3	4

10 月 己 亥(기해) 小

절기					소설														대설											
음력	一	二	三	四	五	六	七	八	九	十	十一	十二	十三	十四	十五	十六	十七	十八	十九	廿	廿一	廿二	廿三	廿四	廿五	廿六	廿七	廿八	廿九	
양력 월/일	11/19	20	21	22	23	24	25	26	27	28	29	30	12/1	2	3	4	5	6	7	8	9	10	11	12	13	14	15	16	17	
일진	辛未(신미)	壬申(임신)	癸酉(계유)	甲戌(갑술)	乙亥(을해)	丙子(병자)	丁丑(정축)	戊寅(무인)	己卯(기묘)	庚辰(경진)	辛巳(신사)	壬午(임오)	癸未(계미)	甲申(갑신)	乙酉(을유)	丙戌(병술)	丁亥(정해)	戊子(무자)	己丑(기축)	庚寅(경인)	辛卯(신묘)	壬辰(임진)	癸巳(계사)	甲午(갑오)	乙未(을미)	丙申(병신)	丁酉(정유)	戊戌(무술)	己亥(기해)	
절기시각					丑初														戌正											
대운 순행	6	6	5	5	5	4	4	4	3	3	3	2	2	2	1	1	1	1	10	10	9	9	9	8	8	8	7	7	7	
대운 역행	4	4	5	5	5	6	6	6	7	7	7	8	8	8	9	9	9	10	10	1	1	1	2	2	2	3	3	3	4	

11 月 庚 子(경자) 大

절기					동지															소한										
음력	一	二	三	四	五	六	七	八	九	十	十一	十二	十三	十四	十五	十六	十七	十八	十九	廿	廿一	廿二	廿三	廿四	廿五	廿六	廿七	廿八	廿九	三十
양력 월/일	12/18	19	20	21	22	23	24	25	26	27	28	29	30	31	1/1	2	3	4	5	6	7	8	9	10	11	12	13	14	15	16
일진	庚子(경자)	辛丑(신축)	壬寅(임인)	癸卯(계묘)	甲辰(갑진)	乙巳(을사)	丙午(병오)	丁未(정미)	戊申(무신)	己酉(기유)	庚戌(경술)	辛亥(신해)	壬子(임자)	癸丑(계축)	甲寅(갑인)	乙卯(을묘)	丙辰(병진)	丁巳(정사)	戊午(무오)	己未(기미)	庚申(경신)	辛酉(신유)	壬戌(임술)	癸亥(계해)	甲子(갑자)	乙丑(을축)	丙寅(병인)	丁卯(정묘)	戊辰(무진)	己巳(기사)
절기시각					未正															辰正										
대운 순행	6	6	6	5	5	5	4	4	4	3	3	3	2	2	2	1	1	1	1	10	9	9	9	8	8	8	7	7	7	6
대운 역행	4	4	5	5	5	6	6	6	7	7	7	8	8	8	9	9	9	10	10	10	1	1	1	2	2	2	3	3	3	4

12 月 辛 丑(신축) 小

절기					대한														입춘											
음력	一	二	三	四	五	六	七	八	九	十	十一	十二	十三	十四	十五	十六	十七	十八	十九	廿	廿一	廿二	廿三	廿四	廿五	廿六	廿七	廿八	廿九	
양력 월/일	1/17	18	19	20	21	22	23	24	25	26	27	28	29	30	31	2/1	2	3	4	5	6	7	8	9	10	11	12	13	14	
일진	庚午(경오)	辛未(신미)	壬申(임신)	癸酉(계유)	甲戌(갑술)	乙亥(을해)	丙子(병자)	丁丑(정축)	戊寅(무인)	己卯(기묘)	庚辰(경진)	辛巳(신사)	壬午(임오)	癸未(계미)	甲申(갑신)	乙酉(을유)	丙戌(병술)	丁亥(정해)	戊子(무자)	己丑(기축)	庚寅(경인)	辛卯(신묘)	壬辰(임진)	癸巳(계사)	甲午(갑오)	乙未(을미)	丙申(병신)	丁酉(정유)	戊戌(무술)	
절기시각					丑初														戌初											
대운 순행	6	6	5	5	5	4	4	4	3	3	3	2	2	2	1	1	1	1	10	10	9	9	9	8	8	8	7	7	7	
대운 역행	4	4	5	5	5	6	6	6	7	7	7	8	8	8	9	9	9	10	10	1	1	1	2	2	2	3	3	3	4	

단기 4275 년
불기 2486 년

1942년 壬午(임오)年

1 月 壬 寅(임인) 大

절기					우수															경칩										
음력	一	二	三	四	五	六	七	八	九	十	十一	十二	十三	十四	十五	十六	十七	十八	十九	廿	廿一	廿二	廿三	廿四	廿五	廿六	廿七	廿八	廿九	三十
양력 월/일	2/15	16	17	18	19	20	21	22	23	24	25	26	27	28	3/1	2	3	4	5	6	7	8	9	10	11	12	13	14	15	16
일진	己亥(기해)	庚子(경자)	辛丑(신축)	壬寅(임인)	癸卯(계묘)	甲辰(갑진)	乙巳(을사)	丙午(병오)	丁未(정미)	戊申(무신)	己酉(기유)	庚戌(경술)	辛亥(신해)	壬子(임자)	癸丑(계축)	甲寅(갑인)	乙卯(을묘)	丙辰(병진)	丁巳(정사)	戊午(무오)	己未(기미)	庚申(경신)	辛酉(신유)	壬戌(임술)	癸亥(계해)	甲子(갑자)	乙丑(을축)	丙寅(병인)	丁卯(정묘)	戊辰(무진)
절기시각					申初															未初										
대운 순행	6	6	6	5	5	5	4	4	4	3	3	3	2	2	2	1	1	1	1	10	10	9	9	9	8	8	8	7	7	7
대운 역행	4	4	5	5	5	6	6	6	7	7	7	8	8	8	9	9	9	10	10	10	1	1	1	2	2	2	3	3	3	4

2 月 癸 卯(계묘) 小

절기					춘분															청명	한식								
음력	一	二	三	四	五	六	七	八	九	十	十一	十二	十三	十四	十五	十六	十七	十八	十九	廿	廿一	廿二	廿三	廿四	廿五	廿六	廿七	廿八	廿九
양력 월/일	3/17	18	19	20	21	22	23	24	25	26	27	28	29	30	31	4/1	2	3	4	5	6	7	8	9	10	11	12	13	14
일진	己巳(기사)	庚午(경오)	辛未(신미)	壬申(임신)	癸酉(계유)	甲戌(갑술)	乙亥(을해)	丙子(병자)	丁丑(정축)	戊寅(무인)	己卯(기묘)	庚辰(경진)	辛巳(신사)	壬午(임오)	癸未(계미)	甲申(갑신)	乙酉(을유)	丙戌(병술)	丁亥(정해)	戊子(무자)	己丑(기축)	庚寅(경인)	辛卯(신묘)	壬辰(임진)	癸巳(계사)	甲午(갑오)	乙未(을미)	丙申(병신)	丁酉(정유)
절기시각					未正															酉正									
대운 순행	6	6	6	5	5	5	4	4	4	3	3	3	2	2	2	1	1	1	1	10	10	10	9	9	9	8	8	8	7
대운 역행	4	4	5	5	5	6	6	6	7	7	7	8	8	8	9	9	9	10	10	10	1	1	1	2	2	2	3	3	3

3 月 甲 辰(갑진) 大

절기							곡우															입하								
음력	一	二	三	四	五	六	七	八	九	十	十一	十二	十三	十四	十五	十六	十七	十八	十九	廿	廿一	廿二	廿三	廿四	廿五	廿六	廿七	廿八	廿九	三十
양력 월/일	4/15	16	17	18	19	20	21	22	23	24	25	26	27	28	29	30	5/1	2	3	4	5	6	7	8	9	10	11	12	13	14
일진	戊戌(무술)	己亥(기해)	庚子(경자)	辛丑(신축)	壬寅(임인)	癸卯(계묘)	甲辰(갑진)	乙巳(을사)	丙午(병오)	丁未(정미)	戊申(무신)	己酉(기유)	庚戌(경술)	辛亥(신해)	壬子(임자)	癸丑(계축)	甲寅(갑인)	乙卯(을묘)	丙辰(병진)	丁巳(정사)	戊午(무오)	己未(기미)	庚申(경신)	辛酉(신유)	壬戌(임술)	癸亥(계해)	甲子(갑자)	乙丑(을축)	丙寅(병인)	丁卯(정묘)
절기시각							丑正															午正								
대운 순행	7	7	6	6	6	5	5	5	4	4	4	3	3	3	2	2	2	1	1	1	1	10	10	10	9	9	9	8	8	8
대운 역행	4	4	4	5	5	5	6	6	6	7	7	7	8	8	8	9	9	9	10	10	10	10	1	1	1	2	2	2	3	3

4 月 乙 巳(을사) 大

절기								소만															망종							
음력	一	二	三	四	五	六	七	八	九	十	十一	十二	十三	十四	十五	十六	十七	十八	十九	廿	廿一	廿二	廿三	廿四	廿五	廿六	廿七	廿八	廿九	三十
양력 월/일	5/15	16	17	18	19	20	21	22	23	24	25	26	27	28	29	30	31	6/1	2	3	4	5	6	7	8	9	10	11	12	13
일진	戊辰(무진)	己巳(기사)	庚午(경오)	辛未(신미)	壬申(임신)	癸酉(계유)	甲戌(갑술)	乙亥(을해)	丙子(병자)	丁丑(정축)	戊寅(무인)	己卯(기묘)	庚辰(경진)	辛巳(신사)	壬午(임오)	癸未(계미)	甲申(갑신)	乙酉(을유)	丙戌(병술)	丁亥(정해)	戊子(무자)	己丑(기축)	庚寅(경인)	辛卯(신묘)	壬辰(임진)	癸巳(계사)	甲午(갑오)	乙未(을미)	丙申(병신)	丁酉(정유)
절기시각								丑正															酉初							
대운 순행	7	7	7	6	6	6	5	5	5	4	4	4	3	3	3	2	2	2	1	1	1	1	10	10	10	10	9	9	9	8
대운 역행	3	4	4	4	5	5	5	6	6	6	7	7	7	8	8	8	9	9	9	10	10	10	10	1	1	1	2	2	2	3

5 月 丙 午(병오) 小

절기									하지																소서				
음력	一	二	三	四	五	六	七	八	九	十	十一	十二	十三	十四	十五	十六	十七	十八	十九	廿	廿一	廿二	廿三	廿四	廿五	廿六	廿七	廿八	廿九
양력 월/일	6/14	15	16	17	18	19	20	21	22	23	24	25	26	27	28	29	30	7/1	2	3	4	5	6	7	8	9	10	11	12
일진	戊戌(무술)	己亥(기해)	庚子(경자)	辛丑(신축)	壬寅(임인)	癸卯(계묘)	甲辰(갑진)	乙巳(을사)	丙午(병오)	丁未(정미)	戊申(무신)	己酉(기유)	庚戌(경술)	辛亥(신해)	壬子(임자)	癸丑(계축)	甲寅(갑인)	乙卯(을묘)	丙辰(병진)	丁巳(정사)	戊午(무오)	己未(기미)	庚申(경신)	辛酉(신유)	壬戌(임술)	癸亥(계해)	甲子(갑자)	乙丑(을축)	丙寅(병인)
절기시각									巳正																寅初				
대운 순행	8	8	7	7	7	6	6	6	5	5	5	4	4	4	3	3	3	2	2	2	1	1	1	1	10	10	10	9	9
대운 역행	3	3	4	4	4	5	5	5	6	6	6	7	7	7	8	8	8	9	9	9	10	10	10	10	10	1	1	1	2

6 月 丁 未(정미) 大

절기				초복							대서			중복													입추			
음력	一	二	三	四	五	六	七	八	九	十	十一	十二	十三	十四	十五	十六	十七	十八	十九	廿	廿一	廿二	廿三	廿四	廿五	廿六	廿七	廿八	廿九	三十
양력 월/일	7/13	14	15	16	17	18	19	20	21	22	23	24	25	26	27	28	29	30	31	8/1	2	3	4	5	6	7	8	9	10	11
일진	丁卯(정묘)	戊辰(무진)	己巳(기사)	庚午(경오)	辛未(신미)	壬申(임신)	癸酉(계유)	甲戌(갑술)	乙亥(을해)	丙子(병자)	丁丑(정축)	戊寅(무인)	己卯(기묘)	庚辰(경진)	辛巳(신사)	壬午(임오)	癸未(계미)	甲申(갑신)	乙酉(을유)	丙戌(병술)	丁亥(정해)	戊子(무자)	己丑(기축)	庚寅(경인)	辛卯(신묘)	壬辰(임진)	癸巳(계사)	甲午(갑오)	乙未(을미)	丙申(병신)
절기시각											亥初																未初			
대운 순행	9	8	8	8	7	7	7	6	6	6	5	5	5	4	4	4	3	3	3	2	2	2	1	1	1	1	10	10	10	9
대운 역행	2	2	3	3	3	4	4	4	5	5	5	6	6	6	7	7	7	8	8	8	9	9	9	10	10	10	10	1	1	1

東 大將	申 喪門	辰 弔客	北 三殺

7 月 戊 申(무신) 大

절기				말복									처서															백로		
음력	一	二	三	四	五	六	七	八	九	十	十一	十二	十三	十四	十五	十六	十七	十八	十九	廿	廿一	廿二	廿三	廿四	廿五	廿六	廿七	廿八	廿九	三十
양력 월/일	8/12	13	14	15	16	17	18	19	20	21	22	23	24	25	26	27	28	29	30	31	9/1	2	3	4	5	6	7	8	9	10
일진	丁酉(정유)	戊戌(무술)	己亥(기해)	庚子(경자)	辛丑(신축)	壬寅(임인)	癸卯(계묘)	甲辰(갑진)	乙巳(을사)	丙午(병오)	丁未(정미)	戊申(무신)	己酉(기유)	庚戌(경술)	辛亥(신해)	壬子(임자)	癸丑(계축)	甲寅(갑인)	乙卯(을묘)	丙辰(병진)	丁巳(정사)	戊午(무오)	己未(기미)	庚申(경신)	辛酉(신유)	壬戌(임술)	癸亥(계해)	甲子(갑자)	乙丑(을축)	丙寅(병인)
절기시각													寅正															申正		
대운 순행	9	9	8	8	8	7	7	7	6	6	6	5	5	5	4	4	4	3	3	3	2	2	2	1	1	1	1	10	10	10
대운 역행	2	2	2	3	3	3	4	4	4	5	5	5	6	6	6	7	7	7	8	8	8	9	9	9	10	10	10	10	1	1

8 月 己 酉(기유) 小

절기														추분															한로	
음력	一	二	三	四	五	六	七	八	九	十	十一	十二	十三	十四	十五	十六	十七	十八	十九	廿	廿一	廿二	廿三	廿四	廿五	廿六	廿七	廿八	廿九	
양력 월/일	9/11	12	13	14	15	16	17	18	19	20	21	22	23	24	25	26	27	28	29	30	10/1	2	3	4	5	6	7	8	9	
일진	丁卯(정묘)	戊辰(무진)	己巳(기사)	庚午(경오)	辛未(신미)	壬申(임신)	癸酉(계유)	甲戌(갑술)	乙亥(을해)	丙子(병자)	丁丑(정축)	戊寅(무인)	己卯(기묘)	庚辰(경진)	辛巳(신사)	壬午(임오)	癸未(계미)	甲申(갑신)	乙酉(을유)	丙戌(병술)	丁亥(정해)	戊子(무자)	己丑(기축)	庚寅(경인)	辛卯(신묘)	壬辰(임진)	癸巳(계사)	甲午(갑오)	乙未(을미)	
절기시각														丑正															辰正	
대운 순행	9	9	9	8	8	8	7	7	7	6	6	6	5	5	5	4	4	4	3	3	3	2	2	2	1	1	1	1	10	
대운 역행	1	2	2	2	3	3	3	4	4	4	5	5	5	6	6	6	7	7	7	8	8	8	9	9	9	10	10	10	10	

9 月 庚 戌(경술) 大

절기															상강															입동
음력	一	二	三	四	五	六	七	八	九	十	十一	十二	十三	十四	十五	十六	十七	十八	十九	廿	廿一	廿二	廿三	廿四	廿五	廿六	廿七	廿八	廿九	三十
양력 월/일	10/10	11	12	13	14	15	16	17	18	19	20	21	22	23	24	25	26	27	28	29	30	31	11/1	2	3	4	5	6	7	8
일진	丙申(병신)	丁酉(정유)	戊戌(무술)	己亥(기해)	庚子(경자)	辛丑(신축)	壬寅(임인)	癸卯(계묘)	甲辰(갑진)	乙巳(을사)	丙午(병오)	丁未(정미)	戊申(무신)	己酉(기유)	庚戌(경술)	辛亥(신해)	壬子(임자)	癸丑(계축)	甲寅(갑인)	乙卯(을묘)	丙辰(병진)	丁巳(정사)	戊午(무오)	己未(기미)	庚申(경신)	辛酉(신유)	壬戌(임술)	癸亥(계해)	甲子(갑자)	乙丑(을축)
절기시각															午初															巳正
대운 순행	10	9	9	9	8	8	8	7	7	7	6	6	6	5	5	5	4	4	4	3	3	3	2	2	2	1	1	1	1	10
대운 역행	1	1	1	2	2	2	3	3	3	4	4	4	5	5	5	6	6	6	7	7	7	8	8	8	9	9	9	10	10	10

10 月 辛 亥(신해) 小

절기															소설															
음력	一	二	三	四	五	六	七	八	九	十	十一	十二	十三	十四	十五	十六	十七	十八	十九	廿	廿一	廿二	廿三	廿四	廿五	廿六	廿七	廿八	廿九	
양력 월/일	11/9	10	11	12	13	14	15	16	17	18	19	20	21	22	23	24	25	26	27	28	29	30	12/1	2	3	4	5	6	7	
일진	丙寅(병인)	丁卯(정묘)	戊辰(무진)	己巳(기사)	庚午(경오)	辛未(신미)	壬申(임신)	癸酉(계유)	甲戌(갑술)	乙亥(을해)	丙子(병자)	丁丑(정축)	戊寅(무인)	己卯(기묘)	庚辰(경진)	辛巳(신사)	壬午(임오)	癸未(계미)	甲申(갑신)	乙酉(을유)	丙戌(병술)	丁亥(정해)	戊子(무자)	己丑(기축)	庚寅(경인)	辛卯(신묘)	壬辰(임진)	癸巳(계사)	甲午(갑오)	
절기시각															辰正															
대운 순행	10	9	9	9	8	8	8	7	7	7	6	6	6	5	5	5	4	4	4	3	3	3	2	2	2	1	1	1	1	
대운 역행	1	1	1	2	2	2	3	3	3	4	4	4	5	5	5	6	6	6	7	7	7	8	8	8	9	9	9	10	10	

11 月 壬 子(임자) 小

절기	대설														동지															
음력	一	二	三	四	五	六	七	八	九	十	十一	十二	十三	十四	十五	十六	十七	十八	十九	廿	廿一	廿二	廿三	廿四	廿五	廿六	廿七	廿八	廿九	
양력 월/일	12/8	9	10	11	12	13	14	15	16	17	18	19	20	21	22	23	24	25	26	27	28	29	30	31	1/1	2	3	4	5	
일진	乙未(을미)	丙申(병신)	丁酉(정유)	戊戌(무술)	己亥(기해)	庚子(경자)	辛丑(신축)	壬寅(임인)	癸卯(계묘)	甲辰(갑진)	乙巳(을사)	丙午(병오)	丁未(정미)	戊申(무신)	己酉(기유)	庚戌(경술)	辛亥(신해)	壬子(임자)	癸丑(계축)	甲寅(갑인)	乙卯(을묘)	丙辰(병진)	丁巳(정사)	戊午(무오)	己未(기미)	庚申(경신)	辛酉(신유)	壬戌(임술)	癸亥(계해)	
절기시각	寅初														未正															
대운 순행	10	9	9	9	8	8	8	7	7	7	6	6	6	5	5	5	4	4	4	3	3	3	2	2	2	1	1	1	1	
대운 역행	10	1	1	1	2	2	2	3	3	3	4	4	4	5	5	5	6	6	6	7	7	7	8	8	8	9	9	9	10	

12 月 癸 丑(계축) 大

절기	소한															대한														
음력	一	二	三	四	五	六	七	八	九	十	十一	十二	十三	十四	十五	十六	十七	十八	十九	廿	廿一	廿二	廿三	廿四	廿五	廿六	廿七	廿八	廿九	三十
양력 월/일	1/6	7	8	9	10	11	12	13	14	15	16	17	18	19	20	21	22	23	24	25	26	27	28	29	30	31	2/1	2	3	4
일진	甲子(갑자)	乙丑(을축)	丙寅(병인)	丁卯(정묘)	戊辰(무진)	己巳(기사)	庚午(경오)	辛未(신미)	壬申(임신)	癸酉(계유)	甲戌(갑술)	乙亥(을해)	丙子(병자)	丁丑(정축)	戊寅(무인)	己卯(기묘)	庚辰(경진)	辛巳(신사)	壬午(임오)	癸未(계미)	甲申(갑신)	乙酉(을유)	丙戌(병술)	丁亥(정해)	戊子(무자)	己丑(기축)	庚寅(경인)	辛卯(신묘)	壬辰(임진)	癸巳(계사)
절기시각	未初															辰初														
대운 순행	10	10	9	9	9	8	8	8	7	7	7	6	6	6	5	5	5	4	4	4	3	3	3	2	2	2	1	1	1	1
대운 역행	10	1	1	1	2	2	2	3	3	3	4	4	4	5	5	5	6	6	6	7	7	7	8	8	8	9	9	9	10	10

단기 4276 년
불기 2487 년

1943년 癸未(계미)年

1 月 甲 寅(갑인) 小

절기	입춘														우수															
음력	一	二	三	四	五	六	七	八	九	十	十一	十二	十三	十四	十五	十六	十七	十八	十九	廿	廿一	廿二	廿三	廿四	廿五	廿六	廿七	廿八	廿九	
양력 월/일	2/5	6	7	8	9	10	11	12	13	14	15	16	17	18	19	20	21	22	23	24	25	26	27	28	3/1	2	3	4	5	
일진	甲午(갑오)	乙未(을미)	丙申(병신)	丁酉(정유)	戊戌(무술)	己亥(기해)	庚子(경자)	辛丑(신축)	壬寅(임인)	癸卯(계묘)	甲辰(갑진)	乙巳(을사)	丙午(병오)	丁未(정미)	戊申(무신)	己酉(기유)	庚戌(경술)	辛亥(신해)	壬子(임자)	癸丑(계축)	甲寅(갑인)	乙卯(을묘)	丙辰(병진)	丁巳(정사)	戊午(무오)	己未(기미)	庚申(경신)	辛酉(신유)	壬戌(임술)	
절기시각	丑初														亥初															
대순행	10	9	9	9	8	8	8	7	7	7	6	6	6	5	5	5	4	4	4	3	3	3	2	2	2	1	1	1	1	
운역행	10	1	1	1	2	2	2	3	3	3	4	4	4	5	5	5	6	6	6	7	7	7	8	8	8	9	9	9	10	

2 月 乙 卯(을묘) 大

절기	경칩															춘분														
음력	一	二	三	四	五	六	七	八	九	十	十一	十二	十三	十四	十五	十六	十七	十八	十九	廿	廿一	廿二	廿三	廿四	廿五	廿六	廿七	廿八	廿九	三十
양력 월/일	3/6	7	8	9	10	11	12	13	14	15	16	17	18	19	20	21	22	23	24	25	26	27	28	29	30	31	4/1	2	3	4
일진	癸亥(계해)	甲子(갑자)	乙丑(을축)	丙寅(병인)	丁卯(정묘)	戊辰(무진)	己巳(기사)	庚午(경오)	辛未(신미)	壬申(임신)	癸酉(계유)	甲戌(갑술)	乙亥(을해)	丙子(병자)	丁丑(정축)	戊寅(무인)	己卯(기묘)	庚辰(경진)	辛巳(신사)	壬午(임오)	癸未(계미)	甲申(갑신)	乙酉(을유)	丙戌(병술)	丁亥(정해)	戊子(무자)	己丑(기축)	庚寅(경인)	辛卯(신묘)	壬辰(임진)
절기시각	戌初															戌正														
대순행	10	10	10	9	9	9	8	8	8	7	7	7	6	6	6	5	5	5	4	4	4	3	3	3	2	2	2	1	1	1
운역행	10	1	1	1	2	2	2	3	3	3	4	4	4	5	5	5	6	6	6	7	7	7	8	8	8	9	9	9	10	10

3 月 丙 辰(병진) 小

절기		청명	한식														곡우													
음력	一	二	三	四	五	六	七	八	九	十	十一	十二	十三	十四	十五	十六	十七	十八	十九	廿	廿一	廿二	廿三	廿四	廿五	廿六	廿七	廿八	廿九	
양력 월/일	4/5	6	7	8	9	10	11	12	13	14	15	16	17	18	19	20	21	22	23	24	25	26	27	28	29	30	5/1	2	3	
일진	癸巳(계사)	甲午(갑오)	乙未(을미)	丙申(병신)	丁酉(정유)	戊戌(무술)	己亥(기해)	庚子(경자)	辛丑(신축)	壬寅(임인)	癸卯(계묘)	甲辰(갑진)	乙巳(을사)	丙午(병오)	丁未(정미)	戊申(무신)	己酉(기유)	庚戌(경술)	辛亥(신해)	壬子(임자)	癸丑(계축)	甲寅(갑인)	乙卯(을묘)	丙辰(병진)	丁巳(정사)	戊午(무오)	己未(기미)	庚申(경신)	辛酉(신유)	
절기시각		子正															辰正													
대순행	1	10	10	9	9	9	8	8	8	7	7	7	6	6	6	5	5	5	4	4	4	3	3	3	2	2	2	1	1	
운역행	10	10	1	1	1	2	2	2	3	3	3	4	4	4	5	5	5	6	6	6	7	7	7	8	8	8	9	9	9	

4 月 丁 巳(정사) 大

절기			입하																소만											
음력	一	二	三	四	五	六	七	八	九	十	十一	十二	十三	十四	十五	十六	十七	十八	十九	廿	廿一	廿二	廿三	廿四	廿五	廿六	廿七	廿八	廿九	三十
양력 월/일	5/4	5	6	7	8	9	10	11	12	13	14	15	16	17	18	19	20	21	22	23	24	25	26	27	28	29	30	31	6/1	2
일진	壬戌(임술)	癸亥(계해)	甲子(갑자)	乙丑(을축)	丙寅(병인)	丁卯(정묘)	戊辰(무진)	己巳(기사)	庚午(경오)	辛未(신미)	壬申(임신)	癸酉(계유)	甲戌(갑술)	乙亥(을해)	丙子(병자)	丁丑(정축)	戊寅(무인)	己卯(기묘)	庚辰(경진)	辛巳(신사)	壬午(임오)	癸未(계미)	甲申(갑신)	乙酉(을유)	丙戌(병술)	丁亥(정해)	戊子(무자)	己丑(기축)	庚寅(경인)	辛卯(신묘)
절기시각			酉正																辰初											
대순행	1	1	10	10	10	9	9	9	8	8	8	7	7	7	6	6	6	5	5	5	4	4	4	3	3	3	2	2	2	1
운역행	10	10	10	1	1	1	2	2	2	3	3	3	4	4	4	5	5	5	6	6	6	7	7	7	8	8	8	9	9	9

5 月 戊 午(무오) 小

절기				망종																하지										
음력	一	二	三	四	五	六	七	八	九	十	十一	十二	十三	十四	十五	十六	十七	十八	十九	廿	廿一	廿二	廿三	廿四	廿五	廿六	廿七	廿八	廿九	
양력 월/일	6/3	4	5	6	7	8	9	10	11	12	13	14	15	16	17	18	19	20	21	22	23	24	25	26	27	28	29	30	7/1	
일진	壬辰(임진)	癸巳(계사)	甲午(갑오)	乙未(을미)	丙申(병신)	丁酉(정유)	戊戌(무술)	己亥(기해)	庚子(경자)	辛丑(신축)	壬寅(임인)	癸卯(계묘)	甲辰(갑진)	乙巳(을사)	丙午(병오)	丁未(정미)	戊申(무신)	己酉(기유)	庚戌(경술)	辛亥(신해)	壬子(임자)	癸丑(계축)	甲寅(갑인)	乙卯(을묘)	丙辰(병진)	丁巳(정사)	戊午(무오)	己未(기미)	庚申(경신)	
절기시각				子初																申正										
대순행	1	1	1	10	10	10	10	9	9	9	8	8	8	7	7	7	6	6	6	5	5	5	4	4	4	3	3	3	2	
운역행	10	10	10	10	1	1	1	2	2	2	3	3	3	4	4	4	5	5	5	6	6	6	7	7	7	8	8	8	9	

6 月 己 未(기미) 大

절기							소서													초복				대서						중복
음력	一	二	三	四	五	六	七	八	九	十	十一	十二	十三	十四	十五	十六	十七	十八	十九	廿	廿一	廿二	廿三	廿四	廿五	廿六	廿七	廿八	廿九	三十
양력 월/일	7/2	3	4	5	6	7	8	9	10	11	12	13	14	15	16	17	18	19	20	21	22	23	24	25	26	27	28	29	30	31
일진	辛酉(신유)	壬戌(임술)	癸亥(계해)	甲子(갑자)	乙丑(을축)	丙寅(병인)	丁卯(정묘)	戊辰(무진)	己巳(기사)	庚午(경오)	辛未(신미)	壬申(임신)	癸酉(계유)	甲戌(갑술)	乙亥(을해)	丙子(병자)	丁丑(정축)	戊寅(무인)	己卯(기묘)	庚辰(경진)	辛巳(신사)	壬午(임오)	癸未(계미)	甲申(갑신)	乙酉(을유)	丙戌(병술)	丁亥(정해)	戊子(무자)	己丑(기축)	庚寅(경인)
절기시각							巳初																	寅初						
대순행	2	2	1	1	1	1	10	10	10	9	9	9	8	8	8	7	7	7	6	6	6	5	5	5	4	4	4	3	3	3
운역행	9	9	9	10	10	10	10	10	1	1	1	2	2	2	3	3	3	4	4	4	5	5	5	6	6	6	7	7	7	8

東 大將	酉 喪門	巳 弔客	西 三殺

7 月 庚 申(경신) 大

절기								입추		말복														처서						
음력	一	二	三	四	五	六	七	八	九	十	十一	十二	十三	十四	十五	十六	十七	十八	十九	二十	廿一	廿二	廿三	廿四	廿五	廿六	廿七	廿八	廿九	三十
양력 월/일	8/1	2	3	4	5	6	7	8	9	10	11	12	13	14	15	16	17	18	19	20	21	22	23	24	25	26	27	28	29	30
일진	辛卯(신묘)	壬辰(임진)	癸巳(계사)	甲午(갑오)	乙未(을미)	丙申(병신)	丁酉(정유)	戊戌(무술)	己亥(기해)	庚子(경자)	辛丑(신축)	壬寅(임인)	癸卯(계묘)	甲辰(갑진)	乙巳(을사)	丙午(병오)	丁未(정미)	戊申(무신)	己酉(기유)	庚戌(경술)	辛亥(신해)	壬子(임자)	癸丑(계축)	甲寅(갑인)	乙卯(을묘)	丙辰(병진)	丁巳(정사)	戊午(무오)	己未(기미)	庚申(경신)
절기시각								戌初																巳正						
대운 순행	2	2	2	1	1	1	1	10	10	10	9	9	9	8	8	8	7	7	7	6	6	6	5	5	5	4	4	4	3	3
대운 역행	8	9	9	9	10	10	10	10	1	1	1	2	2	2	3	3	3	4	4	4	5	5	5	6	6	6	7	7	7	8

8 月 辛 酉(신유) 小

절기									백로																추분					
음력	一	二	三	四	五	六	七	八	九	十	十一	十二	十三	十四	十五	十六	十七	十八	十九	二十	廿一	廿二	廿三	廿四	廿五	廿六	廿七	廿八	廿九	
양력 월/일	8/31	9/1	2	3	4	5	6	7	8	9	10	11	12	13	14	15	16	17	18	19	20	21	22	23	24	25	26	27	28	
일진	辛酉(신유)	壬戌(임술)	癸亥(계해)	甲子(갑자)	乙丑(을축)	丙寅(병인)	丁卯(정묘)	戊辰(무진)	己巳(기사)	庚午(경오)	辛未(신미)	壬申(임신)	癸酉(계유)	甲戌(갑술)	乙亥(을해)	丙子(병자)	丁丑(정축)	戊寅(무인)	己卯(기묘)	庚辰(경진)	辛巳(신사)	壬午(임오)	癸未(계미)	甲申(갑신)	乙酉(을유)	丙戌(병술)	丁亥(정해)	戊子(무자)	己丑(기축)	
절기시각									亥正																辰初					
대운 순행	3	2	2	2	1	1	1	1	10	10	10	9	9	9	8	8	8	7	7	7	6	6	6	5	5	5	4	4	4	
대운 역행	8	8	9	9	9	10	10	10	10	1	1	1	2	2	2	3	3	3	4	4	4	5	5	5	6	6	6	7	7	

9 月 壬 戌(임술) 大

절기											한로															상강				
음력	一	二	三	四	五	六	七	八	九	十	十一	十二	十三	十四	十五	十六	十七	十八	十九	二十	廿一	廿二	廿三	廿四	廿五	廿六	廿七	廿八	廿九	三十
양력 월/일	9/29	30	31	10/1	2	3	4	5	6	7	8	9	10	11	12	13	14	15	16	17	18	19	20	21	22	23	24	25	26	27
일진	庚寅(경인)	辛卯(신묘)	壬辰(임진)	癸巳(계사)	甲午(갑오)	乙未(을미)	丙申(병신)	丁酉(정유)	戊戌(무술)	己亥(기해)	庚子(경자)	辛丑(신축)	壬寅(임인)	癸卯(계묘)	甲辰(갑진)	乙巳(을사)	丙午(병오)	丁未(정미)	戊申(무신)	己酉(기유)	庚戌(경술)	辛亥(신해)	壬子(임자)	癸丑(계축)	甲寅(갑인)	乙卯(을묘)	丙辰(병진)	丁巳(정사)	戊午(무오)	己未(기미)
절기시각											未正															申正				
대운 순행	3	3	3	2	2	2	1	1	1	1	10	10	9	9	9	8	8	8	7	7	7	6	6	6	5	5	5	4	4	4
대운 역행	7	8	8	8	9	9	9	10	10	10	10	1	1	1	2	2	2	3	3	3	4	4	4	5	5	5	6	6	6	7

10 月 癸 亥(계해) 大

절기											입동															소설				
음력	一	二	三	四	五	六	七	八	九	十	十一	十二	十三	十四	十五	十六	十七	十八	十九	二十	廿一	廿二	廿三	廿四	廿五	廿六	廿七	廿八	廿九	三十
양력 월/일	10/29	30	31	11/1	2	3	4	5	6	7	8	9	10	11	12	13	14	15	16	17	18	19	20	21	22	23	24	25	26	27
일진	庚申(경신)	辛酉(신유)	壬戌(임술)	癸亥(계해)	甲子(갑자)	乙丑(을축)	丙寅(병인)	丁卯(정묘)	戊辰(무진)	己巳(기사)	庚午(경오)	辛未(신미)	壬申(임신)	癸酉(계유)	甲戌(갑술)	乙亥(을해)	丙子(병자)	丁丑(정축)	戊寅(무인)	己卯(기묘)	庚辰(경진)	辛巳(신사)	壬午(임오)	癸未(계미)	甲申(갑신)	乙酉(을유)	丙戌(병술)	丁亥(정해)	戊子(무자)	己丑(기축)
절기시각											申正															未初				
대운 순행	3	3	3	2	2	2	1	1	1	1	10	10	9	9	9	8	8	8	7	7	7	6	6	6	5	5	5	4	4	4
대운 역행	7	7	8	8	8	9	9	9	10	10	10	1	1	1	2	2	2	3	3	3	4	4	4	5	5	5	6	6	6	7

11 月 甲 子(갑자) 小

절기											대설															동지				
음력	一	二	三	四	五	六	七	八	九	十	十一	十二	十三	十四	十五	十六	十七	十八	十九	二十	廿一	廿二	廿三	廿四	廿五	廿六	廿七	廿八	廿九	
양력 월/일	11/28	29	30	12/1	2	3	4	5	6	7	8	9	10	11	12	13	14	15	16	17	18	19	20	21	22	23	24	25	26	
일진	庚寅(경인)	辛卯(신묘)	壬辰(임진)	癸巳(계사)	甲午(갑오)	乙未(을미)	丙申(병신)	丁酉(정유)	戊戌(무술)	己亥(기해)	庚子(경자)	辛丑(신축)	壬寅(임인)	癸卯(계묘)	甲辰(갑진)	乙巳(을사)	丙午(병오)	丁未(정미)	戊申(무신)	己酉(기유)	庚戌(경술)	辛亥(신해)	壬子(임자)	癸丑(계축)	甲寅(갑인)	乙卯(을묘)	丙辰(병진)	丁巳(정사)	戊午(무오)	
절기시각											巳初															丑正				
대운 순행	3	3	3	2	2	2	1	1	1	1	10	9	9	9	8	8	8	7	7	7	6	6	6	5	5	5	4	4	4	
대운 역행	7	7	8	8	8	9	9	9	10	10	10	1	1	1	2	2	2	3	3	3	4	4	4	5	5	5	6	6	6	

12 月 乙 丑(을축) 大

절기											소한															대한				
음력	一	二	三	四	五	六	七	八	九	十	十一	十二	十三	十四	十五	十六	十七	十八	十九	二十	廿一	廿二	廿三	廿四	廿五	廿六	廿七	廿八	廿九	三十
양력 월/일	12/27	28	29	30	31	1/1	2	3	4	5	6	7	8	9	10	11	12	13	14	15	16	17	18	19	20	21	22	23	24	25
일진	己未(기미)	庚申(경신)	辛酉(신유)	壬戌(임술)	癸亥(계해)	甲子(갑자)	乙丑(을축)	丙寅(병인)	丁卯(정묘)	戊辰(무진)	己巳(기사)	庚午(경오)	辛未(신미)	壬申(임신)	癸酉(계유)	甲戌(갑술)	乙亥(을해)	丙子(병자)	丁丑(정축)	戊寅(무인)	己卯(기묘)	庚辰(경진)	辛巳(신사)	壬午(임오)	癸未(계미)	甲申(갑신)	乙酉(을유)	丙戌(병술)	丁亥(정해)	戊子(무자)
절기시각											戌初															午正				
대운 순행	3	3	3	2	2	2	1	1	1	1	10	10	9	9	9	8	8	8	7	7	7	6	6	6	5	5	5	4	4	4
대운 역행	7	7	7	8	8	8	9	9	9	10	10	1	1	1	2	2	2	3	3	3	4	4	4	5	5	5	6	6	6	7

단기 4277 년
불기 2488 년

1944년 甲申(갑신)年

1 月 丙 寅(병인) 小

절기											입춘															우수				
음력	一	二	三	四	五	六	七	八	九	十	十一	十二	十三	十四	十五	十六	十七	十八	十九	廿	廿一	廿二	廿三	廿四	廿五	廿六	廿七	廿八	廿九	
양력 월/일	1/26	27	28	29	30	31	2/1	2	3	4	5	6	7	8	9	10	11	12	13	14	15	16	17	18	19	20	21	22	23	
일진	己丑(기축)	庚寅(경인)	辛卯(신묘)	壬辰(임진)	癸巳(계사)	甲午(갑오)	乙未(을미)	丙申(병신)	丁酉(정유)	戊戌(무술)	己亥(기해)	庚子(경자)	辛丑(신축)	壬寅(임인)	癸卯(계묘)	甲辰(갑진)	乙巳(을사)	丙午(병오)	丁未(정미)	戊申(무신)	己酉(기유)	庚戌(경술)	辛亥(신해)	壬子(임자)	癸丑(계축)	甲寅(갑인)	乙卯(을묘)	丙辰(병진)	丁巳(정사)	
절기시각											辰初															丑正				
대운 순행	3	3	3	2	2	2	1	1	1	1	10	10	9	9	9	8	8	8	7	7	7	6	6	6	5	5	5	4	4	
대운 역행	7	7	8	8	8	9	9	9	10	10	10	1	1	1	2	2	2	3	3	3	4	4	4	5	5	5	6	6	6	

2 月 丁 卯(정묘) 小

절기												경칩															춘분			
음력	一	二	三	四	五	六	七	八	九	十	十一	十二	十三	十四	十五	十六	十七	十八	十九	廿	廿一	廿二	廿三	廿四	廿五	廿六	廿七	廿八	廿九	
양력 월/일	2/24	25	26	27	28	29	3/1	2	3	4	5	6	7	8	9	10	11	12	13	14	15	16	17	18	19	20	21	22	23	
일진	戊午(무오)	己未(기미)	庚申(경신)	辛酉(신유)	壬戌(임술)	癸亥(계해)	甲子(갑자)	乙丑(을축)	丙寅(병인)	丁卯(정묘)	戊辰(무진)	己巳(기사)	庚午(경오)	辛未(신미)	壬申(임신)	癸酉(계유)	甲戌(갑술)	乙亥(을해)	丙子(병자)	丁丑(정축)	戊寅(무인)	己卯(기묘)	庚辰(경진)	辛巳(신사)	壬午(임오)	癸未(계미)	甲申(갑신)	乙酉(을유)	丙戌(병술)	
절기시각												辰初															丑正			
대운 순행	4	3	3	3	2	2	2	1	1	1	1	10	10	9	9	9	8	8	8	7	7	7	6	6	6	5	5	5	4	
대운 역행	7	7	7	8	8	8	9	9	9	10	10	10	1	1	1	2	2	2	3	3	3	4	4	4	5	5	5	6	6	

3 月 戊 辰(무진) 大

절기													청명	한식														곡우		
음력	一	二	三	四	五	六	七	八	九	十	十一	十二	十三	十四	十五	十六	十七	十八	十九	廿	廿一	廿二	廿三	廿四	廿五	廿六	廿七	廿八	廿九	三十
양력 월/일	3/24	25	26	27	28	29	30	31	4/1	2	3	4	5	6	7	8	9	10	11	12	13	14	15	16	17	18	19	20	21	22
일진	丁亥(정해)	戊子(무자)	己丑(기축)	庚寅(경인)	辛卯(신묘)	壬辰(임진)	癸巳(계사)	甲午(갑오)	乙未(을미)	丙申(병신)	丁酉(정유)	戊戌(무술)	己亥(기해)	庚子(경자)	辛丑(신축)	壬寅(임인)	癸卯(계묘)	甲辰(갑진)	乙巳(을사)	丙午(병오)	丁未(정미)	戊申(무신)	己酉(기유)	庚戌(경술)	辛亥(신해)	壬子(임자)	癸丑(계축)	甲寅(갑인)	乙卯(을묘)	丙辰(병진)
절기시각													卯正															未初		
대운 순행	4	4	3	3	3	2	2	2	1	1	1	1	10	10	10	9	9	9	8	8	8	7	7	7	6	6	6	5	5	5
대운 역행	6	7	7	7	8	8	8	9	9	9	10	10	10	1	1	1	2	2	2	3	3	3	4	4	4	5	5	5	6	6

4 月 己 巳(기사) 小

절기														입하															소만	
음력	一	二	三	四	五	六	七	八	九	十	十一	十二	十三	十四	十五	十六	十七	十八	十九	廿	廿一	廿二	廿三	廿四	廿五	廿六	廿七	廿八	廿九	
양력 월/일	4/23	24	25	26	27	28	29	30	5/1	2	3	4	5	6	7	8	9	10	11	12	13	14	15	16	17	18	19	20	21	
일진	丁巳(정사)	戊午(무오)	己未(기미)	庚申(경신)	辛酉(신유)	壬戌(임술)	癸亥(계해)	甲子(갑자)	乙丑(을축)	丙寅(병인)	丁卯(정묘)	戊辰(무진)	己巳(기사)	庚午(경오)	辛未(신미)	壬申(임신)	癸酉(계유)	甲戌(갑술)	乙亥(을해)	丙子(병자)	丁丑(정축)	戊寅(무인)	己卯(기묘)	庚辰(경진)	辛巳(신사)	壬午(임오)	癸未(계미)	甲申(갑신)	乙酉(을유)	
절기시각														子正															未初	
대운 순행	4	4	4	3	3	3	2	2	2	1	1	1	1	10	10	10	9	9	9	8	8	8	7	7	7	6	6	6	5	
대운 역행	6	7	7	7	8	8	8	9	9	9	10	10	10	10	1	1	1	2	2	2	3	3	3	4	4	4	5	5	5	

閏 4 月 己 巳(기사) 大

절기																망종														
음력	一	二	三	四	五	六	七	八	九	十	十一	十二	十三	十四	十五	十六	十七	十八	十九	廿	廿一	廿二	廿三	廿四	廿五	廿六	廿七	廿八	廿九	三十
양력 월/일	6/22	23	24	25	26	27	28	29	30	31	6/1	2	3	4	5	6	7	8	9	10	11	12	13	14	15	16	17	18	19	20
일진	丙戌(병술)	丁亥(정해)	戊子(무자)	己丑(기축)	庚寅(경인)	辛卯(신묘)	壬辰(임진)	癸巳(계사)	甲午(갑오)	乙未(을미)	丙申(병신)	丁酉(정유)	戊戌(무술)	己亥(기해)	庚子(경자)	辛丑(신축)	壬寅(임인)	癸卯(계묘)	甲辰(갑진)	乙巳(을사)	丙午(병오)	丁未(정미)	戊申(무신)	己酉(기유)	庚戌(경술)	辛亥(신해)	壬子(임자)	癸丑(계축)	甲寅(갑인)	乙卯(을묘)
절기시각																卯初														
대운 순행	5	5	4	4	4	3	3	3	2	2	2	1	1	1	1	10	10	10	9	9	9	8	8	8	7	7	7	6	6	6
대운 역행	6	6	6	7	7	7	8	8	8	9	9	9	10	10	10	10	1	1	1	2	2	2	3	3	3	4	4	4	5	5

5 月 庚 午(경오) 小

절기	하지																소서								초복					
음력	一	二	三	四	五	六	七	八	九	十	十一	十二	十三	十四	十五	十六	十七	十八	十九	廿	廿一	廿二	廿三	廿四	廿五	廿六	廿七	廿八	廿九	
양력 월/일	6/21	22	23	24	25	26	27	28	29	30	7/1	2	3	4	5	6	7	8	9	10	11	12	13	14	15	16	17	18	19	
일진	丙辰(병진)	丁巳(정사)	戊午(무오)	己未(기미)	庚申(경신)	辛酉(신유)	壬戌(임술)	癸亥(계해)	甲子(갑자)	乙丑(을축)	丙寅(병인)	丁卯(정묘)	戊辰(무진)	己巳(기사)	庚午(경오)	辛未(신미)	壬申(임신)	癸酉(계유)	甲戌(갑술)	乙亥(을해)	丙子(병자)	丁丑(정축)	戊寅(무인)	己卯(기묘)	庚辰(경진)	辛巳(신사)	壬午(임오)	癸未(계미)	甲申(갑신)	
절기시각	亥初																申初													
대운 순행	5	5	5	4	4	4	3	3	3	2	2	2	1	1	1	1	10	10	10	10	9	9	9	8	8	8	7	7	7	
대운 역행	5	6	6	6	7	7	7	8	8	8	9	9	9	10	10	10	10	1	1	1	2	2	2	3	3	3	4	4	4	

南 大將	戌 喪門	午 弔客	南 三殺

6 月 辛 未(신미) 大

절기				대서		중복														입추						말복				
음력	一	二	三	四	五	六	七	八	九	十	十一	十二	十三	十四	十五	十六	十七	十八	十九	二十	廿一	廿二	廿三	廿四	廿五	廿六	廿七	廿八	廿九	三十
양력 월/일	7/20	21	22	23	24	25	26	27	28	29	30	31	8/1	2	3	4	5	6	7	8	9	10	11	12	13	14	15	16	17	18
일진	乙酉(을유)	丙戌(병술)	丁亥(정해)	戊子(무자)	己丑(기축)	庚寅(경인)	辛卯(신묘)	壬辰(임진)	癸巳(계사)	甲午(갑오)	乙未(을미)	丙申(병신)	丁酉(정유)	戊戌(무술)	己亥(기해)	庚子(경자)	辛丑(신축)	壬寅(임인)	癸卯(계묘)	甲辰(갑진)	乙巳(을사)	丙午(병오)	丁未(정미)	戊申(무신)	己酉(기유)	庚戌(경술)	辛亥(신해)	壬子(임자)	癸丑(계축)	甲寅(갑인)
절기시각				巳初																丑初										
대운 순행	6	6	6	5	5	5	4	4	4	3	3	3	2	2	2	1	1	1	1	10	10	10	9	9	9	8	8	8	7	7
대운 역행	5	5	5	6	6	6	7	7	7	8	8	8	9	9	9	10	10	10	10	10	1	1	1	2	2	2	3	3	3	4

7 月 壬 申(임신) 小

절기					처서																백로									
음력	一	二	三	四	五	六	七	八	九	十	十一	十二	十三	十四	十五	十六	十七	十八	十九	二十	廿一	廿二	廿三	廿四	廿五	廿六	廿七	廿八	廿九	
양력 월/일	8/19	20	21	22	23	24	25	26	27	28	29	30	31	9/1	2	3	4	5	6	7	8	9	10	11	12	13	14	15	16	
일진	乙卯(을묘)	丙辰(병진)	丁巳(정사)	戊午(무오)	己未(기미)	庚申(경신)	辛酉(신유)	壬戌(임술)	癸亥(계해)	甲子(갑자)	乙丑(을축)	丙寅(병인)	丁卯(정묘)	戊辰(무진)	己巳(기사)	庚午(경오)	辛未(신미)	壬申(임신)	癸酉(계유)	甲戌(갑술)	乙亥(을해)	丙子(병자)	丁丑(정축)	戊寅(무인)	己卯(기묘)	庚辰(경진)	辛巳(신사)	壬午(임오)	癸未(계미)	
절기시각					申正																寅正									
대운 순행	7	6	6	6	5	5	5	4	4	4	3	3	3	2	2	2	1	1	1	1	10	10	9	9	9	8	8	8	7	
대운 역행	4	4	5	5	5	6	6	6	7	7	7	8	8	8	9	9	9	10	10	10	10	1	1	1	2	2	2	3	3	

8 月 癸 酉(계유) 大

절기							추분															한로								
음력	一	二	三	四	五	六	七	八	九	十	十一	十二	十三	十四	十五	十六	十七	十八	十九	二十	廿一	廿二	廿三	廿四	廿五	廿六	廿七	廿八	廿九	三十
양력 월/일	9/17	18	19	20	21	22	23	24	25	26	27	28	29	30	10/1	2	3	4	5	6	7	8	9	10	11	12	13	14	15	16
일진	甲申(갑신)	乙酉(을유)	丙戌(병술)	丁亥(정해)	戊子(무자)	己丑(기축)	庚寅(경인)	辛卯(신묘)	壬辰(임진)	癸巳(계사)	甲午(갑오)	乙未(을미)	丙申(병신)	丁酉(정유)	戊戌(무술)	己亥(기해)	庚子(경자)	辛丑(신축)	壬寅(임인)	癸卯(계묘)	甲辰(갑진)	乙巳(을사)	丙午(병오)	丁未(정미)	戊申(무신)	己酉(기유)	庚戌(경술)	辛亥(신해)	壬子(임자)	癸丑(계축)
절기시각							未初															戌初								
대운 순행	7	7	6	6	6	5	5	5	4	4	4	3	3	3	2	2	2	1	1	1	1	10	10	9	9	9	8	8	8	7
대운 역행	3	4	4	4	5	5	5	6	6	6	7	7	7	8	8	8	9	9	9	10	10	10	1	1	1	2	2	2	3	3

9 月 甲 戌(갑술) 大

절기							상강															입동								
음력	一	二	三	四	五	六	七	八	九	十	十一	十二	十三	十四	十五	十六	十七	十八	十九	二十	廿一	廿二	廿三	廿四	廿五	廿六	廿七	廿八	廿九	三十
양력 월/일	10/17	18	19	20	21	22	23	24	25	26	27	28	29	30	31	11/1	2	3	4	5	6	7	8	9	10	11	12	13	14	15
일진	甲寅(갑인)	乙卯(을묘)	丙辰(병진)	丁巳(정사)	戊午(무오)	己未(기미)	庚申(경신)	辛酉(신유)	壬戌(임술)	癸亥(계해)	甲子(갑자)	乙丑(을축)	丙寅(병인)	丁卯(정묘)	戊辰(무진)	己巳(기사)	庚午(경오)	辛未(신미)	壬申(임신)	癸酉(계유)	甲戌(갑술)	乙亥(을해)	丙子(병자)	丁丑(정축)	戊寅(무인)	己卯(기묘)	庚辰(경진)	辛巳(신사)	壬午(임오)	癸未(계미)
절기시각							亥正															亥正								
대운 순행	7	7	6	6	6	5	5	5	4	4	4	3	3	3	2	2	2	1	1	1	1	10	10	9	9	9	8	8	8	7
대운 역행	3	4	4	4	5	5	5	6	6	6	7	7	7	8	8	8	9	9	9	10	10	10	1	1	1	2	2	2	3	3

10 月 乙 亥(을해) 小

절기							소설															대설								
음력	一	二	三	四	五	六	七	八	九	十	十一	十二	十三	十四	十五	十六	十七	十八	十九	二十	廿一	廿二	廿三	廿四	廿五	廿六	廿七	廿八	廿九	
양력 월/일	11/16	17	18	19	20	21	22	23	24	25	26	27	28	29	30	12/1	2	3	4	5	6	7	8	9	10	11	12	13	14	
일진	甲申(갑신)	乙酉(을유)	丙戌(병술)	丁亥(정해)	戊子(무자)	己丑(기축)	庚寅(경인)	辛卯(신묘)	壬辰(임진)	癸巳(계사)	甲午(갑오)	乙未(을미)	丙申(병신)	丁酉(정유)	戊戌(무술)	己亥(기해)	庚子(경자)	辛丑(신축)	壬寅(임인)	癸卯(계묘)	甲辰(갑진)	乙巳(을사)	丙午(병오)	丁未(정미)	戊申(무신)	己酉(기유)	庚戌(경술)	辛亥(신해)	壬子(임자)	
절기시각							戌初															未正								
대운 순행	7	7	6	6	6	5	5	5	4	4	4	3	3	3	2	2	2	1	1	1	1	10	10	9	9	9	8	8	8	
대운 역행	3	4	4	4	5	5	5	6	6	6	7	7	7	8	8	8	9	9	9	10	10	10	1	1	1	2	2	2	3	

11 月 丙 子(병자) 大

절기								동지															소한							
음력	一	二	三	四	五	六	七	八	九	十	十一	十二	十三	十四	十五	十六	十七	十八	十九	二十	廿一	廿二	廿三	廿四	廿五	廿六	廿七	廿八	廿九	三十
양력 월/일	12/15	16	17	18	19	20	21	22	23	24	25	26	27	28	29	30	31	1/1	2	3	4	5	6	7	8	9	10	11	12	13
일진	癸丑(계축)	甲寅(갑인)	乙卯(을묘)	丙辰(병진)	丁巳(정사)	戊午(무오)	己未(기미)	庚申(경신)	辛酉(신유)	壬戌(임술)	癸亥(계해)	甲子(갑자)	乙丑(을축)	丙寅(병인)	丁卯(정묘)	戊辰(무진)	己巳(기사)	庚午(경오)	辛未(신미)	壬申(임신)	癸酉(계유)	甲戌(갑술)	乙亥(을해)	丙子(병자)	丁丑(정축)	戊寅(무인)	己卯(기묘)	庚辰(경진)	辛巳(신사)	壬午(임오)
절기시각								辰正															丑初							
대운 순행	7	7	7	6	6	6	5	5	5	4	4	4	3	3	3	2	2	2	1	1	1	1	10	9	9	9	8	8	8	7
대운 역행	3	3	4	4	4	5	5	5	6	6	6	7	7	7	8	8	8	9	9	9	10	10	10	1	1	1	2	2	2	3

12 月 丁 丑(을축) 大

절기							대한															입춘								
음력	一	二	三	四	五	六	七	八	九	十	十一	十二	十三	十四	十五	十六	十七	十八	十九	二十	廿一	廿二	廿三	廿四	廿五	廿六	廿七	廿八	廿九	三十
양력 월/일	1/14	15	16	17	18	19	20	21	22	23	24	25	26	27	28	29	30	31	2/1	2	3	4	5	6	7	8	9	10	11	12
일진	癸未(계미)	甲申(갑신)	乙酉(을유)	丙戌(병술)	丁亥(정해)	戊子(무자)	己丑(기축)	庚寅(경인)	辛卯(신묘)	壬辰(임진)	癸巳(계사)	甲午(갑오)	乙未(을미)	丙申(병신)	丁酉(정유)	戊戌(무술)	己亥(기해)	庚子(경자)	辛丑(신축)	壬寅(임인)	癸卯(계묘)	甲辰(갑진)	乙巳(을사)	丙午(병오)	丁未(정미)	戊申(무신)	己酉(기유)	庚戌(경술)	辛亥(신해)	壬子(임자)
절기시각							酉正															午正								
대운 순행	7	7	6	6	6	5	5	5	4	4	4	3	3	3	2	2	2	1	1	1	1	10	10	9	9	9	8	8	8	7
대운 역행	3	3	4	4	4	5	5	5	6	6	6	7	7	7	8	8	8	9	9	9	10	10	1	1	1	2	2	2	3	3

단기 4278 년
불기 2489 년

1945년 乙酉(을유)年

1 月 戊 寅(무인) 小

절기							우수															경칩							
음력	一	二	三	四	五	六	七	八	九	十	十一	十二	十三	十四	十五	十六	十七	十八	十九	二十	廿一	廿二	廿三	廿四	廿五	廿六	廿七	廿八	廿九
양력 월/일	2/13	14	15	16	17	18	19	20	21	22	23	24	25	26	27	28	3/1	2	3	4	5	6	7	8	9	10	11	12	13
일진	癸丑(계축)	甲寅(갑인)	乙卯(을묘)	丙辰(병진)	丁巳(정사)	戊午(무오)	己未(기미)	庚申(경신)	辛酉(신유)	壬戌(임술)	癸亥(계해)	甲子(갑자)	乙丑(을축)	丙寅(병인)	丁卯(정묘)	戊辰(무진)	己巳(기사)	庚午(경오)	辛未(신미)	壬申(임신)	癸酉(계유)	甲戌(갑술)	乙亥(을해)	丙子(병자)	丁丑(정축)	戊寅(무인)	己卯(기묘)	庚辰(경진)	辛巳(신사)
절기시각							辰正															辰初							
대운 순행	7	7	6	6	6	5	5	5	4	4	4	3	3	3	2	2	2	1	1	1	1	10	10	9	9	9	8	8	8
대운 역행	3	4	4	4	5	5	5	6	6	6	7	7	7	8	8	8	9	9	9	10	10	10	1	1	1	2	2	2	3

2 月 己 卯(기묘) 小

절기								춘분															청명	한식					
음력	一	二	三	四	五	六	七	八	九	十	十一	十二	十三	十四	十五	十六	十七	十八	十九	二十	廿一	廿二	廿三	廿四	廿五	廿六	廿七	廿八	廿九
양력 월/일	3/14	15	16	17	18	19	20	21	22	23	24	25	26	27	28	29	30	31	4/1	2	3	4	5	6	7	8	9	10	11
일진	壬午(임오)	癸未(계미)	甲申(갑신)	乙酉(을유)	丙戌(병술)	丁亥(정해)	戊子(무자)	己丑(기축)	庚寅(경인)	辛卯(신묘)	壬辰(임진)	癸巳(계사)	甲午(갑오)	乙未(을미)	丙申(병신)	丁酉(정유)	戊戌(무술)	己亥(기해)	庚子(경자)	辛丑(신축)	壬寅(임인)	癸卯(계묘)	甲辰(갑진)	乙巳(을사)	丙午(병오)	丁未(정미)	戊申(무신)	己酉(기유)	庚戌(경술)
절기시각								辰正															午正						
대운 순행	7	7	7	6	6	6	5	5	5	4	4	4	3	3	3	2	2	2	1	1	1	1	10	10	10	9	9	9	8
대운 역행	3	3	4	4	4	5	5	5	6	6	6	7	7	7	8	8	8	9	9	9	10	10	10	1	1	1	2	2	2

3 月 庚 辰(경진) 大

절기									곡우																입하					
음력	一	二	三	四	五	六	七	八	九	十	十一	十二	十三	十四	十五	十六	十七	十八	十九	二十	廿一	廿二	廿三	廿四	廿五	廿六	廿七	廿八	廿九	三十
양력 월/일	4/12	13	14	15	16	17	18	19	20	21	22	23	24	25	26	27	28	29	30	5/1	2	3	4	5	6	7	8	9	10	11
일진	辛亥(신해)	壬子(임자)	癸丑(계축)	甲寅(갑인)	乙卯(을묘)	丙辰(병진)	丁巳(정사)	戊午(무오)	己未(기미)	庚申(경신)	辛酉(신유)	壬戌(임술)	癸亥(계해)	甲子(갑자)	乙丑(을축)	丙寅(병인)	丁卯(정묘)	戊辰(무진)	己巳(기사)	庚午(경오)	辛未(신미)	壬申(임신)	癸酉(계유)	甲戌(갑술)	乙亥(을해)	丙子(병자)	丁丑(정축)	戊寅(무인)	己卯(기묘)	庚辰(경진)
절기시각									戌初																卯正					
대운 순행	8	8	7	7	7	6	6	6	5	5	5	4	4	4	3	3	3	2	2	2	1	1	1	1	10	10	10	9	9	9
대운 역행	3	3	3	4	4	4	5	5	5	6	6	6	7	7	7	8	8	8	9	9	9	10	10	10	10	1	1	1	2	2

4 月 辛 巳(신사) 小

절기										소만																망종			
음력	一	二	三	四	五	六	七	八	九	十	十一	十二	十三	十四	十五	十六	十七	十八	十九	二十	廿一	廿二	廿三	廿四	廿五	廿六	廿七	廿八	廿九
양력 월/일	5/12	13	14	15	16	17	18	19	20	21	22	23	24	25	26	27	28	29	30	31	6/1	2	3	4	5	6	7	8	9
일진	辛巳(신사)	壬午(임오)	癸未(계미)	甲申(갑신)	乙酉(을유)	丙戌(병술)	丁亥(정해)	戊子(무자)	己丑(기축)	庚寅(경인)	辛卯(신묘)	壬辰(임진)	癸巳(계사)	甲午(갑오)	乙未(을미)	丙申(병신)	丁酉(정유)	戊戌(무술)	己亥(기해)	庚子(경자)	辛丑(신축)	壬寅(임인)	癸卯(계묘)	甲辰(갑진)	乙巳(을사)	丙午(병오)	丁未(정미)	戊申(무신)	己酉(기유)
절기시각										戌初																巳正			
대운 순행	8	8	8	7	7	7	6	6	6	5	5	5	4	4	4	3	3	3	2	2	2	1	1	1	1	10	10	10	9
대운 역행	2	3	3	3	4	4	4	5	5	5	6	6	6	7	7	7	8	8	8	9	9	9	10	10	10	10	1	1	1

5 月 壬 午(임오) 小

절기													하지															소서	
음력	一	二	三	四	五	六	七	八	九	十	十一	十二	十三	十四	十五	十六	十七	十八	十九	二十	廿一	廿二	廿三	廿四	廿五	廿六	廿七	廿八	廿九
양력 월/일	6/10	11	12	13	14	15	16	17	18	19	20	21	22	23	24	25	26	27	28	29	30	7/1	2	3	4	5	6	7	8
일진	庚戌(경술)	辛亥(신해)	壬子(임자)	癸丑(계축)	甲寅(갑인)	乙卯(을묘)	丙辰(병진)	丁巳(정사)	戊午(무오)	己未(기미)	庚申(경신)	辛酉(신유)	壬戌(임술)	癸亥(계해)	甲子(갑자)	乙丑(을축)	丙寅(병인)	丁卯(정묘)	戊辰(무진)	己巳(기사)	庚午(경오)	辛未(신미)	壬申(임신)	癸酉(계유)	甲戌(갑술)	乙亥(을해)	丙子(병자)	丁丑(정축)	戊寅(무인)
절기시각													寅初															亥初	
대운 순행	9	9	8	8	8	7	7	7	6	6	6	5	5	5	4	4	4	3	3	3	2	2	2	1	1	1	1	10	10
대운 역행	2	2	2	3	3	3	4	4	4	5	5	5	6	6	6	7	7	7	8	8	8	9	9	9	10	10	10	10	1

6 月 癸 未(계미) 大

절기												초복			대서							중복								
음력	一	二	三	四	五	六	七	八	九	十	十一	十二	十三	十四	十五	十六	十七	十八	十九	二十	廿一	廿二	廿三	廿四	廿五	廿六	廿七	廿八	廿九	三十
양력 월/일	7/9	10	11	12	13	14	15	16	17	18	19	20	21	22	23	24	25	26	27	28	29	30	31	8/1	2	3	4	5	6	7
일진	己卯(기묘)	庚辰(경진)	辛巳(신사)	壬午(임오)	癸未(계미)	甲申(갑신)	乙酉(을유)	丙戌(병술)	丁亥(정해)	戊子(무자)	己丑(기축)	庚寅(경인)	辛卯(신묘)	壬辰(임진)	癸巳(계사)	甲午(갑오)	乙未(을미)	丙申(병신)	丁酉(정유)	戊戌(무술)	己亥(기해)	庚子(경자)	辛丑(신축)	壬寅(임인)	癸卯(계묘)	甲辰(갑진)	乙巳(을사)	丙午(병오)	丁未(정미)	戊申(무신)
절기시각															未正															
대운 순행	10	10	9	9	9	8	8	8	7	7	7	6	6	6	5	5	5	4	4	4	3	3	3	2	2	2	1	1	1	1
대운 역행	1	1	2	2	2	3	3	3	4	4	4	5	5	5	6	6	6	7	7	7	8	8	8	9	9	9	10	10	10	10

南 大將	亥 喪門	未 弔客	東 三殺

7 月 甲 申(갑신) 小

절기	입추	말복														처서														
음력	一	二	三	四	五	六	七	八	九	十	十一	十二	十三	十四	十五	十六	十七	十八	十九	廿	廿一	廿二	廿三	廿四	廿五	廿六	廿七	廿八	廿九	
양력 월/일	8/8	9	10	11	12	13	14	15	16	17	18	19	20	21	22	23	24	25	26	27	28	29	30	31	9/1	2	3	4	5	
일진	己酉(기유)	庚戌(경술)	辛亥(신해)	壬子(임자)	癸丑(계축)	甲寅(갑인)	乙卯(을묘)	丙辰(병진)	丁巳(정사)	戊午(무오)	己未(기미)	庚申(경신)	辛酉(신유)	壬戌(임술)	癸亥(계해)	甲子(갑자)	乙丑(을축)	丙寅(병인)	丁卯(정묘)	戊辰(무진)	己巳(기사)	庚午(경오)	辛未(신미)	壬申(임신)	癸酉(계유)	甲戌(갑술)	乙亥(을해)	丙子(병자)	丁丑(정축)	
절기시각	辰初															亥初														
대운 순행	10	10	10	9	9	9	8	8	8	7	7	7	6	6	6	5	5	5	4	4	4	3	3	3	2	2	2	1	1	
대운 역행	10	1	1	1	2	2	2	3	3	3	4	4	4	5	5	5	6	6	6	7	7	7	8	8	8	9	9	9	10	

8 月 乙 酉(을유) 大

절기			백로															추분												
음력	一	二	三	四	五	六	七	八	九	十	十一	十二	十三	十四	十五	十六	十七	十八	十九	廿	廿一	廿二	廿三	廿四	廿五	廿六	廿七	廿八	廿九	三十
양력 월/일	9/6	7	8	9	10	11	12	13	14	15	16	17	18	19	20	21	22	23	24	25	26	27	28	29	30	10/1	2	3	4	5
일진	戊寅(무인)	己卯(기묘)	庚辰(경진)	辛巳(신사)	壬午(임오)	癸未(계미)	甲申(갑신)	乙酉(을유)	丙戌(병술)	丁亥(정해)	戊子(무자)	己丑(기축)	庚寅(경인)	辛卯(신묘)	壬辰(임진)	癸巳(계사)	甲午(갑오)	乙未(을미)	丙申(병신)	丁酉(정유)	戊戌(무술)	己亥(기해)	庚子(경자)	辛丑(신축)	壬寅(임인)	癸卯(계묘)	甲辰(갑진)	乙巳(을사)	丙午(병오)	丁未(정미)
절기시각			戌正															戌初												
대운 순행	1	1	10	10	10	9	9	9	8	8	8	7	7	7	6	6	6	5	5	5	4	4	4	3	3	3	2	2	2	1
대운 역행	10	10	10	1	1	1	2	2	2	3	3	3	4	4	4	5	5	5	6	6	6	7	7	7	8	8	8	9	9	9

9 月 丙 戌(병술) 大

절기				한로															상강											
음력	一	二	三	四	五	六	七	八	九	十	十一	十二	十三	十四	十五	十六	十七	十八	十九	廿	廿一	廿二	廿三	廿四	廿五	廿六	廿七	廿八	廿九	三十
양력 월/일	10/6	7	8	9	10	11	12	13	14	15	16	17	18	19	20	21	22	23	24	25	26	27	28	29	30	31	11/1	2	3	4
일진	戊申(무신)	己酉(기유)	庚戌(경술)	辛亥(신해)	壬子(임자)	癸丑(계축)	甲寅(갑인)	乙卯(을묘)	丙辰(병진)	丁巳(정사)	戊午(무오)	己未(기미)	庚申(경신)	辛酉(신유)	壬戌(임술)	癸亥(계해)	甲子(갑자)	乙丑(을축)	丙寅(병인)	丁卯(정묘)	戊辰(무진)	己巳(기사)	庚午(경오)	辛未(신미)	壬申(임신)	癸酉(계유)	甲戌(갑술)	乙亥(을해)	丙子(병자)	丁丑(정축)
절기시각				丑初															寅正											
대운 순행	1	1	1	10	10	9	9	9	8	8	8	7	7	7	6	6	6	5	5	5	4	4	4	3	3	3	2	2	2	1
대운 역행	10	10	10	10	1	1	1	2	2	2	3	3	3	4	4	4	5	5	5	6	6	6	7	7	7	8	8	8	9	9

10 月 丁 亥(정해) 大

절기				입동															소설											
음력	一	二	三	四	五	六	七	八	九	十	十一	十二	十三	十四	十五	十六	十七	十八	十九	廿	廿一	廿二	廿三	廿四	廿五	廿六	廿七	廿八	廿九	三十
양력 월/일	11/5	6	7	8	9	10	11	12	13	14	15	16	17	18	19	20	21	22	23	24	25	26	27	28	29	30	12/1	2	3	4
일진	戊寅(무인)	己卯(기묘)	庚辰(경진)	辛巳(신사)	壬午(임오)	癸未(계미)	甲申(갑신)	乙酉(을유)	丙戌(병술)	丁亥(정해)	戊子(무자)	己丑(기축)	庚寅(경인)	辛卯(신묘)	壬辰(임진)	癸巳(계사)	甲午(갑오)	乙未(을미)	丙申(병신)	丁酉(정유)	戊戌(무술)	己亥(기해)	庚子(경자)	辛丑(신축)	壬寅(임인)	癸卯(계묘)	甲辰(갑진)	乙巳(을사)	丙午(병오)	丁未(정미)
절기시각				寅初															子正											
대운 순행	1	1	1	10	9	9	9	8	8	8	7	7	7	6	6	6	5	5	5	4	4	4	3	3	3	2	2	2	1	1
대운 역행	9	10	10	10	1	1	1	2	2	2	3	3	3	4	4	4	5	5	5	6	6	6	7	7	7	8	8	8	9	9

11 月 戊 子(무자) 小

절기			대설															동지												
음력	一	二	三	四	五	六	七	八	九	十	十一	十二	十三	十四	十五	十六	十七	十八	十九	廿	廿一	廿二	廿三	廿四	廿五	廿六	廿七	廿八	廿九	
양력 월/일	12/5	6	7	8	9	10	11	12	13	14	15	16	17	18	19	20	21	22	23	24	25	26	27	28	29	30	31	1/1	2	
일진	戊申(무신)	己酉(기유)	庚戌(경술)	辛亥(신해)	壬子(임자)	癸丑(계축)	甲寅(갑인)	乙卯(을묘)	丙辰(병진)	丁巳(정사)	戊午(무오)	己未(기미)	庚申(경신)	辛酉(신유)	壬戌(임술)	癸亥(계해)	甲子(갑자)	乙丑(을축)	丙寅(병인)	丁卯(정묘)	戊辰(무진)	己巳(기사)	庚午(경오)	辛未(신미)	壬申(임신)	癸酉(계유)	甲戌(갑술)	乙亥(을해)	丙子(병자)	
절기시각			戌初															未正												
대운 순행	1	1	10	10	9	9	9	8	8	8	7	7	7	6	6	6	5	5	5	4	4	4	3	3	3	2	2	2	1	
대운 역행	9	10	10	1	1	1	2	2	2	3	3	3	4	4	4	5	5	5	6	6	6	7	7	7	8	8	8	9	9	

12 月 己 丑(기축) 大

절기				소한															대한											
음력	一	二	三	四	五	六	七	八	九	十	十一	十二	十三	十四	十五	十六	十七	十八	十九	廿	廿一	廿二	廿三	廿四	廿五	廿六	廿七	廿八	廿九	三十
양력 월/일	1/3	4	5	6	7	8	9	10	11	12	13	14	15	16	17	18	19	20	21	22	23	24	25	26	27	28	29	30	31	2/1
일진	丁丑(정축)	戊寅(무인)	己卯(기묘)	庚辰(경진)	辛巳(신사)	壬午(임오)	癸未(계미)	甲申(갑신)	乙酉(을유)	丙戌(병술)	丁亥(정해)	戊子(무자)	己丑(기축)	庚寅(경인)	辛卯(신묘)	壬辰(임진)	癸巳(계사)	甲午(갑오)	乙未(을미)	丙申(병신)	丁酉(정유)	戊戌(무술)	己亥(기해)	庚子(경자)	辛丑(신축)	壬寅(임인)	癸卯(계묘)	甲辰(갑진)	乙巳(을사)	丙午(병오)
절기시각				辰初															子正											
대운 순행	1	1	1	10	9	9	9	8	8	8	7	7	7	6	6	6	5	5	5	4	4	4	3	3	3	2	2	2	1	1
대운 역행	9	10	10	10	1	1	1	2	2	2	3	3	3	4	4	4	5	5	5	6	6	6	7	7	7	8	8	8	9	9

단기 4279 년
불기 2490 년

1946년 丙戌(병술)年

1 月 庚寅(경인) 大

절기			입춘															우수												
음력	一	二	三	四	五	六	七	八	九	十	十一	十二	十三	十四	十五	十六	十七	十八	十九	二十	廿一	廿二	廿三	廿四	廿五	廿六	廿七	廿八	廿九	三十
양력 월/일	2/2	3	4	5	6	7	8	9	10	11	12	13	14	15	16	17	18	19	20	21	22	23	24	25	26	27	28	3/1	2	3
일진	丁未(정미)	戊申(무신)	己酉(기유)	庚戌(경술)	辛亥(신해)	壬子(임자)	癸丑(계축)	甲寅(갑인)	乙卯(을묘)	丙辰(병진)	丁巳(정사)	戊午(무오)	己未(기미)	庚申(경신)	辛酉(신유)	壬戌(임술)	癸亥(계해)	甲子(갑자)	乙丑(을축)	丙寅(병인)	丁卯(정묘)	戊辰(무진)	己巳(기사)	庚午(경오)	辛未(신미)	壬申(임신)	癸酉(계유)	甲戌(갑술)	乙亥(을해)	丙子(병자)
절기시각			戌初															申初												
대운 순행	1	1	10	10	9	9	9	8	8	8	7	7	7	6	6	6	5	5	5	4	4	4	3	3	3	2	2	2	1	1
대운 역행	9	10	10	1	1	1	2	2	2	3	3	3	4	4	4	5	5	5	6	6	6	7	7	7	8	8	8	9	9	9

2 月 辛卯(신묘) 小

절기			경칩															춘분											
음력	一	二	三	四	五	六	七	八	九	十	十一	十二	十三	十四	十五	十六	十七	十八	十九	二十	廿一	廿二	廿三	廿四	廿五	廿六	廿七	廿八	廿九
양력 월/일	3/4	5	6	7	8	9	10	11	12	13	14	15	16	17	18	19	20	21	22	23	24	25	26	27	28	29	30	31	4/1
일진	丁丑(정축)	戊寅(무인)	己卯(기묘)	庚辰(경진)	辛巳(신사)	壬午(임오)	癸未(계미)	甲申(갑신)	乙酉(을유)	丙戌(병술)	丁亥(정해)	戊子(무자)	己丑(기축)	庚寅(경인)	辛卯(신묘)	壬辰(임진)	癸巳(계사)	甲午(갑오)	乙未(을미)	丙申(병신)	丁酉(정유)	戊戌(무술)	己亥(기해)	庚子(경자)	辛丑(신축)	壬寅(임인)	癸卯(계묘)	甲辰(갑진)	乙巳(을사)
절기시각			午正															未初											
대운 순행	1	1	10	10	9	9	9	8	8	8	7	7	7	6	6	6	5	5	5	4	4	4	3	3	3	2	2	2	1
대운 역행	10	10	10	1	1	1	2	2	2	3	3	3	4	4	4	5	5	5	6	6	6	7	7	7	8	8	8	9	9

3 月 壬辰(임진) 小

절기				청명	한식															곡우									
음력	一	二	三	四	五	六	七	八	九	十	十一	十二	十三	十四	十五	十六	十七	十八	十九	二十	廿一	廿二	廿三	廿四	廿五	廿六	廿七	廿八	廿九
양력 월/일	4/2	3	4	5	6	7	8	9	10	11	12	13	14	15	16	17	18	19	20	21	22	23	24	25	26	27	28	29	30
일진	丙午(병오)	丁未(정미)	戊申(무신)	己酉(기유)	庚戌(경술)	辛亥(신해)	壬子(임자)	癸丑(계축)	甲寅(갑인)	乙卯(을묘)	丙辰(병진)	丁巳(정사)	戊午(무오)	己未(기미)	庚申(경신)	辛酉(신유)	壬戌(임술)	癸亥(계해)	甲子(갑자)	乙丑(을축)	丙寅(병인)	丁卯(정묘)	戊辰(무진)	己巳(기사)	庚午(경오)	辛未(신미)	壬申(임신)	癸酉(계유)	甲戌(갑술)
절기시각				酉正																丑初									
대운 순행	1	1	1	10	10	10	9	9	9	8	8	8	7	7	7	6	6	6	5	5	5	4	4	4	3	3	3	2	2
대운 역행	9	10	10	10	1	1	1	2	2	2	3	3	3	4	4	4	5	5	5	6	6	6	7	7	7	8	8	8	9

4 月 癸巳(계사) 大

절기						입하																소만								
음력	一	二	三	四	五	六	七	八	九	十	十一	十二	十三	十四	十五	十六	十七	十八	十九	二十	廿一	廿二	廿三	廿四	廿五	廿六	廿七	廿八	廿九	三十
양력 월/일	5/1	2	3	4	5	6	7	8	9	10	11	12	13	14	15	16	17	18	19	20	21	22	23	24	25	26	27	28	29	30
일진	乙亥(을해)	丙子(병자)	丁丑(정축)	戊寅(무인)	己卯(기묘)	庚辰(경진)	辛巳(신사)	壬午(임오)	癸未(계미)	甲申(갑신)	乙酉(을유)	丙戌(병술)	丁亥(정해)	戊子(무자)	己丑(기축)	庚寅(경인)	辛卯(신묘)	壬辰(임진)	癸巳(계사)	甲午(갑오)	乙未(을미)	丙申(병신)	丁酉(정유)	戊戌(무술)	己亥(기해)	庚子(경자)	辛丑(신축)	壬寅(임인)	癸卯(계묘)	甲辰(갑진)
절기시각						午正																丑初								
대운 순행	2	1	1	1	1	10	10	10	9	9	9	8	8	8	7	7	7	6	6	6	5	5	5	4	4	4	3	3	3	2
대운 역행	9	9	10	10	10	10	1	1	1	2	2	2	3	3	3	4	4	4	5	5	5	6	6	6	7	7	7	8	8	8

5 月 甲午(갑오) 小

절기							망종																하지						
음력	一	二	三	四	五	六	七	八	九	十	十一	十二	十三	十四	十五	十六	十七	十八	十九	二十	廿一	廿二	廿三	廿四	廿五	廿六	廿七	廿八	廿九
양력 월/일	5/31	6/1	2	3	4	5	6	7	8	9	10	11	12	13	14	15	16	17	18	19	20	21	22	23	24	25	26	27	28
일진	乙巳(을사)	丙午(병오)	丁未(정미)	戊申(무신)	己酉(기유)	庚戌(경술)	辛亥(신해)	壬子(임자)	癸丑(계축)	甲寅(갑인)	乙卯(을묘)	丙辰(병진)	丁巳(정사)	戊午(무오)	己未(기미)	庚申(경신)	辛酉(신유)	壬戌(임술)	癸亥(계해)	甲子(갑자)	乙丑(을축)	丙寅(병인)	丁卯(정묘)	戊辰(무진)	己巳(기사)	庚午(경오)	辛未(신미)	壬申(임신)	癸酉(계유)
절기시각							申正																巳初						
대운 순행	2	2	1	1	1	1	10	10	10	10	9	9	9	8	8	8	7	7	7	6	6	6	5	5	5	4	4	4	3
대운 역행	9	9	9	10	10	10	10	1	1	1	2	2	2	3	3	3	4	4	4	5	5	5	6	6	6	7	7	7	8

6 月 乙未(을미) 小

절기										소서							초복								대서		중복		
음력	一	二	三	四	五	六	七	八	九	十	十一	十二	十三	十四	十五	十六	十七	十八	十九	二十	廿一	廿二	廿三	廿四	廿五	廿六	廿七	廿八	廿九
양력 월/일	6/29	30	7/1	2	3	4	5	6	7	8	9	10	11	12	13	14	15	16	17	18	19	20	21	22	23	24	25	26	27
일진	甲戌(갑술)	乙亥(을해)	丙子(병자)	丁丑(정축)	戊寅(무인)	己卯(기묘)	庚辰(경진)	辛巳(신사)	壬午(임오)	癸未(계미)	甲申(갑신)	乙酉(을유)	丙戌(병술)	丁亥(정해)	戊子(무자)	己丑(기축)	庚寅(경인)	辛卯(신묘)	壬辰(임진)	癸巳(계사)	甲午(갑오)	乙未(을미)	丙申(병신)	丁酉(정유)	戊戌(무술)	己亥(기해)	庚子(경자)	辛丑(신축)	壬寅(임인)
절기시각										寅初															戌正				
대운 순행	3	3	2	2	2	1	1	1	1	10	10	10	9	9	9	8	8	8	7	7	7	6	6	6	5	5	5	4	4
대운 역행	8	8	9	9	9	10	10	10	10	10	1	1	1	2	2	2	3	3	3	4	4	4	5	5	5	6	6	6	7

南 大將	子 喪門	申 弔客	北 三殺

7 月 丙 申(병신) 大

절기												입추						말복										처서		
음력	一	二	三	四	五	六	七	八	九	十	十一	十二	十三	十四	十五	十六	十七	十八	十九	廿	廿一	廿二	廿三	廿四	廿五	廿六	廿七	廿八	廿九	三十
양력 월/일	7/28	29	30	31	8/1	2	3	4	5	6	7	8	9	10	11	12	13	14	15	16	17	18	19	20	21	22	23	24	25	26
일진	癸卯(계묘)	甲辰(갑진)	乙巳(을사)	丙午(병오)	丁未(정미)	戊申(무신)	己酉(기유)	庚戌(경술)	辛亥(신해)	壬子(임자)	癸丑(계축)	甲寅(갑인)	乙卯(을묘)	丙辰(병진)	丁巳(정사)	戊午(무오)	己未(기미)	庚申(경신)	辛酉(신유)	壬戌(임술)	癸亥(계해)	甲子(갑자)	乙丑(을축)	丙寅(병인)	丁卯(정묘)	戊辰(무진)	己巳(기사)	庚午(경오)	辛未(신미)	壬申(임신)
절기시각												未初																寅初		
대운 순행	4	3	3	3	2	2	2	1	1	1	1	10	10	10	9	9	9	8	8	8	7	7	7	6	6	6	5	5	5	4
대운 역행	7	7	8	8	8	9	9	9	10	10	10	10	1	1	1	2	2	2	3	3	3	4	4	4	5	5	5	6	6	6

8 月 丁 酉(정유) 小

절기													백로																추분	
음력	一	二	三	四	五	六	七	八	九	十	十一	十二	十三	十四	十五	十六	十七	十八	十九	廿	廿一	廿二	廿三	廿四	廿五	廿六	廿七	廿八	廿九	
양력 월/일	8/27	28	29	30	31	9/1	2	3	4	5	6	7	8	9	10	11	12	13	14	15	16	17	18	19	20	21	22	23	24	
일진	癸酉(계유)	甲戌(갑술)	乙亥(을해)	丙子(병자)	丁丑(정축)	戊寅(무인)	己卯(기묘)	庚辰(경진)	辛巳(신사)	壬午(임오)	癸未(계미)	甲申(갑신)	乙酉(을유)	丙戌(병술)	丁亥(정해)	戊子(무자)	己丑(기축)	庚寅(경인)	辛卯(신묘)	壬辰(임진)	癸巳(계사)	甲午(갑오)	乙未(을미)	丙申(병신)	丁酉(정유)	戊戌(무술)	己亥(기해)	庚子(경자)	辛丑(신축)	
절기시각													申正																丑初	
대운 순행	4	4	5	5	5	6	6	6	1	1	1	1	10	10	10	9	9	9	8	8	8	7	7	7	6	6	6	5	5	
대운 역행	7	7	7	8	8	8	9	9	9	10	10	10	10	1	1	1	2	2	2	3	3	3	4	4	4	5	5	5	6	

9 月 戊 戌(무술) 大

절기															한로															상강
음력	一	二	三	四	五	六	七	八	九	十	十一	十二	十三	十四	十五	十六	十七	十八	十九	廿	廿一	廿二	廿三	廿四	廿五	廿六	廿七	廿八	廿九	三十
양력 월/일	9/25	26	27	28	29	30	10/1	2	3	4	5	6	7	8	9	10	11	12	13	14	15	16	17	18	19	20	21	22	23	24
일진	壬寅(임인)	癸卯(계묘)	甲辰(갑진)	乙巳(을사)	丙午(병오)	丁未(정미)	戊申(무신)	己酉(기유)	庚戌(경술)	辛亥(신해)	壬子(임자)	癸丑(계축)	甲寅(갑인)	乙卯(을묘)	丙辰(병진)	丁巳(정사)	戊午(무오)	己未(기미)	庚申(경신)	辛酉(신유)	壬戌(임술)	癸亥(계해)	甲子(갑자)	乙丑(을축)	丙寅(병인)	丁卯(정묘)	戊辰(무진)	己巳(기사)	庚午(경오)	辛未(신미)
절기시각															辰初															巳正
대운 순행	5	4	4	4	3	3	3	2	2	2	1	1	1	1	10	10	9	9	9	8	8	8	7	7	7	6	6	6	5	5
대운 역행	6	6	7	7	7	8	8	8	9	9	9	10	10	10	10	1	1	1	2	2	2	3	3	3	4	4	4	5	5	5

10 月 己 亥(기해) 大

절기															입동															소설
음력	一	二	三	四	五	六	七	八	九	十	十一	十二	十三	十四	十五	十六	十七	十八	十九	廿	廿一	廿二	廿三	廿四	廿五	廿六	廿七	廿八	廿九	三十
양력 월/일	10/25	26	27	28	29	30	31	11/1	2	3	4	5	6	7	8	9	10	11	12	13	14	15	16	17	18	19	20	21	22	23
일진	壬申(임신)	癸酉(계유)	甲戌(갑술)	乙亥(을해)	丙子(병자)	丁丑(정축)	戊寅(무인)	己卯(기묘)	庚辰(경진)	辛巳(신사)	壬午(임오)	癸未(계미)	甲申(갑신)	乙酉(을유)	丙戌(병술)	丁亥(정해)	戊子(무자)	己丑(기축)	庚寅(경인)	辛卯(신묘)	壬辰(임진)	癸巳(계사)	甲午(갑오)	乙未(을미)	丙申(병신)	丁酉(정유)	戊戌(무술)	己亥(기해)	庚子(경자)	辛丑(신축)
절기시각															巳正															辰初
대운 순행	5	4	4	4	3	3	3	2	2	2	1	1	1	1	10	10	9	9	9	8	8	8	7	7	7	6	6	6	5	5
대운 역행	6	6	6	7	7	7	8	8	8	9	9	9	10	10	10	1	1	1	2	2	2	3	3	3	4	4	4	5	5	5

11 月 庚 子(경자) 小

절기															대설														동지	
음력	一	二	三	四	五	六	七	八	九	十	十一	十二	十三	十四	十五	十六	十七	十八	十九	廿	廿一	廿二	廿三	廿四	廿五	廿六	廿七	廿八	廿九	
양력 월/일	11/24	25	26	27	28	29	30	12/1	2	3	4	5	6	7	8	9	10	11	12	13	14	15	16	17	18	19	20	21	22	
일진	壬寅(임인)	癸卯(계묘)	甲辰(갑진)	乙巳(을사)	丙午(병오)	丁未(정미)	戊申(무신)	己酉(기유)	庚戌(경술)	辛亥(신해)	壬子(임자)	癸丑(계축)	甲寅(갑인)	乙卯(을묘)	丙辰(병진)	丁巳(정사)	戊午(무오)	己未(기미)	庚申(경신)	辛酉(신유)	壬戌(임술)	癸亥(계해)	甲子(갑자)	乙丑(을축)	丙寅(병인)	丁卯(정묘)	戊辰(무진)	己巳(기사)	庚午(경오)	
절기시각															丑正														戌正	
대운 순행	5	4	4	4	3	3	3	2	2	2	1	1	1	1	10	9	9	9	8	8	8	7	7	7	6	6	6	5	5	
대운 역행	6	6	6	7	7	7	8	8	8	9	9	9	10	10	10	1	1	1	2	2	2	3	3	3	4	4	4	5	5	

12 月 辛 丑(신축) 大

절기															소한															대한
음력	一	二	三	四	五	六	七	八	九	十	十一	十二	十三	十四	十五	十六	十七	十八	十九	廿	廿一	廿二	廿三	廿四	廿五	廿六	廿七	廿八	廿九	三十
양력 월/일	12/23	24	25	26	27	28	29	30	31	1/1	2	3	4	5	6	7	8	9	10	11	12	13	14	15	16	17	18	19	20	21
일진	辛未(신미)	壬申(임신)	癸酉(계유)	甲戌(갑술)	乙亥(을해)	丙子(병자)	丁丑(정축)	戊寅(무인)	己卯(기묘)	庚辰(경진)	辛巳(신사)	壬午(임오)	癸未(계미)	甲申(갑신)	乙酉(을유)	丙戌(병술)	丁亥(정해)	戊子(무자)	己丑(기축)	庚寅(경인)	辛卯(신묘)	壬辰(임진)	癸巳(계사)	甲午(갑오)	乙未(을미)	丙申(병신)	丁酉(정유)	戊戌(무술)	己亥(기해)	庚子(경자)
절기시각															未正															卯正
대운 순행	5	4	4	4	3	3	3	2	2	2	1	1	1	1	10	10	9	9	9	8	8	8	7	7	7	6	6	6	5	5
대운 역행	5	6	6	6	7	7	7	8	8	8	9	9	9	10	10	1	1	1	2	2	2	3	3	3	4	4	4	5	5	5

단기 4280 년
불기 2491 년

1947년 丁亥(정해)年

1 月 壬 寅(임인) 大

절 기															입춘														우수	
음 력	一	二	三	四	五	六	七	八	九	十	十一	十二	十三	十四	十五	十六	十七	十八	十九	廿	廿一	廿二	廿三	廿四	廿五	廿六	廿七	廿八	廿九	三十
양 력 월/일	1/22	23	24	25	26	27	28	29	30	31	2/1	2	3	4	5	6	7	8	9	10	11	12	13	14	15	16	17	18	19	20
일 진	辛丑(신축)	壬寅(임인)	癸卯(계묘)	甲辰(갑진)	乙巳(을사)	丙午(병오)	丁未(정미)	戊申(무신)	己酉(기유)	庚戌(경술)	辛亥(신해)	壬子(임자)	癸丑(계축)	甲寅(갑인)	乙卯(을묘)	丙辰(병진)	丁巳(정사)	戊午(무오)	己未(기미)	庚申(경신)	辛酉(신유)	壬戌(임술)	癸亥(계해)	甲子(갑자)	乙丑(을축)	丙寅(병인)	丁卯(정묘)	戊辰(무진)	己巳(기사)	庚午(경오)
절기시각															子正														戌正	
대운 순행	5	4	4	4	3	3	3	2	2	2	1	1	1	1	10	9	9	9	8	8	8	7	7	7	6	6	6	5	5	5
대운 역행	6	6	6	7	7	7	8	8	8	9	9	9	10	10	10	1	1	1	2	2	2	3	3	3	4	4	4	5	5	5

2 月 癸 卯(계묘) 大

절 기														경칩															춘분	
음 력	一	二	三	四	五	六	七	八	九	十	十一	十二	十三	十四	十五	十六	十七	十八	十九	廿	廿一	廿二	廿三	廿四	廿五	廿六	廿七	廿八	廿九	三十
양 력 월/일	2/21	22	23	24	25	26	27	28	3/1	2	3	4	5	6	7	8	9	10	11	12	13	14	15	16	17	18	19	20	21	22
일 진	辛未(신미)	壬申(임신)	癸酉(계유)	甲戌(갑술)	乙亥(을해)	丙子(병자)	丁丑(정축)	戊寅(무인)	己卯(기묘)	庚辰(경진)	辛巳(신사)	壬午(임오)	癸未(계미)	甲申(갑신)	乙酉(을유)	丙戌(병술)	丁亥(정해)	戊子(무자)	己丑(기축)	庚寅(경인)	辛卯(신묘)	壬辰(임진)	癸巳(계사)	甲午(갑오)	乙未(을미)	丙申(병신)	丁酉(정유)	戊戌(무술)	己亥(기해)	庚子(경자)
절기시각														酉正															戌初	
대운 순행	4	4	4	3	3	3	2	2	2	1	1	1	1	10	10	9	9	9	8	8	8	7	7	7	6	6	6	5	5	5
대운 역행	6	6	6	7	7	7	8	8	8	9	9	9	10	10	1	1	1	2	2	2	3	3	3	4	4	4	5	5	5	6

閏 2 月 癸 卯(계묘) 小

절 기														청명	한식															
음 력	一	二	三	四	五	六	七	八	九	十	十一	十二	十三	十四	十五	十六	十七	十八	十九	廿	廿一	廿二	廿三	廿四	廿五	廿六	廿七	廿八	廿九	
양 력 월/일	3/23	24	25	26	27	28	29	30	31	4/1	2	3	4	5	6	7	8	9	10	11	12	13	14	15	16	17	18	19	20	
일 진	辛丑(신축)	壬寅(임인)	癸卯(계묘)	甲辰(갑진)	乙巳(을사)	丙午(병오)	丁未(정미)	戊申(무신)	己酉(기유)	庚戌(경술)	辛亥(신해)	壬子(임자)	癸丑(계축)	甲寅(갑인)	乙卯(을묘)	丙辰(병진)	丁巳(정사)	戊午(무오)	己未(기미)	庚申(경신)	辛酉(신유)	壬戌(임술)	癸亥(계해)	甲子(갑자)	乙丑(을축)	丙寅(병인)	丁卯(정묘)	戊辰(무진)	己巳(기사)	
절기시각														子初																
대운 순행	4	4	4	3	3	3	2	2	2	1	1	1	1	10	10	10	9	9	9	8	8	8	7	7	7	6	6	6	5	
대운 역행	6	6	7	7	7	8	8	8	9	9	9	10	10	10	1	1	1	2	2	2	3	3	3	4	4	4	5	5	5	

3 月 甲 辰(갑진) 小

절 기	곡우															입하														
음 력	一	二	三	四	五	六	七	八	九	十	十一	十二	十三	十四	十五	十六	十七	十八	十九	廿	廿一	廿二	廿三	廿四	廿五	廿六	廿七	廿八	廿九	
양 력 월/일	4/21	22	23	24	25	26	27	28	29	30	5/1	2	3	4	5	6	7	8	9	10	11	12	13	14	15	16	17	18	19	
일 진	庚午(경오)	辛未(신미)	壬申(임신)	癸酉(계유)	甲戌(갑술)	乙亥(을해)	丙子(병자)	丁丑(정축)	戊寅(무인)	己卯(기묘)	庚辰(경진)	辛巳(신사)	壬午(임오)	癸未(계미)	甲申(갑신)	乙酉(을유)	丙戌(병술)	丁亥(정해)	戊子(무자)	己丑(기축)	庚寅(경인)	辛卯(신묘)	壬辰(임진)	癸巳(계사)	甲午(갑오)	乙未(을미)	丙申(병신)	丁酉(정유)	戊戌(무술)	
절기시각	辰初															酉初														
대운 순행	5	5	4	4	4	3	3	3	2	2	2	1	1	1	1	10	10	10	9	9	9	8	8	8	7	7	7	6	6	
대운 역행	6	6	6	7	7	7	8	8	8	9	9	9	10	10	10	10	1	1	1	2	2	2	3	3	3	4	4	4	5	

4 月 乙 巳(을사) 大

절 기			소만															망종					하지							
음 력	一	二	三	四	五	六	七	八	九	十	十一	十二	十三	十四	十五	十六	十七	十八	十九	廿	廿一	廿二	廿三	廿四	廿五	廿六	廿七	廿八	廿九	三十
양 력 월/일	5/20	21	22	23	24	25	26	27	28	29	30	31	6/1	2	3	4	5	6	7	8	9	10	11	12	13	14	15	16	17	18
일 진	己亥(기해)	庚子(경자)	辛丑(신축)	壬寅(임인)	癸卯(계묘)	甲辰(갑진)	乙巳(을사)	丙午(병오)	丁未(정미)	戊申(무신)	己酉(기유)	庚戌(경술)	辛亥(신해)	壬子(임자)	癸丑(계축)	甲寅(갑인)	乙卯(을묘)	丙辰(병진)	丁巳(정사)	戊午(무오)	己未(기미)	庚申(경신)	辛酉(신유)	壬戌(임술)	癸亥(계해)	甲子(갑자)	乙丑(을축)	丙寅(병인)	丁卯(정묘)	戊辰(무진)
절기시각			辰初															辰初												
대운 순행	6	5	5	5	4	4	4	3	3	3	2	2	2	1	1	1	1	10	10	10	10	9	9	9	8	8	8	7	7	7
대운 역행	5	5	6	6	6	7	7	7	8	8	8	9	9	9	10	10	10	10	1	1	1	2	2	2	3	3	3	4	4	4

5 月 丙 午(병오) 小

절 기				하지																소서										
음 력	一	二	三	四	五	六	七	八	九	十	十一	十二	十三	十四	十五	十六	十七	十八	十九	廿	廿一	廿二	廿三	廿四	廿五	廿六	廿七	廿八	廿九	
양 력 월/일	6/19	20	21	22	23	24	25	26	27	28	29	30	7/1	2	3	4	5	6	7	8	9	10	11	12	13	14	15	16	17	
일 진	己巳(기사)	庚午(경오)	辛未(신미)	壬申(임신)	癸酉(계유)	甲戌(갑술)	乙亥(을해)	丙子(병자)	丁丑(정축)	戊寅(무인)	己卯(기묘)	庚辰(경진)	辛巳(신사)	壬午(임오)	癸未(계미)	甲申(갑신)	乙酉(을유)	丙戌(병술)	丁亥(정해)	戊子(무자)	己丑(기축)	庚寅(경인)	辛卯(신묘)	壬辰(임진)	癸巳(계사)	甲午(갑오)	乙未(을미)	丙申(병신)	丁酉(정유)	
절기시각				申初																辰正										
대운 순행	6	6	6	5	5	5	4	4	4	3	3	3	2	2	2	1	1	1	1	10	10	10	9	9	9	8	8	8	7	
대운 역행	5	5	5	6	6	6	7	7	7	8	8	8	9	9	9	10	10	10	10	10	1	1	1	2	2	2	3	3	3	

西 大將	丑 喪門	酉 弔客	西 三殺

6 月 丁 未(정미) 小

절기			초복				대서						중복									입추	말복							
음력	一	二	三	四	五	六	七	八	九	十	十一	十二	十三	十四	十五	十六	十七	十八	十九	廿十	廿一	廿二	廿三	廿四	廿五	廿六	廿七	廿八	廿九	
양력 월/일	7/18	19	20	21	22	23	24	25	26	27	28	29	30	31	8/1	2	3	4	5	6	7	8	9	10	11	12	13	14	15	
일진	戊戌(무술)	己亥(기해)	庚子(경자)	辛丑(신축)	壬寅(임인)	癸卯(계묘)	甲辰(갑진)	乙巳(을사)	丙午(병오)	丁未(정미)	戊申(무신)	己酉(기유)	庚戌(경술)	辛亥(신해)	壬子(임자)	癸丑(계축)	甲寅(갑인)	乙卯(을묘)	丙辰(병진)	丁巳(정사)	戊午(무오)	己未(기미)	庚申(경신)	辛酉(신유)	壬戌(임술)	癸亥(계해)	甲子(갑자)	乙丑(을축)	丙寅(병인)	
절기시각							丑正																酉正							
대운 순행	7	7	6	6	6	5	5	5	4	4	4	3	3	3	2	2	2	1	1	1	1	10	10	10	9	9	9	8	8	
대운 역행	4	4	4	5	5	5	6	6	6	7	7	7	8	8	8	9	9	9	10	10	10	10	1	1	1	2	2	2	3	

7 月 戊 申(무신) 大

절기									처서															백로						
음력	一	二	三	四	五	六	七	八	九	十	十一	十二	十三	十四	十五	十六	十七	十八	十九	廿十	廿一	廿二	廿三	廿四	廿五	廿六	廿七	廿八	廿九	三十
양력 월/일	8/16	17	18	19	20	21	22	23	24	25	26	27	28	29	30	31	9/1	2	3	4	5	6	7	8	9	10	11	12	13	14
일진	丁卯(정묘)	戊辰(무진)	己巳(기사)	庚午(경오)	辛未(신미)	壬申(임신)	癸酉(계유)	甲戌(갑술)	乙亥(을해)	丙子(병자)	丁丑(정축)	戊寅(무인)	己卯(기묘)	庚辰(경진)	辛巳(신사)	壬午(임오)	癸未(계미)	甲申(갑신)	乙酉(을유)	丙戌(병술)	丁亥(정해)	戊子(무자)	己丑(기축)	庚寅(경인)	辛卯(신묘)	壬辰(임진)	癸巳(계사)	甲午(갑오)	乙未(을미)	丙申(병신)
절기시각									巳初															亥初						
대운 순행	8	7	7	7	6	6	6	5	5	5	4	4	4	3	3	3	2	2	2	1	1	1	1	10	10	10	9	9	9	8
대운 역행	3	3	4	4	4	5	5	5	6	6	6	7	7	7	8	8	8	9	9	9	10	10	10	10	1	1	1	2	2	2

8 月 己 酉(기유) 小

절기								추분																	한로					
음력	一	二	三	四	五	六	七	八	九	十	十一	十二	十三	十四	十五	十六	十七	十八	十九	廿十	廿一	廿二	廿三	廿四	廿五	廿六	廿七	廿八	廿九	
양력 월/일	9/15	16	17	18	19	20	21	22	23	24	25	26	27	28	29	30	10/1	2	3	4	5	6	7	8	9	10	11	12	13	
일진	丁酉(정유)	戊戌(무술)	己亥(기해)	庚子(경자)	辛丑(신축)	壬寅(임인)	癸卯(계묘)	甲辰(갑진)	乙巳(을사)	丙午(병오)	丁未(정미)	戊申(무신)	己酉(기유)	庚戌(경술)	辛亥(신해)	壬子(임자)	癸丑(계축)	甲寅(갑인)	乙卯(을묘)	丙辰(병진)	丁巳(정사)	戊午(무오)	己未(기미)	庚申(경신)	辛酉(신유)	壬戌(임술)	癸亥(계해)	甲子(갑자)	乙丑(을축)	
절기시각								辰初																	未初					
대운 순행	8	8	7	7	7	6	6	6	5	5	5	4	4	4	3	3	3	2	2	2	1	1	1	1	10	10	9	9	9	
대운 역행	3	3	3	4	4	4	5	5	5	6	6	6	7	7	7	8	8	8	9	9	9	10	10	10	10	1	1	1	2	

9 月 庚 戌(경술) 大

절기											상강															입동				
음력	一	二	三	四	五	六	七	八	九	十	十一	十二	十三	十四	十五	十六	十七	十八	十九	廿十	廿一	廿二	廿三	廿四	廿五	廿六	廿七	廿八	廿九	三十
양력 월/일	10/14	15	16	17	18	19	20	21	22	23	24	25	26	27	28	29	30	31	11/1	2	3	4	5	6	7	8	9	10	11	12
일진	丙寅(병인)	丁卯(정묘)	戊辰(무진)	己巳(기사)	庚午(경오)	辛未(신미)	壬申(임신)	癸酉(계유)	甲戌(갑술)	乙亥(을해)	丙子(병자)	丁丑(정축)	戊寅(무인)	己卯(기묘)	庚辰(경진)	辛巳(신사)	壬午(임오)	癸未(계미)	甲申(갑신)	乙酉(을유)	丙戌(병술)	丁亥(정해)	戊子(무자)	己丑(기축)	庚寅(경인)	辛卯(신묘)	壬辰(임진)	癸巳(계사)	甲午(갑오)	乙未(을미)
절기시각											申初															申正				
대운 순행	8	8	8	7	7	7	6	6	6	5	5	5	4	4	4	3	3	3	2	2	2	1	1	1	1	10	10	9	9	9
대운 역행	2	2	3	3	3	4	4	4	5	5	5	6	6	6	7	7	7	8	8	8	9	9	9	10	10	10	1	1	1	2

10 月 辛 亥(신해) 小

절기											소설															대설				
음력	一	二	三	四	五	六	七	八	九	十	十一	十二	十三	十四	十五	十六	十七	十八	十九	廿十	廿一	廿二	廿三	廿四	廿五	廿六	廿七	廿八	廿九	
양력 월/일	11/13	14	15	16	17	18	19	20	21	22	23	24	25	26	27	28	29	30	12/1	2	3	4	5	6	7	8	9	10	11	
일진	丙申(병신)	丁酉(정유)	戊戌(무술)	己亥(기해)	庚子(경자)	辛丑(신축)	壬寅(임인)	癸卯(계묘)	甲辰(갑진)	乙巳(을사)	丙午(병오)	丁未(정미)	戊申(무신)	己酉(기유)	庚戌(경술)	辛亥(신해)	壬子(임자)	癸丑(계축)	甲寅(갑인)	乙卯(을묘)	丙辰(병진)	丁巳(정사)	戊午(무오)	己未(기미)	庚申(경신)	辛酉(신유)	壬戌(임술)	癸亥(계해)	甲子(갑자)	
절기시각											未初															辰正				
대운 순행	8	8	8	7	7	7	6	6	6	5	5	5	4	4	4	3	3	3	2	2	2	1	1	1	1	10	9	9	9	
대운 역행	2	2	3	3	3	4	4	4	5	5	5	6	6	6	7	7	7	8	8	8	9	9	9	10	10	10	1	1	1	

11 月 壬 子(임자) 大

절기												동지														소한				
음력	一	二	三	四	五	六	七	八	九	十	十一	十二	十三	十四	十五	十六	十七	十八	十九	廿十	廿一	廿二	廿三	廿四	廿五	廿六	廿七	廿八	廿九	三十
양력 월/일	12/12	13	14	15	16	17	18	19	20	21	22	23	24	25	26	27	28	29	30	31	1/1	2	3	4	5	6	7	8	9	10
일진	乙丑(을축)	丙寅(병인)	丁卯(정묘)	戊辰(무진)	己巳(기사)	庚午(경오)	辛未(신미)	壬申(임신)	癸酉(계유)	甲戌(갑술)	乙亥(을해)	丙子(병자)	丁丑(정축)	戊寅(무인)	己卯(기묘)	庚辰(경진)	辛巳(신사)	壬午(임오)	癸未(계미)	甲申(갑신)	乙酉(을유)	丙戌(병술)	丁亥(정해)	戊子(무자)	己丑(기축)	庚寅(경인)	辛卯(신묘)	壬辰(임진)	癸巳(계사)	甲午(갑오)
절기시각												丑正														戌初				
대운 순행	8	8	8	7	7	7	6	6	6	5	5	5	4	4	4	3	3	3	2	2	2	1	1	1	1	10	10	9	9	9
대운 역행	2	2	2	3	3	3	4	4	4	5	5	5	6	6	6	7	7	7	8	8	8	9	9	9	10	10	1	1	1	2

12 月 癸 丑(계축) 大

절기											대한															입춘				
음력	一	二	三	四	五	六	七	八	九	十	十一	十二	十三	十四	十五	十六	十七	十八	十九	廿十	廿一	廿二	廿三	廿四	廿五	廿六	廿七	廿八	廿九	三十
양력 월/일	1/11	12	13	14	15	16	17	18	19	20	21	22	23	24	25	26	27	28	29	30	31	2/1	2	3	4	5	6	7	8	9
일진	乙未(을미)	丙申(병신)	丁酉(정유)	戊戌(무술)	己亥(기해)	庚子(경자)	辛丑(신축)	壬寅(임인)	癸卯(계묘)	甲辰(갑진)	乙巳(을사)	丙午(병오)	丁未(정미)	戊申(무신)	己酉(기유)	庚戌(경술)	辛亥(신해)	壬子(임자)	癸丑(계축)	甲寅(갑인)	乙卯(을묘)	丙辰(병진)	丁巳(정사)	戊午(무오)	己未(기미)	庚申(경신)	辛酉(신유)	壬戌(임술)	癸亥(계해)	甲子(갑자)
절기시각											午正															卯正				
대운 순행	8	8	8	7	7	7	6	6	6	5	5	5	4	4	4	3	3	3	2	2	2	1	1	1	1	10	10	9	9	9
대운 역행	2	2	3	3	3	4	4	4	5	5	5	6	6	6	7	7	7	8	8	8	9	9	9	10	10	10	1	1	1	2

단기 4281 년
불기 2492 년

1948년 戊子(무자)年

1 月 甲 寅(갑인) 大

절기											우수															경칩				
음력	一	二	三	四	五	六	七	八	九	十	十一	十二	十三	十四	十五	十六	十七	十八	十九	廿	廿一	廿二	廿三	廿四	廿五	廿六	廿七	廿八	廿九	三十
양력 월/일	2/10	11	12	13	14	15	16	17	18	19	20	21	22	23	24	25	26	27	28	29	3/1	2	3	4	5	6	7	8	9	10
일진	乙丑(을축)	丙寅(병인)	丁卯(정묘)	戊辰(무진)	己巳(기사)	庚午(경오)	辛未(신미)	壬申(임신)	癸酉(계유)	甲戌(갑술)	乙亥(을해)	丙子(병자)	丁丑(정축)	戊寅(무인)	己卯(기묘)	庚辰(경진)	辛巳(신사)	壬午(임오)	癸未(계미)	甲申(갑신)	乙酉(을유)	丙戌(병술)	丁亥(정해)	戊子(무자)	己丑(기축)	庚寅(경인)	辛卯(신묘)	壬辰(임진)	癸巳(계사)	甲午(갑오)
절기시각											丑正															子正				
대 순행	8	8	8	7	7	7	6	6	6	5	5	5	4	4	4	3	3	3	2	2	2	1	1	1	1	10	10	9	9	9
운 역행	2	2	3	3	3	4	4	4	5	5	5	6	6	6	7	7	7	8	8	8	9	9	9	10	10	10	1	1	1	2

2 月 乙 卯(을묘) 小

절기											춘분															청명	한식			
음력	一	二	三	四	五	六	七	八	九	十	十一	十二	十三	十四	十五	十六	十七	十八	十九	廿	廿一	廿二	廿三	廿四	廿五	廿六	廿七	廿八	廿九	
양력 월/일	3/11	12	13	14	15	16	17	18	19	20	21	22	23	24	25	26	27	28	29	30	31	4/1	2	3	4	5	6	7	8	
일진	乙未(을미)	丙申(병신)	丁酉(정유)	戊戌(무술)	己亥(기해)	庚子(경자)	辛丑(신축)	壬寅(임인)	癸卯(계묘)	甲辰(갑진)	乙巳(을사)	丙午(병오)	丁未(정미)	戊申(무신)	己酉(기유)	庚戌(경술)	辛亥(신해)	壬子(임자)	癸丑(계축)	甲寅(갑인)	乙卯(을묘)	丙辰(병진)	丁巳(정사)	戊午(무오)	己未(기미)	庚申(경신)	辛酉(신유)	壬戌(임술)	癸亥(계해)	
절기시각											丑初															卯初				
대 순행	8	8	8	7	7	7	6	6	6	5	5	5	4	4	4	3	3	3	2	2	2	1	1	1	1	10	10	9	9	
운 역행	2	2	3	3	3	4	4	4	5	5	5	6	6	6	7	7	7	8	8	8	9	9	9	10	10	10	1	1	1	

3 月 丙 辰(병진) 大

절기												곡우															입하			
음력	一	二	三	四	五	六	七	八	九	十	十一	十二	十三	十四	十五	十六	十七	十八	十九	廿	廿一	廿二	廿三	廿四	廿五	廿六	廿七	廿八	廿九	三十
양력 월/일	4/9	10	11	12	13	14	15	16	17	18	19	20	21	22	23	24	25	26	27	28	29	30	5/1	2	3	4	5	6	7	8
일진	甲子(갑자)	乙丑(을축)	丙寅(병인)	丁卯(정묘)	戊辰(무진)	己巳(기사)	庚午(경오)	辛未(신미)	壬申(임신)	癸酉(계유)	甲戌(갑술)	乙亥(을해)	丙子(병자)	丁丑(정축)	戊寅(무인)	己卯(기묘)	庚辰(경진)	辛巳(신사)	壬午(임오)	癸未(계미)	甲申(갑신)	乙酉(을유)	丙戌(병술)	丁亥(정해)	戊子(무자)	己丑(기축)	庚寅(경인)	辛卯(신묘)	壬辰(임진)	癸巳(계사)
절기시각												未初															子初			
대 순행	9	8	8	8	7	7	7	6	6	6	5	5	5	4	4	4	3	3	3	2	2	2	1	1	1	1	10	10	10	10
운 역행	2	2	2	3	3	3	4	4	4	5	5	5	6	6	6	7	7	7	8	8	8	9	9	9	10	10	10	1	1	1

4 月 丁 巳(정사) 小

절기													소만																망종	
음력	一	二	三	四	五	六	七	八	九	十	十一	十二	十三	十四	十五	十六	十七	十八	十九	廿	廿一	廿二	廿三	廿四	廿五	廿六	廿七	廿八	廿九	
양력 월/일	5/9	10	11	12	13	14	15	16	17	18	19	20	21	22	23	24	25	26	27	28	29	30	31	6/1	2	3	4	5	6	
일진	甲午(갑오)	乙未(을미)	丙申(병신)	丁酉(정유)	戊戌(무술)	己亥(기해)	庚子(경자)	辛丑(신축)	壬寅(임인)	癸卯(계묘)	甲辰(갑진)	乙巳(을사)	丙午(병오)	丁未(정미)	戊申(무신)	己酉(기유)	庚戌(경술)	辛亥(신해)	壬子(임자)	癸丑(계축)	甲寅(갑인)	乙卯(을묘)	丙辰(병진)	丁巳(정사)	戊午(무오)	己未(기미)	庚申(경신)	辛酉(신유)	壬戌(임술)	
절기시각													午正																寅正	
대 순행	9	9	9	8	8	8	7	7	7	6	6	6	5	5	5	4	4	4	3	3	3	2	2	2	1	1	1	1	10	
운 역행	2	2	2	3	3	3	4	4	4	5	5	5	6	6	6	7	7	7	8	8	8	9	9	9	10	10	10	10	10	

5 月 戊 午(무오) 大

절기															하지															
음력	一	二	三	四	五	六	七	八	九	十	十一	十二	十三	十四	十五	十六	十七	十八	十九	廿	廿一	廿二	廿三	廿四	廿五	廿六	廿七	廿八	廿九	三十
양력 월/일	6/7	8	9	10	11	12	13	14	15	16	17	18	19	20	21	22	23	24	25	26	27	28	29	30	7/1	2	3	4	5	6
일진	癸亥(계해)	甲子(갑자)	乙丑(을축)	丙寅(병인)	丁卯(정묘)	戊辰(무진)	己巳(기사)	庚午(경오)	辛未(신미)	壬申(임신)	癸酉(계유)	甲戌(갑술)	乙亥(을해)	丙子(병자)	丁丑(정축)	戊寅(무인)	己卯(기묘)	庚辰(경진)	辛巳(신사)	壬午(임오)	癸未(계미)	甲申(갑신)	乙酉(을유)	丙戌(병술)	丁亥(정해)	戊子(무자)	己丑(기축)	庚寅(경인)	辛卯(신묘)	壬辰(임진)
절기시각															亥初															
대 순행	10	10	9	9	9	8	8	8	7	7	7	6	6	6	5	5	5	4	4	4	3	3	3	2	2	2	1	1	1	1
운 역행	1	1	1	2	2	2	3	3	3	4	4	4	5	5	5	6	6	6	7	7	7	8	8	8	9	9	9	10	10	10

6 月 己 未(기미) 小

절기	소서							초복									대서	중복												
음력	一	二	三	四	五	六	七	八	九	十	十一	十二	十三	十四	十五	十六	十七	十八	十九	廿	廿一	廿二	廿三	廿四	廿五	廿六	廿七	廿八	廿九	
양력 월/일	7/7	8	9	10	11	12	13	14	15	16	17	18	19	20	21	22	23	24	25	26	27	28	29	30	31	8/1	2	3	4	
일진	癸巳(계사)	甲午(갑오)	乙未(을미)	丙申(병신)	丁酉(정유)	戊戌(무술)	己亥(기해)	庚子(경자)	辛丑(신축)	壬寅(임인)	癸卯(계묘)	甲辰(갑진)	乙巳(을사)	丙午(병오)	丁未(정미)	戊申(무신)	己酉(기유)	庚戌(경술)	辛亥(신해)	壬子(임자)	癸丑(계축)	甲寅(갑인)	乙卯(을묘)	丙辰(병진)	丁巳(정사)	戊午(무오)	己未(기미)	庚申(경신)	辛酉(신유)	
절기시각	未正																辰正													
대 순행	10	10	10	9	9	9	8	8	8	7	7	7	6	6	6	5	5	5	4	4	4	3	3	3	2	2	2	1	1	
운 역행	10	1	1	1	2	2	2	3	3	3	4	4	4	5	5	5	6	6	6	7	7	7	8	8	8	9	9	9	10	

西 大將	寅 喪門	戌 弔客	南 三殺

7 月 庚 申(경신) 小

절 기				입추															처서										
음 력	一	二	三	四	五	六	七	八	九	十	十一	十二	十三	十四	十五	十六	十七	十八	十九	廿	廿一	廿二	廿三	廿四	廿五	廿六	廿七	廿八	廿九
양 력 월/일	8/5	6	7	8	9	10	11	12	13	14	15	16	17	18	19	20	21	22	23	24	25	26	27	28	29	30	31	9/1	2
일 진	壬戌(임술)	癸亥(계해)	甲子(갑자)	乙丑(을축)	丙寅(병인)	丁卯(정묘)	戊辰(무진)	己巳(기사)	庚午(경오)	辛未(신미)	壬申(임신)	癸酉(계유)	甲戌(갑술)	乙亥(을해)	丙子(병자)	丁丑(정축)	戊寅(무인)	己卯(기묘)	庚辰(경진)	辛巳(신사)	壬午(임오)	癸未(계미)	甲申(갑신)	乙酉(을유)	丙戌(병술)	丁亥(정해)	戊子(무자)	己丑(기축)	庚寅(경인)
절기시각				子正															申初										
대운 순행	1	1	10	10	10	10	9	9	9	8	8	8	7	7	7	6	6	6	5	5	5	4	4	4	3	3	3	2	2
대운 역행	10	10	10	1	1	1	2	2	2	3	3	3	4	4	4	5	5	5	6	6	6	7	7	7	8	8	8	9	9

8 月 辛 酉(신유) 大

절 기						백로															추분									
음 력	一	二	三	四	五	六	七	八	九	十	十一	十二	十三	十四	十五	十六	十七	十八	十九	廿	廿一	廿二	廿三	廿四	廿五	廿六	廿七	廿八	廿九	三十
양 력 월/일	9/3	4	5	6	7	8	9	10	11	12	13	14	15	16	17	18	19	20	21	22	23	24	25	26	27	28	29	30	10/1	2
일 진	辛卯(신묘)	壬辰(임진)	癸巳(계사)	甲午(갑오)	乙未(을미)	丙申(병신)	丁酉(정유)	戊戌(무술)	己亥(기해)	庚子(경자)	辛丑(신축)	壬寅(임인)	癸卯(계묘)	甲辰(갑진)	乙巳(을사)	丙午(병오)	丁未(정미)	戊申(무신)	己酉(기유)	庚戌(경술)	辛亥(신해)	壬子(임자)	癸丑(계축)	甲寅(갑인)	乙卯(을묘)	丙辰(병진)	丁巳(정사)	戊午(무오)	己未(기미)	庚申(경신)
절기시각						寅初															午正									
대운 순행	2	1	1	1	1	10	10	9	9	9	8	8	8	7	7	7	6	6	6	5	5	5	4	4	4	3	3	3	2	2
대운 역행	9	10	10	10	10	10	1	1	1	2	2	2	3	3	3	4	4	4	5	5	5	6	6	6	7	7	7	8	8	8

9 月 壬 戌(임술) 小

절 기						한로															상강								
음 력	一	二	三	四	五	六	七	八	九	十	十一	十二	十三	十四	十五	十六	十七	十八	十九	廿	廿一	廿二	廿三	廿四	廿五	廿六	廿七	廿八	廿九
양 력 월/일	10/3	4	5	6	7	8	9	10	11	12	13	14	15	16	17	18	19	20	21	22	23	24	25	26	27	28	29	30	31
일 진	辛酉(신유)	壬戌(임술)	癸亥(계해)	甲子(갑자)	乙丑(을축)	丙寅(병인)	丁卯(정묘)	戊辰(무진)	己巳(기사)	庚午(경오)	辛未(신미)	壬申(임신)	癸酉(계유)	甲戌(갑술)	乙亥(을해)	丙子(병자)	丁丑(정축)	戊寅(무인)	己卯(기묘)	庚辰(경진)	辛巳(신사)	壬午(임오)	癸未(계미)	甲申(갑신)	乙酉(을유)	丙戌(병술)	丁亥(정해)	戊子(무자)	己丑(기축)
절기시각						戌初															亥正								
대운 순행	2	1	1	1	1	10	10	9	9	9	8	8	8	7	7	7	6	6	6	5	5	5	4	4	4	3	3	3	2
대운 역행	9	9	9	10	10	10	1	1	1	2	2	2	3	3	3	4	4	4	5	5	5	6	6	6	7	7	7	8	8

10 月 癸 亥(계해) 大

절 기							입동															소설								
음 력	一	二	三	四	五	六	七	八	九	十	十一	十二	十三	十四	十五	十六	十七	十八	十九	廿	廿一	廿二	廿三	廿四	廿五	廿六	廿七	廿八	廿九	三十
양 력 월/일	11/1	2	3	4	5	6	7	8	9	10	11	12	13	14	15	16	17	18	19	20	21	22	23	24	25	26	27	28	29	30
일 진	庚寅(경인)	辛卯(신묘)	壬辰(임진)	癸巳(계사)	甲午(갑오)	乙未(을미)	丙申(병신)	丁酉(정유)	戊戌(무술)	己亥(기해)	庚子(경자)	辛丑(신축)	壬寅(임인)	癸卯(계묘)	甲辰(갑진)	乙巳(을사)	丙午(병오)	丁未(정미)	戊申(무신)	己酉(기유)	庚戌(경술)	辛亥(신해)	壬子(임자)	癸丑(계축)	甲寅(갑인)	乙卯(을묘)	丙辰(병진)	丁巳(정사)	戊午(무오)	己未(기미)
절기시각							未初															戌初								
대운 순행	2	2	1	1	1	1	10	10	9	9	9	8	8	8	7	7	7	6	6	6	5	5	5	4	4	4	3	3	3	2
대운 역행	8	9	9	9	10	10	10	1	1	1	2	2	2	3	3	3	4	4	4	5	5	5	6	6	6	7	7	7	8	8

11 月 甲 子(경자) 小

절 기							대설															동지							
음 력	一	二	三	四	五	六	七	八	九	十	十一	十二	十三	十四	十五	十六	十七	十八	十九	廿	廿一	廿二	廿三	廿四	廿五	廿六	廿七	廿八	廿九
양 력 월/일	12/1	2	3	4	5	6	7	8	9	10	11	12	13	14	15	16	17	18	19	20	21	22	23	24	25	26	27	28	29
일 진	庚申(경신)	辛酉(신유)	壬戌(임술)	癸亥(계해)	甲子(갑자)	乙丑(을축)	丙寅(병인)	丁卯(정묘)	戊辰(무진)	己巳(기사)	庚午(경오)	辛未(신미)	壬申(임신)	癸酉(계유)	甲戌(갑술)	乙亥(을해)	丙子(병자)	丁丑(정축)	戊寅(무인)	己卯(기묘)	庚辰(경진)	辛巳(신사)	壬午(임오)	癸未(계미)	甲申(갑신)	乙酉(을유)	丙戌(병술)	丁亥(정해)	戊子(무자)
절기시각							未正															辰初							
대운 순행	2	2	1	1	1	1	10	10	9	9	9	8	8	8	7	7	7	6	6	6	5	5	5	4	4	4	3	3	3
대운 역행	8	9	9	9	10	10	10	1	1	1	2	2	2	3	3	3	4	4	4	5	5	5	6	6	6	7	7	7	8

12 月 乙 丑(을축) 大

절 기								소한														대한								
음 력	一	二	三	四	五	六	七	八	九	十	十一	十二	十三	十四	十五	十六	十七	十八	十九	廿	廿一	廿二	廿三	廿四	廿五	廿六	廿七	廿八	廿九	三十
양 력 월/일	12/30	31	1/1	2	3	4	5	6	7	8	9	10	11	12	13	14	15	16	17	18	19	20	21	22	23	24	25	26	27	28
일 진	己丑(기축)	庚寅(경인)	辛卯(신묘)	壬辰(임진)	癸巳(계사)	甲午(갑오)	乙未(을미)	丙申(병신)	丁酉(정유)	戊戌(무술)	己亥(기해)	庚子(경자)	辛丑(신축)	壬寅(임인)	癸卯(계묘)	甲辰(갑진)	乙巳(을사)	丙午(병오)	丁未(정미)	戊申(무신)	己酉(기유)	庚戌(경술)	辛亥(신해)	壬子(임자)	癸丑(계축)	甲寅(갑인)	乙卯(을묘)	丙辰(병진)	丁巳(정사)	戊午(무오)
절기시각								子正														酉正								
대운 순행	2	2	2	1	1	1	1	10	9	9	9	8	8	8	7	7	7	6	6	6	5	5	5	4	4	4	3	3	3	2
대운 역행	8	8	9	9	9	10	10	10	1	1	1	2	2	2	3	3	3	4	4	4	5	5	5	6	6	6	7	7	7	8

단기 4282 년
불기 2493 년

1949년 己丑(기축)年

1 月 丙寅(병인) 大

절기							입춘															우수								
음력	一	二	三	四	五	六	七	八	九	十	十一	十二	十三	十四	十五	十六	十七	十八	十九	廿	廿一	廿二	廿三	廿四	廿五	廿六	廿七	廿八	廿九	三十
양력 월/일	1/29	30	31	2/1	2	3	4	5	6	7	8	9	10	11	12	13	14	15	16	17	18	19	20	21	22	23	24	25	26	27
일진	己未(기미)	庚申(경신)	辛酉(신유)	壬戌(임술)	癸亥(계해)	甲子(갑자)	乙丑(을축)	丙寅(병인)	丁卯(정묘)	戊辰(무진)	己巳(기사)	庚午(경오)	辛未(신미)	壬申(임신)	癸酉(계유)	甲戌(갑술)	乙亥(을해)	丙子(병자)	丁丑(정축)	戊寅(무인)	己卯(기묘)	庚辰(경진)	辛巳(신사)	壬午(임오)	癸未(계미)	甲申(갑신)	乙酉(을유)	丙戌(병술)	丁亥(정해)	戊子(무자)
절기시각							午正															辰初								
대운 순행	2	2	1	1	1	1	10	10	9	9	9	8	8	8	7	7	7	6	6	6	5	5	5	4	4	4	3	3	3	2
대운 역행	8	8	9	9	9	10	10	1	1	1	2	2	2	3	3	3	4	4	4	5	5	5	6	6	6	7	7	7	8	8

2 月 丁卯(정묘) 大

절기							경칩															춘분								
음력	一	二	三	四	五	六	七	八	九	十	十一	十二	十三	十四	十五	十六	十七	十八	十九	廿	廿一	廿二	廿三	廿四	廿五	廿六	廿七	廿八	廿九	三十
양력 월/일	2/28	3/1	2	3	4	5	6	7	8	9	10	11	12	13	14	15	16	17	18	19	20	21	22	23	24	25	26	27	28	29
일진	己丑(기축)	庚寅(경인)	辛卯(신묘)	壬辰(임진)	癸巳(계사)	甲午(갑오)	乙未(을미)	丙申(병신)	丁酉(정유)	戊戌(무술)	己亥(기해)	庚子(경자)	辛丑(신축)	壬寅(임인)	癸卯(계묘)	甲辰(갑진)	乙巳(을사)	丙午(병오)	丁未(정미)	戊申(무신)	己酉(기유)	庚戌(경술)	辛亥(신해)	壬子(임자)	癸丑(계축)	甲寅(갑인)	乙卯(을묘)	丙辰(병진)	丁巳(정사)	戊午(무오)
절기시각							卯正															辰初								
대운 순행	2	2	1	1	1	1	10	10	9	9	9	8	8	8	7	7	7	6	6	6	5	5	5	4	4	4	3	3	3	2
대운 역행	8	9	9	9	10	10	10	1	1	1	2	2	2	3	3	3	4	4	4	5	5	5	6	6	6	7	7	7	8	8

3 月 戊辰(무진) 小

절기								청명	한식														곡우							
음력	一	二	三	四	五	六	七	八	九	十	十一	十二	十三	十四	十五	十六	十七	十八	十九	廿	廿一	廿二	廿三	廿四	廿五	廿六	廿七	廿八	廿九	
양력 월/일	3/30	31	4/1	2	3	4	5	6	7	8	9	10	11	12	13	14	15	16	17	18	19	20	21	22	23	24	25	26	27	
일진	己未(기미)	庚申(경신)	辛酉(신유)	壬戌(임술)	癸亥(계해)	甲子(갑자)	乙丑(을축)	丙寅(병인)	丁卯(정묘)	戊辰(무진)	己巳(기사)	庚午(경오)	辛未(신미)	壬申(임신)	癸酉(계유)	甲戌(갑술)	乙亥(을해)	丙子(병자)	丁丑(정축)	戊寅(무인)	己卯(기묘)	庚辰(경진)	辛巳(신사)	壬午(임오)	癸未(계미)	甲申(갑신)	乙酉(을유)	丙戌(병술)	丁亥(정해)	
절기시각								午初															酉正							
대운 순행	2	2	1	1	1	1	10	10	10	9	9	9	8	8	8	7	7	7	6	6	6	5	5	5	4	4	4	3	3	
대운 역행	8	9	9	9	10	10	10	1	1	1	2	2	2	3	3	3	4	4	4	5	5	5	6	6	6	7	7	7	8	

4 月 己巳(기사) 大

절기									입하															소만						
음력	一	二	三	四	五	六	七	八	九	十	十一	十二	十三	十四	十五	十六	十七	十八	十九	廿	廿一	廿二	廿三	廿四	廿五	廿六	廿七	廿八	廿九	三十
양력 월/일	4/28	29	30	5/1	2	3	4	5	6	7	8	9	10	11	12	13	14	15	16	17	18	19	20	21	22	23	24	25	26	27
일진	戊子(무자)	己丑(기축)	庚寅(경인)	辛卯(신묘)	壬辰(임진)	癸巳(계사)	甲午(갑오)	乙未(을미)	丙申(병신)	丁酉(정유)	戊戌(무술)	己亥(기해)	庚子(경자)	辛丑(신축)	壬寅(임인)	癸卯(계묘)	甲辰(갑진)	乙巳(을사)	丙午(병오)	丁未(정미)	戊申(무신)	己酉(기유)	庚戌(경술)	辛亥(신해)	壬子(임자)	癸丑(계축)	甲寅(갑인)	乙卯(을묘)	丙辰(병진)	丁巳(정사)
절기시각									卯初															酉正						
대운 순행	3	2	2	2	1	1	1	1	10	10	10	9	9	9	8	8	8	7	7	7	6	6	6	5	5	5	4	4	4	3
대운 역행	8	8	9	9	9	10	10	10	10	1	1	1	2	2	2	3	3	3	4	4	4	5	5	5	6	6	6	7	7	7

5 月 庚午(경오) 小

절기										망종																하지				
음력	一	二	三	四	五	六	七	八	九	十	十一	十二	十三	十四	十五	十六	十七	十八	十九	廿	廿一	廿二	廿三	廿四	廿五	廿六	廿七	廿八	廿九	
양력 월/일	5/28	29	30	31	6/1	2	3	4	5	6	7	8	9	10	11	12	13	14	15	16	17	18	19	20	21	22	23	24	25	
일진	戊午(무오)	己未(기미)	庚申(경신)	辛酉(신유)	壬戌(임술)	癸亥(계해)	甲子(갑자)	乙丑(을축)	丙寅(병인)	丁卯(정묘)	戊辰(무진)	己巳(기사)	庚午(경오)	辛未(신미)	壬申(임신)	癸酉(계유)	甲戌(갑술)	乙亥(을해)	丙子(병자)	丁丑(정축)	戊寅(무인)	己卯(기묘)	庚辰(경진)	辛巳(신사)	壬午(임오)	癸未(계미)	甲申(갑신)	乙酉(을유)	丙戌(병술)	
절기시각										巳正																丑正				
대운 순행	3	3	2	2	2	1	1	1	1	10	10	10	9	9	9	8	8	8	7	7	7	6	6	6	5	5	5	4	4	
대운 역행	8	8	8	9	9	9	10	10	10	10	1	1	1	2	2	2	3	3	3	4	4	4	5	5	5	6	6	6	7	

6 月 辛未(신미) 大

절기												소서												초복				대서		
음력	一	二	三	四	五	六	七	八	九	十	十一	十二	十三	十四	十五	十六	十七	十八	十九	廿	廿一	廿二	廿三	廿四	廿五	廿六	廿七	廿八	廿九	三十
양력 월/일	6/26	27	28	29	30	7/1	2	3	4	5	6	7	8	9	10	11	12	13	14	15	16	17	18	19	20	21	22	23	24	25
일진	丁亥(정해)	戊子(무자)	己丑(기축)	庚寅(경인)	辛卯(신묘)	壬辰(임진)	癸巳(계사)	甲午(갑오)	乙未(을미)	丙申(병신)	丁酉(정유)	戊戌(무술)	己亥(기해)	庚子(경자)	辛丑(신축)	壬寅(임인)	癸卯(계묘)	甲辰(갑진)	乙巳(을사)	丙午(병오)	丁未(정미)	戊申(무신)	己酉(기유)	庚戌(경술)	辛亥(신해)	壬子(임자)	癸丑(계축)	甲寅(갑인)	乙卯(을묘)	丙辰(병진)
절기시각												戌正																未正		
대운 순행	4	3	3	3	2	2	2	1	1	1	1	10	10	10	10	9	9	9	8	8	8	7	7	7	6	6	6	5	5	5
대운 역행	7	7	8	8	8	9	9	9	10	10	10	10	1	1	1	2	2	2	3	3	3	4	4	4	5	5	5	6	6	6

西 大將	卯 喪門	亥 弔客	東 三殺

7 月 壬 申(임신) 小

절기				중복										입추 말복															처서	
음력	一	二	三	四	五	六	七	八	九	十	十一	十二	十三	十四	十五	十六	十七	十八	十九	二十	廿一	廿二	廿三	廿四	廿五	廿六	廿七	廿八	廿九	
양력 월/일	7/26	27	28	29	30	31	8/1	2	3	4	5	6	7	8	9	10	11	12	13	14	15	16	17	18	19	20	21	22	23	
일진	丁巳(정사)	戊午(무오)	己未(기미)	庚申(경신)	辛酉(신유)	壬戌(임술)	癸亥(계해)	甲子(갑자)	乙丑(을축)	丙寅(병인)	丁卯(정묘)	戊辰(무진)	己巳(기사)	庚午(경오)	辛未(신미)	壬申(임신)	癸酉(계유)	甲戌(갑술)	乙亥(을해)	丙子(병자)	丁丑(정축)	戊寅(무인)	己卯(기묘)	庚辰(경진)	辛巳(신사)	壬午(임오)	癸未(계미)	甲申(갑신)	乙酉(을유)	
절기시각														卯正															亥初	
대운 순행	4	4	4	3	3	3	2	2	2	1	1	1	1	10	10	10	9	9	9	8	8	8	7	7	7	6	6	6	5	
대운 역행	7	7	7	8	8	8	9	9	9	10	10	10	10	10	1	1	1	2	2	2	3	3	3	4	4	4	5	5	5	

閏 7 月 壬 申(임신) 小

절기																백로														
음력	一	二	三	四	五	六	七	八	九	十	十一	十二	十三	十四	十五	十六	十七	十八	十九	二十	廿一	廿二	廿三	廿四	廿五	廿六	廿七	廿八	廿九	
양력 월/일	8/24	25	26	27	28	29	30	31	9/1	2	3	4	5	6	7	8	9	10	11	12	13	14	15	16	17	18	19	20	21	
일진	丙戌(병술)	丁亥(정해)	戊子(무자)	己丑(기축)	庚寅(경인)	辛卯(신묘)	壬辰(임진)	癸巳(계사)	甲午(갑오)	乙未(을미)	丙申(병신)	丁酉(정유)	戊戌(무술)	己亥(기해)	庚子(경자)	辛丑(신축)	壬寅(임인)	癸卯(계묘)	甲辰(갑진)	乙巳(을사)	丙午(병오)	丁未(정미)	戊申(무신)	己酉(기유)	庚戌(경술)	辛亥(신해)	壬子(임자)	癸丑(계축)	甲寅(갑인)	
절기시각																巳初														
대운 순행	5	5	4	4	4	3	3	3	2	2	2	1	1	1	1	10	10	9	9	9	8	8	8	7	7	7	6	6	6	
대운 역행	6	6	6	7	7	7	8	8	8	9	9	9	10	10	10	10	1	1	1	2	2	2	3	3	3	4	4	4	5	

8 月 癸 酉(계유) 大

절기		추분																한로												
음력	一	二	三	四	五	六	七	八	九	十	十一	十二	十三	十四	十五	十六	十七	十八	十九	二十	廿一	廿二	廿三	廿四	廿五	廿六	廿七	廿八	廿九	三十
양력 월/일	9/22	23	24	25	26	27	28	29	30	10/1	2	3	4	5	6	7	8	9	10	11	12	13	14	15	16	17	18	19	20	21
일진	乙卯(을묘)	丙辰(병진)	丁巳(정사)	戊午(무오)	己未(기미)	庚申(경신)	辛酉(신유)	壬戌(임술)	癸亥(계해)	甲子(갑자)	乙丑(을축)	丙寅(병인)	丁卯(정묘)	戊辰(무진)	己巳(기사)	庚午(경오)	辛未(신미)	壬申(임신)	癸酉(계유)	甲戌(갑술)	乙亥(을해)	丙子(병자)	丁丑(정축)	戊寅(무인)	己卯(기묘)	庚辰(경진)	辛巳(신사)	壬午(임오)	癸未(계미)	甲申(갑신)
절기시각		酉正																子正												
대운 순행	5	5	5	4	4	4	3	3	3	2	2	2	1	1	1	1	10	10	10	9	9	9	8	8	8	7	7	7	6	6
대운 역행	5	5	6	6	6	7	7	7	8	8	8	9	9	9	10	10	10	1	1	1	2	2	2	3	3	3	4	4	4	5

9 月 甲 戌(갑술) 小

절기			상강															입동												
음력	一	二	三	四	五	六	七	八	九	十	十一	十二	十三	十四	十五	十六	十七	十八	十九	二十	廿一	廿二	廿三	廿四	廿五	廿六	廿七	廿八	廿九	
양력 월/일	10/22	23	24	25	26	27	28	29	30	31	11/1	2	3	4	5	6	7	8	9	10	11	12	13	14	15	16	17	18	19	
일진	乙酉(을유)	丙戌(병술)	丁亥(정해)	戊子(무자)	己丑(기축)	庚寅(경인)	辛卯(신묘)	壬辰(임진)	癸巳(계사)	甲午(갑오)	乙未(을미)	丙申(병신)	丁酉(정유)	戊戌(무술)	己亥(기해)	庚子(경자)	辛丑(신축)	壬寅(임인)	癸卯(계묘)	甲辰(갑진)	乙巳(을사)	丙午(병오)	丁未(정미)	戊申(무신)	己酉(기유)	庚戌(경술)	辛亥(신해)	壬子(임자)	癸丑(계축)	
절기시각			寅初															寅正												
대운 순행	6	5	5	5	4	4	4	3	3	3	2	2	2	1	1	1	1	10	9	9	9	8	8	8	7	7	7	6	6	
대운 역행	5	5	6	6	6	7	7	7	8	8	8	9	9	9	10	10	10	10	1	1	1	2	2	2	3	3	3	4	4	

10 月 乙 亥(을해) 大

절기				소설														대설												
음력	一	二	三	四	五	六	七	八	九	十	十一	十二	十三	十四	十五	十六	十七	十八	十九	二十	廿一	廿二	廿三	廿四	廿五	廿六	廿七	廿八	廿九	三十
양력 월/일	11/20	21	22	23	24	25	26	27	28	29	30	12/1	2	3	4	5	6	7	8	9	10	11	12	13	14	15	16	17	18	19
일진	甲寅(갑인)	乙卯(을묘)	丙辰(병진)	丁巳(정사)	戊午(무오)	己未(기미)	庚申(경신)	辛酉(신유)	壬戌(임술)	癸亥(계해)	甲子(갑자)	乙丑(을축)	丙寅(병인)	丁卯(정묘)	戊辰(무진)	己巳(기사)	庚午(경오)	辛未(신미)	壬申(임신)	癸酉(계유)	甲戌(갑술)	乙亥(을해)	丙子(병자)	丁丑(정축)	戊寅(무인)	己卯(기묘)	庚辰(경진)	辛巳(신사)	壬午(임오)	癸未(계미)
절기시각				子正														卯正												
대운 순행	6	5	5	5	4	4	4	3	3	3	2	2	2	1	1	1	1	10	10	9	9	9	8	8	8	7	7	7	6	6
대운 역행	4	5	5	5	6	6	6	7	7	7	8	8	8	9	9	9	10	10	1	1	1	2	2	2	3	3	3	4	4	4

11 月 丙 子(병자) 小

절기			동지															소한												
음력	一	二	三	四	五	六	七	八	九	十	十一	十二	十三	十四	十五	十六	十七	十八	十九	二十	廿一	廿二	廿三	廿四	廿五	廿六	廿七	廿八	廿九	
양력 월/일	12/20	21	22	23	24	25	26	27	28	29	30	31	1/1	2	3	4	5	6	7	8	9	10	11	12	13	14	15	16	17	
일진	甲申(갑신)	乙酉(을유)	丙戌(병술)	丁亥(정해)	戊子(무자)	己丑(기축)	庚寅(경인)	辛卯(신묘)	壬辰(임진)	癸巳(계사)	甲午(갑오)	乙未(을미)	丙申(병신)	丁酉(정유)	戊戌(무술)	己亥(기해)	庚子(경자)	辛丑(신축)	壬寅(임인)	癸卯(계묘)	甲辰(갑진)	乙巳(을사)	丙午(병오)	丁未(정미)	戊申(무신)	己酉(기유)	庚戌(경술)	辛亥(신해)	壬子(임자)	
절기시각			未初															卯正												
대운 순행	6	5	5	5	4	4	4	3	3	3	2	2	2	1	1	1	1	10	9	9	9	8	8	8	7	7	7	6	6	
대운 역행	5	5	5	6	6	6	7	7	7	8	8	8	9	9	9	10	10	10	1	1	1	2	2	2	3	3	3	4	4	

12 月 丁 丑(정축) 小

절기				대한														입춘												
음력	一	二	三	四	五	六	七	八	九	十	十一	十二	十三	十四	十五	十六	十七	十八	十九	二十	廿一	廿二	廿三	廿四	廿五	廿六	廿七	廿八	廿九	三十
양력 월/일	1/18	19	20	21	22	23	24	25	26	27	28	29	30	31	2/1	2	3	4	5	6	7	8	9	10	11	12	13	14	15	16
일진	癸丑(계축)	甲寅(갑인)	乙卯(을묘)	丙辰(병진)	丁巳(정사)	戊午(무오)	己未(기미)	庚申(경신)	辛酉(신유)	壬戌(임술)	癸亥(계해)	甲子(갑자)	乙丑(을축)	丙寅(병인)	丁卯(정묘)	戊辰(무진)	己巳(기사)	庚午(경오)	辛未(신미)	壬申(임신)	癸酉(계유)	甲戌(갑술)	乙亥(을해)	丙子(병자)	丁丑(정축)	戊寅(무인)	己卯(기묘)	庚辰(경진)	辛巳(신사)	壬午(임오)
절기시각				子初														酉正												
대운 순행	6	5	5	5	4	4	4	3	3	3	2	2	2	1	1	1	1	10	10	9	9	9	8	8	8	7	7	7	6	6
대운 역행	4	5	5	5	6	6	6	7	7	7	8	8	8	9	9	9	10	10	1	1	1	2	2	2	3	3	3	4	4	4

단기 4283 년
불기 2494 년

1950년 庚寅(경인)年

1 月 戊 寅(무인) 大

절기				우수														경칩												
음력	一	二	三	四	五	六	七	八	九	十	十一	十二	十三	十四	十五	十六	十七	十八	十九	廿	廿一	廿二	廿三	廿四	廿五	廿六	廿七	廿八	廿九	三十
양력 월/일	2/17	18	19	20	21	22	23	24	25	26	27	28	3/1	2	3	4	5	6	7	8	9	10	11	12	13	14	15	16	17	18
일진	癸未(계미)	甲申(갑신)	乙酉(을유)	丙戌(병술)	丁亥(정해)	戊子(무자)	己丑(기축)	庚寅(경인)	辛卯(신묘)	壬辰(임진)	癸巳(계사)	甲午(갑오)	乙未(을미)	丙申(병신)	丁酉(정유)	戊戌(무술)	己亥(기해)	庚子(경자)	辛丑(신축)	壬寅(임인)	癸卯(계묘)	甲辰(갑진)	乙巳(을사)	丙午(병오)	丁未(정미)	戊申(무신)	己酉(기유)	庚戌(경술)	辛亥(신해)	壬子(임자)
절기시각				未初														午正												
대운 순행	6	5	5	5	4	4	4	3	3	3	2	2	2	1	1	1	1	10	10	9	9	9	8	8	8	7	7	7	6	6
대운 역행	5	5	5	6	6	6	7	7	7	8	8	8	9	9	9	10	10	10	1	1	1	2	2	2	3	3	3	4	4	4

2 月 己 卯(기묘) 小

절기			춘분															청명	한식										
음력	一	二	三	四	五	六	七	八	九	十	十一	十二	十三	十四	十五	十六	十七	十八	十九	廿	廿一	廿二	廿三	廿四	廿五	廿六	廿七	廿八	廿九
양력 월/일	3/19	20	21	22	23	24	25	26	27	28	29	30	31	4/1	2	3	4	5	6	7	8	9	10	11	12	13	14	15	16
일진	癸丑(계축)	甲寅(갑인)	乙卯(을묘)	丙辰(병진)	丁巳(정사)	戊午(무오)	己未(기미)	庚申(경신)	辛酉(신유)	壬戌(임술)	癸亥(계해)	甲子(갑자)	乙丑(을축)	丙寅(병인)	丁卯(정묘)	戊辰(무진)	己巳(기사)	庚午(경오)	辛未(신미)	壬申(임신)	癸酉(계유)	甲戌(갑술)	乙亥(을해)	丙子(병자)	丁丑(정축)	戊寅(무인)	己卯(기묘)	庚辰(경진)	辛巳(신사)
절기시각			未初															酉初											
대운 순행	6	5	5	5	4	4	4	3	3	3	2	2	2	1	1	1	1	10	10	10	9	9	9	8	8	8	7	7	7
대운 역행	5	5	5	6	6	6	7	7	7	8	8	8	9	9	9	10	10	10	1	1	1	2	2	2	3	3	3	4	4

3 月 庚 辰(경진) 大

절기					곡우															입하										
음력	一	二	三	四	五	六	七	八	九	十	十一	十二	十三	十四	十五	十六	十七	十八	十九	廿	廿一	廿二	廿三	廿四	廿五	廿六	廿七	廿八	廿九	三十
양력 월/일	4/17	18	19	20	21	22	23	24	25	26	27	28	29	30	5/1	2	3	4	5	6	7	8	9	10	11	12	13	14	15	16
일진	壬午(임오)	癸未(계미)	甲申(갑신)	乙酉(을유)	丙戌(병술)	丁亥(정해)	戊子(무자)	己丑(기축)	庚寅(경인)	辛卯(신묘)	壬辰(임진)	癸巳(계사)	甲午(갑오)	乙未(을미)	丙申(병신)	丁酉(정유)	戊戌(무술)	己亥(기해)	庚子(경자)	辛丑(신축)	壬寅(임인)	癸卯(계묘)	甲辰(갑진)	乙巳(을사)	丙午(병오)	丁未(정미)	戊申(무신)	己酉(기유)	庚戌(경술)	辛亥(신해)
절기시각					丑初															午初										
대운 순행	6	6	6	5	5	5	4	4	4	3	3	3	2	2	2	1	1	1	1	10	10	10	9	9	9	8	8	8	7	7
대운 역행	4	5	5	5	6	6	6	7	7	7	8	8	8	9	9	9	10	10	10	10	1	1	1	2	2	2	3	3	3	4

4 月 辛 巳(신사) 大

절기					소만																망종									
음력	一	二	三	四	五	六	七	八	九	十	十一	十二	十三	十四	十五	十六	十七	十八	十九	廿	廿一	廿二	廿三	廿四	廿五	廿六	廿七	廿八	廿九	三十
양력 월/일	5/17	18	19	20	21	22	23	24	25	26	27	28	29	30	31	6/1	2	3	4	5	6	7	8	9	10	11	12	13	14	15
일진	壬子(임자)	癸丑(계축)	甲寅(갑인)	乙卯(을묘)	丙辰(병진)	丁巳(정사)	戊午(무오)	己未(기미)	庚申(경신)	辛酉(신유)	壬戌(임술)	癸亥(계해)	甲子(갑자)	乙丑(을축)	丙寅(병인)	丁卯(정묘)	戊辰(무진)	己巳(기사)	庚午(경오)	辛未(신미)	壬申(임신)	癸酉(계유)	甲戌(갑술)	乙亥(을해)	丙子(병자)	丁丑(정축)	戊寅(무인)	己卯(기묘)	庚辰(경진)	辛巳(신사)
절기시각					子正																申初									
대운 순행	7	6	6	6	5	5	5	4	4	4	3	3	3	2	2	2	1	1	1	1	10	10	10	10	9	9	9	8	8	8
대운 역행	4	4	5	5	5	6	6	6	7	7	7	8	8	8	9	9	9	10	10	10	10	1	1	1	2	2	2	3	3	3

5 月 壬 午(임오) 小

절기								하지															소서						
음력	一	二	三	四	五	六	七	八	九	十	十一	十二	十三	十四	十五	十六	十七	十八	十九	廿	廿一	廿二	廿三	廿四	廿五	廿六	廿七	廿八	廿九
양력 월/일	6/16	17	18	19	20	21	22	23	24	25	26	27	28	29	30	7/1	2	3	4	5	6	7	8	9	10	11	12	13	14
일진	壬午(임오)	癸未(계미)	甲申(갑신)	乙酉(을유)	丙戌(병술)	丁亥(정해)	戊子(무자)	己丑(기축)	庚寅(경인)	辛卯(신묘)	壬辰(임진)	癸巳(계사)	甲午(갑오)	乙未(을미)	丙申(병신)	丁酉(정유)	戊戌(무술)	己亥(기해)	庚子(경자)	辛丑(신축)	壬寅(임인)	癸卯(계묘)	甲辰(갑진)	乙巳(을사)	丙午(병오)	丁未(정미)	戊申(무신)	己酉(기유)	庚戌(경술)
절기시각								辰初															丑正						
대운 순행	7	7	7	6	6	6	5	5	5	4	4	4	3	3	3	2	2	2	1	1	1	1	10	10	10	9	9	9	8
대운 역행	4	4	4	5	5	5	6	6	6	7	7	7	8	8	8	9	9	9	10	10	10	10	10	1	1	1	2	2	2

6 月 癸 未(계미) 大

절기									대서																입추					
음력	一	二	三	四	五	六	七	八	九	十	十一	十二	十三	十四	十五	十六	十七	十八	十九	廿	廿一	廿二	廿三	廿四	廿五	廿六	廿七	廿八	廿九	三十
양력 월/일	7/15	16	17	18	19	20	21	22	23	24	25	26	27	28	29	30	31	8/1	2	3	4	5	6	7	8	9	10	11	12	13
일진	辛亥(신해)	壬子(임자)	癸丑(계축)	甲寅(갑인)	乙卯(을묘)	丙辰(병진)	丁巳(정사)	戊午(무오)	己未(기미)	庚申(경신)	辛酉(신유)	壬戌(임술)	癸亥(계해)	甲子(갑자)	乙丑(을축)	丙寅(병인)	丁卯(정묘)	戊辰(무진)	己巳(기사)	庚午(경오)	辛未(신미)	壬申(임신)	癸酉(계유)	甲戌(갑술)	乙亥(을해)	丙子(병자)	丁丑(정축)	戊寅(무인)	己卯(기묘)	庚辰(경진)
절기시각									戌初																午正					
대운 순행	8	8	7	7	7	6	6	6	5	5	5	4	4	4	3	3	3	2	2	2	1	1	1	1	10	10	10	9	9	9
대운 역행	3	3	3	4	4	4	5	5	5	6	6	6	7	7	7	8	8	8	9	9	9	10	10	10	10	1	1	1	2	2

北 大將	辰 喪門	子 弔客	北 三殺

7 月 甲 申(갑신) 小

절 기											처서															백로				
음 력	一	二	三	四	五	六	七	八	九	十	十一	十二	十三	十四	十五	十六	十七	十八	十九	二十	廿一	廿二	廿三	廿四	廿五	廿六	廿七	廿八	廿九	
양 력 월/일	8/14	15	16	17	18	19	20	21	22	23	24	25	26	27	28	29	30	31	9/1	2	3	4	5	6	7	8	9	10	11	
일 진	辛巳(신사)	壬午(임오)	癸未(계미)	甲申(갑신)	乙酉(을유)	丙戌(병술)	丁亥(정해)	戊子(무자)	己丑(기축)	庚寅(경인)	辛卯(신묘)	壬辰(임진)	癸巳(계사)	甲午(갑오)	乙未(을미)	丙申(병신)	丁酉(정유)	戊戌(무술)	己亥(기해)	庚子(경자)	辛丑(신축)	壬寅(임인)	癸卯(계묘)	甲辰(갑진)	乙巳(을사)	丙午(병오)	丁未(정미)	戊申(무신)	己酉(기유)	
절기시각											丑正															申初				
대운 순행	8	8	8	7	7	7	6	6	6	5	5	5	4	4	4	3	3	3	2	2	2	1	1	1	1	10	10	10	9	
대운 역행	2	3	3	3	4	4	4	5	5	5	6	6	6	7	7	7	8	8	8	9	9	9	10	10	10	10	1	1	1	

8 月 乙 酉(을유) 小

절 기												추분																한로		
음 력	一	二	三	四	五	六	七	八	九	十	十一	十二	十三	十四	十五	十六	十七	十八	十九	二十	廿一	廿二	廿三	廿四	廿五	廿六	廿七	廿八	廿九	
양 력 월/일	9/12	13	14	15	16	17	18	19	20	21	22	23	24	25	26	27	28	29	30	10/1	2	3	4	5	6	7	8	9	10	
일 진	庚戌(경술)	辛亥(신해)	壬子(임자)	癸丑(계축)	甲寅(갑인)	乙卯(을묘)	丙辰(병진)	丁巳(정사)	戊午(무오)	己未(기미)	庚申(경신)	辛酉(신유)	壬戌(임술)	癸亥(계해)	甲子(갑자)	乙丑(을축)	丙寅(병인)	丁卯(정묘)	戊辰(무진)	己巳(기사)	庚午(경오)	辛未(신미)	壬申(임신)	癸酉(계유)	甲戌(갑술)	乙亥(을해)	丙子(병자)	丁丑(정축)	戊寅(무인)	
절기시각												子正																卯正		
대운 순행	9	9	8	8	8	7	7	7	6	6	6	5	5	5	4	4	4	3	3	3	2	2	2	1	1	1	1	10	10	
대운 역행	2	2	2	3	3	3	4	4	4	5	5	5	6	6	6	7	7	7	8	8	8	9	9	9	10	10	10	10	1	

9 月 丙 戌(병술) 大

절 기														상강															입동	
음 력	一	二	三	四	五	六	七	八	九	十	十一	十二	十三	十四	十五	十六	十七	十八	十九	二十	廿一	廿二	廿三	廿四	廿五	廿六	廿七	廿八	廿九	三十
양 력 월/일	10/11	12	13	14	15	16	17	18	19	20	21	22	23	24	25	26	27	28	29	30	31	11/1	2	3	4	5	6	7	8	9
일 진	己卯(기묘)	庚辰(경진)	辛巳(신사)	壬午(임오)	癸未(계미)	甲申(갑신)	乙酉(을유)	丙戌(병술)	丁亥(정해)	戊子(무자)	己丑(기축)	庚寅(경인)	辛卯(신묘)	壬辰(임진)	癸巳(계사)	甲午(갑오)	乙未(을미)	丙申(병신)	丁酉(정유)	戊戌(무술)	己亥(기해)	庚子(경자)	辛丑(신축)	壬寅(임인)	癸卯(계묘)	甲辰(갑진)	乙巳(을사)	丙午(병오)	丁未(정미)	戊申(무신)
절기시각														巳初															巳初	
대운 순행	9	9	9	8	8	8	7	7	7	6	6	6	5	5	5	4	4	4	3	3	3	2	2	2	1	1	1	1	10	10
대운 역행	1	1	2	2	2	3	3	3	4	4	4	5	5	5	6	6	6	7	7	7	8	8	8	9	9	9	10	10	10	1

10 月 丁 亥(정해) 小

절 기														소설															대설	
음 력	一	二	三	四	五	六	七	八	九	十	十一	十二	十三	十四	十五	十六	十七	十八	十九	二十	廿一	廿二	廿三	廿四	廿五	廿六	廿七	廿八	廿九	
양 력 월/일	11/10	11	12	13	14	15	16	17	18	19	20	21	22	23	24	25	26	27	28	29	30	12/1	2	3	4	5	6	7	8	
일 진	己酉(기유)	庚戌(경술)	辛亥(신해)	壬子(임자)	癸丑(계축)	甲寅(갑인)	乙卯(을묘)	丙辰(병진)	丁巳(정사)	戊午(무오)	己未(기미)	庚申(경신)	辛酉(신유)	壬戌(임술)	癸亥(계해)	甲子(갑자)	乙丑(을축)	丙寅(병인)	丁卯(정묘)	戊辰(무진)	己巳(기사)	庚午(경오)	辛未(신미)	壬申(임신)	癸酉(계유)	甲戌(갑술)	乙亥(을해)	丙子(병자)	丁丑(정축)	
절기시각														卯正															丑初	
대운 순행	9	9	9	8	8	8	7	7	7	6	6	6	5	5	5	4	4	4	3	3	3	2	2	2	1	1	1	1	10	
대운 역행	1	1	2	2	2	3	3	3	4	4	4	5	5	5	6	6	6	7	7	7	8	8	8	9	9	9	10	10	10	

11 月 戊 子(무자) 大

절 기														동지															소한	
음 력	一	二	三	四	五	六	七	八	九	十	十一	十二	十三	十四	十五	十六	十七	十八	十九	二十	廿一	廿二	廿三	廿四	廿五	廿六	廿七	廿八	廿九	三十
양 력 월/일	12/9	10	11	12	13	14	15	16	17	18	19	20	21	22	23	24	25	26	27	28	29	30	31	1/1	2	3	4	5	6	7
일 진	戊寅(무인)	己卯(기묘)	庚辰(경진)	辛巳(신사)	壬午(임오)	癸未(계미)	甲申(갑신)	乙酉(을유)	丙戌(병술)	丁亥(정해)	戊子(무자)	己丑(기축)	庚寅(경인)	辛卯(신묘)	壬辰(임진)	癸巳(계사)	甲午(갑오)	乙未(을미)	丙申(병신)	丁酉(정유)	戊戌(무술)	己亥(기해)	庚子(경자)	辛丑(신축)	壬寅(임인)	癸卯(계묘)	甲辰(갑진)	乙巳(을사)	丙午(병오)	丁未(정미)
절기시각														戌初															午正	
대운 순행	9	9	9	8	8	8	7	7	7	6	6	6	5	5	5	4	4	4	3	3	3	2	2	2	1	1	1	1	10	9
대운 역행	1	1	1	2	2	2	3	3	3	4	4	4	5	5	5	6	6	6	7	7	7	8	8	8	9	9	9	10	10	1

12 月 己 丑(기축) 大

절 기														대한														입춘		
음 력	一	二	三	四	五	六	七	八	九	十	十一	十二	十三	十四	十五	十六	十七	十八	十九	二十	廿一	廿二	廿三	廿四	廿五	廿六	廿七	廿八	廿九	
양 력 월/일	1/8	9	10	11	12	13	14	15	16	17	18	19	20	21	22	23	24	25	26	27	28	29	30	31	2/1	2	3	4	5	
일 진	戊申(무신)	己酉(기유)	庚戌(경술)	辛亥(신해)	壬子(임자)	癸丑(계축)	甲寅(갑인)	乙卯(을묘)	丙辰(병진)	丁巳(정사)	戊午(무오)	己未(기미)	庚申(경신)	辛酉(신유)	壬戌(임술)	癸亥(계해)	甲子(갑자)	乙丑(을축)	丙寅(병인)	丁卯(정묘)	戊辰(무진)	己巳(기사)	庚午(경오)	辛未(신미)	壬申(임신)	癸酉(계유)	甲戌(갑술)	乙亥(을해)	丙子(병자)	
절기시각														卯初														子初		
대운 순행	9	9	8	8	8	7	7	7	6	6	6	5	5	5	4	4	4	3	3	3	2	2	2	1	1	1	1	10	10	
대운 역행	1	1	2	2	2	3	3	3	4	4	4	5	5	5	6	6	6	7	7	7	8	8	8	9	9	9	10	10	1	

단기 4284 년
불기 2495 년

1951년 辛卯(신묘)年

1 月 庚 寅(경인) 大

절 기														우수															경칩	
음 력	一	二	三	四	五	六	七	八	九	十	十一	十二	十三	十四	十五	十六	十七	十八	十九	二十	廿一	廿二	廿三	廿四	廿五	廿六	廿七	廿八	廿九	三十
양 력 월/일	2/6	7	8	9	10	11	12	13	14	15	16	17	18	19	20	21	22	23	24	25	26	27	28	3/1	2	3	4	5	6	7
일 진	丁丑(정축)	戊寅(무인)	己卯(기묘)	庚辰(경진)	辛巳(신사)	壬午(임오)	癸未(계미)	甲申(갑신)	乙酉(을유)	丙戌(병술)	丁亥(정해)	戊子(무자)	己丑(기축)	庚寅(경인)	辛卯(신묘)	壬辰(임진)	癸巳(계사)	甲午(갑오)	乙未(을미)	丙申(병신)	丁酉(정유)	戊戌(무술)	己亥(기해)	庚子(경자)	辛丑(신축)	壬寅(임인)	癸卯(계묘)	甲辰(갑진)	乙巳(을사)	丙午(병오)
절기시각														戌初															酉初	
대운 순행	9	9	9	8	8	8	7	7	7	6	6	6	5	5	5	4	4	4	3	3	3	2	2	2	1	1	1	1	10	10
대운 역행	1	1	2	2	2	3	3	3	4	4	4	5	5	5	6	6	6	7	7	7	8	8	8	9	9	9	10	10	10	1

2 月 辛 卯(신묘) 小

절 기														춘분															청명
음 력	一	二	三	四	五	六	七	八	九	十	十一	十二	十三	十四	十五	十六	十七	十八	十九	二十	廿一	廿二	廿三	廿四	廿五	廿六	廿七	廿八	廿九
양 력 월/일	3/8	9	10	11	12	13	14	15	16	17	18	19	20	21	22	23	24	25	26	27	28	29	30	31	4/1	2	3	4	5
일 진	丁未(정미)	戊申(무신)	己酉(기유)	庚戌(경술)	辛亥(신해)	壬子(임자)	癸丑(계축)	甲寅(갑인)	乙卯(을묘)	丙辰(병진)	丁巳(정사)	戊午(무오)	己未(기미)	庚申(경신)	辛酉(신유)	壬戌(임술)	癸亥(계해)	甲子(갑자)	乙丑(을축)	丙寅(병인)	丁卯(정묘)	戊辰(무진)	己巳(기사)	庚午(경오)	辛未(신미)	壬申(임신)	癸酉(계유)	甲戌(갑술)	乙亥(을해)
절기시각														戌初															子初
대운 순행	9	9	9	8	8	8	7	7	7	6	6	6	5	5	5	4	4	4	3	3	3	2	2	2	1	1	1	1	10
대운 역행	1	1	2	2	2	3	3	3	4	4	4	5	5	5	6	6	6	7	7	7	8	8	8	9	9	9	10	10	10

3 月 壬 辰(임진) 大

절 기	한식															곡우														
음 력	一	二	三	四	五	六	七	八	九	十	十一	十二	十三	十四	十五	十六	十七	十八	十九	二十	廿一	廿二	廿三	廿四	廿五	廿六	廿七	廿八	廿九	三十
양 력 월/일	4/6	7	8	9	10	11	12	13	14	15	16	17	18	19	20	21	22	23	24	25	26	27	28	29	30	5/1	2	3	4	5
일 진	丙子(병자)	丁丑(정축)	戊寅(무인)	己卯(기묘)	庚辰(경진)	辛巳(신사)	壬午(임오)	癸未(계미)	甲申(갑신)	乙酉(을유)	丙戌(병술)	丁亥(정해)	戊子(무자)	己丑(기축)	庚寅(경인)	辛卯(신묘)	壬辰(임진)	癸巳(계사)	甲午(갑오)	乙未(을미)	丙申(병신)	丁酉(정유)	戊戌(무술)	己亥(기해)	庚子(경자)	辛丑(신축)	壬寅(임인)	癸卯(계묘)	甲辰(갑진)	乙巳(을사)
절기시각																卯正														
대운 순행	10	10	9	9	9	8	8	8	7	7	7	6	6	6	5	5	5	4	4	4	3	3	3	2	2	2	1	1	1	1
대운 역행	1	1	1	2	2	2	3	3	3	4	4	4	5	5	5	6	6	6	7	7	7	8	8	8	9	9	9	10	10	10

4 月 癸 巳(계사) 大

절 기	입하																소만													
음 력	一	二	三	四	五	六	七	八	九	十	十一	十二	十三	十四	十五	十六	十七	十八	十九	二十	廿一	廿二	廿三	廿四	廿五	廿六	廿七	廿八	廿九	三十
양 력 월/일	5/6	7	8	9	10	11	12	13	14	15	16	17	18	19	20	21	22	23	24	25	26	27	28	29	30	31	6/1	2	3	4
일 진	丙午(병오)	丁未(정미)	戊申(무신)	己酉(기유)	庚戌(경술)	辛亥(신해)	壬子(임자)	癸丑(계축)	甲寅(갑인)	乙卯(을묘)	丙辰(병진)	丁巳(정사)	戊午(무오)	己未(기미)	庚申(경신)	辛酉(신유)	壬戌(임술)	癸亥(계해)	甲子(갑자)	乙丑(을축)	丙寅(병인)	丁卯(정묘)	戊辰(무진)	己巳(기사)	庚午(경오)	辛未(신미)	壬申(임신)	癸酉(계유)	甲戌(갑술)	乙亥(을해)
절기시각	酉初																卯正													
대운 순행	10	10	10	9	9	9	8	8	8	7	7	7	6	6	6	5	5	5	4	4	4	3	3	3	2	2	2	1	1	1
대운 역행	10	1	1	1	2	2	2	3	3	3	4	4	4	5	5	5	6	6	6	7	7	7	8	8	8	9	9	9	10	10

5 月 甲 午(갑오) 小

절 기		망종																하지											
음 력	一	二	三	四	五	六	七	八	九	十	十一	十二	十三	十四	十五	十六	十七	十八	十九	二十	廿一	廿二	廿三	廿四	廿五	廿六	廿七	廿八	廿九
양 력 월/일	6/5	6	7	8	9	10	11	12	13	14	15	16	17	18	19	20	21	22	23	24	25	26	27	28	29	30	7/1	1	2
일 진	丙子(병자)	丁丑(정축)	戊寅(무인)	己卯(기묘)	庚辰(경진)	辛巳(신사)	壬午(임오)	癸未(계미)	甲申(갑신)	乙酉(을유)	丙戌(병술)	丁亥(정해)	戊子(무자)	己丑(기축)	庚寅(경인)	辛卯(신묘)	壬辰(임진)	癸巳(계사)	甲午(갑오)	乙未(을미)	丙申(병신)	丁酉(정유)	戊戌(무술)	己亥(기해)	庚子(경자)	辛丑(신축)	壬寅(임인)	癸卯(계묘)	甲辰(갑진)
절기시각		亥初																未正											
대운 순행	1	10	10	10	10	9	9	9	8	8	8	7	7	7	6	6	6	5	5	5	4	4	4	3	3	3	2	2	2
대운 역행	10	10	1	1	1	2	2	2	3	3	3	4	4	4	5	5	5	6	6	6	7	7	7	8	8	8	9	9	9

6 月 乙 未(을미) 大

절 기					소서											초복					대서					중복				
음 력	一	二	三	四	五	六	七	八	九	十	十一	十二	十三	十四	十五	十六	十七	十八	十九	二十	廿一	廿二	廿三	廿四	廿五	廿六	廿七	廿八	廿九	三十
양 력 월/일	7/4	5	6	7	8	9	10	11	12	13	14	15	16	17	18	19	20	21	22	23	24	25	26	27	28	29	30	31	8/1	2
일 진	乙巳(을사)	丙午(병오)	丁未(정미)	戊申(무신)	己酉(기유)	庚戌(경술)	辛亥(신해)	壬子(임자)	癸丑(계축)	甲寅(갑인)	乙卯(을묘)	丙辰(병진)	丁巳(정사)	戊午(무오)	己未(기미)	庚申(경신)	辛酉(신유)	壬戌(임술)	癸亥(계해)	甲子(갑자)	乙丑(을축)	丙寅(병인)	丁卯(정묘)	戊辰(무진)	己巳(기사)	庚午(경오)	辛未(신미)	壬申(임신)	癸酉(계유)	甲戌(갑술)
절기시각					辰正																丑初									
대운 순행	1	1	1	1	10	10	10	9	9	9	8	8	8	7	7	7	6	6	6	5	5	5	4	4	4	3	3	3	2	2
대운 역행	10	10	10	10	10	1	1	1	2	2	2	3	3	3	4	4	4	5	5	5	6	6	6	7	7	7	8	8	8	9

北 大將　　巳 喪門　　丑 弔客　　酉 三殺

7 月　　丙 申(병신)　　小

절기						입추 말복																		처서						
음력	一	二	三	四	五	六	七	八	九	十	十一	十二	十三	十四	十五	十六	十七	十八	十九	二十	廿一	廿二	廿三	廿四	廿五	廿六	廿七	廿八	廿九	
양력 월/일	8/3	4	5	6	7	8	9	10	11	12	13	14	15	16	17	18	19	20	21	22	23	24	25	26	27	28	29	30	31	
일진	乙亥(을해)	丙子(병자)	丁丑(정축)	戊寅(무인)	己卯(기묘)	庚辰(경진)	辛巳(신사)	壬午(임오)	癸未(계미)	甲申(갑신)	乙酉(을유)	丙戌(병술)	丁亥(정해)	戊子(무자)	己丑(기축)	庚寅(경인)	辛卯(신묘)	壬辰(임진)	癸巳(계사)	甲午(갑오)	乙未(을미)	丙申(병신)	丁酉(정유)	戊戌(무술)	己亥(기해)	庚子(경자)	辛丑(신축)	壬寅(임인)	癸卯(계묘)	
절기시각						酉正																辰正								
대운 순행	2	1	1	1	1	10	10	10	9	9	9	8	8	8	7	7	7	6	6	6	5	5	5	4	4	4	3	3	3	
대운 역행	9	9	10	10	10	10	1	1	1	2	2	2	3	3	3	4	4	4	5	5	5	6	6	6	7	7	7	8	8	

8 月　　丁 酉(정유)　　大

절기								백로																추분						
음력	一	二	三	四	五	六	七	八	九	十	十一	十二	十三	十四	十五	十六	十七	十八	十九	二十	廿一	廿二	廿三	廿四	廿五	廿六	廿七	廿八	廿九	三十
양력 월/일	9/1	2	3	4	5	6	7	8	9	10	11	12	13	14	15	16	17	18	19	20	21	22	23	24	25	26	27	28	29	30
일진	甲辰(갑진)	乙巳(을사)	丙午(병오)	丁未(정미)	戊申(무신)	己酉(기유)	庚戌(경술)	辛亥(신해)	壬子(임자)	癸丑(계축)	甲寅(갑인)	乙卯(을묘)	丙辰(병진)	丁巳(정사)	戊午(무오)	己未(기미)	庚申(경신)	辛酉(신유)	壬戌(임술)	癸亥(계해)	甲子(갑자)	乙丑(을축)	丙寅(병인)	丁卯(정묘)	戊辰(무진)	己巳(기사)	庚午(경오)	辛未(신미)	壬申(임신)	癸酉(계유)
절기시각								亥初																卯正						
대운 순행	2	2	2	1	1	1	1	10	10	10	9	9	9	8	8	8	7	7	7	6	6	6	5	5	5	4	4	4	3	3
대운 역행	8	9	9	9	10	10	10	10	1	1	1	2	2	2	3	3	3	4	4	4	5	5	5	6	6	6	7	7	7	8

9 月　　戊 戌(무술)　　小

절기									한로															상강						
음력	一	二	三	四	五	六	七	八	九	十	十一	十二	十三	十四	十五	十六	十七	十八	十九	二十	廿一	廿二	廿三	廿四	廿五	廿六	廿七	廿八	廿九	
양력 월/일	10/1	2	3	4	5	6	7	8	9	10	11	12	13	14	15	16	17	18	19	20	21	22	23	24	25	26	27	28	29	
일진	甲戌(갑술)	乙亥(을해)	丙子(병자)	丁丑(정축)	戊寅(무인)	己卯(기묘)	庚辰(경진)	辛巳(신사)	壬午(임오)	癸未(계미)	甲申(갑신)	乙酉(을유)	丙戌(병술)	丁亥(정해)	戊子(무자)	己丑(기축)	庚寅(경인)	辛卯(신묘)	壬辰(임진)	癸巳(계사)	甲午(갑오)	乙未(을미)	丙申(병신)	丁酉(정유)	戊戌(무술)	己亥(기해)	庚子(경자)	辛丑(신축)	壬寅(임인)	
절기시각									午正															申初						
대운 순행	3	2	2	2	1	1	1	1	10	10	9	9	9	8	8	8	7	7	7	6	6	6	5	5	5	4	4	4	3	
대운 역행	8	8	9	9	9	10	10	10	10	1	1	1	2	2	2	3	3	3	4	4	4	5	5	5	6	6	6	7	7	

10 月　　己 亥(기해)　　大

절기										입동															소설					
음력	一	二	三	四	五	六	七	八	九	十	十一	十二	十三	十四	十五	十六	十七	十八	十九	二十	廿一	廿二	廿三	廿四	廿五	廿六	廿七	廿八	廿九	三十
양력 월/일	10/30	31	11/1	2	3	4	5	6	7	8	9	10	11	12	13	14	15	16	17	18	19	20	21	22	23	24	25	26	27	28
일진	癸卯(계묘)	甲辰(갑진)	乙巳(을사)	丙午(병오)	丁未(정미)	戊申(무신)	己酉(기유)	庚戌(경술)	辛亥(신해)	壬子(임자)	癸丑(계축)	甲寅(갑인)	乙卯(을묘)	丙辰(병진)	丁巳(정사)	戊午(무오)	己未(기미)	庚申(경신)	辛酉(신유)	壬戌(임술)	癸亥(계해)	甲子(갑자)	乙丑(을축)	丙寅(병인)	丁卯(정묘)	戊辰(무진)	己巳(기사)	庚午(경오)	辛未(신미)	壬申(임신)
절기시각										申初															午正					
대운 순행	3	3	2	2	2	1	1	1	1	10	10	9	9	9	8	8	8	7	7	7	6	6	6	5	5	5	4	4	4	3
대운 역행	7	8	8	8	9	9	9	10	10	10	1	1	1	2	2	2	3	3	3	4	4	4	5	5	5	6	6	6	7	7

11 月　　庚 子(경자)　　小

절기										대설															동지					
음력	一	二	三	四	五	六	七	八	九	十	十一	十二	十三	十四	十五	十六	十七	十八	十九	二十	廿一	廿二	廿三	廿四	廿五	廿六	廿七	廿八	廿九	
양력 월/일	11/29	30	12/1	2	3	4	5	6	7	8	9	10	11	12	13	14	15	16	17	18	19	20	21	22	23	24	25	26	27	
일진	癸酉(계유)	甲戌(갑술)	乙亥(을해)	丙子(병자)	丁丑(정축)	戊寅(무인)	己卯(기묘)	庚辰(경진)	辛巳(신사)	壬午(임오)	癸未(계미)	甲申(갑신)	乙酉(을유)	丙戌(병술)	丁亥(정해)	戊子(무자)	己丑(기축)	庚寅(경인)	辛卯(신묘)	壬辰(임진)	癸巳(계사)	甲午(갑오)	乙未(을미)	丙申(병신)	丁酉(정유)	戊戌(무술)	己亥(기해)	庚子(경자)	辛丑(신축)	
절기시각										辰初															丑初					
대운 순행	3	3	2	2	2	1	1	1	1	10	9	9	9	8	8	8	7	7	7	6	6	6	5	5	5	4	4	4	3	
대운 역행	7	8	8	8	9	9	9	10	10	10	1	1	1	2	2	2	3	3	3	4	4	4	5	5	5	6	6	6	7	

12 月　　辛 丑(신축)　　大

절기										소한															대한					
음력	一	二	三	四	五	六	七	八	九	十	十一	十二	十三	十四	十五	十六	十七	十八	十九	二十	廿一	廿二	廿三	廿四	廿五	廿六	廿七	廿八	廿九	三十
양력 월/일	12/28	29	30	31	1/1	2	3	4	5	6	7	8	9	10	11	12	13	14	15	16	17	18	19	20	21	22	23	24	25	26
일진	壬寅(임인)	癸卯(계묘)	甲辰(갑진)	乙巳(을사)	丙午(병오)	丁未(정미)	戊申(무신)	己酉(기유)	庚戌(경술)	辛亥(신해)	壬子(임자)	癸丑(계축)	甲寅(갑인)	乙卯(을묘)	丙辰(병진)	丁巳(정사)	戊午(무오)	己未(기미)	庚申(경신)	辛酉(신유)	壬戌(임술)	癸亥(계해)	甲子(갑자)	乙丑(을축)	丙寅(병인)	丁卯(정묘)	戊辰(무진)	己巳(기사)	庚午(경오)	辛未(신미)
절기시각										酉正															午初					
대운 순행	3	3	2	2	2	1	1	1	1	10	10	9	9	9	8	8	8	7	7	7	6	6	6	5	5	5	4	4	4	3
대운 역행	7	7	8	8	8	9	9	9	10	10	1	1	1	2	2	2	3	3	3	4	4	4	5	5	5	6	6	6	7	7

단기 4285 년 / 불기 2496 년

1952년 壬辰(임진)年

1 月 壬 寅(임인) 小

절기										입춘															우수					
음력	一	二	三	四	五	六	七	八	九	十	十一	十二	十三	十四	十五	十六	十七	十八	十九	廿	廿一	廿二	廿三	廿四	廿五	廿六	廿七	廿八	廿九	
양력 월/일	1/27	28	29	30	31	2/1	2	3	4	5	6	7	8	9	10	11	12	13	14	15	16	17	18	19	20	21	22	23	24	
일진	壬申(임신)	癸酉(계유)	甲戌(갑술)	乙亥(을해)	丙子(병자)	丁丑(정축)	戊寅(무인)	己卯(기묘)	庚辰(경진)	辛巳(신사)	壬午(임오)	癸未(계미)	甲申(갑신)	乙酉(을유)	丙戌(병술)	丁亥(정해)	戊子(무자)	己丑(기축)	庚寅(경인)	辛卯(신묘)	壬辰(임진)	癸巳(계사)	甲午(갑오)	乙未(을미)	丙申(병신)	丁酉(정유)	戊戌(무술)	己亥(기해)	庚子(경자)	
절기시각										卯初															丑初					
대 순행	3	3	2	2	2	1	1	1	1	10	9	9	9	8	8	8	7	7	7	6	6	6	5	5	5	4	4	4	3	
운 역행	7	8	8	8	9	9	9	10	10	10	1	1	1	2	2	2	3	3	3	4	4	4	5	5	5	6	6	6	7	

2 月 癸 卯(계묘) 大

절기										경칩																춘분				
음력	一	二	三	四	五	六	七	八	九	十	十一	十二	十三	十四	十五	十六	十七	十八	十九	廿	廿一	廿二	廿三	廿四	廿五	廿六	廿七	廿八	廿九	三十
양력 월/일	2/25	26	27	28	29	3/1	2	3	4	5	6	7	8	9	10	11	12	13	14	15	16	17	18	19	20	21	22	23	24	25
일진	辛丑(신축)	壬寅(임인)	癸卯(계묘)	甲辰(갑진)	乙巳(을사)	丙午(병오)	丁未(정미)	戊申(무신)	己酉(기유)	庚戌(경술)	辛亥(신해)	壬子(임자)	癸丑(계축)	甲寅(갑인)	乙卯(을묘)	丙辰(병진)	丁巳(정사)	戊午(무오)	己未(기미)	庚申(경신)	辛酉(신유)	壬戌(임술)	癸亥(계해)	甲子(갑자)	乙丑(을축)	丙寅(병인)	丁卯(정묘)	戊辰(무진)	己巳(기사)	庚午(경오)
절기시각										子初																子正				
대 순행	3	3	2	2	2	1	1	1	1	10	10	10	9	9	9	8	8	8	7	7	7	6	6	6	5	5	5	4	4	4
운 역행	7	7	8	8	8	9	9	9	10	10	1	1	1	2	2	2	3	3	3	4	4	4	5	5	5	6	6	6	7	7

3 月 甲 辰(갑진) 小

절기											청명	한식														곡우				
음력	一	二	三	四	五	六	七	八	九	十	十一	十二	十三	十四	十五	十六	十七	十八	十九	廿	廿一	廿二	廿三	廿四	廿五	廿六	廿七	廿八	廿九	
양력 월/일	3/26	27	28	29	30	31	4/1	2	3	4	5	6	7	8	9	10	11	12	13	14	15	16	17	18	19	20	21	22	23	
일진	辛未(신미)	壬申(임신)	癸酉(계유)	甲戌(갑술)	乙亥(을해)	丙子(병자)	丁丑(정축)	戊寅(무인)	己卯(기묘)	庚辰(경진)	辛巳(신사)	壬午(임오)	癸未(계미)	甲申(갑신)	乙酉(을유)	丙戌(병술)	丁亥(정해)	戊子(무자)	己丑(기축)	庚寅(경인)	辛卯(신묘)	壬辰(임진)	癸巳(계사)	甲午(갑오)	乙未(을미)	丙申(병신)	丁酉(정유)	戊戌(무술)	己亥(기해)	
절기시각											卯初															午正				
대 순행	3	3	3	2	2	2	1	1	1	1	10	10	9	9	9	8	8	8	7	7	7	6	6	6	5	5	5	4	4	
운 역행	7	8	8	8	9	9	9	10	10	10	10	1	1	1	2	2	2	3	3	3	4	4	4	5	5	5	6	6	6	

4 月 乙 巳(을사) 大

절기												입하																소만		
음력	一	二	三	四	五	六	七	八	九	十	十一	十二	十三	十四	十五	十六	十七	十八	十九	廿	廿一	廿二	廿三	廿四	廿五	廿六	廿七	廿八	廿九	三十
양력 월/일	4/24	25	26	27	28	29	30	5/1	2	3	4	5	6	7	8	9	10	11	12	13	14	15	16	17	18	19	20	21	22	23
일진	庚子(경자)	辛丑(신축)	壬寅(임인)	癸卯(계묘)	甲辰(갑진)	乙巳(을사)	丙午(병오)	丁未(정미)	戊申(무신)	己酉(기유)	庚戌(경술)	辛亥(신해)	壬子(임자)	癸丑(계축)	甲寅(갑인)	乙卯(을묘)	丙辰(병진)	丁巳(정사)	戊午(무오)	己未(기미)	庚申(경신)	辛酉(신유)	壬戌(임술)	癸亥(계해)	甲子(갑자)	乙丑(을축)	丙寅(병인)	丁卯(정묘)	戊辰(무진)	己巳(기사)
절기시각												亥正																卯初		
대 순행	4	3	3	3	2	2	2	1	1	1	1	10	10	10	10	9	9	9	8	8	8	7	7	7	6	6	6	5	5	5
운 역행	7	7	7	8	8	8	9	9	9	10	10	10	1	1	1	2	2	2	3	3	3	4	4	4	5	5	5	6	6	6

5 月 丙 午(병오) 小

절기														망종															하지	
음력	一	二	三	四	五	六	七	八	九	十	十一	十二	十三	十四	十五	十六	十七	十八	十九	廿	廿一	廿二	廿三	廿四	廿五	廿六	廿七	廿八	廿九	
양력 월/일	5/24	25	26	27	28	29	30	31	6/1	2	3	4	5	6	7	8	9	10	11	12	13	14	15	16	17	18	19	20	21	
일진	庚午(경오)	辛未(신미)	壬申(임신)	癸酉(계유)	甲戌(갑술)	乙亥(을해)	丙子(병자)	丁丑(정축)	戊寅(무인)	己卯(기묘)	庚辰(경진)	辛巳(신사)	壬午(임오)	癸未(계미)	甲申(갑신)	乙酉(을유)	丙戌(병술)	丁亥(정해)	戊子(무자)	己丑(기축)	庚寅(경인)	辛卯(신묘)	壬辰(임진)	癸巳(계사)	甲午(갑오)	乙未(을미)	丙申(병신)	丁酉(정유)	戊戌(무술)	
절기시각														寅初															戌正	
대 순행	4	4	4	3	3	3	2	2	2	1	1	1	1	10	10	10	9	9	9	8	8	8	7	7	7	6	6	6	5	
운 역행	7	7	7	8	8	8	9	9	9	10	10	10	10	10	1	1	1	2	2	2	3	3	3	4	4	4	5	5	5	

閏 5 月 丙 午(병오) 大

절기																소서						초복								
음력	一	二	三	四	五	六	七	八	九	十	十一	十二	十三	十四	十五	十六	十七	十八	十九	廿	廿一	廿二	廿三	廿四	廿五	廿六	廿七	廿八	廿九	三十
양력 월/일	6/22	23	24	25	26	27	28	29	30	7/1	2	3	4	5	6	7	8	9	10	11	12	13	14	15	16	17	18	19	20	21
일진	己亥(기해)	庚子(경자)	辛丑(신축)	壬寅(임인)	癸卯(계묘)	甲辰(갑진)	乙巳(을사)	丙午(병오)	丁未(정미)	戊申(무신)	己酉(기유)	庚戌(경술)	辛亥(신해)	壬子(임자)	癸丑(계축)	甲寅(갑인)	乙卯(을묘)	丙辰(병진)	丁巳(정사)	戊午(무오)	己未(기미)	庚申(경신)	辛酉(신유)	壬戌(임술)	癸亥(계해)	甲子(갑자)	乙丑(을축)	丙寅(병인)	丁卯(정묘)	戊辰(무진)
절기시각																未初														
대 순행	5	5	4	4	4	3	3	3	2	2	2	1	1	1	1	10	10	10	9	9	9	8	8	8	7	7	7	6	6	6
운 역행	6	6	6	7	7	7	8	8	8	9	9	9	10	10	10	10	1	1	1	2	2	2	3	3	3	4	4	4	5	5

北 大將　　　午 喪門　　　寅 弔客　　　南 三殺

6 月　　丁 未(정미)　　大

절기		대서 중복															입추													
음력	一	二	三	四	五	六	七	八	九	十	十一	十二	十三	十四	十五	十六	十七	十八	十九	二十	廿一	廿二	廿三	廿四	廿五	廿六	廿七	廿八	廿九	三十
양력 월/일	7/22	23	24	25	26	27	28	29	30	31	8/1	2	3	4	5	6	7	8	9	10	11	12	13	14	15	16	17	18	19	20
일진	己巳(기사)	庚午(경오)	辛未(신미)	壬申(임신)	癸酉(계유)	甲戌(갑술)	乙亥(을해)	丙子(병자)	丁丑(정축)	戊寅(무인)	己卯(기묘)	庚辰(경진)	辛巳(신사)	壬午(임오)	癸未(계미)	甲申(갑신)	乙酉(을유)	丙戌(병술)	丁亥(정해)	戊子(무자)	己丑(기축)	庚寅(경인)	辛卯(신묘)	壬辰(임진)	癸巳(계사)	甲午(갑오)	乙未(을미)	丙申(병신)	丁酉(정유)	戊戌(무술)
절기시각		辰初															子初													
대운 순행	5	5	5	4	4	4	3	3	3	2	2	2	1	1	1	1	10	10	10	10	9	9	9	8	8	8	7	7	7	6
대운 역행	5	6	6	6	7	7	7	8	8	8	9	9	9	10	10	10	10	1	1	1	2	2	2	3	3	3	4	4	4	5

7 月　　戊 申(무신)　　小

절기			처서																백로											
음력	一	二	三	四	五	六	七	八	九	十	十一	十二	十三	十四	十五	十六	十七	十八	十九	二十	廿一	廿二	廿三	廿四	廿五	廿六	廿七	廿八	廿九	
양력 월/일	8/21	22	23	24	25	26	27	28	29	30	31	9/1	2	3	4	5	6	7	8	9	10	11	12	13	14	15	16	17	18	
일진	己亥(기해)	庚子(경자)	辛丑(신축)	壬寅(임인)	癸卯(계묘)	甲辰(갑진)	乙巳(을사)	丙午(병오)	丁未(정미)	戊申(무신)	己酉(기유)	庚戌(경술)	辛亥(신해)	壬子(임자)	癸丑(계축)	甲寅(갑인)	乙卯(을묘)	丙辰(병진)	丁巳(정사)	戊午(무오)	己未(기미)	庚申(경신)	辛酉(신유)	壬戌(임술)	癸亥(계해)	甲子(갑자)	乙丑(을축)	丙寅(병인)	丁卯(정묘)	
절기시각			未正																丑正											
대운 순행	6	6	5	5	5	4	4	4	3	3	3	2	2	2	1	1	1	1	10	10	9	9	9	8	8	8	7	7	7	
대운 역행	5	5	6	6	6	7	7	7	8	8	8	9	9	9	10	10	10	10	10	1	1	1	2	2	2	3	3	3	4	

8 月　　己 酉(기유)　　大

절기					추분															한로										
음력	一	二	三	四	五	六	七	八	九	十	十一	十二	十三	十四	十五	十六	十七	十八	十九	二十	廿一	廿二	廿三	廿四	廿五	廿六	廿七	廿八	廿九	三十
양력 월/일	9/19	20	21	22	23	24	25	26	27	28	29	30	10/1	2	3	4	5	6	7	8	9	10	11	12	13	14	15	16	17	18
일진	戊辰(무진)	己巳(기사)	庚午(경오)	辛未(신미)	壬申(임신)	癸酉(계유)	甲戌(갑술)	乙亥(을해)	丙子(병자)	丁丑(정축)	戊寅(무인)	己卯(기묘)	庚辰(경진)	辛巳(신사)	壬午(임오)	癸未(계미)	甲申(갑신)	乙酉(을유)	丙戌(병술)	丁亥(정해)	戊子(무자)	己丑(기축)	庚寅(경인)	辛卯(신묘)	壬辰(임진)	癸巳(계사)	甲午(갑오)	乙未(을미)	丙申(병신)	丁酉(정유)
절기시각					午正															戌正										
대운 순행	6	6	6	5	5	5	4	4	4	3	3	3	2	2	2	1	1	1	1	10	10	9	9	9	8	8	8	7	7	7
대운 역행	4	4	5	5	5	6	6	6	7	7	7	8	8	8	9	9	9	10	10	10	1	1	1	2	2	2	3	3	3	4

9 月　　庚 戌(경술)　　小

절기					상강															입동										
음력	一	二	三	四	五	六	七	八	九	十	十一	十二	十三	十四	十五	十六	十七	十八	十九	二十	廿一	廿二	廿三	廿四	廿五	廿六	廿七	廿八	廿九	
양력 월/일	10/19	20	21	22	23	24	25	26	27	28	29	30	31	11/1	2	3	4	5	6	7	8	9	10	11	12	13	14	15	16	
일진	戊戌(무술)	己亥(기해)	庚子(경자)	辛丑(신축)	壬寅(임인)	癸卯(계묘)	甲辰(갑진)	乙巳(을사)	丙午(병오)	丁未(정미)	戊申(무신)	己酉(기유)	庚戌(경술)	辛亥(신해)	壬子(임자)	癸丑(계축)	甲寅(갑인)	乙卯(을묘)	丙辰(병진)	丁巳(정사)	戊午(무오)	己未(기미)	庚申(경신)	辛酉(신유)	壬戌(임술)	癸亥(계해)	甲子(갑자)	乙丑(을축)	丙寅(병인)	
절기시각					亥初															亥初										
대운 순행	6	6	6	5	5	5	4	4	4	3	3	3	2	2	2	1	1	1	1	10	10	9	9	9	8	8	8	7	7	
대운 역행	4	4	5	5	5	6	6	6	7	7	7	8	8	8	9	9	9	10	10	10	1	1	1	2	2	2	3	3	3	

10 月　　辛 亥(신해)　　大

절기						소설																대설								
음력	一	二	三	四	五	六	七	八	九	十	十一	十二	十三	十四	十五	十六	十七	十八	十九	二十	廿一	廿二	廿三	廿四	廿五	廿六	廿七	廿八	廿九	三十
양력 월/일	11/17	18	19	20	21	22	23	24	25	26	27	28	29	30	12/1	2	3	4	5	6	7	8	9	10	11	12	13	14	15	16
일진	丁卯(정묘)	戊辰(무진)	己巳(기사)	庚午(경오)	辛未(신미)	壬申(임신)	癸酉(계유)	甲戌(갑술)	乙亥(을해)	丙子(병자)	丁丑(정축)	戊寅(무인)	己卯(기묘)	庚辰(경진)	辛巳(신사)	壬午(임오)	癸未(계미)	甲申(갑신)	乙酉(을유)	丙戌(병술)	丁亥(정해)	戊子(무자)	己丑(기축)	庚寅(경인)	辛卯(신묘)	壬辰(임진)	癸巳(계사)	甲午(갑오)	乙未(을미)	丙申(병신)
절기시각						酉正																未初								
대운 순행	7	6	6	6	5	5	5	4	4	4	3	3	3	2	2	2	1	1	1	1	10	9	9	9	8	8	8	7	7	7
대운 역행	4	4	4	5	5	5	6	6	6	7	7	7	8	8	8	9	9	9	10	10	10	1	1	1	2	2	2	3	3	3

11 月　　壬 子(임자)　　小

절기						동지															소한									
음력	一	二	三	四	五	六	七	八	九	十	十一	十二	十三	十四	十五	十六	十七	十八	十九	二十	廿一	廿二	廿三	廿四	廿五	廿六	廿七	廿八	廿九	
양력 월/일	12/17	18	19	20	21	22	23	24	25	26	27	28	29	30	31	1/1	2	3	4	5	6	7	8	9	10	11	12	13	14	
일진	丁酉(정유)	戊戌(무술)	己亥(기해)	庚子(경자)	辛丑(신축)	壬寅(임인)	癸卯(계묘)	甲辰(갑진)	乙巳(을사)	丙午(병오)	丁未(정미)	戊申(무신)	己酉(기유)	庚戌(경술)	辛亥(신해)	壬子(임자)	癸丑(계축)	甲寅(갑인)	乙卯(을묘)	丙辰(병진)	丁巳(정사)	戊午(무오)	己未(기미)	庚申(경신)	辛酉(신유)	壬戌(임술)	癸亥(계해)	甲子(갑자)	乙丑(을축)	
절기시각						辰初															子正									
대운 순행	6	6	6	5	5	5	4	4	4	3	3	3	2	2	2	1	1	1	1	10	10	9	9	9	8	8	8	7	7	
대운 역행	4	4	4	5	5	5	6	6	6	7	7	7	8	8	8	9	9	9	10	10	1	1	1	2	2	2	3	3	3	

12 月　　癸 丑(계축)　　大

절기						대한															입춘									
음력	一	二	三	四	五	六	七	八	九	十	十一	十二	十三	十四	十五	十六	十七	十八	十九	二十	廿一	廿二	廿三	廿四	廿五	廿六	廿七	廿八	廿九	三十
양력 월/일	1/15	16	17	18	19	20	21	22	23	24	25	26	27	28	29	30	31	2/1	2	3	4	5	6	7	8	9	10	11	12	13
일진	丙寅(병인)	丁卯(정묘)	戊辰(무진)	己巳(기사)	庚午(경오)	辛未(신미)	壬申(임신)	癸酉(계유)	甲戌(갑술)	乙亥(을해)	丙子(병자)	丁丑(정축)	戊寅(무인)	己卯(기묘)	庚辰(경진)	辛巳(신사)	壬午(임오)	癸未(계미)	甲申(갑신)	乙酉(을유)	丙戌(병술)	丁亥(정해)	戊子(무자)	己丑(기축)	庚寅(경인)	辛卯(신묘)	壬辰(임진)	癸巳(계사)	甲午(갑오)	乙未(을미)
절기시각						酉初															午初									
대운 순행	7	6	6	6	5	5	5	4	4	4	3	3	3	2	2	2	1	1	1	1	10	10	9	9	9	8	8	8	7	7
대운 역행	4	4	4	5	5	5	6	6	6	7	7	7	8	8	8	9	9	9	10	10	10	1	1	1	2	2	2	3	3	3

단기 4286 년
불기 2497 년

1953년 癸巳(계사)年

1 月 甲 寅(갑인) 小

절 기						우수															경칩									
음 력	一	二	三	四	五	六	七	八	九	十	十一	十二	十三	十四	十五	十六	十七	十八	十九	二十	廿一	廿二	廿三	廿四	廿五	廿六	廿七	廿八	廿九	
양 력 월/일	2/14	15	16	17	18	19	20	21	22	23	24	25	26	27	28	3/1	2	3	4	5	6	7	8	9	10	11	12	13	14	
일 진	丙申(병신)	丁酉(정유)	戊戌(무술)	己亥(기해)	庚子(경자)	辛丑(신축)	壬寅(임인)	癸卯(계묘)	甲辰(갑진)	乙巳(을사)	丙午(병오)	丁未(정미)	戊申(무신)	己酉(기유)	庚戌(경술)	辛亥(신해)	壬子(임자)	癸丑(계축)	甲寅(갑인)	乙卯(을묘)	丙辰(병진)	丁巳(정사)	戊午(무오)	己未(기미)	庚申(경신)	辛酉(신유)	壬戌(임술)	癸亥(계해)	甲子(갑자)	
절기시각						辰初															卯初									
대운 순행	7	6	6	6	5	5	5	4	4	4	3	3	3	2	2	2	1	1	1	1	10	10	9	9	9	8	8	8	7	
대운 역행	4	4	4	5	5	5	6	6	6	7	7	7	8	8	8	9	9	9	10	10	10	1	1	1	2	2	2	3	3	

2 月 乙 卯(을묘) 大

절 기							춘분															청명	한식							
음 력	一	二	三	四	五	六	七	八	九	十	十一	十二	十三	十四	十五	十六	十七	十八	十九	二十	廿一	廿二	廿三	廿四	廿五	廿六	廿七	廿八	廿九	三十
양 력 월/일	3/15	16	17	18	19	20	21	22	23	24	25	26	27	28	29	30	31	4/1	2	3	4	5	6	7	8	9	10	11	12	13
일 진	乙丑(을축)	丙寅(병인)	丁卯(정묘)	戊辰(무진)	己巳(기사)	庚午(경오)	辛未(신미)	壬申(임신)	癸酉(계유)	甲戌(갑술)	乙亥(을해)	丙子(병자)	丁丑(정축)	戊寅(무인)	己卯(기묘)	庚辰(경진)	辛巳(신사)	壬午(임오)	癸未(계미)	甲申(갑신)	乙酉(을유)	丙戌(병술)	丁亥(정해)	戊子(무자)	己丑(기축)	庚寅(경인)	辛卯(신묘)	壬辰(임진)	癸巳(계사)	甲午(갑오)
절기시각							卯正															巳正								
대운 순행	7	7	6	6	6	5	5	5	4	4	4	3	3	3	2	2	2	1	1	1	1	10	10	10	9	9	9	8	8	8
대운 역행	3	4	4	4	5	5	5	6	6	6	7	7	7	8	8	8	9	9	9	10	10	10	1	1	1	2	2	2	3	3

3 月 丙 辰(병진) 小

절 기							곡우																입하							
음 력	一	二	三	四	五	六	七	八	九	十	十一	十二	十三	十四	十五	十六	十七	十八	十九	二十	廿一	廿二	廿三	廿四	廿五	廿六	廿七	廿八	廿九	
양 력 월/일	4/14	15	16	17	18	19	20	21	22	23	24	25	26	27	28	29	30	5/1	2	3	4	5	6	7	8	9	10	11	12	
일 진	乙未(을미)	丙申(병신)	丁酉(정유)	戊戌(무술)	己亥(기해)	庚子(경자)	辛丑(신축)	壬寅(임인)	癸卯(계묘)	甲辰(갑진)	乙巳(을사)	丙午(병오)	丁未(정미)	戊申(무신)	己酉(기유)	庚戌(경술)	辛亥(신해)	壬子(임자)	癸丑(계축)	甲寅(갑인)	乙卯(을묘)	丙辰(병진)	丁巳(정사)	戊午(무오)	己未(기미)	庚申(경신)	辛酉(신유)	壬戌(임술)	癸亥(계해)	
절기시각							酉正																寅正							
대운 순행	7	7	7	6	6	6	5	5	5	4	4	4	3	3	3	2	2	2	1	1	1	1	10	10	10	9	9	9	8	
대운 역행	3	4	4	4	5	5	5	6	6	6	7	7	7	8	8	8	9	9	9	10	10	10	10	1	1	1	2	2	2	

4 月 丁 巳(정사) 小

절 기									소만																망종					
음 력	一	二	三	四	五	六	七	八	九	十	十一	十二	十三	十四	十五	十六	十七	十八	十九	二十	廿一	廿二	廿三	廿四	廿五	廿六	廿七	廿八	廿九	
양 력 월/일	5/13	14	15	16	17	18	19	20	21	22	23	24	25	26	27	28	29	30	31	6/1	2	3	4	5	6	7	8	9	10	
일 진	甲子(갑자)	乙丑(을축)	丙寅(병인)	丁卯(정묘)	戊辰(무진)	己巳(기사)	庚午(경오)	辛未(신미)	壬申(임신)	癸酉(계유)	甲戌(갑술)	乙亥(을해)	丙子(병자)	丁丑(정축)	戊寅(무인)	己卯(기묘)	庚辰(경진)	辛巳(신사)	壬午(임오)	癸未(계미)	甲申(갑신)	乙酉(을유)	丙戌(병술)	丁亥(정해)	戊子(무자)	己丑(기축)	庚寅(경인)	辛卯(신묘)	壬辰(임진)	
절기시각									酉初																巳初					
대운 순행	8	8	7	7	7	6	6	6	5	5	5	4	4	4	3	3	3	2	2	2	1	1	1	1	10	10	10	9	9	
대운 역행	3	3	3	4	4	4	5	5	5	6	6	6	7	7	7	8	8	8	9	9	9	10	10	10	10	1	1	1	2	

5 月 戊 午(무오) 大

절 기												하지															소서			
음 력	一	二	三	四	五	六	七	八	九	十	十一	十二	十三	十四	十五	十六	十七	十八	十九	二十	廿一	廿二	廿三	廿四	廿五	廿六	廿七	廿八	廿九	三十
양 력 월/일	6/11	12	13	14	15	16	17	18	19	20	21	22	23	24	25	26	27	28	29	30	7/1	2	3	4	5	6	7	8	9	10
일 진	癸巳(계사)	甲午(갑오)	乙未(을미)	丙申(병신)	丁酉(정유)	戊戌(무술)	己亥(기해)	庚子(경자)	辛丑(신축)	壬寅(임인)	癸卯(계묘)	甲辰(갑진)	乙巳(을사)	丙午(병오)	丁未(정미)	戊申(무신)	己酉(기유)	庚戌(경술)	辛亥(신해)	壬子(임자)	癸丑(계축)	甲寅(갑인)	乙卯(을묘)	丙辰(병진)	丁巳(정사)	戊午(무오)	己未(기미)	庚申(경신)	辛酉(신유)	壬戌(임술)
절기시각												丑正															戌初			
대운 순행	9	8	8	8	7	7	7	6	6	6	5	5	5	4	4	4	3	3	3	2	2	2	1	1	1	1	10	10	10	10
대운 역행	2	2	3	3	3	4	4	4	5	5	5	6	6	6	7	7	7	8	8	8	9	9	9	10	10	10	10	1	1	1

6 月 己 未(기미) 大

절 기								초복					대서																입추	
음 력	一	二	三	四	五	六	七	八	九	十	十一	十二	十三	十四	十五	十六	十七	十八	十九	二十	廿一	廿二	廿三	廿四	廿五	廿六	廿七	廿八	廿九	三十
양 력 월/일	7/11	12	13	14	15	16	17	18	19	20	21	22	23	24	25	26	27	28	29	30	31	8/1	2	3	4	5	6	7	8	9
일 진	癸亥(계해)	甲子(갑자)	乙丑(을축)	丙寅(병인)	丁卯(정묘)	戊辰(무진)	己巳(기사)	庚午(경오)	辛未(신미)	壬申(임신)	癸酉(계유)	甲戌(갑술)	乙亥(을해)	丙子(병자)	丁丑(정축)	戊寅(무인)	己卯(기묘)	庚辰(경진)	辛巳(신사)	壬午(임오)	癸未(계미)	甲申(갑신)	乙酉(을유)	丙戌(병술)	丁亥(정해)	戊子(무자)	己丑(기축)	庚寅(경인)	辛卯(신묘)	壬辰(임진)
절기시각													未初																卯初	
대운 순행	9	9	9	8	8	8	7	7	7	6	6	6	5	5	5	4	4	4	3	3	3	2	2	2	1	1	1	1	10	10
대운 역행	2	2	2	3	3	3	4	4	4	5	5	5	6	6	6	7	7	7	8	8	8	9	9	9	10	10	10	10	10	1

東 大將	未 喪門	卯 弔客	東 三殺

7 月 庚 申(경신) 小

절 기															처서															
음 력	一	二	三	四	五	六	七	八	九	十	十一	十二	十三	十四	十五	十六	十七	十八	十九	二十	廿一	廿二	廿三	廿四	廿五	廿六	廿七	廿八	廿九	
양 력 월/일	8/10	11	12	13	14	15	16	17	18	19	20	21	22	23	24	25	26	27	28	29	30	31	9/1	2	3	4	5	6	7	
일 진	癸巳(계사)	甲午(갑오)	乙未(을미)	丙申(병신)	丁酉(정유)	戊戌(무술)	己亥(기해)	庚子(경자)	辛丑(신축)	壬寅(임인)	癸卯(계묘)	甲辰(갑진)	乙巳(을사)	丙午(병오)	丁未(정미)	戊申(무신)	己酉(기유)	庚戌(경술)	辛亥(신해)	壬子(임자)	癸丑(계축)	甲寅(갑인)	乙卯(을묘)	丙辰(병진)	丁巳(정사)	戊午(무오)	己未(기미)	庚申(경신)	辛酉(신유)	
절기시각															戊正															
대 순 행	10	9	9	9	8	8	8	7	7	7	6	6	6	5	5	5	4	4	4	3	3	3	2	2	2	1	1	1	1	
운 역 행	1	1	2	2	2	3	3	3	4	4	4	5	5	5	6	6	6	7	7	7	8	8	8	9	9	9	10	10	10	

8 月 辛 酉(신유) 大

절 기	백로															추분														
음 력	一	二	三	四	五	六	七	八	九	十	十一	十二	十三	十四	十五	十六	十七	十八	十九	二十	廿一	廿二	廿三	廿四	廿五	廿六	廿七	廿八	廿九	三十
양 력 월/일	9/8	9	10	11	12	13	14	15	16	17	18	19	20	21	22	23	24	25	26	27	28	29	30	10/1	2	3	4	5	6	7
일 진	壬戌(임술)	癸亥(계해)	甲子(갑자)	乙丑(을축)	丙寅(병인)	丁卯(정묘)	戊辰(무진)	己巳(기사)	庚午(경오)	辛未(신미)	壬申(임신)	癸酉(계유)	甲戌(갑술)	乙亥(을해)	丙子(병자)	丁丑(정축)	戊寅(무인)	己卯(기묘)	庚辰(경진)	辛巳(신사)	壬午(임오)	癸未(계미)	甲申(갑신)	乙酉(을유)	丙戌(병술)	丁亥(정해)	戊子(무자)	己丑(기축)	庚寅(경인)	辛卯(신묘)
절기시각	辰正															酉正														
대 순 행	10	10	9	9	9	8	8	8	7	7	7	6	6	6	5	5	5	4	4	4	3	3	3	2	2	2	1	1	1	1
운 역 행	10	1	1	1	2	2	2	3	3	3	4	4	4	5	5	5	6	6	6	7	7	7	8	8	8	9	9	9	10	10

9 月 壬 戌(임술) 大

절 기	한로																상강													
음 력	一	二	三	四	五	六	七	八	九	十	十一	十二	十三	十四	十五	十六	十七	十八	十九	二十	廿一	廿二	廿三	廿四	廿五	廿六	廿七	廿八	廿九	三十
양 력 월/일	10/8	9	10	11	12	13	14	15	16	17	18	19	20	21	22	23	24	25	26	27	28	29	30	31	11/1	2	3	4	5	6
일 진	壬辰(임진)	癸巳(계사)	甲午(갑오)	乙未(을미)	丙申(병신)	丁酉(정유)	戊戌(무술)	己亥(기해)	庚子(경자)	辛丑(신축)	壬寅(임인)	癸卯(계묘)	甲辰(갑진)	乙巳(을사)	丙午(병오)	丁未(정미)	戊申(무신)	己酉(기유)	庚戌(경술)	辛亥(신해)	壬子(임자)	癸丑(계축)	甲寅(갑인)	乙卯(을묘)	丙辰(병진)	丁巳(정사)	戊午(무오)	己未(기미)	庚申(경신)	辛酉(신유)
절기시각	子正																寅初													
대 순 행	10	10	10	9	9	9	8	8	8	7	7	7	6	6	6	5	5	5	4	4	4	3	3	3	2	2	2	1	1	1
운 역 행	10	1	1	1	2	2	2	3	3	3	4	4	4	5	5	5	6	6	6	7	7	7	8	8	8	9	9	9	10	10

10 月 癸 亥(계해) 小

절 기		입동															소설													
음 력	一	二	三	四	五	六	七	八	九	十	十一	十二	十三	十四	十五	十六	十七	十八	十九	二十	廿一	廿二	廿三	廿四	廿五	廿六	廿七	廿八	廿九	
양 력 월/일	11/7	8	9	10	11	12	13	14	15	16	17	18	19	20	21	22	23	24	25	26	27	28	29	30	12/1	2	3	4	5	
일 진	壬戌(임술)	癸亥(계해)	甲子(갑자)	乙丑(을축)	丙寅(병인)	丁卯(정묘)	戊辰(무진)	己巳(기사)	庚午(경오)	辛未(신미)	壬申(임신)	癸酉(계유)	甲戌(갑술)	乙亥(을해)	丙子(병자)	丁丑(정축)	戊寅(무인)	己卯(기묘)	庚辰(경진)	辛巳(신사)	壬午(임오)	癸未(계미)	甲申(갑신)	乙酉(을유)	丙戌(병술)	丁亥(정해)	戊子(무자)	己丑(기축)	庚寅(경인)	
절기시각		寅初															子正													
대 순 행	1	10	9	9	9	8	8	8	7	7	7	6	6	6	5	5	5	4	4	4	3	3	3	2	2	2	1	1	1	
운 역 행	10	10	1	1	1	2	2	2	3	3	3	4	4	4	5	5	5	6	6	6	7	7	7	8	8	8	9	9	9	

11 月 甲 子(갑자) 大

절 기		대설															동지													
음 력	一	二	三	四	五	六	七	八	九	十	十一	十二	十三	十四	十五	十六	十七	十八	十九	二十	廿一	廿二	廿三	廿四	廿五	廿六	廿七	廿八	廿九	三十
양 력 월/일	12/6	7	8	9	10	11	12	13	14	15	16	17	18	19	20	21	22	23	24	25	26	27	28	29	30	31	1/1	2	3	4
일 진	辛卯(신묘)	壬辰(임진)	癸巳(계사)	甲午(갑오)	乙未(을미)	丙申(병신)	丁酉(정유)	戊戌(무술)	己亥(기해)	庚子(경자)	辛丑(신축)	壬寅(임인)	癸卯(계묘)	甲辰(갑진)	乙巳(을사)	丙午(병오)	丁未(정미)	戊申(무신)	己酉(기유)	庚戌(경술)	辛亥(신해)	壬子(임자)	癸丑(계축)	甲寅(갑인)	乙卯(을묘)	丙辰(병진)	丁巳(정사)	戊午(무오)	己未(기미)	庚申(경신)
절기시각		戌初															午正													
대 순 행	1	10	10	9	9	9	8	8	8	7	7	7	6	6	6	5	5	5	4	4	4	3	3	3	2	2	2	1	1	1
운 역 행	10	10	1	1	1	2	2	2	3	3	3	4	4	4	5	5	5	6	6	6	7	7	7	8	8	8	9	9	9	10

12 月 乙 丑(을축) 大

절 기		소한														대한														
음 력	一	二	三	四	五	六	七	八	九	十	十一	十二	十三	十四	十五	十六	十七	十八	十九	二十	廿一	廿二	廿三	廿四	廿五	廿六	廿七	廿八	廿九	三十
양 력 월/일	1/5	6	7	8	9	10	11	12	13	14	15	16	17	18	19	20	21	22	23	24	25	26	27	28	29	30	31	2/1	2	3
일 진	辛酉(신유)	壬戌(임술)	癸亥(계해)	甲子(갑자)	乙丑(을축)	丙寅(병인)	丁卯(정묘)	戊辰(무진)	己巳(기사)	庚午(경오)	辛未(신미)	壬申(임신)	癸酉(계유)	甲戌(갑술)	乙亥(을해)	丙子(병자)	丁丑(정축)	戊寅(무인)	己卯(기묘)	庚辰(경진)	辛巳(신사)	壬午(임오)	癸未(계미)	甲申(갑신)	乙酉(을유)	丙戌(병술)	丁亥(정해)	戊子(무자)	己丑(기축)	庚寅(경인)
절기시각		卯正														子初														
대 순 행	1	10	9	9	9	8	8	8	7	7	7	6	6	6	5	5	5	4	4	4	3	3	3	2	2	2	1	1	1	1
운 역 행	10	10	1	1	1	2	2	2	3	3	3	4	4	4	5	5	5	6	6	6	7	7	7	8	8	8	9	9	9	10

단기 4287 년
불기 2498 년

1954년 甲午(갑오)年

1 月 丙 寅(병인) 小

절기	입춘															우수													
음력	一	二	三	四	五	六	七	八	九	十	十一	十二	十三	十四	十五	十六	十七	十八	十九	廿	廿一	廿二	廿三	廿四	廿五	廿六	廿七	廿八	廿九
양력 월/일	2/4	5	6	7	8	9	10	11	12	13	14	15	16	17	18	19	20	21	22	23	24	25	26	27	28	3/1	2	3	4
일진	辛卯(신묘)	壬辰(임진)	癸巳(계사)	甲午(갑오)	乙未(을미)	丙申(병신)	丁酉(정유)	戊戌(무술)	己亥(기해)	庚子(경자)	辛丑(신축)	壬寅(임인)	癸卯(계묘)	甲辰(갑진)	乙巳(을사)	丙午(병오)	丁未(정미)	戊申(무신)	己酉(기유)	庚戌(경술)	辛亥(신해)	壬子(임자)	癸丑(계축)	甲寅(갑인)	乙卯(을묘)	丙辰(병진)	丁巳(정사)	戊午(무오)	己未(기미)
절기시각	酉初															午初													
대운 순행	10	10	9	9	9	8	8	8	7	7	7	6	6	6	5	5	5	4	4	4	3	3	3	2	2	2	1	1	1
대운 역행	10	1	1	1	2	2	2	3	3	3	4	4	4	5	5	5	6	6	6	7	7	7	8	8	8	9	9	9	10

2 月 丁 卯(정묘) 小

절기		경칩															추분												
음력	一	二	三	四	五	六	七	八	九	十	十一	十二	十三	十四	十五	十六	十七	十八	十九	廿	廿一	廿二	廿三	廿四	廿五	廿六	廿七	廿八	廿九
양력 월/일	3/5	6	7	8	9	10	11	12	13	14	15	16	17	18	19	20	21	22	23	24	25	26	27	28	29	30	31	4/1	2
일진	庚申(경신)	辛酉(신유)	壬戌(임술)	癸亥(계해)	甲子(갑자)	乙丑(을축)	丙寅(병인)	丁卯(정묘)	戊辰(무진)	己巳(기사)	庚午(경오)	辛未(신미)	壬申(임신)	癸酉(계유)	甲戌(갑술)	乙亥(을해)	丙子(병자)	丁丑(정축)	戊寅(무인)	己卯(기묘)	庚辰(경진)	辛巳(신사)	壬午(임오)	癸未(계미)	甲申(갑신)	乙酉(을유)	丙戌(병술)	丁亥(정해)	戊子(무자)
절기시각		午初															午正												
대운 순행	1	10	10	9	9	9	8	8	8	7	7	7	6	6	6	5	5	5	4	4	4	3	3	3	2	2	2	1	1
대운 역행	10	10	1	1	1	2	2	2	3	3	3	4	4	4	5	5	5	6	6	6	7	7	7	8	8	8	9	9	9

3 月 戊 辰(무진) 大

절기			청명	한식															곡우											
음력	一	二	三	四	五	六	七	八	九	十	十一	十二	十三	十四	十五	十六	十七	十八	十九	廿	廿一	廿二	廿三	廿四	廿五	廿六	廿七	廿八	廿九	三十
양력 월/일	4/3	4	5	6	7	8	9	10	11	12	13	14	15	16	17	18	19	20	21	22	23	24	25	26	27	28	29	30	5/1	2
일진	己丑(기축)	庚寅(경인)	辛卯(신묘)	壬辰(임진)	癸巳(계사)	甲午(갑오)	乙未(을미)	丙申(병신)	丁酉(정유)	戊戌(무술)	己亥(기해)	庚子(경자)	辛丑(신축)	壬寅(임인)	癸卯(계묘)	甲辰(갑진)	乙巳(을사)	丙午(병오)	丁未(정미)	戊申(무신)	己酉(기유)	庚戌(경술)	辛亥(신해)	壬子(임자)	癸丑(계축)	甲寅(갑인)	乙卯(을묘)	丙辰(병진)	丁巳(정사)	戊午(무오)
절기시각			申正																子正											
대운 순행	1	1	10	10	10	9	9	9	8	8	8	7	7	7	6	6	6	5	5	5	4	4	4	3	3	3	2	2	2	1
대운 역행	10	10	10	1	1	1	2	2	2	3	3	3	4	4	4	5	5	5	6	6	6	7	7	7	8	8	8	9	9	9

4 月 己 巳(기사) 小

절기				입하															소한										
음력	一	二	三	四	五	六	七	八	九	十	十一	十二	十三	十四	十五	十六	十七	十八	十九	廿	廿一	廿二	廿三	廿四	廿五	廿六	廿七	廿八	廿九
양력 월/일	5/3	4	5	6	7	8	9	10	11	12	13	14	15	16	17	18	19	20	21	22	23	24	25	26	27	28	29	30	31
일진	己未(기미)	庚申(경신)	辛酉(신유)	壬戌(임술)	癸亥(계해)	甲子(갑자)	乙丑(을축)	丙寅(병인)	丁卯(정묘)	戊辰(무진)	己巳(기사)	庚午(경오)	辛未(신미)	壬申(임신)	癸酉(계유)	甲戌(갑술)	乙亥(을해)	丙子(병자)	丁丑(정축)	戊寅(무인)	己卯(기묘)	庚辰(경진)	辛巳(신사)	壬午(임오)	癸未(계미)	甲申(갑신)	乙酉(을유)	丙戌(병술)	丁亥(정해)
절기시각				巳正															子初										
대운 순행	1	1	1	10	10	10	9	9	9	8	8	8	7	7	7	6	6	6	5	5	5	4	4	4	3	3	3	2	2
대운 역행	10	10	10	10	1	1	1	2	2	2	3	3	3	4	4	4	5	5	5	6	6	6	7	7	7	8	8	8	9

5 月 庚 午(경오) 小

절기						망종																하지							
음력	一	二	三	四	五	六	七	八	九	十	十一	十二	十三	十四	十五	十六	十七	十八	十九	廿	廿一	廿二	廿三	廿四	廿五	廿六	廿七	廿八	廿九
양력 월/일	6/1	2	3	4	5	6	7	8	9	10	11	12	13	14	15	16	17	18	19	20	21	22	23	24	25	26	27	28	29
일진	戊子(무자)	己丑(기축)	庚寅(경인)	辛卯(신묘)	壬辰(임진)	癸巳(계사)	甲午(갑오)	乙未(을미)	丙申(병신)	丁酉(정유)	戊戌(무술)	己亥(기해)	庚子(경자)	辛丑(신축)	壬寅(임인)	癸卯(계묘)	甲辰(갑진)	乙巳(을사)	丙午(병오)	丁未(정미)	戊申(무신)	己酉(기유)	庚戌(경술)	辛亥(신해)	壬子(임자)	癸丑(계축)	甲寅(갑인)	乙卯(을묘)	丙辰(병진)
절기시각						申初																辰初							
대운 순행	2	1	1	1	1	10	10	10	10	9	9	9	8	8	8	7	7	7	6	6	6	5	5	5	4	4	4	3	3
대운 역행	9	9	10	10	10	10	1	1	1	2	2	2	3	3	3	4	4	4	5	5	5	6	6	6	7	7	7	8	8

6 月 辛 未(신미) 大

절기									소서					초복										대서 중복						
음력	一	二	三	四	五	六	七	八	九	十	十一	十二	十三	十四	十五	十六	十七	十八	十九	廿	廿一	廿二	廿三	廿四	廿五	廿六	廿七	廿八	廿九	三十
양력 월/일	6/30	7/1	2	3	4	5	6	7	8	9	10	11	12	13	14	15	16	17	18	19	20	21	22	23	24	25	26	27	28	29
일진	丁巳(정사)	戊午(무오)	己未(기미)	庚申(경신)	辛酉(신유)	壬戌(임술)	癸亥(계해)	甲子(갑자)	乙丑(을축)	丙寅(병인)	丁卯(정묘)	戊辰(무진)	己巳(기사)	庚午(경오)	辛未(신미)	壬申(임신)	癸酉(계유)	甲戌(갑술)	乙亥(을해)	丙子(병자)	丁丑(정축)	戊寅(무인)	己卯(기묘)	庚辰(경진)	辛巳(신사)	壬午(임오)	癸未(계미)	甲申(갑신)	乙酉(을유)	丙戌(병술)
절기시각									丑初															戌初						
대운 순행	3	2	2	2	1	1	1	1	10	10	10	9	9	9	8	8	8	7	7	7	6	6	6	5	5	5	4	4	4	3
대운 역행	8	9	9	9	10	10	10	10	10	1	1	1	2	2	2	3	3	3	4	4	4	5	5	5	6	6	6	7	7	7

東 大將	申 喪門	辰 弔客	北 三殺

7 月 壬 申(임신) 小

절기										입추				말복												처서			
음력	一	二	三	四	五	六	七	八	九	十	十一	十二	十三	十四	十五	十六	十七	十八	十九	廿	廿一	廿二	廿三	廿四	廿五	廿六	廿七	廿八	廿九
양력 월/일	7/30	31	8/1	2	3	4	5	6	7	8	9	10	11	12	13	14	15	16	17	18	19	20	21	22	23	24	25	26	27
일진	丁亥(정해)	戊子(무자)	己丑(기축)	庚寅(경인)	辛卯(신묘)	壬辰(임진)	癸巳(계사)	甲午(갑오)	乙未(을미)	丙申(병신)	丁酉(정유)	戊戌(무술)	己亥(기해)	庚子(경자)	辛丑(신축)	壬寅(임인)	癸卯(계묘)	甲辰(갑진)	乙巳(을사)	丙午(병오)	丁未(정미)	戊申(무신)	己酉(기유)	庚戌(경술)	辛亥(신해)	壬子(임자)	癸丑(계축)	甲寅(갑인)	乙卯(을묘)
절기시각										午初																丑正			
대운 순행	3	3	2	2	2	1	1	1	1	10	10	10	9	9	9	8	8	8	7	7	7	6	6	6	5	5	5	4	4
대운 역행	8	8	8	9	9	9	10	10	10	10	1	1	1	2	2	2	3	3	3	4	4	4	5	5	5	6	6	6	7

8 月 癸 酉(계유) 大

절기												백로															추분			
음력	一	二	三	四	五	六	七	八	九	十	十一	十二	十三	十四	十五	十六	十七	十八	十九	廿	廿一	廿二	廿三	廿四	廿五	廿六	廿七	廿八	廿九	三十
양력 월/일	8/28	29	30	31	9/1	2	3	4	5	6	7	8	9	10	11	12	13	14	15	16	17	18	19	20	21	22	23	24	25	26
일진	丙辰(병진)	丁巳(정사)	戊午(무오)	己未(기미)	庚申(경신)	辛酉(신유)	壬戌(임술)	癸亥(계해)	甲子(갑자)	乙丑(을축)	丙寅(병인)	丁卯(정묘)	戊辰(무진)	己巳(기사)	庚午(경오)	辛未(신미)	壬申(임신)	癸酉(계유)	甲戌(갑술)	乙亥(을해)	丙子(병자)	丁丑(정축)	戊寅(무인)	己卯(기묘)	庚辰(경진)	辛巳(신사)	壬午(임오)	癸未(계미)	甲申(갑신)	乙酉(을유)
절기시각												未正															亥正			
대운 순행	4	3	3	3	2	2	2	1	1	1	1	10	10	10	9	9	9	8	8	8	7	7	7	6	6	6	5	5	5	4
대운 역행	7	7	8	8	8	9	9	9	10	10	10	10	1	1	1	2	2	2	3	3	3	4	4	4	5	5	5	6	6	6

9 月 甲 戌(갑술) 大

절기													한로															상강		
음력	一	二	三	四	五	六	七	八	九	十	十一	十二	十三	十四	十五	十六	十七	十八	十九	廿	廿一	廿二	廿三	廿四	廿五	廿六	廿七	廿八	廿九	三十
양력 월/일	9/27	28	29	30	10/1	2	3	4	5	6	7	8	9	10	11	12	13	14	15	16	17	18	19	20	21	22	23	24	25	26
일진	丙戌(병술)	丁亥(정해)	戊子(무자)	己丑(기축)	庚寅(경인)	辛卯(신묘)	壬辰(임진)	癸巳(계사)	甲午(갑오)	乙未(을미)	丙申(병신)	丁酉(정유)	戊戌(무술)	己亥(기해)	庚子(경자)	辛丑(신축)	壬寅(임인)	癸卯(계묘)	甲辰(갑진)	乙巳(을사)	丙午(병오)	丁未(정미)	戊申(무신)	己酉(기유)	庚戌(경술)	辛亥(신해)	壬子(임자)	癸丑(계축)	甲寅(갑인)	乙卯(을묘)
절기시각													卯正															辰正		
대운 순행	4	4	3	3	3	2	2	2	1	1	1	1	10	10	9	9	9	8	8	8	7	7	7	6	6	6	5	5	5	4
대운 역행	7	7	7	8	8	8	9	9	9	10	10	10	10	1	1	1	2	2	2	3	3	3	4	4	4	5	5	5	6	6

10 月 乙 亥(을해) 小

절기													입동															소설	
음력	一	二	三	四	五	六	七	八	九	十	十一	十二	十三	十四	十五	十六	十七	十八	十九	廿	廿一	廿二	廿三	廿四	廿五	廿六	廿七	廿八	廿九
양력 월/일	10/27	28	29	30	31	11/1	2	3	4	5	6	7	8	9	10	11	12	13	14	15	16	17	18	19	20	21	22	23	24
일진	丙辰(병진)	丁巳(정사)	戊午(무오)	己未(기미)	庚申(경신)	辛酉(신유)	壬戌(임술)	癸亥(계해)	甲子(갑자)	乙丑(을축)	丙寅(병인)	丁卯(정묘)	戊辰(무진)	己巳(기사)	庚午(경오)	辛未(신미)	壬申(임신)	癸酉(계유)	甲戌(갑술)	乙亥(을해)	丙子(병자)	丁丑(정축)	戊寅(무인)	己卯(기묘)	庚辰(경진)	辛巳(신사)	壬午(임오)	癸未(계미)	甲申(갑신)
절기시각													辰正															卯正	
대운 순행	4	4	3	3	3	2	2	2	1	1	1	1	10	9	9	9	8	8	8	7	7	7	6	6	6	5	5	5	4
대운 역행	6	7	7	7	8	8	8	9	9	9	10	10	10	1	1	1	2	2	2	3	3	3	4	4	4	5	5	5	6

11 月 丙 子(병자) 大

절기														대설														동지		
음력	一	二	三	四	五	六	七	八	九	十	十一	十二	十三	十四	十五	十六	十七	十八	十九	廿	廿一	廿二	廿三	廿四	廿五	廿六	廿七	廿八	廿九	三十
양력 월/일	11/25	26	27	28	29	30	12/1	2	3	4	5	6	7	8	9	10	11	12	13	14	15	16	17	18	19	20	21	22	23	24
일진	乙酉(을유)	丙戌(병술)	丁亥(정해)	戊子(무자)	己丑(기축)	庚寅(경인)	辛卯(신묘)	壬辰(임진)	癸巳(계사)	甲午(갑오)	乙未(을미)	丙申(병신)	丁酉(정유)	戊戌(무술)	己亥(기해)	庚子(경자)	辛丑(신축)	壬寅(임인)	癸卯(계묘)	甲辰(갑진)	乙巳(을사)	丙午(병오)	丁未(정미)	戊申(무신)	己酉(기유)	庚戌(경술)	辛亥(신해)	壬子(임자)	癸丑(계축)	甲寅(갑인)
절기시각														丑初														酉正		
대운 순행	4	4	3	3	3	2	2	2	1	1	1	1	10	10	9	9	9	8	8	8	7	7	7	6	6	6	5	5	5	4
대운 역행	6	6	7	7	7	8	8	8	9	9	9	10	10	1	1	1	2	2	2	3	3	3	4	4	4	5	5	5	6	6

12 月 丁 丑(정축) 大

절기													소한															대한		
음력	一	二	三	四	五	六	七	八	九	十	十一	十二	十三	十四	十五	十六	十七	十八	十九	廿	廿一	廿二	廿三	廿四	廿五	廿六	廿七	廿八	廿九	三十
양력 월/일	12/25	26	27	28	29	30	31	1/1	2	3	4	5	6	7	8	9	10	11	12	13	14	15	16	17	18	19	20	21	22	23
일진	乙卯(을묘)	丙辰(병진)	丁巳(정사)	戊午(무오)	己未(기미)	庚申(경신)	辛酉(신유)	壬戌(임술)	癸亥(계해)	甲子(갑자)	乙丑(을축)	丙寅(병인)	丁卯(정묘)	戊辰(무진)	己巳(기사)	庚午(경오)	辛未(신미)	壬申(임신)	癸酉(계유)	甲戌(갑술)	乙亥(을해)	丙子(병자)	丁丑(정축)	戊寅(무인)	己卯(기묘)	庚辰(경진)	辛巳(신사)	壬午(임오)	癸未(계미)	甲申(갑신)
절기시각													卯初															卯初		
대운 순행	4	4	3	3	3	2	2	2	1	1	1	1	10	9	9	9	8	8	8	7	7	7	6	6	6	5	5	5	4	4
대운 역행	6	7	7	7	8	8	8	9	9	9	10	10	10	1	1	1	2	2	2	3	3	3	4	4	4	5	5	5	6	6

단기 4288 년
불기 2499 년

1955년 乙未(을미)年

1 月 戊 寅(무인) 大

절기												입춘															우수			
음력	一	二	三	四	五	六	七	八	九	十	十一	十二	十三	十四	十五	十六	十七	十八	十九	廿	廿一	廿二	廿三	廿四	廿五	廿六	廿七	廿八	廿九	三十
양력 월/일	1/24	25	26	27	28	29	30	31	2/1	2	3	4	5	6	7	8	9	10	11	12	13	14	15	16	17	18	19	20	21	22
일진	乙酉(을유)	丙戌(병술)	丁亥(정해)	戊子(무자)	己丑(기축)	庚寅(경인)	辛卯(신묘)	壬辰(임진)	癸巳(계사)	甲午(갑오)	乙未(을미)	丙申(병신)	丁酉(정유)	戊戌(무술)	己亥(기해)	庚子(경자)	辛丑(신축)	壬寅(임인)	癸卯(계묘)	甲辰(갑진)	乙巳(을사)	丙午(병오)	丁未(정미)	戊申(무신)	己酉(기유)	庚戌(경술)	辛亥(신해)	壬子(임자)	癸丑(계축)	甲寅(갑인)
절기시각												亥正															戌初			
대운 순행	4	3	3	3	2	2	2	1	1	1	1	10	10	9	9	9	8	8	8	7	7	7	6	6	6	5	5	5	4	4
대운 역행	6	7	7	7	8	8	8	9	9	9	10	10	1	1	1	2	2	2	3	3	3	4	4	4	5	5	5	6	6	6

2 月 己 卯(기묘) 小

절기												경칩															춘분			
음력	一	二	三	四	五	六	七	八	九	十	十一	十二	十三	十四	十五	十六	十七	十八	十九	廿	廿一	廿二	廿三	廿四	廿五	廿六	廿七	廿八	廿九	
양력 월/일	2/23	24	25	26	27	28	3/1	2	3	4	5	6	7	8	9	10	11	12	13	14	15	16	17	18	19	20	21	22	23	
일진	乙卯(을묘)	丙辰(병진)	丁巳(정사)	戊午(무오)	己未(기미)	庚申(경신)	辛酉(신유)	壬戌(임술)	癸亥(계해)	甲子(갑자)	乙丑(을축)	丙寅(병인)	丁卯(정묘)	戊辰(무진)	己巳(기사)	庚午(경오)	辛未(신미)	壬申(임신)	癸酉(계유)	甲戌(갑술)	乙亥(을해)	丙子(병자)	丁丑(정축)	戊寅(무인)	己卯(기묘)	庚辰(경진)	辛巳(신사)	壬午(임오)	癸未(계미)	
절기시각												亥正															酉正			
대운 순행	4	3	3	3	2	2	2	1	1	1	1	10	10	9	9	9	8	8	8	7	7	7	6	6	6	5	5	5	4	
대운 역행	7	7	7	8	8	8	9	9	9	10	10	10	1	1	1	2	2	2	3	3	3	4	4	4	5	5	5	6	6	

3 月 庚 辰(경진) 小

절기													청명	한식															곡우	
음력	一	二	三	四	五	六	七	八	九	十	十一	十二	十三	十四	十五	十六	十七	十八	十九	廿	廿一	廿二	廿三	廿四	廿五	廿六	廿七	廿八	廿九	
양력 월/일	3/24	25	26	27	28	29	30	31	4/1	2	3	4	5	6	7	8	9	10	11	12	13	14	15	16	17	18	19	20	21	
일진	甲申(갑신)	乙酉(을유)	丙戌(병술)	丁亥(정해)	戊子(무자)	己丑(기축)	庚寅(경인)	辛卯(신묘)	壬辰(임진)	癸巳(계사)	甲午(갑오)	乙未(을미)	丙申(병신)	丁酉(정유)	戊戌(무술)	己亥(기해)	庚子(경자)	辛丑(신축)	壬寅(임인)	癸卯(계묘)	甲辰(갑진)	乙巳(을사)	丙午(병오)	丁未(정미)	戊申(무신)	己酉(기유)	庚戌(경술)	辛亥(신해)	壬子(임자)	
절기시각													亥正																卯初	
대운 순행	4	4	3	3	3	2	2	2	1	1	1	1	10	10	10	9	9	9	8	8	8	7	7	7	6	6	6	5	5	
대운 역행	6	7	7	7	8	8	8	9	9	9	10	10	10	1	1	1	2	2	2	3	3	3	4	4	4	5	5	5	6	

閏 3 月 庚 辰(경진) 大

절기															입하															
음력	一	二	三	四	五	六	七	八	九	十	十一	十二	十三	十四	十五	十六	十七	十八	十九	廿	廿一	廿二	廿三	廿四	廿五	廿六	廿七	廿八	廿九	三十
양력 월/일	4/22	23	24	25	26	27	28	29	30	5/1	2	3	4	5	6	7	8	9	10	11	12	13	14	15	16	17	18	19	20	21
일진	癸丑(계축)	甲寅(갑인)	乙卯(을묘)	丙辰(병진)	丁巳(정사)	戊午(무오)	己未(기미)	庚申(경신)	辛酉(신유)	壬戌(임술)	癸亥(계해)	甲子(갑자)	乙丑(을축)	丙寅(병인)	丁卯(정묘)	戊辰(무진)	己巳(기사)	庚午(경오)	辛未(신미)	壬申(임신)	癸酉(계유)	甲戌(갑술)	乙亥(을해)	丙子(병자)	丁丑(정축)	戊寅(무인)	己卯(기묘)	庚辰(경진)	辛巳(신사)	壬午(임오)
절기시각															申正															
대운 순행	5	4	4	4	3	3	3	2	2	2	1	1	1	1	10	10	10	9	9	9	8	8	8	7	7	7	6	6	6	5
대운 역행	6	6	7	7	7	8	8	8	9	9	9	10	10	10	10	1	1	1	2	2	2	3	3	3	4	4	4	5	5	5

4 月 辛 巳(신사) 小

절기	소만															망종														
음력	一	二	三	四	五	六	七	八	九	十	十一	十二	十三	十四	十五	十六	十七	十八	十九	廿	廿一	廿二	廿三	廿四	廿五	廿六	廿七	廿八	廿九	
양력 월/일	5/22	23	24	25	26	27	28	29	30	31	6/1	2	3	4	5	6	7	8	9	10	11	12	13	14	15	16	17	18	19	
일진	癸未(계미)	甲申(갑신)	乙酉(을유)	丙戌(병술)	丁亥(정해)	戊子(무자)	己丑(기축)	庚寅(경인)	辛卯(신묘)	壬辰(임진)	癸巳(계사)	甲午(갑오)	乙未(을미)	丙申(병신)	丁酉(정유)	戊戌(무술)	己亥(기해)	庚子(경자)	辛丑(신축)	壬寅(임인)	癸卯(계묘)	甲辰(갑진)	乙巳(을사)	丙午(병오)	丁未(정미)	戊申(무신)	己酉(기유)	庚戌(경술)	辛亥(신해)	
절기시각	卯初															辰初														
대운 순행	5	5	4	4	4	3	3	3	2	2	2	1	1	1	1	10	10	10	10	9	9	9	8	8	8	7	7	7	6	
대운 역행	6	6	6	7	7	7	8	8	8	9	9	9	10	10	10	10	1	1	1	2	2	2	3	3	3	4	4	4	5	

5 月 壬 午(임오) 小

절기			하지																소서											
음력	一	二	三	四	五	六	七	八	九	十	十一	十二	十三	十四	十五	十六	十七	十八	十九	廿	廿一	廿二	廿三	廿四	廿五	廿六	廿七	廿八	廿九	
양력 월/일	6/20	21	22	23	24	25	26	27	28	29	30	7/1	2	3	4	5	6	7	8	9	10	11	12	13	14	15	16	17	18	
일진	壬子(임자)	癸丑(계축)	甲寅(갑인)	乙卯(을묘)	丙辰(병진)	丁巳(정사)	戊午(무오)	己未(기미)	庚申(경신)	辛酉(신유)	壬戌(임술)	癸亥(계해)	甲子(갑자)	乙丑(을축)	丙寅(병인)	丁卯(정묘)	戊辰(무진)	己巳(기사)	庚午(경오)	辛未(신미)	壬申(임신)	癸酉(계유)	甲戌(갑술)	乙亥(을해)	丙子(병자)	丁丑(정축)	戊寅(무인)	己卯(기묘)	庚辰(경진)	
절기시각			未初																辰初											
대운 순행	6	6	5	5	5	4	4	4	3	3	3	2	2	2	1	1	1	1	10	10	10	9	9	9	8	8	8	7	7	
대운 역행	5	5	6	6	6	7	7	7	8	8	8	9	9	9	10	10	10	10	10	1	1	1	2	2	2	3	3	3	4	

東 大將　　酉 喪門　　巳 弔客　　西 三殺

6 月　癸 未(계미)　大

절기						대서				중복											입추									
음력	一	二	三	四	五	六	七	八	九	十	十一	十二	十三	十四	十五	十六	十七	十八	十九	二十	廿一	廿二	廿三	廿四	廿五	廿六	廿七	廿八	廿九	三十
양력 월/일	7/19	20	21	22	23	24	25	26	27	28	29	30	31	8/1	2	3	4	5	6	7	8	9	10	11	12	13	14	15	16	17
일진	辛巳(신사)	壬午(임오)	癸未(계미)	甲申(갑신)	乙酉(을유)	丙戌(병술)	丁亥(정해)	戊子(무자)	己丑(기축)	庚寅(경인)	辛卯(신묘)	壬辰(임진)	癸巳(계사)	甲午(갑오)	乙未(을미)	丙申(병신)	丁酉(정유)	戊戌(무술)	己亥(기해)	庚子(경자)	辛丑(신축)	壬寅(임인)	癸卯(계묘)	甲辰(갑진)	乙巳(을사)	丙午(병오)	丁未(정미)	戊申(무신)	己酉(기유)	庚戌(경술)
절기시각						子正															酉初									
대운 순행	7	6	6	6	5	5	5	4	4	4	3	3	3	2	2	2	1	1	1	1	10	10	10	9	9	9	8	8	8	7
대운 역행	4	4	5	5	5	6	6	6	7	7	7	8	8	8	9	9	9	10	10	10	10	1	1	1	2	2	2	3	3	3

7 月　甲 申(갑신)　小

절기							처서															백로								
음력	一	二	三	四	五	六	七	八	九	十	十一	十二	十三	十四	十五	十六	十七	十八	十九	二十	廿一	廿二	廿三	廿四	廿五	廿六	廿七	廿八	廿九	
양력 월/일	8/18	19	20	21	22	23	24	25	26	27	28	29	30	31	9/1	2	3	4	5	6	7	8	9	10	11	12	13	14	15	
일진	辛亥(신해)	壬子(임자)	癸丑(계축)	甲寅(갑인)	乙卯(을묘)	丙辰(병진)	丁巳(정사)	戊午(무오)	己未(기미)	庚申(경신)	辛酉(신유)	壬戌(임술)	癸亥(계해)	甲子(갑자)	乙丑(을축)	丙寅(병인)	丁卯(정묘)	戊辰(무진)	己巳(기사)	庚午(경오)	辛未(신미)	壬申(임신)	癸酉(계유)	甲戌(갑술)	乙亥(을해)	丙子(병자)	丁丑(정축)	戊寅(무인)	己卯(기묘)	
절기시각							辰正															戌正								
대운 순행	7	7	6	6	6	5	5	5	4	4	4	3	3	3	2	2	2	1	1	1	1	10	10	10	9	9	9	8	8	
대운 역행	4	4	4	5	5	5	6	6	6	7	7	7	8	8	8	9	9	9	10	10	10	10	1	1	1	2	2	2	3	

8 月　乙 酉(을유)　大

절기									추분															한로						
음력	一	二	三	四	五	六	七	八	九	十	十一	十二	十三	十四	十五	十六	十七	十八	十九	二十	廿一	廿二	廿三	廿四	廿五	廿六	廿七	廿八	廿九	三十
양력 월/일	9/16	17	18	19	20	21	22	23	24	25	26	27	28	29	30	10/1	2	3	4	5	6	7	8	9	10	11	12	13	14	15
일진	庚辰(경진)	辛巳(신사)	壬午(임오)	癸未(계미)	甲申(갑신)	乙酉(을유)	丙戌(병술)	丁亥(정해)	戊子(무자)	己丑(기축)	庚寅(경인)	辛卯(신묘)	壬辰(임진)	癸巳(계사)	甲午(갑오)	乙未(을미)	丙申(병신)	丁酉(정유)	戊戌(무술)	己亥(기해)	庚子(경자)	辛丑(신축)	壬寅(임인)	癸卯(계묘)	甲辰(갑진)	乙巳(을사)	丙午(병오)	丁未(정미)	戊申(무신)	己酉(기유)
절기시각									卯初															未正						
대운 순행	8	7	7	7	6	6	6	5	5	5	4	4	4	3	3	3	2	2	2	1	1	1	1	10	10	9	9	9	8	8
대운 역행	3	3	4	4	4	5	5	5	6	6	6	7	7	7	8	8	8	9	9	9	10	10	10	10	1	1	1	2	2	2

9 月　丙 戌(병술)　小

절기									상강															입동						
음력	一	二	三	四	五	六	七	八	九	十	十一	十二	十三	十四	十五	十六	十七	十八	十九	二十	廿一	廿二	廿三	廿四	廿五	廿六	廿七	廿八	廿九	
양력 월/일	10/16	17	18	19	20	21	22	23	24	25	26	27	28	29	30	31	11/1	2	3	4	5	6	7	8	9	10	11	12	13	
일진	庚戌(경술)	辛亥(신해)	壬子(임자)	癸丑(계축)	甲寅(갑인)	乙卯(을묘)	丙辰(병진)	丁巳(정사)	戊午(무오)	己未(기미)	庚申(경신)	辛酉(신유)	壬戌(임술)	癸亥(계해)	甲子(갑자)	乙丑(을축)	丙寅(병인)	丁卯(정묘)	戊辰(무진)	己巳(기사)	庚午(경오)	辛未(신미)	壬申(임신)	癸酉(계유)	甲戌(갑술)	乙亥(을해)	丙子(병자)	丁丑(정축)	戊寅(무인)	
절기시각									午正															丑正						
대운 순행	8	7	7	7	6	6	6	5	5	5	4	4	4	3	3	3	2	2	2	1	1	1	1	10	10	9	9	9	8	
대운 역행	3	3	3	4	4	4	5	5	5	6	6	6	7	7	7	8	8	8	9	9	9	10	10	10	1	1	1	2	2	

10 月　丁 亥(정해)　大

절기										소설															대설					
음력	一	二	三	四	五	六	七	八	九	十	十一	十二	十三	十四	十五	十六	十七	十八	十九	二十	廿一	廿二	廿三	廿四	廿五	廿六	廿七	廿八	廿九	三十
양력 월/일	11/14	15	16	17	18	19	20	21	22	23	24	25	26	27	28	29	30	12/1	2	3	4	5	6	7	8	9	10	11	12	13
일진	己卯(기묘)	庚辰(경진)	辛巳(신사)	壬午(임오)	癸未(계미)	甲申(갑신)	乙酉(을유)	丙戌(병술)	丁亥(정해)	戊子(무자)	己丑(기축)	庚寅(경인)	辛卯(신묘)	壬辰(임진)	癸巳(계사)	甲午(갑오)	乙未(을미)	丙申(병신)	丁酉(정유)	戊戌(무술)	己亥(기해)	庚子(경자)	辛丑(신축)	壬寅(임인)	癸卯(계묘)	甲辰(갑진)	乙巳(을사)	丙午(병오)	丁未(정미)	戊申(무신)
절기시각										午初															卯正					
대운 순행	8	8	7	7	7	6	6	6	5	5	5	4	4	4	3	3	3	2	2	2	1	1	1	1	10	9	9	9	8	8
대운 역행	2	3	3	3	4	4	4	5	5	5	6	6	6	7	7	7	8	8	8	9	9	9	10	10	10	1	1	1	2	2

11 月　戊 子(무자)　大

절기										동지														소한						
음력	一	二	三	四	五	六	七	八	九	十	十一	十二	十三	十四	十五	十六	十七	十八	十九	二十	廿一	廿二	廿三	廿四	廿五	廿六	廿七	廿八	廿九	三十
양력 월/일	12/14	15	16	17	18	19	20	21	22	23	24	25	26	27	28	29	30	31	1/1	2	3	4	5	6	7	8	9	10	11	12
일진	己酉(기유)	庚戌(경술)	辛亥(신해)	壬子(임자)	癸丑(계축)	甲寅(갑인)	乙卯(을묘)	丙辰(병진)	丁巳(정사)	戊午(무오)	己未(기미)	庚申(경신)	辛酉(신유)	壬戌(임술)	癸亥(계해)	甲子(갑자)	乙丑(을축)	丙寅(병인)	丁卯(정묘)	戊辰(무진)	己巳(기사)	庚午(경오)	辛未(신미)	壬申(임신)	癸酉(계유)	甲戌(갑술)	乙亥(을해)	丙子(병자)	丁丑(정축)	戊寅(무인)
절기시각										子正														酉初						
대운 순행	8	7	7	7	6	6	6	5	5	5	4	4	4	3	3	3	2	2	2	1	1	1	1	10	10	9	9	9	8	8
대운 역행	2	3	3	3	4	4	4	5	5	5	6	6	6	7	7	7	8	8	8	9	9	9	10	10	1	1	1	2	2	2

12 月　己 丑(기축)　大

절기									대한															입춘						
음력	一	二	三	四	五	六	七	八	九	十	十一	十二	十三	十四	十五	十六	十七	十八	十九	二十	廿一	廿二	廿三	廿四	廿五	廿六	廿七	廿八	廿九	三十
양력 월/일	1/13	14	15	16	17	18	19	20	21	22	23	24	25	26	27	28	29	30	31	2/1	2	3	4	5	6	7	8	9	10	11
일진	己卯(기묘)	庚辰(경진)	辛巳(신사)	壬午(임오)	癸未(계미)	甲申(갑신)	乙酉(을유)	丙戌(병술)	丁亥(정해)	戊子(무자)	己丑(기축)	庚寅(경인)	辛卯(신묘)	壬辰(임진)	癸巳(계사)	甲午(갑오)	乙未(을미)	丙申(병신)	丁酉(정유)	戊戌(무술)	己亥(기해)	庚子(경자)	辛丑(신축)	壬寅(임인)	癸卯(계묘)	甲辰(갑진)	乙巳(을사)	丙午(병오)	丁未(정미)	戊申(무신)
절기시각									巳正															卯初						
대운 순행	8	7	7	7	6	6	6	5	5	5	4	4	4	3	3	3	2	2	2	1	1	1	1	10	9	9	9	8	8	8
대운 역행	3	3	3	4	4	4	5	5	5	6	6	6	7	7	7	8	8	8	9	9	9	10	10	10	1	1	1	2	2	2

단기 4289 년
불기 2500 년

1956년 丙申(병신)年

1 月 庚 寅(경인) 小

절기									우수														경칩						
음력	一	二	三	四	五	六	七	八	九	十	十一	十二	十三	十四	十五	十六	十七	十八	十九	廿	廿一	廿二	廿三	廿四	廿五	廿六	廿七	廿八	廿九
양력 월/일	2/12	13	14	15	16	17	18	19	20	21	22	23	24	25	26	27	28	29	3/1	2	3	4	5	6	7	8	9	10	11
일진	己酉(기유)	庚戌(경술)	辛亥(신해)	壬子(임자)	癸丑(계축)	甲寅(갑인)	乙卯(을묘)	丙辰(병진)	丁巳(정사)	戊午(무오)	己未(기미)	庚申(경신)	辛酉(신유)	壬戌(임술)	癸亥(계해)	甲子(갑자)	乙丑(을축)	丙寅(병인)	丁卯(정묘)	戊辰(무진)	己巳(기사)	庚午(경오)	辛未(신미)	壬申(임신)	癸酉(계유)	甲戌(갑술)	乙亥(을해)	丙子(병자)	丁丑(정축)
절기시각									子正														子初						
대운 순행	7	7	7	6	6	6	5	5	5	4	4	4	3	3	3	2	2	2	1	1	1	1	10	10	10	9	9	9	8
대운 역행	3	3	3	4	4	4	5	5	5	6	6	6	7	7	7	8	8	8	9	9	9	10	10	1	1	1	2	2	2

2 月 辛 卯(신묘) 大

절기										춘분															청명					
음력	一	二	三	四	五	六	七	八	九	十	十一	十二	十三	十四	十五	十六	十七	十八	十九	廿	廿一	廿二	廿三	廿四	廿五	廿六	廿七	廿八	廿九	三十
양력 월/일	3/12	13	14	15	16	17	18	19	20	21	22	23	24	25	26	27	28	29	30	31	4/1	2	3	4	5	6	7	8	9	10
일진	戊寅(무인)	己卯(기묘)	庚辰(경진)	辛巳(신사)	壬午(임오)	癸未(계미)	甲申(갑신)	乙酉(을유)	丙戌(병술)	丁亥(정해)	戊子(무자)	己丑(기축)	庚寅(경인)	辛卯(신묘)	壬辰(임진)	癸巳(계사)	甲午(갑오)	乙未(을미)	丙申(병신)	丁酉(정유)	戊戌(무술)	己亥(기해)	庚子(경자)	辛丑(신축)	壬寅(임인)	癸卯(계묘)	甲辰(갑진)	乙巳(을사)	丙午(병오)	丁未(정미)
절기시각										子正															寅正					
대운 순행	8	8	7	7	7	6	6	6	5	5	5	4	4	4	3	3	3	2	2	2	1	1	1	1	10	10	9	9	9	8
대운 역행	3	3	3	4	4	4	5	5	5	6	6	6	7	7	7	8	8	8	9	9	9	10	10	10	10	1	1	1	2	2

3 月 壬 辰(임진) 小

절기										곡우															입하				
음력	一	二	三	四	五	六	七	八	九	十	十一	十二	十三	十四	十五	十六	十七	十八	十九	廿	廿一	廿二	廿三	廿四	廿五	廿六	廿七	廿八	廿九
양력 월/일	4/11	12	13	14	15	16	17	18	19	20	21	22	23	24	25	26	27	28	29	30	5/1	2	3	4	5	6	7	8	9
일진	戊申(무신)	己酉(기유)	庚戌(경술)	辛亥(신해)	壬子(임자)	癸丑(계축)	甲寅(갑인)	乙卯(을묘)	丙辰(병진)	丁巳(정사)	戊午(무오)	己未(기미)	庚申(경신)	辛酉(신유)	壬戌(임술)	癸亥(계해)	甲子(갑자)	乙丑(을축)	丙寅(병인)	丁卯(정묘)	戊辰(무진)	己巳(기사)	庚午(경오)	辛未(신미)	壬申(임신)	癸酉(계유)	甲戌(갑술)	乙亥(을해)	丙子(병자)
절기시각										午初															亥正				
대운 순행	8	8	7	7	7	6	6	6	5	5	5	4	4	4	3	3	3	2	2	2	1	1	1	1	10	10	10	10	9
대운 역행	2	3	3	3	4	4	4	5	5	5	6	6	6	7	7	7	8	8	8	9	9	9	10	10	10	1	1	1	2

4 月 癸 巳(계사) 大

절기												소만																망종		
음력	一	二	三	四	五	六	七	八	九	十	十一	十二	十三	十四	十五	十六	十七	十八	十九	廿	廿一	廿二	廿三	廿四	廿五	廿六	廿七	廿八	廿九	三十
양력 월/일	5/10	11	12	13	14	15	16	17	18	19	20	21	22	23	24	25	26	27	28	29	30	31	6/1	2	3	4	5	6	7	8
일진	丁丑(정축)	戊寅(무인)	己卯(기묘)	庚辰(경진)	辛巳(신사)	壬午(임오)	癸未(계미)	甲申(갑신)	乙酉(을유)	丙戌(병술)	丁亥(정해)	戊子(무자)	己丑(기축)	庚寅(경인)	辛卯(신묘)	壬辰(임진)	癸巳(계사)	甲午(갑오)	乙未(을미)	丙申(병신)	丁酉(정유)	戊戌(무술)	己亥(기해)	庚子(경자)	辛丑(신축)	壬寅(임인)	癸卯(계묘)	甲辰(갑진)	乙巳(을사)	丙午(병오)
절기시각												午初																丑正		
대운 순행	9	9	8	8	8	7	7	7	6	6	6	5	5	5	4	4	4	3	3	3	2	2	2	1	1	1	1	10	10	10
대운 역행	2	2	3	3	3	4	4	4	5	5	5	6	6	6	7	7	7	8	8	8	9	9	9	10	10	10	10	10	1	1

5 月 甲 午(갑오) 小

절기													하지																소서
음력	一	二	三	四	五	六	七	八	九	十	十一	十二	十三	十四	十五	十六	十七	十八	十九	廿	廿一	廿二	廿三	廿四	廿五	廿六	廿七	廿八	廿九
양력 월/일	6/9	10	11	12	13	14	15	16	17	18	19	20	21	22	23	24	25	26	27	28	29	30	7/1	2	3	4	5	6	7
일진	丁未(정미)	戊申(무신)	己酉(기유)	庚戌(경술)	辛亥(신해)	壬子(임자)	癸丑(계축)	甲寅(갑인)	乙卯(을묘)	丙辰(병진)	丁巳(정사)	戊午(무오)	己未(기미)	庚申(경신)	辛酉(신유)	壬戌(임술)	癸亥(계해)	甲子(갑자)	乙丑(을축)	丙寅(병인)	丁卯(정묘)	戊辰(무진)	己巳(기사)	庚午(경오)	辛未(신미)	壬申(임신)	癸酉(계유)	甲戌(갑술)	乙亥(을해)
절기시각													戌初																未初
대운 순행	9	9	9	8	8	8	7	7	7	6	6	6	5	5	5	4	4	4	3	3	3	2	2	2	1	1	1	1	10
대운 역행	1	2	2	2	3	3	3	4	4	4	5	5	5	6	6	6	7	7	7	8	8	8	9	9	9	10	10	10	10

6 月 乙 未(을미) 小

절기					초복										중복	대서													
음력	一	二	三	四	五	六	七	八	九	十	十一	十二	十三	十四	十五	十六	十七	十八	十九	廿	廿一	廿二	廿三	廿四	廿五	廿六	廿七	廿八	廿九
양력 월/일	7/8	9	10	11	12	13	14	15	16	17	18	19	20	21	22	23	24	25	26	27	28	29	30	31	8/1	2	3	4	5
일진	丙子(병자)	丁丑(정축)	戊寅(무인)	己卯(기묘)	庚辰(경진)	辛巳(신사)	壬午(임오)	癸未(계미)	甲申(갑신)	乙酉(을유)	丙戌(병술)	丁亥(정해)	戊子(무자)	己丑(기축)	庚寅(경인)	辛卯(신묘)	壬辰(임진)	癸巳(계사)	甲午(갑오)	乙未(을미)	丙申(병신)	丁酉(정유)	戊戌(무술)	己亥(기해)	庚子(경자)	辛丑(신축)	壬寅(임인)	癸卯(계묘)	甲辰(갑진)
절기시각																卯正													
대운 순행	10	10	9	9	9	8	8	8	7	7	7	6	6	6	5	5	5	4	4	4	3	3	3	2	2	2	1	1	1
대운 역행	1	1	1	2	2	2	3	3	3	4	4	4	5	5	5	6	6	6	7	7	7	8	8	8	9	9	9	10	10

南 大將	戌 喪門	午 弔客	南 三殺

7 月 丙 申(병신) 大

절기		입추				말복												처서												
음력	一	二	三	四	五	六	七	八	九	十	十一	十二	十三	十四	十五	十六	十七	十八	十九	二十	廿一	廿二	廿三	廿四	廿五	廿六	廿七	廿八	廿九	三十
양력 월/일	8/6	7	8	9	10	11	12	13	14	15	16	17	18	19	20	21	22	23	24	25	26	27	28	29	30	31	9/1	2	3	4
일진	乙巳(을사)	丙午(병오)	丁未(정미)	戊申(무신)	己酉(기유)	庚戌(경술)	辛亥(신해)	壬子(임자)	癸丑(계축)	甲寅(갑인)	乙卯(을묘)	丙辰(병진)	丁巳(정사)	戊午(무오)	己未(기미)	庚申(경신)	辛酉(신유)	壬戌(임술)	癸亥(계해)	甲子(갑자)	乙丑(을축)	丙寅(병인)	丁卯(정묘)	戊辰(무진)	己巳(기사)	庚午(경오)	辛未(신미)	壬申(임신)	癸酉(계유)	甲戌(갑술)
절기시각		子初																未初												
대운 순행	1	10	10	10	10	9	9	9	8	8	8	7	7	7	6	6	6	5	5	5	4	4	4	3	3	3	2	2	2	1
대운 역행	10	10	1	1	1	2	2	2	3	3	3	4	4	4	5	5	5	6	6	6	7	7	7	8	8	8	9	9	9	10

8 月 丁 酉(정유) 小

절기				백로															추분										
음력	一	二	三	四	五	六	七	八	九	十	十一	十二	十三	十四	十五	十六	十七	十八	十九	二十	廿一	廿二	廿三	廿四	廿五	廿六	廿七	廿八	廿九
양력 월/일	9/5	6	7	8	9	10	11	12	13	14	15	16	17	18	19	20	21	22	23	24	25	26	27	28	29	30	10/1	2	3
일진	乙亥(을해)	丙子(병자)	丁丑(정축)	戊寅(무인)	己卯(기묘)	庚辰(경진)	辛巳(신사)	壬午(임오)	癸未(계미)	甲申(갑신)	乙酉(을유)	丙戌(병술)	丁亥(정해)	戊子(무자)	己丑(기축)	庚寅(경인)	辛卯(신묘)	壬辰(임진)	癸巳(계사)	甲午(갑오)	乙未(을미)	丙申(병신)	丁酉(정유)	戊戌(무술)	己亥(기해)	庚子(경자)	辛丑(신축)	壬寅(임인)	癸卯(계묘)
절기시각				丑正															午初										
대운 순행	1	1	1	10	10	9	9	9	8	8	8	7	7	7	6	6	6	5	5	5	4	4	4	3	3	3	2	2	2
대운 역행	10	10	10	10	1	1	1	2	2	2	3	3	3	4	4	4	5	5	5	6	6	6	7	7	7	8	8	8	9

9 月 戊 戌(무술) 大

절기					한로															상강										
음력	一	二	三	四	五	六	七	八	九	十	十一	十二	十三	十四	十五	十六	十七	十八	十九	二十	廿一	廿二	廿三	廿四	廿五	廿六	廿七	廿八	廿九	三十
양력 월/일	10/4	5	6	7	8	9	10	11	12	13	14	15	16	17	18	19	20	21	22	23	24	25	26	27	28	29	30	31	11/1	2
일진	甲辰(갑진)	乙巳(을사)	丙午(병오)	丁未(정미)	戊申(무신)	己酉(기유)	庚戌(경술)	辛亥(신해)	壬子(임자)	癸丑(계축)	甲寅(갑인)	乙卯(을묘)	丙辰(병진)	丁巳(정사)	戊午(무오)	己未(기미)	庚申(경신)	辛酉(신유)	壬戌(임술)	癸亥(계해)	甲子(갑자)	乙丑(을축)	丙寅(병인)	丁卯(정묘)	戊辰(무진)	己巳(기사)	庚午(경오)	辛未(신미)	壬申(임신)	癸酉(계유)
절기시각					酉初															戌正										
대운 순행	1	1	1	1	10	10	9	9	9	8	8	8	7	7	7	6	6	6	5	5	5	4	4	4	3	3	3	2	2	2
대운 역행	9	9	10	10	10	1	1	1	2	2	2	3	3	3	4	4	4	5	5	5	6	6	6	7	7	7	8	8	8	9

10 月 己 亥(기해) 小

절기					입동															소설									
음력	一	二	三	四	五	六	七	八	九	十	十一	十二	十三	十四	十五	十六	十七	十八	十九	二十	廿一	廿二	廿三	廿四	廿五	廿六	廿七	廿八	廿九
양력 월/일	11/3	4	5	6	7	8	9	10	11	12	13	14	15	16	17	18	19	20	21	22	23	24	25	26	27	28	29	30	12/1
일진	甲戌(갑술)	乙亥(을해)	丙子(병자)	丁丑(정축)	戊寅(무인)	己卯(기묘)	庚辰(경진)	辛巳(신사)	壬午(임오)	癸未(계미)	甲申(갑신)	乙酉(을유)	丙戌(병술)	丁亥(정해)	戊子(무자)	己丑(기축)	庚寅(경인)	辛卯(신묘)	壬辰(임진)	癸巳(계사)	甲午(갑오)	乙未(을미)	丙申(병신)	丁酉(정유)	戊戌(무술)	己亥(기해)	庚子(경자)	辛丑(신축)	壬寅(임인)
절기시각					戌正															酉初									
대운 순행	1	1	1	1	10	10	9	9	9	8	8	8	7	7	7	6	6	6	5	5	5	4	4	4	3	3	3	2	2
대운 역행	9	9	10	10	10	1	1	1	2	2	2	3	3	3	4	4	4	5	5	5	6	6	6	7	7	7	8	8	8

11 月 庚 子(경자) 大

절기						대설															동지									
음력	一	二	三	四	五	六	七	八	九	十	十一	十二	十三	十四	十五	十六	十七	十八	十九	二十	廿一	廿二	廿三	廿四	廿五	廿六	廿七	廿八	廿九	三十
양력 월/일	12/2	3	4	5	6	7	8	9	10	11	12	13	14	15	16	17	18	19	20	21	22	23	24	25	26	27	28	29	30	31
일진	癸卯(계묘)	甲辰(갑진)	乙巳(을사)	丙午(병오)	丁未(정미)	戊申(무신)	己酉(기유)	庚戌(경술)	辛亥(신해)	壬子(임자)	癸丑(계축)	甲寅(갑인)	乙卯(을묘)	丙辰(병진)	丁巳(정사)	戊午(무오)	己未(기미)	庚申(경신)	辛酉(신유)	壬戌(임술)	癸亥(계해)	甲子(갑자)	乙丑(을축)	丙寅(병인)	丁卯(정묘)	戊辰(무진)	己巳(기사)	庚午(경오)	辛未(신미)	壬申(임신)
절기시각						午正															卯正									
대운 순행	2	1	1	1	1	10	9	9	9	8	8	8	7	7	7	6	6	6	5	5	5	4	4	4	3	3	3	2	2	2
대운 역행	9	9	9	10	10	10	1	1	1	2	2	2	3	3	3	4	4	4	5	5	5	6	6	6	7	7	7	8	8	8

12 月 辛 丑(신축) 大

절기					소한															대한										
음력	一	二	三	四	五	六	七	八	九	十	十一	十二	十三	十四	十五	十六	十七	十八	十九	二十	廿一	廿二	廿三	廿四	廿五	廿六	廿七	廿八	廿九	三十
양력 월/일	1/1	2	3	4	5	6	7	8	9	10	11	12	13	14	15	16	17	18	19	20	21	22	23	24	25	26	27	28	29	30
일진	癸酉(계유)	甲戌(갑술)	乙亥(을해)	丙子(병자)	丁丑(정축)	戊寅(무인)	己卯(기묘)	庚辰(경진)	辛巳(신사)	壬午(임오)	癸未(계미)	甲申(갑신)	乙酉(을유)	丙戌(병술)	丁亥(정해)	戊子(무자)	己丑(기축)	庚寅(경인)	辛卯(신묘)	壬辰(임진)	癸巳(계사)	甲午(갑오)	乙未(을미)	丙申(병신)	丁酉(정유)	戊戌(무술)	己亥(기해)	庚子(경자)	辛丑(신축)	壬寅(임인)
절기시각					子初															申正										
대운 순행	1	1	1	1	10	10	9	9	9	8	8	8	7	7	7	6	6	6	5	5	5	4	4	4	3	3	3	2	2	2
대운 역행	9	9	9	10	10	1	1	1	2	2	2	3	3	3	4	4	4	5	5	5	6	6	6	7	7	7	8	8	8	9

단기 4290 년
불기 2501 년

1957년 丁酉(정유)年

1 月 壬 寅(임인) 大

절기					입춘															우수										
음력	一	二	三	四	五	六	七	八	九	十	十一	十二	十三	十四	十五	十六	十七	十八	十九	二十	廿一	廿二	廿三	廿四	廿五	廿六	廿七	廿八	廿九	三十
양력 월/일	1/31	2/1	2	3	4	5	6	7	8	9	10	11	12	13	14	15	16	17	18	19	20	21	22	23	24	25	26	27	28	3/1
일진	癸卯(계묘)	甲辰(갑진)	乙巳(을사)	丙午(병오)	丁未(정미)	戊申(무신)	己酉(기유)	庚戌(경술)	辛亥(신해)	壬子(임자)	癸丑(계축)	甲寅(갑인)	乙卯(을묘)	丙辰(병진)	丁巳(정사)	戊午(무오)	己未(기미)	庚申(경신)	辛酉(신유)	壬戌(임술)	癸亥(계해)	甲子(갑자)	乙丑(을축)	丙寅(병인)	丁卯(정묘)	戊辰(무진)	己巳(기사)	庚午(경오)	辛未(신미)	壬申(임신)
절기시각					巳正															卯正										
대운 순행	1	1	1	1	10	10	9	9	9	8	8	8	7	7	7	6	6	6	5	5	5	4	4	4	3	3	3	2	2	2
대운 역행	9	9	10	10	10	1	1	1	2	2	2	3	3	3	4	4	4	5	5	5	6	6	6	7	7	7	8	8	8	9

2 月 癸 卯(계묘) 小

절기					경칩															춘분										
음력	一	二	三	四	五	六	七	八	九	十	十一	十二	十三	十四	十五	十六	十七	十八	十九	二十	廿一	廿二	廿三	廿四	廿五	廿六	廿七	廿八	廿九	
양력 월/일	3/2	3	4	5	6	7	8	9	10	11	12	13	14	15	16	17	18	19	20	21	22	23	24	25	26	27	28	29	30	
일진	癸酉(계유)	甲戌(갑술)	乙亥(을해)	丙子(병자)	丁丑(정축)	戊寅(무인)	己卯(기묘)	庚辰(경진)	辛巳(신사)	壬午(임오)	癸未(계미)	甲申(갑신)	乙酉(을유)	丙戌(병술)	丁亥(정해)	戊子(무자)	己丑(기축)	庚寅(경인)	辛卯(신묘)	壬辰(임진)	癸巳(계사)	甲午(갑오)	乙未(을미)	丙申(병신)	丁酉(정유)	戊戌(무술)	己亥(기해)	庚子(경자)	辛丑(신축)	
절기시각					寅正															卯初										
대운 순행	1	1	1	1	10	10	9	9	9	8	8	8	7	7	7	6	6	6	5	5	5	4	4	4	3	3	3	2	2	
대운 역행	9	9	10	10	10	1	1	1	2	2	2	3	3	3	4	4	4	5	5	5	6	6	6	7	7	7	8	8	8	

3 月 甲 辰(갑진) 大

절기						청명	한식														곡우									
음력	一	二	三	四	五	六	七	八	九	十	十一	十二	十三	十四	十五	十六	十七	十八	十九	二十	廿一	廿二	廿三	廿四	廿五	廿六	廿七	廿八	廿九	三十
양력 월/일	3/31	4/1	2	3	4	5	6	7	8	9	10	11	12	13	14	15	16	17	18	19	20	21	22	23	24	25	26	27	28	29
일진	壬寅(임인)	癸卯(계묘)	甲辰(갑진)	乙巳(을사)	丙午(병오)	丁未(정미)	戊申(무신)	己酉(기유)	庚戌(경술)	辛亥(신해)	壬子(임자)	癸丑(계축)	甲寅(갑인)	乙卯(을묘)	丙辰(병진)	丁巳(정사)	戊午(무오)	己未(기미)	庚申(경신)	辛酉(신유)	壬戌(임술)	癸亥(계해)	甲子(갑자)	乙丑(을축)	丙寅(병인)	丁卯(정묘)	戊辰(무진)	己巳(기사)	庚午(경오)	辛未(신미)
절기시각						巳正															酉初									
대운 순행	2	1	1	1	1	10	10	10	9	9	9	8	8	8	7	7	7	6	6	6	5	5	5	4	4	4	3	3	3	2
대운 역행	9	9	9	10	10	10	1	1	1	2	2	2	3	3	3	4	4	4	5	5	5	6	6	6	7	7	7	8	8	8

4 月 乙 巳(을사) 小

절기							입하															소만								
음력	一	二	三	四	五	六	七	八	九	十	十一	十二	十三	十四	十五	十六	十七	十八	十九	二十	廿一	廿二	廿三	廿四	廿五	廿六	廿七	廿八	廿九	
양력 월/일	4/30	5/1	2	3	4	5	6	7	8	9	10	11	12	13	14	15	16	17	18	19	20	21	22	23	24	25	26	27	28	
일진	壬申(임신)	癸酉(계유)	甲戌(갑술)	乙亥(을해)	丙子(병자)	丁丑(정축)	戊寅(무인)	己卯(기묘)	庚辰(경진)	辛巳(신사)	壬午(임오)	癸未(계미)	甲申(갑신)	乙酉(을유)	丙戌(병술)	丁亥(정해)	戊子(무자)	己丑(기축)	庚寅(경인)	辛卯(신묘)	壬辰(임진)	癸巳(계사)	甲午(갑오)	乙未(을미)	丙申(병신)	丁酉(정유)	戊戌(무술)	己亥(기해)	庚子(경자)	
절기시각							寅初															酉初								
대운 순행	2	2	1	1	1	1	10	10	10	9	9	9	8	8	8	7	7	7	6	6	6	5	5	5	4	4	4	3	3	
대운 역행	9	9	9	10	10	10	10	1	1	1	2	2	2	3	3	3	4	4	4	5	5	5	6	6	6	7	7	7	8	

5 月 丙 午(병오) 大

절기									망종																하지					
음력	一	二	三	四	五	六	七	八	九	十	十一	十二	十三	十四	十五	十六	十七	十八	十九	二十	廿一	廿二	廿三	廿四	廿五	廿六	廿七	廿八	廿九	三十
양력 월/일	5/29	30	31	5/1	2	3	4	5	6	7	8	9	10	11	12	13	14	15	16	17	18	19	20	21	22	23	24	25	26	27
일진	辛丑(신축)	壬寅(임인)	癸卯(계묘)	甲辰(갑진)	乙巳(을사)	丙午(병오)	丁未(정미)	戊申(무신)	己酉(기유)	庚戌(경술)	辛亥(신해)	壬子(임자)	癸丑(계축)	甲寅(갑인)	乙卯(을묘)	丙辰(병진)	丁巳(정사)	戊午(무오)	己未(기미)	庚申(경신)	辛酉(신유)	壬戌(임술)	癸亥(계해)	甲子(갑자)	乙丑(을축)	丙寅(병인)	丁卯(정묘)	戊辰(무진)	己巳(기사)	庚午(경오)
절기시각									辰正																丑初					
대운 순행	3	2	2	2	1	1	1	1	10	10	10	9	9	9	8	8	8	7	7	7	6	6	6	5	5	5	4	4	4	3
대운 역행	8	8	9	9	9	10	10	10	10	1	1	1	2	2	2	3	3	3	4	4	4	5	5	5	6	6	6	7	7	7

6 月 丁 未(정미) 小

절기										소서										초복						대서				
음력	一	二	三	四	五	六	七	八	九	十	十一	十二	十三	十四	十五	十六	十七	十八	十九	二十	廿一	廿二	廿三	廿四	廿五	廿六	廿七	廿八	廿九	
양력 월/일	6/28	29	30	7/1	2	3	4	5	6	7	8	9	10	11	12	13	14	15	16	17	18	19	20	21	22	23	24	25	26	
일진	辛未(신미)	壬申(임신)	癸酉(계유)	甲戌(갑술)	乙亥(을해)	丙子(병자)	丁丑(정축)	戊寅(무인)	己卯(기묘)	庚辰(경진)	辛巳(신사)	壬午(임오)	癸未(계미)	甲申(갑신)	乙酉(을유)	丙戌(병술)	丁亥(정해)	戊子(무자)	己丑(기축)	庚寅(경인)	辛卯(신묘)	壬辰(임진)	癸巳(계사)	甲午(갑오)	乙未(을미)	丙申(병신)	丁酉(정유)	戊戌(무술)	己亥(기해)	
절기시각										酉正																午正				
대운 순행	3	3	2	2	2	1	1	1	1	10	10	10	10	9	9	9	8	8	8	7	7	7	6	6	6	5	5	5	4	
대운 역행	8	8	8	9	9	9	10	10	10	10	1	1	1	2	2	2	3	3	3	4	4	4	5	5	5	6	6	6	7	

南 大將	亥 喪門	未 弔客	東 三殺

7 月 戊申(무신) 小

절기	중복												입추									말복						처서		
음력	一	二	三	四	五	六	七	八	九	十	十一	十二	十三	十四	十五	十六	十七	十八	十九	二十	廿一	廿二	廿三	廿四	廿五	廿六	廿七	廿八	廿九	
양력 월/일	7/27	28	29	30	31	8/1	2	3	4	5	6	7	8	9	10	11	12	13	14	15	16	17	18	19	20	21	22	23	24	
일진	庚子(경자)	辛丑(신축)	壬寅(임인)	癸卯(계묘)	甲辰(갑진)	乙巳(을사)	丙午(병오)	丁未(정미)	戊申(무신)	己酉(기유)	庚戌(경술)	辛亥(신해)	壬子(임자)	癸丑(계축)	甲寅(갑인)	乙卯(을묘)	丙辰(병진)	丁巳(정사)	戊午(무오)	己未(기미)	庚申(경신)	辛酉(신유)	壬戌(임술)	癸亥(계해)	甲子(갑자)	乙丑(을축)	丙寅(병인)	丁卯(정묘)	戊辰(무진)	
절기시각													寅正															戌初		
대운 순행	4	4	3	3	3	2	2	2	1	1	1	1	10	10	10	9	9	9	8	8	8	7	7	7	6	6	6	5	5	
대운 역행	7	7	8	8	8	9	9	9	10	10	10	10	10	1	1	1	2	2	2	3	3	3	4	4	4	5	5	5	6	

8 月 己酉(기유) 大

절기															백로															추분
음력	一	二	三	四	五	六	七	八	九	十	十一	十二	十三	十四	十五	十六	十七	十八	十九	二十	廿一	廿二	廿三	廿四	廿五	廿六	廿七	廿八	廿九	三十
양력 월/일	8/25	26	27	28	29	30	31	9/1	2	3	4	5	6	7	8	9	10	11	12	13	14	15	16	17	18	19	20	21	22	23
일진	己巳(기사)	庚午(경오)	辛未(신미)	壬申(임신)	癸酉(계유)	甲戌(갑술)	乙亥(을해)	丙子(병자)	丁丑(정축)	戊寅(무인)	己卯(기묘)	庚辰(경진)	辛巳(신사)	壬午(임오)	癸未(계미)	甲申(갑신)	乙酉(을유)	丙戌(병술)	丁亥(정해)	戊子(무자)	己丑(기축)	庚寅(경인)	辛卯(신묘)	壬辰(임진)	癸巳(계사)	甲午(갑오)	乙未(을미)	丙申(병신)	丁酉(정유)	戊戌(무술)
절기시각															辰初															酉初
대운 순행	5	4	4	4	3	3	3	2	2	2	1	1	1	1	10	10	9	9	9	8	8	8	7	7	7	6	6	6	5	5
대운 역행	6	6	7	7	7	8	8	8	9	9	9	10	10	10	10	1	1	1	2	2	2	3	3	3	4	4	4	5	5	5

閏 8 月 己酉(기유) 小

절기															한로															
음력	一	二	三	四	五	六	七	八	九	十	十一	十二	十三	十四	十五	十六	十七	十八	十九	二十	廿一	廿二	廿三	廿四	廿五	廿六	廿七	廿八	廿九	
양력 월/일	9/24	25	26	27	28	29	30	10/1	2	3	4	5	6	7	8	9	10	11	12	13	14	15	16	17	18	19	20	21	22	
일진	己亥(기해)	庚子(경자)	辛丑(신축)	壬寅(임인)	癸卯(계묘)	甲辰(갑진)	乙巳(을사)	丙午(병오)	丁未(정미)	戊申(무신)	己酉(기유)	庚戌(경술)	辛亥(신해)	壬子(임자)	癸丑(계축)	甲寅(갑인)	乙卯(을묘)	丙辰(병진)	丁巳(정사)	戊午(무오)	己未(기미)	庚申(경신)	辛酉(신유)	壬戌(임술)	癸亥(계해)	甲子(갑자)	乙丑(을축)	丙寅(병인)	丁卯(정묘)	
절기시각															子初															
대운 순행	5	4	4	4	3	3	3	2	2	2	1	1	1	1	10	10	10	9	9	9	8	8	8	7	7	7	6	6	6	
대운 역행	6	6	6	7	7	7	8	8	8	9	9	9	10	10	10	1	1	1	2	2	2	3	3	3	4	4	4	5	5	

9 月 庚戌(경술) 大

절기		상강															입동													
음력	一	二	三	四	五	六	七	八	九	十	十一	十二	十三	十四	十五	十六	十七	十八	十九	二十	廿一	廿二	廿三	廿四	廿五	廿六	廿七	廿八	廿九	三十
양력 월/일	10/23	24	25	26	27	28	29	30	31	11/1	2	3	4	5	6	7	8	9	10	11	12	13	14	15	16	17	18	19	20	21
일진	戊辰(무진)	己巳(기사)	庚午(경오)	辛未(신미)	壬申(임신)	癸酉(계유)	甲戌(갑술)	乙亥(을해)	丙子(병자)	丁丑(정축)	戊寅(무인)	己卯(기묘)	庚辰(경진)	辛巳(신사)	壬午(임오)	癸未(계미)	甲申(갑신)	乙酉(을유)	丙戌(병술)	丁亥(정해)	戊子(무자)	己丑(기축)	庚寅(경인)	辛卯(신묘)	壬辰(임진)	癸巳(계사)	甲午(갑오)	乙未(을미)	丙申(병신)	丁酉(정유)
절기시각		丑初															丑正													
대운 순행	5	5	5	4	4	4	3	3	3	2	2	2	1	1	1	1	10	9	9	9	8	8	8	7	7	7	6	6	6	5
대운 역행	5	6	6	6	7	7	7	8	8	8	9	9	9	10	10	10	10	1	1	1	2	2	2	3	3	3	4	4	4	5

10 月 辛亥(신해) 小

절기	소설															대설														
음력	一	二	三	四	五	六	七	八	九	十	十一	十二	十三	十四	十五	十六	十七	十八	十九	二十	廿一	廿二	廿三	廿四	廿五	廿六	廿七	廿八	廿九	
양력 월/일	11/22	23	24	25	26	27	28	29	30	12/1	2	3	4	5	6	7	8	9	10	11	12	13	14	15	16	17	18	19	20	
일진	戊戌(무술)	己亥(기해)	庚子(경자)	辛丑(신축)	壬寅(임인)	癸卯(계묘)	甲辰(갑진)	乙巳(을사)	丙午(병오)	丁未(정미)	戊申(무신)	己酉(기유)	庚戌(경술)	辛亥(신해)	壬子(임자)	癸丑(계축)	甲寅(갑인)	乙卯(을묘)	丙辰(병진)	丁巳(정사)	戊午(무오)	己未(기미)	庚申(경신)	辛酉(신유)	壬戌(임술)	癸亥(계해)	甲子(갑자)	乙丑(을축)	丙寅(병인)	
절기시각	子初															酉正														
대운 순행	5	5	4	4	4	3	3	3	2	2	2	1	1	1	1	10	10	9	9	9	8	8	8	7	7	7	6	6	6	
대운 역행	5	5	6	6	6	7	7	7	8	8	8	9	9	9	10	10	1	1	1	2	2	2	3	3	3	4	4	4	5	

11 月 壬子(임자) 大

절기		동지															소한													
음력	一	二	三	四	五	六	七	八	九	十	十一	十二	十三	十四	十五	十六	十七	十八	十九	二十	廿一	廿二	廿三	廿四	廿五	廿六	廿七	廿八	廿九	三十
양력 월/일	12/21	22	23	24	25	26	27	28	29	30	31	1/1	2	3	4	5	6	7	8	9	10	11	12	13	14	15	16	17	18	19
일진	丁卯(정묘)	戊辰(무진)	己巳(기사)	庚午(경오)	辛未(신미)	壬申(임신)	癸酉(계유)	甲戌(갑술)	乙亥(을해)	丙子(병자)	丁丑(정축)	戊寅(무인)	己卯(기묘)	庚辰(경진)	辛巳(신사)	壬午(임오)	癸未(계미)	甲申(갑신)	乙酉(을유)	丙戌(병술)	丁亥(정해)	戊子(무자)	己丑(기축)	庚寅(경인)	辛卯(신묘)	壬辰(임진)	癸巳(계사)	甲午(갑오)	乙未(을미)	丙申(병신)
절기시각		午正															卯初													
대운 순행	5	5	5	4	4	4	3	3	3	2	2	2	1	1	1	1	10	9	9	9	8	8	8	7	7	7	6	6	6	5
대운 역행	5	5	6	6	6	7	7	7	8	8	8	9	9	9	10	10	10	1	1	1	2	2	2	3	3	3	4	4	4	5

12 月 癸丑(계축) 大

절기	대한															입춘														
음력	一	二	三	四	五	六	七	八	九	十	十一	十二	十三	十四	十五	十六	十七	十八	十九	二十	廿一	廿二	廿三	廿四	廿五	廿六	廿七	廿八	廿九	三十
양력 월/일	1/20	21	22	23	24	25	26	27	28	29	30	31	2/1	2	3	4	5	6	7	8	9	10	11	12	13	14	15	16	17	18
일진	丁酉(정유)	戊戌(무술)	己亥(기해)	庚子(경자)	辛丑(신축)	壬寅(임인)	癸卯(계묘)	甲辰(갑진)	乙巳(을사)	丙午(병오)	丁未(정미)	戊申(무신)	己酉(기유)	庚戌(경술)	辛亥(신해)	壬子(임자)	癸丑(계축)	甲寅(갑인)	乙卯(을묘)	丙辰(병진)	丁巳(정사)	戊午(무오)	己未(기미)	庚申(경신)	辛酉(신유)	壬戌(임술)	癸亥(계해)	甲子(갑자)	乙丑(을축)	丙寅(병인)
절기시각	卯正															申正														
대운 순행	5	5	4	4	4	3	3	3	2	2	2	1	1	1	1	10	10	9	9	9	8	8	8	7	7	7	6	6	6	5
대운 역행	5	5	6	6	6	7	7	7	8	8	8	9	9	9	10	10	1	1	1	2	2	2	3	3	3	4	4	4	5	5

단기 4291 년
불기 2502 년

1958년 戊戌(무술)年

1 月 甲 寅(갑인) 小

절기	우수															경칩														
음력	一	二	三	四	五	六	七	八	九	十	十一	十二	十三	十四	十五	十六	十七	十八	十九	廿	廿一	廿二	廿三	廿四	廿五	廿六	廿七	廿八	廿九	
양력 월/일	2/19	20	21	22	23	24	25	26	27	28	3/1	2	3	4	5	6	7	8	9	10	11	12	13	14	15	16	17	18	19	
일진	丁卯(정묘)	戊辰(무진)	己巳(기사)	庚午(경오)	辛未(신미)	壬申(임신)	癸酉(계유)	甲戌(갑술)	乙亥(을해)	丙子(병자)	丁丑(정축)	戊寅(무인)	己卯(기묘)	庚辰(경진)	辛巳(신사)	壬午(임오)	癸未(계미)	甲申(갑신)	乙酉(을유)	丙戌(병술)	丁亥(정해)	戊子(무자)	己丑(기축)	庚寅(경인)	辛卯(신묘)	壬辰(임진)	癸巳(계사)	甲午(갑오)	乙未(을미)	
절기시각	午正															巳正														
대운 순행	5	5	4	4	4	3	3	3	2	2	2	1	1	1	1	10	10	9	9	9	8	8	8	7	7	7	6	6	6	
대운 역행	5	6	6	6	7	7	7	8	8	8	9	9	9	10	10	10	1	1	1	2	2	2	3	3	3	4	4	4	5	

2 月 乙 卯(을묘) 大

절기		춘분															청명	한식												
음력	一	二	三	四	五	六	七	八	九	十	十一	十二	十三	十四	十五	十六	十七	十八	十九	廿	廿一	廿二	廿三	廿四	廿五	廿六	廿七	廿八	廿九	三十
양력 월/일	3/20	21	22	23	24	25	26	27	28	29	30	31	4/1	2	3	4	5	6	7	8	9	10	11	12	13	14	15	16	17	18
일진	丙申(병신)	丁酉(정유)	戊戌(무술)	己亥(기해)	庚子(경자)	辛丑(신축)	壬寅(임인)	癸卯(계묘)	甲辰(갑진)	乙巳(을사)	丙午(병오)	丁未(정미)	戊申(무신)	己酉(기유)	庚戌(경술)	辛亥(신해)	壬子(임자)	癸丑(계축)	甲寅(갑인)	乙卯(을묘)	丙辰(병진)	丁巳(정사)	戊午(무오)	己未(기미)	庚申(경신)	辛酉(신유)	壬戌(임술)	癸亥(계해)	甲子(갑자)	乙丑(을축)
절기시각		午初															申初													
대운 순행	5	5	5	4	4	4	3	3	3	2	2	2	1	1	1	1	10	10	10	9	9	9	8	8	8	7	7	7	6	6
대운 역행	5	5	6	6	6	7	7	7	8	8	8	9	9	9	10	10	10	1	1	1	2	2	2	3	3	3	4	4	4	5

3 月 丙 辰(병진) 大

절기		곡우																입하												
음력	一	二	三	四	五	六	七	八	九	十	十一	十二	十三	十四	十五	十六	十七	十八	十九	廿	廿一	廿二	廿三	廿四	廿五	廿六	廿七	廿八	廿九	三十
양력 월/일	4/19	20	21	22	23	24	25	26	27	28	29	30	5/1	2	3	4	5	6	7	8	9	10	11	12	13	14	15	16	17	18
일진	丙寅(병인)	丁卯(정묘)	戊辰(무진)	己巳(기사)	庚午(경오)	辛未(신미)	壬申(임신)	癸酉(계유)	甲戌(갑술)	乙亥(을해)	丙子(병자)	丁丑(정축)	戊寅(무인)	己卯(기묘)	庚辰(경진)	辛巳(신사)	壬午(임오)	癸未(계미)	甲申(갑신)	乙酉(을유)	丙戌(병술)	丁亥(정해)	戊子(무자)	己丑(기축)	庚寅(경인)	辛卯(신묘)	壬辰(임진)	癸巳(계사)	甲午(갑오)	乙未(을미)
절기시각		子初																巳初												
대운 순행	6	5	5	5	4	4	4	3	3	3	2	2	2	1	1	1	1	10	10	10	9	9	9	8	8	8	7	7	7	6
대운 역행	5	5	6	6	6	7	7	7	8	8	8	9	9	9	10	10	10	10	1	1	1	2	2	2	3	3	3	4	4	4

4 月 丁 巳(정사) 小

절기			소만																망종											
음력	一	二	三	四	五	六	七	八	九	十	十一	十二	十三	十四	十五	十六	十七	十八	十九	廿	廿一	廿二	廿三	廿四	廿五	廿六	廿七	廿八	廿九	
양력 월/일	5/19	20	21	22	23	24	25	26	27	28	29	30	31	6/1	2	3	4	5	6	7	8	9	10	11	12	13	14	15	16	
일진	丙申(병신)	丁酉(정유)	戊戌(무술)	己亥(기해)	庚子(경자)	辛丑(신축)	壬寅(임인)	癸卯(계묘)	甲辰(갑진)	乙巳(을사)	丙午(병오)	丁未(정미)	戊申(무신)	己酉(기유)	庚戌(경술)	辛亥(신해)	壬子(임자)	癸丑(계축)	甲寅(갑인)	乙卯(을묘)	丙辰(병진)	丁巳(정사)	戊午(무오)	己未(기미)	庚申(경신)	辛酉(신유)	壬戌(임술)	癸亥(계해)	甲子(갑자)	
절기시각			亥正																午初											
대운 순행	6	6	5	5	5	4	4	4	3	3	3	2	2	2	1	1	1	1	10	10	10	10	9	9	9	8	8	8	7	
대운 역행	5	5	5	6	6	6	7	7	7	8	8	8	9	9	9	10	10	10	10	1	1	1	2	2	2	3	3	3	4	

5 月 戊 午(무오) 大

절기						하지																소서				초복				
음력	一	二	三	四	五	六	七	八	九	十	十一	十二	十三	十四	十五	十六	十七	十八	十九	廿	廿一	廿二	廿三	廿四	廿五	廿六	廿七	廿八	廿九	三十
양력 월/일	6/17	18	19	20	21	22	23	24	25	26	27	28	29	30	7/1	2	3	4	5	6	7	8	9	10	11	12	13	14	15	16
일진	乙丑(을축)	丙寅(병인)	丁卯(정묘)	戊辰(무진)	己巳(기사)	庚午(경오)	辛未(신미)	壬申(임신)	癸酉(계유)	甲戌(갑술)	乙亥(을해)	丙子(병자)	丁丑(정축)	戊寅(무인)	己卯(기묘)	庚辰(경진)	辛巳(신사)	壬午(임오)	癸未(계미)	甲申(갑신)	乙酉(을유)	丙戌(병술)	丁亥(정해)	戊子(무자)	己丑(기축)	庚寅(경인)	辛卯(신묘)	壬辰(임진)	癸巳(계사)	甲午(갑오)
절기시각						辰初																子正								
대운 순행	7	7	6	6	6	5	5	5	4	4	4	3	3	3	2	2	2	1	1	1	1	10	10	10	9	9	9	8	8	8
대운 역행	4	4	5	5	5	6	6	6	7	7	7	8	8	8	9	9	9	10	10	10	10	10	1	1	1	2	2	2	3	3

6 月 己 未(기미) 小

절기						중복	대서																입추			말복				
음력	一	二	三	四	五	六	七	八	九	十	十一	十二	十三	十四	十五	十六	十七	十八	十九	廿	廿一	廿二	廿三	廿四	廿五	廿六	廿七	廿八	廿九	
양력 월/일	7/17	18	19	20	21	22	23	24	25	26	27	28	29	30	31	8/1	2	3	4	5	6	7	8	9	10	11	12	13	14	
일진	乙未(을미)	丙申(병신)	丁酉(정유)	戊戌(무술)	己亥(기해)	庚子(경자)	辛丑(신축)	壬寅(임인)	癸卯(계묘)	甲辰(갑진)	乙巳(을사)	丙午(병오)	丁未(정미)	戊申(무신)	己酉(기유)	庚戌(경술)	辛亥(신해)	壬子(임자)	癸丑(계축)	甲寅(갑인)	乙卯(을묘)	丙辰(병진)	丁巳(정사)	戊午(무오)	己未(기미)	庚申(경신)	辛酉(신유)	壬戌(임술)	癸亥(계해)	
절기시각							酉正																巳正							
대운 순행	7	7	7	6	6	6	5	5	5	4	4	4	3	3	3	2	2	2	1	1	1	1	10	10	10	9	9	9	8	
대운 역행	3	4	4	4	5	5	5	6	6	6	7	7	7	8	8	8	9	9	9	10	10	10	10	1	1	1	2	2	2	

南 大將 子 喪門 申 弔客 北 三殺

7 月 庚申(경신) 小

절기										처서															백로				
음력	一	二	三	四	五	六	七	八	九	十	十一	十二	十三	十四	十五	十六	十七	十八	十九	廿	廿一	廿二	廿三	廿四	廿五	廿六	廿七	廿八	廿九
양력 월/일	8/15	16	17	18	19	20	21	22	23	24	25	26	27	28	29	30	31	9/1	2	3	4	5	6	7	8	9	10	11	12
일진	甲子(갑자)	乙丑(을축)	丙寅(병인)	丁卯(정묘)	戊辰(무진)	己巳(기사)	庚午(경오)	辛未(신미)	壬申(임신)	癸酉(계유)	甲戌(갑술)	乙亥(을해)	丙子(병자)	丁丑(정축)	戊寅(무인)	己卯(기묘)	庚辰(경진)	辛巳(신사)	壬午(임오)	癸未(계미)	甲申(갑신)	乙酉(을유)	丙戌(병술)	丁亥(정해)	戊子(무자)	己丑(기축)	庚寅(경인)	辛卯(신묘)	壬辰(임진)
절기시각										丑初															未初				
대운 순행	8	8	7	7	7	6	6	6	5	5	5	4	4	4	3	3	3	2	2	2	1	1	1	1	10	10	10	9	9
대운 역행	3	3	3	4	4	4	5	5	5	6	6	6	7	7	7	8	8	8	9	9	9	10	10	10	10	1	1	1	2

8 月 辛酉(신유) 大

절기											추분																한로			
음력	一	二	三	四	五	六	七	八	九	十	十一	十二	十三	十四	十五	十六	十七	十八	十九	廿	廿一	廿二	廿三	廿四	廿五	廿六	廿七	廿八	廿九	三十
양력 월/일	9/13	14	15	16	17	18	19	20	21	22	23	24	25	26	27	28	29	30	10/1	2	3	4	5	6	7	8	9	10	11	12
일진	癸巳(계사)	甲午(갑오)	乙未(을미)	丙申(병신)	丁酉(정유)	戊戌(무술)	己亥(기해)	庚子(경자)	辛丑(신축)	壬寅(임인)	癸卯(계묘)	甲辰(갑진)	乙巳(을사)	丙午(병오)	丁未(정미)	戊申(무신)	己酉(기유)	庚戌(경술)	辛亥(신해)	壬子(임자)	癸丑(계축)	甲寅(갑인)	乙卯(을묘)	丙辰(병진)	丁巳(정사)	戊午(무오)	己未(기미)	庚申(경신)	辛酉(신유)	壬戌(임술)
절기시각											子初																卯初			
대운 순행	9	8	8	8	7	7	7	6	6	6	5	5	5	4	4	4	3	3	3	2	2	2	1	1	1	1	10	10	9	9
대운 역행	2	2	3	3	3	4	4	4	5	5	5	6	6	6	7	7	7	8	8	8	9	9	9	10	10	10	10	1	1	1

9 月 壬戌(임술) 小

절기												상강															입동		
음력	一	二	三	四	五	六	七	八	九	十	十一	十二	十三	十四	十五	十六	十七	十八	十九	廿	廿一	廿二	廿三	廿四	廿五	廿六	廿七	廿八	廿九
양력 월/일	10/13	14	15	16	17	18	19	20	21	22	23	24	25	26	27	28	29	30	31	11/1	2	3	4	5	6	7	8	9	10
일진	癸亥(계해)	甲子(갑자)	乙丑(을축)	丙寅(병인)	丁卯(정묘)	戊辰(무진)	己巳(기사)	庚午(경오)	辛未(신미)	壬申(임신)	癸酉(계유)	甲戌(갑술)	乙亥(을해)	丙子(병자)	丁丑(정축)	戊寅(무인)	己卯(기묘)	庚辰(경진)	辛巳(신사)	壬午(임오)	癸未(계미)	甲申(갑신)	乙酉(을유)	丙戌(병술)	丁亥(정해)	戊子(무자)	己丑(기축)	庚寅(경인)	辛卯(신묘)
절기시각												辰正															辰正		
대운 순행	9	8	8	8	7	7	7	6	6	6	5	5	5	4	4	4	3	3	3	2	2	2	1	1	1	1	10	9	9
대운 역행	2	2	2	3	3	3	4	4	4	5	5	5	6	6	6	7	7	7	8	8	8	9	9	9	10	10	10	1	1

10 月 癸亥(계해) 大

절기												소설															대설			
음력	一	二	三	四	五	六	七	八	九	十	十一	十二	十三	十四	十五	十六	十七	十八	十九	廿	廿一	廿二	廿三	廿四	廿五	廿六	廿七	廿八	廿九	三十
양력 월/일	11/11	12	13	14	15	16	17	18	19	20	21	22	23	24	25	26	27	28	29	30	12/1	2	3	4	5	6	7	8	9	10
일진	壬辰(임진)	癸巳(계사)	甲午(갑오)	乙未(을미)	丙申(병신)	丁酉(정유)	戊戌(무술)	己亥(기해)	庚子(경자)	辛丑(신축)	壬寅(임인)	癸卯(계묘)	甲辰(갑진)	乙巳(을사)	丙午(병오)	丁未(정미)	戊申(무신)	己酉(기유)	庚戌(경술)	辛亥(신해)	壬子(임자)	癸丑(계축)	甲寅(갑인)	乙卯(을묘)	丙辰(병진)	丁巳(정사)	戊午(무오)	己未(기미)	庚申(경신)	辛酉(신유)
절기시각												卯初															午初			
대운 순행	9	8	8	8	7	7	7	6	6	6	5	5	5	4	4	4	3	3	3	2	2	2	1	1	1	1	10	10	9	9
대운 역행	1	2	2	2	3	3	3	4	4	4	5	5	5	6	6	6	7	7	7	8	8	8	9	9	9	10	10	1	1	1

11 月 甲子(갑자) 小

절기												동지															소한		
음력	一	二	三	四	五	六	七	八	九	十	十一	十二	十三	十四	十五	十六	十七	十八	十九	廿	廿一	廿二	廿三	廿四	廿五	廿六	廿七	廿八	廿九
양력 월/일	12/11	12	13	14	15	16	17	18	19	20	21	22	23	24	25	26	27	28	29	30	31	1/1	2	3	4	5	6	7	8
일진	壬戌(임술)	癸亥(계해)	甲子(갑자)	乙丑(을축)	丙寅(병인)	丁卯(정묘)	戊辰(무진)	己巳(기사)	庚午(경오)	辛未(신미)	壬申(임신)	癸酉(계유)	甲戌(갑술)	乙亥(을해)	丙子(병자)	丁丑(정축)	戊寅(무인)	己卯(기묘)	庚辰(경진)	辛巳(신사)	壬午(임오)	癸未(계미)	甲申(갑신)	乙酉(을유)	丙戌(병술)	丁亥(정해)	戊子(무자)	己丑(기축)	庚寅(경인)
절기시각												酉正															子初		
대운 순행	9	8	8	8	7	7	7	6	6	6	5	5	5	4	4	4	3	3	3	2	2	2	1	1	1	1	10	9	9
대운 역행	2	2	2	3	3	3	4	4	4	5	5	5	6	6	6	7	7	7	8	8	8	9	9	9	10	10	10	1	1

12 月 乙丑(을축) 大

절기													대한														입춘			
음력	一	二	三	四	五	六	七	八	九	十	十一	十二	十三	十四	十五	十六	十七	十八	十九	廿	廿一	廿二	廿三	廿四	廿五	廿六	廿七	廿八	廿九	三十
양력 월/일	1/9	10	11	12	13	14	15	16	17	18	19	20	21	22	23	24	25	26	27	28	29	30	31	2/1	2	3	4	5	6	7
일진	辛卯(신묘)	壬辰(임진)	癸巳(계사)	甲午(갑오)	乙未(을미)	丙申(병신)	丁酉(정유)	戊戌(무술)	己亥(기해)	庚子(경자)	辛丑(신축)	壬寅(임인)	癸卯(계묘)	甲辰(갑진)	乙巳(을사)	丙午(병오)	丁未(정미)	戊申(무신)	己酉(기유)	庚戌(경술)	辛亥(신해)	壬子(임자)	癸丑(계축)	甲寅(갑인)	乙卯(을묘)	丙辰(병진)	丁巳(정사)	戊午(무오)	己未(기미)	庚申(경신)
절기시각													寅正														亥正			
대운 순행	9	8	8	8	7	7	7	6	6	6	5	5	5	4	4	4	3	3	3	2	2	2	1	1	1	1	10	10	9	9
대운 역행	1	2	2	2	3	3	3	4	4	4	5	5	5	6	6	6	7	7	7	8	8	8	9	9	9	10	10	1	1	1

단기 4292 년
불기 2503 년

1959년 己亥(기해)年

1 月 丙 寅(병인) 小

절기												우수															경칩			
음력	一	二	三	四	五	六	七	八	九	十	十一	十二	十三	十四	十五	十六	十七	十八	十九	二十	廿一	廿二	廿三	廿四	廿五	廿六	廿七	廿八	廿九	
양력 월/일	2/8	9	10	11	12	13	14	15	16	17	18	19	20	21	22	23	24	25	26	27	28	3/1	2	3	4	5	6	7	8	
일진	辛酉(신유)	壬戌(임술)	癸亥(계해)	甲子(갑자)	乙丑(을축)	丙寅(병인)	丁卯(정묘)	戊辰(무진)	己巳(기사)	庚午(경오)	辛未(신미)	壬申(임신)	癸酉(계유)	甲戌(갑술)	乙亥(을해)	丙子(병자)	丁丑(정축)	戊寅(무인)	己卯(기묘)	庚辰(경진)	辛巳(신사)	壬午(임오)	癸未(계미)	甲申(갑신)	乙酉(을유)	丙戌(병술)	丁亥(정해)	戊子(무자)	己丑(기축)	
절기시각												酉正															申正			
대운 순행	9	8	8	8	7	7	7	6	6	6	5	5	5	4	4	4	3	3	3	2	2	2	1	1	1	1	10	10	9	
대운 역행	2	2	2	3	3	3	4	4	4	5	5	5	6	6	6	7	7	7	8	8	8	9	9	9	10	10	10	1	1	

2 月 丁 卯(정묘) 大

절기													춘분															청명	한식	
음력	一	二	三	四	五	六	七	八	九	十	十一	十二	十三	十四	十五	十六	十七	十八	十九	二十	廿一	廿二	廿三	廿四	廿五	廿六	廿七	廿八	廿九	三十
양력 월/일	3/9	10	11	12	13	14	15	16	17	18	19	20	21	22	23	24	25	26	27	28	29	30	31	4/1	2	3	4	5	6	7
일진	庚寅(경인)	辛卯(신묘)	壬辰(임진)	癸巳(계사)	甲午(갑오)	乙未(을미)	丙申(병신)	丁酉(정유)	戊戌(무술)	己亥(기해)	庚子(경자)	辛丑(신축)	壬寅(임인)	癸卯(계묘)	甲辰(갑진)	乙巳(을사)	丙午(병오)	丁未(정미)	戊申(무신)	己酉(기유)	庚戌(경술)	辛亥(신해)	壬子(임자)	癸丑(계축)	甲寅(갑인)	乙卯(을묘)	丙辰(병진)	丁巳(정사)	戊午(무오)	己未(기미)
절기시각													酉初															亥初		
대운 순행	9	9	8	8	8	7	7	7	6	6	6	5	5	5	4	4	4	3	3	3	2	2	2	1	1	1	1	10	10	10
대운 역행	1	2	2	2	3	3	3	4	4	4	5	5	5	6	6	6	7	7	7	8	8	8	9	9	9	10	10	10	1	1

3 月 戊 辰(무진) 大

절기														곡우															입하	
음력	一	二	三	四	五	六	七	八	九	十	十一	十二	十三	十四	十五	十六	十七	十八	十九	二十	廿一	廿二	廿三	廿四	廿五	廿六	廿七	廿八	廿九	三十
양력 월/일	4/8	9	10	11	12	13	14	15	16	17	18	19	20	21	22	23	24	25	26	27	28	29	30	5/1	2	3	4	5	6	7
일진	庚申(경신)	辛酉(신유)	壬戌(임술)	癸亥(계해)	甲子(갑자)	乙丑(을축)	丙寅(병인)	丁卯(정묘)	戊辰(무진)	己巳(기사)	庚午(경오)	辛未(신미)	壬申(임신)	癸酉(계유)	甲戌(갑술)	乙亥(을해)	丙子(병자)	丁丑(정축)	戊寅(무인)	己卯(기묘)	庚辰(경진)	辛巳(신사)	壬午(임오)	癸未(계미)	甲申(갑신)	乙酉(을유)	丙戌(병술)	丁亥(정해)	戊子(무자)	己丑(기축)
절기시각														卯初															申初	
대운 순행	9	9	9	8	8	8	7	7	7	6	6	6	5	5	5	4	4	4	3	3	3	2	2	2	1	1	1	1	10	10
대운 역행	1	2	2	2	3	3	3	4	4	4	5	5	5	6	6	6	7	7	7	8	8	8	9	9	9	10	10	10	10	1

4 月 己 巳(기사) 小

절기															소만															
음력	一	二	三	四	五	六	七	八	九	十	十一	十二	十三	十四	十五	十六	十七	十八	十九	二十	廿一	廿二	廿三	廿四	廿五	廿六	廿七	廿八	廿九	
양력 월/일	5/8	9	10	11	12	13	14	15	16	17	18	19	20	21	22	23	24	25	26	27	28	29	30	31	6/1	2	3	4	5	
일진	庚寅(경인)	辛卯(신묘)	壬辰(임진)	癸巳(계사)	甲午(갑오)	乙未(을미)	丙申(병신)	丁酉(정유)	戊戌(무술)	己亥(기해)	庚子(경자)	辛丑(신축)	壬寅(임인)	癸卯(계묘)	甲辰(갑진)	乙巳(을사)	丙午(병오)	丁未(정미)	戊申(무신)	己酉(기유)	庚戌(경술)	辛亥(신해)	壬子(임자)	癸丑(계축)	甲寅(갑인)	乙卯(을묘)	丙辰(병진)	丁巳(정사)	戊午(무오)	
절기시각															寅正															
대운 순행	10	9	9	9	8	8	8	7	7	7	6	6	6	5	5	5	4	4	4	3	3	3	2	2	2	1	1	1	1	
대운 역행	1	1	2	2	2	3	3	3	4	4	4	5	5	5	6	6	6	7	7	7	8	8	8	9	9	9	10	10	10	

5 月 庚 午(경오) 大

절기	망종																하지													
음력	一	二	三	四	五	六	七	八	九	十	十一	十二	十三	十四	十五	十六	十七	十八	十九	二十	廿一	廿二	廿三	廿四	廿五	廿六	廿七	廿八	廿九	三十
양력 월/일	6/6	7	8	9	10	11	12	13	14	15	16	17	18	19	20	21	22	23	24	25	26	27	28	29	30	7/1	2	3	4	5
일진	己未(기미)	庚申(경신)	辛酉(신유)	壬戌(임술)	癸亥(계해)	甲子(갑자)	乙丑(을축)	丙寅(병인)	丁卯(정묘)	戊辰(무진)	己巳(기사)	庚午(경오)	辛未(신미)	壬申(임신)	癸酉(계유)	甲戌(갑술)	乙亥(을해)	丙子(병자)	丁丑(정축)	戊寅(무인)	己卯(기묘)	庚辰(경진)	辛巳(신사)	壬午(임오)	癸未(계미)	甲申(갑신)	乙酉(을유)	丙戌(병술)	丁亥(정해)	戊子(무자)
절기시각	戌正																午正													
대운 순행	10	10	10	10	9	9	9	8	8	8	7	7	7	6	6	6	5	5	5	4	4	4	3	3	3	2	2	2	1	1
대운 역행	10	1	1	1	2	2	2	3	3	3	4	4	4	5	5	5	6	6	6	7	7	7	8	8	8	9	9	9	10	10

6 月 辛 未(신미) 小

절기			소서									초복							대서			중복								
음력	一	二	三	四	五	六	七	八	九	十	十一	十二	十三	十四	十五	十六	十七	十八	十九	二十	廿一	廿二	廿三	廿四	廿五	廿六	廿七	廿八	廿九	
양력 월/일	7/6	7	8	9	10	11	12	13	14	15	16	17	18	19	20	21	22	23	24	25	26	27	28	29	30	31	8/1	2	3	
일진	己丑(기축)	庚寅(경인)	辛卯(신묘)	壬辰(임진)	癸巳(계사)	甲午(갑오)	乙未(을미)	丙申(병신)	丁酉(정유)	戊戌(무술)	己亥(기해)	庚子(경자)	辛丑(신축)	壬寅(임인)	癸卯(계묘)	甲辰(갑진)	乙巳(을사)	丙午(병오)	丁未(정미)	戊申(무신)	己酉(기유)	庚戌(경술)	辛亥(신해)	壬子(임자)	癸丑(계축)	甲寅(갑인)	乙卯(을묘)	丙辰(병진)	丁巳(정사)	
절기시각			卯正																子正											
대운 순행	1	1	10	10	10	9	9	9	8	8	8	7	7	7	6	6	6	5	5	5	4	4	4	3	3	3	2	2	2	
대운 역행	10	10	10	1	1	1	2	2	2	3	3	3	4	4	4	5	5	5	6	6	6	7	7	7	8	8	8	9	9	

西 大將	丑 喪門	酉 弔客	西 三殺

7 月 壬 申(임신) 大

절기					입추								말복								처서									
음력	一	二	三	四	五	六	七	八	九	十	十一	十二	十三	十四	十五	十六	十七	十八	十九	二十	卄一	卄二	卄三	卄四	卄五	卄六	卄七	卄八	卄九	三十
양력 월/일	8/4	5	6	7	8	9	10	11	12	13	14	15	16	17	18	19	20	21	22	23	24	25	26	27	28	29	30	31	9/1	2
일진	戊午(무오)	己未(기미)	庚申(경신)	辛酉(신유)	壬戌(임술)	癸亥(계해)	甲子(갑자)	乙丑(을축)	丙寅(병인)	丁卯(정묘)	戊辰(무진)	己巳(기사)	庚午(경오)	辛未(신미)	壬申(임신)	癸酉(계유)	甲戌(갑술)	乙亥(을해)	丙子(병자)	丁丑(정축)	戊寅(무인)	己卯(기묘)	庚辰(경진)	辛巳(신사)	壬午(임오)	癸未(계미)	甲申(갑신)	乙酉(을유)	丙戌(병술)	丁亥(정해)
절기시각					申正																辰初									
대운 순행	1	1	1	1	10	10	10	9	9	9	8	8	8	7	7	7	6	6	6	5	5	5	4	4	4	3	3	3	2	2
대운 역행	9	10	10	10	10	1	1	1	2	2	2	3	3	3	4	4	4	5	5	5	6	6	6	7	7	7	8	8	8	9

8 月 癸 酉(계유) 小

절기						백로																추분								
음력	一	二	三	四	五	六	七	八	九	十	十一	十二	十三	十四	十五	十六	十七	十八	十九	二十	卄一	卄二	卄三	卄四	卄五	卄六	卄七	卄八	卄九	
양력 월/일	9/3	4	5	6	7	8	9	10	11	12	13	14	15	16	17	18	19	20	21	22	23	24	25	26	27	28	29	30	10/1	
일진	戊子(무자)	己丑(기축)	庚寅(경인)	辛卯(신묘)	壬辰(임진)	癸巳(계사)	甲午(갑오)	乙未(을미)	丙申(병신)	丁酉(정유)	戊戌(무술)	己亥(기해)	庚子(경자)	辛丑(신축)	壬寅(임인)	癸卯(계묘)	甲辰(갑진)	乙巳(을사)	丙午(병오)	丁未(정미)	戊申(무신)	己酉(기유)	庚戌(경술)	辛亥(신해)	壬子(임자)	癸丑(계축)	甲寅(갑인)	乙卯(을묘)	丙辰(병진)	
절기시각						戌初																寅正								
대운 순행	2	1	1	1	1	10	10	10	9	9	9	8	8	8	7	7	7	6	6	6	5	5	5	4	4	4	3	3	3	
대운 역행	9	9	10	10	10	10	1	1	1	2	2	2	3	3	3	4	4	4	5	5	5	6	6	6	7	7	7	8	8	

9 月 甲 戌(갑술) 大

절기								한로															상강							
음력	一	二	三	四	五	六	七	八	九	十	十一	十二	十三	十四	十五	十六	十七	十八	十九	二十	卄一	卄二	卄三	卄四	卄五	卄六	卄七	卄八	卄九	三十
양력 월/일	10/2	3	4	5	6	7	8	9	10	11	12	13	14	15	16	17	18	19	20	21	22	23	24	25	26	27	28	29	30	31
일진	丁巳(정사)	戊午(무오)	己未(기미)	庚申(경신)	辛酉(신유)	壬戌(임술)	癸亥(계해)	甲子(갑자)	乙丑(을축)	丙寅(병인)	丁卯(정묘)	戊辰(무진)	己巳(기사)	庚午(경오)	辛未(신미)	壬申(임신)	癸酉(계유)	甲戌(갑술)	乙亥(을해)	丙子(병자)	丁丑(정축)	戊寅(무인)	己卯(기묘)	庚辰(경진)	辛巳(신사)	壬午(임오)	癸未(계미)	甲申(갑신)	乙酉(을유)	丙戌(병술)
절기시각								午初															未正							
대운 순행	2	2	2	1	1	1	1	10	10	9	9	9	8	8	8	7	7	7	6	6	6	5	5	5	4	4	4	3	3	3
대운 역행	8	9	9	9	10	10	10	10	1	1	1	2	2	2	3	3	3	4	4	4	5	5	5	6	6	6	7	7	7	8

10 月 乙 亥(을해) 小

절기								입동															소설							
음력	一	二	三	四	五	六	七	八	九	十	十一	十二	十三	十四	十五	十六	十七	十八	十九	二十	卄一	卄二	卄三	卄四	卄五	卄六	卄七	卄八	卄九	
양력 월/일	11/1	2	3	4	5	6	7	8	9	10	11	12	13	14	15	16	17	18	19	20	21	22	23	24	25	26	27	28	29	
일진	丁亥(정해)	戊子(무자)	己丑(기축)	庚寅(경인)	辛卯(신묘)	壬辰(임진)	癸巳(계사)	甲午(갑오)	乙未(을미)	丙申(병신)	丁酉(정유)	戊戌(무술)	己亥(기해)	庚子(경자)	辛丑(신축)	壬寅(임인)	癸卯(계묘)	甲辰(갑진)	乙巳(을사)	丙午(병오)	丁未(정미)	戊申(무신)	己酉(기유)	庚戌(경술)	辛亥(신해)	壬子(임자)	癸丑(계축)	甲寅(갑인)	乙卯(을묘)	
절기시각								未正															午初							
대운 순행	2	2	2	1	1	1	1	10	10	9	9	9	8	8	8	7	7	7	6	6	6	5	5	5	4	4	4	3	3	
대운 역행	8	8	9	9	9	10	10	10	1	1	1	2	2	2	3	3	3	4	4	4	5	5	5	6	6	6	7	7	7	

11 月 丙 子(병자) 大

절기									대설														동지							
음력	一	二	三	四	五	六	七	八	九	十	十一	十二	十三	十四	十五	十六	十七	十八	十九	二十	卄一	卄二	卄三	卄四	卄五	卄六	卄七	卄八	卄九	三十
양력 월/일	11/30	12/1	2	3	4	5	6	7	8	9	10	11	12	13	14	15	16	17	18	19	20	21	22	23	24	25	26	27	28	29
일진	丙辰(병진)	丁巳(정사)	戊午(무오)	己未(기미)	庚申(경신)	辛酉(신유)	壬戌(임술)	癸亥(계해)	甲子(갑자)	乙丑(을축)	丙寅(병인)	丁卯(정묘)	戊辰(무진)	己巳(기사)	庚午(경오)	辛未(신미)	壬申(임신)	癸酉(계유)	甲戌(갑술)	乙亥(을해)	丙子(병자)	丁丑(정축)	戊寅(무인)	己卯(기묘)	庚辰(경진)	辛巳(신사)	壬午(임오)	癸未(계미)	甲申(갑신)	乙酉(을유)
절기시각									卯正														子初							
대운 순행	3	2	2	2	1	1	1	1	10	9	9	9	8	8	8	7	7	7	6	6	6	5	5	5	4	4	4	3	3	3
대운 역행	8	8	8	9	9	9	10	10	10	1	1	1	2	2	2	3	3	3	4	4	4	5	5	5	6	6	6	7	7	7

12 月 丁 丑(정축) 小

절기								소한															대한							
음력	一	二	三	四	五	六	七	八	九	十	十一	十二	十三	十四	十五	十六	十七	十八	十九	二十	卄一	卄二	卄三	卄四	卄五	卄六	卄七	卄八	卄九	
양력 월/일	12/30	31	2/1	2	3	4	5	6	7	8	9	10	11	12	13	14	15	16	17	18	19	20	21	22	23	24	25	26	27	
일진	丙戌(병술)	丁亥(정해)	戊子(무자)	己丑(기축)	庚寅(경인)	辛卯(신묘)	壬辰(임진)	癸巳(계사)	甲午(갑오)	乙未(을미)	丙申(병신)	丁酉(정유)	戊戌(무술)	己亥(기해)	庚子(경자)	辛丑(신축)	壬寅(임인)	癸卯(계묘)	甲辰(갑진)	乙巳(을사)	丙午(병오)	丁未(정미)	戊申(무신)	己酉(기유)	庚戌(경술)	辛亥(신해)	壬子(임자)	癸丑(계축)	甲寅(갑인)	
절기시각								申正															巳正							
대운 순행	2	2	2	1	1	1	1	10	10	9	9	9	8	8	8	7	7	7	6	6	6	5	5	5	4	4	4	3	3	
대운 역행	8	8	8	9	9	9	10	10	1	1	1	2	2	2	3	3	3	4	4	4	5	5	5	6	6	6	7	7	7	

단기 4293 년
불기 2504 년

1960년 庚子(경자)年

1 月 戊 寅(무인) 大

절기									입춘															우수						
음력	一	二	三	四	五	六	七	八	九	十	十一	十二	十三	十四	十五	十六	十七	十八	十九	二十	廿一	廿二	廿三	廿四	廿五	廿六	廿七	廿八	廿九	三十
양력 월/일	1/28	29	30	31	2/1	2	3	4	5	6	7	8	9	10	11	12	13	14	15	16	17	18	19	20	21	22	23	24	25	26
일진	乙卯(을묘)	丙辰(병진)	丁巳(정사)	戊午(무오)	己未(기미)	庚申(경신)	辛酉(신유)	壬戌(임술)	癸亥(계해)	甲子(갑자)	乙丑(을축)	丙寅(병인)	丁卯(정묘)	戊辰(무진)	己巳(기사)	庚午(경오)	辛未(신미)	壬申(임신)	癸酉(계유)	甲戌(갑술)	乙亥(을해)	丙子(병자)	丁丑(정축)	戊寅(무인)	己卯(기묘)	庚辰(경진)	辛巳(신사)	壬午(임오)	癸未(계미)	甲申(갑신)
절기시각									寅正															子正						
대운 순행	3	2	2	2	1	1	1	1	10	9	9	9	8	8	8	7	7	7	6	6	6	5	5	5	4	4	4	3	3	3
대운 역행	8	8	8	9	9	9	10	10	10	1	1	1	2	2	2	3	3	3	4	4	4	5	5	5	6	6	6	7	7	7

2 月 己 卯(기묘) 小

절기								경칩															춘분						
음력	一	二	三	四	五	六	七	八	九	十	十一	十二	十三	十四	十五	十六	十七	十八	十九	二十	廿一	廿二	廿三	廿四	廿五	廿六	廿七	廿八	廿九
양력 월/일	2/27	28	29	3/1	2	3	4	5	6	7	8	9	10	11	12	13	14	15	16	17	18	19	20	21	22	23	24	25	26
일진	乙酉(을유)	丙戌(병술)	丁亥(정해)	戊子(무자)	己丑(기축)	庚寅(경인)	辛卯(신묘)	壬辰(임진)	癸巳(계사)	甲午(갑오)	乙未(을미)	丙申(병신)	丁酉(정유)	戊戌(무술)	己亥(기해)	庚子(경자)	辛丑(신축)	壬寅(임인)	癸卯(계묘)	甲辰(갑진)	乙巳(을사)	丙午(병오)	丁未(정미)	戊申(무신)	己酉(기유)	庚戌(경술)	辛亥(신해)	壬子(임자)	癸丑(계축)
절기시각								亥正															子初						
대운 순행	4	4	4	3	3	3	2	2	2	1	1	1	1	10	10	9	9	9	8	8	8	7	7	7	6	6	6	5	5
대운 역행	8	8	8	9	9	9	10	10	1	1	1	2	2	2	3	3	3	4	4	4	5	5	5	6	6	6	7	7	7

3 月 庚 辰(경진) 大

절기										청명	한식														곡우					
음력	一	二	三	四	五	六	七	八	九	十	十一	十二	十三	十四	十五	十六	十七	十八	十九	二十	廿一	廿二	廿三	廿四	廿五	廿六	廿七	廿八	廿九	三十
양력 월/일	3/27	28	29	30	31	4/1	2	3	4	5	6	7	8	9	10	11	12	13	14	15	16	17	18	19	20	21	22	23	24	25
일진	甲寅(갑인)	乙卯(을묘)	丙辰(병진)	丁巳(정사)	戊午(무오)	己未(기미)	庚申(경신)	辛酉(신유)	壬戌(임술)	癸亥(계해)	甲子(갑자)	乙丑(을축)	丙寅(병인)	丁卯(정묘)	戊辰(무진)	己巳(기사)	庚午(경오)	辛未(신미)	壬申(임신)	癸酉(계유)	甲戌(갑술)	乙亥(을해)	丙子(병자)	丁丑(정축)	戊寅(무인)	己卯(기묘)	庚辰(경진)	辛巳(신사)	壬午(임오)	癸未(계미)
절기시각										寅初															巳正					
대운 순행	3	3	2	2	2	1	1	1	1	10	10	9	9	9	8	8	8	7	7	7	6	6	6	5	5	5	4	4	4	3
대운 역행	8	8	8	9	9	9	10	10	10	10	1	1	1	2	2	2	3	3	3	4	4	4	5	5	5	6	6	6	7	7

4 月 辛 巳(신사) 小

절기										입하																소만			
음력	一	二	三	四	五	六	七	八	九	十	十一	十二	十三	十四	十五	十六	十七	十八	十九	二十	廿一	廿二	廿三	廿四	廿五	廿六	廿七	廿八	廿九
양력 월/일	4/26	27	28	29	30	5/1	2	3	4	5	6	7	8	9	10	11	12	13	14	15	16	17	18	19	20	21	22	23	24
일진	甲申(갑신)	乙酉(을유)	丙戌(병술)	丁亥(정해)	戊子(무자)	己丑(기축)	庚寅(경인)	辛卯(신묘)	壬辰(임진)	癸巳(계사)	甲午(갑오)	乙未(을미)	丙申(병신)	丁酉(정유)	戊戌(무술)	己亥(기해)	庚子(경자)	辛丑(신축)	壬寅(임인)	癸卯(계묘)	甲辰(갑진)	乙巳(을사)	丙午(병오)	丁未(정미)	戊申(무신)	己酉(기유)	庚戌(경술)	辛亥(신해)	壬子(임자)
절기시각										亥初																巳正			
대운 순행	3	3	2	2	2	1	1	1	1	10	10	10	10	9	9	9	8	8	8	7	7	7	6	6	6	5	5	5	4
대운 역행	7	8	8	8	9	9	9	10	10	10	1	1	1	2	2	2	3	3	3	4	4	4	5	5	5	6	6	6	7

5 月 壬 午(임오) 大

절기													망종															하지		
음력	一	二	三	四	五	六	七	八	九	十	十一	十二	十三	十四	十五	十六	十七	十八	十九	二十	廿一	廿二	廿三	廿四	廿五	廿六	廿七	廿八	廿九	三十
양력 월/일	5/25	26	27	28	29	30	31	6/1	2	3	4	5	6	7	8	9	10	11	12	13	14	15	16	17	18	19	20	21	22	23
일진	癸丑(계축)	甲寅(갑인)	乙卯(을묘)	丙辰(병진)	丁巳(정사)	戊午(무오)	己未(기미)	庚申(경신)	辛酉(신유)	壬戌(임술)	癸亥(계해)	甲子(갑자)	乙丑(을축)	丙寅(병인)	丁卯(정묘)	戊辰(무진)	己巳(기사)	庚午(경오)	辛未(신미)	壬申(임신)	癸酉(계유)	甲戌(갑술)	乙亥(을해)	丙子(병자)	丁丑(정축)	戊寅(무인)	己卯(기묘)	庚辰(경진)	辛巳(신사)	壬午(임오)
절기시각													丑初															酉正		
대운 순행	4	4	3	3	3	2	2	2	1	1	1	1	10	10	10	9	9	9	8	8	8	7	7	7	6	6	6	5	5	5
대운 역행	7	7	8	8	8	9	9	9	10	10	10	10	10	1	1	1	2	2	2	3	3	3	4	4	4	5	5	5	6	6

6 月 癸 未(계미) 大

절기														소서				초복										중복		대서
음력	一	二	三	四	五	六	七	八	九	十	十一	十二	十三	十四	十五	十六	十七	十八	十九	二十	廿一	廿二	廿三	廿四	廿五	廿六	廿七	廿八	廿九	三十
양력 월/일	6/24	25	26	27	28	29	30	7/1	2	3	4	5	6	7	8	9	10	11	12	13	14	15	16	17	18	19	20	21	22	23
일진	癸未(계미)	甲申(갑신)	乙酉(을유)	丙戌(병술)	丁亥(정해)	戊子(무자)	己丑(기축)	庚寅(경인)	辛卯(신묘)	壬辰(임진)	癸巳(계사)	甲午(갑오)	乙未(을미)	丙申(병신)	丁酉(정유)	戊戌(무술)	己亥(기해)	庚子(경자)	辛丑(신축)	壬寅(임인)	癸卯(계묘)	甲辰(갑진)	乙巳(을사)	丙午(병오)	丁未(정미)	戊申(무신)	己酉(기유)	庚戌(경술)	辛亥(신해)	壬子(임자)
절기시각														午正																卯初
대운 순행	4	4	4	3	3	3	2	2	2	1	1	1	1	10	10	10	9	9	9	8	8	8	7	7	7	6	6	6	5	5
대운 역행	6	7	7	7	8	8	8	9	9	9	10	10	10	10	1	1	1	2	2	2	3	3	3	4	4	4	5	5	5	6

西 大將	寅 喪門	戌 弔客	南 三殺

閏 6 月　癸 未(계미)　小

절기															입추			말복												
음력	一	二	三	四	五	六	七	八	九	十	十一	十二	十三	十四	十五	十六	十七	十八	十九	廿	廿一	廿二	廿三	廿四	廿五	廿六	廿七	廿八	廿九	
양력 월/일	7/24	25	26	27	28	29	30	31	8/1	2	3	4	5	6	7	8	9	10	11	12	13	14	15	16	17	18	19	20	21	
일진	癸丑(계축)	甲寅(갑인)	乙卯(을묘)	丙辰(병진)	丁巳(정사)	戊午(무오)	己未(기미)	庚申(경신)	辛酉(신유)	壬戌(임술)	癸亥(계해)	甲子(갑자)	乙丑(을축)	丙寅(병인)	丁卯(정묘)	戊辰(무진)	己巳(기사)	庚午(경오)	辛未(신미)	壬申(임신)	癸酉(계유)	甲戌(갑술)	乙亥(을해)	丙子(병자)	丁丑(정축)	戊寅(무인)	己卯(기묘)	庚辰(경진)	辛巳(신사)	
절기시각															亥正			亥初												
대운 순행	5	4	4	4	3	3	3	2	2	2	1	1	1	1	10	10	10	10	9	9	9	8	8	8	7	7	7	6	6	
대운 역행	6	6	7	7	7	8	8	8	9	9	9	10	10	10	10	1	1	1	2	2	2	3	3	3	4	4	4	5	5	

7 月　甲 申(갑신)　大

절기		처서																백로												
음력	一	二	三	四	五	六	七	八	九	十	十一	十二	十三	十四	十五	十六	十七	十八	十九	廿	廿一	廿二	廿三	廿四	廿五	廿六	廿七	廿八	廿九	三十
양력 월/일	8/22	23	24	25	26	27	28	29	30	31	9/1	2	3	4	5	6	7	8	9	10	11	12	13	14	15	16	17	18	19	20
일진	壬午(임오)	癸未(계미)	甲申(갑신)	乙酉(을유)	丙戌(병술)	丁亥(정해)	戊子(무자)	己丑(기축)	庚寅(경인)	辛卯(신묘)	壬辰(임진)	癸巳(계사)	甲午(갑오)	乙未(을미)	丙申(병신)	丁酉(정유)	戊戌(무술)	己亥(기해)	庚子(경자)	辛丑(신축)	壬寅(임인)	癸卯(계묘)	甲辰(갑진)	乙巳(을사)	丙午(병오)	丁未(정미)	戊申(무신)	己酉(기유)	庚戌(경술)	辛亥(신해)
절기시각		未初																丑初												
대운 순행	6	5	5	5	4	4	4	3	3	3	2	2	2	1	1	1	1	10	10	9	9	9	8	8	8	7	7	7	6	6
대운 역행	5	6	6	6	7	7	7	8	8	8	9	9	9	10	10	10	10	10	1	1	1	2	2	2	3	3	3	4	4	4

8 月　乙 酉(을유)　小

절기			추분															한로											
음력	一	二	三	四	五	六	七	八	九	十	十一	十二	十三	十四	十五	十六	十七	十八	十九	廿	廿一	廿二	廿三	廿四	廿五	廿六	廿七	廿八	廿九
양력 월/일	9/21	22	23	24	25	26	27	28	29	30	10/1	2	3	4	5	6	7	8	9	10	11	12	13	14	15	16	17	18	19
일진	壬子(임자)	癸丑(계축)	甲寅(갑인)	乙卯(을묘)	丙辰(병진)	丁巳(정사)	戊午(무오)	己未(기미)	庚申(경신)	辛酉(신유)	壬戌(임술)	癸亥(계해)	甲子(갑자)	乙丑(을축)	丙寅(병인)	丁卯(정묘)	戊辰(무진)	己巳(기사)	庚午(경오)	辛未(신미)	壬申(임신)	癸酉(계유)	甲戌(갑술)	乙亥(을해)	丙子(병자)	丁丑(정축)	戊寅(무인)	己卯(기묘)	庚辰(경진)
절기시각			巳正															申正											
대운 순행	6	5	5	5	4	4	4	3	3	3	2	2	2	1	1	1	1	10	10	9	9	9	8	8	8	7	7	7	6
대운 역행	5	5	5	6	6	6	7	7	7	8	8	8	9	9	9	10	10	10	1	1	1	2	2	2	3	3	3	4	4

9 月　丙 戌(병술)　大

절기				상강															입동											
음력	一	二	三	四	五	六	七	八	九	十	十一	十二	十三	十四	十五	十六	十七	十八	十九	廿	廿一	廿二	廿三	廿四	廿五	廿六	廿七	廿八	廿九	三十
양력 월/일	10/20	21	22	23	24	25	26	27	28	29	30	31	11/1	2	3	4	5	6	7	8	9	10	11	12	13	14	15	16	17	18
일진	辛巳(신사)	壬午(임오)	癸未(계미)	甲申(갑신)	乙酉(을유)	丙戌(병술)	丁亥(정해)	戊子(무자)	己丑(기축)	庚寅(경인)	辛卯(신묘)	壬辰(임진)	癸巳(계사)	甲午(갑오)	乙未(을미)	丙申(병신)	丁酉(정유)	戊戌(무술)	己亥(기해)	庚子(경자)	辛丑(신축)	壬寅(임인)	癸卯(계묘)	甲辰(갑진)	乙巳(을사)	丙午(병오)	丁未(정미)	戊申(무신)	己酉(기유)	庚戌(경술)
절기시각				戌初															戌初											
대운 순행	6	6	5	5	5	4	4	4	3	3	3	2	2	2	1	1	1	1	10	10	9	9	9	8	8	8	7	7	7	6
대운 역행	4	5	5	5	6	6	6	7	7	7	8	8	8	9	9	9	10	10	10	1	1	1	2	2	2	3	3	3	4	4

10 月　丁 亥(정해)　小

절기				소설															대설										
음력	一	二	三	四	五	六	七	八	九	十	十一	十二	十三	十四	十五	十六	十七	十八	十九	廿	廿一	廿二	廿三	廿四	廿五	廿六	廿七	廿八	廿九
양력 월/일	11/19	20	21	22	23	24	25	26	27	28	29	30	12/1	2	3	4	5	6	7	8	9	10	11	12	13	14	15	16	17
일진	辛亥(신해)	壬子(임자)	癸丑(계축)	甲寅(갑인)	乙卯(을묘)	丙辰(병진)	丁巳(정사)	戊午(무오)	己未(기미)	庚申(경신)	辛酉(신유)	壬戌(임술)	癸亥(계해)	甲子(갑자)	乙丑(을축)	丙寅(병인)	丁卯(정묘)	戊辰(무진)	己巳(기사)	庚午(경오)	辛未(신미)	壬申(임신)	癸酉(계유)	甲戌(갑술)	乙亥(을해)	丙子(병자)	丁丑(정축)	戊寅(무인)	己卯(기묘)
절기시각				酉初															午正										
대운 순행	6	6	5	5	5	4	4	4	3	3	3	2	2	2	1	1	1	1	10	9	9	9	8	8	8	7	7	7	6
대운 역행	4	5	5	5	6	6	6	7	7	7	8	8	8	9	9	9	10	10	10	1	1	1	2	2	2	3	3	3	4

11 月　戊 子(무자)　大

절기					동지														소한											
음력	一	二	三	四	五	六	七	八	九	十	十一	十二	十三	十四	十五	十六	十七	十八	十九	廿	廿一	廿二	廿三	廿四	廿五	廿六	廿七	廿八	廿九	三十
양력 월/일	12/18	19	20	21	22	23	24	25	26	27	28	29	30	31	1/1	2	3	4	5	6	7	8	9	10	11	12	13	14	15	16
일진	庚辰(경진)	辛巳(신사)	壬午(임오)	癸未(계미)	甲申(갑신)	乙酉(을유)	丙戌(병술)	丁亥(정해)	戊子(무자)	己丑(기축)	庚寅(경인)	辛卯(신묘)	壬辰(임진)	癸巳(계사)	甲午(갑오)	乙未(을미)	丙申(병신)	丁酉(정유)	戊戌(무술)	己亥(기해)	庚子(경자)	辛丑(신축)	壬寅(임인)	癸卯(계묘)	甲辰(갑진)	乙巳(을사)	丙午(병오)	丁未(정미)	戊申(무신)	己酉(기유)
절기시각					卯初														亥正											
대운 순행	6	6	5	5	5	4	4	4	3	3	3	2	2	2	1	1	1	1	10	10	9	9	9	8	8	8	7	7	7	6
대운 역행	4	4	5	5	5	6	6	6	7	7	7	8	8	8	9	9	9	10	10	1	1	1	2	2	2	3	3	3	4	4

12 月　己 丑(기축)　小

절기				대한															입춘										
음력	一	二	三	四	五	六	七	八	九	十	十一	十二	十三	十四	十五	十六	十七	十八	十九	廿	廿一	廿二	廿三	廿四	廿五	廿六	廿七	廿八	廿九
양력 월/일	1/17	18	19	20	21	22	23	24	25	26	27	28	29	30	31	2/1	2	3	4	5	6	7	8	9	10	11	12	13	14
일진	庚戌(경술)	辛亥(신해)	壬子(임자)	癸丑(계축)	甲寅(갑인)	乙卯(을묘)	丙辰(병진)	丁巳(정사)	戊午(무오)	己未(기미)	庚申(경신)	辛酉(신유)	壬戌(임술)	癸亥(계해)	甲子(갑자)	乙丑(을축)	丙寅(병인)	丁卯(정묘)	戊辰(무진)	己巳(기사)	庚午(경오)	辛未(신미)	壬申(임신)	癸酉(계유)	甲戌(갑술)	乙亥(을해)	丙子(병자)	丁丑(정축)	戊寅(무인)
절기시각				申初															巳正										
대운 순행	6	6	5	5	5	4	4	4	3	3	3	2	2	2	1	1	1	1	10	10	9	9	9	8	8	8	7	7	7
대운 역행	4	5	5	5	6	6	6	7	7	7	8	8	8	9	9	9	10	10	10	1	1	1	2	2	2	3	3	3	4

단기 4294 년
불기 2505 년

1961년 辛丑(신축)年

1 月 庚 寅(경인) 大

절 기					우수															경칩										
음 력	一	二	三	四	五	六	七	八	九	十	十一	十二	十三	十四	十五	十六	十七	十八	十九	二十	廿一	廿二	廿三	廿四	廿五	廿六	廿七	廿八	廿九	三十
양 력 월/일	2/15	16	17	18	19	20	21	22	23	24	25	26	27	28	3/1	2	3	4	5	6	7	8	9	10	11	12	13	14	15	16
일 진	己卯(기묘)	庚辰(경진)	辛巳(신사)	壬午(임오)	癸未(계미)	甲申(갑신)	乙酉(을유)	丙戌(병술)	丁亥(정해)	戊子(무자)	己丑(기축)	庚寅(경인)	辛卯(신묘)	壬辰(임진)	癸巳(계사)	甲午(갑오)	乙未(을미)	丙申(병신)	丁酉(정유)	戊戌(무술)	己亥(기해)	庚子(경자)	辛丑(신축)	壬寅(임인)	癸卯(계묘)	甲辰(갑진)	乙巳(을사)	丙午(병오)	丁未(정미)	戊申(무신)
절기시각					卯正															寅正										
대운 순행	6	6	6	5	5	5	4	4	4	3	3	3	2	2	2	1	1	1	1	10	10	9	9	9	8	8	8	7	7	7
대운 역행	4	4	5	5	5	6	6	6	7	7	7	8	8	8	9	9	9	10	10	10	1	1	1	2	2	2	3	3	3	4

2 月 辛 卯(신묘) 小

절 기					춘분															청명	한식									
음 력	一	二	三	四	五	六	七	八	九	十	十一	十二	十三	十四	十五	十六	十七	十八	十九	二十	廿一	廿二	廿三	廿四	廿五	廿六	廿七	廿八	廿九	
양 력 월/일	3/17	18	19	20	21	22	23	24	25	26	27	28	29	30	31	4/1	2	3	4	5	6	7	8	9	10	11	12	13	14	
일 진	己酉(기유)	庚戌(경술)	辛亥(신해)	壬子(임자)	癸丑(계축)	甲寅(갑인)	乙卯(을묘)	丙辰(병진)	丁巳(정사)	戊午(무오)	己未(기미)	庚申(경신)	辛酉(신유)	壬戌(임술)	癸亥(계해)	甲子(갑자)	乙丑(을축)	丙寅(병인)	丁卯(정묘)	戊辰(무진)	己巳(기사)	庚午(경오)	辛未(신미)	壬申(임신)	癸酉(계유)	甲戌(갑술)	乙亥(을해)	丙子(병자)	丁丑(정축)	
절기시각					卯初															巳初										
대운 순행	6	6	6	5	5	5	4	4	4	3	3	3	2	2	2	1	1	1	1	10	10	10	9	9	9	8	8	8	7	
대운 역행	4	4	5	5	5	6	6	6	7	7	7	8	8	8	9	9	9	10	10	10	1	1	1	2	2	2	3	3	3	

3 月 壬 辰(임진) 大

절 기						곡우																입하								
음 력	一	二	三	四	五	六	七	八	九	十	十一	十二	十三	十四	十五	十六	十七	十八	十九	二十	廿一	廿二	廿三	廿四	廿五	廿六	廿七	廿八	廿九	三十
양 력 월/일	4/15	16	17	18	19	20	21	22	23	24	25	26	27	28	29	30	5/1	2	3	4	5	6	7	8	9	10	11	12	13	14
일 진	戊寅(무인)	己卯(기묘)	庚辰(경진)	辛巳(신사)	壬午(임오)	癸未(계미)	甲申(갑신)	乙酉(을유)	丙戌(병술)	丁亥(정해)	戊子(무자)	己丑(기축)	庚寅(경인)	辛卯(신묘)	壬辰(임진)	癸巳(계사)	甲午(갑오)	乙未(을미)	丙申(병신)	丁酉(정유)	戊戌(무술)	己亥(기해)	庚子(경자)	辛丑(신축)	壬寅(임인)	癸卯(계묘)	甲辰(갑진)	乙巳(을사)	丙午(병오)	丁未(정미)
절기시각						申正																寅初								
대운 순행	7	7	6	6	6	5	5	5	4	4	4	3	3	3	2	2	2	1	1	1	1	10	10	10	9	9	9	8	8	8
대운 역행	4	4	4	5	5	5	6	6	6	7	7	7	8	8	8	9	9	9	10	10	10	10	1	1	1	2	2	2	3	3

4 月 癸 巳(계사) 小

절 기							소만																망종							
음 력	一	二	三	四	五	六	七	八	九	十	十一	十二	十三	十四	十五	十六	十七	十八	十九	二十	廿一	廿二	廿三	廿四	廿五	廿六	廿七	廿八	廿九	
양 력 월/일	5/15	16	17	18	19	20	21	22	23	24	25	26	27	28	29	30	31	6/1	2	3	4	5	6	7	8	9	10	11	12	
일 진	戊申(무신)	己酉(기유)	庚戌(경술)	辛亥(신해)	壬子(임자)	癸丑(계축)	甲寅(갑인)	乙卯(을묘)	丙辰(병진)	丁巳(정사)	戊午(무오)	己未(기미)	庚申(경신)	辛酉(신유)	壬戌(임술)	癸亥(계해)	甲子(갑자)	乙丑(을축)	丙寅(병인)	丁卯(정묘)	戊辰(무진)	己巳(기사)	庚午(경오)	辛未(신미)	壬申(임신)	癸酉(계유)	甲戌(갑술)	乙亥(을해)	丙子(병자)	
절기시각							申正																辰初							
대운 순행	7	7	7	6	6	6	5	5	5	4	4	4	3	3	3	2	2	2	1	1	1	1	10	10	10	9	9	9	8	
대운 역행	3	4	4	4	5	5	5	6	6	6	7	7	7	8	8	8	9	9	9	10	10	10	10	1	1	1	2	2	2	

5 月 甲 午(갑오) 大

절 기										하지															소서					
음 력	一	二	三	四	五	六	七	八	九	十	十一	十二	十三	十四	十五	十六	十七	十八	十九	二十	廿一	廿二	廿三	廿四	廿五	廿六	廿七	廿八	廿九	三十
양 력 월/일	6/13	14	15	16	17	18	19	20	21	22	23	24	25	26	27	28	29	30	7/1	2	3	4	5	6	7	8	9	10	11	12
일 진	丁丑(정축)	戊寅(무인)	己卯(기묘)	庚辰(경진)	辛巳(신사)	壬午(임오)	癸未(계미)	甲申(갑신)	乙酉(을유)	丙戌(병술)	丁亥(정해)	戊子(무자)	己丑(기축)	庚寅(경인)	辛卯(신묘)	壬辰(임진)	癸巳(계사)	甲午(갑오)	乙未(을미)	丙申(병신)	丁酉(정유)	戊戌(무술)	己亥(기해)	庚子(경자)	辛丑(신축)	壬寅(임인)	癸卯(계묘)	甲辰(갑진)	乙巳(을사)	丙午(병오)
절기시각										子正															酉正					
대운 순행	8	8	7	7	7	6	6	6	5	5	5	4	4	4	3	3	3	2	2	2	1	1	1	1	10	10	10	10	9	9
대운 역행	3	3	3	4	4	4	5	5	5	6	6	6	7	7	7	8	8	8	9	9	9	10	10	10	10	1	1	1	2	2

6 月 乙 未(을미) 小

절 기				초복							대서			중복											입추					
음 력	一	二	三	四	五	六	七	八	九	十	十一	十二	十三	十四	十五	十六	十七	十八	十九	二十	廿一	廿二	廿三	廿四	廿五	廿六	廿七	廿八	廿九	
양 력 월/일	7/13	14	15	16	17	18	19	20	21	22	23	24	25	26	27	28	29	30	31	8/1	2	3	4	5	6	7	8	9	10	
일 진	丁未(정미)	戊申(무신)	己酉(기유)	庚戌(경술)	辛亥(신해)	壬子(임자)	癸丑(계축)	甲寅(갑인)	乙卯(을묘)	丙辰(병진)	丁巳(정사)	戊午(무오)	己未(기미)	庚申(경신)	辛酉(신유)	壬戌(임술)	癸亥(계해)	甲子(갑자)	乙丑(을축)	丙寅(병인)	丁卯(정묘)	戊辰(무진)	己巳(기사)	庚午(경오)	辛未(신미)	壬申(임신)	癸酉(계유)	甲戌(갑술)	乙亥(을해)	
절기시각											午初														寅正					
대운 순행	9	8	8	8	7	7	7	6	6	6	5	5	5	4	4	4	3	3	3	2	2	2	1	1	1	1	10	10	10	
대운 역행	2	3	3	3	4	4	4	5	5	5	6	6	6	7	7	7	8	8	8	9	9	9	10	10	10	10	10	1	1	

西 大將　　卯 喪門　　亥 弔客　　東 三殺

7 月　丙 申(병신)　大

절기					망복								처서																백로	
음력	一	二	三	四	五	六	七	八	九	十	十一	十二	十三	十四	十五	十六	十七	十八	十九	二十	廿一	廿二	廿三	廿四	廿五	廿六	廿七	廿八	廿九	三十
양력 월/일	8/11	12	13	14	15	16	17	18	19	20	21	22	23	24	25	26	27	28	29	30	31	9/1	2	3	4	5	6	7	8	9
일진	丙子(병자)	丁丑(정축)	戊寅(무인)	己卯(기묘)	庚辰(경진)	辛巳(신사)	壬午(임오)	癸未(계미)	甲申(갑신)	乙酉(을유)	丙戌(병술)	丁亥(정해)	戊子(무자)	己丑(기축)	庚寅(경인)	辛卯(신묘)	壬辰(임진)	癸巳(계사)	甲午(갑오)	乙未(을미)	丙申(병신)	丁酉(정유)	戊戌(무술)	己亥(기해)	庚子(경자)	辛丑(신축)	壬寅(임인)	癸卯(계묘)	甲辰(갑진)	乙巳(을사)
절기시각													酉正																辰初	
대운 순행	9	9	9	8	8	8	7	7	7	6	6	6	5	5	5	4	4	4	3	3	3	2	2	2	1	1	1	1	10	10
대운 역행	1	2	2	2	3	3	3	4	4	4	5	5	5	6	6	6	7	7	7	8	8	8	9	9	9	10	10	10	10	1

8 月　丁 酉(정유)　大

절기														추분															한로	
음력	一	二	三	四	五	六	七	八	九	十	十一	十二	十三	十四	十五	十六	十七	十八	十九	二十	廿一	廿二	廿三	廿四	廿五	廿六	廿七	廿八	廿九	三十
양력 월/일	9/10	11	12	13	14	15	16	17	18	19	20	21	22	23	24	25	26	27	28	29	30	10/1	2	3	4	5	6	7	8	9
일진	丙午(병오)	丁未(정미)	戊申(무신)	己酉(기유)	庚戌(경술)	辛亥(신해)	壬子(임자)	癸丑(계축)	甲寅(갑인)	乙卯(을묘)	丙辰(병진)	丁巳(정사)	戊午(무오)	己未(기미)	庚申(경신)	辛酉(신유)	壬戌(임술)	癸亥(계해)	甲子(갑자)	乙丑(을축)	丙寅(병인)	丁卯(정묘)	戊辰(무진)	己巳(기사)	庚午(경오)	辛未(신미)	壬申(임신)	癸酉(계유)	甲戌(갑술)	乙亥(을해)
절기시각														申正															亥正	
대운 순행	9	9	9	8	8	8	7	7	7	6	6	6	5	5	5	4	4	4	3	3	3	2	2	2	1	1	1	1	10	10
대운 역행	1	1	2	2	2	3	3	3	4	4	4	5	5	5	6	6	6	7	7	7	8	8	8	9	9	9	10	10	10	1

9 月　戊 戌(무술)　小

절기															상강															
음력	一	二	三	四	五	六	七	八	九	十	十一	十二	十三	十四	十五	十六	十七	十八	十九	二十	廿一	廿二	廿三	廿四	廿五	廿六	廿七	廿八	廿九	
양력 월/일	10/10	11	12	13	14	15	16	17	18	19	20	21	22	23	24	25	26	27	28	29	30	31	11/1	2	3	4	5	6	7	
일진	丙子(병자)	丁丑(정축)	戊寅(무인)	己卯(기묘)	庚辰(경진)	辛巳(신사)	壬午(임오)	癸未(계미)	甲申(갑신)	乙酉(을유)	丙戌(병술)	丁亥(정해)	戊子(무자)	己丑(기축)	庚寅(경인)	辛卯(신묘)	壬辰(임진)	癸巳(계사)	甲午(갑오)	乙未(을미)	丙申(병신)	丁酉(정유)	戊戌(무술)	己亥(기해)	庚子(경자)	辛丑(신축)	壬寅(임인)	癸卯(계묘)	甲辰(갑진)	
절기시각															丑正															
대운 순행	10	9	9	9	8	8	8	7	7	7	6	6	6	5	5	5	4	4	4	3	3	3	2	2	2	1	1	1	1	
대운 역행	1	1	2	2	2	3	3	3	4	4	4	5	5	5	6	6	6	7	7	7	8	8	8	9	9	9	10	10	10	

10 月　己 亥(기해)　大

절기	입동														소설															대설
음력	一	二	三	四	五	六	七	八	九	十	十一	十二	十三	十四	十五	十六	十七	十八	十九	二十	廿一	廿二	廿三	廿四	廿五	廿六	廿七	廿八	廿九	三十
양력 월/일	11/8	9	10	11	12	13	14	15	16	17	18	19	20	21	22	23	24	25	26	27	28	29	30	12/1	2	3	4	5	6	7
일진	乙巳(을사)	丙午(병오)	丁未(정미)	戊申(무신)	己酉(기유)	庚戌(경술)	辛亥(신해)	壬子(임자)	癸丑(계축)	甲寅(갑인)	乙卯(을묘)	丙辰(병진)	丁巳(정사)	戊午(무오)	己未(기미)	庚申(경신)	辛酉(신유)	壬戌(임술)	癸亥(계해)	甲子(갑자)	乙丑(을축)	丙寅(병인)	丁卯(정묘)	戊辰(무진)	己巳(기사)	庚午(경오)	辛未(신미)	壬申(임신)	癸酉(계유)	甲戌(갑술)
절기시각	丑初														亥正															酉初
대운 순행	10	9	9	9	8	8	8	7	7	7	6	6	6	5	5	5	4	4	4	3	3	3	2	2	2	1	1	1	1	10
대운 역행	10	1	1	1	2	2	2	3	3	3	4	4	4	5	5	5	6	6	6	7	7	7	8	8	8	9	9	9	10	10

11 月　庚 子(경자)　小

절기															동지															
음력	一	二	三	四	五	六	七	八	九	十	十一	十二	十三	十四	十五	十六	十七	十八	十九	二十	廿一	廿二	廿三	廿四	廿五	廿六	廿七	廿八	廿九	
양력 월/일	12/8	9	10	11	12	13	14	15	16	17	18	19	20	21	22	23	24	25	26	27	28	29	30	31	1/1	2	3	4	5	
일진	乙亥(을해)	丙子(병자)	丁丑(정축)	戊寅(무인)	己卯(기묘)	庚辰(경진)	辛巳(신사)	壬午(임오)	癸未(계미)	甲申(갑신)	乙酉(을유)	丙戌(병술)	丁亥(정해)	戊子(무자)	己丑(기축)	庚寅(경인)	辛卯(신묘)	壬辰(임진)	癸巳(계사)	甲午(갑오)	乙未(을미)	丙申(병신)	丁酉(정유)	戊戌(무술)	己亥(기해)	庚子(경자)	辛丑(신축)	壬寅(임인)	癸卯(계묘)	
절기시각															午初															
대운 순행	10	9	9	9	8	8	8	7	7	7	6	6	6	5	5	5	4	4	4	3	3	3	2	2	2	1	1	1	1	
대운 역행	1	1	1	2	2	2	3	3	3	4	4	4	5	5	5	6	6	6	7	7	7	8	8	8	9	9	9	10	10	

12 月　辛 丑(신축)　大

절기	소한														대한															입춘
음력	一	二	三	四	五	六	七	八	九	十	十一	十二	十三	十四	十五	十六	十七	十八	十九	二十	廿一	廿二	廿三	廿四	廿五	廿六	廿七	廿八	廿九	三十
양력 월/일	1/6	7	8	9	10	11	12	13	14	15	16	17	18	19	20	21	22	23	24	25	26	27	28	29	30	31	2/1	2	3	4
일진	甲辰(갑진)	乙巳(을사)	丙午(병오)	丁未(정미)	戊申(무신)	己酉(기유)	庚戌(경술)	辛亥(신해)	壬子(임자)	癸丑(계축)	甲寅(갑인)	乙卯(을묘)	丙辰(병진)	丁巳(정사)	戊午(무오)	己未(기미)	庚申(경신)	辛酉(신유)	壬戌(임술)	癸亥(계해)	甲子(갑자)	乙丑(을축)	丙寅(병인)	丁卯(정묘)	戊辰(무진)	己巳(기사)	庚午(경오)	辛未(신미)	壬申(임신)	癸酉(계유)
절기시각	寅正														亥初															申正
대운 순행	10	9	9	9	8	8	8	7	7	7	6	6	6	5	5	5	4	4	4	3	3	3	2	2	2	1	1	1	1	10
대운 역행	10	1	1	1	2	2	2	3	3	3	4	4	4	5	5	5	6	6	6	7	7	7	8	8	8	9	9	9	10	10

단기 4295 년
불기 2506 년

1962년 壬寅(임인)年

1 月 壬寅(임인) 小

절기															우수															
음력	一	二	三	四	五	六	七	八	九	十	十一	十二	十三	十四	十五	十六	十七	十八	十九	廿	廿一	廿二	廿三	廿四	廿五	廿六	廿七	廿八	廿九	
양력 월/일	2/5	6	7	8	9	10	11	12	13	14	15	16	17	18	19	20	21	22	23	24	25	26	27	28	3/1	2	3	4	5	
일진	甲戌(갑술)	乙亥(을해)	丙子(병자)	丁丑(정축)	戊寅(무인)	己卯(기묘)	庚辰(경진)	辛巳(신사)	壬午(임오)	癸未(계미)	甲申(갑신)	乙酉(을유)	丙戌(병술)	丁亥(정해)	戊子(무자)	己丑(기축)	庚寅(경인)	辛卯(신묘)	壬辰(임진)	癸巳(계사)	甲午(갑오)	乙未(을미)	丙申(병신)	丁酉(정유)	戊戌(무술)	己亥(기해)	庚子(경자)	辛丑(신축)	壬寅(임인)	
절기시각															午正															
대운 순행	10	9	9	9	8	8	8	7	7	7	6	6	6	5	5	5	4	4	4	3	3	3	2	2	2	1	1	1	1	
대운 역행	1	1	1	2	2	2	3	3	3	4	4	4	5	5	5	6	6	6	7	7	7	8	8	8	9	9	9	10	10	

2 月 癸卯(을묘) 大

절기	경칩															춘분														
음력	一	二	三	四	五	六	七	八	九	十	十一	十二	十三	十四	十五	十六	十七	十八	十九	廿	廿一	廿二	廿三	廿四	廿五	廿六	廿七	廿八	廿九	三十
양력 월/일	3/6	7	8	9	10	11	12	13	14	15	16	17	18	19	20	21	22	23	24	25	26	27	28	29	30	30	4/1	2	3	4
일진	癸卯(계묘)	甲辰(갑진)	乙巳(을사)	丙午(병오)	丁未(정미)	戊申(무신)	己酉(기유)	庚戌(경술)	辛亥(신해)	壬子(임자)	癸丑(계축)	甲寅(갑인)	乙卯(을묘)	丙辰(병진)	丁巳(정사)	戊午(무오)	己未(기미)	庚申(경신)	辛酉(신유)	壬戌(임술)	癸亥(계해)	甲子(갑자)	乙丑(을축)	丙寅(병인)	丁卯(정묘)	戊辰(무진)	己巳(기사)	庚午(경오)	辛未(신미)	壬申(임신)
절기시각	巳正															午初														
대운 순행	10	10	9	9	9	8	8	8	7	7	7	6	6	6	5	5	5	4	4	4	3	3	3	2	2	2	1	1	1	1
대운 역행	10	1	1	1	2	2	2	3	3	3	4	4	4	5	5	5	6	6	6	7	7	7	8	8	8	9	9	9	10	10

3 月 甲辰(갑진) 小

절기	청명	한식														곡우														
음력	一	二	三	四	五	六	七	八	九	十	十一	十二	十三	十四	十五	十六	十七	十八	十九	廿	廿一	廿二	廿三	廿四	廿五	廿六	廿七	廿八	廿九	
양력 월/일	4/5	6	7	8	9	10	11	12	13	14	15	16	17	18	19	20	21	22	23	24	25	26	27	28	29	30	5/1	2	3	
일진	癸酉(계유)	甲戌(갑술)	乙亥(을해)	丙子(병자)	丁丑(정축)	戊寅(무인)	己卯(기묘)	庚辰(경진)	辛巳(신사)	壬午(임오)	癸未(계미)	甲申(갑신)	乙酉(을유)	丙戌(병술)	丁亥(정해)	戊子(무자)	己丑(기축)	庚寅(경인)	辛卯(신묘)	壬辰(임진)	癸巳(계사)	甲午(갑오)	乙未(을미)	丙申(병신)	丁酉(정유)	戊戌(무술)	己亥(기해)	庚子(경자)	辛丑(신축)	
절기시각	申初															亥正														
대운 순행	10	10	10	9	9	9	8	8	8	7	7	7	6	6	6	5	5	5	4	4	4	3	3	3	2	2	2	1	1	
대운 역행	10	1	1	1	2	2	2	3	3	3	4	4	4	5	5	5	6	6	6	7	7	7	8	8	8	9	9	9	10	

4 月 乙巳(을사) 小

절기			입하															소만												
음력	一	二	三	四	五	六	七	八	九	十	十一	十二	十三	十四	十五	十六	十七	十八	十九	廿	廿一	廿二	廿三	廿四	廿五	廿六	廿七	廿八	廿九	
양력 월/일	5/4	5	6	7	8	9	10	11	12	13	14	15	16	17	18	19	20	21	22	23	24	25	26	27	28	29	30	31	6/1	
일진	壬寅(임인)	癸卯(계묘)	甲辰(갑진)	乙巳(을사)	丙午(병오)	丁未(정미)	戊申(무신)	己酉(기유)	庚戌(경술)	辛亥(신해)	壬子(임자)	癸丑(계축)	甲寅(갑인)	乙卯(을묘)	丙辰(병진)	丁巳(정사)	戊午(무오)	己未(기미)	庚申(경신)	辛酉(신유)	壬戌(임술)	癸亥(계해)	甲子(갑자)	乙丑(을축)	丙寅(병인)	丁卯(정묘)	戊辰(무진)	己巳(기사)	庚午(경오)	
절기시각			辰正															亥正												
대운 순행	1	1	10	10	10	9	9	9	8	8	8	7	7	7	6	6	6	5	5	5	4	4	4	3	3	3	2	2	2	
대운 역행	10	10	10	1	1	1	2	2	2	3	3	3	4	4	4	5	5	5	6	6	6	7	7	7	8	8	8	9	9	

5 月 丙午(병오) 大

절기					망종																하지									
음력	一	二	三	四	五	六	七	八	九	十	十一	十二	十三	十四	十五	十六	十七	十八	十九	廿	廿一	廿二	廿三	廿四	廿五	廿六	廿七	廿八	廿九	三十
양력 월/일	6/2	3	4	5	6	7	8	9	10	11	12	13	14	15	16	17	18	19	20	21	22	23	24	25	26	27	28	29	30	7/1
일진	辛未(신미)	壬申(임신)	癸酉(계유)	甲戌(갑술)	乙亥(을해)	丙子(병자)	丁丑(정축)	戊寅(무인)	己卯(기묘)	庚辰(경진)	辛巳(신사)	壬午(임오)	癸未(계미)	甲申(갑신)	乙酉(을유)	丙戌(병술)	丁亥(정해)	戊子(무자)	己丑(기축)	庚寅(경인)	辛卯(신묘)	壬辰(임진)	癸巳(계사)	甲午(갑오)	乙未(을미)	丙申(병신)	丁酉(정유)	戊戌(무술)	己亥(기해)	庚子(경자)
절기시각					未初																卯正									
대운 순행	1	1	1	1	10	10	10	9	9	9	8	8	8	7	7	7	6	6	6	5	5	5	4	4	4	3	3	3	2	2
대운 역행	9	10	10	10	10	1	1	1	2	2	2	3	3	3	4	4	4	5	5	5	6	6	6	7	7	7	8	8	8	9

6 月 丁未(정미) 小

절기						소서														초복		대서								
음력	一	二	三	四	五	六	七	八	九	十	十一	十二	十三	十四	十五	十六	十七	十八	十九	廿	廿一	廿二	廿三	廿四	廿五	廿六	廿七	廿八	廿九	
양력 월/일	7/2	3	4	5	6	7	8	9	10	11	12	13	14	15	16	17	18	19	20	21	22	23	24	25	26	27	28	29	30	
일진	辛丑(신축)	壬寅(임인)	癸卯(계묘)	甲辰(갑진)	乙巳(을사)	丙午(병오)	丁未(정미)	戊申(무신)	己酉(기유)	庚戌(경술)	辛亥(신해)	壬子(임자)	癸丑(계축)	甲寅(갑인)	乙卯(을묘)	丙辰(병진)	丁巳(정사)	戊午(무오)	己未(기미)	庚申(경신)	辛酉(신유)	壬戌(임술)	癸亥(계해)	甲子(갑자)	乙丑(을축)	丙寅(병인)	丁卯(정묘)	戊辰(무진)	己巳(기사)	
절기시각						子初																酉初								
대운 순행	2	1	1	1	1	10	10	10	10	9	9	9	8	8	8	7	7	7	6	6	6	5	5	5	4	4	4	3	3	
대운 역행	9	9	10	10	10	10	1	1	1	2	2	2	3	3	3	4	4	4	5	5	5	6	6	6	7	7	7	8	8	

北 大將	辰 喪門	子 弔客	北 三殺

7 月 戊 申(무신) 大

절기									입추		말복														처서					
음력	一	二	三	四	五	六	七	八	九	十	十一	十二	十三	十四	十五	十六	十七	十八	十九	廿	廿一	廿二	廿三	廿四	廿五	廿六	廿七	廿八	廿九	三十
양력 월/일	7/31	8/1	2	3	4	5	6	7	8	9	10	11	12	13	14	15	16	17	18	19	20	21	22	23	24	25	26	27	28	29
일진	庚午(경오)	辛未(신미)	壬申(임신)	癸酉(계유)	甲戌(갑술)	乙亥(을해)	丙子(병자)	丁丑(정축)	戊寅(무인)	己卯(기묘)	庚辰(경진)	辛巳(신사)	壬午(임오)	癸未(계미)	甲申(갑신)	乙酉(을유)	丙戌(병술)	丁亥(정해)	戊子(무자)	己丑(기축)	庚寅(경인)	辛卯(신묘)	壬辰(임진)	癸巳(계사)	甲午(갑오)	乙未(을미)	丙申(병신)	丁酉(정유)	戊戌(무술)	己亥(기해)
절기시각									巳初																子正					
대운 순행	3	2	2	2	1	1	1	1	10	10	10	9	9	9	8	8	8	7	7	7	6	6	6	5	5	5	4	4	4	3
대운 역행	8	9	9	9	10	10	10	10	10	1	1	1	2	2	2	3	3	3	4	4	4	5	5	5	6	6	6	7	7	7

8 月 己 酉(기유) 大

절기										백로															추분					
음력	一	二	三	四	五	六	七	八	九	十	十一	十二	十三	十四	十五	十六	十七	十八	十九	廿	廿一	廿二	廿三	廿四	廿五	廿六	廿七	廿八	廿九	三十
양력 월/일	8/30	31	9/1	2	3	4	5	6	7	8	9	10	11	12	13	14	15	16	17	18	19	20	21	22	23	24	25	26	27	28
일진	庚子(경자)	辛丑(신축)	壬寅(임인)	癸卯(계묘)	甲辰(갑진)	乙巳(을사)	丙午(병오)	丁未(정미)	戊申(무신)	己酉(기유)	庚戌(경술)	辛亥(신해)	壬子(임자)	癸丑(계축)	甲寅(갑인)	乙卯(을묘)	丙辰(병진)	丁巳(정사)	戊午(무오)	己未(기미)	庚申(경신)	辛酉(신유)	壬戌(임술)	癸亥(계해)	甲子(갑자)	乙丑(을축)	丙寅(병인)	丁卯(정묘)	戊辰(무진)	己巳(기사)
절기시각										午正															亥正					
대운 순행	3	3	2	2	2	1	1	1	1	10	10	10	9	9	9	8	8	8	7	7	7	6	6	6	5	5	5	4	4	4
대운 역행	8	8	8	9	9	9	10	10	10	10	1	1	1	2	2	2	3	3	3	4	4	4	5	5	5	6	6	6	7	7

9 月 庚 戌(경술) 小

절기											한로															상강				
음력	一	二	三	四	五	六	七	八	九	十	十一	十二	十三	十四	十五	十六	十七	十八	十九	廿	廿一	廿二	廿三	廿四	廿五	廿六	廿七	廿八	廿九	
양력 월/일	9/29	30	10/1	2	3	4	5	6	7	8	9	10	11	12	13	14	15	16	17	18	19	20	21	22	23	24	25	26	27	
일진	庚午(경오)	辛未(신미)	壬申(임신)	癸酉(계유)	甲戌(갑술)	乙亥(을해)	丙子(병자)	丁丑(정축)	戊寅(무인)	己卯(기묘)	庚辰(경진)	辛巳(신사)	壬午(임오)	癸未(계미)	甲申(갑신)	乙酉(을유)	丙戌(병술)	丁亥(정해)	戊子(무자)	己丑(기축)	庚寅(경인)	辛卯(신묘)	壬辰(임진)	癸巳(계사)	甲午(갑오)	乙未(을미)	丙申(병신)	丁酉(정유)	戊戌(무술)	
절기시각											寅正															辰初				
대운 순행	3	3	3	2	2	2	1	1	1	1	10	10	9	9	9	8	8	8	7	7	7	6	6	6	5	5	5	4	4	
대운 역행	7	8	8	8	9	9	9	10	10	10	10	1	1	1	2	2	2	3	3	3	4	4	4	5	5	5	6	6	6	

10 月 辛 亥(신해) 大

절기												입동															소설			
음력	一	二	三	四	五	六	七	八	九	十	十一	十二	十三	十四	十五	十六	十七	十八	十九	廿	廿一	廿二	廿三	廿四	廿五	廿六	廿七	廿八	廿九	三十
양력 월/일	10/28	29	30	31	11/1	2	3	4	5	6	7	8	9	10	11	12	13	14	15	16	17	18	19	20	21	22	23	24	25	26
일진	己亥(기해)	庚子(경자)	辛丑(신축)	壬寅(임인)	癸卯(계묘)	甲辰(갑진)	乙巳(을사)	丙午(병오)	丁未(정미)	戊申(무신)	己酉(기유)	庚戌(경술)	辛亥(신해)	壬子(임자)	癸丑(계축)	甲寅(갑인)	乙卯(을묘)	丙辰(병진)	丁巳(정사)	戊午(무오)	己未(기미)	庚申(경신)	辛酉(신유)	壬戌(임술)	癸亥(계해)	甲子(갑자)	乙丑(을축)	丙寅(병인)	丁卯(정묘)	戊辰(무진)
절기시각												辰初															寅正			
대운 순행	4	3	3	3	2	2	2	1	1	1	1	10	9	9	9	8	8	8	7	7	7	6	6	6	5	5	5	4	4	4
대운 역행	7	7	7	8	8	8	9	9	9	10	10	10	1	1	1	2	2	2	3	3	3	4	4	4	5	5	5	6	6	6

11 月 壬 子(임자) 大

절기											대설															동지				
음력	一	二	三	四	五	六	七	八	九	十	十一	十二	十三	十四	十五	十六	十七	十八	十九	廿	廿一	廿二	廿三	廿四	廿五	廿六	廿七	廿八	廿九	三十
양력 월/일	11/27	28	29	30	12/1	2	3	4	5	6	7	8	9	10	11	12	13	14	15	16	17	18	19	20	21	22	23	24	25	26
일진	己巳(기사)	庚午(경오)	辛未(신미)	壬申(임신)	癸酉(계유)	甲戌(갑술)	乙亥(을해)	丙子(병자)	丁丑(정축)	戊寅(무인)	己卯(기묘)	庚辰(경진)	辛巳(신사)	壬午(임오)	癸未(계미)	甲申(갑신)	乙酉(을유)	丙戌(병술)	丁亥(정해)	戊子(무자)	己丑(기축)	庚寅(경인)	辛卯(신묘)	壬辰(임진)	癸巳(계사)	甲午(갑오)	乙未(을미)	丙申(병신)	丁酉(정유)	戊戌(무술)
절기시각											子初															酉初				
대운 순행	3	3	3	2	2	2	1	1	1	1	10	10	9	9	9	8	8	8	7	7	7	6	6	6	5	5	5	4	4	4
대운 역행	7	7	7	8	8	8	9	9	9	10	10	1	1	1	2	2	2	3	3	3	4	4	4	5	5	5	6	6	6	7

12 月 癸 丑(계축) 小

절기											소한															대한				
음력	一	二	三	四	五	六	七	八	九	十	十一	十二	十三	十四	十五	十六	十七	十八	十九	廿	廿一	廿二	廿三	廿四	廿五	廿六	廿七	廿八	廿九	
양력 월/일	12/27	28	29	30	31	1/1	2	3	4	5	6	7	8	9	10	11	12	13	14	15	16	17	18	19	20	21	22	23	24	
일진	己亥(기해)	庚子(경자)	辛丑(신축)	壬寅(임인)	癸卯(계묘)	甲辰(갑진)	乙巳(을사)	丙午(병오)	丁未(정미)	戊申(무신)	己酉(기유)	庚戌(경술)	辛亥(신해)	壬子(임자)	癸丑(계축)	甲寅(갑인)	乙卯(을묘)	丙辰(병진)	丁巳(정사)	戊午(무오)	己未(기미)	庚申(경신)	辛酉(신유)	壬戌(임술)	癸亥(계해)	甲子(갑자)	乙丑(을축)	丙寅(병인)	丁卯(정묘)	
절기시각											巳正															寅初				
대운 순행	3	3	3	2	2	2	1	1	1	1	10	9	9	9	8	8	8	7	7	7	6	6	6	5	5	5	4	4	4	
대운 역행	7	7	8	8	8	9	9	9	10	10	10	1	1	1	2	2	2	3	3	3	4	4	4	5	5	5	6	6	6	

단기 4296 년
불기 2507 년

1963년 癸卯(계묘)年

1 月 甲 寅(갑인) 大

절기											입춘															우수				
음력	一	二	三	四	五	六	七	八	九	十	十一	十二	十三	十四	十五	十六	十七	十八	十九	廿	廿一	廿二	廿三	廿四	廿五	廿六	廿七	廿八	廿九	三十
양력 월/일	1/25	26	27	28	29	30	31	2/1	2	3	4	5	6	7	8	9	10	11	12	13	14	15	16	17	18	19	20	21	22	23
일진	戊辰(무진)	己巳(기사)	庚午(경오)	辛未(신미)	壬申(임신)	癸酉(계유)	甲戌(갑술)	乙亥(을해)	丙子(병자)	丁丑(정축)	戊寅(무인)	己卯(기묘)	庚辰(경진)	辛巳(신사)	壬午(임오)	癸未(계미)	甲申(갑신)	乙酉(을유)	丙戌(병술)	丁亥(정해)	戊子(무자)	己丑(기축)	庚寅(경인)	辛卯(신묘)	壬辰(임진)	癸巳(계사)	甲午(갑오)	乙未(을미)	丙申(병신)	丁酉(정유)
절기시각											亥初															酉初				
대운 순행	3	3	3	2	2	2	1	1	1	1	10	10	9	9	9	8	8	8	7	7	7	6	6	6	5	5	5	4	4	4
대운 역행	7	7	7	8	8	8	9	9	9	10	10	1	1	1	2	2	2	3	3	3	4	4	4	5	5	5	6	6	6	7

2 月 乙 卯(을묘) 小

절기											경칩															춘분				
음력	一	二	三	四	五	六	七	八	九	十	十一	十二	十三	十四	十五	十六	十七	十八	十九	廿	廿一	廿二	廿三	廿四	廿五	廿六	廿七	廿八	廿九	
양력 월/일	2/24	25	26	27	28	3/1	2	3	4	5	6	7	8	9	10	11	12	13	14	15	16	17	18	19	20	21	22	23	24	
일진	戊戌(무술)	己亥(기해)	庚子(경자)	辛丑(신축)	壬寅(임인)	癸卯(계묘)	甲辰(갑진)	乙巳(을사)	丙午(병오)	丁未(정미)	戊申(무신)	己酉(기유)	庚戌(경술)	辛亥(신해)	壬子(임자)	癸丑(계축)	甲寅(갑인)	乙卯(을묘)	丙辰(병진)	丁巳(정사)	戊午(무오)	己未(기미)	庚申(경신)	辛酉(신유)	壬戌(임술)	癸亥(계해)	甲子(갑자)	乙丑(을축)	丙寅(병인)	
절기시각											申初															申正				
대운 순행	3	3	3	2	2	2	1	1	1	1	10	10	9	9	9	8	8	8	7	7	7	6	6	6	5	5	5	4	4	
대운 역행	7	7	8	8	8	9	9	9	10	10	10	1	1	1	2	2	2	3	3	3	4	4	4	5	5	5	6	6	6	

3 月 丙 辰(병진) 大

절기												청명	한식															곡우		
음력	一	二	三	四	五	六	七	八	九	十	十一	十二	十三	十四	十五	十六	十七	十八	十九	廿	廿一	廿二	廿三	廿四	廿五	廿六	廿七	廿八	廿九	三十
양력 월/일	3/25	26	27	28	29	30	31	4/1	2	3	4	5	6	7	8	9	10	11	12	13	14	15	16	17	18	19	20	21	22	23
일진	丁卯(정묘)	戊辰(무진)	己巳(기사)	庚午(경오)	辛未(신미)	壬申(임신)	癸酉(계유)	甲戌(갑술)	乙亥(을해)	丙子(병자)	丁丑(정축)	戊寅(무인)	己卯(기묘)	庚辰(경진)	辛巳(신사)	壬午(임오)	癸未(계미)	甲申(갑신)	乙酉(을유)	丙戌(병술)	丁亥(정해)	戊子(무자)	己丑(기축)	庚寅(경인)	辛卯(신묘)	壬辰(임진)	癸巳(계사)	甲午(갑오)	乙未(을미)	丙申(병신)
절기시각												戌正																寅正		
대운 순행	4	3	3	3	2	2	2	1	1	1	1	10	10	10	9	9	9	8	8	8	7	7	7	6	6	6	5	5	5	4
대운 역행	7	7	7	8	8	8	9	9	9	10	10	10	1	1	1	2	2	2	3	3	3	4	4	4	5	5	5	6	6	6

4 月 丁 巳(정사) 小

절기													입하																소만	
음력	一	二	三	四	五	六	七	八	九	十	十一	十二	十三	十四	十五	十六	十七	十八	十九	廿	廿一	廿二	廿三	廿四	廿五	廿六	廿七	廿八	廿九	
양력 월/일	4/24	25	26	27	28	29	30	5/1	2	3	4	5	6	7	8	9	10	11	12	13	14	15	16	17	18	19	20	21	22	
일진	丁酉(정유)	戊戌(무술)	己亥(기해)	庚子(경자)	辛丑(신축)	壬寅(임인)	癸卯(계묘)	甲辰(갑진)	乙巳(을사)	丙午(병오)	丁未(정미)	戊申(무신)	己酉(기유)	庚戌(경술)	辛亥(신해)	壬子(임자)	癸丑(계축)	甲寅(갑인)	乙卯(을묘)	丙辰(병진)	丁巳(정사)	戊午(무오)	己未(기미)	庚申(경신)	辛酉(신유)	壬戌(임술)	癸亥(계해)	甲子(갑자)	乙丑(을축)	
절기시각													未正																寅初	
대운 순행	4	4	3	3	3	2	2	2	1	1	1	1	10	10	10	9	9	9	8	8	8	7	7	7	6	6	6	5	5	
대운 역행	7	7	7	8	8	8	9	9	9	10	10	10	10	1	1	1	2	2	2	3	3	3	4	4	4	5	5	5	6	

閏 4 月 丁 巳(정사) 小

절기															망종															
음력	一	二	三	四	五	六	七	八	九	十	十一	十二	十三	十四	十五	十六	十七	十八	十九	廿	廿一	廿二	廿三	廿四	廿五	廿六	廿七	廿八	廿九	
양력 월/일	5/23	24	25	26	27	28	29	30	31	6/1	2	3	4	5	6	7	8	9	10	11	12	13	14	15	16	17	18	19	20	
일진	丙寅(병인)	丁卯(정묘)	戊辰(무진)	己巳(기사)	庚午(경오)	辛未(신미)	壬申(임신)	癸酉(계유)	甲戌(갑술)	乙亥(을해)	丙子(병자)	丁丑(정축)	戊寅(무인)	己卯(기묘)	庚辰(경진)	辛巳(신사)	壬午(임오)	癸未(계미)	甲申(갑신)	乙酉(을유)	丙戌(병술)	丁亥(정해)	戊子(무자)	己丑(기축)	庚寅(경인)	辛卯(신묘)	壬辰(임진)	癸巳(계사)	甲午(갑오)	
절기시각															戌初															
대운 순행	5	4	4	4	3	3	3	2	2	2	1	1	1	1	10	10	10	10	9	9	9	8	8	8	7	7	7	6	6	
대운 역행	6	6	7	7	7	8	8	8	9	9	9	10	10	10	10	1	1	1	2	2	2	3	3	3	4	4	4	5	5	

5 月 戊 午(무오) 大

절기		하지																소서								초복				
음력	一	二	三	四	五	六	七	八	九	十	十一	十二	十三	十四	十五	十六	十七	十八	十九	廿	廿一	廿二	廿三	廿四	廿五	廿六	廿七	廿八	廿九	三十
양력 월/일	6/21	22	23	24	25	26	27	28	29	30	7/1	2	3	4	5	6	7	8	9	10	11	12	13	14	15	16	17	18	19	20
일진	乙未(을미)	丙申(병신)	丁酉(정유)	戊戌(무술)	己亥(기해)	庚子(경자)	辛丑(신축)	壬寅(임인)	癸卯(계묘)	甲辰(갑진)	乙巳(을사)	丙午(병오)	丁未(정미)	戊申(무신)	己酉(기유)	庚戌(경술)	辛亥(신해)	壬子(임자)	癸丑(계축)	甲寅(갑인)	乙卯(을묘)	丙辰(병진)	丁巳(정사)	戊午(무오)	己未(기미)	庚申(경신)	辛酉(신유)	壬戌(임술)	癸亥(계해)	甲子(갑자)
절기시각		午正																卯初												
대운 순행	6	5	5	5	4	4	4	3	3	3	2	2	2	1	1	1	1	10	10	10	9	9	9	8	8	8	7	7	7	6
대운 역행	5	6	6	6	7	7	7	8	8	8	9	9	9	10	10	10	10	10	1	1	1	2	2	2	3	3	3	4	4	4

北 大將	巳 喪門	丑 弔客	酉 三殺

6 月　己 未(기미)　小

절기			대서													중복			입추							말복				
음력	一	二	三	四	五	六	七	八	九	十	十一	十二	十三	十四	十五	十六	十七	十八	十九	廿	廿一	廿二	廿三	廿四	廿五	廿六	廿七	廿八	廿九	
양력 월/일	7/21	22	23	24	25	26	27	28	29	30	31	8/1	2	3	4	5	6	7	8	9	10	11	12	12	14	15	16	17	18	
일진	乙丑(을축)	丙寅(병인)	丁卯(정묘)	戊辰(무진)	己巳(기사)	庚午(경오)	辛未(신미)	壬申(임신)	癸酉(계유)	甲戌(갑술)	乙亥(을해)	丙子(병자)	丁丑(정축)	戊寅(무인)	己卯(기묘)	庚辰(경진)	辛巳(신사)	壬午(임오)	癸未(계미)	甲申(갑신)	乙酉(을유)	丙戌(병술)	丁亥(정해)	戊子(무자)	己丑(기축)	庚寅(경인)	辛卯(신묘)	壬辰(임진)	癸巳(계사)	
절기시각			子初																申初											
대운 순행	6	6	5	5	5	4	4	4	3	3	3	2	2	2	1	1	1	1	10	10	10	9	9	9	8	8	8	7	7	
대운 역행	5	5	5	6	6	6	7	7	7	8	8	8	9	9	9	10	10	10	10	1	1	1	2	2	2	3	3	3	4	

7 月　庚 申(경신)　大

절기						처서															백로									
음력	一	二	三	四	五	六	七	八	九	十	十一	十二	十三	十四	十五	十六	十七	十八	十九	廿	廿一	廿二	廿三	廿四	廿五	廿六	廿七	廿八	廿九	三十
양력 월/일	8/19	20	21	22	23	24	25	26	27	28	29	30	31	9/1	2	3	4	5	6	7	8	9	10	11	12	13	14	15	16	17
일진	甲午(갑오)	乙未(을미)	丙申(병신)	丁酉(정유)	戊戌(무술)	己亥(기해)	庚子(경자)	辛丑(신축)	壬寅(임인)	癸卯(계묘)	甲辰(갑진)	乙巳(을사)	丙午(병오)	丁未(정미)	戊申(무신)	己酉(기유)	庚戌(경술)	辛亥(신해)	壬子(임자)	癸丑(계축)	甲寅(갑인)	乙卯(을묘)	丙辰(병진)	丁巳(정사)	戊午(무오)	己未(기미)	庚申(경신)	辛酉(신유)	壬戌(임술)	癸亥(계해)
절기시각						卯正															酉正									
대운 순행	7	6	6	6	5	5	5	4	4	4	3	3	3	2	2	2	1	1	1	1	10	10	10	9	9	9	8	8	8	7
대운 역행	4	4	5	5	5	6	6	6	7	7	7	8	8	8	9	9	9	10	10	10	10	1	1	1	2	2	2	3	3	3

8 月　辛 酉(신유)　小

절기							추분															한로								
음력	一	二	三	四	五	六	七	八	九	十	十一	十二	十三	十四	十五	十六	十七	十八	十九	廿	廿一	廿二	廿三	廿四	廿五	廿六	廿七	廿八	廿九	
양력 월/일	9/18	19	20	21	22	23	24	25	26	27	28	29	30	10/1	2	3	4	5	6	7	8	9	10	11	12	13	14	15	16	
일진	甲子(갑자)	乙丑(을축)	丙寅(병인)	丁卯(정묘)	戊辰(무진)	己巳(기사)	庚午(경오)	辛未(신미)	壬申(임신)	癸酉(계유)	甲戌(갑술)	乙亥(을해)	丙子(병자)	丁丑(정축)	戊寅(무인)	己卯(기묘)	庚辰(경진)	辛巳(신사)	壬午(임오)	癸未(계미)	甲申(갑신)	乙酉(을유)	丙戌(병술)	丁亥(정해)	戊子(무자)	己丑(기축)	庚寅(경인)	辛卯(신묘)	壬辰(임진)	
절기시각							寅正															巳正								
대운 순행	7	7	6	6	6	5	5	5	4	4	4	3	3	3	2	2	2	1	1	1	1	10	10	9	9	9	8	8	8	
대운 역행	4	4	4	5	5	5	6	6	6	7	7	7	8	8	8	9	9	9	10	10	10	10	1	1	1	2	2	2	3	

9 月　壬 戌(임술)　大

절기								상강															입동							
음력	一	二	三	四	五	六	七	八	九	十	十一	十二	十三	十四	十五	十六	十七	十八	十九	廿	廿一	廿二	廿三	廿四	廿五	廿六	廿七	廿八	廿九	三十
양력 월/일	10/17	18	19	20	21	22	23	24	25	26	27	28	29	30	31	11/1	2	3	4	5	6	7	8	9	10	11	12	13	14	15
일진	癸巳(계사)	甲午(갑오)	乙未(을미)	丙申(병신)	丁酉(정유)	戊戌(무술)	己亥(기해)	庚子(경자)	辛丑(신축)	壬寅(임인)	癸卯(계묘)	甲辰(갑진)	乙巳(을사)	丙午(병오)	丁未(정미)	戊申(무신)	己酉(기유)	庚戌(경술)	辛亥(신해)	壬子(임자)	癸丑(계축)	甲寅(갑인)	乙卯(을묘)	丙辰(병진)	丁巳(정사)	戊午(무오)	己未(기미)	庚申(경신)	辛酉(신유)	壬戌(임술)
절기시각								未初															未初							
대운 순행	7	7	7	6	6	6	5	5	5	4	4	4	3	3	3	2	2	2	1	1	1	1	10	10	9	9	9	8	8	8
대운 역행	3	3	4	4	4	5	5	5	6	6	6	7	7	7	8	8	8	9	9	9	10	10	10	1	1	1	2	2	2	3

10 月　癸 亥(계해)　大

절기								소설															대설							
음력	一	二	三	四	五	六	七	八	九	十	十一	十二	十三	十四	十五	十六	十七	十八	十九	廿	廿一	廿二	廿三	廿四	廿五	廿六	廿七	廿八	廿九	三十
양력 월/일	11/16	17	18	19	20	21	22	23	24	25	26	27	28	29	30	12/1	2	3	4	5	6	7	8	9	10	11	12	13	14	15
일진	癸亥(계해)	甲子(갑자)	乙丑(을축)	丙寅(병인)	丁卯(정묘)	戊辰(무진)	己巳(기사)	庚午(경오)	辛未(신미)	壬申(임신)	癸酉(계유)	甲戌(갑술)	乙亥(을해)	丙子(병자)	丁丑(정축)	戊寅(무인)	己卯(기묘)	庚辰(경진)	辛巳(신사)	壬午(임오)	癸未(계미)	甲申(갑신)	乙酉(을유)	丙戌(병술)	丁亥(정해)	戊子(무자)	己丑(기축)	庚寅(경인)	辛卯(신묘)	壬辰(임진)
절기시각								巳正															卯初							
대운 순행	7	7	7	6	6	6	5	5	5	4	4	4	3	3	3	2	2	2	1	1	1	1	10	9	9	9	8	8	8	7
대운 역행	3	3	4	4	4	5	5	5	6	6	6	7	7	7	8	8	8	9	9	9	10	10	10	1	1	1	2	2	2	3

11 月　甲 子(갑자)　大

절기							동지															소한								
음력	一	二	三	四	五	六	七	八	九	十	十一	十二	十三	十四	十五	十六	十七	十八	十九	廿	廿一	廿二	廿三	廿四	廿五	廿六	廿七	廿八	廿九	三十
양력 월/일	12/16	17	18	19	20	21	22	23	24	25	26	27	28	29	30	31	1/1	2	3	4	5	6	7	8	9	10	11	12	13	14
일진	癸巳(계사)	甲午(갑오)	乙未(을미)	丙申(병신)	丁酉(정유)	戊戌(무술)	己亥(기해)	庚子(경자)	辛丑(신축)	壬寅(임인)	癸卯(계묘)	甲辰(갑진)	乙巳(을사)	丙午(병오)	丁未(정미)	戊申(무신)	己酉(기유)	庚戌(경술)	辛亥(신해)	壬子(임자)	癸丑(계축)	甲寅(갑인)	乙卯(을묘)	丙辰(병진)	丁巳(정사)	戊午(무오)	己未(기미)	庚申(경신)	辛酉(신유)	壬戌(임술)
절기시각							子初															申正								
대운 순행	7	7	6	6	6	5	5	5	4	4	4	3	3	3	2	2	2	1	1	1	1	10	10	9	9	9	8	8	8	7
대운 역행	3	3	4	4	4	5	5	5	6	6	6	7	7	7	8	8	8	9	9	9	10	10	1	1	1	2	2	2	3	3

12 月　乙 丑(을축)　小

절기							대한															입춘								
음력	一	二	三	四	五	六	七	八	九	十	十一	十二	十三	十四	十五	十六	十七	十八	十九	廿	廿一	廿二	廿三	廿四	廿五	廿六	廿七	廿八	廿九	
양력 월/일	1/15	16	17	18	19	20	21	22	23	24	25	26	27	28	29	30	31	2/1	2	3	4	5	6	7	8	9	10	11	12	
일진	癸亥(계해)	甲子(갑자)	乙丑(을축)	丙寅(병인)	丁卯(정묘)	戊辰(무진)	己巳(기사)	庚午(경오)	辛未(신미)	壬申(임신)	癸酉(계유)	甲戌(갑술)	乙亥(을해)	丙子(병자)	丁丑(정축)	戊寅(무인)	己卯(기묘)	庚辰(경진)	辛巳(신사)	壬午(임오)	癸未(계미)	甲申(갑신)	乙酉(을유)	丙戌(병술)	丁亥(정해)	戊子(무자)	己丑(기축)	庚寅(경인)	辛卯(신묘)	
절기시각							巳初															寅初								
대운 순행	7	7	6	6	6	5	5	5	4	4	4	3	3	3	2	2	2	1	1	1	1	10	9	9	9	8	8	8	7	
대운 역행	3	4	4	4	5	5	5	6	6	6	7	7	7	8	8	8	9	9	9	10	10	10	1	1	1	2	2	2	3	

단기 4297 년
불기 2508 년

1964년 甲辰(갑진)年

1 月 丙 寅(병인) 大

절기	입춘						우수															경칩								
음력	一	二	三	四	五	六	七	八	九	十	十一	十二	十三	十四	十五	十六	十七	十八	十九	廿	廿一	廿二	廿三	廿四	廿五	廿六	廿七	廿八	廿九	三十
양력 월/일	2/13	14	15	16	17	18	19	20	21	22	23	24	25	26	27	28	29	3/1	2	3	4	5	6	7	8	9	10	11	12	13
일진	壬辰(임진)	癸巳(계사)	甲午(갑오)	乙未(을미)	丙申(병신)	丁酉(정유)	戊戌(무술)	己亥(기해)	庚子(경자)	辛丑(신축)	壬寅(임인)	癸卯(계묘)	甲辰(갑진)	乙巳(을사)	丙午(병오)	丁未(정미)	戊申(무신)	己酉(기유)	庚戌(경술)	辛亥(신해)	壬子(임자)	癸丑(계축)	甲寅(갑인)	乙卯(을묘)	丙辰(병진)	丁巳(정사)	戊午(무오)	己未(기미)	庚申(경신)	辛酉(신유)
절기시각							子初															亥初								
대운 순행	7	7	6	6	6	5	5	5	4	4	4	3	3	3	2	2	2	1	1	1	1	10	10	10	9	9	9	8	8	8
대운 역행	3	3	4	4	4	5	5	5	6	6	6	7	7	7	8	8	8	9	9	9	10	10	1	1	1	2	2	2	3	3

2 月 丁 卯(정묘) 小

절기							춘분																청명	한식						
음력	一	二	三	四	五	六	七	八	九	十	十一	十二	十三	十四	十五	十六	十七	十八	十九	廿	廿一	廿二	廿三	廿四	廿五	廿六	廿七	廿八	廿九	
양력 월/일	3/14	15	16	17	18	19	20	21	22	23	24	25	26	27	28	29	30	31	4/1	2	3	4	5	6	7	8	9	10	11	
일진	壬戌(임술)	癸亥(계해)	甲子(갑자)	乙丑(을축)	丙寅(병인)	丁卯(정묘)	戊辰(무진)	己巳(기사)	庚午(경오)	辛未(신미)	壬申(임신)	癸酉(계유)	甲戌(갑술)	乙亥(을해)	丙子(병자)	丁丑(정축)	戊寅(무인)	己卯(기묘)	庚辰(경진)	辛巳(신사)	壬午(임오)	癸未(계미)	甲申(갑신)	乙酉(을유)	丙戌(병술)	丁亥(정해)	戊子(무자)	己丑(기축)	庚寅(경인)	
절기시각							亥正																丑正							
대운 순행	7	7	7	6	6	6	5	5	5	4	4	4	3	3	3	2	2	2	1	1	1	1	10	10	9	9	9	8	8	
대운 역행	3	4	4	4	5	5	5	6	6	6	7	7	7	8	8	8	9	9	9	10	10	10	10	1	1	1	2	2	2	

3 月 戊 辰(무진) 大

절기									곡우															입하						
음력	一	二	三	四	五	六	七	八	九	十	十一	十二	十三	十四	十五	十六	十七	十八	十九	廿	廿一	廿二	廿三	廿四	廿五	廿六	廿七	廿八	廿九	三十
양력 월/일	4/12	13	14	15	16	17	18	19	20	21	22	23	24	25	26	27	28	29	30	5/1	2	3	4	5	6	7	8	9	10	11
일진	辛卯(신묘)	壬辰(임진)	癸巳(계사)	甲午(갑오)	乙未(을미)	丙申(병신)	丁酉(정유)	戊戌(무술)	己亥(기해)	庚子(경자)	辛丑(신축)	壬寅(임인)	癸卯(계묘)	甲辰(갑진)	乙巳(을사)	丙午(병오)	丁未(정미)	戊申(무신)	己酉(기유)	庚戌(경술)	辛亥(신해)	壬子(임자)	癸丑(계축)	甲寅(갑인)	乙卯(을묘)	丙辰(병진)	丁巳(정사)	戊午(무오)	己未(기미)	庚申(경신)
절기시각									巳正															戌正						
대운 순행	8	7	7	7	6	6	6	5	5	5	4	4	4	3	3	3	2	2	2	1	1	1	1	10	10	10	10	9	9	9
대운 역행	3	3	3	4	4	4	5	5	5	6	6	6	7	7	7	8	8	8	9	9	9	10	10	10	1	1	1	2	2	2

4 月 己 巳(기사) 小

절기										소만																망종				
음력	一	二	三	四	五	六	七	八	九	十	十一	十二	十三	十四	十五	十六	十七	十八	十九	廿	廿一	廿二	廿三	廿四	廿五	廿六	廿七	廿八	廿九	
양력 월/일	5/12	13	14	15	16	17	18	19	20	21	22	23	24	25	26	27	28	29	30	31	6/1	2	3	4	5	6	7	8	9	
일진	辛酉(신유)	壬戌(임술)	癸亥(계해)	甲子(갑자)	乙丑(을축)	丙寅(병인)	丁卯(정묘)	戊辰(무진)	己巳(기사)	庚午(경오)	辛未(신미)	壬申(임신)	癸酉(계유)	甲戌(갑술)	乙亥(을해)	丙子(병자)	丁丑(정축)	戊寅(무인)	己卯(기묘)	庚辰(경진)	辛巳(신사)	壬午(임오)	癸未(계미)	甲申(갑신)	乙酉(을유)	丙戌(병술)	丁亥(정해)	戊子(무자)	己丑(기축)	
절기시각										巳初																丑初				
대운 순행	8	8	8	7	7	7	6	6	6	5	5	5	4	4	4	3	3	3	2	2	2	1	1	1	1	10	10	10	9	
대운 역행	3	3	3	4	4	4	5	5	5	6	6	6	7	7	7	8	8	8	9	9	9	10	10	10	10	10	1	1	1	

5 月 庚 午(경오) 小

절기												하지																소서		
음력	一	二	三	四	五	六	七	八	九	十	十一	十二	十三	十四	十五	十六	十七	十八	十九	廿	廿一	廿二	廿三	廿四	廿五	廿六	廿七	廿八	廿九	
양력 월/일	6/10	11	12	13	14	15	16	17	18	19	20	21	22	23	24	25	26	27	28	29	30	7/1	2	3	4	5	6	7	8	
일진	庚寅(경인)	辛卯(신묘)	壬辰(임진)	癸巳(계사)	甲午(갑오)	乙未(을미)	丙申(병신)	丁酉(정유)	戊戌(무술)	己亥(기해)	庚子(경자)	辛丑(신축)	壬寅(임인)	癸卯(계묘)	甲辰(갑진)	乙巳(을사)	丙午(병오)	丁未(정미)	戊申(무신)	己酉(기유)	庚戌(경술)	辛亥(신해)	壬子(임자)	癸丑(계축)	甲寅(갑인)	乙卯(을묘)	丙辰(병진)	丁巳(정사)	戊午(무오)	
절기시각												亥正																午初		
대운 순행	9	9	8	8	8	7	7	7	6	6	6	5	5	5	4	4	4	3	3	3	2	2	2	1	1	1	1	10	10	
대운 역행	2	2	2	3	3	3	4	4	4	5	5	5	6	6	6	7	7	7	8	8	8	9	9	9	10	10	10	10	1	

6 月 辛 未(신미) 大

절기												초복			대서							중복								입추
음력	一	二	三	四	五	六	七	八	九	十	十一	十二	十三	十四	十五	十六	十七	十八	十九	廿	廿一	廿二	廿三	廿四	廿五	廿六	廿七	廿八	廿九	三十
양력 월/일	7/9	10	11	12	13	14	15	16	17	18	19	20	21	22	23	24	25	26	27	28	29	30	31	8/1	2	3	4	5	6	7
일진	己未(기미)	庚申(경신)	辛酉(신유)	壬戌(임술)	癸亥(계해)	甲子(갑자)	乙丑(을축)	丙寅(병인)	丁卯(정묘)	戊辰(무진)	己巳(기사)	庚午(경오)	辛未(신미)	壬申(임신)	癸酉(계유)	甲戌(갑술)	乙亥(을해)	丙子(병자)	丁丑(정축)	戊寅(무인)	己卯(기묘)	庚辰(경진)	辛巳(신사)	壬午(임오)	癸未(계미)	甲申(갑신)	乙酉(을유)	丙戌(병술)	丁亥(정해)	戊子(무자)
절기시각															卯初															亥初
대운 순행	10	9	9	9	8	8	8	7	7	7	6	6	6	5	5	5	4	4	4	3	3	3	2	2	2	1	1	1	1	10
대운 역행	1	1	2	2	2	3	3	3	4	4	4	5	5	5	6	6	6	7	7	7	8	8	8	9	9	9	10	10	10	10

北 大將	午 喪門	寅 弔客	南 三殺

7 月 壬 申(임신) 小

절기		말복														처서													
음력	一	二	三	四	五	六	七	八	九	十	十一	十二	十三	十四	十五	十六	十七	十八	十九	廿	廿一	廿二	廿三	廿四	廿五	廿六	廿七	廿八	廿九
양력 월/일	8/8	9	10	11	12	13	14	15	16	17	18	19	20	21	22	23	24	25	26	27	28	29	30	31	9/1	2	3	4	5
일진	己丑(기축)	庚寅(경인)	辛卯(신묘)	壬辰(임진)	癸巳(계사)	甲午(갑오)	乙未(을미)	丙申(병신)	丁酉(정유)	戊戌(무술)	己亥(기해)	庚子(경자)	辛丑(신축)	壬寅(임인)	癸卯(계묘)	甲辰(갑진)	乙巳(을사)	丙午(병오)	丁未(정미)	戊申(무신)	己酉(기유)	庚戌(경술)	辛亥(신해)	壬子(임자)	癸丑(계축)	甲寅(갑인)	乙卯(을묘)	丙辰(병진)	丁巳(정사)
절기시각																午初													
대운 순행	10	10	9	9	9	8	8	8	7	7	7	6	6	6	5	5	5	4	4	4	3	3	3	2	2	2	1	1	1
대운 역행	1	1	1	2	2	2	3	3	3	4	4	4	5	5	5	6	6	6	7	7	7	8	8	8	9	9	9	10	10

8 月 癸 酉(계유) 大

절기		백로																추분												
음력	一	二	三	四	五	六	七	八	九	十	十一	十二	十三	十四	十五	十六	十七	十八	十九	廿	廿一	廿二	廿三	廿四	廿五	廿六	廿七	廿八	廿九	三十
양력 월/일	9/6	7	8	9	10	11	12	13	14	15	16	17	18	19	20	21	22	23	24	25	26	27	28	29	30	10/1	2	3	4	5
일진	戊午(무오)	己未(기미)	庚申(경신)	辛酉(신유)	壬戌(임술)	癸亥(계해)	甲子(갑자)	乙丑(을축)	丙寅(병인)	丁卯(정묘)	戊辰(무진)	己巳(기사)	庚午(경오)	辛未(신미)	壬申(임신)	癸酉(계유)	甲戌(갑술)	乙亥(을해)	丙子(병자)	丁丑(정축)	戊寅(무인)	己卯(기묘)	庚辰(경진)	辛巳(신사)	壬午(임오)	癸未(계미)	甲申(갑신)	乙酉(을유)	丙戌(병술)	丁亥(정해)
절기시각		子正																巳初												
대운 순행	1	10	10	10	9	9	9	8	8	8	7	7	7	6	6	6	5	5	5	4	4	4	3	3	3	2	2	2	1	1
대운 역행	10	10	1	1	1	2	2	2	3	3	3	4	4	4	5	5	5	6	6	6	7	7	7	8	8	8	9	9	9	10

9 月 甲 戌(갑술) 小

절기			한로															상강											
음력	一	二	三	四	五	六	七	八	九	十	十一	十二	十三	十四	十五	十六	十七	十八	十九	廿	廿一	廿二	廿三	廿四	廿五	廿六	廿七	廿八	廿九
양력 월/일	10/6	7	8	9	10	11	12	13	14	15	16	17	18	19	20	21	22	23	24	25	26	27	28	29	30	31	11/1	2	3
일진	戊子(무자)	己丑(기축)	庚寅(경인)	辛卯(신묘)	壬辰(임진)	癸巳(계사)	甲午(갑오)	乙未(을미)	丙申(병신)	丁酉(정유)	戊戌(무술)	己亥(기해)	庚子(경자)	辛丑(신축)	壬寅(임인)	癸卯(계묘)	甲辰(갑진)	乙巳(을사)	丙午(병오)	丁未(정미)	戊申(무신)	己酉(기유)	庚戌(경술)	辛亥(신해)	壬子(임자)	癸丑(계축)	甲寅(갑인)	乙卯(을묘)	丙辰(병진)
절기시각			申正															戌初											
대운 순행	1	1	10	10	9	9	9	8	8	8	7	7	7	6	6	6	5	5	5	4	4	4	3	3	3	2	2	2	1
대운 역행	10	10	10	1	1	1	2	2	2	3	3	3	4	4	4	5	5	5	6	6	6	7	7	7	8	8	8	9	9

10 月 乙 亥(을해) 大

절기				입동															소설											
음력	一	二	三	四	五	六	七	八	九	十	十一	十二	十三	十四	十五	十六	十七	十八	十九	廿	廿一	廿二	廿三	廿四	廿五	廿六	廿七	廿八	廿九	三十
양력 월/일	11/4	5	6	7	8	9	10	11	12	13	14	15	16	17	18	19	20	21	22	23	24	25	26	27	28	29	30	12/1	2	3
일진	丁巳(정사)	戊午(무오)	己未(기미)	庚申(경신)	辛酉(신유)	壬戌(임술)	癸亥(계해)	甲子(갑자)	乙丑(을축)	丙寅(병인)	丁卯(정묘)	戊辰(무진)	己巳(기사)	庚午(경오)	辛未(신미)	壬申(임신)	癸酉(계유)	甲戌(갑술)	乙亥(을해)	丙子(병자)	丁丑(정축)	戊寅(무인)	己卯(기묘)	庚辰(경진)	辛巳(신사)	壬午(임오)	癸未(계미)	甲申(갑신)	乙酉(을유)	丙戌(병술)
절기시각				戌初															申正											
대운 순행	1	1	1	10	10	9	9	9	8	8	8	7	7	7	6	6	6	5	5	5	4	4	4	3	3	3	2	2	2	1
대운 역행	9	10	10	10	1	1	1	2	2	2	3	3	3	4	4	4	5	5	5	6	6	6	7	7	7	8	8	8	9	9

11 月 丙 子(병자) 大

절기				대설															동지											
음력	一	二	三	四	五	六	七	八	九	十	十一	十二	十三	十四	十五	十六	十七	十八	十九	廿	廿一	廿二	廿三	廿四	廿五	廿六	廿七	廿八	廿九	三十
양력 월/일	12/4	5	6	7	8	9	10	11	12	13	14	15	16	17	18	19	20	21	22	23	24	25	26	27	28	29	30	31	1/1	2
일진	丁亥(정해)	戊子(무자)	己丑(기축)	庚寅(경인)	辛卯(신묘)	壬辰(임진)	癸巳(계사)	甲午(갑오)	乙未(을미)	丙申(병신)	丁酉(정유)	戊戌(무술)	己亥(기해)	庚子(경자)	辛丑(신축)	壬寅(임인)	癸卯(계묘)	甲辰(갑진)	乙巳(을사)	丙午(병오)	丁未(정미)	戊申(무신)	己酉(기유)	庚戌(경술)	辛亥(신해)	壬子(임자)	癸丑(계축)	甲寅(갑인)	乙卯(을묘)	丙辰(병진)
절기시각				午初															卯初											
대운 순행	1	1	1	10	9	9	9	8	8	8	7	7	7	6	6	6	5	5	5	4	4	4	3	3	3	2	2	2	1	1
대운 역행	9	10	10	10	1	1	1	2	2	2	3	3	3	4	4	4	5	5	5	6	6	6	7	7	7	8	8	8	9	9

12 月 丁 丑(정축) 大

절기			소한															대한												
음력	一	二	三	四	五	六	七	八	九	十	十一	十二	十三	十四	十五	十六	十七	十八	十九	廿	廿一	廿二	廿三	廿四	廿五	廿六	廿七	廿八	廿九	三十
양력 월/일	1/3	4	5	6	7	8	9	10	11	12	13	14	15	16	17	18	19	20	21	22	23	24	25	26	27	28	29	30	31	2/1
일진	丁巳(정사)	戊午(무오)	己未(기미)	庚申(경신)	辛酉(신유)	壬戌(임술)	癸亥(계해)	甲子(갑자)	乙丑(을축)	丙寅(병인)	丁卯(정묘)	戊辰(무진)	己巳(기사)	庚午(경오)	辛未(신미)	壬申(임신)	癸酉(계유)	甲戌(갑술)	乙亥(을해)	丙子(병자)	丁丑(정축)	戊寅(무인)	己卯(기묘)	庚辰(경진)	辛巳(신사)	壬午(임오)	癸未(계미)	甲申(갑신)	乙酉(을유)	丙戌(병술)
절기시각			亥正															申初												
대운 순행	1	1	10	10	9	9	9	8	8	8	7	7	7	6	6	6	5	5	5	4	4	4	3	3	3	2	2	2	1	1
대운 역행	9	10	10	1	1	1	2	2	2	3	3	3	4	4	4	5	5	5	6	6	6	7	7	7	8	8	8	9	9	9

단기 4298 년
불기 2509 년

1965년 乙巳(을사)年

1 月 戊寅(무인) 小

절기			입춘															우수												
음력	一	二	三	四	五	六	七	八	九	十	十一	十二	十三	十四	十五	十六	十七	十八	十九	廿	廿一	廿二	廿三	廿四	廿五	廿六	廿七	廿八	廿九	
양력 월/일	2/2	3	4	5	6	7	8	9	10	11	12	13	14	15	16	17	18	19	20	21	22	23	24	25	26	27	28	3/1	2	
일진	丁亥(정해)	戊子(무자)	己丑(기축)	庚寅(경인)	辛卯(신묘)	壬辰(임진)	癸巳(계사)	甲午(갑오)	乙未(을미)	丙申(병신)	丁酉(정유)	戊戌(무술)	己亥(기해)	庚子(경자)	辛丑(신축)	壬寅(임인)	癸卯(계묘)	甲辰(갑진)	乙巳(을사)	丙午(병오)	丁未(정미)	戊申(무신)	己酉(기유)	庚戌(경술)	辛亥(신해)	壬子(임자)	癸丑(계축)	甲寅(갑인)	乙卯(을묘)	
절기시각			巳初															卯初												
대운 순행	1	1	10	10	9	9	9	8	8	8	7	7	7	6	6	6	5	5	5	4	4	4	3	3	3	2	2	2	1	
대운 역행	10	10	10	1	1	1	2	2	2	3	3	3	4	4	4	5	5	5	6	6	6	7	7	7	8	8	8	9	9	

2 月 己卯(기묘) 大

절기				경칩															춘분											
음력	一	二	三	四	五	六	七	八	九	十	十一	十二	十三	十四	十五	十六	十七	十八	十九	廿	廿一	廿二	廿三	廿四	廿五	廿六	廿七	廿八	廿九	三十
양력 월/일	3/3	4	5	6	7	8	9	10	11	12	13	14	15	16	17	18	19	20	21	22	23	24	25	26	27	28	29	30	31	4/1
일진	丙辰(병진)	丁巳(정사)	戊午(무오)	己未(기미)	庚申(경신)	辛酉(신유)	壬戌(임술)	癸亥(계해)	甲子(갑자)	乙丑(을축)	丙寅(병인)	丁卯(정묘)	戊辰(무진)	己巳(기사)	庚午(경오)	辛未(신미)	壬申(임신)	癸酉(계유)	甲戌(갑술)	乙亥(을해)	丙子(병자)	丁丑(정축)	戊寅(무인)	己卯(기묘)	庚辰(경진)	辛巳(신사)	壬午(임오)	癸未(계미)	甲申(갑신)	乙酉(을유)
절기시각				寅初															寅正											
대운 순행	1	1	1	10	10	9	9	9	8	8	8	7	7	7	6	6	6	5	5	5	4	4	4	3	3	3	2	2	2	1
대운 역행	9	10	10	10	1	1	1	2	2	2	3	3	3	4	4	4	5	5	5	6	6	6	7	7	7	8	8	8	9	9

3 月 庚辰(경진) 小

절기				청명	한식														곡우											
음력	一	二	三	四	五	六	七	八	九	十	十一	十二	十三	十四	十五	十六	十七	十八	十九	廿	廿一	廿二	廿三	廿四	廿五	廿六	廿七	廿八	廿九	
양력 월/일	4/2	3	4	5	6	7	8	9	10	11	12	13	14	15	16	17	18	19	20	21	22	23	24	25	26	27	28	29	30	
일진	丙戌(병술)	丁亥(정해)	戊子(무자)	己丑(기축)	庚寅(경인)	辛卯(신묘)	壬辰(임진)	癸巳(계사)	甲午(갑오)	乙未(을미)	丙申(병신)	丁酉(정유)	戊戌(무술)	己亥(기해)	庚子(경자)	辛丑(신축)	壬寅(임인)	癸卯(계묘)	甲辰(갑진)	乙巳(을사)	丙午(병오)	丁未(정미)	戊申(무신)	己酉(기유)	庚戌(경술)	辛亥(신해)	壬子(임자)	癸丑(계축)	甲寅(갑인)	
절기시각				辰正															申初											
대운 순행	1	1	1	10	10	10	9	9	9	8	8	8	7	7	7	6	6	6	5	5	5	4	4	4	3	3	3	2	2	
대운 역행	9	10	10	10	1	1	1	2	2	2	3	3	3	4	4	4	5	5	5	6	6	6	7	7	7	8	8	8	9	

4 月 辛巳(신사) 大

절기						입하															소만									
음력	一	二	三	四	五	六	七	八	九	十	十一	十二	十三	十四	十五	十六	十七	十八	十九	廿	廿一	廿二	廿三	廿四	廿五	廿六	廿七	廿八	廿九	三十
양력 월/일	5/1	2	3	4	5	6	7	8	9	10	11	12	13	14	15	16	17	18	19	20	21	22	23	24	25	26	27	28	29	30
일진	乙卯(을묘)	丙辰(병진)	丁巳(정사)	戊午(무오)	己未(기미)	庚申(경신)	辛酉(신유)	壬戌(임술)	癸亥(계해)	甲子(갑자)	乙丑(을축)	丙寅(병인)	丁卯(정묘)	戊辰(무진)	己巳(기사)	庚午(경오)	辛未(신미)	壬申(임신)	癸酉(계유)	甲戌(갑술)	乙亥(을해)	丙子(병자)	丁丑(정축)	戊寅(무인)	己卯(기묘)	庚辰(경진)	辛巳(신사)	壬午(임오)	癸未(계미)	甲申(갑신)
절기시각						丑正															申正									
대운 순행	2	1	1	1	1	10	10	10	9	9	9	8	8	8	7	7	7	6	6	6	5	5	5	4	4	4	3	3	3	2
대운 역행	9	9	10	10	10	10	1	1	1	2	2	2	3	3	3	4	4	4	5	5	5	6	6	6	7	7	7	8	8	8

5 月 壬午(임오) 小

절기							망종															하지								
음력	一	二	三	四	五	六	七	八	九	十	十一	十二	十三	十四	十五	十六	十七	十八	十九	廿	廿一	廿二	廿三	廿四	廿五	廿六	廿七	廿八	廿九	
양력 월/일	5/31	6/1	2	3	4	5	6	7	8	9	10	11	12	13	14	15	16	17	18	19	20	21	22	23	24	25	26	27	28	
일진	乙酉(을유)	丙戌(병술)	丁亥(정해)	戊子(무자)	己丑(기축)	庚寅(경인)	辛卯(신묘)	壬辰(임진)	癸巳(계사)	甲午(갑오)	乙未(을미)	丙申(병신)	丁酉(정유)	戊戌(무술)	己亥(기해)	庚子(경자)	辛丑(신축)	壬寅(임인)	癸卯(계묘)	甲辰(갑진)	乙巳(을사)	丙午(병오)	丁未(정미)	戊申(무신)	己酉(기유)	庚戌(경술)	辛亥(신해)	壬子(임자)	癸丑(계축)	
절기시각							卯正															子初								
대운 순행	2	2	1	1	1	1	10	10	10	9	9	9	8	8	8	7	7	7	6	6	6	5	5	5	4	4	4	3	3	
대운 역행	9	9	9	10	10	10	10	1	1	1	2	2	2	3	3	3	4	4	4	5	5	5	6	6	6	7	7	7	8	

6 月 癸未(계미) 小

절기									소서								초복								대서		중복			
음력	一	二	三	四	五	六	七	八	九	十	十一	十二	十三	十四	十五	十六	十七	十八	十九	廿	廿一	廿二	廿三	廿四	廿五	廿六	廿七	廿八	廿九	
양력 월/일	6/29	30	7/1	2	3	4	5	6	7	8	9	10	11	12	13	14	15	16	17	18	19	20	21	22	23	24	25	26	27	
일진	甲寅(갑인)	乙卯(을묘)	丙辰(병진)	丁巳(정사)	戊午(무오)	己未(기미)	庚申(경신)	辛酉(신유)	壬戌(임술)	癸亥(계해)	甲子(갑자)	乙丑(을축)	丙寅(병인)	丁卯(정묘)	戊辰(무진)	己巳(기사)	庚午(경오)	辛未(신미)	壬申(임신)	癸酉(계유)	甲戌(갑술)	乙亥(을해)	丙子(병자)	丁丑(정축)	戊寅(무인)	己卯(기묘)	庚辰(경진)	辛巳(신사)	壬午(임오)	
절기시각									酉初																巳正					
대운 순행	3	2	2	2	1	1	1	1	10	10	10	10	9	9	9	8	8	8	7	7	7	6	6	6	5	5	5	4	4	
대운 역행	8	8	9	9	9	10	10	10	10	1	1	1	2	2	2	3	3	3	4	4	4	5	5	5	6	6	6	7	7	

東 大將　　未 喪門　　卯 弔客　　東 三殺

7 月　甲 申(갑신)　大

절기											입추						말복									처서			
음력	一	二	三	四	五	六	七	八	九	十	十一	十二	十三	十四	十五	十六	十七	十八	十九	廿	廿一	廿二	廿三	廿四	廿五	廿六	廿七	廿八	廿九	三十
양력 월/일	7/28	29	30	31	8/1	2	3	4	5	6	7	8	9	10	11	12	13	14	15	16	17	18	19	20	21	22	23	24	25	26
일진	癸未(계미)	甲申(갑신)	乙酉(을유)	丙戌(병술)	丁亥(정해)	戊子(무자)	己丑(기축)	庚寅(경인)	辛卯(신묘)	壬辰(임진)	癸巳(계사)	甲午(갑오)	乙未(을미)	丙申(병신)	丁酉(정유)	戊戌(무술)	己亥(기해)	庚子(경자)	辛丑(신축)	壬寅(임인)	癸卯(계묘)	甲辰(갑진)	乙巳(을사)	丙午(병오)	丁未(정미)	戊申(무신)	己酉(기유)	庚戌(경술)	辛亥(신해)	壬子(임자)
절기시각												寅初															酉正			
대운 순행	4	3	3	3	2	2	2	1	1	1	1	10	10	10	9	9	9	8	8	8	7	7	7	6	6	6	5	5	5	4
대운 역행	7	8	8	8	9	9	9	10	10	10	10	10	1	1	1	2	2	2	3	3	3	4	4	4	5	5	5	6	6	6

8 月　乙 酉(을유)　소

절기													백로															추분		
음력	一	二	三	四	五	六	七	八	九	十	十一	十二	十三	十四	十五	十六	十七	十八	十九	廿	廿一	廿二	廿三	廿四	廿五	廿六	廿七	廿八	廿九	
양력 월/일	8/27	28	29	30	31	9/1	2	3	4	5	6	7	8	9	10	11	12	13	14	15	16	17	18	19	20	21	22	23	24	
일진	癸丑(계축)	甲寅(갑인)	乙卯(을묘)	丙辰(병진)	丁巳(정사)	戊午(무오)	己未(기미)	庚申(경신)	辛酉(신유)	壬戌(임술)	癸亥(계해)	甲子(갑자)	乙丑(을축)	丙寅(병인)	丁卯(정묘)	戊辰(무진)	己巳(기사)	庚午(경오)	辛未(신미)	壬申(임신)	癸酉(계유)	甲戌(갑술)	乙亥(을해)	丙子(병자)	丁丑(정축)	戊寅(무인)	己卯(기묘)	庚辰(경진)	辛巳(신사)	
절기시각													卯正															申初		
대운 순행	4	4	3	3	3	2	2	2	1	1	1	1	10	10	9	9	9	8	8	8	7	7	7	6	6	6	5	5	5	
대운 역행	7	7	7	8	8	8	9	9	9	10	10	10	10	1	1	1	2	2	2	3	3	3	4	4	4	5	5	5	6	

9 月　丙 戌(병술)　小

절기														한로																
음력	一	二	三	四	五	六	七	八	九	十	十一	十二	十三	十四	十五	十六	十七	十八	十九	廿	廿一	廿二	廿三	廿四	廿五	廿六	廿七	廿八	廿九	
양력 월/일	9/25	26	27	28	29	30	10/1	2	3	4	5	6	7	8	9	10	11	12	13	14	15	16	17	18	19	20	21	22	23	
일진	壬午(임오)	癸未(계미)	甲申(갑신)	乙酉(을유)	丙戌(병술)	丁亥(정해)	戊子(무자)	己丑(기축)	庚寅(경인)	辛卯(신묘)	壬辰(임진)	癸巳(계사)	甲午(갑오)	乙未(을미)	丙申(병신)	丁酉(정유)	戊戌(무술)	己亥(기해)	庚子(경자)	辛丑(신축)	壬寅(임인)	癸卯(계묘)	甲辰(갑진)	乙巳(을사)	丙午(병오)	丁未(정미)	戊申(무신)	己酉(기유)	庚戌(경술)	
절기시각														亥正																
대운 순행	4	4	4	3	3	3	2	2	2	1	1	1	1	10	10	9	9	9	8	8	8	7	7	7	6	6	6	5	5	
대운 역행	6	6	7	7	7	8	8	8	9	9	9	10	10	10	1	1	1	2	2	2	3	3	3	4	4	4	5	5	5	

10 月　丁 亥(정해)　大

절기	상강															입동														소설
음력	一	二	三	四	五	六	七	八	九	十	十一	十二	十三	十四	十五	十六	十七	十八	十九	廿	廿一	廿二	廿三	廿四	廿五	廿六	廿七	廿八	廿九	三十
양력 월/일	10/24	25	26	27	28	29	30	31	11/1	2	3	4	5	6	7	8	9	10	11	12	13	14	15	16	17	18	19	20	21	22
일진	辛亥(신해)	壬子(임자)	癸丑(계축)	甲寅(갑인)	乙卯(을묘)	丙辰(병진)	丁巳(정사)	戊午(무오)	己未(기미)	庚申(경신)	辛酉(신유)	壬戌(임술)	癸亥(계해)	甲子(갑자)	乙丑(을축)	丙寅(병인)	丁卯(정묘)	戊辰(무진)	己巳(기사)	庚午(경오)	辛未(신미)	壬申(임신)	癸酉(계유)	甲戌(갑술)	乙亥(을해)	丙子(병자)	丁丑(정축)	戊寅(무인)	己卯(기묘)	庚辰(경진)
절기시각	子正															子正														亥正
대운 순행	5	4	4	4	3	3	3	2	2	2	1	1	1	1	10	10	9	9	9	8	8	8	7	7	7	6	6	6	5	5
대운 역행	6	6	6	7	7	7	8	8	8	9	9	9	10	10	10	1	1	1	2	2	2	3	3	3	4	4	4	5	5	5

11 月　戊 子(무자)　大

절기															대설															동지
음력	一	二	三	四	五	六	七	八	九	十	十一	十二	十三	十四	十五	十六	十七	十八	十九	廿	廿一	廿二	廿三	廿四	廿五	廿六	廿七	廿八	廿九	三十
양력 월/일	11/23	24	25	26	27	28	29	30	12/1	2	3	4	5	6	7	8	9	10	11	12	13	14	15	16	17	18	19	20	21	22
일진	辛巳(신사)	壬午(임오)	癸未(계미)	甲申(갑신)	乙酉(을유)	丙戌(병술)	丁亥(정해)	戊子(무자)	己丑(기축)	庚寅(경인)	辛卯(신묘)	壬辰(임진)	癸巳(계사)	甲午(갑오)	乙未(을미)	丙申(병신)	丁酉(정유)	戊戌(무술)	己亥(기해)	庚子(경자)	辛丑(신축)	壬寅(임인)	癸卯(계묘)	甲辰(갑진)	乙巳(을사)	丙午(병오)	丁未(정미)	戊申(무신)	己酉(기유)	庚戌(경술)
절기시각															酉初															巳正
대운 순행	5	4	4	4	3	3	3	2	2	2	1	1	1	1	10	10	9	9	9	8	8	8	7	7	7	6	6	6	5	5
대운 역행	6	6	6	7	7	7	8	8	8	9	9	9	10	10	10	1	1	1	2	2	2	3	3	3	4	4	4	5	5	5

12 月　己 丑(기축)　大

절기															소한														대한	
음력	一	二	三	四	五	六	七	八	九	十	十一	十二	十三	十四	十五	十六	十七	十八	十九	廿	廿一	廿二	廿三	廿四	廿五	廿六	廿七	廿八	廿九	三十
양력 월/일	12/23	24	25	26	27	28	29	30	31	1/1	2	3	4	5	6	7	8	9	10	11	12	13	14	15	16	17	18	19	20	21
일진	辛亥(신해)	壬子(임자)	癸丑(계축)	甲寅(갑인)	乙卯(을묘)	丙辰(병진)	丁巳(정사)	戊午(무오)	己未(기미)	庚申(경신)	辛酉(신유)	壬戌(임술)	癸亥(계해)	甲子(갑자)	乙丑(을축)	丙寅(병인)	丁卯(정묘)	戊辰(무진)	己巳(기사)	庚午(경오)	辛未(신미)	壬申(임신)	癸酉(계유)	甲戌(갑술)	乙亥(을해)	丙子(병자)	丁丑(정축)	戊寅(무인)	己卯(기묘)	庚辰(경진)
절기시각															寅初														亥初	
대운 순행	5	4	4	4	3	3	3	2	2	2	1	1	1	1	10	9	9	9	8	8	8	7	7	7	6	6	6	5	5	5
대운 역행	6	6	6	7	7	7	8	8	8	9	9	9	10	10	10	1	1	1	2	2	2	3	3	3	4	4	4	5	5	5

단기 4299 년
불기 2510 년

1966년 丙午(병오)年

1 月 庚 寅(경인) 小

절기														입춘															우수
음력	一	二	三	四	五	六	七	八	九	十	十一	十二	十三	十四	十五	十六	十七	十八	十九	二十	廿一	廿二	廿三	廿四	廿五	廿六	廿七	廿八	廿九
양력 월/일	1/22	23	24	25	26	27	28	29	30	31	2/1	2	3	4	5	6	7	8	9	10	11	12	13	14	15	16	17	18	19
일진	辛巳(신사)	壬午(임오)	癸未(계미)	甲申(갑신)	乙酉(을유)	丙戌(병술)	丁亥(정해)	戊子(무자)	己丑(기축)	庚寅(경인)	辛卯(신묘)	壬辰(임진)	癸巳(계사)	甲午(갑오)	乙未(을미)	丙申(병신)	丁酉(정유)	戊戌(무술)	己亥(기해)	庚子(경자)	辛丑(신축)	壬寅(임인)	癸卯(계묘)	甲辰(갑진)	乙巳(을사)	丙午(병오)	丁未(정미)	戊申(무신)	己酉(기유)
절기시각														申初															午初
대운 순행	4	4	4	3	3	3	2	2	2	1	1	1	1	10	10	9	9	9	8	8	8	7	7	7	6	6	6	5	5
대운 역행	6	6	6	7	7	7	8	8	8	9	9	9	10	10	1	1	1	2	2	2	3	3	3	4	4	4	5	5	5

2 月 辛 卯(신묘) 大

절기															경칩															춘분
음력	一	二	三	四	五	六	七	八	九	十	十一	十二	十三	十四	十五	十六	十七	十八	十九	二十	廿一	廿二	廿三	廿四	廿五	廿六	廿七	廿八	廿九	三十
양력 월/일	2/20	21	22	23	24	25	26	27	28	3/1	2	3	4	5	6	7	8	9	10	11	12	13	14	15	16	17	18	19	20	21
일진	庚戌(경술)	辛亥(신해)	壬子(임자)	癸丑(계축)	甲寅(갑인)	乙卯(을묘)	丙辰(병진)	丁巳(정사)	戊午(무오)	己未(기미)	庚申(경신)	辛酉(신유)	壬戌(임술)	癸亥(계해)	甲子(갑자)	乙丑(을축)	丙寅(병인)	丁卯(정묘)	戊辰(무진)	己巳(기사)	庚午(경오)	辛未(신미)	壬申(임신)	癸酉(계유)	甲戌(갑술)	乙亥(을해)	丙子(병자)	丁丑(정축)	戊寅(무인)	己卯(기묘)
절기시각															巳初															巳正
대운 순행	5	4	4	4	3	3	3	2	2	2	1	1	1	1	10	10	9	9	9	8	8	8	7	7	7	6	6	6	5	5
대운 역행	6	6	6	7	7	7	8	8	8	9	9	9	10	10	10	1	1	1	2	2	2	3	3	3	4	4	4	5	5	5

3 月 壬 辰(임진) 大

절기															청명	한식														곡우
음력	一	二	三	四	五	六	七	八	九	十	十一	十二	十三	十四	十五	十六	十七	十八	十九	二十	廿一	廿二	廿三	廿四	廿五	廿六	廿七	廿八	廿九	三十
양력 월/일	3/22	23	24	25	26	27	28	29	30	31	4/1	2	3	4	5	6	7	8	9	10	11	12	13	14	15	16	17	18	19	20
일진	庚辰(경진)	辛巳(신사)	壬午(임오)	癸未(계미)	甲申(갑신)	乙酉(을유)	丙戌(병술)	丁亥(정해)	戊子(무자)	己丑(기축)	庚寅(경인)	辛卯(신묘)	壬辰(임진)	癸巳(계사)	甲午(갑오)	乙未(을미)	丙申(병신)	丁酉(정유)	戊戌(무술)	己亥(기해)	庚子(경자)	辛丑(신축)	壬寅(임인)	癸卯(계묘)	甲辰(갑진)	乙巳(을사)	丙午(병오)	丁未(정미)	戊申(무신)	己酉(기유)
절기시각															未正															亥初
대운 순행	5	4	4	4	3	3	3	2	2	2	1	1	1	1	10	10	10	9	9	9	8	8	8	7	7	7	6	6	6	5
대운 역행	6	6	6	7	7	7	8	8	8	9	9	9	10	10	10	1	1	1	2	2	2	3	3	3	4	4	4	5	5	5

閏 3 月 壬 辰(임진) 小

절기																입하													
음력	一	二	三	四	五	六	七	八	九	十	十一	十二	十三	十四	十五	十六	十七	十八	十九	二十	廿一	廿二	廿三	廿四	廿五	廿六	廿七	廿八	廿九
양력 월/일	4/21	22	23	24	25	26	27	28	29	30	5/1	2	3	4	5	6	7	8	9	10	11	12	13	14	15	16	17	18	19
일진	庚戌(경술)	辛亥(신해)	壬子(임자)	癸丑(계축)	甲寅(갑인)	乙卯(을묘)	丙辰(병진)	丁巳(정사)	戊午(무오)	己未(기미)	庚申(경신)	辛酉(신유)	壬戌(임술)	癸亥(계해)	甲子(갑자)	乙丑(을축)	丙寅(병인)	丁卯(정묘)	戊辰(무진)	己巳(기사)	庚午(경오)	辛未(신미)	壬申(임신)	癸酉(계유)	甲戌(갑술)	乙亥(을해)	丙子(병자)	丁丑(정축)	戊寅(무인)
절기시각	子正															辰正													
대운 순행	5	5	4	4	4	3	3	3	2	2	2	1	1	1	1	10	10	10	9	9	9	8	8	8	7	7	7	6	6
대운 역행	6	6	6	7	7	7	8	8	8	9	9	9	10	10	10	10	1	1	1	2	2	2	3	3	3	4	4	4	5

4 月 癸 巳(계사) 大

절기		소만																망종												
음력	一	二	三	四	五	六	七	八	九	十	十一	十二	十三	十四	十五	十六	十七	十八	十九	二十	廿一	廿二	廿三	廿四	廿五	廿六	廿七	廿八	廿九	三十
양력 월/일	5/20	21	22	23	24	25	26	27	28	29	30	31	6/1	2	3	4	5	6	7	8	9	10	11	12	13	14	15	16	17	18
일진	己卯(기묘)	庚辰(경진)	辛巳(신사)	壬午(임오)	癸未(계미)	甲申(갑신)	乙酉(을유)	丙戌(병술)	丁亥(정해)	戊子(무자)	己丑(기축)	庚寅(경인)	辛卯(신묘)	壬辰(임진)	癸巳(계사)	甲午(갑오)	乙未(을미)	丙申(병신)	丁酉(정유)	戊戌(무술)	己亥(기해)	庚子(경자)	辛丑(신축)	壬寅(임인)	癸卯(계묘)	甲辰(갑진)	乙巳(을사)	丙午(병오)	丁未(정미)	戊申(무신)
절기시각		亥初																子正												
대운 순행	6	5	5	5	4	4	4	3	3	3	2	2	2	1	1	1	1	10	10	10	9	9	9	8	8	8	7	7	7	6
대운 역행	5	5	6	6	6	7	7	7	8	8	8	9	9	9	10	10	10	10	1	1	1	2	2	2	3	3	3	4	4	4

5 月 甲 午(갑오) 小

절기				하지															소서										
음력	一	二	三	四	五	六	七	八	九	十	十一	十二	十三	十四	十五	十六	十七	十八	十九	二十	廿一	廿二	廿三	廿四	廿五	廿六	廿七	廿八	廿九
양력 월/일	6/19	20	21	22	23	24	25	26	27	28	29	30	7/1	2	3	4	5	6	7	8	9	10	11	12	13	14	15	16	17
일진	己酉(기유)	庚戌(경술)	辛亥(신해)	壬子(임자)	癸丑(계축)	甲寅(갑인)	乙卯(을묘)	丙辰(병진)	丁巳(정사)	戊午(무오)	己未(기미)	庚申(경신)	辛酉(신유)	壬戌(임술)	癸亥(계해)	甲子(갑자)	乙丑(을축)	丙寅(병인)	丁卯(정묘)	戊辰(무진)	己巳(기사)	庚午(경오)	辛未(신미)	壬申(임신)	癸酉(계유)	甲戌(갑술)	乙亥(을해)	丙子(병자)	丁丑(정축)
절기시각				卯初															子初										
대운 순행	6	6	5	5	5	4	4	4	3	3	3	2	2	2	1	1	1	1	10	10	10	10	9	9	9	8	8	8	7
대운 역행	5	5	5	6	6	6	7	7	7	8	8	8	9	9	9	10	10	10	10	1	1	1	2	2	2	3	3	3	4

東 大將	申 喪門	辰 弔客	北 三殺

6 月 乙 未(을미) 小

절기			초복			대서							중복									입추	말복							
음력	一	二	三	四	五	六	七	八	九	十	十一	十二	十三	十四	十五	十六	十七	十八	十九	二十	廿一	廿二	廿三	廿四	廿五	廿六	廿七	廿八	廿九	
양력 월/일	7/18	19	20	21	22	23	24	25	26	27	28	29	30	31	8/1	2	3	4	5	6	7	8	9	10	11	12	13	14	15	
일진	戊寅(무인)	己卯(기묘)	庚辰(경진)	辛巳(신사)	壬午(임오)	癸未(계미)	甲申(갑신)	乙酉(을유)	丙戌(병술)	丁亥(정해)	戊子(무자)	己丑(기축)	庚寅(경인)	辛卯(신묘)	壬辰(임진)	癸巳(계사)	甲午(갑오)	乙未(을미)	丙申(병신)	丁酉(정유)	戊戌(무술)	己亥(기해)	庚子(경자)	辛丑(신축)	壬寅(임인)	癸卯(계묘)	甲辰(갑진)	乙巳(을사)	丙午(병오)	
절기시각						申正																巳初								
대운 순행	7	7	6	6	6	5	5	5	4	4	4	3	3	3	2	2	2	1	1	1	1	10	10	10	9	9	9	8	8	
대운 역행	4	4	5	5	5	6	6	6	7	7	7	8	8	8	9	9	9	10	10	10	10	10	1	1	1	2	2	2	3	

7 月 丙 申(병신) 大

절기								처서																백로						
음력	一	二	三	四	五	六	七	八	九	十	十一	十二	十三	十四	十五	十六	十七	十八	十九	二十	廿一	廿二	廿三	廿四	廿五	廿六	廿七	廿八	廿九	三十
양력 월/일	8/16	17	18	19	20	21	22	23	24	25	26	27	28	29	30	31	9/1	2	3	4	5	6	7	8	9	10	11	12	13	14
일진	丁未(정미)	戊申(무신)	己酉(기유)	庚戌(경술)	辛亥(신해)	壬子(임자)	癸丑(계축)	甲寅(갑인)	乙卯(을묘)	丙辰(병진)	丁巳(정사)	戊午(무오)	己未(기미)	庚申(경신)	辛酉(신유)	壬戌(임술)	癸亥(계해)	甲子(갑자)	乙丑(을축)	丙寅(병인)	丁卯(정묘)	戊辰(무진)	己巳(기사)	庚午(경오)	辛未(신미)	壬申(임신)	癸酉(계유)	甲戌(갑술)	乙亥(을해)	丙子(병자)
절기시각								子初																午正						
대운 순행	8	7	7	7	6	6	6	5	5	5	4	4	4	3	3	3	2	2	2	1	1	1	1	10	10	10	9	9	9	8
대운 역행	3	3	4	4	4	5	5	5	6	6	6	7	7	7	8	8	8	9	9	9	10	10	10	10	1	1	1	2	2	2

8 月 丁 酉(정유) 小

절기									추분																한로					
음력	一	二	三	四	五	六	七	八	九	十	十一	十二	十三	十四	十五	十六	十七	十八	十九	二十	廿一	廿二	廿三	廿四	廿五	廿六	廿七	廿八	廿九	
양력 월/일	9/15	16	17	18	19	20	21	22	23	24	25	26	27	28	29	30	10/1	2	3	4	5	6	7	8	9	10	11	12	13	
일진	丁丑(정축)	戊寅(무인)	己卯(기묘)	庚辰(경진)	辛巳(신사)	壬午(임오)	癸未(계미)	甲申(갑신)	乙酉(을유)	丙戌(병술)	丁亥(정해)	戊子(무자)	己丑(기축)	庚寅(경인)	辛卯(신묘)	壬辰(임진)	癸巳(계사)	甲午(갑오)	乙未(을미)	丙申(병신)	丁酉(정유)	戊戌(무술)	己亥(기해)	庚子(경자)	辛丑(신축)	壬寅(임인)	癸卯(계묘)	甲辰(갑진)	乙巳(을사)	
절기시각									亥初																寅初					
대운 순행	8	8	7	7	7	6	6	6	5	5	5	4	4	4	3	3	3	2	2	2	1	1	1	1	10	10	9	9	9	
대운 역행	3	3	3	4	4	4	5	5	5	6	6	6	7	7	7	8	8	8	9	9	9	10	10	10	10	1	1	1	2	

9 月 戊 戌(무술) 小

절기											상강															입동				
음력	一	二	三	四	五	六	七	八	九	十	十一	十二	十三	十四	十五	十六	十七	十八	十九	二十	廿一	廿二	廿三	廿四	廿五	廿六	廿七	廿八	廿九	
양력 월/일	10/14	15	16	17	18	19	20	21	22	23	24	25	26	27	28	29	30	31	11/1	2	3	4	5	6	7	8	9	10	11	
일진	丙午(병오)	丁未(정미)	戊申(무신)	己酉(기유)	庚戌(경술)	辛亥(신해)	壬子(임자)	癸丑(계축)	甲寅(갑인)	乙卯(을묘)	丙辰(병진)	丁巳(정사)	戊午(무오)	己未(기미)	庚申(경신)	辛酉(신유)	壬戌(임술)	癸亥(계해)	甲子(갑자)	乙丑(을축)	丙寅(병인)	丁卯(정묘)	戊辰(무진)	己巳(기사)	庚午(경오)	辛未(신미)	壬申(임신)	癸酉(계유)	甲戌(갑술)	
절기시각											卯正															卯正				
대운 순행	8	8	8	7	7	7	6	6	6	5	5	5	4	4	4	3	3	3	2	2	2	1	1	1	1	10	9	9	9	
대운 역행	2	2	3	3	3	4	4	4	5	5	5	6	6	6	7	7	7	8	8	8	9	9	9	10	10	10	1	1	1	

10 月 己 亥(기해) 大

절기												소설														대설				
음력	一	二	三	四	五	六	七	八	九	十	十一	十二	十三	十四	十五	十六	十七	十八	十九	二十	廿一	廿二	廿三	廿四	廿五	廿六	廿七	廿八	廿九	三十
양력 월/일	11/12	13	14	15	16	17	18	19	20	21	22	23	24	25	26	27	28	29	30	12/1	2	3	4	5	6	7	8	9	10	11
일진	乙亥(을해)	丙子(병자)	丁丑(정축)	戊寅(무인)	己卯(기묘)	庚辰(경진)	辛巳(신사)	壬午(임오)	癸未(계미)	甲申(갑신)	乙酉(을유)	丙戌(병술)	丁亥(정해)	戊子(무자)	己丑(기축)	庚寅(경인)	辛卯(신묘)	壬辰(임진)	癸巳(계사)	甲午(갑오)	乙未(을미)	丙申(병신)	丁酉(정유)	戊戌(무술)	己亥(기해)	庚子(경자)	辛丑(신축)	壬寅(임인)	癸卯(계묘)	甲辰(갑진)
절기시각												寅正														子初				
대운 순행	8	8	8	7	7	7	6	6	6	5	5	5	4	4	4	3	3	3	2	2	2	1	1	1	1	10	10	9	9	9
대운 역행	2	2	2	3	3	3	4	4	4	5	5	5	6	6	6	7	7	7	8	8	8	9	9	9	10	10	1	1	1	2

11 月 庚 子(경자) 大

절기											동지															소한				
음력	一	二	三	四	五	六	七	八	九	十	十一	十二	十三	十四	十五	十六	十七	十八	十九	二十	廿一	廿二	廿三	廿四	廿五	廿六	廿七	廿八	廿九	三十
양력 월/일	12/12	13	14	15	16	17	18	19	20	21	22	23	24	25	26	27	28	29	30	31	1/1	2	3	4	5	6	7	8	9	10
일진	乙巳(을사)	丙午(병오)	丁未(정미)	戊申(무신)	己酉(기유)	庚戌(경술)	辛亥(신해)	壬子(임자)	癸丑(계축)	甲寅(갑인)	乙卯(을묘)	丙辰(병진)	丁巳(정사)	戊午(무오)	己未(기미)	庚申(경신)	辛酉(신유)	壬戌(임술)	癸亥(계해)	甲子(갑자)	乙丑(을축)	丙寅(병인)	丁卯(정묘)	戊辰(무진)	己巳(기사)	庚午(경오)	辛未(신미)	壬申(임신)	癸酉(계유)	甲戌(갑술)
절기시각											申正															巳初				
대운 순행	8	8	8	7	7	7	6	6	6	5	5	5	4	4	4	3	3	3	2	2	2	1	1	1	1	10	9	9	9	8
대운 역행	2	2	3	3	3	4	4	4	5	5	5	6	6	6	7	7	7	8	8	8	9	9	9	10	10	10	1	1	1	2

12 月 辛 丑(신축) 小

절기											대한														입춘					
음력	一	二	三	四	五	六	七	八	九	十	十一	十二	十三	十四	十五	十六	十七	十八	十九	二十	廿一	廿二	廿三	廿四	廿五	廿六	廿七	廿八	廿九	
양력 월/일	1/11	12	13	14	15	16	17	18	19	20	21	22	23	24	25	26	27	28	29	30	31	2/1	2	3	4	5	6	7	8	
일진	乙亥(을해)	丙子(병자)	丁丑(정축)	戊寅(무인)	己卯(기묘)	庚辰(경진)	辛巳(신사)	壬午(임오)	癸未(계미)	甲申(갑신)	乙酉(을유)	丙戌(병술)	丁亥(정해)	戊子(무자)	己丑(기축)	庚寅(경인)	辛卯(신묘)	壬辰(임진)	癸巳(계사)	甲午(갑오)	乙未(을미)	丙申(병신)	丁酉(정유)	戊戌(무술)	己亥(기해)	庚子(경자)	辛丑(신축)	壬寅(임인)	癸卯(계묘)	
절기시각											丑正														亥初					
대운 순행	8	8	7	7	7	6	6	6	5	5	5	4	4	4	3	3	3	2	2	2	1	1	1	1	10	10	9	9	9	
대운 역행	2	2	3	3	3	4	4	4	5	5	5	6	6	6	7	7	7	8	8	8	9	9	9	10	10	1	1	1	2	

단기 4300 년
불기 2511 년

1967년 丁未(정미)年

1 月 壬寅(임인) 大

절 기											우수															경칩				
음 력	一	二	三	四	五	六	七	八	九	十	十一	十二	十三	十四	十五	十六	十七	十八	十九	二十	廿一	廿二	廿三	廿四	廿五	廿六	廿七	廿八	廿九	三十
양 력 월/일	2/9	10	11	12	13	14	15	16	17	18	19	20	21	22	23	24	25	26	27	28	3/1	2	3	4	5	6	7	8	9	10
일 진	甲辰(갑진)	乙巳(을사)	丙午(병오)	丁未(정미)	戊申(무신)	己酉(기유)	庚戌(경술)	辛亥(신해)	壬子(임자)	癸丑(계축)	甲寅(갑인)	乙卯(을묘)	丙辰(병진)	丁巳(정사)	戊午(무오)	己未(기미)	庚申(경신)	辛酉(신유)	壬戌(임술)	癸亥(계해)	甲子(갑자)	乙丑(을축)	丙寅(병인)	丁卯(정묘)	戊辰(무진)	己巳(기사)	庚午(경오)	辛未(신미)	壬申(임신)	癸酉(계유)
절기시각											酉初															申初				
대 순행	8	8	8	7	7	7	6	6	6	5	5	5	4	4	4	3	3	3	2	2	2	1	1	1	1	10	10	9	9	9
운 역행	2	2	3	3	3	4	4	4	5	5	5	6	6	6	7	7	7	8	8	8	9	9	9	10	10	10	1	1	1	2

2 月 癸卯(계묘) 大

절 기											춘분															청명	한식			
음 력	一	二	三	四	五	六	七	八	九	十	十一	十二	十三	十四	十五	十六	十七	十八	十九	二十	廿一	廿二	廿三	廿四	廿五	廿六	廿七	廿八	廿九	三十
양 력 월/일	3/11	12	13	14	15	16	17	18	19	20	21	22	23	24	25	26	27	28	29	30	31	4/1	2	3	4	5	6	7	8	9
일 진	甲戌(갑술)	乙亥(을해)	丙子(병자)	丁丑(정축)	戊寅(무인)	己卯(기묘)	庚辰(경진)	辛巳(신사)	壬午(임오)	癸未(계미)	甲申(갑신)	乙酉(을유)	丙戌(병술)	丁亥(정해)	戊子(무자)	己丑(기축)	庚寅(경인)	辛卯(신묘)	壬辰(임진)	癸巳(계사)	甲午(갑오)	乙未(을미)	丙申(병신)	丁酉(정유)	戊戌(무술)	己亥(기해)	庚子(경자)	辛丑(신축)	壬寅(임인)	癸卯(계묘)
절기시각											申正															戌正				
대 순행	8	8	8	7	7	7	6	6	6	5	5	5	4	4	4	3	3	3	2	2	2	1	1	1	1	10	10	10	9	9
운 역행	2	2	3	3	3	4	4	4	5	5	5	6	6	6	7	7	7	8	8	8	9	9	9	10	10	10	1	1	1	2

3 月 甲辰(갑진) 小

절 기												곡우															입하		
음 력	一	二	三	四	五	六	七	八	九	十	十一	十二	十三	十四	十五	十六	十七	十八	十九	二十	廿一	廿二	廿三	廿四	廿五	廿六	廿七	廿八	廿九
양 력 월/일	4/10	11	12	13	14	15	16	17	18	19	20	21	22	23	24	25	26	27	28	29	30	5/1	2	3	4	5	6	7	8
일 진	甲辰(갑진)	乙巳(을사)	丙午(병오)	丁未(정미)	戊申(무신)	己酉(기유)	庚戌(경술)	辛亥(신해)	壬子(임자)	癸丑(계축)	甲寅(갑인)	乙卯(을묘)	丙辰(병진)	丁巳(정사)	戊午(무오)	己未(기미)	庚申(경신)	辛酉(신유)	壬戌(임술)	癸亥(계해)	甲子(갑자)	乙丑(을축)	丙寅(병인)	丁卯(정묘)	戊辰(무진)	己巳(기사)	庚午(경오)	辛未(신미)	壬申(임신)
절기시각												寅初															未正		
대 순행	9	8	8	8	7	7	7	6	6	6	5	5	5	4	4	4	3	3	3	2	2	2	1	1	1	1	10	10	10
운 역행	2	2	3	3	3	4	4	4	5	5	5	6	6	6	7	7	7	8	8	8	9	9	9	10	10	10	10	1	1

4 月 乙巳(을사) 大

절 기														소만															망종	
음 력	一	二	三	四	五	六	七	八	九	十	十一	十二	十三	十四	十五	十六	十七	十八	十九	二十	廿一	廿二	廿三	廿四	廿五	廿六	廿七	廿八	廿九	三十
양 력 월/일	5/9	10	11	12	13	14	15	16	17	18	19	20	21	22	23	24	25	26	27	28	28	30	31	6/1	2	3	4	5	6	7
일 진	癸酉(계유)	甲戌(갑술)	乙亥(을해)	丙子(병자)	丁丑(정축)	戊寅(무인)	己卯(기묘)	庚辰(경진)	辛巳(신사)	壬午(임오)	癸未(계미)	甲申(갑신)	乙酉(을유)	丙戌(병술)	丁亥(정해)	戊子(무자)	己丑(기축)	庚寅(경인)	辛卯(신묘)	壬辰(임진)	癸巳(계사)	甲午(갑오)	乙未(을미)	丙申(병신)	丁酉(정유)	戊戌(무술)	己亥(기해)	庚子(경자)	辛丑(신축)	壬寅(임인)
절기시각														寅初															酉正	
대 순행	9	9	9	8	8	8	7	7	7	6	6	6	5	5	5	4	4	4	3	3	3	2	2	2	1	1	1	1	10	10
운 역행	1	2	2	2	3	3	3	4	4	4	5	5	5	6	6	6	7	7	7	8	8	8	9	9	9	10	10	10	10	1

5 月 丙午(병오) 大

절 기															하지															
음 력	一	二	三	四	五	六	七	八	九	十	十一	十二	十三	十四	十五	十六	十七	十八	十九	二十	廿一	廿二	廿三	廿四	廿五	廿六	廿七	廿八	廿九	三十
양 력 월/일	6/8	9	10	11	12	13	14	15	16	17	18	19	20	21	22	23	24	25	26	27	28	29	30	7/1	2	3	4	5	6	7
일 진	癸卯(계묘)	甲辰(갑진)	乙巳(을사)	丙午(병오)	丁未(정미)	戊申(무신)	己酉(기유)	庚戌(경술)	辛亥(신해)	壬子(임자)	癸丑(계축)	甲寅(갑인)	乙卯(을묘)	丙辰(병진)	丁巳(정사)	戊午(무오)	己未(기미)	庚申(경신)	辛酉(신유)	壬戌(임술)	癸亥(계해)	甲子(갑자)	乙丑(을축)	丙寅(병인)	丁卯(정묘)	戊辰(무진)	己巳(기사)	庚午(경오)	辛未(신미)	壬申(임신)
절기시각															午初															
대 순행	10	10	9	9	9	8	8	8	7	7	7	6	6	6	5	5	5	4	4	4	3	3	3	2	2	2	1	1	1	1
운 역행	1	1	2	2	2	3	3	3	4	4	4	5	5	5	6	6	6	7	7	7	8	8	8	9	9	9	10	10	10	10

6 月 丁未(정미) 小

절 기	소서							초복								대서		중복											
음 력	一	二	三	四	五	六	七	八	九	十	十一	十二	十三	十四	十五	十六	十七	十八	十九	二十	廿一	廿二	廿三	廿四	廿五	廿六	廿七	廿八	廿九
양 력 월/일	7/8	9	10	11	12	13	14	15	16	17	18	19	20	21	22	23	24	25	26	27	28	29	30	31	8/1	2	3	4	5
일 진	癸酉(계유)	甲戌(갑술)	乙亥(을해)	丙子(병자)	丁丑(정축)	戊寅(무인)	己卯(기묘)	庚辰(경진)	辛巳(신사)	壬午(임오)	癸未(계미)	甲申(갑신)	乙酉(을유)	丙戌(병술)	丁亥(정해)	戊子(무자)	己丑(기축)	庚寅(경인)	辛卯(신묘)	壬辰(임진)	癸巳(계사)	甲午(갑오)	乙未(을미)	丙申(병신)	丁酉(정유)	戊戌(무술)	己亥(기해)	庚子(경자)	辛丑(신축)
절기시각	寅初															亥正													
대 순행	10	10	10	9	9	9	8	8	8	7	7	7	6	6	6	5	5	5	4	4	4	3	3	3	2	2	2	1	1
운 역행	10	1	1	1	2	2	2	3	3	3	4	4	4	5	5	5	6	6	6	7	7	7	8	8	8	9	9	9	10

東 大將	酉 喪門	巳 弔客	酉 三殺

7 月 戊 申(무신) 小

절기			입추						말복										처서											
음력	一	二	三	四	五	六	七	八	九	十	十一	十二	十三	十四	十五	十六	十七	十八	十九	廿	廿一	廿二	廿三	廿四	廿五	廿六	廿七	廿八	廿九	
양력 월/일	8/6	7	8	9	10	11	12	13	14	15	16	17	18	19	20	21	22	23	24	25	26	27	28	29	30	31	9/1	2	3	
일진	壬寅(임인)	癸卯(계묘)	甲辰(갑진)	乙巳(을사)	丙午(병오)	丁未(정미)	戊申(무신)	己酉(기유)	庚戌(경술)	辛亥(신해)	壬子(임자)	癸丑(계축)	甲寅(갑인)	乙卯(을묘)	丙辰(병진)	丁巳(정사)	戊午(무오)	己未(기미)	庚申(경신)	辛酉(신유)	壬戌(임술)	癸亥(계해)	甲子(갑자)	乙丑(을축)	丙寅(병인)	丁卯(정묘)	戊辰(무진)	己巳(기사)	庚午(경오)	
절기시각			未正																卯初											
대운 순행	1	1	10	10	10	9	9	9	8	8	8	7	7	7	6	6	6	5	5	5	4	4	4	3	3	3	2	2	2	
대운 역행	10	10	10	1	1	1	2	2	2	3	3	3	4	4	4	5	5	5	6	6	6	7	7	7	8	8	8	9	9	

8 月 己 酉(기유) 大

절기					백로																추분									
음력	一	二	三	四	五	六	七	八	九	十	十一	十二	十三	十四	十五	十六	十七	十八	十九	廿	廿一	廿二	廿三	廿四	廿五	廿六	廿七	廿八	廿九	三十
양력 월/일	9/4	5	6	7	8	9	10	11	12	13	14	15	16	17	18	19	20	21	22	23	24	25	26	27	28	29	30	10/1	2	3
일진	辛未(신미)	壬申(임신)	癸酉(계유)	甲戌(갑술)	乙亥(을해)	丙子(병자)	丁丑(정축)	戊寅(무인)	己卯(기묘)	庚辰(경진)	辛巳(신사)	壬午(임오)	癸未(계미)	甲申(갑신)	乙酉(을유)	丙戌(병술)	丁亥(정해)	戊子(무자)	己丑(기축)	庚寅(경인)	辛卯(신묘)	壬辰(임진)	癸巳(계사)	甲午(갑오)	乙未(을미)	丙申(병신)	丁酉(정유)	戊戌(무술)	己亥(기해)	庚子(경자)
절기시각					酉初																丑正									
대운 순행	1	1	1	1	10	10	10	9	9	9	8	8	8	7	7	7	6	6	6	5	5	5	4	4	4	3	3	3	2	2
대운 역행	9	10	10	10	10	1	1	1	2	2	2	3	3	3	4	4	4	5	5	5	6	6	6	7	7	7	8	8	8	9

9 月 庚 戌(경술) 小

절기						한로															상강									
음력	一	二	三	四	五	六	七	八	九	十	十一	十二	十三	十四	十五	十六	十七	十八	十九	廿	廿一	廿二	廿三	廿四	廿五	廿六	廿七	廿八	廿九	
양력 월/일	10/4	5	6	7	8	9	10	11	12	13	14	15	16	17	18	19	20	21	22	23	24	25	26	27	28	29	30	31	11/1	
일진	辛丑(신축)	壬寅(임인)	癸卯(계묘)	甲辰(갑진)	乙巳(을사)	丙午(병오)	丁未(정미)	戊申(무신)	己酉(기유)	庚戌(경술)	辛亥(신해)	壬子(임자)	癸丑(계축)	甲寅(갑인)	乙卯(을묘)	丙辰(병진)	丁巳(정사)	戊午(무오)	己未(기미)	庚申(경신)	辛酉(신유)	壬戌(임술)	癸亥(계해)	甲子(갑자)	乙丑(을축)	丙寅(병인)	丁卯(정묘)	戊辰(무진)	己巳(기사)	
절기시각						辰正															午初									
대운 순행	2	1	1	1	1	10	10	9	9	9	8	8	8	7	7	7	6	6	6	5	5	5	4	4	4	3	3	3	2	
대운 역행	9	9	10	10	10	10	1	1	1	2	2	2	3	3	3	4	4	4	5	5	5	6	6	6	7	7	7	8	8	

10 月 辛 亥(신해) 大

절기							입동															소설								
음력	一	二	三	四	五	六	七	八	九	十	十一	十二	十三	十四	十五	十六	十七	十八	十九	廿	廿一	廿二	廿三	廿四	廿五	廿六	廿七	廿八	廿九	三十
양력 월/일	11/2	3	4	5	6	7	8	9	10	11	12	13	14	15	16	17	18	19	20	21	22	23	24	25	26	27	28	29	30	12/1
일진	庚午(경오)	辛未(신미)	壬申(임신)	癸酉(계유)	甲戌(갑술)	乙亥(을해)	丙子(병자)	丁丑(정축)	戊寅(무인)	己卯(기묘)	庚辰(경진)	辛巳(신사)	壬午(임오)	癸未(계미)	甲申(갑신)	乙酉(을유)	丙戌(병술)	丁亥(정해)	戊子(무자)	己丑(기축)	庚寅(경인)	辛卯(신묘)	壬辰(임진)	癸巳(계사)	甲午(갑오)	乙未(을미)	丙申(병신)	丁酉(정유)	戊戌(무술)	己亥(기해)
절기시각							午初															巳初								
대운 순행	2	2	1	1	1	1	10	10	9	9	9	8	8	8	7	7	7	6	6	6	5	5	5	4	4	4	3	3	3	2
대운 역행	8	9	9	9	10	10	10	1	1	1	2	2	2	3	3	3	4	4	4	5	5	5	6	6	6	7	7	7	8	8

11 月 壬 子(임자) 小

절기							대설														동지									
음력	一	二	三	四	五	六	七	八	九	十	十一	十二	十三	十四	十五	十六	十七	十八	十九	廿	廿一	廿二	廿三	廿四	廿五	廿六	廿七	廿八	廿九	
양력 월/일	12/2	3	4	5	6	7	8	9	10	11	12	13	14	15	16	17	18	19	20	21	22	23	24	25	26	27	28	29	30	
일진	庚子(경자)	辛丑(신축)	壬寅(임인)	癸卯(계묘)	甲辰(갑진)	乙巳(을사)	丙午(병오)	丁未(정미)	戊申(무신)	己酉(기유)	庚戌(경술)	辛亥(신해)	壬子(임자)	癸丑(계축)	甲寅(갑인)	乙卯(을묘)	丙辰(병진)	丁巳(정사)	戊午(무오)	己未(기미)	庚申(경신)	辛酉(신유)	壬戌(임술)	癸亥(계해)	甲子(갑자)	乙丑(을축)	丙寅(병인)	丁卯(정묘)	戊辰(무진)	
절기시각							寅正														亥正									
대운 순행	2	2	1	1	1	1	10	9	9	9	8	8	8	7	7	7	6	6	6	5	5	5	4	4	4	3	3	3	2	
대운 역행	8	9	9	9	10	10	10	1	1	1	2	2	2	3	3	3	4	4	4	5	5	5	6	6	6	7	7	7	8	

12 月 癸 丑(계축) 大

절기							소한															대한								
음력	一	二	三	四	五	六	七	八	九	十	十一	十二	十三	十四	十五	十六	十七	十八	十九	廿	廿一	廿二	廿三	廿四	廿五	廿六	廿七	廿八	廿九	三十
양력 월/일	12/31	1/1	2	3	4	5	6	7	8	9	10	11	12	13	14	15	16	17	18	19	20	21	22	23	24	25	26	27	28	29
일진	己巳(기사)	庚午(경오)	辛未(신미)	壬申(임신)	癸酉(계유)	甲戌(갑술)	乙亥(을해)	丙子(병자)	丁丑(정축)	戊寅(무인)	己卯(기묘)	庚辰(경진)	辛巳(신사)	壬午(임오)	癸未(계미)	甲申(갑신)	乙酉(을유)	丙戌(병술)	丁亥(정해)	戊子(무자)	己丑(기축)	庚寅(경인)	辛卯(신묘)	壬辰(임진)	癸巳(계사)	甲午(갑오)	乙未(을미)	丙申(병신)	丁酉(정유)	戊戌(무술)
절기시각							申初															辰正								
대운 순행	2	2	1	1	1	1	10	10	9	9	9	8	8	8	7	7	7	6	6	6	5	5	5	4	4	4	3	3	3	2
대운 역행	8	8	9	9	9	10	10	1	1	1	2	2	2	3	3	3	4	4	4	5	5	5	6	6	6	7	7	7	8	8

단기 4301 년
불기 2512 년

1968년 戊申(무신)年

1 月 甲 寅(갑인) 小

절기							입춘														우수									
음력	一	二	三	四	五	六	七	八	九	十	十一	十二	十三	十四	十五	十六	十七	十八	十九	二十	廿一	廿二	廿三	廿四	廿五	廿六	廿七	廿八	廿九	
양력 월/일	1/30	31	2/1	2	3	4	5	6	7	8	9	10	11	12	13	14	15	16	17	18	19	20	21	22	23	24	25	26	27	
일진	己亥(기해)	庚子(경자)	辛丑(신축)	壬寅(임인)	癸卯(계묘)	甲辰(갑진)	乙巳(을사)	丙午(병오)	丁未(정미)	戊申(무신)	己酉(기유)	庚戌(경술)	辛亥(신해)	壬子(임자)	癸丑(계축)	甲寅(갑인)	乙卯(을묘)	丙辰(병진)	丁巳(정사)	戊午(무오)	己未(기미)	庚申(경신)	辛酉(신유)	壬戌(임술)	癸亥(계해)	甲子(갑자)	乙丑(을축)	丙寅(병인)	丁卯(정묘)	
절기시각							寅初														子初									
대운 순행	2	2	1	1	1	1	10	9	9	9	8	8	8	7	7	7	6	6	6	5	5	5	4	4	4	3	3	3	2	
대운 역행	8	9	9	9	10	10	10	1	1	1	2	2	2	3	3	3	4	4	4	5	5	5	6	6	6	7	7	7	8	

2 月 乙 卯(을묘) 大

절기							경칩															춘분								
음력	一	二	三	四	五	六	七	八	九	十	十一	十二	十三	十四	十五	十六	十七	十八	十九	二十	廿一	廿二	廿三	廿四	廿五	廿六	廿七	廿八	廿九	三十
양력 월/일	2/28	29	3/1	2	3	4	5	6	7	8	9	10	11	12	13	14	15	16	17	18	19	20	21	22	23	24	25	26	27	28
일진	戊辰(무진)	己巳(기사)	庚午(경오)	辛未(신미)	壬申(임신)	癸酉(계유)	甲戌(갑술)	乙亥(을해)	丙子(병자)	丁丑(정축)	戊寅(무인)	己卯(기묘)	庚辰(경진)	辛巳(신사)	壬午(임오)	癸未(계미)	甲申(갑신)	乙酉(을유)	丙戌(병술)	丁亥(정해)	戊子(무자)	己丑(기축)	庚寅(경인)	辛卯(신묘)	壬辰(임진)	癸巳(계사)	甲午(갑오)	乙未(을미)	丙申(병신)	丁酉(정유)
절기시각							戌正															亥正								
대운 순행	2	2	1	1	1	1	10	10	10	9	9	9	8	8	8	7	7	7	6	6	6	5	5	5	4	4	4	3	3	3
대운 역행	8	8	9	9	9	10	10	1	1	1	2	2	2	3	3	3	4	4	4	5	5	5	6	6	6	7	7	7	8	8

3 月 丙 辰(경진) 大

절기								청명															곡우							
음력	一	二	三	四	五	六	七	八	九	十	十一	十二	十三	十四	十五	十六	十七	十八	十九	二十	廿一	廿二	廿三	廿四	廿五	廿六	廿七	廿八	廿九	三十
양력 월/일	3/29	30	31	4/1	2	3	4	5	6	7	8	9	10	11	12	13	14	15	16	17	18	19	20	21	22	23	24	25	26	27
일진	戊戌(무술)	己亥(기해)	庚子(경자)	辛丑(신축)	壬寅(임인)	癸卯(계묘)	甲辰(갑진)	乙巳(을사)	丙午(병오)	丁未(정미)	戊申(무신)	己酉(기유)	庚戌(경술)	辛亥(신해)	壬子(임자)	癸丑(계축)	甲寅(갑인)	乙卯(을묘)	丙辰(병진)	丁巳(정사)	戊午(무오)	己未(기미)	庚申(경신)	辛酉(신유)	壬戌(임술)	癸亥(계해)	甲子(갑자)	乙丑(을축)	丙寅(병인)	丁卯(정묘)
절기시각								丑正															巳初							
대운 순행	2	2	2	1	1	1	1	10	10	9	9	9	8	8	8	7	7	7	6	6	6	5	5	5	4	4	4	3	3	3
대운 역행	8	9	9	9	10	10	10	10	1	1	1	2	2	2	3	3	3	4	4	4	5	5	5	6	6	6	7	7	7	8

4 月 丁 巳(정사) 小

절기								입하																소만						
음력	一	二	三	四	五	六	七	八	九	十	十一	十二	十三	十四	十五	十六	十七	十八	十九	二十	廿一	廿二	廿三	廿四	廿五	廿六	廿七	廿八	廿九	
양력 월/일	4/28	29	30	5/1	2	3	4	5	6	7	8	9	10	11	12	13	14	15	16	17	18	19	20	21	22	23	24	25	26	
일진	戊辰(무진)	己巳(기사)	庚午(경오)	辛未(신미)	壬申(임신)	癸酉(계유)	甲戌(갑술)	乙亥(을해)	丙子(병자)	丁丑(정축)	戊寅(무인)	己卯(기묘)	庚辰(경진)	辛巳(신사)	壬午(임오)	癸未(계미)	甲申(갑신)	乙酉(을유)	丙戌(병술)	丁亥(정해)	戊子(무자)	己丑(기축)	庚寅(경인)	辛卯(신묘)	壬辰(임진)	癸巳(계사)	甲午(갑오)	乙未(을미)	丙申(병신)	
절기시각								巳初																巳初						
대운 순행	2	2	2	1	1	1	1	10	10	10	9	9	9	8	8	8	7	7	7	6	6	6	5	5	5	4	4	4	3	
대운 역행	8	8	9	9	9	10	10	10	1	1	1	2	2	2	3	3	3	4	4	4	5	5	5	6	6	6	7	7	7	

5 月 戊 午(무오) 大

절기											망종															하지				
음력	一	二	三	四	五	六	七	八	九	十	十一	十二	十三	十四	十五	十六	十七	十八	十九	二十	廿一	廿二	廿三	廿四	廿五	廿六	廿七	廿八	廿九	三十
양력 월/일	5/27	28	29	30	31	6/1	2	3	4	5	6	7	8	9	10	11	12	13	14	15	16	17	18	19	20	21	22	23	24	25
일진	丁酉(정유)	戊戌(무술)	己亥(기해)	庚子(경자)	辛丑(신축)	壬寅(임인)	癸卯(계묘)	甲辰(갑진)	乙巳(을사)	丙午(병오)	丁未(정미)	戊申(무신)	己酉(기유)	庚戌(경술)	辛亥(신해)	壬子(임자)	癸丑(계축)	甲寅(갑인)	乙卯(을묘)	丙辰(병진)	丁巳(정사)	戊午(무오)	己未(기미)	庚申(경신)	辛酉(신유)	壬戌(임술)	癸亥(계해)	甲子(갑자)	乙丑(을축)	丙寅(병인)
절기시각											子正															酉初				
대운 순행	3	3	2	2	2	1	1	1	1	10	10	10	10	9	9	9	8	8	8	7	7	7	6	6	6	5	5	5	4	4
대운 역행	8	8	8	9	9	9	10	10	10	10	1	1	1	2	2	2	3	3	3	4	4	4	5	5	5	6	6	6	7	7

6 月 己 未(기미) 小

절기												소서												초복				대서		
음력	一	二	三	四	五	六	七	八	九	十	十一	十二	十三	十四	十五	十六	十七	十八	十九	二十	廿一	廿二	廿三	廿四	廿五	廿六	廿七	廿八	廿九	
양력 월/일	6/26	27	28	29	30	7/1	2	3	4	5	6	7	8	9	10	11	12	13	14	15	16	17	18	19	20	21	22	23	24	
일진	丁卯(정묘)	戊辰(무진)	己巳(기사)	庚午(경오)	辛未(신미)	壬申(임신)	癸酉(계유)	甲戌(갑술)	乙亥(을해)	丙子(병자)	丁丑(정축)	戊寅(무인)	己卯(기묘)	庚辰(경진)	辛巳(신사)	壬午(임오)	癸未(계미)	甲申(갑신)	乙酉(을유)	丙戌(병술)	丁亥(정해)	戊子(무자)	己丑(기축)	庚寅(경인)	辛卯(신묘)	壬辰(임진)	癸巳(계사)	甲午(갑오)	乙未(을미)	
절기시각												巳初																寅正		
대운 순행	4	3	3	3	2	2	2	1	1	1	1	10	10	10	9	9	9	8	8	8	7	7	7	6	6	6	5	5	5	
대운 역행	7	8	8	8	9	9	9	10	10	10	10	10	1	1	1	2	2	2	3	3	3	4	4	4	5	5	5	6	6	

南 大將	戊 喪門	午 弔客	南 三殺

7 月 庚 申(경신) 大

절기					중복									입추	말복															처서
음력	一	二	三	四	五	六	七	八	九	十	十一	十二	十三	十四	十五	十六	十七	十八	十九	二十	廿一	廿二	廿三	廿四	廿五	廿六	廿七	廿八	廿九	三十
양력 월/일	7/25	26	27	28	29	30	31	8/1	2	3	4	5	6	7	8	9	10	11	12	13	14	15	16	17	18	19	20	21	22	23
일진	丙申(병신)	丁酉(정유)	戊戌(무술)	己亥(기해)	庚子(경자)	辛丑(신축)	壬寅(임인)	癸卯(계묘)	甲辰(갑진)	乙巳(을사)	丙午(병오)	丁未(정미)	戊申(무신)	己酉(기유)	庚戌(경술)	辛亥(신해)	壬子(임자)	癸丑(계축)	甲寅(갑인)	乙卯(을묘)	丙辰(병진)	丁巳(정사)	戊午(무오)	己未(기미)	庚申(경신)	辛酉(신유)	壬戌(임술)	癸亥(계해)	甲子(갑자)	乙丑(을축)
절기시각														戌正																午初
대운 순행	4	4	4	3	3	3	2	2	2	1	1	1	1	10	10	10	9	9	9	8	8	8	7	7	7	6	6	6	5	5
대운 역행	6	7	7	7	8	8	8	9	9	9	10	10	10	10	1	1	1	2	2	2	3	3	3	4	4	4	5	5	5	6

閏 7 月 庚 申(경신) 小

절기															백로															
음력	一	二	三	四	五	六	七	八	九	十	十一	十二	十三	十四	十五	十六	十七	十八	十九	二十	廿一	廿二	廿三	廿四	廿五	廿六	廿七	廿八	廿九	
양력 월/일	8/24	25	26	27	28	29	30	31	9/1	2	3	4	5	6	7	8	9	10	11	12	13	14	15	16	17	18	19	20	21	
일진	丙寅(병인)	丁卯(정묘)	戊辰(무진)	己巳(기사)	庚午(경오)	辛未(신미)	壬申(임신)	癸酉(계유)	甲戌(갑술)	乙亥(을해)	丙子(병자)	丁丑(정축)	戊寅(무인)	己卯(기묘)	庚辰(경진)	辛巳(신사)	壬午(임오)	癸未(계미)	甲申(갑신)	乙酉(을유)	丙戌(병술)	丁亥(정해)	戊子(무자)	己丑(기축)	庚寅(경인)	辛卯(신묘)	壬辰(임진)	癸巳(계사)	甲午(갑오)	
절기시각	申正														子初															
대운 순행	5	4	4	4	3	3	3	2	2	2	1	1	1	1	10	10	10	9	9	9	8	8	8	7	7	7	6	6	6	
대운 역행	6	6	7	7	7	8	8	8	9	9	9	10	10	10	10	1	1	1	2	2	2	3	3	3	4	4	4	5	5	

8 月 辛 酉(신유) 大

절기		추분															한로													
음력	一	二	三	四	五	六	七	八	九	十	十一	十二	十三	十四	十五	十六	十七	十八	十九	二十	廿一	廿二	廿三	廿四	廿五	廿六	廿七	廿八	廿九	三十
양력 월/일	9/22	23	24	25	26	27	28	29	30	10/1	2	3	4	5	6	7	8	9	10	11	12	13	14	15	16	17	18	19	20	21
일진	乙未(을미)	丙申(병신)	丁酉(정유)	戊戌(무술)	己亥(기해)	庚子(경자)	辛丑(신축)	壬寅(임인)	癸卯(계묘)	甲辰(갑진)	乙巳(을사)	丙午(병오)	丁未(정미)	戊申(무신)	己酉(기유)	庚戌(경술)	辛亥(신해)	壬子(임자)	癸丑(계축)	甲寅(갑인)	乙卯(을묘)	丙辰(병진)	丁巳(정사)	戊午(무오)	己未(기미)	庚申(경신)	辛酉(신유)	壬戌(임술)	癸亥(계해)	甲子(갑자)
절기시각		辰正															未正													
대운 순행	5	5	5	4	4	4	3	3	3	2	2	2	1	1	1	1	10	10	9	9	9	8	8	8	7	7	7	6	6	6
대운 역행	5	6	6	6	7	7	7	8	8	8	9	9	9	10	10	10	10	1	1	1	2	2	2	3	3	3	4	4	4	5

9 月 壬 戌(임술) 小

절기	상강																입동													
음력	一	二	三	四	五	六	七	八	九	十	十一	十二	十三	十四	十五	十六	十七	十八	十九	二十	廿一	廿二	廿三	廿四	廿五	廿六	廿七	廿八	廿九	
양력 월/일	10/22	23	24	25	26	27	28	29	30	31	11/1	2	3	4	5	6	7	8	9	10	11	12	13	14	15	16	17	18	19	
일진	乙丑(을축)	丙寅(병인)	丁卯(정묘)	戊辰(무진)	己巳(기사)	庚午(경오)	辛未(신미)	壬申(임신)	癸酉(계유)	甲戌(갑술)	乙亥(을해)	丙子(병자)	丁丑(정축)	戊寅(무인)	己卯(기묘)	庚辰(경진)	辛巳(신사)	壬午(임오)	癸未(계미)	甲申(갑신)	乙酉(을유)	丙戌(병술)	丁亥(정해)	戊子(무자)	己丑(기축)	庚寅(경인)	辛卯(신묘)	壬辰(임진)	癸巳(계사)	
절기시각	酉初																酉初													
대운 순행	5	5	5	4	4	4	3	3	3	2	2	2	1	1	1	1	10	10	9	9	9	8	8	8	7	7	7	6	6	
대운 역행	5	5	6	6	6	7	7	7	8	8	8	9	9	9	10	10	10	1	1	1	2	2	2	3	3	3	4	4	4	

10 月 癸 亥(을해) 大

절기			소설															대설												
음력	一	二	三	四	五	六	七	八	九	十	十一	十二	十三	十四	十五	十六	十七	十八	十九	二十	廿一	廿二	廿三	廿四	廿五	廿六	廿七	廿八	廿九	三十
양력 월/일	11/20	21	22	23	24	25	26	27	28	29	30	12/1	2	3	4	5	6	7	8	9	10	11	12	13	14	15	16	17	18	19
일진	甲午(갑오)	乙未(을미)	丙申(병신)	丁酉(정유)	戊戌(무술)	己亥(기해)	庚子(경자)	辛丑(신축)	壬寅(임인)	癸卯(계묘)	甲辰(갑진)	乙巳(을사)	丙午(병오)	丁未(정미)	戊申(무신)	己酉(기유)	庚戌(경술)	辛亥(신해)	壬子(임자)	癸丑(계축)	甲寅(갑인)	乙卯(을묘)	丙辰(병진)	丁巳(정사)	戊午(무오)	己未(기미)	庚申(경신)	辛酉(신유)	壬戌(임술)	癸亥(계해)
절기시각			未正															巳正												
대운 순행	6	5	5	5	4	4	4	3	3	3	2	2	2	1	1	1	1	10	9	9	9	8	8	8	7	7	7	6	6	6
대운 역행	5	5	5	6	6	6	7	7	7	8	8	8	9	9	9	10	10	10	1	1	1	2	2	2	3	3	3	4	4	4

11 月 甲 子(갑자) 小

절기			동지														소한													
음력	一	二	三	四	五	六	七	八	九	十	十一	十二	十三	十四	十五	十六	十七	十八	十九	二十	廿一	廿二	廿三	廿四	廿五	廿六	廿七	廿八	廿九	
양력 월/일	12/20	21	22	23	24	25	26	27	28	29	30	31	1/1	2	3	4	5	6	7	8	9	10	11	12	13	14	15	16	17	
일진	甲子(갑자)	乙丑(을축)	丙寅(병인)	丁卯(정묘)	戊辰(무진)	己巳(기사)	庚午(경오)	辛未(신미)	壬申(임신)	癸酉(계유)	甲戌(갑술)	乙亥(을해)	丙子(병자)	丁丑(정축)	戊寅(무인)	己卯(기묘)	庚辰(경진)	辛巳(신사)	壬午(임오)	癸未(계미)	甲申(갑신)	乙酉(을유)	丙戌(병술)	丁亥(정해)	戊子(무자)	己丑(기축)	庚寅(경인)	辛卯(신묘)	壬辰(임진)	
절기시각			寅正														亥初													
대운 순행	5	5	5	4	4	4	3	3	3	2	2	2	1	1	1	1	10	10	9	9	9	8	8	8	7	7	7	6	6	
대운 역행	5	5	5	6	6	6	7	7	7	8	8	8	9	9	9	10	10	1	1	1	2	2	2	3	3	3	4	4	4	

12 月 乙 丑(을축) 大

절기			대한															입춘												
음력	一	二	三	四	五	六	七	八	九	十	十一	十二	十三	十四	十五	十六	十七	十八	十九	二十	廿一	廿二	廿三	廿四	廿五	廿六	廿七	廿八	廿九	三十
양력 월/일	1/18	19	20	21	22	23	24	25	26	27	28	29	30	31	2/1	2	3	4	5	6	7	8	9	10	11	12	13	14	15	16
일진	癸巳(계사)	甲午(갑오)	乙未(을미)	丙申(병신)	丁酉(정유)	戊戌(무술)	己亥(기해)	庚子(경자)	辛丑(신축)	壬寅(임인)	癸卯(계묘)	甲辰(갑진)	乙巳(을사)	丙午(병오)	丁未(정미)	戊申(무신)	己酉(기유)	庚戌(경술)	辛亥(신해)	壬子(임자)	癸丑(계축)	甲寅(갑인)	乙卯(을묘)	丙辰(병진)	丁巳(정사)	戊午(무오)	己未(기미)	庚申(경신)	辛酉(신유)	壬戌(임술)
절기시각			未正															辰正												
대운 순행	6	5	5	5	4	4	4	3	3	3	2	2	2	1	1	1	1	10	10	9	9	9	8	8	8	7	7	7	6	6
대운 역행	5	5	5	6	6	6	7	7	7	8	8	8	9	9	9	10	10	10	1	1	1	2	2	2	3	3	3	4	4	4

단기 4302 년
불기 2513 년

1969년 己酉(기유)年

1 月 丙寅(병인) 小

절기			우수															경칩												
음력	一	二	三	四	五	六	七	八	九	十	十一	十二	十三	十四	十五	十六	十七	十八	十九	二十	廿一	廿二	廿三	廿四	廿五	廿六	廿七	廿八	廿九	
양력 월/일	2/17	18	19	20	21	22	23	24	25	26	27	28	3/1	2	3	4	5	6	7	8	9	10	11	12	13	14	15	16	17	
일진	癸亥(계해)	甲子(갑자)	乙丑(을축)	丙寅(병인)	丁卯(정묘)	戊辰(무진)	己巳(기사)	庚午(경오)	辛未(신미)	壬申(임신)	癸酉(계유)	甲戌(갑술)	乙亥(을해)	丙子(병자)	丁丑(정축)	戊寅(무인)	己卯(기묘)	庚辰(경진)	辛巳(신사)	壬午(임오)	癸未(계미)	甲申(갑신)	乙酉(을유)	丙戌(병술)	丁亥(정해)	戊子(무자)	己丑(기축)	庚寅(경인)	辛卯(신묘)	
절기시각			寅正															寅初												
대운 순행	6	5	5	5	4	4	4	3	3	3	2	2	2	1	1	1	1	10	10	9	9	9	8	8	8	7	7	7	6	
대운 역행	5	5	5	6	6	6	7	7	7	8	8	8	9	9	9	10	10	10	1	1	1	2	2	2	3	3	3	4	4	

2 月 丁卯(정묘) 大

절기				춘분															청명	한식										
음력	一	二	三	四	五	六	七	八	九	十	十一	十二	十三	十四	十五	十六	十七	十八	十九	二十	廿一	廿二	廿三	廿四	廿五	廿六	廿七	廿八	廿九	三十
양력 월/일	3/18	19	20	21	22	23	24	25	26	27	28	29	30	31	4/1	2	3	4	5	6	7	8	9	10	11	12	13	14	15	16
일진	壬辰(임진)	癸巳(계사)	甲午(갑오)	乙未(을미)	丙申(병신)	丁酉(정유)	戊戌(무술)	己亥(기해)	庚子(경자)	辛丑(신축)	壬寅(임인)	癸卯(계묘)	甲辰(갑진)	乙巳(을사)	丙午(병오)	丁未(정미)	戊申(무신)	己酉(기유)	庚戌(경술)	辛亥(신해)	壬子(임자)	癸丑(계축)	甲寅(갑인)	乙卯(을묘)	丙辰(병진)	丁巳(정사)	戊午(무오)	己未(기미)	庚申(경신)	辛酉(신유)
절기시각				寅正															辰正											
대운 순행	6	6	5	5	5	4	4	4	3	3	3	2	2	2	1	1	1	1	10	10	10	9	9	9	8	8	8	7	7	7
대운 역행	4	5	5	5	6	6	6	7	7	7	8	8	8	9	9	9	10	10	10	1	1	1	2	2	2	3	3	3	4	4

3 月 戊辰(무진) 小

절기				곡우																입하										
음력	一	二	三	四	五	六	七	八	九	十	十一	十二	十三	十四	十五	十六	十七	十八	十九	二十	廿一	廿二	廿三	廿四	廿五	廿六	廿七	廿八	廿九	
양력 월/일	4/17	18	19	20	21	22	23	24	25	26	27	28	29	30	5/1	2	3	4	5	6	7	8	9	10	11	12	13	14	15	
일진	壬戌(임술)	癸亥(계해)	甲子(갑자)	乙丑(을축)	丙寅(병인)	丁卯(정묘)	戊辰(무진)	己巳(기사)	庚午(경오)	辛未(신미)	壬申(임신)	癸酉(계유)	甲戌(갑술)	乙亥(을해)	丙子(병자)	丁丑(정축)	戊寅(무인)	己卯(기묘)	庚辰(경진)	辛巳(신사)	壬午(임오)	癸未(계미)	甲申(갑신)	乙酉(을유)	丙戌(병술)	丁亥(정해)	戊子(무자)	己丑(기축)	庚寅(경인)	
절기시각				申初																丑初										
대운 순행	6	6	6	5	5	5	4	4	4	3	3	3	2	2	2	1	1	1	1	10	10	10	9	9	9	8	8	8	7	
대운 역행	4	5	5	5	6	6	6	7	7	7	8	8	8	9	9	9	10	10	10	10	1	1	1	2	2	2	3	3	3	

4 月 己巳(기사) 大

절기						소만																망종								
음력	一	二	三	四	五	六	七	八	九	十	十一	十二	十三	十四	十五	十六	十七	十八	十九	二十	廿一	廿二	廿三	廿四	廿五	廿六	廿七	廿八	廿九	三十
양력 월/일	5/16	17	18	19	20	21	22	23	24	25	26	27	28	29	30	31	6/1	2	3	4	5	6	7	8	9	10	11	12	13	14
일진	辛卯(신묘)	壬辰(임진)	癸巳(계사)	甲午(갑오)	乙未(을미)	丙申(병신)	丁酉(정유)	戊戌(무술)	己亥(기해)	庚子(경자)	辛丑(신축)	壬寅(임인)	癸卯(계묘)	甲辰(갑진)	乙巳(을사)	丙午(병오)	丁未(정미)	戊申(무신)	己酉(기유)	庚戌(경술)	辛亥(신해)	壬子(임자)	癸丑(계축)	甲寅(갑인)	乙卯(을묘)	丙辰(병진)	丁巳(정사)	戊午(무오)	己未(기미)	庚申(경신)
절기시각						未正																申正								
대운 순행	7	7	6	6	6	5	5	5	4	4	4	3	3	3	2	2	2	1	1	1	1	10	10	10	9	9	9	8	8	8
대운 역행	4	4	4	5	5	5	6	6	6	7	7	7	8	8	8	9	9	9	10	10	10	10	1	1	1	2	2	2	3	3

5 月 庚午(경오) 小

절기							하지																소서							
음력	一	二	三	四	五	六	七	八	九	十	十一	十二	十三	十四	十五	十六	十七	十八	十九	二十	廿一	廿二	廿三	廿四	廿五	廿六	廿七	廿八	廿九	
양력 월/일	6/15	16	17	18	19	20	21	22	23	24	25	26	27	28	29	30	7/1	2	3	4	5	6	7	8	9	10	11	12	13	
일진	辛酉(신유)	壬戌(임술)	癸亥(계해)	甲子(갑자)	乙丑(을축)	丙寅(병인)	丁卯(정묘)	戊辰(무진)	己巳(기사)	庚午(경오)	辛未(신미)	壬申(임신)	癸酉(계유)	甲戌(갑술)	乙亥(을해)	丙子(병자)	丁丑(정축)	戊寅(무인)	己卯(기묘)	庚辰(경진)	辛巳(신사)	壬午(임오)	癸未(계미)	甲申(갑신)	乙酉(을유)	丙戌(병술)	丁亥(정해)	戊子(무자)	己丑(기축)	
절기시각							亥正																申正							
대운 순행	7	7	7	6	6	6	5	5	5	4	4	4	3	3	3	2	2	2	1	1	1	1	10	10	10	10	9	9	9	
대운 역행	3	4	4	4	5	5	5	6	6	6	7	7	7	8	8	8	9	9	9	10	10	10	10	1	1	1	2	2	2	

6 月 辛未(신미) 大

절기	초복									대서	중복															입추				
음력	一	二	三	四	五	六	七	八	九	十	十一	十二	十三	十四	十五	十六	十七	十八	十九	二十	廿一	廿二	廿三	廿四	廿五	廿六	廿七	廿八	廿九	三十
양력 월/일	7/14	15	16	17	18	19	20	21	22	23	24	25	26	27	28	29	30	31	8/1	2	3	4	5	6	7	8	9	10	11	12
일진	庚寅(경인)	辛卯(신묘)	壬辰(임진)	癸巳(계사)	甲午(갑오)	乙未(을미)	丙申(병신)	丁酉(정유)	戊戌(무술)	己亥(기해)	庚子(경자)	辛丑(신축)	壬寅(임인)	癸卯(계묘)	甲辰(갑진)	乙巳(을사)	丙午(병오)	丁未(정미)	戊申(무신)	己酉(기유)	庚戌(경술)	辛亥(신해)	壬子(임자)	癸丑(계축)	甲寅(갑인)	乙卯(을묘)	丙辰(병진)	丁巳(정사)	戊午(무오)	己未(기미)
절기시각										巳初																丑正				
대운 순행	8	8	8	7	7	7	6	6	6	5	5	5	4	4	4	3	3	3	2	2	2	1	1	1	1	10	10	10	9	9
대운 역행	3	3	3	4	4	4	5	5	5	6	6	6	7	7	7	8	8	8	9	9	9	10	10	10	10	10	1	1	1	2

南 大將	亥 喪門	未 弔客	東 三殺

7 月 壬申(임신) 大

절기											처서																백로			
음력	一	二	三	四	五	六	七	八	九	十	十一	十二	十三	十四	十五	十六	十七	十八	十九	二十	廿一	廿二	廿三	廿四	廿五	廿六	廿七	廿八	廿九	三十
양력 월/일	8/13	14	15	16	17	18	19	20	21	22	23	24	25	26	27	28	29	30	31	9/1	2	3	4	5	6	7	8	9	10	11
일진	庚申(경신)	辛酉(신유)	壬戌(임술)	癸亥(제해)	甲子(을자)	乙丑(병축)	丙寅(병인)	丁卯(정묘)	戊辰(무진)	己巳(기사)	庚午(경오)	辛未(신미)	壬申(임신)	癸酉(계유)	甲戌(갑술)	乙亥(을해)	丙子(병자)	丁丑(정축)	戊寅(무인)	己卯(기묘)	庚辰(경진)	辛巳(신사)	壬午(임오)	癸未(계미)	甲申(갑신)	乙酉(을유)	丙戌(병술)	丁亥(정해)	戊子(무자)	己丑(기축)
절기시각											申正																寅正			
대 순행	9	8	8	8	7	7	7	6	6	6	5	5	5	4	4	4	3	3	3	2	2	2	1	1	1	1	10	10	9	9
운 역행	2	2	3	3	3	4	4	4	5	5	5	6	6	6	7	7	7	8	8	8	9	9	9	10	10	10	10	1	1	1

8 月 癸酉(계유) 小

절기												추분															한로			
음력	一	二	三	四	五	六	七	八	九	十	十一	十二	十三	十四	十五	十六	十七	十八	十九	二十	廿一	廿二	廿三	廿四	廿五	廿六	廿七	廿八	廿九	
양력 월/일	9/12	13	14	15	16	17	18	19	20	21	22	23	24	25	26	27	28	29	30	10/1	2	3	4	5	6	7	8	9	10	
일진	庚寅(경인)	辛卯(신묘)	壬辰(임진)	癸巳(계사)	甲午(갑오)	乙未(을미)	丙申(병신)	丁酉(정유)	戊戌(무술)	己亥(기해)	庚子(경자)	辛丑(신축)	壬寅(임인)	癸卯(계묘)	甲辰(갑진)	乙巳(을사)	丙午(병오)	丁未(정미)	戊申(무신)	己酉(기유)	庚戌(경술)	辛亥(신해)	壬子(임자)	癸丑(계축)	甲寅(갑인)	乙卯(을묘)	丙辰(병진)	丁巳(정사)	戊午(무오)	
절기시각												未正															戌正			
대 순행	9	8	8	8	7	7	7	6	6	6	5	5	5	4	4	4	3	3	3	2	2	2	1	1	1	1	10	10	9	
운 역행	2	2	2	3	3	3	4	4	4	5	5	5	6	6	6	7	7	7	8	8	8	9	9	9	10	10	10	1	1	

9 月 甲戌(갑술) 大

절기													상강															입동		
음력	一	二	三	四	五	六	七	八	九	十	十一	十二	十三	十四	十五	十六	十七	十八	十九	二十	廿一	廿二	廿三	廿四	廿五	廿六	廿七	廿八	廿九	三十
양력 월/일	10/11	12	13	14	15	16	17	18	19	20	21	22	23	24	25	26	27	28	29	30	31	11/1	2	3	4	5	6	7	8	9
일진	己未(기미)	庚申(경신)	辛酉(신유)	癸亥(제해)	壬戌(임술)	甲子(을자)	乙丑(병축)	丙寅(병인)	丁卯(정묘)	戊辰(무진)	己巳(기사)	庚午(경오)	辛未(신미)	壬申(임신)	癸酉(계유)	甲戌(갑술)	乙亥(을해)	丙子(병자)	丁丑(정축)	戊寅(무인)	己卯(기묘)	庚辰(경진)	辛巳(신사)	壬午(임오)	癸未(계미)	甲申(갑신)	乙酉(을유)	丙戌(병술)	丁亥(정해)	戊子(무자)
절기시각													子初															子初		
대 순행	9	9	8	8	8	7	7	7	6	6	6	5	5	5	4	4	4	3	3	3	2	2	2	1	1	1	1	10	10	9
운 역행	1	2	2	2	3	3	3	4	4	4	5	5	5	6	6	6	7	7	7	8	8	8	9	9	9	10	10	10	1	1

10 月 乙亥(을해) 小

절기													소설															대설		
음력	一	二	三	四	五	六	七	八	九	十	十一	十二	十三	十四	十五	十六	十七	十八	十九	二十	廿一	廿二	廿三	廿四	廿五	廿六	廿七	廿八	廿九	
양력 월/일	11/10	11	12	13	14	15	16	17	18	19	20	21	22	23	24	25	26	27	28	29	30	12/1	2	3	4	5	6	7	8	
일진	己丑(기축)	庚寅(경인)	辛卯(신묘)	壬辰(임진)	癸巳(계사)	甲午(갑오)	乙未(을미)	丙申(병신)	丁酉(정유)	戊戌(무술)	己亥(기해)	庚子(경자)	辛丑(신축)	壬寅(임인)	癸卯(계묘)	甲辰(갑진)	乙巳(을사)	丙午(병오)	丁未(정미)	戊申(무신)	己酉(기유)	庚戌(경술)	辛亥(신해)	壬子(임자)	癸丑(계축)	甲寅(갑인)	乙卯(을묘)	丙辰(병진)	丁巳(정사)	
절기시각													戌正															申初		
대 순행	9	9	8	8	8	7	7	7	6	6	6	5	5	5	4	4	4	3	3	3	2	2	2	1	1	1	1	10	10	
운 역행	1	2	2	2	3	3	3	4	4	4	5	5	5	6	6	6	7	7	7	8	8	8	9	9	9	10	10	10	1	

11 月 丙子(병자) 大

절기														동지															소한	
음력	一	二	三	四	五	六	七	八	九	十	十一	十二	十三	十四	十五	十六	十七	十八	十九	二十	廿一	廿二	廿三	廿四	廿五	廿六	廿七	廿八	廿九	三十
양력 월/일	12/9	10	11	12	13	14	15	16	17	18	19	20	21	22	23	24	25	26	27	28	29	30	31	1/1	2	3	4	5	6	7
일진	戊午(무오)	己未(기미)	庚申(경신)	辛酉(신유)	癸亥(제해)	壬戌(임술)	甲子(을자)	乙丑(병축)	丙寅(병인)	丁卯(정묘)	戊辰(무진)	己巳(기사)	庚午(경오)	辛未(신미)	壬申(임신)	癸酉(계유)	甲戌(갑술)	乙亥(을해)	丙子(병자)	丁丑(정축)	戊寅(무인)	己卯(기묘)	庚辰(경진)	辛巳(신사)	壬午(임오)	癸未(계미)	甲申(갑신)	乙酉(을유)	丙戌(병술)	丁亥(정해)
절기시각														巳初															寅初	
대 순행	9	9	9	8	8	8	7	7	7	6	6	6	5	5	5	4	4	4	3	3	3	2	2	2	1	1	1	1	10	9
운 역행	1	1	2	2	2	3	3	3	4	4	4	5	5	5	6	6	6	7	7	7	8	8	8	9	9	9	10	10	10	1

12 月 丁丑(정축) 小

절기													대한															입춘		
음력	一	二	三	四	五	六	七	八	九	十	十一	十二	十三	十四	十五	十六	十七	十八	十九	二十	廿一	廿二	廿三	廿四	廿五	廿六	廿七	廿八	廿九	
양력 월/일	1/8	9	10	11	12	13	14	15	16	17	18	19	20	21	22	23	24	25	26	27	28	29	30	31	2/1	2	3	4	5	
일진	戊子(무자)	己丑(기축)	庚寅(경인)	辛卯(신묘)	壬辰(임진)	癸巳(계사)	甲午(갑오)	乙未(을미)	丙申(병신)	丁酉(정유)	戊戌(무술)	己亥(기해)	庚子(경자)	辛丑(신축)	壬寅(임인)	癸卯(계묘)	甲辰(갑진)	乙巳(을사)	丙午(병오)	丁未(정미)	戊申(무신)	己酉(기유)	庚戌(경술)	辛亥(신해)	壬子(임자)	癸丑(계축)	甲寅(갑인)	乙卯(을묘)	丙辰(병진)	
절기시각													戌正															未正		
대 순행	9	9	8	8	8	7	7	7	6	6	6	5	5	5	4	4	4	3	3	3	2	2	2	1	1	1	1	10	10	
운 역행	1	1	2	2	2	3	3	3	4	4	4	5	5	5	6	6	6	7	7	7	8	8	8	9	9	9	10	10	1	

단기 4303 년
불기 2514 년

1970년 庚戌(경술)年

1 月 戊寅(무인) 大

절기														우수															경칩	
음력	一	二	三	四	五	六	七	八	九	十	十一	十二	十三	十四	十五	十六	十七	十八	十九	廿	廿一	廿二	廿三	廿四	廿五	廿六	廿七	廿八	廿九	三十
양력 월/일	2/6	7	8	9	10	11	12	13	14	15	16	17	18	19	20	21	22	23	24	25	26	27	28	3/1	2	3	4	5	6	7
일진	丁巳(정사)	戊午(무오)	己未(기미)	庚申(경신)	辛酉(신유)	癸亥(계해)	壬戌(임술)	甲子(갑자)	乙丑(을축)	丙寅(병인)	丁卯(정묘)	戊辰(무진)	己巳(기사)	庚午(경오)	辛未(신미)	壬申(임신)	癸酉(계유)	甲戌(갑술)	乙亥(을해)	丙子(병자)	丁丑(정축)	戊寅(무인)	己卯(기묘)	庚辰(경진)	辛巳(신사)	壬午(임오)	癸未(계미)	甲申(갑신)	乙酉(을유)	丙戌(병술)
절기시각														巳正															辰正	
대운 순행	9	9	9	8	8	8	7	7	7	6	6	6	5	5	5	4	4	4	3	3	3	2	2	2	1	1	1	1	10	10
대운 역행	1	1	2	2	2	3	3	3	4	4	4	5	5	5	6	6	6	7	7	7	8	8	8	9	9	9	10	10	10	1

2 月 己卯(기묘) 小

절기														춘분															청명
음력	一	二	三	四	五	六	七	八	九	十	十一	十二	十三	十四	十五	十六	十七	十八	十九	廿	廿一	廿二	廿三	廿四	廿五	廿六	廿七	廿八	廿九
양력 월/일	3/8	9	10	11	12	13	14	15	16	17	18	19	20	21	22	23	24	25	26	27	28	29	30	31	4/1	2	3	4	5
일진	丁亥(정해)	戊子(무자)	己丑(기축)	庚寅(경인)	辛卯(신묘)	壬辰(임진)	癸巳(계사)	甲午(갑오)	乙未(을미)	丙申(병신)	丁酉(정유)	戊戌(무술)	己亥(기해)	庚子(경자)	辛丑(신축)	壬寅(임인)	癸卯(계묘)	甲辰(갑진)	乙巳(을사)	丙午(병오)	丁未(정미)	戊申(무신)	己酉(기유)	庚戌(경술)	辛亥(신해)	壬子(임자)	癸丑(계축)	甲寅(갑인)	乙卯(을묘)
절기시각														巳初															未正
대운 순행	9	9	9	8	8	8	7	7	7	6	6	6	5	5	5	4	4	4	3	3	3	2	2	2	1	1	1	1	10
대운 역행	1	1	2	2	2	3	3	3	4	4	4	5	5	5	6	6	6	7	7	7	8	8	8	9	9	9	10	10	10

3 月 庚辰(경진) 小

절기															곡우														
음력	一	二	三	四	五	六	七	八	九	十	十一	十二	十三	十四	十五	十六	十七	十八	十九	廿	廿一	廿二	廿三	廿四	廿五	廿六	廿七	廿八	廿九
양력 월/일	4/6	7	8	9	10	11	12	13	14	15	16	17	18	19	20	21	22	23	24	25	26	27	28	29	30	5/1	2	3	4
일진	丙辰(병진)	丁巳(정사)	戊午(무오)	己未(기미)	庚申(경신)	辛酉(신유)	癸亥(계해)	壬戌(임술)	甲子(갑자)	乙丑(을축)	丙寅(병인)	丁卯(정묘)	戊辰(무진)	己巳(기사)	庚午(경오)	辛未(신미)	壬申(임신)	癸酉(계유)	甲戌(갑술)	乙亥(을해)	丙子(병자)	丁丑(정축)	戊寅(무인)	己卯(기묘)	庚辰(경진)	辛巳(신사)	壬午(임오)	癸未(계미)	甲申(갑신)
절기시각															亥初														
대운 순행	10	10	9	9	9	8	8	8	7	7	7	6	6	6	5	5	5	4	4	4	3	3	3	2	2	2	1	1	1
대운 역행	1	1	1	2	2	2	3	3	3	4	4	4	5	5	5	6	6	6	7	7	7	8	8	8	9	9	9	10	10

4 月 辛巳(신사) 大

절기		입하															소만													
음력	一	二	三	四	五	六	七	八	九	十	十一	十二	十三	十四	十五	十六	十七	十八	十九	廿	廿一	廿二	廿三	廿四	廿五	廿六	廿七	廿八	廿九	三十
양력 월/일	5/5	6	7	8	9	10	11	12	13	14	15	16	17	18	19	20	21	22	23	24	25	26	27	28	29	30	31	6/1	2	3
일진	乙酉(을유)	丙戌(병술)	丁亥(정해)	戊子(무자)	己丑(기축)	庚寅(경인)	辛卯(신묘)	壬辰(임진)	癸巳(계사)	甲午(갑오)	乙未(을미)	丙申(병신)	丁酉(정유)	戊戌(무술)	己亥(기해)	庚子(경자)	辛丑(신축)	壬寅(임인)	癸卯(계묘)	甲辰(갑진)	乙巳(을사)	丙午(병오)	丁未(정미)	戊申(무신)	己酉(기유)	庚戌(경술)	辛亥(신해)	壬子(임자)	癸丑(계축)	甲寅(갑인)
절기시각		辰初															戌正													
대운 순행	1	10	10	10	9	9	9	8	8	8	7	7	7	6	6	6	5	5	5	4	4	4	3	3	3	2	2	2	1	1
대운 역행	10	10	1	1	1	2	2	2	3	3	3	4	4	4	5	5	5	6	6	6	7	7	7	8	8	8	9	9	9	10

5 月 壬午(임오) 大

절기			망종																하지											
음력	一	二	三	四	五	六	七	八	九	十	十一	十二	十三	十四	十五	十六	十七	十八	十九	廿	廿一	廿二	廿三	廿四	廿五	廿六	廿七	廿八	廿九	三十
양력 월/일	6/4	5	6	7	8	9	10	11	12	13	14	15	16	17	18	19	20	21	22	23	24	25	26	27	28	29	30	7/1	2	3
일진	乙卯(을묘)	丙辰(병진)	丁巳(정사)	戊午(무오)	己未(기미)	庚申(경신)	辛酉(신유)	癸亥(계해)	壬戌(임술)	甲子(갑자)	乙丑(을축)	丙寅(병인)	丁卯(정묘)	戊辰(무진)	己巳(기사)	庚午(경오)	辛未(신미)	壬申(임신)	癸酉(계유)	甲戌(갑술)	乙亥(을해)	丙子(병자)	丁丑(정축)	戊寅(무인)	己卯(기묘)	庚辰(경진)	辛巳(신사)	壬午(임오)	癸未(계미)	甲申(갑신)
절기시각			午初																寅正											
대운 순행	1	1	10	10	10	9	9	9	8	8	8	7	7	7	6	6	6	5	5	5	4	4	4	3	3	3	2	2	2	1
대운 역행	10	10	10	1	1	1	2	2	2	3	3	3	4	4	4	5	5	5	6	6	6	7	7	7	8	8	8	9	9	9

6 月 癸未(계미) 小

절기				소서																대서									
음력	一	二	三	四	五	六	七	八	九	十	十一	十二	十三	十四	十五	十六	十七	十八	十九	廿	廿一	廿二	廿三	廿四	廿五	廿六	廿七	廿八	廿九
양력 월/일	7/4	5	6	7	8	9	10	11	12	13	14	15	16	17	18	19	20	21	22	23	24	25	26	27	28	29	30	31	8/1
일진	乙酉(을유)	丙戌(병술)	丁亥(정해)	戊子(무자)	己丑(기축)	庚寅(경인)	辛卯(신묘)	壬辰(임진)	癸巳(계사)	甲午(갑오)	乙未(을미)	丙申(병신)	丁酉(정유)	戊戌(무술)	己亥(기해)	庚子(경자)	辛丑(신축)	壬寅(임인)	癸卯(계묘)	甲辰(갑진)	乙巳(을사)	丙午(병오)	丁未(정미)	戊申(무신)	己酉(기유)	庚戌(경술)	辛亥(신해)	壬子(임자)	癸丑(계축)
절기시각				亥正																申初									
대운 순행	1	1	1	10	10	10	10	9	9	9	8	8	8	7	7	7	6	6	6	5	5	5	4	4	4	3	3	3	2
대운 역행	10	10	10	10	1	1	1	2	2	2	3	3	3	4	4	4	5	5	5	6	6	6	7	7	7	8	8	8	9

南 大將	子 喪門	申 弔客	北 三殺

7 月 甲 申(갑신) 大

절 기							입추															처서								
음 력	一	二	三	四	五	六	七	八	九	十	十一	十二	十三	十四	十五	十六	十七	十八	十九	廿	廿一	廿二	廿三	廿四	廿五	廿六	廿七	廿八	廿九	三十
양 력 월/일	8/2	3	4	5	6	7	8	9	10	11	12	13	14	15	16	17	18	19	20	21	22	23	24	25	26	27	28	29	30	31
일 진	甲寅(갑인)	乙卯(을묘)	丙辰(병진)	丁巳(정사)	戊午(무오)	己未(기미)	庚申(경신)	辛酉(신유)	癸亥(제해)	壬戌(입술)	甲子(을자)	乙丑(병축)	丙寅(병인)	丁卯(정묘)	戊辰(무진)	己巳(기사)	庚午(경오)	辛未(신미)	壬申(임신)	癸酉(제유)	甲戌(갑술)	乙亥(을해)	丙子(병자)	丁丑(정축)	戊寅(무인)	己卯(기묘)	庚辰(경진)	辛巳(신사)	壬午(임오)	癸未(제미)
절기시각							辰初															亥正								
대 순 행	2	2	1	1	1	1	10	10	10	9	9	9	8	8	8	7	7	7	6	6	6	5	5	5	4	4	4	3	3	3
운 역 행	9	9	10	10	10	10	10	1	1	1	2	2	2	3	3	3	4	4	4	5	5	5	6	6	6	7	7	7	8	8

8 月 乙 酉(을유) 小

절 기								백로															추분							
음 력	一	二	三	四	五	六	七	八	九	十	十一	十二	十三	十四	十五	十六	十七	十八	十九	廿	廿一	廿二	廿三	廿四	廿五	廿六	廿七	廿八	廿九	
양 력 월/일	9/1	2	3	4	5	6	7	8	9	10	11	12	13	14	15	16	17	18	19	20	21	22	23	24	25	26	27	28	29	
일 진	甲申(갑신)	乙酉(을유)	丙戌(병술)	丁亥(정해)	戊子(무자)	己丑(기축)	庚寅(경인)	辛卯(신묘)	壬辰(임진)	癸巳(계사)	甲午(갑오)	乙未(을미)	丙申(병신)	丁酉(정유)	戊戌(무술)	己亥(기해)	庚子(경자)	辛丑(신축)	壬寅(임인)	癸卯(계묘)	甲辰(갑진)	乙巳(을사)	丙午(병오)	丁未(정미)	戊申(무신)	己酉(기유)	庚戌(경술)	辛亥(신해)	壬子(임자)	
절기시각								巳正															戌初							
대 순 행	2	2	2	1	1	1	1	10	10	10	9	9	9	8	8	8	7	7	7	6	6	6	5	5	5	4	4	4	3	
운 역 행	8	9	9	9	10	10	10	10	1	1	1	2	2	2	3	3	3	4	4	4	5	5	5	6	6	6	7	7	7	

9 月 丙 戌(병술) 大

절 기										한로															상강					
음 력	一	二	三	四	五	六	七	八	九	十	十一	十二	十三	十四	十五	十六	十七	十八	十九	廿	廿一	廿二	廿三	廿四	廿五	廿六	廿七	廿八	廿九	三十
양 력 월/일	9/30	10/1	2	3	4	5	6	7	8	9	10	11	12	13	14	15	16	17	18	19	20	21	22	23	24	25	26	27	28	29
일 진	癸丑(계축)	甲寅(갑인)	乙卯(을묘)	丙辰(병진)	丁巳(정사)	戊午(무오)	己未(기미)	庚申(경신)	辛酉(신유)	癸亥(계해)	壬戌(임술)	甲子(을자)	乙丑(병축)	丙寅(병인)	丁卯(정묘)	戊辰(무진)	己巳(기사)	庚午(경오)	辛未(신미)	壬申(임신)	癸酉(계유)	甲戌(갑술)	乙亥(을해)	丙子(병자)	丁丑(정축)	戊寅(무인)	己卯(기묘)	庚辰(경진)	辛巳(신사)	壬午(임오)
절기시각										丑正															卯初					
대 순 행	3	3	2	2	2	1	1	1	1	10	10	9	9	9	8	8	8	7	7	7	6	6	6	5	5	5	4	4	4	3
운 역 행	8	8	8	9	9	9	10	10	10	10	1	1	1	2	2	2	3	3	3	4	4	4	5	5	5	6	6	6	7	7

10 月 丁 亥(정해) 大

절 기										입동															소설					
음 력	一	二	三	四	五	六	七	八	九	十	十一	十二	十三	十四	十五	十六	十七	十八	十九	廿	廿一	廿二	廿三	廿四	廿五	廿六	廿七	廿八	廿九	三十
양 력 월/일	10/30	31	11/1	2	3	4	5	6	7	8	9	10	11	12	13	14	15	16	17	18	19	20	21	22	23	24	25	26	27	28
일 진	癸未(계미)	甲申(갑신)	乙酉(을유)	丙戌(병술)	丁亥(정해)	戊子(무자)	己丑(기축)	庚寅(경인)	辛卯(신묘)	壬辰(임진)	癸巳(계사)	甲午(갑오)	乙未(을미)	丙申(병신)	丁酉(정유)	戊戌(무술)	己亥(기해)	庚子(경자)	辛丑(신축)	壬寅(임인)	癸卯(계묘)	甲辰(갑진)	乙巳(을사)	丙午(병오)	丁未(정미)	戊申(무신)	己酉(기유)	庚戌(경술)	辛亥(신해)	壬子(임자)
절기시각										寅正															寅正					
대 순 행	3	3	2	2	2	1	1	1	1	10	9	9	9	8	8	8	7	7	7	6	6	6	5	5	5	4	4	4	3	3
운 역 행	7	8	8	8	9	9	9	10	10	10	1	1	1	2	2	2	3	3	3	4	4	4	5	5	5	6	6	6	7	7

11 月 戊 子(무자) 小

절 기									대설															동지						
음 력	一	二	三	四	五	六	七	八	九	十	十一	十二	十三	十四	十五	十六	十七	十八	十九	廿	廿一	廿二	廿三	廿四	廿五	廿六	廿七	廿八	廿九	
양 력 월/일	11/29	30	12/1	2	3	4	5	6	7	8	9	10	11	12	13	14	15	16	17	18	19	20	21	22	23	24	25	26	27	
일 진	癸丑(계축)	甲寅(갑인)	乙卯(을묘)	丙辰(병진)	丁巳(정사)	戊午(무오)	己未(기미)	庚申(경신)	辛酉(신유)	癸亥(계해)	壬戌(임술)	甲子(갑자)	乙丑(을축)	丙寅(병인)	丁卯(정묘)	戊辰(무진)	己巳(기사)	庚午(경오)	辛未(신미)	壬申(임신)	癸酉(계유)	甲戌(갑술)	乙亥(을해)	丙子(병자)	丁丑(정축)	戊寅(무인)	己卯(기묘)	庚辰(경진)	辛巳(신사)	
절기시각									亥正															申正						
대 순 행	3	2	2	2	1	1	1	1	10	10	9	9	9	8	8	8	7	7	7	6	6	6	5	5	5	4	4	4	3	
운 역 행	7	8	8	8	9	9	9	10	10	1	1	1	2	2	2	3	3	3	4	4	4	5	5	5	6	6	6	7	7	

12 月 己 丑(기축) 大

절 기										소한															대한					
음 력	一	二	三	四	五	六	七	八	九	十	十一	十二	十三	十四	十五	十六	十七	十八	十九	廿	廿一	廿二	廿三	廿四	廿五	廿六	廿七	廿八	廿九	三十
양 력 월/일	12/28	29	30	31	1/1	2	3	4	5	6	7	8	9	10	11	12	13	14	15	16	17	18	19	20	21	22	23	24	25	26
일 진	壬午(임오)	癸未(계미)	甲申(갑신)	乙酉(을유)	丙戌(병술)	丁亥(정해)	戊子(무자)	己丑(기축)	庚寅(경인)	辛卯(신묘)	壬辰(임진)	癸巳(계사)	甲午(갑오)	乙未(을미)	丙申(병신)	丁酉(정유)	戊戌(무술)	己亥(기해)	庚子(경자)	辛丑(신축)	壬寅(임인)	癸卯(계묘)	甲辰(갑진)	乙巳(을사)	丙午(병오)	丁未(정미)	戊申(무신)	己酉(기유)	庚戌(경술)	辛亥(신해)
절기시각										辰正															丑正					
대 순 행	3	3	2	2	2	1	1	1	1	10	9	9	9	8	8	8	7	7	7	6	6	6	5	5	5	4	4	4	3	3
운 역 행	7	8	8	8	9	9	9	10	10	10	1	1	1	2	2	2	3	3	3	4	4	4	5	5	5	6	6	6	7	7

단기 4304 년 불기 2515 년	1971년 辛亥(신해)年

1 月 庚 寅(경인) 小

절기									입춘															우수						
음력	一	二	三	四	五	六	七	八	九	十	十一	十二	十三	十四	十五	十六	十七	十八	十九	二十	廿一	廿二	廿三	廿四	廿五	廿六	廿七	廿八	廿九	
양력 월/일	1/27	28	29	30	31	2/1	2	3	4	5	6	7	8	9	10	11	12	13	14	15	16	17	18	19	20	21	22	23	24	
일진	壬子(임자)	癸丑(계축)	甲寅(갑인)	乙卯(을묘)	丙辰(병진)	丁巳(정사)	戊午(무오)	己未(기미)	庚申(경신)	辛酉(신유)	癸亥(계해)	壬戌(임술)	甲子(갑자)	乙丑(을축)	丙寅(병인)	丁卯(정묘)	戊辰(무진)	己巳(기사)	庚午(경오)	辛未(신미)	壬申(임신)	癸酉(계유)	甲戌(갑술)	乙亥(을해)	丙子(병자)	丁丑(정축)	戊寅(무인)	己卯(기묘)	庚辰(경진)	
절기시각									戌正															申正						
대운 순행	3	2	2	2	1	1	1	1	10	10	9	9	9	8	8	8	7	7	7	6	6	6	5	5	5	4	4	4	3	
대운 역행	7	8	8	8	9	9	9	10	10	1	1	1	2	2	2	3	3	3	4	4	4	5	5	5	6	6	6	7	7	

2 月 辛 卯(신묘) 大

절기										경칩															춘분					
음력	一	二	三	四	五	六	七	八	九	十	十一	十二	十三	十四	十五	十六	十七	十八	十九	二十	廿一	廿二	廿三	廿四	廿五	廿六	廿七	廿八	廿九	三十
양력 월/일	2/25	26	27	28	3/1	2	3	4	5	6	7	8	9	10	11	12	13	14	15	16	17	18	19	20	21	22	23	24	25	26
일진	辛巳(신사)	壬午(임오)	癸未(계미)	甲申(갑신)	乙酉(을유)	丙戌(병술)	丁亥(정해)	戊子(무자)	己丑(기축)	庚寅(경인)	辛卯(신묘)	壬辰(임진)	癸巳(계사)	甲午(갑오)	乙未(을미)	丙申(병신)	丁酉(정유)	戊戌(무술)	己亥(기해)	庚子(경자)	辛丑(신축)	壬寅(임인)	癸卯(계묘)	甲辰(갑진)	乙巳(을사)	丙午(병오)	丁未(정미)	戊申(무신)	己酉(기유)	庚戌(경술)
절기시각										未正															申初					
대운 순행	3	3	2	2	2	1	1	1	1	10	10	9	9	9	8	8	8	7	7	7	6	6	6	5	5	5	4	4	4	3
대운 역행	7	8	8	8	9	9	9	10	10	10	1	1	1	2	2	2	3	3	3	4	4	4	5	5	5	6	6	6	7	7

3 月 壬 辰(임진) 小

절기										청명	한식															곡우				
음력	一	二	三	四	五	六	七	八	九	十	十一	十二	十三	十四	十五	十六	十七	十八	十九	二十	廿一	廿二	廿三	廿四	廿五	廿六	廿七	廿八	廿九	
양력 월/일	3/27	28	29	30	31	4/1	2	3	4	5	6	7	8	9	10	11	12	13	14	15	16	17	18	19	20	21	22	23	24	
일진	辛亥(신해)	壬子(임자)	癸丑(계축)	甲寅(갑인)	乙卯(을묘)	丙辰(병진)	丁巳(정사)	戊午(무오)	己未(기미)	庚申(경신)	辛酉(신유)	癸亥(계해)	壬戌(임술)	甲子(갑자)	乙丑(을축)	丙寅(병인)	丁卯(정묘)	戊辰(무진)	己巳(기사)	庚午(경오)	辛未(신미)	壬申(임신)	癸酉(계유)	甲戌(갑술)	乙亥(을해)	丙子(병자)	丁丑(정축)	戊寅(무인)	己卯(기묘)	
절기시각										戌初																丑正				
대운 순행	3	3	2	2	2	1	1	1	1	10	10	10	9	9	9	8	8	8	7	7	7	6	6	6	5	5	5	4	4	
대운 역행	7	8	8	8	9	9	9	10	10	10	1	1	1	2	2	2	3	3	3	4	4	4	5	5	5	6	6	6	7	

4 月 癸 巳(계사) 小

절기												입하																소만		
음력	一	二	三	四	五	六	七	八	九	十	十一	十二	十三	十四	十五	十六	十七	十八	十九	二十	廿一	廿二	廿三	廿四	廿五	廿六	廿七	廿八	廿九	
양력 월/일	4/25	26	27	28	29	30	5/1	2	3	4	5	6	7	8	9	10	11	12	13	14	15	16	17	18	19	20	21	22	23	
일진	庚辰(경진)	辛巳(신사)	壬午(임오)	癸未(계미)	甲申(갑신)	乙酉(을유)	丙戌(병술)	丁亥(정해)	戊子(무자)	己丑(기축)	庚寅(경인)	辛卯(신묘)	壬辰(임진)	癸巳(계사)	甲午(갑오)	乙未(을미)	丙申(병신)	丁酉(정유)	戊戌(무술)	己亥(기해)	庚子(경자)	辛丑(신축)	壬寅(임인)	癸卯(계묘)	甲辰(갑진)	乙巳(을사)	丙午(병오)	丁未(정미)	戊申(무신)	
절기시각												未初																丑正		
대운 순행	4	3	3	3	2	2	2	1	1	1	1	10	10	10	9	9	9	8	8	8	7	7	7	6	6	6	5	5	5	
대운 역행	7	7	8	8	8	9	9	9	10	10	10	10	1	1	1	2	2	2	3	3	3	4	4	4	5	5	5	6	6	

5 月 甲 午(갑오) 大

절기														망종																하지
음력	一	二	三	四	五	六	七	八	九	十	十一	十二	十三	十四	十五	十六	十七	十八	十九	二十	廿一	廿二	廿三	廿四	廿五	廿六	廿七	廿八	廿九	三十
양력 월/일	5/24	25	26	27	28	29	30	31	6/1	2	3	4	5	6	7	8	9	10	11	12	13	14	15	16	17	18	19	20	21	22
일진	己酉(기유)	庚戌(경술)	辛亥(신해)	壬子(임자)	癸丑(계축)	甲寅(갑인)	乙卯(을묘)	丙辰(병진)	丁巳(정사)	戊午(무오)	己未(기미)	庚申(경신)	辛酉(신유)	壬戌(임술)	癸亥(계해)	甲子(갑자)	乙丑(을축)	丙寅(병인)	丁卯(정묘)	戊辰(무진)	己巳(기사)	庚午(경오)	辛未(신미)	壬申(임신)	癸酉(계유)	甲戌(갑술)	乙亥(을해)	丙子(병자)	丁丑(정축)	戊寅(무인)
절기시각														酉初																巳正
대운 순행	4	4	4	3	3	3	2	2	2	1	1	1	1	10	10	10	10	9	9	9	8	8	8	7	7	7	6	6	6	5
대운 역행	6	7	7	7	8	8	8	9	9	9	10	10	10	10	1	1	1	2	2	2	3	3	3	4	4	4	5	5	5	6

閏 5 月 甲 午(갑오) 小

절기																소서						초복								
음력	一	二	三	四	五	六	七	八	九	十	十一	十二	十三	十四	十五	十六	十七	十八	十九	二十	廿一	廿二	廿三	廿四	廿五	廿六	廿七	廿八	廿九	
양력 월/일	6/23	24	25	26	27	28	29	30	7/1	2	3	4	5	6	7	8	9	10	11	12	13	14	15	16	17	18	19	20	21	
일진	己卯(기묘)	庚辰(경진)	辛巳(신사)	壬午(임오)	癸未(계미)	甲申(갑신)	乙酉(을유)	丙戌(병술)	丁亥(정해)	戊子(무자)	己丑(기축)	庚寅(경인)	辛卯(신묘)	壬辰(임진)	癸巳(계사)	甲午(갑오)	乙未(을미)	丙申(병신)	丁酉(정유)	戊戌(무술)	己亥(기해)	庚子(경자)	辛丑(신축)	壬寅(임인)	癸卯(계묘)	甲辰(갑진)	乙巳(을사)	丙午(병오)	丁未(정미)	
절기시각																寅初														
대운 순행	5	5	4	4	4	3	3	3	2	2	2	1	1	1	1	10	10	10	9	9	9	8	8	8	7	7	7	6	6	
대운 역행	6	6	7	7	7	8	8	8	9	9	9	10	10	10	10	10	1	1	1	2	2	2	3	3	3	4	4	4	5	

西 大將	丑 喪門	酉 弔客	西 三殺

6 月 乙 未(을미) 大

절기		대서	중복															입추					말복							
음력	一	二	三	四	五	六	七	八	九	十	十一	十二	十三	十四	十五	十六	十七	十八	十九	二十	廿一	廿二	廿三	廿四	廿五	廿六	廿七	廿八	廿九	三十
양력 월/일	7/22	23	24	25	26	27	28	29	30	31	8/1	2	3	4	5	6	7	8	9	10	11	12	13	14	15	16	17	18	19	20
일진	戊申(무신)	己酉(기유)	庚戌(경술)	辛亥(신해)	壬子(임자)	癸丑(계축)	甲寅(갑인)	乙卯(을묘)	丙辰(병진)	丁巳(정사)	戊午(무오)	己未(기미)	庚申(경신)	辛酉(신유)	癸亥(계해)	壬戌(임술)	甲子(갑자)	乙丑(을축)	丙寅(병인)	丁卯(정묘)	戊辰(무진)	己巳(기사)	庚午(경오)	辛未(신미)	壬申(임신)	癸酉(계유)	甲戌(갑술)	乙亥(을해)	丙子(병자)	丁丑(정축)
절기시각		亥初																未初												
대운 순행	6	5	5	5	4	4	4	3	3	3	2	2	2	1	1	1	1	10	10	10	9	9	9	8	8	8	7	7	7	6
대운 역행	5	5	6	6	6	7	7	7	8	8	8	9	9	9	10	10	10	10	1	1	1	2	2	2	3	3	3	4	4	4

7 月 丙 申(병신) 小

절기				처서															백로											
음력	一	二	三	四	五	六	七	八	九	十	十一	十二	十三	十四	十五	十六	十七	十八	十九	二十	廿一	廿二	廿三	廿四	廿五	廿六	廿七	廿八	廿九	
양력 월/일	8/21	22	23	24	25	26	27	28	29	30	31	9/1	2	3	4	5	6	7	8	9	10	11	12	13	14	15	16	17	18	
일진	戊寅(무인)	己卯(기묘)	庚辰(경진)	辛巳(신사)	壬午(임오)	癸未(계미)	甲申(갑신)	乙酉(을유)	丙戌(병술)	丁亥(정해)	戊子(무자)	己丑(기축)	庚寅(경인)	辛卯(신묘)	壬辰(임진)	癸巳(계사)	甲午(갑오)	乙未(을미)	丙申(병신)	丁酉(정유)	戊戌(무술)	己亥(기해)	庚子(경자)	辛丑(신축)	壬寅(임인)	癸卯(계묘)	甲辰(갑진)	乙巳(을사)	丙午(병오)	
절기시각				寅正															申正											
대운 순행	6	6	5	5	5	4	4	4	3	3	3	2	2	2	1	1	1	1	10	10	10	9	9	9	8	8	8	7	7	
대운 역행	5	5	5	6	6	6	7	7	7	8	8	8	9	9	9	10	10	10	10	1	1	1	2	2	2	3	3	3	4	

8 月 丁 酉(정유) 大

절기						추분															한로									
음력	一	二	三	四	五	六	七	八	九	十	十一	十二	十三	十四	十五	十六	十七	十八	十九	二十	廿一	廿二	廿三	廿四	廿五	廿六	廿七	廿八	廿九	三十
양력 월/일	9/19	20	21	22	23	24	25	26	27	28	29	30	10/1	2	3	4	5	6	7	8	9	10	11	12	13	14	15	16	17	18
일진	丁未(정미)	戊申(무신)	己酉(기유)	庚戌(경술)	辛亥(신해)	壬子(임자)	癸丑(계축)	甲寅(갑인)	乙卯(을묘)	丙辰(병진)	丁巳(정사)	戊午(무오)	己未(기미)	庚申(경신)	辛酉(신유)	癸亥(계해)	壬戌(임술)	甲子(갑자)	乙丑(을축)	丙寅(병인)	丁卯(정묘)	戊辰(무진)	己巳(기사)	庚午(경오)	辛未(신미)	壬申(임신)	癸酉(계유)	甲戌(갑술)	乙亥(을해)	丙子(병자)
절기시각						丑正															辰正									
대운 순행	7	6	6	6	5	5	5	4	4	4	3	3	3	2	2	2	1	1	1	1	10	10	9	9	9	8	8	8	7	7
대운 역행	4	4	5	5	5	6	6	6	7	7	7	8	8	8	9	9	9	10	10	10	10	1	1	1	2	2	2	3	3	3

9 月 戊 戌(무술) 大

절기						상강															입동									
음력	一	二	三	四	五	六	七	八	九	十	十一	十二	十三	十四	十五	十六	十七	十八	十九	二十	廿一	廿二	廿三	廿四	廿五	廿六	廿七	廿八	廿九	三十
양력 월/일	10/19	20	21	22	23	24	25	26	27	28	29	30	31	11/1	2	3	4	5	6	7	8	9	10	11	12	13	14	15	16	17
일진	丁丑(정축)	戊寅(무인)	己卯(기묘)	庚辰(경진)	辛巳(신사)	壬午(임오)	癸未(계미)	甲申(갑신)	乙酉(을유)	丙戌(병술)	丁亥(정해)	戊子(무자)	己丑(기축)	庚寅(경인)	辛卯(신묘)	壬辰(임진)	癸巳(계사)	甲午(갑오)	乙未(을미)	丙申(병신)	丁酉(정유)	戊戌(무술)	己亥(기해)	庚子(경자)	辛丑(신축)	壬寅(임인)	癸卯(계묘)	甲辰(갑진)	乙巳(을사)	丙午(병오)
절기시각						巳正															巳正									
대운 순행	7	6	6	6	5	5	5	4	4	4	3	3	3	2	2	2	1	1	1	1	10	10	9	9	9	8	8	8	7	7
대운 역행	4	4	4	5	5	5	6	6	6	7	7	7	8	8	8	9	9	9	10	10	10	1	1	1	2	2	2	3	3	3

10 月 己 亥(기해) 大

절기						소설															대설									
음력	一	二	三	四	五	六	七	八	九	十	十一	十二	十三	十四	十五	十六	十七	十八	十九	二十	廿一	廿二	廿三	廿四	廿五	廿六	廿七	廿八	廿九	三十
양력 월/일	11/18	19	20	21	22	23	24	25	26	27	28	29	30	12/1	2	3	4	5	6	7	8	9	10	11	12	13	14	15	16	17
일진	丁未(정미)	戊申(무신)	己酉(기유)	庚戌(경술)	辛亥(신해)	壬子(임자)	癸丑(계축)	甲寅(갑인)	乙卯(을묘)	丙辰(병진)	丁巳(정사)	戊午(무오)	己未(기미)	庚申(경신)	辛酉(신유)	癸亥(계해)	壬戌(임술)	甲子(갑자)	乙丑(을축)	丙寅(병인)	丁卯(정묘)	戊辰(무진)	己巳(기사)	庚午(경오)	辛未(신미)	壬申(임신)	癸酉(계유)	甲戌(갑술)	乙亥(을해)	丙子(병자)
절기시각						辰正															寅初									
대운 순행	7	6	6	6	5	5	5	4	4	4	3	3	3	2	2	2	1	1	1	1	10	9	9	9	8	8	8	7	7	7
대운 역행	4	4	4	5	5	5	6	6	6	7	7	7	8	8	8	9	9	9	10	10	10	1	1	1	2	2	2	3	3	3

11 月 庚 子(경자) 小

절기					동지															소한										
음력	一	二	三	四	五	六	七	八	九	十	十一	十二	十三	十四	十五	十六	十七	十八	十九	二十	廿一	廿二	廿三	廿四	廿五	廿六	廿七	廿八	廿九	
양력 월/일	12/18	19	20	21	22	23	24	25	26	27	28	29	30	31	1/1	2	3	4	5	6	7	8	9	10	11	12	13	14	15	
일진	丁丑(정축)	戊寅(무인)	己卯(기묘)	庚辰(경진)	辛巳(신사)	壬午(임오)	癸未(계미)	甲申(갑신)	乙酉(을유)	丙戌(병술)	丁亥(정해)	戊子(무자)	己丑(기축)	庚寅(경인)	辛卯(신묘)	壬辰(임진)	癸巳(계사)	甲午(갑오)	乙未(을미)	丙申(병신)	丁酉(정유)	戊戌(무술)	己亥(기해)	庚子(경자)	辛丑(신축)	壬寅(임인)	癸卯(계묘)	甲辰(갑진)	乙巳(을사)	
절기시각					亥初															未正										
대운 순행	6	6	6	5	5	5	4	4	4	3	3	3	2	2	2	1	1	1	1	10	10	9	9	9	8	8	8	7	7	
대운 역행	4	4	4	5	5	5	6	6	6	7	7	7	8	8	8	9	9	9	10	10	1	1	1	2	2	2	3	3	3	

12 月 辛 丑(신축) 大

절기						대한															입춘									
음력	一	二	三	四	五	六	七	八	九	十	十一	十二	十三	十四	十五	十六	十七	十八	十九	二十	廿一	廿二	廿三	廿四	廿五	廿六	廿七	廿八	廿九	三十
양력 월/일	1/16	17	18	19	20	21	22	23	24	25	26	27	28	29	30	31	2/1	2	3	4	5	6	7	8	9	10	11	12	13	14
일진	丙午(병오)	丁未(정미)	戊申(무신)	己酉(기유)	庚戌(경술)	辛亥(신해)	壬子(임자)	癸丑(계축)	甲寅(갑인)	乙卯(을묘)	丙辰(병진)	丁巳(정사)	戊午(무오)	己未(기미)	庚申(경신)	辛酉(신유)	癸亥(계해)	壬戌(임술)	甲子(갑자)	乙丑(을축)	丙寅(병인)	丁卯(정묘)	戊辰(무진)	己巳(기사)	庚午(경오)	辛未(신미)	壬申(임신)	癸酉(계유)	甲戌(갑술)	乙亥(을해)
절기시각						辰初															丑正									
대운 순행	7	6	6	6	5	5	5	4	4	4	3	3	3	2	2	2	1	1	1	1	10	9	9	9	8	8	8	7	7	7
대운 역행	4	4	4	5	5	5	6	6	6	7	7	7	8	8	8	9	9	9	10	10	10	1	1	1	2	2	2	3	3	3

단기 4305 년
불기 2516 년

1972년 壬子(임자)年

1　月　壬寅(임인)　大

절기					우수															경칩										
음력	一	二	三	四	五	六	七	八	九	十	十一	十二	十三	十四	十五	十六	十七	十八	十九	卄	卄一	卄二	卄三	卄四	卄五	卄六	卄七	卄八	卄九	
양력 월/일	2/15	16	17	18	19	20	21	22	23	24	25	26	27	28	29	3/1	2	3	4	5	6	7	8	9	10	11	12	13	14	
일진	丙子(병자)	丁丑(정축)	戊寅(무인)	己卯(기묘)	庚辰(경진)	辛巳(신사)	壬午(임오)	癸未(계미)	甲申(갑신)	乙酉(을유)	丙戌(병술)	丁亥(정해)	戊子(무자)	己丑(기축)	庚寅(경인)	辛卯(신묘)	壬辰(임진)	癸巳(계사)	甲午(갑오)	乙未(을미)	丙申(병신)	丁酉(정유)	戊戌(무술)	己亥(기해)	庚子(경자)	辛丑(신축)	壬寅(임인)	癸卯(계묘)	甲辰(갑진)	
절기시각					亥正															戌正										
대운 순행	6	6	6	5	5	5	4	4	4	3	3	3	2	2	2	1	1	1	1	10	10	10	9	9	9	8	8	8	7	
대운 역행	4	4	4	5	5	5	6	6	6	7	7	7	8	8	8	9	9	9	10	10	1	1	1	2	2	2	3	3	3	

2　月　癸卯(계묘)　大

절기						춘분																청명	한식							
음력	一	二	三	四	五	六	七	八	九	十	十一	十二	十三	十四	十五	十六	十七	十八	十九	卄	卄一	卄二	卄三	卄四	卄五	卄六	卄七	卄八	卄九	三十
양력 월/일	3/15	16	17	18	19	20	21	22	23	24	25	26	27	28	29	30	31	4/1	2	3	4	5	6	7	8	9	10	11	12	13
일진	乙巳(을사)	丙午(병오)	丁未(정미)	戊申(무신)	己酉(기유)	庚戌(경술)	辛亥(신해)	壬子(임자)	癸丑(계축)	甲寅(갑인)	乙卯(을묘)	丙辰(병진)	丁巳(정사)	戊午(무오)	己未(기미)	庚申(경신)	辛酉(신유)	壬戌(임술)	癸亥(계해)	甲子(갑자)	乙丑(을축)	丙寅(병인)	丁卯(정묘)	戊辰(무진)	己巳(기사)	庚午(경오)	辛未(신미)	壬申(임신)	癸酉(계유)	甲戌(갑술)
절기시각						亥初																丑初								
대운 순행	7	7	6	6	6	5	5	5	4	4	4	3	3	3	2	2	2	1	1	1	1	10	10	9	9	9	8	8	8	7
대운 역행	4	4	4	5	5	5	6	6	6	7	7	7	8	8	8	9	9	9	10	10	10	10	1	1	1	2	2	2	3	3

3　月　甲辰(갑진)　小

절기							곡우															입하								
음력	一	二	三	四	五	六	七	八	九	十	十一	十二	十三	十四	十五	十六	十七	十八	十九	卄	卄一	卄二	卄三	卄四	卄五	卄六	卄七	卄八	卄九	
양력 월/일	4/14	15	16	17	18	19	20	21	22	23	24	25	26	27	28	29	30	5/1	2	3	4	5	6	7	8	9	10	11	12	
일진	乙亥(을해)	丙子(병자)	丁丑(정축)	戊寅(무인)	己卯(기묘)	庚辰(경진)	辛巳(신사)	壬午(임오)	癸未(계미)	甲申(갑신)	乙酉(을유)	丙戌(병술)	丁亥(정해)	戊子(무자)	己丑(기축)	庚寅(경인)	辛卯(신묘)	壬辰(임진)	癸巳(계사)	甲午(갑오)	乙未(을미)	丙申(병신)	丁酉(정유)	戊戌(무술)	己亥(기해)	庚子(경자)	辛丑(신축)	壬寅(임인)	癸卯(계묘)	
절기시각							辰正															戌初								
대운 순행	7	7	6	6	6	5	5	5	4	4	4	3	3	3	2	2	2	1	1	1	1	10	10	10	9	9	9	8	8	
대운 역행	3	4	4	4	5	5	5	6	6	6	7	7	7	8	8	8	9	9	9	10	10	10	14	1	1	2	2	2	3	

4　月　乙巳(을사)　小

절기									소만															망종						
음력	一	二	三	四	五	六	七	八	九	十	十一	十二	十三	十四	十五	十六	十七	十八	十九	卄	卄一	卄二	卄三	卄四	卄五	卄六	卄七	卄八	卄九	
양력 월/일	5/13	14	15	16	17	18	19	20	21	22	23	24	25	26	27	28	29	30	31	6/1	2	3	4	5	6	7	8	9	10	
일진	甲辰(갑진)	乙巳(을사)	丙午(병오)	丁未(정미)	戊申(무신)	己酉(기유)	庚戌(경술)	辛亥(신해)	壬子(임자)	癸丑(계축)	甲寅(갑인)	乙卯(을묘)	丙辰(병진)	丁巳(정사)	戊午(무오)	己未(기미)	庚申(경신)	辛酉(신유)	壬戌(임술)	癸亥(계해)	甲子(갑자)	乙丑(을축)	丙寅(병인)	丁卯(정묘)	戊辰(무진)	己巳(기사)	庚午(경오)	辛未(신미)	壬申(임신)	
절기시각									辰正															子初						
대운 순행	8	7	7	7	6	6	6	5	5	5	4	4	4	3	3	3	2	2	2	1	1	1	1	10	10	10	10	9	9	
대운 역행	3	3	4	4	4	5	5	5	6	6	6	7	7	7	8	8	8	9	9	9	10	10	10	10	1	1	1	2	2	

5　月　丙午(병오)　大

절기											하지																소서			
음력	一	二	三	四	五	六	七	八	九	十	十一	十二	十三	十四	十五	十六	十七	十八	十九	卄	卄一	卄二	卄三	卄四	卄五	卄六	卄七	卄八	卄九	三十
양력 월/일	6/11	12	13	14	15	16	17	18	19	20	21	22	23	24	25	26	27	28	29	30	7/1	2	3	4	5	6	7	8	9	10
일진	癸酉(계유)	甲戌(갑술)	乙亥(을해)	丙子(병자)	丁丑(정축)	戊寅(무인)	己卯(기묘)	庚辰(경진)	辛巳(신사)	壬午(임오)	癸未(계미)	甲申(갑신)	乙酉(을유)	丙戌(병술)	丁亥(정해)	戊子(무자)	己丑(기축)	庚寅(경인)	辛卯(신묘)	壬辰(임진)	癸巳(계사)	甲午(갑오)	乙未(을미)	丙申(병신)	丁酉(정유)	戊戌(무술)	己亥(기해)	庚子(경자)	辛丑(신축)	壬寅(임인)
절기시각											申正																巳初			
대운 순행	9	8	8	8	7	7	7	6	6	6	5	5	5	4	4	4	3	3	3	2	2	2	1	1	1	1	10	10	10	9
대운 역행	2	3	3	3	4	4	4	5	5	5	6	6	6	7	7	7	8	8	8	9	9	9	10	10	10	10	10	1	1	1

6　月　丁未(정미)　大

절기								초복					대서					중복										입추 말복		
음력	一	二	三	四	五	六	七	八	九	十	十一	十二	十三	十四	十五	十六	十七	十八	十九	卄	卄一	卄二	卄三	卄四	卄五	卄六	卄七	卄八	卄九	
양력 월/일	7/11	12	13	14	15	16	17	18	19	20	21	22	23	24	25	26	27	28	29	30	31	8/1	2	3	4	5	6	7	8	
일진	癸卯(계묘)	甲辰(갑진)	乙巳(을사)	丙午(병오)	丁未(정미)	戊申(무신)	己酉(기유)	庚戌(경술)	辛亥(신해)	壬子(임자)	癸丑(계축)	甲寅(갑인)	乙卯(을묘)	丙辰(병진)	丁巳(정사)	戊午(무오)	己未(기미)	庚申(경신)	辛酉(신유)	壬戌(임술)	癸亥(계해)	甲子(갑자)	乙丑(을축)	丙寅(병인)	丁卯(정묘)	戊辰(무진)	己巳(기사)	庚午(경오)	辛未(신미)	
절기시각													寅初															戌初		
대운 순행	9	9	8	8	8	7	7	7	6	6	6	5	5	5	4	4	4	3	3	3	2	2	2	1	1	1	1	10	10	
대운 역행	2	2	2	3	3	3	4	4	4	5	5	5	6	6	6	7	7	7	8	8	8	9	9	9	10	10	10	10	1	

西 大將	寅 喪門	戌 弔客	南 三殺

7 月 戊 申(무신) 大

절기															처서															백로
음력	一	二	三	四	五	六	七	八	九	十	十一	十二	十三	十四	十五	十六	十七	十八	十九	二十	廿一	廿二	廿三	廿四	廿五	廿六	廿七	廿八	廿九	三十
양력 월/일	8/9	10	11	12	13	14	15	16	17	18	19	20	21	22	23	24	25	26	27	28	29	30	31	9/1	2	3	4	5	6	7
일진	壬申(임신)	癸酉(계유)	甲戌(갑술)	乙亥(을해)	丙子(병자)	丁丑(정축)	戊寅(무인)	己卯(기묘)	庚辰(경진)	辛巳(신사)	壬午(임오)	癸未(계미)	甲申(갑신)	乙酉(을유)	丙戌(병술)	丁亥(정해)	戊子(무자)	己丑(기축)	庚寅(경인)	辛卯(신묘)	壬辰(임진)	癸巳(계사)	甲午(갑오)	乙未(을미)	丙申(병신)	丁酉(정유)	戊戌(무술)	己亥(기해)	庚子(경자)	辛丑(신축)
절기시각															巳正															亥正
대운 순행	10	9	9	9	8	8	8	7	7	7	6	6	6	5	5	5	4	4	4	3	3	3	2	2	2	1	1	1	1	10
대운 역행	1	1	2	2	2	3	3	3	4	4	4	5	5	5	6	6	6	7	7	7	8	8	8	9	9	9	10	10	10	10

8 月 己 酉(기유) 小

절기																추분													
음력	一	二	三	四	五	六	七	八	九	十	十一	十二	十三	十四	十五	十六	十七	十八	十九	二十	廿一	廿二	廿三	廿四	廿五	廿六	廿七	廿八	廿九
양력 월/일	9/8	9	10	11	12	13	14	15	16	17	18	19	20	21	22	23	24	25	26	27	28	29	30	10/1	2	3	4	5	6
일진	壬寅(임인)	癸卯(계묘)	甲辰(갑진)	乙巳(을사)	丙午(병오)	丁未(정미)	戊申(무신)	己酉(기유)	庚戌(경술)	辛亥(신해)	壬子(임자)	癸丑(계축)	甲寅(갑인)	乙卯(을묘)	丙辰(병진)	丁巳(정사)	戊午(무오)	己未(기미)	庚申(경신)	辛酉(신유)	癸亥(계해)	壬戌(임술)	甲子(갑자)	乙丑(을축)	丙寅(병인)	丁卯(정묘)	戊辰(무진)	己巳(기사)	庚午(경오)
절기시각																辰初													
대운 순행	10	10	9	9	9	8	8	8	7	7	7	6	6	6	5	5	5	4	4	4	3	3	3	2	2	2	1	1	1
대운 역행	1	1	1	2	2	2	3	3	3	4	4	4	5	5	5	6	6	6	7	7	7	8	8	8	9	9	9	10	10

9 月 庚 戌(경술) 大

절기		한로															상강													
음력	一	二	三	四	五	六	七	八	九	十	十一	十二	十三	十四	十五	十六	十七	十八	十九	二十	廿一	廿二	廿三	廿四	廿五	廿六	廿七	廿八	廿九	三十
양력 월/일	10/7	8	9	10	11	12	13	14	15	16	17	18	19	20	21	22	23	24	25	26	27	28	29	30	31	11/1	2	3	4	5
일진	辛未(신미)	壬申(임신)	癸酉(계유)	甲戌(갑술)	乙亥(을해)	丙子(병자)	丁丑(정축)	戊寅(무인)	己卯(기묘)	庚辰(경진)	辛巳(신사)	壬午(임오)	癸未(계미)	甲申(갑신)	乙酉(을유)	丙戌(병술)	丁亥(정해)	戊子(무자)	己丑(기축)	庚寅(경인)	辛卯(신묘)	壬辰(임진)	癸巳(계사)	甲午(갑오)	乙未(을미)	丙申(병신)	丁酉(정유)	戊戌(무술)	己亥(기해)	庚子(경자)
절기시각		未初															申正													
대운 순행	1	10	10	9	9	9	8	8	8	7	7	7	6	6	6	5	5	5	4	4	4	3	3	3	2	2	2	1	1	1
대운 역행	10	10	1	1	1	2	2	2	3	3	3	4	4	4	5	5	5	6	6	6	7	7	7	8	8	8	9	9	9	10

10 月 辛 亥(신해) 大

절기		입동															소설													
음력	一	二	三	四	五	六	七	八	九	十	十一	十二	十三	十四	十五	十六	十七	十八	十九	二十	廿一	廿二	廿三	廿四	廿五	廿六	廿七	廿八	廿九	三十
양력 월/일	11/6	7	8	9	10	11	12	13	14	15	16	17	18	19	20	21	22	23	24	25	26	27	28	29	30	12/1	2	3	4	5
일진	辛丑(신축)	壬寅(임인)	癸卯(계묘)	甲辰(갑진)	乙巳(을사)	丙午(병오)	丁未(정미)	戊申(무신)	己酉(기유)	庚戌(경술)	辛亥(신해)	壬子(임자)	癸丑(계축)	甲寅(갑인)	乙卯(을묘)	丙辰(병진)	丁巳(정사)	戊午(무오)	己未(기미)	庚申(경신)	辛酉(신유)	壬戌(임술)	癸亥(계해)	甲子(갑자)	乙丑(을축)	丙寅(병인)	丁卯(정묘)	戊辰(무진)	己巳(기사)	庚午(경오)
절기시각		申正															未正													
대운 순행	1	10	10	9	9	9	8	8	8	7	7	7	6	6	6	5	5	5	4	4	4	3	3	3	2	2	2	1	1	1
대운 역행	10	10	1	1	1	2	2	2	3	3	3	4	4	4	5	5	5	6	6	6	7	7	7	8	8	8	9	9	9	10

11 月 壬 子(임자) 大

절기		대설															동지													
음력	一	二	三	四	五	六	七	八	九	十	十一	十二	十三	十四	十五	十六	十七	十八	十九	二十	廿一	廿二	廿三	廿四	廿五	廿六	廿七	廿八	廿九	三十
양력 월/일	12/6	7	8	9	10	11	12	13	14	15	16	17	18	19	20	21	22	23	24	25	26	27	28	29	30	31	1/1	2	3	4
일진	辛未(신미)	壬申(임신)	癸酉(계유)	甲戌(갑술)	乙亥(을해)	丙子(병자)	丁丑(정축)	戊寅(무인)	己卯(기묘)	庚辰(경진)	辛巳(신사)	壬午(임오)	癸未(계미)	甲申(갑신)	乙酉(을유)	丙戌(병술)	丁亥(정해)	戊子(무자)	己丑(기축)	庚寅(경인)	辛卯(신묘)	壬辰(임진)	癸巳(계사)	甲午(갑오)	乙未(을미)	丙申(병신)	丁酉(정유)	戊戌(무술)	己亥(기해)	庚子(경자)
절기시각		巳初															寅初													
대운 순행	1	10	9	9	9	8	8	8	7	7	7	6	6	6	5	5	5	4	4	4	3	3	3	2	2	2	1	1	1	1
대운 역행	10	10	1	1	1	2	2	2	3	3	3	4	4	4	5	5	5	6	6	6	7	7	7	8	8	8	9	9	9	10

12 月 癸 丑(계축) 小

절기	소한																대한												
음력	一	二	三	四	五	六	七	八	九	十	十一	十二	十三	十四	十五	十六	十七	十八	十九	二十	廿一	廿二	廿三	廿四	廿五	廿六	廿七	廿八	廿九
양력 월/일	1/5	6	7	8	9	10	11	12	13	14	15	16	17	18	19	20	21	22	23	24	25	26	27	28	29	30	31	2/1	2
일진	辛丑(신축)	壬寅(임인)	癸卯(계묘)	甲辰(갑진)	乙巳(을사)	丙午(병오)	丁未(정미)	戊申(무신)	己酉(기유)	庚戌(경술)	辛亥(신해)	壬子(임자)	癸丑(계축)	甲寅(갑인)	乙卯(을묘)	丙辰(병진)	丁巳(정사)	戊午(무오)	己未(기미)	庚申(경신)	辛酉(신유)	壬戌(임술)	癸亥(계해)	甲子(갑자)	乙丑(을축)	丙寅(병인)	丁卯(정묘)	戊辰(무진)	己巳(기사)
절기시각	戌正																未初												
대운 순행	10	10	9	9	9	8	8	8	7	7	7	6	6	6	5	5	5	4	4	4	3	3	3	2	2	2	1	1	1
대운 역행	10	1	1	1	2	2	2	3	3	3	4	4	4	5	5	5	6	6	6	7	7	7	8	8	8	9	9	9	10

단기 4306 년
불기 2517 년

1973년 癸丑(계축)年

1 月 甲 寅(갑인) 大

절기		입춘															우수													
음력	一	二	三	四	五	六	七	八	九	十	十一	十二	十三	十四	十五	十六	十七	十八	十九	廿	廿一	廿二	廿三	廿四	廿五	廿六	廿七	廿八	廿九	三十
양력 월/일	2/3	4	5	6	7	8	9	10	11	12	13	14	15	16	17	18	19	20	21	22	23	24	25	26	27	28	3/1	2	3	4
일진	庚午(경오)	辛未(신미)	壬申(임신)	癸酉(계유)	甲戌(갑술)	乙亥(을해)	丙子(병자)	丁丑(정축)	戊寅(무인)	己卯(기묘)	庚辰(경진)	辛巳(신사)	壬午(임오)	癸未(계미)	甲申(갑신)	乙酉(을유)	丙戌(병술)	丁亥(정해)	戊子(무자)	己丑(기축)	庚寅(경인)	辛卯(신묘)	壬辰(임진)	癸巳(계사)	甲午(갑오)	乙未(을미)	丙申(병신)	丁酉(정유)	戊戌(무술)	己亥(기해)
절기시각		辰正															寅正													
대운 순행	1	10	10	9	9	9	8	8	8	7	7	7	6	6	6	5	5	5	4	4	4	3	3	3	2	2	2	1	1	1
대운 역행	10	10	1	1	1	2	2	2	3	3	3	4	4	4	5	5	5	6	6	6	7	7	7	8	8	8	9	9	9	10

2 月 乙 卯(을묘) 小

절기		경칩															춘분												
음력	一	二	三	四	五	六	七	八	九	十	十一	十二	十三	十四	十五	十六	十七	十八	十九	廿	廿一	廿二	廿三	廿四	廿五	廿六	廿七	廿八	廿九
양력 월/일	3/5	6	7	8	9	10	11	12	13	14	15	16	17	18	19	20	21	22	23	24	25	26	27	28	29	30	31	4/1	2
일진	庚子(경자)	辛丑(신축)	壬寅(임인)	癸卯(계묘)	甲辰(갑진)	乙巳(을사)	丙午(병오)	丁未(정미)	戊申(무신)	己酉(기유)	庚戌(경술)	辛亥(신해)	壬子(임자)	癸丑(계축)	甲寅(갑인)	乙卯(을묘)	丙辰(병진)	丁巳(정사)	戊午(무오)	己未(기미)	庚申(경신)	辛酉(신유)	壬戌(임술)	癸亥(계해)	甲子(갑자)	乙丑(을축)	丙寅(병인)	丁卯(정묘)	戊辰(무진)
절기시각		丑正															寅初												
대운 순행	1	10	10	9	9	9	8	8	8	7	7	7	6	6	6	5	5	5	4	4	4	3	3	3	2	2	2	1	1
대운 역행	10	10	1	1	1	2	2	2	3	3	3	4	4	4	5	5	5	6	6	6	7	7	7	8	8	8	9	9	9

3 月 丙 辰(병진) 大

절기			청명	한식														곡우												
음력	一	二	三	四	五	六	七	八	九	十	十一	十二	十三	十四	十五	十六	十七	十八	十九	廿	廿一	廿二	廿三	廿四	廿五	廿六	廿七	廿八	廿九	三十
양력 월/일	4/3	4	5	6	7	8	9	10	11	12	13	14	15	16	17	18	19	20	21	22	23	24	25	26	27	28	29	30	5/1	2
일진	己巳(기사)	庚午(경오)	辛未(신미)	壬申(임신)	癸酉(계유)	甲戌(갑술)	乙亥(을해)	丙子(병자)	丁丑(정축)	戊寅(무인)	己卯(기묘)	庚辰(경진)	辛巳(신사)	壬午(임오)	癸未(계미)	甲申(갑신)	乙酉(을유)	丙戌(병술)	丁亥(정해)	戊子(무자)	己丑(기축)	庚寅(경인)	辛卯(신묘)	壬辰(임진)	癸巳(계사)	甲午(갑오)	乙未(을미)	丙申(병신)	丁酉(정유)	戊戌(무술)
절기시각			辰初															未正												
대운 순행	1	1	10	10	10	9	9	9	8	8	8	7	7	7	6	6	6	5	5	5	4	4	4	3	3	3	2	2	2	1
대운 역행	10	10	10	1	1	1	2	2	2	3	3	3	4	4	4	5	5	5	6	6	6	7	7	7	8	8	8	9	9	9

4 月 丁 巳(정사) 小

절기				입하															소만										
음력	一	二	三	四	五	六	七	八	九	十	十一	十二	十三	十四	十五	十六	十七	十八	十九	廿	廿一	廿二	廿三	廿四	廿五	廿六	廿七	廿八	廿九
양력 월/일	5/3	4	5	6	7	8	9	10	11	12	13	14	15	16	17	18	19	20	21	22	23	24	25	26	27	28	29	30	31
일진	己亥(기해)	庚子(경자)	辛丑(신축)	壬寅(임인)	癸卯(계묘)	甲辰(갑진)	乙巳(을사)	丙午(병오)	丁未(정미)	戊申(무신)	己酉(기유)	庚戌(경술)	辛亥(신해)	壬子(임자)	癸丑(계축)	甲寅(갑인)	乙卯(을묘)	丙辰(병진)	丁巳(정사)	戊午(무오)	己未(기미)	庚申(경신)	辛酉(신유)	壬戌(임술)	癸亥(계해)	甲子(갑자)	乙丑(을축)	丙寅(병인)	丁卯(정묘)
절기시각				子正															未初										
대운 순행	1	1	1	10	10	10	9	9	9	8	8	8	7	7	7	6	6	6	5	5	5	4	4	4	3	3	3	2	2
대운 역행	10	10	10	10	1	1	1	2	2	2	3	3	3	4	4	4	5	5	5	6	6	6	7	7	7	8	8	8	9

5 月 戊 午(무오) 小

절기						망종															하지								
음력	一	二	三	四	五	六	七	八	九	十	十一	十二	十三	十四	十五	十六	十七	十八	十九	廿	廿一	廿二	廿三	廿四	廿五	廿六	廿七	廿八	廿九
양력 월/일	6/1	2	3	4	5	6	7	8	9	10	11	12	13	14	15	16	17	18	19	20	21	22	23	24	25	26	27	28	29
일진	戊辰(무진)	己巳(기사)	庚午(경오)	辛未(신미)	壬申(임신)	癸酉(계유)	甲戌(갑술)	乙亥(을해)	丙子(병자)	丁丑(정축)	戊寅(무인)	己卯(기묘)	庚辰(경진)	辛巳(신사)	壬午(임오)	癸未(계미)	甲申(갑신)	乙酉(을유)	丙戌(병술)	丁亥(정해)	戊子(무자)	己丑(기축)	庚寅(경인)	辛卯(신묘)	壬辰(임진)	癸巳(계사)	甲午(갑오)	乙未(을미)	丙申(병신)
절기시각						卯初															亥正								
대운 순행	2	1	1	1	1	10	10	10	9	9	9	8	8	8	7	7	7	6	6	6	5	5	5	4	4	4	3	3	3
대운 역행																													

6 月 己 未(기미) 大

절기								소서						초복										중복 대서						
음력	一	二	三	四	五	六	七	八	九	十	十一	十二	十三	十四	十五	十六	十七	十八	十九	廿	廿一	廿二	廿三	廿四	廿五	廿六	廿七	廿八	廿九	三十
양력 월/일	6/30	7/1	2	3	4	5	6	7	8	9	10	11	12	13	14	15	16	17	18	19	20	21	22	23	24	25	26	27	28	29
일진	丁酉(정유)	戊戌(무술)	己亥(기해)	庚子(경자)	辛丑(신축)	壬寅(임인)	癸卯(계묘)	甲辰(갑진)	乙巳(을사)	丙午(병오)	丁未(정미)	戊申(무신)	己酉(기유)	庚戌(경술)	辛亥(신해)	壬子(임자)	癸丑(계축)	甲寅(갑인)	乙卯(을묘)	丙辰(병진)	丁巳(정사)	戊午(무오)	己未(기미)	庚申(경신)	辛酉(신유)	壬戌(임술)	癸亥(계해)	甲子(갑자)	乙丑(을축)	丙寅(병인)
절기시각								申初																辰正						
대운 순행	2	2	2	1	1	1	1	10	10	10	10	9	9	9	8	8	8	7	7	7	6	6	6	5	5	5	4	4	4	3
대운 역행	8	9	9	9	10	10	10	10	1	1	1	2	2	2	3	3	3	4	4	4	5	5	5	6	6	6	7	7	7	8

西 大將	卯 喪門	亥 弔客	東 三殺

7 月 庚 申(경신) 小

절기										입추				말복											처서					
음력	一	二	三	四	五	六	七	八	九	十	十一	十二	十三	十四	十五	十六	十七	十八	十九	廿	廿一	廿二	廿三	廿四	廿五	廿六	廿七	廿八	廿九	
양력 월/일	7/30	31	8/1	2	3	4	5	6	7	8	9	10	11	12	13	14	15	16	17	18	19	20	21	22	23	24	25	26	27	
일진	丁卯(정묘)	戊辰(무진)	己巳(기사)	庚午(경오)	辛未(신미)	壬申(임신)	癸酉(계유)	甲戌(갑술)	乙亥(을해)	丙子(병자)	丁丑(정축)	戊寅(무인)	己卯(기묘)	庚辰(경진)	辛巳(신사)	壬午(임오)	癸未(계미)	甲申(갑신)	乙酉(을유)	丙戌(병술)	丁亥(정해)	戊子(무자)	己丑(기축)	庚寅(경인)	辛卯(신묘)	壬辰(임진)	癸巳(계사)	甲午(갑오)	乙未(을미)	
절기시각										丑初															申初					
대운 순행	3	3	2	2	2	1	1	1	1	10	10	10	9	9	9	8	8	8	7	7	7	6	6	6	5	5	5	4	4	
대운 역행	8	8	8	9	9	9	10	10	10	10	10	1	1	1	2	2	2	3	3	3	4	4	4	5	5	5	6	6	6	

8 月 辛 酉(신유) 小

절기												백로															추분			
음력	一	二	三	四	五	六	七	八	九	十	十一	十二	十三	十四	十五	十六	十七	十八	十九	廿	廿一	廿二	廿三	廿四	廿五	廿六	廿七	廿八	廿九	
양력 월/일	8/28	29	30	31	9/1	2	3	4	5	6	7	8	9	10	11	12	13	14	15	16	17	18	19	20	21	22	23	24	25	
일진	丙申(병신)	丁酉(정유)	戊戌(무술)	乙亥(을해)	庚子(경자)	辛丑(신축)	壬寅(임인)	癸卯(계묘)	甲辰(갑진)	乙巳(을사)	丙午(병오)	丁未(정미)	戊申(무신)	己酉(기유)	庚戌(경술)	辛亥(신해)	壬子(임자)	癸丑(계축)	甲寅(갑인)	乙卯(을묘)	丙辰(병진)	丁巳(정사)	戊午(무오)	己未(기미)	庚申(경신)	辛酉(신유)	壬戌(임술)	癸亥(계해)	甲子(갑자)	
절기시각												寅正															未初			
대운 순행	4	3	3	3	2	2	2	1	1	1	1	10	10	9	9	9	8	8	8	7	7	7	6	6	6	5	5	5	4	
대운 역행	7	7	8	8	8	9	9	9	10	10	10	10	1	1	1	2	2	2	3	3	3	4	4	4	5	5	5	6	6	

9 月 壬 戌(임술) 大

절기													한로															상강		
음력	一	二	三	四	五	六	七	八	九	十	十一	十二	十三	十四	十五	十六	十七	十八	十九	廿	廿一	廿二	廿三	廿四	廿五	廿六	廿七	廿八	廿九	三十
양력 월/일	9/26	27	28	29	30	10/1	2	3	4	5	6	7	8	9	10	11	12	13	14	15	16	17	18	19	20	21	22	23	24	25
일진	乙丑(을축)	丙寅(병인)	丁卯(정묘)	戊辰(무진)	己巳(기사)	庚午(경오)	辛未(신미)	壬申(임신)	癸酉(계유)	甲戌(갑술)	乙亥(을해)	丙子(병자)	丁丑(정축)	戊寅(무인)	己卯(기묘)	庚辰(경진)	辛巳(신사)	壬午(임오)	癸未(계미)	甲申(갑신)	乙酉(을유)	丙戌(병술)	丁亥(정해)	戊子(무자)	己丑(기축)	庚寅(경인)	辛卯(신묘)	壬辰(임진)	癸巳(계사)	甲午(갑오)
절기시각													戌初															亥正		
대운 순행	4	4	3	3	3	2	2	2	1	1	1	1	10	10	9	9	9	8	8	8	7	7	7	6	6	6	5	5	5	4
대운 역행	6	7	7	7	8	8	8	9	9	9	10	10	10	1	1	1	2	2	2	3	3	3	4	4	4	5	5	5	6	6

10 月 癸 亥(계해) 大

절기													입동															소설		
음력	一	二	三	四	五	六	七	八	九	十	十一	十二	十三	十四	十五	十六	十七	十八	十九	廿	廿一	廿二	廿三	廿四	廿五	廿六	廿七	廿八	廿九	三十
양력 월/일	10/26	27	28	29	30	31	11/1	2	3	4	5	6	7	8	9	10	11	12	13	14	15	16	17	18	19	20	21	22	23	24
일진	乙未(을미)	丙申(병신)	丁酉(정유)	戊戌(무술)	乙亥(을해)	庚子(경자)	辛丑(신축)	壬寅(임인)	癸卯(계묘)	甲辰(갑진)	乙巳(을사)	丙午(병오)	丁未(정미)	戊申(무신)	己酉(기유)	庚戌(경술)	辛亥(신해)	壬子(임자)	癸丑(계축)	甲寅(갑인)	乙卯(을묘)	丙辰(병진)	丁巳(정사)	戊午(무오)	己未(기미)	庚申(경신)	辛酉(신유)	壬戌(임술)	癸亥(계해)	甲子(갑자)
절기시각													亥正															戌初		
대운 순행	4	4	3	3	3	2	2	2	1	1	1	1	10	10	9	9	9	8	8	8	7	7	7	6	6	6	5	5	5	4
대운 역행	6	7	7	7	8	8	8	9	9	9	10	10	10	1	1	1	2	2	2	3	3	3	4	4	4	5	5	5	6	6

11 月 甲 子(갑자) 大

절기													대설															동지		
음력	一	二	三	四	五	六	七	八	九	十	十一	十二	十三	十四	十五	十六	十七	十八	十九	廿	廿一	廿二	廿三	廿四	廿五	廿六	廿七	廿八	廿九	三十
양력 월/일	11/25	26	27	28	29	30	12/1	2	3	4	5	6	7	8	9	10	11	12	13	14	15	16	17	18	19	20	21	22	23	24
일진	乙丑(을축)	丙寅(병인)	丁卯(정묘)	戊辰(무진)	己巳(기사)	庚午(경오)	辛未(신미)	壬申(임신)	癸酉(계유)	甲戌(갑술)	乙亥(을해)	丙子(병자)	丁丑(정축)	戊寅(무인)	己卯(기묘)	庚辰(경진)	辛巳(신사)	壬午(임오)	癸未(계미)	甲申(갑신)	乙酉(을유)	丙戌(병술)	丁亥(정해)	戊子(무자)	己丑(기축)	庚寅(경인)	辛卯(신묘)	壬辰(임진)	癸巳(계사)	甲午(갑오)
절기시각													申初															巳初		
대운 순행	4	4	3	3	3	2	2	2	1	1	1	1	10	10	9	9	9	8	8	8	7	7	7	6	6	6	5	5	5	4
대운 역행	6	7	7	7	8	8	8	9	9	9	10	10	10	1	1	1	2	2	2	3	3	3	4	4	4	5	5	5	6	6

12 月 乙 丑(을축) 小

절기													소한														대한			
음력	一	二	三	四	五	六	七	八	九	十	十一	十二	十三	十四	十五	十六	十七	十八	十九	廿	廿一	廿二	廿三	廿四	廿五	廿六	廿七	廿八	廿九	
양력 월/일	12/25	26	27	28	29	30	31	1/1	2	3	4	5	6	7	8	9	10	11	12	13	14	15	16	17	18	19	20	21	22	
일진	乙未(을미)	丙申(병신)	丁酉(정유)	戊戌(무술)	乙亥(을해)	庚子(경자)	辛丑(신축)	壬寅(임인)	癸卯(계묘)	甲辰(갑진)	乙巳(을사)	丙午(병오)	丁未(정미)	戊申(무신)	己酉(기유)	庚戌(경술)	辛亥(신해)	壬子(임자)	癸丑(계축)	甲寅(갑인)	乙卯(을묘)	丙辰(병진)	丁巳(정사)	戊午(무오)	己未(기미)	庚申(경신)	辛酉(신유)	壬戌(임술)	癸亥(계해)	
절기시각													丑正														戌初			
대운 순행	4	4	3	3	3	2	2	2	1	1	1	1	10	9	9	9	8	8	8	7	7	7	6	6	6	5	5	5	4	
대운 역행	6	7	7	7	8	8	8	9	9	9	10	10	10	1	1	1	2	2	2	3	3	3	4	4	4	5	5	5	6	

단기 4207 년
불기 2518 년

1974년 甲寅(갑인)年

1 月 丙 寅(병인) 大

절기														입춘														우수		
음력	一	二	三	四	五	六	七	八	九	十	十一	十二	十三	十四	十五	十六	十七	十八	十九	廿	廿一	廿二	廿三	廿四	廿五	廿六	廿七	廿八	廿九	三十
양력 월/일	1/23	24	25	26	27	28	29	30	31	2/1	2	3	4	5	6	7	8	9	10	11	12	13	14	15	16	17	18	19	20	21
일진	甲子(갑자)	乙丑(을축)	丙寅(병인)	丁卯(정묘)	戊辰(무진)	己巳(기사)	庚午(경오)	辛未(신미)	壬申(임신)	癸酉(계유)	甲戌(갑술)	乙亥(을해)	丙子(병자)	丁丑(정축)	戊寅(무인)	己卯(기묘)	庚辰(경진)	辛巳(신사)	壬午(임오)	癸未(계미)	甲申(갑신)	乙酉(을유)	丙戌(병술)	丁亥(정해)	戊子(무자)	己丑(기축)	庚寅(경인)	辛卯(신묘)	壬辰(임진)	癸巳(계사)
절기시각														未正														巳初		
대운 순행	4	4	3	3	3	2	2	2	1	1	1	1	10	10	9	9	9	8	8	8	7	7	7	6	6	6	5	5	5	4
대운 역행	6	6	7	7	7	8	8	8	9	9	9	10	10	1	1	1	2	2	2	3	3	3	4	4	4	5	5	5	6	6

2 月 丁 卯(정묘) 大

절기													경칩															춘분		
음력	一	二	三	四	五	六	七	八	九	十	十一	十二	十三	十四	十五	十六	十七	十八	十九	廿	廿一	廿二	廿三	廿四	廿五	廿六	廿七	廿八	廿九	三十
양력 월/일	2/22	23	24	25	26	27	28	3/1	2	3	4	5	6	7	8	9	10	11	12	13	14	15	16	17	18	19	20	21	22	23
일진	甲午(갑오)	乙未(을미)	丙申(병신)	丁酉(정유)	戊戌(무술)	己亥(기해)	庚子(경자)	辛丑(신축)	壬寅(임인)	癸卯(계묘)	甲辰(갑진)	乙巳(을사)	丙午(병오)	丁未(정미)	戊申(무신)	己酉(기유)	庚戌(경술)	辛亥(신해)	壬子(임자)	癸丑(계축)	甲寅(갑인)	乙卯(을묘)	丙辰(병진)	丁巳(정사)	戊午(무오)	己未(기미)	庚申(경신)	辛酉(신유)	壬戌(임술)	癸亥(계해)
절기시각													辰正															巳初		
대운 순행	4	4	3	3	3	2	2	2	1	1	1	1	10	10	9	9	9	8	8	8	7	7	7	6	6	6	5	5	5	4
대운 역행	6	7	7	7	8	8	8	9	9	9	10	10	10	1	1	1	2	2	2	3	3	3	4	4	4	5	5	5	6	6

3 月 戊 辰(무진) 小

절기													청명	한식														곡우	
음력	一	二	三	四	五	六	七	八	九	十	十一	十二	十三	十四	十五	十六	十七	十八	十九	廿	廿一	廿二	廿三	廿四	廿五	廿六	廿七	廿八	廿九
양력 월/일	3/24	25	26	27	28	29	30	31	4/1	2	3	4	5	6	7	8	9	10	11	12	13	14	15	16	17	18	19	20	21
일진	甲子(갑자)	乙丑(을축)	丙寅(병인)	丁卯(정묘)	戊辰(무진)	己巳(기사)	庚午(경오)	辛未(신미)	壬申(임신)	癸酉(계유)	甲戌(갑술)	乙亥(을해)	丙子(병자)	丁丑(정축)	戊寅(무인)	己卯(기묘)	庚辰(경진)	辛巳(신사)	壬午(임오)	癸未(계미)	甲申(갑신)	乙酉(을유)	丙戌(병술)	丁亥(정해)	戊子(무자)	己丑(기축)	庚寅(경인)	辛卯(신묘)	壬辰(임진)
절기시각													未初															戌正	
대운 순행	4	4	3	3	3	2	2	2	1	1	1	1	10	10	10	9	9	9	8	8	8	7	7	7	6	6	6	5	5
대운 역행	6	7	7	7	8	8	8	9	9	9	10	10	10	1	1	1	2	2	2	3	3	3	4	4	4	5	5	5	6

4 月 己 巳(기사) 大

절기	곡우															입하														소만
음력	一	二	三	四	五	六	七	八	九	十	十一	十二	十三	十四	十五	十六	十七	十八	十九	廿	廿一	廿二	廿三	廿四	廿五	廿六	廿七	廿八	廿九	三十
양력 월/일	4/22	23	24	25	26	27	28	29	30	5/1	2	3	4	5	6	7	8	9	10	11	12	13	14	15	16	17	18	19	20	21
일진	癸巳(계사)	甲午(갑오)	乙未(을미)	丙申(병신)	丁酉(정유)	戊戌(무술)	己亥(기해)	庚子(경자)	辛丑(신축)	壬寅(임인)	癸卯(계묘)	甲辰(갑진)	乙巳(을사)	丙午(병오)	丁未(정미)	戊申(무신)	己酉(기유)	庚戌(경술)	辛亥(신해)	壬子(임자)	癸丑(계축)	甲寅(갑인)	乙卯(을묘)	丙辰(병진)	丁巳(정사)	戊午(무오)	己未(기미)	庚申(경신)	辛酉(신유)	壬戌(임술)
절기시각	子正															卯正														戌初
대운 순행	5	4	4	4	3	3	3	2	2	2	1	1	1	1	10	10	10	9	9	9	8	8	8	7	7	7	6	6	6	5
대운 역행	6	6	7	7	7	8	8	8	9	9	9	10	10	10	10	1	1	1	2	2	2	3	3	3	4	4	4	5	5	5

閏 4 月 己 巳(기사) 小

절기		소만														망종													
음력	一	二	三	四	五	六	七	八	九	十	十一	十二	十三	十四	十五	十六	十七	十八	十九	廿	廿一	廿二	廿三	廿四	廿五	廿六	廿七	廿八	廿九
양력 월/일	5/22	23	24	25	26	27	28	29	30	31	6/1	2	3	4	5	6	7	8	9	10	11	12	13	14	15	16	17	18	19
일진	癸亥(계해)	甲子(갑자)	乙丑(을축)	丙寅(병인)	丁卯(정묘)	戊辰(무진)	己巳(기사)	庚午(경오)	辛未(신미)	壬申(임신)	癸酉(계유)	甲戌(갑술)	乙亥(을해)	丙子(병자)	丁丑(정축)	戊寅(무인)	己卯(기묘)	庚辰(경진)	辛巳(신사)	壬午(임오)	癸未(계미)	甲申(갑신)	乙酉(을유)	丙戌(병술)	丁亥(정해)	戊子(무자)	己丑(기축)	庚寅(경인)	辛卯(신묘)
절기시각																巳正													
대운 순행	5	5	4	4	4	3	3	3	2	2	2	1	1	1	1	10	10	10	9	9	9	8	8	8	7	7	7	6	6
대운 역행	6	6	6	7	7	7	8	8	8	9	9	9	10	10	10	10	1	1	1	2	2	2	3	3	3	4	4	4	5

5 月 庚 午(경오) 小

절기			하지															소서											초복
음력	一	二	三	四	五	六	七	八	九	十	十一	十二	十三	十四	十五	十六	十七	十八	十九	廿	廿一	廿二	廿三	廿四	廿五	廿六	廿七	廿八	廿九
양력 월/일	6/20	21	22	23	24	25	26	27	28	29	30	7/1	2	3	4	5	6	7	8	9	10	11	12	13	14	15	16	17	18
일진	壬辰(임진)	癸巳(계사)	甲午(갑오)	乙未(을미)	丙申(병신)	丁酉(정유)	戊戌(무술)	己亥(기해)	庚子(경자)	辛丑(신축)	壬寅(임인)	癸卯(계묘)	甲辰(갑진)	乙巳(을사)	丙午(병오)	丁未(정미)	戊申(무신)	己酉(기유)	庚戌(경술)	辛亥(신해)	壬子(임자)	癸丑(계축)	甲寅(갑인)	乙卯(을묘)	丙辰(병진)	丁巳(정사)	戊午(무오)	己未(기미)	庚申(경신)
절기시각			寅初															亥初											
대운 순행	6	5	5	5	4	4	4	3	3	3	2	2	2	1	1	1	1	10	10	10	10	9	9	9	8	8	8	7	7
대운 역행	5	5	6	6	6	7	7	7	8	8	8	9	9	9	10	10	10	10	1	1	1	2	2	2	3	3	3	4	4

北 大將　　辰 喪門　　子 弔客　　北 三殺

6 月　申 未(신미)　大

절기					대서					중복											입추									말복
음력	一	二	三	四	五	六	七	八	九	十	十一	十二	十三	十四	十五	十六	十七	十八	十九	二十	廿一	廿二	廿三	廿四	廿五	廿六	廿七	廿八	廿九	三十
양력 월/일	7/19	20	21	22	23	24	25	26	27	28	29	30	31	8/1	2	3	4	5	6	7	8	9	10	11	12	13	14	15	16	17
일진	辛酉(신유)	壬戌(임술)	癸亥(계해)	甲子(갑자)	乙丑(을축)	丙寅(병인)	丁卯(정묘)	戊辰(무진)	己巳(기사)	庚午(경오)	辛未(신미)	壬申(임신)	癸酉(계유)	甲戌(갑술)	乙亥(을해)	丙子(병자)	丁丑(정축)	戊寅(무인)	己卯(기묘)	庚辰(경진)	辛巳(신사)	壬午(임오)	癸未(계미)	甲申(갑신)	乙酉(을유)	丙戌(병술)	丁亥(정해)	戊子(무자)	己丑(기축)	庚寅(경인)
절기시각					未正																卯正									
대운 순행	7	6	6	6	5	5	5	4	4	4	3	3	3	2	2	2	1	1	1	1	10	10	10	9	9	9	8	8	8	7
대운 역행	4	5	5	5	6	6	6	7	7	7	8	8	8	9	9	9	10	10	10	10	10	1	1	1	2	2	2	3	3	3

7 月　壬 申(임신)　小

절기						처서																백로							
음력	一	二	三	四	五	六	七	八	九	十	十一	十二	十三	十四	十五	十六	十七	十八	十九	二十	廿一	廿二	廿三	廿四	廿五	廿六	廿七	廿八	廿九
양력 월/일	8/18	19	20	21	22	23	24	25	26	27	28	29	30	31	9/1	2	3	4	5	6	7	8	9	10	11	12	13	14	15
일진	辛卯(신묘)	壬辰(임진)	癸巳(계사)	甲午(갑오)	乙未(을미)	丙申(병신)	丁酉(정유)	戊戌(무술)	己亥(기해)	庚子(경자)	辛丑(신축)	壬寅(임인)	癸卯(계묘)	甲辰(갑진)	乙巳(을사)	丙午(병오)	丁未(정미)	戊申(무신)	己酉(기유)	庚戌(경술)	辛亥(신해)	壬子(임자)	癸丑(계축)	甲寅(갑인)	乙卯(을묘)	丙辰(병진)	丁巳(정사)	戊午(무오)	己未(기미)
절기시각						亥初																巳初							
대운 순행	7	7	6	6	6	5	5	5	4	4	4	3	3	3	2	2	2	1	1	1	1	10	10	10	9	9	9	8	8
대운 역행	4	4	4	5	5	5	6	6	6	7	7	7	8	8	8	9	9	9	10	10	10	10	1	1	1	2	2	2	3

8 月　癸 酉(계유)　小

절기								추분																한로					
음력	一	二	三	四	五	六	七	八	九	十	十一	十二	十三	十四	十五	十六	十七	十八	十九	二十	廿一	廿二	廿三	廿四	廿五	廿六	廿七	廿八	廿九
양력 월/일	9/16	17	18	19	20	21	22	23	24	25	26	27	28	29	30	10/1	2	3	4	5	6	7	8	9	10	11	12	13	14
일진	庚申(경신)	辛酉(신유)	壬戌(임술)	癸亥(계해)	甲子(갑자)	乙丑(을축)	丙寅(병인)	丁卯(정묘)	戊辰(무진)	己巳(기사)	庚午(경오)	辛未(신미)	壬申(임신)	癸酉(계유)	甲戌(갑술)	乙亥(을해)	丙子(병자)	丁丑(정축)	戊寅(무인)	己卯(기묘)	庚辰(경진)	辛巳(신사)	壬午(임오)	癸未(계미)	甲申(갑신)	乙酉(을유)	丙戌(병술)	丁亥(정해)	戊子(무자)
절기시각								酉正																丑初					
대운 순행	8	7	7	7	6	6	6	5	5	5	4	4	4	3	3	3	2	2	2	1	1	1	1	10	10	9	9	9	8
대운 역행	3	3	4	4	4	5	5	5	6	6	6	7	7	7	8	8	8	9	9	9	10	10	10	10	1	1	1	2	2

9 月　甲 戌(갑술)　大

절기										상강															입동					
음력	一	二	三	四	五	六	七	八	九	十	十一	十二	十三	十四	十五	十六	十七	十八	十九	二十	廿一	廿二	廿三	廿四	廿五	廿六	廿七	廿八	廿九	三十
양력 월/일	10/15	16	17	18	19	20	21	22	23	24	25	26	27	28	29	30	31	11/1	2	3	4	5	6	7	8	9	10	11	12	13
일진	己丑(기축)	庚寅(경인)	辛卯(신묘)	壬辰(임진)	癸巳(계사)	甲午(갑오)	乙未(을미)	丙申(병신)	丁酉(정유)	戊戌(무술)	己亥(기해)	庚子(경자)	辛丑(신축)	壬寅(임인)	癸卯(계묘)	甲辰(갑진)	乙巳(을사)	丙午(병오)	丁未(정미)	戊申(무신)	己酉(기유)	庚戌(경술)	辛亥(신해)	壬子(임자)	癸丑(계축)	甲寅(갑인)	乙卯(을묘)	丙辰(병진)	丁巳(정사)	戊午(무오)
절기시각										寅正															寅正					
대운 순행	8	8	7	7	7	6	6	6	5	5	5	4	4	4	3	3	3	2	2	2	1	1	1	1	10	9	9	9	8	8
대운 역행	2	3	3	3	4	4	4	5	5	5	6	6	6	7	7	7	8	8	8	9	9	9	10	10	10	1	1	1	2	2

10 月　乙 亥(을해)　大

절기										소설														대설						
음력	一	二	三	四	五	六	七	八	九	十	十一	十二	十三	十四	十五	十六	十七	十八	十九	二十	廿一	廿二	廿三	廿四	廿五	廿六	廿七	廿八	廿九	三十
양력 월/일	11/14	15	16	17	18	19	20	21	22	23	24	25	26	27	28	29	30	12/1	2	3	4	5	6	7	8	9	10	11	12	13
일진	己未(기미)	庚申(경신)	辛酉(신유)	壬戌(임술)	癸亥(계해)	甲子(갑자)	乙丑(을축)	丙寅(병인)	丁卯(정묘)	戊辰(무진)	己巳(기사)	庚午(경오)	辛未(신미)	壬申(임신)	癸酉(계유)	甲戌(갑술)	乙亥(을해)	丙子(병자)	丁丑(정축)	戊寅(무인)	己卯(기묘)	庚辰(경진)	辛巳(신사)	壬午(임오)	癸未(계미)	甲申(갑신)	乙酉(을유)	丙戌(병술)	丁亥(정해)	戊子(무자)
절기시각										丑初														亥初						
대운 순행	8	7	7	7	6	6	6	5	5	5	4	4	4	3	3	3	2	2	2	1	1	1	1	10	10	9	9	9	8	8
대운 역행	2	3	3	3	4	4	4	5	5	5	6	6	6	7	7	7	8	8	8	9	9	9	10	10	1	1	1	2	2	2

11 月　丙 子(병자)　小

절기									동지															소한					
음력	一	二	三	四	五	六	七	八	九	十	十一	十二	十三	十四	十五	十六	十七	十八	十九	二十	廿一	廿二	廿三	廿四	廿五	廿六	廿七	廿八	廿九
양력 월/일	12/14	15	16	17	18	19	20	21	22	23	24	25	26	27	28	29	30	31	1/1	2	3	4	5	6	7	8	9	10	11
일진	己丑(기축)	庚寅(경인)	辛卯(신묘)	壬辰(임진)	癸巳(계사)	甲午(갑오)	乙未(을미)	丙申(병신)	丁酉(정유)	戊戌(무술)	己亥(기해)	庚子(경자)	辛丑(신축)	壬寅(임인)	癸卯(계묘)	甲辰(갑진)	乙巳(을사)	丙午(병오)	丁未(정미)	戊申(무신)	己酉(기유)	庚戌(경술)	辛亥(신해)	壬子(임자)	癸丑(계축)	甲寅(갑인)	乙卯(을묘)	丙辰(병진)	丁巳(정사)
절기시각									申初															辰正					
대운 순행	8	7	7	7	6	6	6	5	5	5	4	4	4	3	3	3	2	2	2	1	1	1	1	10	9	9	9	8	8
대운 역행	3	3	3	4	4	4	5	5	5	6	6	6	7	7	7	8	8	8	9	9	9	10	10	10	1	1	1	2	2

12 月　丁 丑(정축)　大

절기										대한														입춘						
음력	一	二	三	四	五	六	七	八	九	十	十一	十二	十三	十四	十五	十六	十七	十八	十九	二十	廿一	廿二	廿三	廿四	廿五	廿六	廿七	廿八	廿九	三十
양력 월/일	1/12	13	14	15	16	17	18	19	20	21	22	23	24	25	26	27	28	29	30	31	2/1	2	3	4	5	6	7	8	9	10
일진	戊午(무오)	己未(기미)	庚申(경신)	辛酉(신유)	壬戌(임술)	癸亥(계해)	甲子(갑자)	乙丑(을축)	丙寅(병인)	丁卯(정묘)	戊辰(무진)	己巳(기사)	庚午(경오)	辛未(신미)	壬申(임신)	癸酉(계유)	甲戌(갑술)	乙亥(을해)	丙子(병자)	丁丑(정축)	戊寅(무인)	己卯(기묘)	庚辰(경진)	辛巳(신사)	壬午(임오)	癸未(계미)	甲申(갑신)	乙酉(을유)	丙戌(병술)	丁亥(정해)
절기시각										丑初														戌初						
대운 순행	8	7	7	7	6	6	6	5	5	5	4	4	4	3	3	3	2	2	2	1	1	1	1	10	10	9	9	9	8	8
대운 역행	2	3	3	3	4	4	4	5	5	5	6	6	6	7	7	7	8	8	8	9	9	9	10	10	1	1	1	2	2	2

단기 4308 년
불기 2519 년

1975년 乙卯(을묘)年

1 月 戊寅(무인) 大

절기								우수																경칩						
음력	一	二	三	四	五	六	七	八	九	十	十一	十二	十三	十四	十五	十六	十七	十八	十九	廿	廿一	廿二	廿三	廿四	廿五	廿六	廿七	廿八	廿九	三十
양력 월/일	2/11	12	13	14	15	16	17	18	19	20	21	22	23	24	25	26	27	28	3/1	2	3	4	5	6	7	8	9	10	11	12
일진	戊子(무자)	己丑(기축)	庚寅(경인)	辛卯(신묘)	壬辰(임진)	癸巳(계사)	甲午(갑오)	丙申(병신)	己未(기미)	丁酉(정유)	戊戌(무술)	己亥(을해)	庚子(경자)	辛丑(신축)	壬寅(임인)	癸卯(계묘)	甲辰(갑진)	乙巳(을사)	丙午(병오)	丁未(정미)	戊申(무신)	己酉(기유)	庚戌(경술)	辛亥(신해)	壬子(임자)	癸丑(계축)	甲寅(갑인)	乙卯(을묘)	丙辰(병진)	丁巳(정사)
절기시각								申初																未正						
대운 순행	8	7	7	7	6	6	6	5	5	5	4	4	4	3	3	3	2	2	2	1	1	1	1	10	10	9	9	9	8	8
대운 역행	3	3	3	4	4	4	5	5	5	6	6	6	7	7	7	8	8	8	9	9	9	10	10	10	1	1	1	2	2	2

2 月 己卯(기묘) 大

절기									춘분															청명	한식					
음력	一	二	三	四	五	六	七	八	九	十	十一	十二	十三	十四	十五	十六	十七	十八	十九	廿	廿一	廿二	廿三	廿四	廿五	廿六	廿七	廿八	廿九	三十
양력 월/일	3/13	14	15	16	17	18	19	20	21	22	23	24	25	26	27	28	29	30	31	4/1	2	3	4	5	6	7	8	9	10	11
일진	戊午(무오)	己未(기미)	庚申(경신)	辛酉(신유)	壬戌(임술)	癸亥(계해)	甲子(갑자)	乙丑(을축)	丙寅(병인)	丁卯(정묘)	戊辰(무진)	己巳(기사)	庚午(경오)	辛未(신미)	壬申(임신)	癸酉(계유)	甲戌(갑술)	乙亥(을해)	丙子(병자)	丁丑(정축)	戊寅(무인)	己卯(기묘)	庚辰(경진)	辛巳(신사)	壬午(임오)	癸未(계미)	甲申(갑신)	乙酉(을유)	丙戌(병술)	丁亥(정해)
절기시각									正未															戌初						
대운 순행	8	7	7	7	6	6	6	5	5	5	4	4	4	3	3	3	2	2	2	1	1	1	1	10	10	10	9	9	9	8
대운 역행	3	3	3	4	4	4	5	5	5	6	6	6	7	7	7	8	8	8	9	9	9	10	10	10	1	1	1	2	2	2

3 月 庚辰(경진) 小

절기										곡우															입하				
음력	一	二	三	四	五	六	七	八	九	十	十一	十二	十三	十四	十五	十六	十七	十八	十九	廿	廿一	廿二	廿三	廿四	廿五	廿六	廿七	廿八	廿九
양력 월/일	4/12	13	14	15	16	17	18	19	20	21	22	23	24	25	26	27	28	29	30	5/1	2	3	4	5	6	7	8	9	10
일진	戊子(무자)	己丑(기축)	庚寅(경인)	辛卯(신묘)	壬辰(임진)	癸巳(계사)	甲午(갑오)	乙未(을미)	丙申(병신)	丁酉(정유)	戊戌(무술)	己亥(기해)	庚子(경자)	辛丑(신축)	壬寅(임인)	癸卯(계묘)	甲辰(갑진)	乙巳(을사)	丙午(병오)	丁未(정미)	戊申(무신)	己酉(기유)	庚戌(경술)	辛亥(신해)	壬子(임자)	癸丑(계축)	甲寅(갑인)	乙卯(을묘)	丙辰(병진)
절기시각										丑正															午正				
대운 순행	8	8	7	7	7	6	6	6	5	5	5	4	4	4	3	3	3	2	2	2	1	1	1	1	10	10	10	9	9
대운 역행	3	3	3	4	4	4	5	5	5	6	6	6	7	7	7	8	8	8	9	9	9	10	10	10	10	1	1	1	2

4 月 辛巳(신사) 大

절기												소만															망종			
음력	一	二	三	四	五	六	七	八	九	十	十一	十二	十三	十四	十五	十六	十七	十八	十九	廿	廿一	廿二	廿三	廿四	廿五	廿六	廿七	廿八	廿九	三十
양력 월/일	5/11	12	13	14	15	16	17	18	19	20	21	22	23	24	25	26	27	28	29	30	31	6/1	2	3	4	5	6	7	8	9
일진	丁巳(정사)	戊午(무오)	己未(기미)	庚申(경신)	辛酉(신유)	壬戌(임술)	乙亥(계해)	甲子(갑자)	乙丑(을축)	丙寅(병인)	丁卯(정묘)	戊辰(무진)	己巳(기사)	庚午(경오)	辛未(신미)	壬申(임신)	癸酉(계유)	甲戌(갑술)	乙亥(을해)	丙子(병자)	丁丑(정축)	戊寅(무인)	己卯(기묘)	庚辰(경진)	辛巳(신사)	壬午(임오)	癸未(계미)	甲申(갑신)	乙酉(을유)	丙戌(병술)
절기시각												丑初															申正			
대운 순행	9	8	8	8	7	7	7	6	6	6	5	5	5	4	4	4	3	3	3	2	2	2	1	1	1	1	10	10	10	10
대운 역행	2	2	3	3	3	4	4	4	5	5	5	6	6	6	7	7	7	8	8	8	9	9	9	10	10	10	10	1	1	1

5 月 壬午(임오) 大

절기													하지																소서
음력	一	二	三	四	五	六	七	八	九	十	十一	十二	十三	十四	十五	十六	十七	十八	十九	廿	廿一	廿二	廿三	廿四	廿五	廿六	廿七	廿八	廿九
양력 월/일	6/10	11	12	13	14	15	16	17	18	19	20	21	22	23	24	25	26	27	28	29	30	7/1	2	3	4	5	6	7	8
일진	丁亥(정해)	戊子(무자)	己丑(기축)	庚寅(경인)	辛卯(신묘)	壬辰(임진)	癸巳(계사)	甲午(갑오)	乙未(을미)	丙申(병신)	丁酉(정유)	戊戌(무술)	己亥(기해)	庚子(경자)	辛丑(신축)	壬寅(임인)	癸卯(계묘)	甲辰(갑진)	乙巳(을사)	丙午(병오)	丁未(정미)	戊申(무신)	己酉(기유)	庚戌(경술)	辛亥(신해)	壬子(임자)	癸丑(계축)	甲寅(갑인)	乙卯(을묘)
절기시각													巳初																寅初
대운 순행	9	9	9	8	8	8	7	7	7	6	6	6	5	5	5	4	4	4	3	3	3	2	2	2	1	1	1	1	10
대운 역행	2	2	2	3	3	3	4	4	4	5	5	5	6	6	6	7	7	7	8	8	8	9	9	9	10	10	10	10	10

6 月 癸未(계미) 小

절기					초복										중복 대서														
음력	一	二	三	四	五	六	七	八	九	十	十一	十二	十三	十四	十五	十六	十七	十八	十九	廿	廿一	廿二	廿三	廿四	廿五	廿六	廿七	廿八	廿九
양력 월/일	7/9	10	11	12	13	14	15	16	17	18	19	20	21	22	23	24	25	26	27	28	29	30	31	8/1	2	3	4	5	6
일진	丙辰(병진)	丁巳(정사)	戊午(무오)	己未(기미)	庚申(경신)	辛酉(신유)	壬戌(임술)	癸亥(계해)	甲子(갑자)	乙丑(을축)	丙寅(병인)	丁卯(정묘)	戊辰(무진)	己巳(기사)	庚午(경오)	辛味(신미)	壬申(임신)	癸酉(계유)	甲戌(갑술)	乙亥(을해)	丙子(병자)	丁丑(정축)	戊寅(무인)	己卯(기묘)	庚辰(경진)	辛巳(신사)	壬午(임오)	癸未(계미)	甲申(갑신)
절기시각															戌正														
대운 순행	10	10	9	9	9	8	8	8	7	7	7	6	6	6	5	5	5	4	4	4	3	3	3	2	2	2	1	1	1
대운 역행	1	1	1	2	2	2	3	3	3	4	4	4	5	5	5	6	6	6	7	7	7	8	8	8	9	9	9	10	10

北 大將　　巳 喪門　　丑 弔客　　酉 三殺

7 月　甲 申(갑신)　大

절기		입추				말복												처서												
음력	一	二	三	四	五	六	七	八	九	十	十一	十二	十三	十四	十五	十六	十七	十八	十九	卄	卄一	卄二	卄三	卄四	卄五	卄六	卄七	卄八	卄九	三十
양력 월/일	8/7	8	9	10	11	12	13	14	15	16	17	18	19	20	21	22	23	24	25	26	27	28	29	30	31	9/1	2	3	4	5
일진	乙酉(을유)	丙戌(병술)	丁亥(정해)	戊子(무자)	己丑(기축)	庚寅(경인)	辛卯(신묘)	壬辰(임진)	癸巳(계사)	甲午(갑오)	乙未(을미)	丙申(병신)	丁酉(정유)	戊戌(무술)	己亥(기해)	庚子(경자)	辛丑(신축)	壬寅(임인)	癸卯(계묘)	甲辰(갑진)	乙巳(을사)	丙午(병오)	丁未(정미)	戊申(무신)	己酉(기유)	庚戌(경술)	辛亥(신해)	壬子(임자)	癸丑(계축)	甲寅(갑인)
절기시각		午正																寅初												
대순행	1	10	10	10	9	9	9	8	8	8	7	7	7	6	6	6	5	5	5	4	4	4	3	3	3	2	2	2	1	1
운역행	10	10	1	1	1	2	2	2	3	3	3	4	4	4	5	5	5	6	6	6	7	7	7	8	8	8	9	9	9	10

8 月　乙 酉(을유)　小

절기			백로																추분											
음력	一	二	三	四	五	六	七	八	九	十	十一	十二	十三	十四	十五	十六	十七	十八	十九	卄	卄一	卄二	卄三	卄四	卄五	卄六	卄七	卄八	卄九	
양력 월/일	9/6	7	8	9	10	11	12	13	14	15	16	17	18	19	20	21	22	23	24	25	26	27	28	29	30	10/1	2	3	4	
일진	乙卯(을묘)	丙辰(병진)	丁巳(정사)	戊午(무오)	己未(기미)	庚申(경신)	辛酉(신유)	壬戌(임술)	癸亥(계해)	甲子(갑자)	乙丑(을축)	丙寅(병인)	丁卯(정묘)	戊辰(무진)	己巳(기사)	庚午(경오)	辛未(신미)	壬申(임신)	癸酉(계유)	甲戌(갑술)	乙亥(을해)	丙子(병자)	丁丑(정축)	戊寅(무인)	己卯(기묘)	庚辰(경진)	辛巳(신사)	壬午(임오)	癸未(계미)	
절기시각			申初																子正											
대순행	1	1	10	10	10	9	9	9	8	8	8	7	7	7	6	6	6	5	5	5	4	4	4	3	3	3	2	2	2	
운역행	10	10	10	1	1	1	2	2	2	3	3	3	4	4	4	5	5	5	6	6	6	7	7	7	8	8	8	9	9	

9 月　丙 戌(병술)　大

절기					한로															상강										
음력	一	二	三	四	五	六	七	八	九	十	十一	十二	十三	十四	十五	十六	十七	十八	十九	卄	卄一	卄二	卄三	卄四	卄五	卄六	卄七	卄八	卄九	
양력 월/일	10/5	6	7	8	9	10	11	12	13	14	15	16	17	18	19	20	21	22	23	24	25	26	27	28	29	30	31	11/1	2	
일진	甲申(갑신)	乙酉(을유)	丙戌(병술)	丁亥(정해)	戊子(무자)	己丑(기축)	庚寅(경인)	辛卯(신묘)	壬辰(임진)	癸巳(계사)	甲午(갑오)	乙未(을미)	丙申(병신)	丁酉(정유)	戊戌(무술)	己亥(기해)	庚子(경자)	辛丑(신축)	壬寅(임인)	癸卯(계묘)	甲辰(갑진)	乙巳(을사)	丙午(병오)	丁未(정미)	戊申(무신)	己酉(기유)	庚戌(경술)	辛亥(신해)	壬子(임자)	
절기시각					辰初															巳正										
대순행	1	1	1	1	10	10	9	9	9	8	8	8	7	7	7	6	6	6	5	5	5	4	4	4	3	3	3	2	2	
운역행	9	10	10	10	10	1	1	1	2	2	2	3	3	3	4	4	4	5	5	5	6	6	6	7	7	7	8	8	8	

10 月　丁 亥(정해)　大

절기						입동														소설										
음력	一	二	三	四	五	六	七	八	九	十	十一	十二	十三	十四	十五	十六	十七	十八	十九	卄	卄一	卄二	卄三	卄四	卄五	卄六	卄七	卄八	卄九	三十
양력 월/일	11/3	4	5	6	7	8	9	10	11	12	13	14	15	16	17	18	19	20	21	22	23	24	25	26	27	28	29	30	12/1	2
일진	癸丑(계축)	甲寅(갑인)	乙卯(을묘)	丙辰(병진)	丁巳(정사)	戊午(무오)	己未(기미)	庚申(경신)	辛酉(신유)	壬戌(임술)	癸亥(계해)	甲子(갑자)	乙丑(을축)	丙寅(병인)	丁卯(정묘)	戊辰(무진)	己巳(기사)	庚午(경오)	辛未(신미)	壬申(임신)	癸酉(계유)	甲戌(갑술)	乙亥(을해)	丙子(병자)	丁丑(정축)	戊寅(무인)	己卯(기묘)	庚辰(경진)	辛巳(신사)	壬午(임오)
절기시각						巳正														辰初										
대순행	2	1	1	1	1	10	10	9	9	9	8	8	8	7	7	7	6	6	6	5	5	5	4	4	4	3	3	3	2	2
운역행	9	9	9	10	10	10	1	1	1	2	2	2	3	3	3	4	4	4	5	5	5	6	6	6	7	7	7	8	8	8

11 月　戊 子(무자)　小

절기						대설														동지										
음력	一	二	三	四	五	六	七	八	九	十	十一	十二	十三	十四	十五	十六	十七	十八	十九	卄	卄一	卄二	卄三	卄四	卄五	卄六	卄七	卄八	卄九	
양력 월/일	12/3	4	5	6	7	8	9	10	11	12	13	14	15	16	17	18	19	20	21	22	23	24	25	26	27	28	29	30	31	
일진	癸未(계미)	甲申(갑신)	乙酉(을유)	丙戌(병술)	丁亥(정해)	戊子(무자)	己丑(기축)	庚寅(경인)	辛卯(신묘)	壬辰(임진)	癸巳(계사)	甲午(갑오)	乙未(을미)	丙申(병신)	丁酉(정유)	戊戌(무술)	己亥(기해)	庚子(경자)	辛丑(신축)	壬寅(임인)	癸卯(계묘)	甲辰(갑진)	乙巳(을사)	丙午(병오)	丁未(정미)	戊申(무신)	己酉(기유)	庚戌(경술)	辛亥(신해)	
절기시각						丑初														戌正										
대순행	2	1	1	1	1	10	9	9	9	8	8	8	7	7	7	6	6	6	5	5	5	4	4	4	3	3	3	2	2	
운역행	9	9	9	10	10	10	1	1	1	2	2	2	3	3	3	4	4	4	5	5	5	6	6	6	7	7	7	8	8	

12 月　己 丑(기축)　大

절기						소한																대한								
음력	一	二	三	四	五	六	七	八	九	十	十一	十二	十三	十四	十五	十六	十七	十八	十九	卄	卄一	卄二	卄三	卄四	卄五	卄六	卄七	卄八	卄九	三十
양력 월/일	1/1	2	3	4	5	6	7	8	9	10	11	12	13	14	15	16	17	18	19	20	21	22	23	24	25	26	27	28	29	30
일진	壬子(임자)	癸丑(계축)	甲寅(갑인)	乙卯(을묘)	丙辰(병진)	丁巳(정사)	戊午(무오)	己未(기미)	庚申(경신)	辛酉(신유)	壬戌(임술)	癸亥(계해)	甲子(갑자)	乙丑(을축)	丙寅(병인)	丁卯(정묘)	戊辰(무진)	己巳(기사)	庚午(경오)	辛未(신미)	壬申(임신)	癸酉(계유)	甲戌(갑술)	乙亥(을해)	丙子(병자)	丁丑(정축)	戊寅(무인)	己卯(기묘)	庚辰(경진)	辛巳(신사)
절기시각						未初																辰初								
대순행	2	1	1	1	1	10	10	9	9	9	8	8	8	7	7	7	6	6	6	5	5	5	4	4	4	3	3	3	2	2
운역행	8	9	9	9	10	10	1	1	1	2	2	2	3	3	3	4	4	4	5	5	5	6	6	6	7	7	7	8	8	8

단기 4309 년
불기 2520 년

1976년 丙辰(병진)年

1 月 庚寅(경인) 大

절기						입춘														우수										
음력	一	二	三	四	五	六	七	八	九	十	十一	十二	十三	十四	十五	十六	十七	十八	十九	廿	廿一	廿二	廿三	廿四	廿五	廿六	廿七	廿八	廿九	三十
양력 월/일	1/31	2/1	2	3	4	5	6	7	8	9	10	11	12	13	14	15	16	17	18	19	20	21	22	23	24	25	26	27	28	29
일진	壬午(임오)	癸未(계미)	甲申(갑신)	乙酉(을유)	丙戌(병술)	丁亥(정해)	戊子(무자)	己丑(기축)	庚寅(경인)	辛卯(신묘)	壬辰(임진)	癸巳(계사)	甲午(갑오)	乙未(을미)	丙申(병신)	丁酉(정유)	戊戌(무술)	己亥(기해)	庚子(경자)	辛丑(신축)	壬寅(임인)	癸卯(계묘)	甲辰(갑진)	乙巳(을사)	丙午(병오)	丁未(정미)	戊申(무신)	己酉(기유)	庚戌(경술)	辛亥(신해)
절기시각						丑初														亥初										
대운 순행	2	1	1	1	1	10	9	9	9	8	8	8	7	7	7	6	6	6	5	5	5	4	4	4	3	3	3	2	2	2
대운 역행	9	9	9	10	10	10	1	1	1	2	2	2	3	3	3	4	4	4	5	5	5	6	6	6	7	7	7	8	8	8

2 月 辛卯(신묘) 小

절기					경칩															춘분										
음력	一	二	三	四	五	六	七	八	九	十	十一	十二	十三	十四	十五	十六	十七	十八	十九	廿	廿一	廿二	廿三	廿四	廿五	廿六	廿七	廿八	廿九	三十
양력 월/일	3/1	2	3	4	5	6	7	8	9	10	11	12	13	14	15	16	17	18	19	20	21	22	23	24	25	26	27	28	29	30
일진	壬子(임자)	癸丑(계축)	甲寅(갑인)	乙卯(을묘)	丙辰(병진)	丁巳(정사)	戊午(무오)	己未(기미)	庚申(경신)	辛酉(신유)	壬戌(임술)	癸亥(계해)	甲子(갑자)	乙丑(을축)	丙寅(병인)	丁卯(정묘)	戊辰(무진)	己巳(기사)	庚午(경오)	辛未(신미)	壬申(임신)	癸酉(계유)	甲戌(갑술)	乙亥(을해)	丙子(병자)	丁丑(정축)	戊寅(무인)	己卯(기묘)	庚辰(경진)	辛巳(신사)
절기시각					戌初															戌正										
대운 순행	1	1	1	1	10	10	10	9	9	9	8	8	8	7	7	7	6	6	6	5	5	5	4	4	4	3	3	3	2	2
대운 역행	9	9	9	10	10	1	1	1	2	2	2	3	3	3	4	4	4	5	5	5	6	6	6	7	7	7	8	8	8	9

3 月 壬辰(임진) 大

절기						청명	한식														곡우									
음력	一	二	三	四	五	六	七	八	九	十	十一	十二	十三	十四	十五	十六	十七	十八	十九	廿	廿一	廿二	廿三	廿四	廿五	廿六	廿七	廿八	廿九	
양력 월/일	3/31	4/1	2	3	4	5	6	7	8	9	10	11	12	13	14	15	16	17	18	19	20	21	22	23	24	25	26	27	28	
일진	壬午(임오)	癸未(계미)	甲申(갑신)	乙酉(을유)	丙戌(병술)	丁亥(정해)	戊子(무자)	己丑(기축)	庚寅(경인)	辛卯(신묘)	壬辰(임진)	癸巳(계사)	甲午(갑오)	乙未(을미)	丙申(병신)	丁酉(정유)	戊戌(무술)	己亥(기해)	庚子(경자)	辛丑(신축)	壬寅(임인)	癸卯(계묘)	甲辰(갑진)	乙巳(을사)	丙午(병오)	丁未(정미)	戊申(무신)	己酉(기유)	庚戌(경술)	
절기시각						子正															辰正									
대운 순행	2	1	1	1	1	10	10	9	9	9	8	8	8	7	7	7	6	6	6	5	5	5	4	4	4	3	3	3	2	
대운 역행	9	9	10	10	10	10	1	1	1	2	2	2	3	3	3	4	4	4	5	5	5	6	6	6	7	7	7	8	8	

4 月 癸巳(계사) 大

절기							입하																소만							
음력	一	二	三	四	五	六	七	八	九	十	十一	十二	十三	十四	十五	十六	十七	十八	十九	廿	廿一	廿二	廿三	廿四	廿五	廿六	廿七	廿八	廿九	三十
양력 월/일	4/29	30	5/1	2	3	4	5	6	7	8	9	10	11	12	13	14	15	16	17	18	19	20	21	22	23	24	25	26	27	28
일진	辛亥(신해)	壬子(임자)	癸丑(계축)	甲寅(갑인)	乙卯(을묘)	丙辰(병진)	丁巳(정사)	戊午(무오)	己未(기미)	庚申(경신)	辛酉(신유)	壬戌(임술)	癸亥(계해)	甲子(갑자)	乙丑(을축)	丙寅(병인)	丁卯(정묘)	戊辰(무진)	己巳(기사)	庚午(경오)	辛未(신미)	壬申(임신)	癸酉(계유)	甲戌(갑술)	乙亥(을해)	丙子(병자)	丁丑(정축)	戊寅(무인)	己卯(기묘)	庚辰(경진)
절기시각							酉正																辰初							
대운 순행	2	2	1	1	1	1	10	10	10	9	9	9	8	8	8	7	7	7	6	6	6	5	5	5	4	4	4	3	3	3
대운 역행	8	9	9	9	10	10	10	1	1	1	2	2	2	3	3	3	4	4	4	5	5	5	6	6	6	7	7	7	8	8

5 月 甲午(갑오) 小

절기								망종																소만					
음력	一	二	三	四	五	六	七	八	九	十	十一	十二	十三	十四	十五	十六	十七	十八	十九	廿	廿一	廿二	廿三	廿四	廿五	廿六	廿七	廿八	廿九
양력 월/일	5/29	30	31	6/1	2	3	4	5	6	7	8	9	10	11	12	13	14	15	16	17	18	19	20	21	22	23	24	25	26
일진	辛巳(신사)	壬午(임오)	癸未(계미)	甲申(갑신)	乙酉(을유)	丙戌(병술)	丁亥(정해)	戊子(무자)	己丑(기축)	庚寅(경인)	辛卯(신묘)	壬辰(임진)	癸巳(계사)	甲午(갑오)	乙未(을미)	丙申(병신)	丁酉(정유)	戊戌(무술)	己亥(기해)	庚子(경자)	辛丑(신축)	壬寅(임인)	癸卯(계묘)	甲辰(갑진)	乙巳(을사)	丙午(병오)	丁未(정미)	戊申(무신)	己酉(기유)
절기시각								亥正																申初					
대운 순행	2	2	2	1	1	1	1	10	10	10	10	9	9	9	8	8	8	7	7	7	6	6	6	5	5	5	4	4	4
대운 역행	8	9	9	9	10	10	10	10	1	1	1	2	2	2	3	3	3	4	4	4	5	5	5	6	6	6	7	7	7

6 月 乙未(을미) 大

절기											소서										초복						대서			
음력	一	二	三	四	五	六	七	八	九	十	十一	十二	十三	十四	十五	十六	十七	十八	十九	廿	廿一	廿二	廿三	廿四	廿五	廿六	廿七	廿八	廿九	三十
양력 월/일	6/27	28	29	30	7/1	2	3	4	5	6	7	8	9	10	11	12	13	14	15	16	17	18	19	20	21	22	23	24	25	26
일진	庚戌(경술)	辛亥(신해)	壬子(임자)	癸丑(계축)	甲寅(갑인)	乙卯(을묘)	丙辰(병진)	丁巳(정사)	戊午(무오)	己未(기미)	庚申(경신)	辛酉(신유)	壬戌(임술)	癸亥(계해)	甲子(갑자)	乙丑(을축)	丙寅(병인)	丁卯(정묘)	戊辰(무진)	己巳(기사)	庚午(경오)	辛未(신미)	壬申(임신)	癸酉(계유)	甲戌(갑술)	乙亥(을해)	丙子(병자)	丁丑(정축)	戊寅(무인)	己卯(기묘)
절기시각											辰正																丑正			
대운 순행	3	3	3	2	2	2	1	1	1	1	10	10	10	9	9	9	8	8	8	7	7	7	6	6	6	5	5	5	4	4
대운 역행	8	8	8	9	9	9	10	10	10	10	10	1	1	1	2	2	2	3	3	3	4	4	4	5	5	5	6	6	6	7

北 大將	午 喪門	寅 弔客	南 三殺

7 月 丙 申(병신) 小

절기												입추																처서		
음력	一	二	三	四	五	六	七	八	九	十	十一	十二	十三	十四	十五	十六	十七	十八	十九	二十	二十一	二十二	二十三	二十四	二十五	二十六	二十七	二十八	二十九	
양력 월/일	7/27	28	29	30	31	8/1	2	3	4	5	6	7	8	9	10	11	12	13	14	15	16	17	18	19	20	21	22	23	24	
일진	庚辰(경진)	辛巳(신사)	壬午(임오)	癸未(계미)	甲申(갑신)	乙酉(을유)	丙戌(병술)	丁亥(정해)	戊子(무자)	己丑(기축)	庚寅(경인)	辛卯(신묘)	壬辰(임진)	癸巳(계사)	甲午(갑오)	乙未(을미)	丙申(병신)	丁酉(정유)	戊戌(무술)	己亥(기해)	庚子(경자)	辛丑(신축)	壬寅(임인)	癸卯(계묘)	甲辰(갑진)	乙巳(을사)	丙午(병오)	丁未(정미)	戊申(무신)	
절기시각												酉正																辰正		
대운 순행	4	3	3	3	2	2	2	1	1	1	1	10	10	10	9	9	9	8	8	8	7	7	7	6	6	6	5	5	5	
대운 역행	7	7	8	8	8	9	9	9	10	10	10	10	1	1	1	2	2	2	3	3	3	4	4	4	5	5	5	6	6	

8 月 丁 酉(정유) 大

절기														백로																추분
음력	一	二	三	四	五	六	七	八	九	十	十一	十二	十三	十四	十五	十六	十七	十八	十九	二十	二十一	二十二	二十三	二十四	二十五	二十六	二十七	二十八	二十九	三十
양력 월/일	8/25	26	27	28	29	30	31	9/1	2	3	4	5	6	7	8	9	10	11	12	13	14	15	16	17	18	19	20	21	22	23
일진	己酉(기유)	庚戌(경술)	辛亥(신해)	壬子(임자)	癸丑(계축)	甲寅(갑인)	乙卯(을묘)	丙辰(병진)	丁巳(정사)	戊午(무오)	己未(기미)	庚申(경신)	辛酉(신유)	壬戌(임술)	癸亥(계해)	甲子(갑자)	乙丑(을축)	丙寅(병인)	丁卯(정묘)	戊辰(무진)	己巳(기사)	庚午(경오)	辛未(신미)	壬申(임신)	癸酉(계유)	甲戌(갑술)	乙亥(을해)	丙子(병자)	丁丑(정축)	戊寅(무인)
절기시각														亥初																卯正
대운 순행	4	4	4	3	3	3	2	2	2	1	1	1	1	10	10	10	9	9	9	8	8	8	7	7	7	6	6	6	5	5
대운 역행	6	7	7	7	8	8	8	9	9	9	10	10	10	10	1	1	1	2	2	2	3	3	3	4	4	4	5	5	5	6

閏 8 月 丁 酉(정유) 小

절기															한로															
음력	一	二	三	四	五	六	七	八	九	十	十一	十二	十三	十四	十五	十六	十七	十八	十九	二十	二十一	二十二	二十三	二十四	二十五	二十六	二十七	二十八	二十九	
양력 월/일	9/24	25	26	27	28	29	30	10/1	2	3	4	5	6	7	8	9	10	11	12	13	14	15	16	17	18	19	20	21	22	
일진	己卯(기묘)	庚辰(경진)	辛巳(신사)	壬午(임오)	癸未(계미)	甲申(갑신)	乙酉(을유)	丙戌(병술)	丁亥(정해)	戊子(무자)	己丑(기축)	庚寅(경인)	辛卯(신묘)	壬辰(임진)	癸巳(계사)	甲午(갑오)	乙未(을미)	丙申(병신)	丁酉(정유)	戊戌(무술)	己亥(기해)	庚子(경자)	辛丑(신축)	壬寅(임인)	癸卯(계묘)	甲辰(갑진)	乙巳(을사)	丙午(병오)	丁未(정미)	
절기시각															午正															
대운 순행	5	4	4	4	3	3	3	2	2	2	1	1	1	1	10	10	9	9	9	8	8	8	7	7	7	6	6	6	5	
대운 역행	6	6	7	7	7	8	8	8	9	9	9	10	10	10	10	1	1	1	2	2	2	3	3	3	4	4	4	5	5	

9 月 戊 戌(무술) 大

절기	상강															입동														
음력	一	二	三	四	五	六	七	八	九	十	十一	十二	十三	十四	十五	十六	十七	十八	十九	二十	二十一	二十二	二十三	二十四	二十五	二十六	二十七	二十八	二十九	三十
양력 월/일	10/23	24	25	26	27	28	29	30	31	11/1	2	3	4	5	6	7	8	9	10	11	12	13	14	15	16	17	18	19	20	21
일진	戊申(무신)	己酉(기유)	庚戌(경술)	辛亥(신해)	壬子(임자)	癸丑(계축)	甲寅(갑인)	乙卯(을묘)	丙辰(병진)	丁巳(정사)	戊午(무오)	己未(기미)	庚申(경신)	辛酉(신유)	壬戌(임술)	癸亥(계해)	甲子(갑자)	乙丑(을축)	丙寅(병인)	丁卯(정묘)	戊辰(무진)	己巳(기사)	庚午(경오)	辛未(신미)	壬申(임신)	癸酉(계유)	甲戌(갑술)	乙亥(을해)	丙子(병자)	丁丑(정축)
절기시각	申初															申初														
대운 순행	5	5	4	4	4	3	3	3	2	2	2	1	1	1	1	10	10	9	9	9	8	8	8	7	7	7	6	6	6	5
대운 역행	5	6	6	6	7	7	7	8	8	8	9	9	9	10	10	10	1	1	1	2	2	2	3	3	3	4	4	4	5	5

10 月 己 亥(기해) 小

절기	소설															대설														
음력	一	二	三	四	五	六	七	八	九	十	十一	十二	十三	十四	十五	十六	十七	十八	十九	二十	二十一	二十二	二十三	二十四	二十五	二十六	二十七	二十八	二十九	
양력 월/일	11/22	23	24	25	26	27	28	29	30	12/1	2	3	4	5	6	7	8	9	10	11	12	13	14	15	16	17	18	19	20	
일진	戊寅(무인)	己卯(기묘)	庚辰(경진)	辛巳(신사)	壬午(임오)	癸未(계미)	甲申(갑신)	乙酉(을유)	丙戌(병술)	丁亥(정해)	戊子(무자)	己丑(기축)	庚寅(경인)	辛卯(신묘)	壬辰(임진)	癸巳(계사)	甲午(갑오)	乙未(을미)	丙申(병신)	丁酉(정유)	戊戌(무술)	己亥(기해)	庚子(경자)	辛丑(신축)	壬寅(임인)	癸卯(계묘)	甲辰(갑진)	乙巳(을사)	丙午(병오)	
절기시각	未初															巳正														
대운 순행	5	5	4	4	4	3	3	3	2	2	2	1	1	1	1	10	9	9	9	8	8	8	7	7	7	6	6	6	5	
대운 역행	5	6	6	6	7	7	7	8	8	8	9	9	9	10	10	10	1	1	1	2	2	2	3	3	3	4	4	4	5	

11 月 庚 子(경자) 小

절기		동지														소한														
음력	一	二	三	四	五	六	七	八	九	十	十一	十二	十三	十四	十五	十六	十七	十八	十九	二十	二十一	二十二	二十三	二十四	二十五	二十六	二十七	二十八	二十九	
양력 월/일	12/21	22	23	24	25	26	27	28	29	30	31	1/1	2	3	4	5	6	7	8	9	10	11	12	13	14	15	16	17	18	
일진	丁未(정미)	戊申(무신)	己酉(기유)	庚戌(경술)	辛亥(신해)	壬子(임자)	癸丑(계축)	甲寅(갑인)	乙卯(을묘)	丙辰(병진)	丁巳(정사)	戊午(무오)	己未(기미)	庚申(경신)	辛酉(신유)	壬戌(임술)	癸亥(계해)	甲子(갑자)	乙丑(을축)	丙寅(병인)	丁卯(정묘)	戊辰(무진)	己巳(기사)	庚午(경오)	辛未(신미)	壬申(임신)	癸酉(계유)	甲戌(갑술)	乙亥(을해)	
절기시각		丑正														戌初														
대운 순행	5	5	4	4	4	3	3	3	2	2	2	1	1	1	1	10	10	9	9	9	8	8	8	7	7	7	6	6	6	
대운 역행	5	5	6	6	6	7	7	7	8	8	8	9	9	9	10	10	1	1	1	2	2	2	3	3	3	4	4	4	5	

12 月 辛 丑(신축) 大

절기		대한															입춘													
음력	一	二	三	四	五	六	七	八	九	十	十一	十二	十三	十四	十五	十六	十七	十八	十九	二十	二十一	二十二	二十三	二十四	二十五	二十六	二十七	二十八	二十九	三十
양력 월/일	1/19	20	21	22	23	24	25	26	27	28	29	30	31	2/1	2	3	4	5	6	7	8	9	10	11	12	13	14	15	16	17
일진	丙子(병자)	丁丑(정축)	戊寅(무인)	己卯(기묘)	庚辰(경진)	辛巳(신사)	壬午(임오)	癸未(계미)	甲申(갑신)	乙酉(을유)	丙戌(병술)	丁亥(정해)	戊子(무자)	己丑(기축)	庚寅(경인)	辛卯(신묘)	壬辰(임진)	癸巳(계사)	甲午(갑오)	乙未(을미)	丙申(병신)	丁酉(정유)	戊戌(무술)	己亥(기해)	庚子(경자)	辛丑(신축)	壬寅(임인)	癸卯(계묘)	甲辰(갑진)	乙巳(을사)
절기시각		未初															辰初													
대운 순행	5	5	5	4	4	4	3	3	3	2	2	2	1	1	1	1	10	10	9	9	9	8	8	8	7	7	7	6	6	6
대운 역행	5	5	6	6	6	7	7	7	8	8	8	9	9	9	10	10	10	1	1	1	2	2	2	3	3	3	4	4	4	5

단기 4310 년
불기 2521 년

1977년 丁巳(정사)年

1 月 壬 寅(임인) 大

절기		우수															경칩													
음력	一	二	三	四	五	六	七	八	九	十	十一	十二	十三	十四	十五	十六	十七	十八	十九	廿	廿一	廿二	廿三	廿四	廿五	廿六	廿七	廿八	廿九	三十
양력 월/일	2/18	19	20	21	22	23	24	25	26	27	28	3/1	2	3	4	5	6	7	8	9	10	11	12	13	14	15	16	17	18	19
일진	丙午(병오)	丁未(정미)	戊申(무신)	己酉(기유)	庚戌(경술)	辛亥(신해)	壬子(임자)	乙丑(계축)	甲寅(갑인)	乙卯(을묘)	丙辰(병진)	丁巳(정사)	戊午(무오)	己未(기미)	庚申(경신)	辛酉(신유)	壬戌(임술)	癸亥(계해)	甲子(갑자)	乙丑(을축)	丙寅(병인)	丁卯(정묘)	戊辰(무진)	己巳(기사)	庚午(경오)	辛未(신미)	壬申(임신)	癸酉(계유)	甲戌(갑술)	乙亥(을해)
절기시각		寅初															丑正													
대운 순행	5	5	5	4	4	4	3	3	3	2	2	2	1	1	1	1	10	10	9	9	9	8	8	8	7	7	7	6	6	6
대운 역행	5	5	6	6	6	7	7	7	8	8	8	9	9	9	10	10	10	1	1	1	2	2	2	3	3	3	4	4	4	5

2 月 癸 卯(계묘) 小

절기		춘분															청명	한식											
음력	一	二	三	四	五	六	七	八	九	十	十一	十二	十三	十四	十五	十六	十七	十八	十九	廿	廿一	廿二	廿三	廿四	廿五	廿六	廿七	廿八	廿九
양력 월/일	3/20	21	22	23	24	25	26	27	28	29	30	31	4/1	2	3	4	5	6	7	8	9	10	11	12	13	14	15	16	17
일진	丙子(병자)	丁丑(정축)	戊寅(무인)	己卯(기묘)	庚辰(경진)	辛巳(신사)	壬午(임오)	癸未(계미)	甲申(갑신)	乙酉(을유)	丙戌(병술)	丁亥(정해)	戊子(무자)	己丑(기축)	庚寅(경인)	辛卯(신묘)	壬辰(임진)	癸巳(계사)	甲午(갑오)	乙未(을미)	丙申(병신)	丁酉(정유)	戊戌(무술)	己亥(기해)	庚子(경자)	辛丑(신축)	壬寅(임인)	癸卯(계묘)	甲辰(갑진)
절기시각		丑末															卯正												
대운 순행	5	5	5	4	4	4	3	3	3	2	2	2	1	1	1	1	10	10	9	9	9	8	8	8	7	7	7	6	6
대운 역행	5	5	6	6	6	7	7	7	8	8	8	9	9	9	10	10	10	1	1	1	2	2	2	3	3	3	4	4	4

3 月 甲 辰(갑진) 小

절기			곡우															입하												
음력	一	二	三	四	五	六	七	八	九	十	十一	十二	十三	十四	十五	十六	十七	十八	十九	廿	廿一	廿二	廿三	廿四	廿五	廿六	廿七	廿八	廿九	三十
양력 월/일	4/18	19	20	21	22	23	24	25	26	27	28	29	30	5/1	2	3	4	5	6	7	8	9	10	11	12	13	14	15	16	17
일진	乙巳(을사)	丙午(병오)	丁未(정미)	戊申(무신)	己酉(기유)	庚戌(경술)	辛亥(신해)	壬子(임자)	癸丑(계축)	甲寅(갑인)	乙卯(을묘)	丙辰(병진)	丁巳(정사)	戊午(무오)	己未(기미)	庚申(경신)	辛酉(신유)	壬戌(임술)	癸亥(계해)	甲子(갑자)	乙丑(을축)	丙寅(병인)	丁卯(정묘)	戊辰(무진)	己巳(기사)	庚午(경오)	辛未(신미)	壬申(임신)	癸酉(계유)	甲戌(갑술)
절기시각			未初															子正												
대운 순행	6	5	5	5	4	4	4	3	3	3	2	2	2	1	1	1	1	10	10	10	10	9	9	9	8	8	8	7	7	7
대운 역행	5	5	5	6	6	6	7	7	7	8	8	8	9	9	9	10	10	10	1	1	1	2	2	2	3	3	3	4	4	4

4 月 乙 巳(을사) 大

절기				소만																	망종									
음력	一	二	三	四	五	六	七	八	九	十	十一	十二	十三	十四	十五	十六	十七	十八	十九	廿	廿一	廿二	廿三	廿四	廿五	廿六	廿七	廿八	廿九	三十
양력 월/일	5/18	19	20	21	22	23	24	25	26	27	28	29	30	31	6/1	2	3	4	5	6	7	8	9	10	11	12	13	14	15	
일진	乙亥(을해)	丙子(병자)	丁丑(정축)	戊寅(무인)	己卯(기묘)	庚辰(경진)	辛巳(신사)	壬午(임오)	癸未(계미)	甲申(갑신)	乙酉(을유)	丙戌(병술)	丁亥(정해)	戊子(무자)	己丑(기축)	庚寅(경인)	辛卯(신묘)	壬辰(임진)	癸巳(계사)	甲午(갑오)	乙未(을미)	丙申(병신)	丁酉(정유)	戊戌(무술)	己亥(기해)	庚子(경자)	辛丑(신축)	壬寅(임인)	癸卯(계묘)	甲辰(갑진)
절기시각				未初																	寅正									
대운 순행	6	6	6	5	5	5	4	4	4	3	3	3	2	2	2	1	1	1	1	10	10	10	9	9	9	8	8	8	7	7
대운 역행	5	5	5	6	6	6	7	7	7	8	8	8	9	9	9	10	10	10	10	10	1	1	1	2	2	2	3	3	3	4

5 月 丙 午(병오) 小

절기					하지																소서					초복			
음력	一	二	三	四	五	六	七	八	九	十	十一	十二	十三	十四	十五	十六	十七	十八	十九	廿	廿一	廿二	廿三	廿四	廿五	廿六	廿七	廿八	廿九
양력 월/일	6/17	18	19	20	21	22	23	24	25	26	27	28	29	30	7/1	2	3	4	5	6	7	8	9	10	11	12	13	14	
일진	乙巳(을사)	丙午(병오)	丁未(정미)	戊申(무신)	己酉(기유)	庚戌(경술)	辛亥(신해)	壬子(임자)	癸丑(계축)	甲寅(갑인)	乙卯(을묘)	丙辰(병진)	丁巳(정사)	戊午(무오)	己未(기미)	庚申(경신)	辛酉(신유)	壬戌(임술)	癸亥(계해)	甲子(갑자)	乙丑(을축)	丙寅(병인)	丁卯(정묘)	戊辰(무진)	己巳(기사)	庚午(경오)	辛未(신미)	壬申(임신)	癸酉(계유)
절기시각					亥初																未正								
대운 순행	7	6	6	6	5	5	5	4	4	4	3	3	3	2	2	2	1	1	1	1	10	10	10	10	9	9	9	8	8
대운 역행	4	4	5	5	5	6	6	6	7	7	7	8	8	8	9	9	9	10	10	10	10	1	1	1	2	2	2	3	3

6 月 丁 未(정미) 大

절기							중복	대서																입추			말복			
음력	一	二	三	四	五	六	七	八	九	十	十一	十二	十三	十四	十五	十六	十七	十八	十九	廿	廿一	廿二	廿三	廿四	廿五	廿六	廿七	廿八	廿九	三十
양력 월/일	7/16	17	18	19	20	21	22	23	24	25	26	27	28	29	30	31	8/1	2	3	4	5	6	7	8	9	10	11	12	13	14
일진	甲戌(갑술)	乙亥(을해)	丙子(병자)	丁丑(정축)	戊寅(무인)	己卯(기묘)	庚辰(경진)	辛巳(신사)	壬午(임오)	癸未(계미)	甲申(갑신)	乙酉(을유)	丙戌(병술)	丁亥(정해)	戊子(무자)	己丑(기축)	庚寅(경인)	辛卯(신묘)	壬辰(임진)	癸巳(계사)	甲午(갑오)	乙未(을미)	丙申(병신)	丁酉(정유)	戊戌(무술)	己亥(기해)	庚子(경자)	辛丑(신축)	壬寅(임인)	癸卯(계묘)
절기시각								辰正																子正						
대운 순행	8	7	7	7	6	6	6	5	5	5	4	4	4	3	3	3	2	2	2	1	1	1	1	10	10	10	9	9	9	8
대운 역행	3	4	4	4	5	5	5	6	6	6	7	7	7	8	8	8	9	9	9	10	10	10	10	10	1	1	1	2	2	2

東 大將	未 喪門	卯 弔客	東 三殺

7 月 戊 申(무신) 小

절기									처서																백로					
음력	一	二	三	四	五	六	七	八	九	十	十一	十二	十三	十四	十五	十六	十七	十八	十九	廿	廿一	廿二	廿三	廿四	廿五	廿六	廿七	廿八	廿九	
양력 월/일	8/15	16	17	18	19	20	21	22	23	24	25	26	27	28	29	30	31	9/1	2	3	4	5	6	7	8	9	10	11	12	
일진	甲辰(갑진)	乙巳(을사)	丙午(병오)	丁未(정미)	戊申(무신)	己酉(기유)	庚戌(경술)	辛亥(신해)	壬子(임자)	癸丑(계축)	甲寅(갑인)	乙卯(을묘)	丙辰(병진)	丁巳(정사)	戊午(무오)	己未(기미)	庚申(경신)	辛酉(신유)	壬戌(임술)	癸亥(계해)	甲子(갑자)	乙丑(을축)	丙寅(병인)	丁卯(정묘)	戊辰(무진)	己巳(기사)	庚午(경오)	辛未(신미)	壬申(임신)	
절기시각									申初																寅初					
대운 순행	8	8	7	7	7	6	6	6	5	5	5	4	4	4	3	3	3	2	2	2	1	1	1	1	10	10	9	9	9	
대운 역행	3	3	3	4	4	4	5	5	5	6	6	6	7	7	7	8	8	8	9	9	9	10	10	10	10	1	1	1	2	

8 月 己 酉(기유) 小

절기											추분															한로				
음력	一	二	三	四	五	六	七	八	九	十	十一	十二	十三	十四	十五	十六	十七	十八	十九	廿	廿一	廿二	廿三	廿四	廿五	廿六	廿七	廿八	廿九	三十
양력 월/일	9/13	14	15	16	17	18	19	20	21	22	23	24	25	26	27	28	29	30	10/1	2	3	4	5	6	7	8	9	10	11	12
일진	癸酉(계유)	甲戌(갑술)	乙亥(을해)	丙子(병자)	丁丑(정축)	戊寅(무인)	己卯(기묘)	庚辰(경진)	辛巳(신사)	壬午(임오)	癸未(계미)	甲申(갑신)	乙酉(을유)	丙戌(병술)	丁亥(정해)	戊子(무자)	己丑(기축)	庚寅(경인)	辛卯(신묘)	壬辰(임진)	癸巳(계사)	甲午(갑오)	乙未(을미)	丙申(병신)	丁酉(정유)	戊戌(무술)	己亥(기해)	庚子(경자)	辛丑(신축)	壬寅(임인)
절기시각											子正															酉正				
대운 순행	8	8	8	7	7	7	6	6	6	5	5	5	4	4	4	3	3	3	2	2	2	1	1	1	1	10	10	9	9	9
대운 역행	2	2	2	3	3	3	4	4	4	5	5	5	6	6	6	7	7	7	8	8	8	9	9	9	10	10	10	1	1	1

9 月 庚 戌(경술) 小

절기											상강															입동				
음력	一	二	三	四	五	六	七	八	九	十	十一	十二	十三	十四	十五	十六	十七	十八	十九	廿	廿一	廿二	廿三	廿四	廿五	廿六	廿七	廿八	廿九	
양력 월/일	10/13	14	15	16	17	18	19	20	21	22	23	24	25	26	27	28	29	30	31	11/1	2	3	4	5	6	7	8	9	10	
일진	癸卯(계묘)	甲辰(갑진)	乙巳(을사)	丙午(병오)	丁未(정미)	戊申(무신)	己酉(기유)	庚戌(경술)	辛亥(신해)	壬子(임자)	癸丑(계축)	甲寅(갑인)	乙卯(을묘)	丙辰(병진)	丁巳(정사)	戊午(무오)	己未(기미)	庚申(경신)	辛酉(신유)	壬戌(임술)	癸亥(계해)	甲子(갑자)	乙丑(을축)	丙寅(병인)	丁卯(정묘)	戊辰(무진)	己巳(기사)	庚午(경오)	辛未(신미)	
절기시각											亥初															亥初				
대운 순행	8	8	8	7	7	7	6	6	6	5	5	5	4	4	4	3	3	3	2	2	2	1	1	1	1	10	10	9	9	
대운 역행	2	2	3	3	3	4	4	4	5	5	5	6	6	6	7	7	7	8	8	8	9	9	9	10	10	10	1	1	1	

10 月 辛 亥(신해) 大

절기											소설																대설			
음력	一	二	三	四	五	六	七	八	九	十	十一	十二	十三	十四	十五	十六	十七	十八	十九	廿	廿一	廿二	廿三	廿四	廿五	廿六	廿七	廿八	廿九	三十
양력 월/일	11/11	12	13	14	15	16	17	18	19	20	21	22	23	24	25	26	27	28	29	30	12/1	2	3	4	5	6	7	8	9	10
일진	壬申(임신)	癸酉(계유)	甲戌(갑술)	乙亥(을해)	丙子(병자)	丁丑(정축)	戊寅(무인)	己卯(기묘)	庚辰(경진)	辛巳(신사)	壬午(임오)	癸未(계미)	甲申(갑신)	乙酉(을유)	丙戌(병술)	丁亥(정해)	戊子(무자)	己丑(기축)	庚寅(경인)	辛卯(신묘)	壬辰(임진)	癸巳(을사)	甲午(병오)	乙未(정미)	丙申(무신)	丁酉(기유)	戊戌(경술)	己亥(신해)	庚子(임자)	辛丑(계축)
절기시각											戌初																未正			
대운 순행	9	8	8	8	7	7	7	6	6	6	5	5	5	4	4	4	3	3	3	2	2	2	1	1	1	1	10	10	9	9
대운 역행	2	2	2	3	3	3	4	4	4	5	5	5	6	6	6	7	7	7	8	8	8	9	9	9	10	10	10	1	1	1

11 月 壬 子(임자) 小

절기												동지															소한			
음력	一	二	三	四	五	六	七	八	九	十	十一	十二	十三	十四	十五	十六	十七	十八	十九	廿	廿一	廿二	廿三	廿四	廿五	廿六	廿七	廿八	廿九	
양력 월/일	12/11	12	13	14	15	16	17	18	19	20	21	22	23	24	25	26	27	28	29	30	31	1/1	2	3	4	5	6	7	8	
일진	壬寅(임인)	癸卯(계묘)	甲辰(갑진)	乙巳(을사)	丙午(병오)	丁未(정미)	戊申(무신)	己酉(기유)	庚戌(경술)	辛亥(신해)	壬子(임자)	癸丑(계축)	甲寅(갑인)	乙卯(을묘)	丙辰(병진)	丁巳(정사)	戊午(무오)	己未(기미)	庚申(경신)	辛酉(신유)	壬戌(임술)	癸亥(계해)	甲子(갑자)	乙丑(을축)	丙寅(병인)	丁卯(정묘)	戊辰(무진)	己巳(기사)	庚午(경오)	
절기시각												辰正															丑初			
대운 순행	9	8	8	8	7	7	7	6	6	6	5	5	5	4	4	4	3	3	3	2	2	2	1	1	1	1	10	9	9	
대운 역행	2	2	2	3	3	3	4	4	4	5	5	5	6	6	6	7	7	7	8	8	8	9	9	9	10	10	10	1	1	

12 月 癸 丑(계축) 小

절기												대한															입춘			
음력	一	二	三	四	五	六	七	八	九	十	十一	十二	十三	十四	十五	十六	十七	十八	十九	廿	廿一	廿二	廿三	廿四	廿五	廿六	廿七	廿八	廿九	
양력 월/일	1/9	10	11	12	13	14	15	16	17	18	19	20	21	22	23	24	25	26	27	28	29	30	31	2/1	2	3	4	5	6	
일진	辛未(신미)	壬申(임신)	癸酉(계유)	甲戌(갑술)	乙亥(을해)	丙子(병자)	丁丑(정축)	戊寅(무인)	己卯(기묘)	庚辰(경진)	辛巳(신사)	壬午(임오)	癸未(계미)	甲申(갑신)	乙酉(을유)	丙戌(병술)	丁亥(정해)	戊子(무자)	己丑(기축)	庚寅(경인)	辛卯(신묘)	壬辰(임진)	癸巳(계사)	甲午(갑오)	乙未(을미)	丙申(병신)	丁酉(정유)	戊戌(무술)	己亥(기해)	
절기시각												戌初															未初			
대운 순행	9	8	8	8	7	7	7	6	6	6	5	5	5	4	4	4	3	3	3	2	2	2	1	1	1	1	10	10	9	
대운 역행	1	2	2	2	3	3	3	4	4	4	5	5	5	6	6	6	7	7	7	8	8	8	9	9	9	10	10	1	1	

단기 4311 년
불기 2522 년

1978년 戊午(무오)年

1 月 甲 寅(갑인) 大

절기													우수															경칩		
음력	一	二	三	四	五	六	七	八	九	十	十一	十二	十三	十四	十五	十六	十七	十八	十九	廿	廿一	廿二	廿三	廿四	廿五	廿六	廿七	廿八	廿九	三十
양력 월/일	2/7	8	9	10	11	12	13	14	15	16	17	18	19	20	21	22	23	24	25	26	27	28	3/1	2	3	4	5	6	7	8
일진	庚子(경자)	辛丑(신축)	壬寅(임인)	癸卯(계묘)	甲辰(갑진)	乙巳(을사)	丙午(병오)	丁未(정미)	戊申(무신)	己酉(기유)	庚戌(경술)	辛亥(신해)	壬子(임자)	癸丑(계축)	甲寅(갑인)	乙卯(을묘)	丙辰(병진)	丁巳(정사)	戊午(무오)	己未(기미)	庚申(경신)	辛酉(신유)	壬戌(임술)	癸亥(계해)	甲子(갑자)	乙丑(을축)	丙寅(병인)	丁卯(정묘)	戊辰(무진)	己巳(기사)
절기시각													巳初															辰初		
대운 순행	9	9	8	8	8	7	7	7	6	6	6	5	5	5	4	4	4	3	3	3	2	2	2	1	1	1	1	10	10	9
대운 역행	1	2	2	2	3	3	3	4	4	4	5	5	5	6	6	6	7	7	7	8	8	8	9	9	9	10	10	10	1	1

2 月 乙 卯(을묘) 大

절기													춘분															청명		
음력	一	二	三	四	五	六	七	八	九	十	十一	十二	十三	十四	十五	十六	十七	十八	十九	廿	廿一	廿二	廿三	廿四	廿五	廿六	廿七	廿八	廿九	三十
양력 월/일	3/9	10	11	12	13	14	15	16	17	18	19	20	21	22	23	24	25	26	27	28	29	30	31	4/1	2	3	4	5	6	7
일진	庚午(경오)	辛未(신미)	壬申(임신)	癸酉(계유)	甲戌(갑술)	乙亥(을해)	丙子(병자)	丁丑(정축)	戊寅(무인)	己卯(기묘)	庚辰(경진)	辛巳(신사)	壬午(임오)	癸未(계미)	甲申(갑신)	乙酉(을유)	丙戌(병술)	丁亥(정해)	戊子(무자)	己丑(기축)	庚寅(경인)	辛卯(신묘)	壬辰(임진)	癸巳(계사)	甲午(갑오)	乙未(을미)	丙申(병신)	丁酉(정유)	戊戌(무술)	己亥(기해)
절기시각													辰正															午正		
대운 순행	9	9	8	8	8	7	7	7	6	6	6	5	5	5	4	4	4	3	3	3	2	2	2	1	1	1	1	10	10	10
대운 역행	1	2	2	2	3	3	3	4	4	4	5	5	5	6	6	6	7	7	7	8	8	8	9	9	9	10	10	10	1	1

3 月 丙 辰(병진) 小

절기													곡우																입하
음력	一	二	三	四	五	六	七	八	九	十	十一	十二	十三	十四	十五	十六	十七	十八	十九	廿	廿一	廿二	廿三	廿四	廿五	廿六	廿七	廿八	廿九
양력 월/일	4/8	9	10	11	12	13	14	15	16	17	18	19	20	21	22	23	24	25	26	27	28	29	30	5/1	2	3	4	5	6
일진	庚子(경자)	辛丑(신축)	壬寅(임인)	癸酉(계묘)	甲辰(갑진)	乙巳(을사)	丙午(병오)	丁未(정미)	戊申(무신)	己酉(기유)	庚戌(경술)	辛亥(신해)	壬子(임자)	癸丑(계축)	甲寅(갑인)	乙卯(을묘)	丙辰(병진)	丁巳(정사)	戊午(무오)	己未(기미)	庚申(경신)	辛酉(신유)	壬戌(임술)	癸亥(계해)	甲子(갑자)	乙丑(을축)	丙寅(병인)	丁卯(정묘)	戊辰(무진)
절기시각													戌初																卯正
대운 순행	9	9	9	8	8	8	7	7	7	6	6	6	5	5	5	4	4	4	3	3	3	2	2	2	1	1	1	1	10
대운 역행	1	2	2	2	3	3	3	4	4	4	5	5	5	6	6	6	7	7	7	8	8	8	9	9	9	10	10	10	10

4 月 丁 巳(정사) 大

절기															소만															
음력	一	二	三	四	五	六	七	八	九	十	十一	十二	十三	十四	十五	十六	十七	十八	十九	廿	廿一	廿二	廿三	廿四	廿五	廿六	廿七	廿八	廿九	三十
양력 월/일	5/7	8	9	10	11	12	13	14	15	16	17	18	19	20	21	22	23	24	25	26	27	28	29	30	31	6/1	2	3	4	5
일진	己巳(기사)	庚午(경오)	辛未(신미)	壬申(임신)	癸酉(계유)	甲戌(갑술)	乙亥(을해)	丙子(병자)	丁丑(정축)	戊寅(무인)	己卯(기묘)	庚辰(경진)	辛巳(신사)	壬午(임오)	癸未(계미)	甲申(갑신)	乙酉(을유)	丙戌(병술)	丁亥(정해)	戊子(무자)	己丑(기축)	庚寅(경인)	辛卯(신묘)	壬辰(임진)	癸巳(계사)	甲午(갑오)	乙未(을미)	丙申(병신)	丁酉(정유)	戊戌(무술)
절기시각															卯初															
대운 순행	10	10	9	9	9	8	8	8	7	7	7	6	6	6	5	5	5	4	4	4	3	3	3	2	2	2	1	1	1	1
대운 역행	1	1	1	2	2	2	3	3	3	4	4	4	5	5	5	6	6	6	7	7	7	8	8	8	9	9	9	10	10	10

5 月 戊 午(무오) 小

절기	망종																하지												
음력	一	二	三	四	五	六	七	八	九	十	十一	十二	十三	十四	十五	十六	十七	十八	十九	廿	廿一	廿二	廿三	廿四	廿五	廿六	廿七	廿八	廿九
양력 월/일	6/6	7	8	9	10	11	12	13	14	15	16	17	18	19	20	21	22	23	24	25	26	27	28	29	30	7/1	2	3	4
일진	己亥(기해)	庚子(경자)	辛丑(신축)	壬寅(임인)	癸卯(계묘)	甲辰(갑진)	乙巳(을사)	丙午(병오)	丁未(정미)	戊申(무신)	己酉(기유)	庚戌(경술)	辛亥(신해)	壬子(임자)	癸丑(계축)	甲寅(갑인)	乙卯(을묘)	丙辰(병진)	丁巳(정사)	戊午(무오)	己未(기미)	庚申(경신)	辛酉(신유)	壬戌(임술)	癸亥(계해)	甲子(갑자)	乙丑(을축)	丙寅(병인)	丁卯(정묘)
절기시각	申正																寅初												
대운 순행	10	10	10	9	9	9	8	8	8	7	7	7	6	6	6	5	5	5	4	4	4	3	3	3	2	2	2	1	1
대운 역행	10	1	1	1	2	2	2	3	3	3	4	4	4	5	5	5	6	6	6	7	7	7	8	8	8	9	9	9	10

6 月 己 未(기미) 大

절기			소서																대서											
음력	一	二	三	四	五	六	七	八	九	十	十一	十二	十三	十四	十五	十六	十七	十八	十九	廿	廿一	廿二	廿三	廿四	廿五	廿六	廿七	廿八	廿九	三十
양력 월/일	7/5	6	7	8	9	10	11	12	13	14	15	16	17	18	19	20	21	22	23	24	25	26	27	28	29	30	31	8/1	2	3
일진	戊辰(무진)	己巳(기사)	庚午(경오)	辛未(신미)	壬申(임신)	癸酉(계유)	甲戌(갑술)	乙亥(을해)	丙子(병자)	丁丑(정축)	戊寅(무인)	己卯(기묘)	庚辰(경진)	辛巳(신사)	壬午(임오)	癸未(계미)	甲申(갑신)	乙酉(을유)	丙戌(병술)	丁亥(정해)	戊子(무자)	己丑(기축)	庚寅(경인)	辛卯(신묘)	壬辰(임진)	癸巳(계사)	甲午(갑오)	乙未(을미)	丙申(병신)	丁酉(정유)
절기시각			戌正																未正											
대운 순행	1	1	10	10	10	10	9	9	9	8	8	8	7	7	7	6	6	6	5	5	5	4	4	4	3	3	3	2	2	2
대운 역행	10	10	10	1	1	1	2	2	2	3	3	3	4	4	4	5	5	5	6	6	6	7	7	7	8	8	8	9	9	9

東 大將	申 喪門	辰 弔客	北 三殺

7 月 庚 申(경신) 大

절기					입추															처서										
음력	一	二	三	四	五	六	七	八	九	十	十一	十二	十三	十四	十五	十六	十七	十八	十九	廿	廿一	廿二	廿三	廿四	廿五	廿六	廿七	廿八	廿九	三十
양력 월/일	8/4	5	6	7	8	9	10	11	12	13	14	15	16	17	18	19	20	21	22	23	24	25	26	27	28	29	30	31	9/1	2
일진	戊戌(무술)	己亥(기해)	庚子(경자)	辛丑(신축)	壬寅(임인)	癸卯(계묘)	甲辰(갑진)	乙巳(을사)	丙午(병오)	丁未(정미)	戊申(무신)	己酉(기유)	庚戌(경술)	辛亥(신해)	壬子(임자)	癸丑(계축)	甲寅(갑인)	乙卯(을묘)	丙辰(병진)	丁巳(정사)	戊午(무오)	己未(기미)	庚申(경신)	辛酉(신유)	壬戌(임술)	癸亥(계해)	甲子(갑자)	乙丑(을축)	丙寅(병인)	丁卯(정묘)
절기시각					卯正															戌正										
대운 순행	1	1	1	1	10	10	10	9	9	9	8	8	8	7	7	7	6	6	6	5	5	5	4	4	4	3	3	3	2	2
대운 역행	10	10	10	10	10	1	1	1	2	2	2	3	3	3	4	4	4	5	5	5	6	6	6	7	7	7	8	8	8	9

8 月 辛 酉(신유) 小

절기						백로															추분									
음력	一	二	三	四	五	六	七	八	九	十	十一	十二	十三	十四	十五	十六	十七	十八	十九	廿	廿一	廿二	廿三	廿四	廿五	廿六	廿七	廿八	廿九	
양력 월/일	9/3	4	5	6	7	8	9	10	11	12	13	14	15	16	17	18	19	20	21	22	23	24	25	26	27	28	29	30	10/1	
일진	戊辰(무진)	己巳(기사)	庚午(경오)	辛未(신미)	壬申(임신)	癸酉(계유)	甲戌(갑술)	乙亥(을해)	丙子(병자)	丁丑(정축)	戊寅(무인)	己卯(기묘)	庚辰(경진)	辛巳(신사)	壬午(임오)	癸未(계미)	甲申(갑신)	乙酉(을유)	丙戌(병술)	丁亥(정해)	戊子(무자)	己丑(기축)	庚寅(경인)	辛卯(신묘)	壬辰(임진)	癸巳(계사)	甲午(갑오)	乙未(을미)	丙申(병신)	
절기시각						巳初															酉正									
대운 순행	2	1	1	1	1	10	10	10	9	9	9	8	8	8	7	7	7	6	6	6	5	5	5	4	4	4	3	3	3	
대운 역행	9	9	10	10	10	10	1	1	1	2	2	2	3	3	3	4	4	4	5	5	5	6	6	6	7	7	7	8	8	

9 月 壬 戌(임술) 大

절기								한로															상강							
음력	一	二	三	四	五	六	七	八	九	十	十一	十二	十三	十四	十五	十六	十七	十八	十九	廿	廿一	廿二	廿三	廿四	廿五	廿六	廿七	廿八	廿九	三十
양력 월/일	10/2	3	4	5	6	7	8	9	10	11	12	13	14	15	16	17	18	19	20	21	22	23	24	25	26	27	28	29	30	31
일진	丁酉(정유)	戊戌(무술)	己亥(기해)	庚子(경자)	辛丑(신축)	壬寅(임인)	癸卯(계묘)	甲辰(갑진)	乙巳(을사)	丙午(병오)	丁未(정미)	戊申(무신)	己酉(기유)	庚戌(경술)	辛亥(신해)	壬子(임자)	癸丑(계축)	甲寅(갑인)	乙卯(을묘)	丙辰(병진)	丁巳(정사)	戊午(무오)	己未(기미)	庚申(경신)	辛酉(신유)	壬戌(임술)	癸亥(계해)	甲子(갑자)	乙丑(을축)	丙寅(병인)
절기시각								子正															寅初							
대운 순행	2	2	2	1	1	1	1	10	10	9	9	9	8	8	8	7	7	7	6	6	6	5	5	5	4	4	4	3	3	3
대운 역행	8	9	9	9	10	10	10	10	1	1	1	2	2	2	3	3	3	4	4	4	5	5	5	6	6	6	7	7	7	8

10 月 癸 亥(계해) 小

절기								입동															소설							
음력	一	二	三	四	五	六	七	八	九	十	十一	十二	十三	十四	十五	十六	十七	十八	十九	廿	廿一	廿二	廿三	廿四	廿五	廿六	廿七	廿八	廿九	
양력 월/일	11/1	2	3	4	5	6	7	8	9	10	11	12	13	14	15	16	17	18	19	20	21	22	23	24	25	26	27	28	29	
일진	丁卯(정묘)	戊辰(무진)	己巳(기사)	庚午(경오)	辛未(신미)	壬申(임신)	癸酉(계유)	甲戌(갑술)	乙亥(을해)	丙子(병자)	丁丑(정축)	戊寅(무인)	己卯(기묘)	庚辰(경진)	辛巳(신사)	壬午(임오)	癸未(계미)	甲申(갑신)	乙酉(을유)	丙戌(병술)	丁亥(정해)	戊子(무자)	己丑(기축)	庚寅(경인)	辛卯(신묘)	壬辰(임진)	癸巳(계사)	甲午(갑오)	乙未(을미)	
절기시각								寅初															子初							
대운 순행	2	2	2	1	1	1	1	10	9	9	9	8	8	8	7	7	7	6	6	6	5	5	5	4	4	4	3	3	3	
대운 역행	8	8	9	9	9	10	10	10	1	1	1	2	2	2	3	3	3	4	4	4	5	5	5	6	6	6	7	7	7	

11 月 甲 子(갑자) 小

절기								대설															동지							
음력	一	二	三	四	五	六	七	八	九	十	十一	十二	十三	十四	十五	十六	十七	十八	十九	廿	廿一	廿二	廿三	廿四	廿五	廿六	廿七	廿八	廿九	三十
양력 월/일	11/30	12/1	2	3	4	5	6	7	8	9	10	11	12	13	14	15	16	17	18	19	20	21	22	23	24	25	26	27	28	29
일진	丙申(병신)	丁酉(정유)	戊戌(무술)	己亥(기해)	庚子(경자)	辛丑(신축)	壬寅(임인)	癸卯(계묘)	甲辰(갑진)	乙巳(을사)	丙午(병오)	丁未(정미)	戊申(무신)	己酉(기유)	庚戌(경술)	辛亥(신해)	壬子(임자)	癸丑(계축)	甲寅(갑인)	乙卯(을묘)	丙辰(병진)	丁巳(정사)	戊午(무오)	己未(기미)	庚申(경신)	辛酉(신유)	壬戌(임술)	癸亥(계해)	甲子(갑자)	乙丑(을축)
절기시각								戌正															未正							
대운 순행	2	2	2	1	1	1	1	10	10	9	9	9	8	8	8	7	7	7	6	6	6	5	5	5	4	4	4	3	3	3
대운 역행	8	8	8	9	9	9	10	10	1	1	1	2	2	2	3	3	3	4	4	4	5	5	5	6	6	6	7	7	7	8

12 月 乙 丑(을축) 小

절기								소한															대한							
음력	一	二	三	四	五	六	七	八	九	十	十一	十二	十三	十四	十五	十六	十七	十八	十九	廿	廿一	廿二	廿三	廿四	廿五	廿六	廿七	廿八	廿九	
양력 월/일	12/30	31	1/1	2	3	4	5	6	7	8	9	10	11	12	13	14	15	16	17	18	19	20	21	22	23	24	25	26	27	
일진	丙寅(병인)	丁卯(정묘)	戊辰(무진)	己巳(기사)	庚午(경오)	辛未(신미)	壬申(임신)	癸酉(계유)	甲戌(갑술)	乙亥(을해)	丙子(병자)	丁丑(정축)	戊寅(무인)	己卯(기묘)	庚辰(경진)	辛巳(신사)	壬午(임오)	癸未(계미)	甲申(갑신)	乙酉(을유)	丙戌(병술)	丁亥(정해)	戊子(무자)	己丑(기축)	庚寅(경인)	辛卯(신묘)	壬辰(임진)	癸巳(계사)	甲午(갑오)	
절기시각								辰初															丑初							
대운 순행	2	2	2	1	1	1	1	10	9	9	9	8	8	8	7	7	7	6	6	6	5	5	5	4	4	4	3	3	3	
대운 역행	8	8	9	9	9	10	10	10	1	1	1	2	2	2	3	3	3	4	4	4	5	5	5	6	6	6	7	7	7	

단기 4312 년
불기 2523 년

1979년 己未(기미)年

1 月 丙寅(병인) 大

절기							입춘															우수							
음력	一	二	三	四	五	六	七	八	九	十	十一	十二	十三	十四	十五	十六	十七	十八	十九	二十	廿一	廿二	廿三	廿四	廿五	廿六	廿七	廿八	廿九	三十
양력 월/일	1/28	29	30	31	2/1	2	3	4	5	6	7	8	9	10	11	12	13	14	15	16	17	18	19	20	21	22	23	24	25	26
일진	乙未(을미)	丙申(병신)	丁酉(정유)	戊戌(무술)	己亥(기해)	庚子(경자)	辛丑(신축)	壬寅(임인)	癸卯(계묘)	甲辰(갑진)	乙巳(을사)	丙午(병오)	丁未(정미)	戊申(무신)	己酉(기유)	庚戌(경술)	辛亥(신해)	壬子(임자)	癸丑(계축)	甲寅(갑인)	乙卯(을묘)	丙辰(병진)	丁巳(정사)	戊午(무오)	己未(기미)	庚申(경신)	辛酉(신유)	壬戌(임술)	癸亥(계해)	甲子(갑자)
절기시각								戌初															申初							
대운 순행	2	2	2	1	1	1	1	10	10	9	9	9	8	8	8	7	7	7	6	6	6	5	5	5	4	4	4	3	3	3
대운 역행	8	8	8	9	9	9	10	10	1	1	1	2	2	2	3	3	3	4	4	4	5	5	5	6	6	6	7	7	7	8

2 月 丁卯(정묘) 小

절기							경칩															춘분							
음력	一	二	三	四	五	六	七	八	九	十	十一	十二	十三	十四	十五	十六	十七	十八	十九	二十	廿一	廿二	廿三	廿四	廿五	廿六	廿七	廿八	廿九	
양력 월/일	2/27	28	3/1	2	3	4	5	6	7	8	9	10	11	12	13	14	15	16	17	18	19	20	21	22	23	24	25	26	27	
일진	乙丑(을축)	丙寅(병인)	丁卯(정묘)	戊辰(무진)	己巳(기사)	庚午(경오)	辛未(신미)	壬申(임신)	癸酉(계유)	甲戌(갑술)	乙亥(을해)	丙子(병자)	丁丑(정축)	戊寅(무인)	己卯(기묘)	庚辰(경진)	辛巳(신사)	壬午(임오)	癸未(계미)	甲申(갑신)	乙酉(을유)	丙戌(병술)	丁亥(정해)	戊子(무자)	己丑(기축)	庚寅(경인)	辛卯(신묘)	壬辰(임진)	癸巳(계사)	
절기시각								未初															未正							
대운 순행	2	2	2	1	1	1	1	10	10	9	9	9	8	8	8	7	7	7	6	6	6	5	5	5	4	4	4	3	3	
대운 역행	8	8	9	9	9	10	10	10	1	1	1	2	2	2	3	3	3	4	4	4	5	5	5	6	6	6	7	7	7	

3 月 戊辰(무진) 小

절기									청명																곡우					
음력	一	二	三	四	五	六	七	八	九	十	十一	十二	十三	十四	十五	十六	十七	十八	十九	二十	廿一	廿二	廿三	廿四	廿五	廿六	廿七	廿八	廿九	
양력 월/일	3/28	29	30	31	4/1	2	3	4	5	6	7	8	9	10	11	12	13	14	15	16	17	18	19	20	21	22	23	24	25	
일진	甲午(갑오)	乙未(을미)	丙申(병신)	丁酉(정유)	戊戌(무술)	己亥(기해)	庚子(경자)	辛丑(신축)	壬寅(임인)	癸卯(계묘)	甲辰(갑진)	乙巳(을사)	丙午(병오)	丁未(정미)	戊申(무신)	己酉(기유)	庚戌(경술)	辛亥(신해)	壬子(임자)	癸丑(계축)	甲寅(갑인)	乙卯(을묘)	丙辰(병진)	丁巳(정사)	戊午(무오)	己未(기미)	庚申(경신)	辛酉(신유)	壬戌(임술)	
절기시각									酉正																丑初					
대운 순행	3	2	2	2	1	1	1	1	10	10	10	9	9	9	8	8	8	7	7	7	6	6	6	5	5	5	4	4	4	
대운 역행	8	8	8	9	9	9	10	10	10	1	1	1	2	2	2	3	3	3	4	4	4	5	5	5	6	6	6	7	7	

4 月 己巳(기사) 大

절기											입하																소만			
음력	一	二	三	四	五	六	七	八	九	十	十一	十二	十三	十四	十五	十六	十七	十八	十九	二十	廿一	廿二	廿三	廿四	廿五	廿六	廿七	廿八	廿九	三十
양력 월/일	4/26	27	28	29	30	5/1	2	3	4	5	6	7	8	9	10	11	12	13	14	15	16	17	18	19	20	21	22	23	24	25
일진	癸亥(계해)	甲子(갑자)	乙丑(을축)	丙寅(병인)	丁卯(정묘)	戊辰(무진)	己巳(기사)	庚午(경오)	辛未(신미)	壬申(임신)	癸酉(계유)	甲戌(갑술)	乙亥(을해)	丙子(병자)	丁丑(정축)	戊寅(무인)	己卯(기묘)	庚辰(경진)	辛巳(신사)	壬午(임오)	癸未(계미)	甲申(갑신)	乙酉(을유)	丙戌(병술)	丁亥(정해)	戊子(무자)	己丑(기축)	庚寅(경인)	辛卯(신묘)	壬辰(임진)
절기시각											午初																子正			
대운 순행	3	3	3	2	2	2	1	1	1	1	10	10	10	9	9	9	8	8	8	7	7	7	6	6	6	5	5	5	4	4
대운 역행	7	8	8	8	9	9	9	10	10	10	10	1	1	1	2	2	2	3	3	3	4	4	4	5	5	5	6	6	6	7

5 月 庚午(경오) 小

절기												망종																하지		
음력	一	二	三	四	五	六	七	八	九	十	十一	十二	十三	十四	十五	十六	十七	十八	十九	二十	廿一	廿二	廿三	廿四	廿五	廿六	廿七	廿八	廿九	
양력 월/일	5/26	27	28	29	30	31	6/1	2	3	4	5	6	7	8	9	10	11	12	13	14	15	16	17	18	19	20	21	22	23	
일진	癸巳(계사)	甲午(갑오)	乙未(을미)	丙申(병신)	丁酉(정유)	戊戌(무술)	己亥(기해)	庚子(경자)	辛丑(신축)	壬寅(임인)	癸卯(계묘)	甲辰(갑진)	乙巳(을사)	丙午(병오)	丁未(정미)	戊申(무신)	己酉(기유)	庚戌(경술)	辛亥(신해)	壬子(임자)	癸丑(계축)	甲寅(갑인)	乙卯(을묘)	丙辰(병진)	丁巳(정사)	戊午(무오)	己未(기미)	庚申(경신)	辛酉(신유)	
절기시각												申正																辰正		
대운 순행	4	3	3	3	2	2	2	1	1	1	1	10	10	10	10	9	9	9	8	8	8	7	7	7	6	6	6	5	5	
대운 역행	7	7	8	8	8	9	9	9	10	10	10	10	1	1	1	2	2	2	3	3	3	4	4	4	5	5	5	6	6	

6 月 辛未(신미) 大

절기															소서															대서
음력	一	二	三	四	五	六	七	八	九	十	十一	十二	十三	十四	十五	十六	十七	十八	十九	二十	廿一	廿二	廿三	廿四	廿五	廿六	廿七	廿八	廿九	三十
양력 월/일	6/24	25	26	27	28	29	30	7/1	2	3	4	5	6	7	8	9	10	11	12	13	14	15	16	17	18	19	20	21	22	23
일진	壬戌(임술)	癸亥(계해)	甲子(갑자)	乙丑(을축)	丙寅(병인)	丁卯(정묘)	戊辰(무진)	己巳(기사)	庚午(경오)	辛未(신미)	壬申(임신)	癸酉(계유)	甲戌(갑술)	乙亥(을해)	丙子(병자)	丁丑(정축)	戊寅(무인)	己卯(기묘)	庚辰(경진)	辛巳(신사)	壬午(임오)	癸未(계미)	甲申(갑신)	乙酉(을유)	丙戌(병술)	丁亥(정해)	戊子(무자)	己丑(기축)	庚寅(경인)	辛卯(신묘)
절기시각															丑正															戌初
대운 순행	5	4	4	4	3	3	3	2	2	2	1	1	1	1	10	10	10	9	9	9	8	8	8	7	7	7	6	6	6	5
대운 역행	6	7	7	7	8	8	8	9	9	9	10	10	10	10	10	1	1	1	2	2	2	3	3	3	4	4	4	5	5	5

東 大將	酉 喪門	巳 弔客	西 三殺

閏6月 辛未(신미) 大

절기																입추														
음력	一	二	三	四	五	六	七	八	九	十	十一	十二	十三	十四	十五	十六	十七	十八	十九	廿	廿一	廿二	廿三	廿四	廿五	廿六	廿七	廿八	廿九	三十
양력 월/일	7/24	25	26	27	28	29	30	31	8/1	2	3	4	5	6	7	8	9	10	11	12	13	14	15	16	17	18	19	20	21	22
일진	壬辰(임진)	癸巳(계사)	甲午(갑오)	乙未(을미)	丙申(병신)	丁酉(정유)	戊戌(무술)	己亥(기해)	庚子(경자)	辛丑(신축)	壬寅(임인)	癸卯(계묘)	甲辰(갑진)	乙巳(을사)	丙午(병오)	丁未(정미)	戊申(무신)	己酉(기유)	庚戌(경술)	辛亥(신해)	壬子(임자)	癸丑(계축)	甲寅(갑인)	乙卯(을묘)	丙辰(병진)	丁巳(정사)	戊午(무오)	己未(기미)	庚申(경신)	辛酉(신유)
절기시각																午正														
대운 순행	5	5	4	4	4	3	3	3	2	2	2	1	1	1	1	10	10	10	9	9	9	8	8	8	7	7	7	6	6	6
대운 역행	6	6	6	7	7	7	8	8	8	9	9	9	10	10	10	10	1	1	1	2	2	2	3	3	3	4	4	4	5	5

7月 壬申(임신) 小

절기		처서															백로													
음력	一	二	三	四	五	六	七	八	九	十	十一	十二	十三	十四	十五	十六	十七	十八	十九	廿	廿一	廿二	廿三	廿四	廿五	廿六	廿七	廿八	廿九	
양력 월/일	8/23	24	25	26	27	28	29	30	31	9/1	2	3	4	5	6	7	8	9	10	11	12	13	14	15	16	17	18	19	20	
일진	壬戌(임술)	癸亥(계해)	甲子(갑자)	乙丑(을축)	丙寅(병인)	丁卯(정묘)	戊辰(무진)	己巳(기사)	庚午(경오)	辛未(신미)	壬申(임신)	癸酉(계유)	甲戌(갑술)	乙亥(을해)	丙子(병자)	丁丑(정축)	戊寅(무인)	己卯(기묘)	庚辰(경진)	辛巳(신사)	壬午(임오)	癸未(계미)	甲申(갑신)	乙酉(을유)	丙戌(병술)	丁亥(정해)	戊子(무자)	己丑(기축)	庚寅(경인)	
절기시각		丑正															申初													
대운 순행	5	5	5	4	4	4	3	3	3	2	2	2	1	1	1	1	10	10	10	9	9	9	8	8	8	7	7	7	6	
대운 역행	5	6	6	6	7	7	7	8	8	8	9	9	9	10	10	10	10	1	1	1	2	2	2	3	3	3	4	4	4	

8月 癸酉(계유) 大

절기				추분															한로											
음력	一	二	三	四	五	六	七	八	九	十	十一	十二	十三	十四	十五	十六	十七	十八	十九	廿	廿一	廿二	廿三	廿四	廿五	廿六	廿七	廿八	廿九	三十
양력 월/일	9/21	22	23	24	25	26	27	28	29	30	10/1	2	3	4	5	6	7	8	9	10	11	12	13	14	15	16	17	18	19	20
일진	辛卯(신묘)	壬辰(임진)	癸巳(계사)	甲午(갑오)	乙未(을미)	丙申(병신)	丁酉(정유)	戊戌(무술)	己亥(기해)	庚子(경자)	辛丑(신축)	壬寅(임인)	癸卯(계묘)	甲辰(갑진)	乙巳(을사)	丙午(병오)	丁未(정미)	戊申(무신)	己酉(기유)	庚戌(경술)	辛亥(신해)	壬子(임자)	癸丑(계축)	甲寅(갑인)	乙卯(을묘)	丙辰(병진)	丁巳(정사)	戊午(무오)	己未(기미)	庚申(경신)
절기시각				子正															卯正											
대운 순행	6	6	5	5	5	4	4	4	3	3	3	2	2	2	1	1	1	1	10	10	9	9	9	8	8	8	7	7	7	6
대운 역행	5	5	5	6	6	6	7	7	7	8	8	8	9	9	9	10	10	10	10	1	1	1	2	2	2	3	3	3	4	4

9月 甲戌(갑술) 大

절기				상강															입동											
음력	一	二	三	四	五	六	七	八	九	十	十一	十二	十三	十四	十五	十六	十七	十八	十九	廿	廿一	廿二	廿三	廿四	廿五	廿六	廿七	廿八	廿九	三十
양력 월/일	10/21	22	23	24	25	26	27	28	29	30	31	11/1	2	3	4	5	6	7	8	9	10	11	12	13	14	15	16	17	18	19
일진	辛酉(신유)	壬戌(임술)	癸亥(계해)	甲子(갑자)	乙丑(을축)	丙寅(병인)	丁卯(정묘)	戊辰(무진)	己巳(기사)	庚午(경오)	辛未(신미)	壬申(임신)	癸酉(계유)	甲戌(갑술)	乙亥(을해)	丙子(병자)	丁丑(정축)	戊寅(무인)	己卯(기묘)	庚辰(경진)	辛巳(신사)	壬午(임오)	癸未(계미)	甲申(갑신)	乙酉(을유)	丙戌(병술)	丁亥(정해)	戊子(무자)	己丑(기축)	庚寅(경인)
절기시각				巳初															巳初											
대운 순행	6	6	5	5	5	4	4	4	3	3	3	2	2	2	1	1	1	1	10	10	9	9	9	8	8	8	7	7	7	6
대운 역행		4	5	5	5	6	6	6	7	7	7	8	8	8	9	9	9	10	10	10	1	1	2	2	2	3	3	3	4	4

10月 乙亥(을해) 小

절기				소설															대설											
음력	一	二	三	四	五	六	七	八	九	十	十一	十二	十三	十四	十五	十六	十七	十八	十九	廿	廿一	廿二	廿三	廿四	廿五	廿六	廿七	廿八	廿九	
양력 월/일	11/20	21	22	23	24	25	26	27	28	29	30	12/1	2	3	4	5	6	7	8	9	10	11	12	13	14	15	16	17	18	
일진	辛卯(신묘)	壬辰(임진)	癸巳(계사)	甲午(갑오)	乙未(을미)	丙申(병신)	丁酉(정유)	戊戌(무술)	己亥(기해)	庚子(경자)	辛丑(신축)	壬寅(임인)	癸卯(계묘)	甲辰(갑진)	乙巳(을사)	丙午(병오)	丁未(정미)	戊申(무신)	己酉(기유)	庚戌(경술)	辛亥(신해)	壬子(임자)	癸丑(계축)	甲寅(갑인)	乙卯(을묘)	丙辰(병진)	丁巳(정사)	戊午(무오)	己未(기미)	
절기시각				卯正															丑正											
대운 순행	6	6	5	5	5	4	4	4	3	3	3	2	2	2	1	1	1	1	10	9	9	9	8	8	8	7	7	7	6	
대운 역행	4	5	5	5	6	6	6	7	7	7	8	8	8	9	9	9	10	10	10	1	1	1	2	2	2	3	3	3	4	

11月 丙子(병자) 大

절기				동지															소한											
음력	一	二	三	四	五	六	七	八	九	十	十一	十二	十三	十四	十五	十六	十七	十八	十九	廿	廿一	廿二	廿三	廿四	廿五	廿六	廿七	廿八	廿九	三十
양력 월/일	12/19	20	21	22	23	24	25	26	27	28	29	30	31	1/1	2	3	4	5	6	7	8	9	10	11	12	13	14	15	16	17
일진	庚申(경신)	辛酉(신유)	壬戌(임술)	癸亥(계해)	甲子(갑자)	乙丑(을축)	丙寅(병인)	丁卯(정묘)	戊辰(무진)	己巳(기사)	庚午(경오)	辛未(신미)	壬申(임신)	癸酉(계유)	甲戌(갑술)	乙亥(을해)	丙子(병자)	丁丑(정축)	戊寅(무인)	己卯(기묘)	庚辰(경진)	辛巳(신사)	壬午(임오)	癸未(계미)	甲申(갑신)	乙酉(을유)	丙戌(병술)	丁亥(정해)	戊子(무자)	己丑(기축)
절기시각				戌正															未初											
대운 순행	6	6	5	5	5	4	4	4	3	3	3	2	2	2	1	1	1	1	10	10	9	9	9	8	8	8	7	7	7	6
대운 역행	4	4	5	5	5	6	6	6	7	7	7	8	8	8	9	9	9	10	10	1	1	1	2	2	2	3	3	3	4	4

12月 丁丑(정축) 小

절기				대한															입춘											
음력	一	二	三	四	五	六	七	八	九	十	十一	十二	十三	十四	十五	十六	十七	十八	十九	廿	廿一	廿二	廿三	廿四	廿五	廿六	廿七	廿八	廿九	
양력 월/일	1/18	19	20	21	22	23	24	25	26	27	28	29	30	31	2/1	2	3	4	5	6	7	8	9	10	11	12	13	14	15	
일진	庚寅(경인)	辛卯(신묘)	壬辰(임진)	癸巳(계사)	甲午(갑오)	乙未(을미)	丙申(병신)	丁酉(정유)	戊戌(무술)	己亥(기해)	庚子(경자)	辛丑(신축)	壬寅(임인)	癸卯(계묘)	甲辰(갑진)	乙巳(을사)	丙午(병오)	丁未(정미)	戊申(무신)	己酉(기유)	庚戌(경술)	辛亥(신해)	壬子(임자)	癸丑(계축)	甲寅(갑인)	乙卯(을묘)	丙辰(병진)	丁巳(정사)	戊午(무오)	
절기시각				卯正															丑初											
대운 순행	6	6	5	5	5	4	4	4	3	3	3	2	2	2	1	1	1	1	10	9	9	9	8	8	8	7	7	7	6	
대운 역행	4	5	5	5	6	6	6	7	7	7	8	8	8	9	9	9	10	10	10	1	1	1	2	2	2	3	3	3	4	

단기 4313 년
불기 2524 년

1976년 庚申(경신)年

1 月 戊寅(무인) 大

절기				우수															경칩											
음력	一	二	三	四	五	六	七	八	九	十	十一	十二	十三	十四	十五	十六	十七	十八	十九	二十	廿一	廿二	廿三	廿四	廿五	廿六	廿七	廿八	廿九	三十
양력 월/일	2/16	17	18	19	20	21	22	23	24	25	26	27	28	29	3/1	2	3	4	5	6	7	8	9	10	11	12	13	14	15	16
일진	己未(기미)	庚申(경신)	辛酉(신유)	壬戌(임술)	癸亥(계해)	甲子(갑자)	乙丑(을축)	丙寅(병인)	丁卯(정묘)	戊辰(무진)	己巳(기사)	庚午(경오)	辛未(신미)	壬申(임신)	癸酉(계유)	甲戌(갑술)	乙亥(을해)	丙子(병자)	丁丑(정축)	戊寅(무인)	己卯(기묘)	庚辰(경진)	辛巳(신사)	壬午(임오)	癸未(계미)	甲申(갑신)	乙酉(을유)	丙戌(병술)	丁亥(정해)	戊子(무자)
절기시각				亥初															戌初											
대운 순행	6	6	5	5	5	4	4	4	3	3	3	2	2	2	1	1	1	1	10	10	9	9	9	8	8	8	7	7	7	6
대운 역행	4	4	5	5	5	6	6	6	7	7	7	8	8	8	9	9	9	10	10	1	1	1	2	2	2	3	3	3	4	4

2 月 己卯(기묘) 小

절기				춘분															청명										
음력	一	二	三	四	五	六	七	八	九	十	十一	十二	十三	十四	十五	十六	十七	十八	十九	二十	廿一	廿二	廿三	廿四	廿五	廿六	廿七	廿八	廿九
양력 월/일	3/17	18	19	20	21	22	23	24	25	26	27	28	29	30	31	4/1	2	3	4	5	6	7	8	9	10	11	12	13	14
일진	己丑(기축)	庚寅(경인)	辛卯(신묘)	壬辰(임진)	癸巳(계사)	甲午(갑오)	乙未(을미)	丙申(병신)	丁酉(정유)	戊戌(무술)	己亥(기해)	庚子(경자)	辛丑(신축)	壬寅(임인)	癸卯(계묘)	甲辰(갑진)	乙巳(을사)	丙午(병오)	丁未(정미)	戊申(무신)	己酉(기유)	庚戌(경술)	辛亥(신해)	壬子(임자)	癸丑(계축)	甲寅(갑인)	乙卯(을묘)	丙辰(병진)	丁巳(정사)
절기시각				戌正															子初										
대운 순행	6	6	5	5	5	4	4	4	3	3	3	2	2	2	1	1	1	1	10	10	10	9	9	9	8	8	8	7	7
대운 역행	4	5	5	5	6	6	6	7	7	7	8	8	8	9	9	9	10	10	10	1	1	1	2	2	2	3	3	3	4

3 月 庚辰(경진) 小

절기						곡우															입하								
음력	一	二	三	四	五	六	七	八	九	十	十一	十二	十三	十四	十五	十六	十七	十八	十九	二十	廿一	廿二	廿三	廿四	廿五	廿六	廿七	廿八	廿九
양력 월/일	4/15	16	17	18	19	20	21	22	23	24	25	26	27	28	29	30	5/1	2	3	4	5	6	7	8	9	10	11	12	13
일진	戊午(무오)	己未(기미)	庚申(경신)	辛酉(신유)	壬戌(임술)	癸亥(계해)	甲子(갑자)	乙丑(을축)	丙寅(병인)	丁卯(정묘)	戊辰(무진)	己巳(기사)	庚午(경오)	辛未(신미)	壬申(임신)	癸酉(계유)	甲戌(갑술)	乙亥(을해)	丙子(병자)	丁丑(정축)	戊寅(무인)	己卯(기묘)	庚辰(경진)	辛巳(신사)	壬午(임오)	癸未(계미)	甲申(갑신)	乙酉(을유)	丙戌(병술)
절기시각						辰初															酉初								
대운 순행	7	6	6	6	5	5	5	4	4	4	3	3	3	2	2	2	1	1	1	1	10	10	10	9	9	9	8	8	8
대운 역행	4	4	5	5	5	6	6	6	7	7	7	8	8	8	9	9	9	10	10	10	10	1	1	1	2	2	2	3	3

4 月 辛巳(신사) 大

절기								소만															망종							
음력	一	二	三	四	五	六	七	八	九	十	十一	十二	十三	十四	十五	十六	十七	十八	十九	二十	廿一	廿二	廿三	廿四	廿五	廿六	廿七	廿八	廿九	三十
양력 월/일	5/14	15	16	17	18	19	20	21	22	23	24	25	26	27	28	29	30	31	6/1	2	3	4	5	6	7	8	9	10	11	12
일진	丁亥(정해)	戊子(무자)	己丑(기축)	庚寅(경인)	辛卯(신묘)	壬辰(임진)	癸巳(계사)	甲午(갑오)	乙未(을미)	丙申(병신)	丁酉(정유)	戊戌(무술)	己亥(기해)	庚子(경자)	辛丑(신축)	壬寅(임인)	癸卯(계묘)	甲辰(갑진)	乙巳(을사)	丙午(병오)	丁未(정미)	戊申(무신)	己酉(기유)	庚戌(경술)	辛亥(신해)	壬子(임자)	癸丑(계축)	甲寅(갑인)	乙卯(을묘)	丙辰(병진)
절기시각								卯正															亥初							
대운 순행	7	7	7	6	6	6	5	5	5	4	4	4	3	3	3	2	2	2	1	1	1	1	10	10	10	10	9	9	9	8
대운 역행	3	4	4	4	5	5	5	6	6	6	7	7	7	8	8	8	9	9	9	10	10	10	10	1	1	1	2	2	2	3

5 月 壬午(임오) 小

절기									하지																소서				
음력	一	二	三	四	五	六	七	八	九	十	十一	十二	十三	十四	十五	十六	十七	十八	十九	二十	廿一	廿二	廿三	廿四	廿五	廿六	廿七	廿八	廿九
양력 월/일	6/13	14	15	16	17	18	19	20	21	22	23	24	25	26	27	28	29	30	7/1	2	3	4	5	6	7	8	9	10	11
일진	丁巳(정사)	戊午(무오)	己未(기미)	庚申(경신)	辛酉(신유)	壬戌(임술)	癸亥(계해)	甲子(갑자)	乙丑(을축)	丙寅(병인)	丁卯(정묘)	戊辰(무진)	己巳(기사)	庚午(경오)	辛未(신미)	壬申(임신)	癸酉(계유)	甲戌(갑술)	乙亥(을해)	丙子(병자)	丁丑(정축)	戊寅(무인)	己卯(기묘)	庚辰(경진)	辛巳(신사)	壬午(임오)	癸未(계미)	甲申(갑신)	乙酉(을유)
절기시각									未正																辰正				
대운 순행	8	8	7	7	7	6	6	6	5	5	5	4	4	4	3	3	3	2	2	2	1	1	1	1	10	10	10	9	9
대운 역행	3	3	4	4	4	5	5	5	6	6	6	7	7	7	8	8	8	9	9	9	10	10	10	10	10	1	1	1	2

6 月 癸未(계미) 大

절기												대서															입추			
음력	一	二	三	四	五	六	七	八	九	十	十一	十二	十三	十四	十五	十六	十七	十八	十九	二十	廿一	廿二	廿三	廿四	廿五	廿六	廿七	廿八	廿九	三十
양력 월/일	7/12	13	14	15	16	17	18	19	20	21	22	23	24	25	26	27	28	29	30	31	8/1	2	3	4	5	6	7	8	9	10
일진	丙戌(병술)	丁亥(정해)	戊子(무자)	己丑(기축)	庚寅(경인)	辛卯(신묘)	壬辰(임진)	癸巳(계사)	甲午(갑오)	乙未(을미)	丙申(병신)	丁酉(정유)	戊戌(무술)	己亥(기해)	庚子(경자)	辛丑(신축)	壬寅(임인)	癸卯(계묘)	甲辰(갑진)	乙巳(을사)	丙午(병오)	丁未(정미)	戊申(무신)	己酉(기유)	庚戌(경술)	辛亥(신해)	壬子(임자)	癸丑(계축)	甲寅(갑인)	乙卯(을묘)
절기시각												丑初															酉正			
대운 순행	9	8	8	8	7	7	7	6	6	6	5	5	5	4	4	4	3	3	3	2	2	2	1	1	1	1	10	10	10	9
대운 역행	2	2	3	3	3	4	4	4	5	5	5	6	6	6	7	7	7	8	8	8	9	9	9	10	10	10	10	1	1	1

南 大將	戌 喪門	午 弔客	南 三殺

7 月 甲 申(갑신) 小

절기													처서															백로	
음력	一	二	三	四	五	六	七	八	九	十	十一	十二	十三	十四	十五	十六	十七	十八	十九	二十	廿一	廿二	廿三	廿四	廿五	廿六	廿七	廿八	廿九
양력 월/일	8/11	12	13	14	15	16	17	18	19	20	21	22	23	24	25	26	27	28	29	30	31	9/1	2	3	4	5	6	7	8
일진	丙辰(병진)	丁巳(정사)	戊午(무오)	己未(기미)	庚申(경신)	辛酉(신유)	壬戌(임술)	癸亥(계해)	甲子(갑자)	乙丑(을축)	丙寅(병인)	丁卯(정묘)	戊辰(무진)	己巳(기사)	庚午(경오)	辛未(신미)	壬申(임신)	癸酉(계유)	甲戌(갑술)	乙亥(을해)	丙子(병자)	丁丑(정축)	戊寅(무인)	己卯(기묘)	庚辰(경진)	辛巳(신사)	壬午(임오)	癸未(계미)	甲申(갑신)
절기시각													辰正															戌正	
대운 순행	9	9	8	8	8	7	7	7	6	6	6	5	5	5	4	4	4	3	3	3	2	2	2	1	1	1	1	10	10
대운 역행	2	2	2	3	3	3	4	4	4	5	5	5	6	6	6	7	7	7	8	8	8	9	9	9	10	10	10	10	1

8 月 乙 酉(을유) 大

절기															추분															한로
음력	一	二	三	四	五	六	七	八	九	十	十一	十二	十三	十四	十五	十六	十七	十八	十九	二十	廿一	廿二	廿三	廿四	廿五	廿六	廿七	廿八	廿九	三十
양력 월/일	9/9	10	11	12	13	14	15	16	17	18	19	20	21	22	23	24	25	26	27	28	29	30	10/1	2	3	4	5	6	7	8
일진	乙酉(을유)	丙戌(병술)	丁亥(정해)	戊子(무자)	己丑(기축)	庚寅(경인)	辛卯(신묘)	壬辰(임진)	癸巳(계사)	甲午(갑오)	乙未(을미)	丙申(병신)	丁酉(정유)	戊戌(무술)	己亥(기해)	庚子(경자)	辛丑(신축)	壬寅(임인)	癸卯(계묘)	甲辰(갑진)	乙巳(을사)	丙午(병오)	丁未(정미)	戊申(무신)	己酉(기유)	庚戌(경술)	辛亥(신해)	壬子(임자)	癸丑(계축)	甲寅(갑인)
절기시각															卯正															午正
대운 순행	10	9	9	9	8	8	8	7	7	7	6	6	6	5	5	5	4	4	4	3	3	3	2	2	2	1	1	1	1	10
대운 역행	1	1	2	2	2	3	3	3	4	4	4	5	5	5	6	6	6	7	7	7	8	8	8	9	9	9	10	10	10	10

9 月 丙 戌(병술) 大

절기															상강															입동
음력	一	二	三	四	五	六	七	八	九	十	十一	十二	十三	十四	十五	十六	十七	十八	十九	二十	廿一	廿二	廿三	廿四	廿五	廿六	廿七	廿八	廿九	三十
양력 월/일	10/9	10	11	12	13	14	15	16	17	18	19	20	21	22	23	24	25	26	27	28	29	30	31	11/1	2	3	4	5	6	7
일진	乙卯(을묘)	丙辰(병진)	丁巳(정사)	戊午(무오)	己未(기미)	庚申(경신)	辛酉(신유)	壬戌(임술)	癸亥(계해)	甲子(갑자)	乙丑(을축)	丙寅(병인)	丁卯(정묘)	戊辰(무진)	己巳(기사)	庚午(경오)	辛未(신미)	壬申(임신)	癸酉(계유)	甲戌(갑술)	乙亥(을해)	丙子(병자)	丁丑(정축)	戊寅(무인)	己卯(기묘)	庚辰(경진)	辛巳(신사)	壬午(임오)	癸未(계미)	甲申(갑신)
절기시각															申初															申初
대운 순행	10	9	9	9	8	8	8	7	7	7	6	6	6	5	5	5	4	4	4	3	3	3	2	2	2	1	1	1	1	10
대운 역행	1	1	1	2	2	2	3	3	3	4	4	4	5	5	5	6	6	6	7	7	7	8	8	8	9	9	9	10	10	10

10 月 丁 亥(정해) 小

절기															소설														
음력	一	二	三	四	五	六	七	八	九	十	十一	十二	十三	十四	十五	十六	十七	十八	十九	二十	廿一	廿二	廿三	廿四	廿五	廿六	廿七	廿八	廿九
양력 월/일	11/8	9	10	11	12	13	14	15	16	17	18	19	20	21	22	23	24	25	26	27	28	29	30	12/1	2	3	4	5	6
일진	乙酉(을유)	丙戌(병술)	丁亥(정해)	戊子(무자)	己丑(기축)	庚寅(경인)	辛卯(신묘)	壬辰(임진)	癸巳(계사)	甲午(갑오)	乙未(을미)	丙申(병신)	丁酉(정유)	戊戌(무술)	己亥(기해)	庚子(경자)	辛丑(신축)	壬寅(임인)	癸卯(계묘)	甲辰(갑진)	乙巳(을사)	丙午(병오)	丁未(정미)	戊申(무신)	己酉(기유)	庚戌(경술)	辛亥(신해)	壬子(임자)	癸丑(계축)
절기시각															午正														
대운 순행	10	9	9	9	8	8	8	7	7	7	6	6	6	5	5	5	4	4	4	3	3	3	2	2	2	1	1	1	1
대운 역행	1	1	1	2	2	2	3	3	3	4	4	4	5	5	5	6	6	6	7	7	7	8	8	8	9	9	9	10	10

11 月 戊 子(무자) 大

절기	대설															동지														소한
음력	一	二	三	四	五	六	七	八	九	十	十一	十二	十三	十四	十五	十六	十七	十八	十九	二十	廿一	廿二	廿三	廿四	廿五	廿六	廿七	廿八	廿九	三十
양력 월/일	12/7	8	9	10	11	12	13	14	15	16	17	18	19	20	21	22	23	24	25	26	27	28	29	30	31	1/1	2	3	4	5
일진	甲寅(갑인)	乙卯(을묘)	丙辰(병진)	丁巳(정사)	戊午(무오)	己未(기미)	庚申(경신)	辛酉(신유)	壬戌(임술)	癸亥(계해)	甲子(갑자)	乙丑(을축)	丙寅(병인)	丁卯(정묘)	戊辰(무진)	己巳(기사)	庚午(경오)	辛未(신미)	壬申(임신)	癸酉(계유)	甲戌(갑술)	乙亥(을해)	丙子(병자)	丁丑(정축)	戊寅(무인)	己卯(기묘)	庚辰(경진)	辛巳(신사)	壬午(임오)	癸未(계미)
절기시각	辰正															丑初														戌初
대운 순행	10	9	9	9	8	8	8	7	7	7	6	6	6	5	5	5	4	4	4	3	3	3	2	2	2	1	1	1	1	10
대운 역행	10	1	1	1	2	2	2	3	3	3	4	4	4	5	5	5	6	6	6	7	7	7	8	8	8	9	9	9	10	10

12 月 己 丑(기축) 大

절기															대한															입춘
음력	一	二	三	四	五	六	七	八	九	十	十一	十二	十三	十四	十五	十六	十七	十八	十九	二十	廿一	廿二	廿三	廿四	廿五	廿六	廿七	廿八	廿九	三十
양력 월/일	1/6	7	8	9	10	11	12	13	14	15	16	17	18	19	20	21	22	23	24	25	26	27	28	29	30	31	2/1	2	3	4
일진	甲申(갑신)	乙酉(을유)	丙戌(병술)	丁亥(정해)	戊子(무자)	己丑(기축)	庚寅(경인)	辛卯(신묘)	壬辰(임진)	癸巳(계사)	甲午(갑오)	乙未(을미)	丙申(병신)	丁酉(정유)	戊戌(무술)	己亥(기해)	庚子(경자)	辛丑(신축)	壬寅(임인)	癸卯(계묘)	甲辰(갑진)	乙巳(을사)	丙午(병오)	丁未(정미)	戊申(무신)	己酉(기유)	庚戌(경술)	辛亥(신해)	壬子(임자)	癸丑(계축)
절기시각															午正															卯正
대운 순행	10	9	9	9	8	8	8	7	7	7	6	6	6	5	5	5	4	4	4	3	3	3	2	2	2	1	1	1	1	10
대운 역행	1	1	1	2	2	2	3	3	3	4	4	4	5	5	5	6	6	6	7	7	7	8	8	8	9	9	9	10	10	10

단기 4314 년
불기 2525 년

1981년 辛酉(신유)年

1 月 庚寅(경인) 小

절기															우수														
음력	一	二	三	四	五	六	七	八	九	十	十一	十二	十三	十四	十五	十六	十七	十八	十九	廿	廿一	廿二	廿三	廿四	廿五	廿六	廿七	廿八	廿九
양력 월/일	2/5	6	7	8	9	10	11	12	13	14	15	16	17	18	19	20	21	22	23	24	25	26	27	28	3/1	2	3	4	5
일진	甲寅(갑인)	乙卯(을묘)	丙辰(병진)	丁巳(정사)	戊午(무오)	己未(기미)	庚申(경신)	辛酉(신유)	壬戌(임술)	癸亥(계해)	甲子(갑자)	乙丑(을축)	丙寅(병인)	丁卯(정묘)	戊辰(무진)	己巳(기사)	庚午(경오)	辛未(신미)	壬申(임신)	癸酉(계유)	甲戌(갑술)	乙亥(을해)	丙子(병자)	丁丑(정축)	戊寅(무인)	己卯(기묘)	庚辰(경진)	辛巳(신사)	壬午(임오)
절기시각															丑正														
대운 순행	10	9	9	9	8	8	8	7	7	7	6	6	6	5	5	5	4	4	4	3	3	3	2	2	2	1	1	1	1
대운 역행	1	1	1	2	2	2	3	3	3	4	4	4	5	5	5	6	6	6	7	7	7	8	8	8	9	9	9	10	10

2 月 辛卯(신묘) 大

절기	경칩															춘분														
음력	一	二	三	四	五	六	七	八	九	十	十一	十二	十三	十四	十五	十六	十七	十八	十九	廿	廿一	廿二	廿三	廿四	廿五	廿六	廿七	廿八	廿九	三十
양력 월/일	3/6	7	8	9	10	11	12	13	14	15	16	17	18	19	20	21	22	23	24	25	26	27	28	29	30	31	4/1	2	3	4
일진	癸未(계미)	甲申(갑신)	乙酉(을유)	丙戌(병술)	丁亥(정해)	戊子(무자)	己丑(기축)	庚寅(경인)	辛卯(신묘)	壬辰(임진)	癸巳(계사)	甲午(갑오)	乙未(을미)	丙申(병신)	丁酉(정유)	戊戌(무술)	己亥(기해)	庚子(경자)	辛丑(신축)	壬寅(임인)	癸卯(계묘)	甲辰(갑진)	乙巳(을사)	丙午(병오)	丁未(정미)	戊申(무신)	己酉(기유)	庚戌(경술)	辛亥(신해)	壬子(임자)
절기시각	丑初															丑正														
대운 순행	10	10	9	9	9	8	8	8	7	7	7	6	6	6	5	5	5	4	4	4	3	3	3	2	2	2	1	1	1	1
대운 역행	10	1	1	1	2	2	2	3	3	3	4	4	4	5	5	5	6	6	6	7	7	7	8	8	8	9	9	9	10	10

3 月 壬辰(임진) 小

절기	청명	한식														곡우													
음력	一	二	三	四	五	六	七	八	九	十	十一	十二	十三	十四	十五	十六	十七	十八	十九	廿	廿一	廿二	廿三	廿四	廿五	廿六	廿七	廿八	廿九
양력 월/일	4/5	6	7	8	9	10	11	12	13	14	15	16	17	18	19	20	21	22	23	24	25	26	27	28	29	30	5/1	2	3
일진	癸丑(계축)	甲寅(갑인)	乙卯(을묘)	丙辰(병진)	丁巳(정사)	戊午(무오)	己未(기미)	庚申(경신)	辛酉(신유)	壬戌(임술)	癸亥(계해)	甲子(갑자)	乙丑(을축)	丙寅(병인)	丁卯(정묘)	戊辰(무진)	己巳(기사)	庚午(경오)	辛未(신미)	壬申(임신)	癸酉(계유)	甲戌(갑술)	乙亥(을해)	丙子(병자)	丁丑(정축)	戊寅(무인)	己卯(기묘)	庚辰(경진)	辛巳(신사)
절기시각	卯正															午正													
대운 순행	10	10	9	9	9	8	8	8	7	7	7	6	6	6	5	5	5	4	4	4	3	3	3	2	2	2	1	1	1
대운 역행	10	1	1	1	2	2	2	3	3	3	4	4	4	5	5	5	6	6	6	7	7	7	8	8	8	9	9	9	10

4 月 癸巳(계사) 小

절기		입하																소만											
음력	一	二	三	四	五	六	七	八	九	十	十一	十二	十三	十四	十五	十六	十七	十八	十九	廿	廿一	廿二	廿三	廿四	廿五	廿六	廿七	廿八	廿九
양력 월/일	5/4	5	6	7	8	9	10	11	12	13	14	15	16	17	18	19	20	21	22	23	24	25	26	27	28	29	30	31	6/1
일진	壬午(임오)	癸未(계미)	甲申(갑신)	乙酉(을유)	丙戌(병술)	丁亥(정해)	戊子(무자)	己丑(기축)	庚寅(경인)	辛卯(신묘)	壬辰(임진)	癸巳(계사)	甲午(갑오)	乙未(을미)	丙申(병신)	丁酉(정유)	戊戌(무술)	己亥(기해)	庚子(경자)	辛丑(신축)	壬寅(임인)	癸卯(계묘)	甲辰(갑진)	乙巳(을사)	丙午(병오)	丁未(정미)	戊申(무신)	己酉(기유)	庚戌(경술)
절기시각		子初																午正											
대운 순행	1	10	10	10	10	9	9	9	8	8	8	7	7	7	6	6	6	5	5	5	4	4	4	3	3	3	2	2	2
대운 역행	10	10	1	1	1	2	2	2	3	3	3	4	4	4	5	5	5	6	6	6	7	7	7	8	8	8	9	9	9

5 月 甲午(갑오) 大

절기					망종															하지										
음력	一	二	三	四	五	六	七	八	九	十	十一	十二	十三	十四	十五	十六	十七	十八	十九	廿	廿一	廿二	廿三	廿四	廿五	廿六	廿七	廿八	廿九	三十
양력 월/일	6/2	3	4	5	6	7	8	9	10	11	12	13	14	15	16	17	18	19	20	21	22	23	24	25	26	27	28	29	30	7/1
일진	辛亥(신해)	壬子(임자)	癸丑(계축)	甲寅(갑인)	乙卯(을묘)	丙辰(병진)	丁巳(정사)	戊午(무오)	己未(기미)	庚申(경신)	辛酉(신유)	壬戌(임술)	癸亥(계해)	甲子(갑자)	乙丑(을축)	丙寅(병인)	丁卯(정묘)	戊辰(무진)	己巳(기사)	庚午(경오)	辛未(신미)	壬申(임신)	癸酉(계유)	甲戌(갑술)	乙亥(을해)	丙子(병자)	丁丑(정축)	戊寅(무인)	己卯(기묘)	庚辰(경진)
절기시각					寅初															戌正										
대운 순행	1	1	1	1	10	10	10	9	9	9	8	8	8	7	7	7	6	6	6	5	5	5	4	4	4	3	3	3	2	2
대운 역행	10	10	10	10	10	1	1	1	2	2	2	3	3	3	4	4	4	5	5	5	6	6	6	7	7	7	8	8	8	9

6 月 乙未(을미) 小

절기						소서																대서							
음력	一	二	三	四	五	六	七	八	九	十	十一	十二	十三	十四	十五	十六	十七	十八	十九	廿	廿一	廿二	廿三	廿四	廿五	廿六	廿七	廿八	廿九
양력 월/일	7/2	3	4	5	6	7	8	9	10	11	12	13	14	15	16	17	18	19	20	21	22	23	24	25	26	27	28	29	30
일진	辛巳(신사)	壬午(임오)	癸未(계미)	甲申(갑신)	乙酉(을유)	丙戌(병술)	丁亥(정해)	戊子(무자)	己丑(기축)	庚寅(경인)	辛卯(신묘)	壬辰(임진)	癸巳(계사)	甲午(갑오)	乙未(을미)	丙申(병신)	丁酉(정유)	戊戌(무술)	己亥(기해)	庚子(경자)	辛丑(신축)	壬寅(임인)	癸卯(계묘)	甲辰(갑진)	乙巳(을사)	丙午(병오)	丁未(정미)	戊申(무신)	己酉(기유)
절기시각						未正																辰初							
대운 순행	2	1	1	1	1	10	10	10	9	9	9	8	8	8	7	7	7	6	6	6	5	5	5	4	4	4	3	3	3
대운 역행	9	9	10	10	10	10	1	1	1	2	2	2	3	3	3	4	4	4	5	5	5	6	6	6	7	7	7	8	8

南 大將	亥 喪門	未 弔客	東 三殺

7 月 丙 申(병신) 小

절기								입추																처서						
음력	一	二	三	四	五	六	七	八	九	十	十一	十二	十三	十四	十五	十六	十七	十八	十九	二十	廿一	廿二	廿三	廿四	廿五	廿六	廿七	廿八	廿九	
양력 월/일	7/31	8/1	2	3	4	5	6	7	8	9	10	11	12	13	14	15	16	17	18	19	20	21	22	23	24	25	26	27	28	
일진	庚戌(경술)	辛亥(신해)	壬子(임자)	癸丑(계축)	甲寅(갑인)	乙卯(을묘)	丙辰(병진)	丁巳(정사)	戊午(무오)	己未(기미)	庚申(경신)	辛酉(신유)	壬戌(임술)	癸亥(계해)	甲子(갑자)	乙丑(을축)	丙寅(병인)	丁卯(정묘)	戊辰(무진)	己巳(기사)	庚午(경오)	辛未(신미)	壬申(임신)	癸酉(계유)	甲戌(갑술)	乙亥(을해)	丙子(병자)	丁丑(정축)	戊寅(무인)	
절기시각								子初																未正						
대운 순행	2	2	2	1	1	1	1	10	10	10	10	9	9	9	8	8	8	7	7	7	6	6	6	5	5	5	4	4	4	
대운 역행	8	9	9	9	10	10	10	10	1	1	1	2	2	2	3	3	3	4	4	4	5	5	5	6	6	6	7	7	7	

8 月 丁 酉(정유) 大

절기											백로															추분				
음력	一	二	三	四	五	六	七	八	九	十	十一	十二	十三	十四	十五	十六	十七	十八	十九	二十	廿一	廿二	廿三	廿四	廿五	廿六	廿七	廿八	廿九	三十
양력 월/일	8/29	30	31	9/1	2	3	4	5	6	7	8	9	10	11	12	13	14	15	16	17	18	19	20	21	22	23	24	25	26	27
일진	己卯(기묘)	庚辰(경진)	辛巳(신사)	壬午(임오)	癸未(계미)	甲申(갑신)	乙酉(을유)	丙戌(병술)	丁亥(정해)	戊子(무자)	己丑(기축)	庚寅(경인)	辛卯(신묘)	壬辰(임진)	癸巳(계사)	甲午(갑오)	乙未(을미)	丙申(병신)	丁酉(정유)	戊戌(무술)	己亥(기해)	庚子(경자)	辛丑(신축)	壬寅(임인)	癸卯(계묘)	甲辰(갑진)	乙巳(을사)	丙午(병오)	丁未(정미)	戊申(무신)
절기시각											丑正															午初				
대운 순행	3	3	3	2	2	2	1	1	1	1	10	10	9	9	9	8	8	8	7	7	7	6	6	6	5	5	5	4	4	4
대운 역행	8	8	8	9	9	9	10	10	10	10	10	1	1	1	2	2	2	3	3	3	4	4	4	5	5	5	6	6	6	7

9 月 戊 戌(무술) 大

절기											한로															상강				
음력	一	二	三	四	五	六	七	八	九	十	十一	十二	十三	十四	十五	十六	十七	十八	十九	二十	廿一	廿二	廿三	廿四	廿五	廿六	廿七	廿八	廿九	三十
양력 월/일	9/28	29	30	10/1	2	3	4	5	6	7	8	9	10	11	12	13	14	15	16	17	18	19	20	21	22	23	24	25	26	27
일진	己酉(기유)	庚戌(경술)	辛亥(신해)	壬子(임자)	癸丑(계축)	甲寅(갑인)	乙卯(을묘)	丙辰(병진)	丁巳(정사)	戊午(무오)	己未(기미)	庚申(경신)	辛酉(신유)	壬戌(임술)	癸亥(계해)	甲子(갑자)	乙丑(을축)	丙寅(병인)	丁卯(정묘)	戊辰(무진)	己巳(기사)	庚午(경오)	辛未(신미)	壬申(임신)	癸酉(계유)	甲戌(갑술)	乙亥(을해)	丙子(병자)	丁丑(정축)	戊寅(무인)
절기시각											酉正															亥初				
대운 순행	3	3	3	2	2	2	1	1	1	1	10	10	9	9	9	8	8	8	7	7	7	6	6	6	5	5	5	4	4	4
대운 역행	7	7	8	8	8	9	9	9	10	10	10	1	1	1	2	2	2	3	3	3	4	4	4	5	5	5	6	6	6	7

10 月 己 亥(기해) 小

절기											입동															소설				
음력	一	二	三	四	五	六	七	八	九	十	十一	十二	十三	十四	十五	十六	十七	十八	十九	二十	廿一	廿二	廿三	廿四	廿五	廿六	廿七	廿八	廿九	
양력 월/일	10/28	29	30	31	11/1	2	3	4	5	6	7	8	9	10	11	12	13	14	15	16	17	18	19	20	21	22	23	24	25	
일진	己卯(기묘)	庚辰(경진)	辛巳(신사)	壬午(임오)	癸未(계미)	甲申(갑신)	乙酉(을유)	丙戌(병술)	丁亥(정해)	戊子(무자)	己丑(기축)	庚寅(경인)	辛卯(신묘)	壬辰(임진)	癸巳(계사)	甲午(갑오)	乙未(을미)	丙申(병신)	丁酉(정유)	戊戌(무술)	己亥(기해)	庚子(경자)	辛丑(신축)	壬寅(임인)	癸卯(계묘)	甲辰(갑진)	乙巳(을사)	丙午(병오)	丁未(정미)	
절기시각											亥初															酉正				
대운 순행	3	3	3	2	2	2	1	1	1	1	10	10	9	9	9	8	8	8	7	7	7	6	6	6	5	5	5	4	4	
대운 역행	7	7	8	8	8	9	9	9	10	10	10	1	1	1	2	2	2	3	3	3	4	4	4	5	5	5	6	6	6	

11 月 庚 子(경자) 大

절기												대설															동지			
음력	一	二	三	四	五	六	七	八	九	十	十一	十二	十三	十四	十五	十六	十七	十八	十九	二十	廿一	廿二	廿三	廿四	廿五	廿六	廿七	廿八	廿九	三十
양력 월/일	11/26	27	28	29	30	12/1	2	3	4	5	6	7	8	9	10	11	12	13	14	15	16	17	18	19	20	21	22	23	24	25
일진	戊申(무신)	己酉(기유)	庚戌(경술)	辛亥(신해)	壬子(임자)	癸丑(계축)	甲寅(갑인)	乙卯(을묘)	丙辰(병진)	丁巳(정사)	戊午(무오)	己未(기미)	庚申(경신)	辛酉(신유)	壬戌(임술)	癸亥(계해)	甲子(갑자)	乙丑(을축)	丙寅(병인)	丁卯(정묘)	戊辰(무진)	己巳(기사)	庚午(경오)	辛未(신미)	壬申(임신)	癸酉(계유)	甲戌(갑술)	乙亥(을해)	丙子(병자)	丁丑(정축)
절기시각												未初															辰初			
대운 순행	4	3	3	3	2	2	2	1	1	1	1	10	10	9	9	9	8	8	8	7	7	7	6	6	6	5	5	5	4	4
대운 역행	7	7	7	8	8	8	9	9	9	10	10	10	1	1	1	2	2	2	3	3	3	4	4	4	5	5	5	6	6	6

12 月 辛 丑(신축) 大

절기												소한														대한				
음력	一	二	三	四	五	六	七	八	九	十	十一	十二	十三	十四	十五	十六	十七	十八	十九	二十	廿一	廿二	廿三	廿四	廿五	廿六	廿七	廿八	廿九	三十
양력 월/일	12/26	27	28	29	30	31	1/1	2	3	4	5	6	7	8	9	10	11	12	13	14	15	16	17	18	19	20	21	22	23	24
일진	戊寅(무인)	己卯(기묘)	庚辰(경진)	辛巳(신사)	壬午(임오)	癸未(계미)	甲申(갑신)	乙酉(을유)	丙戌(병술)	丁亥(정해)	戊子(무자)	己丑(기축)	庚寅(경인)	辛卯(신묘)	壬辰(임진)	癸巳(계사)	甲午(갑오)	乙未(을미)	丙申(병신)	丁酉(정유)	戊戌(무술)	己亥(기해)	庚子(경자)	辛丑(신축)	壬寅(임인)	癸卯(계묘)	甲辰(갑진)	乙巳(을사)	丙午(병오)	丁未(정미)
절기시각												子正														酉正				
대운 순행	4	3	3	3	2	2	2	1	1	1	1	10	9	9	9	8	8	8	7	7	7	6	6	6	5	5	5	4	4	4
대운 역행	7	7	7	8	8	8	9	9	9	10	10	10	1	1	1	2	2	2	3	3	3	4	4	4	5	5	5	6	6	6

단기 4315 년
불기 2526 년

1982년 壬戌(임술)年

1 月 壬寅(임인) 大

절기											입춘															우수				
음력	一	二	三	四	五	六	七	八	九	十	十一	十二	十三	十四	十五	十六	十七	十八	十九	廿	廿一	廿二	廿三	廿四	廿五	廿六	廿七	廿八	廿九	三十
양력 월/일	1/25	26	27	28	29	30	31	2/1	2	3	4	5	6	7	8	9	10	11	12	13	14	15	16	17	18	19	20	21	22	23
일진	戊申(무신)	己酉(기유)	庚戌(경술)	辛亥(신해)	壬子(임자)	癸丑(계축)	甲寅(갑인)	乙卯(을묘)	丙辰(병진)	丁巳(정사)	戊午(무오)	己未(기미)	庚申(경신)	辛酉(신유)	壬戌(임술)	癸亥(계해)	甲子(갑자)	乙丑(을축)	丙寅(병인)	丁卯(정묘)	戊辰(무진)	己巳(기사)	庚午(경오)	辛未(신미)	壬申(임신)	癸酉(계유)	甲戌(갑술)	乙亥(을해)	丙子(병자)	丁丑(정축)
절기시각											午正															辰正				
대운 순행	3	3	3	2	2	2	1	1	1	1	10	10	9	9	9	8	8	8	7	7	7	6	6	6	5	5	5	4	4	4
대운 역행	7	7	7	8	8	8	9	9	9	10	10	1	1	1	2	2	2	3	3	3	4	4	4	5	5	5	6	6	6	7

2 月 癸卯(계묘) 小

절기											경칩															춘분				
음력	一	二	三	四	五	六	七	八	九	十	十一	十二	十三	十四	十五	十六	十七	十八	十九	廿	廿一	廿二	廿三	廿四	廿五	廿六	廿七	廿八	廿九	
양력 월/일	2/24	25	26	27	28	3/1	2	3	4	5	6	7	8	9	10	11	12	13	14	15	16	17	18	19	20	21	22	23	24	
일진	戊寅(무인)	己卯(기묘)	庚辰(경진)	辛巳(신사)	壬午(임오)	癸未(계미)	甲申(갑신)	乙酉(을유)	丙戌(병술)	丁亥(정해)	戊子(무자)	己丑(기축)	庚寅(경인)	辛卯(신묘)	壬辰(임진)	癸巳(계사)	甲午(갑오)	乙未(을미)	丙申(병신)	丁酉(정유)	戊戌(무술)	己亥(기해)	庚子(경자)	辛丑(신축)	壬寅(임인)	癸卯(계묘)	甲辰(갑진)	乙巳(을사)	丙午(병오)	
절기시각											卯正															辰初				
대운 순행	3	3	3	2	2	2	1	1	1	1	10	10	9	9	9	8	8	8	7	7	7	6	6	6	5	5	5	4	4	
대운 역행	7	7	8	8	8	9	9	9	10	10	10	1	1	1	2	2	2	3	3	3	4	4	4	5	5	5	6	6	6	

3 月 甲辰(갑진) 大

절기												청명	한식														곡우			
음력	一	二	三	四	五	六	七	八	九	十	十一	十二	十三	十四	十五	十六	十七	十八	十九	廿	廿一	廿二	廿三	廿四	廿五	廿六	廿七	廿八	廿九	三十
양력 월/일	3/25	26	27	28	29	30	31	4/1	2	3	4	5	6	7	8	9	10	11	12	13	14	15	16	17	18	19	20	21	22	23
일진	丁未(정미)	戊申(무신)	己酉(기유)	庚戌(경술)	辛亥(신해)	壬子(임자)	癸丑(계축)	甲寅(갑인)	乙卯(을묘)	丙辰(병진)	丁巳(정사)	戊午(무오)	己未(기미)	庚申(경신)	辛酉(신유)	壬戌(임술)	癸亥(계해)	甲子(갑자)	乙丑(을축)	丙寅(병인)	丁卯(정묘)	戊辰(무진)	己巳(기사)	庚午(경오)	辛未(신미)	壬申(임신)	癸酉(계유)	甲戌(갑술)	乙亥(을해)	丙子(병자)
절기시각												午初															戌初			
대운 순행	4	3	3	3	2	2	2	1	1	1	1	10	10	10	9	9	9	8	8	8	7	7	7	6	6	6	5	5	5	4
대운 역행	7	7	7	8	8	8	9	9	9	10	10	10	1	1	1	2	2	2	3	3	3	4	4	4	5	5	5	6	6	6

4 月 乙巳(을사) 小

절기													입하															소만		
음력	一	二	三	四	五	六	七	八	九	十	十一	十二	十三	十四	十五	十六	十七	十八	十九	廿	廿一	廿二	廿三	廿四	廿五	廿六	廿七	廿八	廿九	
양력 월/일	4/24	25	26	27	28	29	30	5/1	2	3	4	5	6	7	8	9	10	11	12	13	14	15	16	17	18	19	20	21	22	
일진	丁丑(정축)	戊寅(무인)	己卯(기묘)	庚辰(경진)	辛巳(신사)	壬午(임오)	癸未(계미)	甲申(갑신)	乙酉(을유)	丙戌(병술)	丁亥(정해)	戊子(무자)	己丑(기축)	庚寅(경인)	辛卯(신묘)	壬辰(임진)	癸巳(계사)	甲午(갑오)	乙未(을미)	丙申(병신)	丁酉(정유)	戊戌(무술)	己亥(기해)	庚子(경자)	辛丑(신축)	壬寅(임인)	癸卯(계묘)	甲辰(갑진)	乙巳(을사)	
절기시각													卯初															酉正		
대운 순행	4	4	3	3	3	2	2	2	1	1	1	1	10	10	10	9	9	9	8	8	8	7	7	7	6	6	6	5	5	
대운 역행	7	7	7	8	8	8	9	9	9	10	10	10	10	1	1	1	2	2	2	3	3	3	4	4	4	5	5	5	6	

閏 4 月 乙巳(을사) 小

절기															망종															
음력	一	二	三	四	五	六	七	八	九	十	十一	十二	十三	十四	十五	十六	十七	十八	十九	廿	廿一	廿二	廿三	廿四	廿五	廿六	廿七	廿八	廿九	
양력 월/일	5/23	24	25	26	27	28	29	30	31	6/1	2	3	4	5	6	7	8	9	10	11	12	13	14	15	16	17	18	19	20	
일진	丙午(병오)	丁未(정미)	戊申(무신)	己酉(기유)	庚戌(경술)	辛亥(신해)	壬子(임자)	癸丑(계축)	甲寅(갑인)	乙卯(을묘)	丙辰(병진)	丁巳(정사)	戊午(무오)	己未(기미)	庚申(경신)	辛酉(신유)	壬戌(임술)	癸亥(계해)	甲子(갑자)	乙丑(을축)	丙寅(병인)	丁卯(정묘)	戊辰(무진)	己巳(기사)	庚午(경오)	辛未(신미)	壬申(임신)	癸酉(계유)	甲戌(갑술)	
절기시각															巳初															
대운 순행	5	4	4	4	3	3	3	2	2	2	1	1	1	1	10	10	10	9	9	9	8	8	8	7	7	7	6	6	6	
대운 역행	6	6	7	7	7	8	8	8	9	9	9	10	10	10	10	1	1	1	2	2	2	3	3	3	4	4	4	5	5	

5 月 丙午(병오) 大

절기		하지															소서													
음력	一	二	三	四	五	六	七	八	九	十	十一	十二	十三	十四	十五	十六	十七	十八	十九	廿	廿一	廿二	廿三	廿四	廿五	廿六	廿七	廿八	廿九	三十
양력 월/일	6/21	22	23	24	25	26	27	28	29	30	7/1	2	3	4	5	6	7	8	9	10	11	12	13	14	15	16	17	18	19	20
일진	乙亥(을해)	丙子(병자)	丁丑(정축)	戊寅(무인)	己卯(기묘)	庚辰(경진)	辛巳(신사)	壬午(임오)	癸未(계미)	甲申(갑신)	乙酉(을유)	丙戌(병술)	丁亥(정해)	戊子(무자)	己丑(기축)	庚寅(경인)	辛卯(신묘)	壬辰(임진)	癸巳(계사)	甲午(갑오)	乙未(을미)	丙申(병신)	丁酉(정유)	戊戌(무술)	己亥(기해)	庚子(경자)	辛丑(신축)	壬寅(임인)	癸卯(계묘)	甲辰(갑진)
절기시각		丑正															戌初													
대운 순행	5	5	5	4	4	4	3	3	3	2	2	2	1	1	1	1	10	10	10	10	9	9	9	8	8	8	7	7	7	6
대운 역행	5	6	6	6	7	7	7	8	8	8	9	9	9	10	10	10	10	1	1	1	2	2	2	3	3	3	4	4	4	5

南 大將	子 喪門	申 弔客	北 三殺

6 月 丁 未(정미) 小

절기			대서																입추											
음력	一	二	三	四	五	六	七	八	九	十	十一	十二	十三	十四	十五	十六	十七	十八	十九	廿	廿一	廿二	廿三	廿四	廿五	廿六	廿七	廿八	廿九	
양력 월/일	7/21	22	23	24	25	26	27	28	29	30	31	8/1	2	3	4	5	6	7	8	9	10	11	12	13	14	15	16	17	18	
일진	乙巳(을사)	丙午(병오)	丁未(정미)	戊申(무신)	己酉(기유)	庚戌(경술)	辛亥(신해)	壬子(임자)	癸丑(계축)	甲寅(갑인)	乙卯(을묘)	丙辰(병진)	丁巳(정사)	戊午(무오)	己未(기미)	庚申(경신)	辛酉(신유)	壬戌(임술)	癸亥(계해)	甲子(갑자)	乙丑(을축)	丙寅(병인)	丁卯(정묘)	戊辰(무진)	己巳(기사)	庚午(경오)	辛未(신미)	壬申(임신)	癸酉(계유)	
절기시각			未初																卯初											
대운 순행	6	6	5	5	5	4	4	4	3	3	3	2	2	2	1	1	1	1	10	10	10	9	9	9	8	8	8	7	7	
대운 역행	5	5	6	6	6	7	7	7	8	8	8	9	9	9	10	10	10	10	10	1	1	1	2	2	2	3	3	3	4	

7 月 戊 申(무신) 小

절기					처서																백로									
음력	一	二	三	四	五	六	七	八	九	十	十一	十二	十三	十四	十五	十六	十七	十八	十九	廿	廿一	廿二	廿三	廿四	廿五	廿六	廿七	廿八	廿九	
양력 월/일	8/19	20	21	22	23	24	25	26	27	28	29	30	31	9/1	2	3	4	5	6	7	8	9	10	11	12	13	14	15	16	
일진	甲戌(갑술)	乙亥(을해)	丙子(병자)	丁丑(정축)	戊寅(무인)	己卯(기묘)	庚辰(경진)	辛巳(신사)	壬午(임오)	癸未(계미)	甲申(갑신)	乙酉(을유)	丙戌(병술)	丁亥(정해)	戊子(무자)	己丑(기축)	庚寅(경인)	辛卯(신묘)	壬辰(임진)	癸巳(계사)	甲午(갑오)	乙未(을미)	丙申(병신)	丁酉(정유)	戊戌(무술)	己亥(기해)	庚子(경자)	辛丑(신축)	壬寅(임인)	
절기시각					戌正																辰正									
대운 순행	7	6	6	6	5	5	5	4	4	4	3	3	3	2	2	2	1	1	1	1	10	10	9	9	9	8	8	8	7	
대운 역행	4	4	5	5	5	6	6	6	7	7	7	8	8	8	9	9	9	10	10	10	10	1	1	1	2	2	2	3	3	

8 月 己 酉(기유) 大

절기							추분																한로							
음력	一	二	三	四	五	六	七	八	九	十	十一	十二	十三	十四	十五	十六	十七	十八	十九	廿	廿一	廿二	廿三	廿四	廿五	廿六	廿七	廿八	廿九	三十
양력 월/일	9/17	18	19	20	21	22	23	24	25	26	27	28	29	30	10/1	2	3	4	5	6	7	8	9	10	11	12	13	14	15	16
일진	癸卯(계묘)	甲辰(갑진)	乙巳(을사)	丙午(병오)	丁未(정미)	戊申(무신)	己酉(기유)	庚戌(경술)	辛亥(신해)	壬子(임자)	癸丑(계축)	甲寅(갑인)	乙卯(을묘)	丙辰(병진)	丁巳(정사)	戊午(무오)	己未(기미)	庚申(경신)	辛酉(신유)	壬戌(임술)	癸亥(계해)	甲子(갑자)	乙丑(을축)	丙寅(병인)	丁卯(정묘)	戊辰(무진)	己巳(기사)	庚午(경오)	辛未(신미)	壬申(임신)
절기시각							酉初																子正							
대운 순행	7	7	6	6	6	5	5	5	4	4	4	3	3	3	2	2	2	1	1	1	1	10	10	10	9	9	9	8	8	8
대운 역행	3	4	4	4	5	5	5	6	6	6	7	7	7	8	8	8	9	9	9	10	10	10	1	1	1	2	2	2	3	3

9 月 庚 戌(경술) 大

절기								상강															입동							
음력	一	二	三	四	五	六	七	八	九	十	十一	十二	十三	十四	十五	十六	十七	十八	十九	廿	廿一	廿二	廿三	廿四	廿五	廿六	廿七	廿八	廿九	三十
양력 월/일	10/17	18	19	20	21	22	23	24	25	26	27	28	29	30	31	9/1	2	3	4	5	6	7	8	9	10	11	12	13	14	15
일진	癸酉(계유)	甲戌(갑술)	乙亥(을해)	丙子(병자)	丁丑(정축)	戊寅(무인)	己卯(기묘)	庚辰(경진)	辛巳(신사)	壬午(임오)	癸未(계미)	甲申(갑신)	乙酉(을유)	丙戌(병술)	丁亥(정해)	戊子(무자)	己丑(기축)	庚寅(경인)	辛卯(신묘)	壬辰(임진)	癸巳(계사)	甲午(갑오)	乙未(을미)	丙申(병신)	丁酉(정유)	戊戌(무술)	己亥(기해)	庚子(경자)	辛丑(신축)	壬寅(임인)
절기시각								丑正															寅初							
대운 순행	7	7	7	6	6	6	5	5	5	4	4	4	3	3	3	2	2	2	1	1	1	1	10	9	9	9	8	8	8	7
대운 역행	3	4	4	4	5	5	5	6	6	6	7	7	7	8	8	8	9	9	9	10	10	10	10	1	1	1	2	2	2	3

10 月 辛 亥(신해) 小

절기								소설														대설								
음력	一	二	三	四	五	六	七	八	九	十	十一	十二	十三	十四	十五	十六	十七	十八	十九	廿	廿一	廿二	廿三	廿四	廿五	廿六	廿七	廿八	廿九	
양력 월/일	11/16	17	18	19	20	21	22	23	24	25	26	27	28	29	30	12/1	2	3	4	5	6	7	8	9	10	11	12	13	14	
일진	癸卯(계묘)	甲辰(갑진)	乙巳(을사)	丙午(병오)	丁未(정미)	戊申(무신)	己酉(기유)	庚戌(경술)	辛亥(신해)	壬子(임자)	癸丑(계축)	甲寅(갑인)	乙卯(을묘)	丙辰(병진)	丁巳(정사)	戊午(무오)	己未(기미)	庚申(경신)	辛酉(신유)	壬戌(임술)	癸亥(계해)	甲子(갑자)	乙丑(을축)	丙寅(병인)	丁卯(정묘)	戊辰(무진)	己巳(기사)	庚午(경오)	辛未(신미)	
절기시각								子正														戌初								
대운 순행	7	7	6	6	6	5	5	5	4	4	4	3	3	3	2	2	2	1	1	1	1	10	10	9	9	9	8	8	8	
대운 역행	3	3	4	4	4	5	5	5	6	6	6	7	7	7	8	8	8	9	9	9	10	10	1	1	1	2	2	2	3	

11 月 壬 子(임자) 大

절기								동지															소한							
음력	一	二	三	四	五	六	七	八	九	十	十一	十二	十三	十四	十五	十六	十七	十八	十九	廿	廿一	廿二	廿三	廿四	廿五	廿六	廿七	廿八	廿九	三十
양력 월/일	12/15	16	17	18	19	20	21	22	23	24	25	26	27	28	29	30	31	1/1	2	3	4	5	6	7	8	9	10	11	12	13
일진	壬申(임신)	癸酉(계유)	甲戌(갑술)	乙亥(을해)	丙子(병자)	丁丑(정축)	戊寅(무인)	己卯(기묘)	庚辰(경진)	辛巳(신사)	壬午(임오)	癸未(계미)	甲申(갑신)	乙酉(을유)	丙戌(병술)	丁亥(정해)	戊子(무자)	己丑(기축)	庚寅(경인)	辛卯(신묘)	壬辰(임진)	癸巳(계사)	甲午(갑오)	乙未(을미)	丙申(병신)	丁酉(정유)	戊戌(무술)	己亥(기해)	庚子(경자)	辛丑(신축)
절기시각								未初															辰初							
대운 순행	7	7	7	6	6	6	5	5	5	4	4	4	3	3	3	2	2	2	1	1	1	1	10	9	9	9	8	8	8	7
대운 역행	3	3	4	4	4	5	5	5	6	6	6	7	7	7	8	8	8	9	9	9	10	10	10	1	1	1	2	2	2	3

12 月 癸 丑(계축) 大

절기								대한														입춘								
음력	一	二	三	四	五	六	七	八	九	十	十一	十二	十三	十四	十五	十六	十七	十八	十九	廿	廿一	廿二	廿三	廿四	廿五	廿六	廿七	廿八	廿九	三十
양력 월/일	1/14	15	16	17	18	19	20	21	22	23	24	25	26	27	28	29	30	31	2/1	2	3	4	5	6	7	8	9	10	11	12
일진	壬寅(임인)	癸卯(계묘)	甲辰(갑진)	乙巳(을사)	丙午(병오)	丁未(정미)	戊申(무신)	己酉(기유)	庚戌(경술)	辛亥(신해)	壬子(임자)	癸丑(계축)	甲寅(갑인)	乙卯(을묘)	丙辰(병진)	丁巳(정사)	戊午(무오)	己未(기미)	庚申(경신)	辛酉(신유)	壬戌(임술)	癸亥(계해)	甲子(갑자)	乙丑(을축)	丙寅(병인)	丁卯(정묘)	戊辰(무진)	己巳(기사)	庚午(경오)	辛未(신미)
절기시각								子正														酉正								
대운 순행	7	7	6	6	6	5	5	5	4	4	4	3	3	3	2	2	2	1	1	1	1	10	10	9	9	9	8	8	8	7
대운 역행	3	3	4	4	4	5	5	5	6	6	6	7	7	7	8	8	8	9	9	9	10	10	1	1	1	2	2	2	3	3

단기 4316 년
불기 2527 년

1983년 癸亥(계해)年

1 月 甲 寅(갑인) 大

절기							우수															경칩								
음력	一	二	三	四	五	六	七	八	九	十	十一	十二	十三	十四	十五	十六	十七	十八	十九	二十	廿一	廿二	廿三	廿四	廿五	廿六	廿七	廿八	廿九	三十
양력 월/일	2/13	14	15	16	17	18	19	20	21	22	23	24	25	26	27	28	3/1	2	3	4	5	6	7	8	9	10	11	12	13	14
일진	壬申(임신)	癸酉(계유)	甲戌(갑술)	乙亥(을해)	丙子(병자)	丁丑(정축)	戊寅(무인)	己卯(기묘)	庚辰(경진)	辛巳(신사)	壬午(임오)	癸未(계미)	甲申(갑신)	乙酉(을유)	丙戌(병술)	丁亥(정해)	戊子(무자)	己丑(기축)	庚寅(경인)	辛卯(신묘)	壬辰(임진)	癸巳(계사)	甲午(갑오)	乙未(을미)	丙申(병신)	丁酉(정유)	戊戌(무술)	己亥(기해)	庚子(경자)	辛丑(신축)
절기시각							未正															午正								
대운 순행	7	7	6	6	6	5	5	5	4	4	4	3	3	3	2	2	2	1	1	1	1	10	10	9	9	9	8	8	8	7
대운 역행	3	4	4	4	5	5	5	6	6	6	7	7	7	8	8	8	9	9	9	10	10	10	1	1	1	2	2	2	3	3

2 月 乙 卯(을묘) 小

절기							춘분															청명								
음력	一	二	三	四	五	六	七	八	九	十	十一	十二	十三	十四	十五	十六	十七	十八	十九	二十	廿一	廿二	廿三	廿四	廿五	廿六	廿七	廿八	廿九	
양력 월/일	3/15	16	17	18	19	20	21	22	23	24	25	26	27	28	29	30	31	4/1	2	3	4	5	6	7	8	9	10	11	12	
일진	壬寅(임인)	癸卯(계묘)	甲辰(갑진)	乙巳(을사)	丙午(병오)	丁未(정미)	戊申(무신)	己酉(기유)	庚戌(경술)	辛亥(신해)	壬子(임자)	癸丑(계축)	甲寅(갑인)	乙卯(을묘)	丙辰(병진)	丁巳(정사)	戊午(무오)	己未(기미)	庚申(경신)	辛酉(신유)	壬戌(임술)	癸亥(계해)	甲子(갑자)	乙丑(을축)	丙寅(병인)	丁卯(정묘)	戊辰(무진)	己巳(기사)	庚午(경오)	
절기시각							未初															酉初								
대운 순행	7	7	6	6	6	5	5	5	4	4	4	3	3	3	2	2	2	1	1	1	1	10	10	10	9	9	9	8	8	
대운 역행	3	4	4	4	5	5	5	6	6	6	7	7	7	8	8	8	9	9	9	10	10	10	1	1	1	2	2	2	3	

3 月 丙 辰(병진) 大

절기									곡우															입하						
음력	一	二	三	四	五	六	七	八	九	十	十一	十二	十三	十四	十五	十六	十七	十八	十九	二十	廿一	廿二	廿三	廿四	廿五	廿六	廿七	廿八	廿九	三十
양력 월/일	4/13	14	15	16	17	18	19	20	21	22	23	24	25	26	27	28	29	30	5/1	2	3	4	5	6	7	8	9	10	11	12
일진	辛未(신미)	壬申(임신)	癸酉(계유)	甲戌(갑술)	乙亥(을해)	丙子(병자)	丁丑(정축)	戊寅(무인)	己卯(기묘)	庚辰(경진)	辛巳(신사)	壬午(임오)	癸未(계미)	甲申(갑신)	乙酉(을유)	丙戌(병술)	丁亥(정해)	戊子(무자)	己丑(기축)	庚寅(경인)	辛卯(신묘)	壬辰(임진)	癸巳(계사)	甲午(갑오)	乙未(을미)	丙申(병신)	丁酉(정유)	戊戌(무술)	己亥(기해)	庚子(경자)
절기시각									子正															巳正						
대운 순행	8	7	7	7	6	6	6	5	5	5	4	4	4	3	3	3	2	2	2	1	1	1	1	10	10	10	9	9	9	8
대운 역행	3	3	4	4	4	5	5	5	6	6	6	7	7	7	8	8	8	9	9	9	10	10	10	10	1	1	1	2	2	2

4 月 丁 巳(정사) 小

절기										소만															망종					
음력	一	二	三	四	五	六	七	八	九	十	十一	十二	十三	十四	十五	十六	十七	十八	十九	二十	廿一	廿二	廿三	廿四	廿五	廿六	廿七	廿八	廿九	
양력 월/일	5/13	14	15	16	17	18	19	20	21	22	23	24	25	26	27	28	29	30	31	6/1	2	3	4	5	6	7	8	9	10	
일진	辛丑(신축)	壬寅(임인)	癸卯(계묘)	甲辰(갑진)	乙巳(을사)	丙午(병오)	丁未(정미)	戊申(무신)	己酉(기유)	庚戌(경술)	辛亥(신해)	壬子(임자)	癸丑(계축)	甲寅(갑인)	乙卯(을묘)	丙辰(병진)	丁巳(정사)	戊午(무오)	己未(기미)	庚申(경신)	辛酉(신유)	壬戌(임술)	癸亥(계해)	甲子(갑자)	乙丑(을축)	丙寅(병인)	丁卯(정묘)	戊辰(무진)	己巳(기사)	
절기시각										子初															申初					
대운 순행	8	8	7	7	7	6	6	6	5	5	5	4	4	4	3	3	3	2	2	2	1	1	1	1	10	10	10	10	9	
대운 역행	3	3	3	4	4	4	5	5	5	6	6	6	7	7	7	8	8	8	9	9	9	10	10	10	10	1	1	1	2	

5 月 戊 午(임오) 小

절기												하지																소서		
음력	一	二	三	四	五	六	七	八	九	十	十一	十二	十三	十四	十五	十六	十七	十八	十九	二十	廿一	廿二	廿三	廿四	廿五	廿六	廿七	廿八	廿九	
양력 월/일	6/11	12	13	14	15	16	17	18	19	20	21	22	23	24	25	26	27	28	29	30	7/1	2	3	4	5	6	7	8	9	
일진	庚午(경오)	辛未(신미)	壬申(임신)	癸酉(계유)	甲戌(갑술)	乙亥(을해)	丙子(병자)	丁丑(정축)	戊寅(무인)	己卯(기묘)	庚辰(경진)	辛巳(신사)	壬午(임오)	癸未(계미)	甲申(갑신)	乙酉(을유)	丙戌(병술)	丁亥(정해)	戊子(무자)	己丑(기축)	庚寅(경인)	辛卯(신묘)	壬辰(임진)	癸巳(계사)	甲午(갑오)	乙未(을미)	丙申(병신)	丁酉(정유)	戊戌(무술)	
절기시각												辰初																丑初		
대운 순행	9	9	8	8	8	7	7	7	6	6	6	5	5	5	4	4	4	3	3	3	2	2	2	1	1	1	1	10	10	
대운 역행	2	2	3	3	3	4	4	4	5	5	5	6	6	6	7	7	7	8	8	8	9	9	9	10	10	10	10	10	1	

6 月 己 未(기미) 大

절기														대서																입추
음력	一	二	三	四	五	六	七	八	九	十	十一	十二	十三	十四	十五	十六	十七	十八	十九	二十	廿一	廿二	廿三	廿四	廿五	廿六	廿七	廿八	廿九	三十
양력 월/일	7/10	11	12	13	14	15	16	17	18	19	20	21	22	23	24	25	26	27	28	29	30	31	8/1	2	3	4	5	6	7	8
일진	己亥(기해)	庚子(경자)	辛丑(신축)	壬寅(임인)	癸卯(계묘)	甲辰(갑진)	乙巳(을사)	丙午(병오)	丁未(정미)	戊申(무신)	己酉(기유)	庚戌(경술)	辛亥(신해)	壬子(임자)	癸丑(계축)	甲寅(갑인)	乙卯(을묘)	丙辰(병진)	丁巳(정사)	戊午(무오)	己未(기미)	庚申(경신)	辛酉(신유)	壬戌(임술)	癸亥(계해)	甲子(갑자)	乙丑(을축)	丙寅(병인)	丁卯(정묘)	戊辰(무진)
절기시각														酉正																午初
대운 순행	10	9	9	9	8	8	8	7	7	7	6	6	6	5	5	5	4	4	4	3	3	3	2	2	2	1	1	1	1	10
대운 역행	1	1	2	2	2	3	3	3	4	4	4	5	5	5	6	6	6	7	7	7	8	8	8	9	9	9	10	10	10	10

西 大將	丑 喪門	酉 弔客	酉 三殺

7 月 庚 申(경신) 小

절기																처서														
음력	一	二	三	四	五	六	七	八	九	十	十一	十二	十三	十四	十五	十六	十七	十八	十九	二十	廿一	廿二	廿三	廿四	廿五	廿六	廿七	廿八	廿九	
양력 월/일	8/9	10	11	12	13	14	15	16	17	18	19	20	21	22	23	24	25	26	27	28	29	30	31	9/1	2	3	4	5	6	
일진	己巳(기사)	庚午(경오)	辛未(신미)	壬申(임신)	癸酉(계유)	甲戌(갑술)	乙亥(을해)	丙子(병자)	丁丑(정축)	戊寅(무인)	己卯(기묘)	庚辰(경진)	辛巳(신사)	壬午(임오)	癸未(계미)	甲申(갑신)	乙酉(을유)	丙戌(병술)	丁亥(정해)	戊子(무자)	己丑(기축)	庚寅(경인)	辛卯(신묘)	壬辰(임진)	癸巳(계사)	甲午(갑오)	乙未(을미)	丙申(병신)	丁酉(정유)	
절기시각																丑初														
대운 순행	10	10	9	9	9	8	8	8	7	7	7	6	6	6	5	5	5	4	4	4	3	3	3	2	2	2	1	1	1	
대운 역행	1	1	1	2	2	2	3	3	3	4	4	4	5	5	5	6	6	6	7	7	7	8	8	8	9	9	9	10	10	

8 月 辛 酉(신유) 小

절기		백로															추분													
음력	一	二	三	四	五	六	七	八	九	十	十一	十二	十三	十四	十五	十六	十七	十八	十九	二十	廿一	廿二	廿三	廿四	廿五	廿六	廿七	廿八	廿九	
양력 월/일	9/7	8	9	10	11	12	13	14	15	16	17	18	19	20	21	22	23	24	25	26	27	28	29	30	10/1	2	3	4	5	
일진	戊戌(무술)	己亥(기해)	庚子(경자)	辛丑(신축)	壬寅(임인)	癸卯(계묘)	甲辰(갑진)	乙巳(을사)	丙午(병오)	丁未(정미)	戊申(무신)	己酉(기유)	庚戌(경술)	辛亥(신해)	壬子(임자)	癸丑(계축)	甲寅(갑인)	乙卯(을묘)	丙辰(병진)	丁巳(정사)	戊午(무오)	己未(기미)	庚申(경신)	辛酉(신유)	壬戌(임술)	癸亥(계해)	甲子(갑자)	乙丑(을축)	丙寅(병인)	
절기시각		未正															子初													
대운 순행	1	10	10	10	9	9	9	8	8	8	7	7	7	6	6	6	5	5	5	4	4	4	3	3	3	2	2	2	1	
대운 역행	10	10	1	1	1	2	2	2	3	3	3	4	4	4	5	5	5	6	6	6	7	7	7	8	8	8	9	9	9	

9 月 壬 戌(임술) 大

절기				한로															상강											
음력	一	二	三	四	五	六	七	八	九	十	十一	十二	十三	十四	十五	十六	十七	十八	十九	二十	廿一	廿二	廿三	廿四	廿五	廿六	廿七	廿八	廿九	三十
양력 월/일	10/6	7	8	9	10	11	12	13	14	15	16	17	18	19	20	21	22	23	24	25	26	27	28	29	30	31	11/1	2	3	4
일진	丁卯(정묘)	戊辰(무진)	己巳(기사)	庚午(경오)	辛未(신미)	壬申(임신)	癸酉(계유)	甲戌(갑술)	乙亥(을해)	丙子(병자)	丁丑(정축)	戊寅(무인)	己卯(기묘)	庚辰(경진)	辛巳(신사)	壬午(임오)	癸未(계미)	甲申(갑신)	乙酉(을유)	丙戌(병술)	丁亥(정해)	戊子(무자)	己丑(기축)	庚寅(경인)	辛卯(신묘)	壬辰(임진)	癸巳(계사)	甲午(갑오)	乙未(을미)	丙申(병신)
절기시각				卯初															辰正											
대운 순행	1	1	1	10	10	9	9	9	8	8	8	7	7	7	6	6	6	5	5	5	4	4	4	3	3	3	2	2	2	1
대운 역행	10	10	10	10	1	1	1	2	2	2	3	3	3	4	4	4	5	5	5	6	6	6	7	7	7	8	8	8	9	9

10 月 癸 亥(계해) 小

절기				입동															소설											
음력	一	二	三	四	五	六	七	八	九	十	十一	十二	十三	十四	十五	十六	十七	十八	十九	二十	廿一	廿二	廿三	廿四	廿五	廿六	廿七	廿八	廿九	
양력 월/일	11/5	6	7	8	9	10	11	12	13	14	15	16	17	18	19	20	21	22	23	24	25	26	27	28	29	30	12/1	2	3	
일진	丁酉(정유)	戊戌(무술)	己亥(기해)	庚子(경자)	辛丑(신축)	壬寅(임인)	癸卯(계묘)	甲辰(갑진)	乙巳(을사)	丙午(병오)	丁未(정미)	戊申(무신)	己酉(기유)	庚戌(경술)	辛亥(신해)	壬子(임자)	癸丑(계축)	甲寅(갑인)	乙卯(을묘)	丙辰(병진)	丁巳(정사)	戊午(무오)	己未(기미)	庚申(경신)	辛酉(신유)	壬戌(임술)	癸亥(계해)	甲子(갑자)	乙丑(을축)	
절기시각				辰正															卯正											
대운 순행	1	1	1	10	10	9	9	9	8	8	8	7	7	7	6	6	6	5	5	5	4	4	4	3	3	3	2	2	2	
대운 역행	9	10	10	10	1	1	1	2	2	2	3	3	3	4	4	4	5	5	5	6	6	6	7	7	7	8	8	8	9	

11 月 甲 子(갑자) 大

절기					대설														동지											
음력	一	二	三	四	五	六	七	八	九	十	十一	十二	十三	十四	十五	十六	十七	十八	十九	二十	廿一	廿二	廿三	廿四	廿五	廿六	廿七	廿八	廿九	三十
양력 월/일	12/4	5	6	7	8	9	10	11	12	13	14	15	16	17	18	19	20	21	22	23	24	25	26	27	28	29	30	31	1/1	2
일진	丙寅(병인)	丁卯(정묘)	戊辰(무진)	己巳(기사)	庚午(경오)	辛未(신미)	壬申(임신)	癸酉(계유)	甲戌(갑술)	乙亥(을해)	丙子(병자)	丁丑(정축)	戊寅(무인)	己卯(기묘)	庚辰(경진)	辛巳(신사)	壬午(임오)	癸未(계미)	甲申(갑신)	乙酉(을유)	丙戌(병술)	丁亥(정해)	戊子(무자)	己丑(기축)	庚寅(경인)	辛卯(신묘)	壬辰(임진)	癸巳(계사)	甲午(갑오)	乙未(을미)
절기시각					午正														戌初											
대운 순행	1	1	1	1	10	9	9	9	8	8	8	7	7	7	6	6	6	5	5	5	4	4	4	3	3	3	2	2	2	1
대운 역행	9	9	10	10	10	1	1	1	2	2	2	3	3	3	4	4	4	5	5	5	6	6	6	7	7	7	8	8	8	9

12 月 乙 丑(을축) 大

절기				소한															대한											
음력	一	二	三	四	五	六	七	八	九	十	十一	十二	十三	十四	十五	十六	十七	十八	十九	二十	廿一	廿二	廿三	廿四	廿五	廿六	廿七	廿八	廿九	三十
양력 월/일	1/3	4	5	6	7	8	9	10	11	12	13	14	15	16	17	18	19	20	21	22	23	24	25	26	27	28	29	30	31	2/1
일진	丙申(병신)	丁酉(정유)	戊戌(무술)	己亥(기해)	庚子(경자)	辛丑(신축)	壬寅(임인)	癸卯(계묘)	甲辰(갑진)	乙巳(을사)	丙午(병오)	丁未(정미)	戊申(무신)	己酉(기유)	庚戌(경술)	辛亥(신해)	壬子(임자)	癸丑(계축)	甲寅(갑인)	乙卯(을묘)	丙辰(병진)	丁巳(정사)	戊午(무오)	己未(기미)	庚申(경신)	辛酉(신유)	壬戌(임술)	癸亥(계해)	甲子(갑자)	乙丑(을축)
절기시각				午正															卯初											
대운 순행	1	1	1	10	9	9	9	8	8	8	7	7	7	6	6	6	5	5	5	4	4	4	3	3	3	2	2	2	1	1
대운 역행	9	9	10	10	1	1	1	2	2	2	3	3	3	4	4	4	5	5	5	6	6	6	7	7	7	8	8	8	9	9

단기 4317 년
불기 2528 년

1984년 甲子(갑자)年

1 月 丙寅(병인) 大

절기				입춘														우수												
음력	一	二	三	四	五	六	七	八	九	十	十一	十二	十三	十四	十五	十六	十七	十八	十九	廿	廿一	廿二	廿三	廿四	廿五	廿六	廿七	廿八	廿九	三十
양력 월/일	2/2	3	4	5	6	7	8	9	10	11	12	13	14	15	16	17	18	19	20	21	22	23	24	25	26	27	28	29	3/1	2
일진	丙寅(병인)	丁卯(정묘)	戊辰(무진)	己巳(기사)	庚午(경오)	辛未(신미)	壬申(임신)	癸酉(계유)	甲戌(갑술)	乙亥(을해)	丙子(병자)	丁丑(정축)	戊寅(무인)	己卯(기묘)	庚辰(경진)	辛巳(신사)	壬午(임오)	癸未(계미)	甲申(갑신)	乙酉(을유)	丙戌(병술)	丁亥(정해)	戊子(무자)	己丑(기축)	庚寅(경인)	辛卯(신묘)	壬辰(임진)	癸巳(계사)	甲午(갑오)	乙未(을미)
절기시각				子正														戌正												
대운 순행	1	1	10	10	9	9	9	8	8	8	7	7	7	6	6	6	5	5	5	4	4	4	3	3	3	2	2	2	1	1
대운 역행	9	10	10	1	1	1	2	2	2	3	3	3	4	4	4	5	5	5	6	6	6	7	7	7	8	8	8	9	9	9

2 月 丁卯(정묘) 小

절기			경칩															춘분												
음력	一	二	三	四	五	六	七	八	九	十	十一	十二	十三	十四	十五	十六	十七	十八	十九	廿	廿一	廿二	廿三	廿四	廿五	廿六	廿七	廿八	廿九	
양력 월/일	3/3	4	5	6	7	8	9	10	11	12	13	14	15	16	17	18	19	20	21	22	23	24	25	26	27	28	29	30	31	
일진	丙申(병신)	丁酉(정유)	戊戌(무술)	己亥(기해)	庚子(경자)	辛丑(신축)	壬寅(임인)	癸卯(계묘)	甲辰(갑진)	乙巳(을사)	丙午(병오)	丁未(정미)	戊申(무신)	己酉(기유)	庚戌(경술)	辛亥(신해)	壬子(임자)	癸丑(계축)	甲寅(갑인)	乙卯(을묘)	丙辰(병진)	丁巳(정사)	戊午(무오)	己未(기미)	庚申(경신)	辛酉(신유)	壬戌(임술)	癸亥(계해)	甲子(갑자)	
절기시각			酉正															戌初												
대운 순행	1	1	10	10	9	9	9	8	8	8	7	7	7	6	6	6	5	5	5	4	4	4	3	3	3	2	2	2	1	
대운 역행	10	10	10	1	1	1	2	2	2	3	3	3	4	4	4	5	5	5	6	6	6	7	7	7	8	8	8	9	9	

3 月 戊辰(무진) 大

절기				청명																곡우										
음력	一	二	三	四	五	六	七	八	九	十	十一	十二	十三	十四	十五	十六	十七	十八	十九	廿	廿一	廿二	廿三	廿四	廿五	廿六	廿七	廿八	廿九	三十
양력 월/일	4/1	2	3	4	5	6	7	8	9	10	11	12	13	14	15	16	17	18	19	20	21	22	23	24	25	26	27	28	29	30
일진	乙丑(을축)	丙寅(병인)	丁卯(정묘)	戊辰(무진)	己巳(기사)	庚午(경오)	辛未(신미)	壬申(임신)	癸酉(계유)	甲戌(갑술)	乙亥(을해)	丙子(병자)	丁丑(정축)	戊寅(무인)	己卯(기묘)	庚辰(경진)	辛巳(신사)	壬午(임오)	癸未(계미)	甲申(갑신)	乙酉(을유)	丙戌(병술)	丁亥(정해)	戊子(무자)	己丑(기축)	庚寅(경인)	辛卯(신묘)	壬辰(임진)	癸巳(계사)	甲午(갑오)
절기시각				子初																卯正										
대운 순행	1	1	1	10	10	10	9	9	9	8	8	8	7	7	7	6	6	6	5	5	5	4	4	4	3	3	3	2	2	2
대운 역행	9	10	10	10	1	1	1	2	2	2	3	3	3	4	4	4	5	5	5	6	6	6	7	7	7	8	8	8	9	9

4 月 己巳(기사) 大

절기					입하																소만									
음력	一	二	三	四	五	六	七	八	九	十	十一	十二	十三	十四	十五	十六	十七	十八	十九	廿	廿一	廿二	廿三	廿四	廿五	廿六	廿七	廿八	廿九	三十
양력 월/일	5/1	2	3	4	5	6	7	8	9	10	11	12	13	14	15	16	17	18	19	20	21	22	23	24	25	26	27	28	29	30
일진	乙未(을미)	丙申(병신)	丁酉(정유)	戊戌(무술)	己亥(기해)	庚子(경자)	辛丑(신축)	壬寅(임인)	癸卯(계묘)	甲辰(갑진)	乙巳(을사)	丙午(병오)	丁未(정미)	戊申(무신)	己酉(기유)	庚戌(경술)	辛亥(신해)	壬子(임자)	癸丑(계축)	甲寅(갑인)	乙卯(을묘)	丙辰(병진)	丁巳(정사)	戊午(무오)	己未(기미)	庚申(경신)	辛酉(신유)	壬戌(임술)	癸亥(계해)	甲子(갑자)
절기시각					申正																卯初									
대운 순행	1	1	1	1	10	10	10	9	9	9	8	8	8	7	7	7	6	6	6	5	5	5	4	4	4	3	3	3	2	2
대운 역행	9	10	10	10	10	1	1	1	2	2	2	3	3	3	4	4	4	5	5	5	6	6	6	7	7	7	8	8	8	9

5 月 庚午(경오) 小

절기						망종																소만								
음력	一	二	三	四	五	六	七	八	九	十	十一	十二	十三	十四	十五	十六	十七	十八	十九	廿	廿一	廿二	廿三	廿四	廿五	廿六	廿七	廿八	廿九	
양력 월/일	5/31	6/1	2	3	4	5	6	7	8	9	10	11	12	13	14	15	16	17	18	19	20	21	22	23	24	25	26	27	28	
일진	乙丑(을축)	丙寅(병인)	丁卯(정묘)	戊辰(무진)	己巳(기사)	庚午(경오)	辛未(신미)	壬申(임신)	癸酉(계유)	甲戌(갑술)	乙亥(을해)	丙子(병자)	丁丑(정축)	戊寅(무인)	己卯(기묘)	庚辰(경진)	辛巳(신사)	壬午(임오)	癸未(계미)	甲申(갑신)	乙酉(을유)	丙戌(병술)	丁亥(정해)	戊子(무자)	己丑(기축)	庚寅(경인)	辛卯(신묘)	壬辰(임진)	癸巳(계사)	
절기시각						戌正																卯初								
대운 순행	2	1	1	1	1	10	10	10	10	9	9	9	8	8	8	7	7	7	6	6	6	5	5	5	4	4	4	3	3	
대운 역행	9	9	10	10	10	10	1	1	1	2	2	2	3	3	3	4	4	4	5	5	5	6	6	6	7	7	7	8	8	

6 月 辛未(신미) 小

절기									소서																대서					
음력	一	二	三	四	五	六	七	八	九	十	十一	十二	十三	十四	十五	十六	十七	十八	十九	廿	廿一	廿二	廿三	廿四	廿五	廿六	廿七	廿八	廿九	
양력 월/일	6/29	30	7/1	2	3	4	5	6	7	8	9	10	11	12	13	14	15	16	17	18	19	20	21	22	23	24	25	26	27	
일진	甲午(갑오)	乙未(을미)	丙申(병신)	丁酉(정유)	戊戌(무술)	己亥(기해)	庚子(경자)	辛丑(신축)	壬寅(임인)	癸卯(계묘)	甲辰(갑진)	乙巳(을사)	丙午(병오)	丁未(정미)	戊申(무신)	己酉(기유)	庚戌(경술)	辛亥(신해)	壬子(임자)	癸丑(계축)	甲寅(갑인)	乙卯(을묘)	丙辰(병진)	丁巳(정사)	戊午(무오)	己未(기미)	庚申(경신)	辛酉(신유)	壬戌(임술)	
절기시각									辰初																子正					
대운 순행	3	2	2	2	1	1	1	1	10	10	10	9	9	9	8	8	8	7	7	7	6	6	6	5	5	5	4	4	4	
대운 역행	8	9	9	9	10	10	10	10	10	1	1	1	2	2	2	3	3	3	4	4	4	5	5	5	6	6	6	7	7	

西 大將	寅 喪門	戌 弔客	南 三殺

7 月 壬 申(임신) 大

절기											입추																처서			
음력	一	二	三	四	五	六	七	八	九	十	十一	十二	十三	十四	十五	十六	十七	十八	十九	二十	廿一	廿二	廿三	廿四	廿五	廿六	廿七	廿八	廿九	三十
양력 월/일	7/28	29	30	31	8/1	2	3	4	5	6	7	8	9	10	11	12	13	14	15	16	17	18	19	20	21	22	23	24	25	26
일진	癸亥(계해)	甲子(갑자)	乙丑(을축)	丙寅(병인)	丁卯(정묘)	戊辰(무진)	己巳(기사)	庚午(경오)	辛未(신미)	壬申(임신)	癸酉(계유)	甲戌(갑술)	乙亥(을해)	丙子(병자)	丁丑(정축)	戊寅(무인)	己卯(기묘)	庚辰(경진)	辛巳(신사)	壬午(임오)	癸未(계미)	甲申(갑신)	乙酉(을유)	丙戌(병술)	丁亥(정해)	戊子(무자)	己丑(기축)	庚寅(경인)	辛卯(신묘)	壬辰(임진)
절기시각											酉初																辰初			
대운 순행	3	3	3	2	2	2	1	1	1	1	10	10	10	9	9	9	8	8	8	7	7	7	6	6	6	5	5	5	4	4
대운 역행	7	8	8	8	9	9	9	10	10	10	10	1	1	1	2	2	2	3	3	3	4	4	4	5	5	5	6	6	6	7

8 月 癸 酉(계유) 小

절기												백로																추분		
음력	一	二	三	四	五	六	七	八	九	十	十一	十二	十三	十四	十五	十六	十七	十八	十九	二十	廿一	廿二	廿三	廿四	廿五	廿六	廿七	廿八	廿九	
양력 월/일	8/27	28	29	30	31	9/1	2	3	4	5	6	7	8	9	10	11	12	13	14	15	16	17	18	19	20	21	22	23	24	
일진	癸巳(계사)	甲午(갑오)	乙未(을미)	丙申(병신)	丁酉(정유)	戊戌(무술)	己亥(기해)	庚子(경자)	辛丑(신축)	壬寅(임인)	癸卯(계묘)	甲辰(갑진)	乙巳(을사)	丙午(병오)	丁未(정미)	戊申(무신)	己酉(기유)	庚戌(경술)	辛亥(신해)	壬子(임자)	癸丑(계축)	甲寅(갑인)	乙卯(을묘)	丙辰(병진)	丁巳(정사)	戊午(무오)	己未(기미)	庚申(경신)	辛酉(신유)	
절기시각												戌初																卯初		
대운 순행	4	3	3	3	2	2	2	1	1	1	1	10	10	10	9	9	9	8	8	8	7	7	7	6	6	6	5	5	5	
대운 역행	7	7	8	8	8	9	9	9	10	10	10	10	1	1	1	2	2	2	3	3	3	4	4	4	5	5	5	6	6	

9 月 甲 戌(갑술) 小

절기														한로															상강	
음력	一	二	三	四	五	六	七	八	九	十	十一	十二	十三	十四	十五	十六	十七	十八	十九	二十	廿一	廿二	廿三	廿四	廿五	廿六	廿七	廿八	廿九	
양력 월/일	9/25	26	27	28	29	30	10/1	2	3	4	5	6	7	8	9	10	11	12	13	14	15	16	17	18	19	20	21	22	23	
일진	壬戌(임술)	癸亥(계해)	甲子(갑자)	乙丑(을축)	丙寅(병인)	丁卯(정묘)	戊辰(무진)	己巳(기사)	庚午(경오)	辛未(신미)	壬申(임신)	癸酉(계유)	甲戌(갑술)	乙亥(을해)	丙子(병자)	丁丑(정축)	戊寅(무인)	己卯(기묘)	庚辰(경진)	辛巳(신사)	壬午(임오)	癸未(계미)	甲申(갑신)	乙酉(을유)	丙戌(병술)	丁亥(정해)	戊子(무자)	己丑(기축)	庚寅(경인)	
절기시각														午初															未正	
대운 순행	4	4	4	3	3	3	2	2	2	1	1	1	1	10	10	9	9	9	8	8	8	7	7	7	6	6	6	5	5	
대운 역행	6	7	7	7	8	8	8	9	9	9	10	10	10	10	1	1	1	2	2	2	3	3	3	4	4	4	5	5	5	

10 月 乙 亥(을해) 大

절기															입동															소설
음력	一	二	三	四	五	六	七	八	九	十	十一	十二	十三	十四	十五	十六	十七	十八	十九	二十	廿一	廿二	廿三	廿四	廿五	廿六	廿七	廿八	廿九	三十
양력 월/일	10/24	25	26	27	28	29	30	31	11/1	2	3	4	5	6	7	8	9	10	11	12	13	14	15	16	17	18	19	20	21	22
일진	辛卯(신묘)	壬辰(임진)	癸巳(계사)	甲午(갑오)	乙未(을미)	丙申(병신)	丁酉(정유)	戊戌(무술)	己亥(기해)	庚子(경자)	辛丑(신축)	壬寅(임인)	癸卯(계묘)	甲辰(갑진)	乙巳(을사)	丙午(병오)	丁未(정미)	戊申(무신)	己酉(기유)	庚戌(경술)	辛亥(신해)	壬子(임자)	癸丑(계축)	甲寅(갑인)	乙卯(을묘)	丙辰(병진)	丁巳(정사)	戊午(무오)	己未(기미)	庚申(경신)
절기시각															未正															午初
대운 순행	5	4	4	4	3	3	3	2	2	2	1	1	1	1	10	10	9	9	9	8	8	8	7	7	7	6	6	6	5	5
대운 역행	6	6	6	7	7	7	8	8	8	9	9	9	10	10	10	1	1	1	2	2	2	3	3	3	4	4	4	5	5	5

閏 10 月 乙 亥(을해) 小

절기															대설															
음력	一	二	三	四	五	六	七	八	九	十	十一	十二	十三	十四	十五	十六	十七	十八	十九	二十	廿一	廿二	廿三	廿四	廿五	廿六	廿七	廿八	廿九	
양력 월/일	11/23	24	25	26	27	28	29	30	12/1	2	3	4	5	6	7	8	9	10	11	12	13	14	15	16	17	18	19	20	21	
일진	辛酉(신유)	壬戌(임술)	癸亥(계해)	甲子(갑자)	乙丑(을축)	丙寅(병인)	丁卯(정묘)	戊辰(무진)	己巳(기사)	庚午(경오)	辛未(신미)	壬申(임신)	癸酉(계유)	甲戌(갑술)	乙亥(을해)	丙子(병자)	丁丑(정축)	戊寅(무인)	己卯(기묘)	庚辰(경진)	辛巳(신사)	壬午(임오)	癸未(계미)	甲申(갑신)	乙酉(을유)	丙戌(병술)	丁亥(정해)	戊子(무자)	己丑(기축)	
절기시각															辰初															
대운 순행	5	4	4	4	3	3	3	2	2	2	1	1	1	1	10	9	9	9	8	8	8	7	7	7	6	6	6	5	5	
대운 역행	6	6	6	7	7	7	8	8	8	9	9	9	10	10	10	1	1	1	2	2	2	3	3	3	4	4	4	5	5	

11 月 丙 子(병자) 大

절기	동지														소한															대한
음력	一	二	三	四	五	六	七	八	九	十	十一	十二	十三	十四	十五	十六	十七	十八	十九	二十	廿一	廿二	廿三	廿四	廿五	廿六	廿七	廿八	廿九	三十
양력 월/일	12/22	23	24	25	26	27	28	29	30	31	1/1	2	3	4	5	6	7	8	9	10	11	12	13	14	15	16	17	18	19	20
일진	庚寅(경인)	辛卯(신묘)	壬辰(임진)	癸巳(계사)	甲午(갑오)	乙未(을미)	丙申(병신)	丁酉(정유)	戊戌(무술)	己亥(기해)	庚子(경자)	辛丑(신축)	壬寅(임인)	癸卯(계묘)	甲辰(갑진)	乙巳(을사)	丙午(병오)	丁未(정미)	戊申(무신)	己酉(기유)	庚戌(경술)	辛亥(신해)	壬子(임자)	癸丑(계축)	甲寅(갑인)	乙卯(을묘)	丙辰(병진)	丁巳(정사)	戊午(무오)	己未(기미)
절기시각	丑初														酉正															午初
대운 순행	5	4	4	4	3	3	3	2	2	2	1	1	1	1	10	10	9	9	9	8	8	8	7	7	7	6	6	6	5	5
대운 역행	5	6	6	6	7	7	7	8	8	8	9	9	9	10	10	1	1	1	2	2	2	3	3	3	4	4	4	5	5	5

12 月 丁 丑(정축) 大

절기															입춘															우수
음력	一	二	三	四	五	六	七	八	九	十	十一	十二	十三	十四	十五	十六	十七	十八	十九	二十	廿一	廿二	廿三	廿四	廿五	廿六	廿七	廿八	廿九	三十
양력 월/일	1/21	22	23	24	25	26	27	28	29	30	31	2/1	2	3	4	5	6	7	8	9	10	11	12	13	14	15	16	17	18	19
일진	庚申(경신)	辛酉(신유)	壬戌(임술)	癸亥(계해)	甲子(갑자)	乙丑(을축)	丙寅(병인)	丁卯(정묘)	戊辰(무진)	己巳(기사)	庚午(경오)	辛未(신미)	壬申(임신)	癸酉(계유)	甲戌(갑술)	乙亥(을해)	丙子(병자)	丁丑(정축)	戊寅(무인)	己卯(기묘)	庚辰(경진)	辛巳(신사)	壬午(임오)	癸未(계미)	甲申(갑신)	乙酉(을유)	丙戌(병술)	丁亥(정해)	戊子(무자)	己丑(기축)
절기시각															卯初															丑初
대운 순행	5	4	4	4	3	3	3	2	2	2	1	1	1	1	10	9	9	9	8	8	8	7	7	7	6	6	6	5	5	5
대운 역행	6	6	6	7	7	7	8	8	8	9	9	9	10	10	10	1	1	1	2	2	2	3	3	3	4	4	4	5	5	5

단기 4318 년
불기 2529 년

1985년 乙丑(을축)年

1 月 戊寅(무인) 小

절 기															경칩															
음 력	一	二	三	四	五	六	七	八	九	十	十一	十二	十三	十四	十五	十六	十七	十八	十九	二十	廿一	廿二	廿三	廿四	廿五	廿六	廿七	廿八	廿九	
양 력 월/일	2/20	21	22	23	24	25	26	27	28	3/1	2	3	4	5	6	7	8	9	10	11	12	13	14	15	16	17	18	19	20	
일 진	庚寅(경인)	辛卯(신묘)	壬辰(임진)	癸巳(계사)	甲午(갑오)	乙未(을미)	丙申(병신)	丁酉(정유)	戊戌(무술)	己亥(기해)	庚子(경자)	辛丑(신축)	壬寅(임인)	癸卯(계묘)	甲辰(갑진)	乙巳(을사)	丙午(병오)	丁未(정미)	戊申(무신)	己酉(기유)	庚戌(경술)	辛亥(신해)	壬子(임자)	癸丑(계축)	甲寅(갑인)	乙卯(을묘)	丙辰(병진)	丁巳(정사)	戊午(무오)	
절기시각															子正															
대운 순행	4	4	4	3	3	3	2	2	2	1	1	1	1	10	10	10	9	9	9	8	8	8	7	7	7	6	6	6	5	
대운 역행	6	6	6	7	7	7	8	8	8	9	9	9	10	10	1	1	1	2	2	2	3	3	3	4	4	4	5	5	5	

2 月 己卯(기묘) 大

절 기	춘분															청명														
음 력	一	二	三	四	五	六	七	八	九	十	十一	十二	十三	十四	十五	十六	十七	十八	十九	二十	廿一	廿二	廿三	廿四	廿五	廿六	廿七	廿八	廿九	三十
양 력 월/일	3/21	22	23	24	25	26	27	28	29	30	31	4/1	2	3	4	5	6	7	8	9	10	11	12	13	14	15	16	17	18	19
일 진	己未(기미)	庚申(경신)	辛酉(신유)	壬戌(임술)	癸亥(계해)	甲子(갑자)	乙丑(을축)	丙寅(병인)	丁卯(정묘)	戊辰(무진)	己巳(기사)	庚午(경오)	辛未(신미)	壬申(임신)	癸酉(계유)	甲戌(갑술)	乙亥(을해)	丙子(병자)	丁丑(정축)	戊寅(무인)	己卯(기묘)	庚辰(경진)	辛巳(신사)	壬午(임오)	癸未(계미)	甲申(갑신)	乙酉(을유)	丙戌(병술)	丁亥(정해)	戊子(무자)
절기시각	子正															寅正														
대운 순행	5	5	4	4	4	3	3	3	2	2	2	1	1	1	1	10	10	9	9	9	8	8	8	7	7	7	6	6	6	5
대운 역행	6	6	6	7	7	7	8	8	8	9	9	9	10	10	10	10	1	1	1	2	2	2	3	3	3	4	4	4	5	5

3 月 庚辰(경진) 大

절 기	곡우															입하														
음 력	一	二	三	四	五	六	七	八	九	十	十一	十二	十三	十四	十五	十六	十七	十八	十九	二十	廿一	廿二	廿三	廿四	廿五	廿六	廿七	廿八	廿九	三十
양 력 월/일	4/20	21	22	23	24	25	26	27	28	29	30	31	5/1	2	3	4	5	6	7	9	10	11	12	13	14	15	16	17	18	19
일 진	己丑(기축)	庚寅(경인)	辛卯(신묘)	壬辰(임진)	癸巳(계사)	甲午(갑오)	乙未(을미)	丙申(병신)	丁酉(정유)	戊戌(무술)	己亥(기해)	庚子(경자)	辛丑(신축)	壬寅(임인)	癸卯(계묘)	甲辰(갑진)	乙巳(을사)	丙午(병오)	丁未(정미)	戊申(무신)	己酉(기유)	庚戌(경술)	辛亥(신해)	壬子(임자)	癸丑(계축)	甲寅(갑인)	乙卯(을묘)	丙辰(병진)	丁巳(정사)	戊午(무오)
절기시각	午正															亥正														
대운 순행	5	5	4	4	4	3	3	3	2	2	2	1	1	1	1	10	10	10	10	9	9	9	8	8	8	7	7	7	6	6
대운 역행	5	6	6	6	7	7	7	8	8	8	9	9	9	10	10	10	1	1	1	2	2	2	3	3	3	4	4	4	5	5

4 月 辛巳(신사) 小

절 기		소만																망종												
음 력	一	二	三	四	五	六	七	八	九	十	十一	十二	十三	十四	十五	十六	十七	十八	十九	二十	廿一	廿二	廿三	廿四	廿五	廿六	廿七	廿八	廿九	
양 력 월/일	5/20	21	22	23	24	25	26	27	28	29	30	31	6/1	2	3	4	5	6	7	8	9	10	11	12	13	14	15	16	17	
일 진	己未(기미)	庚申(경신)	辛酉(신유)	壬戌(임술)	癸亥(계해)	甲子(갑자)	乙丑(을축)	丙寅(병인)	丁卯(정묘)	戊辰(무진)	己巳(기사)	庚午(경오)	辛未(신미)	壬申(임신)	癸酉(계유)	甲戌(갑술)	乙亥(을해)	丙子(병자)	丁丑(정축)	戊寅(무인)	己卯(기묘)	庚辰(경진)	辛巳(신사)	壬午(임오)	癸未(계미)	甲申(갑신)	乙酉(을유)	丙戌(병술)	丁亥(정해)	
절기시각		午初																丑正												
대운 순행	6	5	5	5	4	4	4	3	3	3	2	2	2	1	1	1	1	10	10	10	9	9	9	8	8	8	7	7	7	
대운 역행	5	6	6	6	7	7	7	8	8	8	9	9	9	10	10	10	10	10	1	1	1	2	2	2	3	3	3	4	4	

5 月 壬午(임오) 大

절 기				하지																소서										
음 력	一	二	三	四	五	六	七	八	九	十	十一	十二	十三	十四	十五	十六	十七	十八	十九	二十	廿一	廿二	廿三	廿四	廿五	廿六	廿七	廿八	廿九	三十
양 력 월/일	6/18	19	20	21	22	23	24	25	26	27	28	29	30	7/1	2	3	4	5	6	7	8	9	10	11	12	13	14	15	16	17
일 진	戊子(무자)	己丑(기축)	庚寅(경인)	辛卯(신묘)	壬辰(임진)	癸巳(계사)	甲午(갑오)	乙未(을미)	丙申(병신)	丁酉(정유)	戊戌(무술)	己亥(기해)	庚子(경자)	辛丑(신축)	壬寅(임인)	癸卯(계묘)	甲辰(갑진)	乙巳(을사)	丙午(병오)	丁未(정미)	戊申(무신)	己酉(기유)	庚戌(경술)	辛亥(신해)	壬子(임자)	癸丑(계축)	甲寅(갑인)	乙卯(을묘)	丙辰(병진)	丁巳(정사)
절기시각				戌初																未初										
대운 순행	6	6	6	5	5	5	4	4	4	3	3	3	2	2	2	1	1	1	1	10	10	10	9	9	9	8	8	8	7	7
대운 역행	4	5	5	5	6	6	6	7	7	7	8	8	8	9	9	9	10	10	10	10	1	1	1	2	2	2	3	3	3	4

6 月 癸未(계미) 小

절 기						대서															입추									
음 력	一	二	三	四	五	六	七	八	九	十	十一	十二	十三	十四	十五	十六	十七	十八	十九	二十	廿一	廿二	廿三	廿四	廿五	廿六	廿七	廿八	廿九	
양 력 월/일	7/18	19	20	21	22	23	24	25	26	27	28	29	30	31	8/1	2	3	4	5	6	7	8	9	10	11	12	13	14	15	
일 진	戊午(무오)	己未(기미)	庚申(경신)	辛酉(신유)	壬戌(임술)	癸亥(계해)	甲子(갑자)	乙丑(을축)	丙寅(병인)	丁卯(정묘)	戊辰(무진)	己巳(기사)	庚午(경오)	辛未(신미)	壬申(임신)	癸酉(계유)	甲戌(갑술)	乙亥(을해)	丙子(병자)	丁丑(정축)	戊寅(무인)	己卯(기묘)	庚辰(경진)	辛巳(신사)	壬午(임오)	癸未(계미)	甲申(갑신)	乙酉(을유)	丙戌(병술)	
절기시각						卯正															亥正									
대운 순행	7	6	6	6	5	5	5	4	4	4	3	3	3	2	2	2	1	1	1	1	10	10	10	10	9	9	9	8	8	
대운 역행	4	4	5	5	5	6	6	6	7	7	7	8	8	8	9	9	9	10	10	10	10	1	1	1	2	2	2	3	3	

南 大將	卯 喪門	亥 弔客	東 三殺

7 月 甲 申(갑신) 大

절 기							처서							
음 력	一	二	三	四	五	六	七	八	九	十	十一	十二	十三	十四	十五
양 력 월/일	8/16	17	18	19	20	21	22	23	24	25	26	27	28	29	30
일 진	丁亥(정해)	戊子(무자)	己丑(기축)	庚寅(경인)	辛卯(신묘)	壬辰(임진)	癸巳(계사)	甲午(갑오)	乙未(을미)	丙申(병신)	丁酉(정유)	戊戌(무술)	己亥(기해)	庚子(경자)	辛丑(신축)
절기시각								未初							
대 순 행	8	7	7	7	6	6	6	5	5	5	4	4	4	3	3
운 역 행	3	4	4	4	5	5	5	6	6	6	7	7	7	8	8

절 기									백로						
음 력	十六	十七	十八	十九	二十	廿一	廿二	廿三	廿四	廿五	廿六	廿七	廿八	廿九	三十
양 력 월/일	31	9/1	2	3	4	5	6	7	8	9	10	11	12	13	14
일 진	壬寅(임인)	癸卯(계묘)	甲辰(갑진)	乙巳(을사)	丙午(병오)	丁未(정미)	戊申(무신)	己酉(기유)	庚戌(경술)	辛亥(신해)	壬子(임자)	癸丑(계축)	甲寅(갑인)	乙卯(을묘)	丙辰(병진)
절기시각									丑初						
대 순 행	3	2	2	2	1	1	1	1	10	10	9	9	9	8	8
운 역 행	8	9	9	9	10	10	10	10	10	1	1	1	2	2	2

8 月 乙 酉(을유) 小

절 기									추분						
음 력	一	二	三	四	五	六	七	八	九	十	十一	十二	十三	十四	十五
양 력 월/일	9/15	16	17	18	19	20	21	22	23	24	25	26	27	28	29
일 진	丁巳(정사)	戊午(무오)	己未(기미)	庚申(경신)	辛酉(신유)	壬戌(임술)	癸亥(계해)	甲子(갑자)	乙丑(을축)	丙寅(병인)	丁卯(정묘)	戊辰(무진)	己巳(기사)	庚午(경오)	辛未(신미)
절기시각									午初						
대 순 행	8	7	7	7	6	6	6	5	5	5	4	4	4	3	3
운 역 행	3	3	3	4	4	4	5	5	5	6	6	6	7	7	7

절 기									한로						
음 력	十六	十七	十八	十九	二十	廿一	廿二	廿三	廿四	廿五	廿六	廿七	廿八	廿九	
양 력 월/일	30	10/1	2	3	4	5	6	7	8	9	10	11	12	13	
일 진	壬申(임신)	癸酉(계유)	甲戌(갑술)	乙亥(을해)	丙子(병자)	丁丑(정축)	戊寅(무인)	己卯(기묘)	庚辰(경진)	辛巳(신사)	壬午(임오)	癸未(계미)	甲申(갑신)	乙酉(을유)	
절기시각									酉初						
대 순 행	3	2	2	2	1	1	1	1	10	10	9	9	9	8	
운 역 행	8	8	8	9	9	9	10	10	10	1	1	1	2	2	

9 月 丙 戌(병술) 小

절 기										상강					
음 력	一	二	三	四	五	六	七	八	九	十	十一	十二	十三	十四	十五
양 력 월/일	10/14	15	16	17	18	19	20	21	22	23	24	25	26	27	28
일 진	丙戌(병술)	丁亥(정해)	戊子(무자)	己丑(기축)	庚寅(경인)	辛卯(신묘)	壬辰(임진)	癸巳(계사)	甲午(갑오)	乙未(을미)	丙申(병신)	丁酉(정유)	戊戌(무술)	己亥(기해)	庚子(경자)
절기시각										戌正					
대 순 행	8	8	7	7	7	6	6	6	5	5	5	4	4	4	3
운 역 행	2	3	3	3	4	4	4	5	5	5	6	6	6	7	7

절 기										입동					
음 력	十六	十七	十八	十九	二十	廿一	廿二	廿三	廿四	廿五	廿六	廿七	廿八	廿九	
양 력 월/일	29	30	31	11/1	2	3	4	5	6	7	8	9	10	11	
일 진	辛丑(신축)	壬寅(임인)	癸卯(계묘)	甲辰(갑진)	乙巳(을사)	丙午(병오)	丁未(정미)	戊申(무신)	己酉(기유)	庚戌(경술)	辛亥(신해)	壬子(임자)	癸丑(계축)	甲寅(갑인)	
절기시각										戌正					
대 순 행	3	3	2	2	2	1	1	1	1	10	10	9	9	9	
운 역 행	7	8	8	8	9	9	9	10	10	10	1	1	1	2	

10 月 丁 亥(정해) 大

절 기											소설				
음 력	一	二	三	四	五	六	七	八	九	十	十一	十二	十三	十四	十五
양 력 월/일	11/12	13	14	15	16	17	18	19	20	21	22	23	24	25	26
일 진	乙卯(을묘)	丙辰(병진)	丁巳(정사)	戊午(무오)	己未(기미)	庚申(경신)	辛酉(신유)	壬戌(임술)	癸亥(계해)	甲子(갑자)	乙丑(을축)	丙寅(병인)	丁卯(정묘)	戊辰(무진)	己巳(기사)
절기시각											酉初				
대 순 행	8	8	8	7	7	7	6	6	6	5	5	5	4	4	4
운 역 행	2	2	3	3	3	4	4	4	5	5	5	6	6	6	7

절 기											대설				
음 력	十六	十七	十八	十九	二十	廿一	廿二	廿三	廿四	廿五	廿六	廿七	廿八	廿九	三十
양 력 월/일	27	28	29	30	12/1	2	3	4	5	6	7	8	9	10	11
일 진	庚午(경오)	辛未(신미)	壬申(임신)	癸酉(계유)	甲戌(갑술)	乙亥(을해)	丙子(병자)	丁丑(정축)	戊寅(무인)	己卯(기묘)	庚辰(경진)	辛巳(신사)	壬午(임오)	癸未(계미)	甲申(갑신)
절기시각											未初				
대 순 행	3	3	3	2	2	2	1	1	1	1	10	9	9	9	8
운 역 행	7	7	8	8	8	9	9	9	10	10	10	1	1	1	2

11 月 戊 子(무자) 小

절 기											동지				
음 력	一	二	三	四	五	六	七	八	九	十	十一	十二	十三	十四	十五
양 력 월/일	12/12	13	14	15	16	17	18	19	20	21	22	23	24	25	26
일 진	乙酉(을유)	丙戌(병술)	丁亥(정해)	戊子(무자)	己丑(기축)	庚寅(경인)	辛卯(신묘)	壬辰(임진)	癸巳(계사)	甲午(갑오)	乙未(을미)	丙申(병신)	丁酉(정유)	戊戌(무술)	己亥(기해)
절기시각											卯正				
대 순 행	8	8	7	7	7	6	6	6	5	5	5	4	4	4	3
운 역 행	2	2	3	3	3	4	4	4	5	5	5	6	6	6	7

절 기											소한				
음 력	十六	十七	十八	十九	二十	廿一	廿二	廿三	廿四	廿五	廿六	廿七	廿八	廿九	
양 력 월/일	27	28	29	30	31	1/1	2	3	4	5	6	7	8	9	
일 진	庚子(경자)	辛丑(신축)	壬寅(임인)	癸卯(계묘)	甲辰(갑진)	乙巳(을사)	丙午(병오)	丁未(정미)	戊申(무신)	己酉(기유)	庚戌(경술)	辛亥(신해)	壬子(임자)	癸丑(계축)	
절기시각											子正				
대 순 행	3	3	2	2	2	1	1	1	1	10	10	9	9	9	
운 역 행	7	7	8	8	8	9	9	9	10	10	1	1	1	2	

12 月 己 丑(기축) 大

절 기											대한				
음 력	一	二	三	四	五	六	七	八	九	十	十一	十二	十三	十四	十五
양 력 월/일	1/10	11	12	13	14	15	16	17	18	19	20	21	22	23	24
일 진	甲寅(갑인)	乙卯(을묘)	丙辰(병진)	丁巳(정사)	戊午(무오)	己未(기미)	庚申(경신)	辛酉(신유)	壬戌(임술)	癸亥(계해)	甲子(갑자)	乙丑(을축)	丙寅(병인)	丁卯(정묘)	戊辰(무진)
절기시각											酉初				
대 순 행	8	8	8	7	7	7	6	6	6	5	5	5	4	4	4
운 역 행	2	2	3	3	3	4	4	4	5	5	5	6	6	6	7

절 기											입춘				
음 력	十六	十七	十八	十九	二十	廿一	廿二	廿三	廿四	廿五	廿六	廿七	廿八	廿九	三十
양 력 월/일	25	26	27	28	29	30	31	2/1	2	3	4	5	6	7	8
일 진	己巳(기사)	庚午(경오)	辛未(신미)	壬申(임신)	癸酉(계유)	甲戌(갑술)	乙亥(을해)	丙子(병자)	丁丑(정축)	戊寅(무인)	己卯(기묘)	庚辰(경진)	辛巳(신사)	壬午(임오)	癸未(계미)
절기시각											午初				
대 순 행	3	3	3	2	2	2	1	1	1	1	10	10	9	9	9
운 역 행	7	7	8	8	8	9	9	9	10	10	10	1	1	1	2

단기 4319 년
불기 2530 년

1986년 丙寅(병인)年

1 月 庚 寅(경인) 小

절기											우수															경칩			
음력	一	二	三	四	五	六	七	八	九	十	十一	十二	十三	十四	十五	十六	十七	十八	十九	二十	廿一	廿二	廿三	廿四	廿五	廿六	廿七	廿八	廿九
양력 월/일	2/9	10	11	12	13	14	15	16	17	18	19	20	21	22	23	24	25	26	27	28	3/1	2	3	4	5	6	7	8	9
일진	甲申(갑신)	乙酉(을유)	丙戌(병술)	丁亥(정해)	戊子(무자)	己丑(기축)	庚寅(경인)	辛卯(신묘)	壬辰(임진)	癸巳(계사)	甲午(갑오)	乙未(을미)	丙申(병신)	丁酉(정유)	戊戌(무술)	己亥(기해)	庚子(경자)	辛丑(신축)	壬寅(임인)	癸卯(계묘)	甲辰(갑진)	乙巳(을사)	丙午(병오)	丁未(정미)	戊申(무신)	己酉(기유)	庚戌(경술)	辛亥(신해)	壬子(임자)
절기시각											辰初															卯初			
대운 순행	8	8	8	7	7	7	6	6	6	5	5	5	4	4	4	3	3	3	2	2	2	1	1	1	1	10	10	9	9
대운 역행	2	2	3	3	3	4	4	4	5	5	5	6	6	6	7	7	7	8	8	8	9	9	9	10	10	10	1	1	1

2 月 辛 卯(신묘) 大

절기												춘분															청명			
음력	一	二	三	四	五	六	七	八	九	十	十一	十二	十三	十四	十五	十六	十七	十八	十九	二十	廿一	廿二	廿三	廿四	廿五	廿六	廿七	廿八	廿九	三十
양력 월/일	3/10	11	12	13	14	15	16	17	18	19	20	21	22	23	24	25	26	27	28	29	30	31	4/1	2	3	4	5	6	7	8
일진	癸丑(계축)	甲寅(갑인)	乙卯(을묘)	丙辰(병진)	丁巳(정사)	戊午(무오)	己未(기미)	庚申(경신)	辛酉(신유)	壬戌(임술)	癸亥(계해)	甲子(갑자)	乙丑(을축)	丙寅(병인)	丁卯(정묘)	戊辰(무진)	己巳(기사)	庚午(경오)	辛未(신미)	壬申(임신)	癸酉(계유)	甲戌(갑술)	乙亥(을해)	丙子(병자)	丁丑(정축)	戊寅(무인)	己卯(기묘)	庚辰(경진)	辛巳(신사)	壬午(임오)
절기시각												卯正															巳初			
대운 순행	9	8	8	8	7	7	7	6	6	6	5	5	5	4	4	4	3	3	3	2	2	2	1	1	1	1	10	10	10	9
대운 역행	2	2	2	3	3	3	4	4	4	5	5	5	6	6	6	7	7	7	8	8	8	9	9	9	10	10	10	1	1	1

3 月 壬 辰(임진) 大

절기												곡우																입하		
음력	一	二	三	四	五	六	七	八	九	十	十一	十二	十三	十四	十五	十六	十七	十八	十九	二十	廿一	廿二	廿三	廿四	廿五	廿六	廿七	廿八	廿九	三十
양력 월/일	4/9	10	11	12	13	14	15	16	17	18	19	20	21	22	23	24	25	26	27	28	29	30	5/1	2	3	4	5	6	7	8
일진	癸未(계미)	甲申(갑신)	乙酉(을유)	丙戌(병술)	丁亥(정해)	戊子(무자)	己丑(기축)	庚寅(경인)	辛卯(신묘)	壬辰(임진)	癸巳(계사)	甲午(갑오)	乙未(을미)	丙申(병신)	丁酉(정유)	戊戌(무술)	己亥(기해)	庚子(경자)	辛丑(신축)	壬寅(임인)	癸卯(계묘)	甲辰(갑진)	乙巳(을사)	丙午(병오)	丁未(정미)	戊申(무신)	己酉(기유)	庚戌(경술)	辛亥(신해)	壬子(임자)
절기시각												酉初																寅正		
대운 순행	9	9	8	8	8	7	7	7	6	6	6	5	5	5	4	4	4	3	3	3	2	2	2	1	1	1	1	10	10	10
대운 역행	2	2	2	3	3	3	4	4	4	5	5	5	6	6	6	7	7	7	8	8	8	9	9	9	10	10	10	10	1	1

4 月 癸 巳(계사) 小

절기													소만																망종
음력	一	二	三	四	五	六	七	八	九	十	十一	十二	十三	十四	十五	十六	十七	十八	十九	二十	廿一	廿二	廿三	廿四	廿五	廿六	廿七	廿八	廿九
양력 월/일	5/9	10	11	12	13	14	15	16	17	18	19	20	21	22	23	24	25	26	27	28	29	30	31	6/1	2	3	4	5	6
일진	癸丑(계축)	甲寅(갑인)	乙卯(을묘)	丙辰(병진)	丁巳(정사)	戊午(무오)	己未(기미)	庚申(경신)	辛酉(신유)	壬戌(임술)	癸亥(계해)	甲子(갑자)	乙丑(을축)	丙寅(병인)	丁卯(정묘)	戊辰(무진)	己巳(기사)	庚午(경오)	辛未(신미)	壬申(임신)	癸酉(계유)	甲戌(갑술)	乙亥(을해)	丙子(병자)	丁丑(정축)	戊寅(무인)	己卯(기묘)	庚辰(경진)	辛巳(신사)
절기시각													酉初																辰正
대운 순행	9	9	9	8	8	8	7	7	7	6	6	6	5	5	5	4	4	4	3	3	3	2	2	2	1	1	1	1	10
대운 역행	1	2	2	2	3	3	3	4	4	4	5	5	5	6	6	6	7	7	7	8	8	8	9	9	9	10	10	10	10

5 月 甲 午(갑오) 大

절기																하지														
음력	一	二	三	四	五	六	七	八	九	十	十一	十二	十三	十四	十五	十六	十七	十八	十九	二十	廿一	廿二	廿三	廿四	廿五	廿六	廿七	廿八	廿九	三十
양력 월/일	6/7	8	9	10	11	12	13	14	15	16	17	18	19	20	21	22	23	24	25	26	27	28	29	30	7/1	2	3	4	5	6
일진	壬午(임오)	癸未(계미)	甲申(갑신)	乙酉(을유)	丙戌(병술)	丁亥(정해)	戊子(무자)	己丑(기축)	庚寅(경인)	辛卯(신묘)	壬辰(임진)	癸巳(계사)	甲午(갑오)	乙未(을미)	丙申(병신)	丁酉(정유)	戊戌(무술)	己亥(기해)	庚子(경자)	辛丑(신축)	壬寅(임인)	癸卯(계묘)	甲辰(갑진)	乙巳(을사)	丙午(병오)	丁未(정미)	戊申(무신)	己酉(기유)	庚戌(경술)	辛亥(신해)
절기시각																丑初														
대운 순행	10	10	9	9	9	8	8	8	7	7	7	6	6	6	5	5	5	4	4	4	3	3	3	2	2	2	1	1	1	1
대운 역행	1	1	1	2	2	2	3	3	3	4	4	4	5	5	5	6	6	6	7	7	7	8	8	8	9	9	9	10	10	10

6 月 乙 未(을미) 大

절기	소서																대서													
음력	一	二	三	四	五	六	七	八	九	十	十一	十二	十三	十四	十五	十六	十七	十八	十九	二十	廿一	廿二	廿三	廿四	廿五	廿六	廿七	廿八	廿九	三十
양력 월/일	7/7	8	9	10	11	12	13	14	15	16	17	18	19	20	21	22	23	24	25	26	27	28	29	30	31	8/1	2	3	4	5
일진	壬子(임자)	癸丑(계축)	甲寅(갑인)	乙卯(을묘)	丙辰(병진)	丁巳(정사)	戊午(무오)	己未(기미)	庚申(경신)	辛酉(신유)	壬戌(임술)	癸亥(계해)	甲子(갑자)	乙丑(을축)	丙寅(병인)	丁卯(정묘)	戊辰(무진)	己巳(기사)	庚午(경오)	辛未(신미)	壬申(임신)	癸酉(계유)	甲戌(갑술)	乙亥(을해)	丙子(병자)	丁丑(정축)	戊寅(무인)	己卯(기묘)	庚辰(경진)	辛巳(신사)
절기시각	酉正																午正													
대운 순행	10	10	10	10	9	9	9	8	8	8	7	7	7	6	6	6	5	5	5	4	4	4	3	3	3	2	2	2	1	1
대운 역행	10	1	1	1	2	2	2	3	3	3	4	4	4	5	5	5	6	6	6	7	7	7	8	8	8	9	9	9	10	10

北 大將　　辰 喪門　　子 弔客　　北 三殺

7 月　丙 申(병신)　小

절기			입추															처서											
음력	一	二	三	四	五	六	七	八	九	十	十一	十二	十三	十四	十五	十六	十七	十八	十九	廿	廿一	廿二	廿三	廿四	廿五	廿六	廿七	廿八	廿九
양력 월/일	8/6	7	8	9	10	11	12	13	14	15	16	17	18	19	20	21	22	23	24	25	26	27	28	29	30	31	9/1	2	3
일진	壬午(임오)	癸未(계미)	甲申(갑신)	乙酉(을유)	丙戌(병술)	丁亥(정해)	戊子(무자)	己丑(기축)	庚寅(경인)	辛卯(신묘)	壬辰(임진)	癸巳(계사)	甲午(갑오)	乙未(을미)	丙申(병신)	丁酉(정유)	戊戌(무술)	己亥(기해)	庚子(경자)	辛丑(신축)	壬寅(임인)	癸卯(계묘)	甲辰(갑진)	乙巳(을사)	丙午(병오)	丁未(정미)	戊申(무신)	己酉(기유)	庚戌(경술)
절기시각			寅正															戌初											
대순행	1	1	10	10	10	9	9	9	8	8	8	7	7	7	6	6	6	5	5	5	4	4	4	3	3	3	2	2	2
운역행	10	10	10	1	1	1	2	2	2	3	3	3	4	4	4	5	5	5	6	6	6	7	7	7	8	8	8	9	9

8 月　丁 酉(정유)　大

절기					백로															추분										
음력	一	二	三	四	五	六	七	八	九	十	十一	十二	十三	十四	十五	十六	十七	十八	十九	廿	廿一	廿二	廿三	廿四	廿五	廿六	廿七	廿八	廿九	三十
양력 월/일	9/4	5	6	7	8	9	10	11	12	13	14	15	16	17	18	19	20	21	22	23	24	25	26	27	28	29	30	10/1	2	3
일진	辛亥(신해)	壬子(임자)	癸丑(계축)	甲寅(갑인)	乙卯(을묘)	丙辰(병진)	丁巳(정사)	戊午(무오)	己未(기미)	庚申(경신)	辛酉(신유)	壬戌(임술)	癸亥(계해)	甲子(갑자)	乙丑(을축)	丙寅(병인)	丁卯(정묘)	戊辰(무진)	己巳(기사)	庚午(경오)	辛未(신미)	壬申(임신)	癸酉(계유)	甲戌(갑술)	乙亥(을해)	丙子(병자)	丁丑(정축)	戊寅(무인)	己卯(기묘)	庚辰(경진)
절기시각					辰初															申正										
대순행	1	1	1	1	10	10	9	9	9	8	8	8	7	7	7	6	6	6	5	5	5	4	4	4	3	3	3	2	2	2
운역행	9	10	10	10	10	1	1	1	2	2	2	3	3	3	4	4	4	5	5	5	6	6	6	7	7	7	8	8	8	9

9 月　戊 戌(무술)　小

절기					한로																상강								
음력	一	二	三	四	五	六	七	八	九	十	十一	十二	十三	十四	十五	十六	十七	十八	十九	廿	廿一	廿二	廿三	廿四	廿五	廿六	廿七	廿八	廿九
양력 월/일	10/4	5	6	7	8	9	10	11	12	13	14	15	16	17	18	19	20	21	22	23	24	25	26	27	28	29	30	31	11/1
일진	辛巳(신사)	壬午(임오)	癸未(계미)	甲申(갑신)	乙酉(을유)	丙戌(병술)	丁亥(정해)	戊子(무자)	己丑(기축)	庚寅(경인)	辛卯(신묘)	壬辰(임진)	癸巳(계사)	甲午(갑오)	乙未(을미)	丙申(병신)	丁酉(정유)	戊戌(무술)	己亥(기해)	庚子(경자)	辛丑(신축)	壬寅(임인)	癸卯(계묘)	甲辰(갑진)	乙巳(을사)	丙午(병오)	丁未(정미)	戊申(무신)	己酉(기유)
절기시각					子初																丑正								
대순행	1	1	1	1	10	10	10	9	9	9	8	8	8	7	7	7	6	6	6	5	5	5	4	4	4	3	3	3	2
운역행	9	9	10	10	10	1	1	1	2	2	2	3	3	3	4	4	4	5	5	5	6	6	6	7	7	7	8	8	8

10 月　己 亥(기해)　大

절기							입동														소설									
음력	一	二	三	四	五	六	七	八	九	十	十一	十二	十三	十四	十五	十六	十七	十八	十九	廿	廿一	廿二	廿三	廿四	廿五	廿六	廿七	廿八	廿九	三十
양력 월/일	11/2	3	4	5	6	7	8	9	10	11	12	13	14	15	16	17	18	19	20	21	22	23	24	25	26	27	28	29	30	12/1
일진	庚戌(경술)	辛亥(신해)	壬子(임자)	癸丑(계축)	甲寅(갑인)	乙卯(을묘)	丙辰(병진)	丁巳(정사)	戊午(무오)	己未(기미)	庚申(경신)	辛酉(신유)	壬戌(임술)	癸亥(계해)	甲子(갑자)	乙丑(을축)	丙寅(병인)	丁卯(정묘)	戊辰(무진)	己巳(기사)	庚午(경오)	辛未(신미)	壬申(임신)	癸酉(계유)	甲戌(갑술)	乙亥(을해)	丙子(병자)	丁丑(정축)	戊寅(무인)	己卯(기묘)
절기시각							丑正														子初									
대순행	2	2	1	1	1	1	10	9	9	9	8	8	8	7	7	7	6	6	6	5	5	5	4	4	4	3	3	3	2	2
운역행	9	9	9	10	10	10	10	1	1	1	2	2	2	3	3	3	4	4	4	5	5	5	6	6	6	7	7	7	8	8

11 月　庚 子(경자)　小

절기						대설															동지								
음력	一	二	三	四	五	六	七	八	九	十	十一	十二	十三	十四	十五	十六	十七	十八	十九	廿	廿一	廿二	廿三	廿四	廿五	廿六	廿七	廿八	廿九
양력 월/일	12/2	3	4	5	6	7	8	9	10	11	12	13	14	15	16	17	18	19	20	21	22	23	24	25	26	27	28	29	30
일진	庚辰(경진)	辛巳(신사)	壬午(임오)	癸未(계미)	甲申(갑신)	乙酉(을유)	丙戌(병술)	丁亥(정해)	戊子(무자)	己丑(기축)	庚寅(경인)	辛卯(신묘)	壬辰(임진)	癸巳(계사)	甲午(갑오)	乙未(을미)	丙申(병신)	丁酉(정유)	戊戌(무술)	己亥(기해)	庚子(경자)	辛丑(신축)	壬寅(임인)	癸卯(계묘)	甲辰(갑진)	乙巳(을사)	丙午(병오)	丁未(정미)	戊申(무신)
절기시각						酉正															午正								
대순행	2	1	1	1	1	10	10	9	9	9	8	8	8	7	7	7	6	6	6	5	5	5	4	4	4	3	3	3	2
운역행	8	9	9	9	10	10	1	1	1	2	2	2	3	3	3	4	4	4	5	5	5	6	6	6	7	7	7	8	8

12 月　辛 丑(신축)　小

절기							소한														대한								
음력	一	二	三	四	五	六	七	八	九	十	十一	十二	十三	十四	十五	十六	十七	十八	十九	廿	廿一	廿二	廿三	廿四	廿五	廿六	廿七	廿八	廿九
양력 월/일	12/31	1/1	2	3	4	5	6	7	8	9	10	11	12	13	14	15	16	17	18	19	20	21	22	23	24	25	26	27	28
일진	己酉(기유)	庚戌(경술)	辛亥(신해)	壬子(임자)	癸丑(계축)	甲寅(갑인)	乙卯(을묘)	丙辰(병진)	丁巳(정사)	戊午(무오)	己未(기미)	庚申(경신)	辛酉(신유)	壬戌(임술)	癸亥(계해)	甲子(갑자)	乙丑(을축)	丙寅(병인)	丁卯(정묘)	戊辰(무진)	己巳(기사)	庚午(경오)	辛未(신미)	壬申(임신)	癸酉(계유)	甲戌(갑술)	乙亥(을해)	丙子(병자)	丁丑(정축)
절기시각							卯正														子初								
대순행	2	2	1	1	1	1	10	9	9	9	8	8	8	7	7	7	6	6	6	5	5	5	4	4	4	3	3	3	2
운역행	8	9	9	9	10	10	10	1	1	1	2	2	2	3	3	3	4	4	4	5	5	5	6	6	6	7	7	7	8

단기 4320 년
불기 2531 년

1987년 丁卯(정묘)年

1 月 壬寅(임인) 大

절기							입춘															우수								
음력	一	二	三	四	五	六	七	八	九	十	十一	十二	十三	十四	十五	十六	十七	十八	十九	廿	廿一	廿二	廿三	廿四	廿五	廿六	廿七	廿八	廿九	三十
양력 월/일	1/29	30	31	2/1	2	3	4	5	6	7	8	9	10	11	12	13	14	15	16	17	18	19	20	21	22	23	24	25	26	27
일진	戊寅(무인)	己卯(기묘)	庚辰(경진)	辛巳(신사)	壬午(임오)	癸未(계미)	甲申(갑신)	乙酉(을유)	丙戌(병술)	丁亥(정해)	戊子(무자)	己丑(기축)	庚寅(경인)	辛卯(신묘)	壬辰(임진)	癸巳(계사)	甲午(갑오)	乙未(을미)	丙申(병신)	丁酉(정유)	戊戌(무술)	己亥(기해)	庚子(경자)	辛丑(신축)	壬寅(임인)	癸卯(계묘)	甲辰(갑진)	乙巳(을사)	丙午(병오)	丁未(정미)
절기시각							酉初															未初								
대운 순행	2	2	1	1	1	1	10	10	9	9	9	8	8	8	7	7	7	6	6	6	5	5	5	4	4	4	3	3	3	2
대운 역행	8	8	9	9	9	10	10	1	1	1	2	2	2	3	3	3	4	4	4	5	5	5	6	6	6	7	7	7	8	8

2 月 癸卯(계묘) 小

절기							경칩														춘분								
음력	一	二	三	四	五	六	七	八	九	十	十一	十二	十三	十四	十五	十六	十七	十八	十九	廿	廿一	廿二	廿三	廿四	廿五	廿六	廿七	廿八	廿九
양력 월/일	2/28	3/1	2	3	4	5	6	7	8	9	10	11	12	13	14	15	16	17	18	19	20	21	22	23	24	25	26	27	28
일진	戊申(무신)	己酉(기유)	庚戌(경술)	辛亥(신해)	壬子(임자)	癸丑(계축)	甲寅(갑인)	乙卯(을묘)	丙辰(병진)	丁巳(정사)	戊午(무오)	己未(기미)	庚申(경신)	辛酉(신유)	壬戌(임술)	癸亥(계해)	甲子(갑자)	乙丑(을축)	丙寅(병인)	丁卯(정묘)	戊辰(무진)	己巳(기사)	庚午(경오)	辛未(신미)	壬申(임신)	癸酉(계유)	甲戌(갑술)	乙亥(을해)	丙子(병자)
절기시각							午初														午正								
대운 순행	2	1	1	1	1	10	10	10	9	9	9	8	8	8	7	7	7	6	6	6	5	5	5	4	4	4	3	3	3
대운 역행	8	9	9	9	10	10	10	1	1	1	2	2	2	3	3	3	4	4	4	5	5	5	6	6	6	7	7	7	8

3 月 甲辰(갑진) 大

절기								청명															곡우							
음력	一	二	三	四	五	六	七	八	九	十	十一	十二	十三	十四	十五	十六	十七	十八	十九	廿	廿一	廿二	廿三	廿四	廿五	廿六	廿七	廿八	廿九	三十
양력 월/일	3/29	30	31	4/1	2	3	4	5	6	7	8	9	10	11	12	13	14	15	16	17	18	19	20	21	22	23	24	25	26	27
일진	丁丑(정축)	戊寅(무인)	己卯(기묘)	庚辰(경진)	辛巳(신사)	壬午(임오)	癸未(계미)	甲申(갑신)	乙酉(을유)	丙戌(병술)	丁亥(정해)	戊子(무자)	己丑(기축)	庚寅(경인)	辛卯(신묘)	壬辰(임진)	癸巳(계사)	甲午(갑오)	乙未(을미)	丙申(병신)	丁酉(정유)	戊戌(무술)	己亥(기해)	庚子(경자)	辛丑(신축)	壬寅(임인)	癸卯(계묘)	甲辰(갑진)	乙巳(을사)	丙午(병오)
절기시각								申正															子初							
대운 순행	2	2	2	1	1	1	1	10	10	10	9	9	9	8	8	8	7	7	7	6	6	6	5	5	5	4	4	4	3	3
대운 역행	8	8	9	9	9	10	10	10	1	1	1	2	2	2	3	3	3	4	4	4	5	5	5	6	6	6	7	7	7	8

4 月 乙巳(을사) 大

절기									입하															소만						
음력	一	二	三	四	五	六	七	八	九	十	十一	十二	十三	十四	十五	十六	十七	十八	十九	廿	廿一	廿二	廿三	廿四	廿五	廿六	廿七	廿八	廿九	三十
양력 월/일	4/28	29	30	5/1	2	3	4	5	6	7	8	9	10	11	12	13	14	15	16	17	18	19	20	21	22	23	24	25	26	27
일진	丁未(정미)	戊申(무신)	己酉(기유)	庚戌(경술)	辛亥(신해)	壬子(임자)	癸丑(계축)	甲寅(갑인)	乙卯(을묘)	丙辰(병진)	丁巳(정사)	戊午(무오)	己未(기미)	庚申(경신)	辛酉(신유)	壬戌(임술)	癸亥(계해)	甲子(갑자)	乙丑(을축)	丙寅(병인)	丁卯(정묘)	戊辰(무진)	己巳(기사)	庚午(경오)	辛未(신미)	壬申(임신)	癸酉(계유)	甲戌(갑술)	乙亥(을해)	丙子(병자)
절기시각									巳正															子初						
대운 순행	3	2	2	2	1	1	1	1	10	10	10	9	9	9	8	8	8	7	7	7	6	6	6	5	5	5	4	4	4	3
대운 역행	8	8	9	9	9	10	10	10	10	1	1	1	2	2	2	3	3	3	4	4	4	5	5	5	6	6	6	7	7	7

5 月 丙午(병오) 小

절기										망종																하지			
음력	一	二	三	四	五	六	七	八	九	十	十一	十二	十三	十四	十五	十六	十七	十八	十九	廿	廿一	廿二	廿三	廿四	廿五	廿六	廿七	廿八	廿九
양력 월/일	5/28	29	30	31	6/1	2	3	4	5	6	7	8	9	10	11	12	13	14	15	16	17	18	19	20	21	22	23	24	25
일진	丁丑(정축)	戊寅(무인)	己卯(기묘)	庚辰(경진)	辛巳(신사)	壬午(임오)	癸未(계미)	甲申(갑신)	乙酉(을유)	丙戌(병술)	丁亥(정해)	戊子(무자)	己丑(기축)	庚寅(경인)	辛卯(신묘)	壬辰(임진)	癸巳(계사)	甲午(갑오)	乙未(을미)	丙申(병신)	丁酉(정유)	戊戌(무술)	己亥(기해)	庚子(경자)	辛丑(신축)	壬寅(임인)	癸卯(계묘)	甲辰(갑진)	乙巳(을사)
절기시각										未正																辰初			
대운 순행	3	3	2	2	2	1	1	1	1	10	10	10	10	9	9	9	8	8	8	7	7	7	6	6	6	5	5	5	4
대운 역행	8	8	8	9	9	9	10	10	10	10	1	1	1	2	2	2	3	3	3	4	4	4	5	5	5	6	6	6	7

6 月 丁未(정미) 大

절기													소서															대서		
음력	一	二	三	四	五	六	七	八	九	十	十一	十二	十三	十四	十五	十六	十七	十八	十九	廿	廿一	廿二	廿三	廿四	廿五	廿六	廿七	廿八	廿九	三十
양력 월/일	6/26	27	28	29	30	7/1	2	3	4	5	6	7	8	9	10	11	12	13	14	15	16	17	18	19	20	21	22	23	24	25
일진	丙午(병오)	丁未(정미)	戊申(무신)	己酉(기유)	庚戌(경술)	辛亥(신해)	壬子(임자)	癸丑(계축)	甲寅(갑인)	乙卯(을묘)	丙辰(병진)	丁巳(정사)	戊午(무오)	己未(기미)	庚申(경신)	辛酉(신유)	壬戌(임술)	癸亥(계해)	甲子(갑자)	乙丑(을축)	丙寅(병인)	丁卯(정묘)	戊辰(무진)	己巳(기사)	庚午(경오)	辛未(신미)	壬申(임신)	癸酉(계유)	甲戌(갑술)	乙亥(을해)
절기시각													子正															酉正		
대운 순행	4	4	3	3	3	2	2	2	1	1	1	1	10	10	10	9	9	9	8	8	8	7	7	7	6	6	6	5	5	5
대운 역행	7	7	8	8	8	9	9	9	10	10	10	10	10	1	1	1	2	2	2	3	3	3	4	4	4	5	5	5	6	6

北 大將 巳 喪門 丑 弔客 酉 三殺

閏 6 月 丁 未(정미) 小

절기														입추																
음력	一	二	三	四	五	六	七	八	九	十	十一	十二	十三	十四	十五	十六	十七	十八	十九	廿	廿一	廿二	廿三	廿四	廿五	廿六	廿七	廿八	廿九	
양력 월/일	7/26	27	28	29	30	31	8/1	2	3	4	5	6	7	8	9	10	11	12	13	14	15	16	17	18	19	20	21	22	23	
일진	丙子(병자)	丁丑(정축)	戊寅(무인)	己卯(기묘)	庚辰(경진)	辛巳(신사)	壬午(임오)	癸未(계미)	甲申(갑신)	乙酉(을유)	丙戌(병술)	丁亥(정해)	戊子(무자)	己丑(기축)	庚寅(경인)	辛卯(신묘)	壬辰(임진)	癸巳(계사)	甲午(갑오)	乙未(을미)	丙申(병신)	丁酉(정유)	戊戌(무술)	己亥(기해)	庚子(경자)	辛丑(신축)	壬寅(임인)	癸卯(계묘)	甲辰(갑진)	
절기시각														巳正																
대운 순행	4	4	4	3	3	3	2	2	2	1	1	1	1	10	10	10	9	9	9	8	8	8	7	7	7	6	6	6	5	
대운 역행	6	7	7	7	8	8	8	9	9	9	10	10	10	10	1	1	1	2	2	2	3	3	3	4	4	4	5	5	5	

7 月 戊 申(무신) 大

절기	처서															백로														
음력	一	二	三	四	五	六	七	八	九	十	十一	十二	十三	十四	十五	十六	十七	十八	十九	廿	廿一	廿二	廿三	廿四	廿五	廿六	廿七	廿八	廿九	三十
양력 월/일	8/24	25	26	27	28	29	30	31	9/1	2	3	4	5	6	7	8	9	10	11	12	13	14	15	16	17	18	19	20	21	22
일진	乙巳(을사)	丙午(병오)	丁未(정미)	戊申(무신)	己酉(기유)	庚戌(경술)	辛亥(신해)	壬子(임자)	癸丑(계축)	甲寅(갑인)	乙卯(을묘)	丙辰(병진)	丁巳(정사)	戊午(무오)	己未(기미)	庚申(경신)	辛酉(신유)	壬戌(임술)	癸亥(계해)	甲子(갑자)	乙丑(을축)	丙寅(병인)	丁卯(정묘)	戊辰(무진)	己巳(기사)	庚午(경오)	辛未(신미)	壬申(임신)	癸酉(계유)	甲戌(갑술)
절기시각	丑初															未初														
대운 순행	5	5	4	4	4	3	3	3	2	2	2	1	1	1	1	10	10	10	9	9	9	8	8	8	7	7	7	6	6	6
대운 역행	6	6	6	7	7	7	8	8	8	9	9	9	10	10	10	10	1	1	1	2	2	2	3	3	3	4	4	4	5	5

8 月 己 酉(기유) 大

절기	추분																한로													
음력	一	二	三	四	五	六	七	八	九	十	十一	十二	十三	十四	十五	十六	十七	十八	十九	廿	廿一	廿二	廿三	廿四	廿五	廿六	廿七	廿八	廿九	三十
양력 월/일	9/23	24	25	26	27	28	29	30	10/1	2	3	4	5	6	7	8	9	10	11	12	13	14	15	16	17	18	19	20	21	22
일진	乙亥(을해)	丙子(병자)	丁丑(정축)	戊寅(무인)	己卯(기묘)	庚辰(경진)	辛巳(신사)	壬午(임오)	癸未(계미)	甲申(갑신)	乙酉(을유)	丙戌(병술)	丁亥(정해)	戊子(무자)	己丑(기축)	庚寅(경인)	辛卯(신묘)	壬辰(임진)	癸巳(계사)	甲午(갑오)	乙未(을미)	丙申(병신)	丁酉(정유)	戊戌(무술)	己亥(기해)	庚子(경자)	辛丑(신축)	壬寅(임인)	癸卯(계묘)	甲辰(갑진)
절기시각	亥正																寅正													
대운 순행	5	5	5	4	4	4	3	3	3	2	2	2	1	1	1	1	10	10	9	9	9	8	8	8	7	7	7	6	6	6
대운 역행	5	6	6	6	7	7	7	8	8	8	9	9	9	10	10	10	10	1	1	1	2	2	2	3	3	3	4	4	4	5

9 月 庚 戌(경술) 小

절기		상강															입동													
음력	一	二	三	四	五	六	七	八	九	十	十一	十二	十三	十四	十五	十六	十七	十八	十九	廿	廿一	廿二	廿三	廿四	廿五	廿六	廿七	廿八	廿九	
양력 월/일	10/23	24	25	26	27	28	29	30	31	11/1	2	3	4	5	6	7	8	9	10	11	12	13	14	15	16	17	18	19	20	
일진	乙巳(을사)	丙午(병오)	丁未(정미)	戊申(무신)	己酉(기유)	庚戌(경술)	辛亥(신해)	壬子(임자)	癸丑(계축)	甲寅(갑인)	乙卯(을묘)	丙辰(병진)	丁巳(정사)	戊午(무오)	己未(기미)	庚申(경신)	辛酉(신유)	壬戌(임술)	癸亥(계해)	甲子(갑자)	乙丑(을축)	丙寅(병인)	丁卯(정묘)	戊辰(무진)	己巳(기사)	庚午(경오)	辛未(신미)	壬申(임신)	癸酉(계유)	
절기시각		辰初															辰初													
대운 순행	5	5	5	4	4	4	3	3	3	2	2	2	1	1	1	1	10	10	9	9	9	8	8	8	7	7	7	6	6	
대운 역행	5	5	6	6	6	7	7	7	8	8	8	9	9	9	10	10	10	1	1	1	2	2	2	3	3	3	4	4	4	

10 月 辛 亥(신해) 大

절기			소설															대설												
음력	一	二	三	四	五	六	七	八	九	十	十一	十二	十三	十四	十五	十六	十七	十八	十九	廿	廿一	廿二	廿三	廿四	廿五	廿六	廿七	廿八	廿九	三十
양력 월/일	11/21	22	23	24	25	26	27	28	29	30	12/1	2	3	4	5	6	7	8	9	10	11	12	13	14	15	16	17	18	19	20
일진	甲戌(갑술)	乙亥(을해)	丙子(병자)	丁丑(정축)	戊寅(무인)	己卯(기묘)	庚辰(경진)	辛巳(신사)	壬午(임오)	癸未(계미)	甲申(갑신)	乙酉(을유)	丙戌(병술)	丁亥(정해)	戊子(무자)	己丑(기축)	庚寅(경인)	辛卯(신묘)	壬辰(임진)	癸巳(계사)	甲午(갑오)	乙未(을미)	丙申(병신)	丁酉(정유)	戊戌(무술)	己亥(기해)	庚子(경자)	辛丑(신축)	壬寅(임인)	癸卯(계묘)
절기시각			卯初															子正												
대운 순행	6	5	5	5	4	4	4	3	3	3	2	2	2	1	1	1	1	10	9	9	9	8	8	8	7	7	7	6	6	6
대운 역행	5	5	5	6	6	6	7	7	7	8	8	8	9	9	9	10	10	10	1	1	1	2	2	2	3	3	3	4	4	4

11 月 壬 子(임자) 小

절기		동지															소한													
음력	一	二	三	四	五	六	七	八	九	十	十一	十二	十三	十四	十五	十六	十七	十八	十九	廿	廿一	廿二	廿三	廿四	廿五	廿六	廿七	廿八	廿九	
양력 월/일	12/21	22	23	24	25	26	27	28	29	30	31	1/1	2	3	4	5	6	7	8	9	10	11	12	13	14	15	16	17	18	
일진	甲辰(갑진)	乙巳(을사)	丙午(병오)	丁未(정미)	戊申(무신)	己酉(기유)	庚戌(경술)	辛亥(신해)	壬子(임자)	癸丑(계축)	甲寅(갑인)	乙卯(을묘)	丙辰(병진)	丁巳(정사)	戊午(무오)	己未(기미)	庚申(경신)	辛酉(신유)	壬戌(임술)	癸亥(계해)	甲子(갑자)	乙丑(을축)	丙寅(병인)	丁卯(정묘)	戊辰(무진)	己巳(기사)	庚午(경오)	辛未(신미)	壬申(임신)	
절기시각		酉正															午初													
대운 순행	5	5	5	4	4	4	3	3	3	2	2	2	1	1	1	1	10	9	9	9	8	8	8	7	7	7	6	6	6	
대운 역행	5	5	5	6	6	6	7	7	7	8	8	8	9	9	9	10	10	1	1	1	2	2	2	3	3	3	4	4	4	

12 月 癸 丑(계축) 大

절기			대한														입춘													
음력	一	二	三	四	五	六	七	八	九	十	十一	十二	十三	十四	十五	十六	十七	十八	十九	廿	廿一	廿二	廿三	廿四	廿五	廿六	廿七	廿八	廿九	三十
양력 월/일	1/19	20	21	22	23	24	25	26	27	28	29	30	31	2/1	2	3	4	5	6	7	8	9	10	11	12	13	14	15	16	17
일진	癸酉(계유)	甲戌(갑술)	乙亥(을해)	丙子(병자)	丁丑(정축)	戊寅(무인)	己卯(기묘)	庚辰(경진)	辛巳(신사)	壬午(임오)	癸未(계미)	甲申(갑신)	乙酉(을유)	丙戌(병술)	丁亥(정해)	戊子(무자)	己丑(기축)	庚寅(경인)	辛卯(신묘)	壬辰(임진)	癸巳(계사)	甲午(갑오)	乙未(을미)	丙申(병신)	丁酉(정유)	戊戌(무술)	己亥(기해)	庚子(경자)	辛丑(신축)	壬寅(임인)
절기시각			卯初														子初													
대운 순행	5	5	5	4	4	4	3	3	3	2	2	2	1	1	1	1	10	10	9	9	9	8	8	8	7	7	7	6	6	6
대운 역행	5	5	5	6	6	6	7	7	7	8	8	8	9	9	9	10	10	1	1	1	2	2	2	3	3	3	4	4	4	5

단기 4321 년
불기 2532 년

1988년 戊辰(무진)年

1 月 甲 寅(갑인) 小

절기		우수															경칩													
음력	一	二	三	四	五	六	七	八	九	十	十一	十二	十三	十四	十五	十六	十七	十八	十九	廿	廿一	廿二	廿三	廿四	廿五	廿六	廿七	廿八	廿九	
양력 월/일	2/18	19	20	21	22	23	24	25	26	27	28	29	3/1	2	3	4	5	6	7	8	9	10	11	12	13	14	15	16	17	
일진	癸卯(계묘)	甲辰(갑진)	乙巳(을사)	丙午(병오)	丁未(정미)	戊申(무신)	己酉(기유)	庚戌(경술)	辛亥(신해)	壬子(임자)	癸丑(계축)	甲寅(갑인)	乙卯(을묘)	丙辰(병진)	丁巳(정사)	戊午(무오)	己未(기미)	庚申(경신)	辛酉(신유)	壬戌(임술)	癸亥(계해)	甲子(갑자)	乙丑(을축)	丙寅(병인)	丁卯(정묘)	戊辰(무진)	己巳(기사)	庚午(경오)	辛未(신미)	
절기시각		戌初															酉初													
대운 순행	5	5	5	4	4	4	3	3	3	2	2	2	1	1	1	1	10	10	9	9	9	8	8	8	7	7	7	6	6	
대운 역행	5	5	6	6	6	7	7	7	8	8	8	9	9	9	10	10	10	1	1	1	2	2	2	3	3	3	4	4	4	

2 月 乙 卯(을묘) 小

절기			춘분															청명												
음력	一	二	三	四	五	六	七	八	九	十	十一	十二	十三	十四	十五	十六	十七	十八	十九	廿	廿一	廿二	廿三	廿四	廿五	廿六	廿七	廿八	廿九	
양력 월/일	3/18	19	20	21	22	23	24	25	26	27	28	29	30	31	3/1	2	3	4	5	6	7	8	9	10	11	12	13	14	15	
일진	壬申(임신)	癸酉(계유)	甲戌(갑술)	乙亥(을해)	丙子(병자)	丁丑(정축)	戊寅(무인)	己卯(기묘)	庚辰(경진)	辛巳(신사)	壬午(임오)	癸未(계미)	甲申(갑신)	乙酉(을유)	丙戌(병술)	丁亥(정해)	戊子(무자)	己丑(기축)	庚寅(경인)	辛卯(신묘)	壬辰(임진)	癸巳(계사)	甲午(갑오)	乙未(을미)	丙申(병신)	丁酉(정유)	戊戌(무술)	己亥(기해)	庚子(경자)	
절기시각			酉正															亥正												
대운 순행	6	5	5	5	4	4	4	3	3	3	2	2	2	1	1	1	1	10	10	10	9	9	9	8	8	8	7	7	7	
대운 역행	5	5	5	6	6	6	7	7	7	8	8	8	9	9	9	10	10	10	1	1	1	2	2	2	3	3	3	4	4	

3 月 丙 辰(병진) 大

절기					곡우															입하										
음력	一	二	三	四	五	六	七	八	九	十	十一	十二	十三	十四	十五	十六	十七	十八	十九	廿	廿一	廿二	廿三	廿四	廿五	廿六	廿七	廿八	廿九	三十
양력 월/일	4/16	17	18	19	20	21	22	23	24	25	26	27	28	29	30	5/1	2	3	4	5	6	7	8	9	10	11	12	13	14	15
일진	辛丑(신축)	壬寅(임인)	癸卯(계묘)	甲辰(갑진)	乙巳(을사)	丙午(병오)	丁未(정미)	戊申(무신)	己酉(기유)	庚戌(경술)	辛亥(신해)	壬子(임자)	癸丑(계축)	甲寅(갑인)	乙卯(을묘)	丙辰(병진)	丁巳(정사)	戊午(무오)	己未(기미)	庚申(경신)	辛酉(신유)	壬戌(임술)	癸亥(계해)	甲子(갑자)	乙丑(을축)	丙寅(병인)	丁卯(정묘)	戊辰(무진)	己巳(기사)	庚午(경오)
절기시각					卯初															申初										
대운 순행	6	6	6	5	5	5	4	4	4	3	3	3	2	2	2	1	1	1	1	10	10	10	9	9	9	8	8	8	7	7
대운 역행	4	5	5	5	6	6	6	7	7	7	8	8	8	9	9	9	10	10	10	10	1	1	1	2	2	2	3	3	3	4

4 月 丁 巳(정사) 小

절기						소만															망종									
음력	一	二	三	四	五	六	七	八	九	十	十一	十二	十三	十四	十五	十六	十七	十八	十九	廿	廿一	廿二	廿三	廿四	廿五	廿六	廿七	廿八	廿九	
양력 월/일	5/16	17	18	19	20	21	22	23	24	25	26	27	28	29	30	31	6/1	2	3	4	5	6	7	8	9	10	11	12	1313	
일진	辛未(신미)	壬申(임신)	癸酉(계유)	甲戌(갑술)	乙亥(을해)	丙子(병자)	丁丑(정축)	戊寅(무인)	己卯(기묘)	庚辰(경진)	辛巳(신사)	壬午(임오)	癸未(계미)	甲申(갑신)	乙酉(을유)	丙戌(병술)	丁亥(정해)	戊子(무자)	己丑(기축)	庚寅(경인)	辛卯(신묘)	壬辰(임진)	癸巳(계사)	甲午(갑오)	乙未(을미)	丙申(병신)	丁酉(정유)	戊戌(무술)	己亥(기해)	
절기시각						寅正															戌正									
대운 순행	7	6	6	6	5	5	5	4	4	4	3	3	3	2	2	2	1	1	1	1	10	10	10	10	9	9	9	8	8	
대운 역행	4	4	5	5	5	6	6	6	7	7	7	8	8	8	9	9	9	10	10	10	10	1	1	1	2	2	2	3	3	

5 月 戊 午(무오) 大

절기								하지																소서						
음력	一	二	三	四	五	六	七	八	九	十	十一	十二	十三	十四	十五	十六	十七	十八	十九	廿	廿一	廿二	廿三	廿四	廿五	廿六	廿七	廿八	廿九	三十
양력 월/일	6/14	15	16	17	18	19	20	21	22	23	24	25	26	27	28	29	30	7/1	2	3	4	5	6	7	8	9	10	11	12	13
일진	庚子(경자)	辛丑(신축)	壬寅(임인)	癸卯(계묘)	甲辰(갑진)	乙巳(을사)	丙午(병오)	丁未(정미)	戊申(무신)	己酉(기유)	庚戌(경술)	辛亥(신해)	壬子(임자)	癸丑(계축)	甲寅(갑인)	乙卯(을묘)	丙辰(병진)	丁巳(정사)	戊午(무오)	己未(기미)	庚申(경신)	辛酉(신유)	壬戌(임술)	癸亥(계해)	甲子(갑자)	乙丑(을축)	丙寅(병인)	丁卯(정묘)	戊辰(무진)	己巳(기사)
절기시각								午正																卯正						
대운 순행	8	7	7	7	6	6	6	5	5	5	4	4	4	3	3	3	2	2	2	1	1	1	1	10	10	10	9	9	9	8
대운 역행	3	4	4	4	5	5	5	6	6	6	7	7	7	8	8	8	9	9	9	10	10	10	10	10	1	1	1	2	2	2

6 月 己 未(기미) 小

절기									대서																입추					
음력	一	二	三	四	五	六	七	八	九	十	十一	十二	十三	十四	十五	十六	十七	十八	十九	廿	廿一	廿二	廿三	廿四	廿五	廿六	廿七	廿八	廿九	
양력 월/일	7/14	15	16	17	18	19	20	21	22	23	24	25	26	27	28	29	30	31	8/1	2	3	4	5	6	7	8	9	10	11	
일진	庚午(경오)	辛未(신미)	壬申(임신)	癸酉(계유)	甲戌(갑술)	乙亥(을해)	丙子(병자)	丁丑(정축)	戊寅(무인)	己卯(기묘)	庚辰(경진)	辛巳(신사)	壬午(임오)	癸未(계미)	甲申(갑신)	乙酉(을유)	丙戌(병술)	丁亥(정해)	戊子(무자)	己丑(기축)	庚寅(경인)	辛卯(신묘)	壬辰(임진)	癸巳(계사)	甲午(갑오)	乙未(을미)	丙申(병신)	丁酉(정유)	戊戌(무술)	
절기시각									子初																申正					
대운 순행	8	8	7	7	7	6	6	6	5	5	5	4	4	4	3	3	3	2	2	2	1	1	1	1	10	10	10	9	9	
대운 역행	3	3	3	4	4	4	5	5	5	6	6	6	7	7	7	8	8	8	9	9	9	10	10	10	10	1	1	1	2	

北 大將	午 喪門	寅 弔客	南 三殺

7 月 庚 申(경신) 大

절기											처서															백로			
음력	一	二	三	四	五	六	七	八	九	十	十一	十二	十三	十四	十五	十六	十七	十八	十九	二十	廿一	廿二	廿三	廿四	廿五	廿六	廿七	廿八	廿九	三十
양력 월/일	8/12	13	14	15	16	17	18	19	20	21	22	23	24	25	26	27	28	29	30	31	9/1	2	3	4	5	6	7	8	9	10
일진	己亥(기해)	庚子(경자)	辛丑(신축)	壬寅(임인)	癸卯(계묘)	甲辰(갑진)	乙巳(을사)	丙午(병오)	丁未(정미)	戊申(무신)	己酉(기유)	庚戌(경술)	辛亥(신해)	壬子(임자)	癸丑(계축)	甲寅(갑인)	乙卯(을묘)	丙辰(병진)	丁巳(정사)	戊午(무오)	己未(기미)	庚申(경신)	辛酉(신유)	壬戌(임술)	癸亥(계해)	甲子(갑자)	乙丑(을축)	丙寅(병인)	丁卯(정묘)	戊辰(무진)
절기시각												卯正															戌初			
대운 순행	9	8	8	8	7	7	7	6	6	6	5	5	5	4	4	4	3	3	3	2	2	2	1	1	1	1	10	10	10	9
대운 역행	2	2	3	3	3	4	4	4	5	5	5	6	6	6	7	7	7	8	8	8	9	9	9	10	10	10	10	1	1	1

8 月 辛 酉(신유) 大

절기													추분															한로		
음력	一	二	三	四	五	六	七	八	九	十	十一	十二	十三	十四	十五	十六	十七	十八	十九	二十	廿一	廿二	廿三	廿四	廿五	廿六	廿七	廿八	廿九	三十
양력 월/일	9/11	12	13	14	15	16	17	18	19	20	21	22	23	24	25	26	27	28	29	30	10/1	2	3	4	5	6	7	8	9	10
일진	己巳(기사)	庚午(경오)	辛未(신미)	壬申(임신)	癸酉(계유)	甲戌(갑술)	乙亥(을해)	丙子(병자)	丁丑(정축)	戊寅(무인)	己卯(기묘)	庚辰(경진)	辛巳(신사)	壬午(임오)	癸未(계미)	甲申(갑신)	乙酉(을유)	丙戌(병술)	丁亥(정해)	戊子(무자)	己丑(기축)	庚寅(경인)	辛卯(신묘)	壬辰(임진)	癸巳(계사)	甲午(갑오)	乙未(을미)	丙申(병신)	丁酉(정유)	戊戌(무술)
절기시각													寅正															巳正		
대운 순행	9	9	8	8	8	7	7	7	6	6	6	5	5	5	4	4	4	3	3	3	2	2	2	1	1	1	1	10	10	9
대운 역행	2	2	2	3	3	3	4	4	4	5	5	5	6	6	6	7	7	7	8	8	8	9	9	9	10	10	10	10	1	1

9 月 壬 戌(임술) 小

절기													상강															입동		
음력	一	二	三	四	五	六	七	八	九	十	十一	十二	十三	十四	十五	十六	十七	十八	十九	二十	廿一	廿二	廿三	廿四	廿五	廿六	廿七	廿八	廿九	
양력 월/일	10/11	12	13	14	15	16	17	18	19	20	21	22	23	24	25	26	27	28	29	30	31	11/1	2	3	4	5	6	7	8	
일진	己亥(기해)	庚子(경자)	辛丑(신축)	壬寅(임인)	癸卯(계묘)	甲辰(갑진)	乙巳(을사)	丙午(병오)	丁未(정미)	戊申(무신)	己酉(기유)	庚戌(경술)	辛亥(신해)	壬子(임자)	癸丑(계축)	甲寅(갑인)	乙卯(을묘)	丙辰(병진)	丁巳(정사)	戊午(무오)	己未(기미)	庚申(경신)	辛酉(신유)	壬戌(임술)	癸亥(계해)	甲子(갑자)	乙丑(을축)	丙寅(병인)	丁卯(정묘)	
절기시각													未初															未初		
대운 순행	9	9	8	8	8	7	7	7	6	6	6	5	5	5	4	4	4	3	3	3	2	2	2	1	1	1	1	10	10	
대운 역행	1	2	2	2	3	3	3	4	4	4	5	5	5	6	6	6	7	7	7	8	8	8	9	9	9	10	10	10	1	

10 月 癸 亥(계해) 大

절기														소설															대설	
음력	一	二	三	四	五	六	七	八	九	十	十一	十二	十三	十四	十五	十六	十七	十八	十九	二十	廿一	廿二	廿三	廿四	廿五	廿六	廿七	廿八	廿九	三十
양력 월/일	11/9	10	11	12	13	14	15	16	17	18	19	20	21	22	23	24	25	26	27	28	29	30	12/1	2	3	4	8	9	7	8
일진	戊辰(무진)	己巳(기사)	庚午(경오)	辛未(신미)	壬申(임신)	癸酉(계유)	甲戌(갑술)	乙亥(을해)	丙子(병자)	丁丑(정축)	戊寅(무인)	己卯(기묘)	庚辰(경진)	辛巳(신사)	壬午(임오)	癸未(계미)	甲申(갑신)	乙酉(을유)	丙戌(병술)	丁亥(정해)	戊子(무자)	己丑(기축)	庚寅(경인)	辛卯(신묘)	壬辰(임진)	癸巳(계사)	甲午(갑오)	乙未(을미)	丙申(병신)	丁酉(정유)
절기시각														午初															卯正	
대운 순행	9	9	9	8	8	8	7	7	7	6	6	6	5	5	5	4	4	4	3	3	3	2	2	2	1	1	1	1	10	9
대운 역행	1	1	2	2	2	3	3	3	4	4	4	5	5	5	6	6	6	7	7	7	8	8	8	9	9	9	10	10	10	1

11 月 甲 子(갑자) 大

절기														동지														소한		
음력	一	二	三	四	五	六	七	八	九	十	十一	十二	十三	十四	十五	十六	十七	十八	十九	二十	廿一	廿二	廿三	廿四	廿五	廿六	廿七	廿八	廿九	三十
양력 월/일	12/9	10	11	12	13	14	15	16	17	18	19	20	21	22	23	24	25	26	27	28	29	30	31	1/1	2	3	4	5	6	7
일진	戊戌(무술)	己亥(기해)	庚子(경자)	辛丑(신축)	壬寅(임인)	癸卯(계묘)	甲辰(갑진)	乙巳(을사)	丙午(병오)	丁未(정미)	武臣(무신)	己酉(기유)	庚戌(경술)	辛亥(신해)	壬子(임자)	癸丑(계축)	甲寅(갑인)	乙卯(을묘)	丙辰(병진)	丁巳(정사)	戊午(무오)	己未(기미)	庚申(경신)	辛酉(신유)	壬戌(임술)	癸亥(계해)	甲子(갑자)	乙丑(을축)	丙寅(병인)	丁卯(정묘)
절기시각														子正														酉初		
대운 순행	9	9	8	8	8	7	7	7	6	6	6	5	5	5	4	4	4	3	3	3	2	2	2	1	1	1	1	10	10	9
대운 역행	1	1	2	2	2	3	3	3	4	4	4	5	5	5	6	6	6	7	7	7	8	8	8	9	9	9	10	10	1	1

12 月 乙 丑(을축) 小

절기													대한															입춘		
음력	一	二	三	四	五	六	七	八	九	十	十一	十二	十三	十四	十五	十六	十七	十八	十九	二十	廿一	廿二	廿三	廿四	廿五	廿六	廿七	廿八	廿九	
양력 월/일	1/8	9	10	11	12	13	14	15	16	17	18	19	20	21	22	23	24	25	26	27	28	29	30	31	2/1	2	3	4	5	
일진	戊辰(무진)	己巳(기사)	庚午(경오)	辛未(신미)	壬申(임신)	癸酉(계유)	甲戌(갑술)	乙亥(을해)	丙子(병자)	丁丑(정축)	戊寅(무인)	己卯(기묘)	庚辰(경진)	辛巳(신사)	壬午(임오)	癸未(계미)	甲申(갑신)	乙酉(을유)	丙戌(병술)	丁亥(정해)	戊子(무자)	己丑(기축)	庚寅(경인)	辛卯(신묘)	壬辰(임진)	癸巳(계사)	甲午(갑오)	乙未(을미)	丙申(병신)	
절기시각													午初															卯初		
대운 순행	9	9	8	8	8	7	7	7	6	6	6	5	5	5	4	4	4	3	3	3	2	2	2	1	1	1	1	10	9	
대운 역행	1	2	2	2	3	3	3	4	4	4	5	5	5	6	6	6	7	7	7	8	8	8	9	9	9	10	10	10	1	

단기 4322 년
불기 2533 년

1989년 己巳(기사)年

1 月 丙 寅(병인) 大

절기														우수														경칩		
음력	一	二	三	四	五	六	七	八	九	十	十一	十二	十三	十四	十五	十六	十七	十八	十九	廿	廿一	廿二	廿三	廿四	廿五	廿六	廿七	廿八	廿九	三十
양력 월/일	2/6	7	8	9	10	11	12	13	14	15	16	17	18	19	20	21	22	23	24	25	26	27	28	3/1	2	3	4	5	6	7
일진	丁酉(정유)	戊戌(무술)	己亥(기해)	庚子(경자)	辛丑(신축)	壬寅(임인)	癸卯(계묘)	甲辰(갑진)	乙巳(을사)	丙午(병오)	丁未(정미)	戊申(무신)	己酉(기유)	庚戌(경술)	辛亥(신해)	壬子(임자)	癸丑(계축)	甲寅(갑인)	乙卯(을묘)	丙辰(병진)	丁巳(정사)	戊午(무오)	己未(기미)	庚申(경신)	辛酉(신유)	壬戌(임술)	癸亥(계해)	甲子(갑자)	乙丑(을축)	丙寅(병인)
절기시각														丑初														子初		
대운 순행	9	9	8	8	8	7	7	7	6	6	6	5	5	5	4	4	4	3	3	3	2	2	2	1	1	1	1	10	10	10
대운 역행	1	1	2	2	2	3	3	3	4	4	4	5	5	5	6	6	6	7	7	7	8	8	8	9	9	9	10	10	1	1

2 月 丁 卯(정묘) 小

절기														춘분															청명
음력	一	二	三	四	五	六	七	八	九	十	十一	十二	十三	十四	十五	十六	十七	十八	十九	廿	廿一	廿二	廿三	廿四	廿五	廿六	廿七	廿八	廿九
양력 월/일	3/8	9	10	11	12	13	14	15	16	17	18	19	20	21	22	23	24	25	26	27	28	29	30	31	4/1	2	3	4	5
일진	丁卯(정묘)	戊辰(무진)	己巳(기사)	庚午(경오)	辛未(신미)	壬申(임신)	癸酉(계유)	甲戌(갑술)	乙亥(을해)	丙子(병자)	丁丑(정축)	戊寅(무인)	己卯(기묘)	庚辰(경진)	辛巳(신사)	壬午(임오)	癸未(계미)	甲申(갑신)	乙酉(을유)	丙戌(병술)	丁亥(정해)	戊子(무자)	己丑(기축)	庚寅(경인)	辛卯(신묘)	壬辰(임진)	癸巳(계사)	甲午(갑오)	乙未(을미)
절기시각														子正															寅正
대운 순행	9	9	9	8	8	8	7	7	7	6	6	6	5	5	5	4	4	4	3	3	3	2	2	2	1	1	1	1	10
대운 역행	1	2	2	2	3	3	3	4	4	4	5	5	5	6	6	6	7	7	7	8	8	8	9	9	9	10	10	10	10

3 月 戊 辰(무진) 小

절기															곡우														
음력	一	二	三	四	五	六	七	八	九	十	十一	十二	十三	十四	十五	十六	十七	十八	十九	廿	廿一	廿二	廿三	廿四	廿五	廿六	廿七	廿八	廿九
양력 월/일	4/6	7	8	9	10	11	12	13	14	15	16	17	18	19	20	21	22	23	24	25	26	27	28	29	30	5/1	2	3	4
일진	丙申(병신)	丁酉(정유)	戊戌(무술)	己亥(기해)	庚子(경자)	辛丑(신축)	壬寅(임인)	癸卯(계묘)	甲辰(갑진)	乙巳(을사)	丙午(병오)	丁未(정미)	戊申(무신)	己酉(기유)	庚戌(경술)	辛亥(신해)	壬子(임자)	癸丑(계축)	甲寅(갑인)	乙卯(을묘)	丙辰(병진)	丁巳(정사)	戊午(무오)	己未(기미)	庚申(경신)	辛酉(신유)	壬戌(임술)	癸亥(계해)	甲子(갑자)
절기시각															午初														
대운 순행	10	9	9	9	8	8	8	7	7	7	6	6	6	5	5	5	4	4	4	3	3	3	2	2	2	1	1	1	1
대운 역행	1	1	1	2	2	2	3	3	3	4	4	4	5	5	5	6	6	6	7	7	7	8	8	8	9	9	9	10	10

4 月 己 巳(기사) 大

절기	입하																소만													
음력	一	二	三	四	五	六	七	八	九	十	十一	十二	十三	十四	十五	十六	十七	十八	十九	廿	廿一	廿二	廿三	廿四	廿五	廿六	廿七	廿八	廿九	三十
양력 월/일	5/5	6	7	8	9	10	11	12	13	14	15	16	17	18	19	20	21	22	23	24	25	26	27	28	29	30	31	6/1	2	3
일진	乙丑(을축)	丙寅(병인)	丁卯(정묘)	戊辰(무진)	己巳(기사)	庚午(경오)	辛未(신미)	壬申(임신)	癸酉(계유)	甲戌(갑술)	乙亥(을해)	丙子(병자)	丁丑(정축)	戊寅(무인)	己卯(기묘)	庚辰(경진)	辛巳(신사)	壬午(임오)	癸未(계미)	甲申(갑신)	乙酉(을유)	丙戌(병술)	丁亥(정해)	戊子(무자)	己丑(기축)	庚寅(경인)	辛卯(신묘)	壬辰(임진)	癸巳(계사)	甲午(갑오)
절기시각	亥初																巳正													
대운 순행	10	10	10	10	9	9	9	8	8	8	7	7	7	6	6	6	5	5	5	4	4	4	3	3	3	2	2	2	1	1
대운 역행	10	1	1	1	2	2	2	3	3	3	4	4	4	5	5	5	6	6	6	7	7	7	8	8	8	9	9	9	10	10

5 月 庚 午(경오) 小

절기			망종															하지											
음력	一	二	三	四	五	六	七	八	九	十	十一	十二	十三	十四	十五	十六	十七	十八	十九	廿	廿一	廿二	廿三	廿四	廿五	廿六	廿七	廿八	廿九
양력 월/일	6/4	5	6	7	8	9	10	11	12	13	14	15	16	17	18	19	20	21	22	23	24	25	26	27	28	29	30	7/1	2
일진	乙未(을미)	丙申(병신)	丁酉(정유)	戊戌(무술)	己亥(기해)	庚子(경자)	辛丑(신축)	壬寅(임인)	癸卯(계묘)	甲辰(갑진)	乙巳(을사)	丙午(병오)	丁未(정미)	戊申(무신)	己酉(기유)	庚戌(경술)	辛亥(신해)	壬子(임자)	癸丑(계축)	甲寅(갑인)	乙卯(을묘)	丙辰(병진)	丁巳(정사)	戊午(무오)	己未(기미)	庚申(경신)	辛酉(신유)	壬戌(임술)	癸亥(계해)
절기시각			丑初															酉正											
대운 순행	1	1	10	10	10	9	9	9	8	8	8	7	7	7	6	6	6	5	5	5	4	4	4	3	3	3	2	2	2
대운 역행	10	10	10	1	1	1	2	2	2	3	3	3	4	4	4	5	5	5	6	6	6	7	7	7	8	8	8	9	9

6 月 辛 未(신미) 大

절기					소서																대서									
음력	一	二	三	四	五	六	七	八	九	十	十一	十二	十三	十四	十五	十六	十七	十八	十九	廿	廿一	廿二	廿三	廿四	廿五	廿六	廿七	廿八	廿九	三十
양력 월/일	7/3	4	5	6	7	8	9	10	11	12	13	14	15	16	17	18	19	20	21	22	23	24	25	26	27	28	29	30	31	8/1
일진	甲子(갑자)	乙丑(을축)	丙寅(병인)	丁卯(정묘)	戊辰(무진)	己巳(기사)	庚午(경오)	辛未(신미)	壬申(임신)	癸酉(계유)	甲戌(갑술)	乙亥(을해)	丙子(병자)	丁丑(정축)	戊寅(무인)	己卯(기묘)	庚辰(경진)	辛巳(신사)	壬午(임오)	癸未(계미)	甲申(갑신)	乙酉(을유)	丙戌(병술)	丁亥(정해)	戊子(무자)	己丑(기축)	庚寅(경인)	辛卯(신묘)	壬辰(임진)	癸巳(계사)
절기시각					酉正																卯初									
대운 순행	1	1	1	1	10	10	10	9	9	9	8	8	8	7	7	7	6	6	6	5	5	5	4	4	4	3	3	3	2	2
대운 역행	9	10	10	10	10	1	1	1	2	2	2	3	3	3	4	4	4	5	5	5	6	6	6	7	7	7	8	8	8	9

東 大將	未 喪門	卯 弔客	東 三殺

7 月 壬 申(임신) 小

절기						입추																처서								
음력	一	二	三	四	五	六	七	八	九	十	十一	十二	十三	十四	十五	十六	十七	十八	十九	二十	廿一	廿二	廿三	廿四	廿五	廿六	廿七	廿八	廿九	
양력 월/일	8/2	2	3	4	5	6	7	8	9	10	11	12	13	14	15	16	17	18	19	20	22	23	24	25	26	27	28	29	30	
일진	甲午(갑오)	乙未(을미)	丙申(병신)	丁酉(정유)	戊戌(무술)	己亥(기해)	庚子(경자)	辛丑(신축)	壬寅(임인)	癸卯(계묘)	甲辰(갑진)	乙巳(을사)	丙午(병오)	丁未(정미)	戊申(무신)	己酉(기유)	庚戌(경술)	辛亥(신해)	壬子(임자)	癸丑(계축)	甲寅(갑인)	乙卯(을묘)	丙辰(병진)	丁巳(정사)	戊午(무오)	己未(기미)	庚申(경신)	辛酉(신유)	壬戌(임술)	
절기시각						亥正																午正								
대운 순행	2	1	1	1	1	10	10	10	10	9	9	9	8	8	8	7	7	7	6	6	6	5	5	5	4	4	4	3	3	
대운 역행	9	9	10	10	10	10	1	1	1	2	2	2	3	3	3	4	4	4	5	5	5	6	6	6	7	7	7	8	8	

8 月 癸 酉(계유) 大

절기									백로															추분						
음력	一	二	三	四	五	六	七	八	九	十	十一	十二	十三	十四	十五	十六	十七	十八	十九	二十	廿一	廿二	廿三	廿四	廿五	廿六	廿七	廿八	廿九	三十
양력 월/일	8/31	9/1	2	3	4	5	6	7	8	9	10	11	12	13	14	15	16	17	18	19	20	21	22	23	24	25	26	27	28	29
일진	癸亥(계해)	甲子(갑자)	乙丑(을축)	丙寅(병인)	丁卯(정묘)	戊辰(무진)	己巳(기사)	庚午(경오)	辛未(신미)	壬申(임신)	癸酉(계유)	甲戌(갑술)	乙亥(을해)	丙子(병자)	丁丑(정축)	戊寅(무인)	己卯(기묘)	庚辰(경진)	辛巳(신사)	壬午(임오)	癸未(계미)	甲申(갑신)	乙酉(을유)	丙戌(병술)	丁亥(정해)	戊子(무자)	己丑(기축)	庚寅(경인)	辛卯(신묘)	壬辰(임진)
절기시각									子正															巳正						
대운 순행	3	2	2	2	1	1	1	1	10	10	9	9	9	8	8	8	7	7	7	6	6	6	5	5	5	4	4	4	3	3
대운 역행	8	9	9	9	10	10	10	10	10	1	1	1	2	2	2	3	3	3	4	4	4	5	5	5	6	6	6	7	7	7

9 月 甲 戌(갑술) 大

절기									한로															상강						
음력	一	二	三	四	五	六	七	八	九	十	十一	十二	十三	十四	十五	十六	十七	十八	十九	二十	廿一	廿二	廿三	廿四	廿五	廿六	廿七	廿八	廿九	三十
양력 월/일	9/30	10/1	2	3	4	5	6	7	8	9	10	11	12	13	14	15	16	17	18	19	20	21	22	23	24	25	26	27	28	29
일진	癸巳(계사)	甲午(갑오)	乙未(을미)	丙申(병신)	丁酉(정유)	戊戌(무술)	己亥(기해)	庚子(경자)	辛丑(신축)	壬寅(임인)	癸卯(계묘)	甲辰(갑진)	乙巳(을사)	丙午(병오)	丁未(정미)	戊申(무신)	己酉(기유)	庚戌(경술)	辛亥(신해)	壬子(임자)	癸丑(계축)	甲寅(갑인)	乙卯(을묘)	丙辰(병진)	丁巳(정사)	戊午(무오)	己未(기미)	庚申(경신)	辛酉(신유)	壬戌(임술)
절기시각									申正															戌初						
대운 순행	3	2	2	2	1	1	1	1	10	10	9	9	9	8	8	8	7	7	7	6	6	6	5	5	5	4	4	4	3	3
대운 역행	8	8	8	9	9	9	10	10	10	1	1	1	2	2	2	3	3	3	4	4	4	5	5	5	6	6	6	7	7	7

10 月 乙 亥(을해) 小

절기									입동															소설						
음력	一	二	三	四	五	六	七	八	九	十	十一	十二	十三	十四	十五	十六	十七	十八	十九	二十	廿一	廿二	廿三	廿四	廿五	廿六	廿七	廿八	廿九	
양력 월/일	10/30	31	11/1	2	3	4	5	6	7	8	9	10	11	12	13	14	15	16	17	18	19	20	21	22	23	24	25	26	27	
일진	癸亥(계해)	甲子(갑자)	乙丑(을축)	丙寅(병인)	丁卯(정묘)	戊辰(무진)	己巳(기사)	庚午(경오)	辛未(신미)	壬申(임신)	癸酉(계유)	甲戌(갑술)	乙亥(을해)	丙子(병자)	丁丑(정축)	戊寅(무인)	己卯(기묘)	庚辰(경진)	辛巳(신사)	壬午(임오)	癸未(계미)	甲申(갑신)	乙酉(을유)	丙戌(병술)	丁亥(정해)	戊子(무자)	己丑(기축)	庚寅(경인)	辛卯(신묘)	
절기시각									戌初															申正						
대운 순행	3	2	2	2	1	1	1	1	10	10	9	9	9	8	8	8	7	7	7	6	6	6	5	5	5	4	4	4	3	
대운 역행	8	8	8	9	9	9	10	10	10	1	1	1	2	2	2	3	3	3	4	4	4	5	5	5	6	6	6	7	7	

11 月 丙 子(병자) 大

절기										대설															동지					
음력	一	二	三	四	五	六	七	八	九	十	十一	十二	十三	十四	十五	十六	十七	十八	十九	二十	廿一	廿二	廿三	廿四	廿五	廿六	廿七	廿八	廿九	三十
양력 월/일	11/28	29	30	12/1	2	3	4	5	6	7	8	9	10	11	12	13	14	15	16	17	18	19	20	21	22	23	24	25	26	27
일진	壬辰(임진)	癸巳(계사)	甲午(갑오)	乙未(을미)	丙申(병신)	丁酉(정유)	戊戌(무술)	己亥(기해)	庚子(경자)	辛丑(신축)	壬寅(임인)	癸卯(계묘)	甲辰(갑진)	乙巳(을사)	丙午(병오)	丁未(정미)	戊申(무신)	己酉(기유)	庚戌(경술)	辛亥(신해)	壬子(임자)	癸丑(계축)	甲寅(갑인)	乙卯(을묘)	丙辰(병진)	丁巳(정사)	戊午(무오)	己未(기미)	庚申(경신)	辛酉(신유)
절기시각										午正															卯正					
대운 순행	3	3	2	2	2	1	1	1	1	10	9	9	9	8	8	8	7	7	7	6	6	6	5	5	5	4	4	4	3	3
대운 역행	7	8	8	8	9	9	9	10	10	10	1	1	1	2	2	2	3	3	3	4	4	4	5	5	5	6	6	6	7	7

12 月 丁 丑(정축) 大

절기									소한															대한						
음력	一	二	三	四	五	六	七	八	九	十	十一	十二	十三	十四	十五	十六	十七	十八	十九	二十	廿一	廿二	廿三	廿四	廿五	廿六	廿七	廿八	廿九	三十
양력 월/일	12/28	29	30	31	1/1	2	3	4	5	6	7	8	9	10	11	12	13	14	15	16	17	18	19	20	21	22	23	24	25	26
일진	壬戌(임술)	癸亥(계해)	甲子(갑자)	乙丑(을축)	丙寅(병인)	丁卯(정묘)	戊辰(무진)	己巳(기사)	庚午(경오)	辛未(신미)	壬申(임신)	癸酉(계유)	甲戌(갑술)	乙亥(을해)	丙子(병자)	丁丑(정축)	戊寅(무인)	己卯(기묘)	庚辰(경진)	辛巳(신사)	壬午(임오)	癸未(계미)	甲申(갑신)	乙酉(을유)	丙戌(병술)	丁亥(정해)	戊子(무자)	己丑(기축)	庚寅(경인)	辛卯(신묘)
절기시각									子初															申正						
대운 순행	3	2	2	2	1	1	1	1	10	10	9	9	9	8	8	8	7	7	7	6	6	6	5	5	5	4	4	4	3	3
대운 역행	7	8	8	8	9	9	9	10	10	1	1	1	2	2	2	3	3	3	4	4	4	5	5	5	6	6	6	7	7	7

단기 4323 년
불기 2534 년

1990년 庚午(경오)年

1 月 戊寅(무인) 小

절기									입춘															우수						
음력	一	二	三	四	五	六	七	八	九	十	十一	十二	十三	十四	十五	十六	十七	十八	十九	二十	廿一	廿二	廿三	廿四	廿五	廿六	廿七	廿八	廿九	
양력 월/일	1/27	28	29	30	31	2/1	2	3	4	5	6	7	8	9	10	11	12	13	14	15	16	17	18	19	20	21	22	23	24	
일진	壬辰(임진)	癸巳(계사)	甲午(갑오)	乙未(을미)	丙申(병신)	丁酉(정유)	戊戌(무술)	己亥(기해)	庚子(경자)	辛丑(신축)	壬寅(임인)	癸卯(계묘)	甲辰(갑진)	乙巳(을사)	丙午(병오)	丁未(정미)	戊申(무신)	己酉(기유)	庚戌(경술)	辛亥(신해)	壬子(임자)	癸丑(계축)	甲寅(갑인)	乙卯(을묘)	丙辰(병진)	丁巳(정사)	戊午(무오)	己未(기미)	庚申(경신)	
절기시각									午初															卯正						
대운 순행	3	2	2	2	1	1	1	1	10	10	9	9	9	8	8	8	7	7	7	6	6	6	5	5	5	4	4	4	3	
대운 역행	8	8	8	9	9	9	10	10	10	1	1	1	2	2	2	3	3	3	4	4	4	5	5	5	6	6	6	7	7	

2 月 己卯(기묘) 大

절기										경칩															춘분					
음력	一	二	三	四	五	六	七	八	九	十	十一	十二	十三	十四	十五	十六	十七	十八	十九	二十	廿一	廿二	廿三	廿四	廿五	廿六	廿七	廿八	廿九	三十
양력 월/일	2/25	26	27	28	3/1	2	3	4	5	6	7	8	9	10	11	12	13	14	15	16	17	18	19	20	21	22	23	24	25	26
일진	辛酉(신유)	壬戌(임술)	癸亥(계해)	甲子(갑자)	乙丑(을축)	丙寅(병인)	丁卯(정묘)	戊辰(무진)	己巳(기사)	庚午(경오)	辛未(신미)	壬申(임신)	癸酉(계유)	甲戌(갑술)	乙亥(을해)	丙子(병자)	丁丑(정축)	戊寅(무인)	己卯(기묘)	庚辰(경진)	辛巳(신사)	壬午(임오)	癸未(계미)	甲申(갑신)	乙酉(을유)	丙戌(병술)	丁亥(정해)	戊子(무자)	己丑(기축)	庚寅(경인)
절기시각										卯初															卯正					
대운 순행	3	3	2	2	2	1	1	1	1	10	10	9	9	9	8	8	8	7	7	7	6	6	6	5	5	5	4	4	4	3
대운 역행	7	8	8	8	9	9	9	10	10	10	1	1	1	2	2	2	3	3	3	4	4	4	5	5	5	6	6	6	7	7

3 月 庚辰(경진) 小

절기										청명															곡우					
음력	一	二	三	四	五	六	七	八	九	十	十一	十二	十三	十四	十五	十六	十七	十八	十九	二十	廿一	廿二	廿三	廿四	廿五	廿六	廿七	廿八	廿九	
양력 월/일	3/27	28	29	30	31	4/1	2	3	4	5	6	7	8	9	10	11	12	13	14	15	16	17	18	19	20	21	22	23	24	
일진	辛卯(신묘)	壬辰(임진)	癸巳(계사)	甲午(갑오)	乙未(을미)	丙申(병신)	丁酉(정유)	戊戌(무술)	己亥(기해)	庚子(경자)	辛丑(신축)	壬寅(임인)	癸卯(계묘)	甲辰(갑진)	乙巳(을사)	丙午(병오)	丁未(정미)	戊申(무신)	己酉(기유)	庚戌(경술)	辛亥(신해)	壬子(임자)	癸丑(계축)	甲寅(갑인)	乙卯(을묘)	丙辰(병진)	丁巳(정사)	戊午(무오)	己未(기미)	
절기시각										巳正															酉初					
대운 순행	3	3	2	2	2	1	1	1	1	10	10	10	9	9	9	8	8	8	7	7	7	6	6	6	5	5	5	4	4	
대운 역행	7	8	8	8	9	9	9	10	10	10	1	1	1	2	2	2	3	3	3	4	4	4	5	5	5	6	6	6	7	

4 月 辛巳(신사) 小

절기												입하															소만			
음력	一	二	三	四	五	六	七	八	九	十	十一	十二	十三	十四	十五	十六	十七	十八	十九	二十	廿一	廿二	廿三	廿四	廿五	廿六	廿七	廿八	廿九	
양력 월/일	4/25	26	27	28	29	30	5/1	2	3	4	5	6	7	8	9	10	11	12	13	14	15	16	17	18	19	20	21	22	23	
일진	庚申(경신)	辛酉(신유)	壬戌(임술)	癸亥(계해)	甲子(갑자)	乙丑(을축)	丙寅(병인)	丁卯(정묘)	戊辰(무진)	己巳(기사)	庚午(경오)	辛未(신미)	壬申(임신)	癸酉(계유)	甲戌(갑술)	乙亥(을해)	丙子(병자)	丁丑(정축)	戊寅(무인)	己卯(기묘)	庚辰(경진)	辛巳(신사)	壬午(임오)	癸未(계미)	甲申(갑신)	乙酉(을유)	丙戌(병술)	丁亥(정해)	戊子(무자)	
절기시각												寅初															申正			
대운 순행	4	3	3	3	2	2	2	1	1	1	1	10	10	10	9	9	9	8	8	8	7	7	7	6	6	6	5	5	5	
대운 역행	7	7	8	8	8	9	9	9	10	10	10	10	1	1	1	2	2	2	3	3	3	4	4	4	5	5	5	6	6	

5 月 壬午(임오) 大

절기														망종																하지
음력	一	二	三	四	五	六	七	八	九	十	十一	十二	十三	十四	十五	十六	十七	十八	十九	二十	廿一	廿二	廿三	廿四	廿五	廿六	廿七	廿八	廿九	三十
양력 월/일	5/24	25	26	27	28	29	30	31	6/1	2	3	4	5	6	7	8	9	10	11	112	13	14	15	16	17	18	19	20	21	22
일진	己丑(기축)	庚寅(경인)	辛卯(신묘)	壬辰(임진)	癸巳(계사)	甲午(갑오)	乙未(을미)	丙申(병신)	丁酉(정유)	戊戌(무술)	己亥(기해)	庚子(경자)	辛丑(신축)	壬寅(임인)	癸卯(계묘)	甲辰(갑진)	乙巳(을사)	丙午(병오)	丁未(정미)	戊申(무신)	己酉(기유)	庚戌(경술)	辛亥(신해)	壬子(임자)	癸丑(계축)	甲寅(갑인)	乙卯(을묘)	丙辰(병진)	丁巳(정사)	戊午(무오)
절기시각														辰初																子正
대운 순행	4	4	4	3	3	3	2	2	2	1	1	1	1	10	10	10	9	9	9	8	8	8	7	7	7	6	6	6	5	5
대운 역행	6	7	7	7	8	8	8	9	9	9	10	10	10	10	1	1	1	2	2	2	3	3	3	4	4	4	5	5	5	6

閏 5 月 壬午(임오) 小

절기															소서															
음력	一	二	三	四	五	六	七	八	九	十	十一	十二	十三	十四	十五	十六	十七	十八	十九	二十	廿一	廿二	廿三	廿四	廿五	廿六	廿七	廿八	廿九	
양력 월/일	6/23	24	25	26	27	28	29	30	7/1	2	3	4	5	6	7	8	9	10	11	12	13	14	15	16	17	18	19	20	21	
일진	己未(기미)	庚申(경신)	辛酉(신유)	壬戌(임술)	癸亥(계해)	甲子(갑자)	乙丑(을축)	丙寅(병인)	丁卯(정묘)	戊辰(무진)	己巳(기사)	庚午(경오)	辛未(신미)	壬申(임신)	癸酉(계유)	甲戌(갑술)	乙亥(을해)	丙子(병자)	丁丑(정축)	戊寅(무인)	己卯(기묘)	庚辰(경진)	辛巳(신사)	壬午(임오)	癸未(계미)	甲申(갑신)	乙酉(을유)	丙戌(병술)	丁亥(정해)	
절기시각															酉正															
대운 순행	5	4	4	4	3	3	3	2	2	2	1	1	1	1	10	10	10	10	9	9	9	8	8	8	7	7	7	6	6	
대운 역행	6	6	7	7	7	8	8	8	9	9	9	10	10	10	10	1	1	1	2	2	2	3	3	3	4	4	4	5	5	

東 大將	申 喪門	辰 弔客	北 三殺

6 月 癸 未(계미) 小

절기		대서																입추												
음력	一	二	三	四	五	六	七	八	九	十	十一	十二	十三	十四	十五	十六	十七	十八	十九	廿	廿一	廿二	廿三	廿四	廿五	廿六	廿七	廿八	廿九	
양력 월/일	7/22	23	24	25	26	27	28	29	30	31	8/1	2	3	4	5	6	7	8	9	10	11	12	13	14	15	16	17	18	19	
일진	戊子(무자)	己丑(기축)	庚寅(경인)	辛卯(신묘)	壬辰(임진)	癸巳(계사)	甲午(갑오)	乙未(을미)	丙申(병신)	丁酉(정유)	戊戌(무술)	己亥(기해)	庚子(경자)	辛丑(신축)	壬寅(임인)	癸卯(계묘)	甲辰(갑진)	乙巳(을사)	丙午(병오)	丁未(정미)	戊申(무신)	己酉(기유)	庚戌(경술)	辛亥(신해)	壬子(임자)	癸丑(계축)	甲寅(갑인)	乙卯(을묘)	丙辰(병진)	
절기시각		午初																寅初												
대운 순행	6	5	5	5	4	4	4	3	3	3	2	2	2	1	1	1	1	10	10	10	9	9	9	8	8	8	7	7	7	
대운 역행	5	6	6	6	7	7	7	8	8	8	9	9	9	10	10	10	10	10	1	1	1	2	2	2	3	3	3	4	4	

7 月 甲 申(갑신) 大

절기				처서																백로										
음력	一	二	三	四	五	六	七	八	九	十	十一	十二	十三	十四	十五	十六	十七	十八	十九	廿	廿一	廿二	廿三	廿四	廿五	廿六	廿七	廿八	廿九	三十
양력 월/일	8/20	21	22	23	24	25	26	27	28	29	30	31	9/1	2	3	4	5	6	7	8	9	10	11	12	13	14	15	16	17	18
일진	丁巳(정사)	戊午(무오)	己未(기미)	庚申(경신)	辛酉(신유)	壬戌(임술)	癸亥(계해)	甲子(갑자)	乙丑(을축)	丙寅(병인)	丁卯(정묘)	戊辰(무진)	己巳(기사)	庚午(경오)	辛未(신미)	壬申(임신)	癸酉(계유)	甲戌(갑술)	乙亥(을해)	丙子(병자)	丁丑(정축)	戊寅(무인)	己卯(기묘)	庚辰(경진)	辛巳(신사)	壬午(임오)	癸未(계미)	甲申(갑신)	乙酉(을유)	丙戌(병술)
절기시각				酉正																卯正										
대운 순행	6	6	6	5	5	5	4	4	4	3	3	3	2	2	2	1	1	1	1	10	10	9	9	9	8	8	8	7	7	7
대운 역행	4	5	5	5	6	6	6	7	7	7	8	8	8	9	9	9	10	10	10	10	1	1	1	2	2	2	3	3	3	4

8 月 乙 酉(을유) 大

절기					추분															한로										
음력	一	二	三	四	五	六	七	八	九	十	十一	十二	十三	十四	十五	十六	十七	十八	十九	廿	廿一	廿二	廿三	廿四	廿五	廿六	廿七	廿八	廿九	三十
양력 월/일	9/19	20	21	22	23	24	25	26	27	28	29	30	10/1	2	3	4	5	6	7	8	9	10	11	12	13	14	15	16	17	18
일진	丁亥(정해)	戊子(무자)	己丑(기축)	庚寅(경인)	辛卯(신묘)	壬辰(임진)	癸巳(계사)	甲午(갑오)	乙未(을미)	丙申(병신)	丁酉(정유)	戊戌(무술)	己亥(기해)	庚子(경자)	辛丑(신축)	壬寅(임인)	癸卯(계묘)	甲辰(갑진)	乙巳(을사)	丙午(병오)	丁未(정미)	戊申(무신)	己酉(기유)	庚戌(경술)	辛亥(신해)	壬子(임자)	癸丑(계축)	甲寅(갑인)	乙卯(을묘)	丙辰(병진)
절기시각					申正															亥正										
대운 순행	6	6	6	5	5	5	4	4	4	3	3	3	2	2	2	1	1	1	1	10	10	10	9	9	9	8	8	8	7	7
대운 역행	4	4	5	5	5	6	6	6	7	7	7	8	8	8	9	9	9	10	10	10	1	1	1	2	2	2	3	3	3	4

9 月 丙 戌(병술) 小

절기						상강															입동									
음력	一	二	三	四	五	六	七	八	九	十	十一	十二	十三	十四	十五	十六	十七	十八	十九	廿	廿一	廿二	廿三	廿四	廿五	廿六	廿七	廿八	廿九	
양력 월/일	10/19	20	21	22	23	24	25	26	27	28	29	30	31	11/1	2	3	4	5	6	7	8	9	10	11	12	13	14	15	16	
일진	丁巳(정사)	戊午(무오)	己未(기미)	庚申(경신)	辛酉(신유)	壬戌(임술)	癸亥(계해)	甲子(갑자)	乙丑(을축)	丙寅(병인)	丁卯(정묘)	戊辰(무진)	己巳(기사)	庚午(경오)	辛未(신미)	壬申(임신)	癸酉(계유)	甲戌(갑술)	乙亥(을해)	丙子(병자)	丁丑(정축)	戊寅(무인)	己卯(기묘)	庚辰(경진)	辛巳(신사)	壬午(임오)	癸未(계미)	甲申(갑신)	乙酉(을유)	
절기시각						丑初															丑初									
대운 순행	7	6	6	6	5	5	5	4	4	4	3	3	3	2	2	2	1	1	1	1	10	9	9	9	8	8	8	7	7	
대운 역행	4	4	5	5	5	6	6	6	7	7	7	8	8	8	9	9	9	10	10	10	10	1	1	1	2	2	2	3	3	

10 月 丁 亥(정해) 大

절기						소설															대설									
음력	一	二	三	四	五	六	七	八	九	十	十一	十二	十三	十四	十五	十六	十七	十八	十九	廿	廿一	廿二	廿三	廿四	廿五	廿六	廿七	廿八	廿九	三十
양력 월/일	11/17	18	19	20	21	22	23	24	25	26	27	28	29	30	12/1	2	3	4	5	6	7	8	9	10	11	12	13	14	15	16
일진	丙戌(병술)	丁亥(정해)	戊子(무자)	己丑(기축)	庚寅(경인)	辛卯(신묘)	壬辰(임진)	癸巳(계사)	甲午(갑오)	乙未(을미)	丙申(병신)	丁酉(정유)	戊戌(무술)	己亥(기해)	庚子(경자)	辛丑(신축)	壬寅(임인)	癸卯(계묘)	甲辰(갑진)	乙巳(을사)	丙午(병오)	丁未(정미)	戊申(무신)	己酉(기유)	庚戌(경술)	辛亥(신해)	壬子(임자)	癸丑(계축)	甲寅(갑인)	乙卯(을묘)
절기시각						亥正															酉正									
대운 순행	7	6	6	6	5	5	5	4	4	4	3	3	3	2	2	2	1	1	1	1	10	10	9	9	9	8	8	8	7	7
대운 역행	3	4	4	4	5	5	5	6	6	6	7	7	7	8	8	8	9	9	9	10	10	1	1	1	2	2	2	3	3	3

11 月 戊 子(무자) 小

절기						동지															소한									
음력	一	二	三	四	五	六	七	八	九	十	十一	十二	十三	十四	十五	十六	十七	十八	十九	廿	廿一	廿二	廿三	廿四	廿五	廿六	廿七	廿八	廿九	三十
양력 월/일	12/17	18	19	20	21	22	23	24	25	26	27	28	29	30	31	1/1	2	3	4	5	6	7	8	9	10	11	12	13	14	15
일진	丙辰(병진)	丁巳(정사)	戊午(무오)	己未(기미)	庚申(경신)	辛酉(신유)	壬戌(임술)	癸亥(계해)	甲子(갑자)	乙丑(을축)	丙寅(병인)	丁卯(정묘)	戊辰(무진)	己巳(기사)	庚午(경오)	辛未(신미)	壬申(임신)	癸酉(계유)	甲戌(갑술)	乙亥(을해)	丙子(병자)	丁丑(정축)	戊寅(무인)	己卯(기묘)	庚辰(경진)	辛巳(신사)	壬午(임오)	癸未(계미)	甲申(갑신)	乙酉(을유)
절기시각						午正															卯初									
대운 순행	7	6	6	6	5	5	5	4	4	4	3	3	3	2	2	2	1	1	1	1	10	9	9	9	8	8	8	7	7	7
대운 역행	4	4	4	5	5	5	6	6	6	7	7	7	8	8	8	9	9	9	10	10	10	1	1	1	2	2	2	3	3	3

12 月 己 丑(기축) 大

절기					대한															입춘										
음력	一	二	三	四	五	六	七	八	九	十	十一	十二	十三	十四	十五	十六	十七	十八	十九	廿	廿一	廿二	廿三	廿四	廿五	廿六	廿七	廿八	廿九	三十
양력 월/일	1/16	17	18	19	20	21	22	23	24	25	26	27	28	29	30	31	2/1	2	3	4	5	6	7	8	9	10	11	12	13	14
일진	丙戌(병술)	丁亥(정해)	戊子(무자)	己丑(기축)	庚寅(경인)	辛卯(신묘)	壬辰(임진)	癸巳(계사)	甲午(갑오)	乙未(을미)	丙申(병신)	丁酉(정유)	戊戌(무술)	己亥(기해)	庚子(경자)	辛丑(신축)	壬寅(임인)	癸卯(계묘)	甲辰(갑진)	乙巳(을사)	丙午(병오)	丁未(정미)	戊申(무신)	己酉(기유)	庚戌(경술)	辛亥(신해)	壬子(임자)	癸丑(계축)	甲寅(갑인)	乙卯(을묘)
절기시각					亥正															申正										
대운 순행	6	6	6	5	5	5	4	4	4	3	3	3	2	2	2	1	1	1	1	10	10	9	9	9	8	8	8	7	7	7
대운 역행	4	4	4	5	5	5	6	6	6	7	7	7	8	8	8	9	9	9	10	10	1	1	1	2	2	2	3	3	3	4

단기 4324 년
불기 2535 년

1991년 辛未(신미)年

1 月 庚寅(경인) 小

절기					우수															경칩									
음력	一	二	三	四	五	六	七	八	九	十	十一	十二	十三	十四	十五	十六	十七	十八	十九	二十	廿一	廿二	廿三	廿四	廿五	廿六	廿七	廿八	廿九
양력 월/일	2/15	16	17	18	19	20	21	22	23	24	25	26	27	28	3/1	2	3	4	5	6	7	8	9	10	11	12	13	14	15
일진	丙辰(병진)	丁巳(정사)	戊午(무오)	己未(기미)	庚申(경신)	辛酉(신유)	壬戌(임술)	癸亥(계해)	甲子(갑자)	乙丑(을축)	丙寅(병인)	丁卯(정묘)	戊辰(무진)	己巳(기사)	庚午(경오)	辛未(신미)	壬申(임신)	癸酉(계유)	甲戌(갑술)	乙亥(을해)	丙子(병자)	丁丑(정축)	戊寅(무인)	己卯(기묘)	庚辰(경진)	辛巳(신사)	壬午(임오)	癸未(계미)	甲申(갑신)
절기시각					午正															巳正									
대운 순행	6	6	6	5	5	5	4	4	4	3	3	3	2	2	2	1	1	1	1	10	10	9	9	9	8	8	8	7	7
대운 역행	4	4	5	5	5	6	6	6	7	7	7	8	8	8	9	9	9	10	10	10	1	1	1	2	2	2	3	3	3

2 月 辛卯(신묘) 大

절기						춘분															청명									
음력	一	二	三	四	五	六	七	八	九	十	十一	十二	十三	十四	十五	十六	十七	十八	十九	二十	廿一	廿二	廿三	廿四	廿五	廿六	廿七	廿八	廿九	三十
양력 월/일	3/16	17	18	19	20	21	22	23	24	25	26	27	28	29	30	31	4/1	2	3	4	5	6	7	8	9	10	11	12	13	14
일진	乙酉(을유)	丙戌(병술)	丁亥(정해)	戊子(무자)	己丑(기축)	庚寅(경인)	辛卯(신묘)	壬辰(임진)	癸巳(계사)	甲午(갑오)	乙未(을미)	丙申(병신)	丁酉(정유)	戊戌(무술)	己亥(기해)	庚子(경자)	辛丑(신축)	壬寅(임인)	癸卯(계묘)	甲辰(갑진)	乙巳(을사)	丙午(병오)	丁未(정미)	戊申(무신)	己酉(기유)	庚戌(경술)	辛亥(신해)	壬子(임자)	癸丑(계축)	甲寅(갑인)
절기시각						午初															申初									
대운 순행	7	6	6	6	5	5	5	4	4	4	3	3	3	2	2	2	1	1	1	1	10	10	10	9	9	9	8	8	8	7
대운 역행	4	4	4	5	5	5	6	6	6	7	7	7	8	8	8	9	9	9	10	10	10	1	1	1	2	2	2	3	3	3

3 月 壬辰(임진) 小

절기						곡우																입하							
음력	一	二	三	四	五	六	七	八	九	十	十一	十二	十三	十四	十五	十六	十七	十八	十九	二十	廿一	廿二	廿三	廿四	廿五	廿六	廿七	廿八	廿九
양력 월/일	4/15	16	17	18	19	20	21	22	23	24	25	26	27	28	29	30	5/1	2	3	4	5	6	7	8	9	10	11	12	13
일진	乙卯(을묘)	丙辰(병진)	丁巳(정사)	戊午(무오)	己未(기미)	庚申(경신)	辛酉(신유)	壬戌(임술)	癸亥(계해)	甲子(갑자)	乙丑(을축)	丙寅(병인)	丁卯(정묘)	戊辰(무진)	己巳(기사)	庚午(경오)	辛未(신미)	壬申(임신)	癸酉(계유)	甲戌(갑술)	乙亥(을해)	丙子(병자)	丁丑(정축)	戊寅(무인)	己卯(기묘)	庚辰(경진)	辛巳(신사)	壬午(임오)	癸未(계미)
절기시각						亥初																巳初							
대운 순행	7	7	6	6	6	5	5	5	4	4	4	3	3	3	2	2	2	1	1	1	1	10	10	10	9	9	9	8	8
대운 역행	4	4	4	5	5	5	6	6	6	7	7	7	8	8	8	9	9	9	10	10	10	10	1	1	1	2	2	2	3

4 月 癸巳(계사) 小

절기								소만																망종					
음력	一	二	三	四	五	六	七	八	九	十	十一	十二	十三	十四	十五	十六	十七	十八	十九	二十	廿一	廿二	廿三	廿四	廿五	廿六	廿七	廿八	廿九
양력 월/일	5/14	15	16	17	18	19	20	21	22	23	24	25	26	27	28	29	30	31	6/1	2	3	4	5	6	7	8	9	10	11
일진	甲申(갑신)	乙酉(을유)	丙戌(병술)	丁亥(정해)	戊子(무자)	己丑(기축)	庚寅(경인)	辛卯(신묘)	壬辰(임진)	癸巳(계사)	甲午(갑오)	乙未(을미)	丙申(병신)	丁酉(정유)	戊戌(무술)	己亥(기해)	庚子(경자)	辛丑(신축)	壬寅(임인)	癸卯(계묘)	甲辰(갑진)	乙巳(을사)	丙午(병오)	丁未(정미)	戊申(무신)	己酉(기유)	庚戌(경술)	辛亥(신해)	壬子(임자)
절기시각								亥正																未初					
대운 순행	8	7	7	7	6	6	6	5	5	5	4	4	4	3	3	3	2	2	2	1	1	1	1	10	10	10	9	9	9
대운 역행	3	3	4	4	4	5	5	5	6	6	6	7	7	7	8	8	8	9	9	9	10	10	10	10	1	1	1	2	2

5 月 甲午(갑오) 大

절기											하지															소서				
음력	一	二	三	四	五	六	七	八	九	十	十一	十二	十三	十四	十五	十六	十七	十八	十九	二十	廿一	廿二	廿三	廿四	廿五	廿六	廿七	廿八	廿九	三十
양력 월/일	6/12	13	14	15	16	17	18	19	20	21	22	23	24	25	26	27	28	29	30	7/1	2	3	4	5	6	7	8	9	10	11
일진	癸丑(계축)	甲寅(갑인)	乙卯(을묘)	丙辰(병진)	丁巳(정사)	戊午(무오)	己未(기미)	庚申(경신)	辛酉(신유)	壬戌(임술)	癸亥(계해)	甲子(갑자)	乙丑(을축)	丙寅(병인)	丁卯(정묘)	戊辰(무진)	己巳(기사)	庚午(경오)	辛未(신미)	壬申(임신)	癸酉(계유)	甲戌(갑술)	乙亥(을해)	丙子(병자)	丁丑(정축)	戊寅(무인)	己卯(기묘)	庚辰(경진)	辛巳(신사)	壬午(임오)
절기시각											卯正															子初				
대운 순행	8	8	8	7	7	7	6	6	6	5	5	5	4	4	4	3	3	3	2	2	2	1	1	1	1	10	10	10	10	9
대운 역행	2	3	3	3	4	4	4	5	5	5	6	6	6	7	7	7	8	8	8	9	9	9	10	10	10	10	1	1	1	2

6 月 乙未(을미) 小

절기												대서																입추	
음력	一	二	三	四	五	六	七	八	九	十	十一	十二	十三	十四	十五	十六	十七	十八	十九	二十	廿一	廿二	廿三	廿四	廿五	廿六	廿七	廿八	廿九
양력 월/일	7/12	13	14	15	16	17	18	19	20	21	22	23	24	25	26	27	28	29	30	31	8/1	2	3	4	5	6	7	8	9
일진	癸未(계미)	甲申(갑신)	乙酉(을유)	丙戌(병술)	丁亥(정해)	戊子(무자)	己丑(기축)	庚寅(경인)	辛卯(신묘)	壬辰(임진)	癸巳(계사)	甲午(갑오)	乙未(을미)	丙申(병신)	丁酉(정유)	戊戌(무술)	己亥(기해)	庚子(경자)	辛丑(신축)	壬寅(임인)	癸卯(계묘)	甲辰(갑진)	乙巳(을사)	丙午(병오)	丁未(정미)	戊申(무신)	己酉(기유)	庚戌(경술)	辛亥(신해)
절기시각												酉初																巳初	
대운 순행	9	9	8	8	8	7	7	7	6	6	6	5	5	5	4	4	4	3	3	3	2	2	2	1	1	1	1	10	10
대운 역행	2	2	3	3	3	4	4	4	5	5	5	6	6	6	7	7	7	8	8	8	9	9	9	10	10	10	10	10	1

東 大將	酉 喪門	巳 弔客	西 三殺

7 月 丙 申(병신) 小

절기															처서															
음력	一	二	三	四	五	六	七	八	九	十	十一	十二	十三	十四	十五	十六	十七	十八	十九	二十	廿一	廿二	廿三	廿四	廿五	廿六	廿七	廿八	廿九	
양력 월/일	8/10	11	12	13	14	15	16	17	18	19	20	21	22	23	24	25	26	27	28	29	30	31	9/1	2	3	4	5	6	7	
일진	壬子(임자)	癸丑(계축)	甲寅(갑인)	乙卯(을묘)	丙辰(병진)	丁巳(정사)	戊午(무오)	己未(기미)	庚申(경신)	辛酉(신유)	壬戌(임술)	癸亥(계해)	甲子(갑자)	乙丑(을축)	丙寅(병인)	丁卯(정묘)	戊辰(무진)	己巳(기사)	庚午(경오)	辛未(신미)	壬申(임신)	癸酉(계유)	甲戌(갑술)	乙亥(을해)	丙子(병자)	丁丑(정축)	戊寅(무인)	己卯(기묘)	庚辰(경진)	
절기시각															子正															
대운 순행	10	9	9	9	8	8	8	7	7	7	6	6	6	5	5	5	4	4	4	3	3	3	2	2	2	1	1	1	1	
대운 역행	1	1	2	2	2	3	3	3	4	4	4	5	5	5	6	6	6	7	7	7	8	8	8	9	9	9	10	10	10	

8 月 丁 酉(정유) 大

절기	백로															추분														
음력	一	二	三	四	五	六	七	八	九	十	十一	十二	十三	十四	十五	十六	十七	十八	十九	二十	廿一	廿二	廿三	廿四	廿五	廿六	廿七	廿八	廿九	三十
양력 월/일	9/8	9	10	11	12	13	14	15	16	17	18	19	20	21	22	23	24	25	26	27	28	29	30	10/1	2	3	4	5	6	7
일진	辛巳(신사)	壬午(임오)	癸未(계미)	甲申(갑신)	乙酉(을유)	丙戌(병술)	丁亥(정해)	戊子(무자)	己丑(기축)	庚寅(경인)	辛卯(신묘)	壬辰(임진)	癸巳(계사)	甲午(갑오)	乙未(을미)	丙申(병신)	丁酉(정유)	戊戌(무술)	己亥(기해)	庚子(경자)	辛丑(신축)	壬寅(임인)	癸卯(계묘)	甲辰(갑진)	乙巳(을사)	丙午(병오)	丁未(정미)	戊申(무신)	己酉(기유)	庚戌(경술)
절기시각	午正															亥初														
대운 순행	10	10	10	9	9	9	8	8	8	7	7	7	6	6	6	5	5	5	4	4	4	3	3	3	2	2	2	1	1	1
대운 역행	10	1	1	1	2	2	2	3	3	3	4	4	4	5	5	5	6	6	6	7	7	7	8	8	8	9	9	9	10	10

9 月 戊 戌(무술) 小

절기		한로															상강													
음력	一	二	三	四	五	六	七	八	九	十	十一	十二	十三	十四	十五	十六	十七	十八	十九	二十	廿一	廿二	廿三	廿四	廿五	廿六	廿七	廿八	廿九	
양력 월/일	10/8	9	10	11	12	13	14	15	16	17	18	19	20	21	22	23	24	25	26	27	28	29	30	31	11/1	2	3	4	5	
일진	辛亥(신해)	壬子(임자)	癸丑(계축)	甲寅(갑인)	乙卯(을묘)	丙辰(병진)	丁巳(정사)	戊午(무오)	己未(기미)	庚申(경신)	辛酉(신유)	壬戌(임술)	癸亥(계해)	甲子(갑자)	乙丑(을축)	丙寅(병인)	丁卯(정묘)	戊辰(무진)	己巳(기사)	庚午(경오)	辛未(신미)	壬申(임신)	癸酉(계유)	甲戌(갑술)	乙亥(을해)	丙子(병자)	丁丑(정축)	戊寅(무인)	己卯(기묘)	
절기시각		寅正															辰初													
대운 순행	1	10	10	9	9	9	8	8	8	7	7	7	6	6	6	5	5	5	4	4	4	3	3	3	2	2	2	1	1	
대운 역행	10	10	1	1	1	2	2	2	3	3	3	4	4	4	5	5	5	6	6	6	7	7	7	8	8	8	9	9	9	

10 月 己 亥(기해) 大

절기			입동															소설												
음력	一	二	三	四	五	六	七	八	九	十	十一	十二	十三	十四	十五	十六	十七	十八	十九	二十	廿一	廿二	廿三	廿四	廿五	廿六	廿七	廿八	廿九	三十
양력 월/일	11/6	7	8	9	10	11	12	13	14	15	16	17	18	19	20	21	22	23	24	25	26	27	28	29	30	12/1	2	3	4	5
일진	庚辰(경진)	辛巳(신사)	壬午(임오)	癸未(계미)	甲申(갑신)	乙酉(을유)	丙戌(병술)	丁亥(정해)	戊子(무자)	己丑(기축)	庚寅(경인)	辛卯(신묘)	壬辰(임진)	癸巳(계사)	甲午(갑오)	乙未(을미)	丙申(병신)	丁酉(정유)	戊戌(무술)	己亥(기해)	庚子(경자)	辛丑(신축)	壬寅(임인)	癸卯(계묘)	甲辰(갑진)	乙巳(을사)	丙午(병오)	丁未(정미)	戊申(무신)	己酉(기유)
절기시각			辰初															寅正												
대운 순행	1	1	10	9	9	9	8	8	8	7	7	7	6	6	6	5	5	5	4	4	4	3	3	3	2	2	2	1	1	1
대운 역행	10	10	10	1	1	1	2	2	2	3	3	3	4	4	4	5	5	5	6	6	6	7	7	7	8	8	8	9	9	9

11 月 庚 子(경자) 大

절기			대설														동지													
음력	一	二	三	四	五	六	七	八	九	十	十一	十二	十三	十四	十五	十六	十七	十八	十九	二十	廿一	廿二	廿三	廿四	廿五	廿六	廿七	廿八	廿九	三十
양력 월/일	12/6	7	8	9	10	11	12	13	14	15	16	17	18	19	20	21	22	23	24	25	26	27	28	29	30	31	1/1	2	3	4
일진	庚戌(경술)	辛亥(신해)	壬子(임자)	癸丑(계축)	甲寅(갑인)	乙卯(을묘)	丙辰(병진)	丁巳(정사)	戊午(무오)	己未(기미)	庚申(경신)	辛酉(신유)	壬戌(임술)	癸亥(계해)	甲子(갑자)	乙丑(을축)	丙寅(병인)	丁卯(정묘)	戊辰(무진)	己巳(기사)	庚午(경오)	辛未(신미)	壬申(임신)	癸酉(계유)	甲戌(갑술)	乙亥(을해)	丙子(병자)	丁丑(정축)	戊寅(무인)	己卯(기묘)
절기시각			子初														酉初													
대운 순행	1	10	10	9	9	9	8	8	8	7	7	7	6	6	6	5	5	5	4	4	4	3	3	3	2	2	2	1	1	1
대운 역행	10	10	1	1	1	2	2	2	3	3	3	4	4	4	5	5	5	6	6	6	7	7	7	8	8	8	9	9	9	10

12 月 辛 丑(신축) 大

절기		소한															대한													
음력	一	二	三	四	五	六	七	八	九	十	十一	十二	十三	十四	十五	十六	十七	十八	十九	二十	廿一	廿二	廿三	廿四	廿五	廿六	廿七	廿八	廿九	三十
양력 월/일	1/5	6	7	8	9	10	11	12	13	14	15	16	17	18	19	20	21	22	23	24	25	26	27	28	29	30	31	2/1	2	3
일진	庚辰(경진)	辛巳(신사)	壬午(임오)	癸未(계미)	甲申(갑신)	乙酉(을유)	丙戌(병술)	丁亥(정해)	戊子(무자)	己丑(기축)	庚寅(경인)	辛卯(신묘)	壬辰(임진)	癸巳(계사)	甲午(갑오)	乙未(을미)	丙申(병신)	丁酉(정유)	戊戌(무술)	己亥(기해)	庚子(경자)	辛丑(신축)	壬寅(임인)	癸卯(계묘)	甲辰(갑진)	乙巳(을사)	丙午(병오)	丁未(정미)	戊申(무신)	己酉(기유)
절기시각		午初															寅正													
대운 순행	1	10	9	9	9	8	8	8	7	7	7	6	6	6	5	5	5	4	4	4	3	3	3	2	2	2	1	1	1	1
대운 역행	10	10	1	1	1	2	2	2	3	3	3	4	4	4	5	5	5	6	6	6	7	7	7	8	8	8	9	9	9	10

단기 4325 년
불기 2536 년

1992년 壬申(임신)年

1 月 壬 寅(임인) 小

절기	입춘															우수													
음력	一	二	三	四	五	六	七	八	九	十	十一	十二	十三	十四	十五	十六	十七	十八	十九	廿	廿一	廿二	廿三	廿四	廿五	廿六	廿七	廿八	廿九
양력 월/일	2/4	5	6	7	8	9	10	11	12	13	14	15	16	17	18	19	20	21	22	23	24	25	26	27	28	29	3/1	2	3
일진	庚戌(경술)	辛亥(신해)	壬子(임자)	癸丑(계축)	甲寅(갑인)	乙卯(을묘)	丙辰(병진)	丁巳(정사)	戊午(무오)	己未(기미)	庚申(경신)	辛酉(신유)	壬戌(임술)	癸亥(계해)	甲子(갑자)	乙丑(을축)	丙寅(병인)	丁卯(정묘)	戊辰(무진)	己巳(기사)	庚午(경오)	辛未(신미)	壬申(임신)	癸酉(계유)	甲戌(갑술)	乙亥(을해)	丙子(병자)	丁丑(정축)	戊寅(무인)
절기시각	亥正															酉正													
대운 순행	10	10	9	9	9	8	8	8	7	7	7	6	6	6	5	5	5	4	4	4	3	3	3	2	2	2	1	1	1
대운 역행	10	1	1	1	2	2	2	3	3	3	4	4	4	5	5	5	6	6	6	7	7	7	8	8	8	9	9	9	10

2 月 癸 卯(계묘) 大

절기		경칩															춘분													
음력	一	二	三	四	五	六	七	八	九	十	十一	十二	十三	十四	十五	十六	十七	十八	十九	廿	廿一	廿二	廿三	廿四	廿五	廿六	廿七	廿八	廿九	三十
양력 월/일	3/4	5	6	7	8	9	10	11	12	13	14	15	16	17	18	19	20	21	22	23	24	25	26	27	28	29	30	31	4/1	2
일진	己卯(기묘)	庚辰(경진)	辛巳(신사)	壬午(임오)	癸未(계미)	甲申(갑신)	乙酉(을유)	丙戌(병술)	丁亥(정해)	戊子(무자)	己丑(기축)	庚寅(경인)	辛卯(신묘)	壬辰(임진)	癸巳(계사)	甲午(갑오)	乙未(을미)	丙申(병신)	丁酉(정유)	戊戌(무술)	己亥(기해)	庚子(경자)	辛丑(신축)	壬寅(임인)	癸卯(계묘)	甲辰(갑진)	乙巳(을사)	丙午(병오)	丁未(정미)	戊申(무신)
절기시각		申正															酉初													
대운 순행	1	10	10	9	9	9	8	8	8	7	7	7	6	6	6	5	5	5	4	4	4	3	3	3	2	2	2	1	1	1
대운 역행	10	10	1	1	1	2	2	2	3	3	3	4	4	4	5	5	5	6	6	6	7	7	7	8	8	8	9	9	9	10

3 月 甲 辰(갑진) 大

절기		청명																곡우												
음력	一	二	三	四	五	六	七	八	九	十	十一	十二	十三	十四	十五	十六	十七	十八	十九	廿	廿一	廿二	廿三	廿四	廿五	廿六	廿七	廿八	廿九	三十
양력 월/일	4/3	4	5	6	7	8	9	10	11	12	13	14	15	16	17	18	19	20	21	22	23	24	25	26	27	28	29	30	5/1	2
일진	己酉(기유)	庚戌(경술)	辛亥(신해)	壬子(임자)	癸丑(계축)	甲寅(갑인)	乙卯(을묘)	丙辰(병진)	丁巳(정사)	戊午(무오)	己未(기미)	庚申(경신)	辛酉(신유)	壬戌(임술)	癸亥(계해)	甲子(갑자)	乙丑(을축)	丙寅(병인)	丁卯(정묘)	戊辰(무진)	己巳(기사)	庚午(경오)	辛未(신미)	壬申(임신)	癸酉(계유)	甲戌(갑술)	乙亥(을해)	丙子(병자)	丁丑(정축)	戊寅(무인)
절기시각		亥初																寅正												
대운 순행	1	10	10	10	9	9	9	8	8	8	7	7	7	6	6	6	5	5	5	4	4	4	3	3	3	2	2	2	1	1
대운 역행	10	10	1	1	1	2	2	2	3	3	3	4	4	4	5	5	5	6	6	6	7	7	7	8	8	8	9	9	9	10

4 月 乙 巳(을사) 小

절기			입하																소만										
음력	一	二	三	四	五	六	七	八	九	十	十一	十二	十三	十四	十五	十六	十七	十八	十九	廿	廿一	廿二	廿三	廿四	廿五	廿六	廿七	廿八	廿九
양력 월/일	5/3	4	5	6	7	8	9	10	11	12	13	14	15	16	17	18	19	20	21	22	23	24	25	26	27	28	29	30	31
일진	己卯(기묘)	庚辰(경진)	辛巳(신사)	壬午(임오)	癸未(계미)	甲申(갑신)	乙酉(을유)	丙戌(병술)	丁亥(정해)	戊子(무자)	己丑(기축)	庚寅(경인)	辛卯(신묘)	壬辰(임진)	癸巳(계사)	甲午(갑오)	乙未(을미)	丙申(병신)	丁酉(정유)	戊戌(무술)	己亥(기해)	庚子(경자)	辛丑(신축)	壬寅(임인)	癸卯(계묘)	甲辰(갑진)	乙巳(을사)	丙午(병오)	丁未(정미)
절기시각			申初																寅正										
대운 순행	1	1	10	10	10	9	9	9	8	8	8	7	7	7	6	6	6	5	5	5	4	4	4	3	3	3	2	2	2
대운 역행	10	10	10	1	1	1	2	2	2	3	3	3	4	4	4	5	5	5	6	6	6	7	7	7	8	8	8	9	9

5 月 丙 午(병오) 小

절기					망종																하지								
음력	一	二	三	四	五	六	七	八	九	十	十一	十二	十三	十四	十五	十六	十七	十八	十九	廿	廿一	廿二	廿三	廿四	廿五	廿六	廿七	廿八	廿九
양력 월/일	6/1	2	3	4	5	6	7	8	9	10	11	12	13	14	15	16	17	18	19	20	21	22	23	24	25	26	27	28	29
일진	戊申(무신)	己酉(기유)	庚戌(경술)	辛亥(신해)	壬子(임자)	癸丑(계축)	甲寅(갑인)	乙卯(을묘)	丙辰(병진)	丁巳(정사)	戊午(무오)	己未(기미)	庚申(경신)	辛酉(신유)	壬戌(임술)	癸亥(계해)	甲子(갑자)	乙丑(을축)	丙寅(병인)	丁卯(정묘)	戊辰(무진)	己巳(기사)	庚午(경오)	辛未(신미)	壬申(임신)	癸酉(계유)	甲戌(갑술)	乙亥(을해)	丙子(병자)
절기시각					戌初																午正								
대운 순행	1	1	1	1	10	10	10	10	9	9	9	8	8	8	7	7	7	6	6	6	5	5	5	4	4	4	3	3	3
대운 역행	9	10	10	10	10	1	1	1	2	2	2	3	3	3	4	4	4	5	5	5	6	6	6	7	7	7	8	8	8

6 月 丁 未(정미) 大

절기							소서																대서							
음력	一	二	三	四	五	六	七	八	九	十	十一	十二	十三	十四	十五	十六	十七	十八	十九	廿	廿一	廿二	廿三	廿四	廿五	廿六	廿七	廿八	廿九	三十
양력 월/일	6/30	7/1	2	3	4	5	6	7	8	9	10	11	12	13	14	15	16	17	18	19	20	21	22	23	24	25	26	27	28	29
일진	丁丑(정축)	戊寅(무인)	己卯(기묘)	庚辰(경진)	辛巳(신사)	壬午(임오)	癸未(계미)	甲申(갑신)	乙酉(을유)	丙戌(병술)	丁亥(정해)	戊子(무자)	己丑(기축)	庚寅(경인)	辛卯(신묘)	壬辰(임진)	癸巳(계사)	甲午(갑오)	乙未(을미)	丙申(병신)	丁酉(정유)	戊戌(무술)	己亥(기해)	庚子(경자)	辛丑(신축)	壬寅(임인)	癸卯(계묘)	甲辰(갑진)	乙巳(을사)	丙午(병오)
절기시각							卯初																子初							
대운 순행	2	2	2	1	1	1	1	10	10	10	9	9	9	8	8	8	7	7	7	6	6	6	5	5	5	4	4	4	3	3
대운 역행	9	9	9	10	10	10	10	10	1	1	1	2	2	2	3	3	3	4	4	4	5	5	5	6	6	6	7	7	7	8

南 大將	戌 喪門	午 弔客	南 三殺

7 月 戊 申(무신) 小

절기									입추																처서					
음력	一	二	三	四	五	六	七	八	九	十	十一	十二	十三	十四	十五	十六	十七	十八	十九	二十	廿一	廿二	廿三	廿四	廿五	廿六	廿七	廿八	廿九	
양력 월/일	7/30	31	8/1	2	3	4	5	6	7	8	9	10	11	12	13	14	15	16	17	18	19	20	21	22	23	24	25	26	27	
일진	丁未(정미)	戊申(무신)	己酉(기유)	庚戌(경술)	辛亥(신해)	壬子(임자)	癸丑(계축)	甲寅(갑인)	乙卯(을묘)	丙辰(병진)	丁巳(정사)	戊午(무오)	己未(기미)	庚申(경신)	辛酉(신유)	壬戌(임술)	癸亥(계해)	甲子(갑자)	乙丑(을축)	丙寅(병인)	丁卯(정묘)	戊辰(무진)	己巳(기사)	庚午(경오)	辛未(신미)	壬申(임신)	癸酉(계유)	甲戌(갑술)	乙亥(을해)	
절기시각									申正																卯正					
대운 순행	3	2	2	2	1	1	1	1	10	10	10	9	9	9	8	8	8	7	7	7	6	6	6	5	5	5	4	4	4	
대운 역행	8	8	7	7	7	10	10	10	10	1	1	1	2	2	2	3	3	3	4	4	4	5	5	5	6	6	6	7	7	

8 月 己 酉(기유) 小

절기											백로																추분			
음력	一	二	三	四	五	六	七	八	九	十	十一	十二	十三	十四	十五	十六	十七	十八	十九	二十	廿一	廿二	廿三	廿四	廿五	廿六	廿七	廿八	廿九	
양력 월/일	8/28	29	30	31	9/1	2	3	4	5	6	7	8	9	10	11	12	13	14	15	16	17	18	19	20	21	22	23	24	25	
일진	丙子(병자)	丁丑(정축)	戊寅(무인)	己卯(기묘)	庚辰(경진)	辛巳(신사)	壬午(임오)	癸未(계미)	甲申(갑신)	乙酉(을유)	丙戌(병술)	丁亥(정해)	戊子(무자)	己丑(기축)	庚寅(경인)	辛卯(신묘)	壬辰(임진)	癸巳(계사)	甲午(갑오)	乙未(을미)	丙申(병신)	丁酉(정유)	戊戌(무술)	己亥(기해)	庚子(경자)	辛丑(신축)	壬寅(임인)	癸卯(계묘)	甲辰(갑진)	
절기시각											酉正																寅初			
대운 순행	3	3	3	2	2	2	1	1	1	1	10	10	10	9	9	9	8	8	8	7	7	7	6	6	6	5	5	5	4	
대운 역행	7	8	8	8	9	9	9	10	10	10	10	1	1	1	2	2	2	3	3	3	4	4	4	5	5	5	6	6	6	

9 月 庚 戌(경술) 大

절기													한로															상강		
음력	一	二	三	四	五	六	七	八	九	十	十一	十二	十三	十四	十五	十六	十七	十八	十九	二十	廿一	廿二	廿三	廿四	廿五	廿六	廿七	廿八	廿九	三十
양력 월/일	9/26	27	28	29	30	10/1	2	3	4	5	6	7	8	9	10	11	12	13	14	15	16	17	18	19	20	21	22	23	24	25
일진	乙巳(을사)	丙午(병오)	丁未(정미)	戊申(무신)	己酉(기유)	庚戌(경술)	辛亥(신해)	壬子(임자)	癸丑(계축)	甲寅(갑인)	乙卯(을묘)	丙辰(병진)	丁巳(정사)	戊午(무오)	己未(기미)	庚申(경신)	辛酉(신유)	壬戌(임술)	癸亥(계해)	甲子(갑자)	乙丑(을축)	丙寅(병인)	丁卯(정묘)	戊辰(무진)	己巳(기사)	庚午(경오)	辛未(신미)	壬申(임신)	癸酉(계유)	甲戌(갑술)
절기시각													巳初															未初		
대운 순행	4	4	3	3	3	2	2	2	1	1	1	1	10	10	9	9	9	8	8	8	7	7	7	6	6	6	5	5	5	4
대운 역행	7	7	7	8	8	8	9	9	9	10	10	10	10	1	1	1	2	2	2	3	3	3	4	4	4	5	5	5	6	6

10 月 辛 亥(신해) 小

절기													입동															소설		
음력	一	二	三	四	五	六	七	八	九	十	十一	十二	十三	十四	十五	十六	十七	十八	十九	二十	廿一	廿二	廿三	廿四	廿五	廿六	廿七	廿八	廿九	
양력 월/일	10/26	27	28	29	30	31	11/1	2	3	4	5	6	7	8	9	10	11	12	13	14	15	16	17	18	19	20	21	22	23	
일진	乙亥(을해)	丙子(병자)	丁丑(정축)	戊寅(무인)	己卯(기묘)	庚辰(경진)	辛巳(신사)	壬午(임오)	癸未(계미)	甲申(갑신)	乙酉(을유)	丙戌(병술)	丁亥(정해)	戊子(무자)	己丑(기축)	庚寅(경인)	辛卯(신묘)	壬辰(임진)	癸巳(계사)	甲午(갑오)	乙未(을미)	丙申(병신)	丁酉(정유)	戊戌(무술)	己亥(기해)	庚子(경자)	辛丑(신축)	壬寅(임인)	癸卯(계묘)	
절기시각													未初															巳正		
대운 순행	4	4	3	3	3	2	2	2	1	1	1	1	10	10	9	9	9	8	8	8	7	7	7	6	6	6	5	5	5	
대운 역행	6	7	7	7	8	8	8	9	9	9	10	10	10	1	1	1	2	2	2	3	3	3	4	4	4	5	5	5	6	

11 月 壬 子(임자) 大

절기														대설														동지		
음력	一	二	三	四	五	六	七	八	九	十	十一	十二	十三	十四	十五	十六	十七	十八	十九	二十	廿一	廿二	廿三	廿四	廿五	廿六	廿七	廿八	廿九	三十
양력 월/일	11/24	25	26	27	28	29	30	12/1	2	3	4	5	6	7	8	9	10	11	12	13	14	15	16	17	18	19	20	21	22	23
일진	甲辰(갑진)	乙巳(을사)	丙午(병오)	丁未(정미)	戊申(무신)	己酉(기유)	庚戌(경술)	辛亥(신해)	壬子(임자)	癸丑(계축)	甲寅(갑인)	乙卯(을묘)	丙辰(병진)	丁巳(정사)	戊午(무오)	己未(기미)	庚申(경신)	辛酉(신유)	壬戌(임술)	癸亥(계해)	甲子(갑자)	乙丑(을축)	丙寅(병인)	丁卯(정묘)	戊辰(무진)	己巳(기사)	庚午(경오)	辛未(신미)	壬申(임신)	癸酉(계유)
절기시각														卯初														子初		
대운 순행	4	4	4	3	3	3	2	2	2	1	1	1	1	10	9	9	9	8	8	8	7	7	7	6	6	6	5	5	5	4
대운 역행	6	6	7	7	7	8	8	8	9	9	9	10	10	10	1	1	1	2	2	2	3	3	3	4	4	4	5	5	5	6

12 月 癸 丑(계축) 大

절기													소한															대한		
음력	一	二	三	四	五	六	七	八	九	十	十一	十二	十三	十四	十五	十六	十七	十八	十九	二十	廿一	廿二	廿三	廿四	廿五	廿六	廿七	廿八	廿九	三十
양력 월/일	12/24	25	26	27	28	29	30	31	1/1	2	3	4	5	6	7	8	9	10	11	12	13	14	15	16	17	18	19	20	21	22
일진	甲戌(갑술)	乙亥(을해)	丙子(병자)	丁丑(정축)	戊寅(무인)	己卯(기묘)	庚辰(경진)	辛巳(신사)	壬午(임오)	癸未(계미)	甲申(갑신)	乙酉(을유)	丙戌(병술)	丁亥(정해)	戊子(무자)	己丑(기축)	庚寅(경인)	辛卯(신묘)	壬辰(임진)	癸巳(계사)	甲午(갑오)	乙未(을미)	丙申(병신)	丁酉(정유)	戊戌(무술)	己亥(기해)	庚子(경자)	辛丑(신축)	壬寅(임인)	癸卯(계묘)
절기시각													申正															巳正		
대운 순행	4	4	3	3	3	2	2	2	1	1	1	1	10	10	9	9	9	8	8	8	7	7	7	6	6	6	5	5	5	4
대운 역행	6	6	7	7	7	8	8	8	9	9	9	10	10	1	1	1	2	2	2	3	3	3	4	4	4	5	5	5	6	6

단기 4326 년 불기 2537 년	1993년 癸酉(계유)年

1 月 甲寅(갑인) 小

절기													입춘															우수	
음력	一	二	三	四	五	六	七	八	九	十	十一	十二	十三	十四	十五	十六	十七	十八	十九	廿	廿一	廿二	廿三	廿四	廿五	廿六	廿七	廿八	廿九
양력 월/일	1/23	24	25	26	27	28	29	30	31	2/1	2	3	4	5	6	7	8	9	10	11	12	13	14	15	16	17	18	19	20
일진	甲辰(갑진)	乙巳(을사)	丙午(병오)	丁未(정미)	戊申(무신)	己酉(기유)	庚戌(경술)	辛亥(신해)	壬子(임자)	癸丑(계축)	甲寅(갑인)	乙卯(을묘)	丙辰(병진)	丁巳(정사)	戊午(무오)	己未(기미)	庚申(경신)	辛酉(신유)	壬戌(임술)	癸亥(계해)	甲子(갑자)	乙丑(을축)	丙寅(병인)	丁卯(정묘)	戊辰(무진)	己巳(기사)	庚午(경오)	辛未(신미)	壬申(임신)
절기시각													寅初															子正	
대운 순행	4	4	3	3	3	2	2	2	1	1	1	1	10	9	9	9	8	8	8	7	7	7	6	6	6	5	5	5	4
대운 역행	6	7	7	7	8	8	8	9	9	9	10	10	10	1	1	1	2	2	2	3	3	3	4	4	4	5	5	5	6

2 月 乙卯(을묘) 大

절기													경칩															춘분		
음력	一	二	三	四	五	六	七	八	九	十	十一	十二	十三	十四	十五	十六	十七	十八	十九	廿	廿一	廿二	廿三	廿四	廿五	廿六	廿七	廿八	廿九	三十
양력 월/일	2/21	22	23	24	25	26	27	28	3/1	2	3	4	5	6	7	8	9	10	11	12	13	14	15	16	17	18	19	20	21	22
일진	癸酉(계유)	甲戌(갑술)	乙亥(을해)	丙子(병자)	丁丑(정축)	戊寅(무인)	己卯(기묘)	庚辰(경진)	辛巳(신사)	壬午(임오)	癸未(계미)	甲申(갑신)	乙酉(을유)	丙戌(병술)	丁亥(정해)	戊子(무자)	己丑(기축)	庚寅(경인)	辛卯(신묘)	壬辰(임진)	癸巳(계사)	甲午(갑오)	乙未(을미)	丙申(병신)	丁酉(정유)	戊戌(무술)	己亥(기해)	庚子(경자)	辛丑(신축)	壬寅(임인)
절기시각													亥正															子初		
대운 순행	4	4	3	3	3	2	2	2	1	1	1	1	10	10	10	9	9	9	8	8	8	7	7	7	6	6	6	5	5	5
대운 역행	6	6	7	7	7	8	8	8	9	9	9	10	10	1	1	1	2	2	2	3	3	3	4	4	4	5	5	5	6	6

3 月 丙辰(병진) 大

절기														청명															곡우	
음력	一	二	三	四	五	六	七	八	九	十	十一	十二	十三	十四	十五	十六	十七	十八	十九	廿	廿一	廿二	廿三	廿四	廿五	廿六	廿七	廿八	廿九	三十
양력 월/일	3/23	24	25	26	27	28	29	30	31	4/1	2	3	4	5	6	7	8	9	10	11	12	13	14	15	16	17	18	19	20	21
일진	癸卯(계묘)	甲辰(갑진)	乙巳(을사)	丙午(병오)	丁未(정미)	戊申(무신)	己酉(기유)	庚戌(경술)	辛亥(신해)	壬子(임자)	癸丑(계축)	甲寅(갑인)	乙卯(을묘)	丙辰(병진)	丁巳(정사)	戊午(무오)	己未(기미)	庚申(경신)	辛酉(신유)	壬戌(임술)	癸亥(계해)	甲子(갑자)	乙丑(을축)	丙寅(병인)	丁卯(정묘)	戊辰(무진)	己巳(기사)	庚午(경오)	辛未(신미)	壬申(임신)
절기시각														寅初															巳正	
대운 순행	4	4	4	3	3	3	2	2	2	1	1	1	1	10	10	9	9	9	8	8	8	7	7	7	6	6	6	5	5	5
대운 역행	6	7	7	7	8	8	8	9	9	9	10	10	10	10	1	1	1	2	2	2	3	3	3	4	4	4	5	5	5	6

閏 3 月 丙辰(병진) 大

절기														입하															
음력	一	二	三	四	五	六	七	八	九	十	十一	十二	十三	十四	十五	十六	十七	十八	十九	廿	廿一	廿二	廿三	廿四	廿五	廿六	廿七	廿八	廿九
양력 월/일	4/22	23	24	25	26	27	28	29	30	5/1	2	3	4	5	6	7	8	9	10	11	12	13	14	15	16	17	18	19	20
일진	癸酉(계유)	甲戌(갑술)	乙亥(을해)	丙子(병자)	丁丑(정축)	戊寅(무인)	己卯(기묘)	庚辰(경진)	辛巳(신사)	壬午(임오)	癸未(계미)	甲申(갑신)	乙酉(을유)	丙戌(병술)	丁亥(정해)	戊子(무자)	己丑(기축)	庚寅(경인)	辛卯(신묘)	壬辰(임진)	癸巳(계사)	甲午(갑오)	乙未(을미)	丙申(병신)	丁酉(정유)	戊戌(무술)	己亥(기해)	庚子(경자)	辛丑(신축)
절기시각														戌初															
대운 순행	4	4	4	3	3	3	2	2	2	1	1	1	1	10	10	10	10	9	9	9	8	8	8	7	7	7	6	6	6
대운 역행	6	6	7	7	7	8	8	8	9	9	9	10	10	10	1	1	1	2	2	2	3	3	3	4	4	4	5	5	5

4 月 丁巳(정사) 大

절기	소만																망종													
음력	一	二	三	四	五	六	七	八	九	十	十一	十二	十三	十四	十五	十六	十七	十八	十九	廿	廿一	廿二	廿三	廿四	廿五	廿六	廿七	廿八	廿九	三十
양력 월/일	5/21	22	23	24	25	26	27	28	29	30	31	6/1	2	3	4	5	6	7	8	9	10	11	12	13	14	15	16	17	18	19
일진	壬寅(임인)	癸卯(계묘)	甲辰(갑진)	乙巳(을사)	丙午(병오)	丁未(정미)	戊申(무신)	己酉(기유)	庚戌(경술)	辛亥(신해)	壬子(임자)	癸丑(계축)	甲寅(갑인)	乙卯(을묘)	丙辰(병진)	丁巳(정사)	戊午(무오)	己未(기미)	庚申(경신)	辛酉(신유)	壬戌(임술)	癸亥(계해)	甲子(갑자)	乙丑(을축)	丙寅(병인)	丁卯(정묘)	戊辰(무진)	己巳(기사)	庚午(경오)	辛未(신미)
절기시각	巳初																丑初													
대운 순행	5	5	5	4	4	4	3	3	3	2	2	2	1	1	1	1	10	10	10	9	9	9	8	8	8	7	7	7	6	6
대운 역행	6	6	6	7	7	7	8	8	8	9	9	9	10	10	10	10	10	1	1	1	2	2	2	3	3	3	4	4	4	5

5 月 戊午(무오) 小

절기		하지																소서											
음력	一	二	三	四	五	六	七	八	九	十	十一	十二	十三	十四	十五	十六	十七	十八	十九	廿	廿一	廿二	廿三	廿四	廿五	廿六	廿七	廿八	廿九
양력 월/일	6/20	21	22	23	24	25	26	27	28	29	30	7/1	2	3	4	5	6	7	8	9	10	11	12	13	14	15	16	17	18
일진	壬申(임신)	癸酉(계유)	甲戌(갑술)	乙亥(을해)	丙子(병자)	丁丑(정축)	戊寅(무인)	己卯(기묘)	庚辰(경진)	辛巳(신사)	壬午(임오)	癸未(계미)	甲申(갑신)	乙酉(을유)	丙戌(병술)	丁亥(정해)	戊子(무자)	己丑(기축)	庚寅(경인)	辛卯(신묘)	壬辰(임진)	癸巳(계사)	甲午(갑오)	乙未(을미)	丙申(병신)	丁酉(정유)	戊戌(무술)	己亥(기해)	庚子(경자)
절기시각		午初																午初											
대운 순행	6	5	5	5	4	4	4	3	3	3	2	2	2	1	1	1	1	10	10	10	9	9	9	8	8	8	7	7	7
대운 역행	5	5	6	6	6	7	7	7	8	8	8	9	9	9	10	10	10	10	1	1	1	2	2	2	3	3	3	4	4

南 大將	亥 喪門	未 弔客	東 三殺

6 月 己 未(기미) 大

—	1	2	3	4	5	6	7	8	9	10	11	12	13	14	15	16	17	18	19	20	21	22	23	24	25	26	27	28	29	30
절기					대서															입추										
음력	一	二	三	四	五	六	七	八	九	十	十一	十二	十三	十四	十五	十六	十七	十八	十九	廿十	廿一	廿二	廿三	廿四	廿五	廿六	廿七	廿八	廿九	三十
양력 월/일	7/19	20	21	22	23	24	25	26	27	28	29	30	31	8/1	2	3	4	5	6	7	8	9	10	11	12	13	14	15	16	17
일진	辛丑(신축)	壬寅(임인)	癸卯(계묘)	甲辰(갑진)	乙巳(을사)	丙午(병오)	丁未(정미)	戊申(무신)	己酉(기유)	庚戌(경술)	辛亥(신해)	壬子(임자)	癸丑(계축)	甲寅(갑인)	乙卯(을묘)	丙辰(병진)	丁巳(정사)	戊午(무오)	己未(기미)	庚申(경신)	辛酉(신유)	壬戌(임술)	癸亥(계해)	甲子(갑자)	乙丑(을축)	丙寅(병인)	丁卯(정묘)	戊辰(무진)	己巳(기사)	庚午(경오)
절기시각					寅正															亥初										
대운 순행	6	6	6	5	5	5	4	4	4	3	3	3	2	2	2	1	1	1	1	10	10	10	9	9	9	8	8	8	7	7
대운 역행	4	5	5	5	6	6	6	7	7	7	8	8	8	9	9	9	10	10	10	10	1	1	1	2	2	2	3	3	3	4

7 月 庚 申(경신) 小

—	1	2	3	4	5	6	7	8	9	10	11	12	13	14	15	16	17	18	19	20	21	22	23	24	25	26	27	28	29	30
절기						처서																백로								
음력	一	二	三	四	五	六	七	八	九	十	十一	十二	十三	十四	十五	十六	十七	十八	十九	廿十	廿一	廿二	廿三	廿四	廿五	廿六	廿七	廿八	廿九	
양력 월/일	8/18	19	20	21	22	23	24	25	26	27	28	29	30	31	9/1	2	3	4	5	6	7	8	9	10	11	12	13	14	15	
일진	辛未(신미)	壬申(임신)	癸酉(계유)	甲戌(갑술)	乙亥(을해)	丙子(병자)	丁丑(정축)	戊寅(무인)	己卯(기묘)	庚辰(경진)	辛巳(신사)	壬午(임오)	癸未(계미)	甲申(갑신)	乙酉(을유)	丙戌(병술)	丁亥(정해)	戊子(무자)	己丑(기축)	庚寅(경인)	辛卯(신묘)	壬辰(임진)	癸巳(계사)	甲午(갑오)	乙未(을미)	丙申(병신)	丁酉(정유)	戊戌(무술)	己亥(기해)	
절기시각						午初																子正								
대운 순행	7	6	6	6	5	5	5	4	4	4	3	3	3	2	2	2	1	1	1	1	10	10	10	9	9	9	8	8	8	
대운 역행	4	4	5	5	5	6	6	6	7	7	7	8	8	8	9	9	9	10	10	10	10	1	1	1	2	2	2	3	3	

8 月 辛 酉(신유) 小

—	1	2	3	4	5	6	7	8	9	10	11	12	13	14	15	16	17	18	19	20	21	22	23	24	25	26	27	28	29	30
절기								추분															한로							
음력	一	二	三	四	五	六	七	八	九	十	十一	十二	十三	十四	十五	十六	十七	十八	十九	廿十	廿一	廿二	廿三	廿四	廿五	廿六	廿七	廿八	廿九	
양력 월/일	9/16	17	18	19	20	21	22	23	24	25	26	27	28	29	30	10/1	2	3	4	5	6	7	8	9	10	11	12	13	14	
일진	庚子(경자)	辛丑(신축)	壬寅(임인)	癸卯(계묘)	甲辰(갑진)	乙巳(을사)	丙午(병오)	丁未(정미)	戊申(무신)	己酉(기유)	庚戌(경술)	辛亥(신해)	壬子(임자)	癸丑(계축)	甲寅(갑인)	乙卯(을묘)	丙辰(병진)	丁巳(정사)	戊午(무오)	己未(기미)	庚申(경신)	辛酉(신유)	壬戌(임술)	癸亥(계해)	甲子(갑자)	乙丑(을축)	丙寅(병인)	丁卯(정묘)	戊辰(무진)	
절기시각								巳初															申初							
대운 순행	7	7	7	6	6	6	5	5	5	4	4	4	3	3	3	2	2	2	1	1	1	1	10	10	9	9	9	8	8	
대운 역행	3	4	4	4	5	5	5	6	6	6	7	7	7	8	8	8	9	9	9	10	10	10	10	1	1	1	2	2	2	

9 月 壬 戌(임술) 大

—	1	2	3	4	5	6	7	8	9	10	11	12	13	14	15	16	17	18	19	20	21	22	23	24	25	26	27	28	29	30
절기									상강															입동						
음력	一	二	三	四	五	六	七	八	九	十	十一	十二	十三	十四	十五	十六	十七	十八	十九	廿十	廿一	廿二	廿三	廿四	廿五	廿六	廿七	廿八	廿九	三十
양력 월/일	10/15	16	17	18	19	20	21	22	23	24	25	26	27	28	29	30	31	11/1	2	3	4	5	6	7	8	9	10	11	12	13
일진	己巳(기사)	庚午(경오)	辛未(신미)	壬申(임신)	癸酉(계유)	甲戌(갑술)	乙亥(을해)	丙子(병자)	丁丑(정축)	戊寅(무인)	己卯(기묘)	庚辰(경진)	辛巳(신사)	壬午(임오)	癸未(계미)	甲申(갑신)	乙酉(을유)	丙戌(병술)	丁亥(정해)	戊子(무자)	己丑(기축)	庚寅(경인)	辛卯(신묘)	壬辰(임진)	癸巳(계사)	甲午(갑오)	乙未(을미)	丙申(병신)	丁酉(정유)	戊戌(무술)
절기시각									酉正															酉正						
대운 순행	8	7	7	7	6	6	6	5	5	5	4	4	4	3	3	3	2	2	2	1	1	1	1	10	10	9	9	9	8	8
대운 역행	3	3	3	4	4	4	5	5	5	6	6	6	7	7	7	8	8	8	9	9	9	10	10	10	1	1	1	2	2	2

10 月 癸 亥(계해) 小

—	1	2	3	4	5	6	7	8	9	10	11	12	13	14	15	16	17	18	19	20	21	22	23	24	25	26	27	28	29	30
절기									소설															대설						
음력	一	二	三	四	五	六	七	八	九	十	十一	十二	十三	十四	十五	十六	十七	十八	十九	廿十	廿一	廿二	廿三	廿四	廿五	廿六	廿七	廿八	廿九	
양력 월/일	11/14	15	16	17	18	19	20	21	22	23	24	25	26	27	28	29	30	12/1	2	3	4	5	6	7	8	9	10	11	12	
일진	己亥(기해)	庚子(경자)	辛丑(신축)	壬寅(임인)	癸卯(계묘)	甲辰(갑진)	乙巳(을사)	丙午(병오)	丁未(정미)	戊申(무신)	己酉(기유)	庚戌(경술)	辛亥(신해)	壬子(임자)	癸丑(계축)	甲寅(갑인)	乙卯(을묘)	丙辰(병진)	丁巳(정사)	戊午(무오)	己未(기미)	庚申(경신)	辛酉(신유)	壬戌(임술)	癸亥(계해)	甲子(갑자)	乙丑(을축)	丙寅(병인)	丁卯(정묘)	
절기시각									申正															午初						
대운 순행	8	7	7	7	6	6	6	5	5	5	4	4	4	3	3	3	2	2	2	1	1	1	1	10	9	9	9	8	8	
대운 역행	3	3	3	4	4	4	5	5	5	6	6	6	7	7	7	8	8	8	9	9	9	10	10	10	1	1	1	2	2	

11 月 甲 子(갑자) 大

—	1	2	3	4	5	6	7	8	9	10	11	12	13	14	15	16	17	18	19	20	21	22	23	24	25	26	27	28	29	30
절기										동지														소한						
음력	一	二	三	四	五	六	七	八	九	十	十一	十二	十三	十四	十五	十六	十七	十八	十九	廿十	廿一	廿二	廿三	廿四	廿五	廿六	廿七	廿八	廿九	三十
양력 월/일	12/13	14	15	16	17	18	19	20	21	22	23	24	25	26	27	28	29	30	31	1/1	2	3	4	5	6	7	8	9	10	11
일진	戊辰(무진)	己巳(기사)	庚午(경오)	辛未(신미)	壬申(임신)	癸酉(계유)	甲戌(갑술)	乙亥(을해)	丙子(병자)	丁丑(정축)	戊寅(무인)	己卯(기묘)	庚辰(경진)	辛巳(신사)	壬午(임오)	癸未(계미)	甲申(갑신)	乙酉(을유)	丙戌(병술)	丁亥(정해)	戊子(무자)	己丑(기축)	庚寅(경인)	辛卯(신묘)	壬辰(임진)	癸巳(계사)	甲午(갑오)	乙未(을미)	丙申(병신)	丁酉(정유)
절기시각										卯初														亥正						
대운 순행	8	7	7	7	6	6	6	5	5	5	4	4	4	3	3	3	2	2	2	1	1	1	1	10	10	9	9	9	8	8
대운 역행	2	3	3	3	4	4	4	5	5	5	6	6	6	7	7	7	8	8	8	9	9	9	10	10	1	1	1	2	2	2

12 月 乙 丑(을축) 小

—	1	2	3	4	5	6	7	8	9	10	11	12	13	14	15	16	17	18	19	20	21	22	23	24	25	26	27	28	29	30
절기									대한															입춘						
음력	一	二	三	四	五	六	七	八	九	十	十一	十二	十三	十四	十五	十六	十七	十八	十九	廿十	廿一	廿二	廿三	廿四	廿五	廿六	廿七	廿八	廿九	
양력 월/일	1/12	13	14	15	16	17	18	19	20	21	22	23	24	25	26	27	28	29	30	31	2/1	2	3	4	5	6	7	8	9	
일진	戊戌(무술)	己亥(기해)	庚子(경자)	辛丑(신축)	壬寅(임인)	癸卯(계묘)	甲辰(갑진)	乙巳(을사)	丙午(병오)	丁未(정미)	戊申(무신)	己酉(기유)	庚戌(경술)	辛亥(신해)	壬子(임자)	癸丑(계축)	甲寅(갑인)	乙卯(을묘)	丙辰(병진)	丁巳(정사)	戊午(무오)	己未(기미)	庚申(경신)	辛酉(신유)	壬戌(임술)	癸亥(계해)	甲子(갑자)	乙丑(을축)	丙寅(병인)	
절기시각									申正															巳正						
대운 순행	8	7	7	7	6	6	6	5	5	5	4	4	4	3	3	3	2	2	2	1	1	1	1	10	10	9	9	9	8	
대운 역행	3	3	3	4	4	4	5	5	5	6	6	6	7	7	7	8	8	8	9	9	9	10	10	10	1	1	1	2	2	

단기 4327 년
불기 2538 년

1994년 甲戌(갑술)年

1 月 丙寅(병인) 大

절기										우수															경칩					
음력	一	二	三	四	五	六	七	八	九	十	十一	十二	十三	十四	十五	十六	十七	十八	十九	二十	廿一	廿二	廿三	廿四	廿五	廿六	廿七	廿八	廿九	三十
양력 월/일	2/10	11	12	13	14	15	16	17	18	19	20	21	22	23	24	25	26	27	28	3/1	2	3	4	5	6	7	8	9	10	11
일진	丁卯(정묘)	戊辰(무진)	己巳(기사)	庚午(경오)	辛未(신미)	壬申(임신)	癸酉(계유)	甲戌(갑술)	乙亥(을해)	丙子(병자)	丁丑(정축)	戊寅(무인)	己卯(기묘)	庚辰(경진)	辛巳(신사)	壬午(임오)	癸未(계미)	甲申(갑신)	乙酉(을유)	丙戌(병술)	丁亥(정해)	戊子(무자)	己丑(기축)	庚寅(경인)	辛卯(신묘)	壬辰(임진)	癸巳(계사)	甲午(갑오)	乙未(을미)	丙申(병신)
절기시각										卯正															寅正					
대운 순행	8	8	7	7	7	6	6	6	5	5	5	4	4	4	3	3	3	2	2	2	1	1	1	1	10	10	9	9	9	8
대운 역행	2	3	3	3	4	4	4	5	5	5	6	6	6	7	7	7	8	8	8	9	9	9	10	10	10	1	1	1	2	2

2 月 丁卯(정묘) 大

절기										춘분															청명					
음력	一	二	三	四	五	六	七	八	九	十	十一	十二	十三	十四	十五	十六	十七	十八	十九	二十	廿一	廿二	廿三	廿四	廿五	廿六	廿七	廿八	廿九	三十
양력 월/일	3/12	13	14	15	16	17	18	19	20	21	22	23	24	25	26	27	28	29	30	31	4/1	2	3	4	5	6	7	8	9	10
일진	丁酉(정유)	戊戌(무술)	己亥(기해)	庚子(경자)	辛丑(신축)	壬寅(임인)	癸卯(계묘)	甲辰(갑진)	乙巳(을사)	丙午(병오)	丁未(정미)	戊申(무신)	己酉(기유)	庚戌(경술)	辛亥(신해)	壬子(임자)	癸丑(계축)	甲寅(갑인)	乙卯(을묘)	丙辰(병진)	丁巳(정사)	戊午(무오)	己未(기미)	庚申(경신)	辛酉(신유)	壬戌(임술)	癸亥(계해)	甲子(갑자)	乙丑(을축)	丙寅(병인)
절기시각										卯初															巳初					
대운 순행	8	8	7	7	7	6	6	6	5	5	5	4	4	4	3	3	3	2	2	2	1	1	1	1	10	10	10	9	9	9
대운 역행	2	3	3	3	4	4	4	5	5	5	6	6	6	7	7	7	8	8	8	9	9	9	10	10	10	1	1	1	2	2

3 月 戊辰(무진) 大

절기										곡우																입하				
음력	一	二	三	四	五	六	七	八	九	十	十一	十二	十三	十四	十五	十六	十七	十八	十九	二十	廿一	廿二	廿三	廿四	廿五	廿六	廿七	廿八	廿九	三十
양력 월/일	4/11	12	13	14	15	16	17	18	19	20	21	22	23	24	25	26	27	28	29	30	5/1	2	3	4	5	6	7	8	9	10
일진	丁卯(정묘)	戊辰(무진)	己巳(기사)	庚午(경오)	辛未(신미)	壬申(임신)	癸酉(계유)	甲戌(갑술)	乙亥(을해)	丙子(병자)	丁丑(정축)	戊寅(무인)	己卯(기묘)	庚辰(경진)	辛巳(신사)	壬午(임오)	癸未(계미)	甲申(갑신)	乙酉(을유)	丙戌(병술)	丁亥(정해)	戊子(무자)	己丑(기축)	庚寅(경인)	辛卯(신묘)	壬辰(임진)	癸巳(계사)	甲午(갑오)	乙未(을미)	丙申(병신)
절기시각										申正																丑正				
대운 순행	8	8	8	7	7	7	6	6	6	5	5	5	4	4	4	3	3	3	2	2	2	1	1	1	1	10	10	10	9	9
대운 역행	2	3	3	3	4	4	4	5	5	5	6	6	6	7	7	7	8	8	8	9	9	9	10	10	10	10	1	1	1	2

4 月 己巳(기사) 小

절기											소만																망종			
음력	一	二	三	四	五	六	七	八	九	十	十一	十二	十三	十四	十五	十六	十七	十八	十九	二十	廿一	廿二	廿三	廿四	廿五	廿六	廿七	廿八	廿九	
양력 월/일	5/11	12	13	14	15	16	17	18	19	20	21	22	23	24	25	26	27	28	29	30	31	6/1	2	3	4	5	6	7	8	
일진	丁酉(정유)	戊戌(무술)	己亥(기해)	庚子(경자)	辛丑(신축)	壬寅(임인)	癸卯(계묘)	甲辰(갑진)	乙巳(을사)	丙午(병오)	丁未(정미)	戊申(무신)	己酉(기유)	庚戌(경술)	辛亥(신해)	壬子(임자)	癸丑(계축)	甲寅(갑인)	乙卯(을묘)	丙辰(병진)	丁巳(정사)	戊午(무오)	己未(기미)	庚申(경신)	辛酉(신유)	壬戌(임술)	癸亥(계해)	甲子(갑자)	乙丑(을축)	
절기시각											申初																卯正			
대운 순행	9	8	8	8	7	7	7	6	6	6	5	5	5	4	4	4	3	3	3	2	2	2	1	1	1	1	10	10	10	
대운 역행	2	2	3	3	3	4	4	4	5	5	5	6	6	6	7	7	7	8	8	8	9	9	9	10	10	10	10	1	1	

5 月 庚午(경오) 大

절기													하지																소서	
음력	一	二	三	四	五	六	七	八	九	十	十一	十二	十三	十四	十五	十六	十七	十八	十九	二十	廿一	廿二	廿三	廿四	廿五	廿六	廿七	廿八	廿九	三十
양력 월/일	6/9	10	11	12	13	14	15	16	17	18	19	20	21	22	23	24	25	26	27	28	29	30	7/1	2	3	4	5	6	7	8
일진	丙寅(병인)	丁卯(정묘)	戊辰(무진)	己巳(기사)	庚午(경오)	辛未(신미)	壬申(임신)	癸酉(계유)	甲戌(갑술)	乙亥(을해)	丙子(병자)	丁丑(정축)	戊寅(무인)	己卯(기묘)	庚辰(경진)	辛巳(신사)	壬午(임오)	癸未(계미)	甲申(갑신)	乙酉(을유)	丙戌(병술)	丁亥(정해)	戊子(무자)	己丑(기축)	庚寅(경인)	辛卯(신묘)	壬辰(임진)	癸巳(계사)	甲午(갑오)	乙未(을미)
절기시각													子初																酉初	
대운 순행	9	9	9	8	8	8	7	7	7	6	6	6	5	5	5	4	4	4	3	3	3	2	2	2	1	1	1	1	10	10
대운 역행	1	2	2	2	3	3	3	4	4	4	5	5	5	6	6	6	7	7	7	8	8	8	9	9	9	10	10	10	10	1

6 月 辛未(신미) 小

절기															대서															
음력	一	二	三	四	五	六	七	八	九	十	十一	十二	十三	十四	十五	十六	十七	十八	十九	二十	廿一	廿二	廿三	廿四	廿五	廿六	廿七	廿八	廿九	
양력 월/일	7/9	10	11	12	13	14	15	16	17	18	19	20	21	22	23	24	25	26	27	28	29	30	31	8/1	2	3	4	5	6	
일진	丙申(병신)	丁酉(정유)	戊戌(무술)	己亥(기해)	庚子(경자)	辛丑(신축)	壬寅(임인)	癸卯(계묘)	甲辰(갑진)	乙巳(을사)	丙午(병오)	丁未(정미)	戊申(무신)	己酉(기유)	庚戌(경술)	辛亥(신해)	壬子(임자)	癸丑(계축)	甲寅(갑인)	乙卯(을묘)	丙辰(병진)	丁巳(정사)	戊午(무오)	己未(기미)	庚申(경신)	辛酉(신유)	壬戌(임술)	癸亥(계해)	甲子(갑자)	
절기시각															巳正															
대운 순행	10	10	9	9	9	8	8	8	7	7	7	6	6	6	5	5	5	4	4	4	3	3	3	2	2	2	1	1	1	
대운 역행	1	1	2	2	2	3	3	3	4	4	4	5	5	5	6	6	6	7	7	7	8	8	8	9	9	9	10	10	10	

南 大將	子 喪門	申 弔客	北 三殺

7 月 壬 申(임신) 大

절기		입추															처서													
음력	一	二	三	四	五	六	七	八	九	十	十一	十二	十三	十四	十五	十六	十七	十八	十九	二十	廿一	廿二	廿三	廿四	廿五	廿六	廿七	廿八	廿九	三十
양력 월/일	8/7	8	9	10	11	12	13	14	15	16	17	18	19	20	21	22	23	24	25	26	27	28	29	30	31	9/1	2	3	4	5
일진	乙丑(을축)	丙寅(병인)	丁卯(정묘)	戊辰(무진)	己巳(기사)	庚午(경오)	辛未(신미)	壬申(임신)	癸酉(계유)	甲戌(갑술)	乙亥(을해)	丙子(병자)	丁丑(정축)	戊寅(무인)	己卯(기묘)	庚辰(경진)	辛巳(신사)	壬午(임오)	癸未(계미)	甲申(갑신)	乙酉(을유)	丙戌(병술)	丁亥(정해)	戊子(무자)	己丑(기축)	庚寅(경인)	辛卯(신묘)	壬辰(임진)	癸巳(계사)	甲午(갑오)
절기시각		寅初															酉初													
대운 순행	1	10	10	10	9	9	9	8	8	8	7	7	7	6	6	6	5	5	5	4	4	4	3	3	3	2	2	2	1	1
대운 역행	10	10	1	1	1	2	2	2	3	3	3	4	4	4	5	5	5	6	6	6	7	7	7	8	8	8	9	9	9	10

8 月 癸 酉(계유) 小

절기			백로															추분											
음력	一	二	三	四	五	六	七	八	九	十	十一	十二	十三	十四	十五	十六	十七	十八	十九	二十	廿一	廿二	廿三	廿四	廿五	廿六	廿七	廿八	廿九
양력 월/일	9/6	7	8	9	10	11	12	13	14	15	16	17	18	19	20	21	22	23	24	25	26	27	28	29	30	10/1	2	3	4
일진	乙未(을미)	丙申(병신)	丁酉(정유)	戊戌(무술)	己亥(기해)	庚子(경자)	辛丑(신축)	壬寅(임인)	癸卯(계묘)	甲辰(갑진)	乙巳(을사)	丙午(병오)	丁未(정미)	戊申(무신)	己酉(기유)	庚戌(경술)	辛亥(신해)	壬子(임자)	癸丑(계축)	甲寅(갑인)	乙卯(을묘)	丙辰(병진)	丁巳(정사)	戊午(무오)	己未(기미)	庚申(경신)	辛酉(신유)	壬戌(임술)	癸亥(계해)
절기시각			卯初															申初											
대운 순행	1	1	10	10	9	9	9	8	8	8	7	7	7	6	6	6	5	5	5	4	4	4	3	3	3	2	2	2	1
대운 역행	10	10	10	1	1	1	2	2	2	3	3	3	4	4	4	5	5	5	6	6	6	7	7	7	8	8	8	9	9

9 月 甲 戌(갑술) 小

절기				한로																상강									
음력	一	二	三	四	五	六	七	八	九	十	十一	十二	十三	十四	十五	十六	十七	十八	十九	二十	廿一	廿二	廿三	廿四	廿五	廿六	廿七	廿八	廿九
양력 월/일	10/5	6	7	8	9	10	11	12	13	14	15	16	17	18	19	20	21	22	23	24	25	26	27	28	29	30	31	11/1	2
일진	甲子(갑자)	乙丑(을축)	丙寅(병인)	丁卯(정묘)	戊辰(무진)	己巳(기사)	庚午(경오)	辛未(신미)	壬申(임신)	癸酉(계유)	甲戌(갑술)	乙亥(을해)	丙子(병자)	丁丑(정축)	戊寅(무인)	己卯(기묘)	庚辰(경진)	辛巳(신사)	壬午(임오)	癸未(계미)	甲申(갑신)	乙酉(을유)	丙戌(병술)	丁亥(정해)	戊子(무자)	己丑(기축)	庚寅(경인)	辛卯(신묘)	壬辰(임진)
절기시각				亥處																子正									
대운 순행	1	1	1	10	10	10	9	9	9	8	8	8	7	7	7	6	6	6	5	5	5	4	4	4	3	3	3	2	2
대운 역행	9	10	10	10	1	1	1	2	2	2	3	3	3	4	4	4	5	5	5	6	6	6	7	7	7	8	8	8	9

10 月 乙 亥(을해) 大

절기						입동														소설										
음력	一	二	三	四	五	六	七	八	九	十	十一	十二	十三	十四	十五	十六	十七	十八	十九	二十	廿一	廿二	廿三	廿四	廿五	廿六	廿七	廿八	廿九	三十
양력 월/일	11/3	4	5	6	7	8	9	10	11	12	13	14	15	16	17	18	19	20	21	22	23	24	25	26	27	28	29	30	12/1	2
일진	癸巳(계사)	甲午(갑오)	乙未(을미)	丙申(병신)	丁酉(정유)	戊戌(무술)	己亥(기해)	庚子(경자)	辛丑(신축)	壬寅(임인)	癸卯(계묘)	甲辰(갑진)	乙巳(을사)	丙午(병오)	丁未(정미)	戊申(무신)	己酉(기유)	庚戌(경술)	辛亥(신해)	壬子(임자)	癸丑(계축)	甲寅(갑인)	乙卯(을묘)	丙辰(병진)	丁巳(정사)	戊午(무오)	己未(기미)	庚申(경신)	辛酉(신유)	壬戌(임술)
절기시각						子正														亥正										
대운 순행	2	1	1	1	1	10	9	9	9	8	8	8	7	7	7	6	6	6	5	5	5	4	4	4	3	3	3	2	2	2
대운 역행	9	9	10	10	10	10	1	1	1	2	2	2	3	3	3	4	4	4	5	5	5	6	6	6	7	7	7	8	8	8

11 月 丙 子(병자) 小

절기					대설															동지									
음력	一	二	三	四	五	六	七	八	九	十	十一	十二	十三	十四	十五	十六	十七	十八	十九	二十	廿一	廿二	廿三	廿四	廿五	廿六	廿七	廿八	廿九
양력 월/일	12/3	4	5	6	7	8	9	10	11	12	13	14	15	16	17	18	19	20	21	22	23	24	25	26	27	28	29	30	31
일진	癸亥(계해)	甲子(갑자)	乙丑(을축)	丙寅(병인)	丁卯(정묘)	戊辰(무진)	己巳(기사)	庚午(경오)	辛未(신미)	壬申(임신)	癸酉(계유)	甲戌(갑술)	乙亥(을해)	丙子(병자)	丁丑(정축)	戊寅(무인)	己卯(기묘)	庚辰(경진)	辛巳(신사)	壬午(임오)	癸未(계미)	甲申(갑신)	乙酉(을유)	丙戌(병술)	丁亥(정해)	戊子(무자)	己丑(기축)	庚寅(경인)	辛卯(신묘)
절기시각					酉初															午初									
대운 순행	1	1	1	1	10	10	9	9	9	8	8	8	7	7	7	6	6	6	5	5	5	4	4	4	3	3	3	2	2
대운 역행	9	9	9	10	10	1	1	1	2	2	2	3	3	3	4	4	4	5	5	5	6	6	6	7	7	7	8	8	8

12 月 丁 丑(정축) 大

절기						소한														대한										
음력	一	二	三	四	五	六	七	八	九	十	十一	十二	十三	十四	十五	十六	十七	十八	十九	二十	廿一	廿二	廿三	廿四	廿五	廿六	廿七	廿八	廿九	三十
양력 월/일	1/1	2	3	4	5	6	7	8	9	10	11	12	13	14	15	16	17	18	19	20	21	22	23	24	25	26	27	28	29	30
일진	壬辰(임진)	癸巳(계사)	甲午(갑오)	乙未(을미)	丙申(병신)	丁酉(정유)	戊戌(무술)	己亥(기해)	庚子(경자)	辛丑(신축)	壬寅(임인)	癸卯(계묘)	甲辰(갑진)	乙巳(을사)	丙午(병오)	丁未(정미)	戊申(무신)	己酉(기유)	庚戌(경술)	辛亥(신해)	壬子(임자)	癸丑(계축)	甲寅(갑인)	乙卯(을묘)	丙辰(병진)	丁巳(정사)	戊午(무오)	己未(기미)	庚申(경신)	辛酉(신유)
절기시각						寅正														亥初										
대운 순행	2	1	1	1	1	10	9	9	9	8	8	8	7	7	7	6	6	6	5	5	5	4	4	4	3	3	3	2	2	2
대운 역행	9	9	9	10	10	10	1	1	1	2	2	2	3	3	3	4	4	4	5	5	5	6	6	6	7	7	7	8	8	8

단기 4328 년
불기 2539 년

1995년 乙亥(을해)年

1 月 戊寅(무인) 小

절기					입춘															우수									
음력	一	二	三	四	五	六	七	八	九	十	十一	十二	十三	十四	十五	十六	十七	十八	十九	廿	廿一	廿二	廿三	廿四	廿五	廿六	廿七	廿八	廿九
양력 월/일	1/31	2/1	2	3	4	5	6	7	8	9	10	11	12	13	14	15	16	17	18	19	20	21	22	23	24	25	26	27	28
일진	壬戌(임술)	癸亥(계해)	甲子(갑자)	乙丑(을축)	丙寅(병인)	丁卯(정묘)	戊辰(무진)	己巳(기사)	庚午(경오)	辛未(신미)	壬申(임신)	癸酉(계유)	甲戌(갑술)	乙亥(을해)	丙子(병자)	丁丑(정축)	戊寅(무인)	己卯(기묘)	庚辰(경진)	辛巳(신사)	壬午(임오)	癸未(계미)	甲申(갑신)	乙酉(을유)	丙戌(병술)	丁亥(정해)	戊子(무자)	己丑(기축)	庚寅(경인)
절기시각					申正															午正									
대운 순행	1	1	1	1	10	10	9	9	9	8	8	8	7	7	7	6	6	6	5	5	5	4	4	4	3	3	3	2	2
대운 역행	9	9	9	10	10	1	1	1	2	2	2	3	3	3	4	4	4	5	5	5	6	6	6	7	7	7	8	8	8

2 月 己卯(기묘) 大

절기						경칩																춘분								
음력	一	二	三	四	五	六	七	八	九	十	十一	十二	十三	十四	十五	十六	十七	十八	十九	廿	廿一	廿二	廿三	廿四	廿五	廿六	廿七	廿八	廿九	三十
양력 월/일	3/1	2	3	4	5	6	7	8	9	10	11	12	13	14	15	16	17	18	19	20	21	22	23	24	25	26	27	28	29	30
일진	辛卯(신묘)	壬辰(임진)	癸巳(계사)	甲午(갑오)	乙未(을미)	丙申(병신)	丁酉(정유)	戊戌(무술)	己亥(기해)	庚子(경자)	辛丑(신축)	壬寅(임인)	癸卯(계묘)	甲辰(갑진)	乙巳(을사)	丙午(병오)	丁未(정미)	戊申(무신)	己酉(기유)	庚戌(경술)	辛亥(신해)	壬子(임자)	癸丑(계축)	甲寅(갑인)	乙卯(을묘)	丙辰(병진)	丁巳(정사)	戊午(무오)	己未(기미)	庚申(경신)
절기시각						巳正																午初								
대운 순행	2	1	1	1	1	10	9	9	9	8	8	8	7	7	7	6	6	6	5	5	5	4	4	4	3	3	3	2	2	2
대운 역행	9	9	9	10	10	10	1	1	1	2	2	2	3	3	3	4	4	4	5	5	5	6	6	6	7	7	7	8	8	8

3 月 庚辰(경진) 大

절기							입하															소만								
음력	一	二	三	四	五	六	七	八	九	十	十一	十二	十三	十四	十五	十六	十七	十八	十九	廿	廿一	廿二	廿三	廿四	廿五	廿六	廿七	廿八	廿九	三十
양력 월/일	3/31	4/1	2	3	4	5	6	7	8	9	10	11	12	13	14	15	16	17	18	19	20	21	22	23	24	25	26	27	28	29
일진	辛酉(신유)	壬戌(임술)	癸亥(계해)	甲子(갑자)	乙丑(을축)	丙寅(병인)	丁卯(정묘)	戊辰(무진)	己巳(기사)	庚午(경오)	辛未(신미)	壬申(임신)	癸酉(계유)	甲戌(갑술)	乙亥(을해)	丙子(병자)	丁丑(정축)	戊寅(무인)	己卯(기묘)	庚辰(경진)	辛巳(신사)	壬午(임오)	癸未(계미)	甲申(갑신)	乙酉(을유)	丙戌(병술)	丁亥(정해)	戊子(무자)	己丑(기축)	庚寅(경인)
절기시각							辰正															亥正								
대운 순행		1	1	1	1	10	10	10	9	9	9	8	8	8	7	7	7	6	6	6	5	5	5	4	4	4	3	3	3	2
대운 역행		9	9	9	10	10	1	1	1	2	2	2	3	3	3	4	4	4	5	5	5	6	6	6	7	7	7	8	8	8

4 月 辛巳(신사) 小

절기							입하															소만							
음력	一	二	三	四	五	六	七	八	九	十	十一	十二	十三	十四	十五	十六	十七	十八	十九	廿	廿一	廿二	廿三	廿四	廿五	廿六	廿七	廿八	廿九
양력 월/일	4/30	5/1	2	3	4	5	6	7	8	9	10	11	12	13	14	15	16	17	18	19	20	21	22	23	24	25	26	27	28
일진	辛卯(신묘)	壬辰(임진)	癸巳(계사)	甲午(갑오)	乙未(을미)	丙申(병신)	丁酉(정유)	戊戌(무술)	己亥(기해)	庚子(경자)	辛丑(신축)	壬寅(임인)	癸卯(계묘)	甲辰(갑진)	乙巳(을사)	丙午(병오)	丁未(정미)	戊申(무신)	己酉(기유)	庚戌(경술)	辛亥(신해)	壬子(임자)	癸丑(계축)	甲寅(갑인)	乙卯(을묘)	丙辰(병진)	丁巳(정사)	戊午(무오)	己未(기미)
절기시각							辰正															亥初							
대운 순행	2	2	1	1	1	1	10	10	10	9	9	9	8	8	8	7	7	7	6	6	6	5	5	5	4	4	4	3	3
대운 역행	9	9	9	10	10	10	10	1	1	1	2	2	2	3	3	3	4	4	4	5	5	5	6	6	6	7	7	7	8

5 月 壬午(임오) 大

절기									망종																하지					
음력	一	二	三	四	五	六	七	八	九	十	十一	十二	十三	十四	十五	十六	十七	十八	十九	廿	廿一	廿二	廿三	廿四	廿五	廿六	廿七	廿八	廿九	三十
양력 월/일	5/29	30	31	6/1	2	3	4	5	6	7	8	9	10	11	12	13	14	15	16	17	18	19	20	21	22	23	24	25	26	27
일진	庚申(경신)	辛酉(신유)	壬戌(임술)	癸亥(계해)	甲子(갑자)	乙丑(을축)	丙寅(병인)	丁卯(정묘)	戊辰(무진)	己巳(기사)	庚午(경오)	辛未(신미)	壬申(임신)	癸酉(계유)	甲戌(갑술)	乙亥(을해)	丙子(병자)	丁丑(정축)	戊寅(무인)	己卯(기묘)	庚辰(경진)	辛巳(신사)	壬午(임오)	癸未(계미)	甲申(갑신)	乙酉(을유)	丙戌(병술)	丁亥(정해)	戊子(무자)	己丑(기축)
절기시각									午正																卯初					
대운 순행	3	2	2	2	1	1	1	1	10	10	10	9	9	9	8	8	8	7	7	7	6	6	6	5	5	5	4	4	4	3
대운 역행	8	8	9	9	9	10	10	10	10	1	1	1	2	2	2	3	3	3	4	4	4	5	5	5	6	6	6	7	7	7

6 月 癸未(계미) 大

절기										소서																대서				
음력	一	二	三	四	五	六	七	八	九	十	十一	十二	十三	十四	十五	十六	十七	十八	十九	廿	廿一	廿二	廿三	廿四	廿五	廿六	廿七	廿八	廿九	三十
양력 월/일	6/28	29	30	7/1	2	3	4	5	6	7	8	9	10	11	12	13	14	15	16	17	18	19	20	21	22	23	24	25	26	27
일진	庚寅(경인)	辛卯(신묘)	壬辰(임진)	癸巳(계사)	甲午(갑오)	乙未(을미)	丙申(병신)	丁酉(정유)	戊戌(무술)	己亥(기해)	庚子(경자)	辛丑(신축)	壬寅(임인)	癸卯(계묘)	甲辰(갑진)	乙巳(을사)	丙午(병오)	丁未(정미)	戊申(무신)	己酉(기유)	庚戌(경술)	辛亥(신해)	壬子(임자)	癸丑(계축)	甲寅(갑인)	乙卯(을묘)	丙辰(병진)	丁巳(정사)	戊午(무오)	己未(기미)
절기시각										子初																申正				
대운 순행	3	3	2	2	2	1	1	1	1	10	10	10	10	9	9	9	8	8	8	7	7	7	6	6	6	5	5	5	4	4
대운 역행	8	8	8	9	9	9	10	10	10	10	1	1	1	2	2	2	3	3	3	4	4	4	5	5	5	6	6	6	7	7

西 大將	丑 喪門	酉 弔客	酉 三殺

7 月 甲 申(갑신) 小

절기												입추															처서			
음력	一	二	三	四	五	六	七	八	九	十	十一	十二	十三	十四	十五	十六	十七	十八	十九	二十	廿一	廿二	廿三	廿四	廿五	廿六	廿七	廿八	廿九	
양력 월/일	7/28	29	30	31	8/1	2	3	4	5	6	7	8	9	10	11	12	13	14	15	16	17	18	19	20	21	22	23	24	25	
일진	庚申(경신)	辛酉(신유)	壬戌(임술)	癸亥(계해)	甲子(갑자)	乙丑(을축)	丙寅(병인)	丁卯(정묘)	戊辰(무진)	己巳(기사)	庚午(경오)	辛未(신미)	壬申(임신)	癸酉(계유)	甲戌(갑술)	乙亥(을해)	丙子(병자)	丁丑(정축)	戊寅(무인)	己卯(기묘)	庚辰(경진)	辛巳(신사)	壬午(임오)	癸未(계미)	甲申(갑신)	乙酉(을유)	丙戌(병술)	丁亥(정해)	戊子(무자)	
절기시각												辰正															子初			
대운 순행	4	3	3	3	2	2	2	1	1	1	1	10	10	10	9	9	9	8	8	8	7	7	7	6	6	6	5	5	5	
대운 역행	7	8	8	8	9	9	9	10	10	10	10	10	1	1	1	2	2	2	3	3	3	4	4	4	5	5	5	6	6	

8 月 乙 酉(을유) 大

절기														백로															추분	
음력	一	二	三	四	五	六	七	八	九	十	十一	十二	十三	十四	十五	十六	十七	十八	十九	二十	廿一	廿二	廿三	廿四	廿五	廿六	廿七	廿八	廿九	三十
양력 월/일	8/26	27	28	29	30	31	9/1	2	3	4	5	6	7	8	9	10	11	12	13	14	15	16	17	18	19	20	21	22	23	24
일진	己丑(기축)	庚寅(경인)	辛卯(신묘)	壬辰(임진)	癸巳(계사)	甲午(갑오)	乙未(을미)	丙申(병신)	丁酉(정유)	戊戌(무술)	己亥(기해)	庚子(경자)	辛丑(신축)	壬寅(임인)	癸卯(계묘)	甲辰(갑진)	乙巳(을사)	丙午(병오)	丁未(정미)	戊申(무신)	己酉(기유)	庚戌(경술)	辛亥(신해)	壬子(임자)	癸丑(계축)	甲寅(갑인)	乙卯(을묘)	丙辰(병진)	丁巳(정사)	戊午(무오)
절기시각														午初															亥初	
대운 순행	4	4	4	3	3	3	2	2	2	1	1	1	1	10	10	10	9	9	9	8	8	8	7	7	7	6	6	6	5	5
대운 역행	6	7	7	7	8	8	8	9	9	9	10	10	10	10	1	1	1	2	2	2	3	3	3	4	4	4	5	5	5	6

閏 8 月 乙 酉(을유) 小

절기															한로															
음력	一	二	三	四	五	六	七	八	九	十	十一	十二	十三	十四	十五	十六	十七	十八	十九	二十	廿一	廿二	廿三	廿四	廿五	廿六	廿七	廿八	廿九	
양력 월/일	9/25	26	27	28	29	30	10/1	2	3	4	5	6	7	8	9	10	11	12	13	14	15	16	17	18	19	20	21	22	23	
일진	己未(기미)	庚申(경신)	辛酉(신유)	壬戌(임술)	癸亥(계해)	甲子(갑자)	乙丑(을축)	丙寅(병인)	丁卯(정묘)	戊辰(무진)	己巳(기사)	庚午(경오)	辛未(신미)	壬申(임신)	癸酉(계유)	甲戌(갑술)	乙亥(을해)	丙子(병자)	丁丑(정축)	戊寅(무인)	己卯(기묘)	庚辰(경진)	辛巳(신사)	壬午(임오)	癸未(계미)	甲申(갑신)	乙酉(을유)	丙戌(병술)	丁亥(정해)	
절기시각															寅初															
대운 순행	5	4	4	4	3	3	3	2	2	2	1	1	1	1	10	10	9	9	9	8	8	8	7	7	7	6	6	6	5	
대운 역행	6	6	7	7	7	8	8	8	9	9	9	10	10	10	10	1	1	1	2	2	2	3	3	3	4	4	4	5	5	

9 月 丙 戌(병술) 大

절기	상강															입동														
음력	一	二	三	四	五	六	七	八	九	十	十一	十二	十三	十四	十五	十六	十七	十八	十九	二十	廿一	廿二	廿三	廿四	廿五	廿六	廿七	廿八	廿九	三十
양력 월/일	10/24	25	26	27	28	29	30	31	11/1	2	3	4	5	6	7	8	9	10	11	12	13	14	15	16	17	18	19	20	21	22
일진	戊子(무자)	乙丑(을축)	庚寅(경인)	辛卯(신묘)	壬辰(임진)	癸巳(계사)	甲午(갑오)	乙未(을미)	丙申(병신)	丁酉(정유)	戊戌(무술)	己亥(기해)	庚子(경자)	辛丑(신축)	壬寅(임인)	癸卯(계묘)	甲辰(갑진)	乙巳(을사)	丙午(병오)	丁未(정미)	戊申(무신)	己酉(기유)	庚戌(경술)	辛亥(신해)	壬子(임자)	癸丑(계축)	甲寅(갑인)	乙卯(을묘)	丙辰(병진)	丁巳(정사)
절기시각	卯正															卯正														
대운 순행	5	5	4	4	4	3	3	3	2	2	2	1	1	1	1	10	9	9	9	8	8	8	7	7	7	6	6	6	5	5
대운 역행	5	6	6	6	7	7	7	8	8	8	9	9	9	10	10	10	1	1	1	2	2	2	3	3	3	4	4	4	5	5

10 月 丁 亥(정해) 小

절기	소설														대설															
음력	一	二	三	四	五	六	七	八	九	十	十一	十二	十三	十四	十五	十六	十七	十八	十九	二十	廿一	廿二	廿三	廿四	廿五	廿六	廿七	廿八	廿九	
양력 월/일	11/23	24	25	26	27	28	29	30	12/1	2	3	4	5	6	7	8	9	10	11	12	13	14	15	16	17	18	19	20	21	
일진	戊午(무오)	己未(기미)	庚申(경신)	辛酉(신유)	壬戌(임술)	癸亥(계해)	甲子(갑자)	乙丑(을축)	丙寅(병인)	丁卯(정묘)	戊辰(무진)	己巳(기사)	庚午(경오)	辛未(신미)	壬申(임신)	癸酉(계유)	甲戌(갑술)	乙亥(을해)	丙子(병자)	丁丑(정축)	戊寅(무인)	己卯(기묘)	庚辰(경진)	辛巳(신사)	壬午(임오)	癸未(계미)	甲申(갑신)	乙酉(을유)	丙戌(병술)	
절기시각	寅正														子初															
대운 순행	5	4	4	4	3	3	3	2	2	2	1	1	1	1	10	10	9	9	9	8	8	8	7	7	7	6	6	6	5	
대운 역행	5	6	6	6	7	7	7	8	8	8	9	9	9	10	10	1	1	1	2	2	2	3	3	3	4	4	4	5	5	

11 月 戊 子(무자) 小

절기	동지															소한														
음력	一	二	三	四	五	六	七	八	九	十	十一	十二	十三	十四	十五	十六	十七	十八	十九	二十	廿一	廿二	廿三	廿四	廿五	廿六	廿七	廿八	廿九	
양력 월/일	12/22	23	24	25	26	27	28	29	30	31	1/1	2	3	4	5	6	7	8	9	10	11	12	13	14	15	16	17	18	19	
일진	丁亥(정해)	戊子(무자)	乙丑(을축)	庚寅(경인)	辛卯(신묘)	壬辰(임진)	癸巳(계사)	甲午(갑오)	乙未(을미)	丙申(병신)	丁酉(정유)	戊戌(무술)	己亥(기해)	庚子(경자)	辛丑(신축)	壬寅(임인)	癸卯(계묘)	甲辰(갑진)	乙巳(을사)	丙午(병오)	丁未(정미)	戊申(무신)	己酉(기유)	庚戌(경술)	辛亥(신해)	壬子(임자)	癸丑(계축)	甲寅(갑인)	乙卯(을묘)	
절기시각	酉初															巳正														
대운 순행	5	5	4	4	4	3	3	3	2	2	2	1	1	1	1	10	9	9	9	8	8	8	7	7	7	6	6	6	5	
대운 역행	5	6	6	6	7	7	7	8	8	8	9	9	9	10	10	10	1	1	1	2	2	2	3	3	3	4	4	4	5	

12 月 己 丑(기축) 大

절기		대한														입춘														
음력	一	二	三	四	五	六	七	八	九	十	十一	十二	十三	十四	十五	十六	十七	十八	十九	二十	廿一	廿二	廿三	廿四	廿五	廿六	廿七	廿八	廿九	三十
양력 월/일	1/20	21	22	23	24	25	26	27	28	29	30	31	2/1	2	3	4	5	6	7	8	9	10	11	12	13	14	15	16	17	18
일진	丙辰(병진)	丁巳(정사)	戊午(무오)	己未(기미)	庚申(경신)	辛酉(신유)	壬戌(임술)	癸亥(계해)	甲子(갑자)	乙丑(을축)	丙寅(병인)	丁卯(정묘)	戊辰(무진)	己巳(기사)	庚午(경오)	辛未(신미)	壬申(임신)	癸酉(계유)	甲戌(갑술)	乙亥(을해)	丙子(병자)	丁丑(정축)	戊寅(무인)	己卯(기묘)	庚辰(경진)	辛巳(신사)	壬午(임오)	癸未(계미)	甲申(갑신)	乙酉(을유)
절기시각		寅初														亥正														
대운 순행	5	5	4	4	4	3	3	3	2	2	2	1	1	1	1	10	10	9	9	9	8	8	8	7	7	7	6	6	6	5
대운 역행	5	5	6	6	6	7	7	7	8	8	8	9	9	9	10	10	1	1	1	2	2	2	3	3	3	4	4	4	5	5

단기 4329 년
불기 2540 년

1996년 丙子(병자)年

1 月 庚寅(경인) 小

절기	우수															경칩													
음력	一	二	三	四	五	六	七	八	九	十	十一	十二	十三	十四	十五	十六	十七	十八	十九	廿	廿一	廿二	廿三	廿四	廿五	廿六	廿七	廿八	廿九
양력 월/일	2/19	20	21	22	23	24	25	26	27	28	29	3/1	2	3	4	5	6	7	8	9	10	11	12	13	14	15	16	17	18
일진	丙戌(병술)	丁亥(정해)	戊子(무자)	己丑(기축)	庚寅(경인)	辛卯(신묘)	壬辰(임진)	癸巳(계사)	甲午(갑오)	乙未(을미)	丙申(병신)	丁酉(정유)	戊戌(무술)	己亥(기해)	庚子(경자)	辛丑(신축)	壬寅(임인)	癸卯(계묘)	甲辰(갑진)	乙巳(을사)	丙午(병오)	丁未(정미)	戊申(무신)	己酉(기유)	庚戌(경술)	辛亥(신해)	壬子(임자)	癸丑(계축)	甲寅(갑인)
절기시각	酉初															申正													
대 순행	5	5	4	4	4	3	3	3	2	2	2	1	1	1	1	10	10	9	9	9	8	8	8	7	7	7	6	6	6
운 역행	5	6	6	6	7	7	7	8	8	8	9	9	9	10	10	10	1	1	1	2	2	2	3	3	3	4	4	4	5

2 月 辛卯(신묘) 大

절기		춘분															청명													
음력	一	二	三	四	五	六	七	八	九	十	十一	十二	十三	十四	十五	十六	十七	十八	十九	廿	廿一	廿二	廿三	廿四	廿五	廿六	廿七	廿八	廿九	三十
양력 월/일	3/19	20	21	22	23	24	25	26	27	28	29	30	31	4/1	2	3	4	5	6	7	8	9	10	11	12	13	14	15	16	17
일진	乙卯(을묘)	丙辰(병진)	丁巳(정사)	戊午(무오)	己未(기미)	庚申(경신)	辛酉(신유)	壬戌(임술)	癸亥(계해)	甲子(갑자)	乙丑(을축)	丙寅(병인)	丁卯(정묘)	戊辰(무진)	己巳(기사)	庚午(경오)	辛未(신미)	壬申(임신)	癸酉(계유)	甲戌(갑술)	乙亥(을해)	丙子(병자)	丁丑(정축)	戊寅(무인)	己卯(기묘)	庚辰(경진)	辛巳(신사)	壬午(임오)	癸未(계미)	甲申(갑신)
절기시각		申正															戌正													
대 순행	5	5	5	4	4	4	3	3	3	2	2	2	1	1	1	1	10	10	10	9	9	9	8	8	8	7	7	7	6	6
운 역행	5	5	6	6	6	7	7	7	8	8	8	9	9	9	10	10	10	1	1	1	2	2	2	3	3	3	4	4	4	5

3 月 壬辰(임진) 小

절기			곡우															입하											
음력	一	二	三	四	五	六	七	八	九	十	十一	十二	十三	十四	十五	十六	十七	十八	十九	廿	廿一	廿二	廿三	廿四	廿五	廿六	廿七	廿八	廿九
양력 월/일	4/18	19	20	21	22	23	24	25	26	27	28	29	30	5/1	2	3	4	5	6	7	8	9	10	11	12	13	14	15	16
일진	乙酉(을유)	丙戌(병술)	丁亥(정해)	戊子(무자)	己丑(기축)	庚寅(경인)	辛卯(신묘)	壬辰(임진)	癸巳(계사)	甲午(갑오)	乙未(을미)	丙申(병신)	丁酉(정유)	戊戌(무술)	己亥(기해)	庚子(경자)	辛丑(신축)	壬寅(임인)	癸卯(계묘)	甲辰(갑진)	乙巳(을사)	丙午(병오)	丁未(정미)	戊申(무신)	己酉(기유)	庚戌(경술)	辛亥(신해)	壬子(임자)	癸丑(계축)
절기시각			寅正															未正											
대 순행	6	5	5	5	4	4	4	3	3	3	2	2	2	1	1	1	1	10	10	10	9	9	9	8	8	8	7	7	7
운 역행	5	5	6	6	6	7	7	7	8	8	8	9	9	9	10	10	10	10	1	1	1	2	2	2	3	3	3	4	4

4 月 癸巳(계사) 大

절기					소만															망종										
음력	一	二	三	四	五	六	七	八	九	十	十一	十二	十三	十四	十五	十六	十七	十八	十九	廿	廿一	廿二	廿三	廿四	廿五	廿六	廿七	廿八	廿九	三十
양력 월/일	5/17	18	19	20	21	22	23	24	25	26	27	28	29	30	31	6/1	2	3	4	5	6	7	8	9	10	11	12	13	14	15
일진	甲寅(갑인)	乙卯(을묘)	丙辰(병진)	丁巳(정사)	戊午(무오)	己未(기미)	庚申(경신)	辛酉(신유)	壬戌(임술)	癸亥(계해)	甲子(갑자)	乙丑(을축)	丙寅(병인)	丁卯(정묘)	戊辰(무진)	己巳(기사)	庚午(경오)	辛未(신미)	壬申(임신)	癸酉(계유)	甲戌(갑술)	乙亥(을해)	丙子(병자)	丁丑(정축)	戊寅(무인)	己卯(기묘)	庚辰(경진)	辛巳(신사)	壬午(임오)	癸未(계미)
절기시각					寅初															酉正										
대 순행	6	6	6	5	5	5	4	4	4	3	3	3	2	2	2	1	1	1	1	10	10	10	10	9	9	9	8	8	8	7
운 역행	4	5	5	5	6	6	6	7	7	7	8	8	8	9	9	9	10	10	10	10	1	1	1	2	2	2	3	3	3	4

5 月 甲午(갑오) 大

절기						하지																소서								
음력	一	二	三	四	五	六	七	八	九	十	十一	十二	十三	十四	十五	十六	十七	十八	十九	廿	廿一	廿二	廿三	廿四	廿五	廿六	廿七	廿八	廿九	三十
양력 월/일	6/16	17	18	19	20	21	22	23	24	25	26	27	28	29	30	7/1	2	3	4	5	6	7	8	9	10	11	12	13	14	15
일진	甲申(갑신)	乙酉(을유)	丙戌(병술)	丁亥(정해)	戊子(무자)	己丑(기축)	庚寅(경인)	辛卯(신묘)	壬辰(임진)	癸巳(계사)	甲午(갑오)	乙未(을미)	丙申(병신)	丁酉(정유)	戊戌(무술)	己亥(기해)	庚子(경자)	辛丑(신축)	壬寅(임인)	癸卯(계묘)	甲辰(갑진)	乙巳(을사)	丙午(병오)	丁未(정미)	戊申(무신)	己酉(기유)	庚戌(경술)	辛亥(신해)	壬子(임자)	癸丑(계축)
절기시각						午初																寅正								
대 순행	7	7	6	6	6	5	5	5	4	4	4	3	3	3	2	2	2	1	1	1	1	10	10	10	9	9	9	8	8	8
운 역행	4	4	5	5	5	6	6	6	7	7	7	8	8	8	9	9	9	10	10	10	10	10	1	1	1	2	2	2	3	3

6 月 乙未(을미) 小

절기							대서															입추							
음력	一	二	三	四	五	六	七	八	九	十	十一	十二	十三	十四	十五	十六	十七	十八	十九	廿	廿一	廿二	廿三	廿四	廿五	廿六	廿七	廿八	廿九
양력 월/일	7/16	17	18	19	20	21	22	23	24	25	26	27	28	29	30	31	8/1	2	3	4	5	6	7	8	9	10	11	12	13
일진	甲寅(갑인)	乙卯(을묘)	丙辰(병진)	丁巳(정사)	戊午(무오)	己未(기미)	庚申(경신)	辛酉(신유)	壬戌(임술)	癸亥(계해)	甲子(갑자)	乙丑(을축)	丙寅(병인)	丁卯(정묘)	戊辰(무진)	己巳(기사)	庚午(경오)	辛未(신미)	壬申(임신)	癸酉(계유)	甲戌(갑술)	乙亥(을해)	丙子(병자)	丁丑(정축)	戊寅(무인)	己卯(기묘)	庚辰(경진)	辛巳(신사)	壬午(임오)
절기시각							亥正															未正							
대 순행	7	7	7	6	6	6	5	5	5	4	4	4	3	3	3	2	2	2	1	1	1	1	10	10	10	9	9	9	8
운 역행	3	4	4	4	5	5	5	6	6	6	7	7	7	8	8	8	9	9	9	10	10	10	10	1	1	1	2	2	2

西 大將	卯 喪門	亥 弔客	南 三殺

7 月 丙 申(병신) 大

절 기										처서															백로					
음 력	一	二	三	四	五	六	七	八	九	十	十一	十二	十三	十四	十五	十六	十七	十八	十九	廿	廿一	廿二	廿三	廿四	廿五	廿六	廿七	廿八	廿九	三十
양 력 월/일	8/14	15	16	17	18	19	20	21	22	23	24	25	26	27	28	29	30	31	9/1	2	3	4	5	6	7	8	9	10	11	12
일 진	癸未(계미)	甲申(갑신)	乙酉(을유)	丙戌(병술)	丁亥(정해)	戊子(무자)	己丑(기축)	庚寅(경인)	辛卯(신묘)	壬辰(임진)	癸巳(계사)	甲午(갑오)	乙未(을미)	丙申(병신)	丁酉(정유)	戊戌(무술)	己亥(기해)	庚子(경자)	辛丑(신축)	壬寅(임인)	癸卯(계묘)	甲辰(갑진)	乙巳(을사)	丙午(병오)	丁未(정미)	戊申(무신)	己酉(기유)	庚戌(경술)	辛亥(신해)	壬子(임자)
절기시각										卯初															酉初					
대 순 행	8	8	7	7	7	6	6	6	5	5	5	4	4	4	3	3	3	2	2	2	1	1	1	1	10	10	10	9	9	9
운 역 행	3	3	3	4	4	4	5	5	5	6	6	6	7	7	7	8	8	8	9	9	9	10	10	10	10	1	1	1	2	2

8 月 丁 酉(정유) 小

절 기											추분															한로				
음 력	一	二	三	四	五	六	七	八	九	十	十一	十二	十三	十四	十五	十六	十七	十八	十九	廿	廿一	廿二	廿三	廿四	廿五	廿六	廿七	廿八	廿九	
양 력 월/일	9/13	14	15	16	17	18	19	20	21	22	23	24	25	26	27	28	29	30	10/1	2	3	4	5	6	7	8	9	10	11	
일 진	癸丑(계축)	甲寅(갑인)	乙卯(을묘)	丙辰(병진)	丁巳(정사)	戊午(무오)	己未(기미)	庚申(경신)	辛酉(신유)	壬戌(임술)	癸亥(계해)	甲子(갑자)	乙丑(을축)	丙寅(병인)	丁卯(정묘)	戊辰(무진)	己巳(기사)	庚午(경오)	辛未(신미)	壬申(임신)	癸酉(계유)	甲戌(갑술)	乙亥(을해)	丙子(병자)	丁丑(정축)	戊寅(무인)	己卯(기묘)	庚辰(경진)	辛巳(신사)	
절기시각											丑正															巳初				
대 순 행	8	8	8	7	7	7	6	6	6	5	5	5	4	4	4	3	3	3	2	2	2	1	1	1	1	10	10	9	9	
운 역 행	2	3	3	3	4	4	4	5	5	5	6	6	6	7	7	7	8	8	8	9	9	9	10	10	10	10	1	1	1	

9 月 戊 戌(무술) 大

절 기												상강															입동			
음 력	一	二	三	四	五	六	七	八	九	十	十一	十二	十三	十四	十五	十六	十七	十八	十九	廿	廿一	廿二	廿三	廿四	廿五	廿六	廿七	廿八	廿九	三十
양 력 월/일	10/12	13	14	15	16	17	18	19	20	21	22	23	24	25	26	27	28	29	30	31	11/1	2	3	4	5	6	7	8	9	10
일 진	壬午(임오)	癸未(계미)	甲申(갑신)	乙酉(을유)	丙戌(병술)	丁亥(정해)	戊子(무자)	己丑(기축)	庚寅(경인)	辛卯(신묘)	壬辰(임진)	癸巳(계사)	甲午(갑오)	乙未(을미)	丙申(병신)	丁酉(정유)	戊戌(무술)	己亥(기해)	庚子(경자)	辛丑(신축)	壬寅(임인)	癸卯(계묘)	甲辰(갑진)	乙巳(을사)	丙午(병오)	丁未(정미)	戊申(무신)	己酉(기유)	庚戌(경술)	辛亥(신해)
절기시각												午正															午正			
대 순 행	9	8	8	8	7	7	7	6	6	6	5	5	5	4	4	4	3	3	3	2	2	2	1	1	1	1	10	10	9	9
운 역 행	2	2	2	3	3	3	4	4	4	5	5	5	6	6	6	7	7	7	8	8	8	9	9	9	10	10	10	1	1	1

10 月 己 亥(기해) 大

절 기												소설															대설			
음 력	一	二	三	四	五	六	七	八	九	十	十一	十二	十三	十四	十五	十六	十七	十八	十九	廿	廿一	廿二	廿三	廿四	廿五	廿六	廿七	廿八	廿九	三十
양 력 월/일	11/11	12	13	14	15	16	17	18	19	20	21	22	23	24	25	26	27	28	29	30	12/1	2	3	4	5	6	7	8	9	10
일 진	壬子(임자)	癸丑(계축)	甲寅(갑인)	乙卯(을묘)	丙辰(병진)	丁巳(정사)	戊午(무오)	己未(기미)	庚申(경신)	辛酉(신유)	壬戌(임술)	癸亥(계해)	甲子(갑자)	乙丑(을축)	丙寅(병인)	丁卯(정묘)	戊辰(무진)	己巳(기사)	庚午(경오)	辛未(신미)	壬申(임신)	癸酉(계유)	甲戌(갑술)	乙亥(을해)	丙子(병자)	丁丑(정축)	戊寅(무인)	己卯(기묘)	庚辰(경진)	辛巳(신사)
절기시각												巳初															卯初			
대 순 행	9	8	8	8	7	7	7	6	6	6	5	5	5	4	4	4	3	3	3	2	2	2	1	1	1	1	10	9	9	9
운 역 행	2	2	2	3	3	3	4	4	4	5	5	5	6	6	6	7	7	7	8	8	8	9	9	9	10	10	10	1	1	1

11 月 庚 子(경자) 小

절 기												동지														소만				
음 력	一	二	三	四	五	六	七	八	九	十	十一	十二	十三	十四	十五	十六	十七	十八	十九	廿	廿一	廿二	廿三	廿四	廿五	廿六	廿七	廿八	廿九	
양 력 월/일	12/11	12	13	14	15	16	17	18	19	20	21	22	23	24	25	26	27	28	29	30	31	1/1	2	3	4	5	6	7	8	
일 진	壬午(임오)	癸未(계미)	甲申(갑신)	乙酉(을유)	丙戌(병술)	丁亥(정해)	戊子(무자)	己丑(기축)	庚寅(경인)	辛卯(신묘)	壬辰(임진)	癸巳(계사)	甲午(갑오)	乙未(을미)	丙申(병신)	丁酉(정유)	戊戌(무술)	己亥(기해)	庚子(경자)	辛丑(신축)	壬寅(임인)	癸卯(계묘)	甲辰(갑진)	乙巳(을사)	丙午(병오)	丁未(정미)	戊申(무신)	己酉(기유)	庚戌(경술)	
절기시각												子初														申正				
대 순 행	8	8	8	7	7	7	6	6	6	5	5	5	4	4	4	3	3	3	2	2	2	1	1	1	1	10	10	9	9	
운 역 행	2	2	2	3	3	3	4	4	4	5	5	5	6	6	6	7	7	7	8	8	8	9	9	9	10	10	1	1	1	

12 月 辛 丑(신축) 大

절 기												대한															입춘			
음 력	一	二	三	四	五	六	七	八	九	十	十一	十二	十三	十四	十五	十六	十七	十八	十九	廿	廿一	廿二	廿三	廿四	廿五	廿六	廿七	廿八	廿九	三十
양 력 월/일	1/9	10	11	12	13	14	15	16	17	18	19	20	21	22	23	24	25	26	27	28	29	30	31	2/1	2	3	4	5	6	7
일 진	辛亥(신해)	壬子(임자)	癸丑(계축)	甲寅(갑인)	乙卯(을묘)	丙辰(병진)	丁巳(정사)	戊午(무오)	己未(기미)	庚申(경신)	辛酉(신유)	壬戌(임술)	癸亥(계해)	甲子(갑자)	乙丑(을축)	丙寅(병인)	丁卯(정묘)	戊辰(무진)	己巳(기사)	庚午(경오)	辛未(신미)	壬申(임신)	癸酉(계유)	甲戌(갑술)	乙亥(을해)	丙子(병자)	丁丑(정축)	戊寅(무인)	己卯(기묘)	庚辰(경진)
절기시각												巳初															寅初			
대 순 행	9	8	8	8	7	7	7	6	6	6	5	5	5	4	4	4	3	3	3	2	2	2	1	1	1	1	10	9	9	9
운 역 행	2	2	2	3	3	3	4	4	4	5	5	5	6	6	6	7	7	7	8	8	8	9	9	9	10	10	10	1	1	1

단기 4330 년
불기 2541 년

1997년 丁丑(정축)年

1 月 壬寅(임인) 小

절기											우수															경칩			
음력	一	二	三	四	五	六	七	八	九	十	十一	十二	十三	十四	十五	十六	十七	十八	十九	二十	廿一	廿二	廿三	廿四	廿五	廿六	廿七	廿八	廿九
양력 월/일	2/8	9	10	11	12	13	14	15	16	17	18	19	20	21	22	23	24	25	26	27	28	3/1	2	3	4	5	6	7	8
일진	辛巳(신사)	壬午(임오)	癸未(계미)	甲申(갑신)	乙酉(을유)	丙戌(병술)	丁亥(정해)	戊子(무자)	己丑(기축)	庚寅(경인)	辛卯(신묘)	壬辰(임진)	癸巳(계사)	甲午(갑오)	乙未(을미)	丙申(병신)	丁酉(정유)	戊戌(무술)	己亥(기해)	庚子(경자)	辛丑(신축)	壬寅(임인)	癸卯(계묘)	甲辰(갑진)	乙巳(을사)	丙午(병오)	丁未(정미)	戊申(무신)	己酉(기유)
절기시각											子初															亥初			
대운 순행	8	8	8	7	7	7	6	6	6	5	5	5	4	4	4	3	3	3	2	2	2	1	1	1	1	10	10	10	9
대운 역행	2	2	2	3	3	3	4	4	4	5	5	5	6	6	6	7	7	7	8	8	8	9	9	9	10	10	1	1	1

2 月 癸卯(계묘) 小

절기												춘분																청명	
음력	一	二	三	四	五	六	七	八	九	十	十一	十二	十三	十四	十五	十六	十七	十八	十九	二十	廿一	廿二	廿三	廿四	廿五	廿六	廿七	廿八	廿九
양력 월/일	3/9	10	11	12	13	14	15	16	17	18	19	20	21	22	23	24	25	26	27	28	29	30	31	4/1	2	3	4	5	6
일진	庚戌(경술)	辛亥(신해)	壬子(임자)	癸丑(계축)	甲寅(갑인)	乙卯(을묘)	丙辰(병진)	丁巳(정사)	戊午(무오)	己未(기미)	庚申(경신)	辛酉(신유)	壬戌(임술)	癸亥(계해)	甲子(갑자)	乙丑(을축)	丙寅(병인)	丁卯(정묘)	戊辰(무진)	己巳(기사)	庚午(경오)	辛未(신미)	壬申(임신)	癸酉(계유)	甲戌(갑술)	乙亥(을해)	丙子(병자)	丁丑(정축)	戊寅(무인)
절기시각												亥初																丑正	
대운 순행	9	9	8	8	8	7	7	7	6	6	6	5	5	5	4	4	4	3	3	3	2	2	2	1	1	1	1	10	10
대운 역행	2	2	2	3	3	3	4	4	4	5	5	5	6	6	6	7	7	7	8	8	8	9	9	9	10	10	10	10	1

3 月 甲辰(갑진) 大

절기														곡우															입하	
음력	一	二	三	四	五	六	七	八	九	十	十一	十二	十三	十四	十五	十六	十七	十八	十九	二十	廿一	廿二	廿三	廿四	廿五	廿六	廿七	廿八	廿九	三十
양력 월/일	4/7	8	9	10	11	12	13	14	15	16	17	18	19	20	21	22	23	24	25	26	27	28	29	30	5/1	2	3	4	5	6
일진	己卯(기묘)	庚辰(경진)	辛巳(신사)	壬午(임오)	癸未(계미)	甲申(갑신)	乙酉(을유)	丙戌(병술)	丁亥(정해)	戊子(무자)	己丑(기축)	庚寅(경인)	辛卯(신묘)	壬辰(임진)	癸巳(계사)	甲午(갑오)	乙未(을미)	丙申(병신)	丁酉(정유)	戊戌(무술)	己亥(기해)	庚子(경자)	辛丑(신축)	壬寅(임인)	癸卯(계묘)	甲辰(갑진)	乙巳(을사)	丙午(병오)	丁未(정미)	戊申(무신)
절기시각														巳初															戌正	
대운 순행	9	9	9	8	8	8	7	7	7	6	6	6	5	5	5	4	4	4	3	3	3	2	2	2	1	1	1	1	10	10
대운 역행	1	1	2	2	2	3	3	3	4	4	4	5	5	5	6	6	6	7	7	7	8	8	8	9	9	9	10	10	10	1

4 月 乙巳(계사) 小

절기															소만														
음력	一	二	三	四	五	六	七	八	九	十	十一	十二	十三	十四	十五	十六	十七	十八	十九	二十	廿一	廿二	廿三	廿四	廿五	廿六	廿七	廿八	廿九
양력 월/일	5/7	8	9	10	11	12	13	14	15	16	17	18	19	20	21	22	23	24	25	26	27	28	29	30	31	6/1	2	3	4
일진	己酉(기유)	庚戌(경술)	辛亥(신해)	壬子(임자)	癸丑(계축)	甲寅(갑인)	乙卯(을묘)	丙辰(병진)	丁巳(정사)	戊午(무오)	己未(기미)	庚申(경신)	辛酉(신유)	壬戌(임술)	癸亥(계해)	甲子(갑자)	乙丑(을축)	丙寅(병인)	丁卯(정묘)	戊辰(무진)	己巳(기사)	庚午(경오)	辛未(신미)	壬申(임신)	癸酉(계유)	甲戌(갑술)	乙亥(을해)	丙子(병자)	丁丑(정축)
절기시각															巳初														
대운 순행	10	10	9	9	9	8	8	8	7	7	7	6	6	6	5	5	5	4	4	4	3	3	3	2	2	2	1	1	1
대운 역행	1	1	2	2	2	3	3	3	4	4	4	5	5	5	6	6	6	7	7	7	8	8	8	9	9	9	10	10	10

5 月 丙午(병오) 大

절기		망종															하지													
음력	一	二	三	四	五	六	七	八	九	十	十一	十二	十三	十四	十五	十六	十七	十八	十九	二十	廿一	廿二	廿三	廿四	廿五	廿六	廿七	廿八	廿九	三十
양력 월/일	6/5	6	7	8	9	10	11	12	13	14	15	16	17	18	19	20	21	22	23	24	25	26	27	28	29	30	7/1	2	3	4
일진	戊寅(무인)	己卯(기묘)	庚辰(경진)	辛巳(신사)	壬午(임오)	癸未(계미)	甲申(갑신)	乙酉(을유)	丙戌(병술)	丁亥(정해)	戊子(무자)	己丑(기축)	庚寅(경인)	辛卯(신묘)	壬辰(임진)	癸巳(계사)	甲午(갑오)	乙未(을미)	丙申(병신)	丁酉(정유)	戊戌(무술)	己亥(기해)	庚子(경자)	辛丑(신축)	壬寅(임인)	癸卯(계묘)	甲辰(갑진)	乙巳(을사)	丙午(병오)	丁未(정미)
절기시각		子初															酉初													
대운 순행	1	10	10	10	9	9	9	8	8	8	7	7	7	6	6	6	5	5	5	4	4	4	3	3	3	2	2	2	1	1
대운 역행	10	10	1	1	1	2	2	2	3	3	3	4	4	4	5	5	5	6	6	6	7	7	7	8	8	8	9	9	9	10

6 月 丁未(정미) 小

절기			소서																대서										
음력	一	二	三	四	五	六	七	八	九	十	十一	十二	十三	十四	十五	十六	十七	十八	十九	二十	廿一	廿二	廿三	廿四	廿五	廿六	廿七	廿八	廿九
양력 월/일	7/5	6	7	8	9	10	11	12	13	14	15	16	17	18	19	20	21	22	23	24	25	26	27	28	29	30	31	8/1	2
일진	戊申(무신)	己酉(기유)	庚戌(경술)	辛亥(신해)	壬子(임자)	癸丑(계축)	甲寅(갑인)	乙卯(을묘)	丙辰(병진)	丁巳(정사)	戊午(무오)	己未(기미)	庚申(경신)	辛酉(신유)	壬戌(임술)	癸亥(계해)	甲子(갑자)	乙丑(을축)	丙寅(병인)	丁卯(정묘)	戊辰(무진)	己巳(기사)	庚午(경오)	辛未(신미)	壬申(임신)	癸酉(계유)	甲戌(갑술)	乙亥(을해)	丙子(병자)
절기시각			巳正																寅正										
대운 순행	1	1	10	10	10	9	9	9	8	8	8	7	7	7	6	6	6	5	5	5	4	4	4	3	3	3	2	2	2
대운 역행	10	10	10	1	1	1	2	2	2	3	3	3	4	4	4	5	5	5	6	6	6	7	7	7	8	8	8	9	9

西 大將	卯 喪門	亥 弔客	東 三殺

7 月 戊 申(무신) 大

절기					입추																처서									
음력	一	二	三	四	五	六	七	八	九	十	十一	十二	十三	十四	十五	十六	十七	十八	十九	廿	廿一	廿二	廿三	廿四	廿五	廿六	廿七	廿八	廿九	三十
양력 월/일	8/3	4	5	6	7	8	9	10	11	12	13	14	15	16	17	18	19	20	21	22	23	24	25	26	27	28	29	30	31	9/1
일진	丁丑(정축)	戊寅(무인)	己卯(기묘)	庚辰(경진)	辛巳(신사)	壬午(임오)	癸未(계미)	甲申(갑신)	乙酉(을유)	丙戌(병술)	丁亥(정해)	戊子(무자)	己丑(기축)	庚寅(경인)	辛卯(신묘)	壬辰(임진)	癸巳(계사)	甲午(갑오)	乙未(을미)	丙申(병신)	丁酉(정유)	戊戌(무술)	己亥(기해)	庚子(경자)	辛丑(신축)	壬寅(임인)	癸卯(계묘)	甲辰(갑진)	乙巳(을사)	丙午(병오)
절기시각					戌正																午初									
대운 순행	1	1	1	1	10	10	10	9	9	9	8	8	8	7	7	7	6	6	6	5	5	5	4	4	4	3	3	3	2	2
대운 역행	9	10	10	10	10	1	1	1	2	2	2	3	3	3	4	4	4	5	5	5	6	6	6	7	7	7	8	8	8	9

8 月 己 酉(기유) 大

절기						백로																추분								
음력	一	二	三	四	五	六	七	八	九	十	十一	十二	十三	十四	十五	十六	十七	十八	十九	廿	廿一	廿二	廿三	廿四	廿五	廿六	廿七	廿八	廿九	三十
양력 월/일	9/2	3	4	5	6	7	8	9	10	11	12	13	14	15	16	17	18	19	20	21	22	23	24	25	26	27	28	29	30	10/1
일진	丁未(정미)	戊申(무신)	己酉(기유)	庚戌(경술)	辛亥(신해)	壬子(임자)	癸丑(계축)	甲寅(갑인)	乙卯(을묘)	丙辰(병진)	丁巳(정사)	戊午(무오)	己未(기미)	庚申(경신)	辛酉(신유)	壬戌(임술)	癸亥(계해)	甲子(갑자)	乙丑(을축)	丙寅(병인)	丁卯(정묘)	戊辰(무진)	己巳(기사)	庚午(경오)	辛未(신미)	壬申(임신)	癸酉(계유)	甲戌(갑술)	乙亥(을해)	丙子(병자)
절기시각						子初																辰正								
대운 순행	2	1	1	1	1	10	10	10	9	9	9	8	8	8	7	7	7	6	6	6	5	5	5	4	4	4	3	3	3	2
대운 역행	9	9	10	10	10	10	1	1	1	2	2	2	3	3	3	4	4	4	5	5	5	6	6	6	7	7	7	8	8	8

9 月 庚 戌(경술) 小

절기							한로															상강								
음력	一	二	三	四	五	六	七	八	九	十	十一	十二	十三	十四	十五	十六	十七	十八	十九	廿	廿一	廿二	廿三	廿四	廿五	廿六	廿七	廿八	廿九	
양력 월/일	10/2	3	4	5	6	7	8	9	10	11	12	13	14	15	16	17	18	19	20	21	22	23	24	25	26	27	28	29	30	
일진	丁丑(정축)	戊寅(무인)	己卯(기묘)	庚辰(경진)	辛巳(신사)	壬午(임오)	癸未(계미)	甲申(갑신)	乙酉(을유)	丙戌(병술)	丁亥(정해)	戊子(무자)	己丑(기축)	庚寅(경인)	辛卯(신묘)	壬辰(임진)	癸巳(계사)	甲午(갑오)	乙未(을미)	丙申(병신)	丁酉(정유)	戊戌(무술)	己亥(기해)	庚子(경자)	辛丑(신축)	壬寅(임인)	癸卯(계묘)	甲辰(갑진)	乙巳(을사)	
절기시각							申初															酉正								
대운 순행	2	2	1	1	1	1	10	10	9	9	9	8	8	8	7	7	7	6	6	6	5	5	5	4	4	4	3	3	3	
대운 역행	9	9	9	10	10	10	10	1	1	1	2	2	2	3	3	3	4	4	4	5	5	5	6	6	6	7	7	7	8	

10 月 辛 亥(신해) 大

절기								입동															소설							
음력	一	二	三	四	五	六	七	八	九	十	十一	十二	十三	十四	十五	十六	十七	十八	十九	廿	廿一	廿二	廿三	廿四	廿五	廿六	廿七	廿八	廿九	三十
양력 월/일	10/31	11/1	2	3	4	5	6	7	8	9	10	11	12	13	14	15	16	17	18	19	20	21	22	23	24	25	26	27	28	29
일진	丙午(병오)	丁未(정미)	戊申(무신)	己酉(기유)	庚戌(경술)	辛亥(신해)	壬子(임자)	癸丑(계축)	甲寅(갑인)	乙卯(을묘)	丙辰(병진)	丁巳(정사)	戊午(무오)	己未(기미)	庚申(경신)	辛酉(신유)	壬戌(임술)	癸亥(계해)	甲子(갑자)	乙丑(을축)	丙寅(병인)	丁卯(정묘)	戊辰(무진)	己巳(기사)	庚午(경오)	辛未(신미)	壬申(임신)	癸酉(계유)	甲戌(갑술)	乙亥(을해)
절기시각								酉正															申初							
대운 순행	2	2	2	1	1	1	1	10	10	9	9	9	8	8	8	7	7	7	6	6	6	5	5	5	4	4	4	3	3	3
대운 역행	8	8	9	9	9	10	10	10	1	1	1	2	2	2	3	3	3	4	4	4	5	5	5	6	6	6	7	7	7	8

11 月 壬 子(임자) 大

절기								대설															동지							
음력	一	二	三	四	五	六	七	八	九	十	十一	十二	十三	十四	十五	十六	十七	十八	十九	廿	廿一	廿二	廿三	廿四	廿五	廿六	廿七	廿八	廿九	三十
양력 월/일	11/30	12/1	2	3	4	5	6	7	8	9	10	11	12	13	14	15	16	17	18	19	20	21	22	23	24	25	26	27	28	29
일진	丙子(병자)	丁丑(정축)	戊寅(무인)	己卯(기묘)	庚辰(경진)	辛巳(신사)	壬午(임오)	癸未(계미)	甲申(갑신)	乙酉(을유)	丙戌(병술)	丁亥(정해)	戊子(무자)	己丑(기축)	庚寅(경인)	辛卯(신묘)	壬辰(임진)	癸巳(계사)	甲午(갑오)	乙未(을미)	丙申(병신)	丁酉(정유)	戊戌(무술)	己亥(기해)	庚子(경자)	辛丑(신축)	壬寅(임인)	癸卯(계묘)	甲辰(갑진)	乙巳(을사)
절기시각								巳正															寅正							
대운 순행	2	2	2	1	1	1	1	10	9	9	9	8	8	8	7	7	7	6	6	6	5	5	5	4	4	4	3	3	3	2
대운 역행	8	8	9	9	9	10	10	10	1	1	1	2	2	2	3	3	3	4	4	4	5	5	5	6	6	6	7	7	7	8

12 月 癸 丑(계축) 小

절기							소한															대한								
음력	一	二	三	四	五	六	七	八	九	十	十一	十二	十三	十四	十五	十六	十七	十八	十九	廿	廿一	廿二	廿三	廿四	廿五	廿六	廿七	廿八	廿九	
양력 월/일	12/30	31	1/1	2	3	4	5	6	7	8	9	10	11	12	13	14	15	16	17	18	19	20	21	22	23	24	25	26	27	
일진	丙午(병오)	丁未(정미)	戊申(무신)	己酉(기유)	庚戌(경술)	辛亥(신해)	壬子(임자)	癸丑(계축)	甲寅(갑인)	乙卯(을묘)	丙辰(병진)	丁巳(정사)	戊午(무오)	己未(기미)	庚申(경신)	辛酉(신유)	壬戌(임술)	癸亥(계해)	甲子(갑자)	乙丑(을축)	丙寅(병인)	丁卯(정묘)	戊辰(무진)	己巳(기사)	庚午(경오)	辛未(신미)	壬申(임신)	癸酉(계유)	甲戌(갑술)	
절기시각							亥正															申初								
대운 순행	2	2	1	1	1	1	10	10	9	9	9	8	8	8	7	7	7	6	6	6	5	5	5	4	4	4	3	3	3	
대운 역행	8	8	9	9	9	10	10	1	1	1	2	2	2	3	3	3	4	4	4	5	5	5	6	6	6	7	7	7	8	

단기 4331 년
불기 2542 년

1998년 戊寅(무인)年

1 月 甲寅(갑인) 大

절 기								입춘															우수							
음 력	一	二	三	四	五	六	七	八	九	十	十一	十二	十三	十四	十五	十六	十七	十八	十九	廿	廿一	廿二	廿三	廿四	廿五	廿六	廿七	廿八	廿九	三十
양 력 월/일	1/28	29	30	31	2/1	2	3	4	5	6	7	8	9	10	11	12	13	14	15	16	17	18	19	20	21	22	23	24	25	26
일 진	乙亥(을해)	丙子(병자)	丁丑(정축)	戊寅(무인)	己卯(기묘)	庚辰(경진)	辛巳(신사)	壬午(임오)	癸未(계미)	甲申(갑신)	乙酉(을유)	丙戌(병술)	丁亥(정해)	戊子(무자)	己丑(기축)	庚寅(경인)	辛卯(신묘)	壬辰(임진)	癸巳(계사)	甲午(갑오)	乙未(을미)	丙申(병신)	丁酉(정유)	戊戌(무술)	己亥(기해)	庚子(경자)	辛丑(신축)	壬寅(임인)	癸卯(계묘)	甲辰(갑진)
절기시각								巳初															卯初							
대순행	2	2	2	1	1	1	1	10	10	9	9	9	8	8	8	7	7	7	6	6	6	5	5	5	4	4	4	3	3	3
운역행	8	8	9	9	9	10	10	10	1	1	1	2	2	2	3	3	3	4	4	4	5	5	5	6	6	6	7	7	7	8

2 月 乙卯(을묘) 小

절 기								경칩															춘분							
음 력	一	二	三	四	五	六	七	八	九	十	十一	十二	十三	十四	十五	十六	十七	十八	十九	廿	廿一	廿二	廿三	廿四	廿五	廿六	廿七	廿八	廿九	
양 력 월/일	2/27	28	3/1	2	3	4	5	6	7	8	9	10	11	12	13	14	15	16	17	18	19	20	21	22	23	24	25	26	27	
일 진	乙巳(을사)	丙午(병오)	丁未(정미)	戊申(무신)	己酉(기유)	庚戌(경술)	辛亥(신해)	壬子(임자)	癸丑(계축)	甲寅(갑인)	乙卯(을묘)	丙辰(병진)	丁巳(정사)	戊午(무오)	己未(기미)	庚申(경신)	辛酉(신유)	壬戌(임술)	癸亥(계해)	甲子(갑자)	乙丑(을축)	丙寅(병인)	丁卯(정묘)	戊辰(무진)	己巳(기사)	庚午(경오)	辛未(신미)	壬申(임신)	癸酉(계유)	
절기시각								寅初															寅正							
대순행	2	2	2	1	1	1	1	10	10	9	9	9	8	8	8	7	7	7	6	6	6	5	5	5	4	4	4	3	3	
운역행	8	8	9	9	9	10	10	10	1	1	1	2	2	2	3	3	3	4	4	4	5	5	5	6	6	6	7	7	7	

3 月 丙辰(병진) 小

절 기									청명															곡우						
음 력	一	二	三	四	五	六	七	八	九	十	十一	十二	十三	十四	十五	十六	十七	十八	十九	廿	廿一	廿二	廿三	廿四	廿五	廿六	廿七	廿八	廿九	
양 력 월/일	3/28	29	30	31	4/1	2	3	4	5	6	7	8	9	10	11	12	13	14	15	16	17	18	19	20	21	22	23	24	25	
일 진	甲戌(갑술)	乙亥(을해)	丙子(병자)	丁丑(정축)	戊寅(무인)	己卯(기묘)	庚辰(경진)	辛巳(신사)	壬午(임오)	癸未(계미)	甲申(갑신)	乙酉(을유)	丙戌(병술)	丁亥(정해)	戊子(무자)	己丑(기축)	庚寅(경인)	辛卯(신묘)	壬辰(임진)	癸巳(계사)	甲午(갑오)	乙未(을미)	丙申(병신)	丁酉(정유)	戊戌(무술)	己亥(기해)	庚子(경자)	辛丑(신축)	壬寅(임인)	
절기시각									辰正															申初						
대순행	3	2	2	2	1	1	1	1	10	10	10	9	9	9	8	8	8	7	7	7	6	6	6	5	5	5	4	4	4	
운역행	8	8	8	9	9	9	10	10	10	1	1	1	2	2	2	3	3	3	4	4	4	5	5	5	6	6	6	7	7	

4 月 丁巳(정사) 大

절 기											입하															소만				
음 력	一	二	三	四	五	六	七	八	九	十	十一	十二	十三	十四	十五	十六	十七	十八	十九	廿	廿一	廿二	廿三	廿四	廿五	廿六	廿七	廿八	廿九	三十
양 력 월/일	4/26	27	28	29	30	5/1	2	3	4	5	6	7	8	9	10	11	12	13	14	15	16	17	18	19	20	21	22	23	24	25
일 진	癸卯(계묘)	甲辰(갑진)	乙巳(을사)	丙午(병오)	丁未(정미)	戊申(무신)	己酉(기유)	庚戌(경술)	辛亥(신해)	壬子(임자)	癸丑(계축)	甲寅(갑인)	乙卯(을묘)	丙辰(병진)	丁巳(정사)	戊午(무오)	己未(기미)	庚申(경신)	辛酉(신유)	壬戌(임술)	癸亥(계해)	甲子(갑자)	乙丑(을축)	丙寅(병인)	丁卯(정묘)	戊辰(무진)	己巳(기사)	庚午(경오)	辛未(신미)	壬申(임신)
절기시각											丑初															未正				
대순행	3	3	3	2	2	2	1	1	1	1	10	10	10	9	9	9	8	8	8	7	7	7	6	6	6	5	5	5	4	4
운역행	7	8	8	8	9	9	9	10	10	10	10	1	1	1	2	2	2	3	3	3	4	4	4	5	5	5	6	6	6	7

5 月 戊午(무오) 小

절 기												망종															하지			
음 력	一	二	三	四	五	六	七	八	九	十	十一	十二	十三	十四	十五	十六	十七	十八	十九	廿	廿一	廿二	廿三	廿四	廿五	廿六	廿七	廿八	廿九	
양 력 월/일	5/26	27	28	29	30	31	6/1	2	3	4	5	6	7	8	9	10	11	12	13	14	15	16	17	18	19	20	21	22	23	
일 진	癸酉(계유)	甲戌(갑술)	乙亥(을해)	丙子(병자)	丁丑(정축)	戊寅(무인)	己卯(기묘)	庚辰(경진)	辛巳(신사)	壬午(임오)	癸未(계미)	甲申(갑신)	乙酉(을유)	丙戌(병술)	丁亥(정해)	戊子(무자)	己丑(기축)	庚寅(경인)	辛卯(신묘)	壬辰(임진)	癸巳(계사)	甲午(갑오)	乙未(을미)	丙申(병신)	丁酉(정유)	戊戌(무술)	己亥(기해)	庚子(경자)	辛丑(신축)	
절기시각												卯初															亥正			
대순행	4	3	3	3	2	2	2	1	1	1	1	10	10	10	9	9	9	8	8	8	7	7	7	6	6	6	5	5	5	
운역행	7	7	8	8	8	9	9	9	10	10	10	10	1	1	1	2	2	2	3	3	3	4	4	4	5	5	5	6	6	

閏 5 月 戊午(무오) 小

절 기														소서																
음 력	一	二	三	四	五	六	七	八	九	十	十一	十二	十三	十四	十五	十六	十七	十八	十九	廿	廿一	廿二	廿三	廿四	廿五	廿六	廿七	廿八	廿九	
양 력 월/일	6/24	25	26	27	28	29	30	7/1	2	3	4	5	6	7	8	9	10	11	12	13	14	15	16	17	18	19	20	21	22	
일 진	壬寅(임인)	癸卯(계묘)	甲辰(갑진)	乙巳(을사)	丙午(병오)	丁未(정미)	戊申(무신)	己酉(기유)	庚戌(경술)	辛亥(신해)	壬子(임자)	癸丑(계축)	甲寅(갑인)	乙卯(을묘)	丙辰(병진)	丁巳(정사)	戊午(무오)	己未(기미)	庚申(경신)	辛酉(신유)	壬戌(임술)	癸亥(계해)	甲子(갑자)	乙丑(을축)	丙寅(병인)	丁卯(정묘)	戊辰(무진)	己巳(기사)	庚午(경오)	
절기시각														申正																
대순행	4	4	4	3	3	3	2	2	2	1	1	1	1	10	10	10	10	9	9	9	8	8	8	7	7	7	6	6	6	
운역행	6	7	7	7	8	8	8	9	9	9	10	10	10	10	1	1	1	2	2	2	3	3	3	4	4	4	5	5	5	

北 大將	巳 喪門	丑 弔客	酉 三殺

6 月 己 未(기미) 大

절기	대서																입추													
음력	一	二	三	四	五	六	七	八	九	十	十一	十二	十三	十四	十五	十六	十七	十八	十九	二十	廿一	廿二	廿三	廿四	廿五	廿六	廿七	廿八	廿九	三十
양력 월/일	7/23	24	25	26	27	28	29	30	31	8/1	2	3	4	5	6	7	8	9	10	11	12	13	14	15	16	17	18	19	20	21
일진	辛未(신미)	壬申(임신)	癸酉(계유)	甲戌(갑술)	乙亥(을해)	丙子(병자)	丁丑(정축)	戊寅(무인)	己卯(기묘)	庚辰(경진)	辛巳(신사)	壬午(임오)	癸未(계미)	甲申(갑신)	乙酉(을유)	丙戌(병술)	丁亥(정해)	戊子(무자)	己丑(기축)	庚寅(경인)	辛卯(신묘)	壬辰(임진)	癸巳(계사)	甲午(갑오)	乙未(을미)	丙申(병신)	丁酉(정유)	戊戌(무술)	己亥(기해)	庚子(경자)
절기시각	巳初																丑正													
대 순행	5	5	5	4	4	4	3	3	3	2	2	2	1	1	1	1	10	10	10	9	9	9	8	8	8	7	7	7	6	6
운 역행	6	6	6	7	7	7	8	8	8	9	9	9	10	10	10	10	10	1	1	1	2	2	2	3	3	3	4	4	4	5

7 月 庚 申(경신) 大

절기		처서																백로												
음력	一	二	三	四	五	六	七	八	九	十	十一	十二	十三	十四	十五	十六	十七	十八	十九	二十	廿一	廿二	廿三	廿四	廿五	廿六	廿七	廿八	廿九	三十
양력 월/일	8/22	23	24	25	26	27	28	29	30	31	9/1	2	3	4	5	6	7	8	9	10	11	12	13	14	15	16	17	18	19	20
일진	辛丑(신축)	壬寅(임인)	癸卯(계묘)	甲辰(갑진)	乙巳(을사)	丙午(병오)	丁未(정미)	戊申(무신)	己酉(기유)	庚戌(경술)	辛亥(신해)	壬子(임자)	癸丑(계축)	甲寅(갑인)	乙卯(을묘)	丙辰(병진)	丁巳(정사)	戊午(무오)	己未(기미)	庚申(경신)	辛酉(신유)	壬戌(임술)	癸亥(계해)	甲子(갑자)	乙丑(을축)	丙寅(병인)	丁卯(정묘)	戊辰(무진)	己巳(기사)	庚午(경오)
절기시각		申正																卯初												
대 순행	6	5	5	5	4	4	4	3	3	3	2	2	2	1	1	1	1	10	10	9	9	9	8	8	8	7	7	7	6	6
운 역행	5	5	6	6	6	7	7	7	8	8	8	9	9	9	10	10	10	10	1	1	1	2	2	2	3	3	3	4	4	4

8 月 辛 酉(신유) 小

절기			추분															한로												
음력	一	二	三	四	五	六	七	八	九	十	十一	十二	十三	十四	十五	十六	十七	十八	十九	二十	廿一	廿二	廿三	廿四	廿五	廿六	廿七	廿八	廿九	
양력 월/일	9/21	22	23	24	25	26	27	28	29	30	10/1	2	3	4	5	6	7	8	9	10	11	12	13	14	15	16	17	18	19	
일진	辛未(신미)	壬申(임신)	癸酉(계유)	甲戌(갑술)	乙亥(을해)	丙子(병자)	丁丑(정축)	戊寅(무인)	己卯(기묘)	庚辰(경진)	辛巳(신사)	壬午(임오)	癸未(계미)	甲申(갑신)	乙酉(을유)	丙戌(병술)	丁亥(정해)	戊子(무자)	己丑(기축)	庚寅(경인)	辛卯(신묘)	壬辰(임진)	癸巳(계사)	甲午(갑오)	乙未(을미)	丙申(병신)	丁酉(정유)	戊戌(무술)	己亥(기해)	
절기시각			未正															戌正												
대 순행	6	5	5	5	4	4	4	3	3	3	2	2	2	1	1	1	1	10	10	9	9	9	8	8	8	7	7	7	6	
운 역행	5	5	5	6	6	6	7	7	7	8	8	8	9	9	9	10	10	10	1	1	1	2	2	2	3	3	3	4	4	

9 月 壬 戌(임술) 大

절기				상강															입동											
음력	一	二	三	四	五	六	七	八	九	十	十一	十二	十三	十四	十五	十六	十七	十八	十九	二十	廿一	廿二	廿三	廿四	廿五	廿六	廿七	廿八	廿九	三十
양력 월/일	10/20	21	22	23	24	25	26	27	28	29	30	31	11/1	2	3	4	5	6	7	8	9	10	11	12	13	14	15	16	17	18
일진	庚子(경자)	辛丑(신축)	壬寅(임인)	癸卯(계묘)	甲辰(갑진)	乙巳(을사)	丙午(병오)	丁未(정미)	戊申(무신)	己酉(기유)	庚戌(경술)	辛亥(신해)	壬子(임자)	癸丑(계축)	甲寅(갑인)	乙卯(을묘)	丙辰(병진)	丁巳(정사)	戊午(무오)	己未(기미)	庚申(경신)	辛酉(신유)	壬戌(임술)	癸亥(계해)	甲子(갑자)	乙丑(을축)	丙寅(병인)	丁卯(정묘)	戊辰(무진)	己巳(기사)
절기시각				子初															子初											
대 순행	6	6	5	5	5	4	4	4	3	3	3	2	2	2	1	1	1	1	10	10	9	9	9	8	8	8	7	7	7	6
운 역행	4	5	5	5	6	6	6	7	7	7	8	8	8	9	9	9	10	10	10	1	1	1	2	2	2	3	3	3	4	4

10 月 癸 亥(계해) 大

절기				소설															대설											
음력	一	二	三	四	五	六	七	八	九	十	十一	十二	十三	十四	十五	十六	十七	十八	十九	二十	廿一	廿二	廿三	廿四	廿五	廿六	廿七	廿八	廿九	三十
양력 월/일	11/19	20	21	22	23	24	25	26	27	28	29	30	12/1	2	3	4	5	6	7	8	9	10	11	12	13	14	15	16	17	18
일진	庚午(경오)	辛未(신미)	壬申(임신)	癸酉(계유)	甲戌(갑술)	乙亥(을해)	丙子(병자)	丁丑(정축)	戊寅(무인)	己卯(기묘)	庚辰(경진)	辛巳(신사)	壬午(임오)	癸未(계미)	甲申(갑신)	乙酉(을유)	丙戌(병술)	丁亥(정해)	戊子(무자)	己丑(기축)	庚寅(경인)	辛卯(신묘)	壬辰(임진)	癸巳(계사)	甲午(갑오)	乙未(을미)	丙申(병신)	丁酉(정유)	戊戌(무술)	己亥(기해)
절기시각				亥初															申正											
대 순행	6	6	5	5	5	4	4	4	3	3	3	2	2	2	1	1	1	1	10	10	9	9	9	8	8	8	7	7	7	6
운 역행	4	5	5	5	6	6	6	7	7	7	8	8	8	9	9	9	10	10	10	1	1	1	2	2	2	3	3	3	4	4

11 月 甲 子(갑자) 大

절기				동지														소한												
음력	一	二	三	四	五	六	七	八	九	十	十一	十二	十三	十四	十五	十六	十七	十八	十九	二十	廿一	廿二	廿三	廿四	廿五	廿六	廿七	廿八	廿九	三十
양력 월/일	12/19	20	21	22	23	24	25	26	27	28	29	30	31	1/1	2	3	4	5	6	7	8	9	10	11	12	13	14	15	16	17
일진	庚子(경자)	辛丑(신축)	壬寅(임인)	癸卯(계묘)	甲辰(갑진)	乙巳(을사)	丙午(병오)	丁未(정미)	戊申(무신)	己酉(기유)	庚戌(경술)	辛亥(신해)	壬子(임자)	癸丑(계축)	甲寅(갑인)	乙卯(을묘)	丙辰(병진)	丁巳(정사)	戊午(무오)	己未(기미)	庚申(경신)	辛酉(신유)	壬戌(임술)	癸亥(계해)	甲子(갑자)	乙丑(을축)	丙寅(병인)	丁卯(정묘)	戊辰(무진)	己巳(기사)
절기시각				巳正														寅初												
대 순행	6	6	5	5	5	4	4	4	3	3	3	2	2	2	1	1	1	1	10	9	9	9	8	8	8	7	7	7	6	6
운 역행	4	5	5	5	6	6	6	7	7	7	8	8	8	9	9	9	10	10	10	1	1	1	2	2	2	3	3	3	4	4

12 月 乙 丑(을축) 小

절기			대한															입춘												
음력	一	二	三	四	五	六	七	八	九	十	十一	十二	十三	十四	十五	十六	十七	十八	十九	二十	廿一	廿二	廿三	廿四	廿五	廿六	廿七	廿八	廿九	
양력 월/일	1/18	19	20	21	22	23	24	25	26	27	28	29	30	31	2/1	2	3	4	5	6	7	8	9	10	11	12	13	14	15	
일진	庚午(경오)	辛未(신미)	壬申(임신)	癸酉(계유)	甲戌(갑술)	乙亥(을해)	丙子(병자)	丁丑(정축)	戊寅(무인)	己卯(기묘)	庚辰(경진)	辛巳(신사)	壬午(임오)	癸未(계미)	甲申(갑신)	乙酉(을유)	丙戌(병술)	丁亥(정해)	戊子(무자)	己丑(기축)	庚寅(경인)	辛卯(신묘)	壬辰(임진)	癸巳(계사)	甲午(갑오)	乙未(을미)	丙申(병신)	丁酉(정유)	戊戌(무술)	
절기시각			亥初															申初												
대 순행	6	5	5	5	4	4	4	3	3	3	2	2	2	1	1	1	1	10	10	9	9	9	8	8	8	7	7	7	6	
운 역행	4	5	5	5	6	6	6	7	7	7	8	8	8	9	9	9	10	10	1	1	1	2	2	2	3	3	3	4	4	

단기 4332 년
불기 2543 년

1999년 己卯(기묘)年

1 月 丙寅(병인) 大

절기				우수															경칩											
음력	一	二	三	四	五	六	七	八	九	十	十一	十二	十三	十四	十五	十六	十七	十八	十九	廿	廿一	廿二	廿三	廿四	廿五	廿六	廿七	廿八	廿九	三十
양력 월/일	2/16	17	18	19	20	21	22	23	24	25	26	27	28	3/1	2	3	4	5	6	7	8	9	10	11	12	13	14	15	16	17
일진	己亥(기해)	庚子(경자)	辛丑(신축)	壬寅(임인)	癸卯(계묘)	甲辰(갑진)	乙巳(을사)	丙午(병오)	丁未(정미)	戊申(무신)	己酉(기유)	庚戌(경술)	辛亥(신해)	壬子(임자)	癸丑(계축)	甲寅(갑인)	乙卯(을묘)	丙辰(병진)	丁巳(정사)	戊午(무오)	己未(기미)	庚申(경신)	辛酉(신유)	壬戌(임술)	癸亥(계해)	甲子(갑자)	乙丑(을축)	丙寅(병인)	丁卯(정묘)	戊辰(무진)
절기시각				午初															巳初											
대운 순행	6	6	5	5	5	4	4	4	3	3	3	2	2	2	1	1	1	1	10	10	9	9	9	8	8	8	7	7	7	6
대운 역행	4	5	5	5	6	6	6	7	7	7	8	8	8	9	9	9	10	10	10	1	1	1	2	2	2	3	3	3	4	4

2 月 丁卯(정묘) 小

절기				춘분															청명										
음력	一	二	三	四	五	六	七	八	九	十	十一	十二	十三	十四	十五	十六	十七	十八	十九	廿	廿一	廿二	廿三	廿四	廿五	廿六	廿七	廿八	廿九
양력 월/일	3/18	19	20	21	22	23	24	25	26	27	28	29	30	31	4/1	2	3	4	5	6	7	8	9	10	11	12	13	14	15
일진	己巳(기사)	庚午(경오)	辛未(신미)	壬申(임신)	癸酉(계유)	甲戌(갑술)	乙亥(을해)	丙子(병자)	丁丑(정축)	戊寅(무인)	己卯(기묘)	庚辰(경진)	辛巳(신사)	壬午(임오)	癸未(계미)	甲申(갑신)	乙酉(을유)	丙戌(병술)	丁亥(정해)	戊子(무자)	己丑(기축)	庚寅(경인)	辛卯(신묘)	壬辰(임진)	癸巳(계사)	甲午(갑오)	乙未(을미)	丙申(병신)	丁酉(정유)
절기시각				巳正															未正										
대운 순행	6	6	5	5	5	4	4	4	3	3	3	2	2	2	1	1	1	1	10	10	10	9	9	9	8	8	8	7	7
대운 역행	4	5	5	5	6	6	6	7	7	7	8	8	8	9	9	9	10	10	10	1	1	1	2	2	2	3	3	3	4

3 月 戊辰(무진) 小

절기					곡우																입하								
음력	一	二	三	四	五	六	七	八	九	十	十一	十二	十三	十四	十五	十六	十七	十八	十九	廿	廿一	廿二	廿三	廿四	廿五	廿六	廿七	廿八	廿九
양력 월/일	4/16	17	18	19	20	21	22	23	24	25	26	27	28	29	30	5/1	2	3	4	5	6	7	8	9	10	11	12	13	14
일진	戊戌(무술)	己亥(기해)	庚子(경자)	辛丑(신축)	壬寅(임인)	癸卯(계묘)	甲辰(갑진)	乙巳(을사)	丙午(병오)	丁未(정미)	戊申(무신)	己酉(기유)	庚戌(경술)	辛亥(신해)	壬子(임자)	癸丑(계축)	甲寅(갑인)	乙卯(을묘)	丙辰(병진)	丁巳(정사)	戊午(무오)	己未(기미)	庚申(경신)	辛酉(신유)	壬戌(임술)	癸亥(계해)	甲子(갑자)	乙丑(을축)	丙寅(병인)
절기시각					亥初																辰初								
대운 순행	7	6	6	6	5	5	5	4	4	4	3	3	3	2	2	2	1	1	1	1	10	10	10	9	9	9	8	8	8
대운 역행	4	4	5	5	5	6	6	6	7	7	7	8	8	8	9	9	9	10	10	10	10	1	1	1	2	2	2	3	3

4 月 己巳(기사) 大

절기							소만																망종							
음력	一	二	三	四	五	六	七	八	九	十	十一	十二	十三	十四	十五	十六	十七	十八	十九	廿	廿一	廿二	廿三	廿四	廿五	廿六	廿七	廿八	廿九	三十
양력 월/일	5/15	16	17	18	19	20	21	22	23	24	25	26	27	28	29	30	31	6/1	2	3	4	5	6	7	8	9	10	11	12	13
일진	丁卯(정묘)	戊辰(무진)	己巳(기사)	庚午(경오)	辛未(신미)	壬申(임신)	癸酉(계유)	甲戌(갑술)	乙亥(을해)	丙子(병자)	丁丑(정축)	戊寅(무인)	己卯(기묘)	庚辰(경진)	辛巳(신사)	壬午(임오)	癸未(계미)	甲申(갑신)	乙酉(을유)	丙戌(병술)	丁亥(정해)	戊子(무자)	己丑(기축)	庚寅(경인)	辛卯(신묘)	壬辰(임진)	癸巳(계사)	甲午(갑오)	乙未(을미)	丙申(병신)
절기시각							戌正																子初							
대운 순행	7	7	7	6	6	6	5	5	5	4	4	4	3	3	3	2	2	2	1	1	1	1	10	10	10	9	9	9	8	8
대운 역행	3	4	4	4	5	5	5	6	6	6	7	7	7	8	8	8	9	9	9	10	10	10	10	1	1	1	2	2	2	3

5 月 庚午(경오) 小

절기									하지															소서					
음력	一	二	三	四	五	六	七	八	九	十	十一	十二	十三	十四	十五	十六	十七	十八	十九	廿	廿一	廿二	廿三	廿四	廿五	廿六	廿七	廿八	廿九
양력 월/일	6/14	15	16	17	18	19	20	21	22	23	24	25	26	27	28	29	30	7/1	2	3	4	5	6	7	8	9	10	11	12
일진	丁酉(정유)	戊戌(무술)	己亥(기해)	庚子(경자)	辛丑(신축)	壬寅(임인)	癸卯(계묘)	甲辰(갑진)	乙巳(을사)	丙午(병오)	丁未(정미)	戊申(무신)	己酉(기유)	庚戌(경술)	辛亥(신해)	壬子(임자)	癸丑(계축)	甲寅(갑인)	乙卯(을묘)	丙辰(병진)	丁巳(정사)	戊午(무오)	己未(기미)	庚申(경신)	辛酉(신유)	壬戌(임술)	癸亥(계해)	甲子(갑자)	乙丑(을축)
절기시각									寅正															亥正					
대운 순행	8	7	7	7	6	6	6	5	5	5	4	4	4	3	3	3	2	2	2	1	1	1	1	10	10	10	10	9	9
대운 역행	3	3	4	4	4	5	5	5	6	6	6	7	7	7	8	8	8	9	9	9	10	10	10	10	1	1	1	2	2

6 月 辛未(신미) 小

절기											대서																입추		
음력	一	二	三	四	五	六	七	八	九	十	十一	十二	十三	十四	十五	十六	十七	十八	十九	廿	廿一	廿二	廿三	廿四	廿五	廿六	廿七	廿八	廿九
양력 월/일	7/13	14	15	16	17	18	19	20	21	22	23	24	25	26	27	28	29	30	31	8/1	2	3	4	5	6	7	8	9	10
일진	丙寅(병인)	丁卯(정묘)	戊辰(무진)	己巳(기사)	庚午(경오)	辛未(신미)	壬申(임신)	癸酉(계유)	甲戌(갑술)	乙亥(을해)	丙子(병자)	丁丑(정축)	戊寅(무인)	己卯(기묘)	庚辰(경진)	辛巳(신사)	壬午(임오)	癸未(계미)	甲申(갑신)	乙酉(을유)	丙戌(병술)	丁亥(정해)	戊子(무자)	己丑(기축)	庚寅(경인)	辛卯(신묘)	壬辰(임진)	癸巳(계사)	甲午(갑오)
절기시각											申初																辰正		
대운 순행	9	8	8	8	7	7	7	6	6	6	5	5	5	4	4	4	3	3	3	2	2	2	1	1	1	1	10	10	10
대운 역행	2	3	3	3	4	4	4	5	5	5	6	6	6	7	7	7	8	8	8	9	9	9	10	10	10	10	10	1	1

北 大將	巳 喪門	丑 弔客	酉 三殺

7 月 壬 申(임신) 大

절기													처서																백로	
음력	一	二	三	四	五	六	七	八	九	十	十一	十二	十三	十四	十五	十六	十七	十八	十九	廿	廿一	廿二	廿三	廿四	廿五	廿六	廿七	廿八	廿九	三十
양력 월/일	8/11	12	13	14	15	16	17	18	19	20	21	22	23	24	25	26	27	28	29	30	31	9/1	2	3	4	5	6	7	8	9
일진	乙未(을미)	丙申(병신)	丁酉(정유)	戊戌(무술)	己亥(기해)	庚子(경자)	辛丑(신축)	壬寅(임인)	癸卯(계묘)	甲辰(갑진)	乙巳(을사)	丙午(병오)	丁未(정미)	戊申(무신)	己酉(기유)	庚戌(경술)	辛亥(신해)	壬子(임자)	癸丑(계축)	甲寅(갑인)	乙卯(을묘)	丙辰(병진)	丁巳(정사)	戊午(무오)	己未(기미)	庚申(경신)	辛酉(신유)	壬戌(임술)	癸亥(계해)	甲子(갑자)
절기시각													亥正																午初	
대운 순행	9	9	9	8	8	8	7	7	7	6	6	6	5	5	5	4	4	4	3	3	3	2	2	2	1	1	1	1	10	10
대운 역행	1	2	2	2	3	3	3	4	4	4	5	5	5	6	6	6	7	7	7	8	8	8	9	9	9	10	10	10	10	1

8 月 癸 酉(계유) 小

절기														추분																
음력	一	二	三	四	五	六	七	八	九	十	十一	十二	十三	十四	十五	十六	十七	十八	十九	廿	廿一	廿二	廿三	廿四	廿五	廿六	廿七	廿八	廿九	
양력 월/일	9/10	11	12	13	14	15	16	17	18	19	20	21	22	23	24	25	26	27	28	29	30	10/1	2	3	4	5	6	7	8	
일진	乙丑(을축)	丙寅(병인)	丁卯(정묘)	戊辰(무진)	己巳(기사)	庚午(경오)	辛未(신미)	壬申(임신)	癸酉(계유)	甲戌(갑술)	乙亥(을해)	丙子(병자)	丁丑(정축)	戊寅(무인)	己卯(기묘)	庚辰(경진)	辛巳(신사)	壬午(임오)	癸未(계미)	甲申(갑신)	乙酉(을유)	丙戌(병술)	丁亥(정해)	戊子(무자)	己丑(기축)	庚寅(경인)	辛卯(신묘)	壬辰(임진)	癸巳(계사)	
절기시각														戌正																
대운 순행	10	9	9	9	8	8	8	7	7	7	6	6	6	5	5	5	4	4	4	3	3	3	2	2	2	1	1	1	1	
대운 역행	1	1	2	2	2	3	3	3	4	4	4	5	5	5	6	6	6	7	7	7	8	8	8	9	9	9	10	10	10	

9 月 甲 戌(갑술) 大

절기	한로															상강														
음력	一	二	三	四	五	六	七	八	九	十	十一	十二	十三	十四	十五	十六	十七	十八	十九	廿	廿一	廿二	廿三	廿四	廿五	廿六	廿七	廿八	廿九	三十
양력 월/일	10/9	10	11	12	13	14	15	16	17	18	19	20	21	22	23	24	25	26	27	28	29	30	31	11/1	2	3	4	5	6	7
일진	甲午(갑오)	乙未(을미)	丙申(병신)	丁酉(정유)	戊戌(무술)	己亥(기해)	庚子(경자)	辛丑(신축)	壬寅(임인)	癸卯(계묘)	甲辰(갑진)	乙巳(을사)	丙午(병오)	丁未(정미)	戊申(무신)	己酉(기유)	庚戌(경술)	辛亥(신해)	壬子(임자)	癸丑(계축)	甲寅(갑인)	乙卯(을묘)	丙辰(병진)	丁巳(정사)	戊午(무오)	己未(기미)	庚申(경신)	辛酉(신유)	壬戌(임술)	癸亥(계해)
절기시각	丑正															卯初														
대운 순행	10	10	9	9	9	8	8	8	7	7	7	6	6	6	5	5	5	4	4	4	3	3	3	2	2	2	1	1	1	1
대운 역행	10	1	1	1	2	2	2	3	3	3	4	4	4	5	5	5	6	6	6	7	7	7	8	8	8	9	9	9	10	10

10 月 乙 亥(을해) 大

절기	입동															소설														대설
음력	一	二	三	四	五	六	七	八	九	十	十一	十二	十三	十四	十五	十六	十七	十八	十九	廿	廿一	廿二	廿三	廿四	廿五	廿六	廿七	廿八	廿九	三十
양력 월/일	11/8	9	10	11	12	13	14	15	16	17	18	19	20	21	22	23	24	25	26	27	28	29	30	12/1	2	3	4	5	6	7
일진	甲子(갑자)	乙丑(을축)	丙寅(병인)	丁卯(정묘)	戊辰(무진)	己巳(기사)	庚午(경오)	辛未(신미)	壬申(임신)	癸酉(계유)	甲戌(갑술)	乙亥(을해)	丙子(병자)	丁丑(정축)	戊寅(무인)	己卯(기묘)	庚辰(경진)	辛巳(신사)	壬午(임오)	癸未(계미)	甲申(갑신)	乙酉(을유)	丙戌(병술)	丁亥(정해)	戊子(무자)	己丑(기축)	庚寅(경인)	辛卯(신묘)	壬辰(임진)	癸巳(계사)
절기시각	卯初															寅初														亥正
대운 순행	10	9	9	9	8	8	8	7	7	7	6	6	6	5	5	5	4	4	4	3	3	3	2	2	2	1	1	1	1	10
대운 역행	10	1	1	1	2	2	2	3	3	3	4	4	4	5	5	5	6	6	6	7	7	7	8	8	8	9	9	9	10	10

11 月 丙 子(병자) 大

절기															동지															소한
음력	一	二	三	四	五	六	七	八	九	十	十一	十二	十三	十四	十五	十六	十七	十八	十九	廿	廿一	廿二	廿三	廿四	廿五	廿六	廿七	廿八	廿九	三十
양력 월/일	12/8	9	10	11	12	13	14	15	16	17	18	19	20	21	22	23	24	25	26	27	28	29	30	31	1/1	2	3	4	5	6
일진	甲午(갑오)	乙未(을미)	丙申(병신)	丁酉(정유)	戊戌(무술)	己亥(기해)	庚子(경자)	辛丑(신축)	壬寅(임인)	癸卯(계묘)	甲辰(갑진)	乙巳(을사)	丙午(병오)	丁未(정미)	戊申(무신)	己酉(기유)	庚戌(경술)	辛亥(신해)	壬子(임자)	癸丑(계축)	甲寅(갑인)	乙卯(을묘)	丙辰(병진)	丁巳(정사)	戊午(무오)	己未(기미)	庚申(경신)	辛酉(신유)	壬戌(임술)	癸亥(계해)
절기시각															申正															巳初
대운 순행	10	9	9	9	8	8	8	7	7	7	6	6	6	5	5	5	4	4	4	3	3	3	2	2	2	1	1	1	1	10
대운 역행	1	1	1	2	2	2	3	3	3	4	4	4	5	5	5	6	6	6	7	7	7	8	8	8	9	9	9	10	10	10

12 月 丁 丑(정축) 小

절기															대한														입춘	
음력	一	二	三	四	五	六	七	八	九	十	十一	十二	十三	十四	十五	十六	十七	十八	十九	廿	廿一	廿二	廿三	廿四	廿五	廿六	廿七	廿八	廿九	
양력 월/일	1/7	8	9	10	11	12	13	14	15	16	17	18	19	20	21	22	23	24	25	26	27	28	29	30	31	2/1	2	3	4	
일진	甲子(갑자)	乙丑(을축)	丙寅(병인)	丁卯(정묘)	戊辰(무진)	己巳(기사)	庚午(경오)	辛未(신미)	壬申(임신)	癸酉(계유)	甲戌(갑술)	乙亥(을해)	丙子(병자)	丁丑(정축)	戊寅(무인)	己卯(기묘)	庚辰(경진)	辛巳(신사)	壬午(임오)	癸未(계미)	甲申(갑신)	乙酉(을유)	丙戌(병술)	丁亥(정해)	戊子(무자)	己丑(기축)	庚寅(경인)	辛卯(신묘)	壬辰(임진)	
절기시각															寅初														亥初	
대운 순행	9	9	9	8	8	8	7	7	7	6	6	6	5	5	5	4	4	4	3	3	3	2	2	2	1	1	1	1	10	
대운 역행	1	1	1	2	2	2	3	3	3	4	4	4	5	5	5	6	6	6	7	7	7	8	8	8	9	9	9	10	10	

단기 4333 년
불기 2544 년

2000년 庚辰(경진)年

1 月 戊 寅(무인) 大

절기															우수															경칩
음력	一	二	三	四	五	六	七	八	九	十	十一	十二	十三	十四	十五	十六	十七	十八	十九	廿	廿一	廿二	廿三	廿四	廿五	廿六	廿七	廿八	廿九	三十
양력 월/일	2/5	6	7	8	9	10	11	12	13	14	15	16	17	18	19	20	21	22	23	24	25	26	27	28	29	3/1	2	3	4	5
일진	癸巳(계사)	甲午(갑오)	乙未(을미)	丙申(병신)	丁酉(정유)	戊戌(무술)	己亥(기해)	庚子(경자)	辛丑(신축)	壬寅(임인)	癸卯(계묘)	甲辰(갑진)	乙巳(을사)	丙午(병오)	丁未(정미)	戊申(무신)	己酉(기유)	庚戌(경술)	辛亥(신해)	壬子(임자)	癸丑(계축)	甲寅(갑인)	乙卯(을묘)	丙辰(병진)	丁巳(정사)	戊午(무오)	己未(기미)	庚申(경신)	辛酉(신유)	壬戌(임술)
절기시각															酉初															申初
대운 순행	10	9	9	9	8	8	8	7	7	7	6	6	6	5	5	5	4	4	4	3	3	3	2	2	2	1	1	1	1	10
대운 역행	1	1	1	2	2	2	3	3	3	4	4	4	5	5	5	6	6	6	7	7	7	8	8	8	9	9	9	10	10	10

2 月 己 卯(기묘) 大

절기															춘분															청명
음력	一	二	三	四	五	六	七	八	九	十	十一	十二	十三	十四	十五	十六	十七	十八	十九	廿	廿一	廿二	廿三	廿四	廿五	廿六	廿七	廿八	廿九	三十
양력 월/일	3/6	7	8	9	10	11	12	13	14	15	16	17	18	19	20	21	22	23	24	25	26	27	28	29	30	31	4/1	2	3	4
일진	癸亥(계해)	甲子(갑자)	乙丑(을축)	丙寅(병인)	丁卯(정묘)	戊辰(무진)	己巳(기사)	庚午(경오)	辛未(신미)	壬申(임신)	癸酉(계유)	甲戌(갑술)	乙亥(을해)	丙子(병자)	丁丑(정축)	戊寅(무인)	己卯(기묘)	庚辰(경진)	辛巳(신사)	壬午(임오)	癸未(계미)	甲申(갑신)	乙酉(을유)	丙戌(병술)	丁亥(정해)	戊子(무자)	己丑(기축)	庚寅(경인)	辛卯(신묘)	壬辰(임진)
절기시각															申正															戌正
대운 순행	10	9	9	9	8	8	8	7	7	7	6	6	6	5	5	5	4	4	4	3	3	3	2	2	2	1	1	1	1	10
대운 역행	1	1	1	2	2	2	3	3	3	4	4	4	5	5	5	6	6	6	7	7	7	8	8	8	9	9	9	10	10	10

3 月 庚 辰(경진) 小

절기																곡우														
음력	一	二	三	四	五	六	七	八	九	十	十一	十二	十三	十四	十五	十六	十七	十八	十九	廿	廿一	廿二	廿三	廿四	廿五	廿六	廿七	廿八	廿九	
양력 월/일	4/5	6	7	8	9	10	11	12	13	14	15	16	17	18	19	20	21	22	23	24	25	26	27	28	29	30	5/1	2	3	
일진	癸巳(계사)	甲午(갑오)	乙未(을미)	丙申(병신)	丁酉(정유)	戊戌(무술)	己亥(기해)	庚子(경자)	辛丑(신축)	壬寅(임인)	癸卯(계묘)	甲辰(갑진)	乙巳(을사)	丙午(병오)	丁未(정미)	戊申(무신)	己酉(기유)	庚戌(경술)	辛亥(신해)	壬子(임자)	癸丑(계축)	甲寅(갑인)	乙卯(을묘)	丙辰(병진)	丁巳(정사)	戊午(무오)	己未(기미)	庚申(경신)	辛酉(신유)	
절기시각																寅初														
대운 순행	10	10	9	9	9	8	8	8	7	7	7	6	6	6	5	5	5	4	4	4	3	3	3	2	2	2	1	1	1	
대운 역행	1	1	1	2	2	2	3	3	3	4	4	4	5	5	5	6	6	6	7	7	7	8	8	8	9	9	9	10	10	

4 月 辛 巳(신사) 小

절기		입하																소만												
음력	一	二	三	四	五	六	七	八	九	十	十一	十二	十三	十四	十五	十六	十七	十八	十九	廿	廿一	廿二	廿三	廿四	廿五	廿六	廿七	廿八	廿九	
양력 월/일	5/4	5	6	4	8	9	10	11	12	13	14	15	16	17	18	19	20	21	22	23	24	25	26	27	28	29	30	31	6/1	
일진	壬戌(임술)	癸亥(계해)	甲子(갑자)	乙丑(을축)	丙寅(병인)	丁卯(정묘)	戊辰(무진)	己巳(기사)	庚午(경오)	辛未(신미)	壬申(임신)	癸酉(계유)	甲戌(갑술)	乙亥(을해)	丙子(병자)	丁丑(정축)	戊寅(무인)	己卯(기묘)	庚辰(경진)	辛巳(신사)	壬午(임오)	癸未(계미)	甲申(갑신)	乙酉(을유)	丙戌(병술)	丁亥(정해)	戊子(무자)	己丑(기축)	庚寅(경인)	
절기시각		未初																丑正												
대운 순행	1	10	10	10	9	9	9	8	8	8	7	7	7	6	6	6	5	5	5	4	4	4	3	3	3	2	2	2	1	
대운 역행	10	10	1	1	1	2	2	2	3	3	3	4	4	4	5	5	5	6	6	6	7	7	7	8	8	8	9	9	9	

5 月 壬 午(임오) 大

절기				망종																하지										
음력	一	二	三	四	五	六	七	八	九	十	十一	十二	十三	十四	十五	十六	十七	十八	十九	廿	廿一	廿二	廿三	廿四	廿五	廿六	廿七	廿八	廿九	三十
양력 월/일	6/2	3	4	5	6	7	8	9	10	11	12	13	14	15	16	17	18	19	20	21	22	23	24	25	26	27	28	29	30	7/1
일진	辛卯(신묘)	壬辰(임진)	癸巳(계사)	甲午(갑오)	乙未(을미)	丙申(병신)	丁酉(정유)	戊戌(무술)	己亥(기해)	庚子(경자)	辛丑(신축)	壬寅(임인)	癸卯(계묘)	甲辰(갑진)	乙巳(을사)	丙午(병오)	丁未(정미)	戊申(무신)	己酉(기유)	庚戌(경술)	辛亥(신해)	壬子(임자)	癸丑(계축)	甲寅(갑인)	乙卯(을묘)	丙辰(병진)	丁巳(정사)	戊午(무오)	己未(기미)	庚申(경신)
절기시각				未初																巳初										
대운 순행	1	1	1	10	10	10	10	9	9	9	8	8	8	7	7	7	6	6	6	5	5	5	4	4	4	3	3	3	2	2
대운 역행	10	10	10	10	1	1	1	2	2	2	3	3	3	4	4	4	5	5	5	6	6	6	7	7	7	8	8	8	9	9

6 月 癸 未(계미) 小

절기						소서															대서									
음력	一	二	三	四	五	六	七	八	九	十	十一	十二	十三	十四	十五	十六	十七	十八	十九	廿	廿一	廿二	廿三	廿四	廿五	廿六	廿七	廿八	廿九	
양력 월/일	7/2	3	4	5	6	7	8	9	10	11	12	13	14	15	16	17	18	19	20	21	22	23	24	25	26	27	28	29	30	
일진	辛酉(신유)	壬戌(임술)	癸亥(계해)	甲子(갑자)	乙丑(을축)	丙寅(병인)	丁卯(정묘)	戊辰(무진)	己巳(기사)	庚午(경오)	辛未(신미)	壬申(임신)	癸酉(계유)	甲戌(갑술)	乙亥(을해)	丙子(병자)	丁丑(정축)	戊寅(무인)	己卯(기묘)	庚辰(경진)	辛巳(신사)	壬午(임오)	癸未(계미)	甲申(갑신)	乙酉(을유)	丙戌(병술)	丁亥(정해)	戊子(무자)	己丑(기축)	
절기시각						寅正															亥初									
대운 순행	2	1	1	1	1	10	10	10	9	9	9	8	8	8	7	7	7	6	6	6	5	5	5	4	4	4	3	3	3	
대운 역행	9	10	10	10	10	10	1	1	1	2	2	2	3	3	3	4	4	4	5	5	5	6	6	6	7	7	7	8	8	

東 大將	未 喪門	卯 弔客	東 三殺

7 月 甲 申(갑신) 小

절기								입춘																처서						
음력	一	二	三	四	五	六	七	八	九	十	十一	十二	十三	十四	十五	十六	十七	十八	十九	二十	廿一	廿二	廿三	廿四	廿五	廿六	廿七	廿八	廿九	
양력 월/일	7/31	8/1	2	3	4	5	6	7	8	9	10	11	12	13	14	15	16	17	18	19	20	21	22	23	24	25	26	27	28	
일진	庚寅(경인)	辛卯(신묘)	壬辰(임진)	癸巳(계사)	甲午(갑오)	乙未(을미)	丙申(병신)	丁酉(정유)	戊戌(무술)	己亥(기해)	庚子(경자)	辛丑(신축)	壬寅(임인)	癸卯(계묘)	甲辰(갑진)	乙巳(을사)	丙午(병오)	丁未(정미)	戊申(무신)	己酉(기유)	庚戌(경술)	辛亥(신해)	壬子(임자)	癸丑(계축)	甲寅(갑인)	乙卯(을묘)	丙辰(병진)	丁巳(정사)	戊午(무오)	
절기시각								未初																寅正						
대 순행	2	2	2	1	1	1	1	10	10	10	9	9	9	8	8	8	7	7	7	6	6	6	5	5	5	4	4	4	3	
운 역행	8	9	9	9	10	10	10	10	1	1	1	2	2	2	3	3	3	4	4	4	5	5	5	6	6	6	7	7	7	

8 月 乙 酉(을유) 大

절기										백로																추분				
음력	一	二	三	四	五	六	七	八	九	十	十一	十二	十三	十四	十五	十六	十七	十八	十九	二十	廿一	廿二	廿三	廿四	廿五	廿六	廿七	廿八	廿九	三十
양력 월/일	8/29	30	31	9/1	2	3	4	5	6	7	8	9	10	11	12	13	14	15	16	17	18	19	20	21	22	23	24	25	26	27
일진	己未(기미)	庚申(경신)	辛酉(신유)	壬戌(임술)	癸亥(계해)	甲子(갑자)	乙丑(을축)	丙寅(병인)	丁卯(정묘)	戊辰(무진)	己巳(기사)	庚午(경오)	辛未(신미)	壬申(임신)	癸酉(계유)	甲戌(갑술)	乙亥(을해)	丙子(병자)	丁丑(정축)	戊寅(무인)	己卯(기묘)	庚辰(경진)	辛巳(신사)	壬午(임오)	癸未(계미)	甲申(갑신)	乙酉(을유)	丙戌(병술)	丁亥(정해)	戊子(무자)
절기시각										申正																丑正				
대 순행	3	3	2	2	2	1	1	1	1	10	10	10	9	9	9	8	8	8	7	7	7	6	6	6	5	5	5	4	4	4
운 역행	8	8	8	9	9	9	10	10	10	10	1	1	1	2	2	2	3	3	3	4	4	4	5	5	5	6	6	6	7	7

9 月 丙 戌(병술) 小

절기											한로															상강				
음력	一	二	三	四	五	六	七	八	九	十	十一	十二	十三	十四	十五	十六	十七	十八	十九	二十	廿一	廿二	廿三	廿四	廿五	廿六	廿七	廿八	廿九	
양력 월/일	9/28	29	30	10/1	2	3	4	5	6	7	8	9	10	11	12	13	14	15	16	17	18	19	20	21	22	23	24	25	26	
일진	己丑(기축)	庚寅(경인)	辛卯(신묘)	壬辰(임진)	癸巳(계사)	甲午(갑오)	乙未(을미)	丙申(병신)	丁酉(정유)	戊戌(무술)	己亥(기해)	庚子(경자)	辛丑(신축)	壬寅(임인)	癸卯(계묘)	甲辰(갑진)	乙巳(을사)	丙午(병오)	丁未(정미)	戊申(무신)	己酉(기유)	庚戌(경술)	辛亥(신해)	壬子(임자)	癸丑(계축)	甲寅(갑인)	乙卯(을묘)	丙辰(병진)	丁巳(정사)	
절기시각											辰正															午初				
대 순행	3	3	3	2	2	2	1	1	1	1	10	10	9	9	9	8	8	8	7	7	7	6	6	6	5	5	5	4	4	
운 역행	7	8	8	8	9	9	9	10	10	10	10	1	1	1	2	2	2	3	3	3	4	4	4	5	5	5	6	6	6	

10 月 丁 亥(정해) 大

절기												입동															소설			
음력	一	二	三	四	五	六	七	八	九	十	十一	十二	十三	十四	十五	十六	十七	十八	十九	二十	廿一	廿二	廿三	廿四	廿五	廿六	廿七	廿八	廿九	三十
양력 월/일	10/27	28	29	30	31	11/1	2	3	4	5	6	7	8	9	10	11	12	13	14	15	16	17	18	19	20	21	22	23	24	25
일진	戊午(무오)	己未(기미)	庚申(경신)	辛酉(신유)	壬戌(임술)	癸亥(계해)	甲子(갑자)	乙丑(을축)	丙寅(병인)	丁卯(정묘)	戊辰(무진)	己巳(기사)	庚午(경오)	辛未(신미)	壬申(임신)	癸酉(계유)	甲戌(갑술)	乙亥(을해)	丙子(병자)	丁丑(정축)	戊寅(무인)	己卯(기묘)	庚辰(경진)	辛巳(신사)	壬午(임오)	癸未(계미)	甲申(갑신)	乙酉(을유)	丙戌(병술)	丁亥(정해)
절기시각												午初															巳初			
대 순행	4	3	3	3	2	2	2	1	1	1	1	10	10	9	9	9	8	8	8	7	7	7	6	6	6	5	5	5	4	4
운 역행	7	7	7	8	8	8	9	9	9	10	10	10	1	1	1	2	2	2	3	3	3	4	4	4	5	5	5	6	6	6

11 月 戊 子(무자) 大

절기												대설														동지				
음력	一	二	三	四	五	六	七	八	九	十	十一	十二	十三	十四	十五	十六	十七	十八	十九	二十	廿一	廿二	廿三	廿四	廿五	廿六	廿七	廿八	廿九	三十
양력 월/일	11/26	27	28	29	30	12/1	2	3	4	5	6	7	8	9	10	11	12	13	14	15	16	17	18	19	20	21	22	23	24	25
일진	戊子(무자)	己丑(기축)	庚寅(경인)	辛卯(신묘)	壬辰(임진)	癸巳(계사)	甲午(갑오)	乙未(을미)	丙申(병신)	丁酉(정유)	戊戌(무술)	己亥(기해)	庚子(경자)	辛丑(신축)	壬寅(임인)	癸卯(계묘)	甲辰(갑진)	乙巳(을사)	丙午(병오)	丁未(정미)	戊申(무신)	己酉(기유)	庚戌(경술)	辛亥(신해)	壬子(임자)	癸丑(계축)	甲寅(갑인)	乙卯(을묘)	丙辰(병진)	丁巳(정사)
절기시각												寅正														亥正				
대 순행	4	3	3	3	2	2	2	1	1	1	1	10	9	9	9	8	8	8	7	7	7	6	6	6	5	5	5	4	4	4
운 역행	7	7	7	8	8	8	9	9	9	10	10	10	1	1	1	2	2	2	3	3	3	4	4	4	5	5	5	6	6	6

12 月 己 丑(기축) 小

절기											소한															대한				
음력	一	二	三	四	五	六	七	八	九	十	十一	十二	十三	十四	十五	十六	十七	十八	十九	二十	廿一	廿二	廿三	廿四	廿五	廿六	廿七	廿八	廿九	
양력 월/일	12/26	27	28	29	30	31	1/1	2	3	4	5	6	7	8	9	10	11	12	13	14	15	16	17	18	19	20	21	22	23	
일진	戊午(무오)	己未(기미)	庚申(경신)	辛酉(신유)	壬戌(임술)	癸亥(계해)	甲子(갑자)	乙丑(을축)	丙寅(병인)	丁卯(정묘)	戊辰(무진)	己巳(기사)	庚午(경오)	辛未(신미)	壬申(임신)	癸酉(계유)	甲戌(갑술)	乙亥(을해)	丙子(병자)	丁丑(정축)	戊寅(무인)	己卯(기묘)	庚辰(경진)	辛巳(신사)	壬午(임오)	癸未(계미)	甲申(갑신)	乙酉(을유)	丙戌(병술)	
절기시각											申初															辰正				
대 순행	3	3	3	2	2	2	1	1	1	1	10	10	9	9	9	8	8	8	7	7	7	6	6	6	5	5	5	4	4	
운 역행	7	7	7	8	8	8	9	9	9	10	10	1	1	1	2	2	2	3	3	3	4	4	4	5	5	5	6	6	6	

단기 4334 년
불기 2545 년

2001년 辛巳(신사)年

1 月 庚寅(경인) 大

절기												입춘														우수				
음력	一	二	三	四	五	六	七	八	九	十	十一	十二	十三	十四	十五	十六	十七	十八	十九	廿	廿一	廿二	廿三	廿四	廿五	廿六	廿七	廿八	廿九	三十
양력 월/일	1/24	25	26	27	28	29	30	31	2/1	2	3	4	5	6	7	8	9	10	11	12	13	14	15	16	17	18	19	20	21	22
일진	丁亥(정해)	戊子(무자)	己丑(기축)	庚寅(경인)	辛卯(신묘)	壬辰(임진)	癸巳(계사)	甲午(갑오)	乙未(을미)	丙申(병신)	丁酉(정유)	戊戌(무술)	己亥(기해)	庚子(경자)	辛丑(신축)	壬寅(임인)	癸卯(계묘)	甲辰(갑진)	乙巳(을사)	丙午(병오)	丁未(정미)	戊申(무신)	己酉(기유)	庚戌(경술)	辛亥(신해)	壬子(임자)	癸丑(계축)	甲寅(갑인)	乙卯(을묘)	丙辰(병진)
절기시각												寅初														子初				
대운 순행	4	3	3	3	2	2	2	1	1	1	1	10	9	9	9	8	8	8	7	7	7	6	6	6	5	5	5	4	4	4
대운 역행	7	7	7	8	8	8	9	9	9	10	10	10	1	1	1	2	2	2	3	3	3	4	4	4	5	5	5	6	6	6

2 月 辛卯(신묘) 大

절기												경칩														춘분				
음력	一	二	三	四	五	六	七	八	九	十	十一	十二	十三	十四	十五	十六	十七	十八	十九	廿	廿一	廿二	廿三	廿四	廿五	廿六	廿七	廿八	廿九	三十
양력 월/일	2/23	24	25	26	27	28	3/1	2	3	4	5	6	7	8	9	10	11	12	13	14	15	16	17	18	19	20	21	22	23	24
일진	丁巳(정사)	戊午(무오)	己未(기미)	庚申(경신)	辛酉(신유)	壬戌(임술)	癸亥(계해)	甲子(갑자)	乙丑(을축)	丙寅(병인)	丁卯(정묘)	戊辰(무진)	己巳(기사)	庚午(경오)	辛未(신미)	壬申(임신)	癸酉(계유)	甲戌(갑술)	乙亥(을해)	丙子(병자)	丁丑(정축)	戊寅(무인)	己卯(기묘)	庚辰(경진)	辛巳(신사)	壬午(임오)	癸未(계미)	甲申(갑신)	乙酉(을유)	丙戌(병술)
절기시각												亥正														亥正				
대운 순행	3	3	3	2	2	2	1	1	1	1	10	10	10	9	9	9	8	8	8	7	7	7	6	6	6	5	5	5	4	4
대운 역행	7	7	7	8	8	8	9	9	9	10	10	1	1	1	2	2	2	3	3	3	4	4	4	5	5	5	6	6	6	7

3 月 壬辰(임진) 大

절기												청명															곡우			
음력	一	二	三	四	五	六	七	八	九	十	十一	十二	十三	十四	十五	十六	十七	十八	十九	廿	廿一	廿二	廿三	廿四	廿五	廿六	廿七	廿八	廿九	三十
양력 월/일	3/25	26	27	28	29	30	31	4/1	2	3	4	5	6	7	8	9	10	11	12	13	14	15	16	17	18	19	20	21	22	23
일진	丁亥(정해)	戊子(무자)	己丑(기축)	庚寅(경인)	辛卯(신묘)	壬辰(임진)	癸巳(계사)	甲午(갑오)	乙未(을미)	丙申(병신)	丁酉(정유)	戊戌(무술)	己亥(기해)	庚子(경자)	辛丑(신축)	壬寅(임인)	癸卯(계묘)	甲辰(갑진)	乙巳(을사)	丙午(병오)	丁未(정미)	戊申(무신)	己酉(기유)	庚戌(경술)	辛亥(신해)	壬子(임자)	癸丑(계축)	甲寅(갑인)	乙卯(을묘)	丙辰(병진)
절기시각												丑初															巳初			
대운 순행	4	3	3	3	2	2	2	1	1	1	1	10	10	9	9	9	8	8	8	7	7	7	6	6	6	5	5	5	4	4
대운 역행	7	7	8	8	8	9	9	9	10	10	10	10	1	1	1	2	2	2	3	3	3	4	4	4	5	5	5	6	6	6

4 月 癸巳(계사) 小

절기												입하																소만	
음력	一	二	三	四	五	六	七	八	九	十	十一	十二	十三	十四	十五	十六	十七	十八	十九	廿	廿一	廿二	廿三	廿四	廿五	廿六	廿七	廿八	廿九
양력 월/일	4/24	25	26	27	28	29	30	5/1	2	3	4	5	6	7	8	9	10	11	12	13	14	15	16	17	18	19	20	21	22
일진	丁巳(정사)	戊午(무오)	己未(기미)	庚申(경신)	辛酉(신유)	壬戌(임술)	癸亥(계해)	甲子(갑자)	乙丑(을축)	丙寅(병인)	丁卯(정묘)	戊辰(무진)	己巳(기사)	庚午(경오)	辛未(신미)	壬申(임신)	癸酉(계유)	甲戌(갑술)	乙亥(을해)	丙子(병자)	丁丑(정축)	戊寅(무인)	己卯(기묘)	庚辰(경진)	辛巳(신사)	壬午(임오)	癸未(계미)	甲申(갑신)	乙酉(을유)
절기시각												戌初																辰正	
대운 순행	4	3	3	3	2	2	2	1	1	1	1	10	10	10	9	9	9	8	8	8	7	7	7	6	6	6	5	5	5
대운 역행	7	7	7	8	8	8	9	9	9	10	10	10	1	1	1	2	2	2	3	3	3	4	4	4	5	5	5	6	6

閏 4 月 癸巳(계사) 小

절기														망종															
음력	一	二	三	四	五	六	七	八	九	十	十一	十二	十三	十四	十五	十六	十七	十八	十九	廿	廿一	廿二	廿三	廿四	廿五	廿六	廿七	廿八	廿九
양력 월/일	5/23	24	25	26	27	28	29	31	31	6/1	2	3	4	5	6	7	8	9	10	11	12	13	14	15	16	17	18	19	20
일진	丙戌(병술)	丁亥(정해)	戊子(무자)	己丑(기축)	庚寅(경인)	辛卯(신묘)	壬辰(임진)	癸巳(계사)	甲午(갑오)	乙未(을미)	丙申(병신)	丁酉(정유)	戊戌(무술)	己亥(기해)	庚子(경자)	辛丑(신축)	壬寅(임인)	癸卯(계묘)	甲辰(갑진)	乙巳(을사)	丙午(병오)	丁未(정미)	戊申(무신)	己酉(기유)	庚戌(경술)	辛亥(신해)	壬子(임자)	癸丑(계축)	甲寅(갑인)
절기시각														子初															
대운 순행	4	4	4	3	3	3	2	2	2	1	1	1	1	10	10	10	10	9	9	9	8	8	8	7	7	7	6	6	6
대운 역행	6	7	7	7	8	8	8	9	9	9	10	10	10	10	1	1	1	2	2	2	3	3	3	4	4	4	5	5	5

5 月 甲午(갑오) 大

절기	하지																소서													
음력	一	二	三	四	五	六	七	八	九	十	十一	十二	十三	十四	十五	十六	十七	十八	十九	廿	廿一	廿二	廿三	廿四	廿五	廿六	廿七	廿八	廿九	三十
양력 월/일	6/21	22	23	24	25	26	27	28	29	30	7/1	2	3	4	5	6	7	8	9	10	11	12	13	14	15	16	17	18	19	20
일진	乙卯(을묘)	丙辰(병진)	丁巳(정사)	戊午(무오)	己未(기미)	庚申(경신)	辛酉(신유)	壬戌(임술)	癸亥(계해)	甲子(갑자)	乙丑(을축)	丙寅(병인)	丁卯(정묘)	戊辰(무진)	己巳(기사)	庚午(경오)	辛未(신미)	壬申(임신)	癸酉(계유)	甲戌(갑술)	乙亥(을해)	丙子(병자)	丁丑(정축)	戊寅(무인)	己卯(기묘)	庚辰(경진)	辛巳(신사)	壬午(임오)	癸未(계미)	甲申(갑신)
절기시각	申正																巳初													
대운 순행	5	5	5	4	4	4	3	3	3	2	2	2	1	1	1	1	10	10	10	9	9	9	8	8	8	7	7	7	6	6
대운 역행	6	6	6	7	7	7	8	8	8	9	9	9	10	10	10	10	10	1	1	1	2	2	2	3	3	3	4	4	4	5

東 大將	未 喪門	卯 弔客	東 三殺

6 月 乙 未(을미) 小

절 기			대서															백로												
음 력	一	二	三	四	五	六	七	八	九	十	十一	十二	十三	十四	十五	十六	十七	十八	十九	廿十	廿一	廿二	廿三	廿四	廿五	廿六	廿七	廿八	廿九	
양 력 월/일	7/21	22	23	24	25	26	27	28	29	30	31	8/1	2	3	4	5	6	7	8	9	10	11	12	13	14	15	16	17	18	
일 진	乙酉(을유)	丙戌(병술)	丁亥(정해)	戊子(무자)	己丑(기축)	庚寅(경인)	辛卯(신묘)	壬辰(임진)	癸巳(계사)	甲午(갑오)	乙未(을미)	丙申(병신)	丁酉(정유)	戊戌(무술)	己亥(기해)	庚子(경자)	辛丑(신축)	壬寅(임인)	癸卯(계묘)	甲辰(갑진)	乙巳(을사)	丙午(병오)	丁未(정미)	戊申(무신)	己酉(기유)	庚戌(경술)	辛亥(신해)	壬子(임자)	癸丑(계축)	
절기시각			寅初															戌初												
대운 순행	6	5	5	5	4	4	4	3	3	3	2	2	2	1	1	1	1	10	10	10	9	9	9	8	8	8	7	7	7	
대운 역행	5	5	6	6	6	7	7	7	8	8	8	9	9	9	10	10	10	10	1	1	1	2	2	2	3	3	3	4	4	

7 月 丙 申(병신) 小

절 기					처서															백로										
음 력	一	二	三	四	五	六	七	八	九	十	十一	十二	十三	十四	十五	十六	十七	十八	十九	廿十	廿一	廿二	廿三	廿四	廿五	廿六	廿七	廿八	廿九	
양 력 월/일	8/19	20	21	22	23	24	25	26	27	28	29	30	31	9/1	2	3	4	5	6	7	8	9	10	11	12	13	14	15	16	
일 진	甲寅(갑인)	乙卯(을묘)	丙辰(병진)	丁巳(정사)	戊午(무오)	己未(기미)	庚申(경신)	辛酉(신유)	壬戌(임술)	癸亥(계해)	甲子(갑자)	乙丑(을축)	丙寅(병인)	丁卯(정묘)	戊辰(무진)	己巳(기사)	庚午(경오)	辛未(신미)	壬申(임신)	癸酉(계유)	甲戌(갑술)	乙亥(을해)	丙子(병자)	丁丑(정축)	戊寅(무인)	己卯(기묘)	庚辰(경진)	辛巳(신사)	壬午(임오)	
절기시각					巳正															亥正										
대운 순행	6	6	6	5	5	5	4	4	4	3	3	3	2	2	2	1	1	1	1	10	10	10	9	9	9	8	8	8	7	
대운 역행	4	5	5	5	6	6	6	7	7	7	8	8	8	9	9	9	10	10	10	10	1	1	1	2	2	2	3	3	3	

8 月 丁 酉(정유) 大

절 기							추분															한로								
음 력	一	二	三	四	五	六	七	八	九	十	十一	十二	十三	十四	十五	十六	十七	十八	十九	廿十	廿一	廿二	廿三	廿四	廿五	廿六	廿七	廿八	廿九	三十
양 력 월/일	9/17	18	19	20	21	22	23	24	25	26	27	28	29	30	10/1	2	3	4	5	6	7	8	9	10	11	12	13	14	15	16
일 진	癸未(계미)	甲申(갑신)	乙酉(을유)	丙戌(병술)	丁亥(정해)	戊子(무자)	己丑(기축)	庚寅(경인)	辛卯(신묘)	壬辰(임진)	癸巳(계사)	甲午(갑오)	乙未(을미)	丙申(병신)	丁酉(정유)	戊戌(무술)	己亥(기해)	庚子(경자)	辛丑(신축)	壬寅(임인)	癸卯(계묘)	甲辰(갑진)	乙巳(을사)	丙午(병오)	丁未(정미)	戊申(무신)	己酉(기유)	庚戌(경술)	辛亥(신해)	壬子(임자)
절기시각							辰正															未正								
대운 순행	7	7	6	6	6	5	5	5	4	4	4	3	3	3	2	2	2	1	1	1	1	10	10	9	9	9	8	8	8	7
대운 역행	4	4	4	5	5	5	6	6	6	7	7	7	8	8	8	9	9	9	10	10	10	10	1	1	1	2	2	2	3	3

9 月 戊 戌(무술) 小

절 기							상강															입동								
음 력	一	二	三	四	五	六	七	八	九	十	十一	十二	十三	十四	十五	十六	十七	十八	十九	廿十	廿一	廿二	廿三	廿四	廿五	廿六	廿七	廿八	廿九	
양 력 월/일	10/17	18	19	20	21	22	23	24	25	26	27	28	29	30	31	11/1	2	3	4	5	6	7	8	9	10	11	12	13	14	
일 진	癸丑(계축)	甲寅(갑인)	乙卯(을묘)	丙辰(병진)	丁巳(정사)	戊午(무오)	己未(기미)	庚申(경신)	辛酉(신유)	壬戌(임술)	癸亥(계해)	甲子(갑자)	乙丑(을축)	丙寅(병인)	丁卯(정묘)	戊辰(무진)	己巳(기사)	庚午(경오)	辛未(신미)	壬申(임신)	癸酉(계유)	甲戌(갑술)	乙亥(을해)	丙子(병자)	丁丑(정축)	戊寅(무인)	己卯(기묘)	庚辰(경진)	辛巳(신사)	
절기시각							酉初															酉初								
대운 순행	7	7	6	6	6	5	5	5	4	4	4	3	3	3	2	2	2	1	1	1	1	10	10	9	9	9	8	8	8	
대운 역행	3	4	4	4	5	5	5	6	6	6	7	7	7	8	8	8	9	9	9	10	10	10	1	1	1	2	2	2	3	

10 月 己 亥(기해) 大

절 기								소설															대설							
음 력	一	二	三	四	五	六	七	八	九	十	十一	十二	十三	十四	十五	十六	十七	十八	十九	廿十	廿一	廿二	廿三	廿四	廿五	廿六	廿七	廿八	廿九	三十
양 력 월/일	11/15	16	17	18	19	20	21	22	23	24	25	26	27	28	29	31	12/1	2	3	4	5	6	7	8	9	10	11	12	13	14
일 진	壬午(임오)	癸未(계미)	甲申(갑신)	乙酉(을유)	丙戌(병술)	丁亥(정해)	戊子(무자)	己丑(기축)	庚寅(경인)	辛卯(신묘)	壬辰(임진)	癸巳(계사)	甲午(갑오)	乙未(을미)	丙申(병신)	丁酉(정유)	戊戌(무술)	己亥(기해)	庚子(경자)	辛丑(신축)	壬寅(임인)	癸卯(계묘)	甲辰(갑진)	乙巳(을사)	丙午(병오)	丁未(정미)	戊申(무신)	己酉(기유)	庚戌(경술)	辛亥(신해)
절기시각								未正															巳正							
대운 순행	7	7	7	6	6	6	5	5	5	4	4	4	3	3	3	2	2	2	1	1	1	1	10	9	9	9	8	8	8	7
대운 역행	3	3	4	4	4	5	5	5	6	6	6	7	7	7	8	8	8	9	9	9	10	10	10	1	1	1	2	2	2	3

11 月 庚 子(경자) 小

절 기								동지														소한								
음 력	一	二	三	四	五	六	七	八	九	十	十一	十二	十三	十四	十五	十六	十七	十八	十九	廿十	廿一	廿二	廿三	廿四	廿五	廿六	廿七	廿八	廿九	
양 력 월/일	12/15	16	17	18	19	20	21	22	23	24	25	26	27	28	29	30	31	1/1	2	3	4	5	6	7	8	9	10	11	12	
일 진	壬子(임자)	癸丑(계축)	甲寅(갑인)	乙卯(을묘)	丙辰(병진)	丁巳(정사)	戊午(무오)	己未(기미)	庚申(경신)	辛酉(신유)	壬戌(임술)	癸亥(계해)	甲子(갑자)	乙丑(을축)	丙寅(병인)	丁卯(정묘)	戊辰(무진)	己巳(기사)	庚午(경오)	辛未(신미)	壬申(임신)	癸酉(계유)	甲戌(갑술)	乙亥(을해)	丙子(병자)	丁丑(정축)	戊寅(무인)	己卯(기묘)	庚辰(경진)	
절기시각								寅正														亥初								
대운 순행	7	7	6	6	6	5	5	5	4	4	4	3	3	3	2	2	2	1	1	1	1	10	10	9	9	9	8	8	8	
대운 역행	3	3	4	4	4	5	5	5	6	6	6	7	7	7	8	8	8	9	9	9	10	10	1	1	1	2	2	2	3	

12 月 辛 丑(신축) 大

절 기								대한															입춘							
음 력	一	二	三	四	五	六	七	八	九	十	十一	十二	十三	十四	十五	十六	十七	十八	十九	廿十	廿一	廿二	廿三	廿四	廿五	廿六	廿七	廿八	廿九	三十
양 력 월/일	1/13	14	15	16	17	18	19	20	21	22	23	24	25	26	27	28	29	30	31	2/1	2	3	4	5	6	7	8	9	10	11
일 진	辛巳(신사)	壬午(임오)	癸未(계미)	甲申(갑신)	乙酉(을유)	丙戌(병술)	丁亥(정해)	戊子(무자)	己丑(기축)	庚寅(경인)	辛卯(신묘)	壬辰(임진)	癸巳(계사)	甲午(갑오)	乙未(을미)	丙申(병신)	丁酉(정유)	戊戌(무술)	己亥(기해)	庚子(경자)	辛丑(신축)	壬寅(임인)	癸卯(계묘)	甲辰(갑진)	乙巳(을사)	丙午(병오)	丁未(정미)	戊申(무신)	己酉(기유)	庚戌(경술)
절기시각								未正															巳初							
대운 순행	7	7	7	6	6	6	5	5	5	4	4	4	3	3	3	2	2	2	1	1	1	1	10	10	9	9	9	8	8	8
대운 역행	3	3	4	4	4	5	5	5	6	6	6	7	7	7	8	8	8	9	9	9	10	10	10	1	1	1	2	2	2	3

단기 4335 년
불기 2546 년

2002년 壬午(임오)年

1 月 壬寅(임인) 大

절기								우수															경칩							
음력	一	二	三	四	五	六	七	八	九	十	十一	十二	十三	十四	十五	十六	十七	十八	十九	廿	廿一	廿二	廿三	廿四	廿五	廿六	廿七	廿八	廿九	三十
양력 월/일	2/12	13	14	15	16	17	18	19	20	21	22	23	24	25	26	27	28	3/1	2	3	4	5	6	7	8	9	10	11	12	13
일진	辛亥(신해)	壬子(임자)	癸丑(계축)	甲寅(갑인)	乙卯(을묘)	丙辰(병진)	丁巳(정사)	戊午(무오)	己未(기미)	庚申(경신)	辛酉(신유)	壬戌(임술)	癸亥(계해)	甲子(갑자)	乙丑(을축)	丙寅(병인)	丁卯(정묘)	戊辰(무진)	己巳(기사)	庚午(경오)	辛未(신미)	壬申(임신)	癸酉(계유)	甲戌(갑술)	乙亥(을해)	丙子(병자)	丁丑(정축)	戊寅(무인)	己卯(기묘)	庚辰(경진)
절기시각								寅正															丑正							
대운 순행	7	7	7	6	6	6	5	5	5	4	4	4	3	3	3	2	2	2	1	1	1	1	10	10	9	9	9	8	8	8
대운 역행	3	3	4	4	4	5	5	5	6	6	6	7	7	7	8	8	8	9	9	9	10	10	10	1	1	1	2	2	2	3

2 月 癸卯(계묘) 大

절기								춘분															청명							
음력	一	二	三	四	五	六	七	八	九	十	十一	十二	十三	十四	十五	十六	十七	十八	十九	廿	廿一	廿二	廿三	廿四	廿五	廿六	廿七	廿八	廿九	三十
양력 월/일	3/14	15	16	17	18	19	20	21	22	23	24	25	26	27	28	29	30	31	4/1	2	3	4	5	6	7	8	9	10	11	12
일진	辛巳(신사)	壬午(임오)	癸未(계미)	甲申(갑신)	乙酉(을유)	丙戌(병술)	丁亥(정해)	戊子(무자)	己丑(기축)	庚寅(경인)	辛卯(신묘)	壬辰(임진)	癸巳(계사)	甲午(갑오)	乙未(을미)	丙申(병신)	丁酉(정유)	戊戌(무술)	己亥(기해)	庚子(경자)	辛丑(신축)	壬寅(임인)	癸卯(계묘)	甲辰(갑진)	乙巳(을사)	丙午(병오)	丁未(정미)	戊申(무신)	己酉(기유)	庚戌(경술)
절기시각								寅初															辰初							
대운 순행	7	7	7	6	6	6	5	5	5	4	4	4	3	3	3	2	2	2	1	1	1	1	10	10	10	9	9	9	8	8
대운 역행	3	3	4	4	4	5	5	5	6	6	6	7	7	7	8	8	8	9	9	9	10	10	10	1	1	1	2	2	2	3

3 月 甲辰(갑진) 小

절기								곡우																입하						
음력	一	二	三	四	五	六	七	八	九	十	十一	十二	十三	十四	十五	十六	十七	十八	十九	廿	廿一	廿二	廿三	廿四	廿五	廿六	廿七	廿八	廿九	
양력 월/일	4/13	14	15	16	17	18	19	20	21	22	23	24	25	26	27	28	29	30	5/1	2	3	4	5	6	7	8	9	10	11	
일진	辛亥(신해)	壬子(임자)	癸丑(계축)	甲寅(갑인)	乙卯(을묘)	丙辰(병진)	丁巳(정사)	戊午(무오)	己未(기미)	庚申(경신)	辛酉(신유)	壬戌(임술)	癸亥(계해)	甲子(갑자)	乙丑(을축)	丙寅(병인)	丁卯(정묘)	戊辰(무진)	己巳(기사)	庚午(경오)	辛未(신미)	壬申(임신)	癸酉(계유)	甲戌(갑술)	乙亥(을해)	丙子(병자)	丁丑(정축)	戊寅(무인)	己卯(기묘)	
절기시각								未正																丑初						
대운 순행	8	7	7	7	6	6	6	5	5	5	4	4	4	3	3	3	2	2	2	1	1	1	1	10	10	10	9	9	9	
대운 역행	3	3	4	4	4	5	5	5	6	6	6	7	7	7	8	8	8	9	9	9	10	10	10	10	1	1	1	2	2	

4 月 乙巳(을사) 大

절기										소만																망종				
음력	一	二	三	四	五	六	七	八	九	十	十一	十二	十三	十四	十五	十六	十七	十八	十九	廿	廿一	廿二	廿三	廿四	廿五	廿六	廿七	廿八	廿九	三十
양력 월/일	5/12	13	14	15	16	17	18	19	20	21	22	23	24	25	26	27	28	29	30	31	6/1	2	3	4	5	6	7	8	9	10
일진	庚辰(경진)	辛巳(신사)	壬午(임오)	癸未(계미)	甲申(갑신)	乙酉(을유)	丙戌(병술)	丁亥(정해)	戊子(무자)	己丑(기축)	庚寅(경인)	辛卯(신묘)	壬辰(임진)	癸巳(계사)	甲午(갑오)	乙未(을미)	丙申(병신)	丁酉(정유)	戊戌(무술)	己亥(기해)	庚子(경자)	辛丑(신축)	壬寅(임인)	癸卯(계묘)	甲辰(갑진)	乙巳(을사)	丙午(병오)	丁未(정미)	戊申(무신)	己酉(기유)
절기시각										未正																卯初				
대운 순행	8	8	8	7	7	7	6	6	6	5	5	5	4	4	4	3	3	3	2	2	2	1	1	1	1	10	10	10	9	9
대운 역행	2	3	3	3	4	4	4	5	5	5	6	6	6	7	7	7	8	8	8	9	9	9	10	10	10	10	1	1	1	2

5 月 丙午(병오) 小

절기											하지																소서			
음력	一	二	三	四	五	六	七	八	九	十	十一	十二	十三	十四	十五	十六	十七	十八	十九	廿	廿一	廿二	廿三	廿四	廿五	廿六	廿七	廿八	廿九	
양력 월/일	6/11	12	13	14	15	16	17	18	19	20	21	22	23	24	25	26	27	28	29	30	7/1	2	3	4	5	6	7	8	9	
일진	庚戌(경술)	辛亥(신해)	壬子(임자)	癸丑(계축)	甲寅(갑인)	乙卯(을묘)	丙辰(병진)	丁巳(정사)	戊午(무오)	己未(기미)	庚申(경신)	辛酉(신유)	壬戌(임술)	癸亥(계해)	甲子(갑자)	乙丑(을축)	丙寅(병인)	丁卯(정묘)	戊辰(무진)	己巳(기사)	庚午(경오)	辛未(신미)	壬申(임신)	癸酉(계유)	甲戌(갑술)	乙亥(을해)	丙子(병자)	丁丑(정축)	戊寅(무인)	
절기시각											亥正																申初			
대운 순행	9	8	8	8	7	7	7	6	6	6	5	5	5	4	4	4	3	3	3	2	2	2	1	1	1	1	10	10	10	
대운 역행	2	2	3	3	3	4	4	4	5	5	5	6	6	6	7	7	7	8	8	8	9	9	9	10	10	10	10	1	1	

6 月 丁未(정미) 大

절기														대서																입추
음력	一	二	三	四	五	六	七	八	九	十	十一	十二	十三	十四	十五	十六	十七	十八	十九	廿	廿一	廿二	廿三	廿四	廿五	廿六	廿七	廿八	廿九	三十
양력 월/일	7/10	11	12	13	14	15	16	17	18	19	20	21	22	23	24	25	26	27	28	29	30	31	8/1	2	3	4	5	6	7	8
일진	己卯(기묘)	庚辰(경진)	辛巳(신사)	壬午(임오)	癸未(계미)	甲申(갑신)	乙酉(을유)	丙戌(병술)	丁亥(정해)	戊子(무자)	己丑(기축)	庚寅(경인)	辛卯(신묘)	壬辰(임진)	癸巳(계사)	甲午(갑오)	乙未(을미)	丙申(병신)	丁酉(정유)	戊戌(무술)	己亥(기해)	庚子(경자)	辛丑(신축)	壬寅(임인)	癸卯(계묘)	甲辰(갑진)	乙巳(을사)	丙午(병오)	丁未(정미)	戊申(무신)
절기시각														巳初																丑初
대운 순행	10	9	9	9	8	8	8	7	7	7	6	6	6	5	5	5	4	4	4	3	3	3	2	2	2	1	1	1	1	10
대운 역행	1	2	2	2	3	3	3	4	4	4	5	5	5	6	6	6	7	7	7	8	8	8	9	9	9	10	10	10	10	10

東 大將	申 喪門	辰 弔客	北 三殺

7 月 戊 申(무신) 小

절기															처서															
음력	一	二	三	四	五	六	七	八	九	十	十一	十二	十三	十四	十五	十六	十七	十八	十九	廿	廿一	廿二	廿三	廿四	廿五	廿六	廿七	廿八	廿九	
양력 월/일	8/9	10	11	12	13	14	15	16	17	18	19	20	21	22	23	24	25	26	27	28	29	30	31	9/1	2	3	4	5	6	
일진	己酉(기유)	庚戌(경술)	辛亥(신해)	壬子(임자)	癸丑(계축)	甲寅(갑인)	乙卯(을묘)	丙辰(병진)	丁巳(정사)	戊午(무오)	己未(기미)	庚申(경신)	辛酉(신유)	壬戌(임술)	癸亥(계해)	甲子(갑자)	乙丑(을축)	丙寅(병인)	丁卯(정묘)	戊辰(무진)	己巳(기사)	庚午(경오)	辛未(신미)	壬申(임신)	癸酉(계유)	甲戌(갑술)	乙亥(을해)	丙子(병자)	丁丑(정축)	
절기시각															申正															
대순행	10	10	9	9	9	8	8	8	7	7	7	6	6	6	5	5	5	4	4	4	3	3	3	2	2	2	1	1	1	
운역행	1	1	1	2	2	2	3	3	3	4	4	4	5	5	5	6	6	6	7	7	7	8	8	8	9	9	9	10	10	

8 月 己 酉(기유) 小

절기		백로															추분													
음력	一	二	三	四	五	六	七	八	九	十	十一	十二	十三	十四	十五	十六	十七	十八	十九	廿	廿一	廿二	廿三	廿四	廿五	廿六	廿七	廿八	廿九	
양력 월/일	9/7	8	9	10	11	12	13	14	15	16	17	18	19	20	21	22	23	24	25	26	27	28	29	30	10/1	2	3	4	5	
일진	戊寅(무인)	己卯(기묘)	庚辰(경진)	辛巳(신사)	壬午(임오)	癸未(계미)	甲申(갑신)	乙酉(을유)	丙戌(병술)	丁亥(정해)	戊子(무자)	己丑(기축)	庚寅(경인)	辛卯(신묘)	壬辰(임진)	癸巳(계사)	甲午(갑오)	乙未(을미)	丙申(병신)	丁酉(정유)	戊戌(무술)	己亥(기해)	庚子(경자)	辛丑(신축)	壬寅(임인)	癸卯(계묘)	甲辰(갑진)	乙巳(을사)	丙午(병오)	
절기시각		寅正															亥初													
대순행	1	10	10	9	9	9	8	8	8	7	7	7	6	6	6	5	5	5	4	4	4	3	3	3	2	2	2	1	1	
운역행	10	10	1	1	1	2	2	2	3	3	3	4	4	4	5	5	5	6	6	6	7	7	7	8	8	8	9	9	9	

9 月 庚 戌(경술) 大

절기			한로															상강												
음력	一	二	三	四	五	六	七	八	九	十	十一	十二	十三	十四	十五	十六	十七	十八	十九	廿	廿一	廿二	廿三	廿四	廿五	廿六	廿七	廿八	廿九	三十
양력 월/일	10/6	7	8	9	10	11	12	13	14	15	16	17	18	19	20	21	22	23	24	25	26	27	28	29	30	31	11/1	2	3	4
일진	丁未(정미)	戊申(무신)	己酉(기유)	庚戌(경술)	辛亥(신해)	壬子(임자)	癸丑(계축)	甲寅(갑인)	乙卯(을묘)	丙辰(병진)	丁巳(정사)	戊午(무오)	己未(기미)	庚申(경신)	辛酉(신유)	壬戌(임술)	癸亥(계해)	甲子(갑자)	乙丑(을축)	丙寅(병인)	丁卯(정묘)	戊辰(무진)	己巳(기사)	庚午(경오)	辛未(신미)	壬申(임신)	癸酉(계유)	甲戌(갑술)	乙亥(을해)	丙子(병자)
절기시각			戌正															子初												
대순행	1	1	10	10	9	9	9	8	8	8	7	7	7	6	6	6	5	5	5	4	4	4	3	3	3	2	2	2	1	1
운역행	10	10	10	1	1	1	2	2	2	3	3	3	4	4	4	5	5	5	6	6	6	7	7	7	8	8	8	9	9	9

10 月 辛 亥(신해) 小

절기			입동															소설												
음력	一	二	三	四	五	六	七	八	九	十	十一	十二	十三	十四	十五	十六	十七	十八	十九	廿	廿一	廿二	廿三	廿四	廿五	廿六	廿七	廿八	廿九	
양력 월/일	11/5	6	7	8	9	10	11	12	13	14	15	16	17	18	19	20	21	22	23	24	25	26	27	28	29	30	12/1	2	3	
일진	丁丑(정축)	戊寅(무인)	己卯(기묘)	庚辰(경진)	辛巳(신사)	壬午(임오)	癸未(계미)	甲申(갑신)	乙酉(을유)	丙戌(병술)	丁亥(정해)	戊子(무자)	己丑(기축)	庚寅(경인)	辛卯(신묘)	壬辰(임진)	癸巳(계사)	甲午(갑오)	乙未(을미)	丙申(병신)	丁酉(정유)	戊戌(무술)	己亥(기해)	庚子(경자)	辛丑(신축)	壬寅(임인)	癸卯(계묘)	甲辰(갑진)	乙巳(을사)	
절기시각			子初															戌正												
대순행	1	1	10	10	9	9	9	8	8	8	7	7	7	6	6	6	5	5	5	4	4	4	3	3	3	2	2	2	1	
운역행	10	10	10	1	1	1	2	2	2	3	3	3	4	4	4	5	5	5	6	6	6	7	7	7	8	8	8	9	9	

11 月 壬 子(임자) 大

절기				대설															동지											
음력	一	二	三	四	五	六	七	八	九	十	十一	十二	十三	十四	十五	十六	十七	十八	十九	廿	廿一	廿二	廿三	廿四	廿五	廿六	廿七	廿八	廿九	三十
양력 월/일	12/4	5	6	7	8	9	10	11	12	13	14	15	16	17	18	19	20	21	22	23	24	25	26	27	28	29	30	31	1/1	2
일진	丙午(병오)	丁未(정미)	戊申(무신)	己酉(기유)	庚戌(경술)	辛亥(신해)	壬子(임자)	癸丑(계축)	甲寅(갑인)	乙卯(을묘)	丙辰(병진)	丁巳(정사)	戊午(무오)	己未(기미)	庚申(경신)	辛酉(신유)	壬戌(임술)	癸亥(계해)	甲子(갑자)	乙丑(을축)	丙寅(병인)	丁卯(정묘)	戊辰(무진)	己巳(기사)	庚午(경오)	辛未(신미)	壬申(임신)	癸酉(계유)	甲戌(갑술)	乙亥(을해)
절기시각				申正															巳初											
대순행	1	1	1	10	10	9	9	9	8	8	8	7	7	7	6	6	6	5	5	5	4	4	4	3	3	3	2	2	2	1
운역행	9	10	10	10	1	1	1	2	2	2	3	3	3	4	4	4	5	5	5	6	6	6	7	7	7	8	8	8	9	9

12 月 癸 丑(계축) 小

절기				소한														대한												
음력	一	二	三	四	五	六	七	八	九	十	十一	十二	十三	十四	十五	十六	十七	十八	十九	廿	廿一	廿二	廿三	廿四	廿五	廿六	廿七	廿八	廿九	
양력 월/일	1/3	4	5	6	7	8	9	10	11	12	13	14	15	16	17	18	19	20	21	22	23	24	25	26	27	28	29	30	31	
일진	丙子(병자)	丁丑(정축)	戊寅(무인)	己卯(기묘)	庚辰(경진)	辛巳(신사)	壬午(임오)	癸未(계미)	甲申(갑신)	乙酉(을유)	丙戌(병술)	丁亥(정해)	戊子(무자)	己丑(기축)	庚寅(경인)	辛卯(신묘)	壬辰(임진)	癸巳(계사)	甲午(갑오)	乙未(을미)	丙申(병신)	丁酉(정유)	戊戌(무술)	己亥(기해)	庚子(경자)	辛丑(신축)	壬寅(임인)	癸卯(계묘)	甲辰(갑진)	
절기시각				寅初														戌正												
대순행	1	1	1	10	9	9	9	8	8	8	7	7	7	6	6	6	5	5	5	4	4	4	3	3	3	2	2	2	1	
운역행	9	10	10	10	1	1	1	2	2	2	3	3	3	4	4	4	5	5	5	6	6	6	7	7	7	8	8	8	9	

단기 4336 년
불기 2547 년

2003년 癸未(계미)年

1 月 甲 寅(갑인) 大

절기				입춘															우수											
음력	一	二	三	四	五	六	七	八	九	十	十一	十二	十三	十四	十五	十六	十七	十八	十九	廿	廿一	廿二	廿三	廿四	廿五	廿六	廿七	廿八	廿九	三十
양력 월/일	2/1	2	3	4	5	6	7	8	9	10	11	12	13	14	15	16	17	18	19	20	21	22	23	24	25	26	27	28	3/1	2
일진	乙巳(을사)	丙午(병오)	丁未(정미)	戊申(무신)	己酉(기유)	庚戌(경술)	辛亥(신해)	壬子(임자)	癸丑(계축)	甲寅(갑인)	乙卯(을묘)	丙辰(병진)	丁巳(정사)	戊午(무오)	己未(기미)	庚申(경신)	辛酉(신유)	壬戌(임술)	癸亥(계해)	甲子(갑자)	乙丑(을축)	丙寅(병인)	丁卯(정묘)	戊辰(무진)	己巳(기사)	庚午(경오)	辛未(신미)	壬申(임신)	癸酉(계유)	甲戌(갑술)
절기시각				未正															巳正											
대운 순행	1	1	1	10	10	9	9	9	8	8	8	7	7	7	6	6	6	5	5	5	4	4	4	3	3	3	2	2	2	1
대운 역행	9	9	10	10	1	1	1	2	2	2	3	3	3	4	4	4	5	5	5	6	6	6	7	7	7	8	8	8	9	9

2 月 乙 卯(을묘) 大

절기				경칩															춘분											
음력	一	二	三	四	五	六	七	八	九	十	十一	十二	十三	十四	十五	十六	十七	十八	十九	廿	廿一	廿二	廿三	廿四	廿五	廿六	廿七	廿八	廿九	三十
양력 월/일	3/3	4	5	6	7	8	9	10	11	12	13	14	15	16	17	18	19	20	21	22	23	24	25	26	27	28	29	30	31	4/1
일진	乙亥(을해)	丙子(병자)	丁丑(정축)	戊寅(무인)	己卯(기묘)	庚辰(경진)	辛巳(신사)	壬午(임오)	癸未(계미)	甲申(갑신)	乙酉(을유)	丙戌(병술)	丁亥(정해)	戊子(무자)	己丑(기축)	庚寅(경인)	辛卯(신묘)	壬辰(임진)	癸巳(계사)	甲午(갑오)	乙未(을미)	丙申(병신)	丁酉(정유)	戊戌(무술)	己亥(기해)	庚子(경자)	辛丑(신축)	壬寅(임인)	癸卯(계묘)	甲辰(갑진)
절기시각				辰正															巳初											
대운 순행	1	1	1	10	10	9	9	9	8	8	8	7	7	7	6	6	6	5	5	5	4	4	4	3	3	3	2	2	2	1
대운 역행	9	10	10	10	1	1	1	2	2	2	3	3	3	4	4	4	5	5	5	6	6	6	7	7	7	8	8	8	9	9

3 月 丙 辰(병진) 小

절기				청명															곡우										
음력	一	二	三	四	五	六	七	八	九	十	十一	十二	十三	十四	十五	十六	十七	十八	十九	廿	廿一	廿二	廿三	廿四	廿五	廿六	廿七	廿八	廿九
양력 월/일	4/2	3	4	5	6	7	8	9	10	11	12	13	14	15	16	17	18	19	20	21	22	23	24	25	26	27	28	29	30
일진	乙巳(을사)	丙午(병오)	丁未(정미)	戊申(무신)	己酉(기유)	庚戌(경술)	辛亥(신해)	壬子(임자)	癸丑(계축)	甲寅(갑인)	乙卯(을묘)	丙辰(병진)	丁巳(정사)	戊午(무오)	己未(기미)	庚申(경신)	辛酉(신유)	壬戌(임술)	癸亥(계해)	甲子(갑자)	乙丑(을축)	丙寅(병인)	丁卯(정묘)	戊辰(무진)	己巳(기사)	庚午(경오)	辛未(신미)	壬申(임신)	癸酉(계유)
절기시각				未初															戌正										
대운 순행	1	1	1	10	10	10	9	9	9	8	8	8	7	7	7	6	6	6	5	5	5	4	4	4	3	3	3	2	2
대운 역행	9	10	10	10	1	1	1	2	2	2	3	3	3	4	4	4	5	5	5	6	6	6	7	7	7	8	8	8	9

4 月 丁 巳(정사) 大

절기						입하															소만									
음력	一	二	三	四	五	六	七	八	九	十	十一	十二	十三	十四	十五	十六	十七	十八	十九	廿	廿一	廿二	廿三	廿四	廿五	廿六	廿七	廿八	廿九	三十
양력 월/일	5/1	2	3	4	5	6	7	8	9	10	11	12	13	14	15	16	17	18	19	20	21	22	23	24	25	26	27	28	29	30
일진	甲戌(갑술)	乙亥(을해)	丙子(병자)	丁丑(정축)	戊寅(무인)	己卯(기묘)	庚辰(경진)	辛巳(신사)	壬午(임오)	癸未(계미)	甲申(갑신)	乙酉(을유)	丙戌(병술)	丁亥(정해)	戊子(무자)	己丑(기축)	庚寅(경인)	辛卯(신묘)	壬辰(임진)	癸巳(계사)	甲午(갑오)	乙未(을미)	丙申(병신)	丁酉(정유)	戊戌(무술)	己亥(기해)	庚子(경자)	辛丑(신축)	壬寅(임인)	癸卯(계묘)
절기시각						卯正															戌初									
대운 순행	2	1	1	1	1	10	10	10	9	9	9	8	8	8	7	7	7	6	6	6	5	5	5	4	4	4	3	3	3	2
대운 역행	9	9	10	10	10	10	1	1	1	2	2	2	3	3	3	4	4	4	5	5	5	6	6	6	7	7	7	8	8	8

5 月 戊 午(무오) 大

절기							망종																하지							
음력	一	二	三	四	五	六	七	八	九	十	十一	十二	十三	十四	十五	十六	十七	十八	十九	廿	廿一	廿二	廿三	廿四	廿五	廿六	廿七	廿八	廿九	三十
양력 월/일	5/31	6/1	2	3	4	5	6	7	8	9	10	11	12	13	14	15	16	17	18	19	20	21	22	23	24	25	26	27	28	29
일진	甲辰(갑진)	乙巳(을사)	丙午(병오)	丁未(정미)	戊申(무신)	己酉(기유)	庚戌(경술)	辛亥(신해)	壬子(임자)	癸丑(계축)	甲寅(갑인)	乙卯(을묘)	丙辰(병진)	丁巳(정사)	戊午(무오)	己未(기미)	庚申(경신)	辛酉(신유)	壬戌(임술)	癸亥(계해)	甲子(갑자)	乙丑(을축)	丙寅(병인)	丁卯(정묘)	戊辰(무진)	己巳(기사)	庚午(경오)	辛未(신미)	壬申(임신)	癸酉(계유)
절기시각							午初																寅初							
대운 순행	2	2	1	1	1	1	10	10	10	9	9	9	8	8	8	7	7	7	6	6	6	5	5	5	4	4	4	3	3	3
대운 역행	9	9	9	10	10	10	10	1	1	1	2	2	2	3	3	3	4	4	4	5	5	5	6	6	6	7	7	7	8	8

6 月 己 未(기미) 小

절기								소서																대서					
음력	一	二	三	四	五	六	七	八	九	十	十一	十二	十三	十四	十五	十六	十七	十八	十九	廿	廿一	廿二	廿三	廿四	廿五	廿六	廿七	廿八	廿九
양력 월/일	6/30	7/1	2	3	4	5	6	7	8	9	10	11	12	13	14	15	16	17	18	19	20	21	22	23	24	25	26	27	28
일진	甲戌(갑술)	乙亥(을해)	丙子(병자)	丁丑(정축)	戊寅(무인)	己卯(기묘)	庚辰(경진)	辛巳(신사)	壬午(임오)	癸未(계미)	甲申(갑신)	乙酉(을유)	丙戌(병술)	丁亥(정해)	戊子(무자)	己丑(기축)	庚寅(경인)	辛卯(신묘)	壬辰(임진)	癸巳(계사)	甲午(갑오)	乙未(을미)	丙申(병신)	丁酉(정유)	戊戌(무술)	己亥(기해)	庚子(경자)	辛丑(신축)	壬寅(임인)
절기시각								亥初																未正					
대운 순행	2	2	2	1	1	1	1	10	10	10	10	9	9	9	8	8	8	7	7	7	6	6	6	5	5	5	4	4	4
대운 역행	8	9	9	9	10	10	10	10	1	1	1	2	2	2	3	3	3	4	4	4	5	5	5	6	6	6	7	7	7

東 大將	酉 喪門	巳 弔客	西 三殺

7 月 庚 申(경신) 大

절 기						입추																			처서				
음 력	一	二	三	四	五	六	七	八	九	十	十一	十二	十三	十四	十五	十六	十七	十八	十九	二十	廿一	廿二	廿三	廿四	廿五	廿六	廿七	廿八	廿九	三十
양 력 월/일	7/29	30	31	8/1	2	3	4	5	6	7	8	9	10	11	12	13	14	15	16	17	18	19	20	21	22	23	24	25	26	27
일 진	癸卯(계묘)	甲辰(갑진)	乙巳(을사)	丙午(병오)	丁未(정미)	戊申(무신)	己酉(기유)	庚戌(경술)	辛亥(신해)	壬子(임자)	癸丑(계축)	甲寅(갑인)	乙卯(을묘)	丙辰(병진)	丁巳(정사)	戊午(무오)	己未(기미)	庚申(경신)	辛酉(신유)	壬戌(임술)	癸亥(계해)	甲子(갑자)	乙丑(을축)	丙寅(병인)	丁卯(정묘)	戊辰(무진)	己巳(기사)	庚午(경오)	辛未(신미)	壬申(임신)
절기시각							辰初																			亥初				
대운 순행	3	3	3	2	2	2	1	1	1	1	10	10	10	9	9	9	8	8	8	7	7	7	6	6	6	5	5	5	4	4
대운 역행	8	8	8	9	9	9	10	10	10	10	10	1	1	1	2	2	2	3	3	3	4	4	4	5	5	5	6	6	6	7

8 月 辛 酉(신유) 小

절 기												백로															추분		
음 력	一	二	三	四	五	六	七	八	九	十	十一	十二	十三	十四	十五	十六	十七	十八	十九	二十	廿一	廿二	廿三	廿四	廿五	廿六	廿七	廿八	廿九
양 력 월/일	8/28	29	30	31	9/1	2	3	4	5	6	7	8	9	10	11	12	13	14	15	16	17	18	19	20	21	22	23	24	25
일 진	癸酉(계유)	甲戌(갑술)	乙亥(을해)	丙子(병자)	丁丑(정축)	戊寅(무인)	己卯(기묘)	庚辰(경진)	辛巳(신사)	壬午(임오)	癸未(계미)	甲申(갑신)	乙酉(을유)	丙戌(병술)	丁亥(정해)	戊子(무자)	己丑(기축)	庚寅(경인)	辛卯(신묘)	壬辰(임진)	癸巳(계사)	甲午(갑오)	乙未(을미)	丙申(병신)	丁酉(정유)	戊戌(무술)	己亥(기해)	庚子(경자)	辛丑(신축)
절기시각												巳正															戌初		
대운 순행	4	3	3	3	2	2	2	1	1	1	1	10	10	10	9	9	9	8	8	8	7	7	7	6	6	6	5	5	5
대운 역행	7	7	8	8	8	9	9	9	10	10	10	10	1	1	1	2	2	2	3	3	3	4	4	4	5	5	5	6	6

9 月 壬 戌(임술) 小

절 기														한로															상강
음 력	一	二	三	四	五	六	七	八	九	十	十一	十二	十三	十四	十五	十六	十七	十八	十九	二十	廿一	廿二	廿三	廿四	廿五	廿六	廿七	廿八	廿九
양 력 월/일	9/26	27	28	29	30	10/1	2	3	4	5	6	7	8	9	10	11	12	13	14	15	16	17	18	19	20	21	22	23	24
일 진	壬寅(임인)	癸卯(계묘)	甲辰(갑진)	乙巳(을사)	丙午(병오)	丁未(정미)	戊申(무신)	己酉(기유)	庚戌(경술)	辛亥(신해)	壬子(임자)	癸丑(계축)	甲寅(갑인)	乙卯(을묘)	丙辰(병진)	丁巳(정사)	戊午(무오)	己未(기미)	庚申(경신)	辛酉(신유)	壬戌(임술)	癸亥(계해)	甲子(갑자)	乙丑(을축)	丙寅(병인)	丁卯(정묘)	戊辰(무진)	己巳(기사)	庚午(경오)
절기시각														丑初															寅正
대운 순행	4	4	4	3	3	3	2	2	2	1	1	1	1	10	10	9	9	9	8	8	8	7	7	7	6	6	6	5	5
대운 역행	6	7	7	7	8	8	8	9	9	9	10	10	10	10	1	1	1	2	2	2	3	3	3	4	4	4	5	5	5

10 月 癸 亥(계해) 大

절 기															입동															소설
음 력	一	二	三	四	五	六	七	八	九	十	十一	十二	十三	十四	十五	十六	十七	十八	十九	二十	廿一	廿二	廿三	廿四	廿五	廿六	廿七	廿八	廿九	三十
양 력 월/일	10/25	26	27	28	29	30	31	11/1	2	3	4	5	6	7	8	9	10	11	12	13	14	15	16	17	18	19	20	21	22	23
일 진	辛未(신미)	壬申(임신)	癸酉(계유)	甲戌(갑술)	乙亥(을해)	丙子(병자)	丁丑(정축)	戊寅(무인)	己卯(기묘)	庚辰(경진)	辛巳(신사)	壬午(임오)	癸未(계미)	甲申(갑신)	乙酉(을유)	丙戌(병술)	丁亥(정해)	戊子(무자)	己丑(기축)	庚寅(경인)	辛卯(신묘)	壬辰(임진)	癸巳(계사)	甲午(갑오)	乙未(을미)	丙申(병신)	丁酉(정유)	戊戌(무술)	己亥(기해)	庚子(경자)
절기시각															卯初															丑正
대운 순행	5	4	4	4	3	3	3	2	2	2	1	1	1	1	10	9	9	9	8	8	8	7	7	7	6	6	6	5	5	5
대운 역행	6	6	6	7	7	7	8	8	8	9	9	9	10	10	10	1	1	1	2	2	2	3	3	3	4	4	4	5	5	5

11 月 甲 子(갑자) 小

절 기														대설															동지
음 력	一	二	三	四	五	六	七	八	九	十	十一	十二	十三	十四	十五	十六	十七	十八	十九	二十	廿一	廿二	廿三	廿四	廿五	廿六	廿七	廿八	廿九
양 력 월/일	11/24	25	26	27	28	29	30	12/1	2	3	4	5	6	7	8	9	10	11	12	13	14	15	16	17	18	19	20	21	22
일 진	辛丑(신축)	壬寅(임인)	癸卯(계묘)	甲辰(갑진)	乙巳(을사)	丙午(병오)	丁未(정미)	戊申(무신)	己酉(기유)	庚戌(경술)	辛亥(신해)	壬子(임자)	癸丑(계축)	甲寅(갑인)	乙卯(을묘)	丙辰(병진)	丁巳(정사)	戊午(무오)	己未(기미)	庚申(경신)	辛酉(신유)	壬戌(임술)	癸亥(계해)	甲子(갑자)	乙丑(을축)	丙寅(병인)	丁卯(정묘)	戊辰(무진)	己巳(기사)
절기시각														亥初															申初
대운 순행	4	4	4	3	3	3	2	2	2	1	1	1	1	10	10	9	9	9	8	8	8	7	7	7	6	6	6	5	5
대운 역행	6	6	6	7	7	7	8	8	8	9	9	9	10	10	1	1	1	2	2	2	3	3	3	4	4	4	5	5	5

12 月 乙 丑(을축) 大

절 기															소한															대한
음 력	一	二	三	四	五	六	七	八	九	十	十一	十二	十三	十四	十五	十六	十七	十八	十九	二十	廿一	廿二	廿三	廿四	廿五	廿六	廿七	廿八	廿九	三十
양 력 월/일	12/23	24	25	26	27	28	29	30	31	1/1	2	3	4	5	6	7	8	9	10	11	12	13	14	15	16	17	18	19	20	21
일 진	庚午(경오)	辛未(신미)	壬申(임신)	癸酉(계유)	甲戌(갑술)	乙亥(을해)	丙子(병자)	丁丑(정축)	戊寅(무인)	己卯(기묘)	庚辰(경진)	辛巳(신사)	壬午(임오)	癸未(계미)	甲申(갑신)	乙酉(을유)	丙戌(병술)	丁亥(정해)	戊子(무자)	己丑(기축)	庚寅(경인)	辛卯(신묘)	壬辰(임진)	癸巳(계사)	甲午(갑오)	乙未(을미)	丙申(병신)	丁酉(정유)	戊戌(무술)	己亥(기해)
절기시각															巳初															丑正
대운 순행	5	4	4	4	3	3	3	2	2	2	1	1	1	1	10	9	9	9	8	8	8	7	7	7	6	6	6	5	5	5
대운 역행	6	6	6	7	7	7	8	8	8	9	9	9	10	10	10	1	1	1	2	2	2	3	3	3	4	4	4	5	5	5

단기 4337 년
불기 2548 년

2004년 甲申(갑신)年

1 月 丙寅(병인) 小

절기														입춘															우수	
음력	一	二	三	四	五	六	七	八	九	十	十一	十二	十三	十四	十五	十六	十七	十八	十九	廿	廿一	廿二	廿三	廿四	廿五	廿六	廿七	廿八	廿九	
양력 월/일	1/22	23	24	25	26	27	28	29	30	31	2/1	2	3	4	5	6	7	8	9	10	11	12	13	14	15	16	17	18	19	
일진	庚子(경자)	辛丑(신축)	壬寅(임인)	癸卯(계묘)	甲辰(갑진)	乙巳(을사)	丙午(병오)	丁未(정미)	戊申(무신)	己酉(기유)	庚戌(경술)	辛亥(신해)	壬子(임자)	癸丑(계축)	甲寅(갑인)	乙卯(을묘)	丙辰(병진)	丁巳(정사)	戊午(무오)	己未(기미)	庚申(경신)	辛酉(신유)	壬戌(임술)	癸亥(계해)	甲子(갑자)	乙丑(을축)	丙寅(병인)	丁卯(정묘)	戊辰(무진)	
절기시각														戌正															申正	
대운 순행	4	4	4	3	3	3	2	2	2	1	1	1	1	10	10	9	9	9	8	8	8	7	7	7	6	6	6	5	5	
대운 역행	6	6	6	7	7	7	8	8	8	9	9	9	10	10	1	1	1	2	2	2	3	3	3	4	4	4	5	5	5	

2 月 丁卯(정묘) 大

절기															경칩															춘분
음력	一	二	三	四	五	六	七	八	九	十	十一	十二	十三	十四	十五	十六	十七	十八	十九	廿	廿一	廿二	廿三	廿四	廿五	廿六	廿七	廿八	廿九	三十
양력 월/일	2/20	21	22	23	24	25	26	27	28	29	3/1	2	3	4	5	6	7	8	9	10	11	12	13	14	15	16	17	18	19	20
일진	己巳(기사)	庚午(경오)	辛未(신미)	壬申(임신)	癸酉(계유)	甲戌(갑술)	乙亥(을해)	丙子(병자)	丁丑(정축)	戊寅(무인)	己卯(기묘)	庚辰(경진)	辛巳(신사)	壬午(임오)	癸未(계미)	甲申(갑신)	乙酉(을유)	丙戌(병술)	丁亥(정해)	戊子(무자)	己丑(기축)	庚寅(경인)	辛卯(신묘)	壬辰(임진)	癸巳(계사)	甲午(갑오)	乙未(을미)	丙申(병신)	丁酉(정유)	戊戌(무술)
절기시각															未正															申初
대운 순행	5	4	4	4	3	3	3	2	2	2	1	1	1	1	10	10	9	9	9	8	8	8	7	7	7	6	6	6	5	5
대운 역행	6	6	6	7	7	7	8	8	8	9	9	9	10	10	10	1	1	1	2	2	2	3	3	3	4	4	4	5	5	5

閏 2 月 丁卯(정묘) 小

절기															청명															
음력	一	二	三	四	五	六	七	八	九	十	十一	十二	十三	十四	十五	十六	十七	十八	十九	廿	廿一	廿二	廿三	廿四	廿五	廿六	廿七	廿八	廿九	
양력 월/일	3/21	22	23	24	25	26	27	28	29	30	31	4/1	2	3	4	5	6	7	8	9	10	11	12	13	14	15	16	17	18	
일진	己亥(기해)	庚子(경자)	辛丑(신축)	壬寅(임인)	癸卯(계묘)	甲辰(갑진)	乙巳(을사)	丙午(병오)	丁未(정미)	戊申(무신)	己酉(기유)	庚戌(경술)	辛亥(신해)	壬子(임자)	癸丑(계축)	甲寅(갑인)	乙卯(을묘)	丙辰(병진)	丁巳(정사)	戊午(무오)	己未(기미)	庚申(경신)	辛酉(신유)	壬戌(임술)	癸亥(계해)	甲子(갑자)	乙丑(을축)	丙寅(병인)	丁卯(정묘)	
절기시각															戌初															
대운 순행	5	4	4	4	3	3	3	2	2	2	1	1	1	1	10	10	10	9	9	9	8	8	8	7	7	7	6	6	6	
대운 역행	6	6	6	7	7	7	8	8	8	9	9	9	10	10	10	1	1	1	2	2	2	3	3	3	4	4	4	5	5	

3 月 戊辰(무진) 大

절기		곡우															망종													
음력	一	二	三	四	五	六	七	八	九	十	十一	十二	十三	十四	十五	十六	十七	十八	十九	廿	廿一	廿二	廿三	廿四	廿五	廿六	廿七	廿八	廿九	三十
양력 월/일	4/19	20	21	22	23	24	25	26	27	28	29	30	5/1	2	3	4	5	6	7	8	9	10	11	12	13	14	15	16	17	18
일진	戊辰(무진)	己巳(기사)	庚午(경오)	辛未(신미)	壬申(임신)	癸酉(계유)	甲戌(갑술)	乙亥(을해)	丙子(병자)	丁丑(정축)	戊寅(무인)	己卯(기묘)	庚辰(경진)	辛巳(신사)	壬午(임오)	癸未(계미)	甲申(갑신)	乙酉(을유)	丙戌(병술)	丁亥(정해)	戊子(무자)	己丑(기축)	庚寅(경인)	辛卯(신묘)	壬辰(임진)	癸巳(계사)	甲午(갑오)	乙未(을미)	丙申(병신)	丁酉(정유)
절기시각		丑正															午正													
대운 순행	5	5	5	4	4	4	3	3	3	2	2	2	1	1	1	1	10	10	10	9	9	9	8	8	8	7	7	7	6	6
대운 역행	5	6	6	6	7	7	7	8	8	8	9	9	9	10	10	10	10	1	1	1	2	2	2	3	3	3	4	4	4	5

4 月 己巳(기사) 大

절기			소만															망종												
음력	一	二	三	四	五	六	七	八	九	十	十一	十二	十三	十四	十五	十六	十七	十八	十九	廿	廿一	廿二	廿三	廿四	廿五	廿六	廿七	廿八	廿九	三十
양력 월/일	5/19	20	21	22	23	24	25	26	27	28	29	30	31	6/1	2	3	4	5	6	7	8	9	10	11	12	13	14	15	16	17
일진	戊戌(무술)	己亥(기해)	庚子(경자)	辛丑(신축)	壬寅(임인)	癸卯(계묘)	甲辰(갑진)	乙巳(을사)	丙午(병오)	丁未(정미)	戊申(무신)	己酉(기유)	庚戌(경술)	辛亥(신해)	壬子(임자)	癸丑(계축)	甲寅(갑인)	乙卯(을묘)	丙辰(병진)	丁巳(정사)	戊午(무오)	己未(기미)	庚申(경신)	辛酉(신유)	壬戌(임술)	癸亥(계해)	甲子(갑자)	乙丑(을축)	丙寅(병인)	丁卯(정묘)
절기시각			丑初															申正												
대운 순행	6	5	5	5	4	4	4	3	3	3	2	2	2	1	1	1	1	10	10	10	10	9	9	9	8	8	8	7	7	7
대운 역행	5	5	6	6	6	7	7	7	8	8	8	9	9	9	10	10	10	10	1	1	1	2	2	2	3	3	3	4	4	4

5 月 庚午(경오) 小

절기				하지																소서										
음력	一	二	三	四	五	六	七	八	九	十	十一	十二	十三	十四	十五	十六	十七	十八	十九	廿	廿一	廿二	廿三	廿四	廿五	廿六	廿七	廿八	廿九	
양력 월/일	6/18	19	20	21	22	23	24	25	26	27	28	29	30	7/1	2	3	4	5	6	7	8	9	10	11	12	13	14	15	16	
일진	戊辰(무진)	己巳(기사)	庚午(경오)	辛未(신미)	壬申(임신)	癸酉(계유)	甲戌(갑술)	乙亥(을해)	丙子(병자)	丁丑(정축)	戊寅(무인)	己卯(기묘)	庚辰(경진)	辛巳(신사)	壬午(임오)	癸未(계미)	甲申(갑신)	乙酉(을유)	丙戌(병술)	丁亥(정해)	戊子(무자)	己丑(기축)	庚寅(경인)	辛卯(신묘)	壬辰(임진)	癸巳(계사)	甲午(갑오)	乙未(을미)	丙申(병신)	
절기시각				巳正																寅初										
대운 순행	6	6	6	5	5	5	4	4	4	3	3	3	2	2	2	1	1	1	1	10	10	10	9	9	9	8	8	8	7	
대운 역행	5	5	5	6	6	6	7	7	7	8	8	8	9	9	9	10	10	10	10	10	1	1	1	2	2	2	3	3	3	

南 大將	戌 喪門	午 弔客	南 三殺

6 月 辛 未(신미) 大

절기							대서															입추								
음력	一	二	三	四	五	六	七	八	九	十	十一	十二	十三	十四	十五	十六	十七	十八	十九	廿	廿一	廿二	廿三	廿四	廿五	廿六	廿七	廿八	廿九	三十
양력 월/일	7/17	18	19	20	21	22	23	24	25	26	27	28	29	30	31	8/1	2	3	4	5	6	7	8	9	10	11	12	13	14	15
일진	丁酉(정유)	戊戌(무술)	己亥(기해)	庚子(경자)	辛丑(신축)	壬寅(임인)	癸卯(계묘)	甲辰(갑진)	乙巳(을사)	丙午(병오)	丁未(정미)	戊申(무신)	己酉(기유)	庚戌(경술)	辛亥(신해)	壬子(임자)	癸丑(계축)	甲寅(갑인)	乙卯(을묘)	丙辰(병진)	丁巳(정사)	戊午(무오)	己未(기미)	庚申(경신)	辛酉(신유)	壬戌(임술)	癸亥(계해)	甲子(갑자)	乙丑(을축)	丙寅(병인)
절기시각							戌正															未初								
대운 순행	7	7	6	6	6	5	5	5	4	4	4	3	3	3	2	2	2	1	1	1	1	10	10	10	9	9	9	8	8	8
대운 역행	4	4	4	5	5	5	6	6	6	7	7	7	8	8	8	9	9	9	10	10	10	10	1	1	1	2	2	2	3	3

7 月 壬 申(임신) 小

절기								처서															백로							
음력	一	二	三	四	五	六	七	八	九	十	十一	十二	十三	十四	十五	十六	十七	十八	十九	廿	廿一	廿二	廿三	廿四	廿五	廿六	廿七	廿八	廿九	
양력 월/일	8/16	17	18	19	20	21	22	23	24	25	26	27	28	29	30	31	9/1	2	3	4	5	6	7	8	9	10	11	12	13	
일진	丁卯(정묘)	戊辰(무진)	己巳(기사)	庚午(경오)	辛未(신미)	壬申(임신)	癸酉(계유)	甲戌(갑술)	乙亥(을해)	丙子(병자)	丁丑(정축)	戊寅(무인)	己卯(기묘)	庚辰(경진)	辛巳(신사)	壬午(임오)	癸未(계미)	甲申(갑신)	乙酉(을유)	丙戌(병술)	丁亥(정해)	戊子(무자)	己丑(기축)	庚寅(경인)	辛卯(신묘)	壬辰(임진)	癸巳(계사)	甲午(갑오)	乙未(을미)	
절기시각								寅初															申正							
대운 순행	7	7	7	6	6	6	5	5	5	4	4	4	3	3	3	2	2	2	1	1	1	1	10	10	10	9	9	9	8	
대운 역행	3	4	4	4	5	5	5	6	6	6	7	7	7	8	8	8	9	9	9	10	10	10	10	1	1	1	2	2	2	

8 月 癸 酉(계유) 大

절기										추분															한로					
음력	一	二	三	四	五	六	七	八	九	十	十一	十二	十三	十四	十五	十六	十七	十八	十九	廿	廿一	廿二	廿三	廿四	廿五	廿六	廿七	廿八	廿九	三十
양력 월/일	9/14	15	16	17	18	19	20	21	22	23	24	25	26	27	28	29	30	10/1	2	3	4	5	6	7	8	9	10	11	12	13
일진	丙申(병신)	丁酉(정유)	戊戌(무술)	己亥(기해)	庚子(경자)	辛丑(신축)	壬寅(임인)	癸卯(계묘)	甲辰(갑진)	乙巳(을사)	丙午(병오)	丁未(정미)	戊申(무신)	己酉(기유)	庚戌(경술)	辛亥(신해)	壬子(임자)	癸丑(계축)	甲寅(갑인)	乙卯(을묘)	丙辰(병진)	丁巳(정사)	戊午(무오)	己未(기미)	庚申(경신)	辛酉(신유)	壬戌(임술)	癸亥(계해)	甲子(갑자)	乙丑(을축)
절기시각										丑正															辰初					
대운 순행	8	8	7	7	7	6	6	6	5	5	5	4	4	4	3	3	3	2	2	2	1	1	1	1	10	10	9	9	9	8
대운 역행	3	3	3	4	4	4	5	5	5	6	6	6	7	7	7	8	8	8	9	9	9	10	10	10	10	1	1	1	2	2

9 月 甲 戌(갑술) 小

절기										상강															입동					
음력	一	二	三	四	五	六	七	八	九	十	十一	十二	十三	十四	十五	十六	十七	十八	十九	廿	廿一	廿二	廿三	廿四	廿五	廿六	廿七	廿八	廿九	
양력 월/일	10/14	15	16	17	18	19	20	21	22	23	24	25	26	27	28	29	30	31	11/1	2	3	4	5	6	7	8	9	10	11	
일진	丙寅(병인)	丁卯(정묘)	戊辰(무진)	己巳(기사)	庚午(경오)	辛未(신미)	壬申(임신)	癸酉(계유)	甲戌(갑술)	乙亥(을해)	丙子(병자)	丁丑(정축)	戊寅(무인)	己卯(기묘)	庚辰(경진)	辛巳(신사)	壬午(임오)	癸未(계미)	甲申(갑신)	乙酉(을유)	丙戌(병술)	丁亥(정해)	戊子(무자)	己丑(기축)	庚寅(경인)	辛卯(신묘)	壬辰(임진)	癸巳(계사)	甲午(갑오)	
절기시각										巳正															巳正					
대운 순행	8	8	7	7	7	6	6	6	5	5	5	4	4	4	3	3	3	2	2	2	1	1	1	1	10	10	9	9	9	
대운 역행	2	3	3	3	4	4	4	5	5	5	6	6	6	7	7	7	8	8	8	9	9	9	10	10	10	1	1	1	2	

10 月 乙 亥(을해) 大

절기											소설															대설				
음력	一	二	三	四	五	六	七	八	九	十	十一	十二	十三	十四	十五	十六	十七	十八	十九	廿	廿一	廿二	廿三	廿四	廿五	廿六	廿七	廿八	廿九	三十
양력 월/일	11/12	13	14	15	16	17	18	19	20	21	22	23	24	25	26	27	28	29	30	12/1	2	3	4	5	6	7	8	9	10	11
일진	乙未(을미)	丙申(병신)	丁酉(정유)	戊戌(무술)	己亥(기해)	庚子(경자)	辛丑(신축)	壬寅(임인)	癸卯(계묘)	甲辰(갑진)	乙巳(을사)	丙午(병오)	丁未(정미)	戊申(무신)	己酉(기유)	庚戌(경술)	辛亥(신해)	壬子(임자)	癸丑(계축)	甲寅(갑인)	乙卯(을묘)	丙辰(병진)	丁巳(정사)	戊午(무오)	己未(기미)	庚申(경신)	辛酉(신유)	壬戌(임술)	癸亥(계해)	甲子(갑자)
절기시각											辰正															寅初				
대운 순행	8	8	8	7	7	7	6	6	6	5	5	5	4	4	4	3	3	3	2	2	2	1	1	1	1	10	9	9	9	8
대운 역행	2	2	3	3	3	4	4	4	5	5	5	6	6	6	7	7	7	8	8	8	9	9	9	10	10	10	1	1	1	2

11 月 丙 子(병자) 小

절기										동지															소한					
음력	一	二	三	四	五	六	七	八	九	十	十一	十二	十三	十四	十五	十六	十七	十八	十九	廿	廿一	廿二	廿三	廿四	廿五	廿六	廿七	廿八	廿九	
양력 월/일	12/12	13	14	15	16	17	18	19	20	21	22	23	24	25	26	27	28	29	30	31	1/1	2	3	4	5	6	7	8	9	
일진	乙丑(을축)	丙寅(병인)	丁卯(정묘)	戊辰(무진)	己巳(기사)	庚午(경오)	辛未(신미)	壬申(임신)	癸酉(계유)	甲戌(갑술)	乙亥(을해)	丙子(병자)	丁丑(정축)	戊寅(무인)	己卯(기묘)	庚辰(경진)	辛巳(신사)	壬午(임오)	癸未(계미)	甲申(갑신)	乙酉(을유)	丙戌(병술)	丁亥(정해)	戊子(무자)	己丑(기축)	庚寅(경인)	辛卯(신묘)	壬辰(임진)	癸巳(계사)	
절기시각										亥初															未正					
대운 순행	8	8	7	7	7	6	6	6	5	5	5	4	4	4	3	3	3	2	2	2	1	1	1	1	10	10	9	9	9	
대운 역행	2	2	3	3	3	4	4	4	5	5	5	6	6	6	7	7	7	8	8	8	9	9	9	10	10	1	1	1	2	

12 月 丁 丑(정축) 大

절기											대한															입춘				
음력	一	二	三	四	五	六	七	八	九	十	十一	十二	十三	十四	十五	十六	十七	十八	十九	廿	廿一	廿二	廿三	廿四	廿五	廿六	廿七	廿八	廿九	三十
양력 월/일	1/10	11	12	13	14	15	16	17	18	19	20	21	22	23	24	25	26	27	28	29	30	31	2/1	2	3	4	5	6	7	8
일진	甲午(갑오)	乙未(을미)	丙申(병신)	丁酉(정유)	戊戌(무술)	己亥(기해)	庚子(경자)	辛丑(신축)	壬寅(임인)	癸卯(계묘)	甲辰(갑진)	乙巳(을사)	丙午(병오)	丁未(정미)	戊申(무신)	己酉(기유)	庚戌(경술)	辛亥(신해)	壬子(임자)	癸丑(계축)	甲寅(갑인)	乙卯(을묘)	丙辰(병진)	丁巳(정사)	戊午(무오)	己未(기미)	庚申(경신)	辛酉(신유)	壬戌(임술)	癸亥(계해)
절기시각											辰正															丑正				
대운 순행	8	8	8	7	7	7	6	6	6	5	5	5	4	4	4	3	3	3	2	2	2	1	1	1	1	10	9	9	9	8
대운 역행	2	2	3	3	3	4	4	4	5	5	5	6	6	6	7	7	7	8	8	8	9	9	9	10	10	10	1	1	1	2

단기 4338 년
불기 2549 년

2005년 乙酉(을유)年

1 月 戊寅(무인) 小

절기									우수																경칩				
음력	一	二	三	四	五	六	七	八	九	十	十一	十二	十三	十四	十五	十六	十七	十八	十九	廿	廿一	廿二	廿三	廿四	廿五	廿六	廿七	廿八	廿九
양력 월/일	2/9	10	11	12	13	14	15	16	17	18	19	20	21	22	23	24	25	26	27	28	3/1	2	3	4	5	6	7	8	9
일진	甲子(갑자)	乙丑(을축)	丙寅(병인)	丁卯(정묘)	戊辰(무진)	己巳(기사)	庚午(경오)	辛未(신미)	壬申(임신)	癸酉(계유)	甲戌(갑술)	乙亥(을해)	丙子(병자)	丁丑(정축)	戊寅(무인)	己卯(기묘)	庚辰(경진)	辛巳(신사)	壬午(임오)	癸未(계미)	甲申(갑신)	乙酉(을유)	丙戌(병술)	丁亥(정해)	戊子(무자)	己丑(기축)	庚寅(경인)	辛卯(신묘)	壬辰(임진)
절기시각									亥正																戌正				
대운 순행	8	8	7	7	7	6	6	6	5	5	5	4	4	4	3	3	3	2	2	2	1	1	1	1	10	10	10	9	9
대운 역행	2	2	3	3	3	4	4	4	5	5	5	6	6	6	7	7	7	8	8	8	9	9	9	10	10	1	1	1	2

2 月 己卯(기묘) 大

절기											춘분																청명			
음력	一	二	三	四	五	六	七	八	九	十	十一	十二	十三	十四	十五	十六	十七	十八	十九	廿	廿一	廿二	廿三	廿四	廿五	廿六	廿七	廿八	廿九	三十
양력 월/일	3/10	11	12	13	14	15	16	17	18	19	20	21	22	23	24	25	26	27	28	29	30	31	4/1	2	3	4	5	6	7	8
일진	癸巳(계사)	甲午(갑오)	乙未(을미)	丙申(병신)	丁酉(정유)	戊戌(무술)	己亥(기해)	庚子(경자)	辛丑(신축)	壬寅(임인)	癸卯(계묘)	甲辰(갑진)	乙巳(을사)	丙午(병오)	丁未(정미)	戊申(무신)	己酉(기유)	庚戌(경술)	辛亥(신해)	壬子(임자)	癸丑(계축)	甲寅(갑인)	乙卯(을묘)	丙辰(병진)	丁巳(정사)	戊午(무오)	己未(기미)	庚申(경신)	辛酉(신유)	壬戌(임술)
절기시각											亥初																丑初			
대운 순행	9	8	8	8	7	7	7	6	6	6	5	5	5	4	4	4	3	3	3	2	2	2	1	1	1	1	10	10	9	9
대운 역행	2	2	3	3	3	4	4	4	5	5	5	6	6	6	7	7	7	8	8	8	9	9	9	10	10	10	10	1	1	1

3 月 庚辰(경진) 小

절기												곡우															입하		
음력	一	二	三	四	五	六	七	八	九	十	十一	十二	十三	十四	十五	十六	十七	十八	十九	廿	廿一	廿二	廿三	廿四	廿五	廿六	廿七	廿八	廿九
양력 월/일	4/9	10	11	12	13	14	15	16	17	18	19	20	21	22	23	24	25	26	27	28	29	30	5/1	2	3	4	5	6	7
일진	癸亥(계해)	甲子(갑자)	乙丑(을축)	丙寅(병인)	丁卯(정묘)	戊辰(무진)	己巳(기사)	庚午(경오)	辛未(신미)	壬申(임신)	癸酉(계유)	甲戌(갑술)	乙亥(을해)	丙子(병자)	丁丑(정축)	戊寅(무인)	己卯(기묘)	庚辰(경진)	辛巳(신사)	壬午(임오)	癸未(계미)	甲申(갑신)	乙酉(을유)	丙戌(병술)	丁亥(정해)	戊子(무자)	己丑(기축)	庚寅(경인)	辛卯(신묘)
절기시각												辰正															酉正		
대운 순행	9	8	8	8	7	7	7	6	6	6	5	5	5	4	4	4	3	3	3	2	2	2	1	1	1	1	10	10	10
대운 역행	2	2	2	3	3	3	4	4	4	5	5	5	6	6	6	7	7	7	8	8	8	9	9	9	10	10	10	1	1

4 月 辛巳(신사) 大

절기														소만															망종	
음력	一	二	三	四	五	六	七	八	九	十	十一	十二	十三	十四	十五	十六	十七	十八	十九	廿	廿一	廿二	廿三	廿四	廿五	廿六	廿七	廿八	廿九	三十
양력 월/일	5/8	9	10	11	12	13	14	15	16	17	18	19	20	21	22	23	24	25	26	27	28	29	30	31	6/1	2	3	4	5	6
일진	壬辰(임진)	癸巳(계사)	甲午(갑오)	乙未(을미)	丙申(병신)	丁酉(정유)	戊戌(무술)	己亥(기해)	庚子(경자)	辛丑(신축)	壬寅(임인)	癸卯(계묘)	甲辰(갑진)	乙巳(을사)	丙午(병오)	丁未(정미)	戊申(무신)	己酉(기유)	庚戌(경술)	辛亥(신해)	壬子(임자)	癸丑(계축)	甲寅(갑인)	乙卯(을묘)	丙辰(병진)	丁巳(정사)	戊午(무오)	己未(기미)	庚申(경신)	辛酉(신유)
절기시각														辰初															亥正	
대운 순행	9	9	9	8	8	8	7	7	7	6	6	6	5	5	5	4	4	4	3	3	3	2	2	2	1	1	1	1	10	10
대운 역행	1	2	2	2	3	3	3	4	4	4	5	5	5	6	6	6	7	7	7	8	8	8	9	9	9	10	10	10	10	1

5 月 壬午(임오) 小

절기															하지														
음력	一	二	三	四	五	六	七	八	九	十	十一	十二	十三	十四	十五	十六	十七	十八	十九	廿	廿一	廿二	廿三	廿四	廿五	廿六	廿七	廿八	廿九
양력 월/일	6/7	8	9	10	11	12	13	14	15	16	17	18	19	20	21	22	23	24	25	26	27	28	29	30	7/1	2	3	4	5
일진	壬戌(임술)	癸亥(계해)	甲子(갑자)	乙丑(을축)	丙寅(병인)	丁卯(정묘)	戊辰(무진)	己巳(기사)	庚午(경오)	辛未(신미)	壬申(임신)	癸酉(계유)	甲戌(갑술)	乙亥(을해)	丙子(병자)	丁丑(정축)	戊寅(무인)	己卯(기묘)	庚辰(경진)	辛巳(신사)	壬午(임오)	癸未(계미)	甲申(갑신)	乙酉(을유)	丙戌(병술)	丁亥(정해)	戊子(무자)	己丑(기축)	庚寅(경인)
절기시각															申初														
대운 순행	10	10	9	9	9	8	8	8	7	7	7	6	6	6	5	5	5	4	4	4	3	3	3	2	2	2	1	1	1
대운 역행	1	1	2	2	2	3	3	3	4	4	4	5	5	5	6	6	6	7	7	7	8	8	8	9	9	9	10	10	10

6 月 癸未(계미) 大

절기		소서																대서												
음력	一	二	三	四	五	六	七	八	九	十	十一	十二	十三	十四	十五	十六	十七	十八	十九	廿	廿一	廿二	廿三	廿四	廿五	廿六	廿七	廿八	廿九	三十
양력 월/일	7/6	7	8	9	10	11	12	13	14	15	16	17	18	19	20	21	22	23	24	25	26	27	28	29	30	31	8/1	2	3	4
일진	辛卯(신묘)	壬辰(임진)	癸巳(계사)	甲午(갑오)	乙未(을미)	丙申(병신)	丁酉(정유)	戊戌(무술)	己亥(기해)	庚子(경자)	辛丑(신축)	壬寅(임인)	癸卯(계묘)	甲辰(갑진)	乙巳(을사)	丙午(병오)	丁未(정미)	戊申(무신)	己酉(기유)	庚戌(경술)	辛亥(신해)	壬子(임자)	癸丑(계축)	甲寅(갑인)	乙卯(을묘)	丙辰(병진)	丁巳(정사)	戊午(무오)	己未(기미)	庚申(경신)
절기시각		巳初																丑正												
대운 순행	1	10	10	10	9	9	9	8	8	8	7	7	7	6	6	6	5	5	5	4	4	4	3	3	3	2	2	2	1	1
대운 역행	10	10	1	1	1	2	2	2	3	3	3	4	4	4	5	5	5	6	6	6	7	7	7	8	8	8	9	9	9	10

南 大將	亥 喪門	未 弔客	東 三殺

7 月 甲 申(갑신) 大

절기			입추																처서											
음력	一	二	三	四	五	六	七	八	九	十	十一	十二	十三	十四	十五	十六	十七	十八	十九	廿	廿一	廿二	廿三	廿四	廿五	廿六	廿七	廿八	廿九	三十
양력 월/일	8/5	6	7	8	9	10	11	12	13	14	15	16	17	18	19	20	21	22	23	24	25	26	27	28	29	30	31	9/1	2	3
일진	辛酉(신유)	壬戌(임술)	癸亥(계해)	甲子(갑자)	乙丑(을축)	丙寅(병인)	丁卯(정묘)	戊辰(무진)	己巳(기사)	庚午(경오)	辛未(신미)	壬申(임신)	癸酉(계유)	甲戌(갑술)	乙亥(을해)	丙子(병자)	丁丑(정축)	戊寅(무인)	己卯(기묘)	庚辰(경진)	辛巳(신사)	壬午(임오)	癸未(계미)	甲申(갑신)	乙酉(을유)	丙戌(병술)	丁亥(정해)	戊子(무자)	己丑(기축)	庚寅(경인)
절기시각			酉正																巳初											
대운 순행	1	1	10	10	10	9	9	9	8	8	8	7	7	7	6	6	6	5	5	5	4	4	4	3	3	3	2	2	2	1
대운 역행	10	10	10	1	1	1	2	2	2	3	3	3	4	4	4	5	5	5	6	6	6	7	7	7	8	8	8	9	9	9

8 月 乙 酉(을유) 小

절기				백로																추분										
음력	一	二	三	四	五	六	七	八	九	十	十一	十二	十三	十四	十五	十六	十七	十八	十九	廿	廿一	廿二	廿三	廿四	廿五	廿六	廿七	廿八	廿九	
양력 월/일	9/4	5	6	7	8	9	10	11	12	13	14	15	16	17	18	19	20	21	22	23	24	25	26	27	28	29	30	10/1	2	
일진	辛卯(신묘)	壬辰(임진)	癸巳(계사)	甲午(갑오)	乙未(을미)	丙申(병신)	丁酉(정유)	戊戌(무술)	己亥(기해)	庚子(경자)	辛丑(신축)	壬寅(임인)	癸卯(계묘)	甲辰(갑진)	乙巳(을사)	丙午(병오)	丁未(정미)	戊申(무신)	己酉(기유)	庚戌(경술)	辛亥(신해)	壬子(임자)	癸丑(계축)	甲寅(갑인)	乙卯(을묘)	丙辰(병진)	丁巳(정사)	戊午(무오)	己未(기미)	
절기시각				亥初																辰初										
대운 순행	1	1	1	10	10	10	9	9	9	8	8	8	7	7	7	6	6	6	5	5	5	4	4	4	3	3	3	2	2	
대운 역행	10	10	10	10	1	1	1	2	2	2	3	3	3	4	4	4	5	5	5	6	6	6	7	7	7	8	8	8	9	

9 月 丙 戌(병술) 大

절기						한로															상강									
음력	一	二	三	四	五	六	七	八	九	十	十一	十二	十三	十四	十五	十六	十七	十八	十九	廿	廿一	廿二	廿三	廿四	廿五	廿六	廿七	廿八	廿九	三十
양력 월/일	10/3	4	5	6	7	8	9	10	11	12	13	14	15	16	17	18	19	20	21	22	23	24	25	26	27	28	29	30	31	11/1
일진	庚申(경신)	辛酉(신유)	壬戌(임술)	癸亥(계해)	甲子(갑자)	乙丑(을축)	丙寅(병인)	丁卯(정묘)	戊辰(무진)	己巳(기사)	庚午(경오)	辛未(신미)	壬申(임신)	癸酉(계유)	甲戌(갑술)	乙亥(을해)	丙子(병자)	丁丑(정축)	戊寅(무인)	己卯(기묘)	庚辰(경진)	辛巳(신사)	壬午(임오)	癸未(계미)	甲申(갑신)	乙酉(을유)	丙戌(병술)	丁亥(정해)	戊子(무자)	己丑(기축)
절기시각						未初															申正									
대운 순행	2	1	1	1	1	10	10	9	9	9	8	8	8	7	7	7	6	6	6	5	5	5	4	4	4	3	3	3	2	2
대운 역행	9	9	10	10	10	10	1	1	1	2	2	2	3	3	3	4	4	4	5	5	5	6	6	6	7	7	7	8	8	8

10 月 丁 亥(정해) 大

절기						입동															소설									
음력	一	二	三	四	五	六	七	八	九	十	十一	十二	十三	十四	十五	十六	十七	十八	十九	廿	廿一	廿二	廿三	廿四	廿五	廿六	廿七	廿八	廿九	三十
양력 월/일	11/2	3	4	5	6	7	8	9	10	11	12	13	14	15	16	17	18	19	20	21	22	23	24	25	26	27	28	29	30	12/1
일진	庚寅(경인)	辛卯(신묘)	壬辰(임진)	癸巳(계사)	甲午(갑오)	乙未(을미)	丙申(병신)	丁酉(정유)	戊戌(무술)	己亥(기해)	庚子(경자)	辛丑(신축)	壬寅(임인)	癸卯(계묘)	甲辰(갑진)	乙巳(을사)	丙午(병오)	丁未(정미)	戊申(무신)	己酉(기유)	庚戌(경술)	辛亥(신해)	壬子(임자)	癸丑(계축)	甲寅(갑인)	乙卯(을묘)	丙辰(병진)	丁巳(정사)	戊午(무오)	己未(기미)
절기시각						申正															未正									
대운 순행	2	1	1	1	1	10	10	9	9	9	8	8	8	7	7	7	6	6	6	5	5	5	4	4	4	3	3	3	2	2
대운 역행	9	9	9	10	10	10	1	1	1	2	2	2	3	3	3	4	4	4	5	5	5	6	6	6	7	7	7	8	8	8

11 月 戊 子(무자) 小

절기						대설															동지									
음력	一	二	三	四	五	六	七	八	九	十	十一	十二	十三	十四	十五	十六	十七	十八	十九	廿	廿一	廿二	廿三	廿四	廿五	廿六	廿七	廿八	廿九	
양력 월/일	12/2	3	4	5	6	7	8	9	10	11	12	13	14	15	16	17	18	19	20	21	22	23	24	25	26	27	28	29	30	
일진	庚申(경신)	辛酉(신유)	壬戌(임술)	癸亥(계해)	甲子(갑자)	乙丑(을축)	丙寅(병인)	丁卯(정묘)	戊辰(무진)	己巳(기사)	庚午(경오)	辛未(신미)	壬申(임신)	癸酉(계유)	甲戌(갑술)	乙亥(을해)	丙子(병자)	丁丑(정축)	戊寅(무인)	己卯(기묘)	庚辰(경진)	辛巳(신사)	壬午(임오)	癸未(계미)	甲申(갑신)	乙酉(을유)	丙戌(병술)	丁亥(정해)	戊子(무자)	
절기시각						巳初															寅初									
대운 순행	2	1	1	1	1	10	9	9	9	8	8	8	7	7	7	6	6	6	5	5	5	4	4	4	3	3	3	2	2	
대운 역행	9	9	9	10	10	10	1	1	1	2	2	2	3	3	3	4	4	4	5	5	5	6	6	6	7	7	7	8	8	

12 月 己 丑(기축) 大

절기						소한															대한									
음력	一	二	三	四	五	六	七	八	九	十	十一	十二	十三	十四	十五	十六	十七	十八	十九	廿	廿一	廿二	廿三	廿四	廿五	廿六	廿七	廿八	廿九	三十
양력 월/일	12/31	1/1	2	3	4	5	6	7	8	9	10	11	12	13	14	15	16	17	18	19	20	21	22	23	24	25	26	27	28	29
일진	己丑(기축)	庚寅(경인)	辛卯(신묘)	壬辰(임진)	癸巳(계사)	甲午(갑오)	乙未(을미)	丙申(병신)	丁酉(정유)	戊戌(무술)	己亥(기해)	庚子(경자)	辛丑(신축)	壬寅(임인)	癸卯(계묘)	甲辰(갑진)	乙巳(을사)	丙午(병오)	丁未(정미)	戊申(무신)	己酉(기유)	庚戌(경술)	辛亥(신해)	壬子(임자)	癸丑(계축)	甲寅(갑인)	乙卯(을묘)	丙辰(병진)	丁巳(정사)	戊午(무오)
절기시각						戌正															未正									
대운 순행	2	1	1	1	1	10	10	9	9	9	8	8	8	7	7	7	6	6	6	5	5	5	4	4	4	3	3	3	2	2
대운 역행	8	9	9	9	10	10	1	1	1	2	2	2	3	3	3	4	4	4	5	5	5	6	6	6	7	7	7	8	8	8

단기 4339 년
불기 2550 년

2006년 丙戌(병술)年

1 月 庚寅(경인) 小

절 기						입춘															우수									
음 력	一	二	三	四	五	六	七	八	九	十	十一	十二	十三	十四	十五	十六	十七	十八	十九	廿	廿一	廿二	廿三	廿四	廿五	廿六	廿七	廿八	廿九	
양 력 월/일	1/30	31	2/1	2	3	4	5	6	7	8	9	10	11	12	13	14	15	16	17	18	19	20	21	22	23	24	25	26	27	
일 진	己未(기미)	庚申(경신)	辛酉(신유)	壬戌(임술)	癸亥(계해)	甲子(갑자)	乙丑(을축)	丙寅(병인)	丁卯(정묘)	戊辰(무진)	己巳(기사)	庚午(경오)	辛未(신미)	壬申(임신)	癸酉(계유)	甲戌(갑술)	乙亥(을해)	丙子(병자)	丁丑(정축)	戊寅(무인)	己卯(기묘)	庚辰(경진)	辛巳(신사)	壬午(임오)	癸未(계미)	甲申(갑신)	乙酉(을유)	丙戌(병술)	丁亥(정해)	
절기시각						辰正															寅正									
대 순 행	2	1	1	1	1	10	10	9	9	9	8	8	8	7	7	7	6	6	6	5	5	5	4	4	4	3	3	3	2	
운 역 행	9	9	9	10	10	10	1	1	1	2	2	2	3	3	3	4	4	4	5	5	5	6	6	6	7	7	7	8	8	

2 月 辛卯(신묘) 小

절 기							경칩															춘분								
음 력	一	二	三	四	五	六	七	八	九	十	十一	十二	十三	十四	十五	十六	十七	十八	十九	廿	廿一	廿二	廿三	廿四	廿五	廿六	廿七	廿八	廿九	
양 력 월/일	2/28	3/1	2	3	4	5	6	7	8	9	10	11	12	13	14	15	16	17	18	19	20	21	22	23	24	25	26	27	28	
일 진	戊子(무자)	己丑(기축)	庚寅(경인)	辛卯(신묘)	壬辰(임진)	癸巳(계사)	甲午(갑오)	乙未(을미)	丙申(병신)	丁酉(정유)	戊戌(무술)	己亥(기해)	庚子(경자)	辛丑(신축)	壬寅(임인)	癸卯(계묘)	甲辰(갑진)	乙巳(을사)	丙午(병오)	丁未(정미)	戊申(무신)	己酉(기유)	庚戌(경술)	辛亥(신해)	壬子(임자)	癸丑(계축)	甲寅(갑인)	乙卯(을묘)	丙辰(병진)	
절기시각							丑正															寅初								
대 순 행	2	2	1	1	1	1	10	10	9	9	9	8	8	8	7	7	7	6	6	6	5	5	5	4	4	4	3	3	3	
운 역 행	8	9	9	9	10	10	10	1	1	1	2	2	2	3	3	3	4	4	4	5	5	5	6	6	6	7	7	7	8	

3 月 壬辰(임진) 大

절 기								청명															곡우							
음 력	一	二	三	四	五	六	七	八	九	十	十一	十二	十三	十四	十五	十六	十七	十八	十九	廿	廿一	廿二	廿三	廿四	廿五	廿六	廿七	廿八	廿九	三十
양 력 월/일	3/29	30	31	4/1	2	3	4	5	6	7	8	9	10	11	12	13	14	15	16	17	18	19	20	21	22	23	24	25	26	27
일 진	丁巳(정사)	戊午(무오)	己未(기미)	庚申(경신)	辛酉(신유)	壬戌(임술)	癸亥(계해)	甲子(갑자)	乙丑(을축)	丙寅(병인)	丁卯(정묘)	戊辰(무진)	己巳(기사)	庚午(경오)	辛未(신미)	壬申(임신)	癸酉(계유)	甲戌(갑술)	乙亥(을해)	丙子(병자)	丁丑(정축)	戊寅(무인)	己卯(기묘)	庚辰(경진)	辛巳(신사)	壬午(임오)	癸未(계미)	甲申(갑신)	乙酉(을유)	丙戌(병술)
절기시각								辰初															未正							
대 순 행	2	2	2	1	1	1	1	10	10	10	9	9	9	8	8	8	7	7	7	6	6	6	5	5	5	4	4	4	3	3
운 역 행	8	8	9	9	9	10	10	10	1	1	1	2	2	2	3	3	3	4	4	4	5	5	5	6	6	6	7	7	7	8

4 月 癸巳(계사) 小

절 기									입하															소만						
음 력	一	二	三	四	五	六	七	八	九	十	十一	十二	十三	十四	十五	十六	十七	十八	十九	廿	廿一	廿二	廿三	廿四	廿五	廿六	廿七	廿八	廿九	
양 력 월/일	4/28	29	30	5/1	2	3	4	5	6	7	8	9	10	11	12	13	14	15	16	17	18	19	20	21	22	23	24	25	26	
일 진	丁亥(정해)	戊子(무자)	己丑(기축)	庚寅(경인)	辛卯(신묘)	壬辰(임진)	癸巳(계사)	甲午(갑오)	乙未(을미)	丙申(병신)	丁酉(정유)	戊戌(무술)	己亥(기해)	庚子(경자)	辛丑(신축)	壬寅(임인)	癸卯(계묘)	甲辰(갑진)	乙巳(을사)	丙午(병오)	丁未(정미)	戊申(무신)	己酉(기유)	庚戌(경술)	辛亥(신해)	壬子(임자)	癸丑(계축)	甲寅(갑인)	乙卯(을묘)	
절기시각									子正															未初						
대 순 행	3	2	2	2	1	1	1	1	10	10	10	9	9	9	8	8	8	7	7	7	6	6	6	5	5	5	4	4	4	
운 역 행	8	8	9	9	9	10	10	10	10	1	1	1	2	2	2	3	3	3	4	4	4	5	5	5	6	6	6	7	7	

5 月 甲午(갑오) 大

절 기											망종															하지				
음 력	一	二	三	四	五	六	七	八	九	十	十一	十二	十三	十四	十五	十六	十七	十八	十九	廿	廿一	廿二	廿三	廿四	廿五	廿六	廿七	廿八	廿九	三十
양 력 월/일	5/27	28	29	30	31	6/1	2	3	4	5	6	7	8	9	10	11	12	13	14	15	16	17	18	19	20	21	22	23	24	25
일 진	丙辰(병진)	丁巳(정사)	戊午(무오)	己未(기미)	庚申(경신)	辛酉(신유)	壬戌(임술)	癸亥(계해)	甲子(갑자)	乙丑(을축)	丙寅(병인)	丁卯(정묘)	戊辰(무진)	己巳(기사)	庚午(경오)	辛未(신미)	壬申(임신)	癸酉(계유)	甲戌(갑술)	乙亥(을해)	丙子(병자)	丁丑(정축)	戊寅(무인)	己卯(기묘)	庚辰(경진)	辛巳(신사)	壬午(임오)	癸未(계미)	甲申(갑신)	乙酉(을유)
절기시각											寅正															亥正				
대 순 행	3	3	3	2	2	2	1	1	1	1	10	10	10	9	9	9	8	8	8	7	7	7	6	6	6	5	5	5	4	4
운 역 행	7	8	8	8	9	9	9	10	10	10	10	1	1	1	2	2	2	3	3	3	4	4	4	5	5	5	6	6	6	7

6 月 乙未(을미) 小

절 기												소서																대서		
음 력	一	二	三	四	五	六	七	八	九	十	十一	十二	十三	十四	十五	十六	十七	十八	十九	廿	廿一	廿二	廿三	廿四	廿五	廿六	廿七	廿八	廿九	
양 력 월/일	6/26	27	28	29	30	7/1	2	3	4	5	6	7	8	9	10	11	12	13	14	15	16	17	18	19	20	21	22	23	24	
일 진	丙戌(병술)	丁亥(정해)	戊子(무자)	己丑(기축)	庚寅(경인)	辛卯(신묘)	壬辰(임진)	癸巳(계사)	甲午(갑오)	乙未(을미)	丙申(병신)	丁酉(정유)	戊戌(무술)	己亥(기해)	庚子(경자)	辛丑(신축)	壬寅(임인)	癸卯(계묘)	甲辰(갑진)	乙巳(을사)	丙午(병오)	丁未(정미)	戊申(무신)	己酉(기유)	庚戌(경술)	辛亥(신해)	壬子(임자)	癸丑(계축)	甲寅(갑인)	
절기시각												未正																辰正		
대 순 행	4	3	3	3	2	2	2	1	1	1	1	10	10	10	10	9	9	9	8	8	8	7	7	7	6	6	6	5	5	
운 역 행	7	7	8	8	8	9	9	9	10	10	10	10	1	1	1	2	2	2	3	3	3	4	4	4	5	5	5	6	6	

南 大將	子 喪門	申 弔客	北 三殺

7 月 丙 申(병신) 大

절기															입추															처서
음력	一	二	三	四	五	六	七	八	九	十	十一	十二	十三	十四	十五	十六	十七	十八	十九	二十	廿一	廿二	廿三	廿四	廿五	廿六	廿七	廿八	廿九	三十
양력 월/일	7/25	26	27	28	29	30	31	8/1	2	3	4	5	6	7	8	9	10	11	12	13	14	15	16	17	18	19	20	21	22	23
일진	乙卯(을묘)	丙辰(병진)	丁巳(정사)	戊午(무오)	己未(기미)	庚申(경신)	辛酉(신유)	壬戌(임술)	癸亥(계해)	甲子(갑자)	乙丑(을축)	丙寅(병인)	丁卯(정묘)	戊辰(무진)	己巳(기사)	庚午(경오)	辛未(신미)	壬申(임신)	癸酉(계유)	甲戌(갑술)	乙亥(을해)	丙子(병자)	丁丑(정축)	戊寅(무인)	己卯(기묘)	庚辰(경진)	辛巳(신사)	壬午(임오)	癸未(계미)	甲申(갑신)
절기시각															子正															申初
대운 순행	5	4	4	4	3	3	3	2	2	2	1	1	1	1	10	10	10	9	9	9	8	8	8	7	7	7	6	6	6	5
대운 역행	6	7	7	7	8	8	8	9	9	9	10	10	10	10	10	1	1	1	2	2	2	3	3	3	4	4	4	5	5	5

閏 7 月 丙 申(병신) 小

절기																백로														
음력	一	二	三	四	五	六	七	八	九	十	十一	十二	十三	十四	十五	十六	十七	十八	十九	二十	廿一	廿二	廿三	廿四	廿五	廿六	廿七	廿八	廿九	
양력 월/일	8/24	25	26	27	28	29	30	31	9/1	2	3	4	5	6	7	8	9	10	11	12	13	14	15	16	17	18	19	20	21	
일진	乙酉(을유)	丙戌(병술)	丁亥(정해)	戊子(무자)	己丑(기축)	庚寅(경인)	辛卯(신묘)	壬辰(임진)	癸巳(계사)	甲午(갑오)	乙未(을미)	丙申(병신)	丁酉(정유)	戊戌(무술)	己亥(기해)	庚子(경자)	辛丑(신축)	壬寅(임인)	癸卯(계묘)	甲辰(갑진)	乙巳(을사)	丙午(병오)	丁未(정미)	戊申(무신)	己酉(기유)	庚戌(경술)	辛亥(신해)	壬子(임자)	癸丑(계축)	
절기시각																寅初														
대운 순행	5	5	4	4	4	3	3	3	2	2	2	1	1	1	1	10	10	9	9	9	8	8	8	7	7	7	6	6	6	
대운 역행	6	6	6	7	7	7	8	8	8	9	9	9	10	10	10	10	1	1	1	2	2	2	3	3	3	4	4	4	5	

8 月 丁 酉(정유) 大

절기		추분															한로													
음력	一	二	三	四	五	六	七	八	九	十	十一	十二	十三	十四	十五	十六	十七	十八	十九	二十	廿一	廿二	廿三	廿四	廿五	廿六	廿七	廿八	廿九	三十
양력 월/일	9/22	23	24	25	26	27	28	29	30	10/1	2	3	4	5	6	7	8	9	10	11	12	13	14	15	16	17	18	19	20	21
일진	甲寅(갑인)	乙卯(을묘)	丙辰(병진)	丁巳(정사)	戊午(무오)	己未(기미)	庚申(경신)	辛酉(신유)	壬戌(임술)	癸亥(계해)	甲子(갑자)	乙丑(을축)	丙寅(병인)	丁卯(정묘)	戊辰(무진)	己巳(기사)	庚午(경오)	辛未(신미)	壬申(임신)	癸酉(계유)	甲戌(갑술)	乙亥(을해)	丙子(병자)	丁丑(정축)	戊寅(무인)	己卯(기묘)	庚辰(경진)	辛巳(신사)	壬午(임오)	癸未(계미)
절기시각		未初															戌初													
대운 순행	5	5	5	4	4	4	3	3	3	2	2	2	1	1	1	1	10	10	9	9	9	8	8	8	7	7	7	6	6	6
대운 역행	5	5	6	6	6	7	7	7	8	8	8	9	9	9	10	10	10	1	1	1	2	2	2	3	3	3	4	4	4	5

9 月 戊 戌(무술) 大

절기		상강															입동													
음력	一	二	三	四	五	六	七	八	九	十	十一	十二	十三	十四	十五	十六	十七	十八	十九	二十	廿一	廿二	廿三	廿四	廿五	廿六	廿七	廿八	廿九	三十
양력 월/일	10/22	23	24	25	26	27	28	29	30	31	11/1	2	3	4	5	6	7	8	9	10	11	12	13	14	15	16	17	18	19	20
일진	甲申(갑신)	乙酉(을유)	丙戌(병술)	丁亥(정해)	戊子(무자)	己丑(기축)	庚寅(경인)	辛卯(신묘)	壬辰(임진)	癸巳(계사)	甲午(갑오)	乙未(을미)	丙申(병신)	丁酉(정유)	戊戌(무술)	己亥(기해)	庚子(경자)	辛丑(신축)	壬寅(임인)	癸卯(계묘)	甲辰(갑진)	乙巳(을사)	丙午(병오)	丁未(정미)	戊申(무신)	己酉(기유)	庚戌(경술)	辛亥(신해)	壬子(임자)	癸丑(계축)
절기시각		亥正															亥正													
대운 순행	5	5	5	4	4	4	3	3	3	2	2	2	1	1	1	1	10	10	9	9	9	8	8	8	7	7	7	6	6	6
대운 역행	5	5	6	6	6	7	7	7	8	8	8	9	9	9	10	10	10	1	1	1	2	2	2	3	3	3	4	4	4	5

10 月 己 亥(기해) 小

절기		소설															대설													
음력	一	二	三	四	五	六	七	八	九	十	十一	十二	十三	十四	十五	十六	十七	十八	十九	二十	廿一	廿二	廿三	廿四	廿五	廿六	廿七	廿八	廿九	
양력 월/일	11/21	22	23	24	25	26	27	28	29	30	12/1	2	3	4	5	6	7	8	9	10	11	12	13	14	15	16	17	18	19	
일진	甲寅(갑인)	乙卯(을묘)	丙辰(병진)	丁巳(정사)	戊午(무오)	己未(기미)	庚申(경신)	辛酉(신유)	壬戌(임술)	癸亥(계해)	甲子(갑자)	乙丑(을축)	丙寅(병인)	丁卯(정묘)	戊辰(무진)	己巳(기사)	庚午(경오)	辛未(신미)	壬申(임신)	癸酉(계유)	甲戌(갑술)	乙亥(을해)	丙子(병자)	丁丑(정축)	戊寅(무인)	己卯(기묘)	庚辰(경진)	辛巳(신사)	壬午(임오)	
절기시각		戌初															申初													
대운 순행	5	5	5	4	4	4	3	3	3	2	2	2	1	1	1	1	10	10	9	9	9	8	8	8	7	7	7	6	6	
대운 역행	5	5	6	6	6	7	7	7	8	8	8	9	9	9	10	10	10	1	1	1	2	2	2	3	3	3	4	4	4	

11 月 庚 子(경자) 大

절기			동지															소한												
음력	一	二	三	四	五	六	七	八	九	十	十一	十二	十三	十四	十五	十六	十七	十八	十九	二十	廿一	廿二	廿三	廿四	廿五	廿六	廿七	廿八	廿九	三十
양력 월/일	12/20	21	22	23	24	25	26	27	28	29	30	31	1/1	2	3	4	5	6	7	8	9	10	11	12	13	14	15	16	17	18
일진	癸未(계미)	甲申(갑신)	乙酉(을유)	丙戌(병술)	丁亥(정해)	戊子(무자)	己丑(기축)	庚寅(경인)	辛卯(신묘)	壬辰(임진)	癸巳(계사)	甲午(갑오)	乙未(을미)	丙申(병신)	丁酉(정유)	戊戌(무술)	己亥(기해)	庚子(경자)	辛丑(신축)	壬寅(임인)	癸卯(계묘)	甲辰(갑진)	乙巳(을사)	丙午(병오)	丁未(정미)	戊申(무신)	己酉(기유)	庚戌(경술)	辛亥(신해)	壬子(임자)
절기시각			巳初															丑正												
대운 순행	6	5	5	5	4	4	4	3	3	3	2	2	2	1	1	1	1	10	9	9	9	8	8	8	7	7	7	6	6	6
대운 역행	5	5	5	6	6	6	7	7	7	8	8	8	9	9	9	10	10	10	1	1	1	2	2	2	3	3	3	4	4	4

12 月 辛 丑(신축) 大

절기		대한															입춘													
음력	一	二	三	四	五	六	七	八	九	十	十一	十二	十三	十四	十五	十六	十七	十八	十九	二十	廿一	廿二	廿三	廿四	廿五	廿六	廿七	廿八	廿九	三十
양력 월/일	1/19	20	21	22	23	24	25	26	27	28	29	30	31	2/1	2	3	4	5	6	7	8	9	10	11	12	13	14	15	16	17
일진	癸丑(계축)	甲寅(갑인)	乙卯(을묘)	丙辰(병진)	丁巳(정사)	戊午(무오)	己未(기미)	庚申(경신)	辛酉(신유)	壬戌(임술)	癸亥(계해)	甲子(갑자)	乙丑(을축)	丙寅(병인)	丁卯(정묘)	戊辰(무진)	己巳(기사)	庚午(경오)	辛未(신미)	壬申(임신)	癸酉(계유)	甲戌(갑술)	乙亥(을해)	丙子(병자)	丁丑(정축)	戊寅(무인)	己卯(기묘)	庚辰(경진)	辛巳(신사)	壬午(임오)
절기시각		戌初															未正													
대운 순행	5	5	5	4	4	4	3	3	3	2	2	2	1	1	1	1	10	10	9	9	9	8	8	8	7	7	7	6	6	6
대운 역행	5	5	5	6	6	6	7	7	7	8	8	8	9	9	9	10	10	1	1	1	2	2	2	3	3	3	4	4	4	5

단기 4340 년
불기 2551 년

2007년 丁亥(정해)年

1 月 壬 寅(임인) 小

절기		우수															경칩												
음력	一	二	三	四	五	六	七	八	九	十	十一	十二	十三	十四	十五	十六	十七	十八	十九	二十	廿一	廿二	廿三	廿四	廿五	廿六	廿七	廿八	廿九
양력 월/일	2/18	19	20	21	22	23	24	25	26	27	28	3/1	2	3	4	5	6	7	8	9	10	11	12	13	14	15	16	17	18
일진	癸未(계미)	甲申(갑신)	乙酉(을유)	丙戌(병술)	丁亥(정해)	戊子(무자)	己丑(기축)	庚寅(경인)	辛卯(신묘)	壬辰(임진)	癸巳(계사)	甲午(갑오)	乙未(을미)	丙申(병신)	丁酉(정유)	戊戌(무술)	己亥(기해)	庚子(경자)	辛丑(신축)	壬寅(임인)	癸卯(계묘)	甲辰(갑진)	乙巳(을사)	丙午(병오)	丁未(정미)	戊申(무신)	己酉(기유)	庚戌(경술)	辛亥(신해)
절기시각		巳初															辰正												
대운 순행	5	5	5	4	4	4	3	3	3	2	2	2	1	1	1	1	10	10	9	9	9	8	8	8	7	7	7	6	6
대운 역행	5	5	6	6	6	7	7	7	8	8	8	9	9	9	10	10	10	1	1	1	2	2	2	3	3	3	4	4	4

2 月 癸 卯(계묘) 小

절기			춘분															청명											
음력	一	二	三	四	五	六	七	八	九	十	十一	十二	十三	十四	十五	十六	十七	十八	十九	二十	廿一	廿二	廿三	廿四	廿五	廿六	廿七	廿八	廿九
양력 월/일	3/19	20	21	22	23	24	25	26	27	28	29	30	31	4/1	2	3	4	5	6	7	8	9	10	11	12	13	14	15	16
일진	壬子(임자)	癸丑(계축)	甲寅(갑인)	乙卯(을묘)	丙辰(병진)	丁巳(정사)	戊午(무오)	己未(기미)	庚申(경신)	辛酉(신유)	壬戌(임술)	癸亥(계해)	甲子(갑자)	乙丑(을축)	丙寅(병인)	丁卯(정묘)	戊辰(무진)	己巳(기사)	庚午(경오)	辛未(신미)	壬申(임신)	癸酉(계유)	甲戌(갑술)	乙亥(을해)	丙子(병자)	丁丑(정축)	戊寅(무인)	己卯(기묘)	庚辰(경진)
절기시각			辰正															午正											
대운 순행	6	5	5	5	4	4	4	3	3	3	2	2	2	1	1	1	1	10	10	10	9	9	9	8	8	8	7	7	7
대운 역행	5	5	5	6	6	6	7	7	7	8	8	8	9	9	9	10	10	10	1	1	1	2	2	2	3	3	3	4	4

3 月 甲 辰(갑진) 大

절기				곡우																입하										
음력	一	二	三	四	五	六	七	八	九	十	十一	十二	十三	十四	十五	十六	十七	十八	十九	二十	廿一	廿二	廿三	廿四	廿五	廿六	廿七	廿八	廿九	三十
양력 월/일	4/17	18	19	20	21	22	23	24	25	26	27	28	29	30	5/1	2	3	4	5	6	7	8	9	10	11	12	13	14	15	16
일진	辛巳(신사)	壬午(임오)	癸未(계미)	甲申(갑신)	乙酉(을유)	丙戌(병술)	丁亥(정해)	戊子(무자)	己丑(기축)	庚寅(경인)	辛卯(신묘)	壬辰(임진)	癸巳(계사)	甲午(갑오)	乙未(을미)	丙申(병신)	丁酉(정유)	戊戌(무술)	己亥(기해)	庚子(경자)	辛丑(신축)	壬寅(임인)	癸卯(계묘)	甲辰(갑진)	乙巳(을사)	丙午(병오)	丁未(정미)	戊申(무신)	己酉(기유)	庚戌(경술)
절기시각				戌初																卯正										
대운 순행	6	6	6	5	5	5	4	4	4	3	3	3	2	2	2	1	1	1	1	10	10	10	9	9	9	8	8	8	7	7
대운 역행	4	5	5	5	6	6	6	7	7	7	8	8	8	9	9	9	10	10	10	10	1	1	1	2	2	2	3	3	3	4

4 月 乙 巳(을사) 小

절기					소만																입하								
음력	一	二	三	四	五	六	七	八	九	十	十一	十二	十三	十四	十五	十六	十七	十八	十九	二十	廿一	廿二	廿三	廿四	廿五	廿六	廿七	廿八	廿九
양력 월/일	5/17	18	19	20	21	22	23	24	25	26	27	28	29	30	31	6/1	2	3	4	5	6	7	8	9	10	11	12	13	14
일진	辛亥(신해)	壬子(임자)	癸丑(계축)	甲寅(갑인)	乙卯(을묘)	丙辰(병진)	丁巳(정사)	戊午(무오)	己未(기미)	庚申(경신)	辛酉(신유)	壬戌(임술)	癸亥(계해)	甲子(갑자)	乙丑(을축)	丙寅(병인)	丁卯(정묘)	戊辰(무진)	己巳(기사)	庚午(경오)	辛未(신미)	壬申(임신)	癸酉(계유)	甲戌(갑술)	乙亥(을해)	丙子(병자)	丁丑(정축)	戊寅(무인)	己卯(기묘)
절기시각					戌初																卯正								
대운 순행	7	6	6	6	5	5	5	4	4	4	3	3	3	2	2	2	1	1	1	1	10	10	10	9	9	9	8	8	8
대운 역행	4	4	5	5	5	6	6	6	7	7	7	8	8	8	9	9	9	10	10	10	10	1	1	1	2	2	2	3	3

5 月 丙 午(병오) 小

절기								하지															소서						
음력	一	二	三	四	五	六	七	八	九	十	十一	十二	十三	十四	十五	十六	十七	十八	十九	二十	廿一	廿二	廿三	廿四	廿五	廿六	廿七	廿八	廿九
양력 월/일	6/15	16	17	18	19	20	21	22	23	24	25	26	27	28	29	30	7/1	2	3	4	5	6	7	8	9	10	11	12	13
일진	庚辰(경진)	辛巳(신사)	壬午(임오)	癸未(계미)	甲申(갑신)	乙酉(을유)	丙戌(병술)	丁亥(정해)	戊子(무자)	己丑(기축)	庚寅(경인)	辛卯(신묘)	壬辰(임진)	癸巳(계사)	甲午(갑오)	乙未(을미)	丙申(병신)	丁酉(정유)	戊戌(무술)	己亥(기해)	庚子(경자)	辛丑(신축)	壬寅(임인)	癸卯(계묘)	甲辰(갑진)	乙巳(을사)	丙午(병오)	丁未(정미)	戊申(무신)
절기시각								寅初															戌正						
대운 순행	7	7	7	6	6	6	5	5	5	4	4	4	3	3	3	2	2	2	1	1	1	1	10	10	10	10	9	9	9
대운 역행	3	4	4	4	5	5	5	6	6	6	7	7	7	8	8	8	9	9	9	10	10	10	10	1	1	1	2	2	2

6 月 丁 未(정미) 大

절기										대서																입추				
음력	一	二	三	四	五	六	七	八	九	十	十一	十二	十三	十四	十五	十六	十七	十八	十九	二十	廿一	廿二	廿三	廿四	廿五	廿六	廿七	廿八	廿九	三十
양력 월/일	7/14	15	16	17	18	19	20	21	22	23	24	25	26	27	28	29	30	31	8/1	2	3	4	5	6	7	8	9	10	11	12
일진	己酉(기유)	庚戌(경술)	辛亥(신해)	壬子(임자)	癸丑(계축)	甲寅(갑인)	乙卯(을묘)	丙辰(병진)	丁巳(정사)	戊午(무오)	己未(기미)	庚申(경신)	辛酉(신유)	壬戌(임술)	癸亥(계해)	甲子(갑자)	乙丑(을축)	丙寅(병인)	丁卯(정묘)	戊辰(무진)	己巳(기사)	庚午(경오)	辛未(신미)	壬申(임신)	癸酉(계유)	甲戌(갑술)	乙亥(을해)	丙子(병자)	丁丑(정축)	戊寅(무인)
절기시각										未正																卯正				
대운 순행	8	8	8	7	7	7	6	6	6	5	5	5	4	4	4	3	3	3	2	2	2	1	1	1	1	10	10	10	9	9
대운 역행	3	3	3	4	4	4	5	5	5	6	6	6	7	7	7	8	8	8	9	9	9	10	10	10	10	10	1	1	1	2

西 大將	丑 喪門	酉 弔客	西 三殺

7　月　戊 申(무신)　小

절기											처서																백로			
음력	一	二	三	四	五	六	七	八	九	十	十一	十二	十三	十四	十五	十六	十七	十八	十九	廿	廿一	廿二	廿三	廿四	廿五	廿六	廿七	廿八	廿九	
양력 월/일	8/13	14	15	16	17	18	19	20	21	22	23	24	25	26	27	28	29	30	31	9/1	2	3	4	5	6	7	8	9	10	
일진	己卯(기묘)	庚辰(경진)	辛巳(신사)	壬午(임오)	癸未(계미)	甲申(갑신)	乙酉(을유)	丙戌(병술)	丁亥(정해)	戊子(무자)	己丑(기축)	庚寅(경인)	辛卯(신묘)	壬辰(임진)	癸巳(계사)	甲午(갑오)	乙未(을미)	丙申(병신)	丁酉(정유)	戊戌(무술)	己亥(기해)	庚子(경자)	辛丑(신축)	壬寅(임인)	癸卯(계묘)	甲辰(갑진)	乙巳(을사)	丙午(병오)	丁未(정미)	
절기시각											亥正																巳初			
대운 순행	9	8	8	8	7	7	7	6	6	6	5	5	5	4	4	4	3	3	3	2	2	2	1	1	1	1	10	10	10	
대운 역행	2	2	3	3	3	4	4	4	5	5	5	6	6	6	7	7	7	8	8	8	9	9	9	10	10	10	10	1	1	

8　月　己 酉(기유)　大

절기													추분																한로	
음력	一	二	三	四	五	六	七	八	九	十	十一	十二	十三	十四	十五	十六	十七	十八	十九	廿	廿一	廿二	廿三	廿四	廿五	廿六	廿七	廿八	廿九	三十
양력 월/일	9/11	12	13	14	15	16	17	18	19	20	21	22	23	24	25	26	27	28	29	30	10/1	2	3	4	5	6	7	8	9	10
일진	戊申(무신)	己酉(기유)	庚戌(경술)	辛亥(신해)	壬子(임자)	癸丑(계축)	甲寅(갑인)	乙卯(을묘)	丙辰(병진)	丁巳(정사)	戊午(무오)	己未(기미)	庚申(경신)	辛酉(신유)	壬戌(임술)	癸亥(계해)	甲子(갑자)	乙丑(을축)	丙寅(병인)	丁卯(정묘)	戊辰(무진)	己巳(기사)	庚午(경오)	辛未(신미)	壬申(임신)	癸酉(계유)	甲戌(갑술)	乙亥(을해)	丙子(병자)	丁丑(정축)
절기시각													酉正																丑初	
대운 순행	9	9	9	8	8	8	7	7	7	6	6	6	5	5	5	4	4	4	3	3	3	2	2	2	1	1	1	1	10	10
대운 역행	1	2	2	2	3	3	3	4	4	4	5	5	5	6	6	6	7	7	7	8	8	8	9	9	9	10	10	10	10	1

9　月　庚 戌(경술)　大

절기														상강															입동	
음력	一	二	三	四	五	六	七	八	九	十	十一	十二	十三	十四	十五	十六	十七	十八	十九	廿	廿一	廿二	廿三	廿四	廿五	廿六	廿七	廿八	廿九	三十
양력 월/일	10/11	12	13	14	15	16	17	18	19	20	21	22	23	24	25	26	27	28	29	30	31	11/1	2	3	4	5	6	7	8	9
일진	戊寅(무인)	己卯(기묘)	庚辰(경진)	辛巳(신사)	壬午(임오)	癸未(계미)	甲申(갑신)	乙酉(을유)	丙戌(병술)	丁亥(정해)	戊子(무자)	己丑(기축)	庚寅(경인)	辛卯(신묘)	壬辰(임진)	癸巳(계사)	甲午(갑오)	乙未(을미)	丙申(병신)	丁酉(정유)	戊戌(무술)	己亥(기해)	庚子(경자)	辛丑(신축)	壬寅(임인)	癸卯(계묘)	甲辰(갑진)	乙巳(을사)	丙午(병오)	丁未(정미)
절기시각														寅正															寅正	
대운 순행	9	9	9	8	8	8	7	7	7	6	6	6	5	5	5	4	4	4	3	3	3	2	2	2	1	1	1	1	10	9
대운 역행	1	1	2	2	2	3	3	3	4	4	4	5	5	5	6	6	6	7	7	7	8	8	8	9	9	9	10	10	10	1

10　月　辛 亥(신해)　大

절기														소설														대설		
음력	一	二	三	四	五	六	七	八	九	十	十一	十二	十三	十四	十五	十六	十七	十八	十九	廿	廿一	廿二	廿三	廿四	廿五	廿六	廿七	廿八	廿九	三十
양력 월/일	11/10	11	12	13	14	15	16	17	18	19	20	21	22	23	24	25	26	27	28	29	30	12/1	2	3	4	5	6	7	8	9
일진	戊申(무신)	己酉(기유)	庚戌(경술)	辛亥(신해)	壬子(임자)	癸丑(계축)	甲寅(갑인)	乙卯(을묘)	丙辰(병진)	丁巳(정사)	戊午(무오)	己未(기미)	庚申(경신)	辛酉(신유)	壬戌(임술)	癸亥(계해)	甲子(갑자)	乙丑(을축)	丙寅(병인)	丁卯(정묘)	戊辰(무진)	己巳(기사)	庚午(경오)	辛未(신미)	壬申(임신)	癸酉(계유)	甲戌(갑술)	乙亥(을해)	丙子(병자)	丁丑(정축)
절기시각														丑正														亥初		
대운 순행	9	9	8	8	8	7	7	7	6	6	6	5	5	5	4	4	4	3	3	3	2	2	2	1	1	1	1	10	10	9
대운 역행	1	1	2	2	2	3	3	3	4	4	4	5	5	5	6	6	6	7	7	7	8	8	8	9	9	9	10	10	1	1

11　月　壬 子(임자)　小

절기													동지															소한		
음력	一	二	三	四	五	六	七	八	九	十	十一	十二	十三	十四	十五	十六	十七	十八	十九	廿	廿一	廿二	廿三	廿四	廿五	廿六	廿七	廿八	廿九	
양력 월/일	12/10	11	12	13	14	15	16	17	18	19	20	21	22	23	24	25	26	27	28	29	30	31	1/1	2	3	4	5	6	7	
일진	戊寅(무인)	己卯(기묘)	庚辰(경진)	辛巳(신사)	壬午(임오)	癸未(계미)	甲申(갑신)	乙酉(을유)	丙戌(병술)	丁亥(정해)	戊子(무자)	己丑(기축)	庚寅(경인)	辛卯(신묘)	壬辰(임진)	癸巳(계사)	甲午(갑오)	乙未(을미)	丙申(병신)	丁酉(정유)	戊戌(무술)	己亥(기해)	庚子(경자)	辛丑(신축)	壬寅(임인)	癸卯(계묘)	甲辰(갑진)	乙巳(을사)	丙午(병오)	
절기시각													申初															辰正		
대운 순행	9	9	8	8	8	7	7	7	6	6	6	5	5	5	4	4	4	3	3	3	2	2	2	1	1	1	1	10	9	
대운 역행	1	2	2	2	3	3	3	4	4	4	5	5	5	6	6	6	7	7	7	8	8	8	9	9	9	10	10	10	1	

12　月　癸 丑(계축)　大

절기														대한														입춘		
음력	一	二	三	四	五	六	七	八	九	十	十一	十二	十三	十四	十五	十六	十七	十八	十九	廿	廿一	廿二	廿三	廿四	廿五	廿六	廿七	廿八	廿九	三十
양력 월/일	1/8	9	10	11	12	13	14	15	16	17	18	19	20	21	22	23	24	25	26	27	28	29	30	31	2/1	2	3	4	5	6
일진	丁未(정미)	戊申(무신)	己酉(기유)	庚戌(경술)	辛亥(신해)	壬子(임자)	癸丑(계축)	甲寅(갑인)	乙卯(을묘)	丙辰(병진)	丁巳(정사)	戊午(무오)	己未(기미)	庚申(경신)	辛酉(신유)	壬戌(임술)	癸亥(계해)	甲子(갑자)	乙丑(을축)	丙寅(병인)	丁卯(정묘)	戊辰(무진)	己巳(기사)	庚午(경오)	辛未(신미)	壬申(임신)	癸酉(계유)	甲戌(갑술)	乙亥(을해)	丙子(병자)
절기시각														丑初														戌初		
대운 순행	9	9	8	8	8	7	7	7	6	6	6	5	5	5	4	4	4	3	3	3	2	2	2	1	1	1	1	10	10	9
대운 역행	1	1	2	2	2	3	3	3	4	4	4	5	5	5	6	6	6	7	7	7	8	8	8	9	9	9	10	10	1	1

단기 4341 년
불기 2552 년

2008년 戊子(무자)年

1 月 甲 寅(갑인) 大

절기												입춘																경칩		
음력	一	二	三	四	五	六	七	八	九	十	十一	十二	十三	十四	十五	十六	十七	十八	十九	廿	廿一	廿二	廿三	廿四	廿五	廿六	廿七	廿八	廿九	三十
양력 월/일	2/7	8	9	10	11	12	13	14	15	16	17	18	19	20	21	22	23	24	25	26	27	28	29	3/1	2	3	4	5	6	7
일진	丁丑(정축)	戊寅(무인)	己卯(기묘)	庚辰(경진)	辛巳(신사)	壬午(임오)	癸未(계미)	甲申(갑신)	乙酉(을유)	丙戌(병술)	丁亥(정해)	戊子(무자)	己丑(기축)	庚寅(경인)	辛卯(신묘)	壬辰(임진)	癸巳(계사)	甲午(갑오)	乙未(을미)	丙申(병신)	丁酉(정유)	戊戌(무술)	己亥(기해)	庚子(경자)	辛丑(신축)	壬寅(임인)	癸卯(계묘)	甲辰(갑진)	乙巳(을사)	丙午(병오)
절기시각												申初																未初		
대운 순행	9	9	8	8	8	7	7	7	6	6	6	5	5	5	4	4	4	3	3	3	2	2	2	1	1	1	1	10	10	9
대운 역행	1	2	2	2	3	3	3	4	4	4	5	5	5	6	6	6	7	7	7	8	8	8	9	9	9	10	10	10	1	1

2 月 乙 卯(을묘) 小

절기													춘분															청명	
음력	一	二	三	四	五	六	七	八	九	十	十一	十二	十三	十四	十五	十六	十七	十八	十九	廿	廿一	廿二	廿三	廿四	廿五	廿六	廿七	廿八	廿九
양력 월/일	3/8	9	10	11	12	13	14	15	16	17	18	19	20	21	22	23	24	25	26	27	28	29	30	31	4/1	2	3	4	5
일진	丁未(정미)	戊申(무신)	己酉(기유)	庚戌(경술)	辛亥(신해)	壬子(임자)	癸丑(계축)	甲寅(갑인)	乙卯(을묘)	丙辰(병진)	丁巳(정사)	戊午(무오)	己未(기미)	庚申(경신)	辛酉(신유)	壬戌(임술)	癸亥(계해)	甲子(갑자)	乙丑(을축)	丙寅(병인)	丁卯(정묘)	戊辰(무진)	己巳(기사)	庚午(경오)	辛未(신미)	壬申(임신)	癸酉(계유)	甲戌(갑술)	乙亥(을해)
절기시각													未正															酉正	
대운 순행	9	9	8	8	8	7	7	7	6	6	6	5	5	5	4	4	4	3	3	3	2	2	2	1	1	1	1	10	10
대운 역행	1	2	2	2	3	3	3	4	4	4	5	5	5	6	6	6	7	7	7	8	8	8	9	9	9	10	10	10	1

3 月 丙 辰(병진) 小

절기															곡우														
음력	一	二	三	四	五	六	七	八	九	十	十一	十二	十三	十四	十五	十六	十七	十八	十九	廿	廿一	廿二	廿三	廿四	廿五	廿六	廿七	廿八	廿九
양력 월/일	4/6	7	8	9	10	11	12	13	14	15	16	17	18	19	20	21	22	23	24	25	26	27	28	29	30	31	5/1	2	3
일진	丙子(병자)	丁丑(정축)	戊寅(무인)	己卯(기묘)	庚辰(경진)	辛巳(신사)	壬午(임오)	癸未(계미)	甲申(갑신)	乙酉(을유)	丙戌(병술)	丁亥(정해)	戊子(무자)	己丑(기축)	庚寅(경인)	辛卯(신묘)	壬辰(임진)	癸巳(계사)	甲午(갑오)	乙未(을미)	丙申(병신)	丁酉(정유)	戊戌(무술)	己亥(기해)	庚子(경자)	辛丑(신축)	壬寅(임인)	癸卯(계묘)	甲辰(갑진)
절기시각															丑初														
대운 순행	10	9	9	9	8	8	8	7	7	7	6	6	6	5	5	5	4	4	4	3	3	3	2	2	2	1	1	1	1
대운 역행	1	1	2	2	2	3	3	3	4	4	4	5	5	5	6	6	6	7	7	7	8	8	8	9	9	9	10	10	10

4 月 丁 巳(정사) 大

절기	입하																소만													
음력	一	二	三	四	五	六	七	八	九	十	十一	十二	十三	十四	十五	十六	十七	十八	十九	廿	廿一	廿二	廿三	廿四	廿五	廿六	廿七	廿八	廿九	三十
양력 월/일	5/5	6	7	8	9	10	11	12	13	14	15	16	17	18	19	20	21	22	23	24	25	26	27	28	29	30	31	6/1	2	3
일진	乙巳(을사)	丙午(병오)	丁未(정미)	戊申(무신)	己酉(기유)	庚戌(경술)	辛亥(신해)	壬子(임자)	癸丑(계축)	甲寅(갑인)	乙卯(을묘)	丙辰(병진)	丁巳(정사)	戊午(무오)	己未(기미)	庚申(경신)	辛酉(신유)	壬戌(임술)	癸亥(계해)	甲子(갑자)	乙丑(을축)	丙寅(병인)	丁卯(정묘)	戊辰(무진)	己巳(기사)	庚午(경오)	辛未(신미)	壬申(임신)	癸酉(계유)	甲戌(갑술)
절기시각	午正																子正													
대운 순행	10	10	10	9	9	9	8	8	8	7	7	7	6	6	6	5	5	5	4	4	4	3	3	3	2	2	2	1	1	1
대운 역행	10	1	1	1	2	2	2	3	3	3	4	4	4	5	5	5	6	6	6	7	7	7	8	8	8	9	9	9	10	10

5 月 戊 午(무오) 小

절기		망종																하지											
음력	一	二	三	四	五	六	七	八	九	十	十一	十二	十三	十四	十五	十六	十七	十八	十九	廿	廿一	廿二	廿三	廿四	廿五	廿六	廿七	廿八	廿九
양력 월/일	6/4	5	6	7	8	9	10	11	12	13	14	15	16	17	18	19	20	21	22	23	24	25	26	27	28	29	30	7/1	2
일진	乙亥(을해)	丙子(병자)	丁丑(정축)	戊寅(무인)	己卯(기묘)	庚辰(경진)	辛巳(신사)	壬午(임오)	癸未(계미)	甲申(갑신)	乙酉(을유)	丙戌(병술)	丁亥(정해)	戊子(무자)	己丑(기축)	庚寅(경인)	辛卯(신묘)	壬辰(임진)	癸巳(계사)	甲午(갑오)	乙未(을미)	丙申(병신)	丁酉(정유)	戊戌(무술)	己亥(기해)	庚子(경자)	辛丑(신축)	壬寅(임인)	癸卯(계묘)
절기시각		申正																辰正											
대운 순행	1	10	10	10	10	9	9	9	8	8	8	7	7	7	6	6	6	5	5	5	4	4	4	3	3	3	2	2	2
대운 역행	10	10	1	1	1	2	2	2	3	3	3	4	4	4	5	5	5	6	6	6	7	7	7	8	8	8	9	9	9

6 月 己 未(기미) 小

절기					소서															대서									
음력	一	二	三	四	五	六	七	八	九	十	十一	十二	十三	十四	十五	十六	十七	十八	十九	廿	廿一	廿二	廿三	廿四	廿五	廿六	廿七	廿八	廿九
양력 월/일	7/3	4	5	6	7	8	9	10	11	12	13	14	15	16	17	18	19	20	21	22	23	24	25	26	27	28	29	30	31
일진	甲辰(갑진)	乙巳(을사)	丙午(병오)	丁未(정미)	戊申(무신)	己酉(기유)	庚戌(경술)	辛亥(신해)	壬子(임자)	癸丑(계축)	甲寅(갑인)	乙卯(을묘)	丙辰(병진)	丁巳(정사)	戊午(무오)	己未(기미)	庚申(경신)	辛酉(신유)	壬戌(임술)	癸亥(계해)	甲子(갑자)	乙丑(을축)	丙寅(병인)	丁卯(정묘)	戊辰(무진)	己巳(기사)	庚午(경오)	辛未(신미)	壬申(임신)
절기시각					丑正															戌初									
대운 순행	1	1	1	1	10	10	10	9	9	9	8	8	8	7	7	7	6	6	6	5	5	5	4	4	4	3	3	3	2
대운 역행	10	10	10	10	10	1	1	1	2	2	2	3	3	3	4	4	4	5	5	5	6	6	6	7	7	7	8	8	8

西 大將	寅 喪門	戌 弔客	南 三殺

7 月 庚 申(경신) 大

절기							입추																처서							
음력	一	二	三	四	五	六	七	八	九	十	十一	十二	十三	十四	十五	十六	十七	十八	十九	二十	廿一	廿二	廿三	廿四	廿五	廿六	廿七	廿八	廿九	三十
양력 월/일	8/1	2	3	4	5	6	7	8	9	10	11	12	13	14	15	16	17	18	19	20	21	22	23	24	25	26	27	28	29	30
일진	癸酉(계유)	甲戌(갑술)	乙亥(을해)	丙子(병자)	丁丑(정축)	戊寅(무인)	己卯(기묘)	庚辰(경진)	辛巳(신사)	壬午(임오)	癸未(계미)	甲申(갑신)	乙酉(을유)	丙戌(병술)	丁亥(정해)	戊子(무자)	己丑(기축)	庚寅(경인)	辛卯(신묘)	壬辰(임진)	癸巳(계사)	甲午(갑오)	乙未(을미)	丙申(병신)	丁酉(정유)	戊戌(무술)	己亥(기해)	庚子(경자)	辛丑(신축)	壬寅(임인)
절기시각							午正																丑正							
대순행	2	2	1	1	1	1	10	10	10	9	9	9	8	8	8	7	7	7	6	6	6	5	5	5	4	4	4	3	3	3
운역행	9	9	9	10	10	10	10	1	1	1	2	2	2	3	3	3	4	4	4	5	5	5	6	6	6	7	7	7	8	8

8 月 辛 酉(신유) 小

절기								백로																추분					
음력	一	二	三	四	五	六	七	八	九	十	十一	十二	十三	十四	十五	十六	十七	十八	十九	二十	廿一	廿二	廿三	廿四	廿五	廿六	廿七	廿八	廿九
양력 월/일	8/31	9/1	2	3	4	5	6	7	8	9	10	11	12	13	14	15	16	17	18	19	20	21	22	23	24	25	26	27	28
일진	癸卯(계묘)	甲辰(갑진)	乙巳(을사)	丙午(병오)	丁未(정미)	戊申(무신)	己酉(기유)	庚戌(경술)	辛亥(신해)	壬子(임자)	癸丑(계축)	甲寅(갑인)	乙卯(을묘)	丙辰(병진)	丁巳(정사)	戊午(무오)	己未(기미)	庚申(경신)	辛酉(신유)	壬戌(임술)	癸亥(계해)	甲子(갑자)	乙丑(을축)	丙寅(병인)	丁卯(정묘)	戊辰(무진)	己巳(기사)	庚午(경오)	辛未(신미)
절기시각								戌正																子正					
대순행	2	2	2	1	1	1	1	10	10	10	9	9	9	8	8	8	7	7	7	6	6	6	5	5	5	4	4	4	3
운역행	8	9	9	9	10	10	10	10	1	1	1	2	2	2	3	3	3	4	4	4	5	5	5	6	6	6	7	7	7

9 月 壬 戌(임술) 大

절기										한로															추분					
음력	一	二	三	四	五	六	七	八	九	十	十一	十二	十三	十四	十五	十六	十七	十八	十九	二十	廿一	廿二	廿三	廿四	廿五	廿六	廿七	廿八	廿九	三十
양력 월/일	9/29	30	10/1	2	3	4	5	6	7	8	9	10	11	12	13	14	15	16	17	18	19	20	21	22	23	24	25	26	27	28
일진	壬申(임신)	癸酉(계유)	甲戌(갑술)	乙亥(을해)	丙子(병자)	丁丑(정축)	戊寅(무인)	己卯(기묘)	庚辰(경진)	辛巳(신사)	壬午(임오)	癸未(계미)	甲申(갑신)	乙酉(을유)	丙戌(병술)	丁亥(정해)	戊子(무자)	己丑(기축)	庚寅(경인)	辛卯(신묘)	壬辰(임진)	癸巳(계사)	甲午(갑오)	乙未(을미)	丙申(병신)	丁酉(정유)	戊戌(무술)	己亥(기해)	庚子(경자)	辛丑(신축)
절기시각										卯正															子正					
대순행	3	3	2	2	2	1	1	1	1	10	10	9	9	9	8	8	8	7	7	7	6	6	6	5	5	5	4	4	4	3
운역행	8	8	8	9	9	9	10	10	10	10	1	1	1	2	2	2	3	3	3	4	4	4	5	5	5	6	6	6	7	7

10 月 癸 亥(계해) 大

절기											입동															소설				
음력	一	二	三	四	五	六	七	八	九	十	十一	十二	十三	十四	十五	十六	十七	十八	十九	二十	廿一	廿二	廿三	廿四	廿五	廿六	廿七	廿八	廿九	三十
양력 월/일	10/29	30	31	11/1	2	3	4	5	6	7	8	9	10	11	12	13	14	15	16	17	18	19	20	21	22	23	24	25	26	27
일진	壬寅(임인)	癸卯(계묘)	甲辰(갑진)	乙巳(을사)	丙午(병오)	丁未(정미)	戊申(무신)	己酉(기유)	庚戌(경술)	辛亥(신해)	壬子(임자)	癸丑(계축)	甲寅(갑인)	乙卯(을묘)	丙辰(병진)	丁巳(정사)	戊午(무오)	己未(기미)	庚申(경신)	辛酉(신유)	壬戌(임술)	癸亥(계해)	甲子(갑자)	乙丑(을축)	丙寅(병인)	丁卯(정묘)	戊辰(무진)	己巳(기사)	庚午(경오)	辛未(신미)
절기시각											巳正															辰初				
대순행	3	3	2	2	2	1	1	1	1	10	10	9	9	9	8	8	8	7	7	7	6	6	6	5	5	5	4	4	4	3
운역행	7	8	8	8	9	9	9	10	10	10	1	1	1	2	2	2	3	3	3	4	4	4	5	5	5	6	6	6	7	7

11 月 甲 子(갑자) 小

절기										대설														동지					
음력	一	二	三	四	五	六	七	八	九	十	十一	十二	十三	十四	十五	十六	十七	十八	十九	二十	廿一	廿二	廿三	廿四	廿五	廿六	廿七	廿八	廿九
양력 월/일	11/28	29	30	12/1	2	3	4	5	6	7	8	9	10	11	12	13	14	15	16	17	18	19	20	21	22	23	24	25	26
일진	壬申(임신)	癸酉(계유)	甲戌(갑술)	乙亥(을해)	丙子(병자)	丁丑(정축)	戊寅(무인)	己卯(기묘)	庚辰(경진)	辛巳(신사)	壬午(임오)	癸未(계미)	甲申(갑신)	乙酉(을유)	丙戌(병술)	丁亥(정해)	戊子(무자)	己丑(기축)	庚寅(경인)	辛卯(신묘)	壬辰(임진)	癸巳(계사)	甲午(갑오)	乙未(을미)	丙申(병신)	丁酉(정유)	戊戌(무술)	己亥(기해)	庚子(경자)
절기시각										寅初														戌正					
대순행	3	3	2	2	2	1	1	1	1	10	9	9	9	8	8	8	7	7	7	6	6	6	5	5	5	4	4	4	3
운역행	7	8	8	8	9	9	9	10	10	10	1	1	1	2	2	2	3	3	3	4	4	4	5	5	5	6	6	6	7

12 月 乙 丑(을축) 大

절기										소한															대한					
음력	一	二	三	四	五	六	七	八	九	十	十一	十二	十三	十四	十五	十六	十七	十八	十九	二十	廿一	廿二	廿三	廿四	廿五	廿六	廿七	廿八	廿九	三十
양력 월/일	12/27	28	29	30	31	1/1	2	3	4	5	6	7	8	9	10	11	12	13	14	15	16	17	18	19	20	21	22	23	24	25
일진	辛丑(신축)	壬寅(임인)	癸卯(계묘)	甲辰(갑진)	乙巳(을사)	丙午(병오)	丁未(정미)	戊申(무신)	己酉(기유)	庚戌(경술)	辛亥(신해)	壬子(임자)	癸丑(계축)	甲寅(갑인)	乙卯(을묘)	丙辰(병진)	丁巳(정사)	戊午(무오)	己未(기미)	庚申(경신)	辛酉(신유)	壬戌(임술)	癸亥(계해)	甲子(갑자)	乙丑(을축)	丙寅(병인)	丁卯(정묘)	戊辰(무진)	己巳(기사)	庚午(경오)
절기시각										未正															辰初					
대순행	3	3	2	2	2	1	1	1	1	10	10	9	9	9	8	8	8	7	7	7	6	6	6	5	5	5	4	4	4	3
운역행	7	7	8	8	8	9	9	9	10	10	1	1	1	2	2	2	3	3	3	4	4	4	5	5	5	6	6	6	7	7

단기 4342 년
불기 2553 년

2009년 己丑(기축)年

1 月 丙 寅(병인) 大

절기										입춘														우수						
음력	一	二	三	四	五	六	七	八	九	十	十一	十二	十三	十四	十五	十六	十七	十八	十九	廿	廿一	廿二	廿三	廿四	廿五	廿六	廿七	廿八	廿九	三十
양력 월/일	1/26	27	28	29	30	31	2/1	2	3	4	5	6	7	8	9	10	11	12	13	14	15	16	17	18	19	20	21	22	23	24
일진	辛未(신미)	壬申(임신)	癸酉(계유)	甲戌(갑술)	乙亥(을해)	丙子(병자)	丁丑(정축)	戊寅(무인)	己卯(기묘)	庚辰(경진)	辛巳(신사)	壬午(임오)	癸未(계미)	甲申(갑신)	乙酉(을유)	丙戌(병술)	丁亥(정해)	戊子(무자)	己丑(기축)	庚寅(경인)	辛卯(신묘)	壬辰(임진)	癸巳(계사)	甲午(갑오)	乙未(을미)	丙申(병신)	丁酉(정유)	戊戌(무술)	己亥(기해)	庚子(경자)
절기시각										丑初														海初						
대운 순행	3	3	2	2	2	1	1	1	1	10	9	9	9	8	8	8	7	7	7	6	6	6	5	5	5	4	4	4	3	3
대운 역행	7	8	8	8	9	9	9	10	10	10	1	1	1	2	2	2	3	3	3	4	4	4	5	5	5	6	6	6	7	7

2 月 丁 卯(정묘) 大

절기									경칩															춘분						
음력	一	二	三	四	五	六	七	八	九	十	十一	十二	十三	十四	十五	十六	十七	十八	十九	廿	廿一	廿二	廿三	廿四	廿五	廿六	廿七	廿八	廿九	三十
양력 월/일	2/25	26	27	28	3/1	2	3	4	5	6	7	8	9	10	11	12	13	14	15	16	17	18	19	20	21	22	23	24	25	26
일진	辛丑(신축)	壬寅(임인)	癸卯(계묘)	甲辰(갑진)	乙巳(을사)	丙午(병오)	丁未(정미)	戊申(무신)	己酉(기유)	庚戌(경술)	辛亥(신해)	壬子(임자)	癸丑(계축)	甲寅(갑인)	乙卯(을묘)	丙辰(병진)	丁巳(정사)	戊午(무오)	己未(기미)	庚申(경신)	辛酉(신유)	壬戌(임술)	癸亥(계해)	甲子(갑자)	乙丑(을축)	丙寅(병인)	丁卯(정묘)	戊辰(무진)	己巳(기사)	庚午(경오)
절기시각									戌初															戌正						
대운 순행	3	2	2	2	1	1	1	1	10	10	10	9	9	9	8	8	8	7	7	7	6	6	6	5	5	5	4	4	4	3
대운 역행	7	8	8	8	9	9	9	10	10	1	1	1	2	2	2	3	3	3	4	4	4	5	5	5	6	6	6	7	7	7

3 月 戊 辰(무진) 小

절기										청명															곡우					
음력	一	二	三	四	五	六	七	八	九	十	十一	十二	十三	十四	十五	十六	十七	十八	十九	廿	廿一	廿二	廿三	廿四	廿五	廿六	廿七	廿八	廿九	
양력 월/일	3/27	28	29	30	31	4/1	2	3	4	5	6	7	8	9	10	11	12	13	14	15	16	17	18	19	20	21	22	23	24	
일진	辛未(신미)	壬申(임신)	癸酉(계유)	甲戌(갑술)	乙亥(을해)	丙子(병자)	丁丑(정축)	戊寅(무인)	己卯(기묘)	庚辰(경진)	辛巳(신사)	壬午(임오)	癸未(계미)	甲申(갑신)	乙酉(을유)	丙戌(병술)	丁亥(정해)	戊子(무자)	己丑(기축)	庚寅(경인)	辛卯(신묘)	壬辰(임진)	癸巳(계사)	甲午(갑오)	乙未(을미)	丙申(병신)	丁酉(정유)	戊戌(무술)	己亥(기해)	
절기시각										子正															辰初					
대운 순행	3	3	2	2	2	1	1	1	1	10	10	9	9	9	8	8	8	7	7	7	6	6	6	5	5	5	4	4	4	
대운 역행	8	8	8	9	9	9	10	10	10	10	1	1	1	2	2	2	3	3	3	4	4	4	5	5	5	6	6	6	7	

4 月 己 巳(기사) 小

절기											입하																소만			
음력	一	二	三	四	五	六	七	八	九	十	十一	十二	十三	十四	十五	十六	十七	十八	十九	廿	廿一	廿二	廿三	廿四	廿五	廿六	廿七	廿八	廿九	
양력 월/일	4/25	26	27	28	29	30	5/1	2	3	4	5	6	7	8	9	10	11	12	13	14	15	16	17	18	19	20	21	22	23	
일진	庚子(경자)	辛丑(신축)	壬寅(임인)	癸卯(계묘)	甲辰(갑진)	乙巳(을사)	丙午(병오)	丁未(정미)	戊申(무신)	己酉(기유)	庚戌(경술)	辛亥(신해)	壬子(임자)	癸丑(계축)	甲寅(갑인)	乙卯(을묘)	丙辰(병진)	丁巳(정사)	戊午(무오)	己未(기미)	庚申(경신)	辛酉(신유)	壬戌(임술)	癸亥(계해)	甲子(갑자)	乙丑(을축)	丙寅(병인)	丁卯(정묘)	戊辰(무진)	
절기시각											子正																卯正			
대운 순행	3	3	3	2	2	2	1	1	1	1	10	10	10	9	9	9	8	8	8	7	7	7	6	6	6	5	5	5	4	
대운 역행	7	7	8	8	8	9	9	9	10	10	10	1	1	1	2	2	2	3	3	3	4	4	4	5	5	5	6	6	6	

5 月 庚 午(경오) 大

절기													망종																	하지
음력	一	二	三	四	五	六	七	八	九	十	十一	十二	十三	十四	十五	十六	十七	十八	十九	廿	廿一	廿二	廿三	廿四	廿五	廿六	廿七	廿八	廿九	三十
양력 월/일	5/24	25	26	27	28	29	30	31	6/1	2	3	4	5	6	7	8	9	10	11	12	13	14	15	16	17	18	19	20	21	22
일진	己巳(기사)	庚午(경오)	辛未(신미)	壬申(임신)	癸酉(계유)	甲戌(갑술)	乙亥(을해)	丙子(병자)	丁丑(정축)	戊寅(무인)	己卯(기묘)	庚辰(경진)	辛巳(신사)	壬午(임오)	癸未(계미)	甲申(갑신)	乙酉(을유)	丙戌(병술)	丁亥(정해)	戊子(무자)	己丑(기축)	庚寅(경인)	辛卯(신묘)	壬辰(임진)	癸巳(계사)	甲午(갑오)	乙未(을미)	丙申(병신)	丁酉(정유)	戊戌(무술)
절기시각													亥初												亥正					未正
대운 순행	4	4	3	3	3	2	2	2	1	1	1	1	10	10	10	10	9	9	9	8	8	8	7	7	7	6	6	6	5	5
대운 역행	7	7	7	8	8	8	9	9	9	10	10	10	10	1	1	1	2	2	2	3	3	3	4	4	4	5	5	5	6	6

閏 5 月 庚 午(경오) 小

절기															소서															
음력	一	二	三	四	五	六	七	八	九	十	十一	十二	十三	十四	十五	十六	十七	十八	十九	廿	廿一	廿二	廿三	廿四	廿五	廿六	廿七	廿八	廿九	
양력 월/일	6/23	24	25	26	27	28	29	30	7/1	2	3	4	5	6	7	8	9	10	11	12	13	14	15	16	17	18	19	20	21	
일진	己亥(기해)	庚子(경자)	辛丑(신축)	壬寅(임인)	癸卯(계묘)	甲辰(갑진)	乙巳(을사)	丙午(병오)	丁未(정미)	戊申(무신)	己酉(기유)	庚戌(경술)	辛亥(신해)	壬子(임자)	癸丑(계축)	甲寅(갑인)	乙卯(을묘)	丙辰(병진)	丁巳(정사)	戊午(무오)	己未(기미)	庚申(경신)	辛酉(신유)	壬戌(임술)	癸亥(계해)	甲子(갑자)	乙丑(을축)	丙寅(병인)	丁卯(정묘)	
절기시각															丑初															
대운 순행	5	4	4	4	3	3	3	2	2	2	1	1	1	1	10	10	10	9	9	9	8	8	8	7	7	7	6	6	6	
대운 역행	6	7	7	7	8	8	8	9	9	9	10	10	10	10	10	1	1	1	2	2	2	3	3	3	4	4	4	5	5	

西 大將	卯 喪門	亥 弔客	東 三殺

6 月 辛 未(신미) 小

절기		대서															입추													
음력	一	二	三	四	五	六	七	八	九	十	十一	十二	十三	十四	十五	十六	十七	十八	十九	廿十	廿一	廿二	廿三	廿四	廿五	廿六	廿七	廿八	廿九	
양력 월/일	7/22	23	24	25	26	27	28	29	30	31	8/1	2	3	4	5	6	7	8	9	10	11	12	13	14	15	16	17	18	19	
일진	戊辰(무진)	己巳(기사)	庚午(경오)	辛未(신미)	壬申(임신)	癸酉(계유)	甲戌(갑술)	乙亥(을해)	丙子(병자)	丁丑(정축)	戊寅(무인)	己卯(기묘)	庚辰(경진)	辛巳(신사)	壬午(임오)	癸未(계미)	甲申(갑신)	乙酉(을유)	丙戌(병술)	丁亥(정해)	戊子(무자)	己丑(기축)	庚寅(경인)	辛卯(신묘)	壬辰(임진)	癸巳(계사)	甲午(갑오)	乙未(을미)	丙申(병신)	
절기시각		丑初															酉正													
대운 순행	5	5	5	4	4	4	3	3	3	2	2	2	1	1	1	1	10	10	10	9	9	9	8	8	8	7	7	7	6	
대운 역행	5	6	6	6	7	7	7	8	8	8	9	9	9	10	10	10	10	1	1	1	2	2	2	3	3	3	4	4	4	

7 月 壬 申(임신) 大

절기				처서															백로											
음력	一	二	三	四	五	六	七	八	九	十	十一	十二	十三	十四	十五	十六	十七	十八	十九	廿十	廿一	廿二	廿三	廿四	廿五	廿六	廿七	廿八	廿九	三十
양력 월/일	8/20	21	22	23	24	25	26	27	28	29	30	31	9/1	2	3	4	5	6	7	8	9	10	11	12	13	14	15	16	17	18
일진	丁酉(정유)	戊戌(무술)	己亥(기해)	庚子(경자)	辛丑(신축)	壬寅(임인)	癸卯(계묘)	甲辰(갑진)	乙巳(을사)	丙午(병오)	丁未(정미)	戊申(무신)	己酉(기유)	庚戌(경술)	辛亥(신해)	壬子(임자)	癸丑(계축)	甲寅(갑인)	乙卯(을묘)	丙辰(병진)	丁巳(정사)	戊午(무오)	己未(기미)	庚申(경신)	辛酉(신유)	壬戌(임술)	癸亥(계해)	甲子(갑자)	乙丑(을축)	丙寅(병인)
절기시각				辰正															亥初											
대운 순행	6	6	5	5	5	4	4	4	3	3	3	2	2	2	1	1	1	1	10	10	10	9	9	9	8	8	8	7	7	7
대운 역행	5	5	5	6	6	6	7	7	7	8	8	8	9	9	9	10	10	10	10	1	1	1	2	2	2	3	3	3	4	4

8 月 癸 酉(계유) 小

절기		추분																		한로										
음력	一	二	三	四	五	六	七	八	九	十	十一	十二	十三	十四	十五	十六	十七	十八	十九	廿十	廿一	廿二	廿三	廿四	廿五	廿六	廿七	廿八	廿九	
양력 월/일	9/19	20	21	22	23	24	25	26	27	28	29	30	10/1	2	3	4	5	6	7	8	9	10	11	12	13	14	15	16	17	
일진	丁卯(정묘)	戊辰(무진)	己巳(기사)	庚午(경오)	辛未(신미)	壬申(임신)	癸酉(계유)	甲戌(갑술)	乙亥(을해)	丙子(병자)	丁丑(정축)	戊寅(무인)	己卯(기묘)	庚辰(경진)	辛巳(신사)	壬午(임오)	癸未(계미)	甲申(갑신)	乙酉(을유)	丙戌(병술)	丁亥(정해)	戊子(무자)	己丑(기축)	庚寅(경인)	辛卯(신묘)	壬辰(임진)	癸巳(계사)	甲午(갑오)	乙未(을미)	
절기시각		卯正																		午正										
대운 순행	6	6	6	5	5	5	4	4	4	3	3	3	2	2	2	1	1	1	1	10	10	9	9	9	8	8	8	7	7	
대운 역행	4	5	5	5	6	6	6	7	7	7	8	8	8	9	9	9	10	10	10	10	1	1	1	2	2	2	3	3	3	

9 月 甲 戌(갑술) 大

절기						상강															입동									
음력	一	二	三	四	五	六	七	八	九	十	十一	十二	十三	十四	十五	十六	十七	十八	十九	廿十	廿一	廿二	廿三	廿四	廿五	廿六	廿七	廿八	廿九	三十
양력 월/일	10/18	19	20	21	22	23	24	25	26	27	28	29	30	31	11/1	2	3	4	5	6	7	8	9	10	11	12	13	14	15	16
일진	丙申(병신)	丁酉(정유)	戊戌(무술)	己亥(기해)	庚子(경자)	辛丑(신축)	壬寅(임인)	癸卯(계묘)	甲辰(갑진)	乙巳(을사)	丙午(병오)	丁未(정미)	戊申(무신)	己酉(기유)	庚戌(경술)	辛亥(신해)	壬子(임자)	癸丑(계축)	甲寅(갑인)	乙卯(을묘)	丙辰(병진)	丁巳(정사)	戊午(무오)	己未(기미)	庚申(경신)	辛酉(신유)	壬戌(임술)	癸亥(계해)	甲子(갑자)	乙丑(을축)
절기시각						申初															申初									
대운 순행	7	6	6	6	5	5	5	4	4	4	3	3	3	2	2	2	1	1	1	1	10	10	9	9	9	8	8	8	7	7
대운 역행	4	4	4	5	5	5	6	6	6	7	7	7	8	8	8	9	9	9	10	10	10	1	1	1	2	2	2	3	3	3

10 月 乙 亥(을해) 小

절기						소설															대설									
음력	一	二	三	四	五	六	七	八	九	十	十一	十二	十三	十四	十五	十六	十七	十八	十九	廿十	廿一	廿二	廿三	廿四	廿五	廿六	廿七	廿八	廿九	
양력 월/일	11/17	18	19	20	21	22	23	24	25	26	27	28	29	30	12/1	2	3	4	5	6	7	8	9	10	11	12	13	14	15	
일진	丙寅(병인)	丁卯(정묘)	戊辰(무진)	己巳(기사)	庚午(경오)	辛未(신미)	壬申(임신)	癸酉(계유)	甲戌(갑술)	乙亥(을해)	丙子(병자)	丁丑(정축)	戊寅(무인)	己卯(기묘)	庚辰(경진)	辛巳(신사)	壬午(임오)	癸未(계미)	甲申(갑신)	乙酉(을유)	丙戌(병술)	丁亥(정해)	戊子(무자)	己丑(기축)	庚寅(경인)	辛卯(신묘)	壬辰(임진)	癸巳(계사)	甲午(갑오)	
절기시각						未初															辰正									
대운 순행	7	6	6	6	5	5	5	4	4	4	3	3	3	2	2	2	1	1	1	1	10	9	9	9	8	8	8	7	7	
대운 역행	4	4	4	5	5	5	6	6	6	7	7	7	8	8	8	9	9	9	10	10	10	1	1	1	2	2	2	3	3	

11 月 丙 子(병자) 大

절기							동지														소한									
음력	一	二	三	四	五	六	七	八	九	十	十一	十二	十三	十四	十五	十六	十七	十八	十九	廿十	廿一	廿二	廿三	廿四	廿五	廿六	廿七	廿八	廿九	三十
양력 월/일	12/16	17	18	19	20	21	22	23	24	25	26	27	28	29	30	31	1/1	2	3	4	5	6	7	8	9	10	11	12	13	14
일진	乙未(을미)	丙申(병신)	丁酉(정유)	戊戌(무술)	己亥(기해)	庚子(경자)	辛丑(신축)	壬寅(임인)	癸卯(계묘)	甲辰(갑진)	乙巳(을사)	丙午(병오)	丁未(정미)	戊申(무신)	己酉(기유)	庚戌(경술)	辛亥(신해)	壬子(임자)	癸丑(계축)	甲寅(갑인)	乙卯(을묘)	丙辰(병진)	丁巳(정사)	戊午(무오)	己未(기미)	庚申(경신)	辛酉(신유)	壬戌(임술)	癸亥(계해)	甲子(갑자)
절기시각							丑正														戌正									
대운 순행	7	6	6	6	5	5	5	4	4	4	3	3	3	2	2	2	1	1	1	1	10	10	9	9	9	8	8	8	7	7
대운 역행	3	4	4	4	5	5	5	6	6	6	7	7	7	8	8	8	9	9	9	10	10	1	1	1	2	2	2	3	3	3

12 月 丁 丑(정축) 大

절기						대한															입춘									
음력	一	二	三	四	五	六	七	八	九	十	十一	十二	十三	十四	十五	十六	十七	十八	十九	廿十	廿一	廿二	廿三	廿四	廿五	廿六	廿七	廿八	廿九	三十
양력 월/일	1/15	16	17	18	19	20	21	22	23	24	25	26	27	28	29	30	30	2/2	2	3	4	5	6	7	8	9	10	11	12	13
일진	乙丑(을축)	丙寅(병인)	丁卯(정묘)	戊辰(무진)	己巳(기사)	庚午(경오)	辛未(신미)	壬申(임신)	癸酉(계유)	甲戌(갑술)	乙亥(을해)	丙子(병자)	丁丑(정축)	戊寅(무인)	己卯(기묘)	庚辰(경진)	辛巳(신사)	壬午(임오)	癸未(계미)	甲申(갑신)	乙酉(을유)	丙戌(병술)	丁亥(정해)	戊子(무자)	己丑(기축)	庚寅(경인)	辛卯(신묘)	壬辰(임진)	癸巳(계사)	甲午(갑오)
절기시각						未初															辰初									
대운 순행	7	6	6	6	5	5	5	4	4	4	3	3	3	2	2	2	1	1	1	1	10	10	9	9	9	8	8	8	7	7
대운 역행	4	4	4	5	5	5	6	6	6	7	7	7	8	8	8	9	9	9	10	10	10	1	1	1	2	2	2	3	3	3

단기 4343 년
불기 2554 년

2010년 庚寅(경인)年

1 月 戊寅(무인) 大

절기						우수															경칩									
음력	一	二	三	四	五	六	七	八	九	十	十一	十二	十三	十四	十五	十六	十七	十八	十九	廿	廿一	廿二	廿三	廿四	廿五	廿六	廿七	廿八	廿九	三十
양력 월/일	2/14	15	16	17	18	19	20	21	22	23	24	25	26	27	28	3/1	2	3	4	5	6	7	8	9	10	11	12	13	14	15
일진	乙未(을미)	丙申(병신)	丁酉(정유)	戊戌(무술)	己亥(기해)	庚子(경자)	辛丑(신축)	壬寅(임인)	癸卯(계묘)	甲辰(갑진)	乙巳(을사)	丙午(병오)	丁未(정미)	戊申(무신)	己酉(기유)	庚戌(경술)	辛亥(신해)	壬子(임자)	癸丑(계축)	甲寅(갑인)	乙卯(을묘)	丙辰(병진)	丁巳(정사)	戊午(무오)	己未(기미)	庚申(경신)	辛酉(신유)	壬戌(임술)	癸亥(계해)	甲子(갑자)
절기시각						寅初															丑初									
대운 순행	7	6	6	6	5	5	5	4	4	4	3	3	3	2	2	2	1	1	1	1	10	10	9	9	9	8	8	8	7	7
대운 역행	4	4	4	5	5	5	6	6	6	7	7	7	8	8	8	9	9	9	10	10	10	1	1	1	2	2	2	3	3	3

2 月 己卯(기묘) 小

절기						춘분																청명							
음력	一	二	三	四	五	六	七	八	九	十	十一	十二	十三	十四	十五	十六	十七	十八	十九	廿	廿一	廿二	廿三	廿四	廿五	廿六	廿七	廿八	廿九
양력 월/일	3/16	17	18	19	20	21	22	23	24	25	26	27	28	29	30	31	4/1	2	3	4	5	6	7	8	9	10	11	12	13
일진	乙丑(을축)	丙寅(병인)	丁卯(정묘)	戊辰(무진)	己巳(기사)	庚午(경오)	辛未(신미)	壬申(임신)	癸酉(계유)	甲戌(갑술)	乙亥(을해)	丙子(병자)	丁丑(정축)	戊寅(무인)	己卯(기묘)	庚辰(경진)	辛巳(신사)	壬午(임오)	癸未(계미)	甲申(갑신)	乙酉(을유)	丙戌(병술)	丁亥(정해)	戊子(무자)	己丑(기축)	庚寅(경인)	辛卯(신묘)	壬辰(임진)	癸巳(계사)
절기시각						丑正																卯正							
대운 순행	7	6	6	6	5	5	5	4	4	4	3	3	3	2	2	2	1	1	1	1	10	10	9	9	9	8	8	8	7
대운 역행	4	4	4	5	5	5	6	6	6	7	7	7	8	8	8	9	9	9	10	10	10	1	1	1	2	2	2	3	3

3 月 庚辰(경진) 大

절기							곡우															입하								
음력	一	二	三	四	五	六	七	八	九	十	十一	十二	十三	十四	十五	十六	十七	十八	十九	廿	廿一	廿二	廿三	廿四	廿五	廿六	廿七	廿八	廿九	三十
양력 월/일	4/14	15	16	17	18	19	20	21	22	23	24	25	26	27	28	29	30	5/1	2	3	4	5	6	7	8	9	10	11	12	13
일진	甲午(갑오)	乙未(을미)	丙申(병신)	丁酉(정유)	戊戌(무술)	己亥(기해)	庚子(경자)	辛丑(신축)	壬寅(임인)	癸卯(계묘)	甲辰(갑진)	乙巳(을사)	丙午(병오)	丁未(정미)	戊申(무신)	己酉(기유)	庚戌(경술)	辛亥(신해)	壬子(임자)	癸丑(계축)	甲寅(갑인)	乙卯(을묘)	丙辰(병진)	丁巳(정사)	戊午(무오)	己未(기미)	庚申(경신)	辛酉(신유)	壬戌(임술)	癸亥(계해)
절기시각							未初															子初								
대운 순행	7	7	6	6	6	5	5	5	4	4	4	3	3	3	2	2	2	1	1	1	1	10	10	10	10	9	9	9	8	8
대운 역행	3	4	4	4	5	5	5	6	6	6	7	7	7	8	8	8	9	9	9	10	10	10	1	1	1	2	2	2	3	3

4 月 辛巳(신사) 小

절기								소만																망종					
음력	一	二	三	四	五	六	七	八	九	十	十一	十二	十三	十四	十五	十六	十七	十八	十九	廿	廿一	廿二	廿三	廿四	廿五	廿六	廿七	廿八	廿九
양력 월/일	5/14	15	16	17	18	19	20	21	22	23	24	25	26	27	28	29	30	31	6/1	2	3	4	5	6	7	8	9	10	11
일진	甲子(갑자)	乙丑(을축)	丙寅(병인)	丁卯(정묘)	戊辰(무진)	己巳(기사)	庚午(경오)	辛未(신미)	壬申(임신)	癸酉(계유)	甲戌(갑술)	乙亥(을해)	丙子(병자)	丁丑(정축)	戊寅(무인)	己卯(기묘)	庚辰(경진)	辛巳(신사)	壬午(임오)	癸未(계미)	甲申(갑신)	乙酉(을유)	丙戌(병술)	丁亥(정해)	戊子(무자)	己丑(기축)	庚寅(경인)	辛卯(신묘)	壬辰(임진)
절기시각								午正																寅初					
대운 순행	8	7	7	7	6	6	6	5	5	5	4	4	4	3	3	3	2	2	2	1	1	1	1	10	10	10	9	9	9
대운 역행	3	4	4	4	5	5	5	6	6	6	7	7	7	8	8	8	9	9	9	10	10	10	10	10	1	1	1	2	2

5 月 壬午(임오) 大

절기										하지																소서				
음력	一	二	三	四	五	六	七	八	九	十	十一	十二	十三	十四	十五	十六	十七	十八	十九	廿	廿一	廿二	廿三	廿四	廿五	廿六	廿七	廿八	廿九	三十
양력 월/일	6/12	13	14	15	16	17	18	19	20	21	22	23	24	25	26	27	28	29	30	7/1	2	3	4	5	6	7	8	9	10	11
일진	癸巳(계사)	甲午(갑오)	乙未(을미)	丙申(병신)	丁酉(정유)	戊戌(무술)	己亥(기해)	庚子(경자)	辛丑(신축)	壬寅(임인)	癸卯(계묘)	甲辰(갑진)	乙巳(을사)	丙午(병오)	丁未(정미)	戊申(무신)	己酉(기유)	庚戌(경술)	辛亥(신해)	壬子(임자)	癸丑(계축)	甲寅(갑인)	乙卯(을묘)	丙辰(병진)	丁巳(정사)	戊午(무오)	己未(기미)	庚申(경신)	辛酉(신유)	壬戌(임술)
절기시각										戌正																未正				
대운 순행	8	8	8	7	7	7	6	6	6	5	5	5	4	4	4	3	3	3	2	2	2	1	1	1	1	10	10	10	9	9
대운 역행	2	3	3	3	4	4	4	5	5	5	6	6	6	7	7	7	8	8	8	2	9	9	9	10	10	10	10	1	1	1

6 月 癸未(계미) 小

절기												대서															입추			
음력	一	二	三	四	五	六	七	八	九	十	十一	十二	十三	十四	十五	十六	十七	十八	十九	廿	廿一	廿二	廿三	廿四	廿五	廿六	廿七	廿八	廿九
양력 월/일	7/12	14	15	16	17	18	19	20	21	22	23	24	25	26	27	28	29	30	31	8/1	2	3	4	5	6	7	8	9	10
일진	癸亥(계해)	甲子(갑자)	乙丑(을축)	丙寅(병인)	丁卯(정묘)	戊辰(무진)	己巳(기사)	庚午(경오)	辛未(신미)	壬申(임신)	癸酉(계유)	甲戌(갑술)	乙亥(을해)	丙子(병자)	丁丑(정축)	戊寅(무인)	己卯(기묘)	庚辰(경진)	辛巳(신사)	壬午(임오)	癸未(계미)	甲申(갑신)	乙酉(을유)	丙戌(병술)	丁亥(정해)	戊子(무자)	己丑(기축)	庚寅(경인)	辛卯(신묘)
절기시각												辰初														子初			
대운 순행	9	8	8	8	7	7	7	6	6	6	5	5	5	4	4	4	3	3	3	2	2	2	1	1	1	1	10	10	10
대운 역행	2	2	2	3	3	4	4	4	5	5	5	6	6	6	7	7	7	8	8	8	9	9	9	10	10	10	10	1	1

北 大將	辰 喪門	子 弔客	北 三殺

7 月 甲 申(갑신) 小

절 기														처서																
음 력	一	二	三	四	五	六	七	八	九	十	十一	十二	十三	十四	十五	十六	十七	十八	十九	廿	廿一	廿二	廿三	廿四	廿五	廿六	廿七	廿八	廿九	
양 력 월/일	8/10	11	12	13	14	15	16	17	18	19	20	21	22	23	24	25	26	27	28	29	30	31	9/1	2	3	4	5	6	7	
일 진	壬辰(임진)	癸巳(계사)	甲午(갑오)	乙未(을미)	丙申(병신)	丁酉(정유)	戊戌(무술)	己亥(기해)	庚子(경자)	辛丑(신축)	壬寅(임인)	癸卯(계묘)	甲辰(갑진)	乙巳(을사)	丙午(병오)	丁未(정미)	戊申(무신)	己酉(기유)	庚戌(경술)	辛亥(신해)	壬子(임자)	癸丑(계축)	甲寅(갑인)	乙卯(을묘)	丙辰(병진)	丁巳(정사)	戊午(무오)	己未(기미)	庚申(경신)	
절기시각														未正																
대운 순행	10	9	9	9	8	8	8	7	7	7	6	6	6	5	5	5	4	4	4	3	3	3	2	2	2	1	1	1	1	
대운 역행	1	2	2	2	3	3	3	4	4	4	5	5	5	6	6	6	7	7	7	8	8	8	9	9	9	10	10	10	10	

8 月 乙 酉(을유) 大

절 기	백로															추분														
음 력	一	二	三	四	五	六	七	八	九	十	十一	十二	十三	十四	十五	十六	十七	十八	十九	廿	廿一	廿二	廿三	廿四	廿五	廿六	廿七	廿八	廿九	三十
양 력 월/일	9/8	9	10	11	12	13	14	15	16	17	18	19	20	21	22	23	24	25	26	27	28	29	30	10/1	2	3	7	5	6	7
일 진	辛酉(신유)	壬戌(임술)	癸亥(계해)	甲子(갑자)	乙丑(을축)	丙寅(병인)	丁卯(정묘)	戊辰(무진)	己巳(기사)	庚午(경오)	辛未(신미)	壬申(임신)	癸酉(계유)	甲戌(갑술)	乙亥(을해)	丙子(병자)	丁丑(정축)	戊寅(무인)	己卯(기묘)	庚辰(경진)	辛巳(신사)	壬午(임오)	癸未(계미)	甲申(갑신)	乙酉(을유)	丙戌(병술)	丁亥(정해)	戊子(무자)	己丑(기축)	庚寅(경인)
절기시각	丑正															午正														
대운 순행	10	10	9	9	9	8	8	8	7	7	7	6	6	6	5	5	5	4	4	4	3	3	3	2	2	2	1	1	1	1
대운 역행	10	1	1	1	2	2	2	3	3	3	4	4	4	5	5	5	6	6	6	7	7	7	8	8	8	9	9	9	10	10

9 月 丙 戌(병술) 小

절 기	한로															상강														
음 력	一	二	三	四	五	六	七	八	九	十	十一	十二	十三	十四	十五	十六	十七	十八	十九	廿	廿一	廿二	廿三	廿四	廿五	廿六	廿七	廿八	廿九	
양 력 월/일	10/8	9	10	11	12	13	14	15	16	17	18	19	20	21	22	23	24	25	26	27	28	29	29	30	11/1	2	3	4	5	
일 진	辛卯(신묘)	壬辰(임진)	癸巳(계사)	甲午(갑오)	乙未(을미)	丙申(병신)	丁酉(정유)	戊戌(무술)	己亥(기해)	庚子(경자)	辛丑(신축)	壬寅(임인)	癸卯(계묘)	甲辰(갑진)	乙巳(을사)	丙午(병오)	丁未(정미)	戊申(무신)	己酉(기유)	庚戌(경술)	辛亥(신해)	壬子(임자)	癸丑(계축)	甲寅(갑인)	乙卯(을묘)	丙辰(병진)	丁巳(정사)	戊午(무오)	己未(기미)	
절기시각	酉正															亥初														
대운 순행	10	10	9	9	9	8	8	8	7	7	7	6	6	6	5	5	5	4	4	4	3	3	3	2	2	2	1	1	1	
대운 역행	10	1	1	1	2	2	2	3	3	3	4	4	4	5	5	5	6	6	6	7	7	7	8	8	8	9	9	9	10	

10 月 丁 亥(정해) 大

절 기		입동															소설													
음 력	一	二	三	四	五	六	七	八	九	十	十一	十二	十三	十四	十五	十六	十七	十八	十九	廿	廿一	廿二	廿三	廿四	廿五	廿六	廿七	廿八	廿九	三十
양 력 월/일	11/6	7	8	9	10	11	12	13	14	15	16	17	18	19	20	21	22	23	24	25	26	27	28	29	30	12/1	2	3	4	5
일 진	庚申(경신)	辛酉(신유)	壬戌(임술)	癸亥(계해)	甲子(갑자)	乙丑(을축)	丙寅(병인)	丁卯(정묘)	戊辰(무진)	己巳(기사)	庚午(경오)	辛未(신미)	壬申(임신)	癸酉(계유)	甲戌(갑술)	乙亥(을해)	丙子(병자)	丁丑(정축)	戊寅(무인)	己卯(기묘)	庚辰(경진)	辛巳(신사)	壬午(임오)	癸未(계미)	甲申(갑신)	乙酉(을유)	丙戌(병술)	丁亥(정해)	戊子(무자)	己丑(기축)
절기시각		亥初															戌初													
대운 순행	1	10	10	9	9	9	8	8	8	7	7	7	6	6	6	5	5	5	4	4	4	3	3	3	2	2	2	1	1	1
대운 역행	10	10	1	1	1	2	2	2	3	3	3	4	4	4	5	5	5	6	6	6	7	7	7	8	8	8	9	9	9	10

11 月 戊 子(무자) 小

절 기		대설															동지													
음 력	一	二	三	四	五	六	七	八	九	十	十一	十二	十三	十四	十五	十六	十七	十八	十九	廿	廿一	廿二	廿三	廿四	廿五	廿六	廿七	廿八	廿九	
양 력 월/일	12/6	7	8	9	10	11	12	13	14	15	16	17	18	19	20	21	22	23	24	25	26	27	28	29	30	31	1/1	2	3	
일 진	庚寅(경인)	辛卯(신묘)	壬辰(임진)	癸巳(계사)	甲午(갑오)	乙未(을미)	丙申(병신)	丁酉(정유)	戊戌(무술)	己亥(기해)	庚子(경자)	辛丑(신축)	壬寅(임인)	癸卯(계묘)	甲辰(갑진)	乙巳(을사)	丙午(병오)	丁未(정미)	戊申(무신)	己酉(기유)	庚戌(경술)	辛亥(신해)	壬子(임자)	癸丑(계축)	甲寅(갑인)	乙卯(을묘)	丙辰(병진)	丁巳(정사)	戊午(무오)	
절기시각		未正															辰正													
대운 순행	1	10	10	9	9	9	8	8	8	7	7	7	6	6	6	5	5	5	4	4	4	3	3	3	2	2	2	1	1	
대운 역행	10	10	1	1	1	2	2	2	3	3	3	4	4	4	5	5	5	6	6	6	7	7	7	8	8	8	9	9	9	

12 月 己 丑(기축) 大

절 기			소한														대한													
음 력	一	二	三	四	五	六	七	八	九	十	十一	十二	十三	十四	十五	十六	十七	十八	十九	廿	廿一	廿二	廿三	廿四	廿五	廿六	廿七	廿八	廿九	三十
양 력 월/일	1/4	5	6	7	8	9	10	11	12	13	14	15	16	17	18	19	20	21	22	23	24	25	26	27	28	29	30	31	2/1	2
일 진	己未(기미)	庚申(경신)	辛酉(신유)	壬戌(임술)	癸亥(계해)	甲子(갑자)	乙丑(을축)	丙寅(병인)	丁卯(정묘)	戊辰(무진)	己巳(기사)	庚午(경오)	辛未(신미)	壬申(임신)	癸酉(계유)	甲戌(갑술)	乙亥(을해)	丙子(병자)	丁丑(정축)	戊寅(무인)	己卯(기묘)	庚辰(경진)	辛巳(신사)	壬午(임오)	癸未(계미)	甲申(갑신)	乙酉(을유)	丙戌(병술)	丁亥(정해)	戊子(무자)
절기시각			丑正														戌初													
대운 순행	1	1	10	9	9	9	8	8	8	7	7	7	6	6	6	5	5	5	4	4	4	3	3	3	2	2	2	1	1	1
대운 역행	10	10	10	1	1	1	2	2	2	3	3	3	4	4	4	5	5	5	6	6	6	7	7	7	8	8	8	9	9	9

단기 4344 년
불기 2555 년

2011년 辛卯(신묘)年

1 月 庚寅(경인) 大

절기		입춘															우수													
음력	一	二	三	四	五	六	七	八	九	十	十一	十二	十三	十四	十五	十六	十七	十八	十九	廿	廿一	廿二	廿三	廿四	廿五	廿六	廿七	廿八	廿九	三十
양력 월/일	2/3	4	5	6	7	8	9	10	11	12	13	14	15	16	17	18	19	20	21	22	23	24	25	26	27	28	3/1	2	3	4
일진	己丑(기축)	庚寅(경인)	辛卯(신묘)	壬辰(임진)	癸巳(계사)	甲午(갑오)	乙未(을미)	丙申(병신)	丁酉(정유)	戊戌(무술)	己亥(기해)	庚子(경자)	辛丑(신축)	壬寅(임인)	癸卯(계묘)	甲辰(갑진)	乙巳(을사)	丙午(병오)	丁未(정미)	戊申(무신)	己酉(기유)	庚戌(경술)	辛亥(신해)	壬子(임자)	癸丑(계축)	甲寅(갑인)	乙卯(을묘)	丙辰(병진)	丁巳(정사)	戊午(무오)
절기시각		未初															巳初													
대운 순행	1	10	10	9	9	9	8	8	8	7	7	7	6	6	6	5	5	5	4	4	4	3	3	3	2	2	2	1	1	1
대운 역행	10	10	1	1	1	2	2	2	3	3	3	4	4	4	5	5	5	6	6	6	7	7	7	8	8	8	9	9	9	10

2 月 辛卯(신묘) 小

절기		경칩															춘분													
음력	一	二	三	四	五	六	七	八	九	十	十一	十二	十三	十四	十五	十六	十七	十八	十九	廿	廿一	廿二	廿三	廿四	廿五	廿六	廿七	廿八	廿九	
양력 월/일	3/5	6	7	8	9	10	11	12	13	14	15	16	17	18	19	20	21	22	23	24	25	26	27	28	29	30	31	4/1	2	
일진	己未(기미)	庚申(경신)	辛酉(신유)	壬戌(임술)	癸亥(계해)	甲子(갑자)	乙丑(을축)	丙寅(병인)	丁卯(정묘)	戊辰(무진)	己巳(기사)	庚午(경오)	辛未(신미)	壬申(임신)	癸酉(계유)	甲戌(갑술)	乙亥(을해)	丙子(병자)	丁丑(정축)	戊寅(무인)	己卯(기묘)	庚辰(경진)	辛巳(신사)	壬午(임오)	癸未(계미)	甲申(갑신)	乙酉(을유)	丙戌(병술)	丁亥(정해)	
절기시각		辰初															辰正													
대운 순행	1	10	10	9	9	9	8	8	8	7	7	7	6	6	6	5	5	5	4	4	4	3	3	3	2	2	2	1	1	
대운 역행	10	10	1	1	1	2	2	2	3	3	3	4	4	4	5	5	5	6	6	6	7	7	7	8	8	8	9	9	9	

3 月 壬辰(임진) 大

절기			청명															곡우												
음력	一	二	三	四	五	六	七	八	九	十	十一	十二	十三	十四	十五	十六	十七	十八	十九	廿	廿一	廿二	廿三	廿四	廿五	廿六	廿七	廿八	廿九	三十
양력 월/일	4/3	4	5	6	7	8	9	10	11	12	13	14	15	16	17	18	19	20	21	22	23	24	25	26	27	28	29	30	5/1	2
일진	戊子(무자)	己丑(기축)	庚寅(경인)	辛卯(신묘)	壬辰(임진)	癸巳(계사)	甲午(갑오)	乙未(을미)	丙申(병신)	丁酉(정유)	戊戌(무술)	己亥(기해)	庚子(경자)	辛丑(신축)	壬寅(임인)	癸卯(계묘)	甲辰(갑진)	乙巳(을사)	丙午(병오)	丁未(정미)	戊申(무신)	己酉(기유)	庚戌(경술)	辛亥(신해)	壬子(임자)	癸丑(계축)	甲寅(갑인)	乙卯(을묘)	丙辰(병진)	丁巳(정사)
절기시각			午正															戌初												
대운 순행	1	1	10	10	10	9	9	9	8	8	8	7	7	7	6	6	6	5	5	5	4	4	4	3	3	3	2	2	2	1
대운 역행	10	10	10	1	1	1	2	2	2	3	3	3	4	4	4	5	5	5	6	6	6	7	7	7	8	8	8	9	9	9

4 月 癸巳(계사) 大

절기				입하															소만											
음력	一	二	三	四	五	六	七	八	九	十	十一	十二	十三	十四	十五	十六	十七	十八	十九	廿	廿一	廿二	廿三	廿四	廿五	廿六	廿七	廿八	廿九	三十
양력 월/일	5/3	4	5	6	7	8	9	10	11	12	13	14	15	16	17	18	19	20	21	22	23	24	25	26	27	28	29	30	31	6/1
일진	戊午(무오)	己未(기미)	庚申(경신)	辛酉(신유)	壬戌(임술)	癸亥(계해)	甲子(갑자)	乙丑(을축)	丙寅(병인)	丁卯(정묘)	戊辰(무진)	己巳(기사)	庚午(경오)	辛未(신미)	壬申(임신)	癸酉(계유)	甲戌(갑술)	乙亥(을해)	丙子(병자)	丁丑(정축)	戊寅(무인)	己卯(기묘)	庚辰(경진)	辛巳(신사)	壬午(임오)	癸未(계미)	甲申(갑신)	乙酉(을유)	丙戌(병술)	丁亥(정해)
절기시각				卯初															酉正											
대운 순행	1	1	1	10	10	10	9	9	9	8	8	8	7	7	7	6	6	6	5	5	5	4	4	4	3	3	3	2	2	2
대운 역행	10	10	10	10	1	1	1	2	2	2	3	3	3	4	4	4	5	5	5	6	6	6	7	7	7	8	8	8	9	9

5 月 甲午(갑오) 小

절기					망종																하지									
음력	一	二	三	四	五	六	七	八	九	十	十一	十二	十三	十四	十五	十六	十七	十八	十九	廿	廿一	廿二	廿三	廿四	廿五	廿六	廿七	廿八	廿九	
양력 월/일	6/2	3	4	5	6	7	8	9	10	11	12	13	14	15	16	17	18	19	20	21	22	23	24	25	26	27	28	29	30	
일진	戊子(무자)	己丑(기축)	庚寅(경인)	辛卯(신묘)	壬辰(임진)	癸巳(계사)	甲午(갑오)	乙未(을미)	丙申(병신)	丁酉(정유)	戊戌(무술)	己亥(기해)	庚子(경자)	辛丑(신축)	壬寅(임인)	癸卯(계묘)	甲辰(갑진)	乙巳(을사)	丙午(병오)	丁未(정미)	戊申(무신)	己酉(기유)	庚戌(경술)	辛亥(신해)	壬子(임자)	癸丑(계축)	甲寅(갑인)	乙卯(을묘)	丙辰(병진)	
절기시각					死草																丑正									
대운 순행	1	1	1	1	10	10	10	9	9	9	8	8	8	7	7	7	6	6	6	5	5	5	4	4	4	3	3	3	2	
대운 역행	9	10	10	10	10	1	1	1	2	2	2	3	3	3	4	4	4	5	5	5	6	6	6	7	7	7	8	8	8	

6 月 乙未(을미) 大

절기							소서																대서							
음력	一	二	三	四	五	六	七	八	九	十	十一	十二	十三	十四	十五	十六	十七	十八	十九	廿	廿一	廿二	廿三	廿四	廿五	廿六	廿七	廿八	廿九	三十
양력 월/일	7/1	2	3	4	5	6	7	8	9	10	11	12	13	14	15	16	17	18	19	20	21	22	23	24	25	26	27	28	29	30
일진	丁巳(정사)	戊午(무오)	己未(기미)	庚申(경신)	辛酉(신유)	壬戌(임술)	癸亥(계해)	甲子(갑자)	乙丑(을축)	丙寅(병인)	丁卯(정묘)	戊辰(무진)	己巳(기사)	庚午(경오)	辛未(신미)	壬申(임신)	癸酉(계유)	甲戌(갑술)	乙亥(을해)	丙子(병자)	丁丑(정축)	戊寅(무인)	己卯(기묘)	庚辰(경진)	辛巳(신사)	壬午(임오)	癸未(계미)	甲申(갑신)	乙酉(을유)	丙戌(병술)
절기시각							戌初																未初							
대운 순행	2	2	1	1	1	1	10	10	10	10	9	9	9	8	8	8	7	7	7	6	6	6	5	5	5	4	4	4	3	3
대운 역행	9	9	9	10	10	10	10	1	1	1	2	2	2	3	3	3	4	4	4	5	5	5	6	6	6	7	7	7	8	8

北 大將	巳 喪門	丑 弔客	酉 三殺

7 月 丙 申(병신) 小

절기									입추															처서						
음력	一	二	三	四	五	六	七	八	九	十	十一	十二	十三	十四	十五	十六	十七	十八	十九	廿	廿一	廿二	廿三	廿四	廿五	廿六	廿七	廿八	廿九	
양력 월/일	7/31	8/1	2	3	4	5	6	7	8	9	10	11	12	13	14	15	16	17	18	19	20	21	22	23	24	25	26	27	28	
일진	丁亥(정해)	戊子(무자)	己丑(기축)	庚寅(경인)	辛卯(신묘)	壬辰(임진)	癸巳(계사)	甲午(갑오)	乙未(을미)	丙申(병신)	丁酉(정유)	戊戌(무술)	己亥(기해)	庚子(경자)	辛丑(신축)	壬寅(임인)	癸卯(계묘)	甲辰(갑진)	乙巳(을사)	丙午(병오)	丁未(정미)	戊申(무신)	己酉(기유)	庚戌(경술)	辛亥(신해)	壬子(임자)	癸丑(계축)	甲寅(갑인)	乙卯(을묘)	
절기시각									戌初															戌正						
대운 순행	3	2	2	2	1	1	1	1	10	10	10	9	9	9	8	8	8	7	7	7	6	6	6	5	5	5	4	4	4	
대운 역행	8	9	9	9	10	10	10	10	10	1	1	1	2	2	2	3	3	3	4	4	4	5	5	5	6	6	6	7	7	

8 月 丁 酉(정유) 小

절기											백로															추분				
음력	一	二	三	四	五	六	七	八	九	十	十一	十二	十三	十四	十五	十六	十七	十八	十九	廿	廿一	廿二	廿三	廿四	廿五	廿六	廿七	廿八	廿九	
양력 월/일	8/29	30	31	9/1	2	3	4	5	6	7	8	9	10	11	12	13	14	15	16	17	18	19	20	21	22	23	24	25	26	
일진	丙辰(병진)	丁巳(정사)	戊午(무오)	己未(기미)	庚申(경신)	辛酉(신유)	壬戌(임술)	癸亥(계해)	甲子(갑자)	乙丑(을축)	丙寅(병인)	丁卯(정묘)	戊辰(무진)	己巳(기사)	庚午(경오)	辛未(신미)	壬申(임신)	癸酉(계유)	甲戌(갑술)	乙亥(을해)	丙子(병자)	丁丑(정축)	戊寅(무인)	己卯(기묘)	庚辰(경진)	辛巳(신사)	壬午(임오)	癸未(계미)	甲申(갑신)	
절기시각											辰正															酉正				
대운 순행	3	3	3	2	2	2	1	1	1	1	10	10	9	9	9	8	8	8	7	7	7	6	6	6	5	5	5	4	4	
대운 역행	7	8	8	8	9	9	9	10	10	10	10	1	1	1	2	2	2	3	3	3	4	4	4	5	5	5	6	6	6	

9 月 戊 戌(무술) 大

절기													한로															상강		
음력	一	二	三	四	五	六	七	八	九	十	十一	十二	十三	十四	十五	十六	十七	十八	十九	廿	廿一	廿二	廿三	廿四	廿五	廿六	廿七	廿八	廿九	三十
양력 월/일	9/27	28	29	30	10/1	2	3	4	5	6	7	8	9	10	11	12	13	14	15	16	17	18	19	20	21	22	23	24	25	26
일진	乙酉(을유)	丙戌(병술)	丁亥(정해)	戊子(무자)	己丑(기축)	庚寅(경인)	辛卯(신묘)	壬辰(임진)	癸巳(계사)	甲午(갑오)	乙未(을미)	丙申(병신)	丁酉(정유)	戊戌(무술)	己亥(기해)	庚子(경자)	辛丑(신축)	壬寅(임인)	癸卯(계묘)	甲辰(갑진)	乙巳(을사)	丙午(병오)	丁未(정미)	戊申(무신)	己酉(기유)	庚戌(경술)	辛亥(신해)	壬子(임자)	癸丑(계축)	甲寅(갑인)
절기시각													子正															寅初		
대운 순행	4	3	3	3	2	2	2	1	1	1	1	10	10	10	9	9	9	8	8	8	7	7	7	6	6	6	5	5	5	4
대운 역행	7	7	7	8	8	8	9	9	9	10	10	10	1	1	1	2	2	2	3	3	3	4	4	4	5	5	5	6	6	6

10 月 己 亥(기해) 小

절기													입동															소설		
음력	一	二	三	四	五	六	七	八	九	十	十一	十二	十三	十四	十五	十六	十七	十八	十九	廿	廿一	廿二	廿三	廿四	廿五	廿六	廿七	廿八	廿九	
양력 월/일	10/27	28	29	30	31	11/1	2	3	4	5	6	7	8	9	10	11	12	13	14	15	16	17	18	19	20	21	22	23	24	
일진	乙卯(을묘)	丙辰(병진)	丁巳(정사)	戊午(무오)	己未(기미)	庚申(경신)	辛酉(신유)	壬戌(임술)	癸亥(계해)	甲子(갑자)	乙丑(을축)	丙寅(병인)	丁卯(정묘)	戊辰(무진)	己巳(기사)	庚午(경오)	辛未(신미)	壬申(임신)	癸酉(계유)	甲戌(갑술)	乙亥(을해)	丙子(병자)	丁丑(정축)	戊寅(무인)	己卯(기묘)	庚辰(경진)	辛巳(신사)	壬午(임오)	癸未(계미)	
절기시각													寅初															丑初		
대운 순행	4	4	3	3	3	2	2	2	1	1	1	1	10	9	9	9	8	8	8	7	7	7	6	6	6	5	5	5	4	
대운 역행	7	7	7	8	8	8	9	9	9	10	10	10	10	1	1	1	2	2	2	3	3	3	4	4	4	5	5	5	6	

11 月 庚 子(경자) 大

절기													대설															동지		
음력	一	二	三	四	五	六	七	八	九	十	十一	十二	十三	十四	十五	十六	十七	十八	十九	廿	廿一	廿二	廿三	廿四	廿五	廿六	廿七	廿八	廿九	三十
양력 월/일	11/25	26	27	28	29	30	12/1	2	3	4	5	6	7	8	9	10	11	12	13	14	15	16	17	18	19	20	21	22	23	24
일진	甲申(갑신)	乙酉(을유)	丙戌(병술)	丁亥(정해)	戊子(무자)	己丑(기축)	庚寅(경인)	辛卯(신묘)	壬辰(임진)	癸巳(계사)	甲午(갑오)	乙未(을미)	丙申(병신)	丁酉(정유)	戊戌(무술)	己亥(기해)	庚子(경자)	辛丑(신축)	壬寅(임인)	癸卯(계묘)	甲辰(갑진)	乙巳(을사)	丙午(병오)	丁未(정미)	戊申(무신)	己酉(기유)	庚戌(경술)	辛亥(신해)	壬子(임자)	癸丑(계축)
절기시각													戌正															未定		
대운 순행	4	4	3	3	3	6	6	6	1	1	1	1	10	10	9	9	9	8	8	8	7	7	7	6	6	6	5	5	5	4
대운 역행	6	6	7	7	7	8	8	8	9	9	9	10	10	1	1	1	2	2	2	3	3	3	4	4	4	5	5	5	6	6

12 月 辛 丑(신축) 小

절기													소한															대한		
음력	一	二	三	四	五	六	七	八	九	十	十一	十二	十三	十四	十五	十六	十七	十八	十九	廿	廿一	廿二	廿三	廿四	廿五	廿六	廿七	廿八	廿九	
양력 월/일	12/25	26	27	28	29	30	31	1/1	2	3	4	5	6	7	8	9	10	11	12	13	14	15	16	17	18	19	20	21	22	
일진	甲寅(갑인)	乙卯(을묘)	丙辰(병진)	丁巳(정사)	戊午(무오)	己未(기미)	庚申(경신)	辛酉(신유)	壬戌(임술)	癸亥(계해)	甲子(갑자)	乙丑(을축)	丙寅(병인)	丁卯(정묘)	戊辰(무진)	己巳(기사)	庚午(경오)	辛未(신미)	壬申(임신)	癸酉(계유)	甲戌(갑술)	乙亥(을해)	丙子(병자)	丁丑(정축)	戊寅(무인)	己卯(기묘)	庚辰(경진)	辛巳(신사)	壬午(임오)	
절기시각													辰初															丑初		
대운 순행	4	4	3	3	3	2	2	2	1	1	1	1	10	9	9	9	8	8	8	7	7	7	6	6	6	5	5	5	4	
대운 역행	6	7	7	7	8	8	8	9	9	9	10	10	10	1	1	1	2	2	2	3	3	3	4	4	4	5	5	5	6	

단기 4345 년
불기 2556 년

2012년 壬辰(임진)年

1 月 壬 寅(임인) 大

절기													입춘															우수		
음력	一	二	三	四	五	六	七	八	九	十	十一	十二	十三	十四	十五	十六	十七	十八	十九	廿	廿一	廿二	廿三	廿四	廿五	廿六	廿七	廿八	廿九	三十
양력 월/일	1/23	24	25	26	27	28	29	30	31	2/1	2	3	4	5	6	7	8	9	10	11	12	13	14	15	16	17	18	19	20	21
일진	癸未(계미)	甲申(갑신)	乙酉(을유)	丙戌(병술)	丁亥(정해)	戊子(무자)	己丑(기축)	庚寅(경인)	辛卯(신묘)	壬辰(임진)	癸巳(계사)	甲午(갑오)	乙未(을미)	丙申(병신)	丁酉(정유)	戊戌(무술)	己亥(기해)	庚子(경자)	辛丑(신축)	壬寅(임인)	癸卯(계묘)	甲辰(갑진)	乙巳(을사)	丙午(병오)	丁未(정미)	戊申(무신)	己酉(기유)	庚戌(경술)	辛亥(신해)	壬子(임자)
절기시각													戌初															申初		
대운 순행	4	4	3	3	3	2	2	2	1	1	1	1	10	10	9	9	9	8	8	8	7	7	7	6	6	6	5	5	5	4
대운 역행	6	6	7	7	7	8	8	8	9	9	9	10	10	1	1	1	2	2	2	3	3	3	4	4	4	5	5	5	6	6

2 月 癸 卯(계묘) 小

절기													경칩															춘분	
음력	一	二	三	四	五	六	七	八	九	十	十一	十二	十三	十四	十五	十六	十七	十八	十九	廿	廿一	廿二	廿三	廿四	廿五	廿六	廿七	廿八	廿九
양력 월/일	2/22	23	24	25	26	27	28	29	3/1	2	3	4	5	6	7	8	9	10	11	12	13	14	15	16	17	18	19	20	21
일진	癸丑(계축)	甲寅(갑인)	乙卯(을묘)	丙辰(병진)	丁巳(정사)	戊午(무오)	己未(기미)	庚申(경신)	辛酉(신유)	壬戌(임술)	癸亥(계해)	甲子(갑자)	乙丑(을축)	丙寅(병인)	丁卯(정묘)	戊辰(무진)	己巳(기사)	庚午(경오)	辛未(신미)	壬申(임신)	癸酉(계유)	甲戌(갑술)	乙亥(을해)	丙子(병자)	丁丑(정축)	戊寅(무인)	己卯(기묘)	庚辰(경진)	辛巳(신사)
절기시각													未初															未初	
대운 순행	4	4	3	3	3	2	2	2	1	1	1	1	10	10	9	9	9	8	8	8	7	7	7	6	6	6	5	5	5
대운 역행	6	7	7	7	8	8	8	9	9	9	10	10	10	1	1	1	2	2	2	3	3	3	4	4	4	5	5	5	6

3 月 甲 辰(갑진) 大

절기														청명																곡우
음력	一	二	三	四	五	六	七	八	九	十	十一	十二	十三	十四	十五	十六	十七	十八	十九	廿	廿一	廿二	廿三	廿四	廿五	廿六	廿七	廿八	廿九	三十
양력 월/일	3/22	23	24	25	26	27	28	29	30	31	4/1	2	3	4	5	6	7	8	9	10	11	12	13	14	15	16	17	18	19	20
일진	壬午(임오)	癸未(계미)	甲申(갑신)	乙酉(을유)	丙戌(병술)	丁亥(정해)	戊子(무자)	己丑(기축)	庚寅(경인)	辛卯(신묘)	壬辰(임진)	癸巳(계사)	甲午(갑오)	乙未(을미)	丙申(병신)	丁酉(정유)	戊戌(무술)	己亥(기해)	庚子(경자)	辛丑(신축)	壬寅(임인)	癸卯(계묘)	甲辰(갑진)	乙巳(을사)	丙午(병오)	丁未(정미)	戊申(무신)	己酉(기유)	庚戌(경술)	辛亥(신해)
절기시각														酉初																子正
대운 순행	4	4	4	3	3	3	2	2	2	1	1	1	1	10	10	10	9	9	9	8	8	8	7	7	7	6	6	6	5	5
대운 역행	6	6	7	7	7	8	8	8	9	9	9	10	10	10	1	1	1	2	2	2	3	3	3	4	4	4	5	5	5	6

閏 3 月 甲 辰(갑진) 大

절기															입하															
음력	一	二	三	四	五	六	七	八	九	十	十一	十二	十三	十四	十五	十六	十七	十八	十九	廿	廿一	廿二	廿三	廿四	廿五	廿六	廿七	廿八	廿九	三十
양력 월/일	4/21	22	23	24	25	26	27	28	29	30	5/1	2	3	4	5	6	7	8	9	10	11	12	13	14	15	16	17	18	19	20
일진	壬子(임자)	癸丑(계축)	甲寅(갑인)	乙卯(을묘)	丙辰(병진)	丁巳(정사)	戊午(무오)	己未(기미)	庚申(경신)	辛酉(신유)	壬戌(임술)	癸亥(계해)	甲子(갑자)	乙丑(을축)	丙寅(병인)	丁卯(정묘)	戊辰(무진)	己巳(기사)	庚午(경오)	辛未(신미)	壬申(임신)	癸酉(계유)	甲戌(갑술)	乙亥(을해)	丙子(병자)	丁丑(정축)	戊寅(무인)	己卯(기묘)	庚辰(경진)	辛巳(신사)
절기시각															午初															
대운 순행	5	4	4	4	3	3	3	2	2	2	14	1	1	1	10	10	10	9	9	9	8	8	8	7	7	7	6	6	6	5
대운 역행	6	6	7	7	7	8	8	8	9	9	9	10	10	10	10	1	1	1	2	2	2	3	3	3	4	4	4	5	5	5

4 月 乙 巳(을사) 大

절기	소만															망종														
음력	一	二	三	四	五	六	七	八	九	十	十一	十二	十三	十四	十五	十六	十七	十八	十九	廿	廿一	廿二	廿三	廿四	廿五	廿六	廿七	廿八	廿九	三十
양력 월/일	5/21	22	23	24	25	26	27	28	29	30	31	6/1	2	3	4	5	6	7	8	9	10	11	12	13	14	15	16	17	18	19
일진	壬午(임오)	癸未(계미)	甲申(갑신)	乙酉(을유)	丙戌(병술)	丁亥(정해)	戊子(무자)	己丑(기축)	庚寅(경인)	辛卯(신묘)	壬辰(임진)	癸巳(계사)	甲午(갑오)	乙未(을미)	丙申(병신)	丁酉(정유)	戊戌(무술)	己亥(기해)	庚子(경자)	辛丑(신축)	壬寅(임인)	癸卯(계묘)	甲辰(갑진)	乙巳(을사)	丙午(병오)	丁未(정미)	戊申(무신)	己酉(기유)	庚戌(경술)	辛亥(신해)
절기시각	子正															申初														
대운 순행	5	5	4	4	4	3	3	3	2	2	2	1	1	1	1	10	10	10	10	9	9	9	8	8	8	7	7	7	6	6
대운 역행	6	6	6	7	7	7	8	8	8	9	9	9	10	10	10	10	1	1	1	2	2	2	3	3	3	4	4	4	5	5

5 月 丙 午(병오) 小

절기		하지																소서											
음력	一	二	三	四	五	六	七	八	九	十	十一	十二	十三	十四	十五	十六	十七	十八	十九	廿	廿一	廿二	廿三	廿四	廿五	廿六	廿七	廿八	廿九
양력 월/일	6/20	21	22	23	24	25	26	27	28	29	30	7/1	2	3	4	5	6	7	8	9	10	11	12	13	14	15	16	17	18
일진	壬子(임자)	癸丑(계축)	甲寅(갑인)	乙卯(을묘)	丙辰(병진)	丁巳(정사)	戊午(무오)	己未(기미)	庚申(경신)	辛酉(신유)	壬戌(임술)	癸亥(계해)	甲子(갑자)	乙丑(을축)	丙寅(병인)	丁卯(정묘)	戊辰(무진)	己巳(기사)	庚午(경오)	辛未(신미)	壬申(임신)	癸酉(계유)	甲戌(갑술)	乙亥(을해)	丙子(병자)	丁丑(정축)	戊寅(무인)	己卯(기묘)	庚辰(경진)
절기시각		辰正																丑初											
대운 순행	6	5	5	5	4	4	4	3	3	3	2	2	2	1	1	1	1	10	10	10	9	9	9	8	8	8	7	7	7
대운 역행	5	6	6	6	7	7	7	8	8	8	9	9	9	10	10	10	10	10	1	1	1	2	2	2	3	3	3	4	4

北 大將	午 喪門	寅 弔客	南 三殺

6 月 丁 未(정미) 大

절기				대서																입추										
음력	一	二	三	四	五	六	七	八	九	十	十一	十二	十三	十四	十五	十六	十七	十八	十九	二十	廿一	廿二	廿三	廿四	廿五	廿六	廿七	廿八	廿九	三十
양력 월/일	7/18	20	21	22	23	24	25	26	27	28	29	30	31	8/1	2	3	4	5	6	7	8	9	10	11	12	13	14	15	16	17
일진	辛巳(신사)	壬午(임오)	癸未(계미)	甲申(갑신)	乙酉(을유)	丙戌(병술)	丁亥(정해)	戊子(무자)	己丑(기축)	庚寅(경인)	辛卯(신묘)	壬辰(임진)	癸巳(계사)	甲午(갑오)	乙未(을미)	丙申(병신)	丁酉(정유)	戊戌(무술)	己亥(기해)	庚子(경자)	辛丑(신축)	壬寅(임인)	癸卯(계묘)	甲辰(갑진)	乙巳(을사)	丙午(병오)	丁未(정미)	戊申(무신)	己酉(기유)	庚戌(경술)
절기시각				戌初																午初										
대운 순행	6	6	6	5	5	5	4	4	4	3	3	3	2	2	2	1	1	1	1	10	10	10	9	9	9	8	8	8	7	7
대운 역행	4	5	5	5	6	6	6	7	7	7	8	8	8	9	9	9	10	10	10	10	1	1	1	2	2	2	3	3	3	4

7 月 戊 申(무신) 小

절기						처서															백로								
음력	一	二	三	四	五	六	七	八	九	十	十一	十二	十三	十四	十五	十六	十七	十八	十九	二十	廿一	廿二	廿三	廿四	廿五	廿六	廿七	廿八	廿九
양력 월/일	8/18	19	20	21	22	23	24	25	26	27	28	29	30	31	9/1	2	3	4	5	6	7	8	9	10	11	12	13	14	15
일진	辛亥(신해)	壬子(임자)	癸丑(계축)	甲寅(갑인)	乙卯(을묘)	丙辰(병진)	丁巳(정사)	戊午(무오)	己未(기미)	庚申(경신)	辛酉(신유)	壬戌(임술)	癸亥(계해)	甲子(갑자)	乙丑(을축)	丙寅(병인)	丁卯(정묘)	戊辰(무진)	己巳(기사)	庚午(경오)	辛未(신미)	壬申(임신)	癸酉(계유)	甲戌(갑술)	乙亥(을해)	丙子(병자)	丁丑(정축)	戊寅(무인)	己卯(기묘)
절기시각						丑正															未正								
대운 순행	7	6	6	6	5	5	5	4	4	4	3	3	3	2	2	2	1	1	1	1	10	10	10	9	9	9	8	8	8
대운 역행	4	4	5	5	5	6	6	6	7	7	7	8	8	8	9	9	9	10	10	10	10	1	1	1	2	2	2	3	3

8 月 己 酉(기유) 小

절기							추분																한로						
음력	一	二	三	四	五	六	七	八	九	十	十一	十二	十三	十四	十五	十六	十七	十八	十九	二十	廿一	廿二	廿三	廿四	廿五	廿六	廿七	廿八	廿九
양력 월/일	9/16	17	18	19	20	21	22	23	24	25	26	27	28	29	30	10/1	2	3	4	5	6	7	8	9	10	11	12	13	14
일진	庚辰(경진)	辛巳(신사)	壬午(임오)	癸未(계미)	甲申(갑신)	乙酉(을유)	丙戌(병술)	丁亥(정해)	戊子(무자)	己丑(기축)	庚寅(경인)	辛卯(신묘)	壬辰(임진)	癸巳(계사)	甲午(갑오)	乙未(을미)	丙申(병신)	丁酉(정유)	戊戌(무술)	己亥(기해)	庚子(경자)	辛丑(신축)	壬寅(임인)	癸卯(계묘)	甲辰(갑진)	乙巳(을사)	丙午(병오)	丁未(정미)	戊申(무신)
절기시각							子初																卯正						
대운 순행	7	7	7	6	6	6	5	5	5	4	4	4	3	3	3	2	2	2	1	1	1	1	10	10	9	9	9	8	8
대운 역행	3	4	4	4	5	5	5	6	6	6	7	7	7	8	8	8	9	9	9	10	10	10	10	1	1	1	2	2	2

9 月 庚 戌(경술) 大

절기									상강															입동						
음력	一	二	三	四	五	六	七	八	九	十	十一	十二	十三	十四	十五	十六	十七	十八	十九	二十	廿一	廿二	廿三	廿四	廿五	廿六	廿七	廿八	廿九	三十
양력 월/일	10/15	16	17	18	19	20	21	22	23	24	25	26	27	28	29	30	31	11/1	2	3	4	5	6	7	8	9	10	11	12	13
일진	己酉(기유)	庚戌(경술)	辛亥(신해)	壬子(임자)	癸丑(계축)	甲寅(갑인)	乙卯(을묘)	丙辰(병진)	丁巳(정사)	戊午(무오)	己未(기미)	庚申(경신)	辛酉(신유)	壬戌(임술)	癸亥(계해)	甲子(갑자)	乙丑(을축)	丙寅(병인)	丁卯(정묘)	戊辰(무진)	己巳(기사)	庚午(경오)	辛未(신미)	壬申(임신)	癸酉(계유)	甲戌(갑술)	乙亥(을해)	丙子(병자)	丁丑(정축)	戊寅(무인)
절기시각									巳初															巳初						
대운 순행	8	7	7	7	6	6	6	5	5	5	4	4	4	3	3	3	2	2	2	1	1	1	1	10	10	9	9	9	8	8
대운 역행	3	3	3	4	4	4	5	5	5	6	6	6	7	7	7	8	8	8	9	9	9	10	10	10	1	1	1	2	2	2

10 月 辛 亥(신해) 小

절기									소설															대설					
음력	一	二	三	四	五	六	七	八	九	十	十一	十二	十三	十四	十五	十六	十七	十八	十九	二十	廿一	廿二	廿三	廿四	廿五	廿六	廿七	廿八	廿九
양력 월/일	11/14	15	16	17	18	19	20	21	22	23	24	25	26	27	28	29	30	12/1	2	3	4	5	6	7	8	9	10	11	12
일진	己卯(기묘)	庚辰(경진)	辛巳(신사)	壬午(임오)	癸未(계미)	甲申(갑신)	乙酉(을유)	丙戌(병술)	丁亥(정해)	戊子(무자)	己丑(기축)	庚寅(경인)	辛卯(신묘)	壬辰(임진)	癸巳(계사)	甲午(갑오)	乙未(을미)	丙申(병신)	丁酉(정유)	戊戌(무술)	己亥(기해)	庚子(경자)	辛丑(신축)	壬寅(임인)	癸卯(계묘)	甲辰(갑진)	乙巳(을사)	丙午(병오)	丁未(정미)
절기시각									卯正															丑正					
대운 순행	8	7	7	7	6	6	6	5	5	5	4	4	4	3	3	3	2	2	2	1	1	1	1	10	9	9	9	8	8
대운 역행	3	3	3	4	4	4	5	5	5	6	6	6	7	7	7	8	8	8	9	9	9	10	10	10	1	1	1	2	2

11 月 壬 子(임자) 大

절기									동지															소한						
음력	一	二	三	四	五	六	七	八	九	十	十一	十二	十三	十四	十五	十六	十七	十八	十九	二十	廿一	廿二	廿三	廿四	廿五	廿六	廿七	廿八	廿九	三十
양력 월/일	12/13	14	15	16	17	18	19	20	21	22	23	24	25	26	27	28	29	30	31	1/1	2	3	4	5	6	7	8	9	10	11
일진	戊申(무신)	己酉(기유)	庚戌(경술)	辛亥(신해)	壬子(임자)	癸丑(계축)	甲寅(갑인)	乙卯(을묘)	丙辰(병진)	丁巳(정사)	戊午(무오)	己未(기미)	庚申(경신)	辛酉(신유)	壬戌(임술)	癸亥(계해)	甲子(갑자)	乙丑(을축)	丙寅(병인)	丁卯(정묘)	戊辰(무진)	己巳(기사)	庚午(경오)	辛未(신미)	壬申(임신)	癸酉(계유)	甲戌(갑술)	乙亥(을해)	丙子(병자)	丁丑(정축)
절기시각									戌正															未初						
대운 순행	8	7	7	7	6	6	6	5	5	5	4	4	4	3	3	3	2	2	2	1	1	1	1	10	10	9	9	9	8	8
대운 역행	2	3	3	3	4	4	4	5	5	5	6	6	6	7	7	7	8	8	8	9	9	9	10	10	1	1	1	2	2	2

12 月 癸 丑(계축) 小

절기									대한															입춘					
음력	一	二	三	四	五	六	七	八	九	十	十一	十二	十三	十四	十五	十六	十七	十八	十九	二十	廿一	廿二	廿三	廿四	廿五	廿六	廿七	廿八	廿九
양력 월/일	1/12	13	14	15	16	17	18	19	20	21	22	23	24	25	26	27	28	29	30	31	2/1	2	3	4	5	6	7	8	9
일진	戊寅(무인)	己卯(기묘)	庚辰(경진)	辛巳(신사)	壬午(임오)	癸未(계미)	甲申(갑신)	乙酉(을유)	丙戌(병술)	丁亥(정해)	戊子(무자)	己丑(기축)	庚寅(경인)	辛卯(신묘)	壬辰(임진)	癸巳(계사)	甲午(갑오)	乙未(을미)	丙申(병신)	丁酉(정유)	戊戌(무술)	己亥(기해)	庚子(경자)	辛丑(신축)	壬寅(임인)	癸卯(계묘)	甲辰(갑진)	乙巳(을사)	丙午(병오)
절기시각									卯正															丑初					
대운 순행	8	7	7	7	6	6	6	5	5	5	4	4	4	3	3	3	2	2	2	1	1	1	1	10	9	9	9	8	8
대운 역행	3	3	3	4	4	4	5	5	5	6	6	6	7	7	7	8	8	8	9	9	9	10	10	10	1	1	1	2	2

단기 4346 년
불기 2557 년

2013년 癸巳(계사)年

1 月 甲寅(갑인) 大

절기									우수															경칩						
음력	一	二	三	四	五	六	七	八	九	十	十一	十二	十三	十四	十五	十六	十七	十八	十九	二十	廿一	廿二	廿三	廿四	廿五	廿六	廿七	廿八	廿九	三十
양력 월/일	2/10	11	12	13	14	15	16	17	18	19	20	21	22	23	24	25	26	27	28	3/1	2	3	4	5	6	7	8	9	10	11
일진	丁未(정미)	戊申(무신)	己酉(기유)	庚戌(경술)	辛亥(신해)	壬子(임자)	癸丑(계축)	甲寅(갑인)	乙卯(을묘)	丙辰(병진)	丁巳(정사)	戊午(무오)	己未(기미)	庚申(경신)	辛酉(신유)	壬戌(임술)	癸亥(계해)	甲子(갑자)	乙丑(을축)	丙寅(병인)	丁卯(정묘)	戊辰(무진)	己巳(기사)	庚午(경오)	辛未(신미)	壬申(임신)	癸酉(계유)	甲戌(갑술)	乙亥(을해)	丙子(병자)
절기시각									戌正															酉正						
대운 순행	8	7	7	7	6	6	6	5	5	5	4	4	4	3	3	3	2	2	2	1	1	1	1	10	10	9	9	9	8	8
대운 역행	2	3	3	3	4	4	4	5	5	5	6	6	6	7	7	7	8	8	8	9	9	9	10	10	1	1	1	2	2	2

2 月 乙卯(을묘) 小

절기									춘분															청명						
음력	一	二	三	四	五	六	七	八	九	十	十一	十二	十三	十四	十五	十六	十七	十八	十九	二十	廿一	廿二	廿三	廿四	廿五	廿六	廿七	廿八	廿九	
양력 월/일	3/12	13	14	15	16	17	18	19	20	21	22	23	24	25	26	27	28	29	30	31	4/1	2	3	4	5	6	7	8	9	
일진	丁丑(정축)	戊寅(무인)	己卯(기묘)	庚辰(경진)	辛巳(신사)	壬午(임오)	癸未(계미)	甲申(갑신)	乙酉(을유)	丙戌(병술)	丁亥(정해)	戊子(무자)	己丑(기축)	庚寅(경인)	辛卯(신묘)	壬辰(임진)	癸巳(계사)	甲午(갑오)	乙未(을미)	丙申(병신)	丁酉(정유)	戊戌(무술)	己亥(기해)	庚子(경자)	辛丑(신축)	壬寅(임인)	癸卯(계묘)	甲辰(갑진)	乙巳(을사)	
절기시각									戌初															子初						
대운 순행	8	7	7	7	6	6	6	5	5	5	4	4	4	3	3	3	2	2	2	1	1	1	1	10	10	10	9	9	9	
대운 역행	3	3	3	4	4	4	5	5	5	6	6	6	7	7	7	8	8	8	9	9	9	10	10	10	1	1	1	2	2	

3 月 丙辰(병진) 大

절기											곡우															입하				
음력	一	二	三	四	五	六	七	八	九	十	十一	十二	十三	十四	十五	十六	十七	十八	十九	二十	廿一	廿二	廿三	廿四	廿五	廿六	廿七	廿八	廿九	三十
양력 월/일	4/10	11	12	13	14	15	16	17	18	19	20	21	22	23	24	25	26	27	28	29	30	5/1	2	3	4	5	6	7	8	9
일진	丙午(병오)	丁未(정미)	戊申(무신)	己酉(기유)	庚戌(경술)	辛亥(신해)	壬子(임자)	癸丑(계축)	甲寅(갑인)	乙卯(을묘)	丙辰(병진)	丁巳(정사)	戊午(무오)	己未(기미)	庚申(경신)	辛酉(신유)	壬戌(임술)	癸亥(계해)	甲子(갑자)	乙丑(을축)	丙寅(병인)	丁卯(정묘)	戊辰(무진)	己巳(기사)	庚午(경오)	辛未(신미)	壬申(임신)	癸酉(계유)	甲戌(갑술)	乙亥(을해)
절기시각											卯正															申正				
대운 순행	8	8	8	7	7	7	6	6	6	5	5	5	4	4	4	3	3	3	2	2	2	1	1	1	1	10	10	10	9	9
대운 역행	2	3	3	3	4	4	4	5	5	5	6	6	6	7	7	7	8	8	8	9	9	9	10	10	10	10	1	1	1	2

4 月 丁巳(정사) 大

절기												소만															망종			
음력	一	二	三	四	五	六	七	八	九	十	十一	十二	十三	十四	十五	十六	十七	十八	十九	二十	廿一	廿二	廿三	廿四	廿五	廿六	廿七	廿八	廿九	三十
양력 월/일	5/10	11	12	13	14	15	16	17	18	19	20	21	22	23	24	25	26	27	28	29	30	31	6/1	2	3	4	5	6	7	8
일진	丙子(병자)	丁丑(정축)	戊寅(무인)	己卯(기묘)	庚辰(경진)	辛巳(신사)	壬午(임오)	癸未(계미)	甲申(갑신)	乙酉(을유)	丙戌(병술)	丁亥(정해)	戊子(무자)	己丑(기축)	庚寅(경인)	辛卯(신묘)	壬辰(임진)	癸巳(계사)	甲午(갑오)	乙未(을미)	丙申(병신)	丁酉(정유)	戊戌(무술)	己亥(기해)	庚子(경자)	辛丑(신축)	壬寅(임인)	癸卯(계묘)	甲辰(갑진)	乙巳(을사)
절기시각												卯初															亥初			
대운 순행	9	8	8	8	7	7	7	6	6	6	5	5	5	4	4	4	3	3	3	2	2	2	1	1	1	1	10	10	10	10
대운 역행	2	2	3	3	3	4	4	4	5	5	5	6	6	6	7	7	7	8	8	8	9	9	9	10	10	10	10	1	1	1

5 月 戊午(무오) 小

절기													하지																소서	
음력	一	二	三	四	五	六	七	八	九	十	十一	十二	十三	十四	十五	十六	十七	十八	十九	二十	廿一	廿二	廿三	廿四	廿五	廿六	廿七	廿八	廿九	
양력 월/일	6/9	10	11	12	13	14	15	16	17	18	19	20	21	22	23	24	25	26	27	28	29	30	7/1	2	3	4	5	6	7	
일진	丙午(병오)	丁未(정미)	戊申(무신)	己酉(기유)	庚戌(경술)	辛亥(신해)	壬子(임자)	癸丑(계축)	甲寅(갑인)	乙卯(을묘)	丙辰(병진)	丁巳(정사)	戊午(무오)	己未(기미)	庚申(경신)	辛酉(신유)	壬戌(임술)	癸亥(계해)	甲子(갑자)	乙丑(을축)	丙寅(병인)	丁卯(정묘)	戊辰(무진)	己巳(기사)	庚午(경오)	辛未(신미)	壬申(임신)	癸酉(계유)	甲戌(갑술)	
절기시각													未初																辰初	
대운 순행	9	9	9	8	8	8	7	7	7	6	6	6	5	5	5	4	4	4	3	3	3	2	2	2	1	1	1	1	10	
대운 역행	2	2	2	3	3	3	4	4	4	5	5	5	6	6	6	7	7	7	8	8	8	9	9	9	10	10	10	10	10	

6 月 己未(기미) 大

절기																대서														
음력	一	二	三	四	五	六	七	八	九	十	十一	十二	十三	十四	十五	十六	十七	十八	十九	二十	廿一	廿二	廿三	廿四	廿五	廿六	廿七	廿八	廿九	三十
양력 월/일	7/8	9	10	11	12	13	14	15	16	17	18	19	20	21	22	23	24	25	26	27	28	29	30	31	8/1	2	3	4	5	6
일진	乙亥(을해)	丙子(병자)	丁丑(정축)	戊寅(무인)	己卯(기묘)	庚辰(경진)	辛巳(신사)	壬午(임오)	癸未(계미)	甲申(갑신)	乙酉(을유)	丙戌(병술)	丁亥(정해)	戊子(무자)	己丑(기축)	庚寅(경인)	辛卯(신묘)	壬辰(임진)	癸巳(계사)	甲午(갑오)	乙未(을미)	丙申(병신)	丁酉(정유)	戊戌(무술)	己亥(기해)	庚子(경자)	辛丑(신축)	壬寅(임인)	癸卯(계묘)	甲辰(갑진)
절기시각																子正														
대운 순행	10	10	9	9	9	8	8	8	7	7	7	6	6	6	5	5	5	4	4	4	3	3	3	2	2	2	1	1	1	1
대운 역행	1	1	1	2	2	2	3	3	3	4	4	4	5	5	5	6	6	6	7	7	7	8	8	8	9	9	9	10	10	10

東 大將	未 喪門	卯 弔客	東 三殺

7 月 庚 申(경신) 小

절기	입춘																처서													
음력	一	二	三	四	五	六	七	八	九	十	十一	十二	十三	十四	十五	十六	十七	十八	十九	廿	廿一	廿二	廿三	廿四	廿五	廿六	廿七	廿八	廿九	
양력 월/일	8/7	8	9	10	11	12	13	14	15	16	17	18	19	20	21	22	23	24	25	26	27	28	29	30	31	9/1	2	3	4	
일진	乙巳(을사)	丙午(병오)	丁未(정미)	戊申(무신)	己酉(기유)	庚戌(경술)	辛亥(신해)	壬子(임자)	癸丑(계축)	甲寅(갑인)	乙卯(을묘)	丙辰(병진)	丁巳(정사)	戊午(무오)	己未(기미)	庚申(경신)	辛酉(신유)	壬戌(임술)	癸亥(계해)	甲子(갑자)	乙丑(을축)	丙寅(병인)	丁卯(정묘)	戊辰(무진)	己巳(기사)	庚午(경오)	辛未(신미)	壬申(임신)	癸酉(계유)	
절기시각	酉初																辰初													
대운 순행	10	10	10	9	9	9	8	8	8	7	7	7	6	6	6	5	5	5	4	4	4	3	3	3	2	2	2	1	1	
대운 역행	10	1	1	1	2	2	2	3	3	3	4	4	4	5	5	5	6	6	6	7	7	7	8	8	8	9	9	9	10	

8 月 辛 酉(신유) 大

절기			백로																추분											
음력	一	二	三	四	五	六	七	八	九	十	十一	十二	十三	十四	十五	十六	十七	十八	十九	廿	廿一	廿二	廿三	廿四	廿五	廿六	廿七	廿八	廿九	三十
양력 월/일	9/5	6	7	8	9	10	11	12	13	14	15	16	17	18	19	20	21	22	23	24	25	26	27	28	29	30	10/1	2	3	4
일진	甲戌(갑술)	乙亥(을해)	丙子(병자)	丁丑(정축)	戊寅(무인)	己卯(기묘)	庚辰(경진)	辛巳(신사)	壬午(임오)	癸未(계미)	甲申(갑신)	乙酉(을유)	丙戌(병술)	丁亥(정해)	戊子(무자)	己丑(기축)	庚寅(경인)	辛卯(신묘)	壬辰(임진)	癸巳(계사)	甲午(갑오)	乙未(을미)	丙申(병신)	丁酉(정유)	戊戌(무술)	己亥(기해)	庚子(경자)	辛丑(신축)	壬寅(임인)	癸卯(계묘)
절기시각			戌正																卯初											
대운 순행	1	1	10	10	10	9	9	9	8	8	8	7	7	7	6	6	6	5	5	5	4	4	4	3	3	3	2	2	2	1
대운 역행	10	10	10	1	1	1	2	2	2	3	3	3	4	4	4	5	5	5	6	6	6	7	7	7	8	8	8	9	9	9

9 月 壬 戌(임술) 小

절기				한로															상강											
음력	一	二	三	四	五	六	七	八	九	十	十一	十二	十三	十四	十五	十六	十七	十八	十九	廿	廿一	廿二	廿三	廿四	廿五	廿六	廿七	廿八	廿九	
양력 월/일	10/5	6	7	8	9	10	11	12	13	14	15	16	17	18	19	20	21	22	23	24	25	26	27	28	29	30	31	11/1	2	
일진	甲辰(갑진)	乙巳(을사)	丙午(병오)	丁未(정미)	戊申(무신)	己酉(기유)	庚戌(경술)	辛亥(신해)	壬子(임자)	癸丑(계축)	甲寅(갑인)	乙卯(을묘)	丙辰(병진)	丁巳(정사)	戊午(무오)	己未(기미)	庚申(경신)	辛酉(신유)	壬戌(임술)	癸亥(계해)	甲子(갑자)	乙丑(을축)	丙寅(병인)	丁卯(정묘)	戊辰(무진)	己巳(기사)	庚午(경오)	辛未(신미)	壬申(임신)	
절기시각				午正															申初											
대운 순행	1	1	1	10	10	9	9	9	8	8	8	7	7	7	6	6	6	5	5	5	4	4	4	3	3	3	2	2	2	
대운 역행	10	10	10	10	1	1	1	2	2	2	3	3	3	4	4	4	5	5	5	6	6	6	7	7	7	8	8	8	9	

10 月 癸 亥(계해) 大

절기					입동															소설										
음력	一	二	三	四	五	六	七	八	九	十	十一	十二	十三	十四	十五	十六	十七	十八	十九	廿	廿一	廿二	廿三	廿四	廿五	廿六	廿七	廿八	廿九	三十
양력 월/일	11/3	4	5	6	7	8	9	10	11	12	13	14	15	16	17	18	19	20	21	22	23	24	25	26	27	28	29	30	12/1	2
일진	癸酉(계유)	甲戌(갑술)	乙亥(을해)	丙子(병자)	丁丑(정축)	戊寅(무인)	己卯(기묘)	庚辰(경진)	辛巳(신사)	壬午(임오)	癸未(계미)	甲申(갑신)	乙酉(을유)	丙戌(병술)	丁亥(정해)	戊子(무자)	己丑(기축)	庚寅(경인)	辛卯(신묘)	壬辰(임진)	癸巳(계사)	甲午(갑오)	乙未(을미)	丙申(병신)	丁酉(정유)	戊戌(무술)	己亥(기해)	庚子(경자)	辛丑(신축)	壬寅(임인)
절기시각					申初															午正										
대운 순행	1	1	1	1	10	10	9	9	9	8	8	8	7	7	7	6	6	6	5	5	5	4	4	4	3	3	3	2	2	2
대운 역행	9	9	10	10	10	1	1	1	2	2	2	3	3	3	4	4	4	5	5	5	6	6	6	7	7	7	8	8	8	9

11 月 甲 子(갑자) 小

절기					대설															동지										
음력	一	二	三	四	五	六	七	八	九	十	十一	十二	十三	十四	十五	十六	十七	十八	十九	廿	廿一	廿二	廿三	廿四	廿五	廿六	廿七	廿八	廿九	
양력 월/일	12/3	4	5	6	7	8	9	10	11	12	13	14	15	16	17	18	19	20	21	22	23	24	25	26	27	28	29	30	31	
일진	癸卯(계묘)	甲辰(갑진)	乙巳(을사)	丙午(병오)	丁未(정미)	戊申(무신)	己酉(기유)	庚戌(경술)	辛亥(신해)	壬子(임자)	癸丑(계축)	甲寅(갑인)	乙卯(을묘)	丙辰(병진)	丁巳(정사)	戊午(무오)	己未(기미)	庚申(경신)	辛酉(신유)	壬戌(임술)	癸亥(계해)	甲子(갑자)	乙丑(을축)	丙寅(병인)	丁卯(정묘)	戊辰(무진)	己巳(기사)	庚午(경오)	辛未(신미)	
절기시각					辰正															丑正										
대운 순행	1	1	1	1	10	9	9	9	8	8	8	7	7	7	6	6	6	5	5	5	4	4	4	3	3	3	2	2	2	
대운 역행	9	9	10	10	10	1	1	1	2	2	2	3	3	3	4	4	4	5	5	5	6	6	6	7	7	7	8	8	8	

12 月 乙 丑(을축) 大

절기					소한															대한										
음력	一	二	三	四	五	六	七	八	九	十	十一	十二	十三	十四	十五	十六	十七	十八	十九	廿	廿一	廿二	廿三	廿四	廿五	廿六	廿七	廿八	廿九	三十
양력 월/일	1/1	2	3	4	5	6	7	8	9	10	11	12	13	14	15	16	17	18	19	20	21	22	23	24	25	26	27	28	29	30
일진	壬申(임신)	癸酉(계유)	甲戌(갑술)	乙亥(을해)	丙子(병자)	丁丑(정축)	戊寅(무인)	己卯(기묘)	庚辰(경진)	辛巳(신사)	壬午(임오)	癸未(계미)	甲申(갑신)	乙酉(을유)	丙戌(병술)	丁亥(정해)	戊子(무자)	己丑(기축)	庚寅(경인)	辛卯(신묘)	壬辰(임진)	癸巳(계사)	甲午(갑오)	乙未(을미)	丙申(병신)	丁酉(정유)	戊戌(무술)	己亥(기해)	庚子(경자)	辛丑(신축)
절기시각					戌初															午正										
대운 순행	1	1	1	1	10	10	9	9	9	8	8	8	7	7	7	6	6	6	5	5	5	4	4	4	3	3	3	2	2	2
대운 역행	9	9	9	10	10	1	1	1	2	2	2	3	3	3	4	4	4	5	5	5	6	6	6	7	7	7	8	8	8	9

단기 4347 년
불기 2558 년

2014년 甲午(갑오)年

1 月 丙寅(병인) 小

절기					입춘															우수										
음력	一	二	三	四	五	六	七	八	九	十	十一	十二	十三	十四	十五	十六	十七	十八	十九	廿	廿一	廿二	廿三	廿四	廿五	廿六	廿七	廿八	廿九	
양력 월/일	1/31	2/1	2	3	4	5	6	7	8	9	10	11	12	13	14	15	16	17	18	19	20	21	22	23	24	25	26	27	28	
일진	壬寅(임인)	癸卯(계묘)	甲辰(갑진)	乙巳(을사)	丙午(병오)	丁未(정미)	戊申(무신)	己酉(기유)	庚戌(경술)	辛亥(신해)	壬子(임자)	癸丑(계축)	甲寅(갑인)	乙卯(을묘)	丙辰(병진)	丁巳(정사)	戊午(무오)	己未(기미)	庚申(경신)	辛酉(신유)	壬戌(임술)	癸亥(계해)	甲子(갑자)	乙丑(을축)	丙寅(병인)	丁卯(정묘)	戊辰(무진)	己巳(기사)	庚午(경오)	
절기시각					卯正															丑正										
대운 순행	1	1	1	1	10	10	9	9	9	8	8	8	7	7	7	6	6	6	5	5	5	4	4	4	3	3	3	2	2	
대운 역행	9	9	10	10	10	1	1	1	2	2	2	3	3	3	4	4	4	5	5	5	6	6	6	7	7	7	8	8	8	

2 月 丁卯(정묘) 大

절기						경칩															춘분									
음력	一	二	三	四	五	六	七	八	九	十	十一	十二	十三	十四	十五	十六	十七	十八	十九	廿	廿一	廿二	廿三	廿四	廿五	廿六	廿七	廿八	廿九	三十
양력 월/일	3/1	2	3	4	5	6	7	8	9	10	11	12	13	14	15	16	17	18	19	20	21	22	23	24	25	26	27	28	29	30
일진	辛未(신미)	壬申(임신)	癸酉(계유)	甲戌(갑술)	乙亥(을해)	丙子(병자)	丁丑(정축)	戊寅(무인)	己卯(기묘)	庚辰(경진)	辛巳(신사)	壬午(임오)	癸未(계미)	甲申(갑신)	乙酉(을유)	丙戌(병술)	丁亥(정해)	戊子(무자)	己丑(기축)	庚寅(경인)	辛卯(신묘)	壬辰(임진)	癸巳(계사)	甲午(갑오)	乙未(을미)	丙申(병신)	丁酉(정유)	戊戌(무술)	己亥(기해)	庚子(경자)
절기시각						子正															丑初									
대운 순행	2	1	1	1	1	10	10	9	9	9	8	8	8	7	7	7	6	6	6	5	5	5	4	4	4	3	3	3	2	2
대운 역행	9	9	9	10	10	10	1	1	1	2	2	2	3	3	3	4	4	4	5	5	5	6	6	6	7	7	7	8	8	8

3 月 戊辰(무진) 小

절기						청명															곡우									
음력	一	二	三	四	五	六	七	八	九	十	十一	十二	十三	十四	十五	十六	十七	十八	十九	廿	廿一	廿二	廿三	廿四	廿五	廿六	廿七	廿八	廿九	
양력 월/일	3/31	4/1	2	3	4	5	6	7	8	9	10	11	12	13	14	15	16	17	18	19	20	21	22	23	24	25	26	27	28	
일진	辛丑(신축)	壬寅(임인)	癸卯(계묘)	甲辰(갑진)	乙巳(을사)	丙午(병오)	丁未(정미)	戊申(무신)	己酉(기유)	庚戌(경술)	辛亥(신해)	壬子(임자)	癸丑(계축)	甲寅(갑인)	乙卯(을묘)	丙辰(병진)	丁巳(정사)	戊午(무오)	己未(기미)	庚申(경신)	辛酉(신유)	壬戌(임술)	癸亥(계해)	甲子(갑자)	乙丑(을축)	丙寅(병인)	丁卯(정묘)	戊辰(무진)	己巳(기사)	
절기시각						卯初															午正									
대운 순행	2	1	1	1	1	10	10	9	9	9	8	8	8	7	7	7	6	6	6	5	5	5	4	4	4	3	3	3	2	
대운 역행	9	9	9	10	10	10	1	1	1	2	2	2	3	3	3	4	4	4	5	5	5	6	6	6	7	7	7	8	8	

4 月 己巳(기사) 大

절기							입하																소만							
음력	一	二	三	四	五	六	七	八	九	十	十一	十二	十三	十四	十五	十六	十七	十八	十九	廿	廿一	廿二	廿三	廿四	廿五	廿六	廿七	廿八	廿九	三十
양력 월/일	4/29	30	5/1	2	3	4	5	6	7	8	9	10	11	12	13	14	15	16	17	18	19	20	21	22	23	24	25	26	27	28
일진	庚午(경오)	辛未(신미)	壬申(임신)	癸酉(계유)	甲戌(갑술)	乙亥(을해)	丙子(병자)	丁丑(정축)	戊寅(무인)	己卯(기묘)	庚辰(경진)	辛巳(신사)	壬午(임오)	癸未(계미)	甲申(갑신)	乙酉(을유)	丙戌(병술)	丁亥(정해)	戊子(무자)	己丑(기축)	庚寅(경인)	辛卯(신묘)	壬辰(임진)	癸巳(계사)	甲午(갑오)	乙未(을미)	丙申(병신)	丁酉(정유)	戊戌(무술)	己亥(기해)
절기시각							亥正																午初							
대운 순행	2	2	1	1	1	1	10	10	10	10	9	9	9	8	8	8	7	7	7	6	6	6	5	5	5	4	4	4	3	3
대운 역행	8	9	9	9	10	10	10	1	1	1	2	2	2	3	3	3	4	4	4	5	5	5	6	6	6	7	7	7	8	8

5 月 庚午(경오) 小

절기									망종															하지						
음력	一	二	三	四	五	六	七	八	九	十	十一	十二	十三	十四	十五	十六	十七	十八	十九	廿	廿一	廿二	廿三	廿四	廿五	廿六	廿七	廿八	廿九	
양력 월/일	5/29	30	31	6/1	2	3	4	5	6	7	8	9	10	11	12	13	14	15	16	17	18	19	20	21	22	23	24	25	26	
일진	庚子(경자)	辛丑(신축)	壬寅(임인)	癸卯(계묘)	甲辰(갑진)	乙巳(을사)	丙午(병오)	丁未(정미)	戊申(무신)	己酉(기유)	庚戌(경술)	辛亥(신해)	壬子(임자)	癸丑(계축)	甲寅(갑인)	乙卯(을묘)	丙辰(병진)	丁巳(정사)	戊午(무오)	己未(기미)	庚申(경신)	辛酉(신유)	壬戌(임술)	癸亥(계해)	甲子(갑자)	乙丑(을축)	丙寅(병인)	丁卯(정묘)	戊辰(무진)	
절기시각									丑正															戌初						
대운 순행	3	2	2	2	1	1	1	1	10	10	10	9	9	9	8	8	8	7	7	7	6	6	6	5	5	5	4	4	4	
대운 역행	8	9	9	9	10	10	10	10	10	1	1	1	2	2	2	3	3	3	4	4	4	5	5	5	6	6	6	7	7	

6 月 辛未(신미) 大

절기											소서																대서			
음력	一	二	三	四	五	六	七	八	九	十	十一	十二	十三	十四	十五	十六	十七	十八	十九	廿	廿一	廿二	廿三	廿四	廿五	廿六	廿七	廿八	廿九	三十
양력 월/일	6/27	28	29	30	7/1	2	3	4	5	6	7	8	9	10	11	12	13	14	15	16	17	18	19	20	21	22	23	24	25	26
일진	己巳(기사)	庚午(경오)	辛未(신미)	壬申(임신)	癸酉(계유)	甲戌(갑술)	乙亥(을해)	丙子(병자)	丁丑(정축)	戊寅(무인)	己卯(기묘)	庚辰(경진)	辛巳(신사)	壬午(임오)	癸未(계미)	甲申(갑신)	乙酉(을유)	丙戌(병술)	丁亥(정해)	戊子(무자)	己丑(기축)	庚寅(경인)	辛卯(신묘)	壬辰(임진)	癸巳(계사)	甲午(갑오)	乙未(을미)	丙申(병신)	丁酉(정유)	戊戌(무술)
절기시각											未初																卯正			
대운 순행	3	3	3	2	2	2	1	1	1	1	10	10	10	9	9	9	8	8	8	7	7	7	6	6	6	5	5	5	4	4
대운 역행	7	8	8	8	9	9	9	10	10	10	10	1	1	1	2	2	2	3	3	3	4	4	4	5	5	5	6	6	6	7

東 大將	申 喪門	辰 弔客	北 三殺

7 月 壬 申(임신) 小

절기												입추																처서		
음력	一	二	三	四	五	六	七	八	九	十	十一	十二	十三	十四	十五	十六	十七	十八	十九	廿十	廿一	廿二	廿三	廿四	廿五	廿六	廿七	廿八	廿九	
양력 월/일	7/27	28	29	30	31	8/1	2	3	4	5	6	7	8	9	10	11	12	13	14	15	16	17	18	19	20	21	22	23	24	
일진	己亥(기해)	庚子(경자)	辛丑(신축)	壬寅(임인)	癸卯(계묘)	甲辰(갑진)	乙巳(을사)	丙午(병오)	丁未(정미)	戊申(무신)	己酉(기유)	庚戌(경술)	辛亥(신해)	壬子(임자)	癸丑(계축)	甲寅(갑인)	乙卯(을묘)	丙辰(병진)	丁巳(정사)	戊午(무오)	己未(기미)	庚申(경신)	辛酉(신유)	壬戌(임술)	癸亥(계해)	甲子(갑자)	乙丑(을축)	丙寅(병인)	丁卯(정묘)	
절기시각												子初																未初		
대운 순행	4	3	3	3	2	2	2	1	1	1	1	10	10	10	10	9	9	9	8	8	8	7	7	7	6	6	6	5	5	
대운 역행	7	7	8	8	8	9	9	9	10	10	10	10	1	1	1	2	2	2	3	3	3	4	4	4	5	5	5	6	6	

8 月 癸 酉(계유) 大

절기															백로															추분
음력	一	二	三	四	五	六	七	八	九	十	十一	十二	十三	十四	十五	十六	十七	十八	十九	廿十	廿一	廿二	廿三	廿四	廿五	廿六	廿七	廿八	廿九	三十
양력 월/일	8/25	26	27	28	29	30	31	9/1	2	3	4	5	6	7	8	9	10	11	12	13	14	15	16	17	18	19	20	21	22	23
일진	戊辰(무진)	己巳(기사)	庚午(경오)	辛未(신미)	壬申(임신)	癸酉(계유)	甲戌(갑술)	乙亥(을해)	丙子(병자)	丁丑(정축)	戊寅(무인)	己卯(기묘)	庚辰(경진)	辛巳(신사)	壬午(임오)	癸未(계미)	甲申(갑신)	乙酉(을유)	丙戌(병술)	丁亥(정해)	戊子(무자)	己丑(기축)	庚寅(경인)	辛卯(신묘)	壬辰(임진)	癸巳(계사)	甲午(갑오)	乙未(을미)	丙申(병신)	丁酉(정유)
절기시각															丑正															午初
대운 순행	5	4	4	4	3	3	3	2	2	2	1	1	1	1	10	10	9	9	9	8	8	8	7	7	7	6	6	6	5	5
대운 역행	6	7	7	7	8	8	8	9	9	9	10	10	10	10	10	1	1	1	2	2	2	3	3	3	4	4	4	5	5	5

9 月 甲 戌(갑술) 大

절기															한로															상강
음력	一	二	三	四	五	六	七	八	九	十	十一	十二	十三	十四	十五	十六	十七	十八	十九	廿十	廿一	廿二	廿三	廿四	廿五	廿六	廿七	廿八	廿九	三十
양력 월/일	9/24	25	26	27	28	29	30	10/1	2	3	4	5	6	7	8	9	10	11	12	13	14	15	16	17	18	19	20	21	22	23
일진	戊戌(무술)	己亥(기해)	庚子(경자)	辛丑(신축)	壬寅(임인)	癸卯(계묘)	甲辰(갑진)	乙巳(을사)	丙午(병오)	丁未(정미)	戊申(무신)	己酉(기유)	庚戌(경술)	辛亥(신해)	壬子(임자)	癸丑(계축)	甲寅(갑인)	乙卯(을묘)	丙辰(병진)	丁巳(정사)	戊午(무오)	己未(기미)	庚申(경신)	辛酉(신유)	壬戌(임술)	癸亥(계해)	甲子(갑자)	乙丑(을축)	丙寅(병인)	丁卯(정묘)
절기시각															酉初															戌正
대운 순행	5	4	4	4	3	3	3	2	2	2	1	1	1	1	10	10	9	9	9	8	8	8	7	7	7	6	6	6	5	5
대운 역행	6	6	6	7	7	7	8	8	8	9	9	9	10	10	10	1	1	1	2	2	2	3	3	3	4	4	4	5	5	5

閏 9 月 甲 戌(갑술) 小

절기															입동															
음력	一	二	三	四	五	六	七	八	九	十	十一	十二	十三	十四	十五	十六	十七	十八	十九	廿十	廿一	廿二	廿三	廿四	廿五	廿六	廿七	廿八	廿九	
양력 월/일	10/24	25	26	27	28	29	30	31	11/1	2	3	4	5	6	7	8	9	10	11	12	13	14	15	16	17	18	19	20	21	
일진	戊辰(무진)	己巳(기사)	庚午(경오)	辛未(신미)	壬申(임신)	癸酉(계유)	甲戌(갑술)	乙亥(을해)	丙子(병자)	丁丑(정축)	戊寅(무인)	己卯(기묘)	庚辰(경진)	辛巳(신사)	壬午(임오)	癸未(계미)	甲申(갑신)	乙酉(을유)	丙戌(병술)	丁亥(정해)	戊子(무자)	己丑(기축)	庚寅(경인)	辛卯(신묘)	壬辰(임진)	癸巳(계사)	甲午(갑오)	乙未(을미)	丙申(병신)	
절기시각															亥初															
대운 순행	5	4	4	4	3	3	3	2	2	2	1	1	1	1	10	10	9	9	9	8	8	8	7	7	7	6	6	6	5	
대운 역행	6	6	6	7	7	7	8	8	8	9	9	9	10	10	10	1	1	1	2	2	2	3	3	3	4	4	4	5	5	

10 月 乙 亥(을해) 大

절기	소설															대설														
음력	一	二	三	四	五	六	七	八	九	十	十一	十二	十三	十四	十五	十六	十七	十八	十九	廿十	廿一	廿二	廿三	廿四	廿五	廿六	廿七	廿八	廿九	三十
양력 월/일	11/22	23	24	25	26	27	28	29	30	12/1	2	3	4	5	6	7	8	9	10	11	12	13	14	15	16	17	18	19	20	21
일진	丁酉(정유)	戊戌(무술)	己亥(기해)	庚子(경자)	辛丑(신축)	壬寅(임인)	癸卯(계묘)	甲辰(갑진)	乙巳(을사)	丙午(병오)	丁未(정미)	戊申(무신)	己酉(기유)	庚戌(경술)	辛亥(신해)	壬子(임자)	癸丑(계축)	甲寅(갑인)	乙卯(을묘)	丙辰(병진)	丁巳(정사)	戊午(무오)	己未(기미)	庚申(경신)	辛酉(신유)	壬戌(임술)	癸亥(계해)	甲子(갑자)	乙丑(을축)	丙寅(병인)
절기시각	有情															未初														
대운 순행	5	5	4	4	4	3	3	3	2	2	2	1	1	1	1	10	10	9	9	9	8	8	8	7	7	7	6	6	6	5
대운 역행	5	6	6	6	7	7	7	8	8	8	9	9	9	10	10	10	1	1	1	2	2	2	3	3	3	4	4	4	5	5

11 月 丙 子(병자) 小

절기	동지															소한														
음력	一	二	三	四	五	六	七	八	九	十	十一	十二	十三	十四	十五	十六	十七	十八	十九	廿十	廿一	廿二	廿三	廿四	廿五	廿六	廿七	廿八	廿九	
양력 월/일	12/22	23	24	25	26	27	28	29	30	31	1/1	2	3	4	5	6	7	8	9	10	11	12	13	14	15	16	17	18	19	
일진	丁卯(정묘)	戊辰(무진)	己巳(기사)	庚午(경오)	辛未(신미)	壬申(임신)	癸酉(계유)	甲戌(갑술)	乙亥(을해)	丙子(병자)	丁丑(정축)	戊寅(무인)	己卯(기묘)	庚辰(경진)	辛巳(신사)	壬午(임오)	癸未(계미)	甲申(갑신)	乙酉(을유)	丙戌(병술)	丁亥(정해)	戊子(무자)	己丑(기축)	庚寅(경인)	辛卯(신묘)	壬辰(임진)	癸巳(계사)	甲午(갑오)	乙未(을미)	
절기시각	辰初															丑初														
대운 순행	5	5	4	4	4	3	3	3	2	2	2	1	1	1	1	10	9	9	9	8	8	8	7	7	7	6	6	6	5	
대운 역행	5	6	6	6	7	7	7	8	8	8	9	9	9	10	10	10	1	1	1	2	2	2	3	3	3	4	4	4	5	

12 月 丁 丑(정축) 大

절기	대한															입춘														
음력	一	二	三	四	五	六	七	八	九	十	十一	十二	十三	十四	十五	十六	十七	十八	十九	廿十	廿一	廿二	廿三	廿四	廿五	廿六	廿七	廿八	廿九	三十
양력 월/일	1/20	21	22	23	24	25	26	27	28	29	30	31	2/1	2	3	4	5	6	7	8	9	10	11	12	13	14	15	16	17	18
일진	丙申(병신)	丁酉(정유)	戊戌(무술)	己亥(기해)	庚子(경자)	辛丑(신축)	壬寅(임인)	癸卯(계묘)	甲辰(갑진)	乙巳(을사)	丙午(병오)	丁未(정미)	戊申(무신)	己酉(기유)	庚戌(경술)	辛亥(신해)	壬子(임자)	癸丑(계축)	甲寅(갑인)	乙卯(을묘)	丙辰(병진)	丁巳(정사)	戊午(무오)	己未(기미)	庚申(경신)	辛酉(신유)	壬戌(임술)	癸亥(계해)	甲子(갑자)	乙丑(을축)
절기시각	酉正															午正														
대운 순행	5	5	4	4	4	3	3	3	2	2	2	1	1	1	1	10	10	9	9	9	8	8	8	7	7	7	6	6	6	5
대운 역행	5	5	6	6	6	7	7	7	8	8	8	9	9	9	10	10	1	1	1	2	2	2	3	3	3	4	4	4	5	5

단기 4348 년
불기 2559 년

2015년 乙未(을미)年

1 月 戊寅(무인) 小

절기	우수															경칩														
음력	一	二	三	四	五	六	七	八	九	十	十一	十二	十三	十四	十五	十六	十七	十八	十九	廿	廿一	廿二	廿三	廿四	廿五	廿六	廿七	廿八	廿九	
양력 월/일	2/19	20	21	22	23	24	25	26	27	28	3/1	2	3	4	5	6	7	8	9	10	11	12	13	14	15	16	17	18	19	
일진	丙寅(병인)	丁卯(정묘)	戊辰(무진)	己巳(기사)	庚午(경오)	辛未(신미)	壬申(임신)	癸酉(계유)	甲戌(갑술)	乙亥(을해)	丙子(병자)	丁丑(정축)	戊寅(무인)	己卯(기묘)	庚辰(경진)	辛巳(신사)	壬午(임오)	癸未(계미)	甲申(갑신)	乙酉(을유)	丙戌(병술)	丁亥(정해)	戊子(무자)	己丑(기축)	庚寅(경인)	辛卯(신묘)	壬辰(임진)	癸巳(계사)	甲午(갑오)	
절기시각	辰正															卯正														
대운 순행	5	5	4	4	4	3	3	3	2	2	2	1	1	1	1	10	10	9	9	9	8	8	8	7	7	7	6	6	6	
대운 역행	5	6	6	6	7	7	7	8	8	8	9	9	9	10	10	10	1	1	1	2	2	2	3	3	3	4	4	4	5	

2 月 己卯(기묘) 大

절기		춘분															청명													
음력	一	二	三	四	五	六	七	八	九	十	十一	十二	十三	十四	十五	十六	十七	十八	十九	廿	廿一	廿二	廿三	廿四	廿五	廿六	廿七	廿八	廿九	三十
양력 월/일	3/20	21	22	23	24	25	26	27	28	29	30	31	4/1	2	3	4	5	6	7	8	9	10	11	12	13	14	15	16	17	18
일진	乙未(을미)	丙申(병신)	丁酉(정유)	戊戌(무술)	己亥(기해)	庚子(경자)	辛丑(신축)	壬寅(임인)	癸卯(계묘)	甲辰(갑진)	乙巳(을사)	丙午(병오)	丁未(정미)	戊申(무신)	己酉(기유)	庚戌(경술)	辛亥(신해)	壬子(임자)	癸丑(계축)	甲寅(갑인)	乙卯(을묘)	丙辰(병진)	丁巳(정사)	戊午(무오)	己未(기미)	庚申(경신)	辛酉(신유)	壬戌(임술)	癸亥(계해)	甲子(갑자)
절기시각		辰初															午初													
대운 순행	5	5	5	4	4	4	3	3	3	2	2	2	1	1	1	1	10	10	10	9	9	9	8	8	8	7	7	7	6	6
대운 역행	5	5	6	6	6	7	7	7	8	8	8	9	9	9	10	10	10	1	1	1	2	2	2	3	3	3	4	4	4	5

3 月 庚辰(경진) 小

절기		곡우																입하												
음력	一	二	三	四	五	六	七	八	九	十	十一	十二	十三	十四	十五	十六	十七	十八	十九	廿	廿一	廿二	廿三	廿四	廿五	廿六	廿七	廿八	廿九	
양력 월/일	4/19	20	21	22	23	24	25	26	27	28	29	30	5/1	2	3	4	5	6	7	8	9	10	11	12	13	14	15	16	17	
일진	乙丑(을축)	丙寅(병인)	丁卯(정묘)	戊辰(무진)	己巳(기사)	庚午(경오)	辛未(신미)	壬申(임신)	癸酉(계유)	甲戌(갑술)	乙亥(을해)	丙子(병자)	丁丑(정축)	戊寅(무인)	己卯(기묘)	庚辰(경진)	辛巳(신사)	壬午(임오)	癸未(계미)	甲申(갑신)	乙酉(을유)	丙戌(병술)	丁亥(정해)	戊子(무자)	己丑(기축)	庚寅(경인)	辛卯(신묘)	壬辰(임진)	癸巳(계사)	
절기시각		酉正																寅正												
대운 순행	6	5	5	5	4	4	4	3	3	3	2	2	2	1	1	1	1	10	10	10	9	9	9	8	8	8	7	7	7	
대운 역행	5	5	6	6	6	7	7	7	8	8	8	9	9	9	10	10	10	10	1	1	1	2	2	2	3	3	3	4	4	

4 月 辛巳(신사) 小

절기				소만																망종										
음력	一	二	三	四	五	六	七	八	九	十	十一	十二	十三	十四	十五	十六	十七	十八	十九	廿	廿一	廿二	廿三	廿四	廿五	廿六	廿七	廿八	廿九	
양력 월/일	5/18	19	20	21	22	23	24	25	26	27	28	29	30	31	6/1	2	3	4	5	6	7	8	9	10	11	12	13	14	15	
일진	甲午(갑오)	乙未(을미)	丙申(병신)	丁酉(정유)	戊戌(무술)	己亥(기해)	庚子(경자)	辛丑(신축)	壬寅(임인)	癸卯(계묘)	甲辰(갑진)	乙巳(을사)	丙午(병오)	丁未(정미)	戊申(무신)	己酉(기유)	庚戌(경술)	辛亥(신해)	壬子(임자)	癸丑(계축)	甲寅(갑인)	乙卯(을묘)	丙辰(병진)	丁巳(정사)	戊午(무오)	己未(기미)	庚申(경신)	辛酉(신유)	壬戌(임술)	
절기시각				酉初																辰正										
대운 순행	6	6	6	5	5	5	4	4	4	3	3	3	2	2	2	1	1	1	1	10	10	10	9	9	9	8	8	8	7	
대운 역행	4	5	5	5	6	6	6	7	7	7	8	8	8	9	9	9	10	10	10	10	1	1	1	2	2	2	3	3	3	

5 月 壬午(임오) 大

절기							하지															소서								
음력	一	二	三	四	五	六	七	八	九	十	十一	十二	十三	十四	十五	十六	十七	十八	十九	廿	廿一	廿二	廿三	廿四	廿五	廿六	廿七	廿八	廿九	三十
양력 월/일	6/16	17	18	19	20	21	22	23	24	25	26	27	28	29	30	7/1	2	3	4	5	6	7	8	9	10	11	12	13	14	15
일진	癸亥(계해)	甲子(갑자)	乙丑(을축)	丙寅(병인)	丁卯(정묘)	戊辰(무진)	己巳(기사)	庚午(경오)	辛未(신미)	壬申(임신)	癸酉(계유)	甲戌(갑술)	乙亥(을해)	丙子(병자)	丁丑(정축)	戊寅(무인)	己卯(기묘)	庚辰(경진)	辛巳(신사)	壬午(임오)	癸未(계미)	甲申(갑신)	乙酉(을유)	丙戌(병술)	丁亥(정해)	戊子(무자)	己丑(기축)	庚寅(경인)	辛卯(신묘)	壬辰(임진)
절기시각							丑初															戌初								
대운 순행	7	7	6	6	6	5	5	5	4	4	4	3	3	3	2	2	2	1	1	1	1	10	10	10	10	9	9	9	8	8
대운 역행	4	4	4	5	5	5	6	6	6	7	7	7	8	8	8	9	9	9	10	10	10	10	1	1	1	2	2	2	3	3

6 月 癸未(계미) 小

절기								대서																입추						
음력	一	二	三	四	五	六	七	八	九	十	十一	十二	十三	十四	十五	十六	十七	十八	十九	廿	廿一	廿二	廿三	廿四	廿五	廿六	廿七	廿八	廿九	
양력 월/일	7/16	17	18	19	20	21	22	23	24	25	26	27	28	29	30	31	8/1	2	3	4	5	6	7	8	9	10	11	12	13	
일진	癸巳(계사)	甲午(갑오)	乙未(을미)	丙申(병신)	丁酉(정유)	戊戌(무술)	己亥(기해)	庚子(경자)	辛丑(신축)	壬寅(임인)	癸卯(계묘)	甲辰(갑진)	乙巳(을사)	丙午(병오)	丁未(정미)	戊申(무신)	己酉(기유)	庚戌(경술)	辛亥(신해)	壬子(임자)	癸丑(계축)	甲寅(갑인)	乙卯(을묘)	丙辰(병진)	丁巳(정사)	戊午(무오)	己未(기미)	庚申(경신)	辛酉(신유)	
절기시각								午正																寅正						
대운 순행	8	7	7	7	6	6	6	5	5	5	4	4	4	3	3	3	2	2	2	1	1	1	1	10	10	10	9	9	9	
대운 역행	3	4	4	4	5	5	5	6	6	6	7	7	7	8	8	8	9	9	9	10	10	10	10	10	1	1	1	2	2	

東 大將	酉 喪門	巳 弔客	西 三殺

7 月 甲 申(갑신) 大

절기										처서																백로				
음력	一	二	三	四	五	六	七	八	九	十	十一	十二	十三	十四	十五	十六	十七	十八	十九	二十	廿一	廿二	廿三	廿四	廿五	廿六	廿七	廿八	廿九	三十
양력 월/일	8/14	15	16	17	18	19	20	21	22	23	24	25	26	27	28	29	30	31	9/1	2	3	4	5	6	7	8	9	10	11	12
일진	壬戌(임술)	癸亥(계해)	甲子(갑자)	乙丑(을축)	丙寅(병인)	丁卯(정묘)	戊辰(무진)	己巳(기사)	庚午(경오)	辛未(신미)	壬申(임신)	癸酉(계유)	甲戌(갑술)	乙亥(을해)	丙子(병자)	丁丑(정축)	戊寅(무인)	己卯(기묘)	庚辰(경진)	辛巳(신사)	壬午(임오)	癸未(계미)	甲申(갑신)	乙酉(을유)	丙戌(병술)	丁亥(정해)	戊子(무자)	己丑(기축)	庚寅(경인)	辛卯(신묘)
절기시각										戌初																辰初				
대운 순행	8	8	8	7	7	7	6	6	6	5	5	5	4	4	4	3	3	3	2	2	2	1	1	1	1	10	10	9	9	9
대운 역행	2	3	3	3	4	4	4	5	5	5	6	6	6	7	7	7	8	8	8	9	9	9	10	10	10	10	1	1	1	2

8 月 乙 酉(을유) 大

절기											추분															한로				
음력	一	二	三	四	五	六	七	八	九	十	十一	十二	十三	十四	十五	十六	十七	十八	十九	二十	廿一	廿二	廿三	廿四	廿五	廿六	廿七	廿八	廿九	三十
양력 월/일	9/13	14	15	16	17	18	19	20	21	22	23	24	25	26	27	28	29	30	10/1	2	3	4	5	6	7	8	9	10	11	12
일진	壬辰(임진)	癸巳(계사)	甲午(갑오)	乙未(을미)	丙申(병신)	丁酉(정유)	戊戌(무술)	己亥(기해)	庚子(경자)	辛丑(신축)	壬寅(임인)	癸卯(계묘)	甲辰(갑진)	乙巳(을사)	丙午(병오)	丁未(정미)	戊申(무신)	己酉(기유)	庚戌(경술)	辛亥(신해)	壬子(임자)	癸丑(계축)	甲寅(갑인)	乙卯(을묘)	丙辰(병진)	丁巳(정사)	戊午(무오)	己未(기미)	庚申(경신)	辛酉(신유)
절기시각											酉初															子初				
대운 순행	8	8	8	7	7	7	6	6	6	5	5	5	4	4	4	3	3	3	2	2	2	1	1	1	1	10	10	10	9	9
대운 역행	2	2	3	3	3	4	4	4	5	5	5	6	6	6	7	7	7	8	8	8	9	9	9	10	10	10	1	1	1	2

9 月 丙 戌(병술) 大

절기												상강															입동			
음력	一	二	三	四	五	六	七	八	九	十	十一	十二	十三	十四	十五	十六	十七	十八	十九	二十	廿一	廿二	廿三	廿四	廿五	廿六	廿七	廿八	廿九	三十
양력 월/일	10/13	14	15	16	17	18	19	20	21	22	23	24	25	26	27	28	29	30	31	11/1	2	3	4	5	6	7	8	9	10	11
일진	壬戌(임술)	癸亥(계해)	甲子(갑자)	乙丑(을축)	丙寅(병인)	丁卯(정묘)	戊辰(무진)	己巳(기사)	庚午(경오)	辛未(신미)	壬申(임신)	癸酉(계유)	甲戌(갑술)	乙亥(을해)	丙子(병자)	丁丑(정축)	戊寅(무인)	己卯(기묘)	庚辰(경진)	辛巳(신사)	壬午(임오)	癸未(계미)	甲申(갑신)	乙酉(을유)	丙戌(병술)	丁亥(정해)	戊子(무자)	己丑(기축)	庚寅(경인)	辛卯(신묘)
절기시각												丑正															丑正			
대운 순행	9	8	8	8	7	7	7	6	6	6	5	5	5	4	4	4	3	3	3	2	2	2	1	1	1	1	10	9	9	9
대운 역행	2	2	3	3	3	4	4	4	5	5	5	6	6	6	7	7	7	8	8	8	9	9	9	10	10	10	10	1	1	1

10 月 丁 亥(정해) 小

절기												소설														대설				
음력	一	二	三	四	五	六	七	八	九	十	十一	十二	十三	十四	十五	十六	十七	十八	十九	二十	廿一	廿二	廿三	廿四	廿五	廿六	廿七	廿八	廿九	
양력 월/일	11/12	13	14	15	16	17	18	19	20	21	22	23	24	25	26	27	28	29	30	12/1	2	3	4	5	6	7	8	9	10	
일진	壬辰(임진)	癸巳(계사)	甲午(갑오)	乙未(을미)	丙申(병신)	丁酉(정유)	戊戌(무술)	己亥(기해)	庚子(경자)	辛丑(신축)	壬寅(임인)	癸卯(계묘)	甲辰(갑진)	乙巳(을사)	丙午(병오)	丁未(정미)	戊申(무신)	己酉(기유)	庚戌(경술)	辛亥(신해)	壬子(임자)	癸丑(계축)	甲寅(갑인)	乙卯(을묘)	丙辰(병진)	丁巳(정사)	戊午(무오)	己未(기미)	庚申(경신)	
절기시각												子正																		
대운 순행	8	8	8	7	7	7	6	6	6	5	5	5	4	4	4	3	3	3	2	2	2	1	1	1	1	10	10	9	9	
대운 역행	2	2	2	3	3	3	4	4	4	5	5	5	6	6	6	7	7	7	8	8	8	9	9	9	10	10	1	1	1	

11 月 戊 子(무자) 大

절기												동지															소한			
음력	一	二	三	四	五	六	七	八	九	十	十一	十二	十三	十四	十五	十六	十七	十八	十九	二十	廿一	廿二	廿三	廿四	廿五	廿六	廿七	廿八	廿九	三十
양력 월/일	12/11	12	13	14	15	16	17	18	19	20	21	22	23	24	25	26	27	28	29	30	31	1/1	2	3	4	5	6	7	8	9
일진	辛酉(신유)	壬戌(임술)	癸亥(계해)	甲子(갑자)	乙丑(을축)	丙寅(병인)	丁卯(정묘)	戊辰(무진)	己巳(기사)	庚午(경오)	辛未(신미)	壬申(임신)	癸酉(계유)	甲戌(갑술)	乙亥(을해)	丙子(병자)	丁丑(정축)	戊寅(무인)	己卯(기묘)	庚辰(경진)	辛巳(신사)	壬午(임오)	癸未(계미)	甲申(갑신)	乙酉(을유)	丙戌(병술)	丁亥(정해)	戊子(무자)	己丑(기축)	庚寅(경인)
절기시각												未初																		
대운 순행	9	8	8	8	7	7	7	6	6	6	5	5	5	4	4	4	3	3	3	2	2	2	1	1	1	1	10	9	9	9
대운 역행	2	2	2	3	3	3	4	4	4	5	5	5	6	6	6	7	7	7	8	8	8	9	9	9	10	10	10	1	1	1

12 月 己 丑(기축) 大

절기												대한															입춘			
음력	一	二	三	四	五	六	七	八	九	十	十一	十二	十三	十四	十五	十六	十七	十八	十九	二十	廿一	廿二	廿三	廿四	廿五	廿六	廿七	廿八	廿九	三十
양력 월/일	1/10	11	12	13	14	15	16	17	18	19	20	21	22	23	24	25	26	27	28	29	30	31	2/1	2	3	4	5	6	7	8
일진	辛卯(신묘)	壬辰(임진)	癸巳(계사)	甲午(갑오)	乙未(을미)	丙申(병신)	丁酉(정유)	戊戌(무술)	己亥(기해)	庚子(경자)	辛丑(신축)	壬寅(임인)	癸卯(계묘)	甲辰(갑진)	乙巳(을사)	丙午(병오)	丁未(정미)	戊申(무신)	己酉(기유)	庚戌(경술)	辛亥(신해)	壬子(임자)	癸丑(계축)	甲寅(갑인)	乙卯(을묘)	丙辰(병진)	丁巳(정사)	戊午(무오)	己未(기미)	庚申(경신)
절기시각												子正															酉正			
대운 순행	8	8	8	7	7	7	6	6	6	5	5	5	4	4	4	3	3	3	2	2	2	1	1	1	1	10	10	9	9	9
대운 역행	2	2	2	3	3	3	4	4	4	5	5	5	6	6	6	7	7	7	8	8	8	9	9	9	10	10	1	1	1	2

단기 4349 년
불기 2560 년

2016년 丙申(병신)年

1 月 庚 寅(경인) 小

절기											우수															경칩				
음력	一	二	三	四	五	六	七	八	九	十	十一	十二	十三	十四	十五	十六	十七	十八	十九	廿	廿一	廿二	廿三	廿四	廿五	廿六	廿七	廿八	廿九	
양력 월/일	2/9	10	11	12	13	14	15	16	17	18	19	20	21	22	23	24	25	26	27	28	29	3/1	2	3	4	5	6	7	8	
일진	辛酉(신유)	壬戌(임술)	癸亥(계해)	甲子(갑자)	乙丑(을축)	丙寅(병인)	丁卯(정묘)	戊辰(무진)	己巳(기사)	庚午(경오)	辛未(신미)	壬申(임신)	癸酉(계유)	甲戌(갑술)	乙亥(을해)	丙子(병자)	丁丑(정축)	戊寅(무인)	己卯(기묘)	庚辰(경진)	辛巳(신사)	壬午(임오)	癸未(계미)	甲申(갑신)	乙酉(을유)	丙戌(병술)	丁亥(정해)	戊子(무자)	己丑(기축)	
절기시각											未正															午正				
대운 순행	8	8	8	7	7	7	6	6	6	5	5	5	4	4	4	3	3	3	2	2	2	1	1	1	1	10	10	9	9	
대운 역행	2	2	3	3	3	4	4	4	5	5	5	6	6	6	7	7	7	8	8	8	9	9	9	10	10	10	1	1	1	

2 月 辛 卯(신묘) 小

절기												춘분															청명			
음력	一	二	三	四	五	六	七	八	九	十	十一	十二	十三	十四	十五	十六	十七	十八	十九	廿	廿一	廿二	廿三	廿四	廿五	廿六	廿七	廿八	廿九	
양력 월/일	3/9	10	11	12	13	14	15	16	17	18	19	20	21	22	23	24	25	26	27	28	29	30	31	4/1	2	3	4	5	6	
일진	庚寅(경인)	辛卯(신묘)	壬辰(임진)	癸巳(계사)	甲午(갑오)	乙未(을미)	丙申(병신)	丁酉(정유)	戊戌(무술)	己亥(기해)	庚子(경자)	辛丑(신축)	壬寅(임인)	癸卯(계묘)	甲辰(갑진)	乙巳(을사)	丙午(병오)	丁未(정미)	戊申(무신)	己酉(기유)	庚戌(경술)	辛亥(신해)	壬子(임자)	癸丑(계축)	甲寅(갑인)	乙卯(을묘)	丙辰(병진)	丁巳(정사)	戊午(무오)	
절기시각												未初															酉初			
대운 순행	9	8	8	8	7	7	7	6	6	6	5	5	5	4	4	4	3	3	3	2	2	2	1	1	1	1	10	10	10	
대운 역행	2	2	2	3	3	3	4	4	4	5	5	5	6	6	6	7	7	7	8	8	8	9	9	9	10	10	10	1	1	

3 月 壬 辰(임진) 大

절기														곡우															입하	
음력	一	二	三	四	五	六	七	八	九	十	十一	十二	十三	十四	十五	十六	十七	十八	十九	廿	廿一	廿二	廿三	廿四	廿五	廿六	廿七	廿八	廿九	三十
양력 월/일	4/7	8	9	10	11	12	13	14	15	16	17	18	19	20	21	22	23	24	25	26	27	28	29	30	5/1	2	3	4	5	6
일진	己未(기미)	庚申(경신)	辛酉(신유)	壬戌(임술)	癸亥(계해)	甲子(갑자)	乙丑(을축)	丙寅(병인)	丁卯(정묘)	戊辰(무진)	己巳(기사)	庚午(경오)	辛未(신미)	壬申(임신)	癸酉(계유)	甲戌(갑술)	乙亥(을해)	丙子(병자)	丁丑(정축)	戊寅(무인)	己卯(기묘)	庚辰(경진)	辛巳(신사)	壬午(임오)	癸未(계미)	甲申(갑신)	乙酉(을유)	丙戌(병술)	丁亥(정해)	戊子(무자)
절기시각														子初															巳正	
대운 순행	9	9	9	8	8	8	7	7	7	6	6	6	5	5	5	4	4	4	3	3	3	2	2	2	1	1	1	1	10	10
대운 역행	1	2	2	2	3	3	3	4	4	4	5	5	5	6	6	6	7	7	7	8	8	8	9	9	9	10	10	10	10	1

4 月 癸 巳(계사) 小

절기														소만																
음력	一	二	三	四	五	六	七	八	九	十	十一	十二	十三	十四	十五	十六	十七	十八	十九	廿	廿一	廿二	廿三	廿四	廿五	廿六	廿七	廿八	廿九	
양력 월/일	5/7	8	9	10	11	12	13	14	15	16	17	18	19	20	21	22	23	24	25	26	27	28	29	30	31	6/1	2	3	4	
일진	己丑(기축)	庚寅(경인)	辛卯(신묘)	壬辰(임진)	癸巳(계사)	甲午(갑오)	乙未(을미)	丙申(병신)	丁酉(정유)	戊戌(무술)	己亥(기해)	庚子(경자)	辛丑(신축)	壬寅(임인)	癸卯(계묘)	甲辰(갑진)	乙巳(을사)	丙午(병오)	丁未(정미)	戊申(무신)	己酉(기유)	庚戌(경술)	辛亥(신해)	壬子(임자)	癸丑(계축)	甲寅(갑인)	乙卯(을묘)	丙辰(병진)	丁巳(정사)	
절기시각														子初																
대운 순행	10	9	9	9	8	8	8	7	7	7	6	6	6	5	5	5	4	4	4	3	3	3	2	2	2	1	1	1	1	
대운 역행	1	1	2	2	2	3	3	3	4	4	4	5	5	5	6	6	6	7	7	7	8	8	8	9	9	9	10	10	10	

5 月 甲 午(갑오) 小

절기	망종																하지													
음력	一	二	三	四	五	六	七	八	九	十	十一	十二	十三	十四	十五	十六	十七	十八	十九	廿	廿一	廿二	廿三	廿四	廿五	廿六	廿七	廿八	廿九	
양력 월/일	6/5	6	7	8	9	10	11	12	13	14	15	16	17	18	19	20	21	22	23	24	25	26	27	28	29	30	7/1	2	3	
일진	戊午(무오)	己未(기미)	庚申(경신)	辛酉(신유)	壬戌(임술)	癸亥(계해)	甲子(갑자)	乙丑(을축)	丙寅(병인)	丁卯(정묘)	戊辰(무진)	己巳(기사)	庚午(경오)	辛未(신미)	壬申(임신)	癸酉(계유)	甲戌(갑술)	乙亥(을해)	丙子(병자)	丁丑(정축)	戊寅(무인)	己卯(기묘)	庚辰(경진)	辛巳(신사)	壬午(임오)	癸未(계미)	甲申(갑신)	乙酉(을유)	丙戌(병술)	
절기시각	未正																辰初													
대운 순행	10	10	10	10	9	9	9	8	8	8	7	7	7	6	6	6	5	5	5	4	4	4	3	3	3	2	2	2	1	
대운 역행	10	1	1	1	2	2	2	3	3	3	4	4	4	5	5	5	6	6	6	7	7	7	8	8	8	9	9	9	10	

6 月 乙 未(을미) 大

절기				소서															대서											
음력	一	二	三	四	五	六	七	八	九	十	十一	十二	十三	十四	十五	十六	十七	十八	十九	廿	廿一	廿二	廿三	廿四	廿五	廿六	廿七	廿八	廿九	三十
양력 월/일	7/4	5	6	7	8	9	10	11	12	13	14	15	16	17	18	19	20	21	22	23	24	25	26	27	28	29	30	31	8/1	2
일진	丁亥(정해)	戊子(무자)	己丑(기축)	庚寅(경인)	辛卯(신묘)	壬辰(임진)	癸巳(계사)	甲午(갑오)	乙未(을미)	丙申(병신)	丁酉(정유)	戊戌(무술)	己亥(기해)	庚子(경자)	辛丑(신축)	壬寅(임인)	癸卯(계묘)	甲辰(갑진)	乙巳(을사)	丙午(병오)	丁未(정미)	戊申(무신)	己酉(기유)	庚戌(경술)	辛亥(신해)	壬子(임자)	癸丑(계축)	甲寅(갑인)	乙卯(을묘)	丙辰(병진)
절기시각				子正															酉正											
대운 순행	1	1	1	10	10	10	9	9	9	8	8	8	7	7	7	6	6	6	5	5	5	4	4	4	3	3	3	2	2	2
대운 역행	10	10	10	10	1	1	1	2	2	2	3	3	3	4	4	4	5	5	5	6	6	6	7	7	7	8	8	8	9	9

南 大將	戌 喪門	午 弔客	南 三殺

7 月 丙 申(병신) 小

절기					입추																처서								
음력	一	二	三	四	五	六	七	八	九	十	十一	十二	十三	十四	十五	十六	十七	十八	十九	廿	廿一	廿二	廿三	廿四	廿五	廿六	廿七	廿八	廿九
양력 월/일	8/3	4	5	6	7	8	9	10	11	12	13	14	15	16	17	18	19	20	21	22	23	24	25	26	27	28	29	30	31
일진	丁巳(정사)	戊午(무오)	己未(기미)	庚申(경신)	辛酉(신유)	壬戌(임술)	癸亥(계해)	甲子(갑자)	乙丑(을축)	丙寅(병인)	丁卯(정묘)	戊辰(무진)	己巳(기사)	庚午(경오)	辛未(신미)	壬申(임신)	癸酉(계유)	甲戌(갑술)	乙亥(을해)	丙子(병자)	丁丑(정축)	戊寅(무인)	己卯(기묘)	庚辰(경진)	辛巳(신사)	壬午(임오)	癸未(계미)	甲申(갑신)	乙酉(을유)
절기시각					巳正																丑初								
대운 순행	1	1	1	1	10	10	10	9	9	9	8	8	8	7	7	7	6	6	6	5	5	5	4	4	4	3	3	3	2
대운 역행	9	10	10	10	10	1	1	1	2	2	2	3	3	3	4	4	4	5	5	5	6	6	6	7	7	7	8	8	8

8 月 丁 酉(정유) 大

절기							백로															추분								
음력	一	二	三	四	五	六	七	八	九	十	十一	十二	十三	十四	十五	十六	十七	十八	十九	廿	廿一	廿二	廿三	廿四	廿五	廿六	廿七	廿八	廿九	三十
양력 월/일	9/1	2	3	4	5	6	7	8	9	10	11	12	13	14	15	16	17	18	19	20	21	22	23	24	25	26	27	28	29	30
일진	丙戌(병술)	丁亥(정해)	戊子(무자)	己丑(기축)	庚寅(경인)	辛卯(신묘)	壬辰(임진)	癸巳(계사)	甲午(갑오)	乙未(을미)	丙申(병신)	丁酉(정유)	戊戌(무술)	己亥(기해)	庚子(경자)	辛丑(신축)	壬寅(임인)	癸卯(계묘)	甲辰(갑진)	乙巳(을사)	丙午(병오)	丁未(정미)	戊申(무신)	己酉(기유)	庚戌(경술)	辛亥(신해)	壬子(임자)	癸丑(계축)	甲寅(갑인)	乙卯(을묘)
절기시각							未初															子初								
대운 순행	2	2	1	1	1	1	10	10	10	9	9	9	8	8	8	7	7	7	6	6	6	5	5	5	4	4	4	3	3	3
대운 역행	9	9	9	10	10	10	10	1	1	1	2	2	2	3	3	3	4	4	4	5	5	5	6	6	6	7	7	7	8	8

9 月 戊 戌(무술) 大

절기								한로															상강							
음력	一	二	三	四	五	六	七	八	九	十	十一	十二	十三	十四	十五	十六	十七	十八	十九	廿	廿一	廿二	廿三	廿四	廿五	廿六	廿七	廿八	廿九	三十
양력 월/일	10/1	2	3	4	5	6	7	8	9	10	11	12	13	14	15	16	17	18	19	20	21	22	23	24	25	26	27	28	29	30
일진	丙辰(병진)	丁巳(정사)	戊午(무오)	己未(기미)	庚申(경신)	辛酉(신유)	壬戌(임술)	癸亥(계해)	甲子(갑자)	乙丑(을축)	丙寅(병인)	丁卯(정묘)	戊辰(무진)	己巳(기사)	庚午(경오)	辛未(신미)	壬申(임신)	癸酉(계유)	甲戌(갑술)	乙亥(을해)	丙子(병자)	丁丑(정축)	戊寅(무인)	己卯(기묘)	庚辰(경진)	辛巳(신사)	壬午(임오)	癸未(계미)	甲申(갑신)	乙酉(을유)
절기시각								卯初															辰正							
대운 순행	2	2	2	1	1	1	1	10	10	9	9	9	8	8	8	7	7	7	6	6	6	5	5	5	4	4	4	3	3	3
대운 역행	8	9	9	9	10	10	10	10	1	1	1	2	2	2	3	3	3	4	4	4	5	5	5	6	6	6	7	7	7	8

10 月 己 亥(기해) 小

절기							입동															소설							
음력	一	二	三	四	五	六	七	八	九	十	十一	十二	十三	十四	十五	十六	十七	十八	十九	廿	廿一	廿二	廿三	廿四	廿五	廿六	廿七	廿八	廿九
양력 월/일	10/31	11/1	2	3	4	5	6	7	8	9	10	11	12	13	14	15	16	17	18	19	20	21	22	23	24	25	26	27	28
일진	丙戌(병술)	丁亥(정해)	戊子(무자)	己丑(기축)	庚寅(경인)	辛卯(신묘)	壬辰(임진)	癸巳(계사)	甲午(갑오)	乙未(을미)	丙申(병신)	丁酉(정유)	戊戌(무술)	己亥(기해)	庚子(경자)	辛丑(신축)	壬寅(임인)	癸卯(계묘)	甲辰(갑진)	乙巳(을사)	丙午(병오)	丁未(정미)	戊申(무신)	己酉(기유)	庚戌(경술)	辛亥(신해)	壬子(임자)	癸丑(계축)	甲寅(갑인)
절기시각							辰正															卯正							
대운 순행	2	2	2	1	1	1	1	10	10	9	9	9	8	8	8	7	7	7	6	6	6	5	5	5	4	4	4	3	3
대운 역행	8	8	9	9	9	10	10	10	1	1	1	2	2	2	3	3	3	4	4	4	5	5	5	6	6	6	7	7	7

11 月 庚 子(경자) 大

절기									대설														동지							
음력	一	二	三	四	五	六	七	八	九	十	十一	十二	十三	十四	十五	十六	十七	十八	十九	廿	廿一	廿二	廿三	廿四	廿五	廿六	廿七	廿八	廿九	三十
양력 월/일	11/29	30	12/1	2	3	4	5	6	7	8	9	10	11	12	13	14	15	16	17	18	19	20	21	22	23	24	25	26	27	28
일진	乙卯(을묘)	丙辰(병진)	丁巳(정사)	戊午(무오)	己未(기미)	庚申(경신)	辛酉(신유)	壬戌(임술)	癸亥(계해)	甲子(갑자)	乙丑(을축)	丙寅(병인)	丁卯(정묘)	戊辰(무진)	己巳(기사)	庚午(경오)	辛未(신미)	壬申(임신)	癸酉(계유)	甲戌(갑술)	乙亥(을해)	丙子(병자)	丁丑(정축)	戊寅(무인)	己卯(기묘)	庚辰(경진)	辛巳(신사)	壬午(임오)	癸未(계미)	甲申(갑신)
절기시각									丑初														戌初							
대운 순행	3	2	2	2	1	1	1	1	10	9	9	9	8	8	8	7	7	7	6	6	6	5	5	5	4	4	4	3	3	3
대운 역행	8	8	8	9	9	9	10	10	10	1	1	1	2	2	2	3	3	3	4	4	4	5	5	5	6	6	6	7	7	7

12 月 辛 丑(신축) 大

절기								소한															대한							
음력	一	二	三	四	五	六	七	八	九	十	十一	十二	十三	十四	十五	十六	十七	十八	十九	廿	廿一	廿二	廿三	廿四	廿五	廿六	廿七	廿八	廿九	三十
양력 월/일	12/29	30	31	1/1	2	3	4	5	6	7	8	9	10	11	12	13	14	15	16	17	18	19	20	21	22	23	24	25	26	27
일진	乙酉(을유)	丙戌(병술)	丁亥(정해)	戊子(무자)	己丑(기축)	庚寅(경인)	辛卯(신묘)	壬辰(임진)	癸巳(계사)	甲午(갑오)	乙未(을미)	丙申(병신)	丁酉(정유)	戊戌(무술)	己亥(기해)	庚子(경자)	辛丑(신축)	壬寅(임인)	癸卯(계묘)	甲辰(갑진)	乙巳(을사)	丙午(병오)	丁未(정미)	戊申(무신)	己酉(기유)	庚戌(경술)	辛亥(신해)	壬子(임자)	癸丑(계축)	甲寅(갑인)
절기시각								午正															卯正							
대운 순행	2	2	2	1	1	1	1	10	10	9	9	9	8	8	8	7	7	7	6	6	6	5	5	5	4	4	4	3	3	3
대운 역행	8	8	8	9	9	9	10	10	1	1	1	2	2	2	3	3	3	4	4	4	5	5	5	6	6	6	7	7	7	8

단기 4350 년
불기 2561 년

2017년 丁酉(정유)年

1 月 壬寅(임인) 大

절기								입춘														우수								
음력	一	二	三	四	五	六	七	八	九	十	十一	十二	十三	十四	十五	十六	十七	十八	十九	廿	廿一	廿二	廿三	廿四	廿五	廿六	廿七	廿八	廿九	三十
양력 월/일	1/28	29	30	31	2/1	2	3	4	5	6	7	8	9	10	11	12	13	14	15	16	17	18	19	20	21	22	23	24	25	26
일진	乙卯(을묘)	丙辰(병진)	丁巳(정사)	戊午(무오)	己未(기미)	庚申(경신)	辛酉(신유)	壬戌(임술)	癸亥(계해)	甲子(갑자)	乙丑(을축)	丙寅(병인)	丁卯(정묘)	戊辰(무진)	己巳(기사)	庚午(경오)	辛未(신미)	壬申(임신)	癸酉(계유)	甲戌(갑술)	乙亥(을해)	丙子(병자)	丁丑(정축)	戊寅(무인)	己卯(기묘)	庚辰(경진)	辛巳(신사)	壬午(임오)	癸未(계미)	甲申(갑신)
절기시각								子正														戌正								
대운 순행	2	2	2	1	1	1	1	10	9	9	9	8	8	8	7	7	7	6	6	6	5	5	5	4	4	4	3	3	3	2
대운 역행	8	8	9	9	9	10	10	10	1	1	1	2	2	2	3	3	3	4	4	4	5	5	5	6	6	6	7	7	7	8

2 月 癸卯(계묘) 小

절기							경칩															춘분								
음력	一	二	三	四	五	六	七	八	九	十	十一	十二	十三	十四	十五	十六	十七	十八	十九	廿	廿一	廿二	廿三	廿四	廿五	廿六	廿七	廿八	廿九	
양력 월/일	2/27	28	3/1	2	3	4	5	6	7	8	9	10	11	12	13	14	15	16	17	18	19	20	21	22	23	24	25	26	27	
일진	乙酉(을유)	丙戌(병술)	丁亥(정해)	戊子(무자)	己丑(기축)	庚寅(경인)	辛卯(신묘)	壬辰(임진)	癸巳(계사)	甲午(갑오)	乙未(을미)	丙申(병신)	丁酉(정유)	戊戌(무술)	己亥(기해)	庚子(경자)	辛丑(신축)	壬寅(임인)	癸卯(계묘)	甲辰(갑진)	乙巳(을사)	丙午(병오)	丁未(정미)	戊申(무신)	己酉(기유)	庚戌(경술)	辛亥(신해)	壬子(임자)	癸丑(계축)	
절기시각							酉正															戌初								
대운 순행	2	2	1	1	1	1	10	10	9	9	9	8	8	8	7	7	7	6	6	6	5	5	5	4	4	4	3	3	3	
대운 역행	8	8	9	9	9	10	10	1	1	1	2	2	2	3	3	3	4	4	4	5	5	5	6	6	6	7	7	7	8	

3 月 甲辰(갑진) 小

절기								청명																곡우						
음력	一	二	三	四	五	六	七	八	九	十	十一	十二	十三	十四	十五	十六	十七	十八	十九	廿	廿一	廿二	廿三	廿四	廿五	廿六	廿七	廿八	廿九	
양력 월/일	3/28	29	30	31	4/1	2	3	4	5	6	7	8	9	10	11	12	13	14	15	16	17	18	19	20	21	22	23	24	25	
일진	甲寅(갑인)	乙卯(을묘)	丙辰(병진)	丁巳(정사)	戊午(무오)	己未(기미)	庚申(경신)	辛酉(신유)	壬戌(임술)	癸亥(계해)	甲子(갑자)	乙丑(을축)	丙寅(병인)	丁卯(정묘)	戊辰(무진)	己巳(기사)	庚午(경오)	辛未(신미)	壬申(임신)	癸酉(계유)	甲戌(갑술)	乙亥(을해)	丙子(병자)	丁丑(정축)	戊寅(무인)	己卯(기묘)	庚辰(경진)	辛巳(신사)	壬午(임오)	
절기시각								亥正																卯正						
대운 순행	2	2	2	1	1	1	1	10	10	10	9	9	9	8	8	8	7	7	7	6	6	6	5	5	5	4	4	4	3	
대운 역행	8	8	9	9	9	10	10	10	1	1	1	2	2	2	3	3	3	4	4	4	5	5	5	6	6	6	7	7	7	

4 月 乙巳(을사) 大

절기										입하																소만				
음력	一	二	三	四	五	六	七	八	九	十	十一	十二	十三	十四	十五	十六	十七	十八	十九	廿	廿一	廿二	廿三	廿四	廿五	廿六	廿七	廿八	廿九	三十
양력 월/일	4/26	27	28	29	30	5/1	2	3	4	5	6	7	8	9	10	11	12	13	14	15	16	17	18	19	20	21	22	23	24	25
일진	癸未(계미)	甲申(갑신)	乙酉(을유)	丙戌(병술)	丁亥(정해)	戊子(무자)	己丑(기축)	庚寅(경인)	辛卯(신묘)	壬辰(임진)	癸巳(계사)	甲午(갑오)	乙未(을미)	丙申(병신)	丁酉(정유)	戊戌(무술)	己亥(기해)	庚子(경자)	辛丑(신축)	壬寅(임인)	癸卯(계묘)	甲辰(갑진)	乙巳(을사)	丙午(병오)	丁未(정미)	戊申(무신)	己酉(기유)	庚戌(경술)	辛亥(신해)	壬子(임자)
절기시각										申正																卯初				
대운 순행	3	3	2	2	2	1	1	1	1	10	10	10	9	9	9	8	8	8	7	7	7	6	6	6	5	5	5	4	4	4
대운 역행	8	8	8	9	9	9	10	10	10	10	1	1	1	2	2	2	3	3	3	4	4	4	5	5	5	6	6	6	7	7

5 月 丙午(병오) 小

절기											망종																하지			
음력	一	二	三	四	五	六	七	八	九	十	十一	十二	十三	十四	十五	十六	十七	十八	十九	廿	廿一	廿二	廿三	廿四	廿五	廿六	廿七	廿八	廿九	
양력 월/일	5/26	27	28	29	30	31	6/1	2	3	4	5	6	7	8	9	10	11	12	13	14	15	16	17	18	19	20	21	22	23	
일진	癸丑(계축)	甲寅(갑인)	乙卯(을묘)	丙辰(병진)	丁巳(정사)	戊午(무오)	己未(기미)	庚申(경신)	辛酉(신유)	壬戌(임술)	癸亥(계해)	甲子(갑자)	乙丑(을축)	丙寅(병인)	丁卯(정묘)	戊辰(무진)	己巳(기사)	庚午(경오)	辛未(신미)	壬申(임신)	癸酉(계유)	甲戌(갑술)	乙亥(을해)	丙子(병자)	丁丑(정축)	戊寅(무인)	己卯(기묘)	庚辰(경진)	辛巳(신사)	
절기시각											戌正																未正			
대운 순행	3	3	3	2	2	2	1	1	1	1	10	10	10	10	9	9	9	8	8	8	7	7	7	6	6	6	5	5	5	
대운 역행	7	8	8	8	9	9	9	10	10	10	10	1	1	1	2	2	2	3	3	3	4	4	4	5	5	5	6	6	6	

閏 5 月 丙午(병오) 小

절기														소서																
음력	一	二	三	四	五	六	七	八	九	十	十一	十二	十三	十四	十五	十六	十七	十八	十九	廿	廿一	廿二	廿三	廿四	廿五	廿六	廿七	廿八	廿九	
양력 월/일	6/24	25	26	27	28	29	30	7/1	2	3	4	5	6	7	8	9	10	11	12	13	14	15	16	17	18	19	20	21	22	
일진	壬午(임오)	癸未(계미)	甲申(갑신)	乙酉(을유)	丙戌(병술)	丁亥(정해)	戊子(무자)	己丑(기축)	庚寅(경인)	辛卯(신묘)	壬辰(임진)	癸巳(계사)	甲午(갑오)	乙未(을미)	丙申(병신)	丁酉(정유)	戊戌(무술)	己亥(기해)	庚子(경자)	辛丑(신축)	壬寅(임인)	癸卯(계묘)	甲辰(갑진)	乙巳(을사)	丙午(병오)	丁未(정미)	戊申(무신)	己酉(기유)	庚戌(경술)	
절기시각														卯正																
대운 순행	4	4	4	3	3	3	2	2	2	1	1	1	1	10	10	10	9	9	9	8	8	8	7	7	7	6	6	6	5	
대운 역행	7	7	7	8	8	8	9	9	9	10	10	10	10	10	1	1	1	2	2	2	3	3	3	4	4	4	5	5	5	

南 大將	亥 喪門	未 弔客	東 三殺

6 月 丁 未(정미) 大

절기	대서															입추														
음력	一	二	三	四	五	六	七	八	九	十	十一	十二	十三	十四	十五	十六	十七	十八	十九	二十	廿一	廿二	廿三	廿四	廿五	廿六	廿七	廿八	廿九	三十
양력 월/일	7/23	24	25	26	27	28	29	30	31	8/1	2	3	4	5	6	7	8	9	10	11	12	13	14	15	16	17	18	19	20	21
일진	辛亥(신해)	壬子(임자)	癸丑(계축)	甲寅(갑인)	乙卯(을묘)	丙辰(병진)	丁巳(정사)	戊午(무오)	己未(기미)	庚申(경신)	辛酉(신유)	壬戌(임술)	癸亥(계해)	甲子(갑자)	乙丑(을축)	丙寅(병인)	丁卯(정묘)	戊辰(무진)	己巳(기사)	庚午(경오)	辛未(신미)	壬申(임신)	癸酉(계유)	甲戌(갑술)	乙亥(을해)	丙子(병자)	丁丑(정축)	戊寅(무인)	己卯(기묘)	庚辰(경진)
절기시각	子正															申正														
대운 순행	5	5	4	4	4	3	3	3	2	2	2	1	1	1	1	10	10	10	9	9	9	8	8	8	7	7	7	6	6	6
대운 역행	6	6	6	7	7	7	8	8	8	9	9	9	10	10	10	10	1	1	1	2	2	2	3	3	3	4	4	4	5	5

7 月 戊 申(무신) 小

절기		처서															백로													
음력	一	二	三	四	五	六	七	八	九	十	十一	十二	十三	十四	十五	十六	十七	十八	十九	二十	廿一	廿二	廿三	廿四	廿五	廿六	廿七	廿八	廿九	
양력 월/일	8/22	23	24	25	26	27	28	29	30	31	9/1	2	3	4	5	6	7	8	9	10	11	12	13	14	15	16	17	18	19	
일진	辛巳(신사)	壬午(임오)	癸未(계미)	甲申(갑신)	乙酉(을유)	丙戌(병술)	丁亥(정해)	戊子(무자)	己丑(기축)	庚寅(경인)	辛卯(신묘)	壬辰(임진)	癸巳(계사)	甲午(갑오)	乙未(을미)	丙申(병신)	丁酉(정유)	戊戌(무술)	己亥(기해)	庚子(경자)	辛丑(신축)	壬寅(임인)	癸卯(계묘)	甲辰(갑진)	乙巳(을사)	丙午(병오)	丁未(정미)	戊申(무신)	己酉(기유)	
절기시각		辰初															戌初													
대운 순행	5	5	5	4	4	4	3	3	3	2	2	2	1	1	1	1	10	10	10	9	9	9	8	8	8	7	7	7	6	
대운 역행	5	6	6	6	7	7	7	8	8	8	9	9	9	10	10	10	10	1	1	1	2	2	2	3	3	3	4	4	4	

8 月 己 酉(기유) 大

절기				추분													한로													
음력	一	二	三	四	五	六	七	八	九	十	十一	十二	十三	十四	十五	十六	十七	十八	十九	二十	廿一	廿二	廿三	廿四	廿五	廿六	廿七	廿八	廿九	三十
양력 월/일	9/20	21	22	23	24	25	26	27	28	29	30	10/1	2	3	4	5	6	7	8	9	10	11	12	13	14	15	16	17	18	19
일진	庚戌(경술)	辛亥(신해)	壬子(임자)	癸丑(계축)	甲寅(갑인)	乙卯(을묘)	丙辰(병진)	丁巳(정사)	戊午(무오)	己未(기미)	庚申(경신)	辛酉(신유)	壬戌(임술)	癸亥(계해)	甲子(갑자)	乙丑(을축)	丙寅(병인)	丁卯(정묘)	戊辰(무진)	己巳(기사)	庚午(경오)	辛未(신미)	壬申(임신)	癸酉(계유)	甲戌(갑술)	乙亥(을해)	丙子(병자)	丁丑(정축)	戊寅(무인)	己卯(기묘)
절기시각				寅正													午初													
대운 순행	6	6	5	5	5	4	4	4	3	3	3	2	2	2	1	1	1	1	10	10	9	9	9	8	8	8	7	7	7	6
대운 역행	5	5	5	6	6	6	7	7	7	8	8	8	9	9	9	10	10	10	10	1	1	1	2	2	2	3	3	3	4	4

9 月 庚 戌(경술) 小

절기				상강															입동											
음력	一	二	三	四	五	六	七	八	九	十	十一	十二	十三	十四	十五	十六	十七	十八	十九	二十	廿一	廿二	廿三	廿四	廿五	廿六	廿七	廿八	廿九	
양력 월/일	10/20	21	22	23	24	25	26	27	28	29	30	31	11/1	2	3	4	5	6	7	8	9	10	11	12	13	14	15	16	17	
일진	庚辰(경진)	辛巳(신사)	壬午(임오)	癸未(계미)	甲申(갑신)	乙酉(을유)	丙戌(병술)	丁亥(정해)	戊子(무자)	己丑(기축)	庚寅(경인)	辛卯(신묘)	壬辰(임진)	癸巳(계사)	甲午(갑오)	乙未(을미)	丙申(병신)	丁酉(정유)	戊戌(무술)	己亥(기해)	庚子(경자)	辛丑(신축)	壬寅(임인)	癸卯(계묘)	甲辰(갑진)	乙巳(을사)	丙午(병오)	丁未(정미)	戊申(무신)	
절기시각				未正															未正											
대운 순행	6	6	5	5	5	4	4	4	3	3	3	2	2	2	1	1	1	1	10	10	9	9	9	8	8	8	7	7	7	
대운 역행	4	5	5	5	6	6	6	7	7	7	8	8	8	9	9	9	10	10	10	1	1	1	2	2	2	3	3	3	4	

10 月 辛 亥(신해) 大

절기					소설															대설										
음력	一	二	三	四	五	六	七	八	九	十	十一	十二	十三	十四	十五	十六	十七	十八	十九	二十	廿一	廿二	廿三	廿四	廿五	廿六	廿七	廿八	廿九	三十
양력 월/일	11/18	19	20	21	22	23	24	25	26	27	28	29	30	12/1	2	3	4	5	6	7	8	9	10	11	12	13	14	15	16	17
일진	己酉(기유)	庚戌(경술)	辛亥(신해)	壬子(임자)	癸丑(계축)	甲寅(갑인)	乙卯(을묘)	丙辰(병진)	丁巳(정사)	戊午(무오)	己未(기미)	庚申(경신)	辛酉(신유)	壬戌(임술)	癸亥(계해)	甲子(갑자)	乙丑(을축)	丙寅(병인)	丁卯(정묘)	戊辰(무진)	己巳(기사)	庚午(경오)	辛未(신미)	壬申(임신)	癸酉(계유)	甲戌(갑술)	乙亥(을해)	丙子(병자)	丁丑(정축)	戊寅(무인)
절기시각					午正															辰初										
대운 순행	6	6	6	5	5	5	4	4	4	3	3	3	2	2	2	1	1	1	1	10	9	9	9	8	8	8	7	7	7	6
대운 역행	4	4	5	5	5	6	6	6	7	7	7	8	8	8	9	9	9	10	10	10	1	1	1	2	2	2	3	3	3	4

11 月 壬 子(임자) 大

절기					동지														소한											
음력	一	二	三	四	五	六	七	八	九	十	十一	十二	十三	十四	十五	十六	十七	十八	十九	二十	廿一	廿二	廿三	廿四	廿五	廿六	廿七	廿八	廿九	三十
양력 월/일	12/18	19	20	21	22	23	24	25	26	27	28	29	30	31	1/1	2	3	4	5	6	7	8	9	10	11	12	13	14	15	16
일진	己卯(기묘)	庚辰(경진)	辛巳(신사)	壬午(임오)	癸未(계미)	甲申(갑신)	乙酉(을유)	丙戌(병술)	丁亥(정해)	戊子(무자)	己丑(기축)	庚寅(경인)	辛卯(신묘)	壬辰(임진)	癸巳(계사)	甲午(갑오)	乙未(을미)	丙申(병신)	丁酉(정유)	戊戌(무술)	己亥(기해)	庚子(경자)	辛丑(신축)	壬寅(임인)	癸卯(계묘)	甲辰(갑진)	乙巳(을사)	丙午(병오)	丁未(정미)	戊申(무신)
절기시각					丑初														酉正											
대운 순행	6	6	5	5	5	4	4	4	3	3	3	2	2	2	1	1	1	1	10	10	9	9	9	8	8	8	7	7	7	6
대운 역행	4	4	5	5	5	6	6	6	7	7	7	8	8	8	9	9	9	10	10	1	1	1	2	2	2	3	3	3	4	4

12 月 癸 丑(계축) 大

절기				대한															입춘											
음력	一	二	三	四	五	六	七	八	九	十	十一	十二	十三	十四	十五	十六	十七	十八	十九	二十	廿一	廿二	廿三	廿四	廿五	廿六	廿七	廿八	廿九	三十
양력 월/일	1/17	18	19	20	21	22	23	24	25	26	27	28	29	30	31	2/1	2	3	4	5	6	7	8	9	10	11	12	13	14	15
일진	己酉(기유)	庚戌(경술)	辛亥(신해)	壬子(임자)	癸丑(계축)	甲寅(갑인)	乙卯(을묘)	丙辰(병진)	丁巳(정사)	戊午(무오)	己未(기미)	庚申(경신)	辛酉(신유)	壬戌(임술)	癸亥(계해)	甲子(갑자)	乙丑(을축)	丙寅(병인)	丁卯(정묘)	戊辰(무진)	己巳(기사)	庚午(경오)	辛未(신미)	壬申(임신)	癸酉(계유)	甲戌(갑술)	乙亥(을해)	丙子(병자)	丁丑(정축)	戊寅(무인)
절기시각				午初															卯正											
대운 순행	6	6	5	5	5	4	4	4	3	3	3	2	2	2	1	1	1	1	10	9	9	9	8	8	8	7	7	7	6	6
대운 역행	4	5	5	5	6	6	6	7	7	7	8	8	8	9	9	9	10	10	10	1	1	1	2	2	2	3	3	3	4	4

단기 4351 년
불기 2562 년

2018년 戊戌(무술)年

1 月 甲 寅(갑인) 小

절기				우수															경칩										
음력	一	二	三	四	五	六	七	八	九	十	十一	十二	十三	十四	十五	十六	十七	十八	十九	二十	廿一	廿二	廿三	廿四	廿五	廿六	廿七	廿八	廿九
양력 월/일	2/16	17	18	19	20	21	22	23	24	25	26	27	28	3/1	2	3	4	5	6	7	8	9	10	11	12	13	14	15	16
일진	己卯(기묘)	庚辰(경진)	辛巳(신사)	壬午(임오)	癸未(계미)	甲申(갑신)	乙酉(을유)	丙戌(병술)	丁亥(정해)	戊子(무자)	己丑(기축)	庚寅(경인)	辛卯(신묘)	壬辰(임진)	癸巳(계사)	甲午(갑오)	乙未(을미)	丙申(병신)	丁酉(정유)	戊戌(무술)	己亥(기해)	庚子(경자)	辛丑(신축)	壬寅(임인)	癸卯(계묘)	甲辰(갑진)	乙巳(을사)	丙午(병오)	丁未(정미)
절기시각				丑正															子正										
대운 순행	6	5	5	5	4	4	4	3	3	3	2	2	2	1	1	1	1	10	10	10	9	9	9	8	8	8	7	7	7
대운 역행	4	5	5	5	6	6	6	7	7	7	8	8	8	9	9	9	10	10	1	1	1	2	2	2	3	3	3	4	4

2 月 乙 卯(을묘) 大

절기					춘분															청명										
음력	一	二	三	四	五	六	七	八	九	十	十一	十二	十三	十四	十五	十六	十七	十八	十九	二十	廿一	廿二	廿三	廿四	廿五	廿六	廿七	廿八	廿九	三十
양력 월/일	3/17	18	19	20	21	22	23	24	25	26	27	28	29	30	31	4/1	2	3	4	5	6	7	8	9	10	11	12	13	14	15
일진	戊申(무신)	己酉(기유)	庚戌(경술)	辛亥(신해)	壬子(임자)	癸丑(계축)	甲寅(갑인)	乙卯(을묘)	丙辰(병진)	丁巳(정사)	戊午(무오)	己未(기미)	庚申(경신)	辛酉(신유)	壬戌(임술)	癸亥(계해)	甲子(갑자)	乙丑(을축)	丙寅(병인)	丁卯(정묘)	戊辰(무진)	己巳(기사)	庚午(경오)	辛未(신미)	壬申(임신)	癸酉(계유)	甲戌(갑술)	乙亥(을해)	丙子(병자)	丁丑(정축)
절기시각					子正															寅正										
대운 순행	6	6	6	5	5	5	4	4	4	3	3	3	2	2	2	1	1	1	1	10	10	9	9	9	8	8	8	7	7	7
대운 역행	4	5	5	5	6	6	6	7	7	7	8	8	8	9	9	9	10	10	10	10	1	1	1	2	2	2	3	3	3	4

3 月 丙 辰(병진) 小

절기					곡우															입하									
음력	一	二	三	四	五	六	七	八	九	十	十一	十二	十三	十四	十五	十六	十七	十八	十九	二十	廿一	廿二	廿三	廿四	廿五	廿六	廿七	廿八	廿九
양력 월/일	4/16	17	18	19	20	21	22	23	24	25	26	27	28	29	30	5/1	2	3	4	5	6	7	8	9	10	11	12	13	14
일진	戊寅(무인)	己卯(기묘)	庚辰(경진)	辛巳(신사)	壬午(임오)	癸未(계미)	甲申(갑신)	乙酉(을유)	丙戌(병술)	丁亥(정해)	戊子(무자)	己丑(기축)	庚寅(경인)	辛卯(신묘)	壬辰(임진)	癸巳(계사)	甲午(갑오)	乙未(을미)	丙申(병신)	丁酉(정유)	戊戌(무술)	己亥(기해)	庚子(경자)	辛丑(신축)	壬寅(임인)	癸卯(계묘)	甲辰(갑진)	乙巳(을사)	丙午(병오)
절기시각					午初															亥初									
대운 순행	6	6	6	5	5	5	4	4	4	3	3	3	2	2	2	1	1	1	1	10	10	10	10	9	9	9	8	8	8
대운 역행	4	4	5	5	5	6	6	6	7	7	7	8	8	8	9	9	9	10	10	10	1	1	1	2	2	2	3	3	3

4 月 丁 巳(정사) 大

절기							소만																망종							
음력	一	二	三	四	五	六	七	八	九	十	十一	十二	十三	十四	十五	十六	十七	十八	十九	二十	廿一	廿二	廿三	廿四	廿五	廿六	廿七	廿八	廿九	三十
양력 월/일	5/15	16	17	18	19	20	21	22	23	24	25	26	27	28	29	30	31	6/1	2	3	4	5	6	7	8	9	10	11	12	13
일진	丁未(정미)	戊申(무신)	己酉(기유)	庚戌(경술)	辛亥(신해)	壬子(임자)	癸丑(계축)	甲寅(갑인)	乙卯(을묘)	丙辰(병진)	丁巳(정사)	戊午(무오)	己未(기미)	庚申(경신)	辛酉(신유)	壬戌(임술)	癸亥(계해)	甲子(갑자)	乙丑(을축)	丙寅(병인)	丁卯(정묘)	戊辰(무진)	己巳(기사)	庚午(경오)	辛未(신미)	壬申(임신)	癸酉(계유)	甲戌(갑술)	乙亥(을해)	丙子(병자)
절기시각							巳正																丑正							
대운 순행	7	7	7	6	6	6	5	5	5	4	4	4	3	3	3	2	2	2	1	1	1	1	10	10	10	9	9	9	8	8
대운 역행	4	4	4	5	5	5	6	6	6	7	7	7	8	8	8	9	9	9	10	10	10	10	10	1	1	1	2	2	2	3

5 月 戊 午(무오) 小

절기								하지																소서					
음력	一	二	三	四	五	六	七	八	九	十	十一	十二	十三	十四	十五	十六	十七	十八	十九	二十	廿一	廿二	廿三	廿四	廿五	廿六	廿七	廿八	廿九
양력 월/일	6/14	15	16	17	18	19	20	21	22	23	24	25	26	27	28	29	30	7/1	2	3	4	5	6	7	8	9	10	11	12
일진	丁丑(정축)	戊寅(무인)	己卯(기묘)	庚辰(경진)	辛巳(신사)	壬午(임오)	癸未(계미)	甲申(갑신)	乙酉(을유)	丙戌(병술)	丁亥(정해)	戊子(무자)	己丑(기축)	庚寅(경인)	辛卯(신묘)	壬辰(임진)	癸巳(계사)	甲午(갑오)	乙未(을미)	丙申(병신)	丁酉(정유)	戊戌(무술)	己亥(기해)	庚子(경자)	辛丑(신축)	壬寅(임인)	癸卯(계묘)	甲辰(갑진)	乙巳(을사)
절기시각								酉正																午正					
대운 순행	8	7	7	7	6	6	6	5	5	5	4	4	4	3	3	3	2	2	2	1	1	1	1	10	10	10	9	9	9
대운 역행	3	3	4	4	4	5	5	5	6	6	6	7	7	7	8	8	8	9	9	9	10	10	10	10	1	1	1	2	2

6 月 己 未(기미) 小

절기											대서															입추			
음력	一	二	三	四	五	六	七	八	九	十	十一	十二	十三	十四	十五	十六	十七	十八	十九	二十	廿一	廿二	廿三	廿四	廿五	廿六	廿七	廿八	廿九
양력 월/일	7/13	14	15	16	17	18	19	20	21	22	23	24	25	26	27	28	29	30	31	8/1	2	3	4	5	6	7	8	9	10
일진	丙午(병오)	丁未(정미)	戊申(무신)	己酉(기유)	庚戌(경술)	辛亥(신해)	壬子(임자)	癸丑(계축)	甲寅(갑인)	乙卯(을묘)	丙辰(병진)	丁巳(정사)	戊午(무오)	己未(기미)	庚申(경신)	辛酉(신유)	壬戌(임술)	癸亥(계해)	甲子(갑자)	乙丑(을축)	丙寅(병인)	丁卯(정묘)	戊辰(무진)	己巳(기사)	庚午(경오)	辛未(신미)	壬申(임신)	癸酉(계유)	甲戌(갑술)
절기시각											卯初															亥正			
대운 순행	8	8	8	7	7	7	6	6	6	5	5	5	4	4	4	3	3	3	2	2	2	1	1	1	1	10	10	10	10
대운 역행	2	3	3	3	4	4	4	5	5	5	6	6	6	7	7	7	8	8	8	9	9	9	10	10	10	10	1	1	1

南 大將	子 喪門	申 弔客	北 三殺

7 月 庚 申(경신) 大

절기													처서																백로	
음력	一	二	三	四	五	六	七	八	九	十	十一	十二	十三	十四	十五	十六	十七	十八	十九	二十	廿一	廿二	廿三	廿四	廿五	廿六	廿七	廿八	廿九	三十
양력 월/일	8/11	12	13	14	15	16	17	18	19	20	21	22	23	24	25	26	27	28	29	30	31	9/1	2	3	4	5	6	7	8	9
일진	乙亥(을해)	丙子(병자)	丁丑(정축)	戊寅(무인)	己卯(기묘)	庚辰(경진)	辛巳(신사)	壬午(임오)	癸未(계미)	甲申(갑신)	乙酉(을유)	丙戌(병술)	丁亥(정해)	戊子(무자)	己丑(기축)	庚寅(경인)	辛卯(신묘)	壬辰(임진)	癸巳(계사)	甲午(갑오)	乙未(을미)	丙申(병신)	丁酉(정유)	戊戌(무술)	己亥(기해)	庚子(경자)	辛丑(신축)	壬寅(임인)	癸卯(계묘)	甲辰(갑진)
절기시각													未初																丑初	
대운 순행	9	9	9	8	8	8	7	7	7	6	6	6	5	5	5	4	4	4	3	3	3	2	2	2	1	1	1	1	10	10
대운 역행	2	2	2	3	3	3	4	4	4	5	5	5	6	6	6	7	7	7	8	8	8	9	9	9	10	10	10	10	10	1

8 月 辛 酉(신유) 小

절기														추분															한로
음력	一	二	三	四	五	六	七	八	九	十	十一	十二	十三	十四	十五	十六	十七	十八	十九	二十	廿一	廿二	廿三	廿四	廿五	廿六	廿七	廿八	廿九
양력 월/일	9/10	11	12	13	14	15	16	17	18	19	20	21	22	23	24	25	26	27	28	29	30	10/1	2	3	4	5	6	7	8
일진	乙巳(을사)	丙午(병오)	丁未(정미)	戊申(무신)	己酉(기유)	庚戌(경술)	辛亥(신해)	壬子(임자)	癸丑(계축)	甲寅(갑인)	乙卯(을묘)	丙辰(병진)	丁巳(정사)	戊午(무오)	己未(기미)	庚申(경신)	辛酉(신유)	壬戌(임술)	癸亥(계해)	甲子(갑자)	乙丑(을축)	丙寅(병인)	丁卯(정묘)	戊辰(무진)	己巳(기사)	庚午(경오)	辛未(신미)	壬申(임신)	癸酉(계유)
절기시각														巳正															酉初
대운 순행	9	9	9	8	8	8	7	7	7	6	6	6	5	5	5	4	4	4	3	3	3	2	2	2	1	1	1	1	10
대운 역행	1	1	2	2	2	3	3	3	4	4	4	5	5	5	6	6	6	7	7	7	8	8	8	9	9	9	10	10	10

9 月 壬 戌(임술) 大

절기															상강															입동
음력	一	二	三	四	五	六	七	八	九	十	十一	十二	十三	十四	十五	十六	十七	十八	十九	二十	廿一	廿二	廿三	廿四	廿五	廿六	廿七	廿八	廿九	三十
양력 월/일	10/9	10	11	12	13	14	15	16	17	18	19	20	21	22	23	24	25	26	27	28	29	30	31	11/1	2	3	4	5	6	7
일진	甲戌(갑술)	乙亥(을해)	丙子(병자)	丁丑(정축)	戊寅(무인)	己卯(기묘)	庚辰(경진)	辛巳(신사)	壬午(임오)	癸未(계미)	甲申(갑신)	乙酉(을유)	丙戌(병술)	丁亥(정해)	戊子(무자)	己丑(기축)	庚寅(경인)	辛卯(신묘)	壬辰(임진)	癸巳(계사)	甲午(갑오)	乙未(을미)	丙申(병신)	丁酉(정유)	戊戌(무술)	己亥(기해)	庚子(경자)	辛丑(신축)	壬寅(임인)	癸卯(계묘)
절기시각															戌正															戌正
대운 순행	10	9	9	9	8	8	8	7	7	7	6	6	6	5	5	5	4	4	4	3	3	3	2	2	2	1	1	1	1	10
대운 역행	1	1	1	2	2	2	3	3	3	4	4	4	5	5	5	6	6	6	7	7	7	8	8	8	9	9	9	10	10	10

10 月 癸 亥(계해) 小

절기															소설														
음력	一	二	三	四	五	六	七	八	九	十	十一	十二	十三	十四	十五	十六	十七	十八	十九	二十	廿一	廿二	廿三	廿四	廿五	廿六	廿七	廿八	廿九
양력 월/일	11/8	9	10	11	12	13	14	15	16	17	18	19	20	21	22	23	24	25	26	27	28	29	30	12/1	2	3	4	5	6
일진	甲辰(갑진)	乙巳(을사)	丙午(병오)	丁未(정미)	戊申(무신)	己酉(기유)	庚戌(경술)	辛亥(신해)	壬子(임자)	癸丑(계축)	甲寅(갑인)	乙卯(을묘)	丙辰(병진)	丁巳(정사)	戊午(무오)	己未(기미)	庚申(경신)	辛酉(신유)	壬戌(임술)	癸亥(계해)	甲子(갑자)	乙丑(을축)	丙寅(병인)	丁卯(정묘)	戊辰(무진)	己巳(기사)	庚午(경오)	辛未(신미)	壬申(임신)
절기시각															酉初														
대운 순행	10	9	9	9	8	8	8	8	7	7	7	6	6	6	5	5	5	4	4	4	3	3	3	2	2	2	1	1	1
대운 역행	1	1	1	2	2	2	3	3	3	4	4	4	5	5	5	6	6	6	7	7	7	8	8	8	9	9	9	10	10

11 月 甲 子(갑자) 大

절기	대설															동지														
음력	一	二	三	四	五	六	七	八	九	十	十一	十二	十三	十四	十五	十六	十七	十八	十九	二十	廿一	廿二	廿三	廿四	廿五	廿六	廿七	廿八	廿九	三十
양력 월/일	12/7	8	9	10	11	12	13	14	15	16	17	18	19	20	21	22	23	24	25	26	27	28	29	30	31	1/1	2	3	4	5
일진	癸酉(계유)	甲戌(갑술)	乙亥(을해)	丙子(병자)	丁丑(정축)	戊寅(무인)	己卯(기묘)	庚辰(경진)	辛巳(신사)	壬午(임오)	癸未(계미)	甲申(갑신)	乙酉(을유)	丙戌(병술)	丁亥(정해)	戊子(무자)	己丑(기축)	庚寅(경인)	辛卯(신묘)	壬辰(임진)	癸巳(계사)	甲午(갑오)	乙未(을미)	丙申(병신)	丁酉(정유)	戊戌(무술)	己亥(기해)	庚子(경자)	辛丑(신축)	壬寅(임인)
절기시각	未初															辰初														
대운 순행	10	10	9	9	9	8	8	8	7	7	7	6	6	6	5	5	5	4	4	4	3	3	3	2	2	2	1	1	1	1
대운 역행	10	1	1	1	2	2	2	3	3	3	4	4	4	5	5	5	6	6	6	7	7	7	8	8	8	9	9	9	10	10

12 月 乙 丑(을축) 大

절기	소한														대한															입춘
음력	一	二	三	四	五	六	七	八	九	十	十一	十二	十三	十四	十五	十六	十七	十八	十九	二十	廿一	廿二	廿三	廿四	廿五	廿六	廿七	廿八	廿九	三十
양력 월/일	1/6	7	8	9	10	11	12	13	14	15	16	17	18	19	20	21	22	23	24	25	26	27	28	29	30	31	2/1	2	3	4
일진	癸卯(계묘)	甲辰(갑진)	乙巳(을사)	丙午(병오)	丁未(정미)	戊申(무신)	己酉(기유)	庚戌(경술)	辛亥(신해)	壬子(임자)	癸丑(계축)	甲寅(갑인)	乙卯(을묘)	丙辰(병진)	丁巳(정사)	戊午(무오)	己未(기미)	庚申(경신)	辛酉(신유)	壬戌(임술)	癸亥(계해)	甲子(갑자)	乙丑(을축)	丙寅(병인)	丁卯(정묘)	戊辰(무진)	己巳(기사)	庚午(경오)	辛未(신미)	壬申(임신)
절기시각	子正														酉初															午正
대운 순행	10	9	9	9	8	8	8	7	7	7	6	6	6	5	5	5	4	4	4	3	3	3	2	2	2	1	1	1	1	10
대운 역행	10	1	1	1	2	2	2	3	3	3	4	4	4	5	5	5	6	6	6	7	7	7	8	8	8	9	9	9	10	10

단기 4352 년
불기 2563 년

2019년 己亥(기해)年

1 月 丙寅(병인) 大

절기															우수															경칩
음력	一	二	三	四	五	六	七	八	九	十	十一	十二	十三	十四	十五	十六	十七	十八	十九	二十	廿一	廿二	廿三	廿四	廿五	廿六	廿七	廿八	廿九	三十
양력 월/일	2/5	6	7	8	9	10	11	12	13	14	15	16	17	18	19	20	21	22	23	24	25	26	27	28	3/1	2	3	4	5	6
일진	癸酉(계유)	甲戌(갑술)	乙亥(을해)	丙子(병자)	丁丑(정축)	戊寅(무인)	己卯(기묘)	庚辰(경진)	辛巳(신사)	壬午(임오)	癸未(계미)	甲申(갑신)	乙酉(을유)	丙戌(병술)	丁亥(정해)	戊子(무자)	己丑(기축)	庚寅(경인)	辛卯(신묘)	壬辰(임진)	癸巳(계사)	甲午(갑오)	乙未(을미)	丙申(병신)	丁酉(정유)	戊戌(무술)	己亥(기해)	庚子(경자)	辛丑(신축)	壬寅(임인)
절기시각															辰初															卯初
대운 순행	10	9	9	9	8	8	8	7	7	7	6	6	6	5	5	5	4	4	4	3	3	3	2	2	2	1	1	1	1	10
대운 역행	1	1	1	2	2	2	3	3	3	4	4	4	5	5	5	6	6	6	7	7	7	8	8	8	9	9	9	10	10	10

2 月 丁卯(정묘) 小

절기															춘분														
음력	一	二	三	四	五	六	七	八	九	十	十一	十二	十三	十四	十五	十六	十七	十八	十九	二十	廿一	廿二	廿三	廿四	廿五	廿六	廿七	廿八	廿九
양력 월/일	3/7	8	9	10	11	12	13	14	15	16	17	18	19	20	21	22	23	24	25	26	27	28	29	30	31	4/1	2	3	4
일진	癸卯(계묘)	甲辰(갑진)	乙巳(을사)	丙午(병오)	丁未(정미)	戊申(무신)	己酉(기유)	庚戌(경술)	辛亥(신해)	壬子(임자)	癸丑(계축)	甲寅(갑인)	乙卯(을묘)	丙辰(병진)	丁巳(정사)	戊午(무오)	己未(기미)	庚申(경신)	辛酉(신유)	壬戌(임술)	癸亥(계해)	甲子(갑자)	乙丑(을축)	丙寅(병인)	丁卯(정묘)	戊辰(무진)	己巳(기사)	庚午(경오)	辛未(신미)
절기시각															卯正														
대운 순행	10	9	9	9	8	8	8	7	7	7	6	6	6	5	5	5	4	4	4	3	3	3	2	2	2	1	1	1	1
대운 역행	1	1	1	2	2	2	3	3	3	4	4	4	5	5	5	6	6	6	7	7	7	8	8	8	9	9	9	10	10

3 月 戊辰(무진) 大

절기	청명															곡우														
음력	一	二	三	四	五	六	七	八	九	十	十一	十二	十三	十四	十五	十六	十七	十八	十九	二十	廿一	廿二	廿三	廿四	廿五	廿六	廿七	廿八	廿九	三十
양력 월/일	4/5	6	7	8	9	10	11	12	13	14	15	16	17	18	19	20	21	22	23	24	25	26	27	28	29	30	5/1	2	3	4
일진	壬申(임신)	癸酉(계유)	甲戌(갑술)	乙亥(을해)	丙子(병자)	丁丑(정축)	戊寅(무인)	己卯(기묘)	庚辰(경진)	辛巳(신사)	壬午(임오)	癸未(계미)	甲申(갑신)	乙酉(을유)	丙戌(병술)	丁亥(정해)	戊子(무자)	己丑(기축)	庚寅(경인)	辛卯(신묘)	壬辰(임진)	癸巳(계사)	甲午(갑오)	乙未(을미)	丙申(병신)	丁酉(정유)	戊戌(무술)	己亥(기해)	庚子(경자)	辛丑(신축)
절기시각	巳正															酉初														
대운 순행	10	10	10	9	9	9	8	8	8	7	7	7	6	6	6	5	5	5	4	4	4	3	3	3	2	2	2	1	1	1
대운 역행	10	1	1	1	2	2	2	3	3	3	4	4	4	5	5	5	6	6	6	7	7	7	8	8	8	9	9	9	10	10

4 月 己巳(기사) 小

절기		입하															소만												
음력	一	二	三	四	五	六	七	八	九	十	十一	十二	十三	十四	十五	十六	十七	十八	十九	二十	廿一	廿二	廿三	廿四	廿五	廿六	廿七	廿八	廿九
양력 월/일	5/5	6	7	8	9	10	11	12	13	14	15	16	17	18	19	20	21	22	23	24	25	26	27	28	29	30	30	6/1	2
일진	壬寅(임인)	癸卯(계묘)	甲辰(갑진)	乙巳(을사)	丙午(병오)	丁未(정미)	戊申(무신)	己酉(기유)	庚戌(경술)	辛亥(신해)	壬子(임자)	癸丑(계축)	甲寅(갑인)	乙卯(을묘)	丙辰(병진)	丁巳(정사)	戊午(무오)	己未(기미)	庚申(경신)	辛酉(신유)	壬戌(임술)	癸亥(계해)	甲子(갑자)	乙丑(을축)	丙寅(병인)	丁卯(정묘)	戊辰(무진)	己巳(기사)	庚午(경오)
절기시각		寅初															申正												
대운 순행	1	10	10	10	9	9	9	8	8	8	7	7	7	6	6	6	5	5	5	4	4	4	3	3	3	2	2	2	1
대운 역행	10	10	1	1	1	2	2	2	3	3	3	4	4	4	5	5	5	6	6	6	7	7	7	8	8	8	9	9	9

5 月 庚午(경오) 大

절기				망종																하지										
음력	一	二	三	四	五	六	七	八	九	十	十一	十二	十三	十四	十五	十六	十七	十八	十九	二十	廿一	廿二	廿三	廿四	廿五	廿六	廿七	廿八	廿九	三十
양력 월/일	6/3	4	5	6	7	8	9	10	11	12	13	14	15	16	17	18	19	20	21	22	23	24	25	26	27	28	29	30	7/1	2
일진	辛未(신미)	壬申(임신)	癸酉(계유)	甲戌(갑술)	乙亥(을해)	丙子(병자)	丁丑(정축)	戊寅(무인)	己卯(기묘)	庚辰(경진)	辛巳(신사)	壬午(임오)	癸未(계미)	甲申(갑신)	乙酉(을유)	丙戌(병술)	丁亥(정해)	戊子(무자)	己丑(기축)	庚寅(경인)	辛卯(신묘)	壬辰(임진)	癸巳(계사)	甲午(갑오)	乙未(을미)	丙申(병신)	丁酉(정유)	戊戌(무술)	己亥(기해)	庚子(경자)
절기시각				辰初																子正										
대운 순행	1	1	1	10	10	10	9	9	9	8	8	8	7	7	7	6	6	6	5	5	5	4	4	4	3	3	3	2	2	2
대운 역행	10	10	10	10	1	1	1	2	2	2	3	3	3	4	4	4	5	5	5	6	6	6	7	7	7	8	8	8	9	9

6 月 辛未(신미) 小

절기					소서																대서								
음력	一	二	三	四	五	六	七	八	九	十	十一	十二	十三	十四	十五	十六	十七	十八	十九	二十	廿一	廿二	廿三	廿四	廿五	廿六	廿七	廿八	廿九
양력 월/일	7/3	4	5	6	7	8	9	10	11	12	13	14	15	16	17	18	19	20	21	22	23	24	25	26	27	28	29	30	31
일진	辛丑(신축)	壬寅(임인)	癸卯(계묘)	甲辰(갑진)	乙巳(을사)	丙午(병오)	丁未(정미)	戊申(무신)	己酉(기유)	庚戌(경술)	辛亥(신해)	壬子(임자)	癸丑(계축)	甲寅(갑인)	乙卯(을묘)	丙辰(병진)	丁巳(정사)	戊午(무오)	己未(기미)	庚申(경신)	辛酉(신유)	壬戌(임술)	癸亥(계해)	甲子(갑자)	乙丑(을축)	丙寅(병인)	丁卯(정묘)	戊辰(무진)	己巳(기사)
절기시각					酉正																午初								
대운 순행	1	1	1	1	10	10	10	10	9	9	9	8	8	8	7	7	7	6	6	6	5	5	5	4	4	4	3	3	3
대운 역행	9	10	10	10	10	1	1	1	2	2	2	3	3	3	4	4	4	5	5	5	6	6	6	7	7	7	8	8	8

西 大將	丑 喪門	酉 弔客	酉 三殺

7 月 壬 申(임신) 小

절 기								입추															처서							
음 력	一	二	三	四	五	六	七	八	九	十	十一	十二	十三	十四	十五	十六	十七	十八	十九	廿	廿一	廿二	廿三	廿四	廿五	廿六	廿七	廿八	廿九	
양 력 월/일	8/1	2	3	4	5	6	7	8	9	10	11	12	13	14	15	16	17	18	19	20	21	22	23	24	25	26	27	28	29	
일 진	庚午(경오)	辛未(신미)	壬申(임신)	癸酉(계유)	甲戌(갑술)	乙亥(을해)	丙子(병자)	丁丑(정축)	戊寅(무인)	己卯(기묘)	庚辰(경진)	辛巳(신사)	壬午(임오)	癸未(계미)	甲申(갑신)	乙酉(을유)	丙戌(병술)	丁亥(정해)	戊子(무자)	己丑(기축)	庚寅(경인)	辛卯(신묘)	壬辰(임진)	癸巳(계사)	甲午(갑오)	乙未(을미)	丙申(병신)	丁酉(정유)	戊戌(무술)	
절기시각								寅正															酉正							
대 순 행	2	2	2	1	1	1	1	10	10	10	9	9	9	8	8	8	7	7	7	6	6	6	5	5	5	4	4	4	3	
운 역 행	9	9	9	10	10	10	10	10	1	1	1	2	2	2	3	3	3	4	4	4	5	5	5	6	6	6	7	7	7	

8 月 癸 酉(계유) 大

절 기										백로															추분					
음 력	一	二	三	四	五	六	七	八	九	十	十一	十二	十三	十四	十五	十六	十七	十八	十九	廿	廿一	廿二	廿三	廿四	廿五	廿六	廿七	廿八	廿九	三十
양 력 월/일	8/30	31	9/1	2	3	4	5	6	7	8	9	10	11	12	13	14	15	16	17	18	19	20	21	22	23	24	25	26	27	28
일 진	己亥(기해)	庚子(경자)	辛丑(신축)	壬寅(임인)	癸卯(계묘)	甲辰(갑진)	乙巳(을사)	丙午(병오)	丁未(정미)	戊申(무신)	己酉(기유)	庚戌(경술)	辛亥(신해)	壬子(임자)	癸丑(계축)	甲寅(갑인)	乙卯(을묘)	丙辰(병진)	丁巳(정사)	戊午(무오)	己未(기미)	庚申(경신)	辛酉(신유)	壬戌(임술)	癸亥(계해)	甲子(갑자)	乙丑(을축)	丙寅(병인)	丁卯(정묘)	戊辰(무진)
절기시각										辰初															申正					
대 순 행	3	3	2	2	2	1	1	1	1	10	10	9	9	9	8	8	8	7	7	7	6	6	6	5	5	5	4	4	4	3
운 역 행	8	8	8	9	9	9	10	10	10	10	1	1	1	2	2	2	3	3	3	4	4	4	5	5	5	6	6	6	7	7

9 月 甲 戌(갑술) 小

절 기										한로																상강				
음 력	一	二	三	四	五	六	七	八	九	十	十一	十二	十三	十四	十五	十六	十七	十八	十九	廿	廿一	廿二	廿三	廿四	廿五	廿六	廿七	廿八	廿九	
양 력 월/일	9/29	30	10/1	2	3	4	5	6	7	8	9	10	11	12	13	14	15	16	17	18	19	20	21	22	23	24	25	26	27	
일 진	己巳(기사)	庚午(경오)	辛未(신미)	壬申(임신)	癸酉(계유)	甲戌(갑술)	乙亥(을해)	丙子(병자)	丁丑(정축)	戊寅(무인)	己卯(기묘)	庚辰(경진)	辛巳(신사)	壬午(임오)	癸未(계미)	甲申(갑신)	乙酉(을유)	丙戌(병술)	丁亥(정해)	戊子(무자)	己丑(기축)	庚寅(경인)	辛卯(신묘)	壬辰(임진)	癸巳(계사)	甲午(갑오)	乙未(을미)	丙申(병신)	丁酉(정유)	
절기시각										亥正																丑正				
대 순 행	3	3	2	2	2	1	1	1	1	10	10	10	9	9	9	8	8	8	7	7	7	6	6	6	5	5	5	4	4	
운 역 행	7	8	8	8	9	9	9	10	10	10	1	1	1	2	2	2	3	3	3	4	4	4	5	5	5	6	6	6	7	

10 月 乙 亥(을해) 大

절 기												입동														소설				
음 력	一	二	三	四	五	六	七	八	九	十	十一	十二	十三	十四	十五	十六	十七	十八	十九	廿	廿一	廿二	廿三	廿四	廿五	廿六	廿七	廿八	廿九	三十
양 력 월/일	10/28	29	30	31	11/1	2	3	4	5	6	7	8	9	10	11	12	13	14	15	16	17	18	19	20	21	22	23	24	25	26
일 진	戊戌(무술)	己亥(기해)	庚子(경자)	辛丑(신축)	壬寅(임인)	癸卯(계묘)	甲辰(갑진)	乙巳(을사)	丙午(병오)	丁未(정미)	戊申(무신)	己酉(기유)	庚戌(경술)	辛亥(신해)	壬子(임자)	癸丑(계축)	甲寅(갑인)	乙卯(을묘)	丙辰(병진)	丁巳(정사)	戊午(무오)	己未(기미)	庚申(경신)	辛酉(신유)	壬戌(임술)	癸亥(계해)	甲子(갑자)	乙丑(을축)	丙寅(병인)	丁卯(정묘)
절기시각												丑正														子初				
대 순 행	4	3	3	3	2	2	2	1	1	1	1	10	9	9	9	8	8	8	7	7	7	6	6	6	5	5	5	4	4	4
운 역 행	7	7	8	8	8	9	9	9	10	10	10	10	1	1	1	2	2	2	3	3	3	4	4	4	5	5	5	6	6	6

11 月 丙 子(병자) 小

절 기											대설															동지				
음 력	一	二	三	四	五	六	七	八	九	十	十一	十二	十三	十四	十五	十六	十七	十八	十九	廿	廿一	廿二	廿三	廿四	廿五	廿六	廿七	廿八	廿九	
양 력 월/일	11/27	28	29	30	12/1	2	3	4	5	6	7	8	9	10	11	12	13	14	15	16	17	18	19	20	21	22	23	24	25	
일 진	戊辰(무진)	己巳(기사)	庚午(경오)	辛未(신미)	壬申(임신)	癸酉(계유)	甲戌(갑술)	乙亥(을해)	丙子(병자)	丁丑(정축)	戊寅(무인)	己卯(기묘)	庚辰(경진)	辛巳(신사)	壬午(임오)	癸未(계미)	甲申(갑신)	乙酉(을유)	丙戌(병술)	丁亥(정해)	戊子(무자)	己丑(기축)	庚寅(경인)	辛卯(신묘)	壬辰(임진)	癸巳(계사)	甲午(갑오)	乙未(을미)	丙申(병신)	
절기시각											戌初															未初				
대 순 행	3	3	3	2	2	2	1	1	1	1	10	10	9	9	9	8	8	8	7	7	7	6	6	6	5	5	5	4	4	
운 역 행	7	7	7	8	8	8	9	9	9	10	10	1	1	1	2	2	2	3	3	3	4	4	4	5	5	5	6	6	6	

12 月 丁 丑(정축) 大

절 기												소한														대한				
음 력	一	二	三	四	五	六	七	八	九	十	十一	十二	十三	十四	十五	十六	十七	十八	十九	廿	廿一	廿二	廿三	廿四	廿五	廿六	廿七	廿八	廿九	三十
양 력 월/일	12/26	27	28	29	30	31	1/1	2	3	4	5	6	7	8	9	10	11	12	13	14	15	16	17	18	19	20	21	22	23	24
일 진	丁酉(정유)	戊戌(무술)	己亥(기해)	庚子(경자)	辛丑(신축)	壬寅(임인)	癸卯(계묘)	甲辰(갑진)	乙巳(을사)	丙午(병오)	丁未(정미)	戊申(무신)	己酉(기유)	庚戌(경술)	辛亥(신해)	壬子(임자)	癸丑(계축)	甲寅(갑인)	乙卯(을묘)	丙辰(병진)	丁巳(정사)	戊午(무오)	己未(기미)	庚申(경신)	辛酉(신유)	壬戌(임술)	癸亥(계해)	甲子(갑자)	乙丑(을축)	丙寅(병인)
절기시각												卯正														子初				
대 순 행	4	3	3	3	2	2	2	1	1	1	1	10	9	9	9	8	8	8	7	7	7	6	6	6	5	5	5	4	4	4
운 역 행	7	7	7	8	8	8	9	9	9	10	10	10	1	1	1	2	2	2	3	3	3	4	4	4	5	5	5	6	6	6

단기 4353 년
불기 2564 년

2020년 庚子(경자)年

1 月 戊 寅(무인) 大

절기											입춘															우수				
음력	一	二	三	四	五	六	七	八	九	十	十一	十二	十三	十四	十五	十六	十七	十八	十九	廿	廿一	廿二	廿三	廿四	廿五	廿六	廿七	廿八	廿九	三十
양력 월/일	1/25	26	27	28	29	30	31	2/1	2	3	4	5	6	7	8	9	10	11	12	13	14	15	16	17	18	19	20	21	22	23
일진	丁卯(정묘)	戊辰(무진)	己巳(기사)	庚午(경오)	辛未(신미)	壬申(임신)	癸酉(계유)	甲戌(갑술)	乙亥(을해)	丙子(병자)	丁丑(정축)	戊寅(무인)	己卯(기묘)	庚辰(경진)	辛巳(신사)	壬午(임오)	癸未(계미)	甲申(갑신)	乙酉(을유)	丙戌(병술)	丁亥(정해)	戊子(무자)	己丑(기축)	庚寅(경인)	辛卯(신묘)	壬辰(임진)	癸巳(계사)	甲午(갑오)	乙未(을미)	丙申(병신)
절기시각											酉初															未初				
대운 순행	3	3	3	2	2	2	1	1	1	1	10	10	9	9	9	8	8	8	7	7	7	6	6	6	5	5	5	4	4	4
대운 역행	7	7	7	8	8	8	9	9	9	10	10	1	1	1	2	2	2	3	3	3	4	4	4	5	5	5	6	6	6	7

2 月 己 卯(기묘) 小

절기											경칩															춘분			
음력	一	二	三	四	五	六	七	八	九	十	十一	十二	十三	十四	十五	十六	十七	十八	十九	廿	廿一	廿二	廿三	廿四	廿五	廿六	廿七	廿八	廿九
양력 월/일	2/24	25	26	27	28	29	3/1	2	3	4	5	6	7	8	9	10	11	12	13	14	15	16	17	18	19	20	21	22	23
일진	丁酉(정유)	戊戌(무술)	己亥(기해)	庚子(경자)	辛丑(신축)	壬寅(임인)	癸卯(계묘)	甲辰(갑진)	乙巳(을사)	丙午(병오)	丁未(정미)	戊申(무신)	己酉(기유)	庚戌(경술)	辛亥(신해)	壬子(임자)	癸丑(계축)	甲寅(갑인)	乙卯(을묘)	丙辰(병진)	丁巳(정사)	戊午(무오)	己未(기미)	庚申(경신)	辛酉(신유)	壬戌(임술)	癸亥(계해)	甲子(갑자)	乙丑(을축)
절기시각											午初															午正			
대운 순행	3	3	3	2	2	2	1	1	1	1	10	10	9	9	9	8	8	8	7	7	7	6	6	6	5	5	5	4	4
대운 역행	7	7	8	8	8	9	9	9	10	10	10	1	1	1	2	2	2	3	3	3	4	4	4	5	5	5	6	6	6

3 月 庚 辰(경진) 大

절기												청명															곡우			
음력	一	二	三	四	五	六	七	八	九	十	十一	十二	十三	十四	十五	十六	十七	十八	十九	廿	廿一	廿二	廿三	廿四	廿五	廿六	廿七	廿八	廿九	三十
양력 월/일	3/24	25	26	27	28	29	30	31	4/1	2	3	4	5	6	7	8	9	10	11	12	13	14	15	16	17	18	19	20	21	22
일진	丙寅(병인)	丁卯(정묘)	戊辰(무진)	己巳(기사)	庚午(경오)	辛未(신미)	壬申(임신)	癸酉(계유)	甲戌(갑술)	乙亥(을해)	丙子(병자)	丁丑(정축)	戊寅(무인)	己卯(기묘)	庚辰(경진)	辛巳(신사)	壬午(임오)	癸未(계미)	甲申(갑신)	乙酉(을유)	丙戌(병술)	丁亥(정해)	戊子(무자)	己丑(기축)	庚寅(경인)	辛卯(신묘)	壬辰(임진)	癸巳(계사)	甲午(갑오)	乙未(을미)
절기시각												申正															子初			
대운 순행	4	3	3	3	2	2	2	1	1	1	1	10	10	10	9	9	9	8	8	8	7	7	7	6	6	6	5	5	5	4
대운 역행	7	7	7	8	8	8	9	9	9	10	10	10	1	1	1	2	2	2	3	3	3	4	4	4	5	5	5	6	6	6

4 月 辛 巳(신사) 大

절기													입하															소만		
음력	一	二	三	四	五	六	七	八	九	十	十一	十二	十三	十四	十五	十六	十七	十八	十九	廿	廿一	廿二	廿三	廿四	廿五	廿六	廿七	廿八	廿九	三十
양력 월/일	4/23	24	25	26	27	28	29	30	5/1	2	3	4	5	6	7	8	9	10	11	12	13	14	15	16	17	18	19	20	21	22
일진	丙申(병신)	丁酉(정유)	戊戌(무술)	己亥(기해)	庚子(경자)	辛丑(신축)	壬寅(임인)	癸卯(계묘)	甲辰(갑진)	乙巳(을사)	丙午(병오)	丁未(정미)	戊申(무신)	己酉(기유)	庚戌(경술)	辛亥(신해)	壬子(임자)	癸丑(계축)	甲寅(갑인)	乙卯(을묘)	丙辰(병진)	丁巳(정사)	戊午(무오)	己未(기미)	庚申(경신)	辛酉(신유)	壬戌(임술)	癸亥(계해)	甲子(갑자)	乙丑(을축)
절기시각													巳初															亥正		
대운 순행	4	4	3	3	3	2	2	2	1	1	1	1	10	10	10	9	9	9	8	8	8	7	7	7	6	6	6	5	5	5
대운 역행	7	7	7	8	8	8	9	9	9	10	10	10	10	1	1	1	2	2	2	3	3	3	4	4	4	5	5	5	6	6

閏 4 月 辛 巳(신사) 小

절기														망종															
음력	一	二	三	四	五	六	七	八	九	十	十一	十二	十三	十四	十五	十六	十七	十八	十九	廿	廿一	廿二	廿三	廿四	廿五	廿六	廿七	廿八	廿九
양력 월/일	5/23	24	25	26	27	28	29	30	31	6/1	2	3	4	5	6	7	8	9	10	11	12	13	14	15	16	17	18	19	20
일진	丙寅(병인)	丁卯(정묘)	戊辰(무진)	己巳(기사)	庚午(경오)	辛未(신미)	壬申(임신)	癸酉(계유)	甲戌(갑술)	乙亥(을해)	丙子(병자)	丁丑(정축)	戊寅(무인)	己卯(기묘)	庚辰(경진)	辛巳(신사)	壬午(임오)	癸未(계미)	甲申(갑신)	乙酉(을유)	丙戌(병술)	丁亥(정해)	戊子(무자)	己丑(기축)	庚寅(경인)	辛卯(신묘)	壬辰(임진)	癸巳(계사)	甲午(갑오)
절기시각														未初															
대운 순행	4	4	4	3	3	3	2	2	2	1	1	1	1	10	10	10	9	9	9	8	8	8	7	7	7	6	6	6	5
대운 역행	6	7	7	7	8	8	8	9	9	9	10	10	10	10	1	1	1	2	2	2	3	3	3	4	4	4	5	5	5

5 月 壬 午(임오) 大

절기	하지															소서														
음력	一	二	三	四	五	六	七	八	九	十	十一	十二	十三	十四	十五	十六	十七	十八	十九	廿	廿一	廿二	廿三	廿四	廿五	廿六	廿七	廿八	廿九	三十
양력 월/일	6/21	22	23	24	25	26	27	28	29	30	7/1	2	3	4	5	6	7	8	9	10	11	12	13	14	15	16	17	18	19	20
일진	乙未(을미)	丙申(병신)	丁酉(정유)	戊戌(무술)	己亥(기해)	庚子(경자)	辛丑(신축)	壬寅(임인)	癸卯(계묘)	甲辰(갑진)	乙巳(을사)	丙午(병오)	丁未(정미)	戊申(무신)	己酉(기유)	庚戌(경술)	辛亥(신해)	壬子(임자)	癸丑(계축)	甲寅(갑인)	乙卯(을묘)	丙辰(병진)	丁巳(정사)	戊午(무오)	己未(기미)	庚申(경신)	辛酉(신유)	壬戌(임술)	癸亥(계해)	甲子(갑자)
절기시각	卯正															子初														
대운 순행	5	5	4	4	4	3	3	3	2	2	2	1	1	1	1	10	10	10	10	9	9	9	8	8	8	7	7	7	6	6
대운 역행	6	6	6	7	7	7	8	8	8	9	9	9	10	10	10	10	1	1	1	2	2	2	3	3	3	4	4	4	5	5

西 大將	寅 喪門	戊 弔客	南 三殺

6 月 癸 未(계미) 小

절기		대서																입추												
음력	一	二	三	四	五	六	七	八	九	十	十一	十二	十三	十四	十五	十六	十七	十八	十九	二十	廿一	廿二	廿三	廿四	廿五	廿六	廿七	廿八	廿九	
양력 월/일	7/21	22	23	24	25	26	27	28	29	30	30	8/1	2	3	4	5	6	7	8	9	10	11	12	13	14	15	16	17	18	
일진	乙丑(을축)	丙寅(병인)	丁卯(정묘)	戊辰(무진)	己巳(기사)	庚午(경오)	辛未(신미)	壬申(임신)	癸酉(계유)	甲戌(갑술)	乙亥(을해)	丙子(병자)	丁丑(정축)	戊寅(무인)	己卯(기묘)	庚辰(경진)	辛巳(신사)	壬午(임오)	癸未(계미)	甲申(갑신)	乙酉(을유)	丙戌(병술)	丁亥(정해)	戊子(무자)	己丑(기축)	庚寅(경인)	辛卯(신묘)	壬辰(임진)	癸巳(계사)	
절기시각		酉初																巳初												
대운 순행	6	5	5	5	4	4	4	3	3	3	2	2	2	1	1	1	1	10	10	10	9	9	9	8	8	8	7	7	7	
대운 역행	5	6	6	6	7	7	7	8	8	8	9	9	9	10	10	10	10	10	1	1	1	2	2	2	3	3	3	4	4	

7 月 甲 申(갑신) 小

절기					처서															백로										
음력	一	二	三	四	五	六	七	八	九	十	十一	十二	十三	十四	十五	十六	十七	十八	十九	二十	廿一	廿二	廿三	廿四	廿五	廿六	廿七	廿八	廿九	
양력 월/일	8/19	20	21	22	23	24	25	26	27	28	29	30	30	9/1	2	3	4	5	6	7	8	9	10	11	12	13	14	15	16	
일진	甲午(갑오)	乙未(을미)	丙申(병신)	丁酉(정유)	戊戌(무술)	己亥(기해)	庚子(경자)	辛丑(신축)	壬寅(임인)	癸卯(계묘)	甲辰(갑진)	乙巳(을사)	丙午(병오)	丁未(정미)	戊申(무신)	己酉(기유)	庚戌(경술)	辛亥(신해)	壬子(임자)	癸丑(계축)	甲寅(갑인)	乙卯(을묘)	丙辰(병진)	丁巳(정사)	戊午(무오)	己未(기미)	庚申(경신)	辛酉(신유)	壬戌(임술)	
절기시각					子正															午正										
대운 순행	6	6	6	5	5	5	4	4	4	3	3	3	2	2	2	1	1	1	1	10	10	10	9	9	9	8	8	8	7	
대운 역행	4	5	5	5	6	6	6	7	7	7	8	8	8	9	9	9	10	10	10	10	1	1	1	2	2	2	3	3	3	

8 月 乙 酉(을유) 大

절기						추분																한로								
음력	一	二	三	四	五	六	七	八	九	十	十一	十二	十三	十四	十五	十六	十七	十八	十九	二十	廿一	廿二	廿三	廿四	廿五	廿六	廿七	廿八	廿九	三十
양력 월/일	9/17	18	19	20	21	22	23	24	25	26	27	28	29	30	10/1	2	3	4	5	6	7	8	9	10	11	12	13	14	15	16
일진	癸亥(계해)	甲子(갑자)	乙丑(을축)	丙寅(병인)	丁卯(정묘)	戊辰(무진)	己巳(기사)	庚午(경오)	辛未(신미)	壬申(임신)	癸酉(계유)	甲戌(갑술)	乙亥(을해)	丙子(병자)	丁丑(정축)	戊寅(무인)	己卯(기묘)	庚辰(경진)	辛巳(신사)	壬午(임오)	癸未(계미)	甲申(갑신)	乙酉(을유)	丙戌(병술)	丁亥(정해)	戊子(무자)	己丑(기축)	庚寅(경인)	辛卯(신묘)	壬辰(임진)
절기시각						亥正																寅正								
대운 순행	7	7	6	6	6	5	5	5	4	4	4	3	3	3	2	2	2	1	1	1	1	10	10	9	9	9	8	8	8	7
대운 역행	4	4	4	5	5	5	6	6	6	7	7	7	8	8	8	9	9	9	10	10	10	10	1	1	1	2	2	2	3	3

9 月 丙 戌(병술) 小

절기							상강															입동								
음력	一	二	三	四	五	六	七	八	九	十	十一	十二	十三	十四	十五	十六	十七	十八	十九	二十	廿一	廿二	廿三	廿四	廿五	廿六	廿七	廿八	廿九	
양력 월/일	10/17	18	19	20	21	22	23	24	25	26	27	28	29	30	31	11/1	2	3	4	5	6	7	8	9	10	11	12	13	14	
일진	癸巳(계사)	甲午(갑오)	乙未(을미)	丙申(병신)	丁酉(정유)	戊戌(무술)	己亥(기해)	庚子(경자)	辛丑(신축)	壬寅(임인)	癸卯(계묘)	甲辰(갑진)	乙巳(을사)	丙午(병오)	丁未(정미)	戊申(무신)	己酉(기유)	庚戌(경술)	辛亥(신해)	壬子(임자)	癸丑(계축)	甲寅(갑인)	乙卯(을묘)	丙辰(병진)	丁巳(정사)	戊午(무오)	己未(기미)	庚申(경신)	辛酉(신유)	
절기시각							辰初															辰正								
대운 순행	7	7	6	6	6	5	5	5	4	4	4	3	3	3	2	2	2	1	1	1	1	10	10	9	9	9	8	8	8	
대운 역행	3	4	4	4	5	5	5	6	6	6	7	7	7	8	8	8	9	9	9	10	10	10	1	1	1	2	2	2	3	

10 月 丁 亥(정해) 大

절기								소설															대설							
음력	一	二	三	四	五	六	七	八	九	十	十一	十二	十三	十四	十五	十六	十七	十八	十九	二十	廿一	廿二	廿三	廿四	廿五	廿六	廿七	廿八	廿九	三十
양력 월/일	11/15	16	17	18	19	20	21	22	23	24	25	26	27	28	29	30	12/1	2	3	4	5	6	7	8	9	10	11	12	13	14
일진	壬戌(임술)	癸亥(계해)	甲子(갑자)	乙丑(을축)	丙寅(병인)	丁卯(정묘)	戊辰(무진)	己巳(기사)	庚午(경오)	辛未(신미)	壬申(임신)	癸酉(계유)	甲戌(갑술)	乙亥(을해)	丙子(병자)	丁丑(정축)	戊寅(무인)	己卯(기묘)	庚辰(경진)	辛巳(신사)	壬午(임오)	癸未(계미)	甲申(갑신)	乙酉(을유)	丙戌(병술)	丁亥(정해)	戊子(무자)	己丑(기축)	庚寅(경인)	辛卯(신묘)
절기시각								卯初															子正							
대운 순행	7	7	7	6	6	6	5	5	5	4	4	4	3	3	3	2	2	2	1	1	1	1	10	9	9	9	8	8	8	7
대운 역행	3	3	4	4	4	5	5	5	6	6	6	7	7	7	8	8	8	9	9	9	10	10	10	1	1	1	2	2	2	3

11 月 戊 子(무자) 小

절기							동지															소한								
음력	一	二	三	四	五	六	七	八	九	十	十一	十二	十三	十四	十五	十六	十七	十八	十九	二十	廿一	廿二	廿三	廿四	廿五	廿六	廿七	廿八	廿九	
양력 월/일	12/15	16	17	18	19	20	21	22	23	24	25	26	27	28	29	30	31	1/1	2	3	4	5	6	7	8	9	10	11	12	
일진	壬辰(임진)	癸巳(계사)	甲午(갑오)	乙未(을미)	丙申(병신)	丁酉(정유)	戊戌(무술)	己亥(기해)	庚子(경자)	辛丑(신축)	壬寅(임인)	癸卯(계묘)	甲辰(갑진)	乙巳(을사)	丙午(병오)	丁未(정미)	戊申(무신)	己酉(기유)	庚戌(경술)	辛亥(신해)	壬子(임자)	癸丑(계축)	甲寅(갑인)	乙卯(을묘)	丙辰(병진)	丁巳(정사)	戊午(무오)	己未(기미)	庚申(경신)	
절기시각							酉正															午正								
대운 순행	7	7	6	6	6	5	5	5	4	4	4	3	3	3	2	2	2	1	1	1	1	10	9	9	9	8	8	8	7	
대운 역행	3	3	4	4	4	5	5	5	6	6	6	7	7	7	8	8	8	9	9	9	10	10	1	1	1	2	2	2	3	

12 月 己 丑(기축) 大

절기								대한														입춘								
음력	一	二	三	四	五	六	七	八	九	十	十一	十二	十三	十四	十五	十六	十七	十八	十九	二十	廿一	廿二	廿三	廿四	廿五	廿六	廿七	廿八	廿九	三十
양력 월/일	1/13	14	15	16	17	18	19	20	21	22	23	24	25	26	27	28	29	30	31	2/1	2	3	4	5	6	7	8	9	10	11
일진	辛酉(신유)	壬戌(임술)	癸亥(계해)	甲子(갑자)	乙丑(을축)	丙寅(병인)	丁卯(정묘)	戊辰(무진)	己巳(기사)	庚午(경오)	辛未(신미)	壬申(임신)	癸酉(계유)	甲戌(갑술)	乙亥(을해)	丙子(병자)	丁丑(정축)	戊寅(무인)	己卯(기묘)	庚辰(경진)	辛巳(신사)	壬午(임오)	癸未(계미)	甲申(갑신)	乙酉(을유)	丙戌(병술)	丁亥(정해)	戊子(무자)	己丑(기축)	庚寅(경인)
절기시각								卯初														子初								
대운 순행	7	7	6	6	6	5	5	5	4	4	4	3	3	3	2	2	2	1	1	1	1	10	10	9	9	9	8	8	8	7
대운 역행	3	3	4	4	4	5	5	5	6	6	6	7	7	7	8	8	8	9	9	9	10	10	1	1	1	2	2	2	3	3

단기 4354 년
불기 2565 년

2021년 辛丑(신축)年

1 月 庚 寅(경인) 小

절기							우수															경칩								
음력	一	二	三	四	五	六	七	八	九	十	十一	十二	十三	十四	十五	十六	十七	十八	十九	廿	廿一	廿二	廿三	廿四	廿五	廿六	廿七	廿八	廿九	
양력 월/일	2/12	13	14	15	16	17	18	19	20	21	22	23	24	25	26	27	28	3/1	2	3	4	5	6	7	8	9	10	11	12	
일진	辛卯(신묘)	壬辰(임진)	癸巳(계사)	甲午(갑오)	乙未(을미)	丙申(병신)	丁酉(정유)	戊戌(무술)	己亥(기해)	庚子(경자)	辛丑(신축)	壬寅(임인)	癸卯(계묘)	甲辰(갑진)	乙巳(을사)	丙午(병오)	丁未(정미)	戊申(무신)	己酉(기유)	庚戌(경술)	辛亥(신해)	壬子(임자)	癸丑(계축)	甲寅(갑인)	乙卯(을묘)	丙辰(병진)	丁巳(정사)	戊午(무오)	己未(기미)	
절기시각							戌初															酉初								
대운 순행	7	7	6	6	6	5	5	5	4	4	4	3	3	3	2	2	2	1	1	1	1	10	10	9	9	9	8	8	8	
대운 역행	3	4	4	4	5	5	5	6	6	6	7	7	7	8	8	8	9	9	9	10	10	10	1	1	1	2	2	2	3	

2 月 辛 卯(신묘) 大

절기								춘분														청명								
음력	一	二	三	四	五	六	七	八	九	十	十一	十二	十三	十四	十五	十六	十七	十八	十九	廿	廿一	廿二	廿三	廿四	廿五	廿六	廿七	廿八	廿九	三十
양력 월/일	3/13	14	15	16	17	18	19	20	21	22	23	24	25	26	27	28	29	30	31	4/1	2	3	4	5	6	7	8	9	10	11
일진	庚申(경신)	辛酉(신유)	壬戌(임술)	癸亥(계해)	甲子(갑자)	乙丑(을축)	丙寅(병인)	丁卯(정묘)	戊辰(무진)	己巳(기사)	庚午(경오)	辛未(신미)	壬申(임신)	癸酉(계유)	甲戌(갑술)	乙亥(을해)	丙子(병자)	丁丑(정축)	戊寅(무인)	己卯(기묘)	庚辰(경진)	辛巳(신사)	壬午(임오)	癸未(계미)	甲申(갑신)	乙酉(을유)	丙戌(병술)	丁亥(정해)	戊子(무자)	己丑(기축)
절기시각								酉正														亥正								
대운 순행	7	7	7	6	6	6	5	5	5	4	4	4	3	3	3	2	2	2	1	1	1	1	10	10	10	9	9	9	8	8
대운 역행	3	3	4	4	4	5	5	5	6	6	6	7	7	7	8	8	8	9	9	9	10	10	10	1	1	1	2	2	2	3

3 月 壬 辰(임진) 大

절기									곡우															입하						
음력	一	二	三	四	五	六	七	八	九	十	十一	十二	十三	十四	十五	十六	十七	十八	十九	廿	廿一	廿二	廿三	廿四	廿五	廿六	廿七	廿八	廿九	三十
양력 월/일	4/12	13	14	15	16	17	18	19	20	21	22	23	24	25	26	27	28	29	30	5/1	2	3	4	5	6	7	8	9	10	11
일진	庚寅(경인)	辛卯(신묘)	壬辰(임진)	癸巳(계사)	甲午(갑오)	乙未(을미)	丙申(병신)	丁酉(정유)	戊戌(무술)	己亥(기해)	庚子(경자)	辛丑(신축)	壬寅(임인)	癸卯(계묘)	甲辰(갑진)	乙巳(을사)	丙午(병오)	丁未(정미)	戊申(무신)	己酉(기유)	庚戌(경술)	辛亥(신해)	壬子(임자)	癸丑(계축)	甲寅(갑인)	乙卯(을묘)	丙辰(병진)	丁巳(정사)	戊午(무오)	己未(기미)
절기시각									卯初															申初						
대운 순행	8	7	7	7	6	6	6	5	5	5	4	4	4	3	3	3	2	2	2	1	1	1	1	10	10	10	9	9	9	8
대운 역행	3	3	4	4	4	5	5	5	6	6	6	7	7	7	8	8	8	9	9	9	10	10	10	10	1	1	1	2	2	2

4 月 癸 巳(계사) 小

절기										소만															망종					
음력	一	二	三	四	五	六	七	八	九	十	十一	十二	十三	十四	十五	十六	十七	十八	十九	廿	廿一	廿二	廿三	廿四	廿五	廿六	廿七	廿八	廿九	
양력 월/일	5/12	13	14	15	16	17	18	19	20	21	22	23	24	25	26	27	28	29	30	31	6/1	2	3	4	5	6	7	8	9	
일진	庚申(경신)	辛酉(신유)	壬戌(임술)	癸亥(계해)	甲子(갑자)	乙丑(을축)	丙寅(병인)	丁卯(정묘)	戊辰(무진)	己巳(기사)	庚午(경오)	辛未(신미)	壬申(임신)	癸酉(계유)	甲戌(갑술)	乙亥(을해)	丙子(병자)	丁丑(정축)	戊寅(무인)	己卯(기묘)	庚辰(경진)	辛巳(신사)	壬午(임오)	癸未(계미)	甲申(갑신)	乙酉(을유)	丙戌(병술)	丁亥(정해)	戊子(무자)	
절기시각										寅正															戌初					
대운 순행	8	8	7	7	7	6	6	6	5	5	5	4	4	4	3	3	3	2	2	2	1	1	1	1	10	10	10	10	9	
대운 역행	3	3	3	4	4	4	5	5	5	6	6	6	7	7	7	8	8	8	9	9	9	10	10	10	10	1	1	1	2	

5 月 甲 午(갑오) 大

절기												하지																소서		
음력	一	二	三	四	五	六	七	八	九	十	十一	十二	十三	十四	十五	十六	十七	十八	十九	廿	廿一	廿二	廿三	廿四	廿五	廿六	廿七	廿八	廿九	三十
양력 월/일	6/10	11	12	13	14	15	16	17	18	19	20	21	22	23	24	25	26	27	28	29	30	7/1	2	3	4	5	6	7	8	9
일진	己丑(기축)	庚寅(경인)	辛卯(신묘)	壬辰(임진)	癸巳(계사)	甲午(갑오)	乙未(을미)	丙申(병신)	丁酉(정유)	戊戌(무술)	己亥(기해)	庚子(경자)	辛丑(신축)	壬寅(임인)	癸卯(계묘)	甲辰(갑진)	乙巳(을사)	丙午(병오)	丁未(정미)	戊申(무신)	己酉(기유)	庚戌(경술)	辛亥(신해)	壬子(임자)	癸丑(계축)	甲寅(갑인)	乙卯(을묘)	丙辰(병진)	丁巳(정사)	戊午(무오)
절기시각												午正																卯初		
대운 순행	9	9	8	8	8	7	7	7	6	6	6	5	5	5	4	4	4	3	3	3	2	2	2	1	1	1	1	10	10	10
대운 역행	2	2	3	3	3	4	4	4	5	5	5	6	6	6	7	7	7	8	8	8	9	9	9	10	10	10	10	10	1	1

6 月 乙 未(을미) 小

절기													대서																입추	
음력	一	二	三	四	五	六	七	八	九	十	十一	十二	十三	十四	十五	十六	十七	十八	十九	廿	廿一	廿二	廿三	廿四	廿五	廿六	廿七	廿八	廿九	
양력 월/일	7/10	11	12	13	14	15	16	17	18	19	20	21	22	23	24	25	26	27	28	29	30	31	8/1	2	3	4	5	6	7	
일진	己未(기미)	庚申(경신)	辛酉(신유)	壬戌(임술)	癸亥(계해)	甲子(갑자)	乙丑(을축)	丙寅(병인)	丁卯(정묘)	戊辰(무진)	己巳(기사)	庚午(경오)	辛未(신미)	壬申(임신)	癸酉(계유)	甲戌(갑술)	乙亥(을해)	丙子(병자)	丁丑(정축)	戊寅(무인)	己卯(기묘)	庚辰(경진)	辛巳(신사)	壬午(임오)	癸未(계미)	甲申(갑신)	乙酉(을유)	丙戌(병술)	丁亥(정해)	
절기시각													子初																申初	
대운 순행	9	9	9	8	8	8	7	7	7	6	6	6	5	5	5	4	4	4	3	3	3	2	2	2	1	1	1	1	10	
대운 역행	1	2	2	2	3	3	3	4	4	4	5	5	5	6	6	6	7	7	7	8	8	8	9	9	9	10	10	10	10	

西 大將	卯 喪門	亥 弔客	東 三殺

7 月 丙 申(병신) 大

절기																처서														
음력	一	二	三	四	五	六	七	八	九	十	十一	十二	十三	十四	十五	十六	十七	十八	十九	廿	廿一	廿二	廿三	廿四	廿五	廿六	廿七	廿八	廿九	三十
양력 월/일	8/8	9	10	11	12	13	14	15	16	17	18	19	20	21	22	23	24	25	26	27	28	29	30	31	9/1	2	3	4	5	6
일진	戊子(무자)	己丑(기축)	庚寅(경인)	辛卯(신묘)	壬辰(임진)	癸巳(계사)	甲午(갑오)	乙未(을미)	丙申(병신)	丁酉(정유)	戊戌(무술)	己亥(기해)	庚子(경자)	辛丑(신축)	壬寅(임인)	癸卯(계묘)	甲辰(갑진)	乙巳(을사)	丙午(병오)	丁未(정미)	戊申(무신)	己酉(기유)	庚戌(경술)	辛亥(신해)	壬子(임자)	癸丑(계축)	甲寅(갑인)	乙卯(을묘)	丙辰(병진)	丁巳(정사)
절기시각																卯正														
대운 순행	10	10	9	9	9	8	8	8	7	7	7	6	6	6	5	5	5	4	4	4	3	3	3	2	2	2	1	1	1	1
대운 역행	1	1	1	2	2	2	3	3	3	4	4	4	5	5	5	6	6	6	7	7	7	8	8	8	9	9	9	10	10	10

8 月 丁 酉(정유) 小

절기	백로																추분												
음력	一	二	三	四	五	六	七	八	九	十	十一	十二	十三	十四	十五	十六	十七	十八	十九	廿	廿一	廿二	廿三	廿四	廿五	廿六	廿七	廿八	廿九
양력 월/일	9/7	8	9	10	11	12	13	14	15	16	17	18	19	20	21	22	23	24	25	26	27	28	29	30	10/1	2	3	4	5
일진	戊午(무오)	己未(기미)	庚申(경신)	辛酉(신유)	壬戌(임술)	癸亥(계해)	甲子(갑자)	乙丑(을축)	丙寅(병인)	丁卯(정묘)	戊辰(무진)	己巳(기사)	庚午(경오)	辛未(신미)	壬申(임신)	癸酉(계유)	甲戌(갑술)	乙亥(을해)	丙子(병자)	丁丑(정축)	戊寅(무인)	己卯(기묘)	庚辰(경진)	辛巳(신사)	壬午(임오)	癸未(계미)	甲申(갑신)	乙酉(을유)	丙戌(병술)
절기시각	酉正																寅正												
대운 순행	10	10	10	9	9	9	8	8	8	7	7	7	6	6	6	5	5	5	4	4	4	3	3	3	2	2	2	1	1
대운 역행	10	1	1	1	2	2	2	3	3	3	4	4	4	5	5	5	6	6	6	7	7	7	8	8	8	9	9	9	10

9 月 戊 戌(무술) 大

절기			한로															상강												
음력	一	二	三	四	五	六	七	八	九	十	十一	十二	十三	十四	十五	十六	十七	十八	十九	廿	廿一	廿二	廿三	廿四	廿五	廿六	廿七	廿八	廿九	三十
양력 월/일	10/6	7	8	9	10	11	12	13	14	15	16	17	18	19	20	21	22	23	24	25	26	27	28	29	30	31	11/1	2	3	4
일진	丁亥(정해)	戊子(무자)	己丑(기축)	庚寅(경인)	辛卯(신묘)	壬辰(임진)	癸巳(계사)	甲午(갑오)	乙未(을미)	丙申(병신)	丁酉(정유)	戊戌(무술)	己亥(기해)	庚子(경자)	辛丑(신축)	壬寅(임인)	癸卯(계묘)	甲辰(갑진)	乙巳(을사)	丙午(병오)	丁未(정미)	戊申(무신)	己酉(기유)	庚戌(경술)	辛亥(신해)	壬子(임자)	癸丑(계축)	甲寅(갑인)	乙卯(을묘)	丙辰(병진)
절기시각			巳正															未初												
대운 순행	1	1	10	10	9	9	9	8	8	8	7	7	7	6	6	6	5	5	5	4	4	4	3	3	3	2	2	2	1	1
대운 역행	10	10	10	1	1	1	2	2	2	3	3	3	4	4	4	5	5	5	6	6	6	7	7	7	8	8	8	9	9	9

10 月 己 亥(기해) 小

절기			입동															소설											
음력	一	二	三	四	五	六	七	八	九	十	十一	十二	十三	十四	十五	十六	十七	十八	十九	廿	廿一	廿二	廿三	廿四	廿五	廿六	廿七	廿八	廿九
양력 월/일	11/5	6	7	8	9	10	11	12	13	14	15	16	17	18	19	20	21	22	23	24	25	26	27	28	29	30	12/1	2	3
일진	丁巳(정사)	戊午(무오)	己未(기미)	庚申(경신)	辛酉(신유)	壬戌(임술)	癸亥(계해)	甲子(갑자)	乙丑(을축)	丙寅(병인)	丁卯(정묘)	戊辰(무진)	己巳(기사)	庚午(경오)	辛未(신미)	壬申(임신)	癸酉(계유)	甲戌(갑술)	乙亥(을해)	丙子(병자)	丁丑(정축)	戊寅(무인)	己卯(기묘)	庚辰(경진)	辛巳(신사)	壬午(임오)	癸未(계미)	甲申(갑신)	乙酉(을유)
절기시각			未初															午初											
대운 순행	1	1	10	10	9	9	9	8	8	8	7	7	7	6	6	6	5	5	5	4	4	4	3	3	3	2	2	2	1
대운 역행	10	10	10	1	1	1	2	2	2	3	3	3	4	4	4	5	5	5	6	6	6	7	7	7	8	8	8	9	9

11 月 庚 子(경자) 大

절기				대설															동지											
음력	一	二	三	四	五	六	七	八	九	十	十一	十二	十三	十四	十五	十六	十七	十八	十九	廿	廿一	廿二	廿三	廿四	廿五	廿六	廿七	廿八	廿九	三十
양력 월/일	12/4	5	6	7	8	9	10	11	12	13	14	15	16	17	18	19	20	21	22	23	24	25	26	27	28	29	30	31	1/1	2
일진	丙戌(병술)	丁亥(정해)	戊子(무자)	己丑(기축)	庚寅(경인)	辛卯(신묘)	壬辰(임진)	癸巳(계사)	甲午(갑오)	乙未(을미)	丙申(병신)	丁酉(정유)	戊戌(무술)	己亥(기해)	庚子(경자)	辛丑(신축)	壬寅(임인)	癸卯(계묘)	甲辰(갑진)	乙巳(을사)	丙午(병오)	丁未(정미)	戊申(무신)	己酉(기유)	庚戌(경술)	辛亥(신해)	壬子(임자)	癸丑(계축)	甲寅(갑인)	乙卯(을묘)
절기시각				卯正															子正											
대운 순행	1	1	1	10	9	9	9	8	8	8	7	7	7	6	6	6	5	5	5	4	4	4	3	3	3	2	2	2	1	1
대운 역행	9	10	10	10	1	1	1	2	2	2	3	3	3	4	4	4	5	5	5	6	6	6	7	7	7	8	8	8	9	9

12 月 辛 丑(신축) 小

절기			소한															대한											
음력	一	二	三	四	五	六	七	八	九	十	十一	十二	十三	十四	十五	十六	十七	十八	十九	廿	廿一	廿二	廿三	廿四	廿五	廿六	廿七	廿八	廿九
양력 월/일	1/3	4	5	6	7	8	9	10	11	12	13	14	15	16	17	18	19	20	21	22	23	24	25	26	27	28	29	30	31
일진	丙辰(병진)	丁巳(정사)	戊午(무오)	己未(기미)	庚申(경신)	辛酉(신유)	壬戌(임술)	癸亥(계해)	甲子(갑자)	乙丑(을축)	丙寅(병인)	丁卯(정묘)	戊辰(무진)	己巳(기사)	庚午(경오)	辛未(신미)	壬申(임신)	癸酉(계유)	甲戌(갑술)	乙亥(을해)	丙子(병자)	丁丑(정축)	戊寅(무인)	己卯(기묘)	庚辰(경진)	辛巳(신사)	壬午(임오)	癸未(계미)	甲申(갑신)
절기시각			酉初															午初											
대운 순행	1	1	10	10	9	9	9	8	8	8	7	7	7	6	6	6	5	5	5	4	4	4	3	3	3	2	2	2	1
대운 역행	9	10	10	1	1	1	2	2	2	3	3	3	4	4	4	5	5	5	6	6	6	7	7	7	8	8	8	9	9

단기 4355 년
불기 2566 년

2022년 壬寅(임인)年

1 月 壬 寅(임인) 大

절기				입춘															우수											
음력	一	二	三	四	五	六	七	八	九	十	十一	十二	十三	十四	十五	十六	十七	十八	十九	二十	二十一	二十二	二十三	二十四	二十五	二十六	二十七	二十八	二十九	三十
양력 월/일	2/1	2	3	4	5	6	7	8	9	10	11	12	13	14	15	16	17	18	19	20	21	22	23	24	25	26	27	28	3/1	2
일진	乙酉(을유)	丙戌(병술)	丁亥(정해)	戊子(무자)	己丑(기축)	庚寅(경인)	辛卯(신묘)	壬辰(임진)	癸巳(계사)	甲午(갑오)	乙未(을미)	丙申(병신)	丁酉(정유)	戊戌(무술)	己亥(기해)	庚子(경자)	辛丑(신축)	壬寅(임인)	癸卯(계묘)	甲辰(갑진)	乙巳(을사)	丙午(병오)	丁未(정미)	戊申(무신)	己酉(기유)	庚戌(경술)	辛亥(신해)	壬子(임자)	癸丑(계축)	甲寅(갑인)
절기시각				卯初															丑初											
대운 순행	1	1	1	10	9	9	9	8	8	8	7	7	7	6	6	6	5	5	5	4	4	4	3	3	3	2	2	2	1	1
대운 역행	9	10	10	10	1	1	1	2	2	2	3	3	3	4	4	4	5	5	5	6	6	6	7	7	7	8	8	8	9	9

2 月 癸 卯(계묘) 小

절기			경칩																춘분											
음력	一	二	三	四	五	六	七	八	九	十	十一	十二	十三	十四	十五	十六	十七	十八	十九	二十	二十一	二十二	二十三	二十四	二十五	二十六	二十七	二十八	二十九	
양력 월/일	3/3	4	5	6	7	8	9	10	11	12	13	14	15	16	17	18	19	20	21	22	23	24	25	26	27	28	29	30	31	
일진	乙卯(을묘)	丙辰(병진)	丁巳(정사)	戊午(무오)	己未(기미)	庚申(경신)	辛酉(신유)	壬戌(임술)	癸亥(계해)	甲子(갑자)	乙丑(을축)	丙寅(병인)	丁卯(정묘)	戊辰(무진)	己巳(기사)	庚午(경오)	辛未(신미)	壬申(임신)	癸酉(계유)	甲戌(갑술)	乙亥(을해)	丙子(병자)	丁丑(정축)	戊寅(무인)	己卯(기묘)	庚辰(경진)	辛巳(신사)	壬午(임오)	癸未(계미)	
절기시각			子初																子正											
대운 순행	1	1	10	10	10	9	9	9	8	8	8	7	7	7	6	6	6	5	5	5	4	4	4	3	3	3	2	2	2	
대운 역행	9	10	10	1	1	1	2	2	2	3	3	3	4	4	4	5	5	5	6	6	6	7	7	7	8	8	8	8	9	

3 月 甲 辰(갑진) 大

절기					청명															곡우										
음력	一	二	三	四	五	六	七	八	九	十	十一	十二	十三	十四	十五	十六	十七	十八	十九	二十	二十一	二十二	二十三	二十四	二十五	二十六	二十七	二十八	二十九	三十
양력 월/일	4/1	2	3	4	5	6	7	8	9	10	11	12	13	14	15	16	17	18	19	20	21	22	23	24	25	26	27	28	29	30
일진	甲申(갑신)	乙酉(을유)	丙戌(병술)	丁亥(정해)	戊子(무자)	己丑(기축)	庚寅(경인)	辛卯(신묘)	壬辰(임진)	癸巳(계사)	甲午(갑오)	乙未(을미)	丙申(병신)	丁酉(정유)	戊戌(무술)	己亥(기해)	庚子(경자)	辛丑(신축)	壬寅(임인)	癸卯(계묘)	甲辰(갑진)	乙巳(을사)	丙午(병오)	丁未(정미)	戊申(무신)	己酉(기유)	庚戌(경술)	辛亥(신해)	壬子(임자)	癸丑(계축)
절기시각					寅正															午初										
대운 순행	1	1	1	1	10	10	9	9	9	8	8	8	7	7	7	6	6	6	5	5	5	4	4	4	3	3	3	2	2	2
대운 역행	9	10	10	10	10	1	1	1	2	2	2	3	3	3	4	4	4	5	5	5	6	6	6	7	7	7	8	8	8	9

4 月 乙 巳(을사) 小

절기					입하																소만									
음력	一	二	三	四	五	六	七	八	九	十	十一	十二	十三	十四	十五	十六	十七	十八	十九	二十	二十一	二十二	二十三	二十四	二十五	二十六	二十七	二十八	二十九	
양력 월/일	5/1	2	3	4	5	6	7	8	9	10	11	12	13	14	15	16	17	18	19	20	21	22	23	24	25	26	27	28	29	
일진	甲寅(갑인)	乙卯(을묘)	丙辰(병진)	丁巳(정사)	戊午(무오)	己未(기미)	庚申(경신)	辛酉(신유)	壬戌(임술)	癸亥(계해)	甲子(갑자)	乙丑(을축)	丙寅(병인)	丁卯(정묘)	戊辰(무진)	己巳(기사)	庚午(경오)	辛未(신미)	壬申(임신)	癸酉(계유)	甲戌(갑술)	乙亥(을해)	丙子(병자)	丁丑(정축)	戊寅(무인)	己卯(기묘)	庚辰(경진)	辛巳(신사)	壬午(임오)	
절기시각					亥初																巳正									
대운 순행	1	1	1	1	10	10	10	10	9	9	9	8	8	8	7	7	7	6	6	6	5	5	5	4	4	4	3	3	3	
대운 역행	9	9	10	10	10	1	1	1	2	2	2	3	3	3	4	4	4	5	5	5	6	6	6	7	7	7	8	8	8	

5 月 丙 午(병오) 大

절기								망종															하지							
음력	一	二	三	四	五	六	七	八	九	十	十一	十二	十三	十四	十五	十六	十七	十八	十九	二十	二十一	二十二	二十三	二十四	二十五	二十六	二十七	二十八	二十九	三十
양력 월/일	5/30	31	6/1	2	3	4	5	6	7	8	9	10	11	12	13	14	15	16	17	18	19	20	21	22	23	24	25	26	27	28
일진	癸未(계미)	甲申(갑신)	乙酉(을유)	丙戌(병술)	丁亥(정해)	戊子(무자)	己丑(기축)	庚寅(경인)	辛卯(신묘)	壬辰(임진)	癸巳(계사)	甲午(갑오)	乙未(을미)	丙申(병신)	丁酉(정유)	戊戌(무술)	己亥(기해)	庚子(경자)	辛丑(신축)	壬寅(임인)	癸卯(계묘)	甲辰(갑진)	乙巳(을사)	丙午(병오)	丁未(정미)	戊申(무신)	己酉(기유)	庚戌(경술)	辛亥(신해)	壬子(임자)
절기시각								丑初															酉正							
대운 순행	2	2	2	1	1	1	1	10	10	10	9	9	9	8	8	8	7	7	7	6	6	6	5	5	5	4	4	4	3	3
대운 역행	9	9	9	10	10	10	10	10	1	1	1	2	2	2	3	3	3	4	4	4	5	5	5	6	6	6	7	7	7	8

6 月 丁 未(정미) 大

절기									소서																대서					
음력	一	二	三	四	五	六	七	八	九	十	十一	十二	十三	十四	十五	十六	十七	十八	十九	二十	二十一	二十二	二十三	二十四	二十五	二十六	二十七	二十八	二十九	三十
양력 월/일	6/29	30	7/1	2	3	4	5	6	7	8	9	10	11	12	13	14	15	16	17	18	19	20	21	22	23	24	25	26	27	28
일진	癸丑(계축)	甲寅(갑인)	乙卯(을묘)	丙辰(병진)	丁巳(정사)	戊午(무오)	己未(기미)	庚申(경신)	辛酉(신유)	壬戌(임술)	癸亥(계해)	甲子(갑자)	乙丑(을축)	丙寅(병인)	丁卯(정묘)	戊辰(무진)	己巳(기사)	庚午(경오)	辛未(신미)	壬申(임신)	癸酉(계유)	甲戌(갑술)	乙亥(을해)	丙子(병자)	丁丑(정축)	戊寅(무인)	己卯(기묘)	庚辰(경진)	辛巳(신사)	壬午(임오)
절기시각									午正																卯初					
대운 순행	3	2	2	2	1	1	1	1	10	10	10	9	9	9	8	8	8	7	7	7	6	6	6	5	5	5	4	4	4	3
대운 역행	8	8	9	9	9	10	10	10	10	1	1	1	2	2	2	3	3	3	4	4	4	5	5	5	6	6	6	7	7	7

北 大將	辰 喪門	子 弔客	北 三殺

7 月 戊 申(무신) 小

절기										입추																처서				
음력	一	二	三	四	五	六	七	八	九	十	十一	十二	十三	十四	十五	十六	十七	十八	十九	廿	廿一	廿二	廿三	廿四	廿五	廿六	廿七	廿八	廿九	
양력 월/일	7/29	30	31	8/1	2	3	4	5	6	7	8	9	10	11	12	13	14	15	16	17	18	19	20	21	22	23	24	25	26	
일진	癸未(계미)	甲申(갑신)	乙酉(을유)	丙戌(병술)	丁亥(정해)	戊子(무자)	己丑(기축)	庚寅(경인)	辛卯(신묘)	壬辰(임진)	癸巳(계사)	甲午(갑오)	乙未(을미)	丙申(병신)	丁酉(정유)	戊戌(무술)	己亥(기해)	庚子(경자)	辛丑(신축)	壬寅(임인)	癸卯(계묘)	甲辰(갑진)	乙巳(을사)	丙午(병오)	丁未(정미)	戊申(무신)	己酉(기유)	庚戌(경술)	辛亥(신해)	
절기시각										亥正																午正				
대운 순행	3	3	2	2	2	1	1	1	1	10	10	10	10	9	9	9	8	8	8	7	7	7	6	6	6	5	5	5	4	
대운 역행	8	8	8	9	9	9	10	10	10	10	1	1	1	2	2	2	3	3	3	4	4	4	5	5	5	6	6	6	7	

8 月 己 酉(기유) 大

절기													백로															추분		
음력	一	二	三	四	五	六	七	八	九	十	十一	十二	十三	十四	十五	十六	十七	十八	十九	廿	廿一	廿二	廿三	廿四	廿五	廿六	廿七	廿八	廿九	三十
양력 월/일	8/27	28	29	30	31	9/1	2	3	4	5	6	7	8	9	10	11	12	13	14	15	16	17	18	19	20	21	22	23	24	25
일진	壬子(임자)	癸丑(계축)	甲寅(갑인)	乙卯(을묘)	丙辰(병진)	丁巳(정사)	戊午(무오)	己未(기미)	庚申(경신)	辛酉(신유)	壬戌(임술)	癸亥(계해)	甲子(갑자)	乙丑(을축)	丙寅(병인)	丁卯(정묘)	戊辰(무진)	己巳(기사)	庚午(경오)	辛未(신미)	壬申(임신)	癸酉(계유)	甲戌(갑술)	乙亥(을해)	丙子(병자)	丁丑(정축)	戊寅(무인)	己卯(기묘)	庚辰(경진)	辛巳(신사)
절기시각													子正															巳正		
대운 순행	4	4	3	3	3	2	2	2	1	1	1	1	10	10	9	9	9	8	8	8	7	7	7	6	6	6	5	5	5	4
대운 역행	7	7	8	8	8	9	9	9	10	10	10	10	10	1	1	1	2	2	2	3	3	3	4	4	4	5	5	5	6	6

9 月 庚 戌(경술) 小

절기													한로															상강		
음력	一	二	三	四	五	六	七	八	九	十	十一	十二	十三	十四	十五	十六	十七	十八	十九	廿	廿一	廿二	廿三	廿四	廿五	廿六	廿七	廿八	廿九	
양력 월/일	9/26	27	28	29	30	10/1	2	3	4	5	6	7	8	9	10	11	12	13	14	15	16	17	18	19	20	21	22	23	24	
일진	壬午(임오)	癸未(계미)	甲申(갑신)	乙酉(을유)	丙戌(병술)	丁亥(정해)	戊子(무자)	己丑(기축)	庚寅(경인)	辛卯(신묘)	壬辰(임진)	癸巳(계사)	甲午(갑오)	乙未(을미)	丙申(병신)	丁酉(정유)	戊戌(무술)	己亥(기해)	庚子(경자)	辛丑(신축)	壬寅(임인)	癸卯(계묘)	甲辰(갑진)	乙巳(을사)	丙午(병오)	丁未(정미)	戊申(무신)	己酉(기유)	庚戌(경술)	
절기시각													申正															戌初		
대운 순행	4	4	3	3	3	2	2	2	1	1	1	1	10	10	9	9	9	8	8	8	7	7	7	6	6	6	5	5	5	
대운 역행	6	7	7	7	8	8	8	9	9	9	10	10	10	1	1	1	2	2	2	3	3	3	4	4	4	5	5	5	6	

10 月 辛 亥(신해) 大

절기														입동															소설	
음력	一	二	三	四	五	六	七	八	九	十	十一	十二	十三	十四	十五	十六	十七	十八	十九	廿	廿一	廿二	廿三	廿四	廿五	廿六	廿七	廿八	廿九	三十
양력 월/일	10/25	26	27	28	29	30	31	11/1	2	3	4	5	6	7	8	9	10	11	12	13	14	15	16	17	18	19	20	21	22	23
일진	辛亥(신해)	壬子(임자)	癸丑(계축)	甲寅(갑인)	乙卯(을묘)	丙辰(병진)	丁巳(정사)	戊午(무오)	己未(기미)	庚申(경신)	辛酉(신유)	壬戌(임술)	癸亥(계해)	甲子(갑자)	乙丑(을축)	丙寅(병인)	丁卯(정묘)	戊辰(무진)	己巳(기사)	庚午(경오)	辛未(신미)	壬申(임신)	癸酉(계유)	甲戌(갑술)	乙亥(을해)	丙子(병자)	丁丑(정축)	戊寅(무인)	己卯(기묘)	庚辰(경진)
절기시각														戌初															酉初	
대운 순행	4	4	4	3	3	3	2	2	2	1	1	1	1	10	10	9	9	9	8	8	8	7	7	7	6	6	6	5	5	5
대운 역행	6	6	7	7	7	8	8	8	9	9	9	10	10	10	1	1	1	2	2	2	3	3	3	4	4	4	5	5	5	6

11 月 壬 子(임자) 小

절기														대설															동지	
음력	一	二	三	四	五	六	七	八	九	十	十一	十二	十三	十四	十五	十六	十七	十八	十九	廿	廿一	廿二	廿三	廿四	廿五	廿六	廿七	廿八	廿九	
양력 월/일	11/24	25	26	27	28	29	30	12/1	2	3	4	5	6	7	8	9	10	11	12	13	14	15	16	17	18	19	20	21	22	
일진	辛巳(신사)	壬午(임오)	癸未(계미)	甲申(갑신)	乙酉(을유)	丙戌(병술)	丁亥(정해)	戊子(무자)	己丑(기축)	庚寅(경인)	辛卯(신묘)	壬辰(임진)	癸巳(계사)	甲午(갑오)	乙未(을미)	丙申(병신)	丁酉(정유)	戊戌(무술)	己亥(기해)	庚子(경자)	辛丑(신축)	壬寅(임인)	癸卯(계묘)	甲辰(갑진)	乙巳(을사)	丙午(병오)	丁未(정미)	戊申(무신)	己酉(기유)	
절기시각														午正															卯正	
대운 순행	4	4	4	3	3	3	2	2	2	1	1	1	1	10	9	9	9	8	8	8	7	7	7	6	6	6	5	5	5	
대운 역행	6	6	7	7	7	8	8	8	9	9	9	10	10	10	1	1	1	2	2	2	3	3	3	4	4	4	5	5	5	

12 月 癸 丑(계축) 大

절기														소한															대한	
음력	一	二	三	四	五	六	七	八	九	十	十一	十二	十三	十四	十五	十六	十七	十八	十九	廿	廿一	廿二	廿三	廿四	廿五	廿六	廿七	廿八	廿九	三十
양력 월/일	12/23	24	25	26	27	28	29	30	31	1/1	2	3	4	5	6	7	8	9	10	11	12	13	14	15	16	17	18	19	20	21
일진	庚戌(경술)	辛亥(신해)	壬子(임자)	癸丑(계축)	甲寅(갑인)	乙卯(을묘)	丙辰(병진)	丁巳(정사)	戊午(무오)	己未(기미)	庚申(경신)	辛酉(신유)	壬戌(임술)	癸亥(계해)	甲子(갑자)	乙丑(을축)	丙寅(병인)	丁卯(정묘)	戊辰(무진)	己巳(기사)	庚午(경오)	辛未(신미)	壬申(임신)	癸酉(계유)	甲戌(갑술)	乙亥(을해)	丙子(병자)	丁丑(정축)	戊寅(무인)	己卯(기묘)
절기시각														子初															酉初	
대운 순행	4	4	4	3	3	3	2	2	2	1	1	1	1	10	10	9	9	9	8	8	8	7	7	7	6	6	6	5	5	5
대운 역행	6	6	6	7	7	7	8	8	8	9	9	9	10	10	1	1	1	2	2	2	3	3	3	4	4	4	5	5	5	6

단기 4356 년
불기 2567 년

2023년 癸卯(계묘)年

1 月 甲 寅(갑인) 小

절기														입춘															우수	
음력	一	二	三	四	五	六	七	八	九	十	十一	十二	十三	十四	十五	十六	十七	十八	十九	廿	廿一	廿二	廿三	廿四	廿五	廿六	廿七	廿八	廿九	
양력 월/일	1/22	23	24	25	26	27	28	29	30	31	2/1	2	3	4	5	6	7	8	9	10	11	12	13	14	15	16	17	18	19	
일진	庚辰(경진)	辛巳(신사)	壬午(임오)	癸未(계미)	甲申(갑신)	乙酉(을유)	丙戌(병술)	丁亥(정해)	戊子(무자)	己丑(기축)	庚寅(경인)	辛卯(신묘)	壬辰(임진)	癸巳(계사)	甲午(갑오)	乙未(을미)	丙申(병신)	丁酉(정유)	戊戌(무술)	己亥(기해)	庚子(경자)	辛丑(신축)	壬寅(임인)	癸卯(계묘)	甲辰(갑진)	乙巳(을사)	丙午(병오)	丁未(정미)	戊申(무신)	
절기시각														午初															辰初	
대운 순행	4	4	4	3	3	3	2	2	2	1	1	1	1	10	10	9	9	9	8	8	8	7	7	7	6	6	6	5	5	
대운 역행	6	6	7	7	7	8	8	8	9	9	9	10	10	10	1	1	1	2	2	2	3	3	3	4	4	4	5	5	5	

2 月 乙 卯(을묘) 大

절기															경칩															춘분
음력	一	二	三	四	五	六	七	八	九	十	十一	十二	十三	十四	十五	十六	十七	十八	十九	廿	廿一	廿二	廿三	廿四	廿五	廿六	廿七	廿八	廿九	三十
양력 월/일	2/20	21	22	23	24	25	26	27	28	3/1	2	3	4	5	6	7	8	9	10	11	12	13	14	15	16	17	18	19	20	21
일진	己酉(기유)	庚戌(경술)	辛亥(신해)	壬子(임자)	癸丑(계축)	甲寅(갑인)	乙卯(을묘)	丙辰(병진)	丁巳(정사)	戊午(무오)	己未(기미)	庚申(경신)	辛酉(신유)	壬戌(임술)	癸亥(계해)	甲子(갑자)	乙丑(을축)	丙寅(병인)	丁卯(정묘)	戊辰(무진)	己巳(기사)	庚午(경오)	辛未(신미)	壬申(임신)	癸酉(계유)	甲戌(갑술)	乙亥(을해)	丙子(병자)	丁丑(정축)	戊寅(무인)
절기시각															卯初															卯初
대운 순행	5	4	4	4	3	3	3	2	2	2	1	1	1	1	10	10	9	9	9	8	8	8	7	7	7	6	6	6	5	5
대운 역행	6	6	6	7	7	7	8	8	8	9	9	9	10	10	10	1	1	1	2	2	2	3	3	3	4	4	4	5	5	5

閏 2 月 乙 卯(을묘) 小

절기															청명								곡우							
음력	一	二	三	四	五	六	七	八	九	十	十一	十二	十三	十四	十五	十六	十七	十八	十九	廿	廿一	廿二	廿三	廿四	廿五	廿六	廿七	廿八	廿九	
양력 월/일	3/22	23	24	25	26	27	28	29	30	31	4/1	2	3	4	5	6	7	8	9	10	11	12	13	14	15	16	17	18	19	
일진	己卯(기묘)	庚辰(경진)	辛巳(신사)	壬午(임오)	癸未(계미)	甲申(갑신)	乙酉(을유)	丙戌(병술)	丁亥(정해)	戊子(무자)	己丑(기축)	庚寅(경인)	辛卯(신묘)	壬辰(임진)	癸巳(계사)	甲午(갑오)	乙未(을미)	丙申(병신)	丁酉(정유)	戊戌(무술)	己亥(기해)	庚子(경자)	辛丑(신축)	壬寅(임인)	癸卯(계묘)	甲辰(갑진)	乙巳(을사)	丙午(병오)	丁未(정미)	
절기시각															巳初															
대운 순행	5	4	4	4	3	3	3	2	2	2	1	1	1	1	10	10	10	9	9	9	8	8	8	7	7	7	6	6	6	
대운 역행	6	6	6	7	7	7	8	8	8	9	9	9	10	10	10	1	1	1	2	2	2	3	3	3	4	4	4	5	5	

3 月 丙 辰(병진) 大

절기	곡우																입하													
음력	一	二	三	四	五	六	七	八	九	十	十一	十二	十三	十四	十五	十六	十七	十八	十九	廿	廿一	廿二	廿三	廿四	廿五	廿六	廿七	廿八	廿九	三十
양력 월/일	4/20	21	22	23	24	25	26	27	28	29	30	5/1	2	3	4	5	6	7	8	9	10	11	12	13	14	15	16	17	18	19
일진	戊申(무신)	己酉(기유)	庚戌(경술)	辛亥(신해)	壬子(임자)	癸丑(계축)	甲寅(갑인)	乙卯(을묘)	丙辰(병진)	丁巳(정사)	戊午(무오)	己未(기미)	庚申(경신)	辛酉(신유)	壬戌(임술)	癸亥(계해)	甲子(갑자)	乙丑(을축)	丙寅(병인)	丁卯(정묘)	戊辰(무진)	己巳(기사)	庚午(경오)	辛未(신미)	壬申(임신)	癸酉(계유)	甲戌(갑술)	乙亥(을해)	丙子(병자)	丁丑(정축)
절기시각	申正																寅初													
대운 순행	5	5	5	4	4	4	3	3	3	2	2	2	1	1	1	1	10	10	10	9	9	9	8	8	8	7	7	7	6	6
대운 역행	5	6	6	6	7	7	7	8	8	8	9	9	9	10	10	10	10	1	1	1	2	2	2	3	3	3	4	4	4	5

4 月 丁 巳(정사) 小

절기		소만																망종												
음력	一	二	三	四	五	六	七	八	九	十	十一	十二	十三	十四	十五	十六	十七	十八	十九	廿	廿一	廿二	廿三	廿四	廿五	廿六	廿七	廿八	廿九	
양력 월/일	5/20	21	22	23	24	25	26	27	28	29	30	31	6/1	2	3	4	5	6	7	8	9	10	11	12	13	14	15	16	17	
일진	戊寅(무인)	己卯(기묘)	庚辰(경진)	辛巳(신사)	壬午(임오)	癸未(계미)	甲申(갑신)	乙酉(을유)	丙戌(병술)	丁亥(정해)	戊子(무자)	己丑(기축)	庚寅(경인)	辛卯(신묘)	壬辰(임진)	癸巳(계사)	甲午(갑오)	乙未(을미)	丙申(병신)	丁酉(정유)	戊戌(무술)	己亥(기해)	庚子(경자)	辛丑(신축)	壬寅(임인)	癸卯(계묘)	甲辰(갑진)	乙巳(을사)	丙午(병오)	
절기시각		申初																辰初												
대운 순행	6	5	5	5	4	4	4	3	3	3	2	2	2	1	1	1	1	10	10	10	9	9	9	8	8	8	7	7	7	
대운 역행	5	5	6	6	6	7	7	7	8	8	8	9	9	9	10	10	10	10	1	1	1	2	2	2	3	3	3	4	4	

5 月 戊 午(무오) 大

절기				하지																소서										
음력	一	二	三	四	五	六	七	八	九	十	十一	十二	十三	十四	十五	十六	十七	十八	十九	廿	廿一	廿二	廿三	廿四	廿五	廿六	廿七	廿八	廿九	三十
양력 월/일	6/18	19	20	21	22	23	24	25	26	27	28	29	30	7/1	2	3	4	5	6	7	8	9	10	11	12	13	14	15	16	17
일진	丁未(정미)	戊申(무신)	己酉(기유)	庚戌(경술)	辛亥(신해)	壬子(임자)	癸丑(계축)	甲寅(갑인)	乙卯(을묘)	丙辰(병진)	丁巳(정사)	戊午(무오)	己未(기미)	庚申(경신)	辛酉(신유)	壬戌(임술)	癸亥(계해)	甲子(갑자)	乙丑(을축)	丙寅(병인)	丁卯(정묘)	戊辰(무진)	己巳(기사)	庚午(경오)	辛未(신미)	壬申(임신)	癸酉(계유)	甲戌(갑술)	乙亥(을해)	丙子(병자)
절기시각				子初																酉初										
대운 순행	6	6	6	5	5	5	4	4	4	3	3	3	2	2	2	1	1	1	1	10	10	10	10	9	9	9	8	8	8	7
대운 역행	4	5	5	5	6	6	6	7	7	7	8	8	8	9	9	9	10	10	10	10	1	1	1	2	2	2	3	3	3	4

北 大將	巳 喪門	丑 弔客	酉 三殺

6 月 己 未(을미) 小

절기						대서																입추								
음력	一	二	三	四	五	六	七	八	九	十	十一	十二	十三	十四	十五	十六	十七	十八	十九	廿	廿一	廿二	廿三	廿四	廿五	廿六	廿七	廿八	廿九	
양력 월/일	7/18	19	20	21	22	23	24	25	26	27	28	29	30	31	8/1	2	3	4	5	6	7	8	9	10	11	12	13	14	15	
일진	丁丑(정축)	戊寅(무인)	己卯(기묘)	庚辰(경진)	辛巳(신사)	壬午(임오)	癸未(계미)	甲申(갑신)	乙酉(을유)	丙戌(병술)	丁亥(정해)	戊子(무자)	己丑(기축)	庚寅(경인)	辛卯(신묘)	壬辰(임진)	癸巳(계사)	甲午(갑오)	乙未(을미)	丙申(병신)	丁酉(정유)	戊戌(무술)	己亥(기해)	庚子(경자)	辛丑(신축)	壬寅(임인)	癸卯(계묘)	甲辰(갑진)	乙巳(을사)	
절기시각						巳正																寅初								
대운 순행	7	7	6	6	6	5	5	5	4	4	4	3	3	3	2	2	2	1	1	1	1	10	10	10	9	9	9	8	8	
대운 역행	4	4	5	5	5	6	6	6	7	7	7	8	8	8	9	9	9	10	10	10	10	10	1	1	1	2	2	2	3	

7 月 庚 申(경신) 大

절기								처서																백로						
음력	一	二	三	四	五	六	七	八	九	十	十一	十二	十三	十四	十五	十六	十七	十八	十九	廿	廿一	廿二	廿三	廿四	廿五	廿六	廿七	廿八	廿九	三十
양력 월/일	8/16	17	18	19	20	21	22	23	24	25	26	27	28	29	30	31	9/1	2	3	4	5	6	7	8	9	10	11	12	13	14
일진	丙午(병오)	丁未(정미)	戊申(무신)	己酉(기유)	庚戌(경술)	辛亥(신해)	壬子(임자)	癸丑(계축)	甲寅(갑인)	乙卯(을묘)	丙辰(병진)	丁巳(정사)	戊午(무오)	己未(기미)	庚申(경신)	辛酉(신유)	壬戌(임술)	癸亥(계해)	甲子(갑자)	乙丑(을축)	丙寅(병인)	丁卯(정묘)	戊辰(무진)	己巳(기사)	庚午(경오)	辛未(신미)	壬申(임신)	癸酉(계유)	甲戌(갑술)	乙亥(을해)
절기시각								酉正																卯正						
대운 순행	8	7	7	7	6	6	6	5	5	5	4	4	4	3	3	3	2	2	2	1	1	1	1	10	10	9	9	9	8	8
대운 역행	3	3	4	4	4	5	5	5	6	6	6	7	7	7	8	8	8	9	9	9	10	10	10	10	1	1	1	2	2	2

8 月 辛 酉(신유) 大

절기									추분															한로						
음력	一	二	三	四	五	六	七	八	九	十	十一	十二	十三	十四	十五	十六	十七	十八	十九	廿	廿一	廿二	廿三	廿四	廿五	廿六	廿七	廿八	廿九	三十
양력 월/일	9/15	16	17	18	19	20	21	22	23	24	25	26	27	28	29	30	10/1	2	3	4	5	6	7	8	9	10	11	12	13	14
일진	丙子(병자)	丁丑(정축)	戊寅(무인)	己卯(기묘)	庚辰(경진)	辛巳(신사)	壬午(임오)	癸未(계미)	甲申(갑신)	乙酉(을유)	丙戌(병술)	丁亥(정해)	戊子(무자)	己丑(기축)	庚寅(경인)	辛卯(신묘)	壬辰(임진)	癸巳(계사)	甲午(갑오)	乙未(을미)	丙申(병신)	丁酉(정유)	戊戌(무술)	己亥(기해)	庚子(경자)	辛丑(신축)	壬寅(임인)	癸卯(계묘)	甲辰(갑진)	乙巳(을사)
절기시각									申初															亥正						
대운 순행	8	7	7	7	6	6	6	5	5	5	4	4	4	3	3	3	2	2	2	1	1	1	1	10	10	10	9	9	9	8
대운 역행	3	3	3	4	4	4	5	5	5	6	6	6	7	7	7	8	8	8	9	9	9	10	10	10	1	1	1	2	2	2

9 月 壬 戌(임술) 小

절기										상강															입동					
음력	一	二	三	四	五	六	七	八	九	十	十一	十二	十三	十四	十五	十六	十七	十八	十九	廿	廿一	廿二	廿三	廿四	廿五	廿六	廿七	廿八	廿九	
양력 월/일	10/15	16	17	18	19	20	21	22	23	24	25	26	27	28	29	30	31	11/1	2	3	4	5	6	7	8	9	10	11	12	
일진	丙午(병오)	丁未(정미)	戊申(무신)	己酉(기유)	庚戌(경술)	辛亥(신해)	壬子(임자)	癸丑(계축)	甲寅(갑인)	乙卯(을묘)	丙辰(병진)	丁巳(정사)	戊午(무오)	己未(기미)	庚申(경신)	辛酉(신유)	壬戌(임술)	癸亥(계해)	甲子(갑자)	乙丑(을축)	丙寅(병인)	丁卯(정묘)	戊辰(무진)	己巳(기사)	庚午(경오)	辛未(신미)	壬申(임신)	癸酉(계유)	甲戌(갑술)	
절기시각										丑初															丑初					
대운 순행	8	8	7	7	7	6	6	6	5	5	5	4	4	4	3	3	3	2	2	2	1	1	1	1	10	9	9	9	8	
대운 역행	3	3	3	4	4	4	5	5	5	6	6	6	7	7	7	8	8	8	9	9	9	10	10	10	10	1	1	1	2	

10 月 癸 亥(계해) 大

절기										소설															대설					
음력	一	二	三	四	五	六	七	八	九	十	十一	十二	十三	十四	十五	十六	十七	十八	十九	廿	廿一	廿二	廿三	廿四	廿五	廿六	廿七	廿八	廿九	三十
양력 월/일	11/13	14	15	16	17	18	19	20	21	22	23	24	25	26	27	28	29	30	12/1	2	3	4	5	6	7	8	9	10	11	12
일진	乙亥(을해)	丙子(병자)	丁丑(정축)	戊寅(무인)	己卯(기묘)	庚辰(경진)	辛巳(신사)	壬午(임오)	癸未(계미)	甲申(갑신)	乙酉(을유)	丙戌(병술)	丁亥(정해)	戊子(무자)	己丑(기축)	庚寅(경인)	辛卯(신묘)	壬辰(임진)	癸巳(계사)	甲午(갑오)	乙未(을미)	丙申(병신)	丁酉(정유)	戊戌(무술)	己亥(기해)	庚子(경자)	辛丑(신축)	壬寅(임인)	癸卯(계묘)	甲辰(갑진)
절기시각										亥正															酉正					
대운 순행	8	8	7	7	7	6	6	6	5	5	5	4	4	4	3	3	3	2	2	2	1	1	1	1	10	10	9	9	9	8
대운 역행	2	2	3	3	3	4	4	4	5	5	5	6	6	6	7	7	7	8	8	8	9	9	9	10	10	1	1	1	2	2

11 月 甲 子(갑자) 小

절기										동지															소한					
음력	一	二	三	四	五	六	七	八	九	十	十一	十二	十三	十四	十五	十六	十七	十八	十九	廿	廿一	廿二	廿三	廿四	廿五	廿六	廿七	廿八	廿九	
양력 월/일	12/13	14	15	16	17	18	19	20	21	22	23	24	25	26	27	28	29	30	31	1/1	2	3	4	5	6	7	8	9	10	
일진	乙巳(을사)	丙午(병오)	丁未(정미)	戊申(무신)	己酉(기유)	庚戌(경술)	辛亥(신해)	壬子(임자)	癸丑(계축)	甲寅(갑인)	乙卯(을묘)	丙辰(병진)	丁巳(정사)	戊午(무오)	己未(기미)	庚申(경신)	辛酉(신유)	壬戌(임술)	癸亥(계해)	甲子(갑자)	乙丑(을축)	丙寅(병인)	丁卯(정묘)	戊辰(무진)	己巳(기사)	庚午(경오)	辛未(신미)	壬申(임신)	癸酉(계유)	
절기시각										午正															卯初					
대운 순행	8	8	7	7	7	6	6	6	5	5	5	4	4	4	3	3	3	2	2	2	1	1	1	1	10	9	9	9	8	
대운 역행	2	3	3	3	4	4	4	5	5	5	6	6	6	7	7	7	8	8	8	9	9	9	10	10	10	1	1	1	2	

12 月 乙 丑(을축) 大

절기										대한															입춘					
음력	一	二	三	四	五	六	七	八	九	十	十一	十二	十三	十四	十五	十六	十七	十八	十九	廿	廿一	廿二	廿三	廿四	廿五	廿六	廿七	廿八	廿九	三十
양력 월/일	1/11	12	13	14	15	16	17	18	19	20	21	22	23	24	25	26	27	28	29	30	31	2/1	2	3	4	5	6	7	8	9
일진	甲戌(갑술)	乙亥(을해)	丙子(병자)	丁丑(정축)	戊寅(무인)	己卯(기묘)	庚辰(경진)	辛巳(신사)	壬午(임오)	癸未(계미)	甲申(갑신)	乙酉(을유)	丙戌(병술)	丁亥(정해)	戊子(무자)	己丑(기축)	庚寅(경인)	辛卯(신묘)	壬辰(임진)	癸巳(계사)	甲午(갑오)	乙未(을미)	丙申(병신)	丁酉(정유)	戊戌(무술)	己亥(기해)	庚子(경자)	辛丑(신축)	壬寅(임인)	癸卯(계묘)
절기시각										亥正															酉初					
대운 순행	8	8	7	7	7	6	6	6	5	5	5	4	4	4	3	3	3	2	2	2	1	1	1	1	10	10	9	9	9	8
대운 역행	2	2	3	3	3	4	4	4	5	5	5	6	6	6	7	7	7	8	8	8	9	9	9	10	10	1	1	1	2	2

단기 4357 년
불기 2568 년

2024년 甲辰(갑진)年

1 月 丙寅(병인) 小

절기										우수															경칩					
음력	一	二	三	四	五	六	七	八	九	十	十一	十二	十三	十四	十五	十六	十七	十八	十九	二十	廿一	廿二	廿三	廿四	廿五	廿六	廿七	廿八	廿九	
양력 월/일	2/10	11	12	13	14	15	16	17	18	19	20	21	22	23	24	25	26	27	28	29	3/1	2	3	4	5	6	7	8	9	
일진	甲辰(갑진)	乙巳(을사)	丙午(병오)	丁未(정미)	戊申(무신)	己酉(기유)	庚戌(경술)	辛亥(신해)	壬子(임자)	癸丑(계축)	甲寅(갑인)	乙卯(을묘)	丙辰(병진)	丁巳(정사)	戊午(무오)	己未(기미)	庚申(경신)	辛酉(신유)	壬戌(임술)	癸亥(계해)	甲子(갑자)	乙丑(을축)	丙寅(병인)	丁卯(정묘)	戊辰(무진)	己巳(기사)	庚午(경오)	辛未(신미)	壬申(임신)	
절기시각										午正															午初					
대운 순행	8	8	7	7	7	6	6	6	5	5	5	4	4	4	3	3	3	2	2	2	1	1	1	1	10	10	9	9	9	
대운 역행	2	3	3	3	4	4	4	5	5	5	6	6	6	7	7	7	8	8	8	9	9	9	10	10	10	1	1	1	2	

2 月 丁卯(정묘) 大

절기											춘분															청명				
음력	一	二	三	四	五	六	七	八	九	十	十一	十二	十三	十四	十五	十六	十七	十八	十九	二十	廿一	廿二	廿三	廿四	廿五	廿六	廿七	廿八	廿九	三十
양력 월/일	3/10	11	12	13	14	15	16	17	18	19	20	21	22	23	24	25	26	27	28	29	30	31	4/1	2	3	4	5	6	7	8
일진	癸酉(계유)	甲戌(갑술)	乙亥(을해)	丙子(병자)	丁丑(정축)	戊寅(무인)	己卯(기묘)	庚辰(경진)	辛巳(신사)	壬午(임오)	癸未(계미)	甲申(갑신)	乙酉(을유)	丙戌(병술)	丁亥(정해)	戊子(무자)	己丑(기축)	庚寅(경인)	辛卯(신묘)	壬辰(임진)	癸巳(계사)	甲午(갑오)	乙未(을미)	丙申(병신)	丁酉(정유)	戊戌(무술)	己亥(기해)	庚子(경자)	辛丑(신축)	壬寅(임인)
절기시각											午初															申初				
대운 순행	8	8	8	7	7	7	6	6	6	5	5	5	4	4	4	3	3	3	2	2	2	1	1	1	1	10	10	10	9	9
대운 역행	2	2	3	3	3	4	4	4	5	5	5	6	6	6	7	7	7	8	8	8	9	9	9	10	10	10	1	1	1	2

3 月 戊辰(무진) 小

절기										곡우																	입하			
음력	一	二	三	四	五	六	七	八	九	十	十一	十二	十三	十四	十五	十六	十七	十八	十九	二十	廿一	廿二	廿三	廿四	廿五	廿六	廿七	廿八	廿九	
양력 월/일	4/9	10	11	12	13	14	15	16	17	18	19	20	21	22	23	24	25	26	27	28	29	30	5/1	2	3	4	5	6	7	
일진	癸卯(계묘)	甲辰(갑진)	乙巳(을사)	丙午(병오)	丁未(정미)	戊申(무신)	己酉(기유)	庚戌(경술)	辛亥(신해)	壬子(임자)	癸丑(계축)	甲寅(갑인)	乙卯(을묘)	丙辰(병진)	丁巳(정사)	戊午(무오)	己未(기미)	庚申(경신)	辛酉(신유)	壬戌(임술)	癸亥(계해)	甲子(갑자)	乙丑(을축)	丙寅(병인)	丁卯(정묘)	戊辰(무진)	己巳(기사)	庚午(경오)	辛未(신미)	
절기시각										亥正																	辰正			
대운 순행	9	8	8	8	7	7	7	6	6	6	5	5	5	4	4	4	3	3	3	2	2	2	1	1	1	1	10	10	10	
대운 역행	2	2	3	3	3	4	4	4	5	5	5	6	6	6	7	7	7	8	8	8	9	9	9	10	10	10	10	1	1	

4 月 己巳(기사) 小

절기													소만																망종	
음력	一	二	三	四	五	六	七	八	九	十	十一	十二	十三	十四	十五	十六	十七	十八	十九	二十	廿一	廿二	廿三	廿四	廿五	廿六	廿七	廿八	廿九	
양력 월/일	5/8	9	10	11	12	13	14	15	16	17	18	19	20	21	22	23	24	25	26	27	28	29	30	31	6/1	2	3	4	5	
일진	壬申(임신)	癸酉(계유)	甲戌(갑술)	乙亥(을해)	丙子(병자)	丁丑(정축)	戊寅(무인)	己卯(기묘)	庚辰(경진)	辛巳(신사)	壬午(임오)	癸未(계미)	甲申(갑신)	乙酉(을유)	丙戌(병술)	丁亥(정해)	戊子(무자)	己丑(기축)	庚寅(경인)	辛卯(신묘)	壬辰(임진)	癸巳(계사)	甲午(갑오)	乙未(을미)	丙申(병신)	丁酉(정유)	戊戌(무술)	己亥(기해)	庚子(경자)	
절기시각													亥初																午正	
대운 순행	9	9	9	8	8	8	7	7	7	6	6	6	5	5	5	4	4	4	3	3	3	2	2	2	1	1	1	1	10	
대운 역행	1	2	2	2	3	3	3	4	4	4	5	5	5	6	6	6	7	7	7	8	8	8	9	9	9	10	10	10	10	

5 月 庚午(경오) 大

절기																하지														
음력	一	二	三	四	五	六	七	八	九	十	十一	十二	十三	十四	十五	十六	十七	十八	十九	二十	廿一	廿二	廿三	廿四	廿五	廿六	廿七	廿八	廿九	三十
양력 월/일	6/6	7	8	9	10	11	12	13	14	15	16	17	18	19	20	21	22	23	24	25	26	27	28	29	30	7/1	2	3	4	5
일진	辛丑(신축)	壬寅(임인)	癸卯(계묘)	甲辰(갑진)	乙巳(을사)	丙午(병오)	丁未(정미)	戊申(무신)	己酉(기유)	庚戌(경술)	辛亥(신해)	壬子(임자)	癸丑(계축)	甲寅(갑인)	乙卯(을묘)	丙辰(병진)	丁巳(정사)	戊午(무오)	己未(기미)	庚申(경신)	辛酉(신유)	壬戌(임술)	癸亥(계해)	甲子(갑자)	乙丑(을축)	丙寅(병인)	丁卯(정묘)	戊辰(무진)	己巳(기사)	庚午(경오)
절기시각																卯初														
대운 순행	10	10	9	9	9	8	8	8	7	7	7	6	6	6	5	5	5	4	4	4	3	3	3	2	2	2	1	1	1	1
대운 역행	1	1	1	2	2	2	3	3	3	4	4	4	5	5	5	6	6	6	7	7	7	8	8	8	9	9	9	10	10	10

6 月 辛未(신미) 小

절기	소서																대서													
음력	一	二	三	四	五	六	七	八	九	十	十一	十二	十三	十四	十五	十六	十七	十八	十九	二十	廿一	廿二	廿三	廿四	廿五	廿六	廿七	廿八	廿九	
양력 월/일	7/6	7	8	9	10	11	12	13	14	15	16	17	18	19	20	21	22	23	24	25	26	27	28	29	30	31	8/1	2	3	
일진	辛未(신미)	壬申(임신)	癸酉(계유)	甲戌(갑술)	乙亥(을해)	丙子(병자)	丁丑(정축)	戊寅(무인)	己卯(기묘)	庚辰(경진)	辛巳(신사)	壬午(임오)	癸未(계미)	甲申(갑신)	乙酉(을유)	丙戌(병술)	丁亥(정해)	戊子(무자)	己丑(기축)	庚寅(경인)	辛卯(신묘)	壬辰(임진)	癸巳(계사)	甲午(갑오)	乙未(을미)	丙申(병신)	丁酉(정유)	戊戌(무술)	己亥(기해)	
절기시각	子初																申正													
대운 순행	10	10	10	10	9	9	9	8	8	8	7	7	7	6	6	6	5	5	5	4	4	4	3	3	3	2	2	2	1	
대운 역행	10	1	1	1	2	2	2	3	3	3	4	4	4	5	5	5	6	6	6	7	7	7	8	8	8	9	9	9	10	

北 大將　　午 喪門　　寅 弔客　　南 三殺

7 月　　壬 申(임신)　　大

절기				입추															처서											
음력	一	二	三	四	五	六	七	八	九	十	十一	十二	十三	十四	十五	十六	十七	十八	十九	廿	廿一	廿二	廿三	廿四	廿五	廿六	廿七	廿八	廿九	三十
양력 월/일	8/4	5	6	7	8	9	10	11	12	13	14	15	16	17	18	19	20	21	22	23	24	25	26	27	28	29	30	31	9/1	2
일진	庚子(경자)	辛丑(신축)	壬寅(임인)	癸卯(계묘)	甲辰(갑진)	乙巳(을사)	丙午(병오)	丁未(정미)	戊申(무신)	己酉(기유)	庚戌(경술)	辛亥(신해)	壬子(임자)	癸丑(계축)	甲寅(갑인)	乙卯(을묘)	丙辰(병진)	丁巳(정사)	戊午(무오)	己未(기미)	庚申(경신)	辛酉(신유)	壬戌(임술)	癸亥(계해)	甲子(갑자)	乙丑(을축)	丙寅(병인)	丁卯(정묘)	戊辰(무진)	己巳(기사)
절기시각				巳初															子初											
대운 순행	1	1	1	10	10	10	9	9	9	8	8	8	7	7	7	6	6	6	5	5	5	4	4	4	3	3	3	2	2	2
대운 역행	10	10	10	10	1	1	1	2	2	2	3	3	3	4	4	4	5	5	5	6	6	6	7	7	7	8	8	8	9	9

8 月　　癸 酉(계유)　　大

절기					백로															추분										
음력	一	二	三	四	五	六	七	八	九	十	十一	十二	十三	十四	十五	十六	十七	十八	十九	廿	廿一	廿二	廿三	廿四	廿五	廿六	廿七	廿八	廿九	三十
양력 월/일	9/3	4	5	6	7	8	9	10	11	12	13	14	15	16	17	18	19	20	21	22	23	24	25	26	27	28	29	30	10/1	2
일진	庚午(경오)	辛未(신미)	壬申(임신)	癸酉(계유)	甲戌(갑술)	乙亥(을해)	丙子(병자)	丁丑(정축)	戊寅(무인)	己卯(기묘)	庚辰(경진)	辛巳(신사)	壬午(임오)	癸未(계미)	甲申(갑신)	乙酉(을유)	丙戌(병술)	丁亥(정해)	戊子(무자)	己丑(기축)	庚寅(경인)	辛卯(신묘)	壬辰(임진)	癸巳(계사)	甲午(갑오)	乙未(을미)	丙申(병신)	丁酉(정유)	戊戌(무술)	己亥(기해)
절기시각					午正															亥初										
대운 순행	1	1	1	1	10	10	10	9	9	9	8	8	8	7	7	7	6	6	6	5	5	5	4	4	4	3	3	3	2	2
대운 역행	9	10	10	10	10	1	1	1	2	2	2	3	3	3	4	4	4	5	5	5	6	6	6	7	7	7	8	8	8	9

9 月　　甲 戌(갑술)　　小

절기						한로															상강									
음력	一	二	三	四	五	六	七	八	九	十	十一	十二	十三	十四	十五	十六	十七	十八	十九	廿	廿一	廿二	廿三	廿四	廿五	廿六	廿七	廿八	廿九	
양력 월/일	10/3	4	5	6	7	8	9	10	11	12	13	14	15	16	17	18	19	20	21	22	23	24	25	26	27	28	29	30	31	
일진	庚子(경자)	辛丑(신축)	壬寅(임인)	癸卯(계묘)	甲辰(갑진)	乙巳(을사)	丙午(병오)	丁未(정미)	戊申(무신)	己酉(기유)	庚戌(경술)	辛亥(신해)	壬子(임자)	癸丑(계축)	甲寅(갑인)	乙卯(을묘)	丙辰(병진)	丁巳(정사)	戊午(무오)	己未(기미)	庚申(경신)	辛酉(신유)	壬戌(임술)	癸亥(계해)	甲子(갑자)	乙丑(을축)	丙寅(병인)	丁卯(정묘)	戊辰(무진)	
절기시각						寅初															辰初									
대운 순행	2	1	1	1	1	10	10	9	9	9	8	8	8	7	7	7	6	6	6	5	5	5	4	4	4	3	3	3	2	
대운 역행	9	9	10	10	10	10	1	1	1	2	2	2	3	3	3	4	4	4	5	5	5	6	6	6	7	7	7	8	8	

10 月　　乙 亥(을해)　　大

절기							입동															소설								
음력	一	二	三	四	五	六	七	八	九	十	十一	十二	十三	十四	十五	十六	十七	十八	十九	廿	廿一	廿二	廿三	廿四	廿五	廿六	廿七	廿八	廿九	三十
양력 월/일	11/1	2	3	4	5	6	7	8	9	10	11	12	13	14	15	16	17	18	19	20	21	22	23	24	25	26	27	28	29	30
일진	己巳(기사)	庚午(경오)	辛未(신미)	壬申(임신)	癸酉(계유)	甲戌(갑술)	乙亥(을해)	丙子(병자)	丁丑(정축)	戊寅(무인)	己卯(기묘)	庚辰(경진)	辛巳(신사)	壬午(임오)	癸未(계미)	甲申(갑신)	乙酉(을유)	丙戌(병술)	丁亥(정해)	戊子(무자)	己丑(기축)	庚寅(경인)	辛卯(신묘)	壬辰(임진)	癸巳(계사)	甲午(갑오)	乙未(을미)	丙申(병신)	丁酉(정유)	戊戌(무술)
절기시각							辰初															寅正								
대운 순행	2	2	1	1	1	1	10	9	9	9	8	8	8	7	7	7	6	6	6	5	5	5	4	4	4	3	3	3	2	2
대운 역행	8	9	9	9	10	10	10	1	1	1	2	2	2	3	3	3	4	4	4	5	5	5	6	6	6	7	7	7	8	8

11 月　　丙 子(병자)　　大

절기							대설															동지								
음력	一	二	三	四	五	六	七	八	九	十	十一	十二	十三	十四	十五	十六	十七	十八	十九	廿	廿一	廿二	廿三	廿四	廿五	廿六	廿七	廿八	廿九	三十
양력 월/일	12/1	2	3	4	5	6	7	8	9	10	11	12	13	14	15	16	17	18	19	20	21	22	23	24	25	26	27	28	29	30
일진	己亥(기해)	庚子(경자)	辛丑(신축)	壬寅(임인)	癸卯(계묘)	甲辰(갑진)	乙巳(을사)	丙午(병오)	丁未(정미)	戊申(무신)	己酉(기유)	庚戌(경술)	辛亥(신해)	壬子(임자)	癸丑(계축)	甲寅(갑인)	乙卯(을묘)	丙辰(병진)	丁巳(정사)	戊午(무오)	己未(기미)	庚申(경신)	辛酉(신유)	壬戌(임술)	癸亥(계해)	甲子(갑자)	乙丑(을축)	丙寅(병인)	丁卯(정묘)	戊辰(무진)
절기시각							子正															酉正								
대운 순행	2	1	1	1	1	10	10	9	9	9	8	8	8	7	7	7	6	6	6	5	5	5	4	4	4	3	3	3	2	2
대운 역행	8	9	9	9	10	10	1	1	1	2	2	2	3	3	3	4	4	4	5	5	5	6	6	6	7	7	7	8	8	8

12 月　　丁 丑(정축)　　小

절기						소한															대한									
음력	一	二	三	四	五	六	七	八	九	十	十一	十二	十三	十四	十五	十六	十七	十八	十九	廿	廿一	廿二	廿三	廿四	廿五	廿六	廿七	廿八	廿九	
양력 월/일	12/31	1/1	2	3	4	5	6	7	8	9	10	11	12	13	14	15	16	17	18	19	20	21	22	23	24	25	26	27	28	
일진	己巳(기사)	庚午(경오)	辛未(신미)	壬申(임신)	癸酉(계유)	甲戌(갑술)	乙亥(을해)	丙子(병자)	丁丑(정축)	戊寅(무인)	己卯(기묘)	庚辰(경진)	辛巳(신사)	壬午(임오)	癸未(계미)	甲申(갑신)	乙酉(을유)	丙戌(병술)	丁亥(정해)	戊子(무자)	己丑(기축)	庚寅(경인)	辛卯(신묘)	壬辰(임진)	癸巳(계사)	甲午(갑오)	乙未(을미)	丙申(병신)	丁酉(정유)	
절기시각						午初															寅正									
대운 순행	2	1	1	1	1	10	9	9	9	8	8	8	7	7	7	6	6	6	5	5	5	4	4	4	3	3	3	2	2	
대운 역행	9	9	9	10	10	10	1	1	1	2	2	2	3	3	3	4	4	4	5	5	5	6	6	6	7	7	7	8	8	

단기 4358 년
불기 2569 년

2025년 乙巳(을사)年

1 月 戊寅(무인) 大

절기						입춘															우수									
음력	一	二	三	四	五	六	七	八	九	十	十一	十二	十三	十四	十五	十六	十七	十八	十九	二十	廿一	廿二	廿三	廿四	廿五	廿六	廿七	廿八	廿九	三十
양력 월/일	1/29	30	31	2/1	2	3	4	5	6	7	8	9	10	11	12	13	14	15	16	17	18	19	20	21	22	23	24	25	26	27
일진	戊戌(무술)	己亥(기해)	庚子(경자)	辛丑(신축)	壬寅(임인)	癸卯(계묘)	甲辰(갑진)	乙巳(을사)	丙午(병오)	丁未(정미)	戊申(무신)	己酉(기유)	庚戌(경술)	辛亥(신해)	壬子(임자)	癸丑(계축)	甲寅(갑인)	乙卯(을묘)	丙辰(병진)	丁巳(정사)	戊午(무오)	己未(기미)	庚申(경신)	辛酉(신유)	壬戌(임술)	癸亥(계해)	甲子(갑자)	乙丑(을축)	丙寅(병인)	丁卯(정묘)
절기시각						亥正															酉正									
대운 순행	2	1	1	1	1	10	10	9	9	9	8	8	8	7	7	7	6	6	6	5	5	5	4	4	4	3	3	3	2	2
대운 역행	8	9	9	9	10	10	1	1	1	2	2	2	3	3	3	4	4	4	5	5	5	6	6	6	7	7	7	8	8	8

2 月 己卯(기묘) 小

절기						경칩																	춘분							
음력	一	二	三	四	五	六	七	八	九	十	十一	十二	十三	十四	十五	十六	十七	十八	十九	二十	廿一	廿二	廿三	廿四	廿五	廿六	廿七	廿八	廿九	
양력 월/일	2/28	3/1	2	3	4	5	6	7	8	9	10	11	12	13	14	15	16	17	18	19	20	21	22	23	24	25	26	27	28	
일진	戊辰(무진)	己巳(기사)	庚午(경오)	辛未(신미)	壬申(임신)	癸酉(계유)	甲戌(갑술)	乙亥(을해)	丙子(병자)	丁丑(정축)	戊寅(무인)	己卯(기묘)	庚辰(경진)	辛巳(신사)	壬午(임오)	癸未(계미)	甲申(갑신)	乙酉(을유)	丙戌(병술)	丁亥(정해)	戊子(무자)	己丑(기축)	庚寅(경인)	辛卯(신묘)	壬辰(임진)	癸巳(계사)	甲午(갑오)	乙未(을미)	丙申(병신)	
절기시각						申正																	酉初							
대운 순행	2	1	1	1	1	10	10	9	9	9	8	8	8	7	7	7	6	6	6	5	5	5	4	4	4	3	3	3	2	
대운 역행	9	9	9	10	10	10	1	1	1	2	2	2	3	3	3	4	4	4	5	5	5	6	6	6	7	7	7	8	8	

3 月 庚辰(경진) 大

절기							청명																곡우							
음력	一	二	三	四	五	六	七	八	九	十	十一	十二	十三	十四	十五	十六	十七	十八	十九	二十	廿一	廿二	廿三	廿四	廿五	廿六	廿七	廿八	廿九	三十
양력 월/일	3/29	30	31	4/1	2	3	4	5	6	7	8	9	10	11	12	13	14	15	16	17	18	19	20	21	22	23	24	25	26	27
일진	丁酉(정유)	戊戌(무술)	己亥(기해)	庚子(경자)	辛丑(신축)	壬寅(임인)	癸卯(계묘)	甲辰(갑진)	乙巳(을사)	丙午(병오)	丁未(정미)	戊申(무신)	己酉(기유)	庚戌(경술)	辛亥(신해)	壬子(임자)	癸丑(계축)	甲寅(갑인)	乙卯(을묘)	丙辰(병진)	丁巳(정사)	戊午(무오)	己未(기미)	庚申(경신)	辛酉(신유)	壬戌(임술)	癸亥(계해)	甲子(갑자)	乙丑(을축)	丙寅(병인)
절기시각							亥初																寅正							
대운 순행	2	2	1	1	1	1	10	10	10	9	9	9	8	8	8	7	7	7	6	6	6	5	5	5	4	4	4	3	3	3
대운 역행	8	9	9	9	10	10	10	1	1	1	2	2	2	3	3	3	4	4	4	5	5	5	6	6	6	7	7	7	8	8

4 月 辛巳(신사) 小

절기								입하																소만						
음력	一	二	三	四	五	六	七	八	九	十	十一	十二	十三	十四	十五	十六	十七	十八	十九	二十	廿一	廿二	廿三	廿四	廿五	廿六	廿七	廿八	廿九	
양력 월/일	4/28	29	30	5/1	2	3	4	5	6	7	8	9	10	11	12	13	14	15	16	17	18	19	20	21	22	23	24	25	26	
일진	丁卯(정묘)	戊辰(무진)	己巳(기사)	庚午(경오)	辛未(신미)	壬申(임신)	癸酉(계유)	甲戌(갑술)	乙亥(을해)	丙子(병자)	丁丑(정축)	戊寅(무인)	己卯(기묘)	庚辰(경진)	辛巳(신사)	壬午(임오)	癸未(계미)	甲申(갑신)	乙酉(을유)	丙戌(병술)	丁亥(정해)	戊子(무자)	己丑(기축)	庚寅(경인)	辛卯(신묘)	壬辰(임진)	癸巳(계사)	甲午(갑오)	乙未(을미)	
절기시각								未正																寅初						
대운 순행	2	2	2	1	1	1	1	10	10	10	9	9	9	8	8	8	7	7	7	6	6	6	5	5	5	4	4	4	3	
대운 역행	8	9	9	9	10	10	10	10	1	1	1	2	2	2	3	3	3	4	4	4	5	5	5	6	6	6	7	7	7	

5 月 壬午(임오) 小

절기										망종																하지				
음력	一	二	三	四	五	六	七	八	九	十	十一	十二	十三	十四	十五	十六	十七	十八	十九	二十	廿一	廿二	廿三	廿四	廿五	廿六	廿七	廿八	廿九	
양력 월/일	5/27	28	29	30	31	6/1	2	3	4	5	6	7	8	9	10	11	12	13	14	15	16	17	18	19	20	21	22	23	24	
일진	丙申(병신)	丁酉(정유)	戊戌(무술)	己亥(기해)	庚子(경자)	辛丑(신축)	壬寅(임인)	癸卯(계묘)	甲辰(갑진)	乙巳(을사)	丙午(병오)	丁未(정미)	戊申(무신)	己酉(기유)	庚戌(경술)	辛亥(신해)	壬子(임자)	癸丑(계축)	甲寅(갑인)	乙卯(을묘)	丙辰(병진)	丁巳(정사)	戊午(무오)	己未(기미)	庚申(경신)	辛酉(신유)	壬戌(임술)	癸亥(계해)	甲子(갑자)	
절기시각										酉正																午初				
대운 순행	3	3	2	2	2	1	1	1	1	10	10	10	10	9	9	9	8	8	8	7	7	7	6	6	6	5	5	5	4	
대운 역행	8	8	8	9	9	9	10	10	10	10	1	1	1	2	2	2	3	3	3	4	4	4	5	5	5	6	6	6	7	

6 月 癸未(계미) 大

절기													소서															대서		
음력	一	二	三	四	五	六	七	八	九	十	十一	十二	十三	十四	十五	十六	十七	十八	十九	二十	廿一	廿二	廿三	廿四	廿五	廿六	廿七	廿八	廿九	三十
양력 월/일	6/25	26	27	28	29	30	7/1	2	3	4	5	6	7	8	9	10	11	12	13	14	15	16	17	18	19	20	21	22	23	24
일진	乙丑(을축)	丙寅(병인)	丁卯(정묘)	戊辰(무진)	己巳(기사)	庚午(경오)	辛未(신미)	壬申(임신)	癸酉(계유)	甲戌(갑술)	乙亥(을해)	丙子(병자)	丁丑(정축)	戊寅(무인)	己卯(기묘)	庚辰(경진)	辛巳(신사)	壬午(임오)	癸未(계미)	甲申(갑신)	乙酉(을유)	丙戌(병술)	丁亥(정해)	戊子(무자)	己丑(기축)	庚寅(경인)	辛卯(신묘)	壬辰(임진)	癸巳(계사)	甲午(갑오)
절기시각													寅正															亥正		
대운 순행	4	4	3	3	3	2	2	2	1	1	1	1	10	10	10	9	9	9	8	8	8	7	7	7	6	6	6	5	5	5
대운 역행	7	7	8	8	8	9	9	9	10	10	10	10	10	1	1	1	2	2	2	3	3	3	4	4	4	5	5	5	6	6

東 大將	未 喪門	卯 弔客	東 三殺

閏 6 月 癸 未(계미) 小

절 기														입추															
음 력	一	二	三	四	五	六	七	八	九	十	十一	十二	十三	十四	十五	十六	十七	十八	十九	廿	廿一	廿二	廿三	廿四	廿五	廿六	廿七	廿八	廿九
양 력 월/일	7/25	26	27	28	29	30	31	8/1	2	3	4	5	6	7	8	9	10	11	12	13	14	15	16	17	18	19	20	21	22
일 진	乙未(을미)	丙申(병신)	丁酉(정유)	戊戌(무술)	己亥(기해)	庚子(경자)	辛丑(신축)	壬寅(임인)	癸卯(계묘)	甲辰(갑진)	乙巳(을사)	丙午(병오)	丁未(정미)	戊申(무신)	己酉(기유)	庚戌(경술)	辛亥(신해)	壬子(임자)	癸丑(계축)	甲寅(갑인)	乙卯(을묘)	丙辰(병진)	丁巳(정사)	戊午(무오)	己未(기미)	庚申(경신)	辛酉(신유)	壬戌(임술)	癸亥(계해)
절기시각														未正															
대운 순행	4	4	4	3	3	3	2	2	2	1	1	1	1	10	10	10	9	9	9	8	8	8	7	7	7	6	6	6	5
대운 역행	6	7	7	7	8	8	8	9	9	9	10	10	10	10	1	1	1	2	2	2	3	3	3	4	4	4	5	5	5

7 月 甲 申(갑신) 大

절 기	처서															백로														
음 력	一	二	三	四	五	六	七	八	九	十	十一	十二	十三	十四	十五	十六	十七	十八	十九	廿	廿一	廿二	廿三	廿四	廿五	廿六	廿七	廿八	廿九	三十
양 력 월/일	8/23	24	25	26	27	28	29	30	31	9/1	2	3	4	5	6	7	8	9	10	11	12	13	14	15	16	17	18	19	20	21
일 진	甲子(갑자)	乙丑(을축)	丙寅(병인)	丁卯(정묘)	戊辰(무진)	己巳(기사)	庚午(경오)	辛未(신미)	壬申(임신)	癸酉(계유)	甲戌(갑술)	乙亥(을해)	丙子(병자)	丁丑(정축)	戊寅(무인)	己卯(기묘)	庚辰(경진)	辛巳(신사)	壬午(임오)	癸未(계미)	甲申(갑신)	乙酉(을유)	丙戌(병술)	丁亥(정해)	戊子(무자)	己丑(기축)	庚寅(경인)	辛卯(신묘)	壬辰(임진)	癸巳(계사)
절기시각	卯初															酉初														
대운 순행	5	5	4	4	4	3	3	3	2	2	2	1	1	1	1	10	10	10	9	9	9	8	8	8	7	7	7	6	6	6
대운 역행	6	6	6	7	7	7	8	8	8	9	9	9	10	10	10	10	1	1	1	2	2	2	3	3	3	4	4	4	5	5

8 月 乙 酉(을유) 小

절 기		추분															한로												
음 력	一	二	三	四	五	六	七	八	九	十	十一	十二	十三	十四	十五	十六	十七	十八	十九	廿	廿一	廿二	廿三	廿四	廿五	廿六	廿七	廿八	廿九
양 력 월/일	9/22	23	24	25	26	27	28	29	30	10/1	2	3	4	5	6	7	8	9	10	11	12	13	14	15	16	17	18	19	20
일 진	甲午(갑오)	乙未(을미)	丙申(병신)	丁酉(정유)	戊戌(무술)	己亥(기해)	庚子(경자)	辛丑(신축)	壬寅(임인)	癸卯(계묘)	甲辰(갑진)	乙巳(을사)	丙午(병오)	丁未(정미)	戊申(무신)	己酉(기유)	庚戌(경술)	辛亥(신해)	壬子(임자)	癸丑(계축)	甲寅(갑인)	乙卯(을묘)	丙辰(병진)	丁巳(정사)	戊午(무오)	己未(기미)	庚申(경신)	辛酉(신유)	壬戌(임술)
절기시각		寅初															巳初												
대운 순행	5	5	5	4	4	4	3	3	3	2	2	2	1	1	1	1	10	10	9	9	9	8	8	8	7	7	7	6	6
대운 역행	5	6	6	6	7	7	7	8	8	8	9	9	9	10	10	10	10	1	1	1	2	2	2	3	3	3	4	4	4

9 月 丙 戌(병술) 大

절 기			상강															입동												
음 력	一	二	三	四	五	六	七	八	九	十	十一	十二	十三	十四	十五	十六	十七	十八	十九	廿	廿一	廿二	廿三	廿四	廿五	廿六	廿七	廿八	廿九	三十
양 력 월/일	10/21	22	23	24	25	26	27	28	29	30	31	11/1	2	3	4	5	6	7	8	9	10	11	12	13	14	15	16	17	18	19
일 진	癸亥(계해)	甲子(갑자)	乙丑(을축)	丙寅(병인)	丁卯(정묘)	戊辰(무진)	己巳(기사)	庚午(경오)	辛未(신미)	壬申(임신)	癸酉(계유)	甲戌(갑술)	乙亥(을해)	丙子(병자)	丁丑(정축)	戊寅(무인)	己卯(기묘)	庚辰(경진)	辛巳(신사)	壬午(임오)	癸未(계미)	甲申(갑신)	乙酉(을유)	丙戌(병술)	丁亥(정해)	戊子(무자)	己丑(기축)	庚寅(경인)	辛卯(신묘)	壬辰(임진)
절기시각			午正															未初												
대운 순행	6	5	5	5	4	4	4	3	3	3	2	2	2	1	1	1	1	10	10	9	9	9	8	8	8	7	7	7	6	6
대운 역행	5	5	5	6	6	6	7	7	7	8	8	8	9	9	9	10	10	10	1	1	1	2	2	2	3	3	3	4	4	4

10 月 丁 亥(정해) 大

절 기			소설															대설												
음 력	一	二	三	四	五	六	七	八	九	十	十一	十二	十三	十四	十五	十六	十七	十八	十九	廿	廿一	廿二	廿三	廿四	廿五	廿六	廿七	廿八	廿九	三十
양 력 월/일	11/20	21	22	23	24	25	26	27	28	29	30	12/1	2	3	4	5	6	7	8	9	10	11	12	13	14	15	16	17	18	19
일 진	癸巳(계사)	甲午(갑오)	乙未(을미)	丙申(병신)	丁酉(정유)	戊戌(무술)	己亥(기해)	庚子(경자)	辛丑(신축)	壬寅(임인)	癸卯(계묘)	甲辰(갑진)	乙巳(을사)	丙午(병오)	丁未(정미)	戊申(무신)	己酉(기유)	庚戌(경술)	辛亥(신해)	壬子(임자)	癸丑(계축)	甲寅(갑인)	乙卯(을묘)	丙辰(병진)	丁巳(정사)	戊午(무오)	己未(기미)	庚申(경신)	辛酉(신유)	壬戌(임술)
절기시각			巳正															卯正												
대운 순행	6	5	5	5	4	4	4	3	3	3	2	2	2	1	1	1	1	10	10	9	9	9	8	8	8	7	7	7	6	6
대운 역행	5	5	5	6	6	6	7	7	7	8	8	8	9	9	9	10	10	10	1	1	1	2	2	2	3	3	3	4	4	4

11 月 戊 子(무자) 大

절 기		동지															소한													
음 력	一	二	三	四	五	六	七	八	九	十	十一	十二	十三	十四	十五	十六	十七	十八	十九	廿	廿一	廿二	廿三	廿四	廿五	廿六	廿七	廿八	廿九	三十
양 력 월/일	12/20	21	22	23	24	25	26	27	28	29	30	31	1/1	2	3	4	5	6	7	8	9	10	11	12	13	14	15	16	17	18
일 진	癸亥(계해)	甲子(갑자)	乙丑(을축)	丙寅(병인)	丁卯(정묘)	戊辰(무진)	己巳(기사)	庚午(경오)	辛未(신미)	壬申(임신)	癸酉(계유)	甲戌(갑술)	乙亥(을해)	丙子(병자)	丁丑(정축)	戊寅(무인)	己卯(기묘)	庚辰(경진)	辛巳(신사)	壬午(임오)	癸未(계미)	甲申(갑신)	乙酉(을유)	丙戌(병술)	丁亥(정해)	戊子(무자)	己丑(기축)	庚寅(경인)	辛卯(신묘)	壬辰(임진)
절기시각		子初															酉初													
대운 순행	6	5	5	5	4	4	4	3	3	3	2	2																		
대운 역행																														

12 月 己 丑(기축) 小

절 기		대한															입춘												
음 력	一	二	三	四	五	六	七	八	九	十	十一	十二	十三	十四	十五	十六	十七	十八	十九	廿	廿一	廿二	廿三	廿四	廿五	廿六	廿七	廿八	廿九
양 력 월/일	1/19	20	21	22	23	24	25	26	27	28	29	30	31	2/1	2	3	4	5	6	7	8	9	10	11	12	13	14	15	16
일 진	癸巳(계사)	甲午(갑오)	乙未(을미)	丙申(병신)	丁酉(정유)	戊戌(무술)	己亥(기해)	庚子(경자)	辛丑(신축)	壬寅(임인)	癸卯(계묘)	甲辰(갑진)	乙巳(을사)	丙午(병오)	丁未(정미)	戊申(무신)	己酉(기유)	庚戌(경술)	辛亥(신해)	壬子(임자)	癸丑(계축)	甲寅(갑인)	乙卯(을묘)	丙辰(병진)	丁巳(정사)	戊午(무오)	己未(기미)	庚申(경신)	辛酉(신유)
절기시각		巳正															寅正												
대운 순행																													
대운 역행																													

부 록

남녀본명생기법
황흑도일
길신표
세지길신
월가길신
세지흉신
월가흉신
십삼살론
합혼개폐법
가취월
음양부장길일
십전대길일
혼인흉년
살부대기월
혼인총기일
가취대흉일
고과살
상부상처살
납징정친일
남자 연령별 이사 방향
여자 연령별 이사 방향
이십사절기
월간지 조견표
시간지 조견표
한국성씨 획수일람
천간과 지지
결혼부부궁합
인명용한자
(대법원 최종확정 2,854자 수록)

남녀본명생기법 (男女本名生氣法)

남녀별	구분 / 길흉구분 / 일진 / 연령	귀혼(歸魂)	절명(絶命)	복덕(福德)	화해(禍害)	유혼(遊魂)	절체(絶體)	천의(天醫)	생기(生氣)
	길흉	평(平)	흉(凶)	길(吉)	흉(凶)	평(平)	평(平)	길(吉)	길(吉)
남	89 81 73 65 57 49 41 33 25 17 9	未申	子	酉	卯	午	戌亥	辰巳	丑寅
여	83 75 67 59 51 43 35 27 19 11 4								
남	88 80 72 64 56 48 40 32 24 16 8 1	午	戌亥	辰巳	丑寅	未申	子	酉	卯
여	84 76 68 60 52 44 36 28 20 12 5								
남	87 79 71 63 55 47 39 31 23 15 7	辰巳	丑寅	午	戌亥	酉	卯	未申	子
여	85 77 69 61 53 45 37 29 21 13 6								
남	86 78 70 62 54 46 38 30 22 14 6	卯	酉	子	未申	丑寅	辰巳	戌亥	午
여	86 78 70 62 54 46 38 30 22 14 7								
남	85 77 69 61 53 45 37 29 21 13 5	丑寅	辰巳	戌亥	午	卯	酉	子	未申
여	87 79 71 63 55 47 39 31 23 15								
남	84 76 68 60 52 44 36 28 20 12 4	子	未申	卯	酉	戌亥	午	丑寅	辰巳
여	88 80 72 64 56 48 40 32 24 16 8 1								
남	83 75 67 59 51 43 35 27 19 11 3	戌亥	午	丑寅	辰巳	子	未申	卯	酉
여	89 81 73 65 57 49 41 33 25 17 9 2								
남	82 74 66 58 50 42 34 26 18 10 2	酉	卯	未申	子	辰巳	丑寅	午	戌亥
여	90 82 74 66 58 50 42 30 26 18 10 3								

황흑도일 (黃黑道日)

이사 · 혼인 · 성조 · 장례 · 기도 등 대소사를 치를 때 이것을 쓴다. 이 중 길한 날을 사용하고 흉한 날은 삼가한다. 월로서는 좋은 날을, 일로서는 좋은 시간을 찾으면 된다

월이나 일 / 일이나 시 / 분류	정 · 7월 寅 · 申일	2 · 8월 卯 · 酉일	3 · 9월 辰 · 戌일	4 · 10월 己 · 亥일	5 · 11월 子 · 午일	6 · 12월 丑 · 未일
청룡황도(靑龍黃道)	子	寅	辰	午	申	戌
명당황도(明堂黃道)	丑	卯	巳	未	酉	亥
천형흑도(天刑黑道)	寅	辰	午	申	戌	子
주작흑도(朱雀黑道)	卯	巳	未	酉	亥	丑
금귀황도(金匱黃道)	辰	午	申	戌	子	寅
천덕황도(天德黃道)	巳	未	酉	戌	丑	卯
백호흑도(白虎黑道)	午	申	戌	子	寅	辰
옥당황도(玉堂黃道)	未	酉	亥	丑	卯	巳
천로흑도(天牢黑道)	申	戌	子	寅	辰	午
현무흑도(玄武黑道)	酉	亥	丑	卯	巳	未
사명황도(司命黃道)	戌	子	寅	辰	午	申
구진흑도(句陳黑道)	亥	丑	卯	巳	未	酉

길신표 (吉神表)

길신 \ 세간		甲	乙	丙	丁	戊	己	庚	辛	壬	癸
세 덕(歲 德)	백 가지 덕이 들어오고 만사가 대길한다	甲	庚	丙	壬	戊	甲	庚	丙	壬	戊
세 덕 합(歲 德 合)	집을 짓거나 안장하는데 좋다	己	乙	辛	丁	癸	己	乙	辛	丁	癸
천복귀인(天福貴人)	농사가 풍작이고 재물이 들어온다	酉	申	子	亥	卯	寅	午	巳	午	巳
문창귀인(文昌貴人)	살아서는 부귀를 누리고, 죽어서는 문장을 남긴다.	巳	午	申	酉	申	酉	亥	子	寅	卯
문곡귀인(文曲貴人)	예술가나 영웅이 생긴다.	巳 亥	子 午	寅 申	卯 酉	寅 申	卯 酉	巳 亥	辰 戌	寅 申	卯 酉
천관귀인(天官貴人)	문무를 두루 갖추었으며 명예와 재물이 풍부하다	未	辰	巳	寅	卯	酉	亥	申	戌	午
태극귀인(太極貴人)	높은 벼슬과 베푸는 이가 많아 창고가 넘친다	子	午	酉	卯	巳	午	寅	亥	申	巳

세지길신 (歲支吉神)

길신 \ 연지(年支)		子	丑	寅	卯	辰	巳	午	未	申	酉	戌	亥
세 천 덕(歲 天 德)	하는 일마다 좋다	巽	庚	丁	坤	壬	辛	乾	甲	癸	艮	丙	乙
천 덕 합(天 德 合)	많은 사람의 사랑을 받아 복을 쌓는다	申	乙	壬	巳	丁	丙	寅	己	戊	亥	辛	庚
세 월 덕(歲 月 德)	하는 일마다 잘되고 재물이 모인다	壬	庚	丙	甲	壬	庚	丙	甲	壬	庚	丙	甲
월 덕 합(月 德 合)	재물이 불어나고 명예가 높아진다	丁	乙	辛	己	丁	乙	辛	己	丁	乙	辛	己
역 마(驛 馬)	집을 짓거나 안장하는데 좋다	寅	亥	申	巳	寅	亥	申	巳	寅	亥	申	巳
천 창(天 倉)	하는 일을 늘리거나 창고를 짓는데 좋다	酉	戌	亥	子	丑	寅	卯	辰	巳	午	未	申
지 창(地 倉)	하는 일을 늘리거나 창고를 짓는데 좋다	辰 戌	寅 申	子 午	巳 亥	卯 酉	寅 申	卯 酉	丑 未	子 午	辰 戌	卯 酉	寅 申

월가길신(月家吉神)

길신 \ 월별		1	2	3	4	5	6	7	8	9	10	11	12
천 덕(天 德)	승진을 하거나 하는 일마다 좋다	丁	申	壬	辛	亥	甲	癸	寅	丙	乙	巳	庚
월 덕(月 德)	날로 명예는 높아진다	丙	甲	壬	庚	丙	甲	壬	庚	丙	甲	壬	庚
천 덕 합(天 德 合)	일을 통하여 일을 성취시킨다	辛	巳	丁	丙	寅	己	戊	亥	辛	庚	申	乙
월 덕 합(月 德 合)	재물이 불어나고 명예가 높아진다	辛	己	丁	乙	辛	己	丁	乙	辛	己	丁	乙
월 공(月 空)	땅을 사거나 집을 지으면 좋다	壬	庚	丙	甲	壬	庚	丙	甲	壬	庚	丙	甲
월 은(月 恩)	원하는 것을 이루어 낸다	丙	丁	庚	己	戊	辛	壬	癸	庚	乙	甲	辛
월 재(月 財)	이사를 하거나 집을 수리하면 좋다	九	三	四	二	七	六	九	三	四	二	七	六
생 기(生 氣)	모든일에 성공한다	戌	亥	子	丑	寅	卯	辰	巳	午	未	申	酉
천 의(天 醫)	병을 낫게 하고 건강도 아주 좋다	丑	寅	卯	辰	巳	午	未	申	酉	戌	亥	子
왕 일(旺 日)	집을 짓거나 고치면 좋다	寅	寅	寅	巳	巳	巳	申	申	申	亥	亥	亥
상 일(相 日)	토지를 매매하면 좋다	巳	巳	巳	申	申	申	亥	亥	亥	寅	寅	寅
해 신(解 神)	하는 일마다 좋다	申	申	戌	戌	子	子	寅	寅	辰	辰	午	午
오 부(五 富)	재물이 여러 길로 들어든다	亥	寅	巳	申	亥	寅	巳	申	亥	寅	巳	申
옥제사일(玉帝赦日)	뜻을 바로 세워야 한다	丁巳	甲子	乙丑	丙寅	辛卯	壬辰	丁亥	甲午	乙未	丙申	辛酉	壬戌
천 사 신(天 赦 神)	죄를 사하니 삶이 새롭다	戌	丑	辰	未	戌	丑	辰	未	戌	丑	辰	未
황은대사(皇恩大赦)	국가와 민족을 생각하면 개인의 부귀는 자명하다	戌	丑	寅	巳	酉	卯	子	午	亥	辰	申	未

길신 \ 월별		1	2	3	4	5	6	7	8	9	10	11	12
요 안 일(要 安 日)	위험이 없어지니 단단한 길을 내달려라	寅	申	卯	酉	辰	戌	巳	亥	午	子	未	丑
만통사길(萬通四吉)	화가 변하여 복으로 된다	午	亥	申	丑	戌	卯	子	巳	寅	未	辰	酉
천 귀(天 貴)	순리에 따르니 편하다	春	甲	乙	夏	丙	丁	秋	庚	辛	冬	壬	癸
사 상(四 相)	사방이 조화로우니 복이 넘친다	春	丙	丁	夏	戊	己	秋	壬	癸	冬	甲	乙
삼 합(三 合)	뜻·실천·행운이 깃든다	午戌	亥未	申子	酉丑	戌寅	亥卯	子辰	巳丑	寅午	卯未	辰申	巳酉
육 합(六 合)	내 생각을 듣는 사람이 잘 이해한다	亥	戌	酉	申	未	午	巳	辰	卯	寅	丑	子
시 덕(時 德)	매사 기회가 주어지니 호의적이다	午	午	午	辰	辰	辰	子	子	子	寅	寅	寅
청 룡(青 龍)	좋은 세상이 열린다	壬子	癸丑	艮寅	甲卯	乙辰	巽巳	丙午	丁未	坤申	庚酉	辛戌	乾亥

세지흉신 (歲支凶神)

흉신 \ 연지		子	丑	寅	卯	辰	巳	午	未	申	酉	戌	亥
좌산라후(坐山羅候)	집을 짓거나 안장에 나쁘다	六	八	三	九	七	二	二	八	一	一	四	六
순산라후(巡山羅候)	이사나 무덤을 옮기는데 나쁘다	乙	壬	艮	甲	巽	丙	丁	坤	辛	乾	癸	庚
황천구퇴(皇天灸退)	집을 살 때 방향이 안 좋으면 나쁘다	卯	子	酉	午	卯	子	酉	午	卯	子	酉	午
나천대퇴(羅天大退)	집을 고치지 않는 것이 좋다	四	七	一	一	一	一	六	六	二	二	九	九
구천주작(九天朱雀)	전업을 하거나 확장하지 않는 것이 좋다	卯	戌	巳	子	未	寅	酉	辰	亥	午	丑	申

흉신 \ 연지		子	丑	寅	卯	辰	巳	午	未	申	酉	戌	亥
타겁혈인(打劫血刃)	토지를 매매하지 않는 것이 좋다	二	八	六	二	九	四	二	八	六	二	九	四
태음살(太陰殺)	매사에 조심하라	亥	子	丑	寅	卯	辰	巳	午	未	申	酉	戌
겁 살(劫 殺)	겉으로 노출시키지 말아야 한다	巳	寅	亥	申	巳	寅	亥	申	巳	寅	亥	申
재 살(災 殺)	모든 재앙을 주의해야 한다	午	卯	子	酉	午	卯	子	酉	午	卯	子	酉
세 살(歲 殺)	모든 재앙을 주의해야 한다	未	辰	丑	戌	未	辰	丑	戌	未	辰	丑	戌
좌 살(坐 殺)	목적지를 가려야 한다	丙 丁	甲 乙	壬 癸	庚 辛	丙 丁	甲 乙	壬 癸	庚 辛	丙 丁	甲 乙	壬 癸	庚 辛
향 살(向 殺)	목적지를 가려야 한다	壬 癸	庚 申	丙 丁	甲 乙	壬 癸	庚 申	丙 丁	甲 乙	壬 癸	庚 申	丙 丁	甲 乙
천관부(天官符)	목적지를 가려야 한다	亥	申	巳	寅	亥	申	巳	寅	亥	申	巳	寅
지관부(地官符)	목적지를 가려야 한다	辰	巳	午	未	申	酉	戌	亥	子	丑	寅	卯
유 재(流 財)	재물의 손실이 있을수 있다	乾 戌	未 申	子 丑	子 丑	子 丑	乾 戌	乾 戌	乾 戌	子 丑	未 申	未 申	未 申
대장군(大將軍)	투기하지 말아야 한다	酉	酉	子	子	子	卯	卯	卯	午	午	午	酉
태 세(太 歲)	투기하지 말아야 한다	子	丑	寅	卯	辰	巳	午	未	申	酉	戌	亥
대 모(大 耗)	창고를 늘리지 말아야 한다	午	未	申	酉	戌	亥	子	丑	寅	卯	辰	巳
소 모(小 耗)	창고를 늘리지 말아야 한다	巳	午	未	申	酉	戌	亥	子	丑	寅	卯	辰
백호살(白虎殺)	명예에 조심해야 한다	申	酉	戌	亥	子	丑	寅	卯	辰	巳	午	未
금신살(金神殺)	투기하면 좋지 않다	巳	酉	丑	巳	酉	丑	巳	酉	丑	巳	酉	丑

월가흉신 (月家凶神)

흉신 \ 월별		1	2	3	4	5	6	7	8	9	10	11	12
유 화(遊 火)	약을 약으로 먹지만 독도 같이 먹어야 하니	巳	庚	亥	申	巳	寅	亥	申	巳	寅	亥	申
수 격(水 隔)	어제의 은인이 오늘의 적일 줄이야	戌	申	午	辰	寅	子	戌	申	午	辰	寅	子
산 격(山 隔)	산이 돌아앉으니 나의 설곳은 어딘가	未	巳	卯	丑	亥	酉	未	巳	卯	丑	亥	酉
지 격(地 隔)	메마른 땅에 씨앗을 뿌리니 앞날이 아득하기만 하다	辰	寅	子	戌	申	午	辰	寅	子	戌	申	午
천 격(天 隔)	구하나 얻지 못한다	寅	子	戌	申	午	辰	寅	子	戌	申	午	辰
토 금(土 禁)	다른 사람이 내 땅에 울타리를 치니 답답하기만 하다	亥	亥	亥	寅	寅	寅	巳	巳	巳	申	申	申
토 기(土 忌)	다른 사람이 내 땅을 짓밟으니 옛날 생각이 난다	寅	巳	申	亥	卯	午	酉	子	辰	未	戌	丑
토 온(土 瘟)	다른 사람이 내 땅에 씨앗을 뿌리니 되는 일이 없다	辰	巳	午	未	申	酉	戌	亥	子	丑	寅	卯
온 황 살(瘟 皇 殺)	몸이 아프니 외로움만 더해간다	未	戌	辰	寅	午	子	酉	申	巳	亥	丑	卯
홍 사(紅 紗)	다른 것에 눈길을 돌리니 내 것이 없다	酉	巳	丑	酉	巳	丑	酉	巳	丑	酉	巳	丑
피 마(披 麻)	곤궁한 몸이 괴로울 뿐이다	子	酉	午	卯	子	酉	午	卯	子	酉	午	卯
천 적(天 賊)	하늘이 나를 멀리하니 되는 일이 없다	辰	酉	寅	未	子	巳	戌	卯	申	丑	午	亥
왕 망(往 亡)	가고 오는 것이 허망하니 마음뿐이다	寅	巳	申	亥	卯	午	酉	子	辰	未	戌	丑
천 구(天 狗)	내 목소리는 허망하기만 하다	子	丑	寅	卯	辰	巳	午	未	申	酉	戌	亥

홍신 \ 월별		1	2	3	4	5	6	7	8	9	10	11	12
중 상(重 喪)	삶이 고통이다	甲	乙	己	丙	丁	己	庚	辛	己	壬	癸	己
멸 몰(滅 沒)	길을 나서면 쌓아 놓은 것도 무너진다	丑	子	亥	戌	酉	申	未	午	巳	辰	卯	寅
나 망(羅 網)	길을 나서면 걱정이 많다	子	申	巳	辰	戌	亥	丑	申	未	子	巳	申
지 파(地 破)	토지를 이용하여 이익을 보려고 하면 좋지 않다	亥	子	丑	寅	卯	辰	巳	午	未	申	酉	戌
하 괴(河 魁)	강에 물이 넘치니 길을 알 수 없다	亥	午	丑	申	卯	戌	巳	子	未	寅	酉	辰
천 강(天 罡)	하늘이 흐리니 하는 일마다 어렵다	巳	子	未	寅	酉	辰	亥	午	丑	申	卯	戌
월 파(月 破)	돕고자 하는데 내 뜻을 모르니 어쩔꼬	申	酉	戌	亥	子	丑	寅	卯	辰	巳	午	未
월 염(月 厭)	밑 빠진 독에 물을 아무리 퍼 담으면 무엇하리	戌	酉	申	未	午	巳	辰	卯	寅	丑	子	亥
월 살(月 殺)	오해만 많으니 어쩔꼬	丑	戌	未	辰	丑	戌	未	辰	丑	戌	未	辰
장 성(長 星)	하는 일마다 되는 것이 없다	七	四	六	九	十五	十	八	二	四	三	十七	九
지 랑 일(地 囊 日)	바람마저 사나우니 마음 둘 곳 없다	庚子 庚午	癸丑 癸未	甲子 甲寅	乙丑 己卯	戊辰 戊午	癸未 癸巳	丙寅 丙申	丁卯 丁巳	戊辰 戊子	庚子 庚戌	辛酉 辛未	乙未 乙酉
단 성(短 星)	손을 뻗쳐도 잡을 수 없는 이 현실	二一	十九	十六	二五	二一	二二	二五	十八 十九	十六 十七	十四	二三	二五
독 화(獨 火)	산골에서 외로운 등불 하나 깜박인다	巳	辰	卯	寅	丑	子	亥	戌	酉	申	未	午
혈 지(血 支)	신중하고 삼가하는 것이 원래의 팔자라니	丑	寅	卯	辰	巳	午	未	申	酉	戌	亥	子
혈 기(血 忌)	출혈이 없이 하여 삶 보듬어 안기	丑	未	寅	申	卯	酉	辰	戌	巳	亥	午	子
수 사(受 死)	옮기는 발길에 미물이 밟힌다	戌	辰	亥	巳	子	午	丑	未	寅	申	卯	酉

흉신 \ 월별		1	2	3	4	5	6	7	8	9	10	11	12
귀 기(歸 忌)	오라는 곳은 없어도 갈 곳은 많다	丑	寅	子	丑	寅	子	丑	寅	子	丑	寅	子
비 염 살(飛 廉 殺)	낙엽 떨어지고 눈은 내리는 데 갈 곳은 어디인가	戌	巳	午	未	寅	卯	辰	亥	子	丑	申	酉
빙소와해(氷消瓦解)	잔설 녹아 물이 되어 흐른다	巳	子	丑	申	卯	戌	亥	午	未	寅	酉	辰
천 화(天 火)	두문불출하여 기원만 해본다	子	卯	午	酉	子	卯	午	酉	子	卯	午	酉
양 착(陽 錯)	옛시절만 애달퍼한다	甲寅	乙卯	甲辰	丁巳	丙午	丁未	庚申	辛酉	庚戌	癸亥	壬子	癸丑
음 차(陰 差)	옛시절을 그리워한다	庚戌	辛酉	庚申	丁未	丙午	丁巳	甲辰	乙卯	甲寅	癸丑	壬子	癸亥

십삼살론 (十三殺論)

혼인이나 장사 때 보며 이에 해당된 날은 좋지 않으므로 피함이 좋다. 월에서 가로로 읽으며 살이 든 지(支)는 일진(日辰)이다.

월 일 분류	1	2	3	4	5	6	7	8	9	10	11	12
천 살(天 殺)	戌	酉	申	未	午	巳	辰	卯	寅	丑	子	亥
피 마(披 麻)	子	酉	午	卯	子	酉	午	卯	子	酉	午	卯
홍 사(紅 紗)	申 酉	辰 巳	子 丑	申 酉	辰 巳	子 丑	申 酉	辰 巳	子 丑	申 酉	辰 巳	子 丑
수 사(受 死)	戌	辰	亥	巳	子	午	丑	未	寅	申	卯	酉
나 망(羅 網)	子	申	巳	辰	戌	亥	丑	申	未	子	巳	申
천 적(天 賊)	辰	酉	寅	未	子	巳	戌	卯	申	丑	午	亥
고 초(枯 焦)	辰	丑	戌	未	卯	子	酉	午	寅	亥	申	巳
귀 기(歸 忌)	丑	寅	子	丑	寅	子	丑	寅	子	丑	寅	子
왕 망(往 亡)	寅	巳	申	亥	卯	午	酉	子	辰	未	戌	丑
십 악(十 惡)	卯	寅	丑	子	辰	子	丑	寅	卯	辰	巳	辰
월 염(月 厭)	戌	酉	申	未	午	巳	辰	卯	寅	丑	子	亥
월 살(月 殺)	丑	戌	未	辰	丑	戌	未	辰	丑	戌	未	辰
황 사(黃 紗)	午	寅	子	午	寅	子	午	寅	子	午	寅	子

합혼개폐법 (合婚開閉法)

결혼 나이 / 띠	길(吉) 좋은 나이 애정이 깊고 복이 많다	평(平) 무난한 나이 평범하게 산다	흉(凶) 좋은 나이 부부 이별하거나 운이 박하다
쥐 말 토끼 닭	14 17 20 23 26 29	15 18 21 24 27 30	16 19 22 25 28 31
호랑이 원숭이 뱀 돼지	13 16 19 22 25 28 31	14 17 20 23 26 29 32	15 18 21 24 27 30 33
용 개 소 양	12 15 18 21 24 27 30	13 14 19 22 25 28 31	14 17 20 23 26 29 32

가취월 (嫁娶月)

분류	결혼달 \ 여자의 띠	쥐 말	소 양	호랑이 원숭이	토끼 닭	용 개	뱀 돼지
대이월 (大利月)	좋은 달	6 12	5 11	2 8	1 7	4 10	3 9
방매씨 (妨媒氏)	무난한 달	1 7	4 10	3 9	6 12	5 11	2 8
방옹고 (妨翁姑)	시부모님이 안계실 때 사용하는 달	2 8	3 9	4 10	5 11	6 12	1 7
방녀부모 (妨女父母)	여자의 부모가 안계실 때 사용하는 달	3 9	2 8	5 11	4 10	1 7	6 12
방부주 (妨夫主)	신랑에게 안 좋은 달	4 9	1 8	6 11	3 10	2 7	5 12
방녀신 (妨女身)	신부에게 안 좋은 달	5 11	6 12	1 7	2 8	3 9	4 10

음양부장길일 (陰陽不將吉日)

월											
1 월	丁卯	辛卯	丙寅	庚寅	戊寅	辛丑	己卯	己丑	丁丑		
2월	丙子	丙戌	庚戌	庚寅	戊寅	丁丑	己丑	戊子	戊戌	丙寅	乙丑
3월	丁酉	乙酉	丙子	戊戌	己酉	戊子	甲子	甲戌	丙戌		
4월	甲子	丙子	戊子	甲申	丙申	戊申	甲戌	丙戌	戊戌		
5월	甲申	丙申	戊申	乙未	癸未	乙酉	癸酉	甲戌	丙戌	戊戌	
6월	甲申	壬申	甲戌	壬戌	癸未	乙未					
7월	乙巳	癸巳	乙未	癸未	甲甲	壬申	乙酉	癸酉			
8월	甲辰	壬辰	甲午	壬午	甲申	壬申					
9월	癸卯	辛卯	庚辰	壬辰	癸巳	辛巳	庚午	壬午	辛未	癸未	
10월	壬寅	庚寅	癸卯	辛卯	壬辰	庚辰	辛巳	癸巳	庚午	壬午	
11월	辛丑	丁丑	己丑	丁卯	壬辰	庚辰	庚寅	己巳	壬寅		
12월	庚寅	丙寅	辛卯	戊子	戊寅	庚子	丙子	庚辰	丙辰	戊辰	

십전대길일 (十全大吉日)

매우 좋은 날	乙丑 丁卯 丙子 丁丑 辛卯 癸卯 乙巳 壬子 癸丑 己丑
좋은 날	癸巳 壬午 乙未 丙辰 辛酉 庚酉

혼인흉년 (婚姻凶年)

	쥐	소	호랑이	토끼	용	뱀	말	양	원숭이	닭	개	돼지
남자가 나쁜 해	未	申	酉	戌	亥	子	丑	寅	卯	辰	巳	午
여자가 나쁜 해	卯	寅	丑	子	亥	戌	酉	申	未	午	巳	辰

살부대기월 (殺夫大忌月)

여자의 띠	쥐	소	호랑이	토끼	용	뱀	말	양	원숭이	닭	개	돼지
피해야 할 달	1, 2	4	7	11	4	5	8, 12	6, 7	6, 7	8	1, 2	

혼인총기일 (婚姻總忌日)

화해일(禍害日) 절명일(絶命日) 월염일(月厭日) 염대일(厭對日) 남녀본명일(男女本命日)	
매월	해일(亥日) 홍사일(紅紗日) 피마일(披麻日) 천적일(天賊日) 수사일(受死日) 월살일(月殺日) 월기일(月忌日) 월파일(月破日) 십악일(十惡日) 복단일(伏斷日)
4월 8일 입춘(立春) 입하(立夏) 입추(立秋) 입동(入冬) 춘분(春分) 하지(夏至) 동지(冬至) 단오(端午)	

가취대흉일 (嫁娶大凶日)

계절이나 달 [月]	나쁜 날
봄 [春]	甲子　乙丑
여름 [夏]	丙子　丁丑
가을 [秋]	庚子　辛丑
겨울 [冬]	壬子　癸丑
정월　5월　9월	庚日
2월　6월　10월	乙日
3월　7월　11월	丙日
4월　8월　12월	癸日

고과살 (孤寡殺)

여자의 띠	돼지 쥐 소	호랑이 토끼 용	뱀 말 양	원숭이 닭 개
피해야 할 날	寅　戌	巳　丑	甲　辰	亥　未

상부상처살 (喪夫喪妻殺)

여자에게 좋지 않은 날	→	봄	정월	병오(丙午)·정미(丁未)일
			2월	
			3월	
남자에게 좋지 않은 날	→	겨울	10월	임자(壬子)·계해(癸亥)일
			11월	
			12월	

납징정친일(納徵定親日)

乙丑, 丙寅, 丁卯, 辛未, 戊寅, 己卯, 丙戌, 戊子, 己丑, 壬辰, 癸巳, 乙未, 戊戌, 辛巳, 壬寅, 癸卯, 甲辰, 丙午, 丁未, 壬子, 癸丑, 甲寅, 乙卯, 丙辰, 丁巳, 戊午, 己未, 黃道, 三合, 五合, 六合, 月恩, 天喜, 定·成·開日

남자 연령별 이사 방향

나이 / 이사방향		1	2	3	4	5	6	7	8	9
		10	11	12	13	14	15	16	17	18
		19	20	21	22	23	24	25	26	27
		28	29	30	31	32	33	34	35	36
		37	38	39	40	41	42	43	44	45
		46	47	48	49	50	51	52	53	54
		55	56	57	58	59	60	61	62	63
		64	65	66	67	68	69	70	71	72
		73	74	75	76	77	78	79	80	81
		82	83	84	85	86	87	88	89	90
천록방(天祿方)	길(吉)	東方	西南	北方	南方	東北	西方	西北	中央	東南
안손방(眼損方)	흉(凶)	東南	東方	西南	北方	南方	東北	西方	西北	中央
식신방(食神方)	길(吉)	中央	東南	東方	西南	北方	南方	東北	西方	西北
증파방(甑破方)	흉(凶)	西北	中央	東南	東方	西南	北方	南方	東北	西方
오귀방(五鬼方)	흉(凶)	西方	西北	中央	東南	東方	西南	北方	南方	東北
합식방(合食方)	길(吉)	東北	西方	西北	中央	東南	東方	西南	北方	南方
진귀방(進鬼方)	흉(凶)	南方	東北	西方	西北	中央	東南	東方	西南	北方
관인방(官印方)	길(吉)	北方	南方	東北	西方	西北	中央	東南	東方	西南
퇴식방(退食方)	흉(凶)	西南	北方	南方	東北	西方	西北	中央	東方	東方

여자 연령별 이사 방향

나이 / 이사방향										
		1	2	3	4	5	6	7	8	9
		10	11	12	13	14	15	16	17	18
		19	20	21	22	23	24	25	26	27
		28	29	30	31	32	33	34	35	36
		37	38	39	40	41	42	43	44	45
		46	47	48	49	50	51	52	53	54
		55	56	57	58	59	60	61	62	63
		64	65	66	67	68	69	70	71	72
		73	74	75	76	77	78	79	80	81
		82	83	84	85	86	87	88	89	90
천록방(天祿方)	길(吉)	東南	東方	西南	北方	南方	東北	西方	西北	中央
안손방(眼損方)	흉(凶)	中央	東南	東方	西南	北方	南方	東北	西方	西北
식신방(食神方)	길(吉)	西北	中央	東南	東方	西南	北方	南方	東北	西方
증파방(甑破方)	흉(凶)	西方	西北	西北	東南	東方	西南	北方	南方	東北
오귀방(五鬼方)	흉(凶)	東北	西方	西方	中央	東南	東方	西南	北方	南方
합식방(合食方)	길(吉)	南方	東北	東北	西北	中央	東南	東方	西南	北方
진귀방(進鬼方)	흉(凶)	北方	南方	東北	西方	西北	中央	東南	東方	西南
관인방(官印方)	길(吉)	西南	北方	南方	東北	西方	西北	中央	東南	東方
퇴식방(退食方)	흉(凶)	東方	西南	北方	南方	東北	西方	西北	中央	東南

이십사절기

음력에서 태양의 황도상의 위치에 따라 특정지어 놓은 계절적 구분으로 일 년을 스물넷으로 나눈 계절의 구분이다.

길 신	절 기	음력	양 력
봄	입춘(立春) 봄이 시작됨 우수(立春) 비가 내림	1월	2월 4, 5일 2월 19, 20일
	경칩(驚蟄) 겨울잠을 자던 곤충이 깨어남 춘분(春分) 태양이 춘분점을 지나가는 때	2월	3월 5, 6일 3월 21, 22일
	청명(淸明) 날씨가 맑고 깨끗함 곡우(穀雨) 곡식에 좋은 비가 내림	3월	4월 5, 6일 4월 20, 21일
여 름	입하(立夏) 여름이 시작됨 소만(小滿) 보리알이 굵어짐	4월	5월 6, 7일 5월 21, 22일
	망종(芒種) 보리를 벰 하지(夏至) 태양이 하지점을 통과하는 때로 낮이 가장 김	5월	6월 6, 7일 6월 21, 22일
	소서(小暑) 더위가 본격적으로 시작됨 대서(大暑) 몹시 심한 더위	6월	7월 7, 8일 7월 23, 24일
가 을	입추(立秋) 가을이 시작됨 처서(處暑) 더위가 식음	7월	8월 8, 9일 8월 23, 24일
	백로(白露) 흰 이슬이 내림 추분(秋分) 태양이 북쪽에서 남쪽으로 합하여 적도를 지나감	8월	9월 8, 9일 9월 23, 24일
	한로(寒露) 찬 이슬이 내림 상강(霜降) 서리가 내림	9월	10월 8, 9일 10월 22, 23일
겨 울	입동(入冬) 겨울이 시작됨 소설(小雪) 겨울 기분이 일기 시작하며 눈이 조금 내림	10월	11월 7, 8일 11월 22, 23일
	대설(大雪) 눈이 많이 내림 동지(冬至) 태양 동지점을 통과하는 때로 겨울의 끄트머리	11월	12월 7, 8일 12월 22, 23일
	소한(小寒) 조금 추움 대한(大寒) 많이 추움	12월	1월 6, 7일 1월 20, 21일

월간지 조견표 (月干支 早見表)

월별	절기 월건	甲己之年	乙庚之年	丙辛之年	丁壬之年	戊癸之年
1월	입춘 寅月	丙寅	戊寅	庚寅	壬寅	甲寅
2월	경칩 卯月	丁卯	己卯	辛卯	癸卯	乙卯
3월	청명 辰月	戊辰	庚辰	壬辰	甲辰	丙辰
4월	입하 巳月	己巳	辛巳	癸巳	乙巳	丁巳
5월	망종 午月	庚午	壬午	甲午	丙午	戊午
6월	소서 未月	辛未	癸未	乙未	丁未	己未
7월	입추 申月	壬申	甲申	丙申	戊申	庚申
8월	백로 酉月	癸酉	乙酉	丁酉	己酉	辛酉
9월	한로 戌月	甲戌	丙戌	戊戌	庚戌	壬戌
10월	입동 亥月	乙亥	丁亥	己亥	辛亥	癸亥
11월	대설 子月	丙子	戊子	庚子	壬子	甲子
12월	소한 丑月	丁丑	己丑	辛丑	癸丑	乙丑

시간지 조견표 (時干支 早見表)

일간 시각	甲己之日	乙庚之日	丙辛之日	丁壬之日	戊癸之日
自 하오 11시 至 상오 1시	甲子	丙子	戊子	庚子	壬子
自 상오 1시 至 상오 3시	乙丑	丁丑	己丑	辛丑	癸丑
自 상오 3시 至 상오 5시	丙寅	戊寅	庚寅	壬寅	甲寅
自 상오 5시 至 상오 7시	丁卯	己卯	辛卯	癸卯	乙卯
自 상오 7시 至 상오 9시	戊辰	庚辰	壬辰	甲辰	丙辰
自 상오 9시 至 상오 11시	己巳	辛巳	癸巳	乙巳	丁巳
自 상오 11시 至 하오 1시	庚午	壬午	甲午	丙午	戊午
自 하오 1시 至 하오 3시	辛未	癸未	乙未	丁未	己未
自 하오 3시 至 하오 5시	壬申	甲申	丙申	戊申	庚申
自 하오 5시 至 하오 7시	癸酉	乙酉	丁酉	己酉	辛酉
自 하오 7시 至 하오 9시	甲戌	丙戌	戊戌	庚戌	壬戌
自 하오 9시 至 하오 11시	乙亥	丁亥	己亥	辛亥	癸亥

한국성씨 획수일람 (韓國姓氏 劃數一覽)

	성자획수(姓字劃數)		길명배치표(吉名配置表)
2획성	卜	성	2 2 2 2
	丁	명	4 9 14 19
	乃	자	9 4 9 4
3획성	千 弓	성	3 3 3 3 3 3 3
	大 凡	명	3 8 10 13 13 13 18
	于	자	12 5 22 2 8 22 14
4획성	孔 王 卞 天 介 化	성	4 4 4 4 4 4
	元 文 夫 太 水 片	명	9 9 12 13 14 19
	尹 方 公 毛 斤	자	2 12 13 12 11 12
5획성	甘 甲 田 占 皮	성	5 5 5 5 5 5
	玉 白 平 史 永	명	8 8 10 10 10 12
	玄 石 丘 左 包	자	8 16 3 6 14 6
6획성	安 全 朴 牟 伊	성	6 6 6 6
	印 失 西 曲	명	9 10 10 12
	任 吉 米 后	자	9 7 15 23
7획성	李 吳 宋 林 采 泳	성	7 7 7 7 7 7
	延 成 車 辛 君 杜	명	8 8 9 9 10 11
	呂 余 池 判 肖 汝	자	10 16 8 16 6 14
8획성	金 具 林 周 承 奈 昇	성	8 8 8 8 8 8
	寄 卓 采 房 孟 尙 昌	명	7 7 7 8 9 10
	沈 表 明 奉 宗 夜	자	9 10 16 15 7 5

	성자획수(姓字劃數)		길명배치표(吉名配置表)
9획성	姜 南 兪 柳 禹 減	성	9 9 9 9 9 9
	宣 秋 韋 胡 俊 河	명	7 8 8 9 12 12
	段 星 姚 扁 施	자	16 7 8 6 4 20
10획성	桂 高 殷 芮 孫 洪 曺	성	10 10 10 10 10 10
	秦 昔 馬 徐 夏 唐	명	1 8 11 14 14
	邕 晋 眞 袁 剛 柴	자	14 7 14 7 11
11획성	崔 張 康 梁 許 曹 彬 范	성	11 11 11 11 11 11
	魚 國 章 彭 麻 邢 邦 班	명	2 4 10 12 14 14
	扈 庾 堅 異 梅 浪 異	자	4 20 14 12 4 10
12획성	黃 程 閔 智 筍	성	12 12 12
	景 順 森 舜 賈	명	4 4 12
	雲 憑 強 弼	자	9 13 9
13획성	楊 睦 慈 雍	성	13 13 13 13
	頓 路 楚 雷	명	8 8 12 12
	廉 莊 阿	자	8 16 4 12
14획성	趙 裵 碩 愼	성	14 14 14 14
	箕 鳳 端 菊	명	4 10 10 11
	甄 連 榮	자	11 11 15 7
15획성	魯 諸 劉 慶 墨	성	15 15 15 15 15 15
	賴 賓 萬 葉 葛	명	2 3 9 9 9 9
	漢 楔 蔦 董 郭	자	14 14 8 14 16 17

	성자획수(姓字劃數)		길명배치표(吉名配置表)
16획성	盧 錢 龍 謝 彊	성	16 16 16
	燕 陶 陰 陳 陸	명	9 9 13
	都 道 潘 彈	자	7 16 8
17획성	韓 鍾 鞠	성	17 17 17 17
	蔡 蔣 濂	명	8 8 8 8
	鄒 謝	자	7 10 16 6
18획성	魏	성	18 18 18 18 18
		명	7 7 11 14 14
	簡	자	6 16 6 7 15
19획성	鄭	성	19 19 19 19
	龐	명	2 2 12 12
	薛	자	4 14 4 20
20획성	羅	성	20 20 20 20 20 20
	嚴	명	1 3 4 4 4 11
	釋	자	12 12 11 17 13 14
21획성	顧	성	21 21 21 21
		명	2 8 10 12
	藤	자	14 10 14 12
22획성	權	성	22 22 22
	蘇	명	1 1 7
	邊	자	10 16 9

한국성씨 2자 성지부 (韓國姓氏 二字 姓之部)

南　宮(19) 9　10		鮮　于(20) 17　3		獨　孤(25) 17　8		皇　甫(16) 9　7	
성	9　9	성	17　17	성	17　17	성	9　9
성	10　10	성	3　3	성	8　8	성	7　7
명	11	명	12	명	9	명	8　16
자	14	자	11	자	7	자	8

諸　葛(30) 15　15		東　方(12) 8　4		司　空(11) 5　6		西　門(14) 6　8	
성	15　15	성	8　8	성	5　5	성	6　6
성	15　15	성	4　4	성	6　6	성	8　8
명	10	명	12　21	명	10　10	명	10　9
자	15	자	9	자	14	자	15

천간과 지지

- 천간(天干)

甲·乙·丙·丁·戊·己·庚·辛·壬·癸

- 지지(地支)

子·丑·寅·卯·辰·巳·午·未·申·酉·戌·亥

최고의 결혼상대자와 부부 미래운을 알 수 있는 궁합법

결혼부부 궁합

나이별 최고의 결혼상대자와 최악의 결혼상대자, 이미 결혼한 부부들의 미래운 띠별로 찾아보는 결혼 시기에 좋은 나이, 태어난 달로 풀이한 궁합이 좋지 않은 경우, 띠별로 풀이한 결혼에 좋지 않은 달, 띠별로 풀이한 궁합에 좋은 삼합법

납음 오행법(納音五行法)

오행(五行)이한 우주간에 운행하는 금(金), 목(木), 수(水), 화(火), 토(土)의 다섯 가지 원기(元氣)를 뜻한다. 이 오행은 서로 화합이 이뤄지는 오행상생(五行相生)이 있는가 하면 서로 화합이 이뤄지지 않는 오행상극(五行相剋)의 두 가지 이치가 상존한다.

이 두 이치는 전 우주 만물을 지배하며 남녀간의 결혼(궁합)에도 영향을 미쳐, 상생이 만나면 길하고 좋으나 상극이 만나면 불화의 연속이나 파국, 고난 등 좋지 않은 일이 생긴다.

납음은 60갑자(甲子)를 5음(五音)에 분배하여 오행으로 나타낸 것이다. 같은 물이라도 태어난 해에 따라서 자기의 사주(年柱)를 나타내는 오행납음은 달라진다.

오행으로 풀이하는 상생(相生)오행과 상극(相剋)오행

· 상생오행

금(金)은 물(水)을 강하고 깨끗하게 하면서 살리므로 상생한다.
물(水)은 나무(木)를 자라게 하면서 살리므로 상생(相生)한다.
나무(木)는 불(火)를 꺼지지 않게 피우면서 살리므로 상생한다.
불(火)은 흙(土)을 뜨겁게 하면서 지열(地熱)을 일으키므로 상생한다.
흙(土)은 금(金)을 오랫동안 보존하면서 강하게 만들므로 상생으로 풀이한다.

· 상극오행

금(金)은 나무(木)를 자라지 못하게 하므로 상극이다.

나무(木)는 흙(土)의 영양을 먹고 황폐화시키므로 상극이다.
흙(土)은 물(水)을 먹고 마르게 하면서 이기므로 상극이다.
물(水)은 불(火)을 피어나지 못하게 하고 이기므로 상극이다.
불(火)은 금(金)을 녹여서 이기므로 상극으로 풀이한다.

그러나 여름(火)에도 시원한 물이 꼭 필요하며 추운 겨울에도 따스한 불(火)이 필요하듯 오행상극 중에도 오히려 상생(相生), 상합(相合)을 유발하는 오행법이 있다.

예를 들면 사중금(砂中金)은 불(火)를 만나므로 상합(相合), 상생(相生)하며, 산하화(山下火)는 물(水)을 얻어야 오히려 살아나면서 상생(相生)한다. 평지목(平地木)은 금(金)을 만나야 비로소 활기를 찾아 상생하고, 천하수(天下水)는 육지나 흙을 만나야 생기를 찾게되니 상생하며 대역토(大驛土)는 나무가 없이는 구실을 못하고 생기를 잃게 되므로 나무를 상생으로 풀이한다.

※조건표(1)로 자기 나이(띠)에 속한 납음오행을 알아볼 수 있으며, 조견표(2)로 자기와 상생되는 납음오행과 상극되는 납음오행을 찾아볼 수 있다.

나이별(띠별)납음오행

조견표(1)

나 이	띠	출생년(年柱)	납음오행	뜻 풀 이
1971 29세 1970 30세	돼지 개	신해생(辛亥生) 경술생(庚戌生)	차천금 (釵釧金)	부인용 비녀, 팔지, 귀고리, 장식용 금
1969 31세 1968 32세	닭 원숭이	기유생(己酉生) 무신생(戊申生)	대역토 (大驛土)	정류장, 말이 쉬는 넓고 큰터의 땅
1967 33세 1966 34세	양 말	정미생(丁未生) 병오생(丙午生)	천하수 (天河水)	하늘의 은하수, 대천의 물
1965 35세 1964 36세	뱀 용	을사생(乙巳生) 갑진생(甲辰生)	복등화 (覆燈火)	꺼진불을 다시 밝히는 등잔불, 큰놀이터, 땅
1963 37세 1962 38세	토끼 범	계묘생(癸卯生) 임인생(壬寅生)	금박금 (金箔金)	옷이나 물건에 금박입히는 금
1961 39세 1960 40세	소 쥐	신축생(辛丑生) 경자생(庚子生)	벽상토 (壁上土)	집짓는 흙, 담이나 벽에 바르는 흙
1959 41세 1958 42세	돼지 개	을해생(乙亥生) 무술생(戊戌生)	평지목 (平地木)	굴절없는 평탄하고 고른땅에 심은 나무
1957 43세 1956 44세	닭 원숭이	정유생(丁酉生) 병신생(丙申生)	상하화 (上下火)	산 아래 있는 불, 논두렁의 불
1955 45세 1954 46세	양 말	을미생(乙未生) 갑오생(甲午生)	사중금 (沙中金)	강이나 냇물의 모래속에 있는 금

1953 47세 1952 48세	뱀 용	계사생(癸巳生) 임진생(壬辰生)	장류수 (長流水)	쉼없이 항시 흘러가는 물, 긴 강
1951 49세 1950 50세	토끼 범	신묘생(辛卯生) 경인생(庚寅生)	송백목 (松柏木)	절개있는 소나무와 잣나무
1949 51세 1948 52세	소 쥐	기축생(己丑生) 무자생(戊子生)	벽력화 (霹靂化)	우주의 불, 하늘의 벼락의 불
1947 53세 1946 54세	돼지 개	정해생(丁亥生) 병술생(丙戌生)	옥상토 (屋上土)	천장이나 지붕의 흙
1945 55세 1944 56세	닭 원숭이	을유생(乙酉生) 갑신생(甲申生)	천중수 (泉中水)	샘속에서 솟아나는 흐르지 않는 샘속의 물

차천금(釵釧金)에 속한 신해생(1971)과 경술생(1970) 여성

대역토[기유생(1969), 무신생(1968)], 천하수[정미생차(1967), 병오생(1966)]의 배우자를 만날 경우 결혼 초기부터 성공을 향해 전진하는 승승장구의, 40대 초반까지는 쉼없이 발전이 예상되는 아주 좋은 궁합, 기술자나 사업가의 경우 젖과 꿀이 흐르는 가나안 낙원의 주인처럼, 실패나 좌절이 없이 뻗어날, 시종일관 고난이나 파란이 없는 행운의 연속이 보장될 듯. 관직계통에 종사하는 배우자는 40대 후반이면 일인지하, 만인지상의 격조 높은 지위까지 승승장구의 출세가도를 달리게 될 듯. 귀부인의 운세도 보장되는 다이아몬드 궁합.

벽상토의 신축생(1961)과 경자생(1960)의 남성의 경우도 결혼 초기부터 10년간 한 장 벽돌을 쌓아 만리장성을 쌓듯 행복의 성을 쌓아 올리는 노력만 수반된다면 대기만성의 행운을 갖게 될듯. 자식의 다복함이 특징이나, 일확천금이나 벼락출세는 금물. 오히려 후유증이나 부작용이 따를까 걱정. 은행나무 마주보면서 열매 맺듯 부부간에 성격이나 성관계, 불만은 전혀없는 이상형 궁합.

금박금의 계묘생(1963)과 임인생(1964)의 남성과의 결혼은 납음오행 금(金)과 금(金)의 상충이나 삼합법(三合法)이 좋아서 권하고 싶은 궁합이며, 고난이나 파란없이 크게 풍족치는 못하나 부족함 없는 사랑이 함께 하는 A급 궁합.

복등화의 을사생(1965)이나 갑진생(1964)의 남성은 선도 보지말고 연애 중일 때는 일생의 안전을 위하여 단호하게 절교나 절연하고, 친구로서의(이성간) 사귐도 조심이 요구되는 극흉의 궁합. 사별, 이별, 별리, 파란 등 오직 천명을 기다리는 입장으로 살아가게 될 듯. 결혼 초기부터(혹은 5년 이후) 불어닥치는 폭풍 속에서 크게 방황하는 결혼만은 피해야 되는 저질궁합.

대역토(大驛土)에 속한 기유생(1969)과 무신생(1968) 여성

복등화[을사생(1965), 갑진생(1964)]의 남성이나 벽상토[신축생(1961), 경자생(1960)]의 배우자를 만나면 결혼 초기부터 땅속의 금이 솟아나듯 묻혀있던 가치 발견으로 축재운이 좋으며, 풀잎 위의 아침 이슬이 햇빛에 반짝이듯 고결하고 지성적인 매력을 만끽하는 부부금실 유지될 듯. 관직계 종사자는 내조의 힘입어 욱일승천 빠른 출세가도 달릴 전망있고, 귀자 출산 암시 있으므로 일찍 출산함이 좋을 듯. 말년까지 부침(浮沈)없이 평온 유지할 듯.

산하화 [정유생(1957), 병신생(1956)]나 평지목[기해생(1959), 무술생(1958)]의 남성과는 결혼 초기에는 모든 것이 슬로우 템포이나 30대 후반 이후 명성과 실리를 함께 할 궁합. 아이는 일찍 갖는게 유익하며 별거나 이별을 실감 못하는 잉꼬형 부부. 아쉬운 게 있다면 직업상 가끔 공방이 있는게 흠. 형제가 많거나 꼭 부모를 모시게 되는 가정은 피하는 게 좋을 듯.

금박금[계묘생(1963), 임인생(1962)]의 남성과는 극히 사랑하는 사이가 아니면 결혼을 피하는 게 좋을 듯. 서로의 사랑에는 변함이 없으며 건강이나 자식운도 극히 좋으나 주위환경으로 인한(시가집, 형제 등) 갈등으로 결혼 후 5년 사이에 심한 후유증이 따를 암시. '네가 스스로 변하라. 그러면 운명도 변할 것이다'라는 말을 명심하면 무난히 고비 넘길 듯.

천하수[정미생(1967), 병오생(1966)]의 남성과는 선도 보지 않는게 현명하며, 만약 결혼이 성사되면 3년~5년 사이에 별거 혹은 이별의 암시 있으므로 인내로 참는게 상책. 사별은 없으나, 아들을 갖지 못할 경우도 있으며 말년에는 고독도 예견된다. 재운은 발전없는 답보상태에서 맴돌게 될 듯. 항시 미묘한 성격대립으로 가정은 불꺼진 항구.

나이로 찾아보는 궁합에 좋고 나쁜 납음 오행법

조견표(2)

출생년 (年柱)	띠	나이	납음 오행	相生 相合 상생 상합 大吉 납음오행 대길	半吉 半凶 반길 반흉 平凡 납음오행 평범	相沖 相剋 상충 상극 不合 납음오행
을묘생 (乙卯生) 갑인생 (甲寅生)	토끼띠 범띠	1975 1974	大溪水 대계수	釵釧金 차천금 桑子木 상자목	平地木 평지목 大驛土 대역토	山下火 산하화 覆燈火 복등화
계축생 (癸丑生) 임자생 (壬子生)	소띠 쥐띠	1973 1972	桑子木 상자목	長流水 장유수 天河水 천하수	大驛土 대역토 屋上土 옥상토	沙中金 사중금 海中金 해중금

신해생 (辛亥生) 경술생 (庚戌生)	돼지 개	1971 1970	釵釧金 차천금	大驛土 天河水 대역토 천하수 壁上土 벽상토	金箔金 沙中金 금박금 사중금	覆燈火 平地木 복등화 평지목
기유생 (己酉生) 무신생 (戊申生)	닭 원숭이	1969 1968	大驛土 대역토	覆燈火 壁上土 복등화 벽상토 山下火 平地木 산하화 평지목	金箔金 금박금	天河水 천하수
정미생 (丁未生) 병오생 (丙午生)	양 말	1967 1966	天河水 천하수	金箔金 平地木 금박금 평지목 大驛土 대역토	大驛土 沙中金 대역토 사중금	覆燈火 山下火 복등화 산하화
을사생 (乙巳生) 갑진생 (甲辰生)	뱀 용	1965 1964	覆燈火 복등화	壁上土 大驛土 벽상토 대역토	平地木 山下火 평지목 산하화	天河水 金箔金 천하수 금박금 沙中金 사중금
계묘생 (癸卯生) 임인생 (壬寅生)	토끼 범	1963 1962	金箔金 금박금	長流水 壁上土 장류수 벽상토	平地木 沙中金 평지목 사중금	覆燈火 山下火 복등화 산하화
신축생 (辛丑生) 경자생 (庚子生)	소 쥐	1961 1960	壁上土 벽상토	覆燈火 山下火 복등화 산하화	金箔金 沙中金 금박금 사중금 長流水 장류수	平地木 松柏木 평지목 송백목
을해생 (乙亥生) 무술생 (戊戌生)	돼지 개	1959 1958	平地木 평지목	山下火 金箔金 산하화 금박금 松柏木 霹靂火 송백목 벽력화	沙中金 長流水 사중금 장류수	壁上上 벽상토
정유생 (丁酉生) 병신생 (丙申生)	닭 원숭이	1957 1956	山下火 산하화	平地木 屋上土 평지목 옥상토 壁上土 長流水 벽상토 장류수	松柏木 霹靂火 송백목 벽력화	沙中金 사중금
을미생 (乙未生) 갑오생 (甲午生)	양 말	1954 1955	沙中金 사중금	屋上土 泉中水 옥상토 천중수 長流水 霹靂火 장류수 벽력화	平地木 松柏木 평지목 송백목	山下水 산하수
계사생 (癸巳生) 임진생 (壬辰生)	뱀 용	36 37	長流水 장류수	松柏木 泉中水 송백목 천중수	霹靂火 벽력화	沙中金 屋上土 사중금 옥상토
신묘생 (辛卯生) 경인생 (庚寅生)	토끼 범	38 39	松柏木 송백목	霹靂火 長流水 벽력화 장류수	屋上土 泉中水 옥상토 천중수	白蠟金 백랍금
기축생 (己丑生) 무자생 (戊子生)	소 쥐	40 41	霹靂化 벽력화	松柏木 屋上土 송백목 옥상토	泉中水 천중수	澗下水 간하수
정해생 (丁亥生) 병술생 (丙戌生)	돼지 개	42 43	屋上土 옥상토	山下火 산하화	楊柳木 白臘金 장류목 백랍금	泉中水 澗下水 천중수 간하수
을유생 (乙酉生) 갑신생 (甲申生)	닭 원숭이	44 45	泉中水 천중수	楊柳木 澗下水 양류목 간하수		霹靂火 屋上土 벽력화 옥상토 城頭土 山頭火 성두토 산두화

천하수(天河水)에 속한 정미생(1967) · 병오생(1966) 여성

금박금[계묘생(1963), 임인생(1962)], 평지목[기해생(1959), 무술생(1958)]의 남성과 결혼하면 대기만성의 궁합으로 소나무 뒤에 무지개 보듯 늦게야 발전할 운세이다. 전문직업인(의사, 과학자, 엔지니어 등)을 만나면 실리와 명성과 명예를 함께 갖게 될 최고의 커플이 될 듯. 해외여행 만끽할 징조도 엿보이고, 무에서 유를 창조할 발전과 결실이 늦게까지 따를 듯하다. 혹 결혼 초기에 발전과 미래의 성공을 위한 공방이나 이별 아닌 별거의 기회가 있을 듯하다. 시가집 운이 좋은 게 특이하며 슬하에 자녀도 다복하게 두게 될 듯하다. 결혼 초기 5~8년 사이에는 인내가 필요하고, 기다림에 지치면 만사 휴의한다.

대역토[기유생(1969), 무신생(1958)]나 사중금[을미생(1955), 갑오생(1954)]의 남성을 만나게 되면 결혼성사까지의 과정에서 약간의 잡음이나 차질이 속출하겠고, 부모들의 유산이나 형제친척의 도움도 많겠다. 결혼 초기에 성격이나 성적불만이 예견되나 말년까지 충만한 재력으로 불편없이 살 수 있는 좋은 궁합이다. 슬하에 자녀가 흔치 않는 게 흠이다. 타성에 빠지지 않고 시야만 넓혀나가면 백년해로하며 풍족하게 살아갈 듯하다.

복등하[을사생(1956), 갑진생(1964)], 산하화[정유생(1957), 병신생(1956)]의 남성과는 결혼 후 3년만 지나면 배우자 서로가 권태로움에 지쳐 가출이 예견되는 극히 상극 중 상극의 궁합. 출세의 지연으로 갈등 생기며 금전고난의 연속으로 항시 불만 불평의 악순환 되풀이 될 듯하다. 40대 후반에 이별이나 혹은 사별의 암시도 있으며, 술, 도박, 여난 등 가정파탄의 삼대요소가 고루 내포되어 있는 극히 피해야 될 나쁜 궁합의 표본이다. 50대 이후 고독이 최고 절정을 이루어 정신질환, 자살 등의 암시도 내포하는 극히 피해야 될 궁합이다.

복등화(覆燈火)에 속한 을사생(1965)과 갑진생(1964) 여성

벽상토[신축생(1961), 경자생(1960)]와 대역토[기유생(1969), 무신생(1968)]의 배우자를 만나면 안성마춤의 표본적 케이스, 서로 상부상조가 원활하며 관직종사자(법관, 군인, 정치인)나 대학교수, 문인, 언론인을 만나면 명성과 명예를 함께 얻는 귀부인의 품위가 유지된다. 사업가를 만나면 40대 후반에는 기름진 땅에 오곡자라듯 갑부의 경지까지 이를 듯하다. 술하에 자녀가 다복하고 고속도로를 달리는 무스탕처럼 막힘없이 뻗어날 럭키운세이다. 가끔 성격상 갈등 예상되나, 인격과 재력으로 커버되는 백년해로의 궁합이다.

평지목[기해생(1959), 무술생(1958)], 산하화[정유생(1957), 병신생(1956)]의 남성과는 결혼 후 5년까지는 매우 좋으나 그 후부터는 허망한 세월이 다가올 듯하다. '인내심이 없으면 그만큼 삶을 잃게된다'는 사실을 명심하고 40대 초반까지 열심히 뛰어야 인생의 승리는 당신들의 것이 될 듯하다. 사별이나 이별 등 극한 상황 발생은 없으나 가끔 좌절로 힘겨운 고비가 많을 듯하다. 50대부터는 재력이나 부부애정에 이상적 화합이 이뤄질 궁합이나, 부부 공히 일복 많고 항시 주위를 도와야 될 환경으로 부담스러워질 운세이다. 말년에는 우래의 힘을 발휘하듯 건강과 장수를 함께 누리게 될 듯하다.

천하수[정미생(1967), 병오생(1966)] 금박금[계묘생(1963), 임인생(1962)] 사중금[을미생(1955), 갑오생(1954)]의 남성과는 현재 교제 중일 때는 결혼만은 재고함이 좋을 듯하나 부득이 사랑으로 결혼할 때는 외동아들이나 장남은 피함이 현명할 듯하다. 근면함과 노력으로 의식주에 큰 걱정은 없으나 언제나 풍족함은 없이 힘겹게 살아가는 집시처럼 쉼없는 노력의 연속이 삶의 주춧돌 구실할 듯하다. 닭의 머리가 되려하지 말고 소의 꼬리로 만족해야 될 운세이다.

금박금(金箔金)에 속한 계묘생(1963)과 임인생(1962) 여성

벽상토[신축생(1961), 경자생(1960)], 장류수[계사생(1953), 임인생(1952)]의 남성과 결혼할 땐 연애나 교제, 약혼기간을 오래두는 것은 절대금물이다. 마음의 결정이 되면 속전속결로서 결혼하고, 빨리 애기를 낳아야 이별이나 별거의 고비 면할 듯하다. 오행은 상생(相生)하나 뿌리가 약한 게 흠이므로 결혼이나 자식으로 뿌리삼아야 후환 없을 듯하다. 결혼전 정조 잃으면 크게 낭패당할 일이 속출할 암시있으며, 결혼 후 5년만 지나면 고달프고 초조했던 고난의 수렁을 벗어나 행복의 보금자리로 들어서는 궁합이다. 재운과 저녀운세에 서광비치며 말년에는 건강+재력+자녀의 삼위일체를 함께 만끽하는 대기만성의 궁합이다.

평지목[기해생(1959), 무술생(1958)]이나 사중금[을미생(1955),갑오생(1954)]에 속한 남성과의 결합은 일생동안 무미건조하게 큰 영광이나 큰 환란 없이 평탄하나 늦게까지 쉼없는 활동으로 고달픈 나날의 연속이 예상되는 궁합이다. 성직자나 교육자를 만나면 무난할 듯하다. 화려한 성격의 소유자나 욕심이나 의욕이 강한 여성은 결혼하면 큰 후회가 생기고, 슬하에 자식이 귀한 게 흠이며, 부부의 금실은 개가 소보듯 할듯하다. 사업가나 기술자를 만나면 일생동안 부침(浮沈) 없는 평탄한 가정을 이룰 듯하다.

복등화[을사생(1965), 갑진생(1964)]나 산하화[정유생(1957), 병신생(1956)]의 남성과는 결혼 초야부터 헤어지는 날까지 계속되는 불화(不和)로 정신질환을 유발할 암시 있으며, 성격과 성적인 심한 불만으로 배우자 서로간에 부정이 예견된다. 사회활동이나 재산관계에 부침(浮沈)이 심하며 안정된 가정을 유지하기 힘들 듯하다. 결혼 후 9년~11년 넘기기 힘들며, 가정파탄, 재산탕진의 이중창이 될 극히 나쁜 궁합이다. 약혼이나 결혼 즉시 파혼이나 이혼이 예견되는 궁합운세이다.

벽상토(壁上土)에 속한 신축생(1961)과 경자생(1960) 여성

산하화[정유생(1957), 병신생(1956)]의 남성과 결합하면 고기가 물을 만나고 용이 여의주를 얻는 특별한 행운이 안겨지는 해피한 궁합이다. 명예+출세가 앙상불을 이루며 일생 금전에 구애받지 않는 성공의 연속이다. 춘향이 이도령을 만나듯 사랑의 황홀함을 만끽한다. 슬하가 번창하고 특히 자식궁에 큰 경사가 예상되며 말년에는 행복의 씨앗을 옥토에 뿌릴 듯하다. 현재 교재 중이거나 혼담이 오가는 처지라면 외아들이든 장남이든 구애받지 말고 행복의 성에 입성함이 행운 잡는 지름길이다. 단, 키가 크거나 몸이 비대하면 신액에 약하고 혹 장수하지 못하는 암시가 있는 게 흠이다.

금박금[계묘생(1963), 임진생(1962)] 사중금[을미생(1955), 갑오생(1954)], 장류수[계사생(1953), 임진생(1952)]의 남성의 경우 결혼성사 전부터 스케줄의 차질과 혼수나 지참금 등 문제로 신부의 속을 상하게 한다. 종갓집이나 맏이, 외동아들은 피하는 것이 좋고, 여성도 배우자와 같이 직장이나 사업에 종사할 마음의 준비가 필요할 듯하다. 40대 초반까지는 애로가 많으며, 일복이 많은 것이 특징이라고 할 수 있다.

평지목[기해생(1959), 무술생(1958)]이나 송백목[신묘생(1951), 경인생(1950)]의 남성과 결합할 경우, 슬하에 자식을 두지 못할 수도 있어 양자나 양녀 입양도 예견된다. 죽순자라 대나무되듯 착실하고 알뜰하게 살아가면 의식주 걱정없이 차츰 발전 예견되나 축재운의 약함이 흠이다.

송백목[신묘생(1951), 경인생(1950)]남성의 경우 의처증이나 술, 도박 등으로 속썩일 암시 있으며, 구타나 행패 등으로 부인의 가출도 예견되는 상충, 상극의 궁합이다. 30대 초반에 별거나 이혼 등은 그래도 좋으나, 40대 후반에서의 별거나 이혼 등의 암시가 강하게 작용하는 궁합이기 때문에 절대불가이다.

평지목(平地木)에 속한 기해생(1959)과 무술생(1958) 여성

산하화[정유생(1957), 병신생(1956)]나 송백목[신묘생(1951), 경인생(1950)]에 속한 배우자는 특A. 벽력화[기축생(1949), 무자생(1948)]의 남성은 A. 결혼 후 일생동안 이별이나 별거, 공방 등의 단어는 잊고 살아갈 애정 부부이다. 행운을 몰고 오는 별들이 머리위를 지나면서 사랑과 돈에 축복을 뿌려줄 운세이므로 가화만사성의 표본적 궁합이다. 가정과 자손이 번창하며 특히 송백목[신묘생(1951), 경인생(1950)]의 남성을 만나는 경우, 공직종사자는 일인지하 만인지상의 귀부인 영광 누리겠고, 사업가나 기술자를 만나면 40대 초반에 재벌 경지에 들 수 있는 돈과 명예를 함께 갖는 궁합이다.

사중금[을미생(1955), 갑오생(1954)]에 속한 남성을 택할 경우는 늦게야 성취되는 대기만성형이나 무난한 결혼생활과 모나지 않는 애정, 부족함 없는 재력으로 평탄할 결혼생활 유지할 듯하다. 그러나 장류수[계사생(1953), 임진생(1952)]에 속한 남성의 경우, 오행은 상생하나, 말년에 부부나 자식관계로 고난이나 갈등이 예견된다. 심한 부부갈등으로 집안에 우환이 가끔 찾아들 듯하다. 사업가의 배우자라면 결혼해 봄직할 듯하고, 예술인이나 정신노동자는 피하는 게 상책이다.

옥상토[정해생(1947), 병술생(1946)]에 속한 남성의 경우 납음오행으로는 불합이나 상생작용이 따르는 궁합으로 건강만 확실하면 배우자감으로는 손색없는 편. 비만형이나 혈압이 높은 상대는 하지 않는 것이 좋다. 사회에서나 가정에서는 모범적인 존경받는 가장형이다.

띠별로 풀이한 결혼에 좋지 않은 달

띠별	쥐띠	소	범	토끼	용	뱀	말	양	원숭이	닭	개	돼지
불길	1월	4월	7월	12월	4월	5월	8월	6월	6월	8월	12월	7월
반길	2월	2월	9월	11월	10월	1월	12월	7월	7월	1월	4월	8월

나이(띠별)로 풀이한 궁합의 좋은 띠, 나쁜 띠

나이	띠(출생년)	궁합에 좋은 띠	궁합에 나쁜 띠
29세	돼지	토끼, 양	쥐, 뱀, 용
30세	개	말, 뱀	용, 원숭이, 뱀
31세	닭	뱀, 소	범, 원숭이, 토끼
32세	원숭이	용, 쥐, 뱀	닭, 범, 토끼
33세	양	토끼, 돼지	원숭이, 쥐, 소, 닭
34세	말	개, 범	쥐, 용
35세	뱀	용, 소, 닭	돼지, 개, 범
36세	용	쥐, 원숭이, 뱀	범, 개, 돼지
37세	토끼	돼지, 개, 양	원숭이, 닭
38세	범	개, 말, 양	닭, 원숭이
39세	소	닭, 개, 뱀	토끼, 양, 말

40세	쥐	원숭이, 용	양, 돼지, 말
41세	돼지	개, 양, 토끼, 범	뱀, 용
42세	개	말, 범, 소, 토끼	용, 뱀
43세	닭	소, 뱀, 용, 쥐	토끼, 범
44세	원숭이	쥐, 용	범, 토끼
45세	양	돼지, 개, 토끼	쥐, 소
46세	말	범, 양, 개	소, 용, 쥐
47세	뱀	소, 닭	개, 돼지
48세	용	용, 원숭이, 쥐	말, 개, 돼지
49세	토끼	돼지, 양	쥐, 원숭이, 닭
50세	범	돼지, 개, 양, 말	뱀, 토끼, 닭, 원숭이
51세	소	뱀, 닭, 쥐, 개	말, 양
52세	쥐	소, 쥐, 원숭이, 용	토끼, 양, 돼지, 말
53세	돼지	토끼, 돼지, 양	뱀, 용
54세	개	말, 돼지, 토끼, 범	원숭이, 용, 뱀
55세	닭	소, 뱀	원숭이, 토끼
56세	원숭이	뱀, 원숭이 용, 쥐	범, 원숭이, 닭, 토끼
57세	양	돼지, 개, 토끼, 양	말, 쥐, 소

띠별로 풀이한 궁합에 좋지 않은 살 가리는 법

살 \ 띠	쥐(子)	소(丑)	범(寅)	토끼(卯)	용(辰)	뱀(巳)	말(午)	양(未)	원숭이(申)	닭(酉)	개(戌)	돼지(亥)
원진살	양	말	닭	원숭이	돼지	개	소	쥐	토끼	범	뱀	용
상충살	말	소	원숭이	닭	개		쥐	소	범	토끼	용	뱀
삼형살			뱀	쥐	말	범						
홍 살	돼지,토끼	토끼		소		돼지	용		닭	원숭이		쥐

※궁합에서는 결혼을 금하는 경우가 있다. 특히 살이 들었을 때는 제일 나쁜 궁합으로 풀이한다.
살의 종류는 원진살, 상충살, 삼형살, 자형살(홍살)등 4가지로 구분한다.

산하화(山下火)에 속한 정유생(1957)과 병신생(1956) 여성

장류수[계사생(1953), 임진생(1952)]에 속한 배우자감은 특A.

옥상토[정해생(1947), 병술생(1946)]와 평지목[기해생(1959), 무술생(1958)]에 속한 신랑감은 A급. 특히 장류수[계사생(1953), 임진생(1952)]에 속한 배우자는 오행상 화(火) 수(水)는 상극이나 상극(相剋) 중 상생법(相生法)으로 금빛 찬란한 황금동산의 새로운 낙원을 찾아 순풍에 돛을 올려 항구를 떠나는 배와 같은 운세이다.

옥상토나 평지목의 남성과 결혼할 경우도 자손번창이나 재산축적에 기본운세가 유지되며, 관직계통에 종사하는 배우자 만날 때는 30대 초반기에 사모님 호칭 듣고 40대 후반에는 귀부인 칭호를 듣게 될 징조이며 독창성과 개척성 있는 업종의 종사자는 중단없는 발전과 명성을 함께 얻게 될 최고의 배우자감이다.

벽력화[기축생(1949), 무자생(1948)]에 속한 남성은 오행상은 화(火) 화(火) 상극이나 납음상 특이한 상생작용으로 부부화합과 자손번창으로 부부 의기투합, 손발이 척척 맞아들어 순탄하게 말년까지 뻗어날 좋은 배우자감으로 손색이 없다.

사중금[을미생(1955), 갑오생(1954)]의 남성을 배우자로 선택할 경우 항시 가정의 질병과 금전고통의 후유증으로 성격불화 등 가정생활을 영위함에 장애요소가 무덤에까지 따를 듯하다. 태풍이 심한 망망한 바다에서 표류하는 선장처럼 인내심으로 극복하면 50대 후반에는 약간의 호전 예상되나 결혼만은 피해야 될 상대이다.

떠별로 풀이한 궁합에 좋지 않은 살 가리는 법

합별(合別) ＼ 띠별	쥐(子)	소(丑)	범(寅)	토끼(卯)	용(辰)	뱀(巳)	말(午)	양(未)	원숭이(申)	닭(酉)	개(戌)	돼지(亥)
가장 좋은 궁합(相生相合)	용	뱀	말	돼지	원숭이	닭	범	돼지	쥐	뱀	범	토끼
좋은 궁합(相生相吉)	원숭이	닭	개	양	쥐	소	개	토끼	용	소	말	양
보통 궁합(相合)	소	쥐	돼지	개	닭	원숭이	양	개(말)	뱀	용	토끼	범

※겉궁합(나이, 띠)으로 풀이한 궁합에 좋은 띠 세가지(相生相合, 相生相吉, 相合) 출생한 달이나 해(년주, 납음오행)따라 나쁠 수도 있다.

사중금(沙中金)에 속한 을미생(1955)과 갑오생(1954) 여성

여성 자체가 유연하면서도 강한 성격을 내포하고 있으므로 이해심이 깊으며 염치를 알고 결백성이 있는 남성이 배우자감으로 적격이다.

옥상토[정해생(1947), 병술생(1946)], 천중수[을유생(1945), 갑신생(1944)], 장류수[계사생(1953), 임진생(1952)]에 속한 남성과의 결합은 극히 이상적이며, 빨간 장미꽃처럼 정열이 넘치는 부부사랑에 검은 구름 헤치고 눈부신 태양이 떠오르듯 빛나는 명성과 재운이 쉼없이 찾아드는 해피와 럭키를 함께 만끽할 최고의 한쌍이될 듯하다. 특히 성적이나 정서적으로 만족한 생활의 연속이 예견되며 말년까지 부부사랑 만끽할 특A급 메가톤 궁합이다.

벽력화[기축생(1949), 무자생(1948), 송백목[신묘생(1951), 경인생(1950)의 배우자도 특별한 출세나 과욕을 부리지 않는 여성이라면 남편감으로서는 손색없는 일생의 동반자가 될 듯하다. 사별이나 별거, 남편의 바람기 등으로 신경쓸 일 없으며 사업가는 부침없는 평탄한 발전이 예상되고 공직자의 남성일 경우, 특별한 위치에는 못미치나 좌절없이 무난한 공직생활에 몰입하게 될 듯하다. 말년이 풍족하나 슬하에 자식을 빨리 갖지 않으면 혹 고독이 수반됨을 암시한다.

산하화[정유생(1957), 병신생(1956)]의 남성과의 결혼에는 처음부터 배우자의 가정환경이나 성장과정, 지병 등 상세한 부분까지 세밀한 조사과정 거쳐야 큰 낭패나 불행 막는 지름길될 듯하다. 교직이나 의사, 약사 등 안정직 종사자 이외의 남성과는 결혼은 피하는 것이 행운을 잡는 첩경. 40대 후반에 이혼이나, 50대 초반에 사별 등이 예견되며, 사업가는 계속되는 실패와 후유증으로 항시 불만과 불평의 연속이 계속될 상극, 상충의 궁합이다.

장류수(長流水)에 속한 계사생(1953)과 임진생(1952) 여성

송백목[신묘생(1951), 경인생(1950)]이나 천중수[을유생(1945), 갑신생(1944)]의 남성을 배우자로 맞을 경우, 일생동안 정년없이 말년까지 행복과 행운과 사랑이 함께 할 최고의 결혼상대. 생명과 사랑의 여신이 당신에게 무한한 축복을 주는 최고의 궁합이라 사랑과 금전면에서 최고의 행복을 맛볼 듯하다. 출발부터 치열한 경쟁에서 승리 예견되며 결혼 전 전혀 부작용이나 후유증은 없을 듯하다. 상대의 현재를 보지 말고 미래지향을 신조로 삼고 외동이든, 장남이든, 가난하든 현재의 악조건 물문에 붙이고 일단은 밀어붙여 결혼할 것이다. 결혼 후 5년부터 자기의 현명성에 만족하게 될 듯하다.

벽력화[기축생(1949), 무자생(1948)]의 남성이라도 저축심이 있어 보이고 절약근검하며, 끈기와 인내심이 있는 남성이라면 일단은 합격권에 들 듯하다. 결혼초기부터 생활의 풍요로움이 아쉬우며, 40대 후반에 혹 실직이나, 실패가 예견되므로 사전준비가 완벽할 때는 무난한 궁합으로 풀이된다. 사별, 별거, 이혼 등은 없으며 부부애정이나 건강면에서도 부족함은 없다. 말년이 융성하고 사랑이 함께 하는 궁합이다.

옥상토[정해생(1947), 병술생(1946)]와 사중금[을미생(1955), 갑오생(1954)]에 속한 남성은 배우자감으로는 일단은 유보함이 상책일 듯하다. 슬하에 자녀운세가 빈곤하고 성격이나 성적 불만으로 항시 트러블이 끊이지 않고 연속되며 배우자 서로간의 불신으로 말년까지 진실한 사랑이나 애정결핍 환자가 되기 십상, 기왕 사랑하는 사이라면 '지혜가 깊을수록 그 모가 드러나지 않는다'는 격언 명심하고 인내와 지혜와 신앙심으로 위기극복함이 좋을 듯하다.

송백목(松柏木)에 속한 신묘생(1951)과 경인생(1950) 여성

벽력화[기축생(1949)과 무자생(1948)]의 남성이나, 장류수의 한 두살 연하의 계사생(1953), 무자생(1948)의 남성을 배우자로 선택할 경우, 중매일 때는 중매한 분에게 감사드리고, 연애 결혼일 때는 우선 배우자 선택에 안목이 높은 신부에게 경의를 표해도 무방할 특A급 신랑감이다. '불가능이란 내 사전에서 찾아볼 수 없다'는 말을 실감할 정도로 결혼 초기부터 금혼식(金婚式) 지나면서까지 부부해로에 수면장수, 슬하다복에 명성과 재운의 쌍두마차를 쉼없이 타고 가는 승승장구의 궁합니다.

옥상토 정해생(1947), 병술생(1946) 남성이나 천중수의 을유생(1945), 갑신생(1944) 남성을 배우자로 선택할 경우 오행은 상생이나 납음상 반길(半吉)이라 욕심이나 분에 넘치는 탐욕버리고 '자기자신을 이겨내는 것보다 유쾌한 일 없다'는 말을 명심하면서 30대 고비만 넘기면 고진감래 맛보는 시기가 오는 운세이다. 벽돌 쌓듯 착실한 바탕이 행운을 몰고 올 궁합이므로 결혼초부터 10년간만 열심히 인내하고 살게 되면 흔들림없는 안전기반 구축되고 말년까지 이별이나 별거없이 부부사랑 변치않을 듯하다. 인내+10년을 결혼초부터 좌우명으로 삼는다면 행운이 보장되는 궁합이다.

띠별로 찾아보는 결혼식이 좋은 나이(開婚一覽)

쥐, 말, 토끼, 닭			범, 원숭이, 뱀, 돼지			용, 개, 소, 양		
좋은나이 (開 婚)	보통나이 (半 開)	나쁜나이 (閉 婚)	좋은나이 (開 婚)	보통나이 (半 開)	나쁜나이 (閉 婚)	좋은나이 (開 婚)	보통나이 (半 開)	나쁜나이 (閉 婚)
20	21	22	19	20	21	18	19	20
23	24	25	22	23	24	21	22	23
26	27	28	25	26	27	24	25	26
29	30	31	28	29	30	27	28	29
32	33	34	31	32	33	30	31	32

〈 참 고 〉

- 개혼(開婚 · 좋은 나이) : 결혼 3년내에 대체적으로 아들 순산과 결혼후 5년내에 배우자의 승진, 합격, 자격취득 등 경사 속출하고, 사업기반 구축으로 재수대통함. 결혼 5년 내로는 결혼 후유증이나 부작용이 없으며 시댁과의 불화 없는 건강과 행운이 함께하는 결혼의 적기이다.
- 반개(半概 · 보통 나이) : 결혼 직전이나 결혼초기에 가끔의 차질이 생길 암시있으며 결혼 7년까지는 부부생활에 가끔 불만이나 의견대립이 예상된다. 배우자의 사회활동에는 발전이나 성사는 이루어지나 힘겨운 역경이 예견되며 2~4년내로 대체적으로 첫딸 순산이 많고 약간의 산고도 따를 듯하다.
- 폐혼(閉婚 · 나쁜 나이) : 결혼초부터 구설이 분분하며 서로간의 계산착오로 시가나 주위와의 불화도 예상된다. 자녀생산에 애로가 따르겠고, 때론 이혼이나 별거의 암시도 있다. 결혼 6년내로는 부부사이의 불화가 시가집과의 불편관계가 속출하며 심한 경우 3년내 이혼이나 별거하는 예가 허다할 듯 하다.

태어난 달로 풀이한 궁합이 좋지 않은 경우

여자의 출생달	남자의 출생달	특징 풀이
1월생	9월, 6월, 12월생	슬하고독, 공방
2월생	8월생	재산탕진, 별거, 이혼
3월생	5월생	고독, 불화, 이혼, 별거

4월생	6월생	불화, 여난, 고난
5월생	1월생	의견대립, 불만
6월생	12월, 6월, 1월생	애정결핍, 고독
7월생	3월생	정서불안, 성불만
8월생	10월, 2월생	슬하고독, 금전고난
9월생	4월생	가정파괴, 이혼
10월생	11월생	불만, 고난, 별거
11월생	2월생	별거, 사별, 이혼
12월생	7월, 1월, 6월생	성격불화, 인간고역

벽력화(霹靂火)에 속한 기축생(1949) 무자생(1948) 여성

송백목의 신묘생(1951), 경인생(1950)남성이나 옥상토의 정해생(1947), 병술생(1946) 남성을 배우자로 선택할 경우는 우선 결혼전 배우자 될 남성의 건강체크, 신상파악, 가정환경조사 등만 철저를 기한다면 결혼 초기부터 무덤에 이를 때까지 후회나 갈등이 전혀 없는 이상형 궁합이다. 40대 후반에 건강관리 소홀로 활동이나 성관계의 불만이 예견되는 게 흠이나, 사전(결혼전)조사로 해결되며, 결혼초부터 자녀생산에 신경을 쓰면 1남1녀의 다복가정 이룰 듯하다. 재력이나 사회진출은 만족한 단계에 이르겠으나 주위환경(시가집)으로 가끔 본의 아닌 다툼도 예상되는 궁합이다.

천중수의 을유생(1945)이나 갑신생(1944) 남성을 배우자로 할 경우, 납음오행은 상생이나 상충으로 궁합상 좋은 배우자감으로는 약간의 하자있고, 양류목의 계미생(1943)과 임오생(1942)의 남성의 경우도, 서로의 사랑이 확실하고 양가축복의 보장만 있다면 평범하면서도 큰애로 없는 중산층의 표본적 궁합이 될 듯하다. 불의의 만남이나 양가의 축복없는 결혼은 궁합의 반길・반흉으로 백년해로나 행복한 가정생활 지속에는 먹구름 일 듯하다.

간하수의 정축생(1937), 병자생(1936) 남성을 배우자로 선택할 경우는 년령차이도 장애요소가 되겠으나 초혼, 재혼 막론하고 결혼은 피해야 일생 고난에서 헤어날 듯하다. 재력의 안전이나 외형상 사회기반 구축 등에는 별 하자 없으나 성격, 환경의 불만 누적으로 행복한 결혼생활 보장은 전무상태, 큰 사랑으로 맺는 경우를 제외하고는 결혼금기의 궁합이다.

옥상토(屋上土)의 정해생(1947)과 병술생(1946) 여성

성두토의 기묘생(1939)과 무임생(1938)의 남성과 결혼할 경우 결혼직전이나, 결혼 직

후의 잡음만 해소된다면 일생을 부침없이 행운과 함께 백년해로 보장되며, 자녀생산의 부족함에 신경쓰면 애로나 고난없이 관직이나 기업에 종사하는 배우자는 공히 막힘없는 출세 보장되는 궁합이다.

양류목의 계미생(1943)이나 임오생(1940) 역시 납음오행에는 상충이나, 삼합, 년주에 극히 합(合)이 있어 상생함으로 일생파란이나 단절없는 애정생활에 행운잡게 될 듯하다.

백납금의 신사생(1941)과 경진생(1940) 남성이나 간하수의 정축생(1937)과 병자생(1936)의 배우자인 경우 열애 중일 때를 제외하곤 결혼에는 하자가 많은 궁합이므로 결혼에는 신중을 기함이 좋을 듯하다. 밖으로는 가끔의 실패와 단절, 안으로는 재력의 빈곤과 성격불만 등 항시 일비일고(一非一苦)의 연속이 예상되는 싫증과 권태가 연이어 끊임없이 괴롭히는 악연의 궁합이다.

천중수(泉中水)에 속한 을유생(1945)과 갑신생(1944) 여성

양류목의 계미생(1943)과 임오생(1942) 백납금의 신사생(1941)과 경진생(1940) 간하수의 정축생(1937)과 병자생(1936)의 남성 공히 궁합으로 본 배우자감으로서는 손색없는 1등 신랑감. 사회출세의 지속성 운세로 관계 종사자나 사업가, 기술업계 종사자나 학계, 문인(예술인) 공히 좌절없는 출세로서 재력과 명성의 쌍두마차를 끌게 될 듯하다. 뒤를 돌아보지 말고, 묻지도 말고, 망설임 없이 곧장 골인하라. 그러면 당신은 무덤에 이르기까지 사랑과 행운이 떠나지 않으리라.

성두토의 기묘생(1939)과 무인생(1938) 산두화의 을해생(1935)과 갑술생(1934)의 경우는 결혼 성사조차 힘들며, 결혼까지 숱한 인내심이 필요하고 결혼 후도 참고 인내하는 것으로 끝나버리는 허무형 궁합이다. 특별한 인연으로 결혼이 성사될 경우 종교에 귀의하거나 사랑과 믿음으로서만 50대를 맞이해야 된다.

【참 고】

• 원진살(元眞煞)

결혼초기부터 부부가 결합하기 힘든 게 특징이다. 별거나 이별했던 부부가 재결합해도 힘들다. 재결합후에도 성격상 불화나 배우자 간의 불신과 부정이 뒤따를 수 있다. 남성의 경우 여난이 따르며, 여성의 경우 간혹 가정을 버리고 비정상적인 애정에 탐닉, 가출하는 경우도 허다하다.

한 마디로 축재와는 거리가 먼 파란과 고난의 연속이 예견되는 극히 피해야 될 살이다. 30대～40대는 이혼율이 극히 높으며, 출세에 장애요소가 많다. 심약하거나 결벽증세가 있는 여성은 남성으로부터의 애정 결핍으로 신경질환에 걸릴 수도 있다. 납음오행조차 좋지 않을 때는 자식을 두되, 슬하와도 이별이 예견되는 궁합에 극히 나쁜 살이다.

• 상충살(相庶煞)

부부가 결혼초기부터 화합이 이뤄지지 않는 불화의 연속이 예상된다. 특히 성(性)적 결합이나 성격상 불화로 30대 후반에는 별거할 암시도 강하게 작용하는 살이다. 인내심과 각별한 내조없이 가정생활의 지속이 힘들 듯하다. 공직자는 출세가 늦고 재산이 풍족하지 못하니 말년에 대한 대비를 결혼초부터 해야만 할 듯하다.

배우자의 따스한 사랑이나 행복과는 거리가 먼 악순환의 연속이 예상되니 피해야 될 살이다.

• 삼형살(三刑煞)

이 살이 들어있는 부부가 결혼하면 신혼초만 지나서부터 마치 평생을 형벌치루듯 애로와 고난속에서 후회와 갈등으로 지내야 되는 궁합이다.

항상 주위에 고역과 구설이 따라다니며, 힘겨운 생활이 계속된다. 또한 주벽이나 의처증, 폭행 등의 형벌을 받게 될 암시도 내포하고 있는 살이다.

50대 초반까지 의견충돌과 대립으로 가화만사성(家和萬事成)과는 거리가 먼 가정생활이 지속될 듯하다. 특이한 점은 혹 별거는 예상되나 사별이나 이혼 등의 이별은 없이 고생과 짜증 속에서 일생을 마치게 되는 살이므로 극히 피해야 될 듯하다.

• 자형살(自刑煞)

흉(凶)살이라고도 한다. 행복의 먹구름이 오락가락하니 때론 행복하나 때론 불행한 변덕스러운 살이다. 언제 닥쳐올지 모르는 불행의 그림자가 주변을 맴돌고 있어, 초조한 감정에 사로잡혀 살게 된다.

한 때의 출세나 성공도 오래가지 못하며, 가끔 큰 재산도 모으게 되나, 오래 유지하기는 힘들다. 부부간의 애틋한 정이나 가정의 평화를 지속하기는 힘드나 별거, 이혼 등 이별이 없는 게 특이하며, 마음 고생은 심하나 재물의 부족함도 없을 듯하다. 말년에는 안정권에 들어선다.

※위의 네가지 살을 통털어서 궁합에서는 상극(相剋)살로 풀이한다.

[가] 家 宀 7 집 가	佳 人 6 아름다울 가	街 行 6 거리 가	可 口 2 옳을 가	歌 欠 10 노래 가	加 力 2 더할 가
價 人 13 값 가	賈 貝 6 성 가	嫁 女 10 시집갈 가	稼 禾 10 농사 가	駕 馬 5 멍에 가	假 人 9 거짓 가
暇 日 9 겨를 가	嘉 口 11 아름다울 가	架 木 5 시렁 가	伽 人 5 절 가	[각] 各 口 3 각각 각	角 角 0 뿔 각
脚 肉 7 다리 각	閣 門 6 누각 각	恪 心 6 삼갈 각	刻 刀 6 새길 각	覺 見 13 깨달을 각	珏 玉 5 쌍옥 각
殼 殳 8 껍질 각	却 卩 5 물리칠 각	[간] 干 干 0 방패 간	艮 艮 0 괘이름 간	肝 肉 3 간 간	杆 木 3 지레 간
間 門 4 사이 간	看 目 4 볼 간	幹 干 10 줄기 간	玕 玉 3 옥돌 간	竿 竹 3 장대 간	侃 人 6 굳셀 간
姦 女 6 간음할 간	揀 手 9 가릴 간	諫 言 9 간할 간	懇 心 13 간절할 간	墾 土 13 개간할 간	簡 竹 12 편지 간
刊 刀 3 책펴낼 간	[갈] 渴 水 9 목마를 갈	葛 艸 9 칡 갈	[감] 甘 甘 0 달 감	勘 力 9 헤아릴 감	敢 攴 8 감히 감
瞰 目 12 굽어볼 감	減 水 9 덜 감	感 心 9 느낄 감	監 皿 9 볼 감	鑑 金 14 거울 감	堪 土 9 견딜 감
[갑] 甲 田 0 비롯할 갑	鉀 金 5 갑옷 갑	[강] 江 水 3 강 강	崗 山 8 산등성이 강	降 阜 6 내릴 강	姜 女 6 성 강

千字文 1

天地玄黃	宇宙洪荒	日月盈昃	辰宿列張	寒來暑往	秋收冬藏
천 지 현 황	우 주 홍 황	일 월 영 측	진 숙 렬 장	한 래 서 왕	추 수 동 장
☞하늘은 높은곳에 있으므로 그 빛이 검고 땅은 낮은곳에 있어 그 빛이 누르다	☞하늘과 땅 사이는 크고 넓어서 처음과 끝이 없느니라	☞빛이 밝은 태양이 서쪽으로 지나가고, 달이 차면 기운다.	☞별들이 넓은 하늘에 펼쳐 있음을 말한다.	☞추운 겨울이 오면 무더운 여름이 가는 것 같이 사계절이 변한다.	☞가을에 거두어 들인 곡식을 겨울이 되면 저장한다.

岡 山 5 뫼 강	康 广 8 편안할 강	慷 心 11 강개할 강	强 弓 9 강할 강	杠 木 3 깃대 강	剛 刀 8 굳셀 강
堈 土 8 언덕 강	綱 糸 8 벼리 강	鋼 金 8 강철 강	講 言 10 익힐 강	橿 木 13 박달나무 강	彊 弓 13 힘쓸 강
개 价 人 4 클 개	改 攴 3 고칠 개	皆 白 4 모두 개	個 人 8 낱 개	蓋 艸 10 덮을 개	開 門 4 열 개
介 人 2 끼일 개	凱 几 10 개선할 개	愷 心 10 편안할 개	漑 水 11 물댈 개	慨 心 11 슬퍼할 개	槪 木 11 대개 개
객 客 宀 6 손 객	**갱** 坑 土 4 구덩이 갱	更 日 3 다시 갱	**거** 去 厶 3 갈 거	車 車 0 수레 거	巨 工 2 클 거
居 尸 5 살 거	擧 手 14 들 거	距 足 5 떨어질 거	拒 手 5 막을 거	遽 辵 13 갑자기 거	渠 水 9 개천 거
據 手 13 의지할 거	鉅 金 5 클 거	**건** 件 人 4 사건 건	建 廴 6 세울 건	乾 乙 10 하늘 건	鍵 金 9 자물쇠 건
巾 巾 0 수건 건	虔 虍 4 삼갈 건	健 人 9 건강할 건	楗 木 9 빗장 건	**걸** 傑 人 10 준걸 걸	杰 木 4 뛰어날 걸
검 儉 人 13 검소할 검	檢 木 13 검사할 검	劍 刀 13 칼 검	**게** 揭 手 9 높이들 게	憩 心 12 쉴 게	**격** 格 木 6 격식 격
隔 阜 10 사이뜰 격	擊 手 13 칠 격	檄 木 13 격문 격	激 水 13 과격할 격	**견** 見 見 0 볼 견	鵑 鳥 7 두견 견

千字文 2

閏餘成歲	律呂調陽	雲騰致雨	露結爲霜	金生麗水	玉出崑岡
윤 여 성 세	률 려 조 양	운 등 치 우	로 결 위 상	금 생 려 수	옥 출 곤 강
☞일년이 열두달인데 남는 시간이 모여 윤달을 만든다.	☞법은 세상을 고르고 밝게 만든다.	☞수분이 증발하여 구름이 되고 비를 오게 한다.	☞이슬이 모여서 얼면 서리가 되는 기상의 변화	☞금이 중국 여수에서 생산되며 물에서 더욱 빛이 난다.	☞옥은 곤강에서 생산되며 곤강은 중국의 지명이다.

堅 土 8 굳을 견	犬 犬 0 개 견	肩 肉 4 어깨 견	絹 糸 7 비단 견	遣 辵 10 보낼 견	牽 牛 7 끌 견
결 決 水 4 정할 결	潔 水 12 깨끗할 결	結 糸 6 맺을 결	缺 缶 4 이지러질 결	訣 言 4 이별할 결	**겸** 兼 八 8 겸할 겸
鎌 金 10 낫 겸	謙 言 10 겸손할 겸	**경** 京 亠 6 서울 경	景 日 8 볕 경	警 言 13 경계할 경	輕 車 7 가벼울 경
經 糸 7 경서 경	庚 广 5 일곱째천간 경	耕 耒 4 밭갈 경	敬 攴 9 공경할 경	驚 馬 13 놀랄 경	慶 心 11 경사 경
競 立 15 다툴 경	竟 立 6 마침내 경	境 土 11 지경 경	鏡 金 11 거울 경	頃 頁 2 잠깐 경	傾 人 11 기울어질 경
硬 石 7 굳셀 경	梗 木 7 대개 경	徑 彳 7 지름길 경	卿 卩 10 벼슬 경	俓 人 7 지름길 경	倞 人 8 굳셀 경
儆 人 13 경계할 경	勁 力 7 굳셀 경	坰 土 5 들 경	憬 心 12 깨달을 경	擎 手 13 받들 경	暻 日 12 밝을 경
更 曰 3 고칠 경	涇 水 7 통할 경	炅 火 4 빛날 경	璟 玉 12 옥빛 경	瓊 玉 15 아름다운옥 경	耿 耳 4 빛날 경
莖 艸 7 줄기 경	逕 辵 7 좁은길 경	檠 木 13 등잔대 경	熲 頁 6 빛날 경	鯨 魚 8 고래 경	炯 口 4 빛날 경
계 癸 癶 4 열째천간 계	季 子 5 끝 계	界 田 4 지경 계	計 言 2 셈할 계	溪 水 10 시내 계	鷄 鳥 10 닭 계

千字文 3

劍號巨闕	珠稱夜光	果珍李柰	菜重芥薑	海鹹河淡	鱗潛羽翔
검 호 거 궐	주 칭 야 광	과 진 리 내	채 중 개 강	해 함 하 담	린 잠 우 상
☞거궐은 칼의 이름이고 중국의 조나라 옛 국보이다.	☞구슬은 중국 조나라의 야광을 말한다.	☞오얏과 벗이 과일 중에 그 맛이 으뜸이다.	☞나물에는 겨자와 생강이 맛을 내는 중요한 양념이다.	☞바다물은 짜고 강물은 담백하여 별다른 맛이 없다.	☞비늘 달린 고기는 물속에 살고 날개 달린 새는 공중을 날으며 산다.

系 糸 1 이을 계	係 人 7 걸릴 계	戒 戈 3 경계할 계	械 木 7 기계 계	繼 14 이을 계	契 大 6 맺을 계
桂 木 6 계수나무 계	啓 口 8 열 계	階 阜 9 섬돌 계	誡 言 7 경계할 계	烓 火 6 밝을 계	**고** 古 口 2 예 고
告 口 4 알릴 고	故 攴 5 연고 고	固 口 5 굳을 고	苦 艸 5 괴로울 고	考 老 2 상고할 고	高 高 0 높을 고
叩 口 2 두드릴 고	枯 木 5 마를 고	姑 女 5 시어미 고	庫 广 7 곳집 고	孤 子 5 외로울 고	鼓 鼓 0 북 고
稿 禾 10 볏짚 고	顧 頁 12 돌아볼 고	敲 攴 10 두드릴 고	皐 白 6 언덕 고	**곡** 谷 谷 0 골 곡	曲 曰 2 굽을 곡
哭 口 7 울 곡	穀 禾 10 곡식 곡	**곤** 困 口 4 곤할 곤	坤 土 5 땅 곤	昆 日 4 맏 곤	崑 山 8 산이름 곤
琨 玉 8 옥돌 곤	錕 金 8 붉은쇠 곤	**골** 骨 骨 0 뼈 골	**공** 工 工 0 장인 공	功 力 3 공 공	空 穴 3 빌 공
共 八 4 함께 공	公 八 2 공평할 공	孔 子 1 구멍 공	供 人 6 이바지할 공	攻 攴 3 칠 공	恭 心 6 공손할 공
貢 貝 3 바칠 공	恐 心 6 두려울 공	珙 玉 6 큰구슬 공	控 手 8 당길 공	**과** 果 木 4 결과 과	課 言 8 부과할 과
科 禾 4 과목 과	過 辵 9 지날 과	戈 戈 0 창 과	瓜 瓜 0 오이 과	誇 言 6 자랑할 과	菓 艸 8 과실 과

千字文 4

龍師火帝
용 사 화 제
☞중국 고대의 훌륭한 왕인 용사는 복희씨, 화제는 신농씨를 말함

鳥官人皇
조 관 인 황
☞백성은 새로 벼슬을 기록하고 인격이 높은 임금은 황제라 하였다.

始制文字
시 제 문 자
☞복희씨의 신하 창힐이 새의 발자국을 보고 처음 글자를 만들었다.

乃服衣裳
내 복 의 상
☞황제가 의관을 지어 위품을 엄숙하게 분별하였다.

推位讓國
추 위 양 국
☞요순은 슬기로운 임금으로 조야의 인재를 발굴, 왕위에 추대하였다.

有虞陶唐
유 우 도 당
☞유우는 제순이고, 도당은 제요이다. 모두 고대 중국의 제왕임

寡 宀 11 적을 과	곽 郭 邑 8 바깥성 곽	廓 广 11 둘레 곽	관 官 宀 5 벼슬 관	觀 見 18 볼 관	關 門 11 빗장 관
館 食 8 집 관	琯 玉 8 옥저 관	菅 艸 8 주관할 관	貫 貝 4 꿸 관	慣 心 11 익숙할 관	冠 冖 7 갓 관
寬 宀 12 너그러울 관	灌 水 18 물댈 관	瓘 玉 18 관옥 관	錧 金 8 비녀장 관	款 欠 8 정성 관	梡 木 7 도마 관
괄 括 手 6 쌀 괄	광 光 儿 4 빛 광	廣 广 12 넓을 광	鑛 金 15 쇳돌 광	侊 人 6 클 광	匡 匚 4 바를 광
曠 日 15 휑할 광	珖 玉 6 옥피리 광	洸 水 6 용솟음쳐빛날 광	桄 木 6 광랑나무 광	昋 日 4 비칠, 밝을 광	괘 掛 手 8 걸 괘
괴 塊 土 10 덩어리 괴	愧 心 10 부끄러워할 괴	怪 心 5 괴이할 괴	壞 土 16 무너질 괴	굉 宏 宀 4 클 굉	교 交 亠 4 사귈 교
校 木 6 학교 교	橋 木 12 다리 교	敎 攴 7 가르칠 교	郊 邑 6 들 교	較 車 6 비교할 교	巧 工 2 공교로울 교
嬌 失 12 바로잡을 교	僑 人 12 객지에살 교	喬 口 9 높을 교	嬌 女 12 아리따울 교	膠 肉 15 아교 교	구 九 乙 1 아홉 구
口 口 0 입 구	求 水 2 구할 구	救 水 7 구원할 구	究 穴 2 궁구할 구	久 丿 2 오랠 구	句 口 2 글귀 구
舊 臼 12 예 구	具 八 6 갖출 구	俱 人 8 함께 구	區 匸 9 구역 구	驅 馬 11 몰 구	鷗 鳥 11 갈매기 구

千字文 5

弔民伐罪	周發殷湯	坐朝問道	垂拱平章	愛育黎首	臣伏戎羌
조 민 벌 죄	주 발 은 탕	좌 조 문 도	수 공 평 장	애 육 여 수	신 복 융 강
☞선량한 백성은 도와주고 죄있는 백성은 벌을 주었다.	☞주발은 무왕의 이름이고 은탕은 탕왕의 호칭이다.	☞조정에서 마주앉아 국정을 의논하는 것을 말함	☞평화롭게 다스리는 글을 겸허하게 생각하는 것을 말함	☞여수란 백성을 말하며 임금은 백성을 사랑으로 다스려야 한다.	☞나라를 잘 다스리면 그 덕망에 융강(오랑캐)도 항복한다.

苟 艸 5 진실로 구	拘 手 5 잡을 구	狗 犬 5 개 구	丘 一 4 언덕 구	懼 心 18 두려워할 구	龜 龜 0 거북 구
構 木 10 얽을 구	溝 水 10 도랑 구	購 貝 10 살 구	球 玉 7 구슬 구	坵 土 5 구획 구	玖 玉 3 옥돌 구
矩 失 5 법 구	邱 邑 5 언덕 구	銶 金 7 끌 구	鳩 鳥 2 비둘기 구	軀 身 11 몸 구	耉 老 5 늙을 구
국 國 口 8 나라 국	局 尸 4 판 국	菊 艸 8 국화 국	鞠 革 8 기를 국	**군** 君 口 4 임금 군	群 羊 7 무리 군
郡 邑 7 고을 군	軍 車 2 군사 군	**굴** 屈 尸 5 굽을 굴	窟 穴 8 굴 굴	**궁** 弓 弓 0 활 궁	宮 宀 7 집 궁
躬 身 3 몸소 궁	窮 穴 10 궁할 궁	**권** 拳 手 6 주먹 권	權 木 18 권세 권	勸 力 18 권할 권	卷 卩 6 책 권
券 刀 6 문서 권	圈 口 8 우리 권	眷 目 6 돌아볼 권	**궐** 厥 厂 10 그 궐	闕 門 10 대궐 궐	**궤** 軌 車 2 수레바퀴 궤
귀 貴 貝 5 귀할 귀	龜 龜 0 거북 귀	歸 止 14 돌아올 귀	鬼 鬼 0 귀신 귀	**규** 叫 口 2 부르짖을 규	揆 手 9 헤아릴 규
規 見 4 법 규	閨 門 6 안방 규	圭 土 3 서옥 규	奎 大 6 별 규	逵 辵 8 길 규	珪 玉 6 서옥 규
窺 穴 11 엿볼 규	葵 艸 9 해바라기 규	**균** 均 土 4 고를 균	鈞 金 4 무게단위 균	菌 艸 8 버섯 균	畇 田 4 발개간할 균

千字文 6

遐邇壹體	率賓歸王	鳴鳳在樹	白駒食場	化被草木	賴及萬方
하 이 일 체	솔 빈 귀 왕	명 봉 재 수	백 구 식 장	화 피 초 목	뢰 급 만 방
☞사람을 멀고 가깝게 구별말고 내 몸같이 생각하라.	☞거느리고 왕에게 돌아오니 다른 백성이 감탄하여 복종함.	☞성현이 나타나 덕망이 있는 곳에 봉이 나무에서 운다는 뜻	☞흰 말이 마당에서 한가로이 풀을 뜯어먹는 것처럼 평화로움을 말함	☞자연의 조화는 모든 초목에 영향을 미치게 된다.	☞어진 덕망을 만방에 고루 미치게 하는것

귤 橘 木 12 귤 귤	극 克 儿 5 이길 극	極 木 9 지극할 극	剋 刀 7 이길 극	劇 刀 13 연극할 극	隙 阜 10 틈 극
근 斤 斤 0 근 근	近 辵 4 가까울 근	勤 力 11 부지런할 근	根 木 6 뿌리 근	筋 竹 6 힘줄 근	僅 人 11 겨우 근
嫤 女 11 고울 근	謹 言 11 삼갈 근	槿 木 11 무궁화나무 근	墐 土 11 매흙질할 근	漌 水 11 맑을 근	瑾 玉 11 붉은옥 근
劤 力 4 강할 근	금 金 金 0 쇠 금	錦 金 8 비단 금	今 人 2 이제 금	衾 示 4 이불 금	禁 示 8 금할 금
琴 玉 8 거문고 금	襟 衣 13 옷깃 금	禽 内 8 날짐승 금	昑 日 4 밝을 금	급 及 又 2 미칠 급	級 又 4 등급 급
給 糸 6 줄 급	急 心 5 급할 급	汲 水 4 길을 급	긍 肯 肉 4 즐길 긍	亘 二 4 뻗칠 긍	兢 儿 12 조심할 긍
矜 矛 4 자랑할 긍	기 其 八 6 그 기	基 土 8 터 기	期 月 8 기약할 기	旗 方 10 기 기	己 己 0 몸 기
紀 糸 3 규율 기	記 言 3 기록할 기	起 走 3 일어날 기	奇 大 5 기이할 기	寄 宀 8 부칠 기	騎 馬 8 말탈 기
器 口 13 그릇 기	旣 无 7 이미 기	技 手 4 재주 기	埼 土 8 언덕머리 기	企 人 4 꾀할 기	氣 气 6 기운 기
祈 示 4 빌 기	幾 幺 9 몇 기	機 木 12 베틀 기	畿 田 10 경기 기	豈 豆 3 어찌 기	忌 心 3 꺼릴 기

千字文 7

蓋此身髮 개 차 신 발
☞내 몸에 있는 털은 다른 사람에게도 모두 있는 것이다.

四大五常 사 대 오 상
☞네 가지 큰 뜻은 천지군부요 오상은 인·의·예·지·신이다.

恭惟鞠養 공 유 국 양
☞사람의 귀한 몸은 부모의 정성으로 기른 때문에 존재하는 것이다.

豈敢毁傷 기 감 훼 상
☞부모한테 받은 몸을 어찌 감히 손상할 수 있는가

女慕貞烈 녀 모 정 렬
☞여자는 정조를 지키고 행실이 단정해야 하느니라

男效才良 남 효 재 량
☞남자는 기능을 익히고 현명함을 배워야 한다.

飢 食 2 주릴 기	棄 木 8 버릴 기	欺 欠 8 속일 기	淇 水 8 물이름 기	琪 玉 8 옥이름 기	棋 木 8 바둑 기
祺 示 8 좋을 기	錤 金 8 호미 기	騏 馬 8 준마 기	麒 鹿 8 기린 기	璂 玉 11 고깔꾸미기 기	譏 言 12 나무랄 기
玘 玉 3 노리개 기	杞 木 3 구기자 기	崎 山 8 산길험할 기	琦 玉 8 옥이름 기	綺 糸 8 비단 기	錡 金 8 세발솥 기
箕 竹 8 키 기	岐 山 4 가닥나뉠 기	汽 水 4 김 기	沂 水 4 물이름 기	圻 土 4 지경 기	耆 老 4 늙은이 기
璣 玉 12 구슬 기	磯 石 12 여울돌 기	冀 八 14 바랄 기	驥 馬 17 천리마 기	嗜 口 10 즐길 기	暣 日 10 별기운 기
伎 人 4 재주 기	긴 緊 糸 8 긴요할 긴	길 吉 口 3 길할 길	佶 人 6 건장할 길	桔 木 6 도라지 길	姞 女 6 이름 길
나 那 邑 4 어찌 나	娜 女 6 날씬할 나	奈 大 5 어찌 나	柰 木 5 어찌 나	拏 手 5 잡을 나	낙 諾 言 9 대답할 낙
난 暖 日 9 따뜻할 난	煖 火 9 따뜻할 난	難 隹 11 어려울 난	날 捺 手 8 손으로누를 날	남 南 十 7 남녘 남	男 田 2 사내 남
楠 木 9 녹나무 남	湳 水 9 물이름 남	납 納 糸 4 들일 납	낭 娘 女 7 아가씨 낭	내 乃 丿 1 이에 내	內 入 2 안 내
奈 大 5 어찌 내	耐 而 3 견딜 내	柰 木 5 능금 내	녀 女 女 0 계집 녀	년 年 干 3 해 년	념 念 心 4 생각 념

千字文 8

知過必改	得能莫忘	罔談彼短	靡恃己長	信使可覆	器欲難量
지 과 필 개	득 능 막 망	망 담 피 단	미 시 기 장	신 사 가 복	기 욕 난 량
☞모든 사람은 허물을 발견하면 반드시 고쳐야 한다.	☞배운 것을 잊지 않도록 더욱 노력해야 한다.	☞타인의 단점을 말하거나 헐뜯지 말라	☞자신의 장점만을 너무 믿지 말고 겸손하라	☞타인의 약속을 지키는 것은 변함이 없는 진리이다.	☞인간의 욕심은 한없이 넓고 깊어서 헤아리기 어려우니라

녕 寧 宀 11 편안할 녕	노 奴 女 2 종 노	努 力 5 힘쓸 노	怒 心 5 성낼 노	농 農 辰 6 농사 농	濃 水 13 질을 농
뇌 腦 肉 9 뇌 뇌	惱 心 9 괴로워할 뇌	뉴 紐 糸 4 맬 뉴	紐 金 4 인꼭지 뉴	능 能 肉 6 능할 능	니 泥 水 5 진흙 니
다 多 夕 3 많을 다	茶 艸 6 차 다	단 旦 日 1 아침 단	但 人 5 다만 단	丹 丶 3 붉을 단	單 口 9 홑 단
短 矢 7 짧을 단	團 口 11 둥글 단	端 立 9 끝 단	段 殳 5 층계 단	斷 斤 14 끊을 단	壇 土 13 제단 단
檀 木 13 박달나무 단	鍛 金 9 단련할 단	緞 糸 9 비단 단	달 達 辵 9 통달할 달	담 談 言 8 말씀 담	淡 水 8 묽을 담
潭 水 12 못 담	擔 手 13 멜 담	譚 言 12 말씀할 담	膽 肉 13 쓸개 담	澹 水 13 물모양 담	覃 襾 6 미칠 담
답 答 竹 6 대답할 답	畓 水 4 논 답	踏 足 8 밟을 답	당 堂 土 8 집 당	當 田 8 마땅할 당	唐 口 7 당나라 당
糖 米 10 사탕 당	黨 黑 8 무리 당	塘 土 10 못 당	鐺 金 11 북소리 당	대 大 大 0 큰 대	代 人 3 대신할 대
待 彳 6 기다릴 대	隊 阜 9 떼 대	帶 巾 8 띠 대	對 寸 11 대답할 대	貸 貝 5 빌릴 대	臺 至 8 누각 대
垈 土 5 터 대	袋 衣 5 자루 대	玳 玉 5 대모 대	戴 戈 14 받들 대	擡 手 14 들 대	덕 德 彳 12 큰 덕

千字文 9

墨悲絲染	詩讚羔羊	景行維賢	剋念作聖	德建名立	形端表正
묵 비 사 염	시 찬 고 양	경 행 유 현	극 념 작 성	덕 건 명 립	형 단 표 정
☞흰실에 검은 먹물이 들면 다시 희게 되지 못함을 슬퍼한다.	☞왕의 덕망에 힘입어 남북대부가 충직하게 됨을 찬양한 글	☞행실이 훌륭하면 타인에 모범이 되어 선망의 대상이 되는 것	☞성인의 언행을 본받아 수양을 쌓으면 성인에 가깝게 된다.	☞모든 일을 덕망으로 행하면 그 이름을 널리 떨치게 된다.	☞심성과 품행이 단정하면 그 결과는 겉으로 나타나게 된다.

도 道 辵 9 길 도	導 寸 13 인도할 도	度 广 6 법도 도	渡 水 9 건널 도	島 山 7 섬 도	都 邑 9 도읍 도
桃 木 6 복숭아 도	圖 口 11 그림 도	途 辵 7 길 도	到 刀 6 이를 도	徒 彳 7 무리 도	稻 禾 10 벼 도
跳 足 6 뛸 도	陶 阜 8 질그릇 도	刀 刀 0 칼 도	倒 人 8 넘어질 도	盜 皿 7 도둑 도	逃 辵 6 달아날 도
挑 手 6 돋울 도	堵 土 9 담 도	塗 土 10 바를 도	棹 木 8 노 도	濤 水 14 큰물결 도	燾 火 14 비칠 도
禱 示 14 빌 도	鍍 金 9 도금할 도	蹈 足 10 밟을 도	독 獨 犬 13 홀로 독	督 目 8 감독할 독	篤 竹 10 두터울 독
讀 言 15 읽을 독	毒 毋 4 독할 독	돈 豚 豕 4 돼지 돈	敦 攴 8 두터울 돈	暾 日 12 아침해 돈	墩 土 12 돈대 돈
惇 心 8 두터울 돈	燉 火 12 불빛 돈	頓 頁 4 조아릴 돈	돌 突 穴 4 부딪칠 돌	乭 乙 5 이름 돌	동 東 木 4 동녘 동
凍 冫 8 얼 동	同 口 3 한가지 동	洞 水 6 마을 동	桐 木 6 오동나무 동	銅 金 6 구리 동	動 力 9 움직일 동
童 立 7 아이 동	冬 冫 3 겨울 동	棟 木 8 마룻대 동	董 艸 9 바로잡을 동	潼 水 12 물이름 동	垌 土 6 항아리 동
瞳 目 12 눈동자 동	두 斗 斗 0 말 두	豆 豆 0 콩 두	頭 頁 7 머리 두	杜 木 3 막을 두	枓 木 4 주두 두

千字文 10

空谷傳聲	虛堂習聽	禍因惡積	福緣善慶	尺璧非寶	寸陰是競
공 곡 전 성	허 당 습 청	화 인 악 적	복 연 선 경	척 벽 비 보	촌 음 시 경
☞골짜기에 대고 소리를 지르면 돌아오는 것처럼 악인악과이니라	☞빈방에서 소리를 내면 울림이 있는 것처럼 선인선과 이니라	☞재앙이 내리는 것은 모든 사람이 평소에 악행을 쌓은 결과이니라	☞복은 선행에서 오는 것이니 선행을 쌓으면 저절로 경사스러우니라	☞한자 되는 둥근 구슬이 모두 보배는 아니다.	☞짧은 시간이라도 아껴쓰는 것이 더욱 귀중한 것이니라

둔 鈍 金 4 둔할 둔	遁 辵 9 달아날 둔	屯 屮 1 모일 둔	**득** 得 彳 8 얻을 득	**등** 登 癶 7 오를 등	燈 火 12 등잔 등
等 竹 6 무리 등	藤 艸 15 등나무 등	騰 馬 10 오를 등	謄 言 10 베낄 등	鄧 邑 12 등나라 등	**라** 羅 肉 14 벌일 라
螺 虫 11 소라 라	**락** 樂 木 11 즐길 락	洛 水 6 물 락	落 艸 9 떨어질 락	絡 糸 6 이을 락	酪 酉 6 진한유즙 락
珞 玉 6 목걸이 락	**란** 卵 卩 5 알 란	亂 乙 12 어지러울 란	蘭 艸 17 난초 란	瓓 玉 17 옥광채 란	爛 火 17 빛날 란
欄 木 17 난간 란	瀾 水 17 큰물결 란	**람** 藍 艸 14 쪽 람	覽 見 14 볼 람	濫 水 14 넘칠 람	**랑** 郞 邑 7 사내 랑
浪 水 7 물결 랑	朗 月 7 밝을 랑	廊 广 10 행랑 랑	琅 玉 7 옥이름 랑	瑯 玉 10 옥이름 랑	**래** 來 人 6 올 래
崍 山 8 산이름 래	萊 艸 8 명아주 래	**랭** 冷 冫 5 찰 랭	**략** 略 田 6 간략할 략	掠 手 8 노략질할 략	**량** 良 艮 1 어질 량
凉 冫 8 서늘할 량	兩 入 6 두 량	梁 木 7 들보 량	量 里 5 헤아릴 량	糧 米 12 양식 량	諒 言 8 살필 량
亮 亠 7 밝을 량	倆 人 8 재주 량	樑 木 11 들보 량	**려** 旅 方 6 나그네 려	麗 鹿 8 고울 려	慮 心 11 생각할 려
勵 力 15 힘쓸 려	閭 門 7 이문 려	呂 口 4 음률 려	侶 人 7 짝 려	黎 黍 3 검을 려	**력** 力 力 0 힘 력

千字文 11

資父事君	曰嚴與敬	孝當竭力	忠則盡命	臨深履薄	夙興溫凊
자 부 사 군	왈 엄 여 경	효 당 갈 력	충 즉 진 명	임 심 리 박	숙 흥 온 청
☞아버지를 섬기는 마음으로 임금을 섬겨야 하느니라	☞임금을 대하는 자세는 엄숙함과 공경함이 있어야 하느니라	☞부모를 섬김에는 모든 정성을 다하여야 하느니라	☞충성을 한다는 것은 목숨을 다바쳐서 행함을 말한다.	☞얇은 얼음과 깊은 물을 건너는 것 같이 모든 일에 조심해야 한다.	☞부모를 섬김에는 추우면 따뜻하게 해드리고 더우면 시원하게 해드려야 한다.

歷 止 12 지낼 력	曆 日 12 책력 력	**련** 連 辵 7 연할 련	蓮 艸 11 연 련	聯 耳 11 잇닿을 련	練 糸 9 익힐 련
鍊 金 9 단련할 련	戀 心 19 사모할 련	憐 心 12 불쌍히여길 련	煉 火 9 쇠불릴 련	璉 玉 11 호련 련	**렬** 列 刀 4 벌일 렬
烈 火 6 매울 렬	裂 衣 6 찢을 렬	劣 力 4 용렬할 렬	洌 冫 6 맵게할 렬	**렴** 廉 广 10 청렴할 렴	濂 水 13 엷을 렴
簾 竹 13 발 렴	斂 攴 13 거둘 렴	**렵** 獵 犬 15 사냥할 렵	**령** 令 人 3 명령할 령	姈 女 5 계집영리할 령	昤 日 5 날빛 령
領 頁 5 거느릴 령	嶺 山 14 산고개 령	零 雨 5 떨어질 령	靈 雨 16 신령 령	伶 人 5 영리할 령	玲 玉 5 옥소리 령
鈴 金 5 방울 령	齡 齒 5 나이 령	怜 心 5 영리할 령	**례** 禮 示 13 예도 례	例 人 6 법식 례	**로** 老 老 0 늙을 로
勞 力 10 수고로울 로	路 足 6 길 로	露 雨 12 이슬 로	爐 火 16 화로 로	魯 魚 4 노나라 로	盧 皿 11 성 로
鷺 鳥 12 해오라기 로	**록** 祿 示 8 녹 록	綠 糸 8 푸를 록	錄 金 8 기록할 록	鹿 鹿 0 사슴 록	彔 水 3 나무깎을 록
론 論 言 8 논의할 론	**롱** 弄 廾 4 희롱할 롱	瓏 玉 16 옥소리 롱	籠 竹 16 대그릇 롱	瀧 水 16 여울 롱	**뢰** 賴 貝 9 의지할 뢰
雷 雨 5 우뢰 뢰	**료** 了 亅 1 마칠 료	僚 人 12 동료 료	料 斗 6 헤아릴 료	**룡** 龍 龍 0 용 룡	**루** 累 糸 5 여러 루

千字文 12

似蘭斯馨	如松之盛	川流不息	淵澄取暎	容止若思	言辭安定
사 란 사 형	여 송 지 성	천 류 불 식	연 징 취 영	용 지 약 사	언 사 안 정
☞군자는 난초와 같이 맑고 향기로운 지조를 지켜야 하느니라	☞사철 푸른 소나무와 같이 성성함이 군자의 지조이니라	☞냇물은 쉬지 않고 흐르니 군자의 행실을 말하는 것이다.	☞연못의 물이 그림자가 비치게 맑으니 즉 군자의 청렴한 마음씨를 말함	☞겉과 속마음이 다르지 않은 침착한 행동과 조용한 군자의 태도를 보여야 한다.	☞말과 행동이 일치하는 안정된 모습으로 불필요한 언행을 삼가해야 한다.

樓 木 11 다락 루	屢 尸 11 자주 루	淚 水 8 눈물 루	漏 水 11 샐 루	**류** 柳 木 5 버들 류	流 水 7 흐를 류
留 田 5 머무를 류	類 頁 10 무리 류	琉 玉 7 유리 류	劉 刀 13 성 류	瑠 玉 10 유리 류	**륙** 六 八 2 여섯 륙
陸 阜 8 뭍 륙	**륜** 倫 人 8 인륜 륜	輪 車 8 바퀴 륜	侖 人 6 덩어리 륜	崙 山 8 산이름 륜	綸 糸 8 인끈 륜
률 律 彳 6 법 률	栗 木 6 밤 률	率 玄 6 비율 률	**륭** 隆 阜 9 높을 륭	**름** 凜 冫 13 찰 름	**릉** 陵 阜 8 언덕 릉
綾 糸 8 비단 릉	菱 艸 8 마름 릉	**리** 利 刀 5 이로울 리	梨 木 7 배 리	里 里 0 마을 리	俚 人 7 속될 리
理 玉 7 다스릴 리	裏 衣 7 속 리	離 隹 11 떠날 리	吏 口 3 관리 리	履 尸 12 밟을 리	李 木 3 오얏 리
璃 玉 11 유리 리	莉 艸 7 말리꽃 리	璃 亠 9 밝을 리	悧 心 7 영리할 리	**린** 隣 阜 12 이웃 린	璘 玉 12 옥무늬 린
潾 水 12 물맑은 린	麟 鹿 12 기린 린	**림** 林 木 4 수풀 림	臨 臣 11 임할 림	琳 玉 8 옥이름 림	霖 雨 8 장마 림
淋 水 8 물뿌릴 림	**립** 立 入 0 설 립	笠 竹 5 삿갓 립	粒 米 5 낟알 립	**마** 馬 馬 0 말 마	麻 麻 0 삼 마
磨 石 11 갈 마	瑪 玉 10 마노 마	**막** 莫 艸 7 아닐 막	漠 水 11 사막 막	幕 巾 11 휘장 막	**만** 萬 艸 9 일만 만

千字文 13

篤初誠美	愼終宜令	榮業所基	籍甚無竟	學優登仕	攝職從政
독 초 성 미	신 종 의 령	영 업 소 기	자 심 무 경	학 우 등 사	섭 직 종 정
☞무슨 일이든지 처음부터 아름답고 정성되게 실천해야 하느니라	☞처음의 정성된 일이 마지막에 끝맺음도 좋게 해야 한다.	☞앞에서 행한 바와 같이 잘 지켜나가면 번영이 기본이 된다.	☞자기의 명예로운 명성이 오래 보전 될 것이다.	☞많이 배우고 연구하는 사람은 누구나 출세를 할 수 있다.	☞벼슬에 오르면 나라의 정치에 참여하게 된다는 것이다.

万 一 2 일만 만	滿 水 11 찰 만	晩 日 7 늦을 만	慢 心 11 거만할 만	漫 水 11 부질없을 만	蠻 虫 19 오랑캐 만
曼 日 7 길 만	蔓 艸 11 덩굴 만	鏋 金 11 금정기 만	**말** 末 木 1 끝 말	茉 艸 5 말리꽃 말	**망** 亡 亠 1 망할 망
妄 女 3 망녕될 망	忘 心 3 잊을 망	忙 心 3 바쁠 망	望 月 7 바랄 망	罔 网 3 없을 망	茫 艸 6 망망할 망
網 糸 8 그물 망	**매** 每 母 3 매양 매	梅 木 7 매화 매	妹 女 5 손아랫누이 매	埋 土 7 묻을 매	媒 女 9 중매 매
賣 貝 8 팔 매	買 貝 5 살 매	**맥** 麥 麥 0 보리 맥	脈 肉 6 맥 맥	**맹** 孟 子 5 맏 맹	猛 犬 8 사나울 맹
盟 皿 8 맹세할 맹	萌 艸 8 싹 맹	盲 目 3 소경 맹	**면** 面 面 0 낯 면	免 儿 5 면할 면	勉 力 7 힘쓸 면
綿 糸 8 솜 면	眠 目 5 잠잘 면	冕 冂 9 면류관 면	棉 木 8 목화 면	**멸** 滅 水 10 멸망할 멸	**명** 明 日 4 밝을 명
名 口 3 이름 명	銘 金 6 새길 명	命 口 5 목숨 명	鳴 鳥 3 울 명	冥 冖 8 어두울 명	溟 水 10 바다 명
모 模 木 11 법 모	謀 言 9 꾀할 모	某 木 5 아무 모	冒 冂 7 무릅쓸 모	貌 豸 7 모양 모	矛 矛 0 창 모
毛 毛 0 털 모	母 母 1 어머니 모	暮 日 11 저물 모	慕 心 11 사모할 모	募 艸 11 모을 모	摸 手 11 본뜰 모

千字文 14

存以甘棠 존 이 감 당
☞주나라 소공이 아가위 나무밑에서 백성을 교화시켰다.

去而益詠 거 이 익 영
☞소공이 사망한 후에 백성들이 그의 유덕을 추모하는 시를 지었다.

樂殊貴賤 악 수 귀 천
☞풍류는 귀천의 차이가 있으니 천자, 제후, 사대부가 모두 다르다.

禮別尊卑 례 별 존 비
☞예도에도 분별이 있으니 오륜과 같이 확실한 분별이 있어야 한다.

上和下睦 상 화 하 목
☞상하가 서로 공경하고 사랑하여 화목이 돈독하다는 것

夫唱婦隨 부 창 부 수
☞부인이 남편의 뜻에 따르니 화목한 가정을 이룰 수 있다.

牟 牛 2 보리 모	謨 言 11 꾀 모	**목** 木 木 0 나무 목	沐 水 4 머리감을 목	牧 牛 4 칠 목	目 目 0 눈 목
睦 目 8 화목할 목	穆 禾 11 화목할 목	**몰** 沒 水 4 빠질 몰	**몽** 夢 夕 11 꿈 몽	蒙 艸 10 어릴 몽	**묘** 卯 卩 3 토끼 묘
妙 女 4 묘할 묘	苗 艸 5 싹 묘	墓 土 11 무덤 묘	廟 广 12 사당 묘	描 手 9 그릴 묘	錨 金 9 닻 묘
畝 田 5 이랑 묘	**무** 戊 戈 1 다섯째천간 무	撫 手 12 어루만질 무	武 止 4 호반 무	務 力 9 힘쓸 무	霧 雨 11 안개 무
茂 艸 5 무성할 무	畝 田 5 밭이랑 무	無 火 8 없을 무	舞 舛 8 춤출 무	貿 貝 5 무역할 무	拇 手 5 엄지손가락 무
珷 玉 8 옥돌 무	懋 心 13 힘쓸 무	**묵** 默 黑 4 말없을 묵	墨 土 12 먹 묵	**문** 門 門 0 문 문	文 文 0 글월 문
紋 糸 4 무늬 문	炆 火 4 연기날 문	汶 水 4 더럽힐 문	聞 耳 8 들을 문	問 口 8 물을 문	**물** 物 牛 4 만물 물
勿 勹 2 말 물	**미** 渼 水 9 물결무늬 미	美 羊 3 아름다울 미	未 木 1 아닐 미	味 口 5 맛 미	米 米 0 쌀 미
尾 尸 4 꼬리 미	迷 辵 6 미혹할 미	眉 目 4 눈썹 미	微 彳 10 작을 미	薇 艸 13 고비 미	彌 弓 14 두루 미
嵄 山 9 산 미	**민** 旼 日 4 온화할 민	珉 玉 5 옥돌 민	岷 山 5 산이름 민	憫 心 12 불쌍히여길 민	民 氏 1 백성 민

千字文 15

外受傅訓	入奉母儀	諸姑伯叔	猶子比兒	孔懷兄弟	同氣連枝
외 수 부 훈	입 봉 모 의	제 고 백 숙	유 자 비 아	공 회 형 제	동 기 연 지
☞8세가 되면 밖에서 스승의 가르침을 배운다.	☞집안에 들어오면 어머님의 뜻 받들어 가사를 돌봐야 한다.	☞고모, 백부, 숙부는 모두 가까운 친척이다.	☞다른 친척 아이들도 친자식과 같이 정성껏 길러야 한다.	☞형제간에는 서로 우애있게 지내야 한다.	☞형제는 같은 부모의 정기를 타고 났으니 나무의 가지와 같으니라

敏 攴 7 민첩할 민	旻 日 4 하늘 민	閔 門 4 민망할 민	玟 玉 4 옥돌 민	忞 心 4 힘쓸 민	慜 心 11 총명할 민
敃 攴 5 강할 민	**밀** 密 宀 8 빽빽할 밀	蜜 虫 8 꿀 밀	**박** 撲 手 12 두드릴 박	朴 木 2 순박할 박	博 十 10 넓을 박
泊 水 5 배댈 박	拍 手 5 손뼉칠 박	迫 辵 5 핍박할 박	薄 艸 13 엷을 박	璞 玉 12 옥돌 박	珀 玉 5 호박 박
鉑 金 5 금박 박	**반** 叛 又 7 배반할 반	返 辵 4 돌아올 반	反 又 2 돌이킬 반	盤 皿 10 쟁반 반	潘 水 12 쌀뜨물 반
畔 田 5 밭고랑 반	磐 石 10 반석 반	伴 人 5 짝 반	半 十 3 반 반	班 玉 6 나눌 반	般 舟 4 옮길 반
頒 頁 4 반포할 반	飯 食 4 밥 반	**발** 髮 髟 5 터럭 발	鉢 金 5 바리때 발	發 癶 7 필 발	渤 水 9 바다이름 발
拔 手 5 뺄 발	潑 水 12 물뿌릴 발	**방** 防 阜 4 막을 방	妨 女 4 방해할 방	房 戶 4 방 방	邦 邑 4 나라 방
坊 土 4 동네 방	倣 人 8 본받을 방	訪 言 4 찾을 방	昉 日 4 밝을 방	彷 彳 4 거닐 방	方 方 0 모 방
傍 人 10 곁 방	芳 艸 4 향내날 방	放 攴 4 놓을 방	龐 龍 3 클 방	**배** 陪 阜 8 도울 배	拜 手 5 절 배
裵 衣 8 성 배	配 酉 3 짝 배	杯 木 4 잔 배	背 肉 5 등 배	排 手 8 물리칠 배	輩 車 8 무리 배

千字文 16

交友投分 교 우 투 분
☞벗을 사귀는 데는 서로 분수와 뜻이 맞는 사람과 사귀어야 한다.

切磨箴規 절 마 잠 규
☞학문을 열심히 닦아서 훌륭한 인간의 도리를 지켜야 한다.

仁慈隱惻 인 자 은 측
☞인자함과 현명함으로 타인의 측은한 처지를 동정할 줄 알아야 한다.

造次弗離 조 차 불 리
☞타인에 대한 동정심을 항상 잊지 않아야 한다.

節義廉退 절 의 렴 퇴
☞청렴 결백한 의리와 절개를 잘 지켜 나가야 하느니라

顚沛匪虧 전 패 비 휴
☞기울고 쓰러져도 중심을 잃지 말라

湃 水 9 물결칠 배	倍 人 8 곱 배	培 土 8 북돋울 배	**백** 白 白 0 흰 백	帛 巾 5 비단 백	百 白 1 일백 백
伯 人 5 맏 백	栢 木 6 잣나무 백	佰 人 6 백사람어른 백	**번** 煩 火 9 번거로울 번	番 田 7 차례 번	飜 飛 12 펄럭일 번
繁 糸 11 번성할 번	蕃 艸 12 번성할 번	**벌** 閥 門 6 문벌 벌	伐 人 4 칠 벌	罰 网 9 벌줄 벌	**범** 杋 木 3 떼나무 범
犯 犬 2 범할 범	範 竹 9 법 범	帆 巾 3 돛 범	氾 水 2 넘칠 범	范 艸 5 벌 범	凡 几 1 무릇 범
汎 水 3 뜰 범	**법** 法 水 5 법 법	**벽** 壁 土 13 바람 벽	碧 石 9 푸를 벽	璧 玉 13 동근옥 벽	闢 門 13 열 벽
변 卞 卜 2 성 변	邊 辵 15 갓 변	辯 辛 14 말잘할 변	辨 辛 9 분별할 변	變 言 16 변할 변	**별** 別 刀 5 다를 별
병 幷 干 5 합할 병	甁 瓦 8 병 병	輧 車 8 들렐 병	鉼 金 8 판금 병	棅 木 8 자루 병	丙 一 4 남녘 병
兵 八 5 군사 병	竝 立 5 아우를 병	屛 尸 8 병풍 병	病 疒 5 병들 병	炳 火 5 밝을 병	柄 木 5 자루 병
昞 日 5 밝을 병	倂 人 8 아우를 병	秉 禾 3 잡을 병	**보** 輔 車 7 도울 보	保 人 7 보호할 보	報 土 9 갚을 보
步 止 3 걸음 보	普 日 8 넓을 보	補 衣 7 도울 보	譜 言 13 계보 보	寶 宀 17 보배 보	堡 土 9 작은성 보

千字文 17

性靜情逸	心動神疲	守眞志滿	逐物意移	堅持雅操	好爵自縻
성 정 정 일	심 동 신 피	수 진 지 만	축 물 의 이	견 지 아 조	호 작 자 미
☞성품과 뜻이 고요하게 안정되면 언제나 편안하다.	☞마음이 불안하면 따라서 몸도 불편하다.	☞군자의 뜻을 잘 지키면 진정한 만족을 느끼느니라	☞물욕을 탐내면 마음이 흔들려 변심하기 쉽다.	☞지조를 맑고 굳게 지키면 그것이 극진한 나의 도리이다.	☞성실히 노력하면 벼슬은 저절로 따라 오느니라

甫 用 2 클 보	菩 艸 8 보살 보	**복** 馥 香 9 향기 복	福 示 9 복 복	復 彳 9 회복할 복	腹 肉 9 배 복
複 衣 9 겹칠 복	卜 卜 0 점 복	伏 人 4 엎드릴 복	服 月 4 옷 복	鍑 金 9 아구리큰솥 복	**본** 本 木 1 근본 본
봉 蓬 艸 11 쑥 봉	鋒 金 7 칼날 봉	鳳 鳥 3 새 봉	封 寸 6 봉할 봉	奉 大 5 받들 봉	逢 辵 7 만날 봉
峯 山 7 봉우리 봉	蜂 虫 7 벌 봉	俸 人 8 봉급 봉	捧 手 8 받들 봉	琫 玉 8 칼집장식옥 봉	棒 木 8 몽둥이 봉
烽 火 7 봉화 봉	**부** 傅 人 10 스승 부	復 彳 9 다시 부	富 宀 9 넉넉할 부	副 刀 9 버금 부	付 人 3 줄 부
府 广 5 마을 부	符 竹 5 증거 부	附 阜 5 붙을 부	夫 大 1 사내 부	扶 手 4 도울 부	部 邑 8 나눌 부
浮 水 7 뜰 부	溥 水 10 클 부	簿 竹 13 장부 부	婦 女 8 며느리 부	赴 走 2 다다를 부	賦 貝 8 세금거둘 부
父 父 0 아비 부	膚 肉 11 살갗 부	負 貝 2 짐질 부	否 口 4 아니 부	腐 肉 8 썩을 부	孚 子 4 믿을 부
芙 艸 4 연꽃 부	敷 攴 11 펼 부	**북** 北 皿 3 북녘 북	**분** 盆 刀 4 동이 분	分 刀 2 나눌 분	紛 米 4 어지러울 분
粉 米 4 가루 분	憤 心 12 분할 분	墳 土 12 봉분 분	奔 大 6 달아난 분	奮 大 13 떨칠 분	汾 水 4 물굽이쳐흐를 분

千字文 18

都邑華夏	東西二京	背邙面洛	浮渭據涇	宮殿盤鬱	樓觀飛驚
도 읍 화 하	동 서 이 경	배 망 면 락	부 위 거 경	궁 전 반 울	루 관 비 경
☞중국 화하의 도읍을 화려하게 꾸민다는 뜻이다.	☞동서의 두개의 서울이 있으니 동경은 낙양, 서경은 장안이다.	☞동경의 북쪽에는 북망산, 낙양은 남쪽에는 낙천이 있다.	☞장안의 서북에 위수와 경수 두개의 물이 있다.	☞궁전을 울창한 숲 사이에 정하여 자리 잡았다.	☞궁전의 관망대에 올라가서 내려다 보면 날아갈 듯 놀란다.

芬 艸 4 향기 분	**불** 拂 手 5 떨칠 불	不 一 3 아닐 불	弗 弓 2 어길 불	佛 人 5 부처 불	**붕** 鵬 鳥 8 붕새 붕
朋 月 4 벗 붕	崩 山 8 산무너질 붕	**비** 譬 言 13 비유할 비	比 比 0 견줄 비	批 手 4 비평할 비	非 非 0 아닐 비
悲 心 8 슬플 비	妃 女 3 왕비 비	備 人 10 갖출 비	肥 肉 4 살찔 비	秘 示 5 숨길 비	飛 飛 0 날 비
費 貝 5 비용 비	鼻 鼻 0 코 비	卑 十 6 낮을 비	婢 女 8 여종 비	碑 石 8 비석 비	枇 木 4 비파나무 비
扉 戶 8 문짝 비	琵 玉 8 비파 비	庇 广 4 덮을 비	**빈** 斌 文 8 빛날 빈	貧 貝 4 가난할 빈	賓 貝 7 손 빈
彬 彡 8 빛날 빈	頻 頁 7 자주 빈	嬪 女 14 궁녀 빈	濱 水 14 물가 빈	**빙** 氷 冫 4 얼음 빙	憑 心 12 의지할 빙
聘 耳 7 청할 빙	**사** 四 口 2 넉 사	絲 糸 6 실 사	士 土 0 선비 사	仕 人 3 벼슬 사	寺 寸 3 절 사
社 示 3 모일 사	思 心 5 생각 사	事 亅 7 일 사	史 口 2 역사 사	使 人 6 하여금 사	私 禾 2 사사 사
司 口 2 맡을 사	詞 言 5 말 사	巳 巳 0 뱀 사	祀 示 3 제사 사	師 巾 7 스승 사	絲 糸 6 실 사
沙 水 4 모래 사	舍 舌 2 집 사	査 木 5 사실 사	射 寸 7 쏠 사	砂 石 4 모래 사	紗 糸 4 깁 사

千字文 19

圖寫禽獸	畵綵仙靈	丙舍傍啓	甲帳對楹	肆筵設席	鼓瑟吹笙
도 사 금 수	화 채 선 령	병 사 방 계	갑 장 대 영	사 연 설 석	고 슬 취 생
☞궁중에 여러가지 화려한 그림들이 있는데 새와 짐승의 그림은 마치 실물같다.	☞궁중에는 신선과 신령의 그림이 곱게 채색되어 있다.	☞궁중에는 갑·을·병사의 별채가 있는데 병사는 임금곁에 항상 개방되어 있다.	☞기둥에 화려한 갑장이 있으니 임금이 잠시 머물다 가는 곳이다.	☞돗자리를 설치하였으니 잔치를 베푸는 자리니라	☞비파를 치고 피리를 부니 잔치의 흥을 돋우었다.

謝 言 10 사례할 사	寫 宀 12 베낄 사	辭 辛 12 말 사	似 人 4 같을 사	徙 彳 8 옮길 사	斯 斤 8 이 사
斜 斗 7 비낄 사	奢 大 9 사치 사	賜 貝 8 줄 사	詐 言 5 속일 사	捨 手 8 버릴 사	死 歹 2 죽을 사
蛇 虫 5 뱀 사	邪 邑 4 간사할 사	娑 女 7 춤출 사	泗 水 5 물이름 사	嗣 口 10 이을 사	**삭** 朔 月 6 초하루 삭
削 刀 7 깍을 삭	**산** 山 山 0 메 산	珊 玉 5 산호 산	產 生 6 낳을 산	算 竹 8 셈할 산	傘 人 10 우산 산
散 攴 8 흩을 산	酸 酉 7 실 산	**살** 殺 殳 7 죽일 살	薩 艸 14 보살 살	**삼** 三 一 2 셋 삼	杉 木 3 삼나무 삼
森 木 8 나무빽빽할 삼	參 厶 9 석 삼	蔘 艸 11 인삼 삼	**삽** 插 手 9 꽂을 삽	**상** 上 一 2 위 상	翔 羽 6 날 상
相 目 4 서로 상	想 心 9 생각할 상	爽 爻 7 시원할 상	霜 雨 9 서리 상	祥 示 6 상서 상	詳 言 6 자세할 상
床 广 4 평상 상	尙 小 5 오히려 상	常 巾 8 떳떳할 상	裳 衣 8 치마 상	賞 貝 8 상줄 상	償 人 15 갚을 상
象 豕 5 코끼리 상	像 人 12 형상 상	狀 犬 4 모양 상	嘗 口 11 맛볼 상	桑 木 6 뽕나무 상	商 口 8 장사 상
傷 人 11 상할 상	喪 口 9 복입을 상	庠 广 6 학교 상	湘 水 9 물이름 상	箱 竹 9 상자 상	塽 土 11 땅높고밝은곳 상

千字文 20

陞階納陛	弁轉疑星	右通廣內	左達承明	旣集墳典	亦聚群暎
승 계 납 폐	변 전 의 성	우 통 광 내	좌 달 승 명	기 집 분 전	역 취 군 영
☞백관들이 계단을 올라 임금께 납폐하는 절차	☞사람들이 많은 구슬의 반짝이는 별처럼 의심할 정도이다.	☞나라의 비서를 두는 광내가 오른쪽으로 통하였다.	☞좌측에 승명이 통달하니 승명은 사기를 교열하는 집이다.	☞이미 분과전을 모으니 삼황의 글은 분이고 오제의 글은 전이다.	☞영웅들을 모아놓고 분과전을 강론하여 도리를 밝혔다.

쌍 雙 隹 10 쌍 쌍	**새** 塞 土 10 변방 새	**색** 色 色 0 빛 색	嗇 口 10 인색할 색	索 糸 4 찾을 색	穡 禾 13 거둘 색
생 生 生 0 날 생	**서** 西 襾 0 서녘 서	誓 言 7 맹세할 서	書 日 6 글 서	緖 糸 9 실마리 서	序 广 4 차례 서
敍 攴 7 펼 서	徐 彳 7 천천히할 서	庶 广 8 여럿 서	暑 日 9 더울 서	署 网 9 관청 서	恕 心 6 용서할 서
抒 手 4 펼 서	瑞 玉 9 상서로울 서	棲 木 8 깃들일 서	婿 女 9 사위 서	曙 日 14 새벽 서	舒 舌 6 펼 서
㥠 心 9 지혜 서	**석** 石 石 0 돌 석	鉐 金 5 놋쇠 석	夕 夕 0 저녁 석	昔 日 4 옛 석	惜 心 8 아낄 석
席 巾 7 자리 석	析 木 4 쪼갤 석	錫 金 8 주석 석	䄷 禾 5 섬 석	釋 변 13 풀 석	碩 石 9 클 석
汐 水 3 저녁조수 석	奭 大 12 클 석	淅 水 8 일 석	晳 日 8 밝을 석	**선** 渲 水 9 바람 선	仙 人 3 신선 선
善 口 9 착할 선	先 儿 4 먼저 선	宣 宀 6 베풀 선	鮮 魚 6 고울 선	選 辵 12 가릴 선	船 舟 5 배 선
線 糸 8 줄 선	旋 方 7 돌 선	禪 示 12 고요할 선	扇 戶 6 부채 선	瑄 玉 9 도리옥 선	琁 玉 7 아름다운옥 선
璿 玉 14 아름다운옥 선	璇 玉 11 옥이름 선	愃 心 9 쾌할 선	羨 羊 7 부러워할 선	嬋 女 12 고울 선	銑 金 12 무쇠 선

千字文 21

杜稾鍾隸	漆書壁經	府羅將相	路俠槐卿	戶封八縣	家給千兵
두 고 종 례	칠 서 벽 경	부 라 장 상	로 협 괴 경	호 봉 팔 현	가 급 천 병
☞초서로 쓴 두고와 종예의 글씨가 궁전에 비치되었다.	☞옛날에는 옻으로 글씨를 썼는데 공자집 벽에서 발견된 논어·효경도 이것으로 썼다.	☞마을에 장수와 재상이 모여서 살고 있었다.	☞길가에 고관대작들이 마차를 타고 궁전으로 들어가는 모습	☞한나라가 천하를 평정하고 팔현을 두어 공신을 봉하였다.	☞제후국에 천명의 병사로 하여금 그의 거처를 호위토록 하였다.

膳 肉 12 반찬 선	繕 糸 12 기울 선	墡 土 12 백토 선	珗 玉 6 옥돌 선	[설] 雪 雨 3 눈 설	說 言 7 말씀 설
卨 卜 9 사람이름 설	設 言 4 베풀 설	舌 舌 0 혀 설	楔 木 9 문설주 설	薛 艸 13 나라이름 설	[섬] 暹 日 12 나아갈 섬
纖 糸 17 가늘 섬	蟾 虫 13 두꺼비 섬	[섭] 攝 手 18 끌어잡을 섭	涉 水 7 건널 섭	燮 火 13 화할 섭	葉 艸 9 땅이름 섭
[성] 珵 玉 9 옥빛 성	成 戈 3 이룰 성	城 土 7 재 성	誠 言 7 정성 성	盛 皿 7 성할 성	省 目 4 살필 성
聖 耳 7 성인 성	聲 耳 11 소리 성	星 日 4 별 성	性 心 5 성품 성	姓 女 5 성 성	娍 女 7 아름다울 성
惺 心 9 깨달을 성	晟 日 7 밝을 성	珹 玉 7 옥이름 성	醒 酉 9 술깰 성	[세] 稅 禾 7 세금 세	世 一 4 대 세
歲 止 9 해 세	洗 水 6 씻을 세	勢 力 11 기세 세	細 糸 5 가늘 세	[소] 小 小 0 작을 소	少 小 1 젊을 소
召 口 2 부를 소	昭 日 5 밝을 소	所 戶 4 바 소	素 糸 4 흴 소	笑 竹 4 웃을 소	訴 言 5 하소연할 소
掃 手 8 쓸 소	疎 疋 7 멀리할 소	疏 疋 7 멀 소	蘇 艸 16 깨어날 소	蔬 艸 11 나물 소	消 水 7 사라질 소
燒 火 12 불사를 소	炤 火 5 밝을 소	騷 馬 10 시끄러울 소	沼 水 5 늪 소	紹 糸 5 이을 소	遡 辵 10 거스를 소

千字文 22

高冠陪輦	驅轂振纓	世祿侈富	車駕肥輕	策功茂實	勒碑刻銘
고 관 배 련	구 곡 진 영	세 록 치 부	거 가 비 경	책 공 무 실	륵 비 각 명
☞높은 관모에 연으로 모시니 제후를 예의로 대접하였다.	☞수레를 끌고 달릴 때에 갓끈이 날리니 위엄을 떨치는 것 같다.	☞대대로 녹이 풍성하니 관록이 무성하다.	☞수레를 끄는 말은 살찌고 의복은 비단으로 가볍게 꾸몄다.	☞공과를 책하니 충실하고 무성하느니라	☞비석에 공적과 이름을 새기니 후세에까지 전하여 빛나다

邵 邑 5 땅이름 소	韶 音 5 아름다울 소	巢 巛 8 새집 소	柖 木 5 나무흔들릴 소	玿 玉 5 아름다운옥 소	**속** 粟 米 6 조 속
束 木 3 묶을 속	速 辵 7 빠를 속	俗 人 7 풍속 속	續 糸 15 이을 속	屬 尸 18 붙을 속	**손** 巽 己 9 괘이름 손
孫 子 7 손자 손	損 手 10 덜 손	遜 辵 10 겸손할 손	**솔** 率 玄 6 거느릴 솔	帥 巾 6 거느릴 솔	**송** 松 木 4 솔 송
送 6 보낼 송	訟 言 4 송사할 송	頌 頁 4 칭송할 송	誦 言 7 욀 송	宋 宀 4 송나라 송	淞 水 8 물 송
쇄 刷 刀 6 인쇄할 쇄	鎖 金 10 쇠사슬 쇄	**쇠** 釗 金 2 힘쓸 쇠	衰 衣 4 쇠잔할 쇠	**수** 水 水 0 물 수	穗 禾 12 이삭 수
殊 歹 6 다를 수	守 宀 3 지킬 수	秀 禾 2 빼어날 수	壽 士 11 목숨 수	數 攴 11 셈 수	樹 木 12 나무 수
修 人 8 닦을 수	須 頁 3 모름지기 수	首 首 0 머리 수	受 又 6 받을 수	授 手 8 줄 수	收 攴 2 거둘 수
帥 巾 6 장수 수	手 手 0 손 수	隨 阜 13 따를 수	遂 辵 9 드디어 수	需 雨 6 구할 수	輸 車 9 실어낼 수
誰 言 8 누구 수	愁 心 9 근심할 수	睡 目 8 졸 수	雖 隹 9 비록 수	囚 口 2 가둘 수	獸 犬 15 짐승 수
洙 水 6 물이름 수	琇 玉 7 옥돌 수	銖 金 6 무게단위 수	垂 土 5 드리울 수	粹 米 8 순수할 수	繡 糸 12 수놓을 수

千字文 23

磻溪伊尹	佐時阿衡	奄宅曲阜	微旦孰營	桓公匡合	濟弱扶傾
반 계 이 윤	좌 시 아 형	엄 택 곡 부	미 단 숙 영	환 공 광 합	제 약 부 경
☞문왕은 반계에서 강태공을 맞이하고 은왕은 신야에서 이윤을 맞이 하였다.	☞시기를 돕는 아형이니 그는 상나라 재상의 이름이다.	☞주공의 공로를 보답하는 뜻에서 곡부에 궁전을 세웠다.	☞주공의 결단이 아니면 어찌 궁전을 세웠으리요	☞제나라 환공이 백성의 힘을 모아 초나라를 물리쳤다.	☞약소국을 구하고 기울어지는 나라를 부추겨 주었다.

隋 阜 9 수나라 수	髓 骨 13 골수 수	**숙** 叔 又 6 아제비 숙	淑 水 8 맑을 숙	肅 聿 7 엄숙할 숙	宿 宀 8 잘 숙
孰 子 8 누구 숙	熟 火 11 익을 숙	塾 土 11 글방 숙	琡 玉 7 옥이름 숙	璹 玉 14 옥그릇 숙	橚 木 12 길고꼿꼿할 숙
순 順 頁 3 순할 순	純 糸 4 순수할 순	醇 酉 8 순후할 순	旬 日 2 열흘 순	瞬 目 12 눈깜짝일 순	巡 巛 4 순행할 순
盾 目 4 방패 순	循 彳 6 돌 순	脣 肉 7 입술 순	殉 歹 6 따라죽을 순	洵 水 6 믿을 순	珣 玉 6 옥그릇 순
荀 艸 6 풀이름 순	筍 竹 6 죽순 순	舜 舛 6 순임금 순	淳 水 8 순박할 순	焞 火 8 밝을 순	諄 言 8 거듭이를 순
錞 金 8 낮을 순	**술** 戌 戈 2 개 술	述 辵 5 지을 술	術 行 5 재주 술	**숭** 崇 山 8 높일 숭	嵩 山 10 높을 숭
슬 瑟 玉 9 악기이름 슬	膝 肉 11 무릎 슬	璱 玉 13 진주 슬	**습** 習 羽 5 익힐 습	拾 手 6 주울 습	襲 衣 16 엄습할 습
濕 水 14 젖을 습	**승** 勝 力 10 이길 승	承 手 4 이을 승	昇 日 4 오를 승	升 十 2 되 승	乘 丿 9 탈 승
僧 人 12 중 승	丞 一 5 정승 승	陞 阜 7 오를 승	繩 糸 13 노 승	**시** 時 日 6 때 시	始 女 6 비로소 시
是 日 5 이 시	市 巾 2 저자 시	侍 人 6 모실 시	詩 言 6 글귀 시	試 言 6 시험할 시	示 示 0 보일 시

千字文 24

綺回漢惠	說感武丁	俊乂密勿	多士寔寧	晋楚更霸	趙魏困橫
기 회 한 혜	설 감 무 정	준 예 밀 물	다 사 식 녕	진 초 갱 패	조 위 곤 횡
☞네 사람의 현인 중 한사람인 기가 한나라 허제를 회복시켰다.	☞무정의 꿈에 감동되어 그에게 정승의 벼슬을 내렸다.	☞준걸과 재사들이 조정에 많이 모였다.	☞올바른 선비들이 많으니 국가가 태평하느니라	☞진과 초가 다시 으뜸이되니 신문공과 초랑왕이 어질기 때문이다.	☞조나라와 위나라는 진나라를 섬겼다.

矢 失 0 화살 시	施 方 5 베풀 시	視 示 7 볼 시	柴 木 5 땔나무 시	恃 心 6 의지할 시	**씨** 氏 氏 0 성 씨
식 式 弋 3 법 식	植 木 8 심을 식	識 言 12 알 식	息 心 6 숨쉴 식	食 食 0 밥 식	飾 食 5 꾸밀 식
埴 土 8 찰흙 식	殖 歹 8 번식할 식	湜 水 9 물맑을 식	軾 車 6 수레앞턱가로나무 식	寔 宀 9 이 식	栻 木 6 점치는판 식
신 信 人 7 믿을 신	新 斤 9 새 신	臣 臣 0 신하 신	申 田 0 납 신	伸 人 5 펼 신	神 示 5 귀신 신
辛 幸 0 매울 신	身 身 0 몸 신	晨 日 7 새벽 신	愼 心 10 삼갈 신	紳 糸 5 큰띠 신	莘 艸 7 약이름 신
薪 艸 13 섶나무 신	迅 辵 3 빠를 신	訊 言 3 물을 신	**실** 實 宀 11 열매 실	室 宀 6 집 실	失 大 2 잃을 실
悉 心 7 다할 실	**심** 心 心 0 마음 심	深 水 8 깊을 심	審 宀 12 살필 심	尋 寸 9 찾을 심	甚 甘 4 심할 심
沁 水 4 물적실 심	沈 水 4 성 심	**십** 十 十 0 열 십	什 人 2 열 십	**아** 亞 二 6 버금 아	兒 儿 6 아이 아
阿 阜 5 언덕 아	牙 牙 0 어금니 아	芽 艸 4 싹 아	雅 隹 4 아담할 아	我 戈 3 나 아	餓 食 7 주릴 아
娥 女 7 예쁠 아	峨 山 7 산높을 아	衙 行 7 마을 아	**악** 岳 山 5 큰산 악	惡 心 8 악할 악	樂 木 11 풍류 악

千字文 25

假途滅虢	踐土會盟	何遵約法	韓弊煩刑	起翦頗牧	用軍最精
가 도 멸 괵	천 토 회 맹	하 준 약 법	한 폐 번 형	기 전 파 목	용 군 최 정
☞진나라에서 우국길을 빌려 괵국을 섬멸하였다.	☞진나라 문공이 제후들을 천토에 모아 천자인 양왕을 섬기도록 맹세를 받았다.	☞소하는 한 고조로 더불어 약법3장을 만들어 준수케 하였다.	☞한비는 진왕을 달래 형벌을 시행한다. 그 형벌에 의해서 죽는다.	☞백기와 왕전은 진나라 장수고 염파와 이목은 조나라 장수였다.	☞용병의 전법이 최고로 정결하였다.

堊 土 8 흰흙 악	嶽 山 14 큰산 악	안 安 宀 3 편안 안	案 木 6 책상 안	眼 目 6 눈 안	岸 山 5 언덕 안
雁 隹 4 기러기 안	顔 頁 9 얼굴 안	晏 日 6 늦을 안	按 手 6 살필 안	알 謁 言 9 아뢸 알	암 巖 山 20 바위 암
暗 日 9 어두울 암	庵 广 8 초막 암	菴 艸 8 암자 암	압 壓 土 14 누를 압	押 手 5 누를 압	鴨 鳥 5 집오리 압
앙 央 大 2 가운데 앙	仰 人 4 우러러볼 앙	殃 歹 5 재앙 앙	昂 日 4 높을 앙	鴦 鳥 5 원앙새 앙	애 愛 心 9 사랑 애
涯 水 8 물가 애	哀 口 6 슬픔 애	厓 厂 6 언덕 애	崖 山 8 낭떠러지 애	艾 艸 2 쑥 애	액 額 頁 9 이마 액
厄 厂 2 재앙 액	液 水 8 진 액	앵 鶯 鳥 10 꾀꼬리 앵	야 野 里 4 들 야	夜 夕 5 밤 야	也 乙 2 어조사 야
耶 耳 3 어조사 야	冶 冫 5 쇠불릴 야	약 約 糸 3 맺을 약	藥 艸 15 약 약	若 艸 5 같을 약	躍 足 14 뛸 약
弱 弓 7 약할 약	양 陽 阜 9 볕 양	楊 木 9 버들 양	揚 手 9 들날릴 양	羊 羊 0 양 양	洋 水 6 큰바다 양
養 食 6 기를 양	樣 木 11 모양 양	讓 言 17 사양할 양	壤 土 17 부드러운흙 양	襄 衣 11 오를 양	孃 女 17 계집애 양
漾 水 11 출렁거릴 양	어 魚 魚 11 물고기 어	漁 水 11 고기잡을 어	語 言 8 말씀 어	御 彳 8 거느릴 어	於 方 4 어조사 어

千字文 26

宣威沙漠	馳譽丹青	九州禹跡	百郡秦幷	嶽宗恒岱	禪主云亭
선 위 사 막	치 예 단 청	구 주 우 적	백 군 진 병	악 종 항 대	선 주 운 정
☞장수의 위엄이 사막에까지 선양되니 대적할 적이 없다.	☞명예를 죽은후에도 기리기 위하여 조상을 기린각에 그렸다.	☞하우씨가 구주를 기·연·청·서양·형·예·양·동으로 분별하였다.	☞진시황이 천하봉군하는 법을 폐지하고 백개의 고을을 두었다.	☞동태·서화·남형·북항·중숭산이 오악이고 항산과 태산이 조종이다.	☞운과 정은 천자를 모시고 제사하는 곳으로 태산에 있다.

억 億 人 13 억 억	憶 心 13 생각할 억	抑 手 4 누를 억	檍 木 13 참죽나무 억	**언** 言 言 0 말씀 언	焉 火 7 어찌 언
諺 言 9 속담 언	彥 彡 6 선비 언	**엄** 嚴 口 17 엄할 엄	奄 大 5 문득 엄	俺 人 8 나 엄	掩 手 8 가릴 엄
업 業 木 9 업 업	嶪 山 13 산높을 업	**여** 予 亅 3 나 여	余 人 5 나 여	餘 食 7 남을 여	與 臼 7 줄 여
輿 車 10 수레 여	如 女 3 같을 여	汝 水 3 너 여	**역** 亦 亠 4 또 역	易 日 4 바꿀 역	役 彳 4 부릴 역
域 土 8 지경 역	譯 言 13 통변할 역	驛 馬 13 역말 역	疫 疒 4 염병 역	逆 辵 6 거스를 역	晹 日 8 별 역
연 延 廴 4 끌 연	研 石 6 갈 연	姸 女 6 고울 연	硯 石 7 벼루 연	沿 水 5 물따라내려갈 연	鉛 金 5 납 연
演 水 11 연역할 연	然 火 8 그럴 연	燃 火 12 불탈 연	煙 火 9 연기 연	宴 宀 7 잔치 연	燕 火 12 제비 연
緣 糸 9 인연 연	軟 車 4 연할 연	衍 行 3 퍼질 연	淵 水 9 못 연	沇 水 4 물흐르는모양 연	娟 女 7 아름다울 연
涓 水 7 가릴 연	筵 竹 7 대자리 연	瑌 玉 9 옥돌 연	**열** 悅 心 7 기뻐할 열	熱 火 11 더울 열	閱 門 7 볼 열
說 言 7 기쁠 열	**염** 染 木 5 물들 염	炎 火 4 불꽃 염	琰 玉 8 비취옥 염	鹽 鹵 13 소금 염	艶 色 13 고울 염

千字文 27

鴈門紫塞
안 문 자 색

☞봄에 기러기가 북으로 가는고로 안문이고, 붉은 흙을 자색이라 한다.

鷄田赤城
계 전 적 성

☞계전은 옹주에 있고 적성은 기주에 있는 고을이다.

昆池碣石
곤 지 갈 석

☞곤지는 운남에 있고 갈석현은 부평현에 있다.

鉅野洞庭
거 야 동 정

☞거야는 태산 동편에 있고 동정은 호남성에 있는 중국제일의 호수이다.

엽 葉 艸 9 잎 엽	燁 火 11 빛날 엽	曄 日 11 빛날 엽	**영** 永 水 1 길 영	泳 水 5 헤엄칠 영	詠 言 5 읊을 영
英 艸 5 꽃부리 영	營 火 13 경영할 영	榮 木 10 영화 영	映 日 5 비칠 영	楹 木 9 기둥 영	渶 水 9 빛날 영
煐 火 9 빛날 영	瑛 玉 9 옥광채 영	鍈 金 9 방울소리 영	瑩 玉 10 밝을 영	嬰 女 14 어릴 영	迎 辵 4 맞을 영
盈 皿 4 찰 영	影 彡 12 그림자 영	瀯 水 17 물소리 영	暎 日 9 비칠 영	頴 頁 11 이삭 영	瓔 玉 17 옥돌 영
예 豫 豕 9 미리 예	藝 艸 15 재주 예	譽 言 14 기릴 예	銳 金 7 날카로울 예	叡 又 14 밝을 예	預 頁 4 미리 예
芮 艸 4 나라이름 예	乂 丿 1 어질 예	**오** 五 二 2 다섯 오	吾 口 4 나 오	梧 木 7 오동나무 오	悟 心 7 깨달을 오
誤 言 7 그르칠 오	娛 女 7 즐거워할 오	午 十 2 낮 오	烏 火 6 까마귀 오	嗚 口 10 탄식할 오	汚 水 3 더러울 오
俉 人 4 대오 오	吳 口 4 오나라 오	旿 日 4 대낮 오	傲 人 11 거만할 오	奧 大 10 속 오	晤 日 7 만날 오
珸 玉 7 옥돌 오	**옥** 玉 玉 0 구슬 옥	屋 尸 6 집 옥	獄 犬 10 옥 옥	鈺 金 4 보배 옥	沃 水 4 기름질 옥
온 溫 水 10 따뜻할 온	瑥 玉 10 사람이름 온	穩 禾 14 편안할 온	媼 女 10 할미 온	**옹** 翁 羽 4 늙은이 옹	雍 隹 5 화할 옹

千字文 28

曠遠綿邈
광 원 면 막
☞산과 들판과 호수가 아득히 펼쳐져 있다.

巖岫杳冥
암 수 묘 명
☞큰 바위와 뫼뿌리의 구멍이 아득하게 묘연하다.

治本於農
치 본 어 농
☞농사는 다스림의 근본이다.

務玆稼穡
무 자 가 색
☞시기를 놓치지 말고 심고 거두는데 힘써야 한다.

壅 土 13 막힐 옹	擁 手 13 안을 옹	**와** 瓦 瓦 0 기와 와	臥 臣 2 누울 와	**완** 完 宀 4 완전할 완	緩 糸 9 느릴 완
浣 水 7 씻을 완	婠 女 8 몸고울 완	婉 女 8 아름다울 완	玩 玉 4 놀 완	琓 玉 6 옥이름 완	琬 王 8 서옥 완
莞 艸 7 빙그레웃을 완	垸 土 7 바를 완	**왈** 曰 曰 0 가로 왈	**왕** 王 玉 0 임금 왕	往 彳 5 갈 왕	旺 日 4 왕성할 왕
汪 水 4 깊고넓을 왕	枉 木 4 굽을 왕	**외** 外 夕 2 바깥 외	畏 田 4 두려워할 외	**요** 要 襾 3 중요로울 요	夭 大 1 일찍죽을 요
樂 木 11 좋아할 요	遙 辵 10 멀 요	搖 手 10 흔들 요	謠 言 10 노래 요	堯 土 9 요임금 요	腰 肉 9 허리 요
曜 日 14 비칠 요	耀 羽 14 빛날 요	饒 食 12 넉넉할 요	瑤 玉 10 아름다운옥 요	姚 女 6 예쁠 요	**욕** 欲 欠 7 하고자할 욕
浴 水 7 목욕 욕	慾 心 11 욕심 욕	辱 辰 3 욕 욕	**용** 用 用 0 쓸 용	庸 广 8 떳떳할 용	勇 力 7 날랠 용
容 宀 7 얼굴 용	溶 水 10 녹을 용	鎔 金 10 녹일 용	瑢 玉 10 패옥소리 용	榕 木 10 용나무 용	蓉 艸 10 부용 용
湧 水 9 물솟을 용	埇 水 7 물넘칠 용	踊 足 7 뛸 용	傭 人 11 품팔이 용	鏞 金 11 큰쇠북 용	茸 艸 6 무성할 용
墉 土 11 담 용	**우** 于 二 1 어조사 우	宇 宀 3 집 우	雨 雨 0 비 우	羽 羽 0 깃 우	遇 辵 9 만날 우

千字文 29

俶載南畝
천 지 현 황

☞남양의 밭에 씨뿌려 재배하니 농작물이 가득하다.

我藝黍稷
아 예 서 직

☞나는 기장과 피를 심는데 열심히 하였다.

稅熟貢新
세 숙 공 신

☞곡식이 익어 수확을 거두면 국가에 조세하고 새곡식으로 종묘에 제사 올렸다.

勸賞黜陟
권 상 출 척

☞열심히 일하는 자는 상을 내리고 게으른 불한당은 벌을 주었다.

愚 心 9 어리석을 우	偶 人 9 짝 우	憂 心 11 근심 우	優 人 15 넉넉할 우	郵 邑 8 우편 우	右 口 2 오른쪽 우
友 又 2 벗 우	牛 牛 0 소 우	又 又 0 또 우	尤 尢 1 더욱 우	祐 示 5 도울 우	佑 人 5 도울 우
禹 禸 4 하우씨 우	寓 宀 9 붙어살 우	瑀 玉 9 옥돌 우	迂 辵 3 굽을 우	隅 阜 9 모퉁이 우	堣 土 9 땅이름 우
釪 金 3 악기이름 우	玗 玉 3 옥돌 우	霻 雨 6 물소리 우	**욱** 昱 日 5 빛날 욱	彧 彡 7 무성할 욱	煜 火 9 빛날 욱
郁 邑 6 성할 욱	頊 玉 9 삼가하는모양 욱	旭 日 2 아침해 욱	**운** 云 二 2 이를 운	雲 雨 4 구름 운	澐 水 12 큰물결 운
運 辵 9 운전할 운	韻 音 10 운 운	沄 水 4 돌아올 운	耘 耒 4 김맬 운	**울** 蔚 艸 11 우거질 울	**웅** 雄 隹 4 수컷 웅
熊 火 10 곰 웅	**원** 元 儿 2 으뜸 원	院 阜 7 집 원	原 厂 8 근원 원	源 水 10 근원 원	願 頁 10 바랄 원
員 口 7 관원 원	圓 口 10 둥글 원	遠 辵 10 멀 원	援 手 9 도울 원	園 口 10 동산 원	怨 心 5 원망할 원
袁 衣 4 성 원	垣 土 6 울타리 원	媛 女 9 예쁠 원	瑗 玉 9 도리옥 원	沅 水 4 물이름 원	洹 水 6 흐를 원
苑 艸 5 동산 원	轅 車 10 멍에채 원	愿 心 10 삼갈 원	嫄 女 10 사람이름 원	婉 女 8 고울 원	**월** 月 月 0 달 월

千字文 30

孟軻敦素
맹 가 돈 소

☞맹자는 본래의 마음을 두텁게 하는 돈소설을 주장했다.

史魚秉直
사 어 병 직

☞사어는 위나라 재상으로 성품이 매우 강직하였다.

庶幾中庸
서 기 중 용

☞모든이에 한편으로 기울면 안되며 중용을 지킬 것이니라

勞謙謹勅
로 겸 근 칙

☞근면, 겸손, 신중하면 중용의 도에 이르는 것이다.

越 走 5 넘을 월	**위** 位 人 5 자리 위	偉 人 9 위대할 위	緯 糸 9 씨 위	圍 口 9 둘레 위	衛 行 9 호위할 위
爲 爪 8 할 위	僞 人 12 거짓 위	謂 言 9 이를 위	委 女 5 맡길 위	慰 心 11 위로할 위	威 女 6 위엄 위
胃 肉 5 밥통 위	危 卩 4 위태할 위	暐 日 9 햇빛 위	渭 水 9 물이름 위	瑋 玉 9 노리개 위	尉 寸 8 벼슬이름 위
違 辵 9 어길 위	韋 韋 0 다룸가죽 위	魏 鬼 8 위나라 위	**유** 乳 乙 7 젖 유	有 月 2 있을 유	由 田 0 말미암을 유
油 水 5 기름 유	儒 人 14 선비 유	遺 辵 12 남을 유	愈 心 9 더욱 유	喩 口 9 깨우칠 유	瑜 玉 9 옥 유
維 糸 8 바 유	惟 心 8 생각할 유	唯 口 8 오직 유	酉 酉 0 닭 유	幼 幺 2 어릴 유	幽 幺 6 그윽할 유
悠 心 7 멀 유	柔 木 5 부드러울 유	誘 言 7 꾈 유	猷 犬 9 꾀 유	猶 犬 9 오히려 유	遊 辵 9 놀 유
裕 衣 7 넉넉할 유	侑 人 6 권할 유	宥 宀 6 용서할 유	庾 广 9 노적가리 유	兪 入 7 성 유	楡 木 9 느릅나무 유
洧 水 6 물이름 유	濡 水 14 젖을 유	愉 心 9 기쁠 유	秞 禾 5 무성할 유	攸 攴 3 바 유	柚 木 5 유자 유
육 肉 肉 0 고기 육	育 肉 4 기를 육	堉 土 8 걸찬땅 육	**윤** 潤 水 12 윤택할 윤	閏 門 4 윤달 윤	尹 尸 1 다스릴 윤

千字文 31

聆音察理
영 음 찰 리

☞음성을 듣고 거동을 살필 수 있으니 작은 일이라도 매사에 주의해야 한다.

鑑貌辨色
감 모 변 색

☞용모와 행동으로 그 사람의 심리도 살필 수 있다.

貽厥嘉猷
이 궐 가 유

☞선행과 덕망을 쌓아 자손에게 남겨야 한다.

勉其祗植
면 기 지 식

☞선행을 자손에게 심어주는데 힘써야 한다.

允 儿 2 진실로 윤	玧 玉 4 귀막이구슬 윤	鈗 金 4 창 윤	胤 肉 5 맏아들 윤	阭 阜 4 높을 윤	奫 大 11 물깊고넓을 윤
융 融 虫 10 녹을 융	**은** 恩 心 6 은혜 은	銀 金 6 은 은	隱 阜 14 숨을 은	垠 土 6 끝 은	殷 殳 6 은나라 은
誾 門 7 화평할 은	溵 水 10 물소리 은	**을** 乙 乙 0 새 을	**음** 音 音 0 소리 음	陰 阜 8 그늘 음	吟 口 4 읊을 음
飮 食 4 마실 음	淫 水 8 음란할 음	**읍** 邑 邑 0 고을 읍	泣 水 5 울 읍	**응** 應 心 13 응할 응	膺 肉 13 가슴 응
鷹 鳥 13 매 응	凝 冫 14 엉길 응	**의** 義 羊 7 옳을 의	議 言 13 의논할 의	儀 人 13 거동 의	擬 手 14 비길 의
衣 衣 0 옷 의	依 人 6 의지할 의	宜 宀 5 마땅할 의	矣 矢 2 어조사 의	意 心 9 뜻 의	醫 酉 11 의원 의
疑 疋 9 의심할 의	倚 人 8 의지할 의	誼 言 8 옳을 의	毅 殳 11 굳셀 의	懿 心 18 클 의	**이** 二 二 0 두 이
貳 貝 5 두 이	以 人 3 써 이	夷 大 3 오랑캐 이	已 己 0 이미 이	耳 耳 0 귀 이	珥 玉 6 귀고리 이
異 田 6 다를 이	移 禾 6 옮길 이	而 而 0 말이을 이	伊 人 4 저 이	易 日 4 쉬울 이	彝 彐 15 떳떳할 이
怡 心 5 기쁠 이	爾 爻 10 너 이	弛 弓 3 늦출 이	頤 頁 6 턱 이	**익** 益 皿 5 더할 익	翼 羽 12 날개 익

千字文 32

省躬譏誡
성 궁 기 계
☞내 몸에 과실이 있는지 항상 살펴 보아야 한다.

寵增抗極
총 증 항 극
☞총애를 받을수록 교만한 생각을 버리고 더욱 근신해야 한다.

殆辱近恥
태 욕 근 치
☞총애를 받아도 욕된 행동을 취하면 멀지 않아서 위태와 부끄러움이 온다.

林皐幸卽
임 고 행 즉
☞가난하여도 산간 숲속에 사는 것도 다행한 일이니라

翊 羽 5 도울 익	瀷 水 17 스며흐를 익	謚 言 10 웃을 익	翌 羽 5 명일 익	**인** 人 人 0 사람 인	仁 人 2 어질 인
印 卩 4 도장 인	因 口 3 인할 인	姻 女 6 혼인 인	寅 宀 8 동방 인	引 弓 1 당길 인	忍 心 3 참을 인
認 言 7 인정할 인	刃 刀 1 칼날 인	**일** 一 一 0 한 일	壹 士 9 한 일	日 日 0 날 일	逸 辵 8 편안할 일
溢 水 10 넘칠 일	鎰 金 10 무게의단위 일	馹 馬 4 역말 일	佾 人 6 춤출 일	**임** 壬 士 1 아홉째천간 임	任 人 4 맡길 임
妊 女 4 아이밸 임	姙 女 6 아이밸 임	賃 貝 6 품팔이 임	稔 禾 8 곡식여물 임	**입** 入 入 0 들 입	**잉** 剩 刀 10 남을 잉
자 子 子 0 아들 자	字 宀 3 글자 자	者 老 5 놈 자	資 貝 6 재물 자	姿 女 6 맵시 자	姉 女 5 누이 자
玆 玄 5 검을 자	滋 水 9 불을 자	慈 心 9 사랑 자	紫 糸 5 자주빛 자	藉 艸 14 빙자할 자	自 自 0 스스로 자
仔 人 3 자세할 자	恣 心 6 방자할 자	瓷 瓦 6 사기그릇 자	刺 刀 6 찌를 자	磁 石 10 자석 자	雌 隹 5 암 자
작 作 人 5 지을 작	昨 日 5 어제 작	爵 爪 14 벼슬 작	芍 艸 3 작약 작	灼 火 3 구울 작	酌 酉 3 따를 작
雀 隹 3 참새 작	鵲 鳥 8 까치 작	**잔** 殘 歹 8 남을 잔	**잠** 潛 水 12 잠길 잠	暫 日 11 잠깐 잠	箴 竹 9 경계할 잠

千字文 33

兩疏見機
양 소 견 기

☞한 나라의 소광과 소수는 기틀을 보고 상소한 후 고향으로 돌아갔다.

解組誰逼
해 조 수 핍

☞벼슬의 끈을 풀고 고향으로 돌아가니 누가 핍박하겠는가?

索居閑處
색 거 한 처

☞고관 대작의 벼슬을 버리고 한적한 곳을 찾아 세상을 살아간다.

沈默寂寥
침 묵 적 료

☞세인들과 교제하는 데는 언행을 침착하게 가져야 한다.

蠶 虫 18 누에 잠	**잡** 雜 隹 10 섞일 잡	**장** 丈 一 2 어른 장	長 長 0 길 장	張 弓 8 베풀 장	場 土 9 마당 장
章 立 6 글 장	障 阜 11 막힐 장	樟 木 11 녹나무 장	璋 玉 11 홀 장	暲 日 11 햇발돋아올 장	壯 士 4 씩씩할 장
莊 艸 7 장중할 장	裝 衣 7 꾸밀 장	掌 手 8 손바닥 장	將 寸 8 장수 장	獎 大 11 권면할 장	墻 土 13 담 장
帳 巾 8 휘장 장	藏 艸 14 감출 장	臟 肉 18 오장 장	腸 肉 9 창자 장	葬 艸 9 장사 장	匠 匚 4 장인 장
庄 广 3 장중할 장	粧 米 6 단장할 장	杖 木 3 지팡이 장	薔 艸 13 장미 장	漳 水 11 강이름 장	奘 大 7 클 장
蔣 艸 11 과장풀 장	**재** 才 手 0 재주 재	材 木 3 재목 재	財 貝 3 재물 재	再 冂 4 두 재	在 土 3 있을 재
哉 口 6 어조사 재	載 車 6 실을 재	栽 木 6 심을 재	裁 衣 6 마를 재	宰 宀 7 재상 재	災 火 3 재앙 재
梓 木 7 가래나무 재	縡 糸 10 일 재	齋 齊 3 재계할 재	渽 水 9 맑을 재	**쟁** 爭 爪 4 다툴 쟁	錚 金 8 쇳소리 쟁
저 著 艸 9 나타날 저	低 人 5 낮을 저	底 人 5 밑 저	抵 手 5 막을 저	邸 邑 5 집 저	苧 艸 5 모시 저
貯 貝 5 쌓을 저	楮 木 9 닥나무 저	**적** 的 白 3 과녁 적	寂 宀 8 고요할 적	適 辵 11 맞을 적	摘 手 11 딸 적

千字文 34

求古尋論
구 고 심 론
☞옛 성현들이 남긴 높은 경지의 학문을 찾아 토론·연구하여야 한다.

散慮逍遙
산 려 소 요
☞복잡한 세상일 버리고 한가로운 자연에서 지낸다.

欣奏累遣
흔 주 루 견
☞번잡한 일과 욕심을 버리면 기쁨이 찾아들고 잡념이 사라진다.

慼謝歡招
척 사 환 초
☞마음의 슬픔이 사라지고 즐거운 일이 부른듯이 달려온다.

滴 水 11 물방울 적	積 禾 11 쌓을 적	績 糸 11 길쌈할 적	赤 赤 0 붉은 적	跡 足 6 발자취 적	蹟 足 11 자취 적
笛 竹 5 피리 적	迪 辵 5 나아갈 적	敵 攴 11 대적할 적	賊 貝 6 도둑 적	籍 艸 14 서적 적	**전** 全 入 4 온전한 전
錢 金 8 돈 전	田 田 0 밭 전	展 尸 7 펼 전	電 雨 5 번개 전	前 刀 7 앞 전	專 寸 8 오로지 전
傳 人 11 전할 전	轉 車 11 구를 전	典 八 6 법 전	戰 戈 12 싸울 전	佺 人 6 신선이름 전	栓 木 6 나무못 전
詮 言 6 설명할 전	銓 金 6 저울 전	琠 玉 8 옥이름 전	甸 田 2 경기 전	塡 土 10 메울 전	殿 殳 9 큰집 전
奠 大 8 둘 전	荃 艸 6 향풀 전	鐫 隹 5 새살찔 전	**절** 切 刀 2 끊을 절	絶 糸 6 끊을 절	節 竹 9 마디 절
折 手 4 꺾을 절	晢 日 7 밝을 절	**점** 占 卜 3 점 점	店 广 5 점방 점	點 黑 5 점 점	漸 水 11 차차 점
접 接 手 8 접할 접	蝶 虫 9 나비 접	**정** 亭 亠 7 정자 정	停 人 9 머무를 정	訂 言 2 고칠 정	頂 頁 2 꼭대기 정
井 二 2 우물 정	程 禾 7 법 정	貞 貝 2 곧을 정	定 宀 5 정할 정	廷 廴 4 조정 정	庭 广 7 뜰 정
正 止 1 바를 정	政 攴 5 정사 정	征 彳 5 칠 정	整 攴 12 가지런할 정	淨 水 8 깨끗할 정	情 心 8 뜻 정

千字文 35

渠荷的歷
거 하 적 력
☞개천가의 연꽃도 아름다우니 향기를 잡아 볼만하다.

園莽抽條
원 망 추 조
☞동산의 초목이 무성하고 잔가지가 사방으로 뻗었다.

枇杷晩翠
비 파 만 취
☞비파나무의 푸르른 절개는 변치 않는다.

梧桐早凋
오 동 조 조
☞오동잎은 가을에 먼저 말라서 떨어진다.

靚 見 7 단장할 정	精 米 8 찧을 정	靜 青 8 고요할 정	汀 水 2 물가 정	玎 玉 2 옥소리 정	町 田 2 밭두둑 정
呈 口 4 드릴 정	姃 女 5 계집단정할 정	偵 人 9 정탐할 정	幀 巾 9 그림족자 정	湞 水 9 물이름 정	楨 木 9 쥐똥나무 정
禎 示 9 상서 정	珽 玉 7 옥이름 정	挺 手 7 빼어날 정	綎 糸 7 샘물 정	晶 日 8 수정 정	鼎 鼎 0 솥 정
晸 日 5 해뜰 정	柾 木 5 구 정	鉦 金 5 징 정	淀 水 8 얕은물 정	錠 金 8 신선로 정	鋌 金 7 쇳덩이 정
鄭 邑 12 정나라 정	靖 立 12 편안할 정	桯 木 7 탁자 정	珵 玉 7 노리개 정	丁 一 0 장정 정	鋥 金 7 칼날세울 정
炡 火 5 빛날 정	**제** 制 刀 6 억제할 제	堤 土 9 방죽 제	提 手 9 끌 제	瑅 玉 9 옥이름 제	題 頁 9 제목 제
帝 巾 6 임금 제	弟 弓 4 아우 제	齊 齊 0 가지런할 제	濟 水 14 건널 제	製 衣 8 지을 제	祭 示 6 제사 제
際 阜 11 끝 제	諸 言 9 모든 제	除 阜 7 덜 제	第 竹 5 차례 제	悌 心 7 공손할 제	梯 木 7 사닥다리 제
조 兆 儿 4 조짐 조	助 力 5 도울 조	祖 示 5 할아비 조	組 糸 5 짤 조	租 禾 5 구실 조	調 言 8 고를 조
造 辵 7 지을 조	操 手 13 잡을 조	早 日 2 일찍 조	條 木 7 가지 조	朝 月 8 아침 조	潮 水 12 조수 조

千字文 36

陳根委翳
진 근 위 예

☞가을이면 나무잎과 뿌리가 고목처럼 마른다.

落葉飄颻
낙 엽 표 요

☞가을에는 낙엽이 떨어져 나부낀다.

遊鯤獨運
유 곤 독 운

☞곤어는 북해의 큰 물고기이므로 홀로 헤엄치며 논다

凌摩絳霄
릉 마 강 소

☞곤어가 붕새로 되어 구천에 이르니 사람의 운수와 비교된다.

照 火 9 비출 조	燥 火 13 마를 조	鳥 鳥 0 새 조	弔 弓 1 조상할 조	彫 彡 8 새길 조	措 手 8 둘 조
趙 走 7 조나라 조	晁 日 6 아침 조	窕 穴 6 안존할 조	曹 日 7 무리 조	遭 辵 11 만날 조	祚 示 5 복조 조
肇 聿 8 시작할 조	釣 金 3 낚시 조	詔 言 5 고할 조	**족** 族 方 7 겨레 족	足 足 0 발 족	**존** 存 子 3 있을 존
尊 寸 9 높을 존	**졸** 卒 十 6 군사 졸	拙 手 5 졸할 졸	**종** 種 禾 9 씨 종	鍾 金 9 쇠북 종	鐘 金 12 술잔 종
從 彳 8 좇을 종	瑽 玉 11 패옥소리 종	縱 糸 11 세로 종	終 糸 5 마칠 종	宗 宀 5 마루 종	倧 人 8 한배 종
淙 水 8 물소리 종	悰 心 8 즐거울 종	琮 玉 8 서옥이름 종	棕 木 8 종려나무 종	綜 糸 8 모을 종	**좌** 左 工 2 왼 좌
佐 人 5 도울 좌	坐 土 4 앉을 좌	座 广 7 자리 좌	**죄** 罪 网 8 허물 죄	**주** 主 丶 4 주인 주	住 人 5 살 주
柱 木 5 기둥 주	注 水 5 물댈 주	周 口 5 두루 주	州 水 3 고을 주	洲 水 6 섬 주	宙 宀 5 하늘 주
走 走 0 달릴 주	晝 日 7 낮 주	朱 木 2 붉을 주	株 木 6 그루 주	舟 舟 0 배 주	酒 酉 3 술 주
胄 肉 5 자손 주	奏 大 6 아뢸 주	湊 水 9 모일 주	炷 火 5 심지 주	註 言 5 주낼 주	珠 玉 6 구슬 주

千字文 37

眈讀玩市
탐 독 완 시
☞한나라의 왕충은 가난하여 항상 서점에서 책을 읽었다.

寓目囊箱
우 목 낭 상
☞왕총이 글을 읽으며 주머니나 상자에 넣어둔것 같이 잊지 않았다.

易輶攸畏
이 유 유 외
☞군자는 앞뒤를 분별하지 않고 말하는 것을 두려워 하였다.

屬耳垣墻
속 이 원 장
☞벽에도 귀가 있는 같이 말을 함부로 경솔히 말 것이니라

鑄 金 14 부어만들 주	疇 田 14 무리 주	週 辵 8 주일 주	駐 馬 5 머무를 주	遒 辵 9 굳셀 주	姝 女 5 예쁠 주
澍 水 12 물쏟을 주	**죽** 竹 竹 0 대나무 죽	**준** 俊 人 7 준걸 준	準 水 10 법도 준	遵 辵 12 좇을 준	峻 山 7 높을 준
浚 水 7 칠 준	晙 日 7 밝을 준	埈 土 7 높을 준	焌 火 7 불땔 준	竣 立 7 마칠 준	駿 馬 7 준마 준
准 冫 8 승인할 준	埻 土 8 과녁 준	雋 隹 5 뛰어날 준	儁 人 13 뛰어날 준	濬 水 14 깊을 준	畯 田 7 농부 준
隼 隹 2 새매 준	**줄** 茁 艸 5 풀처음나는 줄	**중** 中 丨 3 가운데 중	仲 人 4 버금 중	重 里 2 무거울 중	衆 血 6 무리 중
즉 卽 卩 7 곧 즉	**즐** 櫛 木 15 빗 즐	**즙** 汁 水 2 진액 즙	**증** 曾 日 8 일찍 증	增 土 12 더할 증	憎 心 12 미워할 증
贈 貝 12 줄 증	烝 火 6 무리 증	蒸 艸 10 찔 증	症 疒 5 병증세 증	證 言 12 증거 증	甑 瓦 12 시루 증
지 地 土 3 땅 지	池 水 3 못 지	之 丿 3 갈 지	只 口 2 다만 지	止 止 0 그칠 지	志 心 3 뜻 지
誌 言 7 기록할 지	持 手 6 가질 지	指 手 6 손가락 지	知 矢 3 알 지	智 日 8 슬기 지	至 至 0 이를 지
紙 糸 4 종이 지	支 支 0 지탱할 지	枝 木 4 가지 지	遲 辵 12 더딜 지	旨 日 2 뜻 지	址 土 4 터 지

千字文 38

具膳飡飯 구 선 손 반
☞군자는 반찬과 밥을 준비하여 예를 갖추어 먹는다.

適口充腸 적 구 충 장
☞좋은 음식이 아니라도 입에 맞으면 배를 채울 수 있다.

飽飫烹宰 포 어 팽 재
☞배부른 후에는 아무리 좋은 음식도 그 맛을 모른다.

飢厭糟糠 기 염 조 강
☞배를 주렸을 때는 거의 찌거기도 맛이 있느니라

沚 水 4 물가 지	祉 示 4 복 지	趾 足 4 발가락 지	祗 示 5 공경할 지	芝 艸 4 지초 지	摯 手 11 잡을 지
鋕 金 7 새길 지	**직** 直 目 3 곧을 직	職 耳 12 직분 직	織 糸 12 짤 직	稙 禾 8 일찍심는벼 직	稷 禾 10 기장 직
진 眞 目 5 참 진	鎭 金 10 진압할 진	辰 辰 0 별 진	振 手 7 떨칠 진	珍 玉 5 보배 진	進 辵 8 나아갈 진
盡 皿 9 다할 진	陣 阜 7 진칠 진	陳 阜 8 베풀 진	晋 日 6 진나라 진	津 水 6 나루 진	璡 玉 12 옥돌 진
秦 大 7 진나라 진	軫 車 5 수레뒤턱나무 진	震 雨 7 진동할 진	塵 土 10 티끌 진	瑱 玉 10 귀막이옥 진	瑨 玉 12 옥돌 진
襛 衣 10 복받을 진	診 言 5 볼 진	縝 糸 10 맺을 진	塡 土 10 누를 진	賑 貝 7 넉넉할 진	**질** 秩 禾 5 차례 질
質 貝 8 문서 질	瓆 玉 15 이름 질	姪 女 6 조카 질	疾 疒 5 병 질	**집** 什 人 2 세간 집	集 隹 4 모을 집
潗 水 12 샘솟을 집	執 土 8 잡을 집	緝 木 9 돛대 집	輯 車 9 모을 집	鏶 金 12 쇳조각 집	**징** 徵 彳 12 부를 징
懲 心 15 징계할 징	澄 水 12 맑을 징	**차** 次 欠 2 버금 차	借 人 8 빌 차	且 一 4 또 차	此 止 2 이 차
差 工 7 어긋날 차	車 車 0 수레 차	叉 又 1 깍지낄 차	瑳 玉 10 옥빛깨끗할 차	**착** 着 羊 6 붙을 착	錯 金 8 섞일 착

千字文 39

親戚故舊
친 척 고 구

☞친은 같은 성의 친족이고 척은 이성의 친족이며 고구는 옛 친구이다.

老少異糧
노 소 이 량

☞노인과 젊은이는 식사하는 방도가 서로 다르다.

妾御績紡
첩 어 적 방

☞남자는 밖에서 일하고 여자는 안에서 길쌈을 짠다.

侍巾帷房
시 건 유 방

☞남편이 씻는 동안 수건을 준비하고 편안한 방으로 모시는 것은 아내의 일이다.

捉 手 7 잡을 착	**찬** 撰 手 12 글지을 찬	贊 貝 12 찬성할 찬	讚 言 19 기릴 찬	瓚 玉 19 옥 찬	粲 米 7 밝고성할 찬
澯 水 13 맑을 찬	燦 火 13 빛날 찬	璨 玉 13 옥빛찬란할 찬	纂 糸 14 모을 찬	纘 糸 19 이을 찬	鑽 金 19 뚫을 찬
찰 察 宀 11 살필 찰	**참** 參 厶 9 참여할 참	慚 心 11 부끄러워할 참	慘 心 11 참혹 참	**창** 昌 日 4 창성할 창	唱 口 8 노래 창
倉 人 8 곳집 창	創 刀 10 비롯할 창	滄 水 10 큰바다 창	蒼 艸 10 푸를 창	暢 日 10 화창할 창	窓 穴 6 창 창
敞 攴 8 드러날 창	廠 广 12 헛간 창	彰 彡 11 나타날 창	昶 日 5 밝을 창	菖 艸 8 창포 창	**채** 採 手 8 캘 채
彩 彡 8 무늬 채	菜 艸 8 나물 채	債 人 11 빚 채	埰 土 8 나라에서준땅 채	蔡 艸 11 나라이름 채	采 釆 1 캘 채
寀 宀 8 동관 채	綵 糸 8 비단 채	**책** 策 竹 6 꾀 책	責 貝 4 꾸짖을 책	冊 冂 3 책 책	**처** 處 虍 5 곳 처
妻 女 5 아내 처	悽 心 8 슬퍼할 처	**척** 戚 戈 7 겨레 척	坧 土 5 터 척	拓 手 5 열 척	尺 尸 1 자 척
斥 斤 1 물리칠 척	陟 阜 7 오를 척	**천** 川 巛 0 내 천	天 大 1 하늘 천	千 十 1 일천 천	仟 人 3 일천 천
阡 阜 3 밭둑길 천	泉 水 5 샘 천	薦 艸 13 천거할 천	遷 辵 12 옮길 천	淺 水 8 얕을 천	踐 足 8 밟을 천

千字文 40

紈扇圓潔
환 선 원 결
☞비단으로 만든 환선이라는 부채는 모양이 둥글고 보기에 아름다웠다.

銀燭煒煌
은 촉 위 황
☞은으로 만든 촛대로 불을 밝히니 방안이 휘황찬란하다.

晝眠夕寐
주 면 석 매
☞낮에는 졸고 밤에 잠자니 별볼일 없는 한가한 사람이다.

籃筍象床
람 순 상 상
☞대나무로 만든 대자리와 상아로 만든 침상. 즉, 태평세월의 상징이다.

賤 貝 8 천할 천	**철** 哲 口 7 밝을 철	喆 口 9 밝을 철	鐵 金 13 쇠 철	徹 彳 12 뚫을 철	澈 水 12 물맑을 철
撤 手 12 걷을 철	轍 車 12 수레바퀴자국 철	綴 糸 8 철할 철	**첨** 添 水 8 더할 첨	尖 小 3 뾰족할 첨	僉 人 11 다 첨
瞻 目 13 볼 첨	**첩** 妾 女 5 작은집 첩	帖 巾 5 문서 첩	捷 手 8 빠를 첩	**청** 靑 靑 0 푸를 청	淸 水 8 맑을 청
晴 日 8 갤 청	請 言 8 청할 청	廳 广 22 관청 청	聽 耳 16 들을 청	**체** 體 骨 13 몸 체	替 曰 8 바꿀 체
締 糸 9 맺을 체	諦 言 9 살필 체	遞 辵 10 갈마들 체	**초** 草 艸 6 풀 초	初 刀 5 처음 초	抄 手 4 베낄 초
招 手 5 부를 초	超 走 5 뛰어넘을 초	礎 石 13 주춧돌 초	肖 肉 3 닮을 초	焦 火 8 그슬릴 초	蕉 艸 12 파 초
樵 木 12 나무할 초	楚 木 9 초나라 초	**촉** 促 人 7 재촉할 촉	燭 火 13 촛불 촉	觸 角 13 닿을 촉	**촌** 寸 寸 0 치 촌
村 木 3 마을 촌	**총** 總 糸 11 거느릴 총	聰 耳 11 밝을 총	寵 宀 16 사랑할 총	叢 又 16 모을 총	銃 金 6 총 총
최 最 曰 8 가장 최	崔 山 8 높을 최	催 人 11 재촉할 최	**추** 追 辵 6 따를 추	抽 手 5 뽑을 추	推 手 8 옮길 추
秋 禾 4 가을 추	楸 木 9 가래나무 추	樞 木 11 지도리 추	醜 酉 10 추할 추	鄒 邑 10 나라이름 추	錐 金 8 송곳 추

千字文 41

絃歌酒讌 (현 가 주 연)
☞거문고를 연주하며 술과 노래로 흥겨운 잔치를 펼친다.

接盃擧觴 (접 배 거 상)
☞잔치가 무르익으니 술잔을 서로 주고 받으며 태평성대를 축하하며 즐긴다.

矯手頓足 (교 수 돈 족)
☞잔치의 흥이 절정에 이르러 손을 흔들고 발을 굴리며 기쁨을 나타낸다.

悅豫且康 (열 예 차 강)
☞잔들어 노래하고 춤추며 기뻐하니 또한 온 나라가 편안함이 다.

錘 金 8 저울 추	**축** 丑 一 3 소 축	畜 田 5 가축 축	蓄 艸 10 쌓을 축	祝 示 5 빌 축	築 竹 10 쌓을 축
縮 糸 11 오그라들 축	逐 辵 7 쫓을 축	軸 車 5 굴대 축	**춘** 春 日 5 봄 춘	椿 木 9 참죽나무 춘	瑃 玉 9 옥이름 춘
賰 貝 9 넉넉할 춘	**출** 出 凵 3 날 출	**충** 忠 心 4 충성 충	充 儿 4 가득할 충	珫 玉 6 귀치장옥 충	衝 行 9 찌를 충
蟲 虫 12 벌레 충	冲 水 4 화할 충	衷 衣 4 정성 충	**췌** 萃 艸 8 모을 췌	**취** 取 又 6 취할 취	趣 走 8 주창할 취
就 尢 9 나아갈 취	吹 口 4 불 취	臭 自 4 냄새 취	醉 酉 8 취할 취	翠 羽 8 비취색 취	聚 耳 8 모을 취
측 側 人 9 곁 측	測 水 9 측량할 측	**층** 層 尸 12 층 층	**치** 治 水 5 다스릴 치	値 人 8 값 치	置 网 8 둘 치
致 至 4 이를 치	恥 心 6 부끄러울 치	稚 禾 8 어릴 치	齒 齒 0 이 치	熾 火 12 불활활탈 치	峙 山 6 산우뚝설 치
雉 隹 8 꿩 치	馳 馬 3 달릴 치	**칙** 則 刀 7 법 칙	勅 力 7 칙서 칙	**친** 親 見 9 친할 친	**칠** 七 一 1 일곱 칠
漆 水 11 옷칠할 칠	**침** 針 金 2 바늘 침	侵 人 7 침노할 침	浸 水 7 적실 침	寢 宀 11 잠잘 침	沈 水 4 잠길 침
枕 木 4 배개 침	琛 玉 8 보배 침	**칩** 蟄 虫 11 겨울잠 칩	**칭** 稱 禾 9 일컬을 칭	秤 禾 5 저울 칭	**쾌** 夬 大 1 쾌괘 쾌

千字文 42

嫡後嗣續
적 후 사 속

☞장남은 부모의 대를 이어 받아 가정을 번성하도록 이끌어 나가야 한다.

祭祀蒸嘗
제 사 증 상

☞겨울에 지내는 제사를 증이라 하고 가을에 지내는 제사를 상이라 한다.

稽顙再拜
계 상 재 배

☞이마를 땅에 숙이고 조상에게 두번 절한다.

悚懼恐惶
송 구 공 황

☞송구스럽고 엄숙한 자세로 정성스러움을 나타난다.

快 心 4 쾌할 쾌	타 他 人 3 다를 타	打 手 2 칠 타	墮 土 12 떨어질 타	妥 女 4 온당할 타	탁 濯 水 14 빨래할 탁
托 手 3 받칠 탁	琢 玉 8 쫄 탁	度 广 6 헤아릴 탁	擢 手 14 뽑을 탁	濁 水 13 흐릴 탁	卓 十 6 높을 탁
倬 人 8 클 탁	琸 玉 8 사람이름 탁	晫 日 8 환할 탁	託 言 3 부탁할 탁	鐸 金 13 방울 탁	拓 手 5 박을 탁
탄 炭 火 5 숯 탄	彈 弓 12 총알 탄	歎 欠 11 탄식할 탄	呑 口 4 삼킬 탄	坦 土 5 평탄할 탄	灘 水 19 여울 탄
誕 言 7 태어날 탄	탈 脫 肉 7 벗을 탈	奪 大 11 빼앗을 탈	탐 探 手 8 찾을 탐	貪 貝 4 탐낼 탐	耽 耳 4 즐길 탐
탑 塔 土 10 탑 탑	탕 湯 水 9 끓을 탕	태 太 大 1 클 태	態 心 10 태도 태	台 口 2 별이름 태	怠 心 5 게으를 태
殆 歹 5 위태로울 태	胎 月 5 아이밸 태	邰 邑 5 태나라 태	兌 儿 5 바꿀 태	汰 水 4 씻을 태	泰 水 5 클 태
택 宅 宀 3 집 택	澤 水 13 못 택	擇 手 13 가릴 택	垞 土 6 언덕 택	토 土 土 0 흙 토	吐 口 3 토할 토
兎 儿 6 토끼 토	討 言 3 칠 토	통 通 辵 7 통할 통	統 糸 6 거느릴 통	痛 疒 7 아플 통	桶 木 7 통 통
퇴 退 辵 6 물러날 퇴	堆 土 8 쌓을 퇴	투 投 手 4 던질 투	透 辵 7 통할 투	鬪 門 10 싸움 투	특 特 牛 6 특별할 특

千字文 43

牋牒簡要
전 첩 간 요

☞글과 서신은 간단명료해야 한다.

顧答審詳
고 답 심 상

☞편지의 답신은 내용을 알수 있도록 잘 살펴서 써야 한다.

骸垢想浴
해 구 상 욕

☞몸에 때가 끼기전에 청결하게 다스려라

執熱願涼
집 열 원 량

☞실수로 뜨거운 것을 잡았을 때에는 차가운 것을 원하게 된다.

파 波 水 5 물결 파	派 水 6 물갈래 파	頗 頁 5 자못 파	罷 罒 10 파할 파	播 手 12 씨뿌릴 파	坡 土 5 고개 파
破 石 5 깨뜨릴 파	巴 己 1 땅이름 파	把 手 4 잡을 파	芭 艸 4 파초 파	琶 玉 8 비파 파	**판** 判 刀 5 판단할 판
板 木 4 널 판	阪 阜 4 산비탈 판	坂 土 4 고개 판	版 片 8 판목 판	販 貝 4 팔 판	**팔** 八 八 0 여덟 팔
패 貝 貝 0 조개 패	敗 攴 7 패할 패	牌 片 8 패 패	佩 人 6 찰 패	覇 雨 13 으뜸 패	浿 水 7 물이름 패
팽 彭 彡 9 나라이름 팽	澎 水 12 물결부딪치는 팽	**편** 便 人 7 편할 편	片 片 0 조각 편	扁 戶 5 작을 편	偏 人 9 치우칠 편
遍 辵 9 두루 편	篇 竹 9 책 편	編 糸 9 엮을 편	**평** 平 干 2 평할 평	坪 土 5 땅평평할 평	枰 木 5 바둑판 평
評 言 5 평론할 평	**폐** 幣 巾 12 폐백 폐	廢 广 12 폐할 폐	閉 門 3 닫을 폐	肺 肉 5 허파 폐	弊 廾 12 폐단 폐
蔽 艸 12 가릴 폐	陛 阜 7 대궐섬돌 폐	**포** 布 巾 2 베 포	包 勹 3 쌀 포	抱 手 5 안을 포	胞 肉 5 태보 포
砲 石 5 대포 포	飽 食 5 배부를 포	浦 水 7 물가 포	捕 手 7 잡을 포	葡 艸 9 포도 포	褒 衣 9 기릴 포
폭 暴 日 11 사나울 폭	爆 火 15 폭발할 폭	幅 巾 9 폭 폭	**표** 票 示 6 표 표	漂 水 11 뜰 표	標 木 11 표할 표

千字文 44

驢騾犢特
려 라 독 특
☞노새와 당나귀·송아지는 우리 생활에 필요한 가축이다.

駭躍超驤
해 약 초 양
☞가축들이 넓은 들에서 뛰고 달리며 노는 모습을 말한다.

誅斬賊盜
주 참 적 도
☞역적과 도적의 목을 베는 엄한 형벌을 말한다.

捕獲叛亡
포 획 반 망
☞배반하여 도망치는 자를 붙잡아 죄를 엄하게 다스린다.

表 衣 3 거죽 표	杓 木 3 자루 표	彪 彡 8 범 표	豹 豸 3 표범 표	驃 馬 11 표절따 표	**품** 品 口 6 품수 품
稟 禾 8 여쭐 품	**풍** 豊 豆 6 풍성할 풍	風 風 0 바람 풍	楓 木 9 단풍나무 풍	**피** 皮 皮 0 가죽 피	彼 彳 5 저 피
被 衣 5 이불 피	避 辵 13 피할 피	疲 疒 5 피곤할 피	**필** 匹 匚 2 짝 필	必 心 1 반드시 필	筆 竹 6 붓 필
畢 田 6 마칠 필	泌 水 5 개천물 필	珌 玉 5 칼장식옥 필	馝 香 5 향내날 필	弼 弓 9 도울 필	苾 艸 5 필추풀 필
鉍 金 5 창자루 필	佖 人 5 점잖을 필	**하** 下 一 2 아래 하	何 人 5 어찌 하	河 水 5 물 하	荷 艸 7 연 하
夏 夊 7 여름 하	廈 广 10 큰집 하	賀 貝 5 하례할 하	昰 日 5 나라 하	霞 雨 9 놀 하	**학** 學 子 13 배울 학
鶴 鳥 10 두루미 학	**한** 寒 宀 9 찰 한	汗 水 3 땀 한	漢 水 11 한수 한	韓 韋 8 나라이름 한	限 阜 6 한정 한
恨 心 6 한할 한	旱 日 3 가물 한	閑 門 4 한가할 한	澣 水 13 빨래할 한	瀚 水 16 넓고클 한	翰 羽 10 붓 한
閒 門 4 한가할 한	**할** 割 刀 10 나눌 할	轄 車 10 다스릴 할	**함** 咸 口 6 다 함	含 口 4 머금을 함	函 凵 6 함 함
涵 水 8 젖을 함	陷 阜 8 빠질 함	艦 舟 14 싸움배 함	**합** 合 口 3 합할 합	**항** 抗 手 4 대항할 항	航 舟 4 배로물건널 항

千字文 45

布射遼丸
포 사 료 환
☞초나라 웅의료는 포환던지기를 잘하였다.

嵇琴阮嘯
혜 금 완 소
☞혜강과 완적은 거문고와 휘파람의 명수로 그 재주가 뛰어났다.

恬筆倫紙
념 필 륜 지
☞진나라 몽념은 토끼털로 붓을 만들고 채윤은 종이를 만들었다.

鈞巧任釣
균 교 임 조
☞마균은 지남차라는 수레를 만들었고 임공자는 낚시를 만들었다.

項 頁 3 목덜미 항	巷 己 6 거리 항	港 水 9 항구 항	恒 心 6 항상 항	姮 女 6 항아 항	亢 亠 2 목 항
沆 水 4 큰물 항	[해] 亥 亠 4 돼지 해	諧 言 9 화할 해	奚 大 7 어찌 해	海 水 8 바다 해	解 角 6 풀 해
害 宀 7 해칠 해	該 言 6 그 해	偕 人 9 함께 해	楷 木 9 해서 해	[핵] 核 木 6 씨 핵	[행] 行 行 0 다닐 행
幸 土 5 다행 행	杏 木 3 살구 행	[향] 向 口 3 향할 향	香 香 0 향기 향	享 亠 6 누릴 향	鄉 邑 10 시골 향
響 音 13 울릴 향	珦 玉 6 옥이름 향	[허] 許 言 4 허락할 허	虛 虍 6 빌 허	墟 土 12 터 허	[헌] 憲 心 12 법 헌
獻 犬 16 드릴 헌	軒 車 3 추녀 헌	櫶 木 16 곧은나무 헌	[험] 險 阜 13 험할 험	驗 馬 13 시험할 험	[혁] 革 革 0 가죽 혁
赫 赤 7 붉을 혁	爀 火 14 불빛 혁	奕 大 6 클 혁	[현] 玄 玄 0 검을 현	弦 弓 5 활시위 현	絃 糸 5 악기줄 현
見 見 0 드러날 현	現 玉 7 나타날 현	峴 山 7 재 현	晛 日 7 햇빛 현	顯 頁 14 나타날 현	縣 糸 10 고을 현
懸 心 16 매달현	賢 貝 8 어질 현	泫 水 5 물깊고 넓을 현	炫 火 5 밝을 현	玹 玉 5 옥돌 현	鉉 金 5 솥귀 현
眩 目 5 현황할 현	[혈] 血 血 0 피 혈	穴 穴 0 구멍 혈	[협] 協 十 6 화할 협	脅 肉 6 으를 협	俠 人 7 호협할 협

千字文 46

釋紛利俗
석 분 리 속

☞전조의 여덟 사람은 어지러운 일을 풀어서 풍속에 이익되게 하였다.

竝皆佳妙
병 개 가 묘

☞전조의 여덟사람은 모두 아름답고 묘한 재주를 지녔다.

毛施叔姿
모 시 숙 자

☞모는 오나라 여인이고 시는 월나라 여인인데 모두 절세미인이었다.

工嚬姸笑
공 빈 연 소

☞월나라 여인 서시는 찡그리는 모습까지도 아름다웠다.

峽 山 7 골짜기 협	挾 手 7 낄 협	浹 水 7 두루 협	**형** 亨 亠 5 형통할 형	兄 儿 3 맏 형	形 彡 4 형상 형
刑 刀 4 형벌 형	螢 虫 10 개똥벌레 형	型 土 6 거푸집 형	邢 邑 4 나라이름 형	珩 玉 6 노리개 형	泂 水 5 찰 형
炯 火 5 빛날 형	衡 行 10 저울 형	瑩 玉 10 맑을 형	瀅 水 15 물맑을 형	馨 香 11 향기로울 형	熒 火 10 밝을 형
혜 惠 心 8 은혜 혜	彗 ヨ 8 비 혜	慧 心 11 지혜 혜	譿 言 15 슬기로울 혜	蕙 艸 12 난초 혜	兮 八 2 어조사 혜
寭 宀 12 밝을 혜	憓 心 12 사랑할 혜	**호** 乎 丿 4 온 호	呼 口 5 부를 호	互 二 2 서로 호	好 女 3 좋을 호
戶 戶 0 지게 호	毫 毛 7 가는털 호	豪 豕 7 호걸 호	浩 水 7 넓을 호	湖 水 9 호수 호	胡 肉 5 어찌 호
虎 虍 2 범 호	號 虍 7 부르짖을 호	護 言 14 호위할 호	晧 日 7 밝을 호	皓 白 7 빛 호	澔 水 12 넓을 호
昊 日 4 하늘 호	淏 水 8 맑을 호	濠 水 14 호수 호	灝 水 21 넓을 호	扈 戶 7 뒤따를 호	鎬 金 10 빛날 호
壺 土 9 병 호	祜 示 5 복 호	琥 玉 8 호박 호	瑚 玉 9 산호 호	頀 音 14 풍류이름 호	顥 頁 12 클 호
壕 土 14 해자 호	濩 水 14 퍼질 호	**혹** 或 戈 4 혹 혹	惑 心 8 미혹할 혹	**혼** 昏 日 4 어두울 혼	婚 女 8 혼인할 혼

千字文 47

年矢每催
년 시 매 최

☞세월이 날으는 화살처럼 빠르게 지나간다.

羲暉朗曜
희 휘 랑 요

☞햇볕이 온 세상의 만물을 비추어 따뜻한 혜택을 베풀어 준다.

璇璣懸斡
선 기 현 알

☞선기는 공중에 매달아 놓고 돌려가며 천체의 위치를 관측한 기구이다.

晦魄環照
회 백 환 조

☞달이 둥근 고리와 같이 우주를 돌며 비추는 것을 말함

混 水 8 섞을 혼	魂 鬼 4 넋 혼	渾 水 9 흐릴 혼	**홀** 忽 心 4 문득 홀	惚 心 8 황홀할 홀	**홍** 弘 弓 2 넓을 홍
泓 水 5 물속깊을 홍	洪 水 6 클 홍	烘 火 6 화톳불 홍	虹 虫 3 무지개 홍	紅 糸 3 붉을 홍	鴻 鳥 6 큰기러기 홍
鉷 金 6 쇠뇌고동 홍	**화** 化 匕 2 될 화	花 艸 4 꽃 화	貨 貝 4 재물 화	禾 禾 0 벼 화	和 口 5 화할 화
華 艸 8 빛날 화	嬅 女 12 탐스러울 화	樺 木 12 자작나무 화	火 火 0 불 화	畵 田 7 그림 화	話 言 6 말할 화
禍 示 9 재앙 화	**확** 擴 手 15 넓힐 확	確 石 10 확실할 확	穫 禾 14 거둘 확	**환** 桓 木 6 굳셀 환	幻 幺 1 허깨비 환
換 手 9 바꿀 환	環 玉 13 고리 환	還 辵 13 돌아올 환	丸 丶 2 알 환	患 心 7 근심 환	歡 欠 18 좋아할 환
奐 大 6 빛날 환	喚 口 9 부를 환	煥 火 9 불빛 환	晥 日 7 환할 환	鐶 金 13 고리 환	渙 水 9 흩어질 환
驩 馬 18 기뻐할 환	**활** 活 水 6 살 활	濶 門 9 넓을 활	**황** 黃 黃 0 누를 황	皇 白 4 임금 황	堭 土 9 정자 황
況 水 5 하물며 황	荒 艸 6 거칠 황	凰 几 9 봉황새 황	晃 日 6 붉을 황	滉 水 10 물깊고넓을 황	榥 木 10 책상 황
煌 火 9 빛날 황	媓 女 9 여자이름 황	璜 玉 12 패옥 황	愰 心 9 불빛이글거릴 황	**회** 會 曰 9 모을 회	廻 廴 6 돌아올 회

千字文 48

指薪修祐
지 신 수 우

☞나무섶에 불꽃처럼 목표를 정하고 도리를 닦고 지키면 복을 받는다.

永綏吉昭
영 수 길 소

☞덕을 쌓은 사람은 편안함이 영원하며 하늘에서 복을 내려 좋은일만 생긴다.

矩步引領
구 보 인 령

☞바로 걷고 자세를 바르게 행하니 위풍이 당당하다.

俯仰廊廟
부 앙 랑 묘

☞항상 사당에 서 있는 것같이 겸손하게 머리숙여 예의를 지켜라

悔 心 7 뉘우칠 회	懷 心 16 품을 회	灰 火 2 재 회	恢 心 6 클 회	晦 日 7 그믐 회	澮 水 13 밭고랑 회
檜 木 13 전나무 회	繪 糸 13 그림 회	回 口 3 돌아올 회	誨 言 7 가르칠 회	**획** 劃 刀 12 그을 획	獲 犬 14 얻을 획
횡 橫 木 12 가로 횡	鐄 金 12 큰쇠북 횡	**효** 孝 子 4 효도 효	效 攴 6 본받을 효	曉 日 12 새벽 효	驍 馬 12 날랠 효
爻 爻 0 효 효	涍 水 7 물가 효	斅 攴 16 가르칠 효	**후** 侯 人 7 제후 후	候 人 8 기후 후	喉 口 9 목구멍 후
厚 厂 7 두터울 후	後 彳 6 뒤 후	后 口 3 왕후 후	逅 辵 6 만날 후	垕 土 6 두터울 후	**훈** 訓 言 3 가르칠 훈
焄 火 7 불길오를 훈	熏 火 10 불길 훈	薰 艸 14 향기 훈	壎 土 14 질나팔 훈	勳 力 14 공 훈	燻 火 14 연기낄 훈
塤 土 10 질나팔 훈	鑂 金 14 금빛투색할 훈	**훤** 暄 日 9 따뜻할 훤	喧 口 9 시끄러울 훤	萱 艸 9 원추리 훤	**훼** 毁 殳 9 헐 훼
휘 揮 手 9 휘두를 휘	輝 車 8 빛날 휘	彙 彐 10 무리 휘	徽 彳 14 아름다울 휘	暉 日 9 빛 휘	煇 火 9 빛날 휘
휴 休 人 4 쉴 휴	携 手 10 가질 휴	烋 火 6 아름다울 휴	**흉** 胸 肉 6 가슴 흉	凶 凵 2 흉할 흉	**흑** 黑 黑 0 검을 흑
흔 欣 欠 4 기뻐할 흔	炘 火 4 화끈거릴 흔	昕 日 4 아침 흔	**흘** 屹 山 3 산우뚝솟을 흘	**흠** 欽 欠 8 곤경할 흠	**흡** 吸 口 4 숨들이쉴 흡

千字文 49

束帶矜莊
속 대 긍 장
☞의복을 단정하게 하므로써 긍지를 가질 수 있다.

排徊瞻眺
배 회 첨 조
☞같은 장소를 오가며 두루 살피는 광경

孤陋寡聞
고 루 과 문
☞지식과 재능이 비천하다고 자신을 낮추어 겸손하게 말하는 것

愚蒙等誚
우 몽 등 초
☞어리고 어리석은 몽매함을 꾸짖는 것을 말함

洽 水 6 젖을 흡	恰 心 6 흡사할 흡	翕 羽 6 모일 흡	**흥** 興 臼 9 일어날 흥	**희** 熙 火 9 빛날 희	希 巾 4 바랄 희
晞 日 7 마를 희	稀 禾 7 드물 희	喜 口 9 기쁠 희	戲 戈 13 희롱할 희	噫 口 13 탄식할 희	姬 女 6 계집 희
僖 人 12 즐길 희	嬉 女 12 즐길 희	熺 火 12 성할 희	禧 示 12 복 희	爔 火 16 햇빛 희	熹 火 12 성할 희
憙 心 12 기뻐할 희	凞 冫 13 화할 희	羲 羊 10 황제이름 희	曦 日 16 햇빛 희	橲 木 12 나무이름 희	**힐** 詰 言 6 힐난할 힐

千字文 50

謂語助者
위 어 조 자

☞어조사는 다음을 이르는 글자를 말한다.

焉哉乎也
언 재 호 야

☞어조사는 말의 뜻을 보조하는 역할을 한다.

관음 역서 시리즈
우리말 대운만세력

처음 박은날/1999년 6월 10일
처음 펴낸날/1999년 6월 15일

편저자/조영수
펴낸이/소광호
펴낸곳/관음출판사

130-070 서울시 동대문구 용두동 751-14 광성빌딩 3층
전화/921-8434 · 929-3470
팩스/929-3470

등록/1993. 4. 8 제1-1504호

※잘못 만들어진 책은 언제든지 바꾸어 드립니다.

값 20,000원